नरेंद्र मोदी का धोखा और सच

बचपन से राजनीतिक जीवन का सफ़र

नरेंद्र मोदी का धोखा और सच

बचपन से राजनीतिक जीवन का सफ़र

विशाल सिंह

गुजरात हिंदुत्व के प्रयोगशाला के रूप में जाना जाता था। नरेंद्र मोदी को 7 अक्टूबर 2001 को गुजरात का मुख्यमंत्री बीजेपी की तरफ से केशुभाई पटेल को हटाकर बनाया गया। मुख्यमंत्री बनने के तुरंत बाद ही 27 फ़रवरी 2002 को साबरमती के S 6 कोच को मुस्लिम भीड़ के द्वारा जला दिया गया जिसके बाद गोधरा दंगा की शुरुआत हुई। मुख्यमंत्री होने के साथ साथ संघ की पृष्ठभूमि होने के नाते सर्वाधिक निशाना नरेंद्र मोदी कोबनाया गया। गोधरा दंगा मोदी के लिए वरदान साबित हुआ क्योंकि जो उनको वामपंथी मीडिया ने दिखाया वो कभी थे ही नहीं लेकिन उनके खिलाफ चल रहे प्रॉपगैंडा को हिन्दू समाज ने सच मान लिया, तब की तत्कालीन काँग्रेस सरकार के निशाने पर रहे और इनका कोर्ट ट्रायल और मीडिया ट्रायल समानांतर चलता रहा लेकिन जिन चीजों को लेकर उनको निशाना बनाया गया उसके वो दोषी नहीं थे। अगर हिंदुओं को सरकारी और प्रशासनिक प्रताड़ना को लेकर उनको निशाना बनाया गया होता या फिर जांच हुई होती तो वामपंथी मीडिया कभी उनको हिन्दू हृदय सम्राट के रूप में स्थापित नहीं कर पाई होती और हिंदू समाज को आज इतना हर जगह प्रताड़ना का शिकार नहीं होना पड़ता। नरेंद्र मोदी ने गोधरा दंगा के ऊपर चुप्पी साधे रखा। लेकिन उनके ऊपर हमले होते रहे। जब भी मुस्लिम समाज की बात हुई तो वे हमेशा 5 करोड़ गुजरातियों की बात कर बचते रहे लेकिन वामपंथी मीडिया उन्हें हिन्दू आइकान घोषित करने में सफल रही। विपक्ष उनके ऊपर निजी हमले करता रहा जिसे वो तोड़ मरोड़ कर चुनाव में भुना चुनाव दर चुनाव जीतने में सफल रहे, उन्होंने एक इंटरव्यू में बोला था कि वो उनके ऊपर फेंके पत्थर का इस्तेमाल सीढ़ी बनाने में करते रहे और ऊपर चढ़ते रहे ठीक उन्होंने हर चुनाव में यही किया। आम लोगों से सहानुभूति के आधार पर वोट लेने में सफल रहे। गोधरा दंगा के बाद चाहे उनको जितना निशाना बनाया गया हो लेकिन वो उनके लिए मिल का पत्थर साबित हुआ। नरेंद्र मोदी के नाम से सिर्फ विपक्ष ही नहीं एनडीए के घटक दलों में भी समस्या थी। बिहार के मुख्यमंत्री नीतीश कुमार बीजेपी के सहयोगी दल के रूप में तो रहे लेकिन कभी इन्हें बिहार में चुनाव प्रचार नहीं करने दिया। 2010 बिहार विधानसभा चुनाव के दौरान नीतीश कुमार की तरफ से भोज दिया गया था तो बीजेपी ने नरेंद्र मोदी और नीतीश कुमार के लुधियाना रैली का फोटो अखबारों में छपवाए। अखबारों में छपे विज्ञापन से तिलमिलाए नीतीश कुमार ने भोज रद्द कर दिया। पश्चिमी देशों ने भी इनका वीजा बैन कर रखा था तब बोला करते थे कि मैं ऐसा कर दूंगा कि वो भारत की वीजा के लिए लाइन लगाएंगे। 2009 चुनाव में बीजेपी की करारी हार के बाद मोदी का ग्राफ और बढ़ा क्योंकि

आडवाणी के नेतृत्व में चुनाव लड़ा गया था उनके बाद बीजेपी में मोदी के अलावा कोई दूसरा चेहरा नहीं था जिसका जनता में उनके आस-पास क्रैज़ हो। 2011 में सद्भावना उपवास किया, जिसमें उन्हें टोपी पहनाने की कोशिश हुई लेकिन उन्होंने नहीं पहना। इसने हिंदू समाज के ऊपर ज्यादा प्रभाव डाला क्योंकि तब बाकी अन्य पार्टी के नेता हों या फिर बीजेपी के नेता हों ज्यादातर टोपी पहने और इफ्तारी पार्टी करते देखे जाते थे क्योंकि तब राजनीति पूरी तरह से सेक्यूलर थी और उसको बनाए रखने के लिए टोपी पहनना जरूरी था। कम से कम नेताओं को तो देख यही प्रतीत होता था। 28 नवंबर 2013 को गुजरात की मोदी सरकार ने सच्चर कमेटी को गैरकानूनी और मुसलमानों को लाभ देने वाला बता दिया तब हिन्दू समाज का हौसला और भी बढ़ा लेकिन खुद गुजरात में इसे सबसे पहले लागू कर चुके थे।

2014 चुनाव प्रचार के दौरान महंगाई, भ्रष्टाचार, रुपये की गिरती कीमत, काला धन, गुलाबी क्रांति और बाकी मुस्लिम तुष्टीकरण को लेकर पहले से मुखर थे ही तो लोगों को लगा कि अब देश को इन चीजों से निजात मिलेगा। 2014 का चुनाव इनके नेतृत्व में लड़ी गई और जीती गई जिसका परिणाम रहा कि प्रधानमंत्री बने, तब मुस्लिम समाज के बीच वाकई डर का माहौल था। जो बोल रहे थे कि मोदी आ गया तो पता नहीं क्या करेगा लेकिन पहले भी कई बार मुस्लिम प्रेम दिखा चुके थे लेकिन चुनाव जीतते के बाद जो इनका प्रेम था, उसको पूरा करने का मौका मिल गया। मोदी 1 दिन के लिए भी, 1 मिनट के लिए भी,1 सेकंड के लिए भी मुस्लिम विरोधी नहीं रहे। जिन मुद्दों के आधार पर चुनाव में काँग्रेस को कोसा, सत्ता में आने के बाद उनको ज्यादा आगे बढ़ाया। पहले कार्यकाल में नारा दिया 'सबका साथ, सबका विकास' जिसमें हिंदू को देखने के लिए अच्छे दूरबीन की जरूरत थी। प्रधानमंत्री बनने के बाद कई बदलाव किए जैसे पहले टोपी पहनकर फोटो खिंचवाना फैशन था वहीं अब मंदिर जा फोटो खिंचवाना फैशन बन गया। ये खुद भी मंदिर जा फोटो सेशन के ऊपर ज्यादा ध्यान दिए और उसके बाद चुनाव दर चुनाव हारता विपक्ष भी मंदिर जाने लगा। सरकार जो चलाया उसमें दूसरों को कोसना और उसी के किए को तीव्र गति से बढ़ाने के सिद्धांत पर आधारित रहा। जो वामपंथी मीडिया थी उनमें से ज्यादातर राष्ट्रवादी बन गए और मीडिया के लिए हिंदू मुस्लिम डिबेट महत्वपूर्ण हो गया बाकि सारे मुद्दे गौण हो गए। जो मीडिया हिंदू मुस्लिम की डिबेट कराती उसने कभी इस्लामपरस्ती के ऊपर डिबेट नहीं कराया। जब मीडिया के सामने इनके आकड़े आए जो पिछले किसी अन्य सरकार से काफी ज्यादा थी। लेकिन विपक्ष का तुष्टीकरण देश के लिए खतरा लेकिन इनका उनसे बढ़कर तृप्तीकरण सबका साथ सबका विकास! इतना दोहरा मापदंड कैसे हो सकता है?

सोशल मीडिया में इनका बीजेपी आईटी सेल जो पूरा हिंदुत्ववादी दिखता है जिसमें भर्ती उनकी होती है जो हिंदुत्व जगाने तो आते हैं लेकिन वो पार्टी तक सीमिति रह जाता है। हिन्दू सिर्फ हिन्दू होता है चाहे किसी जाति का हो, किसी क्षेत्र का हो, किसी पार्टी का हो लेकिन इनके लिए हिन्दू वही है जो विपक्ष शासित राज्य का हो ताकि उसके लाश को दिखा डराया जा सके कि बीजेपी का शासन न होने का हश्र देखो।

प्रवक्ताओं और आईटी सेल को हिंदुत्ववादी रखा जो सोशल मीडिया और मीडिया में बीजेपी को हिंदुत्ववादी दिखाए और दूसरी पार्टियों को इस्लामपरस्ती को लेकर घेरते रहे और इनके लिए अनुकूल ये रहा कि वो उनके वोटबैंक थे। जिसका परिणाम रहा कि वो बैकफुट में रहे और इन्होंने हिंदुत्व का

सपना दिखा अंदर ही अंदर वो काम कर दिया जो कि मुस्लिम लीग का सपना था। चुनाव तो इनको जनभावना के आधार पर ही जीतना था जिसका परिणाम रहा कि सर्जिकल स्ट्राइक को भुना 2019 का चुनाव जीते लेकिन माहौल ऐसा बना दिया कि कोई पुलवामा में 250 किलो आरडीएक्स का सवाल उठा दे या चीनी घुसपैठ के ऊपर सवाल उठा दे वो देश का गद्दार!

2019 चुनाव जीतने के बाद बोला कि हमे मुसलमानों का भरोसा जीतना है, उन्हे ठगा गया है। जो नारा 'सबका साथ, सबका विकास' था उसे अब 'सबका साथ, सबका विकास, सबका विश्वास में बदल दिया। स्वतंत्रता के 75वीं वर्षगांठ के अवसर पर उसमें सबका प्रयास जुड़ गया।

सुशांत सिंह राजपूत प्रकरण, मौलाना साद प्रकरण, बंगाल हिंसा के ऊपर चुप्पी, काशी/अयोध्या/उज्जैन व अन्य प्राचीन मंदिरों को तुड़वा पर्यटन स्थल में बदलना, छोटे मंदिरों को विकास के नाम पर तुड़वाना, किसी भी इस्लामिस्ट के लिए रोना और हिन्दू के लिए उदासीनता, मणिपुर हिंसा के ऊपर चुप्पी, देशहित से जुड़े कानून को लेकर टालमटोल, मुस्लिमों की अनदेखी के लिए काँग्रेस को कोसना, मुसलमान से रिश्ते निकालना, नूपुर शर्मा/टाइगर राजा सिंह प्रकरण, शाहीनबाग़ में झुकना, किसान आंदोलन में झुकना, मुलायम सिंह यादव को पद्म विभूषण बाकि अन्य विषय हैं जिनकी चर्चा आगे करेंगे।

ये सब देखने के बाद मोदी के जीवन का मैंने गहनता से अध्ययन किया (वैसे शक तो पहले से था) तो पाया कि उनका इस्लाम के प्रति समर्पण किसी कट्टर इस्लामिस्ट से ज्यादा है और इनके कई बयान ऐसे रहे जो हिन्दू मान्यताओं का मज़ाक उड़ाते हैं। मैंने जो इनके पूरे पैटर्न को देखा तो पाया कि भारत में जो भी शक्तियां जिनको समस्या सिर्फ हिन्दुओं से है, जो अलग-अलग गठबंधन बनाते हैं जैसे जय भीम जय मीम, मुस्लिम-सिख भाई भाई उनके ऊपर इनका खास लगाव देखा।

इनके दावे या इनको लेकर मीडिया के दावे जो कि व्यक्तिगत जीवन से लेकर सामान्य जीवन तक था। जब मैंने उसकी सच्चाई जानने का प्रयास किया तो सर्वाधिक ऐसे मिले जिसका सच्चाई से कोई लेना-देना नहीं था और इनका जीवन भ्रामक बातें करने वाला, लोगों को धोखा देने वाला और सर्वाधिक हिन्दू विरोधी के रूप में पाया। इनके साथ जो अच्छी चीज रही कि अभिनय की कला में माहिर और जनता से संवाद की अद्भुत कला है।

राजनीति और हठ की बात करें तो ऐसा माहौल बना दिया कि बीजेपी मतलब मोदी और मोदी मतलब बीजेपी। बीजेपी के नेता जो इस्लाम परस्ती कर रहे वो इनको खुश करने के लिए ही कर रहे क्योंकि इस्लाम को लेकर ये अलग राय सुन ही नहीं सकते और आज बीजेपी में जो भी है उसको बने रहने के लिए इस्लाम परस्ती करना मजबूरी है ताकि मोदी खुश रहें वरना उनकी कोई जगह नहीं है।

जो भी इस पुस्तक में लिखा गया है वो तथ्यों पर आधारित है।

विशाल सिंह

अनुक्रम

जीवन से जुड़े भ्रामक दावे और सच्चाई

गोधरा दंगे के बाद जो मीडिया नरेंद्र मोदी के खिलाफ थी उनका एक बड़ा धड़ा उनके प्रधानमंत्री बनने के बाद उनके महिमामंडन में लग गया। मीडिया ने मोदी को लेकर मनोहर कहानियाँ सुना आम लोगों के बीच ऐसी धारणा बना दी कि वो कोई आम व्यक्ति नहीं बल्कि कोई अवतार हो, जिनका जन्म भारत के उद्धार के लिए हुआ है। स्वयं मोदी, उनका आईटी सेल, मीडिया और बीजेपी नेता उनको लेकर मनोहर कहानियाँ सुना, ये बताने का प्रयास करने लगे कि वो भगवान के अवतार हैं। आम लोगों के बीच ऐसी धारणा बनी कि अगर कुछ भी गलत हो रहा उसके जिम्मेवार उनके अलावा सभी है लेकिन उनसे जुड़ा हुआ भी मामला हो उसके जिम्मेवार मोदी नहीं हैं।

जन्म से जुड़ा विवाद

नरेंद्र मोदी का जन्म 29 अगस्त 1949 को हुआ जो कि उनके सर्टिफिकेट के अनुसार है लेकिन जनता के बीच 17 सितमबर 1950 रखा गया। ये आम बात रही कि उस समय बहुत से लोगों को बच्चे का जन्म तिथि याद नहीं होता था या वास्तविक के अलावा सर्टिफिकेट में कुछ और होता था लेकिन जो सर्टिफिकेट में हो वही वास्तविक माना जाता है लेकिन इनके मामले में सर्टिफिकेट वाला मान्य नहीं हुआ।

मगरमच्छ पकड़ने का दावा

डिस्कवरी चैनल के कार्यक्रम 'मैन वर्सेज वाइल्ड' के टीवी शो में प्रधानमंत्री नरेंद्र मोदी खास मेहमान बनकर शामिल हुए। इस दौरान शो के होस्ट बेयर ग्रीलस के साथ मोदी ने अपने जीवन की कई खास बातें शेयर की। जब बेयर ग्रीलस ने मगरमच्छ को लेकर सवाल किया तो मोदी ने कहा कि वह बचपन में खेल-खेल में एक मगरमच्छ का बच्चा लाए थे क्योंकि ये शर्मिष्ठा झील जाया करते थे, लेकिन उनकी मां ने बताया कि यह गलत बात है बेटा अगर तुम्हें कोई लेकर चला गया तो मेरे ऊपर क्या बीतेगा? ये बात उनको समझ आ गई,जिसके बाद वो मगरमच्छ को वापस छोड़ आए। नरेंद्र मोदी के भाई प्रह्लाद मोदी से मगरमच्छ पकड़ने वाली कहानी के बारे में पूछा गया तो उन्होंने कहा की नरेंद्र भाई से पूछो।

ये मगरमच्छ पकड़ने की दावा इनके अलावा किसी ने इनके बारे में नहीं किया। शायद इस कहानी की प्रेरणा राजा दुष्यंत और शकुंतला के पुत्र भरत से ली हो जो बचपन में शेर के बच्चे का दांत गिनते थे। जिनके नाम पर इस देश का नाम भारत पड़ा।

ओस की बूँद से नहाना, कपड़े धोना और पसीने से चेहरा साफ करना

मैन वर्सेज वाइल्ड कार्यक्रम में नरेंद्र मोदी ने कहा कि जब हम छोटे होते थे तो साबुन के पैसे नहीं होते थे। ऐसे में वह ओस की सुखी हुई पर्त का उपयोग नहाने और कपड़े धुलने के लिए किया करते थे।

ये पाठक तय करें कि क्या ये संभव है?

आगे पीएम मोदी ने बताया कि घर की आर्थिक स्थिति ऐसी नहीं थी कि वे जूते खरीद सकें। उनके मामा ने उन्हें सफेद कैनवस जूते खरीदकर दिए। अब जूते गंदे होने तय थे लेकिन मोदी के पास पॉलिश खरीदने के लिए भी पैसे नहीं थे। उन्होंने, एक तरीका निकाला, टीचर जो चॉक के टुकड़े फेंक देते थे उन्हें वो जमा कर लेते थे और पाउडर बनाकर भिगोकर अपने जूतों पर लगा लिया करते थे।

जिस ओस की सुखी हुई पर्त का इस्तेमाल नहाने और कपड़े धूलने के लिए किया करते थे उनका ही इस्तेमाल जूते को धोने के लिए कर सकते थे।

पाठक तय करें कि इस दावे में कितनी सच्चाई है।

नरेंद्र मोदी ने एक कार्यक्रम में लोगों से पूछा कि आपमें से कितने लोग हैं? जिन्हें रोज़ 4 बार पसीना आता है? स्वयं के बारे में बताया कि मुझे हर मौसम सर्दी, गर्मी और, बरसात में मै मेहनत करता हूँ और पसीना बहाता हूँ। उसी, पसीना का इस्तेमाल चेहरे के मालिस के लिए करता हूँ, जिसकी वजह से मेरे चेहरे में तेज है।

ओस की सुखी हुई बूंद काफी नहीं थी जो इस तकनीक का इस्तेमाल करना पड़ा।

ये मैं पाठकों के ऊपर छोड़ देता हूँ कि तय करें कि इस दावे में कितनी सच्चाई है।

बचपन की शरारत का किस्सा

नरेंद्र मोदी ने एक कार्यक्रम में बच्चों को संबोधित करते हुए अपने बचपन के बारे में खुलासा करते हुए कहा,"मैं भी शरारत करता था। किसी की शादी होती थी तो चले जाते थे और लोग शादी में खड़े होते है। कोई भी दो लोग खड़े है। कोई पुरुष और महिला तो उनके पीछे पकड़कर स्टैपलर लगा देते थे। फिर भाग जाते थे। आप कल्पना कर सकते है,क्या होता होगा वहां ?"

ये पाठक भी कल्पना कर सकते है कि उस जमाने में आम लोगों के पास स्टैपलर होता था ? अगर होता भी तो ऐसी हरकत करने वालों को लोग क्या बोलते है ? ये देश के प्रधानमंत्री बच्चों को कहानी सुनाकर उनके ऊपर कैसा प्रभाव डालना चाह रहे थे ?

बचपन में कोलकाता मेट्रो में घूमने का सच

6 मार्च 2024 को पश्चिम बंगाल की रैली में कहा कि बहुत कम आयु में मैंने घर छोड़ दिया। एक झोला लेकर देश के कोने कोने में भटकता रहा। कंधे पर झोला लेकर भटकता रहा हूँ लेकिन एक दिन भी भूखा नहीं रहा। बचपन में पहली बार कोलकाता आया तो एक आकर्षण था कि मेट्रो देखूं।

कोलकाता मेट्रो की शुरुआत 24 अक्टूबर 1984 को हुई थी। तब नरेंद्र मोदी की उम्र 34 साल की थी।

मेरा पाठकों से सवाल है कि 34 साल की आयु में किसका बचपन होता है ?

चाय बेचने और भिक्षा मांगकर खाने का सच

नरेंद्र मोदी ने दावा किया कि वो 6 साल की उम्र यानि 1956 में वडनगर रेलवे स्टेशन पर चाय बेचते थे लेकिन तब वहां कोई रेलवे स्टेशन नहीं था। 1973 में वडनगर रेलवे स्टेशन बना तब उनकी उम्र 23 साल थी लेकिन नरेंद्र मोदी के दावे के अनुसार वो 17 साल की उम्र में घर छोड़ चुके थे। काँग्रेस नेता तहसीन पूनावाला ने रेलवे बोर्ड से सूचना के अधिकार अधिनियम (आरटीआई) के तहत जानकारी मांगी थी कि क्या मोदी को रेलगाड़ियों या स्टेशन पर चाय बेचने की अनुमति देने या अधिकार देने के लिए, कोई रिकार्ड, पंजीकरण संख्या या आधिकारिक पास जारी किया गया था?

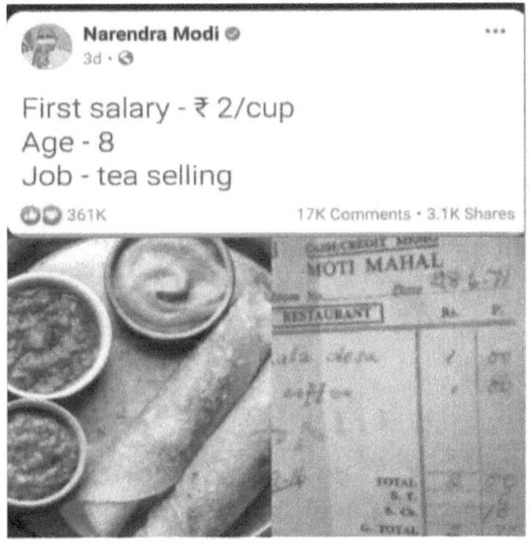

रेलवे मंत्रालय की तरफ से जबाव आया कि रेलवे बोर्ड के पर्यटन और खानपान निदेशालय की टीजी शाखा में ऐसी कोई जानकारी उपलब्ध नहीं हैं। कोई व्यक्ति ऐसा नहीं मिला कि जो दावा कर सके, जिसने मोदी के हाथ की चाय पी हो या चाय बेचते देखा हो।

नरेंद्र मोदी के सगे भाई प्रह्लाद मोदी ने कहा कि नरेंद्रभाई ने कभी चाय नहीं बेची।

नरेंद्र मोदी ने अपने पहले कमाई के बारे में खुलासा किया कि 8 वर्ष की उम्र में 2 रुपया प्रति कप चाय, जैसा की ट्रेन के डब्बे में चाय बेचते थे।

मोदी के दावे के अनुसार 1958 में 2 रुपया कप चाय बेची तब एक आना में बढ़िया खाना और 1 पाई में चाय मिल जाया करता था। 1971 में मोती महल रेस्टोरेंट का बिल आप ऊपर देख सकते हैं। दो डोसा और दो कॉफी की कीमत 2 रुपये, जिसपर सर्विस टैक्स 6 पैसे और 10 पैसे सर्विस चार्ज यानि कूल बिल 2 रुपये 16 पैसे लेकिन मोदी के ट्रेन के डब्बे में चाय की कीमत उससे 13 साल पहले 2 रुपये थी।

21 अप्रैल 2014 को मोदी ने कहा, "आज भी याद है, जब किसी को चाय ठंडी देता था तो चांटा पड़ता था, वो घाव अब भी है।"

ये सब सब देख पाठक भिक्षा मांगकर खाने और चाय बेचने की सच्चाई का अंदाजा लगा सकते हैं।

नरेंद्र मोदी ने एक इंटरव्यू में खुलासा किया कि मुख्यमंत्री बनने तक वो अपना कपड़ा स्वयं धोते थे। मोदी ने आगे बताया कि वे हाफ कुर्ता इसलिए पहनते हैं कि जब वे संघ के प्रचारक थे, तब अपने कपड़े खुद धोते थे। कम धुलाई और समय बचाने के लिए उन्होंने हाफ कुर्ता पहनना शुरू कर दिया। ताकि उसे रखने के लिए कम जगह ले। कपड़े प्रेस करने के बारे में खुलासा किया कि वह लोटे में गर्म कोयला डालकर अपने कपड़े प्रेस किया करते थे। लेकिन गोधरा में 70 के दशक में उनके कपड़े धोने वाले का नाम चांद मोहम्मद था।

13 अगस्त 2018 को एक कार्यक्रम में चाय बनाने की बात करते हुए कहा कि दोस्तों मैं ज्यादा विज्ञान को जानता हूँ और न समझता हूँ। किसी छोटे से शहर में कोई व्यक्ति चाय ठेला लिए नाले के पास बर्तन उल्टा करके उसमें छेद करके पाइप डाल देता था और जो गटर से गैस निकलता था, उसे पाइप लाइन से ठेले में ले लेता था। चाय बनाने के लिए उसी गैस का उपयोग करता था। सिम्पल सी टेक्नॉलजी है।

पाठक तय करे कि क्या ऐसा हो सकता है और यहाँ कोई आम आदमी नहीं, भारत के प्रधानमंत्री बोल रहे हैं।

नरेंद्र मोदी ने भिक्षा मांगकर खाने के दो अलग अलग दावे किये। रजत शर्मा के शो आप की अदालत में बताया कि मैंने 40 साल भिक्षा मांगकर खाया है तो वहीं 27 अप्रैल 2019 को वाराणसी में आजतक के कार्यक्रम जहां ये अंजना ओम कश्यप, राहुल कंवल और श्वेता सिंह के साथ थे। उस कार्यक्रम में बताया कि मैंने 35 साल भिक्षा मांगकर खाया है। जैसा कि इन्होंने बताया है कि ये 17 साल की आयु में घर छोड़ चुके थे यानि 1967 में इन्होंने घर छोड़ा था। अगर इन्होंने 40 साल भिक्षा मांगकर खाई तो 2007 तक भिक्षा मांगकर खा रहे थे और अगर इन्होंने 35 साल तक भिक्षा मांग कर खाई तो 2002 तक भिक्षा मांगते थे लेकिन ये 7 अक्टूबर 2001 को गुजरात के मुख्यमंत्री बने तो क्या गुजरात के मुख्यमंत्री भिक्षा मांगकर खाते थे। कोई आजतक सामने नहीं आया जिसने इनको भिक्षा दी हो लेकिन ये प्रसारित है कि इन्होंने भिक्षा मांग कर खाई है।

14 जुलाई 2023 को नरेंद्र मोदी फ्रांस से अपना 40 साल पुराना रिश्ता बताते हुए खुलासा करते हुए भावुक हो गए। इस अवसर पर, भारतीय प्रधानमंत्री ने 5 दिसंबर 1981 को भारत में फ्रांस के सांस्कृतिक केंद्र- अलाइअन्स फ्रेनकाइज की सदस्यता लेने को याद किया।

ALLIANCE FRANCAISE D' AHMEDABAD

(Registred under the Registration of Societies, Act. XXI of 1860)

Kavi Nanalal Marg - Ahmedabad 380 006

Receipt + Temporary Membership Card

No. 008

Date 5/12/81

Received with thanks from Mr. MODI NARENDRA

the sum of Rupees One hundred twenty by Cash / Cheque*

on account of Membership Fee single / couple + Entry Fee single / couple

Rs. 125 Rs.

*Subject to Realisation

Keep this receipt until you receive your membership card

उन्होंने अहमदाबाद में एलायंस फ्रेनकाइज की सदस्यता पाने के लिए 125 रुपये का भुगतान किया था। उस दिन को याद करते हुए, प्रधानमंत्री मोदी ने कहा एलायंस फ्रेनकाइज पाने वाले पहले व्यक्ति थे।

किसी बड़े उद्योगपति के परिवार का नहीं बल्कि भिक्षा मांगकर खाने वाले नरेंद्र मोदी उस जमाने में 125 रुपये सदस्यता शुल्क के ऊपर खर्च कर देते थे।

किसी न किसी मंच से बोलते जरूर सुने जाते हैं कि मैंने गरीबी में जीवन बिताया लेकिन आम लोगों को जीवन में खुशहाली लाना लक्ष्य है।

बांग्लादेश की आज़ादी लिए सत्याग्रह का सच

27 मार्च 2021 को नरेंद्र मोदी ने बांग्लादेश की राजधानी ढाका में दावा किया कि बांग्लादेश की आज़ादी के लिए मैं अपने साथियों के साथ सत्याग्रह कर रहा था और जेल भी गया। तब वो 20-22 साल के थे लेकिन ऐसा कोई दस्तावेज मौजूद नहीं जो साबित कर सके की वो जेल गए थे।

आपातकाल में भूमिगत होने की सच्चाई

नरेंद्र मोदी ने हमेशा आपातकाल को भुनाने का प्रयास किया और स्वयं को लेकर कई दावे किये जिसे तत्कालीन प्रधानमंत्री इंदिरा गांधी ने 25-26 जून 1975 को लगाया था। मोदी के दावे के अनुसार वो नाम व वेश बदलकर भूमिगत रह 19 महीने तक संघर्ष आंदोलन को धार देते रहे। पंजाब चुनाव से दो दिन पहले 18 फ़रवरी 2022 को सिख धर्मगुरुओं और नेताओ से अपने सरकारी निवास पर मिल उनसे शॉल और सिरोपा धारण किया।

इस दौरान भी उन्होंने पंजाब और सिखों से अपना पुराना नाता बताते हुए कहा कि आपातकाल के दौरान वे गिरफ्तारी से बचने के लिए जब भूमिगत हो गए थे तो पुलिस से बचने के लिए अक्सर सिक्ख का वेश धारण कर लिया करते थे।

1975 का एक दिलचस्प वाकया बताते हुए गुजरात के रहने वाले रोहित अग्रवाल ने कहा, "नरेन्द्र काका, सरदारजी का वेश बनाकर पुलिस को चकमा देकर बचते रहे।"

श्री अग्रवाल ने उस घटना को याद किया जब नरेन्द्र मोदी सरदार के वेश में घर से बाहर निकल रहे थे और ठीक उसी समय पुलिस उनकी तलाश में वहां पहुंच गई। अग्रवाल ने कहा कि सिर्फ पुलिसकर्मी ही नहीं, बल्कि उनके घर में कोई भी उन्हें तुरंत नरेन्द्र मोदी के रूप में नहीं पहचान सका।

रोहित अग्रवाल ने कहा, "1975 में जब इंदिरा गांधी ने आपातकाल लगाया था, नरेन्द्र काका उस समय हमारे घर मधु कुंज में सरदारजी के वेश में हमारे साथ रह रहे थे। एक बार वह सरदार जी के वेश में बाहर निकल ही रहे थे तभी पुलिस पहुंच गई और उनसे पूछा- नरेन्द्र मोदी कहां रहते हैं? मोदी ने जवाब दिया मुझे नहीं पता। आप अंदर जाकर पूछ सकते हैं। जब पुलिस घर के अंदर गई तब तक वो मेरे भाई के साथ स्कूटर पर बैठकर वहां से चले गए। सिर्फ पुलिसकर्मी ही नहीं, बल्कि हम भी नरेन्द्र मोदी की शक्ल से धोखा खा जाते थे।"

मोदी ने पूरे 18 महीने भूमिगत रहकर जिस प्रकार आंदोलन चलाया उसे उन्होंने 1978 में एक किताब में कलमबद्ध किया। यह उनकी पहली किताब थी। गुजराती में साधना प्रकाशन ने आपातकाल समाप्त होने के फौरन बाद इसे 'संघर्षमा गुजरात' शीर्षक से प्रकाशित किया।

पुस्तक के परिशिष्ट 4 में 'कुछ निजी बातें' शीर्षक से इस पुस्तक का परिचय देते हुए मोदी लिखते हैं कि ये मेरी पहली किताब है। भूमिगत संघर्ष के बारे में अबतक अनुतरित रहे कुछ कठिन प्रश्नों की कुंजी स्वरूप यह पुस्तक मैंने किसी लेखक की नहीं, लड़ाई के एक सिपाही की हैसियत से लिखी है।

उन्होंने इस किताब में कई दिलचस्प किस्से लिखे हैं। जिसमें से कुछ आंदोलन में उनकी भूमिका के बारे में हैं। मोदी आंदोलन के शुरुआती दिनों के बारे में चर्चा करते हुए लिखते हैं कि संघ कार्यालय ही हम प्रचारकों के लिए निवास स्थान हुआ करता था। 4 जुलाई को संघ पर प्रतिबंध लगाया गया और संघ के कार्यालयों पर सरकार ने कब्जा कर लिया। अतः मैं और संघ के प्रांत प्रचारक श्री केशवराव देशमुख दोनों ही श्री वसंतभाई गजेंद्रगड़कर के यहां रहा करते थे।

उस समय के भूमिगत नेताओं में जॉर्ज फनांर्डीज़ भी थे। आंदोलन के समन्वय के लिए उनकी और मोदी की मुलाकात बड़े दिलचस्प ढंग से हुई जिसका वर्णन मोदी ने किया है। "पीले रंग की एक फिएट कार दरवाजे के पास आकार रुकी। उनमें से विशालकाय वाले, बिना इस्तरी के कुर्ता पहने, सिर पर हरे रंग का कपड़ा, पट्टेदार छपाईवाली तहमत तथा कलाई पर सुनहरी चेनवाली घड़ी पहने, चेहरे पर बढ़ी हुई दाढ़ी के साथ एक मुस्लिम फकीर का वेश धरण किए हुए 'बाबा' के नाम से बुलाए जाने वाले जॉर्ज फनांर्डीज़ उतर कर आए। उन दिनों संघर्ष से जुड़े साथियों से मिलना भी एक आनंददायक अवसर हुआ करता था। हम आपस में मिले तथा संघर्ष में डटकर रहने के लिए हमने एक दूसरे को शाबाशी दी। मेरे पास गुजरात तथा अन्य प्रांतों की उपलब्ध जानकारी मैंने उनको दी।

इसके बाद वो कहते है, "श्री जॉर्ज के साथ मैं लगातार संपर्क में था अतः उनकी भी मैंने संघ के वरिष्ठ प्रचारक नाना जी देशमुख के साथ भेंट करवाई" नाना जी, आपातकाल का नेतृत्व कर रही लोक संघर्ष समिति के मंत्री थे और इंदिरा सरकार उन्हें खोजने के लिए जमीन-आसमान एक कर रही थी

महाराष्ट्र, मध्य प्रदेश और राजस्थान में आपातकाल के विरोध में जो भूमिगत साहित्य बंटा उसकी छपाई मुख्यतः गुजरात में हुई थी। यह कैसे संभव हुआ इसका ब्यौरा देते हुए मोदी बताते हैं, संघ के ही प्रचारक श्री किशनभैया लोक संघर्ष समिति की ओर से साहित्य छपवाने के लिए राजस्थान से अहमदाबाद आए। उनके लिए दो लाख पत्रिकाएं हिन्दी में छपवाकर राजस्थान पहुचानें का कार्य चुनौती भरा था। मैं और जनसंघ के संगठन मंत्री श्री नाथाभाई झड़का इस कार्य के लिए योग्य प्रेस की तलाश में जुट गए। हिन्दी भाषा में इतनी मात्रा में छाप सके, वैसा प्रेस गुजरात में मिलना मुश्किल था। दो दिन लगातार खोजबीन करने के बाद एक प्रेस मालिक इस काम के लिए तैयार हुए। हमने राहत की सांस ली और सोचा कि एक बार छपाई हो जाए फिर आगे का देखा जाएगा। पत्रिकाएं छपने लगी.. दो लाख पत्रिकाओं का ढेर लग गया। पत्रिकाएं तैयार होने के बाद अहमदाबाद में उन्हें चार अलग अलग स्थानों पर सावधानी पूर्वक रख दिया गया। इसके पश्चात राजस्थान में हर जिले से दो कार्यकर्ता आए और अपने खाली विस्तरबंद में इन पत्रिकाओं को भरकर ले गए। राजस्थान में जब यह साहित्य बंटा तो वहां की पुलिस इसे छापने वाली प्रेस को ढूँढने के लिए राज्य भर में छापे मारती रही।

एक अन्य प्रकरण की चर्चा करते हुए मोदी ने लिखा है कि हमारे भूमिगत योजना के सहयोगी स्वयंसेवक श्री नवीनभाई भवसार को गिरफ्तार कर लिया गया। श्री नवीनभाई के घर भूमिगत संघर्ष से संबंधित कुछ महत्वपूर्ण पत्रों के डाक द्वारा पहुँचते ही छापा मारा गया.. उसके साथ ही श्री परींदु भगत, श्री गजेंद्रराव गड़कर और श्री विनोद गजेंद्र गड़कर को भी हिरासत में ले लिया गया। सभी से कड़ी पूछताछ की गई, पत्र भेजने वाले का नाम था "प्रकाश"।

(प्रकाश मेरा ही छद्म नाम था) सरकार को इस नाम के धारक का भी पता चल गया। अब मेरे बारे में जानकारी प्राप्त करने के लिए पकड़े गए सभी लोगों को धमकियां दी जाने लगीं। कई तरकीबों के बाद भी इन लोगों ने कोई जानकारी पुलिस को नहीं दी।

आपातकाल के दौरान नरेन्द्र मोदी द्वारा किए गए काम के बारे में कई कहानियां हैं। उनमें से एक यह है कि वह एक स्कूटर पर सवार होकर राष्ट्रीय स्वयंसेवक संघ के एक वरिष्ठ कार्यकर्ता को एक सुरक्षित घर में ले गए थे। इसी प्रकार, एक बार यह बात सामने आई कि गिरफ्तार किए गए नेताओं में से एक गिरफ्तारी के समय अपने साथ कई महत्वपूर्ण कागजात ले जा रहे थे। वे कागजात किसी भी कीमत पर पुनः प्राप्त किए जाने थे।

यह ज़िम्मेदारी नरेन्द्र मोदी को सौंपी गई कि वे किसी भी तरह उन कागजात को पुलिस थाने में पुलिस की हिरासत में बैठे उस नेता से लेकर आएं और वह भी पुलिस बल के सामने…जब नानाजी देशमुख को गिरफ्तार कर लिया गया था, तब उनके पास एक पुस्तक थी जिसमें उनसे सहानुभूति रखने वालों के पते लिखे हुए थे। नरेन्द्र मोदी ने उनमें से प्रत्येक व्यक्ति को ऐसे सुरक्षित स्थानों पर पहुंचाने का प्रबंध कर दिया कि उनमें से किसी को भी आततायी सरकार के पुलिस बल गिरफ्तार नहीं कर पाए।

ये सिर्फ कहानी ही है क्योंकि इनके अलावा किसी और ने ये दावा नहीं किया। वैसे भी हकीकत यह है कि जून 1975 जब आपातकाल लागू हुआ था तब नरेन्द्र मोदी महज 25 साल के नौजवान थे और आरएसएस के एक सामान्य स्वयंसेवक हुआ करते थे। यानी राजनीति में उनका उदय ही नहीं हुआ था। चूंकि उस वक्त नरेन्द्र मोदी की कोई राजनीतिक पहचान नहीं थी इसलिए उनके भूमिगत हो जाने का कोई सवाल ही नहीं उठता। दरअसल मोदी भाजपा के उन नेताओं में से हैं जो अपने जीवन में किसी राजनीतिक आंदोलन के दौरान जेल तो दूर, पुलिस थाने तक भी नहीं गए हैं और न ही उन्होंने किसी तरह की पुलिस प्रताड़ना झेली है।

मोदी भले ही यह दावा करें कि वे आपातकाल के दौरान भूमिगत रह कर काम कर रहे थे, लेकिन इस दावे की पुष्टि के लिए कोई प्रामाणिक जानकारी नहीं मिलती। वैसे भी जब आपातकाल लगा था तब गुजरात में कांग्रेस विरोधी जनता मोर्चा की सरकार थी, जिसके मुख्यमंत्री बाबूभाई पटेल थे। इस वजह से गुजरात में विपक्षी कार्यकर्ताओं की वैसी गिरफ्तारियां नहीं हुई थीं, जैसी देश के अन्य राज्यों में हुई थीं। इसी वजह से आपातकाल के खिलाफ भूमिगत संघर्ष में जुटे कई नेताओं और कार्यकर्ताओं ने गुजरात में शरण ली थी। मोरारजी देसाई और पीलू मोदी जैसे गुजरात के वे ही दिग्गज नेता गिरफ्तार किए गए थे, जो गुजरात से बाहर दिल्ली में रहते थे।

आपातकाल के दौरान गुजरात में विपक्षी कार्यकर्ताओं की गिरफ्तारी का दौर तभी शुरू हुआ था जब मार्च 1976 में बाबूभाई पटेल की सरकार बर्खास्त कर राष्ट्रपति शासन लागू किया गया था। राज्य में विपक्षी दलों के कई नेता और कार्यकर्ता गिरफ्तार किए गए थे। जो लोग भूमिगत होने की वजह से गिरफ्तार नहीं किए जा सके थे उनके वारंट जारी हुए थे और उनमें से कई लोगों के परिवारजनों को पुलिस प्रताड़ना का शिकार होना पड़ा था।

लेकिन न तो गुजरात के पुलिस, जेल और खुफिया विभाग के आपातकाल से संबंधित तत्कालीन सरकारी अभिलेखों में मोदी के नाम का कहीं उल्लेख मिलता और न ही इस बात का कोई प्रमाण मिलता है कि कथित तौर पर भूमिगत हुए मोदी के परिवारजनों को पुलिस ने किसी तरह से परेशान किया हो। मोदी खुद भी ऐसा दावा नहीं करते हैं।

आपातकाल के दौरान जॉर्ज फर्नांडीज की अगुवाई में कई समाजवादी नेताओं और कार्यकर्ताओं के भूमिगत होने और आपातकाल विरोधी अभियान चलाने के जैसे ब्योरे मिलते हैं, वैसा आरएसएस या जनसंघ के नेताओं के भूमिगत होकर काम करने के कोई प्रमाण नहीं हैं। इसकी वजह यह थी कि आरएसएस के तत्कालीन सर संघचालक मधुकर दत्तात्रेय देवरस ने अपनी गिरफ्तारी के बाद तत्कालीन प्रधानमंत्री इंदिरा गांधी को एक से अधिक बार पत्र लिख कर आरएसएस पर से प्रतिबंध हटाने की गुजारिश की थी और इसके बदले में उनके 20सूत्रीय और संजय गांधी के 5 सूत्रीय कार्यक्रम का समर्थन करने की पेशकश की थी, जिसके प्रमाण अभी भी केंद्रीय गृह मंत्रालय की फाइलों में मिल सकते हैं, अगर उन्हें नष्ट नहीं कर दिया गया हो तो। देवरस की इस पेशकश से ही जाहिर था कि उनका संगठन और उसकी राजनीतिक शाखा जनसंघ सैद्धांतिक रूप से आपातकाल के खिलाफ नहीं थे।

यही वजह थी कि गिरफ्तार किए गए संघ और जनसंघ के कई नेता माफीनामा लिख कर जेल से बाहर आ गए थे। कई ऐसे भी थे, जिन्होंने गिरफ्तारी से बचने और अपनी पहचान छुपाने के लिए अपने घरों पर लगी हेडगेवार, गोलवलकर, सावरकर आदि की तस्वीरें हटा कर उनके स्थान पर महात्मा गांधी और जवाहरलाल नेहरू की तस्वीरें लगा दी थीं।

आपातकाल लागू होने से पहले गुजरात में छात्रों के नवनिर्माण आंदोलन और बिहार से शुरू हुए जेपी आंदोलन के संदर्भ में भी मोदी के समकालीन शरद यादव, लालू प्रसाद, शिवानंद तिवारी, रामविलास पासवान, नीतीश कुमार, रामविलास पासवान, राजकुमार जैन, मोहन सिंह, अरुण जेटली, सुशील मोदी, मुख्तार अनीस, मोहन प्रकाश, चंचल, रामबहादुर राय, अख्तर हुसैन, लालमुनि चौबे, गुजरात के ही प्रकाश ब्रह्मभट्ट, हरिन पाठक, नलिन भट्ट आदि नेताओं के नाम चर्चा में आते हैं, लेकिन इनमें मोदी का नाम कहीं नहीं आता। कहा जा सकता है कि मोदी संघ और जनसंघ के सामान्य कार्यकर्ता के रूप में आपातकाल के एक सामान्य दर्शक रहे हैं।

वर्ष 1978 के फरवरी महीने की शुरुआत में दिल्ली पहुंचे मोदी तब तक 'संघर्षमां गुजरात' नाम से इमरजेंसी के दौरान गुजरात में चले भूमिगत प्रतिरोध आंदोलन का दस्तावेजीकरण कर चुके थे। मकर संक्रांति यानी 14 जनवरी 1978 को ही उनकी वो पुस्तक छपी थी। वो पुस्तक बाद में 'आपातकाल में

गुजरात' शीर्षक से हिंदी में भी छपी। गुजराती में छपी उस पुस्तक का लोकार्पण गुजरात में संयुक्त मोर्चा की तत्कालीन सरकार के मुख्यमंत्री बाबूभाई जसभाई पटेल ने किया था।

इसी दौर में हुई बातचीत में मोदी ने साफ तौर पर कहा था कि आपातकाल के दौरान उनका जिस तरह से समाज के विभिन्न वर्ग के लोगों के साथ संपर्क हुआ है और बातचीत हुई है, उससे साफ तौर पर ये लग रहा है कि आगे आने वाले समय में जनसंघ को देश की सबसे बड़ी राजनीतिक ताकत बनने से कोई रोक नहीं सकता। मोदी को खास तौर पर युवाओं और महिलाओं से मिले प्रतिभाव से बड़ी उम्मीदें थीं, जिन्हें जनसंघ की शक्ल में भारतीय राजनीति के अंदर एक मजबूत विकल्प दिखाई दे रहा था।

मोदी के बारे में स्वयं उनके जो भी दावे हैं जिसको उनके अलावा कोई और नहीं बता सकता या फिर सत्यापित भी नहीं कर सकता। अगर मोदी 25 साल की आयु में इतने प्रभावशाली हो चुके थे तो उनको उसी समय से कोई बड़ी जिम्मेवारी क्यूं नहीं मिली?

क्या वो भूमिगत होने के दौरान भी भिक्षा मांगकर खाया करते थे क्योंकि उनके स्वयं के दावे के अनुसार 35-40 साल तक भिक्षा मांगकर खाए हैं।

डिग्री विवाद

1978 में उन्होंने दिल्ली विश्वविध्यालय से राजनीति शास्त्र में स्नातक किया जो की 3 साल का रहा होगा लेकिन स्वयं के दावे के अनुसार भूमिगत रहे तो परीक्षा देने कब गए?

10 मई 2016 को आप के चार नेता आशुतोष, संजय सिंह, आशीष खेतान और दिलीप पांडे दिल्ली विश्वविद्यालय पहुंचे और कुलपति से मिलने की कोशिश की, जहां किसी आशंका को देखते हुए भारी

संख्या में पुलिसकर्मी तैनात किए गए थे। विश्वविद्यालय प्रशासन की तरफ से उन्हें 11 मई 2016 को मिलने का समय दिया गया। साथ ही आप नेताओं ने पीएम की डिग्री को फर्जी साबित करने के संबंध में कुछ और तथ्य भी पेश किए और आरोप लगाया कि इस 'फर्जीवाड़े' के पीछे बहुत बड़ा षडयंत्र है। पार्टी ने डीयू के अंदर 'भय और दबाव' का माहौल होने का भी आरोप लगाया। गौरतलब है कि भाजपा की तरफ से 9 मई 2016 को पीएम की डिग्री और मार्कशीट की प्रतियां जारी की गई थीं, जिसे आप ने फर्जी करार दिया था।

संजय सिंह ने कहा, कल 9 मई 2016 को अमित शाह और अरुण जेटली ने डिग्री और मार्कशीट की प्रतियों को सार्वजनिक कर कहा था कि डीयू से इनका सत्यापन करवा सकते हैं। आज हम यहां आए तो भय का माहौल है, कोई बोलने को तैयार नहीं है। हमें बताया गया कि कुलपति व्यस्त हैं, रजिस्ट्रार बाहर गए हुए हैं और परीक्षा नियंत्रक और डिप्टी रजिस्ट्रार से मुलाकात नहीं हो सकती। बहुत मुश्किल से हमें यह कहा गया कि 11 मई 2016 को तीन बजे वीसी मुलाकात करेंगे'।

संजय सिंह ने आरोप लगाया कि अगर नरेन्द्र मोदी की डिग्री इतनी सही और सच्ची है तो सीआईसी के आदेश के बावजूद डीयू और कुलपति उसे सार्वजनिक क्यों नहीं कर रहे हैं। उससे जुड़े रिकॉर्ड्स क्यों नहीं दिखाए जा रहे हैं। आप नेता आशुतोष ने प्रधानमंत्री की डिग्री के संबंध में कुछ और तथ्य पेश करने की कोशिश की। आशुतोष ने किसी और के 1978 और 1980 की डिग्री और मार्कशीट की प्रतियों का मिलान मोदी की डिग्री और मार्कशीट से की।

आप नेता ने कहा कि विश्वविद्यालय का नाम मोदी की प्रतियों में स्टाइल में टाइप किया गया है जबकि दूसरे व्यक्ति वाले में यह सरल तरीके से लिखा है। साथ ही मोदी की डिग्री और मार्कशीट में कहीं कुछ भी हाथ से नहीं लिखा है चाहे नाम हो, अंक हो, टोटल मार्क्स हो, ग्रैंड टोटल मार्क्स हो जबकि उसी समय की बिरली और बी डिग्री में ज्यादातर चीजें हाथ से हैं। आशुतोष का कहना है, 'ऑरिजनल मार्कशीट में ज्यादातर चीजें हाथ से लिखी हैं क्योंकि 1978 में देश में कंप्यूटर नहीं था और टाइपराइटर में इस तरह के टैब्युलेशन में दिक्कत के कारण हाथ से लिखा जाता था'। आशुतोष ने आरोप लगाया कि जिस व्यक्ति ने फर्जीवाड़ा किया है उसने बचने की पूरी कोशिश की है, हाथ का इस्तेमाल नहीं किया गया ताकि फोरेंसिक जांच में पकड़ा न जाए।

आशुतोष ने प्रधानमंत्री द्वारा डीयू से बी.ए. करने की समयावधि पर भी सवाल उठाए। आप नेता ने कहा कि यह बात जून 1975 की है और नरेन्द्र मोदी ने अपनी एक किताब में लिखा है कि इमरजेंसी के दौरान वह साधू वेश में भूमिगत थे क्योंकि उन्हें 'मीसा' कानून के तहत ढूंढ़ा जा रहा था। 19 महीने तक आपातकाल लागू रहा। वैसे में मोदी ने परीक्षा कैसे दी। आशुतोष ने भाजपा नेताओं की इस बात का भी खंडन किया कि वह किसी के साथ एबीवीपी के दफ्तर में रहते थे। आप नेता ने सवाल उठाया कि जब आपातकाल के दौरान सभी विरोधियों के दफ्तर सील किए गए थे तो वह वहां कैसे रहते थे, इमरजेंसी तो 1977 में उठी। आप नेताओं ने कहा कि यह बहुत बड़ा मामला है, देश के पीएम का मसला है जो कि पिछले तीस सालों में सबसे शक्तिशाली पीएम हैं, इसलिए डीयू और उसके कुलपति की जिम्मेदारी बनती है कि वे इस विवाद को खत्म करें।

तत्कालीन भाजपा अध्यक्ष अमित शाह ने प्रधानमंत्री नरेंद्र मोदी की बीए और एमए की डिग्री सार्वजनिक कर अरविंद केजरीवाल से माफी की मांग की।

आप ने पलटवार करते हुए कहा कि अमित शाह और अरुण जेटली भगवान नहीं हैं। उन्होंने जो डिग्री दिखाई है वो फर्जी है। आशुतोष ने कहा, 'पीएम मोदी की बीए के डिग्री में उनका नाम नरेंद्र कुमार दामोदर दास मोदी लिखा है। वहीं एमए की डिग्री में उनका नाम नरेंद्र दामोदर दास मोदी लिखा है। नाम में अंतर कैसे आया?

सबको पता है कि नाम बदलने के लिए ऐफिडेविट देना पड़ता है। वहीं उनके बीए की मार्कशीट में पास होने का साल 1977 है तो डिग्री में साल 1978 लिखा है। ये अंतर कैसे आया?

14 मार्च 2017 को दिल्ली विश्वविध्यालय के स्कूल ऑफ ओपन लर्निंग, जहां उनके बारे में बताया जाता है कि वे 1978 में उतीर्ण हुए थे, उसके पास उस वर्ष का कोई रिकार्ड नहीं है। जबकि 11 मई 2016 को दिल्ली विश्व विद्यालय ने मोदी के डिग्री को प्रामाणिक बताया था और जोर देकर कहा कि संस्थान के पास उनके स्नातक स्तर से संबंधित सभी प्रासंगिक रिकार्ड हैं।

विश्व विद्यालय ने सन 1979 को स्नातक वर्ष के रूप में उल्लेख को मामूली त्रुटि बताया क्योंकि मोदी ने एक साल पहले ही स्नातक छोड़ दिया था।

उन्होंने कहा कि हमने अपने रिकार्ड की जांच की है .. प्रधानमंत्री मोदी की डिग्री प्रामाणिक है, उन्होंने सन 1978 में परीक्षा उत्तीर्ण की और सन 1979 में उन्हें डिग्री प्रदान की गई। आप के प्रतिनिधिमंडल को रेजिस्ट्रार तरुण दास ने बताया।

मोदी के नामों में भिन्नता के बारे में पूछे जाने पर दास ने कहा कि जहां तक मध्य नामों का सवाल है तो यह एक सामान्य सी गलती है। इस तरह की त्रुटियाँ अक्सर अन्य छात्रों द्वारा भी बताई जाती है-जिन्हें अनुरोध किये जाने पर सुधारा जाता है।

आप के इस आरोप के बारे में पूछे जाने पर कि मोदी को सन 1979 में डिग्री क्यों दी गई जबकि उन्होनें सन 1978 में स्नातक किया था, दास ने कहा कि "छोटी मोटी" त्रुटियों पर टिप्पणी करना मुश्किल है।

दिल्ली विश्वविद्यालय दो तरह की बातें क्यों रहा? सन 2016 में उसके पास त्रुटि के साथ नरेंद्र मोदी का डीटेल है, जिसे सत्यापित कर रहा है तो वहीं सन 2017 में सन 1978 में उत्तीर्ण छात्रों का कोई डीटेल नहीं है। ये सारी त्रुटियां सिर्फ एक छात्र के डीटेल में हुई?

डिग्री का विवाद खत्म नहीं हुआ, अरविंद केजरीवाल ने पीएम मोदी के एमए डिग्री सार्वजनिक करने के लिए गुजरात हाईकोर्ट में याचिका लगाई। हाईकोर्ट में गुजरात विश्व विद्यालय की तरफ से सॉलिसीटर जनरल तुषार मेहता ने कहा कि सूचना का अधिकार (आरटीआई) कानून का इस्तेमाल किसी बचकाना जिज्ञासा के पूर्ति के लिए नहीं किया जा सकता। विश्वविद्यालय ने याचिका दायर कर आरटीआई कानून के तहत प्रधानमंत्री मोदी की डिग्री की जानकारी अरविंद केजरीवाल को उपलब्ध कराने के आदेश को रद्द करने का अनुरोध किया।

केन्द्रीय सूचना आयोग (सीआईसी) के सात साल पुराने आदेश का पालन नहीं करने के लिए आरटीआई अधिनियम के तहत दिए गए अपवादों का हवाला देते हुए विश्वविद्यालय ने तर्क दिया कि केवल इसलिए कि कोई सार्वजनिक पद पर है, कोई व्यक्ति उनकी निजी जानकारी नहीं मांग सकता, जो उनकी सार्वजनिक जीवन / गतिविधि से संबंधित नहीं है। ये निजता से जुड़ा हुआ मामला है और लोकतंत्र में कोई कितना पढ़ा लिखा है, ये मायने नहीं रखता और ये प्रधानमंत्री के निजता से जुड़ा हुआ मामला है।

मेहता ने साथ में ये भी दलील दिया कि प्रधानमंत्री की डिग्री पहले से सार्वजनिक है और विश्व विद्यालय ने अपनी वेबसाईट पर विवरण भी पेश किया था। उन्होंने दावा किया कि आरटीआई का उपयोग विरोधियों के खिलाफ तुच्छ हमले के लिए किया जा रहा है। हालांकि केजरीवाल की ओर से पेश वकील ने कहा कि प्रधानमंत्री की डिग्री की जानकारी सार्वजनिक तौर पर उपलब्ध नहीं है, जैसा की मेहता दावा कर रहे हैं। वकील ने 'फेडरल ब्युरो ऑफ इंवेस्टिगेशन' (एफ़बीआई) द्वारा पूर्व अमेरिकी राष्ट्रपति डोनाल्ड ट्रम्प और जो बाईडेन के आवासों की तलाशी का भी उल्लेख किया और कहा कोई भी कानून से ऊपर नहीं है। दोनों पक्षों की दलील सुनने के बाद न्यायमूर्ति बिरेन वैष्णव ने याचिका पर अपना आदेश सुरक्षित रख लिया।

31 मार्च 2023 को गुजरात हाईकोर्ट ने अरविंद केजरीवाल के ऊपर 25000 का जुर्माना लगाया और केन्द्रीय सूचना आयोग (सीआईसी) के उस आदेश को निरस्त कर दिया जो 2016 में तत्कालीन सीआईसी ने दिल्ली विश्वविद्यालय और गुजरात विश्वविद्यालय को निर्देश दिया था कि वे मोदी द्वारा प्राप्त डिग्री के बारे में केजरीवाल को जानकारी प्रदान करें।

अरविंद केजरीवाल ने पुनर्विचार याचिका दायर की जिसकी सुनवाई गुजरात हाईकोर्ट ने 30 जून 2023 को की। गुजरात विश्व विद्यालय की ओर से पेश सॉलिसिटर जनरल तुषार मेहता द्वारा केजरीवाल द्वारा दायर प्रतियुत्तर हलफनामे को पढ़ने के लिए समय मांगने के बाद न्यायमूर्ति बिरेन वैष्णव ने सुनवाई 21 जुलाई 2023 तक स्थगित कर दी।

मेहता ने कहा "मुझे बहस करने में कोई दिक्कत नहीं है लेकिन उन्होंने क्या कहा है, यह जाने बिना यह मुश्किल है। हमने यह पाया है कि शुरुआत से ही गैर जिम्मेदाराना बयान दिए जा रहे हैं, हो सकता है कि वे इस हलफनामे में भी हो। मुझे इसे पढ़ने दीजिए।"

अरविंद केजरीवाल और संजय सिंह के खिलाफ गुजरात विश्व विद्यालय के रेजिस्ट्रार पीयूष पटेल ने आईपीसी की धारा 500 के तहत मानहानि का केस दर्ज कराया। पीएम मोदी के डिग्री को लेकर सीआईसी के आदेश को हाईकोर्ट से खारिज किये जाने के बाद दोनों नेताओ ने टिप्पणी की थी। कोर्ट ने पहली बार 15 अप्रैल 2023 को समन भेजा था, दोनों को 23 मई 2023 को हाजिर होने के लिए कहा गया था लेकिन आप ने बताया कि उनके नेताओ को समन नहीं मिला है, इसके बाद 7 जून को बुलाया गया था तब अरविंद केजरीवाल और संजय सिंह का प्रतिनिधित्व उनके वकीलों ने किया और शिकायत से संबंधित दस्तावेज भी मांगे।

"दोनों आरोपियों के वकील आज अदालत में पेश हुए और अदालती दस्तावेजों की मांग करते हुए एक आवेदन दायर किया। कोर्ट ने उन्हें दस्तावेज उपलब्ध कराये। उन्होंने आज अदालत में पेशी से छूट के लिए एक आवेदन भी दायर किया," गुजरात विश्वविद्यालय के वकील अमित नायर ने कहा।

अदालत ने उनके छूट आवेदन को स्वीकार करते हुए सांसदों और विधायकों के खिलाफ त्वरित सुनवाई के लिए एक परिपत्र की ओर इशारा किया और उनसे पूछा कि वे कब उपस्थित हो सकते हैं। उन्होंने कहा, उत्तरदाताओं ने कहा कि वे याचिका की रिकॉर्डिंग के लिए 13 जुलाई को उपस्थित रहेंगे।

13 जुलाई 2023 को भी दिल्ली में बाढ़ का हवाला दे दोनों नेता अहमदाबाद के मेट्रो कोर्ट में हाजिर नहीं हो सके, इसके बाद कोर्ट ने सुनवाई की अगली तारीख 26 जुलाई 2023 को तय कर दी।

गुजरात विश्वविद्यालय ने अरविंद केजरीवाल और संजय सिंह पर विश्व विद्यालय की छवि धूमिल करने का आरोप लगाया है। गुजरात यूनिवर्सिटी ने अपनी याचिका में कहा की दोनों ने संस्थान के प्रतिष्ठा पर सवाल उठाया है। पीएम की डिग्री वेबसाईट पर अपलोड की जा चुकी है, लेकिन इसके बाद भी दोनों नेता कह रहे हैं कि डिग्री न दिखाकर यूनिवर्सिटी सच छिपा रही है।

नरेंद्र मोदी की डिग्री विवाद में फिलहाल अरविंद केजरीवाल और संजय सिंह कानूनी कारवाई का सामना कर रहे हैं।

गुजरात यूनिवर्सिटी को बताना चाहिए कि सम्पूर्ण राजनीति विज्ञान की पढ़ाई कब से कब तक विश्वविद्यालय में पढ़ाया गया? कितने छात्रों को ये डिग्री प्रदान की गई? या सिर्फ नरेंद्र मोदी के लिए ये पाठयक्रम शुरू किया गया था? ये डिग्री सिर्फ मोदी के पास है। जब पहले से उनकी डिग्री सार्वजनिक कर रखा था तो डिग्री न दिखाने के लिए कोर्ट में इतना बचाव क्यों किया?

डिग्री को नकली बताने पर शिवसेना नेता संजय राऊत ने तंज कसते हुए कहा, कुछ लोग पीएम की डिग्री को नकली बता रहे हैं। मेरा मानना है कि सम्पूर्ण राजनीति विज्ञान ही ऐतिहासिक और क्रांतिकारी है, इसीलिए इसे हमारी नई संसद भवन के भव्य प्रवेश द्वार पर प्रदर्शित किया जाना चाहिए, ताकि लोग इस पर संदेह करना बंद कर दें।

शिवसेना नेता ने आगे कहा, 'पीएम की डिग्री मांगने पर क्या छुपाना है? अब हमें लगता है कि मोदी को खुद सामने आना चाहिए और अपने शैक्षणिक डिग्री को लेकर स्थिति साफ करनी चाहिए।' राऊत ने आगे बढ़ते हुए आरोप लगाया कि बीजेपी के कई नेताओं ने इस तरह की संदिग्ध डिग्री हासिल की है और यह देश के लिए गंभीर चिंता का विषय है।

नरेंद्र मोदी के शैक्षणिक डिग्री को लेकर सवाल उठने लगे तो उनकी करीबी पत्रकार शीला भट्ट उनके बचाव में उतरी क्योंकि आम लोग भी सवाल उठाने लगे थे, 'कोई आजतक नहीं मिला जो दावा करे कि उसने मोदी के साथ पढ़ाई करते हुए देखा है या उनके साथ पढ़ाई की है।'

शीला भट्ट ने 13 जुलाई 2023 को एएनआई के साथ साक्षात्कार में खुलासा किया कि मैं नरेंद्र मोदी से पहली बार 1981 में मिली थी, जब वह एमए पार्ट 2 में थे। प्रोफेसर प्रवीण सेठ और उनकी पत्नी सुरभि उनके मेंटर थे। उस दौरान उनके पास मोदी जाते थे और मैं भी जाती थी। पीएम मोदी के एक क्लासमेट को भी मैं जानती हूं, जिनसे मैंने फोन पर बात की थी। यह तब की बात है, जब उनकी डिग्री को लेकर केजरीवाल समेत कई लोगों ने सवाल उठाया था। तब मैंने कहा था कि आप सामने आइए, लेकिन उन्होंने कहा कि नहीं मैं ऐसा नहीं करना चाहती।

शीला भट्ट ने आगे कहा कि तब मोदी बहुत पढ़ाई लिखाई करते थे और तब की बहुत सी यादें हैं। जिन्हें मैं अभी साझा नहीं करना चाहती।

शीला भट्ट को ये बताना चाहिए कि मोदी की जो क्लासमेट थी, वो भी सम्पूर्ण राजनीति विज्ञान में एमए कर रही थी? प्रधानमंत्री के साथ जो पढ़ा हो, वो भला क्यों सामने नहीं आना चाहेगा? अन्य लोगों ने तो भी पढ़ाई की होगी, आजतक कोई सामने क्यों नहीं आया?

ये पाठक तय कर सकते हैं कि इनके दावे में कितना दम है?

शीला भट्ट ने नरेंद्र मोदी और अमित शाह को लेकर कहा कि आपको अलग हटकर देखना होगा। भारत के जीतने भी मुद्दे हैं, ये उनके ग्रिप में थे, लेकिन इंतजार किया और अब हल कर रहे हैं। आपको ऐसा कौन सा पीएम मिलेगा, जो 1981 से 2001 तक हर साल दिवाली पर देश के किसी ना किसी जिले में अकेले ही घूमने जाते थे और देश को समझने के लिए 5 दिन के लिए निकलते थे।

शीला भट्ट ने यहां तक दावा कर दिया कि 2001 तक तो नरेंद्र मोदी के पास कोई घर ही नहीं था। मै मोदी के गुजरात पहुंचने पर हसमुख भाई जैस 5 से 6 लोगों से पूछती थी कि क्या उनका बैग आपके यहां है? इसका मतलब होता था कि क्या नरेंद्र मोदी आए हुए हैं। शीला भट्ट ने कहा कि पीएम मोदी जब से पैदा हुए हैं, तब से ऐसे ही हैं। वह मुश्किलों में रास्ता निकालते आए हैं।

शीला भट्ट को ये भी बताना चाहिए कि क्या देश को समझने के लिए अमेरिका और यूरोप का भ्रमण जरूरी था? किस समस्या का हल कर रहे या कर दिया? ये शीला भट्ट ने नहीं बताया और न ही इनके समर्थक बता पाते हैं।

सच्चाई ये है कि कुछ किया ही नहीं तो क्या बताए वरना इनके पास डाटा होता।

ये सारी तस्वीरें 90 के दशक की हैं, नरेंद्र मोदी के दावे के अनुसार तब वो भिक्षा मांगकर खाते थे तो क्या कोई भिक्षा मांगकर खाने वाला तब या अब अमेरिका जा सकता है?

ये अमेरिका क्या करने जाते रहे? इसे पाठक आगे विस्तार से जान सकेंगे।

अविवाहित होने का झूठ

नरेंद्र मोदी हमेशा सार्वजनिक मंचों से बोलते रहे कि मेरा कौन है? आप (जनता) ही तो हैं। यहां तक कि चुनावी हलफ़नामा में भी वैवाहिक स्थिति खाली छोड़ते रहे और लोगों के बीच में ये प्रचलित था कि ये अविवाहित हैं।

आप की अदालत शो 1 अप्रैल 2014 में जब रजत शर्मा ने कहा कि मैंने सुना है कि जब आप गुजरात में जाते हैं तो लड़कियां ऑटोग्राफ के लिए अपनी गाल आगे कर देती हैं तो मोदी ने जबाव दिया कि उनको मेरी जिंदगी का पता नहीं है, जिनको जो जगह मिल जाए आ जाते है, बच्चों को लगता है कि मोदी जी गाल पर हस्ताक्षर करेंगे तो दुनिया देखेगी कि मोदी जी के हस्ताक्षर मेरे गाल पर हैं, कोई गाल पर, कोई माथे पर तो कोई हाथ पर करा लेता है।

रजत शर्मा , "आपको ये नहीं लगता कि कुँवारे रह कर गलती कर दी?"

नरेंद्र मोदी का जबाव था कि हो सकता है, कुँवारे रहने का फायदा हो।

रजत शर्मा, "बहुत सारे लोग तो ये भी सोचते होंगे कि ये जो सबसे एलीजिबल बैचलर है, ये अपना घर कब बसाएगा?"

नरेंद्र मोदी, "हमारे यहां जो एमएलए होते हैं, उनको जमीन का एक प्लॉट खरीदना पड़ता है। मैंने प्लॉट तो खरीदी है, मकान कब बनेगा मुझे मालूम नहीं, घर कब .. हंस के टाल गए।"

9 अप्रैल 2014 को नरेंद्र मोदी ने वडोदरा लोकसभा से नॉमिनेशन किया, तब स्वीकार किया कि वो शादीशुदा हैं और उनकी पत्नी का नाम जसोदा बेन है लेकिन उन्हें उनकी जानकारी नहीं है। जिसकी वजह से आधीरात तक मुख्य चुनाव अधिकारी के वेबसाइट पर नॉमिनेशन अपलोड नहीं हो पाया था क्योंकि पत्नी के संपत्ति का ब्योरा देना जरूरी होता है।

जो नरेंद्र मोदी 8 दिन पहले खुद को कुंवारा बता रहे थे उन्हें अचानक से क्यों स्वीकार करना पड़ा कि वो शादीशुदा हैं क्योंकि सुप्रीम कोर्ट के ऑर्डर के बाद चुनाव आयोग की सख्ती थी कि आप वैवाहिक स्थिति वाले कॉलम को खाली नहीं छोड़ सकते। आपको बताना होगा कि आप शादीशुदा हैं या अविवाहित हैं वरना नरेंद्र मोदी 2012 गुजरात चुनाव तक वैवाहिक स्थिति को खाली छोड़ते आए थे।

अब सवाल ये है कि मोदी ने ये राज क्यों छुपाया? शादीशुदा होना भारत में अपराध तो है नहीं!

काँग्रेस नेता दिग्विजय सिंह पहले से बोलते रहे कि नरेंद्र मोदी शादीशुदा हैं और उनकी पत्नी का नाम जसोदा बेन है लेकिन मोदी ने पहले कभी नहीं स्वीकार किया।

नरेंद्र मोदी की रणनीति रही कि वो जनता के बीच हमेशा पीड़ित, गरीब और लाचार बनके वोट मांगते रहें। उन्होंने खुद को अविवाहित बता भी जनता का खूब दोहन किया कि उनका कोई परिवार नहीं, उनके लिए तो लोग ही परिवार हैं। वो किसके लिए भ्रष्टाचार करेंगे उनके आगे पीछे तो कोई है नहीं। अविवाहित अटल विहारी वाजपेई, जयललिता, ममता बनर्जी, मनोहर लाल खट्टर, मायावती इत्यादि नेता रहे लेकिन इनके बराबर विवाहित होने के बाद भी अविवाहित होने का प्रचार प्रसार किसी ने नहीं किया।

जब इनके शादी की सच्चाई सामने आ गई तो इनके समर्थक इनके बाल विवाह का हवाला देने लगे कि इनका विवाह हुआ और पत्नी गौना चली गई और दोबारा ये कभी मिले नहीं। जसोदा बेन मोदी हमेशा मायके में रही।

दूसरा तर्क ये दिया जाने लगा कि किसी के निजी जीवन पर टिप्पणी नहीं करना चाहिए भगवान राम के ऊपर सवाल हो सकते हैं वो भी उत्तर कांड के आधार पर जो कि बाद में षड्यन्त्र पूर्वक जोड़ा गया लेकिन मोदी के ऊपर सवाल नहीं हो सकते?

सवाल ये है कि क्या किसी अपराध के ऊपर निजी जीवन का हवाला दे चुप रहा जा सकता है? बिना तलाक दिए किसी महिला को छोड़ना और खुद को अविवाहित होने का प्रचार प्रसार करना अपराध नहीं है। जो इनका बचाव करते हैं उनके बहन बेटी के साथ हो तो उनकी यही प्रतिक्रिया होगी?

हीराबेन की उम्र में हेरफेर

नरेंद्र मोदी की माँ हीराबेन ने 21 मार्च 2021 कोविड-19 वैक्सीन का पहला डोज ली तब उनकी उम्र 95 साल बताई गई।

18 जून 2022 को हीराबेन का उम्र 100 साल बता बधाई देते हुए नरेंद्र मोदी ने कई किस्से शेयर किये और अपनी मां को अब्बास की याद दिलाई।

अपने बचपन को याद करते हुए लिखा, "वडनगर के जिस घर में हम लोग रहा करते थे वो बहुत ही छोटा था। उस घर में कोई खिड़की नहीं थी, कोई बाथरूम नहीं था, कोई शौचालय नहीं था। कुल मिलाकर मिट्टी की दीवारों और खपरैल की छत से बना वो एक-डेढ़ कमरे का ढांचा ही हमारा घर था, उसी में मां-पिताजी, हम सब भाई-बहन रहा करते थे।"

मां हमेशा दूसरों को खुश देखकर खुश रहा करती हैं। घर में जगह भले कम हो लेकिन उनका दिल बहुत बड़ा है। हमारे घर से थोड़ी दूर पर एक गांव था जिसमें मेरे पिताजी के बहुत करीबी दोस्त रहा करते थे। उनका बेटा था अब्बास, दोस्त की असमय मृत्यु के बाद पिताजी अब्बास को हमारे घर ही ले आए थे। एक तरह से अब्बास हमारे घर में ही रहकर पढ़ा। हम सभी बच्चों की तरह मां अब्बास की भी बहुत देखभाल करती थीं। ईद पर मां, अब्बास के लिए उसकी पसंद के पकवान बनाती थीं। त्योहारों के समय आसपास के कुछ बच्चे हमारे यहां ही आकर खाना खाते थे। उन्हें भी मेरी मां के हाथ का बनाया खाना बहुत पसंद था।

28 सितंबर 2015 को नरेंद्र मोदी ने मार्क जुकेरबर्ग के साथ साक्षात्कार में अपनी मां को लेकर दावा किया कि बर्तन मांजना, मजदूरी करना, पानी भरना .....हालांकि उनका अभिनय अच्छे से दिख रहा था।

अब सवाल ये है कि उनकी मां का 1 साल में ही 5 साल उम्र कैसे बढ़ गया?

"जिसका बचपन इतने गरीबी में बीता हो जिसको लेकर खुद दावा किया है कि साबुन और जूता खरीदने के लिए भी पैसे नहीं थे, उनके घर अब्बास और अन्य बच्चों के लिए त्योहारों पर मनचाहा पकवान बनवाने के लिए कहां से पैसे आते थे?"

पीएम मोदी लिखते हैं, मेरी मां का मुझ पर बहुत अटूट विश्वास रहा है। उन्हें अपने दिए संस्कारों पर पूरा भरोसा रहा है। मुझे दशकों पुरानी एक घटना याद आ रही है, तब तक मैं संगठन में रहते हुए जनसेवा के काम में जुट चुका था। घरवालों से संपर्क न के बराबर ही रह गया था। उसी दौर में एक बार मेरे बड़े भाई, मां को बद्रीनाथ जी, केदारनाथ जी के दर्शन कराने के लिए ले गए थे। बद्रीनाथ में जब मां ने दर्शन किए तो केदारनाथ में भी लोगों को खबर लग गई कि मेरी मां आ रही हैं ।

उसी समय अचानक मौसम भी बहुत खराब हो गया था। ये देखकर कुछ लोग केदारघाटी से नीचे की तरफ चल पड़े। वो अपने साथ में कंबल भी ले गए, वो रास्ते में बुजुर्ग महिलाओं से पूछते जा रहे थे कि क्या आप नरेंद्र मोदी की मां हैं? ऐसे ही पूछते हुए वो लोग मां तक पहुंचे। उन्होंने मां को कंबल दिया, चाय पिलाई। फिर तो वो लोग पूरी यात्रा भर मां के साथ ही रहे। केदारनाथ पहुंचने पर उन लोगों ने मां के रहने के लिए अच्छा इंतजाम किया। इस घटना का मां के मन में बड़ा प्रभाव पड़ा। तीर्थ यात्रा से लौटकर जब मां मुझसे मिलीं तो कहा कि कुछ तो अच्छा काम कर रहे हो तुम, लोग तुम्हें पहचानते हैं।

जब ये संगठन में थे उनके बाद भी लोगों की भारी भीड़ तब ये कोई बड़े नेता नहीं थे फिर आम लोगों को क्या फर्क पड़ता है कि ये कौन हैं? क्योंकि इनकी तरह लाखों लोग यात्रा कर रहे होंगे।

कैमरा तो इनके पास 1987-88 से ही था जैसा की इन्होंने दावा किया था फिर फोटो क्यों नहीं खिंचे। फोटो खिंचाने का तो ये कोई मौका हाथ से जाने नहीं देते।

पाठक तय करें कि इनकी दावे में कितनी सच्चाई है?

1988 में डिजिटल कैमरा और ईमेल का इस्तेमाल

नरेंद्र मोदी ने 11 मई 2019 को न्यूज नैशन चैनल को दिए साक्षात्कार में खुलासा किया कि मैंने 1987-1988 में डिजिटल कैमरा का इस्तेमाल किया था। शायद मुझसे पहले किसी ने किया हो और उस समय काफी कम लोगों के पास ईमेल रहता था। 1988 में मेरे यहां विरमगाम तहसील में आडवाणी जी की रैली थी। मैंने डिजिटल कैमरा से उनकी फोटो खींचकर ईमेल की थी। ये देखकर आडवाणी जी भी हैरान रह गए थे कि उनकी रंगीन फोटो वो भी एक दिन में ही प्राप्त हो गई।

लाल कृष्ण आडवाणी ने कभी दावा नहीं किया कि उन्होंने 1988 में ईमेल का इस्तेमाल किया था। मोदी ने ईमेल तो आडवाणी या उनके किसी जानने वाले के ही ईमेल आइडी पर की होगी लेकिन ऐसा दावा कोई और नहीं कर सका।

1988 में पश्चिमी देशों के कुछ विज्ञानिकों के पास ही ईमेल था, लेकिन मोदी ने 1988 में ही हिंदुस्तान में ईमेल का इस्तेमाल कर लिया था जबकि बाकी देश के लिए 1995 में इसका इस्तेमाल शुरू हुआ।

1986 में डॉक्टर श्रीनिवास रमानी, जिन्होंने ERNET बनाने में महत्वपूर्ण भूमिका निभाई थी। ERNET से 8 शैक्षणिक संस्थानों के उच्च शिक्षा, अनुसंधान और विकास को जोड़ा गया। 1987 में IIT-Madras और IIT-Delhi को ERNET Dial-Up लिंक से जुड़े थे।

भारत में 15 अगस्त 1995 में विदेश संचार निगम लिमिटेड (VSNL) द्वारा आम जनता के लिए इंटरनेट शुरू किया गया।

वही पहला डिजिटल कैमरा US में 1990 में लॉन्च हुआ, लेकिन वह लॉजीटेक फोटोमैन का ग्रे वर्जन था। Kodak DSC 100 पहला व्यावसायिक कैमरा 1991 में लॉन्च हुआ जिसकी कीमत 10000$ से ज्यादा थी।

नरेंद्र मोदी 1987 में भारतीय जनता पार्टी में शामिल हुए और तभी उनके पास ये सारी सुविधाएं थी जो कि किसी बीजेपी या अन्य पार्टी के बड़े नेताओ के पास नहीं थी। सबसे ज्यादा ध्यान देने वाली बात है कि तब वह अपने दावे के अनुसार भिक्षा मांगकर खा रहे थे।

मोदी कुर्ता को लेकर दावा किया कि फूल कुर्ता बांह के नीचे से फट जाता था और कुर्ता खरीदने के पैसे नहीं थे तो उसी कुर्ते को काटकर हाफ कुर्ता बना लेता था।

जिनके पास 1988 में डिजिटल कैमरा था, 90 के दशक में विदेश भ्रमण के पैसे थे लेकिन कुर्ता खरीदने के लिए पैसा नहीं था।

ये पाठक तय कर सकते है कि इस दावे में कितनी सच्चाई है?

गुजरात के जब वो मुख्यमंत्री थे उसको याद करते हुए बताया कि एकबार मेरा काफिला जा रहा था। मैंने देखा कि स्कूटर पर एक आदमी ट्रैक्टर का ट्यूब भरकर ले जा रहा था। आप कल्पना कर सकते हैं कि पीछे आने वाले गाड़ी को लगता है कि कहीं टकरा ना जाए। कोई भी समझदार व्यक्ति यही करेगा, ट्यूब को खाली कर देगा, आगे जाकर हवा भर देगा। जब मैंने गाड़ी रोककर पूछा कि क्या है ये? क्या कर रहे हो? गिर जाओगे चोट लग जाएगी।

तो उसने बोला कि खेत जा रहा हूँ तो मोदी ने बोला कि ये (ट्यूब) क्यों ले जा रहे हो?

जवाव मिला कि मेरे घर में रसोईघर से कूड़ा-कचरा निकलता है वो और मैंने 2 पशु पाल रखे हैं उसका गोबर निकलता है। मैंने अपने घर में ही एक छोटा सा गैस का प्लांट बनाया हुआ है। उससे जो गैस निकलता है उसको मैं ट्यूब में भरकर खेत ले जाता हूँ और उससे मैं पानी का पम्प चलाता हूँ।

इस कहानी का हकीकत से क्या संबंध हो सकता है, ये पाठक ही तय कर सकते हैं।

ड्रोन से निगरानी

27 मई 2022 को प्रधानमंत्री नरेंद्र मोदी ने प्रगति मैदान दिल्ली में दो दिवसीय ड्रोन महोत्सव 2022 का उद्घाटन किया। इस दौरान वहां मौजूद लोगों को संबोधित करते हुए कहा कि जब भी कभी उन्हें कहीं सरकारी कामों की क्वालिटी देखना होता है तो वे ड्रोन भेज देते हैं। मोदी ने कहा कि मैं ड्रोन की मदद से सरकारी कामों का निरीक्षण करता हूँ। जब केदारनाथ के पुनिर्माण का काम शुरू हुआ था, तो हर बार मेरे लिए वहां जाना संभव नहीं था। तो मैं ड्रोन की मदद से केदारनाथ के काम का निरीक्षण करता था। आज सरकारी कामों की गुणवत्ता को देखना है तो जरूरी नहीं है कि मैं बात दूं कि मुझे निरीक्षण करने के लिए जाना है, तो फिर वहां सब ठीक ठाक हो ही जाएगा। मैं ड्रोन भेज दूं तो जानकारी वही लेकर आ जाता है और उन्हें पता भी नहीं चल पाता है कि मैंने जानकारी ले ली है।

अब सवाल है कि देश में इतने दंगे फसाद, कई जगह भ्रष्टाचार और कई प्रोजेक्ट के तैयार होने के बाद भी गुणवत्ता में भारी कमी देखी जाती है। आखिर उनको रोकने के लिए ड्रोन का इस्तेमाल क्यों नहीं करते? अगर करते हैं तो ये सब क्यों हो रहा है?

12 नवंबर 2023 को प्रधानमंत्री मोदी ने हिमाचल प्रदेश के लेपचा में सुरक्षाबलों के साथ दिवाली मनाई। उन्होंने कहा कि 30-35 साल से ऐसी कोई भी दिवाली नहीं रही, जो मैंने आपके साथ न मनाई हो। जब मैं न तो प्रधानमंत्री था और न मुख्यमंत्री, तब मैंने सीमावर्ती इलाकों में आपके बीच दिवाली मनाई थी। अब सवाल ये है कि प्रधानमंत्री बनने के बाद 2014 में सियाचिन ग्लेशियर पर तो जवानों के साथ दिवाली मनाई थी। उससे पहले गुजरात के मुख्यमंत्री रहे, कहीं जाते तो ऐसा हो नहीं सकता कि

कोई खबर न आए। साथ ही खुलासा किया कि जवानों के साथ मिठाइयों का दौर तब भी चलता था और मेस का खाना भी खाता था।

जब कुछ भी नहीं थे तो फिर इनको आर्मी के मेस में किस आधार पर पास जारी होता था और कैसे जवान इनके हाथों से मिठाई खाते थे। ये एक गंभीर सवाल है। लेकिन इसका जबाव भी इनके लोकप्रिय फेसबूक पेज द हुमन्स ऑफ बॉम्बे के साक्षात्कार से मिला। जब मोदी ने खुलासा किया था कि वो दिवाली के मौके पर 5 दिन के लिए जंगल में चले जाया करते थे।

वैसे नरेंद्र मोदी के रिश्ते हर जगह से निकल ही जाते हैं। अगर खुद का न निकले तो गुजरात का निकल जाता है जैसे इन्होंने महाराणा प्रताप के घोड़े चेतक की मां को एक सभा के दौरान गुजराती बताया। बहुत से ऐसे दावे हैं जिसका कोई प्रमाण नहीं मिलता।

दरअसल नरेंद्र मोदी के बचपन के बारे में बताया जाता है कि ये नाटक का स्क्रिप्ट लिखते थे और खुद अभिनय भी करते थे। आप इनके कार्यकाल को देखें तो ये साबित हो जाएगा कि ये बचपन से बाहर नहीं निकल पाए हैं।

रिश्तों का इस्तेमाल और धोखा

नरेंद्र मोदी का व्यक्तित्व अपने लोगों को धोखा देने वाले, आत्ममुग्ध, अहंकारी, मौकापरस्त और व्यक्तिवादी की रही है।

मोदी को आगे बढ़ाने में जो लोग भी रहे, आगे बढ़ने के बाद अपने शक्ति का इस्तेमाल उन्हीं के खिलाफ किया। ये व्यक्तिवाद से इतने ज्यादा ग्रसित हैं कि इनको खुद के अलावा किसी और का नाम सुनना भी पसंद नहीं। अपनी राजनीति के लिए हर किसी का इस्तेमाल किया और बाद में निपटा दिया हालांकि जनता के बीच उनके सम्मान का दिखावा करते रहे या फिर उनके नाम पर चुप्पी साध लिए, जिनकी फेहरिस्त लंबी है।

शंकर सिंह वाघेला

'बापू' और 'गुजरात का शेर' कहे जाने वाले शंकर सिंह वाघेला ने गुजरात विश्व विद्यालय से मास्टर की, उसी दौरान आरएसएस से प्रभावित हुए। उसके बाद वो आरएसएस से जुड़े और प्रचारक बन गए। आगे चलकर अपने राजनीतिक सफर की शुरुआत जनसंघ से की। 60 के दशक में वो और केशुभाई पटेल गाँव-गाँव जाकर जनसंघ का प्रचार-प्रसार किया करते थे। कभी लाल कृष्ण आडवाणी के विश्वासपात्र और वर्तमान प्रधानमंत्री नरेंद्र मोदी के राजनीतिक गुरु कहे जाने वाले वाघेला की कहानी भी उन लोगों में शामिल है, जिन्हें मोदी ने इस्तेमाल कर छोड़ दिया। हालांकि वाघेला उन्हें सिर्फ सहयोगी बोल गुरु की बात मीडिया में नकारते रहे हैं।

जब शंकर सिंह वाघेला लोकसभा सांसद थे, तब मोदी एक कार्यकर्ता थे, तो दोनों कई बार मोटरसाइकिल पर साथ घूमा करते और ट्रेन की भी सफर साथ में की। मोदी अपने स्वामित्व वाली रॉयल एनफील्ड की सवारी करते थे। दोनों पार्टी कार्यकर्ताओं, नेताओं, लेखकों, आम लोगों और व्यावसायिक लोगों से मिलने गुजरात के विभिन्न हिस्सों में जाया करते थे।

आरएसएस के अंदर मोदी का उदय तेजी से हुआ लेकिन असली राजनीतिक ताकत हासिल करने के लिए उन्हें आरएसएस से बाहर निकल बीजेपी में पहुंचना था। इसकी शुरुआत 1987 में तब हुई जब उन्हें गुजरात का संगठन सचिव नियुक्त किया गया। यह व्यक्ति आरएसएस का वो व्यक्ति होता है, जो

पार्टी अध्यक्ष नहीं होता क्योंकि उसे पर्दे के पीछे काम करना होता है। मोदी को दूसरे के काम में दखल देने, हर चीज का श्रेय लेने और अपनी बात मनवाने की जिद थी।

वाघेला ने कहा, "मोदी बीजेपी के रोजमर्रा के काम में दखल देने लगे थे जबकि पार्टी अध्यक्ष के तौर पर वह मेरा काम था। पार्टी के संविधान के अनुसार संगठन सचिव का काम सिर्फ पार्टी को निर्देश देना होता है उन्हें लागू कराने का काम अध्यक्ष का होता है लेकिन मोदी हर काम में दखल देने लगे थे। दोनों में मनमुटाव की शुरुआत यहीं से हो चुकी थी।

गुजरात में सांप्रदायिक दंगों की तीन बड़ी घटनाएं हुईं। 1985 में 208 लोगों की मौत हुई,1990 में 219 लोगों की मौत हुई और 1992 में 441 लोगों की मौत हुई। राज्य में हुए दंगे से बीजेपी को फायदा हुआ और पार्टी के हिंदू वोट बढ़ते चले गए। तनाव को भुनाने के लिए बीजेपी ने रोड शो का आयोजन कर दो राज्यव्यापी अभियान की शुरुआत की।1987 में निकाली गई पहली यात्रा का नाम न्याय यात्रा और 1989 में निकाली गई यात्रा का नाम लोक शक्ति रथ यात्रा था। जिनमें मोदी ने पर्दे के पीछे अहम भूमिका निभाई। हर दंगे में मरने वालों की बढ़ती संख्या के साथ-साथ बीजेपी की सीट बढ़ती चली गई। 1985 में बीजेपी के पास 11 सीट थी, जो एक दशक यानि 1995 में 121 हो गई। राज्य में पार्टी के पास पहले से दो वरिष्ठ नेता केशुभाई पटेल और शंकर सिंह वाघेला थे। दोनों गुजरात बीजेपी के प्रदेश अध्यक्ष रह चुके थे लेकिन मोदी अपने अधिकार क्षेत्र से बाहर जा गठबंधन बनाने के फैसले से लेकर, राज्य और केंद्र में उम्मीदवारों के चयन को प्रभावित करने लगे थे।

182 सदस्य वाली गुजरात विधानसभा में बीजेपी की सीट 121 हो गई, वहीं कांग्रेस 45 सीटों पर सिमट गई। उस वक्त शंकर सिंह वाघेला गुजरात बीजेपी के अध्यक्ष थे। पहली बार देश के किसी राज्य में अपने दम पर पूर्ण बहुमत मिली थी। मुख्यमंत्री के रेस में सबसे आगे उन्हीं का नाम था लेकिन कहा जाता है कि लाल कृष्ण आडवाणी और मोदी ने उनको मुख्यमंत्री नहीं बनने दिया। पार्टी ने पटेल को मुख्यमंत्री चुना और वाघेला खेमे के विधायकों को कैबिनेट में जगह नहीं दी। मोदी उनके साथ ज्यादा समय बिताने लगे। जिसकी वजह से वाघेला और अकेले पड़ गए और उन्हें एहसास हुआ कि दोनों नेता मिलकर उनके खिलाफ मोर्चा खोल रहे हैं। वाघेला ने कहा, "मोदी हर रोज केशुभाई पटेल के साथ दोपहर, रात का खाना खाने लगे और कान भरते कि मैं उनके खिलाफ विद्रोह की तैयारी कर रहा हूँ और उन्हें विधायकों को मुझसे दूर रखना चाहिए।"

सितंबर 1995 में मुख्यमंत्री केशुभाई पटेल अमेरिका दौरे पर रवाना होते, उससे ठीक पहले उन्होंने राज्य के कई बोर्ड और कॉरपोरेशन में महत्वपूर्ण पदों पर नियुक्तियां की थीं। इसमें भी वाघेला खेमे के नेताओं को नजरअंदाज किया गया। इन नियुक्तियों ने वाघेला खेमे के असंतुष्ट विधायकों को बगावत करने के लिए उकसा दिया। इधर केशुभाई पटेल अमेरिका रवाना हुए, उधर वाघेला खेमे के 44 विधायकों ने आत्माराम पटेल के नेतृत्व में बगावत कर दी। बागी विधायकों ने केशुभाई सरकार से समर्थन वापस लेने के लिए राज्यपाल को पत्र लिखा। राज्यपाल ने 05 अक्टूबर 1995 को विधानसभा में फ्लोर टेस्ट की तिथि निर्धारित की।

शंकर सिंह वाघेला को पता था कि तख्ता पलट के लिए फ्लोर टेस्ट से पहले बागी विधायकों को हर हाल में सुरक्षित रखना होगा। वाघेला जानते थे कि ये इतना आसान नहीं है। बागी विधायकों को पहले वाघेला के पैतृक गांव वासन ले जाया गया। यहां कुछ बागी विधायक, वाघेला खेमे से छिटककर निकलने में कामयाब हो गए। इसके बाद बचे बागी विधायकों को गांधीनगर के मनसा ब्लॉक स्थित चर्दा गांव में एक कांग्रेस समर्थक के फार्म हाउस ले जाया गया। यहां बागी विधायकों को छुड़ाने के लिए, भाजपा समर्थकों की भीड़ उमड़ पड़ी। इसका फायदा उठाकर कुछ और बागी विधायक यहां से निकल गए।

वाघेला समझ चुके थे कि गुजरात में बागी विधायकों को सुरक्षित और एकजुट रख पाना संभव नहीं है। लिहाजा उन्होंने इन्हें तुरंत किसी दूसरे राज्य में ले जाने का फैसला लिया। उन्होंने मध्य प्रदेश के तत्कालीन मुख्यमंत्री दिग्विजय सिंह से बात की। दिग्विजय सिंह, गुजरात की भाजपा सरकार गिराने के लिए इतने आतुर थे कि शंकर सिंह वाघेला की बात तुरंत मान गए। उन्होंने वाघेला से कहा 'मध्य प्रदेश चले आइये, खजुराहो में ठहरने का सारा इंतजाम कर दिया जाएगा।' इस तरह पहली बार बागी विधायकों को राज्य के बाहर ले जाने और रिजॉर्ट पॉलिटिक्स का सिलसिला शुरू हुआ।

जब पार्टी को पता चला तो अटल बिहारी वाजपेयी और भैरों सिंह शेखावत वाघेला को मनाने गुजरात पहुंचे। वाघेला नरेंद्र मोदी को गुजरात से बाहर भेजने और पटेल को मुख्यमंत्री पद से हटाने के शर्त पर राजी हुए।

पटेल को एक तीसरे उम्मीदवार सुरेश मेहता के लिए स्थान छोड़ने के लिए कहा गया और मोदी को सजा देकर बीजेपी का राष्ट्रीय सचिव बनाकर दिल्ली भेज दिया गया। जहां उन्हें पंजाब, हिमाचल प्रदेश, हरियाणा, चंडीगढ़ और जम्मू कश्मीर की जिम्मेदारी सौंप दी गई।

1996 के लोकसभा चुनाव में उम्मीद के विपरीत वाघेला गोधरा से चुनाव हार गए। हार का ठीकरा आरएसएस, पटेल और मोदी पर फोड़ा। बीजेपी से नाता तोड़ बागी विधायकों के साथ राष्ट्रीय जनता पार्टी बना ली। भाजपा के नेतृत्व वाली मेहता की सरकार गिर गई और कांग्रेस के समर्थन से खुद मुख्यमंत्री बन गए।

नरेंद्र मोदी ने दिल्ली निर्वासन का खूब फायदा उठाया। पार्टी मुख्यालय में रोज उनका बीजेपी के राष्ट्रीय नेताओं के साथ उठना बैठना होता था। मोदी ने शंकर सिंह वाघेला के दल बदल का खूब फायदा उठाया। जब किसी से मिलते उससे यही कहते थे कि वह पहले व्यक्ति थे जिन्होंनें वाघेला के बारे में पार्टी को चेताया था। जिसकी वजह से मोदी का कद बढ़ गया। 1998 में जब अटल बिहारी वाजपेयी प्रधानमंत्री बने तो एक बार फिर मोदी की पदोन्नति हुई और वो राष्ट्रीय संगठन सचिव बनाए गए। इस पद का व्यक्ति देश भर में बीजेपी और आरएसएस के बीच सेतु का काम करता है। भारतीय जनसंघ और बीजेपी के पांच दशक के इतिहास में पहले सिर्फ तीन संगठन सचिव हुए। विचारधारात्मक रूप से तीनों विशुद्ध संघी थे लेकिन पद के अनुसार उनको पर्दे के पीछे रह संघ और बीजेपी के बीच सेतु का काम करना था। जिसकी वजह से वे मीडिया से दूरी बना अपना काम करते रहे। पहले संघ की यही रणनीति भी रही कि मीडिया से दूर रह अपना काम करना है लेकिन मोदी चौकाचौंध चाहते थे क्योंकि उनकी महत्वाकांक्षा बड़ी थी।

1999 के कारगिल युद्ध और उसके बाद वाजपेयी और जनरल परवेज मुशर्रफ के बीच रही असफल बातचीत के दौरान मोदी लगातार प्रेस कर टीवी पर आने लगे। इस दौरान वह अपना राष्ट्रवादी जोश दिखाने लगे, जिसका आगे चलकर खूब फायदा उठाया। टीवी डिबेट के दौरान जब उनसे पूछा गया कि पाकिस्तान के उकसावे का क्या क्या जवाब होना चाहिए ? तो उन्होंने कहा, "चिकन बिरयानी नहीं, बुलेट का जवाब बम से दिया जाएगा।"

केशुभाई भाई पटेल

केशुभाई पटेल बीजेपी के कद्दावर नेता रहे, जिन्होंने 60 के दशक में जनसंघ से अपने राजनीतिक पारी की शुरुआत की। वे जनसंघ के संस्थापक सदस्यों में से एक थे और 1980 में बीजेपी के संस्थापक सदस्य रहे। 1995 और 1998 में 2 बार गुजरात के मुख्यमंत्री बने। नरेंद्र मोदी सार्वजनिक मंचों से बेशक उन्हें गुरु बताते रहे लेकिन स्वभाव के अनुसार इनको किसी के अधीन काम करना पसंद नहीं था। ये हमेशा दूसरों के काम में दखल देते रहे, चाहे कोई बड़ा नेता ही क्यों न हो!

1998 में दोबारा मुख्यमंत्री बनने के बाद पटेल ने केन्द्रीय नेतृत्व से कहकर मोदी को दिल्ली भिजवा दिया था क्योंकि वो नहीं चाहते थे कि मोदी गुजरात में रहकर नेताओं से मिले क्योंकि उस समय मोदी संगठन सचिव थे। जिनका काम था बीजेपी और आरएसएस के बीच पूल का काम करना। जो कि पर्दे के पीछे रहकर काम करना था, लेकिन आदेश देने की प्रवृति और अपने मनमाफिक काम करने की वजह से बीजेपी नेताओं के संग विवाद पैदा होने लगा था। केशुभाई पटेल ने नरेंद्र मोदी की गृह राज्य की यात्राओं पर कुछ शर्त रखी थी कि वह किसी नेता या पत्रकार से मुलाकात नहीं करेंगे और अपने दौरे को सिर्फ निजी मामलों तक ही सीमित रखेंगे।

इस दौरान पटेल के आस पास संजय जोशी, हरेन पंड्या और गोवर्धन झाड़ापिया जैसे युवा नेता होते थे जबकि दिल्ली में बैठे मोदी इस फ्रेम से गायब थे।

26 जनवरी 2001 में आए कच्छ में भूकंप जिसमे मरने वालों की संख्या 12000 से अधिक थी। 7.5$ बिलियन से अधिक संपत्ति के नुकसान का अनुमान लगाया गया था। पटेल उसके बाद सरकार को अच्छे से नहीं संभाल पाए। जिसका परिणाम रहा कि पटेल के नेतृत्व में बीजेपी कई स्थानीय चुनाव हार गई और 2 उपचुनावों में भी पार्टी को हार का सामना करना पड़ा।

कारवां मैगजीन में छपे लेख के अनुसार उस वक्त दिल्ली में बैठे एक बीजेपी नेता ने बताया "मोदी हमसे शिकायत करते हैं कि केशुभाई पटेल असफल हो रहे हैं और कैसे वह सिर्फ विकास के बारे में सोचते हैं न कि राज्य में हिंदुत्व के विकास के बारे में सोचते हैं।"

मोदी पार्टी नेताओं को हमेशा केशुभाई पटेल के बारे में बुरी बात ही कहते थे, ठीक वैसा ही जैसा ये शंकर सिंह वाघेला की बुराई पटेल से करते थे।

गुजरात में केशुभाई पटेल के प्रति बढ़ते लोगों के आक्रोश को देखते हुए पटेल को इस्तीफा देना पड़ा।

अटल विहारी वाजपेयी ने नरेंद्र मोदी को राज्य का मुख्यमंत्री बना दिया। मोदी के बयान के अनुसार उन्हें मुख्यमंत्री बनाया जाना आश्चर्यजनक था। अपने आधिकारिक जीवनी के लेखक को दिए साक्षात्कार में कहा कि वह एक टीवी कैमरामैन के साथ थे तभी उन्हें वाजपेयी का कॉल आया कि शाम को मीटिंग है। जब मैं वाजपेयी से मिला तो उन्होंने कहा, पंजाबी खाना खाकर आप मोटे हो गए हैं आपको वजन कम करना चाहिए। यहां से जाइए, दिल्ली छोड़ दीजिए। मैंनें पूछा, कहां जाऊँ? उन्होनें जबाव दिया, गुजरात जाइए,आपको वहां काम करना है। मुझे इस बात का अंदाजा नहीं था कि वो मुझे मुख्यमंत्री बनाना चाहते हैं लेकिन उन्होंने कहा कि आपको चुनाव लड़ना है, तब मुझे पता लगा कि मुख्यमंत्री जा रहा है। मैंने अटल जी से कहा कि ये मेरा काम नहीं है। मैं गुजरात से छह सालों से दूर हूँ। मुझे मुद्दों का भी अच्छे से नहीं पता, मैं वहां क्या करूंगा? यह मेरी पसंद का काम नहीं है। मैं किसी को जानता भी नहीं लेकिन फिर भी मुझे उस काम के लिए तैयार होना पड़ा क्योंकि पार्टी का आदेश था।

मोदी ने जो दावा किया, पार्टी के कई नेता उससे अलग बात बताते हैं। उनके अनुसार मोदी ने इस काम को पाने के लिए जमकर लॉबिंग की थी। वह जब से गुजरात से दिल्ली आए तब से उसी काम में लगे हुए थे। एक बीजेपी के नेता ने कहा, "उन्हें पता था कि गुजरात बीजेपी उन्हें मुख्यमंत्री नहीं बनाएगी इसलिए यह काम केंद्र के किसी बड़े नेता से करवाना पड़ेगा। गुजरात के नेताओं को पता था कि मोदी कितने ज्यादा विभाजक और आत्मसंतुष्ट हैं। यहां तक भी यह भी खबर आई थी कि उन्होंने दिल्ली के कुछ संपादकों से पटेल के बारे में नकारात्मक खबर छापने को कहा था।" आउटलूक के संपादक विनोद मेहता ने ऐसी एक मुलाकात का जिक्र किया था, "जब मोदी पार्टी के दिल्ली ऑफिस में काम करते थे तो मुझसे मिलने मेरे दफ्तर कुछ दस्तावेज लेकर आए थे। जिससे साबित होता कि मुख्यमंत्री पटेल कुछ गलत कर रहे हैं।"

गुजरात बीजेपी में मोदी का विरोध न हो इसलिए तत्कालीन बीजेपी अध्यक्ष कुशाभाऊ ठाकरे और वरिष्ठ बीजेपी नेता मदन लाल खुराना साथ गए और उनके उपस्थिति में तय किया गया कि बिना चुने जिन्हें मुख्यमंत्री बनाया गया है वह गुजरात में सुरक्षित लैंड कर सकेंगे।

नरेंद्र मोदी जैसे ही गुजरात में लैंड हुए वैसे ही अपने महत्वकांक्षी इरादे सबको जाता दिए। गुजरात पहुंचकर मोदी ने प्रेस से कहा, "मैं यहां एक वनडे मैच खेलने आया हूं। मुझे ऐसे तेज बल्लेबाजों की जरूरत है जो इस लिमिटेड ओवर के गेम में रन बना सकें।"

2001 में नरेंद्र मोदी के मुख्यमंत्री बनने के बाद केशुभाई पटेल अलग-थलग पड़ गए। बेशक 2002 में उन्हें राज्यसभा सांसद बनाया गया लेकिन लगातार हो रही उपेक्षा और अनदेखी से भाजपा से दूर हो गए।

2007 गुजरात विधानसभा चुनाव में पटेल ने सार्वजनिक रूप से कांग्रेस का समर्थन करते हुए अपने समर्थकों से बदलाव के लिए वोट करने को कहा लेकिन बीजेपी फिर से सत्ता में आई।

केशुभाई पटेल और पूर्व केंद्रीय मंत्री कांशीराम राणा ने 2012 में बीजेपी के तत्कालीन अध्यक्ष नितिन गडकरी को अपना इस्तीफा भेज दिया। अहमदाबाद में प्रेस सम्मेलन में पटेल ने कहा कि मैंने और कांशीराम राणा ने बीजेपी से इस्तीफा दे दिया है और अब राजनीति में नई शुरुआत करेंगे। पटेल ने कहा,

"कांशीराम राणा और मैंने पिछले 60 साल से पार्टी की सेवा की और हमें इस्तीफा देते हुए बहुत दुख हो रहा है। हमने इस दल को पाल पोसकर बड़ा किया था।"

पूर्व मुख्यमंत्री ने यह कहते हुए मोदी पर प्रहार किया कि पार्टी एक व्यक्ति का संगठन बन गई है और भाजपा सिद्धांतों से दूर चली गई है। मौजूदा भाजपा लोकतंत्र से मिलों दूर चली गई है।

केशुभाई पटेल ने गुजरात परिवर्तन पार्टी बनाई जिसमें राणा भी शामिल हुए लेकिन एक महीने के भीतर ही उनका दिल का दौरा पड़ने से निधन हो गया।

कांशीराम राणा 1989 से 2009 तक छह बार सूरत लोकसभा से सांसद और दो बार केंद्रीय मंत्री रहे लेकिन बीजेपी ने 2009 में उनका टिकट काट दिया, जिसका आरोप नरेंद्र मोदी के ऊपर लगा कि उनके इशारे पर राणा का टिकट काटा गया। कांशीराम ने पार्टी छोड़ते हुए कहा था कि जिस पेड़ को उन्होंने लगाया आज उन्हें उसकी छांव में भी बैठने नहीं दिया जा रहा क्योंकि मोदी के बढ़ते दखल से उपेक्षित महसूस कर रहे थे लेकिन उनके निधन पर मोदी ने सूरत जाकर श्रद्धांजलि दी थी।

केशुभाई पटेल ने 2012 में अपनी सीट जीत ली लेकिन बीजेपी की सत्ता बरकरार रही। 2014 लोकसभा चुनाव से पहले पटेल ने बढ़ती उम्र और खराब स्वास्थ्य के कारण अपनी ही पार्टी और विधायक पद से इस्तीफा दे दिया और उनकी पार्टी का विलय बीजेपी में हो गया।

केशुभाई पटेल ने कई चुनावों में मोदी के खिलाफ प्रचार किया लेकिन मोदी सार्वजनिक मंच से उनके सम्मान का दिखावा करते रहे। हर बार मुख्यमंत्री बनने के बाद पटेल के घर जाकर आशीर्वाद लेते और मिठाई खिलाते थे।

2019 में प्रधानमंत्री के रूप में, उन्होंने गुजरात में एक शिलान्यास समारोह में मिलने पर पटेल का पैर छूकर आश्चर्यचकित कर दिया।

29 अक्टूबर 2020 को पटेल ने अंतिम सांस ली। मरणोपरांत, मोदी सरकार ने उन्हें पद्म विभूषण से सम्मानित किया।

सुरेश मेहता

शंकर सिंह वाघेला के विद्रोह के बाद 1995 में सुरेश मेहता को मुख्यमंत्री बनाया गया। जिनका बीजेपी से जुड़ाव 50 वर्षों का रहा। 2007 में बीजेपी छोड़ते हुए उन्होंने मोदी के ऊपर गंभीर आरोप लगाया। सुरेश मेहता ने कहा कि पार्टी एक आदमी (मोदी) की कठपुतली बनकर रह गई है।

2001 को याद करते हुए उन्होंने कहा कि केशुभाई पटेल को बिना किसी गलती के हटा दिया गया और उनके स्थान पर मोदी को थोप दिया गया। उस समय बीजेपी के 117 विधायक थे, आडवाणी ने मोदी को मुख्यमंत्री बनाते समय एक भी विधायक से नहीं पूछा। इस तरह से हमें काफी परेशानी हुई, लेकिन पार्टी के व्यापक हित को ध्यान में रखते हुए सुरेश मेहता और बाकी चुप रहे।

मै उस घर (बीजेपी) को छोड़ रहा हूं जिसे मैंने महल की तरह बनाया था क्योंकि यह अब व्यवहार्य नहीं है। जब पूरी पार्टी एक आदमी के इशारे पर चल रही है तो मैंने तय कर लिया है कि मेरे लिए पार्टी छोड़ना ही बेहतर है।

गोवर्धन झड़फिया

गोवर्धन झड़फिया 1985 में अखिल भारतीय विद्यार्थी परिषद से जुड़े। केशुभाई पटेल के नेतृत्व में बनी बीजेपी सरकार में मंत्री और 2002 के दंगों के वक्त तत्कालीन मुख्यमंत्री नरेंद्र मोदी के साथ गृहमंत्री के तौर पर रहे। 2002 दंगे के बाद नरेंद्र मोदी से गोवर्धन झड़फिया के रिश्तों में दरार आने लगी। दिसम्बर 2002 में जब दंगों के बाद चुनाव हुए तो बीजेपी को 127 सीट मिली। नरेंद्र मोदी दुबारा मुख्यमंत्री बने और झड़फिया को मंत्रिमंडल में कोई स्थान नहीं दिया। उसके बाद जब गुजरात बीजेपी के नेता केशुभाईपटेल ने मोदी के खिलाफ मोर्चा खोला तब झड़फिया सभी नेता और विधायकों को एकजुट करने का काम कर रहे थे। विधायकों के विरोध के चलते आलाकमान के दबाव में आकर जब मोदी सरकार ने मंत्रिमंडल में नाराज विधायकों को स्थान दिया तो, गोवर्धन झड़फिया अकेले ऐसे विधायक थे जिन्होंने राजभवन के अंदर सबके सामने बतौर मंत्री शपथ लेने से इनकार कर दिया।

गोवर्धन झड़फिया ने न सिर्फ मोदी का विरोध किया, बल्कि बीजेपी से इस्तीफा भी दे नई पार्टी महागुजरात जनता पार्टी बनाई और 2007 में मोदी को सत्ता से बेदखल करने के नारे के साथ विधानसभा का चुनाव भी लड़ा लेकिन चुनावी सफलता नहीं मिली। 2012 में चुनाव से पहले केशुभाई पटेल से मिलकर गुजरात परिवर्तन पार्टी की शुरुआत की लेकिन फिर से हार का सामना करना पड़ा। 2013 में गुजरात परिवर्तन पार्टी का बीजेपी में विलय हो गया और फिर से बीजेपी में संगठन के काम में जुड़ गए। आगे चलकर बीजेपी का प्रभारी भी बनाया गया लेकिन टिकट से वंचित रखे गए ताकि मुख्यमंत्री पद की दावेदारी न पेश कर दे।

गोवर्धन झड़फिया की पहचान हिंदुवादी नेता के रूप में रही और केशुभाई पटेल, विश्व हिन्दू परिषद और प्रवीण तोगड़िया से अच्छे रिश्ते रहे। शुरुआत में तो मोदी से भी अच्छे रिश्ते रहे लेकिन प्रभावी होने की वजह से ठिकाने लगा दिया।

हरेन पंड्या

हरेन पंड्या और नरेंद्र मोदी एक समय केशुभाई पटेल के खेमे के ही हुआ करते थे। मोदी और पंड्या के बीच बेहद नजदीकी संबंध थे। जब केशुभाई पटेल ने मोदी को गुजरात से बाहर कराया तब पंड्या उनकी (केशुभाई पटेल) के नेतृव वाली बीजेपी सरकार में गृहमंत्री थे।

जब केशुभाई पटेल को हटाकर नरेंद्र मोदी को सन 2001 में गुजरात का मुख्यमंत्री बनाया गया तब वो विधानसभा के लिए सुरक्षित सीट की तलाश कर रहे थे। पंड्या जिस सीट से विधायक थे, वहीं से चुनाव लड़ना चाहते थे। अहमदाबाद में आने वाली एलिसब्रीज से पंड्या उपचुनाव लड़ना चाहते थे। यह बीजेपी के लिए सबसे सुरक्षित सीट थी। मोदी के लिए पंड्या सीट छोड़ने के लिए तैयार नहीं हुए।

कारवां मैगजीन के अनुसार बीजेपी के स्थानीय नेता ने बताया कि सीट छोड़ने को लेकर पंड्या ने कहा, "मुझे बीजेपी के किसी युवा के लिए यह सीट खाली करने को कहा जाए तो मैं कर दूंगा, लेकिन इस आदमी (मोदी) के लिए नहीं करूंगा।"

यही से दोनों की अदावत खुलकर सामने आई। नई सरकार में पंड्या को राजस्व मंत्री तो बनाया गया लेकिन पहले की तरह रुतबा नहीं रहा। दोनों के बीच आरएसएस और बीजेपी के सीनियर नेताओं ने सुलह करने की कोशिश की क्योंकि दिसंबर 2002 में ही चुनाव थे। दोनों की लड़ाई से पार्टी को नुकसान हो सकता था।

पंड्या की पहुंच आरएसएस के शीर्ष और बीजेपी आलाकमान तक थी। मीडिया से भी अच्छे कनेक्शन थे। डैमेज कंट्रोल के लिए उन्हें बीजेपी के नेशनल एग्जीक्यूटिव में शामिल करने का फैसला लिया गया।

पंड्या को पहले ही अंदेशा हो गया था कि उनका टिकट काट दिया जाएगा। जिसको लेकर उन्होंने अगस्त 2002 में मोदी कैबिनेट से इस्तीफा दे दिया। दिसंबर 2002 के चुनाव में पंड्या का टिकट काट दिया गया। मोदी ने पंड्या से वह सीट छीन ली जिसका वह 15 सालों से प्रतिनिधित्व करते आए थे। बीजेपी और आरएसएस के नेतृत्व ने मोदी से ऐसा नहीं करने को कहा। लेकिन मोदी अड़े रहे। नवंबर के अंत में आरएसएस नेता मदन दास देवी मोदी से उनके आवास पर मिलने आए और उन्हें आरएसएस प्रमुख केएस सुदर्शन, उनके डिप्टी मोहन भागवत, एलके आडवाणी और अटल बिहारी वाजपेयी का संदेश सुनायाः बहस करना बंद कीजिए, चुनाव से पहले फूट मत डालिए और पंड्या को उनकी सीट वापस दे दीजिए। देवी ने मोदी से देर रात तक बात की लेकिन मोदी नहीं माने। राज्य के पार्टी पदाधिकारी ने बताया, "उन्हें (मोदी) पता था कि उन्हें नागपुर (संघ मुख्यालय) और दिल्ली से फोन आने लग जाएंगे क्योंकि उन्होंने देवी की बात नहीं मानी थी। इसीलिए उस रात सुबह 3 बजे वह खिंचाव और थकान की वजह बताकर गांधीनगर सिविल अस्पताल में भर्ती हो गए।"

पार्टी के उस पदाधिकारी के मुताबिक पंड्या मोदी से मिलने हॉस्पिटल गए थे। पंड्या ने मोदी से कहा था, "बुजदिल की तरह सोने का नाटक मत कीजिए। मुझे "न'' कहने की हिम्मत दिखाइए।" मोदी टस से मस नहीं हुए। आखिरकार, आरएसएस और बीजेपी के नेताओं ने हार मान ली। मोदी दो दिनों

बाद हॉस्पिटल से निकले और पंड्या की सीट नए नेता को दे दी गई। दिसंबर में वह गोधरा से उपजी सांप्रदायिकता की लहर पर सवार होकर सत्ता में वापस लौट आए।

उधर पंड्या ने दिल्ली से गुजरात तक बीजेपी और आरएसएस के हर बड़े नेता से मिलना शुरू कर दिया और बताने लगे कि अपने निजी स्वार्थ के लिए मोदी पार्टी और संघ दोनों को बर्बाद कर देंगे। वैसे वे वरिष्ठ बीजेपी नेता, जो पंड्या को अभी भी पार्टी के लिए एक अहम व्यक्ति मानते थे, ने तय किया कि पंड्या को राष्ट्रीय कार्यकारी के सदस्य या पार्टी प्रवक्ता के रूप में दिल्ली मुख्यालय बुला लेंगे। गोवर्धन झड़ापिया ने बताया, "मोदी ने इसे भी विफल करने की कोशिश की क्योंकि पंड्या का दिल्ली जाना दीर्घावधि में मोदी के लिए नुकसानदेह साबित हो सकता था।"

तीन महीने बाद मार्च 2003 में पंड्या को पार्टी अध्यक्ष का फैक्स मिला कि उन्हें दिल्ली आना है। इसके अगले दिन ही यानि 26 मार्च 2003 को कुछ अज्ञात हमलावरों ने पंड्या की गोली मारकर हत्या कर दी। 6 अप्रैल 2003 को उनके लिए श्रद्धांजलि सभा का आयोजन किया गया। कार्यक्रम में शामिल भाजपा नेता हरेन पंड्या के पिता विट्ठल भाई पंड्या और पूर्व सीएम केशुभाई पटेल ने अप्रत्याशित गुस्सा जाहिर किया।

पंड्या के पिता विट्ठल भाई ने कार्यक्रम में शामिल हुए उपप्रधानमंत्री लालकृष्ण आडवाणी से स्पष्ट रूप से कहा कि पंड्या की हत्या राजनीति से प्रेरित थी और उन्होंने वर्तमान शासकों को रावण बताया।

केशुभाई पटेल ने पंड्या के साथ अन्याय होने पर चुप रहने के लिए पार्टी नेतृत्व पर निशाना साधा। जिन्हें विधानसभा चुनाव में टिकट नहीं दिया गया और उनकी मृत्यु के बाद भी उन्हें वह सम्मान नहीं दिया गया जिसके वो हकदार थे।

आडवाणी को सार्वजनिक रूप से स्वीकार करना पड़ा कि पार्टी ने पंड्या को टिकट न देकर उनके साथ बहुत बड़ा अन्याय किया और ये "मेरी अंतरात्मा पर बोझ" है। पार्टी ने हरेन को केंद्रीय कार्य समिति में शामिल करके अपनी गलती सुधारने का फैसला किया था लेकिन तब तक बहुत देर चुकी थी क्योंकि इस संबंध में घोषणा होने से पहले ही उनकी हत्या कर दी गई।

आडवाणी ने स्वीकार किया, "पार्टी वह सम्मान नहीं दे सकी जिसके सबसे समर्पित और कुशल नेताओं में से एक होने के नाते पंड्या हकदार थे।"

केशुभाई ने कहा, "यह वास्तव में दुर्भाग्यपूर्ण है कि पंड्या जैसे साहसी नेता को बिना किसी गलती के दंडित किया गया और उन्हें गलत तारीके से प्रताड़ित किया गया। यहां तक कि पार्टी का केंद्रीय नेतृत्व भी इस अपमान पर मूक दर्शक बना रहा।"

हरेन पंड्या के पिता विट्ठल भाई पंड्या ने अपने बेटे के हत्या का आरोप नरेंद्र मोदी और अमित शाह के ऊपर लगाया।

18 जुलाई 2003 को विट्ठल भाई ने गुजरात दंगों की जांच कर रहे न्यायिक आयोग के समक्ष लिखित दलील दी और आरोप लगाया कि एक गवाह के उस बयान के पीछे राजनीतिक साजिश है कि उन्होंने मेरे बेटे को उस भीड़ में देखा था। जिसने मुस्लिम स्वामित्व वाले अपार्टमेंट पर हमला किया था।

दंत चिकित्सक डॉ.यूनुस भावनगरी जिन पर दंगा के दौरान डीलाइट अपार्टमेंट में उनके आवास पर हमला करने वाली भीड़ में दो लोगों की हत्या करने का आरोप था उसने आयोग को बताया कि हरेन पंड्या भीड़ में मौजूद थे इसलिए पुलिस ने कोई जबाव नहीं दिया।

विट्ठलभाई ने नानावती-शाह आयोग को लिखित आवेदन देकर आरोप लगाया कि भावनगरी को मुख्यमंत्री नरेंद्र मोदी ने अपनी खुद की त्वचा बचाने और किसी मृत व्यक्ति की छवि खराब करने के लिए प्रशिक्षित किया था। मेरा बेटा सांप्रदायिक हिंसा का समर्थन नहीं करता और खासकर एलिसब्रीज निर्वाचन क्षेत्र में मुसलमानों के साथ उसके अच्छे संबंध थे।

गुजरात पुलिस और सीबीआई ने दावा किया कि पाकिस्तान की इंटर सर्विसेज़ इंटेलिजेंस (आईएसआई), लश्कर-ए-तैयबा और दुबई स्थित अंडरवल्ड दाऊद इब्राहिम ने मिलकर गुजरात दंगा का बदला लेने के लिए हत्या कराई।

हरेन पंड्या के हत्या के लिए पोटा अदालत ने 12 लोगों को दोषी ठहराया और उम्रकैद की सजा सुनाई। इस मामलें में 29 अगस्त 2011 को गुजरात हाई कोर्ट ने सीबीआई को फटकारते हुए पोटा अदालत द्वारा दोषी ठहराए गए सभी 12 आरोपितों को हत्या के आरोप से बरी कर दिया। हालांकि अपराधिक साजिश और हत्या की कोशिश का आरोप बना रहा।

3 सितंबर 2011 को हरेन पंड्या की बहन छाया पंड्या ने आरोप लगाया कि उनके भाई की हत्या राजनीतिक हत्या थी और गुजरात के मुख्यमंत्री नरेंद्र मोदी उस हत्या में शामिल थे।

हरेन पंड्या की पत्नी जागृति पंड्या को जनवरी 2016 में आनंदीबेन सरकार ने 'स्टेट कमिशन फॉर प्रोटेक्शन ऑफ चाइल्ड राइट्स' (SCPCR) का चेयरपर्सन बना दिया। इसके बाद जागृति के तेवर मंद पड़ गए। जागृति पंड्या ने 2007-08 में अपने ससुर विट्ठलभाई की तरह मोदी और शाह को अपने पति की हत्या के लिए ज़िम्मेदार बताया था। जागृति अपने पति की हत्या को राजनीतिक हत्या ही बताती रहीं। बीजेपी से अलग हुए केशुभाई पटेल ने जब गुजरात परिवर्तन पार्टी (GPP) बनाई तो जागृति 2012 का चुनाव अपने पति की सीट एलिसब्रिज से ही लड़ीं। रैलियों में उन्होंने कहा, 'मेरे पति की हत्या राजनीतिक थी। 10 साल से मैं कानूनी लड़ाई लड़ रही हूं, लड़ती रहूंगी।' चुनाव नतीजे आए तो बीजेपी कैंडिडेट ने उन्हें हरा दिया था।

नवंबर 2018 में सोहराबुद्दीन शेख कथित फर्जी मुठभेड़ मामले में एक गवाह के रूप में कथित गैंगस्टर आजम खान ने कई बड़े खुलासे किए हैं। यहां निचली अदालत में गवाह के रूप में पेश आजम खान ने बताया कि सोहराबुद्दीन ने गुजरात के पूर्व गृह मंत्री हरेन पंड्या की हत्या की थी। खान ने दावा किया कि गुजरात के पूर्व आईपीएस अधिकारी डीजी वंजारा ने पंड्या की हत्या के कथित आदेश दिए थे। खान ने कहा कि उसने 2002 में सोहराबुद्दीन से मुलाकात की थी। इसके बाद उसकी दोस्ती सोहराबुद्दीन, उसकी पत्नी कौसर बी और उसके सहयोगी तुलसी प्रजापति से हो गई थी। अदालत में आजम ने शनिवार को कहा, 'उस वक्त सोहराबुद्दीन ने मुझे बताया कि उसे गुजरात के गृह मंत्री हरेन पंड्या की

हत्या करने के लिए डीजी वंजारा से पैसे मिले थे और उसने वह काम पूरा किया। फिर मैंने उससे कहा कि उसने जो कुछ किया, वह गलत था और उसने एक अच्छे इंसान की हत्या की थी।'

डीजी वंजारा ने स्वयं 21 सितंबर 2013 को सीबीआई के सामने स्वीकार किया था कि पंड्या की हत्या राजनीतिक हत्या थी।

अब सवाल राजनीतिक हत्या और आजम खान के गवाही का है तो अगर ये सच है तो वंजारा पुलिस अधिकारी थे तो फिर पंड्या से राजनीतिक प्रतिद्वंद्विता होने का सवाल ही नहीं उठता। वंजारा जब फर्जी मुठभेड़ के मामले में जेल में थे तब गुजरात सरकार को जो अपना इस्तीफा भेजा था। उसमें स्पष्ट लिखा था कि उन्होंने जो कुछ भी किया सरकार के कहने पर किया।

अब मैं पाठकों के ऊपर छोड़ देता हूँ कि वो तय कर सकते हैं कि इस हत्या के पीछे वो अदृश्य हाथ किसका था?

प्रवीण तोगड़िया

प्रवीण तोगड़िया को बचपन में ही सोमनाथ जाने का अवसर मिला। जब उन्होंने सोमनाथ के ध्वस्त अवशेष देखे तो उनके जीवन की दिशा बदल गई और वे हिंदुत्व के पुनरुद्धार में लग गए। 10 वर्ष की उम्र में राष्ट्रीय स्वयंसेवक संघ से जुड़ गए। 1978 में मेडिकल की पढ़ाई करने अमरेली सौराष्ट्र से अहमदाबाद के बी.जे.मेडिकल कॉलेज आए थे।

तोगड़िया की दिलचस्पी पहले से ही हिंदुत्व के प्रचार और गौरव में थी। जिसकी वजह से वो पहले से ही संघ की शाखा में जा चुके थे। जहां उनकी मुलाकात नरेंद्र मोदी से हो चुकी थी।

1980 के दशक में उनकी दोस्ती की शुरुआत हुई। उन दिनों दोनों एक स्कूटर पर साथ बैठ घूमते देखे जाते थे।

मेडिकल की पढ़ाई पूरी करने के बाद तोगड़िया ने बतौर डॉक्टर अपनी प्रैक्टिस शुरू की। जो 14 साल तक चला लेकिन सामाजिक कार्य में सक्रिय रहे।

1985 में अहमदाबाद में सांप्रदायिक दंगा हुआ तो तोगड़िया को विश्व हिन्दू परिषद की जिम्मेदारी दी गई। सांप्रदायिक उन्माद के दौरान हिंदू पीड़ितों की मदद करने के अलावा और भी जिम्मेदारियां उठाई।

तोगड़िया विश्व हिंदू परिषद में थे तो मोदी संघ में थे, लेकिन हमेशा साथ में रहे। 1995 में जब पहली बार बीजेपी की पूर्ण बहुमत की सरकार बनी तो केशुभाई पटेल मुख्यमंत्री बने लेकिन नरेंद्र मोदी और प्रवीण तोगड़िया से हर छोटे बड़े फैसले में सलाह ली जाती थी।

जब केशुभाई पटेल से शंकर सिंह वाघेला के विद्रोह के कारण इस्तीफा ले लिया गया तो वाघेला ने मोदी के ऊपर अघोषित बैन लगवा दिया तो उनका जब गुजरात आना होता तो तोगड़िया ने ही उनको शरण दिया।

तोगड़िया के अहमदाबाद के सोला स्थित बंगले के बाहर लालबत्ती वाली कारों की लाइन लगी रहती थी। बेशक वो सरकार का हिस्सा नहीं थे लेकिन सत्ता के सूत्र उनके पास थे। ये बात गुजरात के अधिकारी भी अच्छे से जानते थे।

प्रवीण तोगड़िया का कद लगातार बढ़ता रहा। उनको जेड प्लस सुरक्षा मिली हुई थी। जिस तरह प्रधानमंत्री और मुख्यमंत्री के काफ़िले के साथ पुलिस की गाड़ियां, एम्बुलेंस और फायर ब्रिगेड होती थी, वैसा ही रुतबा तोगड़िया का था।

1998 में फिर एक बार जब बीजेपी की सरकार आई तब भी उनका वर्चस्व वैसा ही था।

2001 में नरेंद्र मोदी गुजरात के मुख्यमंत्री बने तो चुप रहे क्योंकि अगले साल चुनाव था।

2002 में तोगड़िया ने बीजेपी के लिए 100 से ज्यादा जनसभाएं की, जिसका असर सीटों में देखा गया। गोधरा दंगे और चुनाव में मिली जीत के बाद तोगड़िया उनके लिए ज्यादा प्रासंगिक नहीं रह गए थे क्योंकि जो हिंदू हृदय सम्राट का तमगा उनके पास था वो वामपंथी मीडिया के दुष्प्रचार से मोदी को मिल चुका था।

2002 में दोबारा नरेंद्र मोदी के मुख्यमंत्री बनने के बाद तोगड़िया से सारी शक्तियां छीन ली गई क्योंकि तोगड़िया का सरकार में जो दखल पहले से चलता आ रहा था, वो मोदी को पसंद नहीं था।

तोगड़िया को ये बात भी पसंद नहीं आई कि 1996 के एक मामले में उनके और 37 अन्य लोगों के खिलाफ हत्या के प्रयास का मामला दर्ज हुआ, जिसमें शंकर सिंह वाघेला के करीबी दिवंगत आत्माराम पटेल और अन्य पर अहमदाबाद के सरदार पटेल स्टेडियम में एक कार्यक्रम के दौरान हमला हुआ था।

समय के साथ दोनों में तल्खी बढ़ती गई क्योंकि मोदी आगे मंदिरों को तुड़वाने के काम में लग चुके थे।

2011 में अशोक सिंघल को बिगड़ते स्वास्थ के कारण अपना स्थान छोड़ना पड़ा और प्रवीण तोगड़िया ने उनका स्थान लिया। मोदी के मिशन भारत का इस्लामिकरण में सबसे बड़ा बाधा तोगड़िया थे। मोदी ने ये काम पहले ही शुरू कर दिया था लेकिन प्रधानमंत्री बनने के बाद काफी गति दी। तोगड़िया को कमजोर करने के साथ उन्हें विश्व हिन्दू परिषद को कमजोर करना था। अपने प्लान के मुताबिक मोदी ने दोनों काम कर दिया।

नरेंद्र मोदी के प्रधानमंत्री बनने के बाद तोगड़िया बीजेपी को चुनावी वादे याद दिलाने लगे क्योंकि उन्होंने लंबे समय तक उस मुद्दे के साथ जनता के बीच काम किया था। भाजपा जब विपक्ष में थी तब वादा था कि सत्ता में आने के बाद भव्य राम मंदिर का निर्माण संसद के माध्यम से कराया जाएगा लेकिन जब अटल बिहारी वाजपेयी के नेतृत्व में सरकार बनी तब गठबंधन की मजबूरी बता बचते रहे। जब नरेंद्र मोदी के नेतृत्व में पूर्ण बहुमत की सरकार बनी तब अदालत के ऊपर छोड़ दिया। जब अदालत का फैसला आया तो मोदी का फैसला बता दिया।

प्रवीण तोगड़िया को संघ से कहा गया कि आप राम मंदिर पर बोलना बंद कर दें लेकिन तोगड़िया माने नहीं, रिश्ते खराब होते चले गए।

15 जनवरी 2018 को प्रवीण तोगड़िया गायब हो गए। विहिप कार्यकर्ताओं ने अहमदाबाद, गांधीनगर, सूरत, राजकोट, मोरबी और नर्मदा में विरोध प्रदर्शन किया। विहिप कार्यकर्ताओं का कहना था कि राजस्थान पुलिस तोगड़िया को गिरफ्तार करके ले गई। अहमदाबाद के जॉइन्ट पुलिस कमिश्नर जे के भट्ट ने कहा कि तोगड़िया को न गुजरात पुलिस ने गिरफ्तार किया और न राजस्थान की पुलिस ने गिरफ्तार किया। राजस्थान पुलिस ने भी गिरफ़्तारी से इनकार किया था।

अहमदाबाद पुलिस क्राइम ब्रांच ने शाम को प्रेस सम्मेलन की। पुलिस की तरफ से कहा गया कि तोगड़िया की तलाश की जा रही है।

पुलिस के मुताबिक तोगड़िया सुबह 10:45 में खुद ही ऑटो रिक्शो पर बैठकर अकेले निकले थे और सुरक्षाकर्मी साथ ले जाने से मना कर दिया।

प्रवीण तोगड़िया अहमदाबाद एयरपोर्ट के पास एक पार्क में बेहोशी के हालत में मिले। ये सब जेड प्लस सुरक्षा मिले होने के बाद भी हुआ।

होश में आने के बाद प्रेस कॉन्फ्रेंस कर कहा कि मेरी और हिंदुओं की आवाज दबाने की कोशिश की जा रही है। मुझे बीजेपी का कोई शीर्ष नेता दबाने और फंसाने की कोशिश कर रहा है। मेरे कमरे में कुछ भी अनैतिक नहीं है फिर भी मेरे कमरे में पुलिस सर्च ऑपरेशन करने जा रही है। मेरे पास कोई संपत्ति नहीं है, एक भगवान की बैग, एक पुस्तक है। मैंने कोई कानून विरोधी काम नहीं किया है। क्या मैं अपराधी हूँ? आखिरी दम तक लड़ता रहूँगा। मेरी आवाज दबाने का प्रयास न करें। मैं हिंदुओं के एकता के लिए काम करता रहूंगा।

तोगड़िया ने कहा कि गुजरात पुलिस के सहयोग से राजस्थान से पुलिस का काफिला निकला, इसकी जानकारी मुझे मिली। एक व्यक्ति मेरे कमरे में आया और उसने कहा कि आपको मारने की कोशिश की जा रही है। पुलिस आपका एनकाउंटर करना चाहती है। मैंने उसकी बातों पर ध्यान नहीं दिया। महज 10 दिन पहले ही तोगड़िया ने आरोप लगाया था कि 'बीजेपी में शीर्ष पर बैठा व्यक्ति' उन्हें हत्या के मामले में फंसाने की कोशिश कर रहा है।

प्रवीण तोगड़िया जिसकी सरकार में दखल थी और जिनके इशारे पर तंत्र चलता था। उनके इस हालत का जिम्मेवार कौन? जिस बड़े नेता की बात कर रहे थे उसका अंदाजा पाठक स्वयं लगा सकते हैं।

बतौर ज़फ़र सरेसवाला (मोदी के करीबी) गुजरात में सरकार किसी की भी हो सड़कों पर चलती वीएचपी और बजरंग दल की थी। उनके दहशत का आलम यह था कि आप अहमदाबाद शहर के अंदर मांसाहारी रेस्टोरेंट नहीं खोल सकते थे। तोगड़िया साहब की चलती पुलिस में थी और ये जो वंजारा वगैर जो अंदर है न वो ब्लू व्हाइट बॉय तोगड़िया के थे और इनकी वजह से मुसलमान दहशत में था। अगर कोई मर्द ए मुजाहिद (नरेंद्र मोदी) है, जिसने इनको ठिकाने लगा दिया और इस तरह से

प्रभावहीन कर दिया। जिसका कोई अंदाजा ही नहीं है वरना ये तोगड़िया साहब अहमदाबाद शहर में जब उतरते थे तो 200 गाड़ियों से उनका स्वागत होता था और इनका सालाना कार्यक्रम होता था, जिसमें 5-10 लाख लोग होते थे। आज ये जब अहमदाबाद शहर में उतरते हैं तो इनके ड्राइवर के अलावा कोई इनको लेने वाला नहीं होता। ये खुलासा सरेसवाला ने इंडिया टीवी के कार्यक्रम मई 2014 में आप की अदालत में किया जहां मुफ्ती एजाज अरसद कासमी ने खुलासा किया कि जब मैं 2006 तक दारूल उलूम देवबंद में था तो हम लोग प्रवीण तोगड़िया का जबाव देते-देते परेशान रहते थे। अगर उनको कोई ठिकाने लगाया है, मुंह बंद किया है तो वो नरेंद्र मोदी है। जिन्होंने तोगड़िया को बोला कि तुम अपने औकात में रहो। मेरे ख्याल से ये पब्लिक मीटिंग में बोलने वाली बात नहीं है। अब तोगड़िया का मुसलमानों के खिलाफ कोई भाषण नहीं आता।

अप्रैल 2018 में विश्व हिंदू परिषद के अंतराष्ट्रीय अध्यक्ष के चुनाव के लिए वोट डाले गए। विहिप के 52 साल के इतिहास में ये पहली बार था, जब अंतराष्ट्रीय अध्यक्ष का चुनाव हो रहा था।

इस चुनाव में हिमाचल प्रदेश के पूर्व राज्यपाल विष्णु सदाशिव कोकजे को अंतरराष्ट्रीय अध्यक्ष चुना गया। उनसे पहले राघव रेड्डी अंतरराष्ट्रीय अध्यक्ष थे, जिन्हें तोगड़िया का करीबी माना जाता था।

चुनाव में कोकजे को 131 और रेड्डी को 60 वोट मिले। वीएचपी का अंतरराष्ट्रीय अध्यक्ष ही कार्यकारी अध्यक्ष और बाकी दूसरे पदाधिकारियों को नियुक्त करता है। कोकजे ने तोगड़िया की जगह आलोक कुमार को कार्यकारी अध्यक्ष बना दिया।

चुनाव में राघव रेड्डी की हार और कार्यकारी अध्यक्ष पद से हटाए जाने के बाद 14 अप्रैल 2018 को ही तोगड़िया ने विहिप छोड़ दी।

अपने फैसले का ऐलान करते हुए कहा, मैं अब विहिप में नहीं हूं। मै 32 साल तक इसमें रहा था। हिंदुओं के कल्याण के लिए अपना घर और अपनी डॉक्टरी छोड़ दी। मैं हिंदुओं के कल्याण के लिए काम करता रहूंगा।

विहिप छोड़ने के 2 महीने बाद ही जून 2018 में अपना नया संगठन अंतराष्ट्रीय हिंदू परिषद बनाया जिसका टैग लाइन है, "हिंदू ही आगे"

इसी संगठन से बना 'राष्ट्रीय बजरंग दल'

डी जी वंजारा

डी जी वंजारा 1987 बैच के गुजरात काडर के आईपीएस अधिकारी हैं। 2002 से 2005 तक अहमदाबाद की क्राइम ब्रांच के डिप्टी कमिश्नर ऑफ पुलिस रहते हुए वंजारा एनकाउंटर स्पेशलिस्ट के तौर पर मशहूर हुए। इस दौरान करीब 20 लोगों के एनकाउंटर हुए। तब वे गुजरात के तत्कालीन मुख्यमंत्री और मौजूदा भारत के प्रधानमंत्री नरेंद्र मोदी के करीबी रहे।

2002 में वंजारा ने कई एनकाउंटर किए, मारे गए सभी के बारे में बताया गया कि सभी 'मोदी को मारने के लिए आए आतंकवादी' थे। जून 2004 में इशरत जहां के साथ तीन अन्य का अहमदाबाद के बाहरी इलाके में एनकाउंटर हुआ।

2005 में जब वंजारा गुजरात के आतंकवाद विरोधी दस्ते के प्रमुख थे, तब सोहराबुद्दीन शेख का एनकाउंटर हुआ और उसकी पत्नी कौशर बी लापता हो गई। बाद में लापता कौशर बी की भी कथित एनकाउंटर की खबर आई। एनकाउंटर के बाद वंजारा ने एक प्रेस सम्मेलन कर कहा कि मारा गया व्यक्ति लश्कर-ए-तैयबा का आतंकवादी था और मोदी की हत्या का साजिश रच रहा था।

अगले साल दिसम्बर 2006 में तुलसी प्रजापति पुलिस एनकाउंटर में मारा गया। प्रजापति सोहरबुद्दीन का कथित साथी और एक पुलिस का मुखबिर था। प्रजापति सोहराबुद्दीन मामले में गवाह था। उसका एनकाउंटर गुजरात के जिस बनासकांठा जिले में हुआ, उस क्षेत्र की कमान कुछ दिन पहले ही वंजारा ने संभाली थी। वंजारा तबादले के जरिए वहां बॉर्डर रेंज आईजी बनाकर भेजे गए थे। सीबीआई की जांच से सामने आया कि सारे एनकाउंटर फर्जी थे।

डीजी वंजारा को पहली बार अप्रैल 2007 में सीआईडी की टीम ने गुजरात के सोहरबुद्दीन शेख और उसकी पत्नी कौसर बी के फर्जी एनकाउंटर में उनकी संलिप्तता को लेकर गिरफ्तार किया। बाद में उन्हें इशरत जहां, तुलसी प्रजापति और 3 अन्य लोगों के हत्या के लिए भी आरोपी बनाया गया। वंजारा को 2007 में गिरफ्तारी के बाद साबरमती सेंट्रल जेल में रखा गया। नवंबर 2012 में सोहराबुद्दीन मामले में सुप्रीम कोर्ट द्वारा मुकदमा चलाने के बाद उन्हें मुंबई की तलोजा जेल में शिफ्ट किया गया।

जून 2013 में सीबीआई ने इशरत जहां मामले में वंजारा को गिरफ्तार किया और उन्हें साबरमती जेल वापस लाया गया। सोहराबुद्दीन मामले में उन्हें सितंबर 2014 में बॉम्बे हाईकोर्ट से जमानत मिली। फ़रवरी 2015 में सीबीआई की विशेष अदालत ने इशरत मामले में उन्हें जमानत दे दी। इसके बाद

वंजारा जेल से बाहर आ गए। 2017 में सोहराबुद्दीन शेख मामले में उन्हें सभी आरोपों से बरी कर दिया गया। मई 2019 में सीबीआई अदालत ने उन्हें इशरत जहां मामले में बरी कर दिया गया।

गौरतलब है कि शोहरबुद्दीन और उसकी पत्नी के एनकाउंटर की सुनवाई कर रहे न्यायमूर्ति बृजमोहन हरकिशन लोया की 30 नवंबर 2014 को संदिग्ध परिस्थिति में मौत हो गई। जिसको लेकर कई गंभीर सवाल खड़े हुए।

जेल से रिहा होने के बाद वंजारा ने सम्मान समारोह के दौरान कहा कि आज से ठीक दस साल पहले मुझे गिरफ्तार किया किया गया था। मुझपर जो आरोप लगाए गए उस बारे में कहना चाहता हूँ कि अगर मैंने वो एनकाउंटर नहीं किए होते तो आज गुजरात कश्मीर बन गया होता। मैंने सारे एनकाउंटर कानून के दायरे में रहते हुए किए और अगर नहीं किए होते तो आज पीएम मोदी जिंदा नहीं होते।

जेल में रहने दौरान सितंबर 2013 में वंजारा ने इस्तीफा दे दिया और उस चिट्ठी में नरेंद्र मोदी और अमित शाह के ऊपर गंभीर आरोप लगाए।

नरेंद्र मोदी को अपना भगवान बताते हुए लिखा कि वो अमित शाह के शैतानी प्रभाव में हैं।

वंजारा ने मोदी सरकार पर पाकिस्तान समर्थित आतंकवाद से लड़ने वाले पुलिस अधिकारियों की सुरक्षा करने में नाकाम रहने का आरोप लगाते हुए अपने त्यागपत्र में कहा कि कथित फर्जी मुठभेड़ों में शामिल पुलिस अधिकारियों ने सरकार की राजकीय नीति का कार्यान्वयन किया।

ऐसें में मोदी सरकार का स्थान नवी मुंबई स्थित तलोजा जेल या अहमदाबाद स्थित साबरमती सेंट्रल जेल में होना चाहिए।

राज्य के गृह मंत्रालय के अतिरिक्त मुख्य सचिव को दस पन्नों की चिट्ठी में पुलिस अफसरों पर कारवाई के लिए नरेंद्र मोदी को जिम्मेदार ठहराते हुए कहा कि उनलोगों ने सिर्फ गुजरात सरकार की नीति का पालन किया। मैं साफ तौर पर बताना चाहता हूं कि 2002 से 2007 के बीच पुलिस अफसरों और क्राइम ब्रांच, एटीस और बॉर्डर रेंज के लोगों ने गोधरा कांड के बाद पैदा आतंकवाद के खिलाफ राज्य की सक्रिय नीति का पालन किया। गुजरात सीआइडी और सीबीआई ने मुझे और मेरे अफसरों को कथित फर्जी मुठभेड़ों को अंजाम देने के आरोप में गिरफ्तार किया। अगर यह सच है तो मामले की जांच कर रहे सीबीआई अफसरों को हमारे साथ आतंकवाद के खिलाफ नीतियां तय करने वालों को भी गिरफ्तार करना चाहिए। हमने तो फील्ड ऑफिसर होने के नाते राज्य सरकार की नीति का पालन किया, जो बेहद नजदीक से हमारा मार्गदर्शन कर रही थी। सरकार ने मुठभेड़ों की चर्चा को जिंदा रख काफी राजनीतिक लाभ लिया और जेल में बंद पुलिस अफसरों से बेरुखी दिखाई।

समय के साथ अब महसूस हो रहा है कि हमें बचाने में सरकार की कोई दिलचस्पी नहीं है। अमित शाह को बचाने के लिए बड़े वकील किए गए लेकिन हम लोगों की कोई सुध नहीं ली।

मोदी सरकार को रीढ़हीन सरकार बताते हुए लिखा कि रीढ़हीन सरकार सिर्फ शब्दों में ही दिलेरी दिखाती है। कामकाज में कायर और नपुंसक है।

गुजरात सरकार ने नियमों का हवाला देते हुए कहा कि जब तक केस चल रहा है वो इस्तीफा नहीं दे सकते। सरकारी नियमों के अनुसार किसी अफसर का इस्तीफा तब तक मंजूर नहीं किया जा सकता, जब तक उस पर कोई बकाया हो या केस चल रहा हो या जांच चल रही हो। इस तरह वंजारा का इस्तीफा नामंजूर कर दिया गया।

नरेंद्र मोदी का व्यक्तित्व आपदा को अवसर में बदलने और दबाव में झुकने की रही जो अब तक जारी है जिसको हम आगे इस पुस्तक में जानेंगे। वंजारा के साथ भी वही हुआ जो अन्य के साथ हुआ क्योंकि अब उनका इस्तेमाल हो चुका था। मुठभेड़ों को जिंदा रखना भी उनके लिए राजनीतिक तौर पर फायदेमंद था क्योंकि हिंदू हृदय सम्राट की जो इमेज चमकाई जा रही थी, उसके लिए इसका लंबा खींचना जरूरी था।

संजय जोशी

संजय जोशी का जन्म 6 अप्रैल 1962 को नागपुर में हुआ। मैकेनिकल इंजीनियरिंग की पढ़ाई पूरी करने के बाद नागपुर की एक इंजीनियरिंग कॉलेज में बतौर लेक्चरर के तौर पर काम किया। आरएसएस से प्रभावित हो सब कुछ छोड़ पूर्णकालिक प्रचारक बन गए और आजीवन अविवाहित रहे।

आरएसएस ने उनके अंदर बेहतरीन संगठनात्मक कौशल को देखते हुए उन्हें 1988 में संगठन मंत्री बनाकर भेजा। नरेंद्र मोदी पहले से वहां संगठन सचिव के रूप में काम कर रहे थे। दोनों ने मिलकर पार्टी को मजबूत करने का काम किया और दोनों के बीच में अच्छे संबंध रहे। 1995 में बीजेपी की सरकार बनने के बाद मुख्यमंत्री बनने की बात आई तो दोनों ने केशुभाई पटेल का साथ दिया तो वाघेला नाराज हो गए। जब वाघेला ने बगावत की तो समझौते के तहत सुरेश मेहता को मुख्यमंत्री बनाया गया और मोदी को गुजरात से बाहर कर दिया गया। मोदी के जाने के बाद जोशी को संगठन महामंत्री बनाया गया।

1998 में दुबारा केशुभाई पटेल के नेतृत्व में सरकार बनने के बाद मोदी गुजरात आना चाहते थे लेकिन जोशी तैयार नहीं हुए। संजय जोशी बेहद ही क्षमतावान कार्यकर्ता थे और चुप रहकर पार्टी के लिए काम करने की वजह से पार्टी कार्यकर्ताओं में उनकी लोकप्रियता बढ़ चुकी थी।

2001 में नरेंद्र मोदी ने मुख्यमंत्री बनने के बाद जोशी को गुजरात से बाहर करवा दिया।

संजय जोशी को राष्ट्रीय महामंत्री बनाकर दिल्ली भेजा गया। राष्ट्रीय स्तर पर उन्होंने संगठन में कई बड़े काम किये। हिमाचल प्रदेश, उत्तराखंड, छत्तीसगढ़, झारखंड, जम्मू-कश्मीर, बिहार, पश्चिम बंगाल, उड़ीसा और मध्य प्रदेश में पार्टी को मजबूत बनाने और खड़ा करने में जोशी का बेहद ज्यादा योगदान रहा। वो संजय जोशी ही थे, जिन्होंने जिन्ना विवाद पर लाल कृष्ण आडवाणी के इस्तीफे की मांग की और उन्हें देना पड़ा था।

संजय जोशी 2005 में ज्यादा चर्चा में आए, जब उनकी सीडी मार्केट में आई। जिसमें वो एक महिला के साथ आपत्तिजनक हालात में दिख रहे थे। इसके बाद पार्टी ने उन्हें बाहर का रास्ता दिखा दिया लेकिन सीडी फर्जी साबित हुई और उनकी पार्टी में वापसी हुई। जोशी समर्थक मानते हैं कि इसके पीछे मोदी समर्थकों का हाथ था।

नितिन गडकरी और संघ के करीबी होने के कारण वर्ष 2012 में जोशी को उत्तर प्रदेश विधानसभा की जिम्मेदारी दी गई। मोदी इससे इतना नाराज हो गए कि वह एक दिन के लिए भी यूपी चुनाव प्रचार में नहीं गए और दिल्ली में हुई पार्टी की कार्यकारिणी में शामिल नहीं हुए। मोदी ने पार्टी नेतृत्व को धमकी दी कि यदि संजय जोशी को राष्ट्रीय कार्यकारिणी से नहीं हटाया गया तो वह राष्ट्रीय कार्यकारिणी और राष्ट्रीय परिषद से इस्तीफा दे देंगे। पार्टी को मोदी के दबाव में झुकते हुए जोशी से इस्तीफा लेना पड़ा तब जाके मोदी मुंबई राष्ट्रीय कार्यकारिणी में शामिल हुए।

एक न्यूज चैनल से बातचीत में गडकरी ने स्वीकार किया कि मोदी एक बड़े नेता हैं इसलिए मुझे संजय जोशी के मामले में समझौता करना पड़ा।

नरेंद्र मोदी के हठ की वजह से जोशी जिन्होंने इतना पार्टी के लिए त्याग किया उसका राजनीतिक जीवन लगभग समाप्त हो गया।

आसाराम बापू

आसाराम बाबू का एक समय इतना प्रभाव था कि दिग्गजों का उनके आश्रम में जाकर दर्शन करने लिए तांता लगा होता था। देश के तमाम बड़े नेता अटल विहारी वाजपेयी, लालकृष्ण आडवाणी, मुरली मनोहर जोशी, शिवराज सिंह चौहान, वसुंधरा राजे सिंधिया, फारुख अब्दुल्लाह, कपिल सिब्बल, पूर्व प्रधानमंत्री एच डी देवेगौड़ा, दिग्विजय सिंह, राजनाथ सिंह, डॉ. रमन सिंह, बाबा रामदेव, नितिन गडकरी, प्रेम कुमार धूमल, जॉर्ज फर्नांडीस, कपिल सिब्बल, कमल नाथ, बॉलीवुड अभिनेता अमरीश पूरी, नरेंद्र मोदी, अजय माकन, उमा भारती वरुण गांधी आदि जैसे दिग्गज उनके आश्रम में जा हाजिरी लगाया करते थे। बिना सोशल मीडिया के भी इतनी ज्यादा लोकप्रियता थी जो आजतक किसी संत की नहीं हुई। हर राजनीतिक दल का नेता उनसे आशीर्वाद लेने जाया करता था।

नब्बे के दशक में आडवाणी की रथ यात्रा में आसाराम बापू ने अहम भूमिका निभाई। रथ यात्रा के लिये बापू ने जनाधार जुटाने में बड़ी भूमिका निभाई। उस जनाधार को देखते हुए पूर्व प्रधानमंत्री अटल बिहारी वाजपेयी ने बापू की जमकर तारीफें कीं। इसके बाद दिल्ली के एक समागम में पूर्व प्रधानमंत्री चंद्रशेखर ने उनके पैर तक छुए थे। करोड़ों लोगों की आस्था से जुड़े हुए आसाराम बापू के भक्त सिर्फ भारत में नहीं बल्कि विदेशों में भी हैं।

नरेंद्र मोदी कई बार आसाराम बापू के सत्संग में शामिल हो उनका आशीर्वाद लिया। मोदी के एक सत्संग का वीडियो सामने आया। जिसमें आसाराम बापू की प्रशंसा करते हुए नजर आए।

मोदी के अनुसार, "आसाराम बापू के सानिध्य में पूरे देश से एक साधक के स्वरूप में पूज्य बापू के चरणों में आकर बैठे हैं। मुझे श्रद्धा है कि गुजरात की इस पवित्र धरती से साबरमती के इस किनारे से आसाराम बापू जी के आशीर्वाद से न सिर्फ आशा लेके जाएंगे, उमंग भी लेकर जाएंगे, नया विश्वास लेकर जाएंगे, नई चेतना लेकर जाएंगे, एक नया संकल्प लेकर जाएंगे। यह संकल्प, चेतना, आत्मविश्वास नई ऊर्जा बन करके न स्वयं की विकास की धरोहर बनेगी बल्कि जिस कार्य को हमने स्वीकार किया है उसके लिए भी नई ऊर्जा बनेगी। हमारे यहां कहा गया है, "योगः कर्म सु कौशलम" जिस कार्य को हमने लिया है उस कार्य को मैं योग की भांति करता रहूंगा। सिद्धि अपने आप प्राप्त होगी। ऐसे ऋषिवर के जीवन के सानिध्य से, उनके शब्दों के मनन से, उनके आशीर्वाद की शक्ति से हम सबके जीवन को धन्यता प्राप्त होती है। मेरा अक्सर सौभाग्य रहा है कि जब जीवन में कोई नहीं जानता था, उस समय से बापू के आशीर्वाद मुझे मिलते रहे हैं, स्नेह मिलता रहा है। आज भी उतना ही स्नेह मिल रहा है और गुजरात की आकांक्षा के लिए बापू ने लाखों हजारों लोगों से जो संकल्प करवाया है। वो संकल्प गुजरात की आशा आकांक्षा की पूर्ति के लिए एक नई ताकत बनेगा, नया सामर्थ देगा और मै मानता हूँ कि बापू के शब्दों में एक यौगिक शक्ति रहती है। यौगिक शक्ति के भरोसे हम करोड़ों गुजरात वासियों के सपने साकार होंगे। मैं बापू के श्री चरणों में बंदन करता हूँ, उनको प्रणाम करता हूँ। पूज्य बापू के प्रेम, उनके आशीर्वाद, उनकी शुभकामनाएं मुझे एक नई शक्ति देगी। उस विश्वास के साथ यहां आने का अवसर मिला। मैं भाग्यवान मानता हूं, पूज्य बापू के श्री चरणों में नमन।"

3 जुलाई 2008 को आसाराम बापू के अहमदाबाद आश्रम में रहने वाले दो भाई दिपेश और अभिषेक वाघेला अचानक से गायब हो गए। दो दिन बाद 5 जुलाई 2008 को बच्चों की लाश आश्रम के पीछे बहने वाली साबरमती नदी के किनारे मिली थी। बच्चे आसाराम के इसी गुरुकुल में पढ़ाई करते थे।

परिवार ने आरोप लगाया कि आसाराम बापू के आश्रम में काला जादू होता है और काले जादू के लिए बच्चों को मौत के घाट उतारा गया था। गुजरात की मोदी सरकार ने सीआईडी की जांच बैठा दी। नरेंद्र मोदी ने इस घटना को लेकर सेवानिवृत न्यायमूर्ति डी.के.त्रिवेदी के नेतृत्व में आयोग का गठन कर दिया। सीआईडी को जांच के दौरान उन्हें आश्रम में तंत्र साधना और काले जादू की गतिविधियों का कोई सीधा सबूत नहीं मिला। लेकिन मोदी ने उस घटना के सामने आते ही बापू से दूरी बनाना शुरू कर दिया।

नरेंद्र मोदी ने न सिर्फ दूरी बनाई बल्कि आसाराम बापू के ऊपर नकेल कसना भी शुरू कर दिया। 2008 में गुजरात सरकार के राजस्व अधिकारी ने बापू के अहमदाबाद आश्रम में प्रवेश किया और जमीन की माप की और फिर बापू को उसका एक हिस्सा सौंपने के लिए मजबूर किया। राजस्व अधिकारियों की मानें तो वो हड़पा हुआ जमीन था।

आसाराम बापू द्वारा प्रायोजित रैली में साधकों द्वारा पुलिस की पिटाई के प्रतिशोध में बापू के साधकों पर हमला किया गया था। बापू ने नरेंद्र मोदी का सार्वजनिक रूप से नाम लेते हुए कहा था, "जो हमारे पीछे पड़े हैं वो भस्म हो जाएंगे।"

दिसंबर 2009 में अहमदाबाद आश्रम में समर्थकों के ऊपर पुलिस कारवाई हुई। जिसको लेकर उन्होंने मोदी को धमकी देते हुए कहा, "ये कैसा दोस्त है मुख्यमंत्री? देखते हैं आप कितने दिनों तक गद्दी पर

रहते हैं। दुनिया जानती है कि आप किसकी मदद से इस मुकाम तक पहुंचे हैं। समय गुंडों, अखबार मालिकों को सबक सिखाएगा" मुख्यमंत्री, मुझे उम्मीद है कि परिणाम पांच से छह दिनों या एक महीने में आ जाएंगे। धार्मिक नेता आसाराम बापू कहते हैं, अगर ऐसा नहीं हुआ, तो मैं अपनी मूंछें और दाढ़ी काट दूंगा।"

विहिप नेता अशोक सिंघल गांधीनगर पहुंचे और इस मुद्दे पर मुख्यमंत्री से मुलाकात की।

घटना पर टिप्पणी करते हुए वीएचपी नेता अशोक सिंघल ने कहा, "एक राजा के लिए उसका सच्चा धर्म हिंदू संस्थानों, हिंदू संतों की रक्षा करना और यह सुनिश्चित करना है कि उनका सम्मान किया जाए।"

23 दिसंबर 2009 को आसाराम बापू के खिलाफ कारवाई से गुजरात भाजपा की सरकार पर बरसते हुए अशोक सिंघल ने कहा कि ये हिंदू भावना का अपमान है और मांग की कि पार्टी नेतृत्व तत्काल इस मामलें में हस्तक्षेप कर धर्मगुरु के गिरफ्तार अनुयायियों की रिहाई सुनिक्षित करें और उनके खिलाफ दर्ज मामला वापस लें।

विश्व हिंदू परिषद के अध्यक्ष अशोक सिंघल ने कहा कि बापू के खिलाफ अपमानजनक कारवाई ने पूरे देश में मौजूद करोड़ों हिंदुओं की भावनाओं को ठेस पहुंचाया है। गिरजाघरों की ओर से यह एक सजिशपूर्ण प्रयास का उदाहरण प्रस्तुत करता है क्योंकि आदिवासी इलाकों में बापू के कार्यों के कारण उन्हें दिक्कतें हो रही है।

सिंघल ने कहा कि ऐसा प्रतीत होता है कि गुजरात के मुख्यमंत्री नरेंद्र मोदी गोधरा दंगा और उसके बाद की स्थिति के लिए उन्हें गलत ढंग से दोषी ठहराए जाने के आरोपों के दबाव में आ गए हैं। यह भाजपा हाईकमान का दायित्व बनता है कि उन्हें राज्य के पुलिस महानिदेशक शब्बीर हुसैन गिरजाघरों के इशारे पर ढाए जा रहे कहर की स्थिति से निपटने में मदद करें।

गौरतलब है कि आसाराम बापू और उनके दो अनुयायियों के खिलाफ उनके एक अन्य राजू चांडक हत्या के प्रयास (धारा 307) और आर्म्स एक्ट के तहत मामला दर्ज किया गया था।

अशोक सिंघल के चेतावनी का मोदी के ऊपर कोई असर नहीं हुआ। 7 दिन बाद ही यानि 31 दिसंबर 2009 को नवसारी के जिला अधिकारियों ने खेरगाम गाँव में स्थित आध्यात्मिक गुरु आसाराम बापू के आश्रम को नोटिस जारी किया। जिसके अनुसार 17000 वर्ग मीटर से अधिक जमीन खाली करने का आदेश दिया गया है। तीन दिनों के भीतर खाली करने को कहा था और अनुपालन नहीं हुआ तो आगे की कार्रवाई की जाएगी।

जिला अधिकारियों के अनुसार, आसाराम को 10 एकड़ भूखंड पर निर्माण की अनुमति दी गई थी लेकिन उन्होंने पास के भूखंडों में से कुछ भूमि पर भी कब्जा कर लिया और निर्माण कर लिया।

अहमदाबाद जिला कलेक्टर ने मोटेरा इलाके में आश्रम बनाने के दौरान कथित तौर पर अतिक्रमण की गई 67,000 वर्ग मीटर से अधिक भूमि को खाली करने के लिए आसाराम बापू को नोटिस दिया था।

आसाराम बापू के बेटे नारायण साईं को भी साबरकांठा जिले के अधिकारियों ने हिम्मतनगर तालिका के तीन गाँव में 70 एकड़ जमीन खाली करने के लिए नोटिस दिया। प्रशासन की तरफ से उसे अवैध अतिक्रमण बताया गया।

3 सितम्बर 2012 को आसाराम बापू सोमनाथ में सत्संग करना चाहते थे लेकिन प्रशासन की तरफ से अनुमति नहीं मिली। बापू ने मोदी सरकार को चेतावनी देते हुए कहा कि अगर उन्हें सत्संग करने से रोक गया तो वो सरकार को उखाड़ फेंकेंगे।

19 अगस्त 2013: को नई दिल्ली के कमला नगर पुलिस स्टेशन में आसाराम के खिलाफ शिकायत दर्ज कराई। शिकायत के अनुसार 15 अगस्त को मणाई गांव के पास फार्म हाउस में आसाराम बापू ने नाबालिग छात्रा का बलात्कार किया।

19 अगस्त 2013: पुलिस ने 1 बजकर 5 मिनट पर पीड़िता का मेडिकल कराया। इसके बाद उसी दिन मामला दर्ज किया गया।

20 अगस्त 2013: धारा 164 के अंतर्गत पीड़िता का बयान दर्ज किया गया। जिसके बाद दिल्ली के कमला नगर पुलिस स्टेशन में दर्ज जीरो एफआईआर को जोधपुर ट्रान्सफर किया गया।

21 अगस्त 2013: जोधपुर पुलिस ने मुकदमा दर्ज किया। इसके बाद आसाराम के खिलाफ सीआरपीसी की धारा 342, 376, 354 (ए), 506, 509 व 134 के तहत केस दर्ज हुआ।

31 अगस्त 2013: केस दर्ज होने के बाद जोधपुर पुलिस की टीम ने मध्य प्रदेश के इंदौर जिले से आसाराम को गिरफ्तार किया। आसाराम के खिलाफ पॉक्सो एक्ट की धारा 8 और जेजेए की धारा 23 व 26 के तहत मुकदमा दर्ज हुआ।

9 जून 2013 को बीजेपी के गोवा कार्यकारिणी में नरेंद्र मोदी को 2014 लोकसभा चुनाव अभियान का प्रमुख बनाया गया। बापू को लेकर खबर आई कि वो पूरे देश में काँग्रेस के खिलाफ चुनाव प्रचार करने वाले हैं। आसाराम बापू हालांकि बोलते रहे कि मुझे किसी भी राजनीतिक दल से कोई लेना देना नहीं है। नरेंद्र मोदी से जो उनका तकरार रहा उसकी ज्यादा चर्चा हुई नहीं। दूसरी तरफ जो कांग्रेस को लेकर हमलावर रहे उसकी ज्यादा चर्चा जरूर हुई। सोनिया गांधी को मैडम और राहुल गांधी को बबलू (मंद बुद्धि वाला) बोला करते थे। जब रेप का मामला सामने आया तब उमा भारती और प्रभात झा जैसे नेताओं ने जरूर खुलकर उनका बचाव किया। नरेंद्र मोदी इतने ज्यादा खफा हो गए कि 29 अगस्त 2013 को तत्कालीन बीजेपी अध्यक्ष राजनाथ सिंह से बात की। मोदी ने राजनाथ सिंह से सुनिश्चित कराने को कहा कि पार्टी का कोई भी नेता या प्रवक्ता आसाराम के बचाव में कोई बयान न दे।

गौरतलब है कि राज्यसभा सांसद प्रभात झा ने 27 अगस्त को आसाराम के मामले को 'कांग्रेस' की सोची समझी साजिश करार दिया। इससे पहले उमा भारती ने ट्विट किया, "आसाराम बापू बेकसूर हैं। सोनिया और राहुल गांधी का विरोध करने के चलते उन्हें निशाने पर लिया जा रहा है। कांग्रेस नीत राज्यों में झूठे केस दर्ज कराए जा रहे हैं। हम आसाराम बापू के साथ हैं।"

जिस कांग्रेस नेता दिग्विजय सिंह ने कभी जाकर आसाराम बापू से आशीर्वाद लिया था। वो बापू को फर्जी संत बता बीजेपी को घेरने लगे।

नरेंद्र मोदी न सिर्फ नेताओं को चुप कराने का प्रयास किया बल्कि खुद आसाराम बापू के खिलाफ हमलावर भी हो गए। 30 अगस्त 2013 को एक कार्यक्रम में बिना नाम लिए बोलते हुए कहा, "अगर संत इस तरह का काम करने लगे तो यह समाज के लिए बड़ा धब्बा होगा। रेप जैसे मामलों में शिकायत करने वाली महिला पर दोष मढ़ना गलत है। यह सती सावित्री का देश है। यहां की महिलाओं पर सवाल उठाने के बदले उन पुरुषों को अपना आचरण सुधारना होगा।"

29 अगस्त 2013 को भोपाल में आसाराम बापू ने कहा, "मैं किसी पार्टी का विरोध नहीं करना चाहता, मुझे लोग बताते हैं कि मैडम (सोनिया गांधी) और उनके सुपुत्र (राहुल गांधी) के इशारे पर मुझे फंसाया जा रहा है। ठीक है करने दो, जो वो करना चाहते हैं। पिछले साढ़े चार सालों से धर्मांतरण वालों को इनका सपोर्ट है। ऐसा लोग बताते हैं, पर मैं चाहूंगा कि भगवान सबका भला करे।"

आसाराम बापू के इस बयान पर कांग्रेस हमलावर हो गई। कांग्रेस नेता दिग्विजय सिंह ने कहा कि अगर आसाराम भगवान के अवतार हैं तो फिर जोधपुर से भागे-भागे क्यों फिर रहे है। कांग्रेस नेता राशिद अलवी ने कहा, "यह बेहद दुभाग्यपूर्ण आरोप है, स्वयंभू बाबा को सोनिया जी और देश से माफ़ी मांगनी चाहिए। तुम कौन हो? क्या हमारे पास और कोई काम नहीं है जो षड्यंत्र रचें?"

मुख्यमंत्री नरेंद्र मोदी ने नेताओं को बापू का बचाव न करने को कहा और बापू के खिलाफ उनका एक्शन चलता रहा। उन्होंने स्पष्ट रूप से राज्य प्रशासन को राज्य में बापू की संपत्तियों की जांच करने के आदेश दिए। 4 सितंबर 2013 को सौराष्ट्र के भावनगर शहर के बाहरी इलाके में बापू के 5 एकड़ में फैले बुधेल आश्रम पर छापा पड़ा। अधिकारियों ने इन खबर के बीच आश्रम से संबंधित सभी दस्तावेज जब्त कर लिये। भावनगर विकास प्राधिकरण ने कुछ नियमों के उलंघन के लिए आश्रम को नोटिस जारी किया।

सूरत कलेक्टर ने जमीन पर कब्जा करने के बदले 18 करोड़ 27 लाख रुपये के जुर्माने का निर्देश दिया। गुजरात के अहमदाबाद, सूरत, नवसारी, बनासकांठा इलाकों में आसाराम बापू आश्रम के नाम पर नदी किनारे की थोड़ी सी जमीन खरीदकर बाद में नदी किनारे की सारी जमीन कब्जाने का मामला सामने आया। कुछ समय पहले बनासकांठा में अरावली पर्वतमाला के एक छोटे पर्वत को ही आसाराम के बेटे नारायण सांई द्वारा कब्जाने के प्रयास का भी मामला सामने आया।

आसाराम बापू के नाबालिग लड़की से रेप के आरोप में गिरफ्तार होने के एक महीने बाद यानि अक्टूबर 2013 में दूसरा बलात्कार का मामला सूरत से सामने आया। दो बहनों ने आरोप लगाया कि 1997 से 2006 के बीच आसाराम और उनके बेटे ने उनका बलात्कार किया। पीड़िता ने सूरत पुलिस में मामला दर्ज कराया। जिसे अहमदाबाद पुलिस को स्थानांतरित कर दिया गया। चांदखेड़ा थाना पुलिस ने आसाराम बापू और उनके बेटे नारायण साई सहित 8 लोगों के खिलाफ आईपीसी की विभिन्न धाराओं में मामला दर्ज किया। जिसमें एक या एक से अधिक समूह में बलात्कार, अप्राकृतिक यौन संबंध,

महिलायों पर अपराधिक बल, गलत तरीके से बंधक बनाना और अपराधिक धमकी देना शामिल है। बड़ी बहन ने आसाराम बापू और छोटी बहन ने नारायण साई के खिलाफ मामला दर्ज कराया।

अहमदाबाद के चांदखेड़ा थाने में दर्ज प्राथमिकी के मुताबिक, "आसाराम ने 2001 से 2006 तक महिला से कई बार मोटेरा आश्रम में बलात्कार किया।

छह अन्य लोग जो आरोपी थे उनमें बापू की पत्नी लक्ष्मीबेन, बेटी भारती, निर्मला लालवानी, मीरा कलवानी, ध्रुवबेन लालवानी और जावंतीबेन चौधरी हैं।

अब सवाल है कि अगर रेप हुआ और इतने सालों तक किसी को बंधक बनाकर रखे तो परिवार के लोग उस दौरान अपनी लड़की की खबर तो जरूर रखते होंगे तो फिर किसी ना किसी तरीके से परिवार लड़की को छुड़ाने का प्रयास तो जरूर करेगा। कहीं न कहीं कोई मामला जरूर दर्ज कराएगा लेकिन इस मामले में ऐसा नहीं हुआ। अगर आश्रम आती जाती रही तो उसकी सहमति रही होगी। कौन पत्नी अपने पति और बेटे या कोई लड़की अपने बाप या भाई से किसी के बलात्कार की घटना में शामिल होगी?

25 दिसंबर 2014 को गुजरात पुलिस ने बताया कि बापू के ऊपर आरोप लगाने वाली महिला रहस्यमयी तरीके से अपने लड़के और पति के साथ गायब हो गई। उसके बाद महिला मीडिया के सामने आई और इस खबर को निराधार बताया। महिला ने बताया कि मैं पुलिस से मांग कर रही हूँ कि मेरा बयान मजिस्ट्रैट के सामने बदला जाए लेकिन पुलिस मना कर रही कि अब कुछ नहीं हो सकता। पुराना बयान ही मान्य रहेगा।

अब आखिर पुलिस ऐसा क्यों कर रही है? जाहिर सी बात है कि पुलिस को सरकार के आदेश को ही मानना होता है। इतने बड़े हाई प्रोफाइल केस में तो पुलिस स्वयं से निर्णय लेने का सोच भी नहीं सकती। गुजरात में बीजेपी की सरकार और केंद्र में नरेंद्र मोदी, कोई बड़ा आदेश पारित करने से पहले वो मोदी की सहमति न ले ये हो ही नहीं सकता।

नाबालिग लड़की से बलात्कार के मामले में आसाराम बापू के वकील के के मेनन ने जिला और सत्र न्यायधीश (ग्रामीण) मनोज कुमार व्यास के समक्ष उनकी जमानत याचिका पर बहस करते हुए आरोप लगाया कि पुलिस ने मीडिया के दबाव में काम किया और जल्दबाजी में एफआईआर तैयार की।

मेनन ने संवाददाताओं से कहा, "आसाराम के खिलाफ प्राथमिकी टिकने लायक नहीं है क्योंकि उसमें कई खमियां हैं।"

एमएलसी रिपोर्ट द्वारा दिए गए बयानों का समर्थन नहीं करती है। इसलिए मामला आईपीसी की धारा 376 (बलात्कार का आरोप) के तरह नहीं आता है। यह जमानती है और मेरे मुवक्किल को जमानत दी जानी चाहिए।

कथित हमले के संबंध में बापू पर आईपीसी की धारा 376, 342, 506 और 509, पोस्को की धारा 8 और किशोर न्याय अधिनियम की धारा 23 और 26 के तहत मामला दर्ज किया गया है।

बचाव पक्ष ने दावा किया कि पीड़िता नाबालिग नहीं थी जैसा कि दावा किया जा रहा था। वास्तव में वह वयस्क थी और इसलिए बापू के खिलाफ पोस्को के तहत आरोप नहीं टिकते। एफआईआर में घटना के समय का भी जिक्र नहीं है।

मेनन ने कहा कि एफआईआर के मुताबिक, पीड़िता की मां उस कमरे के बाहर थी, जिसमें कहा जा रहा है कि लड़की बापू के साथ थी। जब उसके साथ कथित तौर पर मारपीट की गई। मेनन ने पूछा, "तो जब वह रोई, तो उसकी मां ने कोई जबाव क्यों नहीं दिया और शोर क्यों नहीं मचाया?" उन्होंने तर्क दिया कि पीड़िता का बयान स्वीकार्य नहीं है।

उन्होंने कहा कि मेडिकल रिपोर्ट एफआईआर दर्ज करने से पहले की गई थी और इसमें किसी यौन उत्पीड़न का कोई जिक्र नहीं है। उनके मुताबिक, यह एमएलसी पीड़िता ने खुद राम मनोहर लोहिया अस्पताल से कराई थी।

25 अप्रैल 2018 को जोधपुर की अदालत ने आसाराम बापू को कथित नाबालिग से बलात्कार के मामले में दोषी करार देते हुए आजीवन कारावास की सजा सुनाई।

आसाराम बापू की पैरवी देश के 30 से ज्यादा वकीलों ने की। जिनमें दिग्गज वकील राम जेठमलानी, कांग्रेस के दिग्गज नेता सलमान खुर्शीद, बीजेपी नेता सुब्रमण्यम स्वामी, कांग्रेस नेता केटीएस तुलसी, पूर्व मुख्य न्यायधीश तब के वकील उदय उमेश ललित, के के मेनन, बीजेपी नेता और वकील ओंकार सिंह लखाव, सीवी नागेश शामिल हैं। लड़की के नाबालिग होने की बात कई वकील नकार चुके हैं। ललित ने दलील दी कि स्कूल सर्टिफिकेट के अनुसार वो बालिग है लेकिन कोर्ट ने जमानत देने से इनकार कर दिया।

31 जनवरी 2023 को गुजरात के गांधीनगर के एक अदालत ने सूरत की महिला शिष्या से दुष्कर्म के मागले गें बापू को दोषी करार दिया। उनके बेटे नारायण साई का इस मामले से जुड़े पीड़िता के छोटी बहन से बलात्कार के मामले में 26 अप्रैल 2019 को सूरत कोर्ट ने दोषी ठहराते हुए आजीवन कारावास की सजा सुनाई थी।

इस मामले में सबूतों के अभाव में आसाराम बापू की पत्नी, बेटी और चार शिष्यों को सबूत के अभाव में अदालत ने बरी कर दिया।

गुजरात की बीजेपी सरकार ने निचली अदालत से बापू की पत्नी, बेटी और चार शिष्यों को बरी किए जाने के फैसले को हाई कोर्ट में चुनौती दी। जिसको लेकर 4 जुलाई 2023 को हाई कोर्ट ने उनको नोटिस जारी किए।

आसाराम के पास 400 आश्रमों के साथ-साथ तक़रीबन 10 हज़ार करोड़ रुपये की संपत्ति भी है जिसकी जाँच फ़िलहाल केंद्रीय और गुजरात राज्य के कर विभाग और प्रवर्तन निदेशालय कर रहे हैं।

गौरतलब है कि आसाराम बापू के पुत्र नारायण साई 29 सितंबर 2013 को नई राजनीतिक पार्टी "ओजस्वी पार्टी" बनाने की घोषणा करते हैं और उसके कुछ दिन बाद ही अचानक से सूरत, गुजरात

की दो सगी बहनें प्रकट होती हैं। आसाराम बापू, नारायण साई, बापू की पत्नी और बेटी समेत 8 लोगों के खिलाफ मामला दर्ज होता है।

कहीं ये बलात्कार का मामला राजनीतिक पार्टी बनाने की घोषणा की वजह से तो नहीं आया? अगर पार्टी बन जाती तो सबसे ज्यादा नुकसान बीजेपी को होता। राजनीतिक दल चलाने के लिए पैसा और लोग की जरूरत होती है। नारायण साई के पास दोनों था।

मैं ये पाठकों के ऊपर छोड़ देता हूं कि तय करे कि आखिर पार्टी बनाने की घोषणा के साथ ही बलात्कार का मुकदमा दर्ज और वो लगभग पूरे परिवार के ऊपर हुआ। ये महज इत्तेफाक था या कोई बहुत बड़ी साजिश का नतीजा?

ये सब देख तो कहा जा सकता है कि नरेंद्र मोदी किसी भी तरह से समझौते के मूड में नहीं हैं। आजतक आसाराम बापू को पेरोल भी नहीं मिला वहीं डेरा सच्चा सौदा के प्रमुख गुरमीत राम रहीम सिंह को दो महिला अनुयायियों के साथ रेप करने के आरोप में 20 साल की सजा सुनाई गई थी। राम रहीम को अबतक 9 बार पेरोल दी जा चुकी है। पेरोल देने का अधिकार राज्य सरकार का होता है। राजस्थान में भी वर्तमान में बीजेपी की सरकार है और पूर्व में भी रही है। गुजरात में भी लंबे समय से बीजेपी की सरकार और केंद्र में भी बीजेपी की सरकार है लेकिन पेरोल मिलना तो दूर ऊपर से उनके परिवार के सदस्यों को बरी किए जाने के फैसले को भी चुनौती दी जा रही है।

स्वदेशी आंदोलन, गौरक्षा और धर्मांतरण माफिया के खिलाफ भी आसाराम बापू का मुहिम जोरों पर था। ये सब कर वो मिशनरी और ड्रस माफिया के निशाने पर रहे। बीजेपी हेमशा से कांग्रेस को वेटिकन सिटी से जोड़ती रही है। लेकिन नरेंद्र मोदी के सत्ता में आने के बाद ये बड़े वाले वेटिकन सिटी वाले हो गए।

10 नवंबर 2015 को सुब्रमण्यम स्वामी ने सोनिया गांधी के ऊपर आरोप लगाया कि आसाराम बापू को जेल भेजने के पीछे उनका हाथ है। मिशनरियों द्वारा कराए जा रहे धर्मांतरणों के खिलाफ गुजरात में अभियान चलाया था उसके बाद उन्हें सोनिया गांधी के इशारे पर फंसा दिया गया।

23 अगस्त 2014 को गुजरात बीजेपी सरकार ने सूरत की महिला के साथ बलात्कार के मामलें में आसाराम बापू के जमानत का विरोध किया। सरकार ने हाईकोर्ट में हलफ़नामा दायर कर कहा कि आसाराम लड़कियों के साथ ओरल सेक्स करता था और अगर उसे जमानत पर रिहा किया गया तो वह सबूतों के साथ छेड़छाड़ कर सकता है।

29 अप्रैल 2015 को गुजरात सरकार ने सुप्रीम कोर्ट में नारायण साईं के जमानत का विरोध करते हुए दलील दिया कि मूर्ख महिलायें उसे भगवान कृष्ण की तरह मानती है और इससे उसे वापस जेल में लाने में समस्या हो सकती है।

गौरतरब हो कि 15 मार्च 2018 को गुजरात विधानसभा में कांग्रेस ने बीजेपी के ऊपर आसाराम बापू को बचाने का आरोप लगाया। बीजेपी की तरफ से गुजरात के गृहमंत्री प्रदीप सिंह जडेजा ने पलटवार

करते हुए कहा कि कांग्रेस की सरकार ने आसाराम बापू को आश्रम के लिए जमीन दी थी। यह गुजरात सरकार के मजबूत राजनीतिक इच्छा का कारण है कि आरोपी को अभी तक जमानत नहीं मिली है।

सूरत की दो बहनों के बलात्कार का जो मामला सामने आया तब राकेश अस्थाना सूरत गुजरात के पुलिस आयुक्त थे। 26 अक्टूबर 2013 को सूरत के पुलिस आयुक्त राकेश अस्थाना और अधिकारियों की टीम ने एक मुखबिर की सूचना के आधार पर अहमदाबाद के एक अपार्टमेंट में छापा मारा। ये अपार्टमेंट एक बिल्डर और आसाराम के लंबे समय से अनुयायी रहे प्रह्लाद किशनलाल सेवानी का था। यहां 42 बड़े बक्से, कंप्यूटर और हार्ड डिस्क पुलिस के हाथ लगीं। इनमें पुलिस को आसाराम के कथित काले कारोबार के बारे में कई चौंकाने वाली जानकारियां मिली थीं। राकेश अस्थाना ने कुछ महीने बाद ईडी और आयकर विभाग को पत्र लिखकर जांच में मिली चौंकाने वाली जानकारियां दीं। आसाराम और उनके बेटे नारायण साईं के कारोबार को लेकर सूरत पुलिस ने अपनी रिपोर्ट 900 पन्नों में लिखी थी।

पुलिस ने कोर्ट को ये बताया कि आसाराम रियल इस्टेट में अपने अनुयायियों को ही लूटता था। वो अपने अनुयायियों के साथ अनुबंध करता था और उन्हें और जमीन खरीदने के लिए लोन देता था। फिर वो जमीन किसी और को बेचने के लिए दबाव बनाता था। जब जमीन बिक जाती थी तो मुनाफे के 50 फीसदी तक ले लेता था।

राकेश अस्थाना के ऊपर मोदी शाह के करीबी होने के आरोप लगते रहे। गोधरा दंगा भड़का तो सैकड़ों जानें गईं। उस वक्त दंगे की जांच के लिए गठित हुई स्पेशल इनवेस्टिगेशन टीम(एसआइटी) का राकेश अस्थाना ने नेतृत्व किया। रिपोर्ट्स के मुताबिक एसआइटी ने कोर्ट में कहा था कि कारसेवकों से भरी ट्रेन को सुनियोजित तरीके से आग के हवाले किया गया। गोधरा कांड की सुप्रीम कोर्ट की निगरानी में राकेश ने जांच की। इस दौरान उन पर बीजेपी सरकार के इशारे पर काम करने के आरोप लगते रहे। 26 जुलाई 2008 को अहमदाबाद में बम धमाका हुआ। इस केस की 22 दिनों में ही जांच निपटाकर चार्जशीट पेश कर दी। यही नहीं जब आश्रम की बालिका से रेप के मामले में आसाराम बापू और उसके बेटे नारायण साई फंसे तो इस केस की जांच कर भी राकेश अस्थाना ने अंजाम तक पहुंचाया। गोधरा कांड की जांच के समय से ही विपक्ष मोदी और शाह का नजदीकी होने का आरोप लगाता रहा। केंद्र में मोदी सरकार बनने के बाद अस्थाना को कई महत्वपूर्ण जिम्मेवारी दी गई।

राकेश अस्थाना सीबीआई में स्पेशल डायरेक्टर की नियुक्ति पर सवाल उठे। बाद में जब उन्हें कुछ समय के लिए निदेशक का भी अतिरिक्त कार्यभार मिला तो एनजीओ कॉमन कॉज ने उनकी सीबीआई में नियुक्ति पर सुप्रीम कोर्ट में दरवाजा खटखटाया था और कहा था कि 2011 के स्टरलिंग बॉयोटेक में छापे के दौरान बरामद डायरी में राकेश अस्थाना का नाम सामने आया था और करीब तीन करोड़ रुपये धनराशि का जिक्र मिला था। इस कंपनी के खिलाफ मनी लॉन्ड्रिंग मामले में जांच चल रही थी। भले इस मामले में अस्थाना के खिलाफ कोई केस दर्ज नहीं हुआ, मगर जांच एजेंसी के रडार पर वह आ गए थे। लिहाजा उन्हें निदेशक नहीं बनाया जाना चाहिए। बहरहाल, बाद में प्रधानमंत्री नरेंद्र मोदी की अध्यक्षता में चीफ जस्टिस ऑफ इंडिया और विपक्ष के नेता वाली नियुक्ति कमेटी ने आलोक वर्मा को

सीबीआई का नया चीफ नियुक्त किया। मगर राकेश अस्थाना और सीबीआई के चीफ आलोक वर्मा में मतभेद अब खुलकर सामने आ गए हैं।

गुजरात काडर के आइपीएस अधिकारी राकेश अस्थाना को रिटायरमेंट से तीन दिन पहले एक साल का सेवा विस्तार देते हुए, दिल्ली का पुलिस कमिश्नर बनाया गया। तब वो सीमा सुरक्षा बल (बीएसएफ) के महानिदेशक के रूप में कार्यरत थे।

आसाराम बापू को गिरफ्तार करने वाली टीम का नेतृत्व करने वाले तत्कालीन जोधपुर वेस्ट के डेप्युटी कमिश्नर अजयपाल लांबा का प्रमोशन हो गया। दूसरी पुलिस अधिकारी चंचल मिश्रा जिनका गिरफ्तारी से लेकर जांच तक में प्रमुख भूमिका रहा। आसाराम बापू के समर्थकों का आरोप है कि मिश्रा ने कॉल डीटेल कोर्ट में नहीं रखा। चंचल मिश्रा को उत्कृष्ट जांच के लिए केंद्रीय गृह मंत्री अमित शाह ने सम्मानित किया। मिश्रा का भी प्रमोशन हो गया।

ये सब देख पाठक तय कर सकते है कि आखिरकार ऐसा क्या हुआ कि जो आसाराम बापू केस से जुड़े हुए थे। सबके ऊपर सरकार मेहरबान दिखी ?

जब सवाल मिशनरी से संबंध का है तो ईसाई धर्म प्रचारक किलारी आनंद पॉल 24 दिसंबर 2015 को प्रधानमंत्री नरेंद्र मोदी से मिले। जिस पॉल ने सौ से ज्यादा हिंदू गाँव को धर्मांतरित कराया। लोगों के भूख गरीबी का फायदा उठा ईसाई बनाने का काम करते हैं। अमित शाह समेत कई भाजपा नेताओं से मिल चुके हैं। ये बीजेपी के मिशन दक्षिण के राजनीति का हिस्सा है।

बीजेपी ने जुलाई 2019 में देश भर में फंसे किसी भी मिजो मिशनरी की मदद के लिए लालहरियाट्रेंगा छंगटे के नेतृत्व में 'मिशनरी सेल' का गठन किया।

30 दिसंबर 2021 को नरेंद्र मोदी वेटिकन सिटी पहुंचते हैं। 20 मिनट के लिए मीटिंग फिक्स था लेकिन 1 घंटे तक पोप फ्रांसिस से मिलते हैं। उन्हें भारत यात्रा के लिए निमंत्रण दे डालते हैं।

आप तस्वीरों में देख सकते हैं। कभी आसाराम बापू के लोकप्रियता का फायदा उठाने के लिए मिलने वाले कैसे जाकर पोप से मिलने लगे।

21 दिसंबर 2021 को कैथोलिक बिशप कॉन्फ्रेंस ऑफ इंडिया (सीबीसीआई) के अध्यक्ष मार एंड्रयूज थाज़थ पोप फ्रांसिस को भारत में आमंत्रित करने के संबंध में मोदी से मुलाकात करते है।

जिन्हें आप पहली तस्वीर में देख सकते हैं। दूसरी तस्वीर में 9 फरवरी 2024 को केरल की प्रभावशाली सीरो-मालाबार चर्च के प्रमुख आर्कबिशप चुने गए राफेल थट्टिल ने प्रधानमंत्री नरेन्द्र मोदी से मुलाकात की। उन्होंने बताया कि वह बेंगलुरु में आयोजित कैथोलिक बिशप कांफ्रेंस आफ इंडिया (सीबीसीआई) में भाग लेने के बाद दिल्ली आए हैं। कॉन्फ्रेंस में बिशप्स ने चर्च के कई मुद्दों पर विस्तार से चर्चा की है।

गौरतलब है कि प्रधानमंत्री आवास पर क्रिसमस समारोह का आयोजन हुआ। प्रधानमंत्री नरेंद्र मोदी ने कहा ईसाई समुदाय गरीब और वंचित की सेवा करने में हमेशा आगे रहा है। स्वतंत्रता संग्राम में ईसाई समुदाय के योगदान को देश सहर्ष स्वीकार करता है। मोदी ने कहा कि ईसाई समुदाय से मेरा बहुत पुराना और आत्मीय नाता रहा है। गुजरात के मुख्यमंत्री पद पर रहते हुए मैं ईसाई समुदाय और उनके नेताओं से अक्सर मिलता रहता था।

ये सारी बातें जो मोदी ने कही जैसे गरीबों की सेवा तो ये सेवा धर्मांतरण के लिए किया जाता है। ये हर आपदा को धर्मांतरण के अवसर में बदलने का भाव रखते हैं। उदाहरण के तौर पर कोरोना के दौरान इंडियन मेडिकल एसोसिएशन के अध्यक्ष डॉ. जॉनरोज ऑस्टिन के ऊपर आरोप लगे कि वो अपने पद का दुरुपयोग करते हुए राष्ट्र को गुमराह कर रहे और हिंदुओ को ईसाई बनाने के लिए उकसा रहे हैं। कोर्ट ने फटकार लगाते हुए कहा कि किसी मजहब का प्रचार प्रसार के लिए आईएमए प्लेटफॉर्म का इस्तेमाल न करे। दूसरा मामला है जिसमें तेलंगाना के हेल्थ डायरेक्टर जी श्रीनिवास राव ने एक विवादित बयान दिया है। उन्होंने ईसाइयों के एक कार्यक्रम में कहा कि भारत के लोग जीसस के चलते ही कोरोना महामारी के प्रकोप से बच पाए हैं। जी श्रीनिवास के मुताबिक ईसा मसीह ने ही भारत में कोरोनावायरस को नियंत्रित किया है। जब विवाद बढ़ा तो अपने बयान से पलट गए। ऐसा ही मामला मध्यप्रदेश के रतलाम में कोरोना की आड़ में धर्म का प्रचार करने का सामने आया। डॉक्टर संध्या तिवारी घर घर जाकर लोगो को किल कोरोना के तहत सर्वे कर रही थी। डॉक्टर की ड्यूटी लोगों को डाईट प्लान और दवाओं के बारे में समझाना था। लेकिन वे लोगों को ईसाई धर्म के पर्चे दिखाकर धर्म

का प्रचार कर रही थी। इन पर्चों पर ईसाई धर्म का प्रचार करने वाले चैनलों की जानकारी, यूट्यूब चैनल, वबसाइट और हेल्पलाइन नंबर भी लिखे थे।

किसी सेवा के पीछे कोई मकसद हो तो वो सेवा नहीं रह जाता। सेवा का मतलब निःस्वार्थ भाव से सेवा करना है।

जैसा कि मोदी ने बताया कि वो जब गुजरात के मुख्यमंत्री रहे तब से वो ईसाई समुदाय और उनके नेताओं से मिलते रहे थे। क्या ये अशोक सिंघल के उस आरोप की पुष्टि नहीं करता है जब उन्होंने कहा था कि लगता है मोदी चर्च के दबाव में आकर आसाराम बापू के ऊपर कारवाई कर रहे हैं।

प्रधानमंत्री नरेंद्र मोदी 9 अप्रैल 2023 शाम को ईस्टर के अवसर पर दिल्ली के कनॉट प्लेस में सेक्रेड हार्ट कैथेड्रल कैथोलिक चर्च पहुंचे। यह पहली बार था जब कनॉट प्लेस के इस चर्च में कोई प्रधानमंत्री पहुंचा। इस दौरान उन्होंने प्रार्थना की और त्योहार पर होने वाले चर्च के प्रेयर मास में भी शामिल हुए। बिशप अनिल खुटो ने कहा कि यह एक खुशी का क्षण था।

पीएम नरेंद्र मोदी के ईस्टर के मौके पर दिल्ली के सेक्रेड हार्ट कैथेड्रल चर्च पहुंचने पर बिशप ने प्रधानमंत्री के आगमन पर खुशी जताई और उनका स्वागत किया। मोदी ने चर्च में ईसा मसीह की मूर्ति के सामने मोमबत्ती जलाई और ईसाई समुदाय के आध्यात्मिक नेताओं से मुलाकात की। प्रधानमंत्री ने प्रार्थना की और चर्च के सामने बगीचे में पौधारोपण भी किया।

बीजेपी नेता सुब्रमण्यम स्वामी भी आरोप लगा चुके हैं कि मोदी-शाह नहीं चाहते कि आसाराम बापू जेल से बाहर आएं।

अगर पॉस्को ऐक्ट की बात करे तो आसाराम बापू केस में नाबालिक लड़की लड़की के अश्लील बनाकर प्रसारित करने का आरोप दीपक चौरसिया,चित्रा त्रिपाठी,सैयद सोहेल,ललित सिंह,अभिनव राज,अजित अंजुम,सुनील दत्त राशिद पर है। ये पत्रकार बाहर घूम रहे और खुलकर रिपोर्टिंग कर रहे।

कई प्रधानमंत्री मोदी के लिए खुलकर काम करते हुए देखे जाते है। ये मामला गुरुग्राम का है और डबल इंजन की सरकार है। लेकिन ये फिर भी स्वतंत्र है।

ये सब देखकर पाठक स्वयं तय कर सकते है कि आसाराम बापू और उनके परिवार को सर्वाधिक किसके वजह से प्रताड़ना झेलनी पड़ी?

लाल कृष्ण आडवाणी

लाल कृष्ण आडवाणी का जन्म कराची के सिंधी परिवार में 8 नवम्बर 1927 में हुआ। आडवाणी ने अपने राजनीतिक सफर की शुरुआत आरएसएस के स्वयंसेवक के रूप में हुई। सबसे पहले कराची में ही आरएसएस के प्रचारक हुए और उन्होंने आरएसएस की कई शाखाएं स्थापित की। 1947 में भारत के विभाजन के बाद उनका परिवार मुंबई आ गया। मुंबई मे ही उन्होंने कानून की शिक्षा ली। 1951 में श्यामा प्रसाद मुखर्जी ने आरएसएस के साथ मिलकर भारतीय जनसंघ की स्थापना की। आरएसएस के सदस्य होने के नाते आडवाणी जनसंघ से जुड़ गए।1951 से 1957 तक जनसंघ के सचिव रहे।1973 से लेकर 1977 तक जनसंघ के अध्यक्ष रहे। आडवाणी बीजेपी के संस्थापक सदस्यों में से एक माने जाते हैं। 1980 में बीजेपी की स्थापना में भी आडवाणी की महत्वपूर्ण भूमिका रही। बीजेपी को मजबूत करने में भी आडवाणी की भूमिका अहम रही। बीजेपी का चुनाव चिन्ह कमल भी उनके कहने पर चुना गया। 1986 से लेकर 1991 तक बीजेपी के अध्यक्ष रहे तब मोदी की कोई खास राजनीतिक पहचान नहीं रही।

1987 में आडवाणी ने ही नरेंद्र मोदी को भाजपा का संगठन सचिव बनाया था।

1990 में आडवाणी ने राम मंदिर आंदोलन के लिए सोमनाथ से अयोध्या के लिए रथयात्रा निकाली।

राम रथ यात्रा के सारथी तो प्रमोद महाजन थे लेकिन मोदी रथ पर सवार होने की एक फोटो से इनकी प्रचारतंत्र लोगों को बताने में सफल रही कि मोदी ही रथ यात्रा के पीछे थे और उनके हाथ में कमान थी। जो कि बिल्कुल भी ऐसा नहीं था।

2001 में नरेंद्र मोदी को गुजरात का मुख्यमंत्री बनाने के पीछे आडवाणी की भूमिका महत्वपूर्ण रही क्योंकि जब इन्हें केंद्र से गुजरात भेजा गया था तब गुजरात बीजेपी के ज्यादातर विधायक इनके खिलाफ थे।

गोधरा दंगे के बाद अटल बिहारी वाजपेयी इतने दबाव में थे कि मोदी का इस्तीफा लेने पर अड़े थे। मोदी को राजधर्म पालन करने की भी नसीहत दे डाली थी। आडवाणी ने वाजपेयी को चेताते हुए कहा कि ऐसा मत कीजिए बवाल हो जाएगा। मोदी की कुर्सी आडवाणी के ही उनके पक्ष में अड़े रहने की वजह से बची।

2009 लोकसभा का चुनाव आडवाणी के नेतृत्व में लड़ा गया और वो प्रधानमंत्री के उम्मीदवार थे लेकिन सफलता हाथ नहीं लगी। 2009 चुनाव में बीजेपी के पराजय के बाद आडवाणी का ग्राफ तेजी से गिरने लगा तो वहीं मोदी का राष्ट्रीय राजनीति में उदय होने लगा। नरेंद्र मोदी से जब जब प्रधानमंत्री पद के उम्मीदवार को लेकर सवाल हुए तो यही जबाव दिया कि आडवाणी जी ही हमारे नेता हैं और मजबूती से उन्हें प्रधानमंत्री बनाएंगे।

उन्हीं के नेतृत्व में भाजपा की सरकार चलेगी।

मोदी का ये वादा तो 2013 गोवा अधिवेशन में धरा का धरा रह गया जब आडवाणी के नाराजगी को दरकिनार करते हुए मोदी को प्रचार समिति का प्रमुख बनाया गया। लाल कृष्ण आडवाणी के साथ अन्य वरिष्ठ नेता गैरहाजिर रहे।

जो नरेंद्र मोदी आम जनता से ये बोलते नजर आते थे कि 'आप लोग मुझसे इतना प्यार करते हो, उसे बनाने का काम आडवाणी जी ने किया है। गुजरात के विकास का मार्गदर्शक आडवाणी जी हैं। आडवाणी जी ने मुझे अंगुली पकड़कर चलाया है।'

सितम्बर 2013 में मोदी को प्रधानमंत्री का उम्मीदवार घोषित किया गया तब आडवाणी खेमे के नेता भी एकजुटता दिखाने संसदीय दल की बैठक में शामिल तो हुए लेकिन आडवाणी नदारद रहे।

मई 2014 में मोदी के नेतृव में सरकार बनी और जिस आडवाणी को राजनीति गुरु बताते रहे उन्हें मार्गदर्शक मण्डल में डालते हुए बीजेपी संसदीय बोर्ड से बाहर कर दिया।

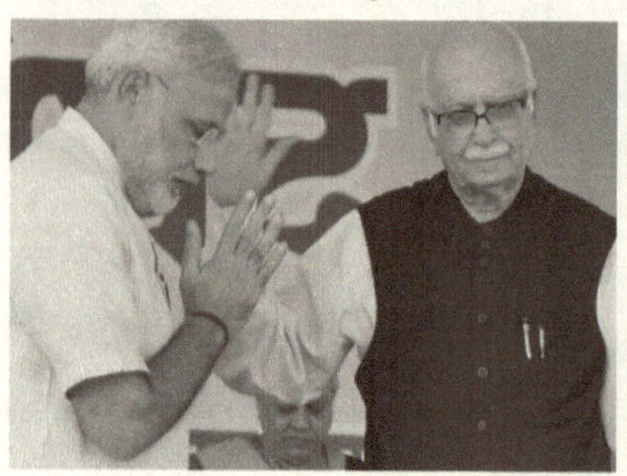

मार्गदर्शक मण्डल में अटल बिहारी वाजपेयी, लाल कृष्ण आडवाणी, मुरली मनोहर जोशी, राजनाथ सिंह और नरेंद्र मोदी को रखा गया। नरेंद्र मोदी और राजनाथ सिंह सक्रिय रूप से राजनीति में हैं। अटल बिहारी अस्वस्थ होने के कारण पहले से ही राजनीति से दूर हो चुके थे लेकिन आडवाणी और जोशी के लिए यह वृद्ध आश्रम बन गया। जन्मदिन के मौके पर मोदी जरूर उनसे मिलने जाते हैं ताकि ये बताया जा सके कि बीजेपी ने अपने वृद्ध नेताओं को छोड़ा नहीं है।

मार्च 2018 में त्रिपुरा के मुख्यमंत्री विप्लव देव के शपथग्रहण समारोह में भाजपा अध्यक्ष अमित शाह, गृह मंत्री राजनाथ सिंह, वरिष्ठ भाजपा नेता लाल कृष्ण आडवाणी और मुरली मनोहर जोशी शामिल हुए। प्रधानमंत्री नरेंद्र मोदी सभी का अभिवादन स्वीकार करते हुए आगे बढ़ रहे थे। इसी बीच आडवाणी के पास पहुंचे तो उन्होंने हाथ जोड़ा लेकिन मोदी उनको नजरंदाज करते हुए त्रिपुरा के पूर्व मुख्यमंत्री मानिक सरकार के पास जा पहुंचे और उनसे बातचीत करने लगे। आडवाणी काफी देर तक हाथ जोड़कर खड़े रहे लेकिन मोदी ने उनकी तरफ ध्यान तक नहीं दिया।

2019 में तो लाल कृष्ण आडवाणी का टिकट भी काट दिया। जिस आडवाणी ने पार्टी को खड़ा किया। जिनके योगदान को बीजेपी के नेता भी याद करते होते हैं, उसे राजनीति से संन्यास लेने की घोषणा करने का मौका तक नहीं दिया। ये कयास लगाए जाते रहे कि शायद आडवाणी को राष्ट्रपति बनाया जाए लेकिन मोदी ने अपनी राजनीति को साधने के लिए बीजेपी के आम नेता जैसे रामनाथ कोविन्द और द्रौपदी मुर्मू को राष्ट्रपति बना और आडवाणी जी से ये मौका भी छीन लिया।

नरेंद्र मोदी जब राम मंदिर की कलयुगी प्राण प्रतिष्ठा को लेकर घिरे तब आनन फानन में आडवाणी को भारत रत्न देने की घोषणा कर दी क्योंकि प्राण प्रतिष्ठा के दौरान राम मंदिर आंदोलन के नायकों और राजनीतिक नायकों की घोर उपेक्षा हुई। सामने चुनाव भी है और उसे भुनाना भी है तो राजनीतिक फैसला लेते हुए उन्हें 'भारत रत्न' दिया गया।

मुरली मनोहर जोशी

1991-92 में बीजेपी के तत्कालीन अध्यक्ष मुरली मनोहर जोशी ने लाल चौक पर झण्डा फहराने के लिए कन्याकुमारी से कश्मीर तक एकता यात्रा निकाली। नरेंद्र मोदी उस यात्रा में बाकि अन्य लोगों की तरह शामिल लोगों में से एक थे लेकिन उनके प्रचार तंत्र के मध्यम से लोगों को बताया गया कि उन्होंने ही रूट तय किया और उनके हाथ में ही कमान थी। जगह जगह जो स्वागत कार्यक्रम हुए उसके पीछे मोदी की बड़ी भूमिका थी। जिसका सच्चाई से कोई लेना देना नहीं है। लाल चौक पर झंडा फहराने को मोदी के वीरता से जोड़कर पेश किया गया जबकि ये कार्यक्रम भारी सुरक्षा बलों के देखरेख में सम्पन्न हुआ था।

यात्रा में शामिल एक नेता ने बताया कि मोदी अक्सर जोशी के निर्देशों से छिटक जाते थे। यात्रा के दौरान जोशी ने आग्रह किया था कि यात्रा में शामिल बड़े राष्ट्रीय नेताओं से लेकर छोटे कार्यकर्ता एक साथ खाना खाएंगे लेकिन मोदी अक्सर गायब हो जाते और अपने काम में लगे होते थे। जब यात्रा बेंगलुरू पहुंची तो अनंत कुमार और मोदी गायब हो गए। जब जोशी ने पाया कि मोदी साथ खाना नहीं खा रहे तो आग बबूला हो गए। अगली सुबह जोशी ने सबके सामने डांट लगाई और ठीक से रहने की नसीहत दी कि भले ही यात्रा को आयोजित कर रहे हैं लेकिन अनुशासन उनके ऊपर भी लागू होता है।

नरेंद्र मोदी के प्रधानमंत्री बनने के बाद बीजेपी ने अघोषित 75 वर्ष की उम्र सीमा सक्रिय राजनीति के लिए रखा जिससे आडवाणी और जोशी जैसे लोगों को ठिकाने लगाया जा सके जबकि बी एस यदुरप्पा 75 साल की उम्र पूरा करने के बाद भी मुख्यमंत्री बने रहे।

बीजेपी ने जो मार्गदर्शक मण्डल बनाया उसमें वृद्ध नेताओं का रोल मात्र इतना ही रहा कि मोदी उनके जन्मदिन के मौके पर केक काटने जाते हैं ताकि अच्छे अच्छे फोटो खिंचा आम लोगों के भावना का दोहन किया जा सके।

2019 में आडवाणी की तरह जोशी का भी टिकट काट दिया गया और इन्हें भी सक्रिय राजनीति से संन्यास लेने की घोषणा तक का भी मौका नहीं मिला।

राजनाथ सिंह

राजनाथ सिंह जो स्वयं प्रधानमंत्री पद के दावेदारों में से एक थे। जब पार्टी में मोदी को चुनाव प्रचार समिति का मुखिया बनाना हो या फिर प्रधानमंत्री का उम्मीदवार घोषित करना हो। बतौर बीजेपी अध्यक्ष राजनाथ सिंह ने तमाम विरोध को दरकिनार करते हुए किया।

2014 चुनाव जीतने के बाद उन्हें गृह मंत्री बनाया क्योंकि उन्हें अमित शाह को अध्यक्ष बना पूरी पार्टी को अपने कब्जे में लेना था। 2017 चुनाव में खबर आई कि राजनाथ सिंह को यूपी का मुख्यमंत्री बनाने का प्रस्ताव दिया गया लेकिन राजनाथ सिंह ने सिरे से खारिज करते हुए कहा कि मै केंद्र की ही राजनीति में ठीक हूँ।

2019 में दोबारा सरकार बनने के बाद राजनाथ सिंह को गृह मंत्री से रक्षा मंत्री बना दिया गया। प्रधानमंत्री मोदी ने कुल 8 कमेटी बनाई जिसमें 6 कमेटियों में से राजनाथ सिंह गायब हो गए।

राजनाथ सिंह इस अपमान से इतने खफा हुए कि संघ को दखल देना पड़ा। मीडिया में भारी चर्चा और संघ की दखल की वजह से उनको बाकी कमेटियों में शामिल किया गया।

एक कार्यक्रम के दौरान मोदी और राजनाथ साथ-साथ चल रहे थे लेकिन मोदी इतने असहज हो रहे थे कि बार-बार राजनाथ की तरफ देखे और अंत तक उनको हटने का इशारा कर दिया और राजनाथ सिंह हाथ जोड़कर हट गए। मोदी को ये पसंद नहीं था कि राजनाथ सिंह उनके बराबर में चलें।

राजनाथ सिंह के स्थाई मार्ग दर्शक मण्डल में ना पहुंचने के पीछे उनका अन्य दलों से अच्छे संबंध हैं क्योंकि सरकार को कठिन परिस्थिति में संसद चलाने के लिए उनका सहारा लेना पड़ता है।

यशवंत सिन्हा

बतौर यशवंत सिन्हा ने पहले प्रधानमंत्री पद के उम्मीदवार के लिए नरेंद्र मोदी का समर्थन किया था लेकिन 2014 आते-आते वे भांप गए कि मोदी के साथ चलना मुश्किल होगा इसलिए उन्होंने तय किया कि वे चुनाव ही नहीं लड़ेंगे। यशवंत सिन्हा को लालकृष्ण आडवाणी के खेमे का माना जाता था। गोवा में बीजेपी की राष्ट्रीय कार्यकारिणी में जब मोदी को बीजेपी चुनाव प्रचार समिति का अध्यक्ष बनाया गया तो इस दौरान आडवाणी के अलावा अन्य नेताओं में यशवंत सिन्हा भी थे जो गोवा नहीं गए।

जब विवाद खड़ा हुआ तो सिन्हा ने सफाई दी कि वह किन्हीं कारणों से राष्ट्रीय कार्यकारिणी में शामिल नहीं हो सके, लेकिन वो किसी 'नामोनिया' के शिकार नहीं हैं।

2013-14 में जो मोदी के ऊपर सवाल उठाए या विरोध करे उसे नामोनिया का शिकार बताया जाता था। ये तब मीडिया में भी सर्वाधिक इस्तेमाल किया जाने वाला शब्द था।

जो आगे चलकर देशद्रोही, गद्दार और चीन पाकिस्तान के एजेंट में बदल गया।

नरेंद्र मोदी को लेकर इस तरह का माहौल बनाया गया कि अगर कोई कुछ भी कटाक्ष करे वो मोदी के लिए माना जाता था।

मोदी को लेकर यशवंत सिन्हा का विरोध यहीं खत्म नहीं हुआ। मोदी के बयानों पर चुटकी लेते हुए कहा कि 'आप ऐसे हैं और आप वैसे हैं', जैसे फालतू बयानबाजी के बजाय राजनीतिक जमात को उन

मुद्दों पर बात करनी चाहिए, जिनसे जनता सीधे जुड़ी हो क्योंकि मोदी मनोहर कहानियाँ सुनाने लगे थे जिसकी जमीनी हकीकत सिर्फ झूठ थी।

यशवंत सिन्हा के बयान को मोदी के दिए हालिया बयान से जोड़कर देखा गया क्योंकि उस पर कांग्रेस हमलावर हो गई थी।

जब सिन्हा से पूछा गया कि आप जो बातें कह रहे हैं उसके निष्कर्ष निकाले जा रहे हैं कि आप मोदी को नसीहत दे रहे हैं। सिन्हा ने सफाई दी कि हम चांद सितारों की भी बात करेंगे, तो लोग कहेंगे कि नरेंद्र मोदी की बात कर रहे हैं। मैं मोदी ही नहीं सारे पॉलिटिकल क्लास की बात कर रहा हूँ।

2014 में यशवंत सिन्हा की जगह उनके बेटे जयंत सिन्हा को टिकट दिया गया। वो जीते और मंत्री भी बनाये गए लेकिन यशवंत सिन्हा दरकिनार कर दिए गए। मोदी से विरोध खत्म नहीं हुआ अंततः 2018 में 21 वर्ष बीजेपी में रहने के बाद इस्तीफा दे दिया।

यशवंत सिन्हा जो हमेशा अटल आडवाणी के गुड बुक में शामिल रहे, जो आईएएस ऑफिसर की पद से इस्तीफा देने के बाद राजनीति में आए थे। 1998 में यशवंत सिन्हा वित्त मंत्री बाद में जसवंत सिंह की जगह विदेश मंत्री रहे। पूर्व में चंद्रशेखर की सरकार में वित्त मंत्री रहे थे।

नरेंद्र मोदी को कोई भी प्रतिस्पर्धा और कोई योग्य जो उनका कठपुतली बनकर काम न कर सके वो पसंद नहीं है।

जसवंत सिंह

राजस्थान के थार का शेर कहे जाने वाले जसवंत सिंह भारतीय सेना में मेजर रह चुके थे। भाजपा नेता भैरों सिंह शेखावत ने उन्हें जनसंघ में शामिल किया। 1980 में उन्हें राज्यसभा के लिए चुना गया। अटल बिहारी वाजपेयी की सरकार में विदेश, रक्षा और वित्त मंत्री की जिम्मेदारी संभाली। 2009 में अपनी लिखी किताब जिन्ना: इंडिया, पार्टिशन, इंडिपेंडेंस में भारत विभाजन में पंडित जवाहरलाल नेहरू और सरदार पटेल को जिम्मेदार ठहराया और मोहम्मद अली जिन्ना की प्रशंसा की। कांग्रेस हमलावर हो गई अंततः बीजेपी ने बाहर का रास्ता दिखा दिया। 2010 में फिर से बीजेपी में वापसी हुई। 2012 में भाजपा ने उन्हें उप राष्ट्रपति पद का उम्मीदवार बनाया लेकिन यूपीए के उम्मीदवार हामिद अंसारी से हार का सामना करना पड़ा। 2014 चुनाव में भाजपा ने उन्हें लोकसभा का टिकट न दे बाड़मेर-जैसलमेर सीट से कर्नल सोनाराम चौधरी को टिकट दिया। जशवंत सिंह ने दोबारा पार्टी छोड़ दी और निर्दलीय चुनाव लड़े लेकिन मोदी लहर में हार का सामना करना पड़ा।

नरेंद्र मोदी के राष्ट्रीय राजनीति में उदय के साथ ही पुराने नेताओं के ऊपर चाबुक चलने लगे थे जैसे गुजरात में वरिष्ठ नेताओं को ठिकाने लगाया गया ठीक वैसे ही केंद्र में हुआ। 2019 आते आते लगभग सारे नेता जिसको मोदी पसंद नहीं करते या उनके विफलता पर सवाल उठाते, सब अलग थलग पड़ गए या पार्टी से बाहर का रास्ता दिखा दिया गया।

अरुण शौरी

अरुण शौरी की पहचान हिंदू राष्ट्रवादी बुद्धिजीवी की रही जो विश्व बैंक के अर्थशास्त्री, पत्रकार, लेखक, राजनीतिज्ञ, भारत के योजना आयोग के सलाहकार, इंडियन एक्सप्रेस और द टाइम्स ऑफ इंडिया के संपादक रहे हैं। 1982 में रेमन मैग्सेसे पुरस्कार और 1990 में पद्म भूषण से सम्मानित किया गया। वाजपेयी सरकार में 1998-2004 तक संचार और सूचना प्रसारण मंत्री के रूप में काम किया।

अरुण शौरी ने ही पहली बार प्रधानमंत्री पद के लिए मोदी का नाम सुझाया था। 2014 में नरेंद्र मोदी प्रधानमंत्री बने लेकिन शौरी की कही कोई पूछ नहीं हुई।

पूर्व केंद्रीय मंत्री अरुण शौरी ने अपनी लिखी किताब "द कमिश्नर फॉर लॉस्ट कॉजेज" के बारे में एनडीटीवी से बात करते हुए वाजपेयी सरकार और मोदी सरकार की तुलना करते हुए कहा कि बहुत कुछ पीएम की पर्सनालिटी पर निर्भर करता है। आज किसी भी छोटी चीज के लिए फूल पेज ऐड दिखता है जो वाजपेयी के वक्त ऐसा नहीं था। गुरु गोलवलकर भी इसके खिलाफ थे।

नरेंद्र मोदी के बारे में उनके अधिकारी ही मुझसे कहते हैं कि उनके सामने बोल नहीं सकते। मंत्री डरे हुए रहते हैं, उनके सामने कोई कुछ बोल नहीं पाता। उनके सामने जाने और कुछ भी कहने से पहले लोग डरे रहते हैं और सोच समझकर बोलते हैं। हालांकि अटल जी की पर्सनालिटी ऐसी थी कि लोग उनसे अपनी बात कहना चाहते थे और वह सुनते भी थे। उनकी खास बात यह भी थी कि वह जानना चाहते थे कि लोग उनके बारे में क्या सोचते हैं। वह पूछा भी करते थे और लोग बिना डर के बताते भी थे। मोदी सरकार में भ्रष्टाचार को लेकर कहा कि भ्रष्टाचार अब भी है लेकिन इंस्टीट्यूशनलाइज हो गया है। अभी NSE में क्या हुआ किसी की जिम्मेदारी तय हुई? क्या कोई सामने आया? कोई जिम्मेदारी लेकर इस्तीफा दिया? हाल में ही एक खबर आई कि एक फर्म ने हलफनामा देकर कहा कि आप इलेक्टोरल बांड नहीं लेते तो फंसाया जाएगा।

कई मौके पर मोदी सरकार की सच्चाई बताई जो मोदी समर्थकों को पसंद नहीं आया। मोदी की या सरकार की सच्चाई से आहत उनके समर्थकों ने शौरी के दिव्यांग बेटे को निशाना बनाया।

सुब्रमण्यम स्वामी

सुब्रमण्यम स्वामी ने राजनीति की शुरुआत भारतीय जनसंघ से की जिसका विलय जनता पार्टी में हो गया। जब अटल बिहारी वाजपेयी और लालकृष्ण आडवाणी ने गांधीवादी समाजवाद के आधार पर भाजपा का गठन किया तब स्वामी भाजपा में न शामिल हो जनता पार्टी में बने रहे। प्रतिष्ठित हार्वर्ड विश्वविद्यालय में अर्थशास्त्र के विजिटिंग फैकल्टी रहे और आईआईटी दिल्ली में सांख्यिकी गणित पढ़ा चुके हैं। भारत में आपातकाल के दौरान संघर्ष, तिब्बत में कैलाश मानसरोवर यात्रा खुलवाने में उनके प्रयास, भारत-चीन संबंधों में सुधार, भारत द्वारा इजरायल की राजनैतिक स्वीकारोक्ति, आर्थिक सुधार और हिन्दू पुनरुत्थान इत्यादि उल्लेखनीय कार्य किये हैं। राम सेतु को राष्ट्रीय धरोहर घोषित कराने के लिए सुप्रीम कोर्ट में कानूनी लड़ाई लड़ रहे हैं।

दो बार केंद्रीय मंत्री, छह बार सांसद और दो दशकों से अधिक जनता पार्टी के राष्ट्रीय अध्यक्ष रहे कांग्रेस के कार्यकाल मे हुए भ्रष्टाचारर को लेकर कानूनी लड़ाई लड़ रहे थे। 2013 में जनता पार्टी का विलय भारतीय जनता पार्टी में कर लिया। बतौर स्वामी उन्हें मुंबई से लोकसभा चुनाव लड़ने के लिए कहा गया लेकिन 2014 में तत्कालीन बीजेपी अध्यक्ष राजनाथ सिंह ने फोन कर नई दिल्ली से चुनाव लड़ने का अनुरोध किया क्योंकि पार्टी को लगा कि 2जी और राम सेतु पर उनके काम यह सीट जीतने में मदद मिलेगी।

स्वामी अनिच्छा से सहमत हुए लेकिन नामांकन से एक रात पहले, राजनाथ सिंह ने यह बताने के लिए फोन किया कि अरुण जेटली ने बैठक में मेरे नाम का विरोध किया और मोदी सहित बाकी चुप रहे लेकिन वादा किया कि चुनाव के बाद राज्यसभा में भेजा जाने वाला पहला व्यक्ति स्वामी होंगे।

2014 में मोदी को प्रधानमंत्री बनाने के लिए पूरे देश में प्रचार किया और भारी बहुमत से जीत हासिल की और बीजेपी की सरकार बनी। नरेंद्र मोदी के प्रधानमंत्री बनने के बाद जेड प्लस श्रेणी की सुरक्षा दी गई क्योंकि नेशनल हेराल्ड केस और अयोध्या राम मंदिर को लेकर चर्चा में थे लेकिन राज्यसभा नहीं भेजा गया।

तीन राज्यसभा चुनाव होने के बाद 2015 में प्रधानमंत्री मोदी से मिलने गए और कहा कि मैं भाजपा छोड़ रहा हूं और मैं जहां भी जाऊंगा, मुझे आरएसएस का समर्थन मिलता रहेगा।

विहिप प्रमुख अशोक सिंघल और आरएसएस प्रमुख मोहन भागवत ने भी मोदी को यही बात बताई। स्वामी को तब राज्यसभा भाजपा के टिकट पर न भेज, मनोनीत सदस्य के रूप में भेजा गया। भाजपा संसदीय दल में भी शामिल करने से मना कर दिया गया।

अर्थव्यवस्था में सुधार को लेकर 2016 से 2019 तक मोदी को पत्र लिखते रहे लेकिन उन्होंने कोई ध्यान नहीं दिया तो हार मान ली।

मोदी सरकार के विफलता के ऊपर मुखर रहने की वजह से बीजेपी आईटी सेल के कर्मचारियों और समर्थकों के निशाने पर होते हैं। भारत में चीन के घुसपैठ को लेकर भी मुखर हैं लेकिन मोदी सरकार सुनने के लिए तैयार नहीं है।

8 जुलाई 2023 गुजरात के वड़ोदरा की पारुल विश्वविद्यालय के कार्यक्रम में 'कौन बनेगा 2024 में देश का प्रधानमंत्री' सवाल पूछने पर स्वामी ने जवाब दिया कि हमारी कमजोर अर्थव्यवस्था के लिए मोदी जिम्मेवार है। कोरोना में देश की जीडीपी 16 फीसदी नीचे गिर गई, जिसमें अभी कोई सुधार नहीं हुआ है। नरेंद्र मोदी 2024 में प्रधानमंत्री नहीं बनना चाहिए।

भाजपा नेता स्वामी ने आगे कहा कि मोदी हर मामले में ज़ीरो साबित हुए हैं। मणिपुर में जारी हिंसा को लेकर कहा कि मोदी मनमानी कर रहे हैं। देश की अर्थव्यवस्था को सुधारने के लिए वहां शांति बहाली हो, इसके लिए ठोस कदम उठाने चाहिए लेकिन मोदी मणिपुर हिंसा पर अभी तक एक शब्द भी नहीं बोला है। विदेश यात्रा करने के बजाय उन्हें मणिपुर जाना चाहिए।

मोदी का हिंदुत्व के लिए ज़ीरो योगदान है, ये बात स्वामी पहले ही बता चुके हैं।

बीजेपी समर्थकों के द्वारा सरकारी बंगला को लेकर अफवाह फैलाया गया कि वो खाली नहीं कर रहे, जिसको लेकर कहा कि मैं उस आवास को कभी भी बरकरार नहीं रखना चाहता था लेकिन चूंकि उन्होंने मुझे दी गई जेड श्रेणी की सुरक्षा वापस नहीं ली थी, इसीलिए मैं अपने निजी घर में नहीं जा सका क्योंकि उसमें इतनी जगह नहीं है।

24 अप्रैल 2022 को इनके राज्यसभा का कार्यकाल समाप्त हुआ लेकिन अब तक राज्यसभा दोबारा नहीं भेजा गया।

कीर्ति आजाद

कीर्ति आजाद को 2015 में भाजपा द्वारा निलंबित कर दिया गया क्योंकि उन्होंने दिल्ली के क्रिकेट निकाय डीडीसीए में कथित भ्रष्टाचार को लेकर अपनी ही पार्टी के वरिष्ठ नेता केंद्रीय मंत्री अरुण जेटली की आलोचना सार्वजनिक रूप से कर दी, जब वो इसके अध्यक्ष थे।

पार्टी से निलंबित किए जाने को दुर्भाग्यपूर्ण बताते हुए कहा "बड़ी खुशी की बात है कि भ्रष्टाचार के खिलाफ लड़ने वाले को भाजपा ने निलंबित कर दिया। मैंने किसी का नाम नहीं लिया बल्कि मैं डीडीसीए में भ्रष्टाचार का मुद्दा बरसों से उठा रहा हूं। कुछ दिन पहले ही आजाद ने प्रेस कांफ्रेस कर कहा कि अरुण जेटली के कार्यकाल में फर्जी कंपनियों को भुगतान किया गया था।"

लेकिन प्रधानमंत्री नरेंद्र मोदी ने अरुण जेटली का बचाव करते हुए कहा कि वो इस मामले में बेदाग निकलेंगे। जेटली का मामला दब गया और कीर्ति आजाद पार्टी से बाहर हो गए। मोदी सरकार में ये बात रही कि जो भ्रष्टाचार के खिलाफ मुहिम छेड़े उसी के खिलाफ कारवाई करो लेकिन आरोप के ऊपर कोई जांच न होने दो। जो दूसरे पार्टी के नेता भी जिनके ऊपर पहले से भ्रष्टाचार सिद्ध हो चुका है, जो पूर्व सरकार में जेल में रहे। वो भी मोदी सरकार में बाहर घूम रहे हैं। आजाद ने ट्वीट कर ललकारा भी की अगर आरोप गलत है तो मानहानि का मुकदमा दर्ज करो।

कीर्ति आजाद ने राफेल जेट सौदे को लेकर भाजपा पर निशाना साधा और दावा किया कि "यहां तक कि भाजपा के सांसदों को भी संदेह है कि सौदे में कुछ गड़बड़ है।"

बीजेपी में मैंने 26 साल बिताए और बिहार के दरभंगा से 3 बार सांसद रहा। अटल आडवाणी के समय 24 घंटे में मिलने का समय मिल जाता था लेकिन अब मुझे 36 महीने में मोदी से मिलने का समय नहीं दिया गया। पार्टी में लोकतंत्र पूरी तरह समाप्त हो चुका है। आजाद पहली बार 1993 में गोला मार्केट नई दिल्ली से विधायक बने तब मोदी गुजरात में संगठन सचिव थे। बतौर आजाद, जब मैं गुजरात चुनाव प्रचार में जाता था तब मोदी 3 जिलों के महासचिव थे और मुझे स्टेशन पर रिसीव करने आते थे। आजाद 1999 में पहली बार सांसद बने तब मोदी मात्र राष्ट्रीय संगठन सचिव की भूमिका में थे तब मोदी को ज्यादा लोग जानते भी नहीं थे।

शत्रुघ्न सिन्हा

बॉलीवुड एक्टर शत्रुघ्न सिन्हा 1992 में भारतीय जनता पार्टी में शामिल हुए तब पार्टी अछूत हुआ करती थी। 1992 में नई दिल्ली लोकसभा उपचुनाव में अपने मित्र राजेश खन्ना के खिलाफ चुनाव लड़े लेकिन 27000 वोट से चुनाव हार गए। सिन्हा 1996-2002 और 2002-2008 तक राज्यसभा सांसद रहे। वह अटल बिहारी वाजपेयी की सरकार में केंद्रीय स्वास्थ्य परिवार कल्याण और जहाजरानी मंत्री रहे। नरेंद्र मोदी के प्रधानमंत्री बनने के बाद अलग थलग पड़ने लगे। पार्टी में तो रहे लेकिन समय समय पर बगावत करते रहे। यशवंत सिन्हा के पार्टी छोड़ने पर उनको समर्थन करने पहुंचे शत्रुघ्न सिन्हा ने आरजेडी नेता तेजस्वी यादव की तारीफ की पूल बांध दी। बीजेपी न तो उनको निकाल रही थी और न ही वो पार्टी छोड़ रहे थे।

बीजेपी में उपेक्षा झेल रहे शत्रुघ्न सिन्हा ने अंतत: 2019 चुनाव से पहले पार्टी छोड़ दी।

सिन्हा ने पार्टी छोड़ने की घोषणा करते हुए कहा कि भारी मन से पार्टी छोड़ने का फैसला किया है। मेरे भाजपा छोड़ने की वजह सब जानते हैं। लोकशाही पूरी तरह तानाशाही में बदल चुकी है।

मैं लोकशाही को लेकर आगे बढ़ता और भाजपा धीरे-धीरे तानाशाही में बदल गई। मैंने भाजपा के लिए कहा था कि वन मैन आर्मी टू मैन शो। पार्टी ने आडवाणीजी को मार्गदर्शक मंडल में डाल दिया लेकिन मार्गदर्शक मंडल की आजतक कोई बैठक नहीं हुई। भाजपा ने धीरे धीरे उन्हें काटना शुरू किया। लाल कृष्ण आडवाणी, जशवंत सिंह, अरुण शौरी, मुरली मनोहर जोशी और यशवंत सिन्हा को खत्म किया गया।

शत्रुघ्न सिन्हा जिस वन मैन आर्मी की बात कर रहे वो कोई और नहीं नरेंद्र मोदी ही हैं। जब मोदी गुजरात में संगठन सचिव थे तब सिन्हा राज्यसभा सांसद और पार्टी के स्टार प्रचारक रहे। शत्रुघ्न सिन्हा के साथ वही हुआ जो अन्य नेताओं (जो मोदी से सीनियर रहे या आगे बढ़ाया या असहमत रहे) के साथ हुआ।

शिवराज सिंह चौहान

बीजेपी के दिग्गज नेता शिवराज सिंह चौहान मध्यप्रदेश के लंबे समय तक 3 बार के मुख्यमंत्री रहे। चौहान पहली बार 1990 में विधायक बने तब नरेंद्र मोदी को कोई जानता तक नहीं था। 1991 से 2005 तक विदिशा से 5 बार सांसद रहे। भारतीय जनता पार्टी में कई महत्वपूर्ण पदों पर रहे।

मध्यप्रदेश को जो बीमारू राज्य का टैग था उसको हटाने में उनकी बड़ी भूमिका मानी जाती है। 2023 विधानसभा चुनाव में मुख्यमंत्री के लिए उनके नाम की बेशक घोषणा नहीं हुई लेकिन उनको आगे करके चुनाव जरूर लड़ा गया था। बीजेपी की प्रचंड जीत हुई लेकिन शिवराज सिंह चौहान का पत्ता कट गया।

किसी मौजूदा मुख्यमंत्री के कार्यकाल में हुई चुनाव में प्रचंड जीत के बाद भी मुख्यमंत्री बदल दिया गया। केंद्र से पर्यवेक्षक बंद लिफाफा लेकर गए थे, जिसे शिवराज सिंह चौहान से खुलवाया गया।

मुख्यमंत्री का चुनाव पूरी तरह से लॉटरी सिस्टम कर दिया। जिसके बारे में मोदी के अलावा लिखने वाले को पता होगा या फिर उन्होंने ही लिखकर दिया हो। मीडिया में खबर चलवाई गई कि चौहान ने मोहन यादव के नाम को प्रस्तावित किया लेकिन उन्हें सिर्फ डाकिया के रूप में गए पर्यवेक्षक का दिया हुआ लिफाफा खोलकर पढ़ना था।

मामा के नाम से मशहूर शिवराज सिंह चौहान के लोकप्रियता का अंदाजा इस बात से लगाया जा सकता है कि मुख्यमंत्री न बनाए जाने के बाद महिलायें उनको घेरकर रोने लगी थी। मामा भी भावुक हो बोल पड़े कि आपका भईया कही भी नहीं जा रहा।

शिवराज सिंह चौहान ने वैसे तो मोदी को खुश करने का कोई मौका नहीं छोड़ा। सितंबर 2023 को 'मोदी @20: ड्रीम्स मीटिंग डीलीवरी' पुस्तक के ऊपर एक समारोह में कहा, "आज आप दुनिया में कहीं भी जाएं, मोदी जी ने भारत का मान, सम्मान और गौरव इतना बढ़ा दिया है कि आज भारत के बिना दुनिया का काम नहीं चल सकता। मोदी सिर्फ भारत के नेता नहीं हैं, वह एक वैश्विक नेता हैं।"

नरेंद्र मोदी की कार्यशैली है कि उन्हें कोई भी बराबरी का नेता या लोकप्रिय नेता नहीं चाहिए। जिसका अपना जनाधार हो। शिवराज का तो राजनीतिक जीवन मोदी से बड़ा रहा फिर उन्हें बनाए रखने का कोई सवाल ही नहीं उठता।

जब ज्यादा सवाल उठने लगे तो उन्हें लोकसभा चुनाव के लिए टिकट दे दिया गया।

डॉ.रमन सिंह

डॉ.रमन सिंह ने अपने राजनीतिक जीवन की शुरुआत भारतीय जनसंघ के युवा सदस्य के रूप में की थी। 1976-77 में कवर्धा के युवा मोर्चा के अध्यक्ष बने। 1983 में कवर्धा नगर निगम के काउंसलर बने। 1990 में पहली बार कवर्धा से विधायक चुने गए। अटल बिहारी वाजपेयी की सरकार में केंद्रीय मंत्री रहे। 7 दिसंबर 2003- 17 दिसंबर 2018 तक छत्तीसगढ़ के मुख्यमंत्री रहे। 2018 विधानसभा में हार के पीछे नरेंद्र मोदी के एससी-एसटी एक्ट के ऊपर सुप्रीम कोर्ट के फैसले के खिलाफ अध्यादेश ला पलटना बड़ी वजह था।

छत्तीसगढ़ में गरीबों के लिए 1 रुपया किलो चावल देने के फ़ैसले को लेकर चाउर बाबा के नाम से मशहूर, उनकी योजनाओ को बीजेपी ने खूब भुनाया।

2023 विधानसभा चुनाव में बेशक उनके नाम पर चुनाव नहीं लड़ा गया लेकिन उनको आगे रखकर जरूर लड़ा गया। रमन सिंह भी चुनाव के दौरान मोदी के गारंटी की प्रचार प्रसार करते दिखे लेकिन इनके साथ भी वही हुआ जो शिवराज सिंह चौहान के साथ हुआ। पर्यवेक्षकों का दिया चलिफाफा खोलकर पढ़ा। जिसमें विष्णु देव साय का नाम था। सिंह को छत्तीसगढ़ विधानसभा का स्पीकर बना दिया गया।

वसुंधरा राजे सिंधिया

वसुधंरा राजे सिंधिया अपनी मां विजयाराजे सिंधिया के नक्शे कदम पर चलती हुई बीजेपी में शामिल हुई। जिनका भारतीय जनसंघ को स्थापित करने में बहुत बड़ी भूमिका मानी जाती है। मध्यप्रदेश में उनके योगदान को बीजेपी आज भी भुनाती है।

वसुंधरा राजे सिंधिया पहली बार 1985 में बीजेपी की विधायक बनी तब मोदी राजनीतिक रूप से कहीं नहीं थे और न ही कोई उन्हें जानता था। 5 बार की सांसद, वाजपेयी सरकार में केंद्रीय मंत्री, बीजेपी के कई महत्वपूर्ण पदों पर रही राजस्थान की 2 बार की मुख्यमंत्री रही सिंधिया को भी मुख्यमंत्री पद का उम्मीदवार तो घोषित नहीं किया गया था लेकिन चुनाव नजदीक आते उनको आगे कर दिया गया था। चुनाव परिणाम आते ही बीजेपी को राजस्थान में सिंधिया के बगावत का डर था। जिसका परिणाम रहा कि मुख्यमंत्री की घोषणा करने में देरी हो रही थी। पर्यवेक्षकों ने जब उनको मंच पर लिफाफा खोलने के लिए पकड़ाया तो वह बहुत खुश थी लेकिन खोलकर जैसे ही नाम पढ़ा उनका चेहरा उतर गया। भजन लाल शर्मा को मुख्यमंत्री बनाया गया और फिर वही स्क्रिप्ट कि सिंधिया ने उनके नाम को प्रस्तावित किया वाला न्यूज चलवाया गया।

शिवराज सिंह चौहान, रमन सिंह और वसुंधरा राजे सिंधिया तीनों बीजेपी के कद्दावर नेता रहे और मोदी से ज्यादा राजनीतिक रूप से वरिष्ठ थे और इनका अपना जनाधार था। मोदी को कोई भी अपना जनाधार वाला नेता नहीं चाहिए। उन्हें वैसे नेताओं की जरूरत है जो उनके रीमोट से संचालित हो। जब इन्हें किनारे लगाया गया तब बीजेपी के समर्थकों ने बोलना शुरू किया कि नए चेहरे को मौका देना था। अगर नए चेहरे को मौका ही देना है तो मुख्यमंत्री ही क्यों प्रधानमंत्री पद पर नए चेहरे को मौका क्यों नहीं दिया जा सकता। अगर उम्र की बात करें तो शिवराज सिंह चौहान-64, रमन सिंह-71 और वसुंधरा राजे सिंधिया -70 के हैं और मोदी की उम्र 73 साल है।

2023 राजस्थान, छतीसगढ़, मध्यप्रदेश और तेलंगाना में 21 सांसदों को चुनाव लड़ाया। जिसमें कई केंद्रीय मंत्री भी थे। 21 सांसदों में से 12 चुनाव जीतने में सफल रहे जबकि 9 को हार का सामना करना पड़ा।

राजस्थान में पूर्व केंद्रीय मंत्री और वर्तमान सांसद राज्यवर्धन सिंह राठौर, सांसद दिया कुमारी, राज्यसभा सांसद किरोड़ी लाल मीणा, सांसद महंत बालकनाथ योगी, सांसद देव जी पटेल, सांसद नरेंद्र कुमार और सांसद भगीरथ प्रसाद शामिल रहे।

राज्यवर्धन सिंह राठौर, दिया कुमारी, बाबा बालकनाथ और किरोड़ी लाल मीणा विधानसभा चुनाव जीतने में सफल रहे। राठौर और मीणा को कैबिनेट मंत्री, दिया कुमारी को उप मुख्यमंत्री और महंत बालक नाथ सांसद से विधायक बन गए।

छत्तीसगढ़ में केंद्रीय मंत्री और सांसद रेणुका सिंह, सांसद गोमती साय, सांसद अरुण साव और सांसद विजय बघेल ने चुनाव लड़ा।

रेणुका सिंह, गोमती साय और अरुण साव विधानसभा चुनाव जीतने में सफल रहे और विजय बघेल हार गए। अरुण साव को उप मुख्यमंत्री बनाया गया तो वही रेणुका सिंह केंद्रीय मंत्री से विधायक और गोमती साय सांसद से विधायक बन गई।

मध्यप्रदेश में केंद्रीय कृषि मंत्री नरेंद्र सिंह तोमर, केंद्रीय मंत्री प्रह्लाद सिंह पटेल और फग्गन सिंह कुलस्ते, सांसद राकेश सिंह, गणेश सिंह, रीति पाठक और राव उदय प्रताप सिंह को चुनावी मैदान में उतारा गया। इनमें तोमर, पटेल, राकेश सिंह, रीति पाठक और राव उदय प्रताप सिंह चुनाव जीत गए। कुलस्ते और गणेश सिंह चुनाव हार गए हैं।

फग्गन सिंह कुलस्ते और गणेश सिंह को दुबारा लोकसभा का टिकट दे दिया गया।

नरेंद्र सिंह तोमर को केंद्रीय कृषि मंत्री से विधानसभा का स्पीकर बनाया गया। प्रह्लाद सिंह पटेल पहली बार 1989 में सांसद बने। 5 बार के सांसद वाजपेयी सरकार और मोदी सरकार में केंद्रीय मंत्री रहे पटेल को मध्यप्रदेश का पंचायत और ग्रामीण विकास मंत्री बनाया गया।

राकेश सिंह और राव उदय प्रताप सिंह को मध्यप्रदेश सरकार में मंत्री बनाया गया। रीति पाठक सांसद से विधायक बन गई।

तेलंगाना में बीजेपी ने बंडी संजय कुमार, अरविंद धर्मपुरी और सोयम बापूराव को चुनाव मैदान में उतारा। ये तीनों चुनाव हार गए।

नरेंद्र मोदी इस तरह के राजनीतिक प्रयोग करते रहे हैं ताकि जिसको भी निपटाना हो उसको ऐसे निपटा दो। कई बार जनता के सरकार के प्रति गुस्से को कंट्रोल करने के लिए टिकट देने में बदलाव करते रहे हैं। दिल्ली नगर निगम 2017 में तो सभी सिटिंग पार्षदों का टिकट काट दिया था।

2024 लोकसभा चुनाव में कई जनाधार वाले मौजूदा सांसदों का टिकट काट दिया गया, जो रिकार्ड मत से लगातार जीतते आ रहे थे।

हीराबेन मोदी

नरेंद्र मोदी ने अपनी मां का अपनी राजनीति के लिए इस्तेमाल किया। चाहे किसी साक्षात्कार में मां को याद कर भावुक हो जाना या फिर चुनाव के समय मां का आशीर्वाद लेने कैमरा के साथ जाना या जन्मदिन पर मिलने जाना ये आम बात रही। प्रधानमंत्री बनने के बाद अपनी कोई सुविधा नहीं छोड़ी, बल्कि उसमें इजाफा ही किया। कई बार दिन में पांच ड्रेस बदल लिया लेकिन कभी बूढ़ी मां को अपने साथ नहीं रखा और लोगों के बीच संदेश देते रहे कि मोदी ने देश के लिए हर चीज त्याग दिया।

नरेंद्र मोदी को मीडिया आदर्श पुत्र के रूप में दिखाता रहा और उनकी चर्चा इनके प्रधानमंत्री के उम्मीदवार बनने के बाद ज्यादा होने लगी। मीडिया के अनुसार मोदी को अपनी मां से बहुत लगाव था लेकिन सार्वजनिक जीवन में आने के बाद मोदी सिर्फ 2 बार अपनी मां से मिले।

पहली बार एकता यात्रा के बाद श्रीनगर के लाल चौक पर तिरंगा फहराकर लौटने के बाद अहमदाबाद के नागरिक सम्मान समारोह में कार्यक्रम में मां ने मंच पर टीका लगाया था।

दूसरी बार मुख्यमंत्री बनने के बाद सार्वजनिक रूप से शपथग्रहण समारोह में दिखी। इसके बाद लंबे समय तक उनकी मां की चर्चा नहीं हुई।

प्रधानमंत्री बनने के बाद उनकी मां की चर्चा ज्यादा होने लगी और अपनी मां के गरीबी की मार्केटिंग करने लगे। जब ज्यादा ही चर्चा बढ़ी तो सवाल होने लगे कि अपनी बूढ़ी मां को साथ में क्यों नहीं रखते तो एक साक्षात्कार में जवाब दिया "पहली बात तो यह है कि अगर मैं प्रधानमंत्री बनकर घर से निकला होता तो स्वाभाविक रूप से मेरा मन करता कि मां और परिवार के साथ रहूं। मैं जिंदगी की बहुत छोटी आयु में सबकुछ छोड़ चुका हूं, इसलिए लगाव या मोहमाया नहीं रख पाया। दूसरी बात यह है कि मैंने अपने मां को अपने साथ बुला लिया था, काफी दिन उनके साथ बिताए थे लेकिन मां ही मुझसे कहती रही कि तुम मेरे पीछे अपना समय क्यों बर्बाद करते हो? मैं तुम्हारे साथ यहां रहकर भी क्या करूंगी? जबकि गाँव के घर में लोगों से मिलना जुलना होता है। तीसरी बात यह है कि मैं भी उनको समय नहीं दे पाता था। काम में ही लगा रहता था। एकाध बार मैं उनके साथ खाना खा लेता था, फिर मुझे दर्द महसूस होता था कि मैं रात को 12 बजे आता हूं और मां इंतजार करती रहती है।"

लालचौक से लौटने के बाद   मुख्यमंत्री बनने के बाद

मोदी ने एक और वाकया साझा किया कि मुख्यमंत्री बनने के बाद मेरे मन में इच्छा थी कि अपने सभी शिक्षकों का सार्वजनिक रूप से सम्मान करूं। मेरे मन में ये भी था कि मां तो मेरी सबसे बड़ी शिक्षक रही है, उनका भी सम्मान होना चाहिए। हमारे शास्त्रों में भी कहा गया है कि माता से बड़ा कोई गुरु नहीं है-'नास्ति मातृ समो गुरुः' इसलिए मैंने मां से भी कहा था कि आप भी मंच पर आइएगा लेकिन उन्होंने कहा," देख भाई, मैं तो निमित मात्र हूं। तुम्हारा मेरी कोख से जन्म लेना लिखा हुआ था। तुम्हें मैंने नहीं भगवान ने गढ़ा है, यह कहकर मां उस कार्यक्रम में नहीं आई थी।

उत्तरप्रदेश समेत 5 राज्यों में से 4 राज्यों के विधानसभा चुनाव में बीजेपी की शानदार जीत और सामने गुजरात चुनाव को देखते हुए नरेंद्र मोदी अपनी मां से मिले। यह उनकी मां से मुलाकात 2 साल बाद हुई इससे पहले 2019 में मिले थे। अपनी व्यस्तता का हवाला देते हुए बताया कि मुलाकात नहीं हो पाई लेकिन वह रोज सुबह फोन पर उनकी हालचाल लेते हैं।

नरेंद्र मोदी का अलग अलग दावा जब लगाव और मोहमाया नहीं रख पाए तो चिंता होने और फोन पर हालचाल लेने का सवाल कहां से पैदा होता है?

हीराबा 2016 में दिल्ली मोदी से मिलने के लिए जरूर आई थी। जिनका मोदी ने व्हील चेयर पर फोटो साझा किया था लेकिन जल्द ही वापिस चली गई। मोदी ने उनको अपने साथ रखा इसके कोई प्रमाण नहीं मिलते। अगर रही होती तो जरूर अलग फोटो साझा करते क्योंकि कैमरा से शुरू से ही इनका विशेष लगाव रहा है।

जब जब मां से मिलने गए तो बिना मीडिया के नहीं गए।

नरेंद्र मोदी अपनी मां हीराबा की प्रचारित 100वें जन्मदिन पर मिलने पहुंचे। गाड़ी गेट के अंदर प्रवेश होकर रुकी, सुरक्षाकर्मी ने गाड़ी की गेट खोली लेकिन कैमरामैन जबतक पहुंचा नहीं था। मोदी गाड़ी से बाहर नहीं निकले तो सुरक्षाकर्मी को गेट बंद करना पड़ा। जब कैमरामैन जल्दी में दौड़कर पहुंचकर

तैयार हुआ तो दोबारा गाड़ी का गेट खुला और मोदी बाहर आए। विडियो शूट शुरू हुआ तो हाथ हिलाते हुए घर में प्रवेश हुए।

कोई भी पुत्र जिसको मां से ज्यादा लगाव होगा वो मां से जल्दी से जा मिलेगा या कैमरामैन का इंतजार करेगा? ये पाठक खुद से तुलना कर समझ सकते हैं।

2016 में तो नोटबंदी के दौरान हीराबा जिनकी अलग अलग मीडिया में कहीं 95 वर्ष तो कहीं 96 वर्ष उम्र बताई गई उन्हें लाइन में खड़ा होकर नोट बदलना पड़ा ताकि संदेश जाए कि मोदी का परिवार आम परिवार की तरह है और कोई सवाल भी जल्द न उठे।

कोई भी मां से लगाव रखने वाला बेटा ऐसा कर सकता है जो वृद्ध मां को ऐसे अपने राजनीतिक फायदे के लिए इस्तेमाल करे? अगर मोदी को सबके बराबरी का संदेश ही देना था तो खुद लाइन में खड़े होकर नोट बदल लेना था। इससे और अच्छा संदेश जाता कि देश का प्रधानमंत्री खुद लाइन में खड़े होकर नोट बदल रहा है। कोई भी बेटा या बेटी यही प्रयास किया होगा कि उसके किसी वृद्ध माता पिता को परेशान न होना पड़े। बुजुर्गों की सेवा करना या परेशानी में नहीं डालना यही भारतीय संस्कार रहे हैं लेकिन मोदी ने ऐसा नहीं किया।

30 दिसम्बर 2022 को नरेंद्र मोदी की मां हीराबा का निधन हुआ। मोदी शवयात्रा में शामिल भी हुए और मुखाग्नि भी दी लेकिन तुरंत बाद पहले से निर्धारित कार्यक्रम बंगाल में कई योजनाओ के उद्घाटन के लिए पहुंच तो नहीं सके लेकिन वर्चुअली शामिल हुए।

कार्यक्रम में शामिल होकर कोलकाता मेट्रो और हावड़ा-न्यू जलपाईगुड़ी वंदे भारत ट्रेन को हरी झंडी दिखाई। बंगाल में 7800 करोड़ के डेवलपमेंट प्रोजेक्ट की शुरुआत की। रेलवे और मेट्रो से जुड़े कई

प्रोजेक्ट्स का लोकार्पण और शिलान्यास किया। स्वच्छ गंगा मिशन के तहत 7 सिवरेज प्रोजेक्ट्स का उद्घाटन भी प्रधानमंत्री नरेंद्र मोदी के द्वारा किया गया।

बीजेपी और मीडिया के द्वारा पहले पुत्र धर्म फिर राष्ट्रधर्म का मिशाल पेश करने की वाहवाही की गई। रेलवे से जुड़े प्रोजेक्ट्स और वंदे भारत को झंडा दिखाने का जिम्मा रेलमंत्री अश्विनी वैष्णव के पास है। मेट्रो को झंडा दिखाने और उससे जुड़े प्रोजेक्ट्स का जिम्मा शहरी विकास मंत्री हरदीप सिंह पूरी के पास है। स्वच्छ गंगा मिशन का जिम्मा जल शक्ति मंत्री गजेंद्र सिंह शेखावत के पास है लेकिन मोदी ने इस दुख के मौके को भी भुनाया। मीडिया और बीजेपी ने इसे कर्मयोगी के राष्ट्र के प्रति समर्पण के रूप में प्रचारित किया।

मोदी ये कभी नहीं चाहते कि फुटेज किसी और को मिले। आज जीतने भी मंत्री और बीजेपी नेता हैं वो सिर्फ कागजों में हैं। मोदी का हर काम में दखल और खुद हर जगह दिखने के प्रयास ने हर मंत्री और नेता को कठपुतली बना दिया है।

हिंदू धर्म के अनुसार जो बेटा मुखाग्नि देता है उसे बाहर जाने पर रोक होती है। अगर ये सब जो पहले से तय थे और इनको हर हाल में करना ही था तो किसी अन्य भाई से मुखाग्नि दिला देते। मोदी के मां की 13वीं हुई या नहीं इसकी कोई खबर नहीं आई। अगर हुई भी हो तो मोदी नहीं गए और न ही मुंडन कराया। जो बेटा मुखाग्नि दे और वो खुद ही दूर रहे और मुंडन भी न कराए, ये मैंने कहीं और न देखा न सुना।

मोदी समर्थकों ने इनको कर्मयोगी और हिन्दू हृदय सम्राट तमगा बनाए रखने के लिए इनकी फर्जी फोटो शेयर कर कसीदे पढ़े।

वायरल फर्जी फोटो के साथ लिखा गया कि माननीय प्रधानमंत्री श्री नरेंद्र मोदी ने हिंदू रीति रिवाज के अनुसार अपनी मां के लिए मुंडन कराया है। धन्य है कर्मयोगी

माता जी हीराबा को भावभीनी श्रद्धांजलि

नरेंद्र मोदी के मां प्रेम और हिंदुत्व की जो मनोहर कहानियां मीडिया के द्वारा परोसा गया। पाठक ये सब देख तय कर सकते हैं कि उनका मां प्रेम और हिंदू धर्म में आस्था कितनी है?

जसोदा बेन मोदी

नरेंद्र मोदी ने अपने वैवाहिक जीवन को छुपाया ही नहीं अपनी पत्नी को किसी कार्यक्रम में भी शामिल नहीं होने दिया। कभी भी मीडिया के सामने उनके पत्नी ने मोदी को लेकर कोई अनादर और तल्खी भी नहीं दिखाई। हद तो तब हो गई जब हीराबा के मृत्यु के पश्चात वो अंतिम दर्शन करना चाहती थी लेकिन उनके घर के बाहर गुजरात पुलिस खड़ी थी। जसोदा बेन ने घर से निकलने का बहुत प्रयास किया लेकिन पुलिस ने निकलने नहीं दिया। गुजरात पुलिस वैसे तो उनके हर गतिविधि पर ध्यान नहीं रखती लेकिन उस दिन घर में नजरबंद कर रखा, तो बिना आदेश के तो पुलिस प्रधानमंत्री के पत्नी के साथ तो ऐसा नहीं करेगी।

नरेंद्र मोदी आत्ममुग्धता, अहंकार और महत्वाकांक्षा से इतने ग्रसित रहे कि चाहे जिससे सही मायने में खतरा हो या जिसने आगे बढ़ाया हो या कोई काबिल जो इनका कठपुतली बनने के लिए तैयार न हो, सभी को खत्म कर दिया। हर चीज का राजनीतिक इस्तेमाल किया, जिससे वोट मिल सके और कुर्सी बनी रहे। अपने उन विरोधियों को मजबूत भी किया जिसके विरोध को दिखा वोट मिलता हो, जिसको आप आगे इस पुस्तक में देखेंगे कि कैसे गाली देने वालों को मजबूत किया ताकि उसको भुना सत्ता बनी रहे।

गोधरा दंगे का सच

गोधरा कांड

अयोध्या में विश्व हिंदू परिषद द्वारा आयोजित पूर्णाहुति महायज्ञ में भाग लेने के लिए देशभर से रामभक्त पहुंचे हुए थे। यज्ञ समाप्त होने के बाद 25 फ़रवरी 2002 को साबरमती एक्सप्रेस के कोच S-5 और S-6 में खासकर कारसेवक ही बैठे हुए थे, जो अयोध्या से गुजरात के लिए रवाना हुए। अपने निर्धारित समय से करीब 4 घंटे विलंब सुबह के 7:43 बजे ट्रेन गोधरा पहुंची। जैसे ट्रेन प्लेटफॉर्म से रवाना हुई, उसे चेन पुलिंग करके रोका गया। ट्रेन पर 1000-2000 की भीड़ ने हमला कर दिया। भीड़ ने पहले पत्थरबाजी की फिर पेट्रोल डालकर कोच S-5 और S-6 में आग लगा दिया। ट्रेन के इस कोच में बैठे 59 लोगों की जलकर मौत हो गई। ट्रेन पर हमला घांची मुस्लिम भीड़ ने किया। ये अनाधिकृत रूप से स्टेशन पर कोल्ड ड्रिंक और अन्य खाने की समान बेचते थे। गोधरा स्टेशन की बॉउन्ड्री से सटा एक इलाका है, जिसे सिग्नल फलिया कहा जाता है। यहां घांची मुस्लिम अच्छी संख्या में रहते हैं। मरने वालों में 27 महिलायें, 22 पुरुष और 10 बच्चे बताए जाते हैं। जिनके नाम की चर्चा बहुत कम हुई क्योंकि उसके प्रतिक्रिया में जो गोधरा दंगा हुआ। हर तरफ उसी की चर्चा हुई। कई प्रयास के बाद भी सभी के नाम सामने नहीं आ पाए, जिन 41 लोगों के नाम सामने आए

1   नीलमबेन प्रकाशभाई चौडकर, रामोल, अहमदाबाद

2   ज्योतिबेन भरतभाई पांचाल, मणिनगर, अहमदाबाद

3   प्रेमाबेन नरनभाई डाभी, गीता मंदिर, अहमदाबाद

4   जीवीबेन नरनभाई डाभी, गीता मंदिर, अहमदाबाद

5   देवकलाबेन हरीप्रसाद जोशी, चांदलोडिया, अहमदाबाद

6   जेवरभाई जादवभाई प्रजापति, वस्त्राल, अहमदाबाद

7   मित्तलबेन भरतभाई प्रजापति, मणिनगर, अहमदाबाद

8   नीताबेन हर्षदभाई पांचाल, न्यू रानिप, अहमदाबाद

9   हर्षदभाई हरगोविंदभाई पांचाल, न्यू रानिप, अहमदाबाद

10   प्रतीक्षाबेन हर्षदभाई पांचाल, न्यू रानिप, अहमदाबाद

11   नीरूबेन नवीनचंद ब्रह्मभट्ट, संकेत सोसाइटी, वडनगर

12 छायाबेन हर्षदभाई पांचाल, न्यू रानिप, अहमदाबाद

13 चिरागभाई ईश्वरभाई पटेल, वाघोदिया, वडोदरा

14 सुधाबेन गिरीशचंद्र रावल, चांदलोडिया, अहमदाबाद

15 मालाबेन शरदभाई महात्रे, अम्बावड़ी, अहमदाबाद

16 अरविन्दाबेन कांतिलाल शुक्ला, रामोल, अहमदाबाद

17 उमाकांत गोविन्दभाई मकवाना, नवा नरोडा, अहमदाबाद

18 सदाशिव विट्ठलभाई जाधव, सुरेलिया एस्टेट रोड, अहमदाबाद

19 मणिबेन डाहयाभाई जाधव, नवा नरोडा, अहमदाबाद

20 जेसलकुमार मनसुख भाई सोनी, वस्त्राल, अहमदाबाद

21 मनसुख भाई कांजीभाई सोनी, वस्त्राल, अहमदाबाद

22 रतीबेन शिवपति प्रसाद, म्युनिसिपल क्वार्टर, विजय मिल्स, नरोदा, अहमदाबाद

23 जमनाप्रसाद रामाश्रय तिवारी, म्युनिसिपल क्वार्टर, विजय मिल्स, नरोदा, अहमदाबाद

24 सतीश रमनलाल व्यास, ओधव, अहमदाबाद

25 शांताबेन जशभाई पटेल, रून, आनंद

26 इंदिराबेन बंशीभाई पटेल, रून, आनंद

27 राजेशभाई सरदारजी वाघेला, खोखरा, अहमदाबाद

28 शीलाबेन मफतभाई पटेल, रून, आनंद

29 मंजुलबेन कीर्तिभाई पटेल, रून, आनंद

30 चम्पाबेन मनुभाई पटेल, रून, आनंद

31 दिवालीबेन रावजी भाई पटेल, मातर, खेड़ा

32 ललिताबेन करंसीभाई पटेल, बड़ी, मेहराणा

33 मंगूबेन हीरजीभाई पटेल, कड़ी, मेहसाणा

34 प्रह्लादभाई जयंतभाई पटेल, अम्बिका टाउनशिप, पाटन

35 भीमजीभाई करसनभाई पटेल, खेदब्रह्म, साबरकांठा

36 लखुभाई हीराजीभाई पटेल, वडाली, साबरकांठा

37 विट्ठलभाई परषोत्तम भाई पटेल, खोखरा, अहमदाबाद

38 शैलेश रणछोड़ भाई पांचाल, संकल्प पार्क सोसाइटी, सुरेंद्र नगर

39 अमृतभाई जोईताराम पटेल, गमनपुरा, मेहसाणा

40 नरेंद्र नारायणभाई पटेल, मंडल, अहमदाबाद

41 रमनभाई गंगारामभाई पटेल, नुगर, मेहसाणा

कारसेवकों को जिंदा जलाए जाने की घटना के बाद तत्कालीन मुख्यमंत्री नरेंद्र मोदी ने हाई लेवल मीटिंग बुलाई। खबर आई कि बैठक में मौजूद मंत्री हरेन पंड्या ने कारसेवकों के लाश को विश्व हिंदू

परिषद को सौंपने और जुलूस निकाले जाने का विरोध किया। बैठक में कारसेवकों को जिंदा जलाए जाने को साजिश माना गया लेकिन पंड्या को चुप करा दिया गया।

28 फ़रवरी को गोधरा से कारसेवकों के लाश को खुले ट्रक में अहमदाबाद लाया गया। इन शवों को परिजनों के बजाय विश्व हिंदू परिषद को सौंपा गया। शवों को लेकर काफिला सोला सिविल अस्पताल पहुंचा। सोला अस्पताल के बाहर वीएचपी आरएसएस कार्यकर्ताओं की भीड़ पहले से जमा थी। यहां तमाम संगठनों के नेताओं ने गोलबंदी की और 28 फ़रवरी और 1 मार्च को गुजरात बंद का ऐलान कर दिया।

10 शवों को लेकर अंतिम यात्रा रामोल जनतानगर से लेकर शमशान घाट के लिए निकाली गई जिसे पूरे शहर में घुमाया गया। अंतिम यात्रा में करीब 6 हजार लोग इकट्ठा हुए। भीड़ अहमदाबाद के गुलबर्ग सोसाइटी, नरोदा पाटिया और नरोदा गाम में बेकाबू होने लगी। धीरे धीरे यह बाकी हिस्सों में फैल गया। यह विशुद्ध रूप से सांप्रदायिक दंगा का रूप ले चुका था।

गोधरा दंगे में लगभग 1200 लोग मारे गए जिसको लेकर अलग अलग दावे हैं। मरने वालों में सर्वाधिक मुस्लिम समाज के थे।

अब सवाल यह है कि कारसेवकों के लाश को उनके परिजनों को न सौंप विश्व हिंदू परिषद को क्यों सौंपा गया? हरेन पंड्या ने विरोध किया तो क्यों उन्हें शांत करा दिया गया?

आमतौर पर किसी भी दुर्घटना में मौत के बाद पोस्टमार्टम के पश्चात लाश परिजन को सौंप दिया जाता है तो इस मामले में बिना सरकार के मौखिक या लिखित अनुमति के पुलिस लाश किसी और को देती नहीं और ऐसा हुआ तो इसके पीछे मंशा क्या थी?

बीजेपी का इतिहास देखे तो ये हिंदुओं के लाश पर वोट मांगते आए हैं जो आज भी जारी है। स्वयं मोदी गुजरात में हुए दंगा के बाद निकाले गए दो यात्रा के पीछे अहम भूमिका निभा चुके थे। हिंदुओं के लाश की संख्या बढ़ने के साथ-साथ बीजेपी की सीट भी बढ़ती चली गई।

गुजरात के पूर्व मुख्यमंत्री शंकर सिंह वाघेला कई साक्षात्कार में आरोप लगा चुके हैं कि गोधरा कांड बीजेपी ने ही कराया। वाघेला ने गुजरात के तत्कालीन मुख्यमंत्री नरेंद्र मोदी के प्रेस वार्ता का हवाला देकर कहा कि जब पत्रकार ने पूछा कि आपकी दोबारा सरकार कैसे बनेगी तो मोदी ने जबाव दिया कि 90-100 दिन में चमत्कार होगा। उसी बीच कारसेवकों को जिंदा जला दिया गया।

वाघेला ने सवालिया लहजे में पूछा कि गोधरा के लोगों को कैसे पता लगा कि उसी कोच (S-6) में कारसेवक हैं?

मारे जाने वाले कारसेवकों में कोई गोधरा का नहीं था। सभी गुजरात के अन्य हिस्सों के थे फिर उनको किसने जानकारी दी कि उस कोच में कारसेवक हैं? ये बात तो उन्हीं को पता होगी जो ट्रेन पर बिठाने अयोध्या आए होंगे या फिर उनके परिवार वालों को? तब संचार का भी माध्यम इतना नहीं था कि

उन्होंने कोच की जानकारी दी हो। अगर उनके जानने वालों को पता भी हो तो कौन गोधरा खबर देने जाएगा कि वो साबरमती एक्सप्रेस के कोच S-5 और S-6 में आ रहे हैं? किसी के ट्रेन में कोच और सीट का उसी को पता होता है जो स्टेशन उनको लाने या पहुंचाने जाए, फिर ये जानकारी किसने दी? विश्व हिंदू परिषद का कार्यक्रम था, जो आरएसएस का अनुवांशिक संगठन है। बीजेपी भी आरएसएस से जुड़ी हुई है, ये सभी काफी हद तक एक ही हैं। महायज्ञ के दौरान आपसी चर्चा के दौरान ये बातें सामने आई हो कि उन्हें साबरमती से कोच S-5 और S-6 में जाना है, तो ये सारी जानकारी किसने दी? गुजरात पुलिस के तत्कालीन अतिरिक्त महानिदेशक जे महापात्रा के अनुसार, "उपद्रवियों ने ट्रेन के गोधरा पहुंचने से पहले ही पेट्रोल से भीगे पेट्रोल के कपड़े तैयार कर रखे थे।" सरकार और जांच आयोग ने भी सुनियोजित साजिश माना, फिर सवाल उठता है कि उनके साजिश को कामयाब करने में किसकी भूमिका रही? क्या पहले भी कभी किसी ट्रेन को गोधरा में ऐसे ही निशाना बनाया गया? संभवतः नहीं!

आखिरकार S-5 और S-6 को निशाने में रखकर ही क्यों पथराव हुआ और आग लगाई गई?

नरेंद्र मोदी जो स्वयं घांची समाज से आते हैं वो खुद 1970 की दशक में गोधरा में संघ के स्वयंसेवक रहे जिनके कपड़े की धुलाई चांद मोहम्मद किया करते थे।

ये मैं पाठकों के ऊपर छोड़ देता हूं कि वे तय करें कि इस साजिश में किसकी भूमिका रही?

27 फ़रवरी 2002 को शाम 4:30 बजे तत्कालीन मुख्यमंत्री नरेंद्र मोदी गोधरा स्टेशन पहुंचे और जली हुई बोगियों का निरीक्षण किया। संवाददाता सम्मेलन में मोदी ने कहा कि गोधरा की घटना बहुत दुखदायी है, लेकिन लोगों को कानून अपने हाथ में नहीं लेना चाहिए। सरकार उन्हें आश्वस्त करती है कि दोषियों के खिलाफ कठोर करवाई की जाएगी।

6 मार्च 2002 को नरेंद्र मोदी ने गुजरात हाई कोर्ट के सेवानिवृत जज केजी शाह के नेतृत्व में जांच आयोग का गठन किया, लेकिन पीड़ित परिवारों, मानवाधिकार संगठनों की नाराजगी और मोदी और शाह के कथित निकटता को लेकर मीडिया में नाराजगी के बाद सुप्रीम कोर्ट के सेवानिवृत न्यायधीश जी टी नानावती को शामिल किया गया। 2009 में के जी शाह के निधन के बाद गुजरात हाई कोर्ट के सेवानिवृत न्यायधीश अक्षय एच.मेहता को शामिल किया गया, तब तक शाह अंतिम रिपोर्ट प्रस्तुत नहीं कर पाए थे। इसीलिए इसे नानावती-मेहता आयोग के नाम से जाना जाता है। जून 2002 में गोधरा कांड के बाद राज्यभर में भड़की हिंसा की जांच की भी जिम्मेदारी दे दी गई।

सितंबर 2004 में कांग्रेस के नेतृत्व में चल रही यूपीए सरकार में रेल मंत्री लालू प्रसाद यादव ने सुप्रीम कोर्ट के सेवानिवृत न्यायधीश उमेश चंद्र बनर्जी आयोग का गठन किया जिसका रिपोर्ट नानावती-मेहता आयोग से जल्द ही आ गया।

17 जनवरी 2005 को बनर्जी आयोग ने एक रिपोर्ट सौंपी थी। रिपोर्ट में कहा गया था कि आग दुर्घटनावश लगी थी और कोच में कोई आग नहीं लगाई थी। आयोग के रिपोर्ट में कहा गया था कि कोच में साधु थे जो नशे वाली चीजों का धूम्रपान कर रहे थे और उसी के गलती से आग लग गई।

बनर्जी आयोग के रिपोर्ट को आधार बना तथाकथित सेक्युलर नेता, लिबरल, इस्लामिस्ट, वामपंथी मीडिया इसे दुर्घटना बता हिंदुओं को ही निशाना बनाते रहे। हिंदुओं के पक्ष में सिर्फ तथाकथित हिंदुवादी पार्टी बीजेपी दिखने का नाटक करती रही और इसे नरसंहार बताती रही और राजनीतिक फायदा भी लिया। जिसका परिणाम रहा कि गुजरात में दोबारा बीजेपी की सरकार बनी और नरेंद्र मोदी आज देश के प्रधानमंत्री हैं।

बनर्जी आयोग की रिपोर्ट को गोधरा दुर्घटना में घायल नीलकांत भाटिया ने गुजरात उच्च न्यायलय में चुनौती दी। उन्होंने अपने दलील में कहा कि एक ही घटना की जांच दो अलग अलग आयोग से नहीं कराई जा सकती। अक्टूबर 2006 में गुजरात उच्च न्यायलय ने बनर्जी आयोग के रिपोर्ट को खारिज कर दिया और जांच को असंवैधानिक और शून्य घोषित कर दिया।

याचिकर्ता नीलकंठ भाटिया के वकील योगेश मेहता ने कहा, "अदालती आदेश में कहा गया है कि बनर्जी आयोग की रिपोर्ट संसद में पेश नहीं की जाएगी और इसका कहीं भी इस्तेमाल नहीं किया जाएगा। इसे पूरी तरह खारिज कर दिया गया है।"

गुजरात उच्च न्यायलय के फैसले पर प्रतिक्रिया देते हुए गुजरात के मुख्यमंत्री नरेंद्र मोदी ने कहा कि बनर्जी आयोग का गठन राजनीति से प्रेरित था।

मोदी ने कहा कि उनका मकसद गोधरा कांड के दोषियों को बचाना और उस समय बिहार विधानसभा चुनाव में राजनीतिक फायदा उठाना था।

गोधरा कांड और दंगा को लेकर कई कहानियां गढ़ी गईं

मुस्लिम चायवाला के अपमान का बदला

कुछ रिपोर्ट्स सामने आए कि गोधरा अग्नि कांड की शुरुआत गोधरा से पहले दाहोद जंक्शन से ही शुरू हो गई थी तब S-6 में एक मुस्लिम चायवाले ने घुसने की कोशिश की, जिसे कारसेवकों ने बोला कि तुम्हारे हाथ का चाय नहीं पियेंगे और उसको ट्रेन से उतार दिया। अपने अपमान का बदला लेने के लिए उसे अगले स्टेशन गोधरा में लोगों को बुला लिया और कारसेवकों के ऊपर हमला कर दिया।

2002 में सबसे पास मोबाइल फोन नहीं होते थे, तब सिम के लिए सांसद से कूपन लेना पड़ता था। वो भी सीमित संख्या में होते थे, जो सांसद के खास लोगों को मिलते थे।

तब किसी चायवाले के पास मोबाठल होना ये भी असंभव सी बात थी।

ISI का हाथ

दूसरी कहानी के अनुसार यह पाकिस्तानी इंटेलिजेंस एजेंसी आईएसआई के द्वारा करवाया गया हमला था। जिसे पूरी प्लानिंग के तहत अंजाम दिया गया और इसके लिए स्थानीय लोगो को धर्म के नाम पर बरगलाया गया। जिसमें वो आसानी से फंस गए और ट्रेन में आग लगा दिया। इसकी पुष्टि किसी जांच में नहीं हुई।

चूल्हे से साबरमती एक्सप्रेस

लिबरल्स हमेशा झूठ फैलाते रहे कि आकस्मिक आग की वजह से साबरमती एक्सप्रेस में आग लग गई। गवाह ने इस बात से इनकार किया कि कोच में एक बर्तन में ज्वलनशील तरल पदार्थ गिरने से कोच में आग लग सकती है। गवाह ने अपने कार्यालय द्वारा उस कोच की जांच के समय ली गई तस्वीरों को पेश किया। गोधरा के दंगों के बाद एफएसएल में वैज्ञानिक मुकेश जोशी 2002 में तीन बार गोधरा गए थे। उन्होंने देखा, "कोच S-6 के बाहरी हिस्से पर पत्थरों के निशान थे और बाहरी हिस्से में भी जले के निशान थे।"

शॉर्ट सर्किट से ट्रेन में आग

साबरमती एक्सप्रेस में आग को लेकर मुकुल सिन्हा के जन संघर्ष मंच ने एक और शिगूफा छोड़ा था, जिसमें साजिश की थ्योरी को 'शॉर्ट सर्किट' करार दिया गया था। हालाँकि, नानावती-मेहता आयोग का यह कहना था, "शॉर्ट सर्किट जन संघर्ष मंच द्वारा प्रचारित एक और संभावना है। कोच में शॉर्ट सर्किट होने की संभावना को दर्शाने के लिए कोई सबूत नहीं दिया गया है और आयोग के समक्ष कोई सामग्री पेश नहीं की गई है। इस संभावना के समर्थन में कारण यह बताया गया है कि पहले कोच में

धुआँ था और कुछ देर बाद आग की लपटें दिखाई दीं। आयोग की जाँच में कोच S6 के एक भी यात्री से यह नहीं पूछा गया कि क्या कोच में शॉर्ट-सर्किट जैसा कुछ हुआ है।"

इसके अलावा रिपोर्ट में कहा गया है, "आयोग द्वारा निरीक्षण के दौरान पक्षकारों की ओर से उपस्थित अधिवक्ताओं की उपस्थिति में यह देखा गया कि बिजली के तार कोच के ऊपरी हिस्सों में थे। अगर शॉर्ट सर्किट की वजह से आग लगती तो उस जगह बैठे यात्रियों को सबसे पहले इसका पता चलता। ऐसे में नीचे बैठे यात्री खुद को बचाने के लिए ऊपर की बर्थ पर नहीं चढ़ते। उल्टे जो लोग ऊपर की बर्थ पर बैठे थे, वे फौरन नीचे आ जाते। यात्रियों ने तुरंत चारों दरवाजों से कोच छोड़ दिया होता और इतने लोगों की जान नहीं जाती।"

कारसेवकों द्वारा मुस्लिम लड़की को किडनैप करने की कोशिश

गुजरात दंगों पर 'हाथापाई' नैरेटिव गढ़ा गया कि 'कारसेवकों' ने एक मुस्लिम लड़की का अपहरण करने की कोशिश की। हालाँकि, नानावती-मेहता आयोग ने इस परिकल्पना को खारिज करते हुए कहा कि कारसेवकों द्वारा एक मुस्लिम लड़की का अपहरण वास्तविकता से परे था। आयोग ने कहा, "इन सभी गवाहों और रिकॉर्ड पर मौजूद अन्य सामग्रियों के साक्ष्य से यह स्पष्ट हो जाता है कि ट्रेन में भीड़भाड़ और ट्रेन के अंदर और बीच के स्टेशनों के प्लेटफार्मों पर कभी-कभार नारे लगाने के अलावा, रामसेवकों ने कुछ नहीं किया था और पहले कोई घटना नहीं हुई थी।"

आयोग के मुताबिक, हाथापाई के बाद मुस्लिम महिला के अपहरण का 'प्रयास' सही नहीं लगता। रिपोर्ट में कहा गया है, "अगर वे वास्तव में वडोदरा जाने के लिए स्टेशन गए होते, तो वे साबरमती एक्सप्रेस ट्रेन में सवार हो जाते, क्योंकि यह उन्हें पहले वडोदरा ले जाती, लेकिन उन्होंने ऐसा नहीं किया था। उनका अपहरण करने का कथित प्रयास उस समय किया गया, जब वे बुक स्टॉल के पास थे।

इसका मतलब यह होगा कि वे लगभग प्लेटफॉर्म के ढके हुए हिस्से के बीच में थे और वे रेलवे ऑफिसों के काफी करीब थे।"

मुस्लिम महिला की गवाही को खारिज करते हुए आयोग कहता है, "सबूत बताते हैं कि स्टेशन पर कई लोग थे। वहाँ यात्रियों के अलावा कई मुस्लिम वेंडर भी थे। रेलवे कर्मचारी अपने कार्यालयों में मौजूद रहे। कुछ पुलिसकर्मी भी मौजूद थे। अगर वो अपने बचाव में चिल्लाई होती तो वो लोग तो जरूर सुनते जो उसके आसपास थे। लेकिन कोई भी उसके पक्ष का समर्थन करने के लिए आगे नहीं आया।"

आयोग की रिपोर्ट कहती है, "उसके (मुस्लिम महिला) सबूतों के अनुसार, वो बुकिंग क्लर्क के ऑफिस में गई, वहाँ क्या हुआ इसकी जानकारी उन्होंने किसी को नहीं दी। उस ऑफिस के अंदर उनके पास किसी भी चीज से डरने का कोई कारण नहीं था। बावजूद इसके मेमू ट्रेन का इंतजार करने की बजाय वो तुरंत संबंधियों के पास लौट आई। उनका यह स्पष्टीकरण कि वह बहुत डरी हुई थीं और उन्हें चक्कर आ रहा था और इसलिए उन्होंने उस दिन वडोदरा वापस नहीं जाने का फैसला किया था, सच नहीं लगता।"

आईपीएस अधिकारी संजीव भट्ट और नरेंद्र मोदी की मुलाकात

पूर्व आईपीएस अधिकारी संजीव भट्ट ने दावा किया कि 27 फरवरी 2022 को सीएम नरेंद्र मोदी के साथ उनके घर पर मुलाकात की थी। इस बैठक में विशेष रूप से पीएम मोदी को गोधरा में ट्रेन जलाए जाने की घटना के मद्देनजर नरसंहार में शामिल होने के लिए फंसाने के लिए विशेष रूप से प्रकाश डाला गया था।

हालाँकि, नानावती-मेहता आयोग के मुताबिक, हिरासत में मौत के मामले में उम्रकैद की सजा काट रहे पूर्व आईपीएस अधिकारी संजीव भट्ट ने झूठ बोला था कि वो 27 फरवरी 2022 को नरेंद्र मोदी से मिला था। मोदी विरोधी लॉबी का फेस बने भट्ट ने 2011 में आरोप लगाया कि 2002 के गोधरा दंगों के दौरान तत्कालीन मुख्यमंत्री नरेंद्र मोदी ने 27 फरवरी 2002 को अपने आवास पर एक बैठक बुलाई थी, ताकि हिन्दुओं को मुस्लिमों के खिलाफ गुस्सा जाहिर करने दिया जाए, जिससे राज्य में गोधरा जैसी घटना की पुनरावृत्ति न हो।

भट्ट ने सुप्रीम कोर्ट को सौंपे गए एक हलफनामे में दावा किया था कि यह बैठक साबरमती एक्सप्रेस जलने की घटना के बाद हुई थी, जिसमें 59 कारसेवक मारे गए थे। उस कथित बैठक के समय भट्ट स्टेट इंटेलीजेंस के डिप्टी कमिश्नर थे। उन्होंने हलफनामे में आगे कहा कि बैठक में आठ शीर्ष पुलिस अधिकारी भी शामिल हुए थे। भट्ट ने यह भी आरोप लगाया कि दंगों की जाँच के लिए गठित एसआईटी गुजरात सरकार को बचाने की कोशिश कर रही है।

जबकि, नानावती-मेहता आयोग भट्ट के दावों का खंडन करता है। आयोग की रिपोर्ट में कहा गया है कि उन्होंने (संजीव भट्ट) बैठक में अपनी उपस्थिति को साबित करने के लिए झूठे दस्तावेज़, एक फैक्स संदेश का इस्तेमाल किया। जस्टिस जीटी नानावती और अक्षय मेहता की रिपोर्ट के दूसरे हिस्से में कहा गया है, "सबूतों पर विचार करने पर यह स्पष्ट रूप से दिखता है कि 27 फरवरी 2002 को सीएम आवास पर हुई बैठक को लेकर भट्ट झूठ बोल रहे हैं। बैठक में उपस्थित होने के उनके द्वारा किए गए दावे झूठे प्रतीत होते हैं।"

रिपोर्ट में कहा गया है कि मुख्यमंत्री मोदी के बयानों के बारे में भट्ट के दावे उनके द्वारा बनाई गई एक कहानी थी। आयोग ने कहा कि फैक्स संदेश की प्रति, जिसका उपयोग कर भट्ट ने मुख्यमंत्री नरेंद्र मोदी के साथ बैठक का दावा किया था, वास्तव में पीपी उपाध्याय द्वारा 2 मार्च 2002 को भेजी गई थी। ये पांडर्व पंचमहल की घटना को लेकर था।

गर्भवती कौसर बानो का बलात्कार और पेट से भ्रूण बाहर निकालना

गुजरात दंगों के बाद कई लेफ्ट लिबरल मीडिया ने बड़े पैमाने पर ये खबर फैलाई कि एक गर्भवती मुस्लिम महिला का हिन्दुओं की भीड़ ने पहले बलात्कार किया और फिर तलवार से उसके पेट को फाड़कर उसके भ्रूण को बाहर निकाल लिया और उसे आग में फेंक दिया।

कई रिपोर्ट्स में दावा किया गया कि वो कौसर बानो की भाभी सायरा बानो थी। सायरा बानो ने दावा किया, "उन्होंने मेरी भाभी की बहन कौसर बानो के साथ जो किया वह भयानक और जघन्य था। वह नौ माह की गर्भवती थी। उन्होंने उसका पेट काट दिया, उसके भ्रूण को तलवार से निकाल लिया और उसे धधकती आग में फेंक दिया। फिर उन्होंने उसे भी जला दिया।" कई कहानियाँ ऐसी भी हैं कि भ्रूण को तलवार से मार दिया गया था, जबकि कुछ में भ्रूण को तलवार की नोक पर घुमाया गया और फिर आग में फेंक दिया गया।

साल 2010 में आई एक रिपोर्ट में कौसर का पोस्टमार्टम करने वाले डॉक्टर ने भ्रूण को बरकरार पाया। 2 मार्च 2002 को शव परीक्षण करने वाले डॉ जे एस कनोरिया ने विशेष अदालत में सहायक दस्तावेज पेश किए और कहा कि महिला के गर्भ में भ्रूण बरकरार था। भ्रूण का वजन 2500 ग्राम और लंबाई 45 सेमी थी।

इसके अलावा पोस्टमार्टम व गवाहों के जरिए ये भी पता चला कि कौसर बानो की मौत दम घुटने, डर और सदमे से हुई थी और उसके शरीर पर किसी भी तरह की बाहरी या अंदरूनी चोट का कोई निशान नहीं था। उसके शरीर पर किसी तलवार का निशान भी नहीं था। ये पोस्टमार्टम 1 मार्च 2002 को किया गया था। दंगों के दौरान कनोरिया सरकारी सिविल अस्पताल में कार्यरत थे और उन्होंने बयान दिया था कि पोस्टमार्टम के बाद कौसर बानो के भ्रूण को हटा दिया गया था। पोस्टमार्टम 1 मार्च 2002 को किया गया था।

सितंबर 2008 में आयोग ने गोधरा में ट्रेन जलाए जाने को लेकर अपनी रिपोर्ट का हिस्सा प्रस्तुत किया। जिसमें तमाम मनगढ़ंत बातों और अफवाहों को नकारते हुए कहा गया कि साबरमती एक्सप्रेस के कोच S-5 और S-6 सुयोजित साजिश थी। मुख्य षड्यंत्रकारी गोधरा का मौलवी हाजी इब्राहीम उमर और ननुमियाँ थे। इन्होंने सिग्नल फालिया के मुस्लिमों को भड़काकर इस षड्यन्त्र को अंजाम दिया। ट्रेन को जलाने के लिए रज्जाक कुरकुर के गेस्ट हाउस पर 140 लीटर पेट्रोल भी एकत्रित किया गया। रिपोर्ट में पेट्रोल/ज्वलनशील पदार्थ छिड़कने के साक्ष्यों के लिए प्रामाणिक करने का भी उल्लेख किया गया।

जांच के दौरान यह भी पता चला कि हिंसक भीड़ को उकसाने के लिए लाउडस्पीकरों का प्रयोग किया गया था। अली मस्जिद पास में थी। इस दौरान 'काफिरों को मार डालो, इस्लाम खतरे में है, काट दो, मार दो' जैसे नारे लगाए गए। हमलावरों के हाथों में तलवारें और अन्य घातक हथियार थे। वो पत्थरबाजी कर रहे थे। ये सभी ट्रेन को घेरने की कोशिश कर रहे थे।

कारसेवकों को जिंदा जलाए जाने का परिणाम रहा कि पूरे गुजरात में हिंदू मुस्लिम दंगे हुए।

गोधरा नरसंहार और दंगे को लेकर गठित नानावती मेहता आयोग की रिपोर्ट का पहला हिस्सा 2008 में पेश किया गया था, जिसमें मोदी, उनके मंत्रियों और अफसरों को क्लीनचीट दी गई। आयोग ने सरकार पर सवाल उठा रहे अधिकारियो संजीव भट्ट, निलंबित डीआईजी, आरबी श्रीकुमार, रिटायर्ड पुलिस महानिदेशक राहुल शर्मा और पूर्व डीआईजी के खिलाफ जांच की सिफारिश कर दी।

नानावती मेहता आयोग के रिपोर्ट का पहला हिस्सा 25 दिसम्बर 2009 को गुजरात विधानसभा में पेश किया गया।

आयोग ने 18 नवंबर 2018 को गुजरात के तत्कालीन मुख्यमंत्री आनंदी बेन पटेल को अपनी अंतिम रिपोर्ट सौंपी लेकिन तब से यह रिपोर्ट सिर्फ राज्य सरकार के पास थी।

11 दिसम्बर 2019 को गुजरात विधानसभा में दंगों की जाँच कर रहे नानावती आयोग की अंतिम रिपोर्ट रखी गई। जिसमें गुजरात के गृह मंत्री प्रदीप सिंह जाडेजा ने सदन में रिपोर्ट पेश करते हुए कहा कि आयोग की अंतिम रिपोर्ट में राज्य के तत्कालीन मुख्यमंत्री नरेंद्र मोदी पर लगे आरोप खारिज किए गए हैं।

रिपोर्ट को तत्कालीन राज्य सरकार को सौंपे जाने के पाँच साल बाद सदन के पटल पर रखा गया। नानावती-मेहता कमिशन की रिपोर्ट में कहा गया कि गोधरा में साबरमती एक्सप्रेस की बोगी जलाए जाने के बाद हुई सांप्रदायिक हिंसा सुनियोजित नहीं थी। इसलिए, आयोग ने नरेंद्र मोदी के नेतृत्व वाली तत्कालीन गुजरात सरकार को अपनी रिपोर्ट में क्लीन चिट दी है।

1500 से अधिक पन्नों की अपनी रिपोर्ट को सदन में पेश करते हुए आयोग ने कहा कि जाँच में उन्हें ऐसा कोई सबूत नहीं मिला, जिससे साबित हो कि राज्य के किसी मंत्री ने इन हमलों के लिए उकसाया या भड़काया। कुछ जगहों पर भीड़ को नियंत्रित करने में पुलिस अप्रभावी रही, क्योंकि उनके पास पर्याप्त संख्या में पुलिसकर्मी नहीं थे या वे हथियारों से अच्छी तरह लैस नहीं थे।

इसके अलावा आयोग ने अहमदाबाद शहर में सांप्रदायिक दंगों की कुछ घटनाओं का हवाला देकर कहा कि दंगों के दौरान पुलिस ने उन्हें नियंत्रित करने में सामर्थ्य, तत्परता नहीं दिखाई, जो आवश्यक था। इसलिए आयोग ने दोषी पुलिस अधिकारियों के खिलाफ़ जाँच या कार्रवाई करने के आदेश दिए हैं।

वो अहम हिस्से और केस जो काफी चर्चा में रहे

1. **नरोदा पाटिया:** नरोदा पाटिया दंगा केस साल 2002 में हुए गोधरा कांड से जुड़ा है। 27 फरवरी को गोधरा में साबरमती एक्सप्रेस ट्रेन को जला देने के बाद विश्व हिंदू परिषद ने 28 फरवरी, 2002 को नरोदा पाटिया इलाके को बंद करने का आह्वान किया था। उसी दिन आक्रोशित भीड़ ने नरोदा पाटिया इलाके में कई घरों को जला दिया था। इस घटना में 97 लोगों की हत्या कर दी गई थी। इस मामले में 32 लोगों को दोषी करार किया गया है। 29 आरोपी बरी हो गए थे।

2. **सरदारपुरा:** साल 2002 में 1 मार्च को हिंदुओं मुसलमानों में हुए सांप्रदायिक दंगों में 33 लोगों को जिंदा जला कर मार डाला गया था। इस मामले में 17 लोग दोषी करार हुए थे और 14 आरोपी को बरी कर दिया गया था।

3. **नरोदा गाम:** गुजरात में फैले दंगे के दौरान हुए नरोदा गाम मामले में अहमदाबाद की विशेष अदालत ने आज यानी 20 अप्रैल को अपना फैसला सुना दिया है। इस मामले में भारतीय जनता पार्टी की पूर्व विधायक माया कोडनानी और बजरंग दल के नेता बाबू बजरंगी सहित 86 लोग

शामिल थे। जिसमें से ट्रायल के दौरान 18 की मौत हो चुकी है। SIT मामलों के विशेष जज एस के बक्शी की कोर्ट ने नरोदा गाम दंगा मामले में 67 आरोपियों को बरी कर दिया है।

4. **गुलबर्ग सोसाइटी:** 27 फरवरी 2002 को गोधरा कांड के बाद पूरे गुजरात में दंगे भड़क उठे। इसी दौरान उपद्रवियों ने अल्पसंख्यक समुदाय की बस्ती 'गुलबर्ग सोसाइटी' को भी निशाना बनाया था। यह सोसाइटी पूर्वी अहमदाबाद में स्थित है।

इस हिंसा में जकिया जाफरी के पति और पूर्व कांग्रेस सांसद एहसान जाफरी और 69 लोग मारे गए थे। मारे गए 69 लोगों में केवल 38 लोगों के ही शव बरामद हुए थे। पूर्व कांग्रेस सांसद एहसान जाफरी सहित 31 लोगों को लापता बताया गया था। इस मामले में 24 लोगों को दोषी करार किया गया और 36 आरोपी बरी हो गए।

5. **गोधरा:** 2002 के फरवरी महीने में उत्तर प्रदेश के अयोध्या से साबरमती एक्सप्रेस गुजरात पहुंची थी। यहां गोधरा में इस ट्रेन में आग लगा दी गई थी। उस वक्त ये ट्रेन कारसेवकों से भरी हुई थी और इस आगजनी से 58 लोगों की मौत हो गई थी। इस मामले में 35 लोगों को दोषी करार किया गया था।

6. **ओडे विलेज:** गोधरा ट्रेन अग्निकांड के बाद 1 मार्च 2002 को गुजरात के आणंद ज़िले के ओडे कस्बे के पीरवाली भगोल इलाके के एक घर में आग लगा दी थी। इस आगजनी में अल्पसंख्यक समुदाय के 23 लोगों को जिंदा जला दिया गया था। इन 23 लोगों में नौ महिलाएं और 9 बच्चे भी शामिल थे। इस मामले में 9 लोगों को दोषी करार दिया गया जबकि 32 आरोपी बरी हुए।

7. **दीपडा दरवाजा:** 10 साल पहले हुए गुजरात दंगे के दौरान दंगाइयों ने एक ही परिवार के 11 लोगों की हत्या कर दी थी। इस मामले में बीजेपी विधायक प्रहलाद गोसा सहित 85 लोगों को आरोपी बनाया गया था। जिस वक्त दंगा हुआ उस वक्त यहां 26 मुस्लिम परिवार रहते थे जिनमें से 50 लोग बचकर निकल गए थे लेकिन यूसुफ का परिवार दंगाइयों का शिकार हो गया था। इस मामले में 22 लोग दोषी करार हुए और 61 आरोपियों को बरी कर दिया गया।

8. **बिलकिस बानो:** साल 2002 में गुजरात सांप्रदायिक हिंसा की शिकार बिलकिस बानो भी हुई। 3 मार्च 2002 को लगभग 30 से 40 लोगों ने बिलकिस के परिवार पर हमला बोला और उनकी हत्या कर दी।

9. **बेस्ट बेकरी:** गोधरा ट्रेन अग्निकांड के बाद हुए सांप्रदायिक दंगे में वडोदरा के निकट स्थित बेस्ट बेकरी में एक फरवरी 2002 को 14 लोगों को जलाकर मार दिया गया था। बेस्ट बेकरी ज़ाहिरा शेख़ के परिवार वालों का था और मरने वालों में उनके परिवार वाले और बेकरी में काम करने वाले कुछ कारीगर शामिल थे। बेस्ट बेकरी केस में 14 लोग मारे गए थे। 4 दोषी करार हुए और 5 आरोपियों को बरी किया गया।

गोधरा दंगे को सत्ता के संरक्षण में मुस्लिम विरोधी प्रचारित किया गया। नरेंद्र मोदी को वामपंथी और विदेशी मीडिया निशाने पर लेते रहे। केंद्र में यूपीए की सरकार के निशाने पर हमेशा मोदी रहे। मोदी को

लंबे समय तक प्रताड़ना झेलना पड़ा लेकिन हमेशा चुप रहे। माफी की भी मांग लगातार की जाती रही लेकिन कभी माफी नहीं मांगा। बतौर नरेंद्र मोदी उन्होंने मध्यप्रदेश के तत्कालीन मुख्यमंत्री दिग्विजय सिंह और राजस्थान के तत्कालीन मुख्यमंत्री अशोक गहलोत से पुलिस भेजने की मांग की लेकिन उन्होंने पुलिस सहायता नहीं दी। गुजरात बंद के ऐलान के साथ ही सेना को बुलाया।

मोदी को मुस्लिम विरोधी के रूप में रखकर हर जांच हुए लेकिन जो हिंदू मारे गए उनकी चर्चा नहीं हुई। लेकिन गुजरात दंगा के दौरान 6000 हाजी गुजरात के 400 कस्बों/गाँव से हज करने गए थे। सरकार ने सभी 6000 हाजियों को सुरक्षित रख हालात नियंत्रित होने पर 20 मार्च 2002 तब सभी को सुरक्षित घर पहुंचाया। किसी को कोई खरोंच तक नहीं आई।

गोधरा दंगे के बाद मोदी खुद को गुजरात अस्मिता से जोड़कर प्रचारित करने लगे और गुजरात को अपना परिवार बताने लगे लेकिन गोधरा दंगे को लेकर हमेशा सवाल से बचते रहे और कोई स्पष्ट जबाव नहीं दिया।

तीस्ता शीतलवाड, आईपीएस आरबी श्रीकुमार, आईपीएस संजीव भट्ट और वामपंथी लगातार मोदी को निशाना बनाते रहे।

सभी का अजेंडा था मोदी और हिंदुओं को झूठी कहानी बना टारगेट करना जैसे मुस्लिम गर्भवती से बलात्कार, मुस्लिम गर्भवती का तलवार से पेट फाड़ा, मुस्लिम गर्ववती का भ्रूण आग में फेका, चूल्हे से साबरमती ट्रेन में आग लगी।

तथाकथित सामाजिक कार्यकर्ता तीस्ता सीतलवाड़ काँग्रेस की करीबी रही और उसने गोधरा दंगे को पैसे कमाने के लिए इस्तेमाल किया। सीतलवाड़ के पूर्व करीबी रहे रईश खान ने खुलासा किया कि उन्होंने तीस्ता को नरोदा पाटिया, सरदारपुर और अन्य हिस्सों में पीड़ितों से मिलनाया। तीस्ता ने देश विदेश से पीड़ितों के नाम पर चन्दा इकट्ठा किया और उनके नाम पर ऐफिडेविट बनाकर SIT और नानावती कमीशन के सामने पेश किया। रईश के अनुसार उस ऐफिडेविट में क्या लिखा था, यह पीड़ित भी नहीं जानते थे। जब ऐफिडेविट और बयान में विरोधाभास सामने आया, तब जाकर खुलासा हुआ। जब पीड़ितों को फंड देने की बात आई तो तीस्ता ने कहा कि बड़ी मुश्किल से हमें फंड मिलता है और उसमें भी 50 प्रतिशत फंड दिलाने वाले एजेंट ले लेते हैं। वैसे में जो बचता है, उसमें से कहां से दूंगी, मेरे भी तो खर्चे हैं।

रईश खान पठान ने कहा कि चंदे में हेरफेर को लेकर उन्होंने तीस्ता के खिलाफ शिकायत की थी, लेकिन उनके राजनीतिक रसूख बहुत अधिक थे और पुलिस में भी उनकी ऊंची पहुँच थी। इसीलिए उनके खिलाफ कोई करवाई नहीं हुई।

खान ने बताया कि बाबरी का काम देख तीस्ता को गुजरात दंगों का कान्ट्रैक्ट मिला। उनके सामने ही कांग्रेस नेता अहमद पटेल ने तीस्ता को 30 लाख रुपये दिए। रईश ने बताया कि उस मुलाकात में पटेल ने तीस्ता को कहा –"आपको मैं अच्छे से जानता हूँ, आपके कामों से मैं अच्छे से वाकिफ हूँ, आपने

बाबरी मस्जिद राम मंदिर पर जो भूमिका निभाई है, मैं उससे अच्छे से वाकिफ हूँ लेकिन अभी हम सत्ता में नहीं हैं।"

पठान के अनुसार, अहमद पटेल से तीस्ता की लंबी बातचीत के बाद सीतलवाड़ ने कहा कि उनके पास फंड नहीं है और फंड की कमी हुई तो वह लोग काम नहीं कर पाएंगे क्योंकि गुजरात में जो कुछ हुआ वो बहुत बड़ा है।

पठान के मुताबिक अहमद पटेल ने तीस्ता की बात सुनने के बाद कहा,

"आप अपना काम जारी रखिए। काम को आगे बढ़ाइए। रहा फंड का सवाल तो आप बेफिक्र हो जाइए क्योंकि फंड आपको मिल जाएगा। हमारी पार्टी तो आपको जितना हो सकेगा फंड देगी, साथ में देश विदेश की एजेंसियों से भी फंड आएगा। इसके बाद तीस्ता ने कहा कि जब आप आश्वासन दे रहे हैं तो ठीक है आप जैसा चाहेंगे वैसा ही होगा।"

रईश खान पठान ने आगे बताया कि पहली फन्डिंग 5 लाख रुपए की सर्किट हाउस में हुई थी और अगली मुलाकात में पटेल ने तीस्ता को 25 लाख रुपए दिए।

रईश खान पठान ने ही तीस्ता सीतलवाड़ को गोधरा 2002 दंगों के बाद बनाए गए राहत शिविरों की आंतरिक तस्वीरें मुहैया कराई थी। रईश खान पठान को तीस्ता सीतलवाड़ ने कांग्रेस नेता अहमद पटेल से मिलवाया था। अहमद पटेल ने तीस्ता को नरेंद्र मोदी की छवि खराब करने को कहा। उन्होंने कहा कि ऐसा काम करो कि मोदी को जेल हो जाए। तीस्ता 40 दंगा पीड़ितों को लेकर एक मंच पर पहुंची, जहां अहमद पटेल भी मौजूद थे। तीस्ता ने बीबीसी पत्रकार पंकज शंकर से मिलकर पीड़ितों को भड़काया।

गोधरा दंगों में रची गई साजिश की जांच कर रही SIT (विशेष जांच दल) ने बताया कि नरेंद्र मोदी को फँसाने के लिए रची गई साजिश के सूत्रधार कांग्रेस नेता अहमद पटेल थे। तीस्ता सीतलवाड़, आईपीएस संजीव भट्ट और पूर्व पुलिस महानिदेशक आर बी श्रीकुमार को जिम्मा सौंपा गया था। इस प्लानिंग के तहत गुजरात की तत्कालीन भाजपा सरकार को अस्थिर करना था।

SIT ने कोर्ट में आगे बताया, "तीस्ता सीतलवाड़ ने मीटिंग के सप्ताह भर में ही दंगों के दौरान बने एक राहत कैम्प में राजनैतिक लोगों के साथ मीटिंग की थी। दंगों के 4 महीने बाद तीस्ता सीतलवाड़ और आईपीएस संजीव भट्ट ने अहमद पटेल से उनके दिल्ली आवास पर गुप्त मुलाकात की थी।" SIT के अनुसार बाद में दोनों तत्कालीन केंद्र के कुछ अन्य नेताओं से भी मिले थे। इस मुलाकात का मकसद गुजरात भाजपा के वरिष्ठ नेताओं को फ़साना था।

SIT का दावा है कि 2007 में केंद्र सरकार ने तीस्ता सीतलवाड़ को पद्म श्री सम्मान उनके गुजरात सरकार पर दुर्भावनापूर्ण आरोपों के चलते दिया गया था। तीस्ता ने ऐसा अपने राजनीतिक करियर को बनाने और राज्यसभा की सीट पाने के लिए किया था।

तीस्ता की राजनीतिक मंशा के लिए SIT ने साल 2006 में उनके पंचमहल में मीडिया को दिए गए बयान को शामिल किया, जिसमें उन्होंने 3 दिनों के भीतर गुजरात सरकार के इस्तीफा की बात कही थी।

SIT ने अपनी जाँच में गुजरात दंगों में मुख्य चेहरा बनाए गए कुतुबुद्दीन अंसार का भी जिक्र किया, जिनकी मीडिया के आगे परेड करवा कर लोगों से चंदा जुटाया गया था। जाँच एजेंसी के मुताबिक खुद कुतुबुद्दीन को जब लगा कि उनका पैसे जुटाने और राजनीति के लिए दुरूपयोग हो रहा तो वो वापस घर लौट आए थे।

शपथ पत्र के मुताबिक तीस्ता सीतलवाड़ ने दिवंगत पूर्व गृहमंत्री हिरेन पंड्या के पिता को भी सम्पर्क किया था, जिनकी हत्या कर दी गई थी। तीस्ता ने हिरेन के पिता विट्ठलभाई को भी अपने NGO सिटीजन फॉर जस्टिस एन्ड पीस (CJP) में शामिल होने का ऑफर दिया था। इस दौरान तीस्ता ने एडवोकेट सोहैल द्वारा बनाई गई एक शिकायत पर विट्ठलभाई से दस्तखत करने को भी कहा था

SIT ने तीस्ता सीतलवाड़ पर चंदे से मिले पैसे का निजी कार्यों में उपयोग करने का भी आरोप लगाया है। तीस्ता पर फ़िरोज़ खान पठान नाम के एक व्यक्ति ने FIR भी दर्ज करवा रखी है। फ़िरोज़ के मुताबिक तीस्ता के खातों में लाखों रुपए दंगों में मारे गए लोगों के पुनर्वास और उनके म्यूजियम बनाने के लिए डाले थे लेकिन उन पैसों को कहीं और प्रयोग किया गया। SIT ने तीस्ता सीतलवाड़ पर ज़किया जाफरी को सिखाने-पढ़ाने का भी आरोप लगाया है, जो एक पूछताछ के दौरान निकल कर आए तथ्यों के आधार पर है।

सुप्रीम कोर्ट ने कहा था कि गुजरात दंगों से जुड़े मामलों में उनकी भूमिका पर छानबीन की जरूरत है। गुजरात दंगों में तथाकथित सामाजिक कार्यकर्ता तीस्ता सीतलवाड़ की भूमिका पर सुप्रीम कोर्ट की टिप्पणी के बाद गुजरात ATS ने 25 जून 2022 को उन्हें गिरफ्तार किया हालांकि सुप्रीम कोर्ट ने उन्हें अंतरिम जमानत दे दी और 3 सितंबर 2022 को जेल से रिहा कर दिया गया।

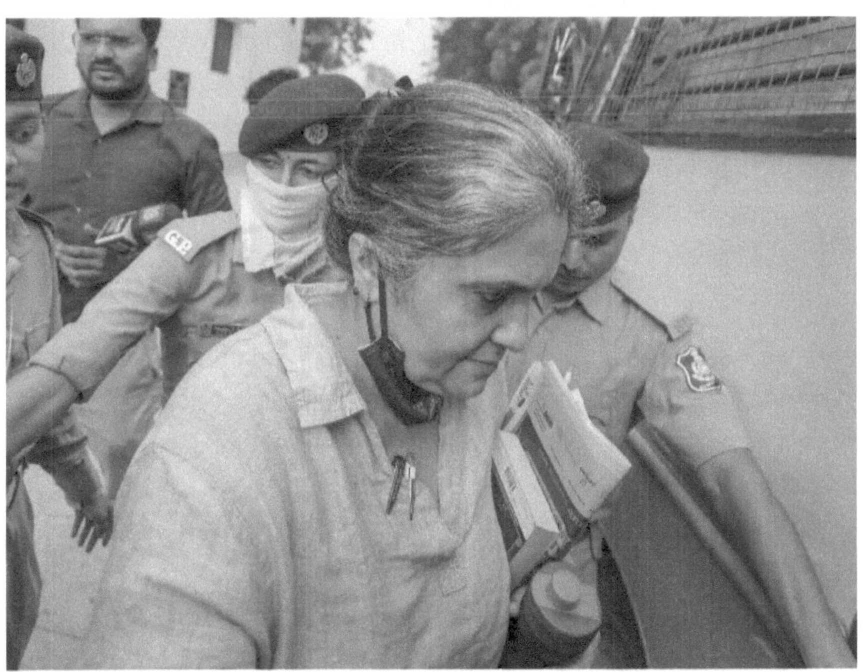

सुप्रीम कोर्ट ने तीस्ता की जमानत याचिका को सूचीबद्ध करने में देरी को लेकर गुजरात हाई कोर्ट के खिलाफ सख्त टिप्पणी की। मुख्य न्यायधीश यू यू ललित, न्यायमूर्ति एस. रवींद्र भट और न्यायमूर्ति सुधांशु धूलिया की पीठ ने तीस्ता को गुजरात हाईकोर्ट में नियमित जमानत याचिका पर फैसला आने तक अपना पासपोर्ट निचली अदालत के पास जमा कराने का निर्देश दिया।

गुजरात हाई कोर्ट में तीस्ता की जमानत पर सुनवाई के दौरान गुजरात सरकार ने विरोध किया। सरकार ने कोर्ट में बताया कि तीस्ता राज्य सरकार को बदनाम करने के लिए एक नेता (अहमद पटेल) की ओर से टूल की तरह काम कर रही थी। अगर उन्हें जमानत मिलती है तो वह अपने खिलाफ मिलने वाले सबूत को नष्ट कर सकती है।

गुजरात सरकार के वकील मितेश अमीन ने कोर्ट में कहा कि तीस्ता सीतलवाड़ पर केस सबूतों से छेड़छाड़ करने और उसके आधार पर प्रोपेगेंडा चलाने का ही चल रहा है। उन्होंने दावा किया कि अहमद पटेल ने तीस्ता को 30 लाख रुपए दिए थे।

गुजरात हाईकोर्ट ने तथाकथित सामाजिक कार्यकर्ता तीस्ता सीतलवाड़ की जमानत याचिका रद्द करते हुए उन्हें तुरंत आत्मसमर्पण करने का आदेश सुनाया। गुजरात उच्च न्यायलय ने स्पष्ट कहा कि तीस्ता को जमानत देने का अर्थ होगा कि दो समुदायों के बीच दुश्मनी को और बढ़ावा देना। 127 पन्नों के आदेश में जस्टिस निर्जर देसाई ने कहा कि अगर तीस्ता को जमानत दी जाती है तो इससे सांप्रदायिक ध्रुवीकरण बढ़ेगा और सामुदायिक वैमनस्य और गहरा होगा।

गुजरात उच्च न्यायलय ने भी माना कि तीस्ता ने पीड़ितों और गवाहों का अपने फायदे के लिए सीढ़ी की तरह इस्तेमाल कर अपना फायदा कमाया-वो ना सिर्फ पद्मश्री से नवाजी गई, बल्कि उन्हें योजना आयोग के सदस्य का भी पद मिला। गुजरात के मुख्यमंत्री नरेंद्र मोदी और पूरी सरकारी मशीनरी को बदनाम कर के तीस्ता ने सक्रिय रूप से एक लोकतांत्रिक तरीके से चुनी हुई सरकार को अस्थिर करने का प्रयास किया। इसके तहत विभिन्न अदालतों से लेकर सुप्रीम कोर्ट तक झूठे केस करवाए गए। पीड़ितों और गवाहों को भड़काकर ऐसा करवाया गया। हाईकोर्ट ने पाया कि एक समुदाय विशेष की भावनाओं का इस्तेमाल कर के तीस्ता सीतलवाड़ ने पैसे जुटाए और इन पैसों का इस्तेमाल पीड़ितों के लिए नहीं किया।

गुजरात हाईकोर्ट ने कहा कि अगर ऐसे लोगों को छोड़ दिया जाता है तो भविष्य में ऐसे कई लोग पैदा हो जाएंगे जो किसी समुदाय की संवेदनाओं का दोहन करके किसी खास राजनीतिक पार्टी को फायदा दिलाएंगे। पीड़ितों को भड़काया जाएगा कि न्यायपालिका से उन्हें न्याय नहीं मिल रहा है। न्यायमूर्ति निर्जर देसाई ने कहा कि सामाजिक कार्यकर्ताओं का स्वागत है, लेकिन उन्होंने पक्षपाती नहीं होना चाहिए। तीस्ता ने काभी न्याय और शांति के लिए काम नहीं किया। हाईकोर्ट ने तीस्ता की नियमित जमानत रद्द कर उन्हें सरेन्डर करने के लिए कहा था।

हालाँकि, उसी दिन शाम को इसी मामले पर सुप्रीम कोर्ट बैठी और मामले को बड़े बेंच को हस्तानांतरित कर दिया। रात को फिर सुनवाई हुई और तीस्ता को एक सप्ताह की राहत प्रदान कर दी गई। दिलचस्प

बात ये है कि छुट्टी के दिन 2 बार सुप्रीम कोर्ट में सुनवाई हुई। सीजेआई चंद्रचूड़ ने एक भरतनाट्यम का प्रोग्राम देखते हुए उनकी याचिका पर अपनी नजर बनाए रखी और सुनिश्चित किया कि कल यानी कि रविवार को ही मामले की सुनवाई हो जाए।

सीजेआई को करीब 7 बजे पता चला था कि जो पीठ तीस्ता की बेल याचिका सुन रही थी उन्होंने जमानत को लेकर मत अलग दिए हैं। ऐसे में जस्टिस चंद्रचूड़ की इस मामले में एंट्री हुई। उन्होंने दो अन्य जजों को इस पीठ का हिस्सा बनवाया और फिर इस बेल पर मोहर लगी।

सुप्रीम कोर्ट के जज केवी विश्वनाथन की बेटी सुवर्णा विश्वनाथन का भरतनाट्यम प्रदर्शन चिन्मय मिशन में हो रहा था। इस कार्यक्रम में चीफ जस्टिस डीवाई चंद्रछूड़, सुप्रीम कोर्ट के कई वर्तमान और पूर्व न्यायाधीश, सॉलिस्टर जनरल तुषार मेहता समेत कई अन्य वरिष्ठ वकील शामिल हुए थे।

शाम 6 बजे ये प्रोग्राम शुरू हुआ और उसी टाइम ये भी खबर हर जगह आ गई थी कि तीस्ता सीतलवाड़ को गुजरात हाईकोर्ट ने तुरंत आत्मसमर्पण करने को कहा है जिसे लेकर सुप्रीम कोर्ट में अनुरोध आया है और उसपर सुनवाई शाम 6:30 बजे जस्टिस एएस ओका और प्रशांत कुमार मिश्रा के समक्ष होगी।

इस खबर को सुनते ही तुषार मेहता फौरन सीतलवाड़ की अंतरिम जमानत के खिलाफ गुजरात सरकार की ओर से बहस करने कार्यक्रम से चले गए। लेकिन जब फैसला होने की बारी आई तो जस्टिस ओका और प्रशांत कुमार मिश्रा की राय अलग-अलग निकली।

ऐसे में यही ऑप्शन था कि फैसला बड़ी पीठ करे। इसलिए इस मामले की जानकारी मुख्य न्यायाधीश डीवाई चंद्रचूड़ को शाम करीबन 7 बजे दी गई। इस दौरान सीजेआई चंद्रचूड़ कुछ देर के लिए भरतनाट्यम कार्यक्रम को छोड़कर आए और फिर वापस जाकर प्रदर्शन देखना जारी रखा।

जब ये पूरा प्रोग्राम खत्म हो गया तब उन्होंने इस केस में बीआर गवई और जस्टिस एएस बोपन्ना को जुड़ने को कहा और दोनों जज पीठ का हिस्सा बनने को सहमत हुए। बाद में ये मामला रात 9:15 बजे जस्टिस दीपांकर दत्ता, जस्टिस ए एस बोपन्ना, जस्टिस बी आर गवई ने सुना जिसके बाद बेल पर मोहर लगी।

अब सवाल यह है कि रईश खान पठान ने चंदे में हेरफेर को लेकर तीस्ता सीतलवाड़ के खिलाफ शिकायत कराई लेकिन उनके राजनीतिक रसूख और पुलिस में ऊंची पहुँच की वजह से करवाई नहीं हुई। गुजरात में बीजेपी की सरकार थी और स्वयं नरेंद्र मोदी मुख्यमंत्री थे और उनको फँसाने की साजिश चल रही थी, लेकिन पुलिस ने करवाई नहीं की, जो राज्य सरकार के अधीन होती है। पुलिस राज्य के मुखिया के खिलाफ षड्यन्त्र का मामला हो तो संज्ञान लेती ही लेती है। पुलिस अगर किसी हाई प्रोफाइल केस में कार्रवाई नहीं करती मतलब ऊपर से आदेश है। पुलिस को आदेश सरकार में बैठे लोग ही दे सकते हैं। तब केंद्र में भी बीजेपी की सरकार थी, फिर तीस्ता को कौन लोग मदद कर रहे थे? 2004 में बेशक केंद्र में यूपीए की सरकार बनी लेकिन गुजरात में तो आज भी बीजेपी की ही सरकार है।

गोधरा दंगा के बाद आज देखें तो ऐसा ही प्रतीत होता है कि सब कुछ सुनियोजित था। वैसे देखा जाए तो तीस्ता सीतलवाड़ नरेंद्र मोदी के लिए वरदान साबित हुई क्योंकि गोधरा दंगे की वजह से हिंदू हृदय सम्राट की उपाधि मिली और आज देश के प्रधानमंत्री हैं। अगर किसी को कोर्ट से जमानत मिलती है तो उसके कई पहलू होते है। जमानत मिल भी गई तो सरकार रद्द करा सकती है लेकिन सरकार ने ऐसा नहीं कराया। तीस्ता सीतलवाड़ को सजा दिलाने के लिए पर्याप्त आधार है लेकिन शायद मोदी कर्ज उतार रहे है।

रईश खान पठान जो तीस्ता सीतलवाड़ को मदद पहुंचाई जिन्होंने पंडरवाड़ा गांव में शवों के विवादित उत्खनन के मामले में भी अपनी भूमिका पुलिस के सामने कबूली थी। यहां कथित रूप से दंगा पीड़ितों के शव को प्रशासन द्वारा दफना दिया गया था। रईश ने स्वीकार किया था कि शवों के उत्खनन का आदेश तीस्ता ने ही दिया था।

मोदी सरकार ने रईश खान पठान को केंद्रीय वक्फ काउंसिल में सदस्य और अध्यक्ष योजना आयोग एवं वित्त, अल्पसंख्यक मंत्रालय, भारत सरकार नियुक्त किया गया। तीस्ता के साथ मिलकर जो काम किया उसकी सजा के बजाय सिर्फ खिलाफ जाने की वजह से इतना बड़ा पुरस्कार मिल गया।

गुलबर्ग सोसाइटी को लेकर लंबी कानूनी लड़ाई चली। गुजरात दंगा के बाद एहसान जाफरी की पत्नी जकिया जाफरी ने 8 जून 2006 में राज्य के डीजीपी के सामने नरेंद्र मोदी, कई अफसरों और नेताओं के खिलाफ शिकायत की। जकिया की मांग थी कि इन लोगों के खिलाफ हत्या समेत कई अन्य धाराओं में एफआईआर दर्ज की जाए।

26 मार्च 2008 को सुप्रीम कोर्ट ने सीबीआई के पूर्व निदेशक आरके राघवन के नेतृत्व में एक विशेष जांच दल (SIT) का गठन किया। जकिया जाफरी के शिकायत की भी जांच SIT को सौंपी गई। SIT ने मोदी को क्लीनचीट दी और 2011 में सुप्रीम कोर्ट के आदेश पर SIT ने मजिस्ट्रेट को क्लोजर रिपोर्ट सौंपी। जिसमें तत्कालीन मुख्यमंत्री नरेंद्र मोदी समेत 63 लोगों को दंगों की साजिश रचने के आरोप से आजाद किया गया था।

15 अप्रैल 2013 को जकिया जाफरी ने गुलबर्ग सोसाइटी दंगा में मोदी और अन्य को क्लीनचीट देने वाली एसआईटी रिपोर्ट को खारिज करने की मांग करते हुए स्थानीय अदालत में याचिका दायर की।

26 दिसम्बर 2013 को मेट्रोपॉलीटियन मजिस्ट्रेट ने जकिया की याचिका खारिज करते हुए एसआईटी की रिपोर्ट स्वीकार की।

स्थानीय अदालत के फैसले के खिलाफ जकिया ने गुजरात हाईकोर्ट का दरवाजा खटखटाया।

5 अक्टूबर 2017 को गुजरात हाईकोर्ट का फैसला आया। हाईकोर्ट ने जकिया के याचिका को खारिज करते हुए मजिस्ट्रेट के फ़ैसले को बरकरार रखा।

12 सितंबर 2018 को जकिया ने गुजरात हाईकोर्ट के फ़ैसले को चुनौती देने के लिए सुप्रीम कोर्ट का दरवाजा खटखटाया।

यह मामला जस्टिस एएम खनविलकर, जस्टिस दिनेश माहेश्वरी और जस्टिस सीटी रविकुमार की बेंच ने सुना। सुप्रीम कोर्ट ने जकिया के याचिका पर 14 दिन में सुनवाई पूरी की और 9 दिसंबर 2021 को फैसला सुरक्षित रखा। याचिककर्ता की तरफ से सीनियर वकील कपिल सिब्बल, SIT की ओर से सीनियर वकील मुकुल रोहतगी और गुजरात सरकार की तरफ से सॉलिसिटर जनरल तुषार मेहता ने दलीलें दीं।

नरेंद्र मोदी को क्लीनचीट देने वाली एसआईटी रिपोर्ट के खिलाफ जकिया के याचिका को खारिज कर दिया। सुप्रीम कोर्ट ने कहा कि जकिया के याचिका में कोई मेरिट नहीं है।

नरोदा गाम मामले में जिस माया कोडनानी को आरोपी बनाया गया वो पेशे से स्त्री रोग विशेषज्ञ थी। एमबीबीएस करने के बाद स्त्री रोग और प्रसूति विज्ञान में डिप्लोमा करने के दौरान आरएसएस की महिला शाखा राष्ट्रीय सेविका समिति से जुड़ गई।

बाद में नरोदा के कुबेरनगर में शिवम मैटरनिटी अस्पताल की स्थापना की।

1995 में उनकी राजनीति की शुरुआत हुई, जब भाजपा ने उन्हें अहमदाबाद निकाय चुनाव में सैजपुर वार्ड से अपने उम्मीदवार के रूप में मैदान में उतारा। भाजपा की जीत हुई और कोडनानी को बाद में स्थाई समिति का अध्यक्ष बनाया गया।

1998 में कोडनानी नरोदा से भाजपा विधायक चुनी गई। गुजरात भाजपा महिला मोर्चा की शुरुआत में महासचिव और आगे चलकर अध्यक्ष बनी।

कोडनानी का राजनीतिक ग्राफ काफी तेजी से आगे बढ़ रहा था और स्थानीय स्तर पर काफी लोकप्रिय भी थी। 2007 में उन्हें महिला एवं बाल विकास राज्य मंत्री के रूप में नियुक्त किया गया।

माया कोडनानी के ऊपर 28 फ़रवरी 2002 को नरोदा में हुए दंगे को भड़काने का आरोप लगा। पिस्तौल से गोली चलाने और हथियार बांटने का भी आरोप लगा, जिसे वह अपनी कार में नरोदा ले गई थी।

सुप्रीम कोर्ट द्वारा नियुक्त विशेष जांच दल (एसआईटी) ने कोडनानी को नरोदा पाटिया मामले में आरोपी बनाया। गवाही के लिए एसआईटी के अनुरोधों का जबाव देने में विफल रहने के बाद उन्हें भगोड़ा घोषित कर दिया।

कोडनानी को मार्च 2009 में गिरफ्तार कर लिया गया, जिसके बाद उन्होंने महिला एवं बाल विकास राज्य मंत्री से इस्तीफा दे दिया।

अगस्त 2012 में, एक विशेष एसआईटी अदालत ने कोडनानी को 'नरसंहार का सरगना' बताते हुए दोषी ठहराया और आजीवन कारावास की सजा सुनाई।

2014 में, गुजरात उच्च न्यायलय ने 'स्वास्थ्य आधार' पर नियमित जमानत के लिए कोडनानी की याचिका स्वीकार कर ली।

नरेंद्र मोदी ने या तो हिंदुओं की सजा कराई या तो फिर उन्हें उनके हालात पर छोड़ दिया। सितंबर 2017 में माया कोडनानी के मामंमें में अमित शाह निचली अदालत में पेश हुए थे। कोडनानी ने अदालत से अनुरोध किया था कि शाह को ये साबित करने के लिए बुलाया जाए कि दंगे के दौरान वह गुजरात विधानसभा में और बाद में अहमदाबाद के सोला सिविल अस्पताल में मौजूद थी, न कि नरोदा गाम में जहां दंगा हुआ। गुजरात सरकार या फिर केंद्र सरकार की तरफ से कोई पहल नहीं की गई। माया कोडनानी भी नरेंद्र मोदी की करीबी रही लेकिन मोदी ने उनके साथ वही किया जो बाकी कारीबियों के साथ किया।

नरोदा पाटिया और नरोदा गाम के दूसरे आरोपी बाबू भाई पटेल उर्फ बाबू बजरंगी बजरंग दल के नेता रहे और 2002 दंगों में उनका नाम काफी चर्चा में आया था। प्रवीण तोगड़िया के बाद बाबू बजरंगी प्रभावी हिंदुतवादी नेता रहे। बाबू बजरंगी तब ज्यादा चर्चा में आए जब उनका कथित स्टिंग ऑपरेशन सामने आया। ये बोलते हुए देखे गए थे कि उन्होंने गुजरात दंगों में अहम भूमिका निभाई। स्टिंग ऑपरेशन में बाबू बजरंगी ने महाराणा प्रताप को कोट करते हुए कहा था कि उन्होंने शौर्य का काम किया और बम-बंदूकें मुहैया कराई। बजरंगी ने ये भी कहा था कि गोधरा के बाद मैं गुस्से में था। इस स्टिंग ऑपरेशन के बाद बाबू बजरंगी की मुश्किलें काफी बढ़ गई।

नरोदा पाटिया दंगा में 97 लोगों की मौत हुई थी। बाबू बजरंगी को हत्या का दोषी पाया गया और आजीवन कारावास की सजा सुनाई गई। 7 मार्च 2019 को आखिरकार सुप्रीम कोर्ट ने स्वास्थ्य आधार पर जमानत दे दी।

नरोदा गाम नरसंहार मामले में पूर्व मंत्री माया कोडनानी, बाबू बजरंगी, जयदीप पटेल समेत सभी 67 आरोपियों को बरी करने वाली विशेष ट्रायल कोर्ट ने अपने फ़ैसले में कहा कि जिस तरह से सुप्रीम कोर्ट द्वारा गठित विशेष जांच दल (एसआईटी) ने जांच की, वो पूरा संदेह पैदा करता है कि यह एकतरफा था और जांच अधिकारी का कोई गलत मकसद था। 1718 पन्नों के गुजराती भाषा में सुनाए गए फ़ैसले में सबूतों और गवाहों की गवाही को यह कहते हुए खारिज कर दिया कि एसआईटी ने पूर्वनिर्धारित

धारणा के साथ जांच की। पहली बार था कि सुप्रीम कोर्ट द्वारा नियुक्त एजेंसी की किसी अदालत ने आलोचना की हो।

27 फ़रवरी 2002 गोधरा कांड के बाद फैले हिंसा में डेलोल गाँव में कलोल बस पड़ाव और डेलोल रेलवे स्टेशन क्षेत्र में 3 लोगों की हत्या कर दी गई थी। इस मामले में 52 हिंदुओं को आरोपी बनाया गया। यह सुनवाई 20 साल से भी अधिक चली। सुनवाई लंबित रहने के कारण 17 लोगों की मौत हो गई।

गुजरात के पंचमहल जिले में हालोल की अदालत ने जीवित बचे 35 आरोपियों को बरी कर दिया। उनमें कई चिकित्सक, प्रोफेसर, शिक्षक और व्यवसायी थे। अभियोजन पक्ष ने दावा किया कि घातक हथियारों से तीन लोगों की हत्या कर दी गई और सबूत नष्ट करने के इरादे से उनके शव जला दिए गए, लेकिन आरोपियों के विरुद्ध सबूत पेश नहीं कर पाया।

अतिरिक्त सत्र न्यायधीश हर्ष त्रिवेदी ने छद्म धर्मनिरपेक्ष मीडिया और राजनेताओ को कड़ी फटकार लगाई। कोर्ट ने कहा कि छद्म धर्मनिरपेक्ष मीडिया और संगठनों के हंगामे के कारण अनावश्यक रूप से मुकदमा लंबा चला।

अब सवाल ये है कि गुजरात पुलिस किसके दबाव में काम कर रही थी? गुजरात के मुखिया स्वयं नरेंद्र मोदी थे फिर किसके दबाव में बेगुनाह लोगों को इतने लंबे समय तक परेशान किया गया?

गुजरात दंगे को याद दिलाते हुए प्रवीण तोगड़िया ने कहा कि नरेंद्र भाई आप याद रखो आपके पास जो सत्ता है, वो हिंदुओं के लाश पर आपको मिली है। ये भूल गए 2002 के गुजरात के घटना के बाद, नरेंद्र भाई आपने पुलिस की गोली से 300 हिंदुओ को मरवाया है।

क्या नरेंद्र भाई भूल गए कि गुजरात घटना के बाद 50 हजार से ज्यादा हिंदुओं की गिरफ़्तारी हुई थी। आज भी 500 से ज्यादा हिंदू आजीवन कारावास भुगत रहे हैं।

पुरी शंकराचार्य शंकराचार्य निश्चलानंद सरस्वती जी भी कई बार बोल चुके हैं कि बीजेपी की सरकार हिंदुओं के लाश पर बनी हुई है। अगर गोधरा के ट्रेन में हिंदू नहीं जलाए गए होते तो गुजरात दंगा नहीं होता। अगर गुजरात दंगा नहीं होता तो नरेंद्र मोदी दोबारा मुख्यमंत्री नहीं बनते। अगर मुख्यमंत्री नहीं बनते तो आज प्रधानमंत्री नहीं बनते।

गुजरात दंगा को लेकर अधिकारिक आंकड़ों के अनुसार, दंगे में 1044 लोगों की मौत हुई, 223 लापता और 2500 घायल हुए। मृतकों में 790 मुस्लिम और 254 हिंदू थे।

गुजरात की दंगा को तथाकथित बुद्धिजीवी, राष्ट्रीय और अन्तराष्ट्रिय मीडिया ने मुस्लिम विरोधी दंगा प्रचारित किया और सबके निशाने पर नरेंद्र मोदी रहे।

गुजरात दंगा एकतरफा नहीं था जैसा कि प्रचारित किया गया, क्योंकि मरने वालों में हिंदू और मुसलमान दोनों थे। प्रवीण तोगड़िया की मानें और तमाम अभियोजन देखें तो प्रशासन ने हिंदुओं को दोषी मानते हुए एकतरफा कार्रवाई की।

अखिल भारतीय हिंदू महासभा के राष्ट्रीय महासभा के वकील ने बताया, "मैं गोधरा जाना चाहता था, उससे पहले अपने साथियों को भेजा तो वहां गाँवों में घर के बाहर पोस्टर लगा हुआ था कि किसी भी हिंदुवादी व्यक्ति/नेता का प्रवेश वर्जित है। मैं वहां गया और 7 दिन प्रयास किया, कोई भी वहां मुझसे मिलने के लिए तैयार नहीं था। फिर मैंने बीमा एजेंट को पकड़ा, उसने लोगों को मनाया और मेरी मुलाकात गाँव के सरपंच से कराई। वो सरपंच इस शर्त पर बात करने के लिए तैयार हुआ कि गोधरा को छोड़कर किसी भी मुद्दे पर बात करो तो मैं बात करने के लिए तैयार हूँ। सरपंच 5-6 लोगों को लेकर मुझसे मिलने आए। आनंद जिले के गेस्ट हाउस में बैठकर मैंने उनसे मीटिंग की। मैंने सिर्फ उनसे इतना ही निवेदन किया कि अपनी तकलीफ बताओ और इस पोस्टर का कारण बताओ। मैं घटना पर नहीं जाऊंगा। बहुत देर बाद उन्होंने चुप्पी तोड़ी। चुप्पी तोड़ने के बाद जो उन्होंने कहा, भाई साहब एक मुसलमान का टपरा हमने जलाए। मुसलमान ने हमारे बाप को मारा तो हमने मारा। उसके एवज में उस मुसलमान को 20 लाख, 30 लाख, 40 लाख का मुआवजा दिया गया। गाँव से बाहर निकलकर उस मुसलमान ने सड़क के किनारे बढ़िया सा घर भी बना लिया। गाड़ी भी खरीद ली और हथियार भी खरीद लिया। जो हिंदू मुकदमे में फंसे तो उनका केस पंचमहल न्यायालय में ट्रांसफर किया गया। फिर वहां से अहमदाबाद ट्रांसफर कर दिया गया। महीने में चार-चार पेशियां होने लगी। ग्रुप में जाना मजबूरी थी, अगर अकेले जाते तो मार दिए जाते क्योंकि मुसलमानों के निशाने पर थे। वो लोग जो किसान थे, कास्तकार थे, डेरी का काम करते थे, खेतिहर थे। उनलोगों ने पेशी के चक्कर में जमीनें बेचनी शुरू कर दी क्योंकि एक पेशी में 5000 से 10000 रुपए का खर्चा और महीने में 40000-50000 रुपए मुकदमे में लगने लगे। सरपंच ने रोते हुए कहा कि पाण्डेय जी अब तो हम लोग न्यायलय में हलफ़नामा दे रहे हैं कि जितनी भी गुजरात में हत्याएं हुई हैं वो मैंने किया है और मुझे फांसी पर चढ़ा दो। मैंने कहा कि ऐसा क्यों करोगे तो सरपंच ने जबाव दिया कि पाण्डेय जी कम से कम भीख मांगने से तो मेरे बच्चे बच जाएंगे।"

मैंने बहुत ढूँढने का प्रयास किया कि कितने मुसलमानों को गुजरात दंगा का अभियुक्त बनाया गया तो सिर्फ ट्रेन को जलाएं जाने के मामले में अभियुक्त बनाया गया लेकिन उसके प्रतिक्रिया में हुए गुजरात दंगा में हिंदुओ को ही दोषी मान कार्रवाई हुई। हिंदुओं की लंबी फेहरिस्त मिली जो कानूनी कार्रवाई झेल रहे हैं। ट्रेन जलाए जाने के बाद की घटना में शायद ही कोई मुस्लिम आरोपी बनाया गया हो।

राज्य सरकार की कार्रवाई को देखें तो ऐसा प्रतीत होता है कि जो प्रोपेगेंडा चलाया गया उसी को सच मान लिया या फिर दबाव में झुकते हुए एकतरफा हिंदुओं के खिलाफ कार्रवाई हुई।

गोधरा में 59 कारसेवकों को जिंदा जलाए जाने के मामले को लेकर नानावती मेहता आयोग ने माना था कि 1000-2000 की मुस्लिम भीड़ थी। ट्रायल कोर्ट में 31 लोगों को दोषी ठहराया गया था। 11 लोगों को मौत की सजा, वहीं 20 लोगों को उम्रकैद की सजा सुनाई गई। इसके बाद दोषियों ने गुजरात हाईकोर्ट में अपील की। हाईकोर्ट ने सभी 31 लोगों को दोषी माना हालांकि मौत की सजा पाए 11 लोगों की सजा उम्रकैद में बदल दी।

गुजरात हाईकोर्ट के फैसले को सुप्रीम कोर्ट में चुनौती दी गई। सुप्रीम कोर्ट के मुख्य न्यायधीश डीवाई चंद्रचूड़, न्यायमूर्ति पीएस नरसिम्हा और जेबी पादरीवाला की बेंच ने इनके जमानत याचिका पर सुनवाई की। 31 दोषियों में से 15 की जमानत याचिका खारिज हो गई। 8 दोषियों को जमानत मिल गई और 7 लोगों की जमानत याचिका सुप्रीम कोर्ट में पेंडिंग है।

गुजरात सरकार की ओर से पेश हुए सॉलिसिटर जनरल तुषार मेहता ने मांग की थी- जिन दोषियों की मौत की सजा उम्रकैद में बदली गई, उन्हें दोबारा से मौत की सजा दी जाए। ये कोई ट्रेन पर पत्थर फेंकने जैसा आम मामला नहीं है। ये रेयरेस्ट ऑफ रेयर मामला है। इसमें 59 लोगों को जिंदा जला दिया गया था, जिनमें महिलाएं-बच्चे भी शामिल थे।

अगर सरकार उनको सजा दिलाने के लिए गंभीर होती तो उनका जमानत रद्द भी करवा सकती थी।

बिलकिस बानो केस का राजनीतिक इस्तेमाल

बिलकिस बानो दंगों से बचने के लिए अपनी बच्ची और परिवार के साथ गाँव छोड़कर चली गई थी। जहां जाकर छिपी, वहां 3 मार्च 2002 को 20-30 लोगों की भीड़ ने तलवार और लाठियों से हमला कर दिया था। भीड़ ने बिलकिस बानो के साथ बलात्कार किया, तब वो 5 महीने की गर्भवती थी। 13 सदस्यों में उनके परिवार के 7 सदस्यों की हत्या कर दी गई थी, बाकी 6 सदस्य वहाँ से भाग गए थे।

सीबीआई कोर्ट ने 11 को दोषी ठहराया और उम्रकैद की सजा सुनाई। इनमें से एक दोषी ने गुजरात हाईकोर्ट में अपील दायर कर रिमिशन पॉलिसी के तहत रिहा करने की मांग की थी।

गुजरात हाईकोर्ट ने इसे खारिज कर दिया। इसके बाद दोषी हाईकोर्ट के फैसले के खिलाफ सुप्रीम कोर्ट पहुंचा। मई 2022 में सुप्रीम कोर्ट ने कहा कि गुजरात सरकार इसके ऊपर फैसला करे। सुप्रीम कोर्ट के निर्देश पर गुजरात सरकार ने रिहाई पर फैसला लेने के लिए कमेटी बनाई। कमेटी के सिफारिश पर गुजरात सरकार ने सभी 11 दोषियों को रिहा करने का फैसला किया।

गुजरात विधानसभा चुनाव के दौरान उनकी रिहाई और वामपंथी, लिबरल, काँग्रेस, असदुद्दीन ओवैसी का विरोध हमेशा की तरह इनको फ़ायदा पहुंचाया। मोदी के विरोध में जो प्रोपेगेंडा चलते हैं वो उन्हें राजनीतिक तौर पर फायदा पहुंचाते हैं। समर्थक भी इस बात से चार्ज हो जाते हैं कि आखिर क्या वजह है कि उन्हीं का विरोध होता है? यही वजह है कि जो मोदी को मुस्लिम विरोधी बताते हैं उनके ऊपर मोदी नरम रहे है और कई जगह फायदा भी पहुंचाते हैं।

दोषियों की रिहाई सुप्रीम कोर्ट के फैसले के बाद हुई लेकिन गुजरात सरकार के फैसले के बाद रिहाई के खिलाफ याचिका पर सुनवाई हुई। सुप्रीम कोर्ट ने गुजरात सरकार को आड़े हाथ लिया। कोर्ट ने गुजरात सरकार से कई अहम सवाल पूछे –

सुप्रीम कोर्ट के न्यायमूर्ति बी वी नागरत्ना ने पूछा दोषियों को उम्रकैद की सजा मिली थी फिर 14 साल सजा काटकर कैसे रिहा हो गए?

पॉलिसी का लाभ अलग अलग क्यों दिया गया?

दोषियों में भेदभाव क्यों किया गया?

14 साल की सजा के बाद रिहाई की राहत सिर्फ इन्हीं को क्यों? बाकी कैदियों को क्यों नहीं?

कोर्ट ने पूछा जेल कैदियों से भरे पड़े हैं लेकिन सुधार का मौका सिर्फ इन्हीं को क्यों मिला?

बिलकिस के दोषियों के लिए जेल एडवाइजरी कमेटी किस आधार पर बनी?

कोर्ट ने पूछा कि जब गोधरा की अदालत ने ट्रायल नहीं किया तो उससे राय क्यों मांगी गई?

रिहाई के खिलाफ कई याचिकाएं सुप्रीम कोर्ट में दाखिल हुई है जिसकी सुनवाई जारी है।

अमेरिकी कांग्रेस की तरफ से साल 1998 में पारित इंटरनेशनल रीलिजस फ्रीडम एक्ट के तहत नरेंद्र मोदी के ऊपर 2005 में बैन लगाया गया था।

2005 में अमेरिकी राष्ट्रपति जार्ज डब्ल्यू बुश ने गुजरात के तत्कालीन मुख्यमंत्री नरेन्द्र मोदी को अमेरिका आने के लिए वीजा देने से मना कर दिया था। साल 2002 में हुए गुजरात दंगे में घिरे नरेंद्र मोदी के खिलाफ अदालत में मामला चल रहा था। ऐसा किसी और व्यक्ति के साथ कभी नहीं हुआ था। न तो इससे पहले इस कानून के तहत किसी को वीजा बैन किया गया था। ये कानून सिर्फ मोदी के लिए ही इस्तेमाल किया गया।

वीजा बैन को भी मोदी ने खूब भुनाया। जब भी वीजा बैन को लेकर सवाल हुए तो मोदी का जबाव होता था कि मैं ऐसा कर दूंगा कि अमेरिकी भारत के वीजा के लिए लाइन लगाएंगे।

गुजरात दंगे को लेकर कभी हिंदू दृष्टिकोण से कोई चर्चा नहीं हुई और मोदी का छद्म विरोध ने उनको इतना बड़ा बना दिया कि हिंदुओं में एक धड़े के लिए वे अवतारी पुरुष बन गए।

गोधरा दंगा जिसकी शुरुआत कारसेवकों के जिंदा जलाए जाने से शुरू हुआ वो हिंदुओं के खिलाफ था और प्रवीण तोगड़िया के दावे के अनुसार पुलिस की गोली से मरने वाले हिंदू ही थे।

गुजरात के मुख्यमंत्री नरेंद्र मोदी को जो अनावश्यक विरोध की वजह से हिंदू हृदय सम्राट का तमगा मिला हुआ था, उससे पीछा छुड़ाने के प्रयास में सितंबर 2012 में उर्दू अखबार नई दुनिया जिसके संपादक तत्कालीन समाजवादी पार्टी के महासचिव शाहिद सिद्धिकी के द्वारा साक्षात्कार आयोजित किया गया।

सिद्धिकी ने मोदी से कहा, "राजीव गांधी, सोनिया गांधी और मनमोहन सिंह ने 1984 के दंगों के लिए माफी मांगी है तो आप भी माफी क्यों नहीं मांगते?"

मोदी ने जवाब दिया, "माफी मांगने का कोई सवाल ही नहीं है क्योंकि अगर मैंने यह अपराध किया है तो मुझे माफ़ नहीं किया जाना चाहिए। मुझे फांसी दी जानी चाहिए। मुझे इस तरह से फांसी दी जानी चाहिए कि लोगों को सबक मिले कि ऐसा कुछ नहीं होना चाहिए।"

अगर मैं निर्दोष साबित होता हूं तो मुझे बदनाम करने वाले सभी लोगों को माफ़ी मांगनी चाहिए।

मोदी ने आगे कहा कि उनकी सरकार ने कर्फ्यू लगाया और दंगाइयों को देखते ही गोली मारने का आदेश दिया।

अब ये दंगा किसके विरुद्ध था, ये पाठक तय कर सकते हैं बाकी जो मुस्लिम मरे वो हिंदुओं की स्वाभाविक प्रतिक्रिया थी। बीजेपी भी बोलती रही कि ये क्रिया की प्रतिक्रिया थी। स्वयं अमित शाह भी यही बात बोल चुके है।

गोधरा दंगा पूरी तरह से हिंदुओं के साथ एक घोटाला था। जिसने नरेंद्र मोदी को हिंदू हृदय सम्राट के रूप में स्थापित कर दिया।

गोधरा दंगे के बाद गुजरात को अपना परिवार बता, विकास का राग अलापते रहे। गोधरा दंगा को लेकर चुप्पी साधे रहे और कभी जबाव भी दिया तो खुलकर कुछ नहीं बोला। गोधरा को लेकर उनसे माफी की भी मांग की जाती रही लेकिन कभी माफी नहीं मांगा।

अगर माफी मांग लेते तो फिर गोधरा का क्या मतलब रह जाता और दूसरा मुस्लिमों के खिलाफ कुछ किया ही नहीं था फिर उनसे माफी मांगने का क्या मतलब था?

हिंदुओं के साथ जो हुआ उसकी चर्चा ही नहीं हुई और न हिंदू चर्चा चाहता था क्योंकि उसे हिंदू हृदय सम्राट मिल चुके थे जिनका हिंदुत्व से दूर-दूर तक कोई संबंध नहीं था।

नरेंद्र मोदी तथाकथित विकास की आड़ में मुस्लिम सशक्तिकरण में लग गए। बीजेपी के प्रवक्ता बाकी राज्यों के मुस्लिमों से गुजरात के मुस्लिमों की तुलना कर उनकी स्थिति बाकी राज्यों से बेहतर बताते रहे कि गुजरात के मुस्लिम देश के बाकी अन्य हिस्सों के मुस्लिमों से काफी सम्पन्न हैं। गुजरात के सरकारी नौकरियों में उनकी भागीदारी 10 % है जो लगभग आबादी के बराबर है तो बाकी देश के अन्य राज्यों में जहां उनकी आबादी 30% तक है वहां वो सरकारी नौकरियों में 1-2% हैं। बीजेपी के मुस्लिम तुष्टिकरण को हिंदू देश के भलाई के रूप में देख प्रसन्न होता रहा और आज भी जारी है।

ये सब देख पाठक तय कर सकते हैं कि मोदी वास्तव में किसके हक और किसके विरुद्ध कार्य किये।

ज़फ़र सरेशवाला से मोदी की बिगड़ते बनते रिश्ते

गुजरात 2002 दंगे में जफर सरेशवाला का फैक्ट्री, घर और ऑफिस जल गया। बतौर जफर वो सड़क पर आ चुके थे। जफर सरेशवाला की फैक्ट्री को पहली बार नहीं जलाया गया बल्कि 1969 के दंगे में,1985 के दंगे में,1987 के दंगे में,1990 के दंगे में,1992 के दंगे में और 2002 के दंगे में हमेशा अहमदाबाद में उनकी फैक्ट्री को आग लगाने के शुरुआत होती थी। 2002 दंगा के समय वो लंदन में थे और सोच लिया कि इस बार चुप नहीं बैठना है क्योंकि पूर्व में जो दंगे हुए उनमें कोई उपद्रवी गिरफ्तार नहीं हुआ और न किसी को सजा हुई।

जफर सरेशवाला तब इंग्लैंड में थे और सोचा कि इस बार चुप नहीं बैठना है। नरेंद्र मोदी के खिलाफ एक अभियान की शुरुआत की, जिसमें आगे चलकर कई लोग जुड़ गए और वो बड़ा अभियान बन गया। कई शहरों में मोदी के खिलाफ प्रदर्शन किया। इंडियन हाई कमीशन के सामने प्रदर्शन किया। कई ब्रिटिश सांसद का इस्तेमाल किया और ब्रिटेन के तत्कालीन प्रधानमंत्री टोनी ब्लेयर से मिले। फिर लगा कि इससे मोदी को सजा नहीं मिलेगी फिर इंटरनेशनल कोर्ट ऑफ जस्टिस में केस फाइल करने की सारी तैयारी की और मशहूर मानवाधिकार वकील शेरी बूथ जो को हायर किया।

जफर सरेशवाला के अब्बू के दोस्त की बीबी अमेरिका की रोमानिया में एम्बेसडर थी। जफर की उनसे बातचीत होती थी। अमेरिका ने गुजरात दंगा को लेकर कुछ कहा नहीं था, जफर ने कहा कि इतने कुत्ते मर जाते तो हल्ला मच जाता और यहां इंसान मरे हैं और आप खामोश हैं। आप क्यों कुछ नहीं कर रहे तो उन्होंने कहा कि अच्छा मैं तत्कालीन अमेरिकी सेक्रेटरी ऑफ स्टेट कॉलिन पॉवेल से आपकी मुलाकात करवा सकती हूँ। अप्रैल या मई 2002 में उनका फोन आया और ज़फ़र अमेरिका गए और पत्र लिखा कि मोदी का वीजा रिमूव करो और वीजा दो भी मत, फिर अमेरिका में भी लोगों से मुलाकात की। बास्टन, हावर्ड, शिकागो और न्यूयार्क में जाकर मोदी के खिलाफ लॉबिंग की। जफर सरेशवाला ये सब खुद के पैसे से कर रहे थे और चाहते थे कि मोदी को सजा हो। ज़फ़र सरेशवाला ने द गार्जियन, इंडिपेंडेंट, फाइनेंशियल टाइम्स, टाइम्स, टेलीग्राफ इत्यादि के जो भी ब्रिटेन की मेनस्ट्रीम मीडिया के एडिटर थे उन्हें गुजरात को कवर करने के लिए भेजा था।

जून 2002 में लालकृष्ण आडवाणी आतंकवाद पर कॉन्फ्रेंस में इंग्लैंड जा रहे थे तो जफर सरेशवाला ने उनके खिलाफ लंदन हाईकोर्ट में याचिका लगाई कि इस आदमी को यूके में आने की अनुमति नहीं मिलनी चाहिए हालांकि वो याचिका खारिज हो गई। आडवाणी जी 6 महीने के बाद दोबारा लंदन गए तो सरेशवाला ने उनके खिलाफ इंडियन हाई कमीशन के सामने प्रदर्शन किया।

ज़फ़र सरेशवाला ने तीस्ता सीतलवाड़ के साथ भी काम किया। नरेंद्र मोदी दोबारा मुख्यमंत्री बने तब तक ज़फ़र ऐक्टिविस्ट बन चुके थे। ज़फ़र सरेशवाला के पास नरेंद्र मोदी या सरकार के तरफ से कभी संपर्क नहीं किया गया कि आखिर ये सब क्यों कर रहे हो। 2003 मई या जून में अहमदाबाद से उनके किसी जानने वाले का फोन आया कि सुना है कि मोदी साहब इंग्लैंड आ रहे हैं।

ज़फ़र सरेशवाला ने सोचा कि आगे क्या? बातचीत की शुरुआत करके मसले को लंबा खींचने के बजाय उसका हल खोजा जाए लेकिन बातचीत कैसे हो? खासकर उससे कैसे हो, जिसके खिलाफ आपने अभियान छेड़ा हो?

ज़फ़र सरेशवाला के आंदोलन के मेन्टर महेश भट्ट थे। उन्होंने भट्ट को फोन किया कि लोग मुझे फोन कर रहे हैं कि मोदी साहब आ रहे हैं। मुझे उनसे मिलना चाहिए और बातचीत करना चाहिए। मुझे मोदी से मिलना चाहिए या नहीं? भट्ट ने कहा कि हमारी लड़ाई है वो वसूल की लड़ाई है और इस लड़ाई में एक वक्त ऐसा भी आएगा कि आपको मोदी के साथ टेबल पर बैठना पड़ेगा। वो ऑप्शन अभी ले लो, मिलने में कोई हर्ज नहीं है। तो सरेशवाला को हिम्मत आई लेकिन फिर 2-3 दिन के बाद मैंने कहा कि मोदी साहब से बात कौन करेगा? कुछ दिनों के बाद भट्ट का फोन आया कि मोदी के दोस्त हैं रजत शर्मा और वो मेरे भी दोस्त हैं। मैं रजित शर्मा से बात करता हूँ। वहाँ रजत शर्मा मिले और कहा कि आप

मोदी को मेल लिखो और मैंने लिखा कि मैंने जो अभी तक किया उसके लिए मुझे कोई गिलानी नहीं है लेकिन मै समझता हूँ कि ये भी एक रास्ता है। मैं हिन्दुस्तानी हूँ, आप मेरे भी मुख्यमंत्री हैं। मैं आपसे बात नहीं करूंगा तो किससे करूंगा? मैं आपसे मिलना चाहता हूँ।

नरेंद्र मोदी के जितने भी सलाहकार थे, सबने कहा कि आप ज़फ़र से मत मिलो। ये बहुत ही खतरनाक है लेकिन मोदी ने किसी की नहीं सुनी। एक तो बड़े अधिकारी ने ज़फ़र को बताया कि मैं तो लिखकर देने वालों में से था। नरेंद्र मोदी ने खुद तय किया कि उन्हें ज़फ़र से मिलना है। मोदी ने मिलने के लिए किसी खास जगह बुलाया लेकिन ज़फ़र ने कहा कि मैं आपसे तन्हाई में मिलना चाहता हूँ। वो ज़फ़र के शर्तों पर तैयार हो गए।

मिलने से पहले एक राय तो महेश भट्ट से लिया और दो इस्लामिक स्कॉलर से पूछा कि मुझे मुसलमानों की राय नहीं चाहिए, मुझे इस्लाम की राय चाहिए। गुजरात दंगे के हालात को देखते हुए मुझे मोदी से मिलना चाहिए या नहीं? याकूब कासमी बड़े पुराने देवबंद के स्कॉलर थे और मौलाना ईशा मंसूरी दोनों ने कुरान की 10 आयतें सुनाई और कहा कि अगर मसले को हल करना है तो मिलो। मसला हल नहीं करना तो मत मिलो। मुझे मज़हब की रौशनी में हिम्मत आई। जब मिलने को तय हुआ तो ज़फ़र ने ईशा मंसूरी को कहा कि मौलाना बोलना बहुत आसान है, आप भी साथ में चलो। 17 अगस्त 2003 सेन जेम्स कोर्ट 5 बजे का समय था। 4:55 में महेश भट्ट का फोन आया और कहा कि जा रहे हो मोदी से मिलने? मैंने कहा हाँ तो उन्होंने कहा कि उसके आखों में आँख डालकर क्या तुम ये नहीं बोल सकते कि न्याय के बिना शांति नहीं हो सकती। ज़फ़र कभी किसी मुख्यमंत्री से मिले नहीं थे और संशय में थे कि पता नहीं 2 मिनट देगा या 3 मिनट? बहरहाल लिफ्ट से पहुंचे तो पाँचवे फ्लोर पर मोदी का कमरा था। मोदी पहले से जफर के स्वागत में खड़े थे और गले में हाथ डाला और बोला कि चल यार क्या लगाया है तू भी!

ज़फ़र के सामने मोदी की जो इमेज बनी थी उसको लेकर डर रहे थे। उनकी अम्मी नमाज पर बैठी थी, बहन ने रोजा रखा हुआ था कि मोदी से मिल रहा है। पता नहीं क्या होगा?

जब लोगों को पता लगा कि मोदी से मिलने वाले हैं तो बहुत विरोध हुआ। मुस्लिम काउंसिल ऑफ ब्रिटेन के लोग समझाने आए लेकिन उन्होंने तय कर लिया था कि मुझे मिलना है। लोग डरे हुए थे लेकिन मोदी ने बिल्कुल हल्का कर दिया और अपने कमरे में लेकर गए।

ज़फ़र ने पूछा कि आपके पास समय कितना है तो उनका जबाव था कि जबतक तुम्हारे सारे सवाल पूरे नहीं हो जाते और उसका तस्सली बक्स जवाब नहीं मिल जाता तब तक!

दूसरा सवाल पूछा कि आप 5 करोड़ गुजराती की बात करते हैं उसमें हम (मुसलमान) 50 लाख है या नहीं? अगर नहीं हैं तो कोई बात नहीं, हम दोयम दर्जे के नागरिक हैं।

मोदी ने कहा कि तुम मेरे हो और उसके ऊपर 20 मिनट का लेक्चर दिया। मैं तुम्हारा हूँ, वोट मत दो ठीक है लेकिन मैं मुख्यमंत्री तुम्हारा भी हूँ। नरेंद्र मोदी के ऊपर लगे आरोप को लेकर भड़ास निकालते

गए और वो सफाई देते रहे कि ये सब गलत है। ज़फर तो फिर मोदी समझ के बात करते रहे क्योंकि डर भी था कि मेरा घर तो अहमदाबाद में है। मुझे वापिस जाना भी है। रजत शर्मा ने कहा कि मौलाना ईशा मंसूरी ने तो मोदी की क्लास लगा दी। मौलाना ईशा मंसूरी तो 35 मिनट तक उनको सुनाते रहे। मोदी जो कुछ भी गुजरात दंगा में हुआ उसको लेकर बहुत गमगीन थे। आखिर में मोदी ने कहा कि अभी बताओ कि क्या समस्या है? कौन सी मुसलमानों की जमीन है जो हिन्दुओ के कब्जे में है? कौन सा मुसलमान है जिसको मुआवज़ा नहीं मिला? अभी क्या समस्या है ये बताओ

ज़फर तो ये सोचकर आए ही नहीं थे कि इतना समय देंगे। पेपर पर लिखकर अपना नंबर दिया और कहा कि मोदी 24x7 मौजूद है। जब जफर ने कहा कि क्या न्याय के बिना इंसाफ हो सकता है? तो मोदी ने कहा कि इंसाफ भी होगा और ये दोबारा नहीं होगा।

नरेंद्र मोदी से मुलाकात के बाद जफर सरेशवाला मुस्लिम समाज के निशाने पर आ गए। कई धड़े काफिर तो कोई बिक जाने की बात बोलने लगे लेकिन उन्होंने मोदी से मुस्लिम समाज के लिए वो सारे काम करा लिए जो पहले कभी नहीं हुए। मुलाकात के 2 महीने के बाद जफर ने मोदी को फोन किया तो उनके पीए ने फोन उठाया और पूछा कि कोई काम तो जफर ने बोला कि काम तो कोई नहीं है। उनसे कहना कि अगर समय हो तो बात करें, 2 घंटे के बाद उनका फोन आया और कहा कि यार तुमने तो बहुत देर कर दी। मैंने तो तुम्हें नंबर अगस्त में दिया था, तुमने तो अक्टूबर कर दी। जफर ने बोला कि मैंने तो सोचा कि पता नहीं मेरा फोन कोई उठाएगा या नहीं उठाएगा। मोदी ने कहा कि टीम हिंदुस्तान कब आओगे? जब मोदी से मिलने आए तो उनके साथ हिम्मतनगर के मुस्लिम मिलने आए थे और मोदी ने तुरंत फोन किया और उनका काम हो गया। पहले लोग उन्हें इंग्लैंड फोन करते थे और

वो मोदी को फोन करते थे। मोदी ने कहा कि मैं तुम्हारा भी मुख्यमंत्री हूँ बेशक वोट मत दो लेकिन अपना काम तो कराओ।

जफर सरेशवाला लगातार मोदी से मिलते रहे और मुस्लिमों के लिए काम कराते रहे।

2003 की मुलाकात को याद करके जफर सरेशवाला बताते हैं कि दोनों ही वादे पर मोदी खरे उतरे। जफर सरेशवाला के अनुसार जाँच के दौरान 425 हिंदू जेल में गए और कम से कम 90 हिंदुओं को सजा हुई। जफर सरेशवाला यह भी बताते हैं कि इसके पहले के हिंदू-मुस्लिम दंगों में कभी किसी पावरफुल लोगों पर कानून का शिकंजा नहीं फँसा जबकि गुजरात दंगों में नेता से लेकर पुलिसवाले तक जेल गए।

अब सवाल ये है कि बीजेपी के कई वरिष्ठ नेता पार्टी छोड़कर चले गए, जिनका आरोप रहा कि मोदी किसी की सुनते नहीं हैं। कई मिलने के लिए समय मांगते रहे लेकिन मोदी ने समय नहीं दिया लेकिन ज़फर सरेशवाला जिसने इनके खिलाफ वैश्विक स्तर पर मोर्चा खोला उसके ऊपर इतनी मेहरबानी क्यों?

मौलाना ईशा मंसूरी ने तो क्लास लगा दी जबकि मोदी चुपचाप सुनते रहे। सरेशवाला ने भी भड़ास निकाली और चुपचाप सुनते भी रहे। मोदी ने ये कैसे मान लिया कि हिंदुओं ने मुसलमानों की जमीन कब्जा कर रखी है? जबकि ऐसा कोई उदाहरण कही भी नहीं मिलता कि हिंदू किसी मुसलमान का जमीन कब्जा कर लिया हो। दंगे की बात है तो पीड़ित हिंदू भी रहे, कोई मुसलमान भी तो हिंदू का जमीन कब्जा कर सकता था लेकिन कभी ये नहीं सुना गया कि हिंदुओं से ऐसी बात बोली हो। मुआवजा की बात है तो हर पीड़ित को मिलना चाहिए था लेकिन सिर्फ मुसलमानों को क्यों? दंगाई तो दोनों तरफ से थे फिर सिर्फ हिंदुओ को क्यों सजा हुई?

अगर इनके ऊपर गौर करें तो स्पष्ट हो जाता है कि मोदी सरकार के तरफ से हिंदुओ से भेदभाव किया गया और उन्हें प्रताड़ित किया गया।

अब सवाल ये भी है कि जफर सरेशवाला ने मोदी के खिलाफ इतनी लॉबिंग की वो अचानक से पहली ही मुलाकात में उनका मुरीद कैसे बन गया? आखिरकार मोदी ने उसको कौन सी अंदर की बात बता दी कि वो पिघल गया और सारे गीले शिकवे दूर हो गए?

आखिर जफर सरेशवाला ने अकेले में मिलने की जिद क्यों की? जफर कुरान की रौशनी में मजहब से इजाजत ले मोदी से मिलने गए थे तो फिर व्यक्तिगत तो कुछ था नहीं फिर जो बातें हुई वो पूरी बात सामने आनी चाहिए ताकि लोगों को पता चले कि आखिर इतनी लंबी लड़ाई कुछ घंटे में ही कैसे मित्रता में बदल गई।

ज़फर सरेशवाला पूर्व में हुए दंगों में चुप रहे। किसी आम उपद्रवी के खिलाफ भी कोई मोर्चा नहीं खोला लेकिन 2002 दंगे में सीधा मुख्यमंत्री के खिलाफ मोर्चा खोल दिया।

ज़फर की अमेरिका ने सुनते हुए कैसे एक लोकतांत्रिक तरीके से चुने हुए मुख्यमंत्री का वीजा बैन कर दिया जबकि तबतक जफर कोई बड़ा नाम भी नहीं थे।

कहीं ऐसा तो नहीं कि सब कुछ पहले से तय था?

हिंदुओ के ऊपर कार्रवाई और मुसलमानों को मुआवजा, गुजरात सरकार के तरफ से जो कार्रवाई हुई, वो पूरी तरह प्रोपेगेंडा के आधार पर थी जिसमें मुसलमानों को पीड़ित और हिंदुओं को अपराधी दिखाया गया। जो प्रोपेगेंडा वामपंथी, इस्लामिस्ट और देश विदेश की मीडिया ने चलाया उसी के आधार पर कार्रवाई की।

अब ये पाठक तय कर सकते हैं कि नरेंद्र मोदी किसके साथ थे और किसके खिलाफ काम किया?

जफर सरेशवाला लगातार मीडिया में मोदी का बचाव करते दिखने लगे और हिंदुओं में एक बड़े धड़े में राष्ट्रवादी मुसलमान की छवि बन गई। ये एक धारणा रही है कि कोई भी मुसलमान मोदी, बीजेपी, आरएसएस की प्रशंसा करने लगे। भगवान राम को अपना पूर्वज बताने लगे और वंदे मातरम-भारत माता की जय का नारा लगाने लगेतो हिंदुओं के बीच उसकी लोकप्रियता काफी तेजी से बढ़ती है और लोग उसे पलकों पर बीठा लेते हैं। ये सोचे बिना कि वो इस चीज की कितनी बड़ी कीमत वसूल रहा है। जाफ़र सरेशवाला ने जो लड़ाई लड़ी वो कौम के लिए लड़ी, मुसलमानों का फायदा पहुंचाया और हिंदुओं के मोदी सरकार द्वारा प्रताड़ना से उनका मुरीद बना लेकिन हिंदू ने ये मान लिया कि ज़फ़र बहुत बड़े मानवतावादी हैं क्योंकि मोदी के प्रशंसक हैं। ज़फ़र ने जब जब मोदी की प्रशंसा की तो उनके इस्लाम परस्ती और हिंदू द्रोह को लेकर किया लेकिन हिंदू उसके ऊपर ताली बजा खुश होता रहा है।

जफर सरेशवाला ने अपने पूर्व सहयोगी तीस्ता सीतलवाड़ के खिलाफ मोर्चा खोल दी। एक टीवी चैनल में दिए साक्षात्कार में कहा कि तीस्ता पूरी तरह कांग्रेस के दिग्गज नेता अहमद पटेल के इशारे पर काम कर रही थी। सरेशवाला ने खुद दंगा पीड़ितों को न्याय दिलाने के लिए गुजरात के तत्कालीन मुख्यमंत्री नरेंद्र मोदी के खिलाफ अंतरराष्ट्रीय न्यायालय (आईसीजे) में अर्जी दी थी। तीस्ता के साथ रहते हुए जब उन्हें उनकी असलियत पता चला तो उनको दो टूक कहा कि मुसलमानों की कब्र पर ताजमहल नहीं बनने देंगे।

सरेशवाला ने कहा, हम न्याय के लिए लड़ रहे थे और तीस्ता एक एजेंडा चला रही थी। नरेंद्र मोदी का पक्ष लेने वालों को तीस्ता अपने गैंग के जरिए कौम का गद्दार बताया करती थी और मुसलमानों को हिंदुओं के खिलाफ भड़काती थी। सरेशवाला ने कहा, जमीयत उलेमा-ए-हिंद, सियासत हैदराबाद और कई मुस्लिम संस्थानों सहित उनके परिवार ने मिलकर दंगा पीड़ितों के लिए 1,600 घर बनवाए। बच्चों की शिक्षा और स्वास्थ्य की व्यवस्था की। लेकिन, तीस्ता ने एक भी परिवार को मकान नहीं दिया।

सरेशवाला ने बताया कि 2002 के बाद से गुजरात का मुसलमान लगातार तरक्की कर रहा है। शिक्षा, व्यापार, लघु उद्योग और बड़े कारोबार में भी गुजरात का मुसलमान अन्य राज्यों के मुसलमानों से सुखी और समृद्ध है।

ज़फ़र सरेशवाला ने नरेंद्र मोदी के मिशन इस्लाम को बढ़ाने में काफी मदद की और मुसलमानों का खुलकर बचाव कियां। कोई भी मुसलमान चाहे आतंकवादी ही क्यों न हो उसके फायदे गिनाए।

जाकिर नाइक ने 15 जुलाई 2016 को प्रेस कॉन्फ्रेंस की और नरेंद्र मोदी के करीबी जफर सरेशवाला को अपना दोस्त बताया।

जफर सरेशवाला ने प्रतिक्रिया दिया और विवादास्पद इस्लामिक उपदेशक जाकिर नाइक का बचाव करते हुए दावा किया कि उन्होंने कभी आतंकवाद को बढ़ावा नहीं दिया और वो राष्ट्र विरोधी नहीं हं। मैं जाकिर नाइक को दशकों से जानते हूँ, वो शांति के प्रचारक हैं। उन्हें गलत तरीके से मीडिया ट्रायल में डाला जा रहा है। नाइक और उनके भाषण ISIS जैसे आतंकी संगठनों से जुड़ने वाले युवाओं को कट्टरपंथ से मुक्ति दिलाने में मददगार हो सकते हैं।

जाकिर नाइक का जन्म 1965 में मुंबई के डोंगरी में हुआ था। उसके पिता और दोनों भाई डॉक्टर थे। नाइक ने भी मेडिकल की पढ़ाई की और डॉक्टर बन गया। 1990 में उसने डॉक्टरी छोड़कर इस्लामिक रिसर्च फाउंडेशन की शुरुआत की।

2000 आते-आते नाइक की चर्चा होने लगी। जाकिर नाइक के वीडियोवीडियो पर बहस होने लगी। इस्लाम को बाकी सभी धर्मों से श्रेष्ठ और महान बता हिंदुओं का धर्मांतरण कराया।

आगे चलकर उसने पीस टीवी को इंग्लिश, उर्दू और बंगला में भी लॉन्च किया।

जाकिर नाइक ने एक बार कथित तौर पर कहा कि अगर ओसामा बिन लादेन इस्लाम के दुश्मनों से लड़ रहा है तो मै उसके साथ हूं। अगर वो सबसे बड़े आतंकी अमेरिका से लड़ रहा है तो भी मै उसके साथ खड़ा हूं। हर मुसलमान को आतंकवादी होना चाहिए हालांकि विवाद बढ़ने पर सफाई देते हुए कहा कि उसके बयान को गलत तरीके से पेश किया गया।

जाकिर नाइक समलैंगिकता और इस्लाम से किसी और धर्म में परिवर्तित होने वाले लोगों को मौत की सजा देने की मांग करता था। एक बार उसने कहा था कि जब उनका धर्म गलत है, उनके पूजा करने का तरीका गलत है तो एक इस्लामी राज्य में हम उन्हें मंदिर या चर्च बनाने की अनुमति कैसे दे सकते हैं?

जाकिर नाइक जुलाई 2016 में उस समय चर्चा में आया जब बांग्लादेश की राजधानी ढाका में बम ब्लास्ट हुआ। हमलावरों में से एक ने बताया कि वो जाकिर नाइक के वीडियो से प्रभावित था। ढाका हमले से कुछ महीने बाद ही जाकिर नाइक भारत छोड़कर भाग गया और मलेशिया में जा नागरिकता ले ली।

जाकिर नाइक ने पीस टीवी भी शुरू किया था, जिस पर उसके भाषण प्रसारित होते थे। इस चैनल का प्रसारण दुबई से होता था। नाइक ऐसे भाषण देता था कि युवा प्रभावित हो कट्टरपंथ की ओर मुड़ जाते थे। नाइक के चैनल को भारत, बांग्लादेश समेत कई देशों ने बैन कर दिया क्योंकि वो इसके जरिए युवाओं को भड़काता था।

जाकिर नाइक इस्लामिक रिसर्च फाउंडेशन के नाम से एक एनजीओ चलाता था। केंद्र सरकार ने उसके एनजीओ पर 2016 में UAPA के तहत बैन लगा दिया। आरोप था कि फाउंडेशन के जरिए जाकिर नाइक फन्डिंग लेता था और इसका इस्तेमाल कट्टरपंथ को बढ़ावा देने के लिए करता था।

अक्टूबर 2017 में एनआईए ने चार्जशीट दायर की। इस चार्जशीट में भड़काऊ भाषण देने और युवाओं को उकसाने का आरोप लगाया था। चार्जशीट में कहा गया था कि जाकिर नाइक के वीडियो देखकर युवा प्रभावित हो रहे हैं और उनमें से कई आतंकी संगठनों से भी जुड़ रहे हैं।

मई 2019 में ईडी ने जाकिर के खिलाफ टेरर फंडिंग मामले में चार्जशीट दायर की थी। इस चार्जशीट में बताया था कि एजेंसी ने अब तक 193 करोड़ रुपये की संपत्ति की पहचान कर ली है, जिसमें 50 करोड़ से ज्यादा की संपत्ति जब्त की जा चुकी है।

ईडी ने दावा किया कि 2003-04 और 2016-2017 के बीच जाकिर नाइक को अज्ञात और संदिग्ध सोर्सेस से 64 करोड़ रुपये की फंडिंग मिली थी। इनमें से ज्यादातर का इस्तेमाल 'पीस कॉन्फ्रेंस' आयोजित करने के लिए हुआ करता था। एजेंसी ने बताया कि जाकिर के यूएई के बैंक अकाउंट में 2012 से 2016 के दौरान 49.20 करोड़ रुपये मिले थे।

अप्रैल 2019 में श्रीलंका में ईस्टर संडे पर हुए बम धमाकों में 260 से ज्यादा लोगों की मौत हुई थी। धमाकों की जिम्मेदारी नेशनल तौहीन जमाथ ने ली। इस संगठन के मुखिया जेहरान हाशिम ने जाकिर नाइक की तारिफ की थी और श्रीलंकाई मुसलमानों से पूछा कि वो उनके लिए क्या कर सकते हैं?

19 नवंबर 2022 को मैंगलोर में एक ऑटो रिक्शा में बम ब्लास्ट हुआ। ब्लास्ट का मुख्य आरोपी मोहम्मद शारिक जो खुद 40 फीसदी तक जल चुका था। पुलिस के अनुसार वो जाकिर से प्रभावित था। धमाके के बाद पुलिस ने शारिक का मोबाइल जब्त कर लिया। मोबाइल में पुलिस को जाकिर के कई वीडियो मिले। पुलिस ने बताया कि युवाओं को कट्टर बनाने के लिए शारिक जाकिर नाइक के वीडियो और ISIS से जुड़े पीडीएफ और दस्तावेज भेजा करता था।

जाकिर नाइक ने लाखों हिंदुओं का धर्मांतरण कराया। मध्यप्रदेश एटीएस द्वारा हिज्ब-उत-तहरीर के आतंकियों को गिरफ्तार किए जाने के बाद जो धर्मांतरण के खेल का भंडाफोड़ हुआ। पूछताछ में सामने आया कि भोपाल में संगठन का सरगना मोहम्मद सलीम पहले कभी खुद सौरभ जैन राजवैद्य हुआ करता था। जैन 12वीं कक्षा तक आरएसएस से जुड़ा रहा लेकिन बाद में वह मुस्लिम बन गया। उसमें ऐसी कट्टरता भरी गई कि वो खुद युवकों को कट्टरपंथ की ट्रेनिंग देने लगा। माता-पिता बताते हैं कि सलीम उर्फ सौरभ की शिक्षा बहुत सामान्य ढंग से हुई थी। लेकिन भोपाल के कॉलेज में प्रोफेसरी के दौरान एक साथी शिक्षक ने उसे इस्लाम की ओर रुख करवाया और उसके बाद जाकिर नाईक की वीडियो देखते-देखते कुछ समय बाद वह परिवार सहित मुसलमान बन गया।

मीडिया को सौरभ की कई पुरानी तस्वीरें दिखाते हुए माता-पिता ने बताया कि 4 बेटियों के बाद सौरभ बड़ी मुश्किल से हुआ था और बचपन से ही पढ़ाई करने में बहुत तेज था। वह डॉक्टर बनना चाहता था। लेकिन मेडिकल में नंबर न आने की वजह से उसने एम.फार्मा के बाद पीएचडी की। इसके बाद वह भोपाल के एक कॉलेज में पढ़ाने लगा।

पिता के अनुसार, वीआईटी कॉलेज में पढ़ाने के दौरान सौरभ की मुलाकात प्रोफेसर कमाल से हुई। उसी कमाल ने बेटे का ब्रेनवॉश किया और फिर उसकी मुलाकात मुंबई में जाकिर नाईक से करवाई।

पिता राजवैद्य के अनुसार, नाईक ने भोपाल में कई लोगों को कन्वर्ट किया था। उनके बेटे के धर्मांतरण में भी नाईक का हाथ है।

डॉ अशोक राजवैद्य बताते हैं कि कैसे सौरभ पहले खुद इस्लाम कबूल करके सलीम बना। उसके बाद उसकी बीवी मानसी को मुसलमान बनाया और दो पोते जिनका नाम उन्होंने अनुनय और वत्सल रखा था उन्हें बदलकर युसूफ और इस्माइल कर दिया। पिता ने यह भी जानकारी दी कि सलीम के हैदराबाद जाने के बाद उसके बेटे उसके साथ नहीं रहना चाहते थे। वे घर से भागकर भोपाल आना चाहते थे, लेकिन सलीम उन्हें पकड़ लेता था। ये बात खुद दोनों पोतों ने उन्हें 6 महीने पहले बताई थी। हैदराबाद में सलीम ओवैसी के कॉलेज में प्रोफेसर था। धर्मांतरण के बाद उसे यहाँ नौकरी मिली थी।

मध्यप्रदेश और तेलंगाना की एटीएस ने भोपाल-छिंदवाड़ा में हिज्ब उत- तहरीर के आतंकियों को पकड़कर उनके मनसूबों का खुलासा किया था। जाँच में इनके पास से कई आपत्तिजनक चीजें मिलीं थी। इनका मकसद भारत को इस्लामी देश बनाने का था। हालाँकि पूछताछ में धर्मांतरण की ऐसी कहानी सामने आई जिसने सबको हैरान कर दिया।

05 जून 2023 को गाज़ियाबाद पुलिस ने चार नाबालिग बच्चों के धर्मांतरण के मामले में मस्जिद के मौलवी अब्दुल रहमान को गिरफ्तार किया और दूसरे शख्स मोहम्मद शहनवाज मकसूद की गिरफ़्तारी के लिए पुलिस टीम को ठाणे भेजा। पुलिस ने खुलासा किया कि फोर्ट नाइट गेमिंग ऐप के जरिए मासूम हिंदू नाबालिग बच्चों और युवाओं को गेम खिलाया जाता था। गेम खेलने वालों में कुछ दूसरे लोग लोग होते थे, जिनकी आईडी हिंदू नामों से होती थी।

यह लोग नाबालिग हिंदू लड़कों को गेम में जीत हासिल करने के लिए उनसे कहते थे कि अगर जितना है तो कुरान की आयतें पढ़ो। जो नाबालिग इनके बातों में आ जाते उनको ये लोग धीरे-धीरे आयते पढ़ना सिखाते, कुरान और इस्लाम पर भरोसा करना सिखाते। विश्वास दिलाने के लिए नाबालिगों को गेम में जीत हासिल करवाई जाती थी।

जब ट्रैप में आए नाबालिगों को इन पर विश्वास होने लगता तो दूसरे स्टेप में डिकॉर्ड ऐप पर नाबालिगों को पर्सनली चैटिंग कराई जाती थी। उन्हें पूरी तरह अपनी मुट्ठी में करने के बाद इस्लामिक रीति रिवाज की जानकारी दी जाती थी।

जब नाबालिग पूरी तरह से इन लोगों के कंट्रोल में आ जाते तो इसके बाद उन्हें प्रतिबंधित इस्लामिक स्पीकर डॉक्टर जाकिर नाइक और तारिक जमील के वीडियो दिखाये जाते थे। जिससे उनके अंदर इस्लाम के प्रति झुकाव हो जाए और वो इस्लाम अपना लें। जब नाबालिग इस्लाम अपना लेते थे तो ये उनका ऐफिडेविट भी बनवा दिया करते थे। आगे की जांच में खुलासा हुआ कि महाराष्ट्र में 400 हिंदुओं को मुसलमान बनाया गया।

जाकिर नाइक ने लाखों हिंदुओं का धर्मांतरण कराया। द केरल स्टोरी फिल्म आने के बाद कई पीड़ितों ने आपबीती सुनाई। अनघा जयगोपाल और विशाली शेट्टी पहले धर्मांतरित हुई और फिर सनातन धर्म

में वापस आने के बाद अपनी आपबीती सुनाई। अनघा जयगोपाल ने बताया कि जाकिर नाइक का वीडियो दिखा मेरा ब्राइनवास किया गया। धीरे धीरे मेरे मन में इस्लामिक विचारधारा बैठती चली गई। 5-6 साल के इस्लामी अध्ययन के बाद मैं हिंदू-विरोधी और यहां तक कि मानव विरोधी हो गई। मैं ये मानने लगी कि गैर-इस्लामी काफिर होते हैं। मैं अपने माता-पिता को काफिर मानती थी। मैं हिंदू देवी देवताओं, हिंदू धर्म और हिंदू संस्कृति से नफरत करती थी।

विशाली शेट्टी ने बताया कि मैं बेंगलुरू में एक आईटी कंपनी में काम कर रही थी। मेरे सहकर्मी मुझसे मेरे धर्म के बारे में सवाल पूछना शुरू कर दिए। शुरुआत में मैंने सामान्य ज्ञान और तर्क के साथ बचाव करने की कोशिश की, लेकिन बाद में मेरे पास उनके सवालों के जबाव नहीं थे। उन्होंने मेरा ब्रेनवॉश करना शुरू कर दिया। मुझे लगने लगा कि जो वो कह रहे हैं वो सच है। आगे बोलने लगे कि जिस धर्म का पालन कर रही हो, वो पूरी तरह गलत है।

केरल के कासरगोड की रहने वाली श्रुति ने बताया कि उसका ब्रेनवॉश करने के लिए उसके कॉलेज के साथियों ने उसे इस्लाम से जुड़े पर्चे और किताबें पढ़ने को दी। मुस्लिम उपदेशक जाकिर नाइक की स्पीच सुनने के लिए मुझे सीडी दी। वहां से जानकारी मिलने के बाद मैं कन्फ्यूज़ हो गई। मैं इससे इतनी बहक गई कि एक दिन नमाज पढ़ने के लिए जा रही थी और मां बड़े प्यार से खाना लेकर आई लेकिन मैं नमाज के चलते उसे छू नहीं सकती थी। जब मां ने मुझे खाने के लिए जोर दिया तो मैंने काफिर समझकर पीट दिया।

महाराष्ट्र एटीएस ने जनवरी 2019 में ISIS से प्रेरित आतंकी समूह उम्मत-ए-मोहममदिया के 10 सदस्यों को मुंब्रा और औरंगाबाद से गिरफ्तार किया था। मुंबई की एक अदालत में दाखिल चार्जशीट के मुताबिक मुंबई स्थित 400 साल पुराने मुमबेश्वर मंदिर में नरसंहार की योजना को लेकर गिरफ्तार आतंकी जाकिर नाइक से प्रेरित थे।

जिस दिन साजिश को अंजाम देना था,उस दिन मंदिर से महाप्रसाद को 40 हजार से भी ज्यादा लोगों ने खाया था। आतंकवादियों की साजिश थी कि महाप्रसाद में जहर मिलाकर बड़ी संख्या में श्रद्धालुओं की जान ली जा सके।

गिरफ़्तारी से पहले इस दल में शामिल जम्मान,सलमान,वारिस और फ़हाद ने हाइड्रोजन पराकसाइड की मदद से विस्फोटकों का निर्माण किया था। दल के, मुखिया अबू हमजा और अन्य आरोपियों ने इन विस्फोटकों का ट्रायल किया था और मंदिर की रेकी भी की थी।

एटीएस ने आरोपितों के सोशल मीडिया प्रोफाइल पर जाकिर नाइक की मौजूदगी वाले कई वीडियो और तस्वीरें पाई थी।

2 अप्रैल 2023 को केरल के कोझिकोड में हुए ट्रेन अग्नि कांड के आरोपित शाहरुख सैफी ने अलप्पूझा-कन्नूर एग्जीक्यूटिव एक्सप्रेस में चढ़ने को लेकर विवाद के कारण अन्य यात्रियों पर पेट्रोल डालकर आग लगा दी। इस घटना में एक बच्चे समेत 3 लोगों की मौत हुई और 8 लोग घायल हुए थे।

कोझिकोड ट्रेन अग्निकांड मामले की जांच के लिए स्पेशल टीम गठित की गई। टीम के प्रमुख और एडीजीपी एमआर अजित कुमार ने बताया कि शाहरुख सैफी एक कट्टरपंथी व्यक्ति है। वह जाकिर नाइक और इसरा अहमद जैसे कट्टरपंथियों के वीडियो देखता था।

आगजनी को अंजाम देने के लिए उसने पूरी तरह प्लानिंग की थी और इसी के लिए दिल्ली से केरल आया था। इसके अलावा महाराष्ट्र के रत्नागिरी गया था।

जाकिर नाइक के काले कारनामों की लंबी फेहरिस्त है लेकिन मोदी के करीबी मित्र जफर सरेशवाला शांति का संदेश देने वाला है। जफर ने कई बार खुलकर हर मुसलमान का साथ दिया चाहे उसका अपराध कुछ भी हो लेकिन मोदी ने कभी उससे दूरी नहीं बनाई। यानि कि मोदी को इससे कोई समस्या नहीं थी। हिंदुत्ववादी या राष्ट्रवादी भी नहीं है, अगर होते तो जरूर समस्या होती।

कतर ने फीफा वर्ल्ड कप 2022 में इस्लाम से संबंधित कई कार्यक्रमों में उपदेश देने के लिए जाकिर नाइक को आमंत्रित किया। जब इस चीज को लेकर काफी बवाल मचा तो बीजेपी के प्रवक्ता सावियो रॉड्रिग्स ने सरकार, इंडियन फुटबॉल एसोसिएशन और कतर जाने वाले भारतीयों से अपील कि कि वे फीफा वर्ल्ड कप का बहिष्कार करें।

केंद्रीय मंत्री हरदीप सिंह पुरी ने प्रतिक्रिया देते हुए कहा कि निश्चित तौर पर भारत इस मुद्दे को उठाएगा। पुरी ने कहा कि वह मलेशियाई नागरिक है और उसे कहीं भी बुलाइए, लेकिन उस मंच पर बुलाने का क्या औचित्य है जिसके बारे में उसे कोई जानकारी नहीं है।

विदेश मंत्रालय के प्रवक्ता अरिंदम बागची ने बताया कि जाकिर नाइक के शामिल होने का मुद्दा कतर के सामने उठाया गया था। कतर ने बताया कि जाकिर नाइक को आधिकारिक तौर पर नहीं बुलाया गया था, हो सकता है कि किसी निजी काम से आया हो।

जाकिर नाइक के कतर में होने की जानकारी सरकारी खेल चैनल अलकास के प्रस्तोता फ़ैसल अलहाजिरी ने ट्विटर पर दी।

फ़ैसल अलहाजिरी ने ट्विटर पर लिखा, "इस्लामिक मजहबी गुरु शेख जाकिर नाइक विश्व कप के दौरान कतर में हैं और विश्व कप के दौरान दीनी व्याख्यान देंगे। सरकारी टीवी चैनल पर जाकिर नाइक का आना वहां की सरकार के सहमति के बिना कैसे हो सकता है?

अगर भारत वाकई गंभीर था तो उपराष्ट्रपति जगदीप धानखड़ फीफा विश्व कप में भारत का प्रतिनिधित्व करने का कार्यक्रम रद्द कर देते लेकिन ऐसा नहीं हुआ।

मार्च 2023 में जाकिर नाइक को ओमान में इस्लाम पर दो लेक्चर देने के लिए आमंत्रित किया गया। पहला लेक्चर 'कुरान एक वैश्विक आवश्यकता' नाम के विषय पर था। इस लेक्चर को ओमान के अकाफ और धार्मिक मामलों के मंत्रालय ने रमजान से पहले दिन यानि 23 मार्च 2023 को निर्धारित किया था।

जाकिर नाइक का दूसरा लेक्चर 'पैगंबर मुहम्मद (PBUH) मानव जाति के लिए दया' विषय पर 25 मार्च 2023 की शाम को सुल्तान कबूस विश्वविद्यालय में निर्धारित था।

न्यूज़ 18 की सूत्रों के हवाले से खबर आई कि ओमान में भारतीय दूतावास स्थानीय कानूनों के तहत उसे हिरासत में लेने और भारत लाने के लिए एजेंसियों के संपर्क में है। भारतीय खुफिया एजेंसियों के सूत्रों के हवाले से बताया गया है कि इस बात की प्रबल संभावना है कि स्थानीय अधिकारी भारत सरकार के अनुरोध को मान सकते हैं और जाकिर नाइक को हिरासत में लिया जा सकता है।

भारतीय एजेंसियों के पकड़े जाने के बाद आगे की कार्रवाई के लिए एक कानूनी टीम को ओमान भेजा जा सकता है। विदेश मंत्रालय ने इस मामले को ओमान के राजदूत के सामने उठाया है। इसी तरह, ओमान में भारतीय राजदूत ने भी इस मुद्दे को ओमानी विदेश मंत्रालय के सामने उठाया है।

ये खबर आते ही बीजेपी के कई समर्थक ये बताने लगे कि जाकिर नाइक को ओमान से गिरफ्तार कर भारत लाया जा रहा है। हिंदुओं से मोदी को 302 सीट देने के फायदे गिनाने लगे। कांग्रेस नेता दिग्विजय सिंह ने एक समय जाकिर नाइक को शांति का दूत बताया था, उनके बयान को कोट कर काँग्रेस को जरूर निशाना बनाने लगे लेकिन मोदी का करीबी मित्र ज़फ़र सरेशवाला ने भी यही बात बोली थी, उसकी कहीं चर्चा नहीं हुई।

दावे के उलट जाकिर नाइक जब ओमान पहुंचा तो उसको पुलिस एस्कॉर्ट में देखा गया। जाकिर के साथ उसका बेटा फ़ारिक नाइक भी था।

जाकिर के पीछे पुलिस की गाड़ियां चल रही थी। उसने वीडियो जारी कर बताया कि वो सुरक्षित ओमान पहुँच गया है। ओमान सरकार को स्वागत के लिए धन्यवाद दिया।

ओमान में जाकिर नाइक राजकीय मेहमान था।

विदेश मंत्रालय के प्रवक्ता अरिंदम बागची ने बयान जारी कर कहा कि नाइक भारत में कई मामलों में आरोपी और भगौड़ा है। ओमान से उसके प्रत्यर्पण का प्रयास जारी है। हमने इस मामले को ओमान

सरकार और ओमान के अधिकारियों के सामने उठाया है। हम उसे भारत न्याय का सामना करने के लिए सभी आवश्यक उपाय करना जारी रखेंगे।

जिस जाकिर नाइक के ओमान में गिरफ्तार होने के मास्टरस्ट्रोक लग रहे थे, वो वहां हिंदू महिला का धर्मांतरण करा रहा था।

आरती नाम की हिंदू महिला के सामने कुरान की आयते पढ़ा और उस महिला से दोहराने के लिए कहा। दोहराने के बाद उस महिला से कहा कि अब आप मुस्लिम बन गई।

जाकिर ने कहा कि अब आप पापरहित हैं। इंशाअल्लाह! आप अपने परिवार के दूसरे लोगों और दोस्तों को भी इस्लाम कुबूल करवाने का माध्यम बनें।

महिला का सार्वजनिक तौर पर धर्मांतरण करते हुए कहा, "क्या तुम मानती हो कि ईश्वर सिर्फ एक है? क्या तुम मानती हो कि अल्लाह के अलावा किसी और की पूजा नहीं हो सकती? क्या तुम मानती हो कि मूर्तिपूजा गलत है? क्या ये भी मानती हो कि पैगंबर मोहम्मद आखिरी प्रवर्तक थे? महिला ने सभी का हां में जबाव दिया। उसके बाद कलमा पढ़वाकर धर्मांतरण करा दिया। साथ ही उसने भारत के खिलाफ जहर उगला। जाकिर ने कहा कि भारत में कई लोग मेरी स्पीच सुनने आते हैं। भारत के बहुसंख्यक हिंदू मुझसे प्यार करते हैं। मुझे सुनने वालों में 20 फीसदी यानि 100 मिलियन में 20 मिलियन हिंदू हैं। वोट बैंक की राजनीति समस्या पैदा कर रहा है।"

जाकिर नाइक का एक वीडियो सामने आया जिसमें बोलता हुआ दिख रहा था कि मोदी ने अपने दूत को मुझसे मिलने के लिए मलेशिया भेजा। उसने जाकिर से कहा कि क्या हम गलतफहमी दूर सकते हैं? तो जाकिर ने कहा कि क्या गलतफहमी? आपकी पुलिस - एनआईए सब कुछ मेरे बारे में जानती है तो कोई गलतफहमी नहीं है। दूत ने कहा कि क्या हम दोस्त हो सकते हैं? तो जाकिर ने कहा कि कोई समस्या नहीं है, जबतक आप कुरान के बारे में कुछ गलत नहीं कहेंगे। मुझे आपसे पैसों की कोई जरूरत नहीं है। जाकिर ने लोगों को संबोधित करते हुए कहा कि आप जानते हैं कि वो मुझसे क्या चाहते थे? वो चाहते थे कि मैं मोदी सरकार का समर्थन करूं कि वो जो कश्मीर में कर रहे हैं वो ठीक है। मैंने कहा बकवास! वो सुरक्षित रास्ता दे रहे कि तुम भारत आ जाओ, हम तुम्हारा सारे केस खत्म कर देंगे। क्या आप कह सकते हैं कि जो भारत सरकार कश्मीर में कर रही है, वो सही है। मैंने कहा कि ये सब मेरे लाश के साथ ही हो सकता है। कश्मीर में मुसलमानो को प्रताड़ित किया जा रहा है और वो चाहते थे कि मैं नई एक्ट का समर्थन करूं।

जफर सरेशवाला ने एक साक्षात्कार में बताया कि मेरे मोदी साहब कुरान और हदीस पढ़ते हैं। वो ब्लैक एण्ड व्हाइट है, ग्रे नहीं! अगर वो आपसे कोई किताब लेते हैं तो पढ़ते हैं। मैंने एक इस्लामिक किताब दी तो उन्होंने 4-5 पन्ने पढ़कर ही बोला कि अगर ऐसी 4-5 किताब इस मुल्क का हिंदू पढ़ ले तो हिंदू-मुस्लिम का फसाद हमेशा के लिए खत्म हो जाए।

अब सवाल ये है कि मोदी मानते हैं कि हिंदू-मुस्लिम फसाद का जड़ हिंदू है? कभी आज तक ये सामने नहीं आया कि मोदी कभी कोई हिंदू धार्मिक किताब पढ़ते हैं तो फिर ये कैसे हिंदू हृदय सम्राट हैं जो

कुरान हदिस और इस्लामिक किताब पढ़कर हिंदुओं को ही दोष देते हैं। आजतक भारत ही नहीं पूरे विश्व में जीतने भी दंगे फसाद हुए उसकी शुरुआत कहां से होती है? ये पाठक अच्छे से जानते हैं।

जब मोदी को लेकर सवाल हुए कि वो राजनीतिक कारण से दक्षिणपंथी लोगों से जुड़े हुए हैं तो सरेशवाला ने घूमा फिराकर यही जबाव दिया कि उनको भी चुनाव जितना है। अगर चुनाव ही नहीं जीते तो मॉरल ग्राउंड क्या करेगा? जब वो गुजरात के मुख्यमंत्री थे तो मैंने उनसे मुसलमानों के लिए जो काम कराए वो कोई दूसरा मुख्यमंत्री कर ही नहीं सकता था।

अब तो स्पष्ट हो गया कि मोदी ने मुसलमानों के लिए मुख्यमंत्री पद की गरिमा को ताक पर रखते हुए काम किया लेकिन ऐसा कोई काम हिंदुओं के लिए किया हो, ऐसा कोई मामला सामने नहीं आया लेकिन अहित करने वाले बहुत से काम किये।

जफर सरेशवाला ने आगे बताया कि बीजेपी ने ऐसा फिल्म बनाया है। फिल्म बनाई है 'कुछ कुछ होता है' और पब्लिसिटी 'गजनी' की कर रहे हैं। बीजेपी के गिरिराज सिंह, साक्षी महाराज, साध्वी हैं, जो ऐसे बताते हैं कि बीजेपी मुसलमानों की दुश्मन है। कोई काम तो ऐसा किया नहीं। जो इन्होंने मुसलमानों के लिए अच्छे काम है वो बताते नहीं हैं। मैंने बीजेपी के एक बड़े नेता से कहा कि कम से कम मनमोहन सिंह के जमाने में अल्पसंख्यक मंत्रालय का बजट 3400 करोड़ था और आपने उसे 5200 करोड़ कर दिया है। आप क्यों नहीं बताते?

राजनीतिक तौर पर सूट नहीं करता।

जैसा कि नरेंद्र मोदी बोलते रहे कि बेशक वोट मत दो लेकिन काम तो कराओ। बीजेपी इसका प्रचार प्रसार भी नहीं चाहती तो फिर संविधान के विरुद्ध जाकर मुसलमानों के लिए वो काम क्यों करती है जो बाकी कोई नहीं कर सकता? सरकार अपने नागरिकों के लिए जबावदेह है नाकि किसी जाति धर्म और मजहब के! इस पुस्तक में आगे आपको जबाव मिल जाएगा कि ये क्यों मुसलमानों के लिए किसी भी हद तक जा सकते हैं।

जफर सरेशवाला का अरफा खानुम शेरवानी के साथ साक्षात्कार में जब मोदी के इस्लाम प्रेम के बारे में बताया तो वो असहज हो रही थी, उससे हिंदू बहुत खुश लेकिन सरेशवाला ने उनके इस्लाम प्रेम की वजह से उनकी प्रशंसा किया लेकिन उससे हिंदू का क्या फायदा उल्टा तो नुकसान ही है।

कोरोना फैलाने का आरोप तबलिगी जमात पर था और मौलाना साद के खिलाफ FIR दर्ज हुआ तब उसका बचाव ज़फर सरेशवाला ही टीवी डिबेट में कर रहा था। मौलाना साद जिस तबलिगी जमात का मुखिया है उसका काम लोगों का धर्मांतरण कराना और किसी देश को इस्लामिक देश बनाने के लिए काम करना है। सऊदी अरब ने तबलीगी जमात को आतंक का गेट बताते हुए बैन कर दिया लेकिन भारत में उससे मिलने राष्ट्रीय सुरक्षा सलाहकार गए और वो गायब हो गया। दिखावे मात्र के लिए भी उसको गिरफ्तार नहीं किया गया। निजामुद्दीन स्थित जिस मरकज को सील किया गया था, उसकी चाभी सौंपने खुद दिल्ली पुलिस गई थी जो केंद्र सरकार के अधीन है। ज़फर सरेशवाला खुद भी तबलिगी जमात का सदस्य है।

अतीक अहमद के हत्या और उसके बेटे असद अहमद के एनकाउन्टर के बाद ज़फ़र सरेशवाला ने एक साक्षात्कार में खुलासा किया कि मैं 2019 में असद से मिला था। वह उस समय लॉ फर्स्ट ईयर में पढ़ रहा था। मुझे उसने बताया कि वो अतीक अहमद का बेटा है और उसने मुझे अतीक अहमद से बात कराई, जब अतीक जेल में था। वह साबरमती जेल अधिकारियों से मदद चाहता था क्योंकि उसे कोर्ट के आदेश पर नैनी जेल से साबरमती शिफ्ट किया जा रहा था।

अतीक ने कहा कि आप अहमदाबाद के हैं, आपका बड़ा नाम है तो आप मेरे लिए इतना करवा दें कि जेल में मेरे साथ कोई ज्यादती और जबरदस्ती न हो। मैंने कहा कि साबरमती जेल में अच्छे लोग हैं। इन सब के लिए मुझे कुछ करने की जरूरत नहीं है।

ये नहीं कहा कि मेरे बस की बात नहीं है। ज़फ़र सरेशवाला न कोई बड़ा अधिकारी, न सांसद, न विधायक, न मंत्री, न मुख्यमंत्री फिर किस हैसियत से जेल को प्रभावित कर सकता था? अतीक अहमद 2019 में जेल से नरेंद्र मोदी के खिलाफ वाराणसी से चुनाव लड़ चुका था। हमेशा मोदी–बीजेपी के खिलाफ रहा माफिया डॉन से मोदी के करीबी सरेशवाला से इतने अच्छे सम्बद्ध लेकिन फिर हिंदुओं में एक बड़ा धड़ा उन्हें उदारवादी मुसलमान मानता है क्योंकि मोदी के प्रशंसक हैं।

गौरतलब हो कि नरेंद्र मोदी के प्रधानमंत्री बनने के बाद जफर सरेशवाला को मौलाना आजाद नेशनल उर्दू यूनिवर्सिटी का वाइस चांसलर बनाया गया। 2016 में सरेशवाला के नेतृत्व में जेद्दाह (सऊदी अरब) का इस्लामिक डेवलपमेंट बैंक भारत में शुरू करने की घोषणा हुई। बैंक की गुजरात में पहली भारतीय ब्रांच खोलने की घोषणा हुई। इस्लामिक डेवलपमेंट बैंक शरिया कानून के अनुसार काम करता है और बैंक का काम सदस्य देशों की अर्थव्यवस्था और सामाजिक विकास करना है। इसके साथ ही आईडीबी मुस्लिम समुदाय के विकास के लिए भी कार्य करता है।

प्रधानमंत्री नरेंद्र मोदी के संयुक्त अरब अमीरात (UAE) दौरे के दौरान भारत सरकार की एक्सिम बैंक से 100 मिलियन डॉलर की क्रेडिट लाइन के लिए आईडीबी के साथ एमओयू के ऊपर हस्ताक्षर किया। जिसके परिणामस्वरूप आईडीबी अपने सदस्य राज्यों जैसे अफ्रीकी या मध्य एशियाई मुस्लिम देशों में भारतीय निर्यातकों को गारंटी देगा। आईडीबी ने ग्रामीण भारत में मेडिकल केयर के लिए नेशनल इंस्टिट्यूट ऑफ स्किल एंड एजुकेशन के साथ 55 मिलियन डॉलर के पैक्ट पर भी साइन किया।

आईडीबी ने 350 मेडिकल वैन देने की घोषणा की जो मोबाइल क्लिनिक का काम करेगा। पहले फेज में 30 वैन गुजरात के छोटा उदेपुर, नर्मदा और भरूच के आदिवासी इलाकों में देने की घोषणा की। जफर सरेशवाला प्रधानमंत्री मोदी के साथ सऊदी यात्रा पर भी गए थे।

यह पहला मौका था जब आईडीबी किसी गैर इस्लामिक देश में ब्रांच खोलने के लिए तैयार हुआ।

विश्व हिंदू परिषद ने इस्लामिक बैंक को असंवैधानिक और आतंकवाद को बढ़ावा देने वाला करार दिया। वीएचपी के अंतर्राष्ट्रीय संयुक्त महामंत्री डॉ सुरेंद्र कुमार जैन के मुताबिक इस्लामिक बैंक इस्लाम की शिक्षा का पालन नहीं करते हैं। उन्होंने कहा कि इस्लामिक बैंक दावा करते हैं कि वे न तो ब्याज

लेते हैं और न ही बचत राशि पर ब्याज देते हैं। इस्लामिक बैंक अपनी आय का श्रोत संपत्तियों की खरीद और बिक्री को बताते हैं। जैन के मुताबिक ये सरासर सट्टेबाजी है और इस्लाम में सट्टेबाजी की अनुमति नहीं है।

डॉ जैन ने कहा कि जिन देशों में इस्लामिक बैंकिंग चलन में है उनका इतिहास बताता है कि ये कहीं न कहीं आतंकवादियों को सीधे या परोक्ष रूप से फंड मुहैया कराते आए हैं। ऐसे में पहले ही इस्लामिक आतंकवाद से जूझ रहे भारत में भी इस बैंक के आने से आतंक की फंडिंग बढ़ने की आशंका है। जैन के मुताबिक इस्लामिक बैंक की संकल्पना भारत में अवैधानिक और राष्ट्रविरोधी है। उन्होंने कहा कि केरल में इस तरह के एक बैंक को शुरु करने की कोशिश साल 2013 में हुई थी। लेकिन सुब्रमण्यम स्वामी की पहल पर केरल हाई कोर्ट ने इस बैंक को भारतीय संविधान के विपरीत बताते हुए इस पर प्रतिबंध लगा दिया था।

जैन ने आगे कहा, "अगर एक हिंदू होने के नाते मैं इस बैंक से कर्ज मांगता हूँ, तो मेरा आवेदन खारिज हो जाएगा। वे कहेंगे, अगर तुम इस्लाम अपना लेते हो, मैं तुम्हें ब्याज मुक्त कर्ज दूंगा। भारत में इस वित्तीय कंपनी की स्थापना से देश में धर्मांतरण को बढ़ावा मिलेगा।"

भारत में इस्लामिक बैंक को लेकर सुगबुगाहट यूपीए-1 के कार्यकाल के दौरान तत्कालीन मुख्य वित्तीय सलाहकार रघुराम राजन के नेतृत्व में गठित समिति की एक सिफारिश से हुई। इस समिति ने अगस्त 2008 में आरबीआई को सिफारिश की थी कि वित्तीय क्षेत्र में सुधार के लिए ब्याज मुक्त बैंकिंग व्यवस्था लागू की जाए। इसके बाद तो अनेक मुस्लिम नेता इस्लामिक बैंक की पैरवी करने लगे थे।

लेकिन तत्कालीन आरबीआई गवर्नर डी. सुब्बाराव ने इस्लामिक बैंक की परिकल्पना को भारतीय संविधान और रिजर्व बैंक के नियमों के विरुद्ध बताया था और इस सिफारिश को खारिज कर दिया था।

केंद्रीय मंत्रिमंडल ने 11 सितंबर 2016 को देश में इस्लामिक बैंकिंग व्यवस्था लागू करने की अनुमति चुपके-चुपके दी। इसके दूरगामी परिणाम होंगे मगर न तो मीडिया में इसकी चर्चा हुई और न ही राजनीतिक दलों ने इस पर कोई प्रतिक्रिया व्यक्त की। सेक्युलर दलों और वाम दलों का मूक रहना तो समझ में आता है मगर कथित राष्ट्रवादी संगठनों की चुप्पी वास्तव में चौंकाने वाली है। जहां तक संघ परिवार का संबंध है वह शुरु से ही देश में इस्लामी बैंकिंग व्यवस्था को लागू करने का विरोध करता आ रहा है। सवाल यह पैदा होता है कि जो नीति कांग्रेस के शासनकाल में संघ परिवार के नेताओं की नजर में राष्ट्रहितों के खिलाफ थी वहीं नरेंद्र मोदी के शासनकाल में देशहितों में कैसे बदल गई?

मोदी समर्थक यह तर्क भी देते हैं कि इन इस्लामी बैंक पर रिजर्व बैंक का नियंत्रण होगा। मगर वो एक तथ्य को छुपा देते हैं कि यह इस्लामी बैंक अल्पसंख्यक संस्थान होंगे और भारतीय संविधान की अनुच्छेद 40 के तहत इनके कामकाज में सरकार या न्यायालय का हस्तक्षेप करने श्रा कोई अधिकार नहीं होगा। देश के मुस्लिम संगठन कम से कम दो दशकों से सरकार पर देश में इस्लामिक बैंकिंग व्यवस्था लागू करने का दबाव डाल रहे थे। इनमें पूर्व केंद्रीय मंत्री ए आर रहमान खान, असदुद्दीन ओवैसी, सलमान खुर्शीद आदि प्रमुख थे।

इस्लामिक विकास बैंक के लाभांश का अधिकांश भाग इस्लाम के प्रचार-प्रसार और लोगों को मुस्लिम धर्म दीक्षित करने के लिए खर्च किया जाता है। एक दशक पूर्व इस्लामिक विकास बैंक के प्रबंधक मंडल की एक बैठक कुवैत में हुई थी जिसमें यह तय किया गया था कि भारत में धर्मांतरण की सबसे ज्यादा गुंजाइश है इसलिए भारत में गैर-मुसलमानों को इस्लाम धर्म में कबूल करने के लिए विशेष अभियान शुरू किया जाना चाहिए।

विश्व हिंदू परिषद के विरोध को नजरंदाज करते हुए महाराष्ट्र के सोलापुर में पहले इस्लामिक बैंक 'लोकमंगल बैंक' का विधिवत उद्घाटन हुआ। इस बैंक से एक दर्जन लोगों को कर्ज दिया गया जो सभी मुसलमान थे।

नरेंद्र मोदी ने 'मन की बात' कार्यक्रम में इस्लामिक बैंक शुरू करने की बात कही थी। गौरतलब है कि उसका नाम लोकमंगल बैंक रखा गया। ताकि भारत का गैर मुस्लिम को उसके नाम से कभी कोई शक न हो।

ज़फ़र सरेशवाला के साथ एक बात रही कि उसने अपने मोदी के साथ अनुभव की जो भी बात थी, वो सच्चाई और ईमानदारी से सबके सामने रखा लेकिन हिंदुओं में 2014 के बाद एक ऐसी प्रजाति का जन्म हुआ जो मोदी के इस्लाम परस्ती को सबका साथ सबका विकास मानने लगी और इसके पीछे तर्क होता है कि उनके साथ क्या किया जाए? लेकिन यही दूसरी पार्टीयों के काम जो इनसे बहुत कम थे, उसको सिर्फ तुष्टीकरण मानता है।

नरेंद्र मोदी जिनको हिंदू हृदय सम्राट, भारत माता के सपूत और राष्ट्रवादी बताया जाता है उनका करीबी इतना ज्यादा कट्टर मुसलमान है जिसके और भी बहुत से मामले हैं जहां ये देश विरोधी और हिंदू विरोधी के साथ खुलकर खड़ा रहा है।

जब गुजरात दंगा को लेकर मोदी के खिलाफ मोर्चा खोलने वाले की बात हो तो शबाना आजमी का भी नाम आता है। जिन्होंने नरेंद्र मोदी के प्रधानमंत्री बनने से पहले खुलकर विरोध किया था। उनका कहना था कि गुजरात के मुख्यमंत्री नरेंद्र मोदी को अपनी करनी पर तनिक भी शर्मिंदगी नहीं है। उनके नाम से अभी तक गोधरा दंगों का दाग नहीं धुला और जिसे अमेरिका ने भी वीजा देने से इनकार कर दिया है। ऐसे में वो देश के प्रधानमंत्री के पद के लिए अच्छा उम्मीदवार कैसे हो सकते हैं?

नरेंद्र मोदी के दूसरी बार प्रधानमंत्री बनने के बाद 18 जनवरी 2020 को शबाना आजमी एक सड़क हादसे में घायल हो गई। मोदी ने बिना देर किए ट्विटर पर लिखा, "शबाना आजमी जी के एक्सीडेंट की खबर दुखद है। मैं उनके जल्दी ठीक होने की कामना करता हूँ।"

गोधरा दंगा को लेकर मोदी के खिलाफ मोर्चा खोलने वालों में स्मृति ईरानी को कैसे भुला जा सकता है जो सन 2004 में लोकसभा चुनावों में हार के बाद मोदी को हार का जिम्मेवार ठहराते हुए धमकी दी थी कि मोदी इस्तीफा नहीं देते हैं तो वह आमरण अनशन पर बैठ जाएंगी।

हालांकि भाजपा आलाकमान ने जब स्मृति ईरानी के खिलाफ कार्रवाई करने की चेतावनी दी, तब उन्होंने आमरण अनशन वापस लिया।

ईरानी 2004 में दिल्ली की चाँदनी चौक सीट से कपिल सिब्बल के खिलाफ चुनाव हारी। 2009 लोकसभा चुनाव में उनको टिकट नहीं मिला। 2014 लोकसभा चुनाव में अमेठी से राहुल गांधी के खिलाफ लड़ी लेकिन हार का सामना करना पड़ा। चुनाव हारने के बाद भी सूचना और प्रसारण मंत्री बनाई गई। इतना महत्वपूर्ण मंत्रालय वो भी लगातार चुनाव हारने के बाद भी तो वहीं दूसरी तरफ लगातार चुनाव जीत रहे और अटल बिहारी वाजपेयी सरकार में मंत्री रहे कई लोग मंत्री नहीं बनाए गए।

अब ये पाठक तय कर सकते हैं कि जो लोग गोधरा दंगे के समय या बाद में उनके पक्ष में रहे। वो सभी ठिकाने लगा दिए गए तो वहीं दूसरी तरफ जो लोग उनके खिलाफ मोर्चा खोले हुए थे। वे सभी उनके प्रिय कैसे हो गए।

अगर मैं मोदी के भाषा में कहूँ तो ये महज संयोग है या किसी बड़े प्रयोग का हिस्सा?

जिस अमेरिका ने वीजा बैन किया था। उसके भी बहुत ज्यादा करीब हो गए।

ये सब महज इत्तेफाक था या किसी रणनीति का हिस्सा? ये मैं पाठकों के विवेक के ऊपर छोड़ देता हूँ।

बीजेपी आईटी सेल और मीडिया का षड़यंत्र

नरेंद्र मोदी ने प्रधानमंत्री बनने के बाद बीजेपी को कॉर्पोरेट सेक्टर में बदल दिया क्योंकि वो सोशल मीडिया की ताकत जानते थे क्योंकि 2014 के चुनाव में सोशल मीडिया की महत्वपूर्ण भूमिका रही लेकिन तब लोग खुद के पैसे से बिना स्वार्थ किसी का समर्थन या विरोध करते थे।

कांग्रेस के खिलाफ लोगों का भ्रष्टाचार और मुस्लिम तुष्टीकरण को लेकर जबरदस्त गुस्सा था और लोगों ने सोशल मीडिया के माध्यम से अपना गुस्सा जाहिर किया। बीजेपी विपक्ष में थी और दोनों ही मुद्दों को लेकर काफी मुखर रही।

नरेंद्र मोदी के प्रधानमंत्री बनने के बाद सोशल मीडिया का राजनीतिक व्यवसाय शुरू हो गया। बीजेपी ने अपना आईटी सेल बनाया और सोशल मीडिया हैन्डल करने के लिए कई कॉल सेंटर खोले गए। शुरुआती दिनों में इनका काम था, सोशल मीडिया में हिंदू-मुस्लिम करना और ये पूरी तरह से हिंदू बनकर ही काम कर रहे थे। कई सोशल मीडिया में हिंदू हित के लिए आए लेकिन फॉलोवर बढ़ते ही बीजेपी आईटी सेल में दाखिल हो गए। बीजेपी ट्वीट के हिसाब से पैसे दे ही रही थी बाकी काम तो वैसा ही था जैसे पहले से कर रहे थे। धीरे-धीरे करके इन्होंने ट्विटर (अब X), फेसबूक, इंस्टाग्राम, व्हाट्स एप ग्रुप, यूट्यूब आदि सोशल मीडिया में हिंदुओं के एक बड़े धड़े के बीच अपनी पकड़ बना ली।

नरेंद्र मोदी तो इस्लाम को मजबूत करने का काम पहले से कर रहे थे, उसको जारी रखा। मोदी ने चुनावी हिंदुत्व की आधारशिला रखी। पहले भारतीय राजनीति में टोपी पहनना और इफ्तारी करना ही था जिसमें बीजेपी के नेता भी शामिल रहे। मोदी ने इन चीजों को खत्म कर टेम्पल टूरिज्म शुरू की।

मोदी के मंदिर जाने का आईटी सेल और मीडिया ने ब्रांडिंग करनी शुरू कर दी। मंदिर जाकर पूरी तरह से भक्ति भाव में दिखता हुआ फोटो खिचाना इनके रणनीति का हिस्सा था। फोटो के सहारे आईटी सेल के कर्मचारी और मीडिया ने इनको अवतारी पुरुष बताना शुरू कर दिया। बीजेपी के नेता तो इनको भगवान का अवतार बताने लगे। जेपी नड्डा ने तो इनको नर ही नहीं सुरों (भगवानों) का नेता भी बता दिए। बीजेपी सांसद सी पी जोशी ने इनको भगवान राम का अवतार बता दिया। महाराष्ट्र बीजेपी प्रवक्ता

अवधूत वाघ ने कहा कि मोदी भगवान विष्णु के 11वें अवतार हैं। आगे कहा कि देश का स्वभाग्य है कि मोदी जैसा भगवान मिला। कई जगह भगवान के साथ इनकी भी मूर्ति लगा दी गई। कई जगह इनको भगवान के रूप में दिखाया गया। ये सब बीजेपी नेता उनको खुश करने के लिए करते हैं ताकि वो प्रसन्न रहें। मध्य प्रदेश के तत्कालीन मुख्यमंत्री शिवराज सिंह ने उनको देश के लिए वरदान बता दिया। कभी बीजेपी की तरफ से कोई नोटिस या स्वयं मोदी ने कभी किसी को ऐसा करने से मना नहीं किया। ये बताता है कि मोदी धार्मिक बिल्कुल भी नहीं हैं वरना कोई भी धार्मिक व्यक्ति इस तरह की तुलना कभी पसंद नहीं करेगा। बीजेपी सांसद सौमित्र खान ने मोदी को स्वामी विवेकानंद का पुनर्जन्म बता दिया। मोदी को भगवान या अवतार बताए जाने का सिलसिला लगातार जारी है लेकिन कभी नाराजगी जाहिर नहीं की।

कौन सा धार्मिक व्यक्ति कैमरा सामने रखकर पूजा करता है और भगवान में ध्यान न कर कैमरा की तरफ ध्यान करता है? जब ये खुद इस्लामिक किताब पढ़कर हिंदुओं को दोष देते हैं, फिर इनकी आस्था कैसे हिंदू धर्म में है? कई मौके पर हिंदू आस्था का मज़ाक उड़ाया। यहां तक मूर्ति पूजा का मज़ाक बनाया फिर मंदिर में भी तो मूर्तियां ही होती है तो फिर वहां क्या करने जाते हैं? कई मौके पर बोल चुके हैं कि हिंदू कोई धर्म नहीं है।

आईटी सेल ने इन तमाम फोटो को इस तरह से हिंदुओं के बीच में बेचा कि लोगों ने कहा कि अब तक रोजा इफ्तारी होते हुए देखा है लेकिन हमारा स्वभाग्य है कि पूजा होते हुए देख रहे हैं।

नरेंद्र मोदी जहां भी पूजा करने गए, भगवान की मूर्ति कम ये ज्यादा दिखे। कई बार तो ऐसे पोज में फोटो खिंचवाया कि ये स्वयं भगवान हों और दुनिया को आशीर्वाद दे रहे हों। कई बार भगवान की मूर्ति नजर नहीं आई लेकिन ये जरूर दिखे। मोदी मंदिर के गर्भगृह में कैमरामैन के साथ जरूर जाते हैं, जिसकी आम लोगों को अनुमति नहीं होती है।

केदारनाथ मंदिर में आदिगुरु शंकराचार्य के मूर्ति अनावरण के मौके पर वर्तमान किसी शंकराचार्य को नहीं बुलाया गया। मोदी स्वयं पहुंचे क्योंकि ये नहीं चाहते कि फुटेज किसी अन्य को मिले। मंदिर परिसर में जूता पहनकर घूम रहे थे और शकरचार्य के मूर्ति का अनावरण भी जूता पहनकर किया। परिक्रमा करते वक्त भी कैमरामैन साथ साथ रहा।

21 अक्टूबर 2022 को नरेंद्र मोदी छठी बार केदारनाथ मंदिर पहुंचे थे। मोदी केदारनाथ मंदिर के गर्भगृह में प्रवेश कर रहे थे, जिसमें पहले से पुजारी जी जो कैमरा और मोदी के बीच आ रहे थे। जिनको मोदी के साथ के व्यक्ति ने हटा दिया ताकि अच्छी फोटो आ सके जो मंदिर जाने के बाद बहुत जरूरी है फिर बीच में किसी और को कैसे बर्दाश्त किया जा सकता था?

नरेंद्र मोदी ने ही गर्भगृह में कैमरा लेकर जाने की प्रथा शुरू की, जो कि गर्भ गृह में मंदिर के मुख्य पुजारी, शंकराचार्य और राजा ही जा सकते हैं, वो भी बिना किसी कैमरा के लेकिन मोदी के गर्भगृह में जाने को लेकर तर्क देते हैं कि वो प्रधानमंत्री हैं इसलिए देश के राजा हैं। सबसे पहले तो राजा के लिए वोटिंग नहीं होती तो वही अगर मान भी लिया जाए तो क्या कोई दूसरे मजहब का प्रधानमंत्री बने और उसका हिंदू धर्म में कोई आस्था न हो तो क्या उसके गर्भ गृह में जाने को धर्म के अनुरूप मानेंगे?

नरेंद्र मोदी के प्रधानमंत्री बनने के बाद आईटी सेल के कर्मचारी प्रचार करने लगे कि फ्रेंच ज्योतिष नास्त्रेदमस ने 450 साल पहले ही भारत को लेकर घोषणा कर दी थी कि 21वीं सदी में एशिया में एक महान नेता का जन्म होगा। तीन ओर से घिरे समुद्र क्षेत्र में वह जन्म लेगा। जिसका नाम सागरों के नाम पर आधारित है यानि हिंद महासागर के नाम पर हिंदुस्तान! उसकी प्रशंसा और प्रसिद्धि, सत्ता और शक्ति बढ़ती जाएगी। भूमि व समुद्र में उसके जैसा शक्तिशाली कोई नहीं होगा। जिसे लोग पहले तो पसंद नहीं करेंगे लेकिन अपने काम के कारण जल्द ही लोगों का चहेता बन जाएगा। उसके शासन में भारत विश्व की महाशक्ति बन जाएगा और दुश्मन राष्ट्रों का वजूद मीट जाएगा। भारत का पूरी तरह से कायापलट कर देगा। वह पूरी दुनिया को अपनी मुट्ठी में बंद कर लेगा। उसकी शक्ति के आगे सभी देशों को झुकना पड़ेगा। शीघ्र ही पूरी दुनिया का मुखिया होगा, जिसे पहले सभी प्यार करेंगे बाद में वह भयंकर और भयभीत करने वाला होगा। उसकी ख्याति आसमान चूमेगी और वह विश्वविजेता के रूप में सम्मान पाएगा।

वह समुद्र से सटे किसी प्रांत में किसी छोटी जाति में जन्म लेगा लेकिन सभी जाति के लोग उसके नाम पर एकजुट हो जाएंगे। जिस समय उसकी लोकप्रियता होगी उस समय किसी गोरी चमड़ी वाली औरत का शासन होगा। लोग जिसके शासन से त्रस्त होकर त्राहि त्राहि कर रहे होंगे। उस महान व्यक्ति का नाम एक महान संत के नाम पर होगा।

तत्कालीन गृह राज्यमंत्री किरेन रिजिजू ने दावा किया कि नास्त्रेदमस ने प्रधानमंत्री नरेंद्र मोदी के बारे में ही भविष्यवाणी की थी।

मीडिया ने भी उन्हें वैश्विक नेता बता प्रोजेक्ट करना शुरू कर दिया। बीजेपी के बड़े-बड़े नेता भी ऐसे दावे करने लगे, जिसकी जमीनी सच्चाई कुछ भी नहीं थी। गृह मंत्री अमित शाह ने तो एकबार बोल दिया कि प्रधानमंत्री नरेंद्र मोदी की अगुवाई में नए भारत का निर्माण हो रहा है। जिन्होंने अंतराष्ट्रीय स्तर पर भारत का सम्मान बढ़ाकर इसे दुनिया के लिए अपरिहार्य बना दिया है। आज दुनिया में कोई भी समस्या हो, जब तक भारत के प्रधानमंत्री नरेंद्र मोदी का बयान नहीं आता तब तक दुनिया कभी भी किसी समस्या पर अपना विचार तय नहीं करती। भारत को इस तरह से सम्मानित देखने के लिए लाखों लोगों ने अपने प्राणों की आहुति दी है। शिवराज सिंह चौहान ने तो यहां तक बोल दिया कि अगर कोई दुनिया की कल्याण के लिए कोई काम कर रहा है तो वो नरेंद्र मोदी है।

नरेंद्र मोदी ने अपने विदेश दौरे को इवेंट में बदल दिया जो कि पूर्व में जो भी प्रधानमंत्री हुए वो किसी विदेशी सम्मेलन तक ही अपने दौरे को सीमित रखते थे लेकिन इन्होंने भारतीय समुदायों से मिलना शुरू कर दिया। विदेश में रह रहा भारतीय समुदाय भी काफी बढ़-चढ़ कर हिस्सा लिया। भारतीय मीडिया ने उस इवेंट को भारत की बढ़ती साख के रूप में परोसना शुरू कर इन्हें वैश्विक नेता बताना शुरू कर दिया।

आईटी सेल और मीडिया के जरिए इस तरह से लोगों का ब्रेनवॉश हुआ कि लोग भी मानने लगे कि नरेंद्र मोदी सच में अवतारी पुरुष हैं। कम से कम लोगों ने ये मानना तो शुरू कर हील दिया कि ये दूसरे नेताओं से बहुत अलग हैं। ये कोई आम मानव नहीं महामानव हैं।

मीडिया को पूरी तरह मैनेज कर लिया और वहां सिर्फ हिंदू-मुस्लिम डिबेट शुरू हो गए बाकी देश के जो अन्य मुद्दे थे। वो बहुत ही चालाकी से गायब कर दिए गए। जो पत्रकार इनसे मैनेज नहीं हो पाए उनमें ज्यादातर मेन स्ट्रीम मीडिया से गायब हो गए लेकिन वो भी इनको मुस्लिम विरोधी बताते रहे, वो भी इनके फायदे में ही है। जो इनसे मैनेज हो गए उन्होंने राष्ट्रवाद के नाम पर हर चीज से समझौता कर लिया बाकि राष्ट्रवाद के नाम पर पैसे तो मिल ही रहे हैं।

कई पत्रकार तो इनके आईटी सेल के रूप में काम करने लगे बाकी इनके विफलता की जगह पक्ष से सवाल करते हैं। जो सत्ता में है उसकी कोई जिम्मेदारी न हो पूर्व सरकार में भी ऐसा हुआ था तो वर्तमान सरकार जिम्मेवार न हो विपक्ष किसी भी विफलता के लिए जिम्मेदार है।

बीजेपी ने अपने प्रवक्ताओं को मीडिया में हिंदुत्वादी पेश किया और मौलाना आकर डिबेट में इनको गाली देते ही हैं या कई बार ये स्क्रिप्ट खुद लिखते हैं ताकि आग लगी रहे। हिंदू मुस्लिम डिबेट में विपक्ष का कोई प्रवक्ता उतना बोल भी नहीं पाता क्योंकि उनके वोटर का सवाल है। बीजेपी के प्रवक्ता उनसे दो-दो हाथ करते दिखते हैं। जिससे आम हिंदुओं के बीच मैसेज जाता है कि सिर्फ बीजेपी ही हिंदुओं के लिए लड़ती है।

पूरे विश्व में कहीं कोई समस्या हुई तो मीडिया ने बताना शुरू कर दिया कि आज मोदी भारत का नेतृत्व कर रहे हैं इसलिए यहां वो समस्या नहीं है जबकि भारत में वैसी समस्याएं आम हैं। मीडिया ने भारत में वैसी घटना जो मोदी को सूट न करती हो, उसको दिखाना बंद कर दिया।

मीडिया दो देशों में चल रही युद्ध को लेकर भी दिखाना शुरू कर दिया कि मोदी ही उनके बीच शांति लाएंगे, जिनसे अपना देश किसी भी मोर्चे पर नहीं संभल रहा है। कहीं युद्ध विराम हुआ तो मीडिया ने चलाना शुरू कर दिया कि मोदी ने युद्ध रुकवा दिया।

जब मोदी अमेरिका जाते हैं तो मीडिया दिखाना शुरू करता है कि 'बाइडेन के बॉस मोदी' यहां गंभीर सवाल उठता है कि क्या अमेरिका से ट्रैनिंग लेकर आए मोदी किसी अमेरिकी राष्ट्रपति के बॉस हो सकते हैं?

नरेंद्र मोदी को एसीवाईपीएल (ACYPL) ने 1993 में ट्रैनिंग देने के लिए अमेरिका बुलाया। उसका मकसद दूसरे देश के नेताओं को ट्रैनिंग देकर स्थापित करना है कि ताकि वो अमेरिकी नीति को अपने देश में लागू करें। इस संस्था का मुख्य उद्देश्य संयुक्त राज्य अमेरिका और यूरोप के राजनीतिक और सैन्य हितों की देखभाल करना है। अजीब बात है कि इसे बड़े पैमाने पर लेबनानी सरकार, संयुक्त अरब अमीरात सरकार, रॉकफेलर फाउंडेशन और फोर्ड फाउंडेशन द्वारा वित्त पोषित किया जाता है। अमेरिकन डिपार्टमेंट ऑफ स्टेट भी इनके मौजूदगी को साझा कर चुका है। ACYPL के वेबसाइट पर भी इनके उस संस्थान का छात्र होने का प्रमाण मिलता है। ACYPL में कोई खुद से नहीं जा सकता और न ही उसके लिए कोई आवेदन कर सकता है। वो स्वयं चिन्हित करके युवा नेतृत्व को निखारते हैं। सीआईए (CIA) अमेरिका की इंटेलिजेंस एजेंसी का मुख्य कार्य विश्व की सरकारों, औद्योगिक संगठनों एवं व्यक्तियों के बारे में गुप्त सूचना एकत्रित करना एवं विश्लेषण करना है। ACYPL और CIA सीधे तौर पर तो नहीं जुड़े हैं लेकिन दोनों अमेरिकी संस्थान अमेरिका के हितों के लिए काम करते हैं।

रूस–यूक्रेन युद्ध को लेकर भारतीय मीडिया ने चलाया कि मोदी ने व्लादिमीर पुतिन को फोन करके परमाणु युद्ध रुकवा दिया। दो अमेरिकी अधिकारियों ने दावा किया कि पुतिन ने यूक्रेन पर परमाणु हमले का प्लान बना लिया था लेकिन मोदी के दखल के बाद परमाणु हमला रुका था।

केंद्रीय खुफिया एजेंसी (सीआईए) के प्रमुख बिल बर्न्स ने पीएम मोदी की तारीफ करते हुए कहा कि परमाणु हथियारों पर पीएम मोदी के रुख से दबाव में आया रूस और भावी संकट टला।

यूक्रेन में फंसे छात्रों के लिए भारत सरकार ने ऑपरेशन गंगा चलाया। ये दावा किया गया कि मोदी जी ने युद्ध रुकवा दी और भारतीय छात्रों को यूक्रेन से सुरक्षित वापिस निकाला गया।

8 मार्च 2022 को केंद्रीय मंत्री अनुराग ठाकुर ने यूक्रेन में फंसे भारतीय छात्रों को निकालने के लिए प्रधानमंत्री नरेंद्र मोदी की प्रशंसा की और कहा कि नागरिकों को निकालने के लिए सुरक्षित गलियारे बनाना कोई सामान्य काम नहीं है। ठाकुर ने कहा, "पीएम मोदी ने फंसे हुए छात्रों को वापस लाने के लिए सभी सुविधाएं प्रदान कीं। उन्होंने रूस और यूक्रेन के राष्ट्रपतियों से बात की। छात्रों को निकालने के लिए सुरक्षित गलियारा बनाना कोई सामान्य काम नहीं था।"

3 जून 2022 को पूर्व केंद्रीय कानून मंत्री और वरिष्ठ भाजपा नेता रविशंकर प्रसाद ने दावा किया कि प्रधानमंत्री नरेंद्र मोदी संघर्ष क्षेत्र में फंसे भारतीय मेडिकल छात्रों को सुरक्षित मार्ग प्रदान करने के लिए रूस-यूक्रेन युद्ध को तीन घंटे तक रोकने में कामयाब रहे थे।

14 नवंबर 2022 को गुजरात विधानसभा चुनाव प्रचार के दौरान केंद्रीय गृह मंत्री अमित शाह ने एक न्यूज़ चैनल के साक्षात्कार में कहा, "प्रधानमंत्री मोदी जी के आग्रह पर रूस और यूक्रेन ने 72 घंटे तक युद्ध रोक भारतीय छात्रों को जाने दिया। यह हर भारतीय के लिए गौरव की बात है। यह दुनिया में भारत के बढ़ते प्रभाव का परिचायक है।"

20 फरवरी 2023 को बीजेपी के राष्ट्रीय अध्यक्ष जेपी नड्डा ने कर्नाटक के उडुपी में एक सार्वजनिक सभा को संबोधित करते हुए कहा, "रूस और यूक्रेन के बीच युद्ध छिड़ने के बाद युद्धविराम लागू करते हुए 22,500 से अधिक छात्रों को निकालकर प्रधानमंत्री नरेंद्र मोदी की तरह किसी अन्य प्रधानमंत्री ने अपने लोगों को संघर्ष क्षेत्र से बचाया नहीं। भारत के इतिहास में कोई अन्य प्रधानमंत्री मोदी जी जितना महान नहीं हुआ है। उन्होंने वहां से 22,500 छात्रों को वापस भारत लाने के लिए रूस-यूक्रेन युद्ध को रोक दिया।"

10 जनवरी 2024 को केंद्रीय रक्षा मंत्री राजनाथ सिंह ने लंदन में एक नागरिक अभिनंदन समारोह को संबोधित करते हुए कहा कि प्रधानमंत्री मोदी ने रूसी राष्ट्रपति व्लादिमीर पुतिन को फोन किया और यूक्रेनी राष्ट्रपति वोलोदिमिर जेलेंस्की से भी बात की। उन्होंने राष्ट्रपति जो बाइडन से भी बात की। उनके प्रयासों के कारण लड़ाई को 4-5 घंटे के लिए रोक दिया गया, जिससे यूक्रेन से 22,000 से अधिक छात्रों को सुरक्षित निकाला जा सका।

मीडिया और बीजेपी आईटी सेल ने बताया कि रशिया ने भारतीय छात्रों को निकालने के लिए 6-8 घंटे के लिए युद्ध रोक दिया।

यूक्रेन से निकले छात्रों ने जो मीडिया में बताया, वो सभी दावों के पोल खोल रहे थे। यूक्रेन से रोमानिया पहुंची भारतीय छात्रा ने कहा, "ये निकासी कैसे हुआ जब हम खुद यूक्रेन से बाहर निकलकर आए। वहां से हम खुद फ्लाइट बुक करके चले आते।"

यूक्रेन से निकले भारतीय छात्र ने कहा कि भारतीय छात्रों को छोड़कर दूसरे देशों के छात्रों को इज्जत के साथ ले जा रहे। हमको पता नहीं क्यों ये लोग ऐसा कर रहे हैं, इन्होंने बहुत गंदा व्यवहार किया। कोई भी ऑफिसियल हमसे बात करने नहीं आया। हम भारतीय सरकार से बहुत दुखी हैं। हमें विश्वास नहीं हो रहा कि सरकार ऐसा हमारे साथ इस तरह धोखा करेगी।

यूक्रेन से निकली एक भारतीय छात्रा ने गंभीर सवाल उठाते हुए कहा कि आज यहां पर इतने सारे भारतीय क्यों फंसे हुए हैं। मोदी जी आप यूपी चुनाव में व्यस्त थे। आज यहां पर कोई अमेरिकी नागरिक नहीं फंसा। बाइडेन को कैसे पता चला और आपको नहीं पता चला? हम लगातार आपको मेल कर रहे हैं। यहां पर दूतासवास में बात नहीं हो पा रही। आप क्या कर रहे हो? आपने बोला बॉर्डर पर आओ हम पार कराएंगे। बॉर्डर पर आकर हम खड़े हैं। बॉर्डर पर सिर्फ दो लोग हैं। दो लोगों से बीस हजार बच्चे निकल पाएंगे?

यूक्रेन से निकले एक और छात्र शिवम ने बताया कि यूक्रेन से निकलना सबसे बड़ी बात थी। निकासी तो यूक्रेन से होनी चाहिए थी। पोलैंड से तो हम खुद फ्लाइट से आ सकते हैं।

यूक्रेन से निकले एक बिहार के छात्र ने कहा, "इसमें पूरी गलती हमारे सरकार की है। अगर सरकार सही समय पर और सही तरीके से निर्णय ली होती तो हम लोगों को इतनी परेशानी नहीं झेलना पड़ती। जैसे कि अमेरिका सबसे पहले अपने नागरिकों को निकलने के लिए बोला। हम लोग यहां पर आ रहे हैं तो हमें फूल दिया जा रहा है। ये फूल लेकर क्या केरेंगे, अगर सही समय पर निर्णय लिया होता तो फूल बांटने की नौबत नहीं आती और ये जो दिखावा चल रहा है, उसकी जरूरत नहीं पड़ती।"

यूक्रेन से निकले एक सिख छात्र ने बताया कि रेलवे स्टेशन 17 किलोमीटर दूर था। हमारे साथ लड़के और लड़कियां भी थी, जब 10 किलोमीटर पैदल चलकर आए तो पास में ही विस्फोट हुआ। सब बच्चे रो रहे थे कि अब क्या होगा। भागकर हम रेलवे स्टेशन तक आ गए। जब ट्रेन के सामने खड़े होते थे तो वो कहते थे कि तुम भारतीयों को हम नहीं चढ़ने देंगे। भारतीय छात्रों को उन्होंने बंदूक दिखा दी कि तुम आए तो तुम्हें गोली मार देंगे।

संघर्ष प्रभावित यूक्रेन में फंसे भारतीय छात्रों को घर लाने के प्रयासों में प्रधानमंत्री नरेंद्र मोदी के योगदान पर भारतीय वायु सेना के विमान के अंदर एक संक्षिप्त भाषण देते हुए कनिष्ठ रक्षा मंत्री के एक वीडियो ने विवाद खड़ा कर दिया है।

केंद्रीय रक्षा राज्य मंत्री अजय भट्ट, यूक्रेन के पड़ोसी देशों से छात्रों को लेकर दिल्ली के पास हिंडन वायु सेना स्टेशन पर उतरने के बाद भारतीय वायुसेना के एक भारी मालवाहक विमान में सवार हुए थे।

भट्ट ने विमान में छात्रों से कहा, "बिल्कुल चिंता मत करो। मोदी जी की कृपा से आपकी जान बच गई है। *सब ठीक हो जाएगा।*"

भारत माता की जय ... *माननीय मोदी जी जिंदाबाद।*"

इसके बाद वह छात्रों को अपने पीछे नारे लगाने का इशारा करते हैं, जो वे मुट्ठियां ऊपर उठाकर करते हैं और "भारत माता *की जय*" का नारा लगाते हैं।

जब केंद्रीय मंत्री उस हिस्से में पहुंचे जहां उन्होंने कहा, "*माननीय मोदी जी जिंदाबाद*", तो छात्र असहज हो गए और पहले तो कोई प्रतिक्रिया नहीं दी।

भट्ट ने दोहराया, "*माननीय मोदी जी जिंदाबाद*"

तभी कुछ छात्रों ने भारतीय वायु सेना यानी IAF के विमान के अंदर "ज़िंदाबाद" के नारे भी लगाए।

सोशल मीडिया पर लोगों ने इस वीडियो की निंदा की और दावा किया गया कि यह राजनीतिक संदेश भेजने के लिए सैन्य मंच का अनुचित उपयोग है।

अब सवाल है कि प्रधानमंत्री कोई भगवान हैं जो उनके कृपा से हुआ, अगर पीआर स्टंट ही करना था तो बोला जा सकता था कि उनके प्रयास से संभव हुआ।

भारतीय छात्रों की ये स्थिति थी लेकिन हमेशा किसी ना किसी बीजेपी नेता का बयान जरूर आता है कि मोदी जी की वजह से भारतीयों का सम्मान बढ़ा है और पूरा विश्व मोदी मोदी बोल रहा है। बीजेपी

आईटी सेल का तो दिनचर्या का हिस्सा है। ज्यादातर भारतीय मीडिया सच्चाई दिखाने के बजाय झूठ के प्रचार प्रसार में व्यस्त है।

10 मार्च 2024 को नरेंद्र मोदी के आधिकारिक यूट्यूब चैनल पर यूक्रेन में फंसे छात्रों से संबंधित 1 मिनट का प्रचार "मेरा भारत मेरा परिवार" जारी हुआ। जिसमें लड़की की मां रोते हुए उसके पिता से बोलती है, "आपकी आंखों को हर जगह आपकी बेटी नजर आती है। पता नहीं हमारे बच्चे कहां होंगे"

लड़की के पिता बोलते हैं, "कैसे भी हो वापस लाएगा वो! भरोसा रख।"

लड़की वापस आ खुशी से रोते हुए बोलती है, "मैंने कहा था न कैसी भी परिस्थिति हो, मोदी जी हमें घर ले आएंगे। युद्ध रुकवा दी पापा और फिर हमारी बस निकाली पापा!"

गौरतलब हो कि 3 मार्च 2022 को विदेश मंत्रालय के प्रवक्ता अरिंदम बागची ने यूक्रेन में भारतीय छात्रों को निकालने के लिए युद्ध रुकवाने के दावों को खारिज कर दिया था।

बीजेपी के तमाम बड़े नेता, बीजेपी आईटी सेल, मीडिया और प्रधानमंत्री मोदी के यूट्यूब चैनल से भी झूठा प्रचार तैयार करा प्रसारित किया। ये लोग देश विदेश हर जगह झूठ बोलते हैं। जो इनके झूठ से पर्दा उठाए, उसे देशद्रोही बताते हैं।

ये सब देख पाठक तय कर सकते हैं कि कौन असली देशद्रोही है? वो जो झूठ बोलकर देश का फजीहत कराए या वो जो उस झूठ का पर्दाफाश करे?

मोदी सरकार में बीजेपी पूरी तरफ से हिटलर के अधीन मंत्री पॉल जोसेफ गोएबल्स के सिद्धांत पर काम कर रही है। जो उनके प्रचार के तरीके थे, वही इन्होंने अपना लिया है। गोएबल्स के तरीके जो थे, "झूठ को तब तक दोहराते रहो जब तक उसे सच न मान लिया जाए। सभी समस्याओं के लिए विपक्ष पर दोष दें। प्रत्येक संदिग्ध कृत्य को राष्ट्र के नाम पर उचित ठहराया जाना चाहिए। आक्रामक मीडिया में हेरफेर करना और साजिश के सिद्धांत को लोगों में फैलाना। विपक्ष को राष्ट्रविरोधी करार दें। अपने नेता को लगातार सामने रखना। वास्तविक मुद्दों से लोगों का ध्यान भटकाने के लिए लगातार रैलियां, नारे, चिन्ह, बयानबाजी का इस्तेमाल करें। जहां आप दोषी हैं उसके लिए दूसरों पर आरोप लगाएं।"

प्रधानमंत्री नरेंद्र मोदी भी इसी सिद्धांत के ऊपर काम करते हैं। आप देख सकते हैं कि उनके लिए भी हर समस्या के लिए विपक्ष जिम्मेदार है और खुद के काम का हिसाब देने के बजाय अलग अलग गैर जरूरी मुद्दों में लोगों को उलझा कर रखते हैं।

नरेंद्र मोदी के वैश्विक नेता की बात होती है उसके पीछे इनका आईटी सेल सिर्फ फोटो के आधार पर सब कुछ तय कर देता है। भारत के प्रधानमंत्री से कोई भी राष्ट्राध्यक्ष मिलेगा लेकिन उसमें भी ये भारत की बढ़ती ताकत बता देते हैं। कई बार अंतराष्ट्रीय मंचों से अनदेखी के शिकार हुए, उन्हें तो ये नहीं दिखाते बाकि मीडिया तो फेक न्यूज करार ही देती है।

जिस नरेंद्र मोदी को वैश्विक नेता और विश्वगुरु बताकर प्रचारित किया जाता है। आखिर विश्वगुरु का चयन कब हुआ? कहां हुआ? और किसने किया?

16 अप्रैल 2015 को नरेंद्र मोदी ने कनाडा में कहा, "A^2+B^2 तो परिणाम क्या आता है? लेकिन मान लीजिए A+Bx^2x()^2 करे तो A+Bx()^2 करे तो परिणाम आता है A^2+2AB+B^2 ये एक्स्ट्रा 2AB मिलता है कि नहीं मिलता है? ये एक्स्ट्रा 2AB कहां से आया? तो भारत और कनाडा जब मिलता है तो एक्स्ट्रा 2AB निकलता है।"

इस वक्तव्य को लेकर काफी मज़ाक उड़ा। कई मौके ऐसे रहे जब टेलीप्रोम्पटर काम ना करने पर अचानक से चुप होकर अजीब सी हरकत करते देखे गए।

2 जून 2017 को पत्रकार मेगिन केली ने रूस में सेंट पीटर्सबर्ग इंटरनेशनल इकोनॉमिक फोरम से पहले रूसी राष्ट्रपति व्लादिमीर पुतिन और पीएम मोदी के साथ एक विशेष साक्षात्कार लिया।

मोदी कहते हैं, "मैंने आपका ट्वीट देखा..छाते के साथ,'' जिस पर केली ने जवाब दिया, 'क्या आप ट्विटर पर हैं?'

नरेंद्र मोदी तो वैसे हमेशा विदेश यात्रा पर ही होते हैं लेकिन विदेश नीति की स्थिति इतनी कमजोर हो गई कि कोई भी छोटा से छोटा देश आँख दिखा देता है।

मोदी जब भी किसी राष्ट्राध्यक्ष से मिलते हैं तो कोई भी मिलेगा क्योंकि भारत जैसे विशाल देश के प्रधानमंत्री हैं। कई मंचों से अनदेखी हुई, उसको मीडिया फेक न्यूज बता देती है लेकिन कोई ठीक सा फोटो आ जाए तो उसपे लोगों की प्रतिक्रिया मांगने लगते हैं।

पहली तस्वीर में क्वाड शिखर सम्मेलन 2022 को नरेंद्र मोदी अमेरिका, जापान, ऑस्ट्रेलिया आदि के राष्ट्राध्यक्षों के साथ थे। ये तस्वीर सामने आते ही बीजेपी आईटी सेल ने बताना शुरू किया कि वैश्विक नेता पूरे विश्व का प्रतिनिधित्व करते हुए।

21 फ़रवरी 2019 को सऊदी अरब के प्रिंस मोहम्मद बिन सलमान के साथ नरेंद्र मोदी को दूसरी तस्वीर में देखा जा सकता है, जब वो भारत आए थे। लेकिन इस तस्वीर की चर्चा कही भी नहीं हुई।

जो मीडिया आज इनके इतने जयकारे लगा रहा, इन्होंने 10 साल में कोई भी प्रेस कॉन्फ्रेंस नहीं की लेकिन वैश्विक नेता हैं।

अगर अमेरिका की बात करें तो उसने इनको अपने खर्चे पर ट्रेन करके भेजा हुआ है और उसकी नीति को आगे भी बढ़ा रहे हैं। बिल गेट्स का ही देख लें, वो आज भारत के प्रधानमंत्री से लेकर रिजर्व बैंक के गवर्नर, मुख्यमंत्रियों और मंत्रियों तक से मिलते हैं। बिल गेट्स को मोदी ने आश्वस्त कर दिया कि वो बच्चियों को एचपीवी वैक्सीन लगवायाएंगे। जिसको लेकर पूरे विश्व से आवाज उठ रही है। भारत में भी पूर्व में प्रयोग हुए, जिसके घातक परिणाम रहे।

एक रिपोर्ट में बताया कि बिल एंड मेलिंडा गेट्स फाउंडेशन (बीएमजीएफ) ने एचपीवी वैक्सीन के परीक्षण के लिए सिएटल स्थित एक गैर-सरकारी संगठन – एनजीओ पाथ को वित्त पोषित किया था, जिसने 2009 में तेलंगाना (तब के आंध्र प्रदेश) के खम्मम में 16,000 से अधिक स्थानीय लड़कियों पर ट्रायल किया था। जिनमें से कई आदिवासी छात्राएं राज्य सरकार द्वारा संचालित छात्रावासों में रहती थीं। महीनों बाद, कई लड़कियां बीमार पड़ने लगीं और 2010 तक उनमें से पांच की मृत्यु हो गई।

यह मामला 2010 में सामने आया, जब दिल्ली स्थित एनजीओ समा ने पता लगाया कि ट्रायल का लड़कियों पर गंभीर असर हुआ है और कम से कम 120 लड़कियों को मिर्गी के दौरे, गंभीर पेट दर्द, और सिरदर्द जैसे साइड इफ़ेक्ट हुए थे। रिपोर्ट के अनुसार वैक्सीन लगावाने वाली कई लड़कियों द्वारा पेट में दर्द, सिरदर्द, चक्कर आना और थकावट जैसे साइड इफ़ेक्ट दिखने लगा था।

भारत में अध्ययनों से संबंधित अनियमितताओं की जांच करने वाली स्वास्थ्य और परिवार कल्याण पर एक स्टैंडिंग कमेटी ने 2013 में 30 अगस्त को अपनी रिपोर्ट पेश की थी। समिति ने पाया कि इन अध्ययनों के संचालन के लिए कई मामलों में छात्रावास के वार्डन से सहमति ली गई थी, जो मानदंडों का एक प्रमुख उल्लंघन था। कई अन्य मामलों में, लड़कियों के गरीब और अनपढ़ माता-पिता के अंगूठे के निशान को सहमति फॉर्म पर विधिवत चिपका दिया गया था।

आदिवासी लड़कियों की मौत को गंभीरता से लेते हुए, सुप्रीम कोर्ट ने ड्रग कंट्रोलर जनरल ऑफ इंडिया (DCGI) और इंडियन काउंसिल ऑफ मेडिकल रिसर्च (ICMR) से यह बताने को कहा कि आखिर ट्रायल की अनुमति कैसे दी गई। जस्टिस दीपक मिश्रा और वी गोपाल गौड़ा की सुप्रीम कोर्ट की बेंच ने केंद्र से भारत में एचपीवी वैक्सीन के परीक्षण के लिए लाइसेंस देने से संबंधित प्रासंगिक फाइलें पेश करने को कहा था। अदालत ने केंद्र से संसदीय समिति की रिपोर्ट पर उठाए गए कदमों से उसे अवगत कराने को भी कहा था।

स्टैंडिंग कमेटी ने अपनी जाँच में पाया कि 16 नवंबर, 2006 को पाथ और आईसीएमआर के बीच समझौता ज्ञापन (एमओयू) को परिचालित किया गया था।

नरेंद्र मोदी कई मौके पर वन वर्ल्ड की बात कर चुके हैं और उसके ऊपर तेजी से भारत में काम चल रहा है।

अमेरिका वैसे तो मोदी के पक्ष में कई रिपोर्ट जारी करता है तो वहीं चुनाव के समय भारत के विपक्षी नेताओ की चिंता करने लगता है। इससे ये मैसेज जाता है कि मोदी के खिलाफ बाहरी शक्तियां हैं।

बीजेपी आईटी सेल ने हिंदुओं का इतना ब्रेनवॉश किया कि उन्हें मोदी के हर गतिविधि में देश की भलाई दिखने लगी। अगर महंगाई बढ़ी तो क्या आप राष्ट्रहित में इतना बर्दायत नहीं कर सकते लेकिन आपको हिंदू राष्ट्र चाहिए? कोई मुस्लिम सिर्फ अपने मजहब के हिसाब से वोट करता है लेकिन हिंदू को महंगाई, बेरोजगारी देखना है। क्या मोदी जी सारा काम करेंगे आम हिंदू कुछ करना नहीं चाहता। हिंदू चाहता है कि सारा काम मोदी जी ही करके दे दें। कभी राष्ट्रहित में कानून बनाने को लेकर किसी हिंदू ने भी सवाल कर दिया तो उससे सवाल कि आपने हिंदुओं के लिए क्या किया है? 1000 साल के बाद हमें पहला हिंदू राजा नरेंद्र मोदी के रूप में मिला है। अगर तुम कद्र नहीं कर सकते तो निःसंदेह तुम गुलामी के लायक हो। अगर पेट्रोल का दाम बढ़ा तो लोगों को पब्लिक ट्रांसपोर्ट लेने की सलाह और बढ़ते प्रदूषण का हवाला। शुरुआत में तो बताया कि कांग्रेस ने बॉन्ड खरीद रखा था जिसका मोदी कर्ज चुका रहे हैं लेकिन सरकार ने अबतक कितना चुका दिया? अगर चुका दिया तो दाम कम क्यों नहीं हुए?

मई 2014 में पेट्रोल की कीमत लगभग 72 रुपए थे तब जब क्रूड तेल का दाम 106.85 प्रति डॉलर था।

25 मार्च 2024 को पेट्रोल की कीमत लगभग 95 रुपए है जबकि क्रूड तेल 86.11 डॉलर प्रति बैरल है। बीच के एक समय तो 105 रुपए लीटर भी हो गया था।

नितिन गडकरी से एक बार बढ़ते पेट्रोल/डीजल को लेकर सवाल हुए तो जबाव दिया कि आने वाले 5 सालों में इसकी जरूरत ही नहीं पड़ेगी। ये सरकार की नीति रही कि कभी कोई वर्तमान के विफलता को लेकर सवाल हो तो अच्छे दिन का ख्वाब दिखा पल्ला झाड़ लो। वैसे 2014 चुनाव प्रचार के दौरान अच्छे दिन का नारा दिया जो अबतक आए नहीं लेकिन बदत्तर जरूर हो गया।

जब मोदी सरकार के विफलता के ऊपर किसी ने सवाल किया तो आईटी सेल के कर्मचारियों या उनसे प्रभावित हिंदुओं से जबाव मिला कि 70 साल के कचड़े को साफ करने में समय तो लगेगा लेकिन सच्चाई ये है कि सिर्फ पूर्व कचड़ा को आगे ही नहीं बढ़ाया बल्कि और वर्तमान कचड़ा भी जोड़ दिया। जिसे कांग्रेस या कोई अन्य पार्टी सोच भी नहीं सकती थी।

बड़े शातिर तरीके से देश के आम हिंदू को कांग्रेस और बीजेपी में बाँट दिया गया वो भी तब जब इस देश के ज्यादातर लोग किसी राजनीतिक दल के सदस्य नहीं हैं। यहां तक कि बहुत से लोग वोट देने भी नहीं जाते।

शुरुआत में इनके आईटी सेल के कर्मचारी ज्यादा हिंदू मुस्लिम करते थे तब कोई हिंदू भी सवाल कर दे तो इनके लिए वो मुसलमान है। खुद को राष्ट्रवादी क्योंकि ये मोदी के समर्थक लेकिन कोई जो देशहित से जुड़े मुद्दे पर भी सरकार के ऊपर सवाल कर दे तो वो गद्दार, देशद्रोही और चीन-पाकिस्तान के हाथों बिका हुआ। जब CAA का विरोध प्रदर्शन चल रहा था और किसी ने इनके नाकामी के ऊपर सवाल उठाया तो ''कागज ढूंढ लें'' का सलाह देते हुए देखे जाते थे।

मोदी सरकार दूसरे कार्यकाल में खुलकर मुस्लिम परसस्ती पर उतर गई क्योंकि मोदी ने मान लिया कि जो कांग्रेस ने मुस्लिमों को बीजेपी से डराया वो काम काफी हद तक बीजेपी से जुड़े लोगों ने हिंदुओं के साथ कर दिखाया। बीजेपी आईटी सेल के लोग काफी हद तक हिंदुओं को बताने में सफल रहे कि बीजेपी का मतलब सनातन धर्म है। आज हिंदू बोल पा रहा है तो उसके पीछे बीजेपी है जबकि सच्चाई ये है कि हिंदू सर्वाधिक इनके शासनकाल में प्रताड़ित रहा लेकिन छोटे नेता कार्यकर्ता प्रताड़ित हिंदुओं के लिए रैली निकाल या धरना प्रदर्शन कर बताने में सफल रहे कि सिर्फ बीजेपी उनके साथ है। मोदी ने मुसलमानों को मजबूत बनाया और हिंदुओं को प्रताड़ित होने दिया। कहीं हिंदुओं ने प्रतिक्रिया देने का प्रयास किया तो सरकार के द्वारा कुचला गया ताकि हिंदुओं के प्रताड़ना को दिखा वोट मांगा जा सके। हिंदुओं के लिए इनकी नीति रही कि जिंदा हिंदू लाख का और मरा हिंदू सवा लाख का क्योंकि जहां भी हिंदू मरा ये बीजेपी के लोग आवाज उठाते रहे या कहे कि लाशों की गिनती कराते रहे और इनका शीर्ष नेतृत्व चुप रहा लेकिन चुनाव में उनके नाम पर वोट जरूर मांगा।

बीजेपी ने मुसलमानों को मजबूत कर हिंदुओं को प्रताड़ित किया। जैसे कभी कांग्रेस मुसलमानों को हिंदुओं से डराती थी कि तुम 32 दांत के बीच जीभ की तरह हो और बीजेपी आ गई तो तुम्हें खत्म कर देगी। बीजेपी ने वैसा ही डर हिंदुओं के बीच बना दिया कि कांग्रेस आ गई तो सबसे पहले हिंदुओं के सोशल मीडिया अकाउंट बैन हो जाएंगे बाकि मुस्लिम खुल्ले हो जाएंगे और हिंदू समाप्त हो जाएगा।

कभी-कभी बीजेपी आईटी सेल या बीजेपी के प्रचार से प्रभावित हिंदुओं ने किसी मुद्दे को लेकर सरकार के खिलाफ कुछ लिख दिया तो अगले दिन ही उसकी भरपाई में लग जाते कि क्या कोई गाय मालिक से रूठ कर कसाई के घर चली जाती है? भरोसा मत टूटने देना महामानव (मोदी) का वरना आने वाली पीढ़ियां हमें माफ नहीं कर पायेंगी।

हिंदुओं के बीच मोदी को लेकर प्रचार कि उन्होंने देश के लिए घर परिवार को छोड़ दिया। उनकी कोई संतान नहीं लेकिन वो आपके संतानों के लिए लड़ रहे हैं। कोई एक मौका नहीं आया जहां खुद को हिंदू बोला या हिंदुओं के साथ खड़े रहे हों। आईटी सेल के कर्मचारी और सरकारी यूटूबर्स (सरकार का हर जगह बचाव करने वाले) जरूर बताता है कि मोदी की वजह से हिंदू बोल पा रहा है।

अगर कोई 2014 से पहले बोल नहीं पा रहा था तो कांग्रेस का विरोध किसने किया? मोदी को आम हिंदुओं ने वोट देकर प्रधानमंत्री बनाया। अपवाद स्वरूप किसी अन्य मजहब के लोगों ने वोट दिया होगा।

जब सरकार की कई विफलता खुलकर सामने आ गई और मुस्लिम परस्ती के कीर्तिमान स्थापित करने लगे तो उनका जबाव कि क्या हम कांग्रेस को ला दें? 20 करोड़ लोगों को समुद्र में फेंक दें?

हिंदुओ के अंदर एकता नहीं है, इसकी वजह से मोदी जी को ये सब करना पड़ रहा है। कब किसी योजना को लाने के लिए मुस्लिम सड़क पर उतरा?

मोदी जी अकेले पड़ जा रहे हैं और सारे देश विरोधी एक हो चुके हैं। जब विश्व का कोई भी मामला हो जो उनके अधिकार क्षेत्र से बाहर है। मोदी सबको देख रहे हैं और विश्व के ताकतवर नेता हैं लेकिन देश के मामले में जो उनके अधीन है वहां उनकी मजबूरी है।

कई घटनाएं हुई जिसमें बीजेपी ने हिंदुओं के खिलाफ खुलकर काम किया, जिसके बारे में आप आगे इस पुस्तक में जानेंगे। जब आम हिंदू जो कभी बेहतरी के लिए बिना किसी स्वार्थ के बीजेपी को वोट किया और उसने जब सवाल उठाया तो बीजेपी से जुड़े लोगों के पास कोई जबाव नहीं थे तो बोला जाने लगा कि क्या हम कांग्रेस को ला दें? हमारे पास विकल्प क्या है? जब किसी ने पूछा कि कैसे इनको बेहतर विकल्प मान लें? तो गाली गलौज पर उतर आए। सोशल मीडिया में पेड कर्मचारी और मीडिया को मैनेज कर लोगों का इतना ब्रेनवॉश कर दिया कि आज मोदी की सच्चाई अगर कोई अपने घर वालों या रिश्तेदारों को भी बता दे तो वो देशद्रोही, गद्दार बताने से पीछे नहीं हटते। कई जगह तो मारपीट की नौबत आ जाती है।

नरेंद्र मोदी ने हर चीज का इस्तेमाल अपने फायदे के लिए किया। आम लोग इनकी सच्चाई जान न पाएं इसके लिए हर तरह से प्रयास किया। जब लगा कि लोगों का मेनस्ट्रीम मीडिया से मोहभंग हो रहा है और लोग यूट्यूब की तरफ जा रहे हैं। कई यूट्यूबर्स को मैनेज करने और उनके लिए ट्रिप की बात सामने आती रही। कई तस्वीरें भी सामने आई।

23 जून 2023 को केंद्रीय मंत्री पीयूष गोयल ने देश के शीर्ष 50 यूट्यूबर्स से मीटिंग कर उन्हें सरकार की योजनाओं को प्रचारित करने लिए प्रेरित किया।

2024 लोकसभा चुनाव को देखते हुए, हरियाणा बीजेपी सरकार ने 'हरियाणा डिजिटल मीडिया विज्ञापन नीति 2023' को मंजूरी दी। खट्टर सरकार ने बताया कि इस नीति का उद्देश्य सरकार की विकास की पहलों और कार्यक्रमों को प्रदर्शित करने के लिए सोशल मीडिया के समाचार चैनलों और प्रभावशाली लोगों को शामिल करना है। इस नीति के तहत कुछ मानदंड तय किए गए हैं। जिनमें फॉलोवर्स की विशेष संख्या, सोशल मीडिया में कितने लाइक आदि शामिल हैं। 2007 और 2020 की विज्ञापन नीतियां प्रिंट मीडिया, इलेक्ट्रॉनिक मीडिया और बेबसाइटों तक सीमित थी।

12 अक्टूबर 2023 को इंडियन एक्सप्रेस की रिपोर्ट के अनुसार 2024 के लोकसभा और विधानसभा चुनावों से पहले, महाराष्ट्र भाजपा ने विपक्ष का मुकाबला करने और केंद्र और राज्य द्वारा लागू कल्याणकारी योजनाओं के बारे में प्रचार करने के लिए 30 लाख सोशल मीडिया कार्यकर्ताओं की एक समर्पित सेना बनाने की योजना बनाई है।

पार्टी के उच्च पदस्थ सूत्रों के मुताबिक, "आने वाले लोकसभा और विधानसभा चुनावों में हमारे पास सोशल मीडिया के काम के लिए समर्पित 30 लाख कार्यकर्ता होंगे।" उन्होंने कहा कि प्रत्येक विधानसभा क्षेत्र में 5,000 और प्रत्येक लोकसभा क्षेत्र में 50,000 सोशल मीडिया कार्यकर्ता होंगे।

हरियाणा सरकार के आधिकारिक विज्ञप्ति के अनुसार," सोशल मीडिया समाचार चैनलों और सोशल मीडिया इन्फ्लुएंसर को शामिल करने का निर्णय एक्स, फेसबुक, इंस्टाग्राम, यूट्यूब आदि जैसे सोशल मीडिया प्लेटफार्मों की व्यापक लोकप्रियता को ध्यान में रखते हुए लिया गया है।

साझेदारी के लिए सोशल मीडिया समाचार चैनलों का चयन करने के लिए उनके ग्राहकों, अनुयायियों और पोस्ट की मात्रा को ध्यान में रखते हुए पांच श्रेणियां बनाई गई है। एक पैनल सलाहकार समिति

समय-समय पर आवश्यकतानुसार प्रत्येक श्रेणी, विज्ञापन शैली और सोशल मीडिया प्लेटफॉर्म के लिए दरें स्थापित करेंगी।

विज्ञापन की तारीख से एक महीने तक सोशल मीडिया समाचार चैनलों पर रहना चाहिए। यदि प्रचारित/ प्रायोजित सोशल मीडिया सामग्री 5 प्रतिशत ग्राहकों/अनुयायियों तक नहीं पहुंचती है,तो विज्ञापन दरों में प्रासंगिक कटौती की जाएगी।

अब जब सरकार लोगों के हर गतिविधि पर ध्यान रखती है, उसके बाद भी इनके लोग ये बताना नहीं भूलते कि बीजेपी की सरकार में आज़ादी है। किसको कितने लाइक मिलते हैं, इसका ध्यान भी सरकार सरकार रखती है। बीजेपी में चेहरा कोई भी हो, हर काम के लिए उसको मोदी की सहमति होना जरूरी है। बेशक मनोहर लाल खट्टर कर रहे हैं लेकिन 2024 लोकसभा चुनाव को ध्यान में रखते हुए कर रहे है ताकि मोदी को फायदा हो सके।

ये सब सार्वजनिक होने के बाद भी बीजेपी से फंडेड लोग उसको बिकाऊ, दलाल और गद्दार बताते हैं, जो इनकी सच्चाई बता दे। जिसे ये नहीं चाहते कि जनता के सामने आए। बीजेपी ने हर संस्थान को अपने कब्जे में लिया। सोशल मीडिया में अपनी टीम बनाई, जिसके ऊपर मोटी रकम खर्च करते हैं। जब उससे भी बात नहीं बनी तो जो इनसे जुड़े नहीं थे, उनका भी इस्तेमाल करने लगे। ये सभी देशभक्त और ईमानदार हैं जो किसी पार्टी से पैसे ले उसके लिए काम करते और हर जगह बचाव करते हैं। जो इनकी विफलता को सामने ला दे वो भ्रष्टाचारी है, जिसका इनके पास कोई प्रमाण नहीं।

जब इनके विफलता के ऊपर ज्यादा सवाल उठने लगे फिर एक फर्जी आकंड़े के साथ इनका प्रचार तंत्र सामने आता था कि पाकिस्तानी या मुसलमान इतने फर्जी आइडी बनाये हैं ताकि हिंदुओं के बीच फुट डालकर उन्हें मोदी के विरोध में कर दे। हर मौके पर ये बताने का प्रयास करते कि मोदी जी हिंदुओं के लिए लड़ रहे हैं इसलिए उनको निशाना बनाया जाता है। जबकि कोई एक काम हिंदुओं के लिए नहीं किया लेकिन विरोध में अनेक काम किए।

2 अप्रैल 2024 को अमित शाह ने कहा, "23 साल तक मुख्यमंत्री और प्रधानमंत्री रहने वाला पूरी दुनिया में एक ही व्यक्ति (नरेंद्र मोदी) है, जिसने एक भी छुट्टी लिए बिना भारत की जनता की सेवा की है। तो वहीं दूसरी ओर राहुल बाबा हैं, जो गर्मी आते ही विदेश चले जाते हैं और पूरी कांग्रेस 6 महीने इन्हें ढूंढती रह जाती है।"

गौरतलब हो कि 04 सितंबर 2023 को आरटीआई के जरिए खुलासा हुआ कि नरेंद्र मोदी ने प्रधानमंत्री बनने के बाद कोई छुट्टी नहीं ली।

पीएमओ द्वारा दी गई आरटीआई के जबाव को असम के मुख्यमंत्री हिमांत बिस्वा सरमा ने ट्विट करते हुए लिखा, "मेरा प्रधानमंत्री मेरा अभिमान।"

मीडिया, बीजेपी आईटी सेल और तमाम नेताओं ने इसे ऐसा प्रचार किया जो अब तक का सबसे अजूबा हो। जब इसकी सच्चाई को जाने तो प्रधानमंत्री/मुख्यमंत्री हमेशा ऑन ड्यूटी ही होते हैं। लिहाजा, उनके छुट्टी का कोई प्रावधान नहीं है।

अगर नरेंद्र मोदी के हमेशा ऑन ड्यूटी होने का हिसाब अलग है तो ये जब असम के काजीरंगा में हाथी और जीप की सवारी की और फोटोग्राफी किया और ये काम करते हमेशा कहीं न कहीं दिख जाते हैं तो क्या ये भी प्रधानमंत्री के देश के प्रति कार्य का हिस्सा है?

बीजेपी ने इसके पीछे बहुत खर्च किये ताकि लोगों के दिमाग में इस तरह से लगातार संस्थागत झूठ परोसकर ये साबित किया जाए कि वर्ष 2014 से पहले कुछ था ही नहीं और आज जो भी पूरे विश्व में हो रहा है, उसके पीछे सिर्फ मोदी है। भारत में आज जो भी है वो उनके वजह से है वरना पहले देश गुलाम था। कंगना रनौत ने तो बोला ही था कि हमे असली आज़ादी 2014 में मिली।

अगर मोदी सरकार ने वास्तव में कोई काम किया होता तो लोग मुफ़्त में इनका प्रचार कर रहे होते जैसा कि 2014 चुनाव में किया। बाकी इनके प्रचार प्रसार की लंबी फेहरिस्त है, जिसको आप आगे पुस्तक में जानेंगे।

लोगों को भ्रमित करने की राजनीति

नरेंद्र मोदी की राजनीति हमेशा से लोगों को भ्रमित करने की रही। कभी भी अपने काम का हिसाब नहीं दिया। हर चुनाव में कोई न कोई विपक्षी नेता का कोई न कोई बयान उठा उसे अपने अनुसार तोड़ मरोड़कर पेश करके लोगों से सहानुभूति हासिल कर वोट लेने की रही। ये विपक्षी नेताओं के ऊपर हमला करे तो चलता है लेकिन कोई इनको जबाव दे तो कहीं न कहीं, किसी न किसी अपमान से जोड़ देते हैं। गुजरात की राजनीति से लेकर केंद्र तक की राजनीति तक और कभी भी अपने काम के आधार पर वोट न मांग विक्टिम कार्ड खेल वोट लेने की रही। कई बार कही अचानक से पहुँच गए और किसी चीज का निरीक्षण करने लगे।

26 सितंबर 2021 को अमेरिका से लौटने के बाद रात को सेंट्रल विस्टा प्रोजेक्ट के तहत बन रहे नए संसद भवन के निर्माण कार्य को देखने पहुँच गए।

मीडिया और बीजेपी आईटी सेल ने कर्मयोगी बता प्रचार-प्रसार करना शुरू किया। जो कभी थकते नहीं, विदेशी दौरे से आ सीधा जायजा लेने पहुँच गए। ये बताया गया कि इसकी खबर किसी को भी

नहीं थी लेकिन फोटोशूट की पूरी तैयारी रही होगी। ये किसी भी जगह जाए कैमरा उससे पहले होना तो जरूरी ही होता है।

19 जून 2022 को नरेंद्र मोदी प्रगति मैदान में बने टनल का उद्घाटन करने पहुंचे।

मोदी जब कॉरिडर का निरीक्षण कर रहे थे तब उनको पानी का खाली बोतल और गुटखा का रैपर मिला। उन्होंने उसे उठाकर ले जाकर डस्टबिन में डाला। आप तस्वीर में देख सकते हैं कि कितना साफ सुथरा है। प्रधानमंत्री के उद्घाटन के लिए आने से पहले उसे अच्छे से साफ सफाई कर सील कर दिया गया था, फिर ये रैपर और बोतल कहां से पहुंचा। क्या ये रखवाया गया ताकि मोदी आकर उसे उठाकर स्वच्छता का संदेश दे सकें?

9 नवंबर 2022 हिमाचल प्रदेश के चंबी में मोदी के काफिले के सामने वाले रास्ते से एम्बुलेंस आ रही थी। एम्बुलेंस को रास्ता देने के लिए इनका काफिला रुक गया।

जो वीडियो सामने आया दूर से आ रही एम्बुलेंस भी उसमें दिख रही थी और मोदी भी अपनी गाड़ी में दिख रहे थे। अब सवाल है कि क्या प्रधानमंत्री जिस रास्ते से गुजरते हैं उसके अंदर बाहर और आस पास में भी वीडियो रिकॉर्डिंग होती है?

30 सितंबर 2022 को गांधी नगर जाते समय हाइवे पर एम्बुलेंस का सायरन सुन अपनी गाड़ी को रुकवा उसे जाने का रास्ता दिया। 1 दिसंबर 2022 को अहमदाबाद में गुजरात विधानसभा चुनाव प्रचार में रोड शो के दौरान इनके काफ़िले में एम्बुलेंस आ गई। वहां भी उसको रास्ता दिया।

17 दिसंबर 2023 को फिर से एम्बुलेंस का मामला वाराणसी में सामने आया।

फिर से नरेंद्र मोदी का काफिला रोककर एम्बुलेंस को रास्ता दिया गया।

बार-बार इनके काफिले के बीच एम्बुलेंस का आना, ये महज संयोग है या पीआर के प्रयोग का हिस्सा क्योंकि ऐसी घटनाओं के बाद मीडिया और आईटी सेल इनकी मानवता और करुणा का खूब प्रचार प्रसार करती है।

नरेंद्र मोदी स्वयं और उनकी समर्थक मीडिया ये शायद भूल जाते हैं कि वो इस देश के प्रधानमंत्री हैं। उनकी सुरक्षा SPG के जवान करते हैं। किसी भी कार्यक्रम से पहले उनका रूट तय होता है और उस

जगह को हाई अलर्ट पर रखा जाता है। स्थानीय पुलिस की भी उनकी सुरक्षित यात्रा की जिम्मेवारी होती है। प्रधानमंत्री के दौरे से पहले ही उस रूट को यातायात के लिए बाधित कर दिया जाता है। यातायात के लिए रूट डायवर्ट कर दिया जाता है।

11 सितंबर 2023 को प्रधानमंत्री मोदी तेलंगाना के सिकंदराबाद में जनसभा को संबोधित कर रहे थे। इस दौरान एक लड़की लाइट साउंड के लिए बनाए गए टावर पर चढ़ गई। जिसको देखकर प्रधानमंत्री मोदी ने लड़की को नीचे उतरने की अपील करते हुए कहा," बेटा नीचे आओ.....3, देखिए बेटा ये अच्छा नहीं है। इसका तार बिगड़ा हुआ है। हम आपके साथ हैं बेटा! बेटा आप नीचे आइए ...2, बेटा ये तार स्थिति अच्छी नहीं है। कृपया बेटा आप नीचे आइए, मैं आपकी बात सुनूँगा। ये वहां पर शॉर्ट सर्किट है बेटा आप नीचे आइए। नहीं बेटा ये ठीक नहीं है। यहाँ ऐसा करने से लाभ नहीं होगा। मैं यहाँ आपके लिए आया हूँ। आप कृष्णा जी की बात मानिए बेटा.....3, धन्यवाद बेटा धन्यवाद बेटा"

ये देख मुझे दक्षिण की फिल्म कोडी याद आ गई जिसमें इसी तरह का सीन आता है। अब सवाल है कि ये महज संयोग था या इसका स्क्रिप्ट फिल्म से लिया गया था?

19 अक्टूबर 2022 को गुजरात दौरे पर गए नरेंद्र मोदी ने गांधी नगर में मिशन स्कूल्स एक्सीलेंस की शुरुआत की।

प्रधानमंत्री मोदी ने कहा कि केंद्र सरकार ने पूरे देश में 14 हजार से अधिक पीएम श्री स्कूल बनाने का फैसला किया है। पीएम ने कहा कि ये स्कूल पूरे देश में नई शिक्षा नीति के लिए मॉडल स्कूल होंगे।

प्रधानमंत्री मोदी के मॉडल स्कूल के क्लास रूम की हर तरफ चर्चा होने लगी। जिसको लेकर निशाने पर आ गए क्योंकि उस स्कूल के खिड़की के बाहर भी वैसा ही दिख रहा था जैसा क्लास रूम के अंदर की पेंटिंग थी। कई लोगों ने इसे फोटोशॉप बताया।

11 दिसंबर 2022 यानि रविवार को प्रधानमंत्री मोदी ने फ्रीडम पार्क से खपरी तक नागपुर मेट्रो यात्रा की। मेट्रो में स्कूली बच्चों के साथ बातचीत करते दिखे।

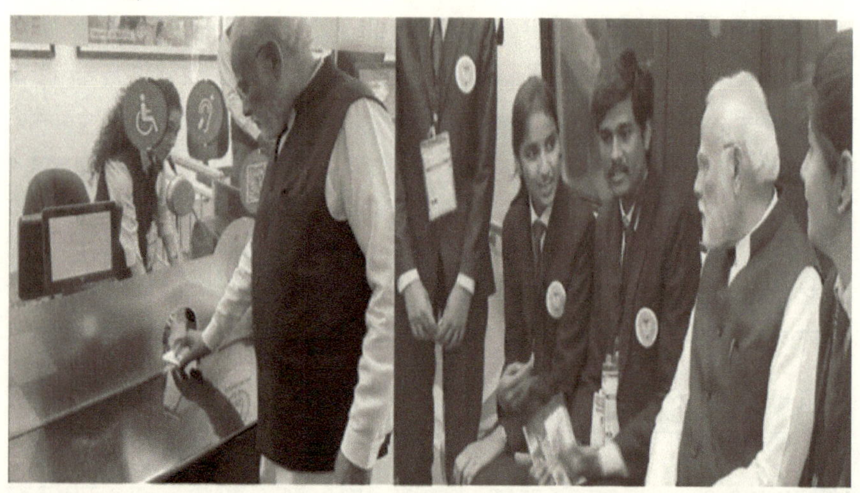

प्रधानमंत्री मोदी के टिकट खरीदने और बच्चों से बातचीत को मीडिया ने खूब प्रसारित किया लेकिन यहाँ गौर करने वाली जो बात थी कि रविवार को मेट्रो में छात्र कहां से आए?

क्या नागपुर में रविवार को भी स्कूलों में पढ़ाई होती है? अगर नहीं तो क्या ये छात्र फोटो सेशन के लिए बुलाए गए थे?

ये मैं पाठकों के विवेक के ऊपर छोड़ देता हूँ जो तय करें कि इसके पीछे क्या था?

12 नवंबर 2023 को पीएम मोदी ने हैदराबाद में बेगमपेट हवाईअड्डे पर भाजपा कार्यकर्ताओं को संबोधित करते हुए कहा, "लोग मुझसे पूछते हैं कि थकते नहीं हो? अब कल मैं सुबह दिल्ली में था, फिर कर्नाटक, फिर तमिलनाडु, फिर रात को आंध्र में, अभी तेलंगाना में।"

मोदी ने कहा, "मैंने उनको समझाया देखो भाई मैं रोज दो-ढाई किलो, तीन किलो गाली खाता हूं और परमात्मा ने मेरे भीतर ऐसी रचना कर दी है, ईश्वर ने ऐसे आशीर्वाद दिए हैं कि ये सारी गालियां मेरे अंदर प्रोसेस होकर न्यूट्रिशन में कनवर्ट हो जाती हैं।"

अब सवाल गाली खाने को लेकर है तो कोई भी कुछ करने से पहले सोचता है कि ऐसा काम ही न करो कि गाली खाना पड़े। ये शायद विटामिन के लिए गाली खाने का काम करते हैं।

गौरतलब हो कि 29 अप्रैल 2023 को कर्नाटक विधानसभा चुनाव के दौरान मोदी ने कांग्रेस को निशाने पर लेते हुए कहा, "कांग्रेस हर उस व्यक्ति से नफरत करती है जो सामान्य मानव की बात करता है। जो उसके भ्रष्टाचार को सामने लाता है। जो उसके स्वार्थ भरी राजनीति पर प्रहार करता है। उसने मुझे 91 बार गालियां दी, हर बार उन्हें जनता ने नकार दिया।"

अब जब मोदी बोलते हैं कि वो गाली खाते हैं और उससे प्रोटीन मिलता है। जो कई बार पूर्व में भी बोल चुके हैं। तो फिर उनको समस्या किस बात की थी, उन्हें तो खुश होना चाहिए कि उनको विटामिन के लिए भोजन (गाली) मिल रहा है।

नरेंद्र मोदी किसी भी घटना को बड़े ईवेंट में बदलने का प्रयास कर लोगों को उससे जोड़कर ये विश्वास दिलाने का प्रयास करते हैं कि पहले कुछ भी नहीं हुआ। अब बदलाव आ रहा है। इसके लिए समय-समय पर प्रयोग करते रहते हैं ताकि जनता को एन्गैज रखें। हमेशा नए नए शब्द भी तैयार कर इस्तेमाल कर रहे होते हैं। जैसे स्वतंत्रता को 75 साल पूरा होने पर आज़ादी का अमृत महोत्सव क्योंकि ये अपने कार्यकाल को अमृतकाल कहते हैं। हर घर तिरंगा अभियान के ऊपर जोर दिया और तिरंगा बनाने का ठेका जिनको दिया गया उनमें दक्षिण 24 परगना बंगाल के मोहम्मद सलाउद्दीन मंडल का नाम प्रमुखता से सामने आया। मंडल द्वारा संचालित उद्दीन एनप्राइजेज के साथ काम करने वाले प्रत्यक्ष और परोक्ष रूप से लगभग 200 लोग जुड़े हैं। उनमें से ज्यादातर लोग मुस्लिम हैं।

9 अगस्त 2023 को राष्ट्रव्यापी "मेरी माटी मेरा देश" अभियान देश के वीरों को समर्पित करने के लिए अमृत कलस यात्रा निकाली गई। इस महत्वपूर्ण सहयोगात्मक प्रयास के दौरान इलेक्ट्रॉनिक्स और सूचना प्रौद्योगिकी मंत्रालय तथा कोयला मंत्रालय समेत कई मंत्रालय, राज्य सरकारें, नेहरू युवा केंद्र संगठन, क्षेत्रीय सांस्कृतिक केंद्र, केंद्रीय सशस्त्र पुलिस बल और भारतीय डाक को गांव तथा ब्लॉक स्तर पर हर घर से मिट्टी एकत्र करने का जिम्मा लगा दिया। बीजेपी कार्यकर्ताओं और पदाधिकारियों ने भी घर-घर जाकर मिट्टी इकट्ठा किया। देश भर से इकट्ठा की गई मिट्टी के लिए अमृत कलश बनाया गया।

मोदी ने पहले उसमें इकट्ठा की हुई मिट्टी को मिलाया क्योंकि पूरे देश को एक करने का संदेश देना था। कलश में हाथ तो डाला लेकिन मिट्टी हाथ से स्पर्श नहीं हुआ और फिर टीका भी लगाया लेकिन मिट्टी गायब थी। दरअसल ये दिखा रहे थे कि वो देश की मिट्टी से टीका लगा रहे हैं।

30 जुलाई 2023 को नरेंद्र मोदी ने नया टास्क दिया। शहीदों के सम्मान में हाथ में मिट्टी लेकर शपथ लेते हुए सेल्फ़ी अपलोड करना था। ये कार्यक्रम बुरी तरह फेल हुआ। मैंने नहीं देखा कि कोई हाथ में मिट्टी लेकर सेल्फ़ी पोस्ट कर रहा हो। अगर किसी ने yuva.gov.in पर किया हो तो उसका रिकॉर्ड सामने नहीं आया।

13-15 अगस्त 2023 के लिए लिए सेल्फ़ी विद तिरंगा का टास्क दिया। जिसमें लोगों को तिरंगा ले और harghartiranga.com पर जाकर अपलोड करना था। मिनिस्ट्री ऑफ कल्चर की तरफ से सर्टिफिकेट जारी हुआ।

ध्यान रहे कि ऐसे कार्यक्रमों के लिए विज्ञापन के ऊपर सरकारी कोष से पैसे खर्च किए जाते हैं। ये हर समय नया-नया टास्क दे लोगों के मूड तो भापते भी हैं और असल जो मुद्दे हैं, उससे भटकाने के लिए इस तरह का प्रयोग करते हैं।

2 नवंबर 2022 को दिल्ली के कालका जी में 'यथास्थान झुग्गी-झोपड़ी पुनर्वास परियोजना' के तहत नवनिर्मित 3,024 ईडब्ल्यूएस आवासों के उद्घाटन के मौके पर मोदी ने आप पार्टी के ऊपर अपरोक्ष रूप से हमला करते हुए कहा, "मैं चाहता तो विज्ञापनों में मेरी फोटो चमक सकती थी लेकिन हम जिंदगी में बदलाव लाने के लिए जीते हैं।" केंद्र सरकार ने राष्ट्रीय राजधानी में करोड़ों रुपये खर्च किए, लेकिन प्रचार प्रसार के लिए विज्ञापन का सहारा नहीं लिया।

जब मैंने ये बात सुनी तो ढूँढना शुरू किया तो जो पाया वो बहुत ज्यादा चौंकाने वाला था। आज कोई भी सरकारी वेबसाइट खोलें वहां मोदी का फोटो आता है। मेट्रो स्टेशन पर बड़े-बड़े ऐड, रेलवे स्टेशन पर एलसीडी, एयरपोर्ट पर मोदी के बड़े-बड़े होर्डिंग, पेट्रोल पम्प पर मोदी का बड़ा सा होर्डिंग, सड़क पर जगह-जगह बड़े होर्डिंग और कोई भी जगह जहां पहले कभी एड नहीं चला वहां भी प्रचार किया जा रहा है।

दिसंबर 2023 में यूजीसी ने विश्वविद्यालयों को प्रधानमंत्री मोदी का 3 डी सेल्फ़ी पॉइंट लगाने के निर्देश दिए। सेल्फ़ी पॉइंट के बाद यूजीसी ने विश्वविद्यालयों को नरेंद्र मोदी का भाषण सुनने के लिए प्रोत्साहित करने को कहा।

रेलवे स्टेशन और मेट्रो स्टेशन पर मोदी के सेल्फ़ी पॉइंट लगने लगे।

आरटीआई के जरिए मध्य रेलवे से खुलसा हुआ कि 30 अस्थाई सेल्फ़ी पॉइंट लगाए गए। जिसमें प्रत्येक की कीमत 1.25 लाख है। 20 स्थाई सेल्फ़ी बूथ लगाए गए। जिसमें प्रत्येक का खर्च 6.25 लाख है। जिसमें कुल खर्च 1 करोड़ 62 लाख 50 हजार रुपये है। भारतीय रेल में कुल 18 ज़ोन हैं।

मध्य रेलवे से प्राप्त जानकारी में कहा गया कि पांच डिबीजनों नागपुर, मुंबई, पुणे, भुसावल और सोलापुर में लगाई लगी सेल्फ़ी बूथ की सिर्फ जानकारी सामने आई।

ये जानकारी साझा करने की वजह से मध्य रेलवे के मुख्य जनसम्पर्क अधिकारी शिवराज मानसपुरे को उनके कार्यकाल के पहले बिना कोई कारण बताए 29 दिसम्बर 2023 को स्थानांतरित कर दिया गया। मानसपुरे को उनकी नई पोस्टिंग की जानकारी नहीं दी गई। हालाँकि उनकी जगह आई स्वप्निल नीला डी ने इस बात से इनकार किया कि मानसपुरे का स्थानांतरण आरटीआई जबाव से जुड़ा था।

रेलवे के वरिष्ठ अधिकारियों ने इसे 'शीर्ष स्तर का फैसला' बताते हुए टिप्पणी करने से इनकार किया।

मानसपुरे को भुसावल डिवीजन में वरिष्ठ मंडल वाणिज्यक प्रबंधक के रूप में उनके कार्यकाल के दौरान कमाई बढ़ाने, बिना टिकट यात्रा और चोरी से निपटने के लिए किए गए प्रयासों के लिए सम्मानित किया गया था। यह पुरस्कार 15 दिसम्बर 2023 को दिल्ली में 68वें रेलवे सप्ताह केंद्रीय समारोह में प्रदान किया गया।

ये जानकारी सामने आने के बाद जानकारी देने के लिए जोनल के नियमों को और कड़ा कर दिया गया।

नए नियमों के अनुसार अब आरटीआई के सभी जवाबों को ज़ोनल रेलवे के महाप्रबंधक या मंडल रेलवे प्रबंधक मंज़ूरी देंगे, जिसके बाद ही वो जवाब दिया जाएगा।

राजस्थान में गरीब कल्याण योजना के तहत मुफ़्त राशन के वितरण के लिए मोदी के फोटो छपवाने के लिए 13,29,71,454 रुपये खर्च हुए। आप इससे अंदाजा लगा सकते हैं कि 28 राज्यों और 8 केंद्र शासित राज्यों में कितना खर्च हुआ होगा।

2 सितंबर 2022 को कामारेड्डी के कलेक्टर जिटेश वी. पाटील के ऊपर केंद्रीय वित्त मंत्री निर्मला सीतारमण भड़क गईं क्योंकि बिकुर्र में पीडीएस के दुकान पर प्रधानमंत्री मोदी का फोटो नहीं था।

जनवरी 2024 में इंडियन एक्स्प्रेस में छपी रिपोर्ट के मुताबिक केंद्र सरकार ने धान की खरीद के लिए पश्चिम बंगाल सरकार को 7,000 करोड़ रुपए जारी करने से रोकने का फैसला किया क्योंकि राज्यभर की राशन की दुकानों पर राष्ट्रीय खाद्य सुरक्षा अधिनियम का लोगो और प्रधामन्त्री नरेंद्र मोदी की तस्वीरों वाले साइन बोर्ड और फ्लेक्स नहीं लगाए थे।

पंजाब के होशियारपुर में एक गाड़ी वाला मिला जिसके गाड़ी के ऊपर मोदी के गारंटी का बड़ा सा साइन बोर्ड लगा हुआ था। लोगों ने पूछा तो ड्राइवर ने बताया कि उसे 18 हजार रुपये महीने के मिल रहे हैं। गाड़ी से मोदी के तस्वीरों वाली कैलेंडर लोगों को बांटा जा रहा था।

कोरोना के दौरान लोगों से ताली, थाली और घंटा बजवा ही दिया। कोरोना की जब वैक्सीन आई तो खूब प्रचार किया गया कि मोदी जी ने वैक्सीन बना दी। बीजेपी ने विधानसभा चुनावों में भुनाया कि मोदी ने मुफ़्त वैक्सीन दिलवा जान बचाई। खुद बीजेपी के राष्ट्रीय अध्यक्ष जेपी नड्डा भी बोल चुके हैं। जगह जगह बड़े-बड़े होर्डिंग लगवाए। कोरोना वैक्सीन के सर्टिफिकेट पर भी मोदी का फोटो लगवाया गया।

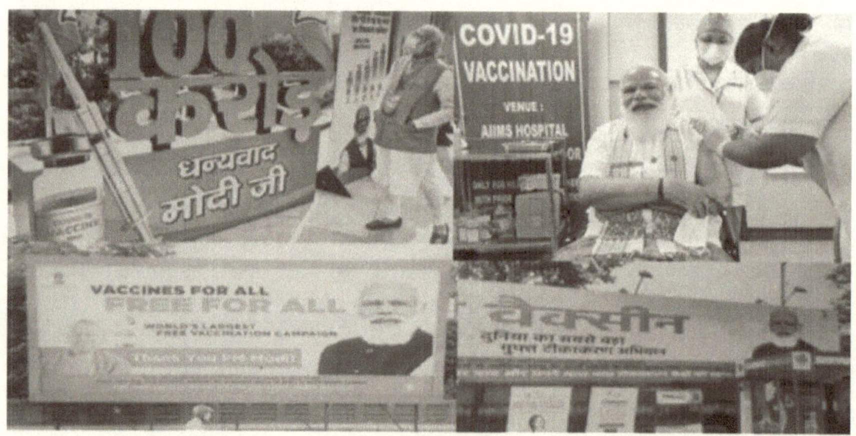

कोरोना वैक्सीन की वजह से हो रहे मौत को लेकर सुप्रीम कोर्ट में मामला पहुंचा तो मोदी सरकार ने हलफ़नामा देकर कहा कि मृतकों व उनके परिजनों से पूरी हमदर्दी है लेकिन टीके के किसी भी प्रतिकूल

प्रभाव के लिए हम जिम्मेदार नहीं हैं। हमने किसी को वैक्सीन लेने के लिए बाध्य नहीं किया जबकि फ्लाइट टिकट और अन्य सुविधायों को लेने के लिए वैक्सीन सर्टिफिकेट दिखाना जरूरी कर दिया था।

29 अप्रैल 2024 को ब्रिटिश की फार्मा कंपनी ने स्वीकार किया कि उसकी कोविड 19 वैक्सीन से हार्ट अटैक और ब्रेन स्टोक हो सकता है। भारत में कोविशील्ड नाम से उसी तकनीक के आधार पर कोरोना वैक्सीन बनाई गई थी।

ये खबर सामने आते ही सोशल मीडिया X पर #ArrestNarendraModi ट्रेंड होने लगे। जिसका परिणाम रहा कि आनन फानन में वैक्सीन सर्टिफिकेट से नरेंद्र मोदी का फोटो हटा दिया गया।

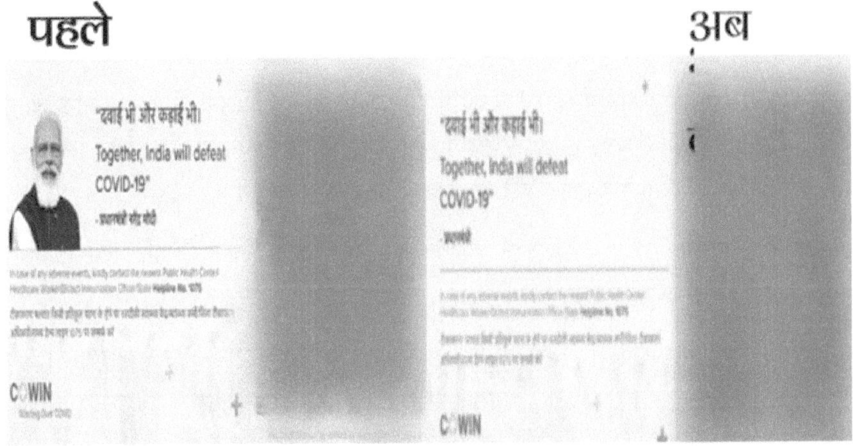

वैक्सीन सर्टिफिकेट से मोदी के फोटो हटाए जाने को लेकर स्वास्थ्य मंत्रालय का जवाब आया कि चुनाव आचार संहिता को देखते हुए,ये किया गया। जबकि मोदी के फोटो हटाए जाने की रिपोर्ट 2 मई 2024 को आई। अगर लोकसभा चुनाव 2024 के आचार संहिता की बात करे तो वो 16 मार्च 2024 को लगा। इस दौरान दो चरण के मतदान हो चुके थे। पूर्व में कई विधानसभा चुनाव सम्पन्न हुए लेकिन नहीं हटाया गया था।

अब देखा जाए तो कथित कोरोना महामारी में सबसे ज्यादा फायदे में नरेंद्र मोदी ही रहे। लोगों से ताली और थाली भी बजवा दिया। पीएम केयर फंड में पैसा भी ले लिया और उसका हिसाब भी नही दिया। अपना फोटो लगाकर खूब प्रचार कर वाहवाही भी लूट लिया। कोविशील्ड बनाने वाली कंपनी सीरम इंस्टिट्यूट ऑफ इंडिया से 52.5 करोड़ का इलेक्टोरल बॉन्ड भी ले लिया। जब सवाल उठने लगे तो पल्ला भी झाड़ लिया और अपना फोटो भी हटवा लिया।

7 दिसंबर 2022 को भारत सरकार ने लोकसभा में एक लिखित जबाव में बताया कि वित्त वर्ष 2014 से 7 दिसंबर 2022 के बीच 6491 करोड़ रुपये विज्ञापन पर खर्च किए हैं। इसमें प्रिंट मीडिया पर 3230 करोड़ रुपये, वहीं टेलीविजन के माध्यम से 3260.79 करोड़ रुपये खर्च किए।

अनुराग ठाकुर द्वारा उपलब्ध कराए गए आंकड़ों से पता चलता है कि मोदी सरकार ने हर रोज विज्ञापन पर करीब 2 करोड़ रुपये खर्च किए।

दरअसल मोदी हर जगह दिखना और हर चीज का श्रेय खुद लेना चाहते हैं। उसी का परिणाम है कि बड़ा से बड़ा और छोटा से छोटा उद्घाटन खुद करते है। बेशक ये बोलते देखे गए कि मैं फीता काटने नहीं आया हूँ लेकिन आज कई मात्रियों का नाम भी लोगों को पता नहीं क्योंकि किसी भी विभाग का उद्घाटन हो, उसे मोदी ही झंडा दिखाएंगे। यहाँ तक कि सीबीआई के ऑफिसियल X हैन्डल को भी मोदी ने लॉन्च किया। अब तो सरकारी नौकरियों की नियुक्ति पत्र भी स्वयं बांटने लगे हैं जो कभी उस विभाग से जारी होते थे।

अब आते हैं मोदी सरकार की उन महत्वपूर्ण योजनाओं पर जिसका खूब प्रचार प्रसार किया जाता है।

आयुष्मान योजना: आयुष्मान भारत स्कीम को प्रधामंत्री जन आरोग्य योजना के नाम से जाना जाता है। इसके अंतर्गत लाभार्थी सरकारी या लिस्टेड प्राइवेट अस्पतालों से 5 लाख तक का मुफ़्त इलाज का सुविधा ले सकते हैं। सरकार इसका काफी बढ-चढ़कर प्रचार-प्रसार करती है।

आयुष्मान योजना का 22.5 करोड़ रुपये बकाया होने की वजह से पंजाब के पटियाला के निजी अस्पतालों ने इलाज करना बंद कर दिया।

फ़रवरी 2023 में मध्यप्रदेश के तत्कालीन मुख्यमंत्री शिवराज सिंह चौहान ने निजी अस्पतालों को सरकार का आयुष्मान योजना के तहत भुगतान पर रोक लगा दी। इसके साथ ही प्रदेश भर के निजी अस्पतालों के करीब 1600 करोड़ रुपये के भुगतान पर शिवराज सिंह चौहान की सरकार ने रोक लगा दी।

आयुष्मान योजना के तहत गुजरात के निजी अस्पताल एसोसिएशन ने 800 करोड़ रुपये बकाया होने का दावा किया और इस पर एसोसिएशन ने ये भी कहा है कि अहमदाबाद, वडोदरा व सूरत में कई अस्पताल अब इस योजना के तहत स्वास्थ्य सेवाएं नहीं दे पा रहे हैं।

ये समस्या बड़े पैमाने पर आ रही है। सरकारी अस्पतालों में पहले से भी मुफ़्त इलाज होते रहे हैं फिर आयुष्मान के तहत मुफ़्त इलाज में नया क्या है?

उज्ज्वला योजना: नरेंद्र मोदी प्रधानमंत्री बनने के बाद लोगों से अपील कर एलपीजी सब्सिडी बड़े पैमाने पर 'गिव इट अप' के जरिए छुड़वा दिया। धीरे धीरे सबका सब्सिडी खत्म हो गया। खुद को फकीर और भिक्षा मांगकर खाने का दावा करने वाले मोदी ने अपनी कोई सुविधा नहीं छोड़ी। 2014 लोकसभा चुनाव पहले से लोगों से कहा था कि सिलेंडर को नमस्कार करके वोट देने जाइए। मार्च 2014 में सब्सिडी वाले गैस की कीमत 410 रुपये थी जो बढ़कर मार्च 2023 में 1103 रुपये हो गई।

1 मई 2016 को मोदी सरकार ने उज्ज्वला योजना की शुरुआत की। मोदी को आपने कई बार धुआं से छुटकारे की कहानी सुनाते हुए सुना होगा। उज्ज्वला योजना पर 200 रुपये सब्सिडी का प्रावधान रखा।

29 अगस्त 2023 को 5 राज्यों के विधानसभा से पहले एलपीजी गैस सिलेंडर पर 200 रुपये कम करने का फैसला लिया गया। बीजेपी के तरफ से इसे रक्षाबंधन का मोदी के तरफ से तोहफा बताया गया। मोदी स्वयं 2014 से पहले कांग्रेस के किसी घोषणा पर तंज करते हुए बोलते सुने जाते थे कि 'क्या नानी के घर से लाए हो' ये निशाना उनका राहुल गांधी के ऊपर होता था। अब उन्हें बताना चाहिए कि ये सब तोहफा के लिए पैसा कहां से लाते हैं। जाहिर सी बात है कि तब भी टैक्स पेयर के पैसे से देश चलता था और आज भी चल रहा है।

उज्ज्वला योजना के लाभार्थियों के लिए 200 और छूट दे दी गई। उसके बाद 100 रुपये और कम किया गया। आम लोगों के लिए 903 रुपये का और उज्ज्वला के लाभार्थियों के लिए 603 रुपये का सिलेन्डर हो गया।

जब रेट बढ़े तो सरकार की तरफ से जबाव आया कि इसकी कीमत अंतराष्ट्रीय मार्केट से तय होते हैं और कम किया तो मोदी जी का बहनों को तोहफा है।

मई 2022 में आरटीआई के जरिए खुलासा हुआ कि उज्ज्वला योजना के 90 लाख लाभार्थियों ने एक बार भी सिलेन्डर रीफिल नहीं कराया और 1 करोड़ लाभार्थियों ने मात्र एक बार ही रिफिल कराया।

जनधन योजना: जनधन योजना के तहत 51 लाख से ज्यादा बैंक खाते आम लोगों के खुले। जिसके लिए न्यूनतम बैंक बैलन्स को रखने की कोई सीमा नहीं रखी गई।

1 अप्रैल 2015 से बैंकों को न्यूनतम बैंक बैलन्स न रखने पर पेनाल्टी लगाने की अनुमति दी गई।

अगस्त 2015 में वित्त राज्यमंत्री भागवत कराड़ ने लिखित जबाव में बताया कि 2018 से 2023 तक 35 हजार करोड़ चार्ज के रूप में बैंको ने ग्राहकों से वसूली की। 21044.4 करोड़ न्यूनतम बैलन्स न मैन्टैन करने की वजह से वसूली गई। जो कि आम खाताधारकों से हुई। नाकि 8289.3 करोड़ एटीएम ट्रांसजेक्शन चार्ज और 6254.3 करोड़ एसएमएस चार्ज के रूप में वसूला गया। एटीएम ट्रांजेक्शन चार्ज और एसएमएस चार्ज जनधन खाताधारकों से भी लिया जाता है।

गरीब कल्याण के नाम पर उल्टा लोगों से ही इतने रुपये इकट्ठे किए गए।

नारी शक्ति बंदन अधिनियम मोदी सरकार महिलायों की संसद में भागीदारी को लेकर 33 फीसदी आरक्षण लेकर आई। इसमें एक तिहाई सीटे अनुसूचित जाति और जनजाति की महिलायों के लिए आरक्षित किया गया। 20 सितंबर 2023 को लोकसभा और 21 सितंबर को राज्यसभा में पारित हुआ। जिसे राष्ट्रपति द्रौपदी मुर्मू ने 29 सितंबर को मंजूरी दे दी। यह कानून बन गया।

यह आरक्षण जनगणना और परिसीमन के बाद ही लागू हो पाएगा। कोरोना के कारण 2021 का जनगणना अभी तक लंबित है जो शायद 2024 चुनाव के बाद शुरू हो। परिसीमन के ऊपर 2026 तक रोक है। 2026 के बाद कब होगा ये तो भविष्य की बात है।

कानून बनने के बाद अगला अहम पड़ाव है कि इसे राज्यों से भी मंजूरी मिले। अनुच्छेद 368 के तहत, अगर केंद्र के किसी कानून से राज्यों के अधिकार पर कोई प्रभाव पड़ता है तो कानून बनने के लिए कम

से कम 50% विधानसभाओं की मंजूरी लेनी होगी। यानि ये कानून देशभर में तभी लागू होगा जब कम से कम 14 राज्यों की विधानसभाएं इसे पारित कर दे।

वस्तुत: वर्ष 1996 से भारत ने एक लंबी यात्रा की है, जब महिला आरक्षण विधेयक को देवेगौड़ा की संयुक्त मोर्चा सरकार द्वारा पहली बार लोकसभा में पेश किया गया था। वर्ष 1998 में वाजपेयी की राजग सरकार द्वारा इसे पुन: पेश किया गया, किंतु यह पारित न हो सका। वर्ष 2008 में मनमोहन सिंह सरकार द्वारा लाया गया विधेयक भी पारित न हुआ और 2010 में क्षेत्रीय क्षेत्रों के सांसदों द्वारा इस विधेयक को फाड़ने और सदन में हंगामा करने के बाद भी यह पारित नहीं हो सका।

प्रधानमंत्री मोदी इस विधेयक को पारित होते ही कांग्रेस के ऊपर हमलावर हो गए कि उन्होंने कभी महिला सम्मान के लिए कुछ नहीं किया। अगर वास्तव में महिला सम्मान की चिंता होती तो वो खुद इस्तीफा देकर किसी महिला को प्रधानमंत्री बना देते। क्योंकि अभी इसमें बहुत समय लगना है और प्रधानमंत्री का पद तो आरक्षित करने का कोई प्रावधान नहीं रखा है। अब रही बात महिलायों की तो वो अपनी योग्यता के आधार पर कई महत्वपूर्ण पदों पर हैं। इंदिरा गांधी भी महिला ही थी और वो देश की प्रधानमंत्री रही।

मेरा तो मानना है कि किसी भी सफल चीज की शुरुआत खुद के घर से होती है। मोदी के प्रधानमंत्री बनने के बाद उनकी पत्नी यशोदा बेन ने नवंबर 2014 में आरटीआई के जरिए जानना चाहा कि वो प्रधानमंत्री की पत्नी होने के नाते किन सुविधायों की हकदार हैं। उन्हें प्रधानमंत्री की पत्नी होने के बावजूद पब्लिक ट्रांसपोर्ट में सफर करना पड़ता है। कई बार मीडिया में अपना कष्ट जाहिर कर चुकी हैं।

संसद में केंद्रीय गृह मंत्रालय ने बताया कि 2019 से 2021 यानी दो साल के बीच 13.13 लाख से ज्यादा लड़कियां और महिलाएं लापता हुई हैं। अब ये महिलाएं कहां गईं, इनके साथ क्या हुआ, इसके बारे में किसी को कुछ भी नहीं पता है।

इन लापता लड़कियों में 18 साल से कम और उससे ज्यादा दोनों उम्र की महिलाएं शामिल हैं। आंकड़ों के अनुसार जहां 2,51,430 लापता लड़कियों की उम्र 18 साल से कम है तो वहीं 10,61,648 महिलाओं की उम्र 18 साल से ज्यादा है।

महिला सम्मान की दंभ भरने वाले नरेंद्र मोदी ने कभी इनको लेकर एक शब्द भी नहीं बोला और न ही कोई बैठक बुलाई या चिंता जाहिर की।

दिल्ली में श्रद्धा वल्कर के 35 टुकड़े कर दिए गए। जिसके आरोपी आफताब अमीन पूनावाला के कृत्य को लेकर पूरा देश हतप्रभ था लेकिन महिला सम्मान करने वाले नरेंद्र मोदी ने एक शब्द नहीं बोला।

देश में आए दिन महिलायों को जिंदा जलाए जाने या फिर लड़कियों के सूटकेस में मिलने या बलात्कार की घटनाएं होती रहीत हैं लेकिन मोदी कुछ बोलने तैयार नहीं होते लेकिन महिला सम्मान का दंभ जरूर भरते हैं।

G 20 के पत्रिका में मुगल सम्राट अकबर को उदारवादी,शांति और लोकतंत्र का समर्थक बताया गया। वैसे बीजेपी की राजनीति हिंदू-मुसलमान,मुग़ल,पाकिस्तान आदि तक सीमित है। जिस अकबर का महिमामंडन किया गया वो सभी मुग़लों से ज्यादा क्रूर और चरित्रहीन था। अकबर ने 5000 अविवाहित महिलायों को अपने हरम में रखा था। जिनकी सुरक्षा में किन्नरों को रख रखा था। 1567 ईस्वी में अकबर ने मेवाड़ को अपने अधीन करने के लिए चित्तौड़ के क़िले पर आक्रमण किया था। अकबर ने उस दौरान लगभग 30,000 राजपूतों का कत्ल करवा दिया।

अकबर की क्रूरता की लंबी फेहरिस्त है,जिसको लेकर बीजेपी हमेशा से कांग्रेस के ऊपर हमलावर रही है कि उसने अकबर को महान पढ़ाया लेकिन ये उनसे भी आगे निकले। अकबर को निशाना भी बनाते है और मौका मिले तो उसे लोकतांत्रिक भी बता देते है।

नरेंद्र मोदी वैसे तो छात्रों से हमेशा परीक्षा पर चर्चा करते देखे जाते है लेकिन कलम पर 18 फीसदी जीएसटी और नोटबुक पर 12 फीसदी जीएसटी लगा रखा है। लेकिन हीरे के आभूषण पर 3 फीसदी जीएसटी है।

अब ऐसे में ये छात्रों का भला कैसे सोचते है,अगर छात्रों की पढ़ाई लिखाई की चिंता होती तो उसे टैक्स से बाहर रखते।

नरेंद्र मोदी विपक्ष के ऊपर परिवरवाद को लेकर हमेशा से हमलावर रहे है। जबकि इनके पार्टी में बीजेपी नेताओ के लड़के-लड़कियां विधायक,सांसद और मंत्री है। बीजेपी का इसके पीछे तर्क है कि परिवारवाद का मतलब सिर्फ पार्टी अध्यक्ष से है। ये तो वही बात हो गई कि ये जो करे वो सही और बाकि सब गलत है। जेपी नड्डा वैसे बीजेपी के अध्यक्ष है लेकिन उनकी हैसियत मोदी-शाह के कर्मचारी से ज्यादा कुछ नहीं है। वरना कई सार्वजनिक मंचों से अमित शाह उनका अपमान नहीं करते। लालू प्रसाद यादव के ऊपर परिवारवाद को मोदी ने हमला किया। लालू यादव ने भी पलटवार करते हुए कहा, "मोदी आजकल परिवारवाद पर हमला कर रहे है। कहते है कि लोग परिवार के लिए लड़ रहे है। आपके पास परिवार नही है। आपकी माता जी का जब देहांत हो गया था हर हिंदू बाल-दाढ़ी छिलवाता है। आप बताओ अपने क्यों नही छिलवाया ?"

मोदी ने इस मुद्दे पर जबाव देने के बजाय इसे भुनाना शुरू कर दिया। बीजेपी के नेताओ और समर्थकों ने अपने नाम के साथ सोशल मीडिया प्रोफाइल में 'मोदी का परिवार'जोड़ लिया।

गौरतलब हो कि 2019 चुनाव से पहले विपक्ष ने राफेल सौदा में घोटाले का आरोप लगाया। मोदी स्वयं को चौकीदार बोलते रहे थे। राहुल गांधी ने बोल दिया कि 'चौकीदार चोर है'। मोदी भ्रष्टाचार पर जवाब देने के बजाय इसे भुनाने लगे। मोदी ने अपने नाम से पहले सोशल मीडिया प्रोफाइल में चौकीदार जोड़ लिया। जिसका परिणाम रहा कि बीजेपी के नेताओ और समर्थकों के अलावा आम लोगों ने भी चौकीदार लिख लिया।

17 मार्च 2024 को राहुल गांधी ने बीजेपी पर हमला बोलते हुए कहा कि हिंदू धर्म में एक शक्ति होती है। हमारी लड़ाई एक शक्ति के खिलाफ है।

मोदी ने राहुल के बयान को भी हथियार बना लिया। मोदी ने विपक्ष पर हमला बोलते हुए कहा,"उन्होंने घोषणा किया है कि उनकी लड़ाई शक्ति के खिलाफ है...... मेरे लिए हर बेटी,मां और बहन शक्ति का अवतार है।"

जो लोग शक्ति के खिलाफ आवाज उठा रहे है। मै आपकी चुनौती स्वीकार करता हूं। मैं शक्ति के लिए जीवन बलिदान करने को तैयार हूं। आगे चलकर इसे देवी देवताओ से जोड़ने लगे।

अगर बात शक्ति की है तो दैवीय शक्ति,असुरी शक्ति .... और बहुत तरह की शक्ति होती है। बहरहाल राहुल गांधी ने स्पष्ट किया कि मैं जिस शक्ति के खिलाफ लड़ रहा हूं,उसका मुखौटा कोई और नहीं बल्कि मोदी है।

बहरहाल ये मोदी के राजनीति का हिस्सा रहा है कि विक्टिम कार्ड खेलने के लिए लोगों के बयान को तोड़ मरोड़कर पेश कर जानता को बरगलाओ। ये खुद विपक्षी नेताओ पर अभद्र टिप्पणी करते है और जब कोई पलटवार करे तो उसके बयान को तोड़मरोड़कर पेश करते है। ताकि जनता के बीच संदेश जाए कि इनके ऊपर हमला हो रहा है। ये अब तक 104 गालीयां गिन चुके है। जो कि इनके अनुसार विपक्षी नेताओ ने इनको दी है। वैसे तो ये दावा करते है कि 18-18 घंटे काम करते है तो क्या ये उन 18 घंटे में गालियों का डाटा संग्रहीत करते है ?

17 मार्च 2024 को नरेंद्र मोदी ने कहा,"आप कल्पना कर सकते है कि पिछले 10 साल में रेलवे में लाखों 4.50 लाख करोड़ का डिस्काउंट दिया गया है।"

अगर सच्चाई की बात करे तो 31 मार्च 2016 को रेलवे ने घोषणा की थी कि 5 साल और 12 साल के बच्चों के टिकट पर पूरा टिकट वसूला जाएगा। इससे पहले आधा पैसा लगता था। 5 साल से 12 साल का लड़का आधा टिकट लेकर जो पहले रिजर्व सीट पर जाता था वो अपने अभिभावक के सीट पर सफर कर सकता है।

21 सितंबर 2023 को एक आरटीआई के जरिए रिपोर्ट आई कि सरकार ने बच्चों के लिए यात्रा किराया में बदलाव कर 2800 करोड़ की अतिरिक्त कमाई की।

मोदी सरकार ने 20 मार्च 2020 को वरिष्ठ नागरिकों के टिकट में छूट खत्म कर दिया। इसके बाद शर्त 1-5 साल के बच्चों के लिए शर्त डाल दिया कि अगर उनके लिए अलग से सीट चाहिए तो पूरा टिकट लगेगा।

मध्यप्रदेश निवासी चंद्र शेखर गौड़ ने आरटीआई के जरिए पता किया कि 20 मार्च 2020 से 31 जनवरी 2024 तक सरकार ने वरिष्ठ नागरिकों का छूट खत्म कर 5,875 करोड़ से अधिक का अतिरिक्त राजस्व कमाया।

कुणाल गोपाल शुक्ला के आरटीआई से खुलासा हुआ कि सरकार ने वर्ष 2019 से वर्ष 2023 तक टिकट रद्द कराने पर 6113.8 करोड़ की कमाई की।

रेलवे किराया में भारी वृद्धि किया और आज स्थिति है कि स्लीपर क्लास में आम आदमी सफर नही कर सकता क्योंकि लोग बाथरूम में बैठकर सफर कर रहे है। जो पहले जनरल डिब्बा में होता था।

मोदी सरकार ने वित्त वर्ष 2023-24 में बुजुर्गों के फिक्स्ड डीपॉजिट से कमाए गए रुपए पर ब्याज लगाकर 27 हजार करोड़ की कमाई कर ली।

8 मार्च 2024 को दिल्ली के भारत मंडपम में देश का पहला नेशनल क्रिएटर्स अवॉर्ड आयोजित किया गया। इस मौके पर प्रधानमंत्री नरेंद्र मोदी ने कहा, 'ज्योतिष ऐसी चीज है कि लोग तुरंत अपना हाथ दिखाते हैं। मैं अपने बचपन से जुड़ा एक अनुभव बताता हूं। मैं बहुत सफर करता था। उस वक्त ट्रेन में रिजर्वेशन करते नहीं थे, बहुत भीड़ होती थी। मैं अनरिजर्व वाले डिब्बे में सफर करता था। जब सीट नहीं मिलती थी, तो मैं देखता था कि कोई मौका है। मैं किसी का हाथ पकड़ कर उसे ज्योतिषी की तरह देखना शुरू कर देता था। इसके बाद तुरंत लोग मुझे सीट दे देते थे।'

पीएम अरिदमन नाम के क्रिएटर को अवॉर्ड दे रहे थे। अरिदमन धर्म, संस्कृति और ज्योतिष से जुड़े विषयों पर वीडियो बनाते हैं। शायद इसलिए मोदी ने इस तरह की कहानी बनाकर सुनाई हो। उस जमाने में लोग बाहर जाना बहुत कम पसंद नही करते थे और देश की आबादी भी बहुत कम थी। बहरहाल,मोदी ने ये स्वीकार कर लिया कि ये बचपन से अपने फायदे के लिए लोगों को मूर्ख बनाते रहे है।

नरेंद्र मोदी जैसा देश वैसा वेश के सिद्धांत पर काम कर रहे है। जहां भी जाए,कोई ना कोई रिश्ता उनका या गुजरात का निकल आता है। पंजाब में जाकर बोल पड़ते है कि पंजाब के साथ मेरा पुराना नाता रहा है। एक रैली के दौरान बोल पड़े कि अरे यदुवंश के साथ हमारा रिश्ता है,हमारा नाता है। बलिया मे जाकर बोल पड़े कि बलिया से भावुक रिश्ता ये भी है ....। एनसीसी के कैडेट को संबोधित करते हुए कहा कि मै भी कभी आपकी तरह ही एनसीसी का सक्रिय कैडेट रहा हूं। आदिवासी समाज के बीच में बोल पड़े कि मैंने अपने जीवन का एक महत्वपूर्ण कालखंड आदिवासियों के बीच में बिताया है। चीन को लेकर बोल पड़े कि चीन के साथ मेरे निजी रूप से भी एक विशेष नाता है। ब्रज में बोल पड़े कि भगवान कृष्ण से लेकर मीरा बाई तक ब्रज का गुजरात से अलग ही रिश्ता रहा है। यहां तक कि लोगों को संबोधित करते हुए बोल पड़े कि चेतक घोड़े की मां गुजराती थी। फ्रांस को लेकर बोल पड़े कि साथियों मेरा खुद का व्यतिगत रूप से फ्रांस के प्रति लगाव बहुत पुराना रहा है। बुद्ध को लेकर बोला कि भगवान बुद्ध के साथ मेरा एक और भी संबंध है। हिमाचल प्रदेश को अपना दूसरा घर बता डाला। कतर गए तो उसे भी अपना दूसरा घर बता डाला। वैसे मोदी के रिश्तों की बहुत लंबी फेहरिस्त है।

कही जाकर डमरू बजाना तो कही ढोलक तो कही ड्रम तो कही बाँसुरी बजाते भी देखे जाते है। पूरी तरह से अभिनेता के अंदाज में जीवन यापन कर रहे है।

लोकसभा चुनाव 2024 के प्रचार के दौरान कांग्रेस को लेकर झूठ बोलते हुए कहा,"जब उनकी सरकार थी तब उन्होंने कहा था कि देश की संपत्ति पर पहला अधिकार मुसलमानों का है। इसका मतलब ये संपत्ति इकट्ठी करके जिनके ज्यादा बचे है,उनको बाटेंगे। घुसपैठियों को बाटेंगे। क्या आपके मेहनत का पैसा घुषपैठियों को बांटा जाएगा,आपको ये मंजूर है ? ये कांग्रेस का घोषणापत्र कह रहा कि माताओ और बहनों के सोने का हिसाब करेंगे। उसकी जानकारी लेंगे और फिर उस संपत्ति को बांट देंगे। उनको बाटेंगे जिनको मनमोहन सिंह की सरकार ने कहा था कि देश के संपत्ति पर पहला हक मुसलमानों का है। भाइयों और बहनों ये अर्बन नक्सल की सोच,मेरी माताओ और बहनों आपका मंगल सूत्र भी ये बचने नहीं देंगे।"

अगर घुसपैठियों को बांटने के सवाल है तो (चैप्टर 9) में देखा जा सकता है कि ये खुद कितने बड़े घुषपैठियों के पहरेदार है। मुसलमानों को संपत्ति बांटने का सवाल है तो मोदी एक साक्षात्कार में बोलने है कि कांग्रेस के 70 साल में कार्यकाल में मुसलमानों को किसी योजना का लाभ नही मिला। बीजेपी बोलती रही है कि कांग्रेस ने मुसलमानों को वोटबैंक बनाकर रखा और असली विकास हमने किया तो फिर मुसलमानों को कौन संपत्ति दे रहा है ? पूर्व प्रधानमंत्री मनमोहन सिंह ने 9 दिसंबर 2006 को नई दिल्ली में राष्ट्रीय विकास परिषद की 52 वीं बैठक में अनुसूचित जाति,अनुसूचित जनजाति,अन्य पिछड़े वर्गों, अल्पसंख्यकों खासकर मुस्लिमों, महिलायों और बच्चों के उत्थान पर ध्यान देने को कहा था। आगे कहा कि इन सभी का देश के संसाधनों पर पहला हक है। अगर मनमोहन सिंह ने कहा भी होता तो उन्होंने तो कुछ ऐसा नहीं किया लेकिन नरेंद्र मोदी के कार्यों से लगता है कि देश को मुसलमानों को सौंपने की दिशा में काम कर रहे है।

महिलायों के सोना और मंगल सूत्र छीनने की बात है तो मोदी सरकार ने 16 जून 2021 तक सोने की हॉलमार्किंग स्वैच्छिक रूप से लागू था। इसके बाद, सरकार ने गोल्ड हॉलमार्किंग अनिवार्य करने का निर्णय लिया। उपभोक्ता मामलों के मंत्रालय ने कहा है कि 31 मार्च 2023 के बाद बिना हॉलमार्क यूनिक आइडेंटिफिकेशन (HUID) वाले सोने के गहने और कलाकृतियों को नहीं बेचा जा सकता है। मंत्रालय ने कहा कि उपभोक्ताओं के बीच 4 डिजिट और 6 डिजिट हॉलमार्किंग को लेकर कंफ्यूजन दूर करने के लिए यह अहम फैसला लिया गया है। नए नियम के तहत एक अप्रैल से सिर्फ छह डिजिट वाले अल्फान्यूमेरिक हॉलमार्किंग ही मान्य होंगे। इसके बिना सोना और सोने के आभूषण नहीं बिकेंगे। साथ ही चार डिजिट वाली हॉलमार्किंग पूरी तरह बंद हो जाएगी।

ये सब देख पाठक तय कर सकते है कि सोना पर किसकी नजर है। जो इन्होंने कांग्रेस के घोषणापत्र की बात की,उसमें मोदी के द्वारा कही बातें नहीं लिखी गई थी।

कांग्रेस के तत्कालीन इंडियन ओवरसीज अध्यक्ष सैम पित्रोदा ने कहा कि अमेरिका में विरासत टैक्स लगता है और भारत में भी इसके ऊपर बहस होना चाहिए। नरेंद्र मोदी को मुद्दा मिल गया। ये चुनाव

प्रचार में भुनाने लगे कि कांग्रेस आपकी जमीन छिन लेगी। लोगों को डराते डराते यहां तक बोल पड़े कि अगर आपके पास दो भैंस है तो एक कांग्रेस खोल ले जाएगी। दूसरी तरफ बोल पड़े कि राजीव गांधी ने इंदिरा गांधी का संपत्ति हासिल करने के लिए विरासत टैक्स को हटा दिया था। मोदी के अनुसार कांग्रेस ने ही विरासत टैक्स को खत्म किया था और वही ला देगी। जबकि ये कांग्रेस के घोषणापत्र में भी नहीं है।

विरासत टैक्स की बात करे तो मोदी सरकार में वित्त राज्य मंत्री रहे जयंत सिन्हा ने सार्वजनिक रूप से कहा था कि वो 2014 में इनहेरिटेंस टैक्स लागू करना चाहते है। वर्ष 2017 में ऐसी रिपोर्ट्स सामने आई कि मोदी सरकार इनहेरिटेंस टैक्स को फिर से लागू करने जा रही है। वर्ष 2018 में तत्कालीन वित्त मंत्री अरुण जेटली ने इनहेरिटेंस टैक्स की प्रशंसा करते हुए कहा था कि पश्चिमी देशों में इस तरह के टैक्स से अस्पतालों और शिक्षण संस्थानों को काफी मात्रा में अनुदान मिलता है। ऐसी न्यूज रिपोर्ट्स सामने आईं कि मोदी सरकार केंद्रीय बजट 2019 में इनहेरिटेंस टैक्स पेश करेगी।

गौरतलब हो कि वर्ष 2017 में मोदी सरकार में वित्त मंत्री रहे अरुण जेटली ने कुछ विरासत टैक्स जैसा कर लगाने के लिए कानून में बदलाव किया था। हालांकि, इसे विरासत टैक्स का नाम नहीं दिया था। कानून में बदलाव का असर यह जरूर था कि पुश्तैनी संपत्ति पाने वालों को टैक्स भरना पड़ता। इसके मुताबिक अगर व्यक्ति को 50 हजार से ज्यादा मूल्य की नकदी या कोई संपत्ति मिलती है तो इसे आय में गिना जाएगा और इस पर टैक्स लगाया जाएगा। जब इसका भारी विरोध हुआ तो इसे वापिस ले लिया गया।

6 मार्च 2024 को बिहार की बेतिया में रैली के दौरान भावुक होते हुए कहा, "आपके सामने वह व्यक्ति है जिसने बहुत छोटी आयु में घर छोड़ दिया था। बिहार का कोई भी व्यक्ति किसी भी राज्य में रहे लेकिन दीपावली और छठ पूजा में घर लौटता है। मेरा कौन सा घर है जहां मैं लौटूं।"

मोदी ने आगे कहा कि मेरे लिए तो पूरा देश ही मेरा घर है। जब देश ही घर है तो फिर घर छूटा कहां और कही जाने की क्या जरूरत? अगर इनके घर की बात करें तो इनकी मां थी, पत्नी है और पूरा परिवार है। जो आज भी इनकी राह देखते है। ये नहीं जाते तो इसका मतलब है कि इन्हें कोई लगाव नहीं है। लेकिन ये सब भुनाकर सिर्फ वोट लेना चाहते है।

मोदी ने 6 मई 2024 को साक्षात्कार में कहा, "वैसे तो मैंने अपनी मां के साथ कोई न्याय नहीं किया है, क्योंकि मां के जो बच्चों के लिए सपने रहते है। वैसा कोई मैंने सपना पूरा नहीं किया। मैं बहुत छोटी उम्र में अपने घर से भाग गया था, तो इस प्रकार से मैं अपनी मां का गुनहगार हूं।"

खास बात ये थी कि मोदी भावुक दिखे। लेकिन जब इनकी मां जीवित रही तो आमतौर पर चुनाव में नामांकन भरने से पहले मां से मिलने जाते थे। शायद इसकी पीछे इनकी मंशा हो कि मीडिया में वो तस्वीरें आए और इनका मां के प्रति प्रेम लोग देखे। क्योंकि बिना कैमरा के नहीं गए। अखिर ऐसी क्या बात है कि जब इनकी मां जीवित भी थी तो उनको याद करके मीडिया में भावुक होते रहे लेकिन ज्यादा कोई मतलब नहीं रखा।

नरेंद्र मोदी ने कांग्रेस को कोसते हुए कहा,"गरीब को कुछ मुफ़्त में दो,उसको चाहिए। यही उनकी गलत सोच थी।"

जब खुद की बारी एआई तो बोलने लगे कि मैं 80 करोड़ लोगों को मुफ़्त में खाना देता हूं। राहुल गांधी के ऊपर हमलावर होते हुए कहते थे कि नानी के घर से लाए हो लेकिन खुद के बारे में नहीं बताते की कहां से लेकर आते है।

ये बहुत ही आसान सी बात है कि करदाताओ के ही पैसे से देश और नेताओ के खर्च चलते है।

प्रज्वल रवन्ना के कहती नरेंद्र मोदी वोट भी मांग आए। जब सेक्स स्कैन्डल का मामला आम लोगों के बीच आया तो वो देश छोड़कर जर्मनी भाग गया। विदेश मंत्रालय ने बताया कि वो राजनयिक पासपोर्ट पर गया।

नरेंद्र मोदी ने इसको लेकर भी कर्नाटक के कांग्रेस के सरकार पर हमला बोला। मोदी के अनुसार,"प्रज्वल रवन्ना के लिए जीरो टोलरेन्स की नीति है,उन्हें देश छोड़ने की अनुमति कर्नाटक सरकार ने दी है।"

केंद्र सरकार के गृह मंत्रालय अधीन इमीग्रेशन विभाग काम करता है लेकिन मोदी की नीति है कि खुद की विफलता दूसरे के ऊपर डालो।

ये शायद इनके रणनीति का हिस्सा है कि हर जगह अलग-अलग तरह का बयान दे लोगों को गुमराह करके रखो। असली मुद्दों और काम को छोड़कर हर काम करो,जिससे लोगों के जीवन में कोई फर्क ना पड़ता हो।

ये सब देख पाठक तय कर सकते हैं कि इनकी असल मंशा क्या है।

इस्लाम और मुसलमान से गहरा लगाव

नरेंद्र मोदी जब भी मुस्लिम से मिले इनके चेहरे पर अलग तरह की खुशी दिखी और ज्यादातर मुसलमान के लिए ही रोए। कुछ रोने का अपवाद जरूर है लेकिन हिंदू के लिए नहीं। कई बार तो भीड़ में मुसलमान देखकर मिले। सितंबर 2001 में मुख्यमंत्री बनने से पहले एक कार्यक्रम के दौरान मुस्लिम ऐक्टिविस्ट के बारे में कहा कि उन्होंने दुनिया को तीन हिस्सों में बांटा है - दारुल अमन, दारूल हरब और दारुल इस्लाम

दारुल अमन का मतलब है, "शांति की जमीन" जहां इस्लाम पहुंच चुका है या जहां इस्लाम कुछ करने की ताकत नहीं रखता, वहां दारुल अमन होना चाहिए। दारुल हरब मतलब "विवाद का जमीन" जहां शक्ति है वहां संघर्ष करो अपना झंडा जमाओ। दारुल इस्लाम का मतलब है पूरे विश्व को इस्लाम में धर्मांतरित करना। ऐसे इरादों से कुछ पॉलिटिकल ऐक्टिविस्ट जो इस्लाम से संबंध रखते हैं। उनका मकसद है कि जब तक तुम मेरे शरण में नहीं आओगे तबतक तुम्हें मोक्ष नहीं मिलेगा, अल्लाह नहीं मिलेगा। तब विवाद शुरू होता है और मैं (मोदी) मानता हूं कि विश्व के अंदर हिंदुस्तान ने ये विचार दिया है कि जगत के सब धर्म समान हैं तब तक कोई विवाद नहीं है लेकिन जब मैं ये कहता हूं कि तुम्हारा विडंबना है, मेरा सही है तो विवाद शुरू होता है और नफरत पैदा होती है। अगर वो नफरत आगे चलकर जब साम्राज्यवाद से जुड़ती है तब आतंक फैलता है। 1400 साल में पूरे विश्व में अपना झंडा फैलाने का चला, उसी का नतीजा है कि आज ये स्थिति आई है। इस्लाम के विचारधारा को गाली गलौज करने के बजाय जो तत्व उसका दुरुपयोग कर रहे हैं, उसपर फोकस करना ज्यादा अच्छा होगा।

नरेंद्र मोदी ने यहां इस्लाम के विचारधारा को क्लीनचीट दी जबकि जो लोग दुनिया को कन्वर्ट करना चाहते हैं वही इस्लाम की विचारधारा है जिसे वो अमल कर रहे हैं।

कुरान में मूर्ति पूजने वालों के लिए यह लिखा गया है कि जब पवित्र महीने बीत जाए तो वह जहाँ मिले उन्हें पकड़ो और उन्हें घेरो। इसी के साथ हर घात की जगह उनकी ताक में बैठो और उनका कत्ल करो। जहाँ कहीं भी मूर्ति पूजक मिले उन्हें मार दो। (कुरान मजीद, सूरा 9, आयत 5) (कुरान 9:5)

कुरान में यह भी लिखा गया है कि केवल अल्लाह को मानना चाहिए क्योंकि मूर्तियों को पूजने वाले नापाक (अपवित्र) हैं। (कुरान सूरा 9, आयत 28)

कुरान के सूरा 4, आयत 101 में लिखा हुआ है कि काफिर यानी गैर-मुस्लिम तुम्हारे खुले दुश्मन हैं, और उन 'काफिरों' से लड़ो जो तुम्हारे आस पास हैं। (कुरान सूरा 9, आयत 123)

कुरान में लिखा हुआ है जो काफिर हैं यानी गैर मुस्लिम उनके साथ जिहाद करो। उन पर जितना हो सके सख्ती करो क्योंकि उनका ठिकाना 'जहन्नम' है, और बुरी जगह है जहाँ वह पहुँच जाएं। (कुरान सूरा 66, आयत 9)

कुरान सूरा 2 आयत 193 में लिखा है उनके विरूद्ध तब तक लड़ते रहो जब तक मूर्तिपूजा खत्म न हो जाए। इसके अलावा सूरा 26 आयत 94 में लिखा है सभी मूर्तिपूजकों को अल्लाह औंधे मुँह नर्क की आग में डालकर जला देगा।

कुरान सूरा 9 आयत 28 में लिखा है 'हे इमां वालों (मुसलमानों) मुशरिक (मूर्ती पूजक) नापाक है।''

कुरान में **काफिरों का क़त्ल करने के बाद उनकी सम्पत्ति, बीवी, बच्चों के लिए कहा गया है कि** 'यह लूट अल्लाह ने दी है।' (कुरान सूरा 48 आयत 20 में) उन चीजों का भोग करो क्योंकि उन्हें तुमने युद्ध में प्राप्त किया है। (कुरान सूरा 8 आयत 69)

कुरान में लिखा हुआ है विवाहित औरतों के साथ विवाह हराम है लेकिन जब युद्ध में माले-गनीमत के रूप में औरतें मिले तो वह तुम्हारी गुलाम है इसलिए उनके साथ विवाह करना जायज है।" (कुरान सूरा 8 आयत 69)

कुरान आयत 8/17 और 18 दोनों में लिखा है तुमने काफिरों का क़त्ल नहीं किया है अल्लाह ने उन्हें क़त्ल किया है।

ये सारी बातें मौलाना और इस्लाम के जानकार अपने तकरीरों में बोलते होते हैं लेकिन नरेंद्र मोदी के अनुसार कुछ लोग गलत हैं। ये सारी बातें तो सभी पढ़ते हैं, कोई उनका दूसरा मजहबी किताब है भी नहीं, फिर गलत कौन है?

2005 में एक साक्षात्कार के दौरान कहा कि मैं इस्लाम के विचारधारा के खिलाफ बिल्कुल भी नहीं हूं और जो हिंदू इस्लाम के खिलाफ हैं वो हिंदू नहीं हैं क्योंकि हिंदू धर्म ने सिखाया है कि सर्व धर्म बराबर है।

हिंदू धर्म ग्रंथों में किसी धर्म का जिक्र नहीं क्योंकि तब कोई दूसरा मजहब था ही नहीं फिर मोदी ने ये सब कहां से पढ़ा? मोदी को ये अधिकार किसने दिया कि वो हिंदू होने का प्रमाणपत्र जारी करें और ये तय करें कि हिंदू क्या करे, क्या न करे।

नरेंद्र मोदी के प्रधानमंत्री बनने के बाद हिंदुओं को लगा कि भारत में जो सेकुलर राजनीति के नाम पर मुस्लिम परस्ती राजनीति रही है, उसमें बदलाव होगा क्योंकि बीजेपी जब विपक्ष में रही तो पूर्व कांग्रेस नीत यूपीए सरकार पर हिंदुओं के अनदेखी को लेकर हमलावर रही। गुजरात दंगा के बाद मोदी को प्रायोजित विरोध ने हिंदू हृदय सम्राट का तमगा दे ही दिया था लेकिन मोदी ने न सिर्फ पूर्व सरकारों

का मुस्लिम परस्ती में रिकार्ड तोड़ा बल्कि बीजेपी को पूरी तरह इस्लाम में ढालना शुरू कर दिया। कई बीजेपी के नेता हिंदुत्ववादी थे लेकिन सबको इस्लाम परस्त बनाया और इस प्रकार बीजेपी को पूरी तरह अपने कंट्रोल में ले लिया। जो प्रखर हिंदुत्ववादी थे, उनके पास कहीं और जाने का विकल्प भी नहीं था। मोदी ने बड़े चालाकी से अपने मिशन इस्लाम को सबका साथ सबका विकास का नाम दे दिया और समर्थक भी इस ट्रैप में आसानी से आ गए क्योंकि मंदिर जाना और फोटो खिंचा शेयर करना ही उन्हें हिंदुत्व दिखने लगा क्योंकि ये सब पहले नहीं होता था।

प्रधानमंत्री बनने के बाद 19 सितंबर 2014 को पहली बार विदेशी चैनल 'सीएनएन' को दिए इंटरव्यू में कहा," मुसलमानों के देशभक्ति पर सवाल नहीं उठाए जा सकते। भारतीय मुसलमान भारत के लिए जिएंगे और भारत के लिए ही मरेंगे। यह सोचना अल कायदा का भ्रम है कि भारत के मुसलमान उसके इशारों पर काम करेंगे।

ये बात मोदी ने तब कही जब कि भारत में अल कायदा के आतंकवादी पकड़े जा रहे थे और आज भी पकड़े जा रहे हैं।

नरेंद्र मोदी के मन की बात का कार्यक्रम आकाशवाणी से प्रसारित होना शुरू हुआ। इस कार्यक्रम का पहला प्रसारण 3 अक्टूबर 2014 को हुआ। मन की बात कार्यक्रम में लगभग हमेशा किसी न किसी मुसलमान के संघर्ष और हुनर की कहानी सुनाना शुरू किया।

जून 2015 में इमाम उमर अहमद इलियासी के नेतृत्व में 30 सदस्यीय प्रतिनिधिमंडल के साथ मुसलमानों से संबंधित सामाजिक, आर्थिक और शैक्षणिक मुद्दों पर चर्चा की। 45 मिनट की चली चर्चा के दौरान मोदी ने इलियासी से कहा कि मुस्लिम नेता उनकी चिंताओं पर चर्चा करने के लिए आधी रात को भी संपर्क कर सकते हैं।

इलियासी ने कहा कि प्रधानमंत्री ने उनसे कहा कि किसी भी मुद्दे और चिंताओं पर चर्चा करने के लिए उनके दरवाजे रात 12 बजे भी खुले रहेंगे। मोदी ने कहा कि मैं आपको वचन देता हूं, अगर आप आधी रात को भी दरवाजा खटखटाएंगे तो मैं जबाव दूंगा।

इलियासी ने भाजपा के सत्ता में आने के बाद मुस्लिम समुदाय के चिंताओं से अवगत कराया। मोदी ने आश्वासन दिया कि वह उस राजनीति में विश्वास नहीं करते जो लोगों को सांप्रदायिक आधार पर विभाजित करती है। मोदी ने शब-ए-बारात के मौके पर उनसे मिलने के लिए समय निकालने के मुस्लिम नेताओं के कदम की सराहना की।

प्रतिनिधिमंडल में शामिल मौलाना अबुल कलाम आजाद के पोते फिरोज बख्त अहमद ने मीडिया से कहा कि ऐसा नहीं था पीएम कुर्सी पर बैठे और लोगों से बात की। वह प्रत्येक व्यक्ति से व्यक्तिगत मिले। बैठक में कहा कि किसी को भी हिंदू-मुस्लिम कार्ड नहीं खेलने देंगे। वह खुद भारत कार्ड खेलेंगे।

बैठक में मुख्तार अब्बास नकवी और राष्ट्रीय सुरक्षा सलाहकार मौजूद थे। राष्ट्रीय सुरक्षा सलाहकार का मुस्लिम नेताओं के साथ बैठक में शामिल होना, ये पाठक आगे पढ़ेंगे कि कैसे वो मोदी के मिशन भारत के इस्लामीकरण में महत्वपूर्ण सिपाही की भूमिका निभा रहे हैं।

मुस्लिम प्रतिनधिमंडल जो मोदी से मिला और जो उसकी चिंता थी वो आम मुस्लिम के बीच में भी थी। जब मोदी प्रधानमंत्री बने तब उनके बीच डर था कि मोदी बन गया पता नहीं अब क्या करेगा? मोदी को समझने में मुस्लिम या हिंदू या कोई अन्य सभी को भूल हुई। अगर उनको अच्छे से जान जाए तो सिर्फ मुस्लिम पसंद ही नहीं वोट भी करेगा। अगर हिंदू समझ जाए तो उसकी उनके प्रति जुनून खत्म हो जाए।

प्रधानमंत्री नरेंद्र मोदी ने जेएस राजपूत द्वारा संपादित एजुकेशन ऑफ मुस्लिम्सः एन इस्लामिक पर्सपेक्टिव ऑफ नॉलेज एंड एजुकेशन-इंडियन कॉन्टेक्स्ट' पुस्तक का 15 जून 2015 को विमोचन किया। इस मौके पर सार्क देशों के उच्चायुक्तों और कतर, बहरीन, मिस्र और इंडोनेशिया जैसे मुस्लिम देशों के दूतों को संबोधित करते हुए कहा कि कुरान में अल्लाह के बाद सबसे ज्यादा किसी शब्द का जिक्र है तो वो है इल्म, 800 बार इल्म का उल्लेख है। ज्ञान मुसलमानों की खोई हुई धरोहर है, वो उसे जहां से मिले, उसे हासिल कर लेगा।

6 जुलाई 2015 को नरेंद्र मोदी उज्बेकिस्तान के राजधानी ताशकंद पहुंचे। नजरबायेव विश्व विद्यालय में प्रधानमंत्री मोदी ने भारत में इस्लामिक विरासत का बखान किया और कहा कि भारत इस्लाम के आदर्शों से बंधा हुआ है। मध्य एशिया और भारतीय उप महाद्वीप में शांति कायम रखने, आतंकवाद और अतिवाद से निपटने के लिए साझा इस्लामिक विरासत का हवाला दिया। भारत और मध्य एशिया के बीच साझा इस्लामिक विरासतें इस्लाम की सर्वोच्च शिक्षा, धर्म धर्मपरायणता, संवेदना और कल्याण को परिभाषित करने वाली हैं। यह विरासतें प्रेम और समर्पण के सिद्धांतों पर खड़ी हुई हैं। इसने हमेशा से अतिवादी बलों को नकारा है।

अगर इस्लाम के उदय की बात करें तो यह 1400 साल पहले हुआ। तो फिर मोदी क्या बताना चाह रहे थे कि उससे पहले भारत में आदर्श नहीं था। वो भी तब जब भारत भगवान राम और कृष्ण की धरती रही है। अगर शांति कायम रखने और आतंकवाद से निपटने के लिए इस्लाम कारगर है तो ये भी बताना चाहिए था कि अशांति और आतंकवाद की जड़ कहां है। भारत का रक्तरंजित इतिहास किसके वजह से रहा है? 500 सालों में 10 करोड़ हिंदुओं की हत्या किसने की और किस विचारधारा से प्रभावित लोगों ने किया? आतंकवादियों के लिए आंसू कौन समुदाय बहाता है? आतंकवादियों का हिमायती कौन सा समुदाय है? किस विचारधारा से प्रभावित हो लोग आतंकवादी बन रहे हैं?

ये पाठक तय कर सकते हैं कि नरेंद्र मोदी के दिए गए भाषण की जमीनी सच्चाई क्या है?

नरेंद्र मोदी प्रधानमंत्री बनने के बाद सार्वजनिक तौर पर मस्जिद जाना शुरू किए। अगस्त 2015 में मोदी संयुक्त अरब अमीरात के दो दिवसीय दौरे पर गए थे। इस यात्रा के पहले दिन ही ऐतिहासिक शेख जायद मस्जिद भी गए, तब उनके साथ यूएई के तत्कालीन उच्च शिक्षा मंत्री हमदान बिन मुबारक भी थे। मोदी ने मस्जिद के विजिटर्स बुक में इस्लाम को शांति और सद्भावना का प्रतीक बताया।

17 मार्च 2016 को नई दिल्ली के विज्ञान भवन में विश्व सूफी फोरम के उद्घाटन समारोह को संबोधित करते हुए शांति और सद्भाव का संदेश देने के लिए इस्लाम की प्रशंसा की। मोदी ने कहा कि अल्लाह के 99 नामों में से कोई भी हिंसा का प्रतीक नहीं है। प्रधानमंत्री ने कहा कि सूफीवाद शांति, सह अस्तित्व, करुणा, समानता और वैश्विक भाईचारे का आह्वान है।

मोदी ने आगे कहा कि अल्लाह के पहले दो नाम कृपालु और रहमदिल है। अल्लाह रहमान और रहीम है।

1 मार्च 2018 को प्रधानमंत्री नरेंद्र मोदी ने दिल्ली में इस्लामिक स्कॉलर कॉन्फ्रेंस में हिस्सा लिया। प्रधानमंत्री के साथ कॉन्फ्रेंस में जॉर्डन के किंग अब्दुल्ला-2 समेत कई देशों के इस्लामिक विद्वानों ने हिस्सा लिया। पीएम मोदी ने कहा कि हम चाहते हैं कि मुसलमानों के एक हाथ में कुरान और दूसरे हाथ में कम्प्यूटर हो।

नरेंद्र मोदी ने उसी दिन ट्वीट कर लिखा, "पूरे भारत में इस्लामिक संस्कृति फल-फूल रही है। सूफीवाद का प्रभाव प्रेम, शांति और भाईचारे का संदेश फैलाता है। भारत सरकार मुस्लिम युवाओं को सशक्त बनाने में कोई कसर नहीं छोड़ रही है। हम चाहते हैं कि उनके एक हाथ में कुरान हो और दूसरे हाथ में कंप्यूटर हो।"

अब पाठक ये जानना चाहते होंगे कि ये सूफीवाद क्या है? जिसमें एक बड़े धड़े का हिंदू हृदय सम्राट नरेंद्र मोदी शांति, सह अस्तित्व, करुणा, समानता और वैश्विक भाईचारा तलाश रहे हैं?

भारत में अक्सर 'सूफी परंपरा' की तुलना 'भक्ति आंदोलन' से की जाती रही है। सूफियों को 'संत' कहा जाता है, ताकि हिन्दू भी उनका सम्मान करें, उनकी पूजा करें और उनके मजार पर जाकर मत्था टेकें। क्या वाकई में ये सूफी इतने महान थे?

नरेंद्र मोदी जिस दारुल अमन की बात कर रहे थे उसी दारुल अमन को दारुल हरब में बदलने के लिए सूफियों को भेजा जाता था। असल में इन सूफी फकीरों को भेजा ही इसीलिए जाता था, ताकि वो गरीबों को बहला-फुसला कर और उनके साथ प्रेमपूर्वक बर्ताव कर के इस्लामी धर्मांतरण कराएँ। जैसे इस्लामी शासन खून-खराबे से साम्राज्य विस्तार करते चलते थे, इन सूफियों को समाज को तोड़ने के लिए लगाया जाता था। वो अच्छी-अच्छी बातें करते थे, ताकि लोग उन्हें 'संत' मानें। असल में सूफियों को इस्लामिक आक्रान्ताओं के लिए जमीन तैयार करने के लिए भेजा जाता था। असल में इस्लाम में जिसे अल तकिया कहा जाता है, उस कला में सूफी माहिर होते थे क्योंकि बहुत मीठी बातें कर अपना हित तलाशते थे।

लेखिका तस्लीमा नसरीन ने भी अपनी पुस्तक 'निषिद्ध' में लिखा है कि सूफियों के 'प्रेमपूर्वक बर्ताव' के कारण कई हिन्दुओं ने धर्मांतरण किया।

बंगाल में एक राजा गणेश हुए हैं। उनके राज्य में भी कुतुब अल आलम नाम का सूफी फ़कीर आकर रहता था और उसने अपनी 'चमत्कारी' छवि बना रखी थी। आक्रांताओं के खतरे को कम करने के लिए राजा 'चमत्कार' का सहारा लेने पहुँचे। सूफी ने कह दिया कि राजा गणेश का बेटा जदु यदि इस्लाम अपना कर राज्य चलाता है तो सारे खतरे टल जाएँगे।

फिर क्या था, जदु को 'जलालुद्दीन मुहम्मद शाह' बना कर गद्दी पर बिठा दिया गया। कुतुब अल आलम की मौत के बाद राजा गणेश ने पूरे विधि-विधान से उसे हिन्दू धर्म में वापस लाने की प्रक्रिया पूरी की

और 'दनुजमर्दन देव' नाम से उसका नया नामकरण किया। हालाँकि, सूफी' का प्रभाव उस पर ऐसा पड़ा था कि पिता की मौत के बाद उसने फिर इस्लाम अपना लिया। उसका बेटा 'शमशुद्दीन अहमद शाह' हुआ। 15वीं शताब्दी के दूसरे दशक में हुए इस उथल-पुथल ने बंगाल में इस्लाम का विस्तार शुरू किया।

इसी तरह 14वीं शताब्दी के कुछ शिलालेख शाह जलाल मुजर्रद की बातें करते हैं। बताया गया है कि वो 'जिहाद' और 'काफिरों के खिलाफ युद्ध' के लिए भारत आया था। साथ ही कहा गया था कि 'दारुल हरब (नॉन-इस्लाम के राज वाली भूमि)' में शहीद होकर वो 'गाजी' बन सकता है, ऐसी उसे शिक्षा मिली थी। वो युद्ध लड़ता था और अपने जीत होने पर अपने अनुयायियों के साथ इस्लाम का झंडा गाड़ता था।

इसी तरह बंगाल के एक और तथाकथित 'सूफी संत' शेख जलाल अल-दीन तबरीजी को देखिए। 13वीं शताब्दी में वो दिल्ली आया था, लेकिन वहाँ भाव न मिलने पर बंगाल आ गया। उसके पक्ष में दलीलें दी जा सकती हैं कि उसने अस्पताल व सामुदायिक किचन बनवाए, लेकिन उसके बारे में समकालीन स्रोतों ने ये भी लिखा है कि उसने एक 'काफिर' द्वारा बनवाए गए मंदिर को ध्वस्त कर दिया और उसकी जगह वहाँ 'सूफी तकिया (रेस्ट हाउस)' बनवाया। लिखा है कि उसने कई 'काफिरों' का इस्लामी धर्मांतरण कराया था।

असल में ये सूफी इस्लामी आक्रांताओं का मुखौटा होते थे, जो समाज को प्रदूषित करते हुए हिन्दू राजाओं के विरुद्ध माहौल तैयार करते थे। कभी-कभी ये युद्ध भी लड़ते थे। इस्लामी आक्रांताओं का राज आने पर इन्हें महत्वपूर्ण स्थान मिलता था, इसीलिए गरीब लोग भी इन्हें अपना सब कुछ मान लेते थे।

जिस साल मोहम्मद गोरी हार कर भागा, उसके अगले ही साल या कुछ ही दिनों बाद एक सूफी संत ख्वाजा मोईनुद्दीन चिश्ती ने पृथ्वी राज चौहान के राजधानी अजमेर में डेरा जमाया। वहाँ वह कई चमत्कार करने लगा। आस-पास के लोगों में उसके प्रति जिज्ञासा जागी। वह लोगों से काफी अच्छे से पेश आता। गाँव के गाँव इस्लाम में धर्मांतरित होने शुरू हो गए।

1191 में गोरी हारा और 1192 में दोबारा लौट कर आया। इसी अवधि के बीच चिश्ती ने अजमेर में डेरा जमाया। कहा जाता है कि ख्वाजा मोईनुद्दीन चिश्ती ने ही मोहम्मद गोरी को भारत आने का न्योता दिया।

पृथ्वीराज चौहान की हार के बाद 'ख्वाजा' मोईनुद्दीन चिश्ती ने जीत का श्रेय लेते हुए कहा था, "हमने पिथौरा (पृथ्वीराज चौहान) को जिंदा दबोच लिया और उसे इस्लाम की फौज के हवाले कर दिया।" पृथ्वीराज चौहान के खिलाफ गद्दारी वाला युद्ध लड़ने के लिए ही मोईनुद्दीन चिश्ती भारत आया था, ताकि वो मोहम्मद गोरी की तरफ से उसकी सहायता कर सके और उसका काम आसान कर सके।

इतिहासकार एमए खान की पुस्तक **'इस्लामिक जिहाद: एक जबरन धर्मांतरण, साम्राज्यवाद और दासता की विरासत'** में प्रसिद्ध सूफी संत मोइनुद्दीन चिश्ती के बारे में लिखा है, जिन्हें आज हजरत ख्वाजा गरीब नवाज के नाम से बुलाया जाता है।

किताब में, मोइनुद्दीन चिश्ती, निज़ामुद्दीन औलिया, नसीरुद्दीन चिराग और शाह जलाल जैसे सूफी संतों का उल्लेख है। इस पुस्तक में इस बात का भी जिक्र किया गया है कि वास्तव में, हिंदुओं के उत्पीड़न का विरोध करने की बात तो दूर, इन सूफी संतों ने बलपूर्वक हिंदुओं के इस्लाम में धर्म परिवर्तन में भी बहुत बड़ी भूमिका निभाई थी। यही नहीं, 'सूफी संत' मोइनुद्दीन चिश्ती के शागिर्दों ने हिंदू रानियों का अपहरण किया और उन्हें मोईनुद्दीन चिश्ती को उपहार के रूप में प्रस्तुत किया। इसी प्रकार सूफियों के अनुयायियों द्वारा हिंदुओं के पावन स्थलों पर गायों का कत्ल करवाने की बात और उन्हें खाने की बात भी पुराने लेखों में पढ़ने को मिलती हैं।

इसी तरह बहराइच में गाजी सैयद सालार मसूद उर्फ़ गाजी मियाँ की दरगाह है, जिसने हिन्दुओं का कत्लेआम किया था और धर्म ग्रंथों को तहस-नहस किया था। उसे महाराजा सुहेलदेव ने सन् 1034 के एक युद्ध में मार गिराया था। गाजी भारत में कई बार आक्रमण करने वाले मौमूद गजनवी का भांजा था। इस्लामी आक्रांता फिरोजशाह तुगलक ने उसका मजार बनवाया था।

आपको भारत में आए सूफियों और फकीरों के बारे में कई ऐसी कहानियाँ मिलेंगी, जहाँ उन्होंने किसी लड़की या उसके परिवार पर इस तरह का 'चमत्कार' कर के उससे शादी की हो।

मोपला हिंदू नरसंहार में भी सूफियों की बहुत बड़ी भूमिका रही थी। वामपंथी जिस तरह से सूफियों को संत तो कइयों ने तो भगवान राम और भगवान कृष्ण से तुलना कर दी। नरेंद्र मोदी भी उसी का हिस्सा बनते हुए उनके महिमामंडन में लग गए।

जिस नरेंद्र मोदी को मीडिया और उनके समर्थक वर्ग ने हिंदू हृदय सम्राट के रूप में पेश किया वो इस्लाम के प्रचारक के रूप में दिखने शुरू हो गए।

हर मौके पर भीजेपी के तरफ से पसमंदा, वोहरा और सूफी किया जाना जाने लगा। नरेंद्र मोदी ने ख्वाजा मोईनुद्दीन चिश्ती के दरगाह पर चिश्ती रंग का चादर भिजवाना शुरू किया

बीजेपी समर्थक इसको बड़े बदलाव के रूप में दिखाने लगे कि कांग्रेस के समय हरा चादर जाता था और अब भगवा चादर गया। मोदी है तो मुमकिन है। असल में जो दरगाह के खादिम होते हैं वो चिश्ती रंग का ही सफा बांधते हैं। जो सूफी थे वो हिंदुओं से ही मिलता जुलता पहनावा करते थे ताकि वो उनके जैसा दिख अपने जिहाद में कामयाबी हासिल कर सकें। देखा जाए तो असल में उनके भावना का सम्मान तो नरेंद्र मोदी ने ही किया।

जिस अजमेर दरगाह पर नरेंद्र मोदी हर साल चादर भिजवाते हैं वो कई ऐसे मामलों को लेकर चर्चा में रहा है। 1992 अजमेर सेक्स कांड जिसमें स्कूल-कॉलेज में पढ़ने वाली लड़कियों की नग्न तस्वीरें लीक करने वाले एक गैंग ने इस कांड को अंजाम दिया था। ये गिरोह लड़कियों की तस्वीरें लीक करने की धमकी देकर गैंगरेप किया करता था। ये हैवान स्कूल में पढ़ने वाली बच्चियों को फार्महाउस पर बुलाते थे और बलात्कार करते थे। ये सब घरवालों की नाक के नीचे हो रह था, लेकिन किसी को कानों कान खबर न पड़ी। दरअसल ये गिरोह लड़कियों को ब्लैकमेल करता था कि अगर वह किसी को कुछ बताएंगी तो वह उनकी नग्न तस्वीरें लीक कर देंगे।

हैरानी की बात ये थी कि कई स्कूल तो अजमेर के जाने-माने प्राइवेट स्कूल थे। जहां आईएएस और आईपीएस की बच्चियां भी पढ़ा करती थीं। DNA की रिपोर्ट के मुताबिक, 250 से भी ज्यादा लड़कियों को ब्लैकमेल किया गया और 100 से ज्यादा लड़कियों का बलात्कार हुआ। इन बच्चियों की उम्र 11 से 20 साल की हुआ करती थी। अश्लील तस्वीर की आड़ में आरोपियों ने महीनों तक रेप किया था। रिपोर्ट के मुताबिक, ज्यादातर आरोपी मुस्लिम और पीड़ित हिंदू बताए गए थे। 7-8 लड़कियों ने तो बदनामी के डर से आत्महत्या कर ली। 28 परिवार लापता हो गए और लड़कियों के न्यूड फोटो बटने लगे। इस मामले को दबाने के लिए कई हत्या भी हुई।

अजमेर 1992 स्कैंडल का मास्टरमाइंड फारूक चिश्ती, नफीस चिश्ती और अनवर चिश्ती बताए गए थे। इन तीनों आरोपियों के तार यूथ कांग्रेस जुड़े हुए थे और अजमेर दरगाह के खादिम थे। इस केस में 18 को आरोपित बनाया गया और आज सारे आरोपी जमानत पर बाहर घूम रहे हैं।

अजमेर दरगाह के खादिम सरवर चिश्ती ने ये बोल बचाव करने का प्रयास किया कि लड़की चीज ही ऐसी है कि कोई भी फिसल जाता है।

अजमेर दरगाह का दूसरा खादिम सलमान चिश्ती ने तो भाजपा के पूर्व प्रवक्ता नूपुर शर्मा के गर्दन के ऊपर बोली लगा दी कि उसका गर्दन काटने वाले को अपना मकान और संपत्ति दे देगा। खादिम गौहर चिश्ती ने सर तन से जुदा के नारे लगवाए और उसकी मुलाकात मोहम्मद रियाज़ से हुई। कन्हैया लाल के हत्या के बाद रियाज़ और गौस भागकर गौहर के पास पनाह लेने अजमेर जा रहे थे लेकिन रास्ते में पकड़े गए।

नरेंद्र मोदी महिला सम्मान की बात करते देखे जाते हैं। अजमेर में जो लड़कियों के साथ हुआ और उनके पार्टी के पूर्व प्रवक्ता नूपुर शर्मा के लिए जो बोली लगाई गई उस पर कभी कुछ नहीं बोला। जैसे 1984 सिख विरोधी दंगा का जांच करा सजा करवाया वैसे अजमेर सेक्स कांड 1992 की भी जांच

करा सजा करा सकते थे लेकिन ये सब सिर्फ उनके लिए चुनावी मुद्दा है। राजस्थान विधानसभा चुनाव 2023 के दौरान भी कन्हैया लाल के नाम पर वोट मांगा लेकिन इन सबके तार अजमेर दरगाह से जुड़े लेकिन मोदी को कोई फ़र्क नहीं पड़ा।

2016 में केरल के कोझिकोड़ में हुई भारतीय जनता पार्टी की राष्ट्रीय कार्यकारिणी में प्रधानमंत्री मोदी ने कहा कि मुसलमानों से नफरत न की जाए, बल्कि उन्हें भी बराबरी का सम्मान और दर्जा दिया जाए।

27 मार्च 2016 को नरेंद्र मोदी ने पश्चिम बंगाल के खड़गपुर में चुनावी रैली संबोधन के दौरान भाषण देना शुरू ही किया था कि अज़ान की आवाज आई। अचानक से चुप हो गए और लोगों से हाथ से शांत रहने का इशारा कर अज़ान में खो गए। लोग भी हैरान थे कि आखिर क्या हुआ कि अचानक से शांत हो गए। अज़ान खत्म होने के बाद कहा कि अज़ान चल रही थी, हमारे कारण किसी के पूजा प्रार्थना में तकलीफ नहीं होनी चाहिए और इसलिए मैंने कुछ पल विराम ले लिया।

3 मार्च 2018 को त्रिपुरा में बीजेपी की जीत के बाद पार्टी मुख्यालय में कार्यकर्ताओ को संबोधित करना शुरू किया तब तक अजान की आवाज सुनकर कहा कि 2 मिनट रुकेंगे पहले अज़ान पूरी हो जाए फिर बात करेंगे।

जिस अज़ान को सुन मोदी भाषण देना बंद कर देते हैं उसमें कहा जाता है कि अल्लाह के अलावा कोई भी इबादत के लायक नहीं है। क्या मोदी इस चीज से सहमत हैं?

मैंने आजतक किसी मुस्लिम नेता या किसी अन्य नेता के बारे में नहीं सुना कि उन्होंने अज़ान की आवाज सुन अपना भाषण रोका हो। हां इनसे प्रेरणा लेते हुए उत्तरप्रदेश के मुख्यमंत्री ब्रजेश पाठक ने काम जरूर किया।

14 सितंबर 2018 को प्रधानमंत्री नरेंद्र मोदी पैगंबर मोहम्मद के पोते हुसैन की बरसी के उपलक्ष्य में आयोजित अशरा मुबारका कार्यक्रम में शामिल हुए। शहर की सैफी मस्जिद में दाऊदी बोहरा समुदाय के आध्यात्मिक प्रमुख सैयदना सैफुद्दीन ने उनका अभिनंदन किया। इस कार्यक्रम में तत्कालीन मुख्यमंत्री शिवराज सिंह चौहान भी शामिल हुए।

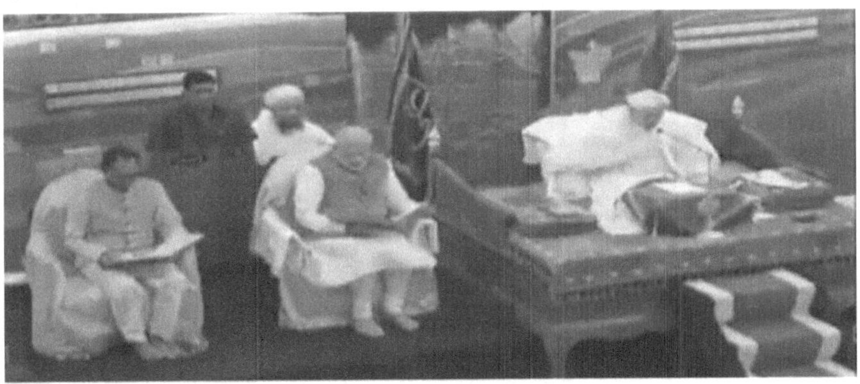

प्रधानमंत्री मोदी ने वोहरा समुदाय को संबोधित करते हुए कहा, "बोहरा समाज के साथ मेरा रिश्ता बहुत पुराना है। यह मेरा सौभाग्य है कि आपका स्नेह मुझ पर सदैव बना रहा।"

मेरे लिए ये हैरान करने वाला था कि देश के प्रधानमंत्री किसी कार्यक्रम में आम आदमी की तरह नीचे कुर्सी पर बैठे हुए हैं तो वहीं दूसरी ओर सैफुद्दीन ऊंचे सोफ़े पर बैठे हुए हैं। मोदी वहां बैठकर मर्सिया पढ़ रहे थे।

पूर्व राज्यपाल सत्यपाल ने एक साक्षात्कार में कहा कि कोई बोल दे तो मोदी नमाज़ भी पढ़ लेते हैं।

नरेंद्र मोदी के खास मित्र जफर सरेशवाला ने एक साक्षात्कार में खुलासा किया, "मोदी साहब तो कभी मुस्लिम विरोधी नहीं थे। मैंने प्रोफेट मोहम्मद के जीवन के ऊपर उन्हें किताब दी उन्होंने पढ़ी, कुरान पढ़ा।"

29 अप्रैल 2018 को नरेंद्र मोदी ने 'मन की बात' कार्यक्रम में रमजान की बधाई देते हुए कहा कि यह पवित्र महिना लोगों के मन में करुणा का भाव जगाता है। रमजान महीने का सार यह है कि जब इंसान खुद भूखा होता है तो उसको दूसरों की भूख का एहसास होता है। जब वह खुद प्यासा होता है, तो उसे दूसरों के प्यास का एहसास होता है। यह पैगम्बर मोहम्मद साहब की शिक्षा और उनके संदेश को याद करने का अवसर है। उनके जीवन से समानता और भाईचारे की शिक्षा लेना और उनके बताए मार्ग पर चलना हमारी जिम्मेदारी बनती है। पैगम्बर मोहम्मद साहब ज्ञान और करुणा में विश्वास रखते थे। उन्हें किसी बात का अहंकार नहीं था। वह कहते थे कि अहंकार ही ज्ञान को पराजित करता है। उनका मानना था कि अगर आपके पास कोई भी चीज आपकी आवश्यकता से अधिक हो तो आप उसे किसी जरूरतमंद व्यक्ति को दें, इसीलिए रमजान में दान का काफी महत्व है।

पीएम मोदी ने कहा, "पैगम्बर मोहम्मद साहब का मानना था कि कोई व्यक्ति धन दौलत से नहीं, अपनी पवित्र आत्मा से अमीर होता है। मुझे आशा है कि यह अवसर लोगों को शांति और सद्भावना के उनके संदेशों पर चलने की प्रेरणा देगा।"

नरेंद्र मोदी ने एक किस्सा सुनाते हुए कहा कि एक बार एक इंसान ने पैगम्बर मोहम्मद साहब से पूछा कि इस्लाम में कौन सा कार्य सबसे अच्छा है, तो इस पर पैगंबर मोहम्मद साहब ने कहा कि किसी गरीब व भूखे को खाना खिलाना और सभी से सद्भाव से मिलना, सबसे अच्छा कार्य है। चाहे आप उन्हें जानते हों या न जानते हों।

अब इनमें कई बातें है जिसका कहीं कोई जिक्र नहीं है। मोदी ने ये नहीं बताया कि ये ज्ञान उन्हें कहां से हासिल हुआ। जिन बातों का जिक्र मिलता है वो सिर्फ इस्लाम के मानने वालों के लिए कही गई है।

20 मई 2018 को नरेंद्र मोदी ने कश्मीर घाटी के युवाओं को संबोधित करते हुए कहा कि पैगंबर मोहम्मद के जीवन से समानता और भाईचारे का सीख देश और दुनिया को आगे ले जा सकती है।

14 सितंबर 2017 को जापान के प्रधानमंत्री शिंजो आबे और जापान की प्रथम महिला अकी आबे दो दिवसीय भारत यात्रा पर आए जिन्हें लेकर मोदी साबरमती आश्रम और उसके बाद सीदी सैय्यद

मस्जिद पहुंचे। मोदी ने आबे और अकी को मस्जिद का दौरा कराया और 1573 में निर्मित विरासत स्मारक के महत्व को समझाया।

हिंदू महासभा ने इसको लेकर नाराजगी जताई और इसे भारतीय संस्कृति के खिलाफ करार दिया। महासभा के तत्कालीन महासचिव मुन्ना कुमार शर्मा ने कहा कि इसे 125 करोड़ हिंदू माफ़ नहीं करेंगे। प्रधानमंत्री मोदी के इस कदम से हिंदू भावनाओं को ठेस पहुंची है। मस्जिद की जगह उन्हें सोमनाथ मंदिर, द्वारका एवं ज्योतिर्लिंग का दर्शन कराना चाहिए था। शर्मा ने कहा कि भगवान शिव, भगवान राम और भगवान कृष्ण हमारी संस्कृति के प्रतीक हैं।

फ़रवरी 2018 में नरेंद्र मोदी पश्चिमी एशिया में जॉर्डन, यूएई और ओमान के दौरे पर थे। इस दौरान मोदी ओमान की राजधानी मसकट में मौजूद सुल्तान कबूस मस्जिद गए।

मई-जून 2018 में प्रधानमंत्री नरेंद्र मोदी ने इंडोनेशिया, मलेशिया और सिंगापूर का दौरा किया। सिंगापूर यात्रा के दौरान श्री मरिअम्मन मंदिर और चुलिया मस्जिद गए। इंडोनेशिया के राजधानी जकार्ता में इस्तिकलाल मस्जिद गए, जहां उनके साथ इंडोनेशिया के तत्कालीन राष्ट्रपति जोको विडोडो भी मौजूद थे।

प्रधानमंत्री मोदी को जब जब मौका मिला इस्लाम और अन्य की प्रशंसा करते रहे। सिर्फ उनको समस्या हिंदुओं से है, लेकिन चुनाव के दौरान इन्हें हिंदू और सनातन संस्कृति जरूर याद आती है।

नरेंद्र मोदी का मुस्लिम से बचपन से लगाव रहा है लेकिन उन्होंने दूसरी बार प्रधानमंत्री बनने से पहले इसका ज्यादा प्रचार प्रसार नहीं किया क्योंकि उन्होंने मान लिया कि अब कुछ भी करते है, हिंदुओं को कोई फ़र्क नहीं पड़ता।

गौरतलब है कि 1970 की दशक में जब मोदी गोधरा में संघ के प्रचारक थे, तब उनके कपड़े धोने वाले धोबी का नाम चांद मोहम्मद था। गोधरा के बुजुर्ग मुस्लिम घांचियों के पास वास्तव में 1970 के अपने समुदाय के सदस्यों की धुंधली यादें हैं, जब नरेंद्र मोदी ने आरएसएस के युवा प्रचारक के रूप में शहर की रानी मस्जिद में एक दशक बिताया था।

व्यवसायी यूसुफ रसूल ने कहा, "आज हमारे घांची समुदाय से और वह भी गुजरात से एक व्यक्ति के प्रधानमंत्री बनने की संभावना जताई जा रही है और ये हमारे लिए खुशील की बात होगी।" लेकिन जिस व्यक्ति की बात हो रही उसका नाम नरेंद्र मोदी है इसलिए हम उसका समर्थन नहीं कर सकते।

नरेंद्र मोदी को प्रधानमंत्री मनोनीत होने के बाद अखिल भारतीय घांची महासंघ, जो घांची मुस्लिम का संगठन है। महासंघ के अध्यक्ष यूसुफ लक्कड़वाला ने कहा कि घांची मुस्लिम चाहते थे कि मोदी प्रधानमंत्री बनें। घांची महासंघ ने मोदी के अभिनंदन कार्यक्रम के लिए बैनर लगा दिए।

पाकिस्तान मूल की कमर मोहसिन शेख जिनसे मोदी 1996 से राखी बँधवा रहे हैं। जब भी मोदी के बहन की बात आती है तो उन्हीं का नाम लिया जाता है। जब दूसरी बार प्रधानमंत्री बने तो उनके ज्यादा

रिश्ते सामने आने लगे।14 सितंबर 2021 को प्रधानमंत्री नरेंद्र मोदी ने अलीगढ़ में राजा महेंद्र प्रताप सिंह स्टेट यूनिवर्सिटी और डिफेंस कॉरिडोर की आधारशिला रखी।

अपने बचपन की कहानी सुनाते हुए प्रधानमंत्री ने कहा, "जब मैं छोटा था, उस समय एक मुस्लिम शख्स थे, जो हर साल तीन महीने के लिए हमारे क्षेत्र में ताला बेचने आते थे। वह मेरे गांव में ही रहते थे। पिता जी से उनकी अच्छी दोस्ती थी। वह दिन भर जो पैसे कमाकर लाते थे, उसे मेरे पिता को सौंप देते थे। इसके बाद जब वह गांव से जाते थे तो पिता जी उन्हें सारे पैसे सौंप देते थे। मैं बचपन से ही यूपी के दो शहरों से बहुत परिचित रहा हूं। आंख की कोई बीमारी होती थी तो सीतापुर जाने की बात कही जाती थी। वहीं तालों के जरिए अलीगढ़ के नाम से परिचय हुआ था।''

पश्चिम बंगाल के साउथ 24 परगना में जब बीते दिनों पीएम मोदी रैली संबोधित करने गए तब तब भारी भीड़ थी लेकिन जुल्फिकार अली से मिले।

जुल्फिकार के मुताबिक, पीएम मोदी ने उनका नाम पूछा और कहा कि कुछ चाहिए, तो मैंने कहा कि टिकट नहीं चाहिए, सिर्फ आपके साथ फोटो खिंचाना चाहता हूं।

जून 2021 में कश्मीर की रहने वाली 6 साल की लड़की माहिरा इरफान का वीडियो वायरल होता है। वो वीडियो में बोलती दिखती है, "मोदी साहब अस्सलामवालेकुम, बच्चों को आखिर इतना काम क्यों करना पड़ता है? मेरी कक्षाएं सुबह 10 बजे से दोपहर 2 बजे तक होती है........इतना होमवर्क कक्षा 6,7,10 के छात्रों के लिए है। बच्चों को इतना होमवर्क क्यों दिया जाता है मोदी साहब?"

ये सुनते ही जम्मू कश्मीर के उपराज्यपाल भावुक हो जाते हैं और बहुत मनमोहक शिकायत बताते हुए बच्चों के होमवर्क का बोझ कम करने के लिए स्कूल शिक्षा विभाग को 48 घंटे के भीतर नियम बनाने के लिए निर्देशित करते हैं।

मई 2022 में वीडियो कॉन्फ्रेंसिंग के जरिए गुजरात के भरूच में आयोजित उत्कर्ष समारोह को संबोधित किया। दिव्यांग मोहम्मद अयूब पटेल से बात करते हुए उनके परिवार के बारे में पूछा। अयूब ने जब अपने लड़कियों के बारे में बताया तो पूछा कि कितना छात्रवृति मिलता है? अयूब ने बताया कि बड़ी लड़की को 10 हजार और छोटी लड़की को 8 हजार रुपए मिलते हैं। मोदी ने पूछा कि इन बेटियों ने क्या सोच है? ये पढ़कर क्या बनना चाहती हैं? अयूब ने कहा कि बड़ी बेटी डॉक्टर बनना चाहती है। मोदी ने पूछा कि है क्या वहां? आपके साथ बैठी है? लड़की से बात करते हुए कहा कि बेटा बताइए, डॉक्टर बनने का विचार कैसे आया। लड़की बात करके रोने लगी और माइक छोड़ दिया तो मोदी भी भावुक हो कुछ देर के लिए चुप हो गए। मोदी ने आगे कहा, "बेटी ये तुम्हारी जो संवेदना है न वही तुम्हारी ताकत है।"

अयूब से पूछा कि वैक्सीन सबने ले ली? ईद कैसे मनाई? रमजान कैसा रहा? ईद में बेटियों को क्या दिया? मोदी ने आगे अयूब से कहा कि बेटियों का सपना पूरा करना और कुछ कठिनाई हो तो मुझे भी बताना।

31 मार्च 2023 में कक्षा 3 में पढ़ने वाली लड़की जम्मू के कठुआ की सीरत नाज का वीडियो सामने आता है। जिसमें लड़की बोलती है, "अस्सलामवालेकुम मोदी जी, कैसे हो आप, ठीक हो? मेरा नाम सीरत नाज है और मै लोहई मल्हार में रहती हूं। मेरे को ना एक बात बोलनी है। मैं सरकारी स्कूल लोहाई में पढ़ती हूं। आप सबकी बात सुनते हो आज मेरी भी बात सुनो। फिर उस वीडियो में अपने स्कूल को दिखती है। वह कहती है कि ये प्रधानाध्यापक और स्टाफ रूम है और देखिए ये फर्श कितना गंदा और खराब है। यही बैठाकर हमें पढ़ाया जाता है।"

सीरत ने बड़े मासूमियत से कहा, "मैं आपसे आग्रह करती हूं कि आप हमारा अच्छा सा स्कूल बनवा दीजिए। हमें नीचे बैठना पड़ता है तो हमारी यूनिफॉर्म गंदी हो जाती है और मम्मा मारती है। बिल्डिंग को दिखाते हुए बोलती है कि 5 साल से ऐसे ही पड़ा है।"

वीडियो सामने आते ही जम्मू-कश्मीर प्रशासन तुरंत स्कूल को नया रूप देने के लिए कारवाई में जुट गया। जम्मू के स्कूल शिक्षा निदेशक रविशंकर शर्मा ने स्कूल का निरीक्षण किया। स्कूल को आधुनिक तर्ज पर अपग्रेड करने के लिए 91 लाख रुपए की परियोजना की मंजूरी दी गई और तुरंत ही निर्माण कार्य शुरू हो गया।

कई हिंदु लड़कियों और पीड़ितों का वीडियो वायरल हुआ लेकिन आजतक मुझे ज्ञात नहीं कि किसी का संज्ञान लिया हो। प्रधानमंत्री होने के नाते ये सब किया, इसमें कुछ गलत नहीं लेकिन सवाल तब उठते हैं। जब किसी एक कौम के अलावा आप कुछ भी न सोचें, फिर प्रधानमंत्री ऐसा कर क्या संदेश देना चाहते है? ये पाठक स्वयं तय कर सकते हैं।

प्रधानमंत्री नरेंद्र मोदी ने अपनी मां हीराबेन मोदी को जन्मदिन पर लिखे संदेश में अब्बास को याद दिलाया जो इनके घर में रहते थे। अब्बास ने बताया कि साल 2014 में मैं हज करने गया था। वहां से लौट कर हीराबा से मिलने गया। हीराबा को उस दिन मैंने जन्नतुल फिरदौस इत्र और वहां से लाया जमजम का पावन पानी दिया था। हीराबा बहुत खुश हुई थीं।

फ़िरदौस इत्र और जमजम के पानी का महत्व?

फ़िरदौस इत्र का आमतौर पर इस्तेमाल रमजान के महीने में किया जाता है। मुस्लिम समुदाय के लोग इत्र लगाकर उसकी खुशबू से आपसी प्रेम और भाईचारे को महकाने का प्रयास करते हैं।

आब-ए-ज़मज़म का चश्मा यानी कुआं अल्लाह की कुदरत माना जाता है। इस्लाम में आब-ए-ज़मज़म का खास महत्व है। आब-ए-ज़मज़म काबा खाना से करीब 20 मीटर की दूरी पर मस्जिद-अल-हरम में मौजूद है। इस्लाम में जमजम का चश्मा यानि कुआं हर मुसलमान के लिए अल्लाह का तोहफा माना जाता है।

हज और उमराह पर जाने वाले सभी लोग अपने-अपने देश लौटते वक़्त जमजम का पानी साथ लेकर आते है। लोग इस पानी को अपने दोस्तों और रिश्तेदारों में बांटते है।

अब सवाल ये है कि हिंदू सम्राट के घर जमजम का पानी जबकि हर हिंदू के लिए गंगाजल का महत्व है।

प्रधानमंत्री नरेंद्र मोदी ने उत्तर प्रदेश के दादरी में गोहत्या के आरोपी अखलाख को भीड़ के द्वारा की गई हत्या के ऊपर बयान दिया और भावुक भी हो गए। जिसके फ्रिज में गोमांस मिला था।

तबरेज़ के ऊपर संसद में बोलते हुए भावुक हो गए जिसके ऊपर बाइक चोरी का आरोप था।

पहलू खान जिसके ऊपर गौ तस्करी का आरोप था, जिसे भीड़ ने पीट पीटकर मार डाला था। जुनैद जिसको लेकर हल्ला मचाया गया कि गोमांस रखने के अफवाह में मारा गया जबकि मामला ट्रेन में सीट को लेकर विवाद था। प्रधानमंत्री मोदी ने भावुक होते हुए कहा कि गाय के नाम पर हत्या अस्वीकार्य है। हम अहिंसा की भूमि से हैं, राष्ट्रपिता महात्मा गांधी ऐसी घटनाओं को कभी स्वीकार नहीं करेंगे।

9 फरवरी 2021 को गुलाम नबी आजाद की राज्यसभा से विदाई समारोह में नरेंद्र मोदी उनके साथ पुराने दिनों को याद कर रो पड़े। एक आतंकी घटना का जिक्र करते हुए प्रधानमंत्री भावुक हो गए। अपने संबोधन में बताया कि किस तरह उस समय गुलाम नबी आजाद कश्मीर में फंसे हुए गुजरात के लोगों की चिंता अपने परिवार के सदस्यों की तरह कर रहे थे।

जिस गुलाम नबी आजाद के लिए मोदी का रो रोकर बुरा हाल था, उन्होंने जम्मू-कश्मीर के मुख्यमंत्री रहने के दौरान शरिया लागू किया। सदन में धर्मनिरपेक्षता, समाजवाद, राष्ट्रीय झंडा, पश्चिमी पाकिस्तान से आए हिंदू-सिख शरणार्थियों के नागरिकता और जम्मू संभाग के पर्याप्त प्रतिनिधित्व के बिल को हराया।

रोशनी एक्ट को साल 2001 में जम्मू कश्मीर की तत्कालीन फारूक अब्दुल्ला सरकार ने राज्य में लागू किया। विधानसभा में इसे पास कराने के लिए सरकार ने तर्क दिया कि इस कानून से किसानों को फायदा मिलेगा, जो सरकारी जमीन पर कई सालों से खेती कर रहे हैं। सरकार ने कहा कि इससे जमा होने वाले राजस्व को बिजली परियोजना में लगाया जाएगा। रोशनी ऐक्ट के तहत तत्कालीन राज्य सरकार का लक्ष्य 20 लाख कनाल सरकारी जमीन को अवैध कब्जेदारों के हाथों में सौंपना था। इसके एवज में सरकार बाजार भाव के अनुसार 25,000 करोड़ रुपये की कमाई करती। अतिक्रमण करने वालों को मालिकाना हक देने के लिए 1990 को कट ऑफ वर्ष निर्धारित किया गया था। लेकिन सरकारों ने उसके बाद से कट ऑफ साल को बढ़ाना शुरू कर दिया और जमीन की लूट होती रही।

साल 2005 में मुफ्ती मोहम्मद सईद के नेतृत्व वाली पीडीपी सरकार ने योजना का दायरा 2004 तक हुए कब्जों तक सीमित कर दिया। वहीं, गुलाम नबी आजाद के नेतृत्व वाली कांग्रेस सरकार ने इसे 2007 तक सीमित कर दिया।

जम्मू-कश्मीर के गरीबों के घरों को रोशन करने के नाम पर बने कानून के सहारे जमकर सरकारी जमीन की लूट हुई। राजनेताओं, नौकरशाहों और व्यवसायियों ने सरकारी और वन भूमि पर कब्जा जमा लिया और बाद में चंद रुपये देकर उसके मालिक बन गए।

कैग रिपोर्ट से खुलासा हुआ कि राज्य की 20,64,792 कनाल भूमि पर हुए अवैध कब्जे का लोगों को मालिकाना हक देकर 25,448 करोड़ रुपये जुटाए जाने थे। लेकिन लोगों को 3,48,160 कनाल भूमि का हक देते हुए 317.54 करोड़ रुपये की जगह मात्र 76.24 करोड़ रुपये ही वसूले गए। रोशनी एक्ट को नजरअंदाज करते हुए अलग से नियम तैयार कर 3,40,091 कनाल कृषि भूमि को निशुल्क ही ट्रांसफर कर दिया गया।

तत्कालीन एकजुट जम्मू के संस्थापक वकील अंकुर शर्मा जो रोशनी एक्ट के खिलाफ लड़ाई लड़ रहे थे। उनके खुलासे के अनुसार, "फारूख अब्दुल्लाह और गुलाम नबी आजाद ने जम्मू संभाग के ऊपर जनसांख्यिकी जिहाद को आगे बढ़ाने का काम किया। फारूख अब्दुल्लाह और गुलाम नबी आजाद ने भटिंडि के वन की जमीन पर खुद कब्जा करके अपने घर बनाए और बाकि लोगों के लिए मार्ग प्रशस्त किया। बहुत ही कायदे से एक धर्म विशेष के (मुस्लिम) लोगों को बसाने का काम किया। जम्मू को मुस्लिम बहुल क्षेत्र बनाने का राज्य के द्वारा प्रायोजित जनसांख्यिकी जिहाद किया गया ताकि जम्मू को कश्मीर बनाया जा सके। अब्दुल्लाह ने रोशनी एक्ट से जो भी सरकारी जमीन है जो अवैध कब्जा से मुक्त कराते हैं, उसपर धर्म विशेष (मुस्लिम) के अवैध कब्जा करने वालों के नाम कर दिया, जो कि वन की जमीन के अलावा था। 500 से अधिक परिवार जो मुस्लिम थे, जो प्रवासी का अधिकार ले

सरकारी आवास ले रहने के योग्य नहीं थे। उनको यहाँ लाकर बसाया गया, सरकार ने जम्मू को बर्बाद करने के लिए मुसलमानों से कब्जा कराया। जम्मू के बाहरी इलाके को रिंग के तरह मुस्लिम कॉलोनी बनाई गई। 1990-2020 तक लगभग 1 लाख मुस्लिम घर जम्मू के नदी के जमीन, सरकारी जमीन और वन की जमीन पर बनाई गई।

नरेंद्र मोदी न सिर्फ गुलाम नबी आजाद के लिए रोए बल्कि उन्हें मोदी सरकार ने पद्म विभूषण से भी नवाजा। मोदी समर्थक या आम हिंदू इस बात से खुश थे कि उन्होंने कांग्रेस के खिलाफ मोर्चा खोला था और मोदी की प्रशंसा की।

कांग्रेस का साथ छोड़कर डेमोक्रेटिक प्रोग्रेसिव आजाद पार्टी (DPAP) बनाने वाले जम्मू-कश्मीर के पूर्व मुख्यमंत्री गुलाम नबी आजाद ने स्वीकार किया कि हिंदू धर्म इस्लाम से भी पुराना है। सभी मुसलमान पहले हिंदू ही थे। हमारे देश में मुसलमान हिंदू से धर्मांतरण होने के बाद हुए हैं। कश्मीर में सभी मुसलमान कश्मीरी पंडितों से धर्मांतरित हुए हैं। सभी का जन्म हिन्दू धर्म में ही हुआ है।

गुलाम नबी आजाद ने कहा कि भारत में इस्लाम 1500 साल पहले अस्तित्व में आया था जबकि हिंदू धर्म इस्लाम से भी पुराना है। 10-20 मुसलमान होंगे जो मुगल सेना के सैनिक होंगे और भारत आए होंगे। अन्यथा पूरा भारत हिंदू है और इसका उदाहरण कश्मीर में मौजूद है। 600 सौ पहले कश्मीर में कोई मुसलमान नहीं था और वहां सभी कश्मीरी पंडित थे।

मोदी समर्थक इसे भी मोदी के जीत के रूप में दिखाने लगे और गुलाम नबी आजाद ने जो किया वो सब धूल गया।

गुलाम नबी आजाद ने धारा 370 का विरोध करने वाली पार्टियों को अज्ञानी करार दिया और कहा कि धारा 370 हटने से सबका नुकसान हुआ। आजाद फिर से जम्मू कश्मीर में धारा 370 और 25ए के पक्षधर हैं।

गुलाम नबी आजाद ने कहा कि अगर उनकी पार्टी की सरकार बनती है तो फिर से रोशनी एक्ट को बहाल करेंगे।

अब सवाल ये है कि मोदी ने गुलाम नबी आजाद को पद्म विभूषण से क्यों सम्मानित किया? कोई कुछ भी करे और मोदी की प्रशंसा कर दे तो उसके सारे पाप धूल जाएंगे? अगर ये पैमाना है कि कांग्रेस की बुराई करने और मोदी की प्रशंसा करने से कोई नेक बन जाता है तो गुलाम के मामले में ऐसा तो बिल्कुल भी नहीं हुआ। आज उनको अपने पूर्व में किये कारनामों की गिलानी नहीं है, बल्कि उसे मौका मिले तो फिर से करने का प्रण है। मेरे हिसाब से शायद उन्हें इस्लाम का काम करने के लिए पुरस्कृत किया गया। गुलाम के लिए आंसू बहाना और पुरस्कृत करना ये बताता है कि मोदी को शरिया और रोशनी एक्ट पसंद है।

शाह फैसल 2009 में भारतीय प्रशासनिक सेवा के टॉपर रहे। असहिष्णुता एवं नफरत की जनसंख्या संस्कृति, कश्मीर में निरंतर हत्याओं के मामलों और केंद्र सरकार की ओर से कोई गंभीर प्रयास न करने का हवाला देते हुए 9 जनवरी 2019 को विरोध स्वरूप भारतीय नौकरशाही से इस्तीफा दे दिया।

फ़ैसल ने अपने फैसले को "कश्मीर में बेरोकटोक हत्याओं, पहुँच की कमी और हिंदुत्व ताकतों के हाथों लगभग 20 करोड़ मुसलमानों को दूसरे दर्जे का नागरिक बनाकर हाशिए पर धकेलने के खिलाफ एक छोटी सी अवज्ञा और विरोध करार दिया।"

धारा 370 के हटाने के फ़ैसले के विरुद्ध लगातार बयानबाजी करते रहे। फ़ैसल ने कहा कि हमारे सामने दो ही रास्ते हैं। कश्मीर कठपुतली बने या अलगाववादी। इसके अलावा कोई विकल्प नहीं है।

शाह फ़ैसल ने ईद-उल-अजहा (बकरीद) के मौके पर कहा कि कश्मीर में ईद नहीं है। पूरी दुनिया में कश्मीर के लोग अपनी जमीन के गलत तरीके से भारत में शामिल होने से रो रहे हैं। हमारे यहां तब तक ईद नहीं होगा जब तक 1947 में मिला विशेष राज्य का दर्जा हमें वापस नहीं मिल जाता।

शाह फ़ैसल ने शहला रशीद के साथ मिलकर जम्मू-कश्मीर पीपल्स मूवमेंट नामक राजनीतिक पार्टी बनाई। पाकिस्तान के प्रधानमंत्री इमरान खान की प्रशंसा करने लगे और यहां तक कि उनके लिए नोबेल शांति पुरस्कार की भी मांग कर डाली। राजनीति में आने के फैसले पर कहा कि उन्होंने इमरान खान से प्रेरित होकर ऐसा किया है। भारत सरकार के धारा 370 में बदलाव के फैसले के विरुद्ध तुर्की जा रहे थे। वह तुर्की के बाद (हेग) नीदरलैंड जाने वाले थे ताकि वह इंटरनेशनल कोर्ट ऑफ जस्टिस (आइसीजे) में भारत के खिलाफ मामला दर्ज करा सकें। तब तब उन्हें पब्लिक सुरक्षा एक्ट के तहत दिल्ली एयरपोर्ट से गिरफ्तार किया गया और कश्मीर के जेल/ डिटेंशन में डाला गया।

शाह फ़ैसल की गिरफ़्तारी को लेकर दिल्ली हाईकोर्ट में सुनवाई के दौरान उनकी पत्नी ने कहा कि वो जेल में हैं। मैं उनसे मिलकर आई हूं लेकिन केंद्र सरकार की तरफ से पेश सॉलिसिटर जनरल तुषार मेहता ने कहा कि फैसल को एक होटल में नजरबंद किया गया है।

शाह फैसल लगभग 1 साल तक जेल/ डिटेंशन में रहने के बाद बाहर आए तो उन्होंने राजनीति को अलविदा कह दिया। मोदी-शाह के प्रशंसक बन गए और उनका वीडियो शेयर करना शुरू किया। बस अब क्या था कोई कुछ भी किया हो और मोदी की प्रशंसा करने लगे तो उसका अपराध, अपराध नहीं रह जाता।

शाह फैसल को दोबारा प्रशासनिक सेवा में बहाल कर लिया गया जो कि 3 साल तक सेवा से दूर रहे। अपना इस्तीफा भी सौंप दिया था लेकिन बताया गया कि वो स्वीकार नहीं किया गया था। फैसल जो इतने विवादों में रहे उसके बावजूद भी उनकी नियुक्ति राष्ट्रीय सुरक्षा परिषद सचिवालय में की गई, जो कि प्रधानमंत्री कार्यालय के अधीन आता है।

एनएससीएस में आईएएस अधिकारियों के लिए कोई जगह नहीं होती, लेकिन शाह फैसल के लिए सारे नियम कानून को ताख पर रखते हुए कार्मिक और प्रशिक्षण विभाग को शाह को समायोजित करने के लिए कहा गया। यह निर्णय उच्चतम स्तर पर लिया गया।

शाह फैसल को आखिरकार केंद्र सरकार द्वारा केंद्रीय पर्यटन मंत्रालय में उपसचिव के रूप में तैनात किया गया।

शाह फैसल और राजनीति में उनकी सहयोगी रही शेहला रशीद ने धारा 370 के खिलाफ सुप्रीम कोर्ट में जो याचिका डाल रखी थी, उसे वापस ले लिया। शेहला रशीद ने भी शाह फैसल के रास्ते पर चलते हुए मोदी-शाह और उनकी नीतियों का प्रशंसा करना शुरू कर दिया।

जेएनयू छात्र संघ की पूर्व उपाध्यक्ष शेहला रशीद शौरा का जम्मू कश्मीर उच्च शिक्षा विभाग में सहायक प्रोफेसर सोशियालॉजी चयन हआ।

रशीद ने कश्मीर के विकास के लिए केंद्र के प्रयासों की सराहना करते हुए कहा कि कश्मीरी माताएं अमित शाह की आभारी रहेंगी। कश्मीर के विकास के लिए केंद्र की तरफ से किए गए प्रयासों की सराहना की। केंद्र के प्रयासों से घाटी में सकारात्मक बदलाव आया है। मैं इस पर किसी भी तरह की बहस करने के लिए तैयार हूं। इजरायल-हमास के युद्ध पर बोलते हुए कहा कि कश्मीर गाजा नहीं है। मैं इसका पूरा श्रेय प्रधानमंत्री नरेंद्र मोदी और गृह मंत्री अमित शाह को देना चाहती हूं। नरेंद्र मोदी एक निस्वार्थ व्यक्ति हैं जो भारत को बदलने के लिए बड़े फ़ैसले ले रहे हैं।

शेहला रशीद 2016 में देशद्रोह के आरोप में गिरफ्तार तत्कालीन जेएनयू अध्यक्ष कन्हैया कुमार की रिहाई की वकालत करने पर सुर्खियों में आईं। जेएनयू में देश विरोधी नारों को अभिव्यक्ति की आज़ादी के नारे से जोड़ा। 2019 में सेना को लेकर अफवाह फैलाई कि सेना घर में घुसकर युवाओं को उठा रही है और कश्मीर में मानवाधिकार का उलंघन हो रहा है। लोगों को आतंकित और प्रताड़ित किया जा रहा है।

सेना के खिलाफ दुष्प्रचार को लेकर राष्ट्रद्रोह का मुकदमा भी दर्ज हुआ। सन 2010 में कश्मीर घाटी में पत्थरबाजों की समर्थक भी रही। न्यूज चैनलों और सार्वजनिक मंचों से मोदी सरकार से खिलाफ मोर्चा खोले रखा। कठुआ के आसिफा कांड में 40 लाख से ज्यादा चंदे भी इकट्ठा किये। आगे बताया कि वकील पैसे नहीं ले रहे है इसलिए बलात्कार पीड़िता के परिवार को 10 लाख रुपए सौंप दी जाएगी बाकि बचे हुए पैसे उन्नाव रेप पीड़िता के परिवार को दिया जाएगा।

कठुआ बलात्कार पीड़िता के परिवार ने बताया कि उसे पैसे नहीं मिले और उन्हें ट्रायल कोर्ट में सुनवाई के लिए पशु बेचने पड़ गए। रशीद ने आरोप से इनकार करते हुए कहा कि पैसे देने में देरी हुई क्योंकि परिवार के पास संयुक्त बैंक खाता और पैन नहीं था।

नवंबर 2020 में शेहला रशीद के पिता अब्दुल रशीद ने जम्मू-कश्मीर के डीजीपी को पत्र लिखकर अपनी बेटी पर गंभीर आरोप लगाए। अब्दुल रशीद ने पत्र दावा किया कि उनकी बेटी देश विरोधी गतिविधियों में शामिल है और उनको अपनी बेटी से जान को खतरा है।

शेहला रशीद के ऊपर इतने सारे गंभीर आरोप उसके बाद भी सहायक प्रोफेसर के रूप में नियुक्ति जो कि आज भी उमर खालिद के लिए सहानुभूति रखती है। वो चाहती है कि उमर को छोड़ दिया जाए, उसने आतंकवाद या किसी खतरनाक विचारधारा की वकालत नहीं की।

ये पाठक तय कर सकते हैं कि कोई मुसलमान कुछ भी करे और बाद में नरेंद्र मोदी की प्रशंसा करने लगे तो कैसे उसके सारे अपराध धूल जाते हैं। कैसे उसके लिए सारे नियम कानून को ताख पर रख

दिया जाता है। क्या किसी हिंदू के लिए भी मोदी सरकार इतना सहनशील है तो मैंने बहुत ढूंढा, कहीं कोई अपवाद भी नहीं मिला। किसी हिंदू के लिए सहानुभूति दिखा तो उसके लिए जो पूरी तरह से हिंदू विरोधी था। जिसे पाठक इस पुस्तक में पढ़ सकेंगे।

1 जून 2021 को काशी विश्वनाथ कॉरिडर के लिए अधिग्रहित गोयनका छात्रावास का एक हिस्सा गिरने से सुबह सुबह ही दो मजदूरों की मौत हो गई और अन्य घायल हो गए। हादसे में पश्चिम बंगाल के मालदा जिले के अब्दुल मोमिन और अमीनूल मोमिन की मौत हो गई। वहीं इमरान, आरिफ़ मोमिन, शाहिद अख्तर, सकीउल मोमिन, हकीम खान और आरिफ़ मोनिन को प्राथमिक उपचार के बाद अस्पताल से छुट्टी दे दी गई। अब्दुल जब्बार के पैर में चोट लगने के कारण उसे मंडलीय अस्पताल में भर्ती किया गया। प्रधानमंत्री मोदी ने तुरंत फोन कर जानकारी ली और उन्होंने मंडलायुक्त दीपक अग्रवाल को फोन कर मामले की जानकारी ली और मृतकों के परिजनों को हर संभव मदद का आश्वासन दिया। इसके साथ ही मृतकों के परिवारजनों के प्रति अपनी गहरी संवेदना भी जताई। उनके द्वारा यह भी कहा गया कि उनके कार्यालय (पीएमओ) से इस बारे में कोई भी मदद की आवश्यकता हो तो उसे भी उपलब्ध कराया जाएगा।

काशी विश्वनाथ के सीईओ ने बयान जारी कर बताया कि इस हादसे के शिकार मृतकों के परिजनों को पांच-पांच लाख रुपए जबकि घायलों को 50 हजार रुपए की आर्थिक मदद दी जाएगी।

अगर मुसलमान से जुड़ा मामला है तो मोदी की तत्परता देखते बनती है। बहुत जल्द भावुक भी होते हैं और एक्शन भी लेते हैं। किसी हिंदू के लिए संवेदना जाहिर करे तो उसे कोई बड़ा सेलिब्रिटी होना चाहिए या किसी हादसे में मुस्लिम के साथ कोई हिंदू भी हो। मोदी से संवेदना के लिए शायद किसी को पहले अपना धर्म परिवर्तन करना पड़े।

14 दिसंबर 2021 को काशी विश्वनाथ के लोकार्पण के मौके पर नरेंद्र मोदी ने मजदूरों के ऊपर पुष्प वर्षा की और साथ बैठकर खाना खाया। मजदूरों में शामिल पश्चिम बंगाल के मालदा के अब्दुल्ला, राशिद, सैफुल्लाह व अन्य ने प्रधानमंत्री मोदी के साथ बैठकर खाना खाया। उन्होंने कहा कि जिंदगी भर की मेहनत सफल हो गई। कभी सपने में भी नहीं सोचा था कि प्रधानमंत्री हमारे ऊपर पुष्प वर्षा करेंगे और साथ बैठकर फोटो खिंचवाएंगे।

2023 में पद्म श्री पुरस्कार से सम्मानित शाह रशीद अहमद क़ादरी ने पुरस्कार प्राप्त करने के बाद प्रधानमंत्री नरेंद्र मोदी को धन्यवाद दिया।

क़ादरी ने कहा, "कांग्रेस शासन के दौरान मुझे पद्म श्री नहीं मिला। मैंने इस पुरस्कार को पाने के लिए 10 साल तक कोशिश की। जब बीजेपी सरकार आई तो मैंने सोचा था कि मुझे यह पुरस्कार नहीं मिलेगा क्योंकि बीजेपी कभी भी मुसलमानों को कुछ नहीं देती है, लेकिन पीएम मोदी ने मुझे इस पुरस्कार के लिए चुनकर मुझे गलत साबित कर दिया।"

समारोह में नरेंद्र मोदी सभी पद्म पुरस्कार विजेताओं से दूर से अभिवादन कर निकलते गए लेकिन कादरी से मिलते ही रुक गए और उनके हाथ को थाम लिया। मोदी के चेहरे पर जो खुशी थी, वो देखने लायक थी और काफी खुशी से हंस रहे थे वहीं उनके बगल में खड़े लोगों के ऊपर कोई खास ध्यान नहीं दिया।

शायद बाकि लोग मुस्लिम नहीं थे, जिसकी वजह से प्रधानमंत्री मोदी उनके साथ उस तरह से नहीं मिले जैसे वो कादरी से मिले।

नरेंद्र मोदी का मुसलमान से प्रेम गाय के उस बछड़े जैसा है कि हजारों गायों के बीच बछड़े को छोड़ दिया जाए तो वो अपनी मां के पास पहुंच जाता है।

दिलशाद हुसैन ने लखनऊ के इंदिरा गांधी प्रतिष्ठान में एक स्टॉल लगाया था। प्रधानमंत्री मोदी उनके स्टॉल पर पहुंचे और एक काला कपड़ा छोड़ आए। तीन दिन बाद हमें एक फोन आया जिसमें कहा गया कि आपके स्टॉल पर मटके के पास काले रंग का कपड़ा रखा था। वो प्रधानमंत्री को पसंद आया और वह उपहार के रूप में उसे जर्मनी ले जाना चाहेंगे। हुसैन का बनाया मटका मोदी ने जर्मनी चांसलर को भेंट किया। तब से उन्हें ऑर्डर और सम्मान मिलने की बाढ़ आ गई।

गौरतरब है कि तत्कालीन राष्ट्रपति राम नाथ कोविन्द ने उन्हें शिल्पगुरु राष्ट्रपति पुरस्कार दिया। पद्मश्री और G-20 सम्मेलन में स्टॉल लगाने के लिए न्योता दिया गया। वह प्रगति मैदान में पहुंचे और सम्मेलन के दौरान अपने कला का प्रदर्शन किया और अच्छा खासा व्यापार भी किया।

पद्म पुरस्कार पाने वाले मुसलमानों की संख्या में भी मोदी सरकार में भारी वृद्धि दर्ज की गई। 2024 पद्मपुरस्कार पाने वालों में फातिमा बीबी को पद्म विभूषण और खलील अहमद, नसीम बानो, तकदिरा बेगम, गुलाम नबी डार, जहीर काजी, अली मोहम्मद, गनी मोहम्मद को पद्म श्री पुरस्कार से सम्मानित किया गया।

प्रधानमंत्री नरेंद्र मोदी ने 10 फ़रवरी 2023 को दाऊदी बोहरा समाज के नए परिसर अलजामी-तुस-सैफीयाह के उद्घाटन के मौके पर कहा, "यहां न तो पीएम और न ही सीएम के तौर पर आया हूं। मेरे जो सौभाग्य हैं, वह बहुत कम लोगों को मिला है। मैं इस परिवार से चार पीढ़ी से जुड़ा हुआ हूं। सभी चार पीढ़ियां मेरे घर आ चुकी हैं। मेरा यहां आना अपने परिवार के दौरा करने जैसा है। मैं आपसे अनुरोध करता हूं कि मुझे प्रधानमंत्री के रूप में संबोधित न करें क्योंकि यह मेरा परिवार है और मैं अपने घर पर हूं। दाऊदी बोहरा समाज से मेरा रिश्ता पुराना है, जो किसी से छिपा नहीं है। वह इस दौरान बच्चों के साथ कबूतर उड़ाते और रोटी बेलते भी देखे गए।"

नरेंद्र मोदी के चेहरे पर खुशी देखने लायक थी और वो जब जब मुस्लिम समाज के लोगों से मिले तो काफी खुश नजर आए।

नरेंद्र मोदी जून 2023 को अमेरिका दौरे पर न्यूयार्क पहुंचे जहां वो प्रवासी भारतीय समुदाय से मिल रहे थे। लोगों ने काफी गर्मजोशी से उनका स्वागत किया।

जहां लोग इनके झलक पाने के लिए बेताब थे। मोदी सभी से मिलते हुए जा रहे थे लेकिन जाकर एक मुस्लिम से मिले और उसके हाथ को थाम लिया। जिसे आप तस्वीर में देख सकते हैं। जो वहां हिंदू था, जो इनके मिलने के लिए बेचैन था लेकिन इन्होंने वही किया जो हमेशा करते रहे हैं।

ये देख पाठक स्वयं तय कर सकते हैं कि इनकी प्राथमिकता क्या है और आगे इस पुस्तक में पढ़ेंगे कि जैसे इनका भावुक होना, खुश होना, रोना या समर्पण मुस्लिम के लिए है वैसे ही इनकी नीतियां भी मुस्लिम के लिए समर्पित है। किसी अन्य के लिए भी थोड़ा बहुत है लेकिन पूरी तरह हिंदू विरोधी है।

जून 2023 में मिस्र के अल हकीम मस्जिद पहुंचे और उसका निरीक्षण किया। दाऊदी बोहरा समाज ने प्रधानमंत्री मोदी का गर्मजोशी से स्वागत किया और स्मृति चिन्ह भेंट की।11वीं शताब्दी की ऐतिहासिक अल-हकीम मस्जिद का भारत से भी खास नाता है और इसके पुनरुद्धार में भारत की अहम भूमिका रही है।

यूनेस्को की विश्व धरोहर में शामिल इस मस्जिद का जीर्णोद्धार बोहरा समुदाय द्वारा किया गया था और दाऊदी बोहरा समुदाय के 52वें धर्मगुरु सैय्यद मोहम्मद बुरहानुद्दीन ने इसकी जिम्मेदारी ली। भारत से ताल्लुक रखने वाले बुरहानुद्दीन का भारत से नाता रहा है और उन्हें मरणोपरांत 2015 में मोदी सरकार के द्वारा पद्मश्री दिया गया।

वर्ल्ड कप मैच 2023 के दौरान मोहम्मद शमी की प्रशंसा करते दिखे। अहमदाबाद में पाकिस्तानी क्रिकेट टीम की स्वागत में फूलों की वर्षा हुई। यहां उनके स्वागत में लड़कियों से डांस करवाया गया। जो कि सिर्फ पाकिस्तान क्रिकेट टीम के लिए ही हुआ।

अब सवाल उठेंगे कि बीसीसीआई तो प्राइवेट संस्थान है लेकिन अमित शाह के लड़के जय शाह उसके सचिव, वो वही करेंगे जो मोदी को पसंद होगा। नरेंद्र मोदी स्टेडियम गुजरात का मामला, वहां कुछ भी मोदी के इच्छा के विरुद्ध कैसे हो सकता है? ये सब पहले कभी भी नहीं हुआ।

वर्ल्ड कप फाइनल मैच में वर्ल्ड कप विजेता कप्तान कपिल देव और महेंद्र सिंह धोनी को बीसीसीआई से न्यौता नहीं मिला क्योंकि मोदी को ये भी पसंद नहीं कि उनके अलावा किसी और को कवरेज मिले। वर्ल्ड कप फाइनल मैच को अच्छे से राजस्थान, मध्यप्रदेश, छत्तीसगढ़, तेलंगाना आदि विधानसभा चुनाव में भुनाने की तैयारी थी। नरेंद्र मोदी का नरेंद्र मोदी स्टेडियम अहमदाबाद में जाने के फैसले को लेकर कई लोगों का मानना था कि अगर वो जाते हैं तो भारत मैच हार जाएगा। क्योंकि कई ऐसे मौके रहे हैं कि जिसे मिले उसकी सत्ता चली गई या फिर जहां मौजूद रहे वो काम नहीं हुआ। लिहाजा फाइनल मैच के दिन सुबह से ही सोशल मीडिया X के ऊपर पनौती ट्रेंड करने लगा।

जो लोगों का मानना था वही हुआ। इंडिया टीम की स्थिति अच्छी नहीं थी लेकिन पूर्व में हुई घोषणा को लेकर देर से पहुंचे और कैमरा के तरफ देख हाथ हिलाना शुरू कर दिया।

बहुत से लोगों का जो पूर्व अनुमान था वही हुआ। इंडिया टीम फाइनल मुकाबले में ऑस्ट्रेलिया से पराजित हो गई।

नरेंद्र मोदी की तो वैसे तैयारी बहुत बड़ी थी लेकिन इंडिया टीम के हारने के बाद ड्रेसिंग रूम में खिलाड़ियों से मिलने पहुंचे। जो कि नियम के विरुद्ध था क्योंकि खिलाड़ियों और कोचिंग स्टाफ के अलावा कोई भी ड्रेसिंग रूम में नहीं जा सकता।

ड्रेसिंग रूम में पहुँच विराट कोहली, रोहित शर्मा, रवींद्र जडेजा व अन्य खिलाड़ियों से मिले और उनका हौसला अफजाई किया। लेकिन मोहम्मद शामी से मिलना बहुत ही ज्यादा खास रहा, उन्हें अपने सीने से लगा लिया।

खिलाड़ियों से ड्रेसिंग रूम में जा मिलने का वजह था कि ये बताया जा सके कि वो कितना ख्याल रखते है। मीडिया ने भी उसको उसी तरीके से प्रस्तुत किया।

ये सब देख पाठक स्वयं तय कर सकते हैं कि मीडिया के द्वारा स्थापित हिंदू हृदय सम्राट का मुस्लिम और इस्लाम के लिए कितना समर्पण है। कभी हिंदू के बीच रहे तो सिर्फ खानापूर्ति की और चेहरे पर वैसी खुशी नहीं देखी गई जैसे ये मुस्लिम समाज के बीच होते हैं।

इस्लामिक धरोहरों का संरक्षण

नरेंद्र मोदी एक तरफ प्राचीन हिंदू मंदिरों को तुड़वा कॉरीडोर बनवा रहे तो कई जगह बेवजह भी मंदिरों का तुड़वा रहे हैं। अगर कॉरीडोर बनवाना इतना ही अच्छा है तो मस्जिदों और बाकि मजहब स्थलों को तुड़वाकर कॉरीडोर बनवा रहे होते। लेकिन ये मस्जिदों का जीर्णोद्धार और अवैध मज़ारों के संरक्षण कार्य में जुटे हैं।

नरेंद्र मोदी जब गुजरात के मुख्यमंत्री थे तब से प्रधानमंत्री बनने के बाद तक मस्जिदों के जीर्णोद्धार कार्य में लगे हुए हैं। बीजेपी के राष्ट्रीय प्रवक्ता संजु वर्मा ने टीवी डिबेट में खुलासा किया कि गुजरात के मुख्यमंत्री नरेंद्र मोदी ने 2009 में अहमदाबाद के शाह आलम मस्जिद जो कि दो दशक से ज्यादा समय से टूटा पड़ा था उसका जीर्णोद्धार कराया। प्रधानमंत्री बनने के बाद 2014 में ढाई दिन का झोंपड़ा जो अजमेर, राजस्थान में स्थित है उसका जीर्णोद्धार कराया। 2021 में केरल स्थित चेरामन जुमा मस्जिद का जीर्णोद्धार कराया।

इर्लागी आक्रांताओं ने सैकड़ों हिंदू देवस्थानों को ध्वस्त कर उन पर मस्जिदें खड़ी कर दी थी। इनमें से एक अढ़ाई दिन का झोंपड़ा भी है। वह मूल रूप से विशालकाय संस्कृत महाविद्यालय (सरस्वती कंठभरन महाविद्यालय) हुआ करता था। यह ज्ञान और बुद्धि की हिंदू देवी माता सरस्वती को समर्पित मंदिर था।

1192 ई. में, मुहम्मद गोरी ने महाराजा पृथ्वीराज चौहान को हराकर अजमेर पर अधिकार कर लिया था। उसने अपने गुलाम सेनापति कुतुब-उद-दीन-ऐबक को शहर में मंदिरों को नष्ट करने का आदेश दिया। ऐसा कहा जाता है कि उसने ऐबक को 60 घंटे के भीतर मंदिर स्थल पर मस्जिद के एक नमाज सेक्शन का निर्माण करने का आदेश दिया था ताकि वह नमाज अदा कर सके। चूँकि, इसका निर्माण ढाई दिन में हुआ था, इसीलिए इसे 'अढ़ाई दिन का झोंपड़ा' नाम दिया गया।

बीजेपी सांसद रामचरण बोहरा ने कहा कि जल्द ही इस जगह पर फिर से संस्कृत के मंत्र गूँजेंगे। उन्होंने इस जगह को मूल स्वरूप में लाने के लिए केंद्रीय संस्कृति, पर्यटन व पूर्वोत्तर क्षेत्र विकास मंत्री जी किशन रेड्डी जी को पत्र भी लिखा।

अढ़ाई दिन का झोंपड़ा के मुख्य द्वार पर लगे एक शिलालेख में वहां विद्यालय होने का उल्लेख किया गया है। इसके खंभे की नक्काशी कहीं से भी इस्लामिक नहीं दिखती। अंदर से मंदिर की तरह आकार, खंभे और गुंबद की तरह प्रतीत होता है। लेकिन मोदी इसको मस्जिद बनाए रखने के लिए पैसे खर्च करते हैं।

दिसम्बर 2021 को संस्कृति, पर्यटन और पूर्वोत्तर क्षेत्र विकास मंत्री जी. किशन रेड्डी ने लोकसभा में बताया कि भारतीय पुरातत्व सर्वेक्षण ने जामा मस्जिद का प्रलेखीकरण और नियमबद्ध मानचित्रण का काम शुरू कर दिया है। आवश्यकतानुसार भारतीय पुरातत्व सर्वेक्षण द्वारा संरक्षण कार्य नियमित रूप से किया गया है।

मंत्री ने कहा कि जब कभी आवश्यकता हुई जामा मस्जिद के संरक्षण के लिए निधियां उपलब्ध कराई गई हैं।

पिछले तीन प्रचालन सत्रों के लिए जामा मस्जिद के संरक्षण पर कुल 52.80 लाख रुपये खर्च किए गए हैं। व्यय के वर्षवार ब्यौरे पर बात करें तो वर्ष 2018-19 में 13.90 लाख रुपये, 2019-20 में 13.92 लाख रुपये एवं 2020-21 में 25.00 लाख रुपये आवंटित किए गए हैं।

जामा मस्जिद को लेकर बीजेपी सांसद साक्षी महाराज दावा कर चुके हैं कि ये पूर्व में विष्णु मंदिर था। खुदाई करने पर वहां से देवी देवताओं की मूर्तियां मिलेंगी। खुली चुनौती देते हुए कहा कि यह दावा झूठ निकले तो कड़ी से कड़ी सजा भुगतने के लिए तैयार हैं।

30 जुलाई 2021 को रेल मंत्री अश्विनी वैष्णव ने राज्य सभा में बताया कि रेलवे प्लेटफॉर्म और यार्ड पर 170 अवैध धार्मिक संरचनाएं हैं लेकिन उनको हटाना मुश्किल काम है। जाहिर सी बात है कि वो मंदिर नहीं हैं। अगर होते तो कब का बुलडोजर चल चुका होता।

गौरतलब है कि प्राचीन मंदिरों को भी तुड़वाने में मोदी सरकार देर नहीं लगाती। अप्रैल 2002 में आगरा उत्तरप्रदेश में राजा मंडी रेलवे स्टेशन पर 400 साल पुराने चामुंडा देवी मंदिर को हटाने के लिए नोटिस चस्पा कर दिया गया।

नोटिस में लिखा था कि मंदिर द्वारा रेलवे की जगह का अतिक्रमण किया गया है। 400 साल पहले तो रेलवे भी नहीं था। भक्तों ने रोष व्यक्त करते हुए कहा कि कुछ ही दूरी पर मज़ार और मस्जिद है, वहां पर नोटिस चस्पा नहीं किया गया। रेलवे को मंदिर ही क्यों अतिक्रमण के रूप में दिखाई देता है।

11 अक्टूबर 2022 को रेलवे ने धनबाद के बेकारबांध क्षेत्र में पड़ने वाले खटीक मोहल्ला को खाली करने का नोटिस जारी किया। उस मोहल्ला के हनुमान मंदिर को रेलवे ने नोटिस जारी किया। नोटिस में भगवान हनुमान का नाम इंगित करते लिखा कि आपके द्वारा रेलवे की जमीन पर अवैध रूप से कब्जा किया गया है। 10 दिन के अंदर खाली करें अन्यथा आपके खिलाफ कानूनी कार्रवाई की जाएगी।

नोटिस मिलने के बाद स्थानीय लोगों ने मंदिर के पास विरोध प्रदर्शन करते हुए कहा कि रेलवे की सैकड़ों एकड़ जमीन पर अन्य धार्मिक स्थल बने हुए हैं, जो कि मुख्य सड़क के किनारे हैं। मगर, रेलवे कभी उधर नहीं झाँकता है।

मध्यप्रदेश के मुरैना जिले में ग्वालियर श्योपुर ब्रॉडगेज का काम चल रहा था। सबलगढ़ इलाके में रेलवे ट्रैक बिछाया जा रहा है। लोगों के कुछ मकान और हनुमान जी का मंदिर भी अतिक्रमण के दायरे में आ रहा था।

8 फ़रवरी 2023 को हनुमान जी अतिक्रमणकारी बताए हुए नोटिस जारी किया गया। नोटिस में लिखा था कि हनुमान जी ने रेलवे की जमीन पर मकान बनाकर कब्जा कर लिया है इसलिए रेलवे द्वारा उन्हें 7 दिन का समय दिया जा रहा है। 7 दिन में अपना अतिक्रमण स्वयं हटाना होगा। अगर ऐसा नहीं किया तो प्रशासन द्वारा अतिक्रमण हटाने की कार्रवाई की जाएगी और इसका हर्ज खर्च हनुमान जी से वसूला जाएगा। पुजारी मंगल सिंह ने बताया कि रेलवे ट्रैक से 40 फीट की दूरी पर मंदिर है।

मोदी सरकार रेलवे प्लेटफॉर्म पर बने मस्जिद/मजार नहीं हटवा सकती लेकिन ट्रैक से दूर भी मंदिर हो तो टूट जाएंगे।

गौरतलब है कि 22 जुलाई 2023 को उत्तर रेलवे ने दिल्ली की दो मस्जिदों बंगाली मार्केट मस्जिद और तकिया बब्बर शाह मस्जिद को नोटिस जारी किया। इस नोटिस पर लिखा था कि 15 दिनों में खुद मस्जिद हटा लें वरना रेलवे हटा देगा।

दिल्ली हाईकोर्ट में नोटिस को लेकर सुनवाई हुई। कोर्ट ने पाया कि नोटिस पर न तारीख न ही अफसर के हस्ताक्षर और न ही पद को लेकर स्पष्टता है। इस नोटिस को हाईकोर्ट ने फर्जी जैसा प्रतीत होने की बात कह कड़ी टिप्पणी कर मस्जिदों के खिलाफ करवाई पर रोक लगा दी।

जो भाजपा समर्थक रेलवे की नोटिस पर जश्न मनाते दिखे वही कारवाई न होने पर कोर्ट के ऊपर दोष मढ़ते दिखे। ये मोदी सरकार की रणनीति का हिस्सा है, जो बीच-बीच में ऐसा स्टंट कर अपने समर्थकों में मैसेज देते रहते हैं कि सरकार कुछ न कुछ ठोस करने का प्रयास कर रही है। अगर वास्तव में हटाना ही होता तो फर्जी नोटिस जारी नहीं किए होते।

बीजेपी नेता और महाराष्ट्र के तत्कालीन वित्त मंत्री सुधीर मुनगंटीवार ने 6 जून 2019 को नागपुर के बड़ा ताजबाग स्थित ताजुद्दीन बाबा दरगाह के विकास काम के लिए 50 करोड़ रुपए की निधि मंजूर होने की जानकारी दी। मुनगंटीवार ने कहा कि दरगाह के विकास और सौंदर्यीकरण के लिए 132.49 करोड़ रुपए के प्रारूप को पहले ही मंजूर किया गया है। इसमें से 82.39 करोड़ रुपए की निधि वितरित की गई है। इसमें से 67.58 करोड़ रुपए विकास कामों पर खर्च हुए हैं। 17.71 करोड़ रुपए की निधि उपलब्ध कराई गई है। प्रारूप के तहत शुरू किए गए बाकी के कामों के लिए 50 करोड़ रुपए की जरूरत थी। दरगाह में कम्पाउंड वॉल, सड़कों के विकास, दरगाह परिसर की दुकानों का शॉपिंग कॉम्प्लेक्स में पुनर्वसन, शौचालय की व्यवस्था और कचरा प्रबंधन जैसे कार्य किए जाने हैं।

केंद्रीय परिवहन मंत्री नितिन गडकरी ने ताजुद्दीन बाबा के नाम से 500 बेड का भव्य अस्पताल निर्मित करने की घोषणा की। ताजुद्दीन बाबा दरगाह परिसर का सौंदर्यीकरण, अन्य विकास कार्यों तथा भविष्य में होने वाले ताजाबाद उर्स को लेकर गडकरी ने समीक्षा की।

बीजेपी नेता विजय गोयल ने जामा मस्जिद के सामने झाड़ू लगाई। बीजेपी अध्यक्ष जेपी नड्डा तो दरगाह पहुंच गए।

दरअसल नड्डा ने जनवरी 2023 को महाराष्ट्र का दौरा किया। महाराष्ट्र के चन्द्रपुर दौरे के दौरान सैय्यद बेहबतुल्ला दरगाह में जाकर चादर चढ़ाई। बीजेपी नहीं चाहती थी कि इनका दरगाह दर्शन सार्वजनिक हो लेकिन सोशल मीडिया में वायरल हो गया।

बीजेपी का इससे तो मंशा स्पष्ट है कि ये चाहते हैं कि इनका वोटर इनकी सच्चाई को ना जानकार अंधेरे में रहे और इनको हिंदुत्ववादी समझ वोट कर इनकी सत्ता बनाए रखे।

दिल्ली के उपराज्यपाल विनय कुमार सक्सेना ने 29 जुलाई 2023 को जानकारी दी कि उन्होंने मेहरौली पुरातत्व पार्क में अपनी चौथी यात्रा में सुल्तान बलबन के मकबरे, मेटफाक लॉज (दिल खुशा) और जमाली कमाली मस्जिद के जीर्णोद्धार का जायजा लिया। यह जानकार खुशी हुई कि राजों की बावली, जो अपने मेहराबों तक गाद और कचरे से भरी हुई थी। रिकार्ड समय में पूरी तरह से बहाल हो गई है।

दिल्ली के उपराज्यपाल विनय कुमार सक्सेना ने 26 अगस्त 2023 को जानकारी दी कि मेहरौली पुरातत्व पार्क में मोहम्मद खान का मकबरा और जमाली कमाली मस्जिद अपनी गरिमामय महिमा में बहाल हो रहा है।

उपराज्यपाल ने बताया कि मेरे दौरे और निर्देशों के बाद डीटीए और एएसआई ने जीर्णोद्धार का सराहनीय काम किया है।

28 अगस्त 2023 को उपराज्यपाल ने बताया कि प्रतिष्ठित लोधी गार्डन में मस्जिदें, प्रवेश द्वार, बुर्ज और लोधी रोड फ्लाईओवर के नीचे गोल गुंबद, अपनी गंभीर और गरिमामय भव्यता को पुनः प्राप्त कर रहे हैं।

पिछले एक वर्ष के दौरान प्रयास उत्साहवर्धक रहे हैं।

बटरफ्लाइ पार्क के नजदीक मस्जिद का भी जीर्णोद्धार कराया गया। आप ऊपर दिए हुए तस्वीरों में बदलाव देख सकते हैं।

दिल्ली के उपराज्यपाल विनय कुमार सक्सेना ने 20 जनवरी 2022 को जानकारी दी कि उन्होंने उत्तरी दिल्ली में मुग़लकालीन शीश महल-शालीमारबाग़ परिसर का दौरा किया। इसे बर्बादी, जीर्णता और उपेक्षा की स्थिति में देखकर दुख होता है। इसके पुराने गौरव को बहाल करने का संकल्प लिया और डीडीए और एएसआई को 6 महीने में इसका कायाकल्प करने और पूरा करने का निर्देश दिया।

दक्षिणी दिल्ली में हाल में बहाल किए गए सल्तनत काल के मेहरौली पुरातत्व पार्क के बाद,जो अब प्रतिदिन 1500 आगंतुकों की मेजबानी कर कर रहा है। शीश महल और शालीमार बाग उत्तरी दिल्ली में पसंद का एक और गंतव्य बन जाएगा।

ये देख पाठक तय कर सकते हैं कि ज्यादातर मंदिरों को तुड़वाकर नष्ट और प्रमुख मंदिरों को तुड़वा कॉरिडर बनवाने का काम चल रहा है तो दूसरी तरफ इस्लामिक ढांचों को संरक्षित किया जा रहा है।

ज्ञानवापी को लेकर चल रहा विवाद भी पुराना है। कभी बीजेपी के नेता और इनसे जुड़े संगठन नारा लगते थे, "ये तो (अयोध्या) अभी झांकी है, मथुरा, काशी बाकि है।"

20 जून 2022 को ज्ञानवापी के ऊपर सर्वे का फैसला देने वाले जज रवि कुमार दिवाकर का वाराणसी से बरेली तबदला कर दिया गया। प्रशासन ने इस तबादले का कोई कारण नहीं बताया। सरकार ने भी इस फैसले पर कोई विस्तृत जानकारी नहीं दी।

वाराणसी कोर्ट के सर्वे के फैसले के खिलाफ अंजुमन इंतजामिया मसाजिद वाराणसी व अन्य की तरफ से इलाहाबाद हाईकोर्ट में याचिका दायर की गई। हाई कोर्ट के नोटिस का जबाव देते हुए केंद्र सरकार और राज्य सरकार ने पैरा 3 से लेकर 47 तक में सिर्फ़ नो कमेन्ट लिखा। कोर्ट को कहना पड़ा कि ये

राष्ट्रीय महत्व का मामला है। जिस पर आपका हलफ़नामा गंभीर नहीं हैं। हाईकोर्ट ने दोनों को व्यक्तिगत हलफ़नामा दाखिल करने का निर्देश दिया।

पाठक ये देख समझ सकते हैं कि मोदी ही पूरे बीजेपी को चला रहे हैं। बिना उनके अनुमति के कोई भी बड़ा फैसला नहीं लिया जा सकता।

ये ज्ञानवापी की तस्वीर 1834 की है। जिसमें देखा जा सकता है कि किसी मंदिर के ऊपर गुंबद लगाया हुआ है। वाराणसी की अदालत में लक्ष्मी देवी, राखी सिंह, सीता साहू, मंजु व्यास और रेखा पाठक ने याचिका दाखिल की थी। जिसकी अगुवाई राखी सिंह कर रही हैं। जिसके ऊपर फैसले को लेकर बीजेपी समर्थक मोदी को श्रेय दे रहे थे जबकि बीजेपी के राष्ट्रीय अध्यक्ष जेपी नड्डा पहले बता चुके हैं कि काशी, मथुरा बीजेपी के एजेंडा में नहीं है।

ज्ञानवापी के वजू खाने में मिले 100 फीट ऊंचे विशेश्वर का स्वयंभू ज्योतिर्लिंग के कार्बन डेटिंग के ऊपर इलाहाबाद हाईकोर्ट के फैसले को ज्ञानवापी मस्जिद समिति ने फव्वारा बताते हुए सुप्रीम कोर्ट में चुनौती दी। केंद्र की मोदी सरकार और यूपी की योगी सरकार ने मस्जिद कमेटी की कार्बन डेटिंग सहित वैज्ञानिक सर्वेक्षण को स्थगित करने की याचिका पर सहमति जताई।

25 जनवरी 2024 को ज्ञानवापी सर्वे का ASI रिपोर्ट सार्वजनिक हुआ। सर्वे रिपोर्ट के अनुसार, "मस्जिद से पहले वहां बने मंदिर में बड़ा केंद्रीय कक्ष और उत्तर की ओर छोटा कक्ष था। 17 वीं शताब्दी में मंदिर को तोड़कर उसके हिस्से को मस्जिद में समाहित किया गया। मस्जिद के निर्माण में मंदिर के खंभों के साथ ही अन्य हिस्सों का बिना ज्यादा बदलाव किए इस्तेमाल किया गया। कुछ खंभों से हिन्दू चिह्नों को मिटाया गया है। मस्जिद की पश्चिमी दीवार पूरी तरह हिन्दू मंदिर का हिस्सा है। सर्वे में 32 शिलापट और पत्थर मिले हैं, जो वहां पहले हिन्दू मंदिर होने के साक्ष्य हैं। शिलापटों पर देवनागरी, तेलुगु और कन्नड़ में आलेख लिखे हैं। एक शिलापट में जनार्दन, रुद्र और उमेश्वर लिखा है, जबकि एक अन्य

शिलापट में 'महामुक्ति मंडप' लिखा है। मस्जिद के कई हिस्से में मंदिर के स्ट्रक्चर मिले हैं। मस्जिद के निर्माण संबंधी एक शिलापट पर अंकित समय को मिटाने का प्रयास किया गया है।"

ASI रिपोर्ट में जो सर्वाधिक चौकाने वाली बात सामने आई कि वैज्ञानिक सर्वेक्षण केवल ग्रिल से घेरी हुई 2150.5 वर्ग मीटर में हो पाई।

ग्रिल से घेरे गए परिसर बाहर श्री काशी विश्वनाथ कॉरिडोर बनने की वजह से सर्वे संभव नहीं था।

श्री काशी विश्वनाथ कॉरिडोर बनने के दौरान सैकड़ों महत्वपूर्ण मंदिर/शिवलिंग तोड़े गए लेकिन ज्ञानवापी के ऊपर बनी मस्जिद को खरोंच तक नहीं आया। कॉरिडोर बनने के दौरान मस्जिद रूपी ढांचे के अगले हिस्से को भगवा रंग में पेंट कर दिया गया जिसको आनन फानन में सफेद किया गया।

अगर आप नरेंद्र मोदी की आस्था की बात करें तो नीचे दिए दो तस्वीरों से अंदाजा लगाया जा सकता है कि वो किस चीज के प्रति आस्थावान हैं।

पहली तस्वीर में वो अल हकीम मस्जिद मिस्र में बिना जूता पहने मस्जिद में सजदा किया तो दूसरी तस्वीर काशी विश्वनाथ मंदिर परिसर की है जहां जूता पहने देखे जा सकते हैं।

नरेंद्र मोदी सिर्फ भारत ही नहीं विदेश में भी इस्लामिक धरोहरों को संरक्षित करते हैं। मालदीव के जुमा मस्जिद (फ्राइडे मस्जिद) के संरक्षण और निर्माण के लिए योगदान दे रहे हैं। आरटीआई के जरिए खुलासा हुआ कि भारत सरकार ने फ्राइडे मस्जिद के संरक्षण और नवीनीकरण के लिए 2019-24 तक 20 करोड़ 41 लाख 4 हजार 706 रुपए दिए।

अब सवाल उठता है कि नरेंद्र मोदी के प्रयास से UAE के अबू धाबी में मंदिर बन रहा है। आज मोदी की वजह से सनातन का डंका पूरे विश्व में बज रहा है। ये सब सुनकर जब मैंने जानकारी इकट्ठा करने की कोशिश की तो पता चला कि स्वामी नारायण संप्रदाय (BAPS) का मंदिर बन रहा है।

स्वामी नारायण संप्रदाय की शुरुआत घनश्याम पांडे से जुड़ी हुई है। जिनका जन्म 3 अप्रैल 1781 में उत्तरप्रदेश के गोण्डा जिले के छपिया गाँव में हुआ था। सन 1792 में, उन्होंने नीलकंठ वर्णी नाम को अपनाते हुए,11 वर्ष की आयु में भारत भर में तीर्थ यात्रा शुरू की और इस यात्रा के 9 वर्ष और 11 महीने के बाद, वह 1799 के आस पास गुजरात में बस गए। सन 1880 में, उन्हें अपने गुरु स्वामी रामानंद द्वारा उद्धव संप्रदाय में शामिल किया गया और उन्हें सहजानंद स्वामी का नाम दिया गया। 1802 में, अपने गुरु के द्वारा उनकी मृत्यु से पहले, उन्हें उद्धव संप्रदाय का नेतृत्व सौंप दिया गया। सहजानंद स्वामी ने एक सभा आयोजित कर स्वामीनारायण मंत्र को पढ़ाया। इसके बाद, वह स्वामीनारायण के रूप में जाने जाने लगे।

स्वामी नारायण संप्रदाय के लोग घनश्याम पांडे (स्वामी नारायण) को ना सिर्फ भगवान बल्कि सभी भगवानों से ऊपर मानते हैं। इनके पूजा स्थलों (मंदिरों) में स्वामी नारायण की बड़ी सी मूर्ति तो वहीं देवताओं की छोटी-छोटी मर्तियां होती हैं। कई जगह तो स्वामी नारायण को हाथ जोड़े या उनका सेवा करते महादेव, बजरंग बली और अन्य भगवानों के मामले सामने आ चुके हैं।

गुजरात के बोटाद जिले के सालंगपुर स्वामी नारायण मंदिर परिसर में हनुमान जी को स्वामी नारायण के सामने हाथ जोड़े दिखाया गया। वहीं महादेव को भी स्वामी नारायण के सेवादार के रूप में दिखाने का मामला भी सामने आया।

3 अक्टूबर 1958 को बॉम्बे उच्च न्यायलय में बॉम्बे राज्य बनाम शास्त्री यज्ञ पुरुषदासजी, "स्वामी नारायण मंदिर के वकील एमवी देसाई के अनुसार, स्वामी नारायण संप्रदाय से संबंधित सदस्य हिंदू धर्म को नहीं मानते हैं और इसलिए, उनके मंदिर हिंदू मंदिर नहीं हैं। हमारे सामने यह विवादित नहीं है कि यदि स्वामीनारायण संप्रदाय से संबंधित मंदिर बॉम्बे हिंदू सार्वजनिक पूजा स्थल (प्रवेश प्राधिकरण) अधिनियम 1956 के प्रावधानों के दायरे में आते हैं तो ट्रायल कोर्ट द्वारा दी गई घोषणा और निषेधाज्ञा टिक नहीं पाएगी।" दरसरल ये पूर्व अधिनियम-बॉम्बे हरिजन मंदिर प्रवेश अधिनियम 1947 के दायरे से बाहर घोषित करके हरिजनों (दलितों) को उनके स्वामी नारायण मंदिरों में प्रवेश करने से रोकना चाहते थे।

स्वामी नारायण मंदिरों में दलितों के प्रवेश के लिए कांग्रेस ने सत्याग्रह किया। पहले इनके मंदिरों में दलितों का प्रवेश वर्जित था।

BAPS (बोचासनवासी अक्षर पुरुषोत्तम स्वामीनारायण संस्था) के दुनियाभर में 1200 से ज्यादा मंदिर हैं। 120 से ज्यादा मंदिर तो केवल अमेरिका में है। भारत की बात करें तो इनकी 800 के करीब छोटे बड़े मंदिर हैं। दिल्ली का अक्षरधाम मंदिर भी इन्हीं का है।

स्वामी नारायण मंदिर में देवताओं को होना हिंदू पर्यटकों और श्रद्धालुओं को उनके स्थल तक लाना है। हालाँकि सरकारी रिकार्ड के अनुसार तो वो अभी तक हिंदू ही हैं लेकिन मौका लगते ही भगवान के अपमान से बाज नहीं आते। इसलिए संयुक्त अरब अमीरात के अबू धाबी मंदिर को हिंदू मंदिर कहना उचित नहीं होगा। BAPS स्वामी नारायण के मंदिरों में भजन के तौर पर भगवान के भजन के तर्ज पर स्वामी नारायण की भजन होती है।

अगर संयुक्त अरब अमीरात (UAE) में हिंदू मंदिर की बात करें तो पहले से दो हिंदू मंदिर हैं।

पहली तस्वीर में आप देख सकते हैं। ये संयुक्त अरब अमीरात (UAE) के बुर दुबई में 1958 में स्थापित शिव मंदिर है। इस ऐतिहासिक स्थल में एक कृष्ण मंदिर और एक गुरुद्वारा भी शामिल है, जो इसे संयुक्त अरब अमीरात के पहले हिंदू आध्यात्मिक केंद्र के रूप में चिन्हित करता है।

1958 में, राशिद बिन सईद अल मकतुम, जिन्होंने बुर दुबई में पुराने सूक की पहली मंजिल पर इस हिंदू मंदिर के निर्माण की अनुमति दी थी।

दूसरी तस्वीर में देख सकते हैं। ये संयुक्त अरब अमीरात (UAE) के जेबेल अली में सन 2022 में दूसरा मंदिर बनकर तैयार हुआ। शिव मंदिर और गुरुद्वारा को जेबेले अली के नए स्थल में स्थानांतरित कर दिया गया। जबकि कृष्ण मंदिर बुर दुबई में बना हुआ है।

घुसपैठियों को लेकर समर्पण

2014 लोकसभा चुनाव के दौरान नरेंद्र मोदी अवैध घुसपैठियों को लेकर चुनावी मंचों से काफी चिंतित दिखते थे। आज भी चुनावी मंच से उनके द्वारा बयां की गई पीड़ा और घुसपैठियों को चेतावनी याद आता है, "भाइयों और बहनों क्या इस देश के विकास के लाभ पर सबसे पहले भारत माता के बेटों का अधिकार है या नहीं है? हिंदुस्तान के नागरिक का अधिकार है या नहीं है? नौकरी सबसे पहले हिंदुस्तान के बेटे-बेटियों को मिलना चाहिए या नहीं? विकास का अवसर हिंदुस्तान के बेटे-बेटियों को मिलना चाहिए या नहीं? लेकिन आज वो बांग्लादेशियों को मिल रहा है। कहां जाएगा मेरा नौजवान, कहां जाएगा? ये गरीब मां का बेटा कहां जाएगा? किस देश में रहेगा? उसके लिए तो यही मात्र भूमि है। जहां पर उसके भाग्य का निर्माण करना है। भाइयों और बहनों लिखकर के रखिए 16 मई 2014 के बाद ये बांग्लादेशी बोरिया-बिस्तर बांधकर रखें। ये देश ऐसे नहीं चल सकता भाइयों! भाइयों और बहनों वोट बैंक की राजनीति के लिए देश को तबाह नहीं करने देंगे।"

ये सुन लोगों के मन में दिलासा जगी कि कोई पहला नेता है जो खुले मंच से बांग्लादेशियों को खदेड़ने की बात कर रहा है। अगर ये देश के प्रधानमंत्री बन जाते हैं तो देश घुसपैठ मुक्त बन जाएगा। लेकिन जब सत्ता में आए तो जो पूर्व की सरकारों में निकाले जाते थे, वो आंकड़ा बहुत कम हो गया और ऊपर से बांग्लादेशी के साथ-साथ रोहिंग्या घुसपैठियों की बाढ़ आ गई। बीजेपी के प्रवक्ता रोहिंग्या को देश की सुरक्षा के लिए खतरा बताते रहे लेकिन मोदी सरकार पूरी तरह से उनके लिए समर्पित हो गई। जिन्हें चिन्हित कर निकाला जाना था, उनको बसाकर राजनीति होने लगी। ये बताया जाने लगा कि मोदी नहीं निकाल पा रहे हैं, इसके लिए विपक्ष जिम्मेदार है। बीजेपी का तंत्र ये बताने में व्यस्त हो गया कि ममता, केजरीवाल, कांग्रेस उनके साथ खड़े हैं। ये इस षड्यंत्र में काफी हद तक सफल भी रहे क्योंकि ये आरोप विपक्षी नेताओं के लिए फायदे का सौदा था। चूंकि वो मुसलमान हैं, भारत के मुसलमान के वोट बैंक खिसकने का डर भी उनको है। भारत में आधार कार्ड और वोटर आइडी कार्ड भी आसानी से बन जाता है। जब घुसपैठिया वोटर बन जाता है तो वोट भी विपक्षी पार्टियों को वोट देता है।

हैरानी इस बात की होती है जब केंद्रीय गृह मंत्री घुसपैठ के लिए ममता बनर्जी को जिम्मेदार बता अपना उल्लू सीधा करते हैं। सीमा सुरक्षा बल भारत के गृह मंत्रालय के अधीन और गृहमंत्री का किसी और को दोष देना ये बताता है कि ये घुसपैठ को लेकर किसी भी तरह से गंभीर नहीं हैं। अगर वो भारत में

आते नहीं तो उन्हें ममता या कोई अन्य विपक्षी नेता बसाता नहीं। मैं ज्यादा हैरान तब हुआ जब अमित शाह ने ओवैसी से मांग कर डाली कि वो लिखकर दें जरा फिर मैं देखता हूँ। जब मैं कार्रवाई करता हूँ तो वो हाय तौबा मचाने लगते हैं।

ये सुन मेरे मन में सवाल आया कि क्या ओवैसी से पूछकर ये लोग कारवाई करेंगे? लेकिन चुनाव में उसी ओवैसी के बयान को भुनाते हैं। जब नरेंद्र मोदी बांग्लादेशी घुसपैठियों को निकालने की बात कर रहे थे, तब तो ऐसा नहीं बोला कि मैं ओवैसी से रायशुमारी करूंगा। आखिर ओवैसी क्यों चाहेंगे कि उनको निकाला जाए। जिस सरकार को कुछ करना होगा वो किसी विपक्षी नेता से इस तरह की आशा नहीं रखेगा। इन लोगों ने कई ऐसे काम करने के स्टंट किये जिसके विरोध में ओवैसी थे फिर वो सब क्यों किया?

नरेंद्र मोदी को बचपन से इस्लाम से जो गहरा लगाव रहा वो प्रधानमंत्री बनने के बाद भी कट्टर इस्लामिक सोच से बाहर नहीं निकल पाए। जो इनके काम करने का तरीका रहा वो ऐसे जैसे कभी भी नहीं सोच पाए। अगर कुछ अलग भी किया तो उससे कहीं न कहीं इस्लाम को फायदा पहुंचा। देशविरोधी और हिंदू विरोधी शक्तियों के सामने इतने नतमस्तक हो गए, जिसकी कभी किसी ने कल्पना भी नहीं की थी।

जिस रोहिंग्या को स्वयं बीजेपी के प्रवक्ता टीवी डिबेट में राष्ट्रीय सुरक्षा के लिए खतरा बताते रहे, जो कि है भी! देश में कई जगह दंगे फसाद में हिंदुओं के खिलाफ रोहिंग्या-बांग्लादेशी घुसपैठियों की भूमिका सामने आई। कई सुरक्षा एजेंसियां भी उन्हें राष्ट्रीय सुरक्षा के लिए खतरा बता चुकी है लेकिन मोदी सरकार का उनके प्रति इतना समर्पण रहा कि उनके देश में भी कभी उनको इतनी सुविधा नहीं मिली जितना इन्होंने दिया।

म्यांमार से भगाए गए रोहिंग्या जो बांग्लादेश में शरणार्थी कैंपों में रह रहे थे उनके लिए मोदी सरकार ने 2017 में म्यांमार सरकार के साथ समझौता किया। भारत सरकार ने 9 जुलाई 2019 को रोहिंग्या के लिए 250 घर बनवाकर म्यांमार सरकार को सौंपे। भारत सरकार को समझौते के तहत पांच साल में 25 मिलियन खर्च करने के हस्ताक्षर हुए। 40 वर्ग मीटर में बने इन घरों को भूकंप और चक्रवाती तूफान से बचने के लिए डिजाइन किया गया।

मोदी सरकार म्यांमार से भगाए गए रोहिंग्या को वापस म्यांमार में बसाने के प्रयास में लग गई लेकिन वो म्यांमार जाने के बजाय भारत में घुसपैठ करके भारी संख्या में पहुंचे। रोहिंग्या को अपना समर्थन जारी रखते हुए भारत सरकार ने 21 जनवरी 2020 को म्यांमार में राहत सामग्री पहुंचाई। जिनमें चावल, नूडल्स, तुअर दाल, चना दाल, सोया तेल, मिर्च पाउडर, हल्दी पाउडर, जीरा पाउडर, धनिया पाउडर, नमक और तिरपाल की 20,000 किट वाली राहत सामग्री सौंपी गई।

इसके अलावा मोदी सरकार ने रोहिंग्या युवाओं को रोजगार क्षमता बढ़ाने के लिए कौशल प्रशिक्षण प्रदान करने के लिए पकोक्कु और मिंग्यान में दो केंद्र बनाए और अन्य जल्द ही मोनिवा और थाटन में शुरू कराने की बात कही। प्री-स्कूलों के निर्माण, सौर ऊर्जा आपूर्ति, जल आपूर्ति, सड़क निर्माण जैसी परियोजना के निर्माण की योजना पर काम करना शुरू किया।

उच्च प्रभाव, सामुदायिक विकास परियोजनाओं के तहत भारत सरकार ने सिटवे कंप्यूटर विश्वविद्यालय को आईटी उपकरण और रखाइन राज्य सरकार को कृषि उपकरण प्रदान किए। इससे पहले, भारत ने सिटवे जनरल अस्पताल में सुविधायों को उन्नत करने के लिए चिकित्सा उपकरण प्रदान किए थे।

म्यांमार में भारत रोहिंग्या को बुनियादी ढांचे और कौशल प्रदान करके पुनर्निर्माण में मदद कर रहा है और बांग्लादेश में ऑपरेशन इंसानियत के माध्यम से रोहिंग्या की मदद कर रहा है। सितंबर 2017 से भारत सरकार ने बांग्लादेश में रोहिंग्याओं के लिए आवश्यक वस्तुओं की आपूर्ति के लिए सहायता अभियान शुरू किया।

भारत ने म्यांमार से बांग्लादेश आए रोहिंग्या मुस्लिम शरणार्थियों के लिए सितंबर 2017 में 53 टन राहत सामग्री भेजी, जिनमें चावल, दाल, चीनी, नमक, खाना पकाने का तेल, चाय, नूडल्स, बिस्कुट, मच्छरदानी, पानी, कपड़े और आश्रय निर्माण की आपूर्ति शामिल थी। ऑपरेशन इंसानियत के तहत भारत बांग्लादेश को रोहिंग्या के लिए 7000 टन राहत सामग्री उपलब्ध कराएगा। इसके तहत बांग्लादेश में 3 लाख लोगों के लिए राहत सामग्री भेजी।

भारत में जो रोहिंग्या घुसपैठ कर पहुँच चुके हैं, वो बड़े पैमाने पर देश के अलग अलग हिस्सों में बसे और बसाये गए हैं। ज्यादातर के पास वोटर आई कार्ड, आधार कार्ड, पैन कार्ड, राशन कार्ड, गैस कनेक्शन और बैंक अकाउंट हैं। कई भारत के स्थानीय लड़कियों से शादी कर चुके हैं।

बीजेपी नेता और वकील अश्विनी उपाध्याय ने 2017 में सुप्रीम कोर्ट में एक याचिका दाखिल की। याचिका में मांग की गई थी कि भारत में अवैध तरीके से रह रहे बांग्लादेशियों और रोहिंग्या लोगों की पहचान की जाए और उन्हें 1 साल के भीतर वापस भेजा जाए। केंद्र और राज्य सरकारों ने इसके ऊपर कोई जबाव दाखिल नहीं किया।

अक्टूबर 2021 में देश में अवैध तरीके से रह रहे बांग्लादेशियों और रोहिंग्या को वापस भेजने की मांग का कर्नाटक सरकार ने विरोध किया। राज्य सरकार ने सुप्रीम कोर्ट में हलफनामा दायर कर इस मसले पर दाखिल याचिका को खारिज करने की मांग की। हलफनामे में यह भी कहा गया है कि फिलहाल बंगलुरु में रह रहे रोहिंग्या लोगों को वापस भेजने की कोई योजना नहीं है।

कर्नाटक सरकार की तरफ से यह हलफनामा डीजीपी कार्यालय में तैनात एक इंस्पेक्टर रैंक के अधिकारी ने दाखिल किया। इसमें यह कहा गया है कि बेंगलुरू पुलिस ने शहर में रह रहे हैं 72 रोहिंग्या लोगों की पहचान की है। पुलिस ने उन्हें न तो किसी कैंप या आश्रय स्थल में रखा है, न ही किसी डिटेंशन सेंटर में। यह सभी लोग अलग-अलग तरह के कामों में लगे हुए हैं। फिलहाल उन्हें वापस भेजने की कोई योजना नहीं है।

जब बीजेपी सरकार के इस हलफनामे का विरोध होने लगा तो इन्होंने 3 दिन में ही यू टर्न लेते हुए नया हलफ़नामा दायर किया। राज्य के गृह विभाग में अपर सचिव केएन वनजा द्वारा दायर नए हलफनामे में खुलासा किया गया कि राज्य में कुल 126 रोहिंग्याओं की पहचान की गई है जो किसी शिविर या डिटेंशन सेंटर में नहीं हैं। हलफनामे में कहा गया, 'इस अदालत द्वारा जो भी आदेश पारित किया जाएगा, उसका ईमानदारी से और अक्षरश: पालन किया जाएगा।'

केंद्र सरकार सुप्रीम कोर्ट के नोटिस पर टाल मटोल करती रही,17 अगस्त 2022 को केंद्रीय शहरी आवास मंत्री हरदीप सिंह पूरी का ट्वीट आता है,"भारत ने हमेशा उन लोगों का स्वागत किया है जिन्होंने देश में शरण माँगी है। एक ऐतिहासिक फैसले में सभी रोहिंग्या शरणार्थियों को दिल्ली के बक्करवाला इलाके में ईडब्ल्यूएस फ्लैटों में ट्रांसफर किया जाए जाएगा। वहाँ उन्हें मूलभूत सुविधाएँ, यूएनएचसीआर आईडी और 24 घंटे दिल्ली पुलिस का संरक्षण प्रदान किया जाएगा।"

हरदीप सिंह का दूसरा ट्वीट, "जिन लोगों ने भारत की शरणार्थी नीति पर जानबूझकर इसे सीएए से जोड़कर अफवाह फैलाकर अपना करियर बनाया, वे निराश होंगे। भारत संयुक्त राष्ट्र शरणार्थी कन्वेंशन 1951 का सम्मान करता है और उसका पालन करता है और सभी को उनकी जाति, धर्म या पंथ की परवाह किए बिना शरण प्रदान करता है।"

एक वरिष्ठ अधिकारी ने बताया, "इन शरणार्थियों (रोहिंग्याओं) को जल्द ही दिल्ली के बाहरी इलाके बक्करवाला गाँव में एनडीएमसी फ्लैट में शिफ्ट किया जाएगा। वहाँ EWS कैटेगरी से जुड़े कुल 250 फ्लैट हैं जो मदनपुर खादर कैंप में रह रहे 1100 रोहिंग्याओं को दिए जाएँगे।"

सोशल वेल्फेयर डिपार्टमेंट इन लोगों को उन फ्लैट्स में फैन, तीन समय खाना, लैंडलाइन फोन, टीवी, आदि चीजें उपलब्ध करवाएगा।

ये खबर आते ही जब सवाल उठने शुरू हुए तो गृह मंत्रालय के द्वारा इस खबर का खंडन करते हुए बोल दिया जाता है कि रोहिंग्या अवैध प्रवासियों को ईडब्ल्यूएस प्रदान करने का कोई निर्देश नहीं दिया है। गृह मंत्रालय पहले ही विदेश मंत्रालय के माध्यम से संबंधित देश के साथ अवैध विदेशियों के निर्वासन का मुद्दा उठाया जा चुका है। विदेशियों को कानून के अनुसार निर्वासन तक डिटेंशन सेंटर में रखा जाना है।

हैरानी की बात है कि हरदीप सिंह पूरी ने गृह मंत्री अमित शाह को टैग किया था, जिसे आजतक डिलीट नहीं किया। यानि जो उन्होंने घोषणा की थी वो सही थी। ये पुस्तक सामने आने के बाद शायद उसे डिलीट करा दिया जाए क्योंकि मोदी सरकार में ये आम बात रही है कि सच्चाई सामने आने के बाद कई पेज, डाटा और ट्वीट हटवाये गए हैं।

पूरी ने जिस संयुक्त राष्ट्र शरणार्थी सम्मेलन 1951 का हवाला दिया उसकी सच्चाई यह है कि भारत ने 1951 के शरणार्थी दर्जे के संबंध में संयुक्त राष्ट्र शरणार्थी सम्मेलन समझौते पर या 'मेजबान राज्य' द्वारा आवश्यक रूप से शरणार्थियों को अधिकार और सेवाएँ देने से संबंधित प्रोटोकॉल पर अभी तक हस्ताक्षर नहीं किये हैं। यानि रोहिंग्या के लिए सब कुछ ताख पर रखा गया। जो उन्होंने सीएए के विरोध करने वालों के निराशा की बात कर रहे थे। आखिरकार वो लोग निराश क्यों होंगे? वो भारत का इस्लामिकरण चाहते हैं और सरकार ऐसे कदम उठा उनकी सहायक बन रही है।

अब रही बात सरकार के अलग-अलग रुख की, तो ये रणनीति है कि लोगों को गुमराह करके रखो ताकि कोई ठोस राय बना विचार न कर पाए।

हरदीप सिंह पूरी के रोहिंग्याओं को फ्लैट देने की जानकारी सामने आते ही करांची से आए जोधपुर शरणार्थी कैम्प में रह रहे हिंदूओं ने मोदी सरकार से पूछा कि क्या हम लोग मुसलमान बन जाएं तो हमें भी घर मिल जाएगा?

ये चौंकाने वाली बात है कि मोदी सरकार की मंशा और समर्पण के बारे में पाकिस्तान से आए हुए हिंदू भी जान चुके हैं।

बीजेपी विधायक नंद किशोर गुर्जर ने अधिकारियों के ऊपर आरोप लगाते हुए खुलासा किया कि डूडा गाज़ियाबाद में प्रधानमंत्री आवास योजना के तहत 80% आवास रोहिंग्या-बांग्लादेशी घुसपैठियों को दिया गया है। लोनी क्षेत्र में संविदा के आधार पर रखे गए कर्मचारी बांग्लादेशी हैं। नंद नगरी और अक्षरधाम में फर्जी ढंग से रोहिंग्या-बांग्लादेशियों के स्थाई पते वाले आईडी प्रूफ बनाए जा रहे। ये काम दिल्ली से सटे संसद से मात्र 15 किलोमीटर की दूरी पर हो रहा है। अधिकारियों के खिलाफ कार्रवाई को लेकर उन्होंने डीएम को पत्र लिखा। क्या कार्रवाई हुई आजतक कुछ सामने नहीं आया और न ही कोई चर्चा हुई।

अब सवाल है कि इतने बड़े पैमाने पर आवास और रोजगार घुसपैठियों को मिले। क्या बिना ऊपर के आदेश के संभव था? निचले स्तर का अधिकारी इतना बड़ा धांधली तबतक नहीं कर सकता जबतक ऊपर से मिलीभगत या आदेश न हो। मोदी सरकार में कोई मामला मुश्किल से सामने आता है लेकिन तुरंत ही गायब भी हो जाता है। कही जांच भी हो तो उसका परिणाम सामने नहीं आता। वैसे ज्यादातर मामला तो वैसे ही दब जाता है।

छत्तीसगढ़ के बिलासपुर में प्रधानमंत्री आवास योजना के तहत गरीबों के लिए बनवाए गए घरों पर अवैध कब्जा करने मामला सामने आया है। सामने आया है कि 125 से ज्यादा मकानों पर मुस्लिम समुदाय के लोग कब्जा करके उसमें अवैध रूप से रह रहे हैं। इतना ही नहीं, उन मकानों में गुंबद बनाकर उसे मस्जिद-मजार आदि का रूप दे दिया गया है और इसमें झाड़-फूंक का काम किया जा रहा है।

हाउसिंग बोर्ड कॉलोनी के अध्यक्ष बीपी सिंह कहना था कि प्रधानमंत्री आवास में पिछले कुछ सालों से मजार जैसा ढांचा बना दिया गया है और उसकी आड़ में असामाजिक लोगों का जमावड़ा लगा रहता है। यहाँ तालापारा के लोग आकर शराबखोरी करते हैं। उन्होंने बताया कि देवरीखुर्द में बांग्लादेश और उत्तर प्रदेश के लोग रह रहे थे, लेकिन उनका वेरीफिकेशन तक नहीं किया गया है।

संयुक्त राष्ट्र शरणार्थी उच्चायुक्त (यूएनएचसीआर) ने 25 दिसंबर को 142 रोहिंग्या शरणार्थियों की देखभाल के लिए अंडमान और निकोबार द्वीप समूह में भारतीय अधिकारियों का आभार व्यक्त किया, जिनकी नाव को एक दिन पहले शहीद द्वीप के पास तटीय सुरक्षा एजेंसियों ने रोक लिया था।

"यूएनएचसीआर हताश मानव जीवन को बचाने के लिए भारतीय तट रक्षक और अधिकारियों को धन्यवाद देता है। मानवता का यह नेक कार्य संकट में फंसे लोगों को राहत पहुंचाता है," एशिया और प्रशांत के प्रवक्ता बाबर बलूच ने कहा।

नाव करीब 14-15 दिन पहले बांग्लादेश से रवाना हुई थी और इंडोनेशिया जा रही थी। जहाज पर सवार लोगों में 47 महिलाएं और 59 नाबालिग शामिल थे।

अब जो रोहिंग्या इंडोनेशिया जाते वो भारत के ही होकर रह जाएंगे।

जम्मू म्यूनिसिपल कॉर्पोरेशन से चौंकाने वाली खबर सामने आई जहां स्थानीय लोगों के मुकाबले ऐसे अवैध प्रवासियों को तरजीह मिल रही है। करीब 200 रोहिंग्या मुसलमान जम्मू म्यूनिसिपल कॉर्पोरेशन में दिहाड़ी मजदूर हैं, जो नालियों की सफाई का काम करते हैं। इन्हें हर रोज 400 रुपए मिलते हैं। जबकि, इसी काम के लिए स्थानीय मजदूरों को 225 रुपए ही मिलते हैं। ठेकेदारों ने इन रोहिंग्याओं को लाने-ले जाने के लिए ट्रांसपोर्ट व्हीकल का इंतजाम भी किया है। काम पर जाने से पहले ये मजदूर स्थानीय जेएमसी सुपरवाइजर के ऑफिस में अटेंडेंस भी लगाते हैं।

जम्मू या बाकि देश के अन्य हिस्सों में घुसपैठियों को संविदा के आधार पर नौकरी मिल रही है।

तस्मिदा जौहर ने डीयू (DU) से राजनीति विज्ञान में ग्रेजुएशन की पढ़ाई की। वह दिसंबर 2022 में भारत की पहली रोहिंग्या ग्रेजुएट महिला बनीं।

जकात फाउंडेशन रोहिंग्या के लिए दिल्ली के मदनपुर खादर में 'दारुल हिजरत' के नाम से अस्थाई शिविर बनाता है। उन्होंने एक मस्जिद और फाउंडेशन के एक कार्यालय के साथ रोहिंग्याओं के लिए एक स्थाई कॉलोनी के लिए एक विस्तृत नक्शा भी जारी किया।

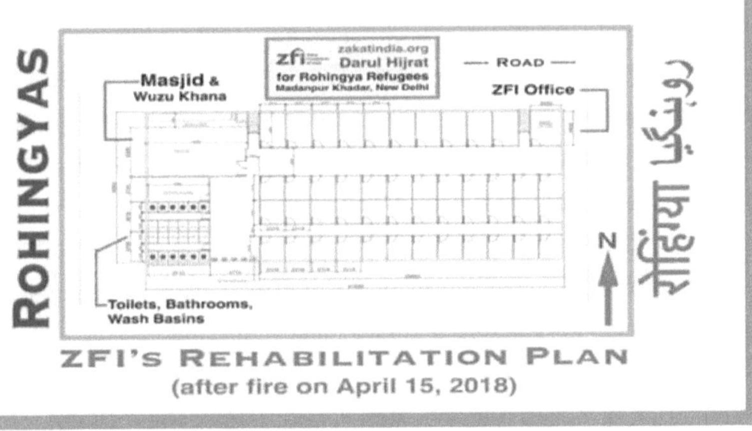

जकात फाउंडेशन ने दावा किया कि पूरे प्रोजेक्ट को गृह मंत्रालय की मंजूरी मिली हुई है। जब इसको लेकर सवाल उठे तो जकात फाउंडेशन का जबाव आया कि शरणार्थियों की तबतक मेजबानी करते रहेंगे जबतक भारत सरकार आपत्ति नहीं करती।

जकात फाउंडेशन रोहिंग्याओं को इस्लामी सिद्धांतों पर शिक्षित करता है। दिल्ली में कई रोहिंग्या बस्ती बन गई। जिनमें प्रमुख शाहीनबाग, कालिंदी कुंज, विकास पूरी और खजूरी खास में हैं। इनमें से कई इलाकों में दिल्ली दंगों के दौरान भारी हिंसा देखी गई थी।

जुलाई 2022 में बांग्लादेशी मुसलमानों को देश से बाहर खदेड़ने की मांग के बीच असम सराकर ने राज्य के 5 मुस्लिम समुदाय गोरिया, मोरिया, जुला, देशी और सैयद को स्वदेशी मुसलमान का दर्जा देने का निर्णय लिया। सरकार के इस फैसले से राज्य के लगभग 40 लाख असमिया भाषी मुसलमानों को मान्यता मिली।

मोदी सरकार ने सुप्रीम कोर्ट में हलफ़नामा दायर करते हुए कहा कि अवैध प्रवासियों का डाटा एकत्र करना संभव नहीं है क्योंकि विदेशी नागरिकों का प्रवेश गुप्त और चोरी-छिपे होता है। अवैध घुसपैठियों के निर्वासन पर कहा कि 2017-2022 तक पिछले पांच वर्षों में 14,346 विदेशियों को निर्वासित किया गया है।

अब सवाल है कि बॉर्डर सुरक्षा बल केंद्रीय गृह मंत्रालय के अधीन है फिर अवैध घुसपैठ को रोकने के दिशा में कौन सा काम किया गया? जब मैंने इसको लेकर ढूँढना शुरू किया तो विक्टिम कार्ड मिला। विक्टिम कार्ड के अनुसार पश्चिम बंगाल सरकार के सहयोग न करने से भारत बांग्लादेश सीमा पर फेंसिंग में देरी हो रही है। केंद्र ने कहा कि सीमा पर फेंसिंग प्रोजेक्ट राष्ट्रीय महत्व का है। अगर राज्य सरकार फेंसिंग के लिए भूमि अधिग्रहित कर सौंपने के काम में सहयोग करती है तो केंद्र सीमा पर फेंसिंग का काम पूरा कर लेगा।

मार्च 2023 को बीजेपी शासित राज्य उत्तराखंड की धामी सरकार ने फैसला किया कि बांग्लादेशी जो 1971 या उससे पूर्व में आकर रुद्रपुर में बसे हैं, उन्हें भूमि के पट्टे पर मालिकाना हक दिया जाएगा।

हल्द्वानी में बनभूलपुरा और गफूर बस्ती में रेलवे की भूमि पर करीब 50 साल पहले अतिक्रमण शुरू हुआ था। अतिक्रमण अब रेलवे की 78 एकड़ जमीन पर फैल गया है। जहां भारी संख्या में रोहिंग्या बांग्लादेशी बसे हुए हैं। अवैध रूप से बसे गफूर बस्ती में लगभग 50 हजार लोग रहते हैं। स्थानीय लोगों का दावा है कि वो 50 साल से भी अधिक समय से यहां रह रहे हैं। उन्हें वोटर कार्ड, आधार कार्ड, राशन कार्ड, बिजली, पानी, सड़क, स्कूल आदि सभी सुविधाएं भी सरकारों ने ही दी हैं। लोग सभी सरकारी योजनाओं का लाभ भी उठा रहे हैं। पीएम आवास योजना से भी लोग लाभान्वित हो चुके हैं। दावा है कि वो नगर निगम को टैक्स भी देते हैं। इनमें मुस्लिम आबादी की बहुलता है। 20 दिसम्बर 2022 को नैनीताल हाईकोर्ट ने रेलवे की 29 एकड़ भूमि से अवैध अतिक्रमण हटाने के निर्देश दिए। 28 दिसंबर 2022 को रेलवे-प्रशासन की टीम पिलरबंदी करने पहुंची तो बनभूलपुरा के हजारों लोगों ने 10 घंटे सड़क पर बैठकर प्रदर्शन किया। उसके बाद विरोध प्रदर्शन और कैंडल मार्च निकलना शुरू

हुआ। 31 दिसंबर 2022 को रेलवे ने अखबारों में अतिक्रमण हटाने का सार्वजनिक नोटिस जारी किया। मामला सुप्रीम कोर्ट पहुंचा और 5 जनवरी 2023 को कोर्ट ने रोक लगा दिया।

रेलवे के अनुसार, रेलवे की जमीन पर 4365 परिवारों का अवैध कब्जा है, तो दूसरी तरफ कब्जेदार दावा करते हैं कि वे उनकी जमीन है और उनके पास जमीन के पक्के कागज हैं।

सुप्रीम कोर्ट ने मानवीय मुद्दा बताते हुए कहा कि 50000 लोगों को रातोंरात नहीं हटाया जा सकता।

ये मामला भी ठंडे बस्ते में चला गया। बीजेपी की ये रणनीति है कि अगर कोई हिंदू धरना प्रदर्शन करे तो ज्यादातर मामलों में धारा 144 लगा दिया जाता है और बल का प्रयोग किया जाता है लेकिन मुस्लिम प्रदर्शन करे तो आम तौर पर उन्हें छूट होती है।

नैनीताल हाईकोर्ट के आदेश के बाद 8 फ़रवरी 2024 को एसडीएम और नगर निगम के अधिकारियों के साथ पुलिस की टीम अवैध मदरसा और नमाज स्थल तोड़कर लौटकर आ रही थी, तब पुलिसकर्मियों पर पेट्रोल बम से हमला हुआ और पथराव हुए। उपद्रवियों ने बनभुलपुरा थाने में आ लगा दी। पुलिसवालों को आग लगाकर मारने का प्रयास हुआ। जैसे आगजनी के वीडियो सामने आ रहे थे, उसे देखकर लग रहा था कि सीरिया की वीडियो हो। पुलिस के सीओ ऑपरेशन समेत 50 से अधिक पुलिसकर्मी घायल हुए। सरकारी आँकड़े के अनुसार 6 लोग मौत हुई। 300 से ज्यादा लोग घायल हुए, जिसमें 100 से ज्यादा पुलिसकर्मी थे।

हल्द्वानी हिंसा को लेकर यूपी के पूर्व डीजीपी और बीजेपी सांसद बृजलाल ने आशंका जताई कि इसके पीछे पीएफआई और बांग्लादेशियों का हाथ हो सकता है।

नरेंद्र मोदी जिन बांग्लादेशियों को निकालने की बात करते हुए कांग्रेस पर निशाना बना रहे थे। उसका चौंकाने वाला आंकड़ा सामने आया। कांग्रेस नेतृत्व वाली यूपीए सरकार में 2005 से 2013 तक 88,792 अवैध बांग्लादेशी निकाले गए जबकि मोदी के नेतृत्व वाली एनडीए सरकार में मात्र 2,566 ही निकाले गए। 2019 के बाद डाटा नहीं मिला लेकिन फिर भी अंदाजा इस बात से लगाया जा सकता है कि 2005 में 14,916, 2006 में 13,692, 2007 में 12,135, 2008 में 12,625, 2009 में 10,602, 2010 में 6,290, 2011 में 6,761, 2012 में 6,537 और 2013 में 5,234 वापिस भेजे गए। अगर इनके पांच साल को सबके कम भेजे गए वर्ष 2013 से भी तुलना करें तो वो दोगुने से ज्यादा था।

प्रधानमंत्री नरेंद्र मोदी बांग्लादेश की पहली यात्रा के दौरान पश्चिम बंगाल की मुख्यमंत्री ममता बनर्जी के साथ बांग्लादेश पहुंचे। भारत और बांग्लादेश के बीच 41 साल से अटके हुए लैंड बॉर्डर एग्रीमेंट पर हस्ताक्षर हुए।

दरअसल, जब 1971 में पाकिस्तान से जंग के बाद बांग्लादेश आजाद हुआ तो दोनों देशों के बीच सीमाएं साफ तौर पर तय नहीं हो सकी थी। समझौते के तहत भारत 111 अंदरूनी क्षेत्रों (एनक्लेव्स) की 17160 एकड़ जमीन बांग्लादेश को देगा। बदले में हमें 51 एनक्लेव्स की 7110 एकड़ जमीन मिलेगी। 51 हजार लोगों का सीमा के दोनों ओर पुनर्वास होगा। इस समझौते के तहत भारत को जो 51 एन्क्लेव

(गांव) मिले, उनमें 4 जलाईपाईगुड़ी और 47 कूच बिहार में हैं। वहीं, जो भारत के 111 एन्कलेव बांग्लादेश को मिलेंगे, उनमें 36 पंचागढ़, चार निलफमडी, 59 लालमोनिरहट और 12 कुरीग्राम की थी। उस समय की जनगणना में पता चला कि इन 162 गांव में 51, 549 लोग रहते हैं। भारत में मौजूद 111 एनक्लेव्स में करीब 37,334 लोग करते हैं, जबकि 51 बांग्लादेशी गांवों में जनसंख्या 14,215 है।

6 जून 2015 को भारत और बांग्लादेश के बीच कनेक्टिविटी को बड़ा बढ़ावा देने की पहल के तहत प्रधानमंत्री नरेंद्र मोदी, बांग्लादेश की उनकी समकक्ष शेख हसीना और पश्चिम बंगाल की मुख्यमंत्री ममता बनर्जी द्वारा शनिवार को हरी झंडी दिखा कर कोलकाता-ढाका-अगरतला और ढाका-शिलॉन्ग-गुवाहाटी के बीच दो बस सेवाओं शुरुआत की गई।

11 मार्च 2019 को प्रधानमंत्री नरेंद्र मोदी और बांग्लादेश की प्रधानमंत्री शेख हसीना ने संयुक्त रूप से चार परियोजनाओं का उद्घाटन किया। इसमें सबसे पहले प्रधानमंत्री मोदी ने बांग्लादेश रोड ट्रांसपोर्ट कॉर्पोरेशन को 1100 वातानुकूलित और गैर-वातानुकूलित सिंगल डेकर एवं डबल डेकर बसों और ट्रकों की आपूर्ति की ई-पट्टिका का अनावरण किया। जिसे भारत सरकार ने क्रेडिट लाइन के तहत दिया। इसके बाद पीएम मोदी ने भारत सरकार के अनुदान से बने 36 सामुदायिक चिकित्सालय के उद्घाटन की ई-पट्टिका का अनावरण किया।

2 मार्च 2020 को ढाका में आयोजित एक सेमिनार 'बांग्लादेश एंड इंडिया: ए प्रॉमिसिंग फ्यूचर' में बोलते हुए कहा कि भारत ने बांग्लादेश को आश्वासन दिया कि एनआरसी का उसके देश और उसके लोगों पर कोई प्रभाव नहीं पड़ेगा।

प्रधानमंत्री नरेंद्र मोदी ने 1 नवंबर 2023 को कहा कि भारत और बांग्लादेश के बीच संबंध नई ऊंचाइयों पर पहुंच गए हैं और नई दिल्ली ने ढाका के साथ भी 'सबका साथ, सबका विकास' का दृष्टिकोण अपनाया है। पीएम मोदी ने अपने बांग्लादेशी समकक्ष शेख हसीना के साथ भारतीय सहायता से निर्मित तीन परियोजनाओं का वर्चुअल उद्घाटन करते हुए कहा, "हमने अपने पड़ोसी देश बांग्लादेश के लिए भी 'सबका साथ, सबका विकास' का दृष्टिकोण अपनाया है।" हमें बांग्लादेश के लिए सबसे

बड़ा विकास भागीदार होने पर गर्व है। पिछले नौ वर्षों में, 10 बिलियन डॉलर की सहायता दी गई है। उपलब्धियों की सूची बहुत लंबी है - ये परियोजनाएं हैं – अखौरा-अगरतला क्रॉस-बॉर्डर रेल लिंक; खुलना-मोंगला पोर्ट रेल लाइन; और मैत्री सुपर थर्मल पावर प्लांट की यूनिट-II...

पिछले नौ वर्षों में, ढाका को शिलांग, अगरतला, गुवाहाटी और कोलकाता से जोड़ने वाली तीन नई बस सेवाएं शुरू की गई हैं। पिछले नौ वर्षों में तीन नई ट्रेन सेवाएं भी शुरू हुई हैं।'

पीएम मोदी ने कहा, 'हमारे रिश्ते लगातार नई ऊंचाईयां छू रहे हैं। पिछले 9 सालों में हमने मिलकर जो काम किया है, वह इससे पहले के दशकों में भी नहीं हुआ था।'

गौरतलब हो कि विजय दिवस समारोह-2017 के मौके पर भारत में बांग्लादेश के उच्चायुक्त सैयद मुअज्जम अली ने मंगलवार को उप उच्चायोग में प्रेस को बताया कि दोनों पड़ोसी देश फ्रांस और जर्मनी जैसे कई यूरोपीय देशों में लागू वीज़ा-मुक्त प्रशासन की उम्मीद कर रहे हैं। उन्होंने कहा कि भारत और बांग्लादेश चाहते हैं कि उसके नागरिक अब बिना वीज़ा के यात्रा करें।

बुजुर्ग गणमान्य व्यक्ति ने खुलासा किया कि भारत और बांग्लादेश संयुक्त रूप से बिना पासपोर्ट के भारत-बांग्लादेश नागरिकों की परेशानी मुक्त यात्रा को पूरा करने के लिए विश्व बैंक की एक परियोजना पर कार्यरत हैं, और इसके बजाय, भारतीय आधार कार्ड नंबर और बांग्लादेश राष्ट्रीय रजिस्ट्री का उपयोग करें।

बांग्लादेशी हिंदुओं ने कई बार आरोप लगाया है कि उन्हें भारत का वीजा मिलना बहुत मुश्किल है जबकि बांग्लादेशी मुस्लिम को आसानी से भारत का वीजा मिल जाता है।

भारत-बांग्लादेश बॉर्डर की सीमा से अवैध घुसपैठ और तस्करी के मामले सामने आते रहे हैं लेकिन बीएसएफ के जवानों को गोली चलाने का आदेश नहीं है। जिसका परिणाम है कि घुसपैठ चरम पर है।

जहां से भारत में घुसपैठिये आ रहे वहां का भी विकास हो रहा है और भारत में भी घुसपैठियों को प्रश्रय दिया जा रहा है। भारत ने जब बांग्लादेश को आश्वस्त कर दिया कि एनआरसी से बांग्लादेश पर कोई असर नहीं पड़ेगा फिर एनआरसी किसके लिए आएगा?

नरेंद्र मोदी की सरकार में भारत के सीमा की ये स्थिति हो गई कि पाकिस्तान से सीमा हैदर नेपाल के रास्ते चार बच्चों के साथ भारत में प्रवेश कर जाती है। मीडिया में कई महीनों तक लगातार छाई रहती है। बीच-बीच में, किसी न किसी मौके पर चर्चा में आ ही जाती है। मीडिया को सीमा सुरक्षा पर गंभीर संकट के बजाय गदर एक प्रेम कथा दिखता है। सीमा हैदर तो किसी हिंदू के घर आई तो सबको पता लग गया लेकिन संभावना है कि इस तरह की कई सीमा और शाहनवाज पाकिस्तान से आ भारत में रह रहे हों। जो कि खबरों से बाहर हो।

3 मार्च 2024 को ओडिशा के पुरी स्थित जगन्नाथ पुरी में 9 बांग्लादेशी अवैध रूप से घुस गए। वे पवित्र स्थल में फोटो खींच रहे थे और वीडियो बना रहे थे। पुलिस ने सभी को गिरफ्तार किया।

मंदिर के नियमों के अनुसार मंदिर में केवल हिन्दू ही प्रवेश कर सकते हैं। अन्य समुदाय के लोगों को मंदिर में प्रवेश की इजाजत नहीं है।

जिस मंदिर में कभी देश की प्रधानमंत्री इंदिरा गांधी तक भी न जा पाई थी क्योंकि उन्होंने पारसी से शादी की थी जिसको लेकर विरोध हुआ। फिर उन्होंने अपना जाने का फैसला वापिस लिया। आज स्थिति हो गई कि बांग्लादेशी भी मंदिर में अवैध तरीके से प्रवेश कर जा रहे हैं।

फ़रवरी 2021 में मुंबई पुलिस ने बीजेपी के उत्तर मुंबई अल्पसंख्यक इकाई के अध्यक्ष रुबैल शेख को गिरफ्तार किया। उसके पास से फर्जी दस्तावेज मिले। जो असल में बंगलादेश का नागरिक था।

ये सब देख पाठक तय कर सकते हैं कि मोदी सरकार घुसपैठियों को लेकर कितना गंभीर है और किस मंशा से काम हो रहा है वो भी तब जब देशभर में हिंदुओं की धार्मिक यात्राओं पर पत्थरबाजी की घटनाओ में कई बार घुसपैठियों की संलिप्तता सामने आ चुकी है।

भारतीय सेना का इस्लामीकरण और राजनीतिकरण का प्रयास

भारतीय सेना जिसे आप पूरी तरह से सेक्युलर कह सकते थे। कई बिना लिखित कानून थे, जिसमें कई बदलाव कर मोदी सरकार ने सेना को कमजोर किया। भारतीय सेना जो पूरी तरह से राजनीति और धर्म से अलग रही लेकिन नरेंद्र मोदी ने इसे भी समाप्त कर दिया।

नरेंद्र मोदी ने कश्मीर में रैली को संबोधित करते हुए कहा कि मोदी सरकार का कमाल देखिए। पहली बार सेना ने प्रेस कॉन्फ्रेंस करके कहा कि जो दो नौजवान मारे गए थे वो सेना की गलती थी। सेना ने अपनी गलती मानी और इन्क्वारी कमीशन बैठा। जिन लोगों ने गोली चलाई थी, उनके ऊपर केस दर्ज कर दिया गया। ये मेरे नेक इरादों का सबूत है मेरे भाइयों और बहनों। ये 30 साल में नहीं हुआ।

18 जुलाई 2020 को जम्मू क्षेत्र के राजौरी जिले के रहने वाले तीन लोगों अबरार अहमद, इम्तियाज अहमद और मोहम्मद इबरार को ऑपरेशन अमशीपुरा के दौरान कैप्टन भूपेन्द्र सिंह ने मार गिराया।

सेना शुरू में किसी भी गलत काम को स्वीकार करने में अनिच्छुक थी लेकिन फर्जी मुठभेड़ बता सोशल मीडिया में काफी हंगामा हुआ और राजनीतिक बखेड़ा खड़ा हो गया। जिसके बाद सेना ने 'कोर्ट ऑफ इंक्वायरी और पुलिस ने अलग-अलग जांच शुरू की।

शवों को बारामूला जिले में आतंकवादियों के लिए आरक्षित एक सुदूर कब्रिस्तान में दफनाया गया था। उन्हें 73 दिनों के बाद कब्र से निकाला गया क्योंकि परिवार राजौरी में अपने पैतृक कब्रिस्तानों में दफनाने के लिए शवों को वापस पाने के लिए संघर्ष कर रहे थे।

कोर्ट ऑफ इंक्वायरी में सामने आया कि सैनिकों ने सशस्त्र बल अधिनियम, यानी आफ्स्पा (AFSPA) के तहत निहित शक्तियों का "उल्लंघन" किया था।

गौरतलब है कि कोर्ट ऑफ इन्क्वायरी के बाद दिसंबर 2020 के अंतिम सप्ताह में गवाही पूरी हुई। इसके बाद सामान्य कोर्ट मार्शल कार्यवाही एक साल से भी कम समय में पूरी की गई और एक सैन्य अदालत ने कैप्टन सिंह को आजीवन कारावास की सजा सुनाई।

9 नवंबर 2023 को सशस्त्र बल न्यायाधिकरण (आर्म्ड फोर्सेज ट्रिब्यूनल) ने सेना के कैप्टन भूपेन्द्र सिंह की आजीवन कारावास की सजा को निलंबित कर दी।

22 दिसंबर 2023 को जम्मू-कश्मीर के टोपा पीर के पास घात लगाकर किये गए आतंकी हमले में सेना के चार जवान बलिदान हुए और तीन घायल हुए।

सुरक्षा बलों द्वारा आतंकी हमले के संबंध में पूछताछ के लिए उठाए गए आठ लोगों में से तीन रात में मृत पाए गए, जिससे क्षेत्र में भारी आक्रोश फैल गया। शेष पांच नागरिकों को राजौरी के एक सरकारी अस्पताल में भर्ती किया गया।

जम्मू-कश्मीर पुलिस ने इस संबंध में हत्या के प्रयास से संबंधित आईपीसी की धाराओं के तहत अज्ञात लोगों के खिलाफ मुकदमा दर्ज किया। भारतीय सेना ने सुरक्षा बलों के द्वारा पूछताछ के दौरान तीन लोगों के मौत के मामले में कोर्ट ऑफ इन्क्वायरी का आदेश दिया। जम्मू कश्मीर को लेकर खबरे आती रही है कि कई लोग आतंकवादियों को प्रश्रय देते हैं। अगर कोई आतंकवादी को प्रश्रय दे वो उसे क्या आम नागरिक मान सकते हैं? इस मामले में सेना जांच कर रही है।

27 दिसंबर 2023 को केंद्रीय रक्षामंत्री राजनाथ सिंह सेना के हिरासत में मरे कथित तीन आम नागरिकों के परिवार से मिले और इसके साथ ही वो घायलों को देखने के लिए अस्पताल पहुंच गए।

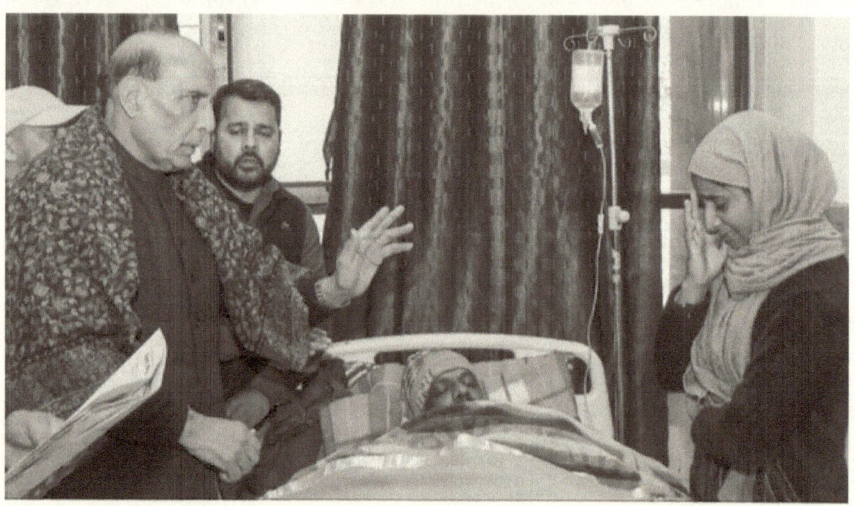

दूसरी तरफ बलिदानी सेना के जवानों के परिवारों से मिलने नहीं पहुंचे। ये देख पाठक तय कर सकते हैं कि ये लोग कितने बड़े सेना के शौर्य का सम्मान करने वाले लोग हैं।

सेना में मौलवी की भर्ती के लिए उत्तर प्रदेश व उत्तराखंड जोन के भर्ती निदेशालय के एडीजी मेजर जनरल डा. सुभाष शरण ने दारुल उलूम के युवाओं को भारतीय सेना और सेना में अवसरों की जानकारी दी। बताया कि सेना में मौलवी डिग्रीधारक युवाओं के लिए सेना में धर्म गुरु के लिए रास्ते खुले हैं। दारुल उलूम के मोहतमिम मौलाना अब्दुल कासिम नौमानी ने इस पहल की वजह पूछी तो

एडीजी सुभाष शरण ने बताया कि यह पहल प्रधानमंत्री नरेंद्र मोदी के सबका साथ-सबका विकास और सबका विश्वास के आह्वान से प्रेरित है।

मेजर जनरल सुभाष शरण ने बताया कि वे यह जानकर हैरत में पड़ गए कि आज तक दारुल उलूम के किसी भी छात्र ने सेना में धर्म गुरु के लिए आवेदन नहीं किया। बताया कि सेना की भर्ती निदेशालय की ओर से दारुल उलूम को सभी महत्वपूर्ण दिशा-निर्देश प्रदान किए जाएंगे, जिससे वह युवाओं को सेना में भर्ती के योग्य प्रशिक्षित कर सकें। शरण ने अफसोस जाहिर किया कि सेना में बड़ी संख्या में मौलवी के पदों पर भर्ती होती है, लेकिन ज्यादातर सीटें खाली ही रह जाती हैं।

दारुल उलूम के मोहतमिम मौलाना अबुल कासिम नौमानी ने कहा कि उन्हें इस बात की खुशी है कि डेढ़ सौ साल के इतिहास में पहली बार कोई सैन्य अधिकारी दारुल उलूम में युवाओं को सेना में करियर की राह दिखाने के लिए पहुंचे हैं।

दारुल उलूम देवबंद से जुड़े लोगों को देवबंदी कहा जाता है। आतंकी हाफ़िज़ सईद और ISIS का मुखिया भी इससे जुड़ा हुआ है। पुलवामा हमले के साजिशकर्ता भी यहीं से पकड़े गए थे। देशभर के कई आतंकी पकड़े गए, उनमें से कई ने देवबंद में पनाह ली थी। ये सिर्फ इस्लामी विश्व विद्यालय नहीं कट्टर इस्लामिक विचारधारा भी है। 22 फ़रवरी 2019 को जैश-ए-मोहम्मद के आतंकवादी शहनवाज तेली और आकीब अहमद मलिक पकड़े गए।

उत्तर प्रदेश पुलिस की आतंकवाद निरोधक शाखा (ATS) ने 11 अक्टूबर, 2023 को 10 संदिग्ध आतंकियों के खिलाफ FIR दर्ज करवाई थी। इनके नाम आदिल उर रहमान अशरफी, अबू हुरैरा गाज़ी, शेख नज़ीबुल हक, मोहम्मद राशिद, कफीलुद्दीन, अज़ीम, अब्दुल अव्वल, अबु सालेह, अब्दुल गफ्फार और अब्दुल्ला गाजी था। इन सभी पर विदेशों से अवैध तौर पर पैसे मँगवा कर भारत में मस्जिदें बनवाने, रोहिंग्या और बांग्लादेशी नागरिकों को भारत में अवैध तौर पर बसाने और देश विरोधी गतिविधियाँ चलाने का आरोप था। यूपी एटीएस द्वारा गिरफ्तार अधिकतर साजिशकर्ता देवबंद के दारुल उलूम से जुड़े पाए गए।

22 फ़रवरी को मीडिया में आया कि दारुल उलूम ने अपने फतवे में गजवा-ए-हिंद को मान्यता दे दी है। इस फतवे से बताया गया है कि भारत पर आक्रमण के दौरान मरने वाले महान शहीद कहलाए जाएँगे और उन्हें जन्नत मिलेगी। **इस फतवे के खिलाफ अब राष्ट्रीय बाल अधिकार संरक्षण आयोग ने स्वत: संज्ञान लेते हुए सहारनपुर पुलिस के अधिकारियों को कार्रवाई के लिए नोटिस जारी किया।**

दरअसल, दारुल उलूम की साइट (*darulifta-deoband.com*) पर सवाल किया गया था कि क्या हदीस में भारत पर आक्रमण का जिक्र है जो उपमहाद्वीप में होगा? और जो भी इस जंग में शहीद होगा, वो महान शहीद कहलाएगा। और जो गाजी होगा, वो जन्नती होगा।

इसी सवाल के जवाब में दारुल उलूम की ओर से फतवा जारी किया गया। फतवे में 'सुन्न अल नसा' नाम की किताब का जिक्र करते हुए कहा गया कि इस किताब में गजवा-ए-हिंद को लेकर पूरा का पूरा

चैप्टर है। इसमें हजरत अबू हुरैरा की हदीस का जिक्र करते हुए कहा गया है- *"अल्लाह के संदेशवाहक ने भारत पर हमले का वादा किया था। उन्होंने कहा था कि अगर मैं जिंदा रहा तो इसके लिए मैं अपनी खुद की और अपनी संपत्ति की कुर्बानी दे दूँगा। मैं सबसे महान शहीद बनूँगा।"*

दारूल उलूम देवबंद ने कानूनी कार्रवाई की निंदा करते हुए कहा कि यह वर्ष 2008 की जानकारी है। आज वे अचानक से जाग गए हैं? अब चुनाव से ठीक पहले उन्होंने इसके बारे में क्यों सोचा?

दारूल उलूम देवबंद जो इतनी कट्टरता परोस रहा है लेकिन नरेंद्र मोदी को सबका साथ सबका विकास के लिए वहां से मौलवी चाहिए?

कभी किसी सैन्य अधिकारी को किसी गुरुकुल जा कर युवाओं को प्रेरित करते नहीं देखा गया।

मुस्लिम धर्म गुरु के अलावा मौलानाओं को आर्मी में बाकि पदों पर भी भर्ती होने लगी। ये तस्वीर में मौलाना मुहम्मद आबिद है जिनका भर्ती आर्मी में जूनियर कमिशंड ऑफिसर में हुआ जो मेवात के पुन्हाना के रहने वाले हैं।

19 जनवरी 2019 को अलीगढ़ मुस्लिम विश्वविद्यालय के पीआरओ उमर पीरज़ादा ने बताया, 'जुलाई से शुरू होने वाले नए सत्र में एएमयू इस्लामिक चैपलिन के नाम से एक साल का कोर्स शुरू करने जा रहा है। यह कोर्स करने के बाद छात्र सेना में मौलवी के पद पर भर्ती हो सकेंगे। इस कोर्स को करने के लिए ये जरूरी होगा कि मदरसे से आने वाले छात्र अदीब-कामिल या अदीब-माहिर मतलब बीए के बराबर उनके पास मदरसे की कोई डिग्री हो।

मदरसे में पढ़ने वाले बच्चे भी सीधे सेना में जा सकेंगे। उन्हें सिपाही और हवलदार बनने के बजाए नायब सूबेदार की रैंक पर तैनाती मिलेगी। इसके बाद वह जूनियर कमीशन अफसर (जेसीओ) कहलाएंगे। लेकिन इसके लिए उन्हें इस्लामिक चैपलिन कोर्स करना होगा।

जुलाई 2021 में यूपी मदरसा बोर्ड ने भारतीय विद्यालय शिक्षा बोर्ड मंडल (कोब्से) में पंजीकरण कराने की घोषणा की। इसमें पंजीकरण न होने के कारण अभी तक मदरसा बोर्ड के छात्र सेना के साथ ही केंद्र व अन्य राज्य सरकारों की नौकरियों के लिए आवेदन नहीं कर पाते थे। पंजीकरण के बाद मदरसा बोर्ड को राष्ट्रीय व अंतरराष्ट्रीय स्तर पर वैधानिकता मिल जाएगी। मदरसा बोर्ड के छात्रों का दायरा भी बढ़ जाएगा और वे किसी भी क्षेत्र में अपना भविष्य संवार सकेंगे।

दूसरी तरफ, जनवरी 2022 में सेना की ओर से उस वर्ष सेना की अलग अलग बटालियनों में पंडित के पद के लिए भर्ती की सूची से देश भर के संस्कृत विश्वविद्यालयों को बाहर कर दिया गया।

मोदी सरकार ने 14 जून 2022 को युवाओं के लिए सशस्त्र बलों में सेवा करने की भर्ती योजना शुरुआत की। इस योजना को अग्निपथ नाम दिया गया। चार साल की अवधि के लिए उम्मीदवारों को अग्निवीर के रूप में मान्यता दी जाएगी। चार साल बाद 25 फीसदी ही मात्र नियमित होंगे। पहले साल, अग्निवीरों को 30000 प्रति माह सैलरी पैकेज दिया जाएगा, इसमें अग्निवीर कॉर्प्स फंड (सेवा निधि पैकेज) में योगदान के रूप में 9000 की कटौती की जाएगी। दूसरे वर्ष में 33000 प्रति माह सैलरी पैकेज दिया जाएगा। इसमें सेवा निधि पैकेज के रूप में 9900 की कटौती की जाएगी। तीसरे वर्ष में 36500 प्रति माह सैलरी पैकेज दिया जाएगा इसमें सेवा निधि पैकेज के रूप में 10950 की कटौती की जाएगी। अंतिम वर्ष में 40000 प्रति माह सैलरी दी जाएगी, इसमें से सेवा निधि पैकेज के रूप में 12000 की कटौती की जाएगी।

उम्मीदवारों को सेवा के दौरान 48 लाख का गैर-अंशदायी जीवन बीमा कवर दिया जाएगा।

4 साल की सेवा की अवधि पूरा होने पर निधि पैकेज के रूप में 11.71 लाख (कोई आयकर कटौती नहीं) दिया जाएगा।

अग्निवीरों को बिना किसी कटौती के 48 लाख रुपये का गैर-अंशदायी जीवन बीमा कवर मिलता है। इसके अलावा सेवा के दौरान मृत्यु होने पर 44 लाख रुपये मिलेंगे। यह 4 साल के दौरान सेवा निधि के अलावा मिलता है।

अग्निवीर भारतीय सेना में एक अलग रैंक है। इस योजना के तहत अग्निवीरों को पेंशन, ग्रेच्युटी, एक्स सर्विसमैन की तरह हेल्थ-स्कीम और एक्स सर्विसमैन का दर्जा नहीं मिलता है। सर्विस के दौरान डियरनेस अलाउंस एवं मिलिट्री सर्विस पे भी नहीं मिलता है। हालांकि 30 दिन की छुट्टी, स्वास्थ्य सुविधा, कैन्टीन सुविधा और अग्निवीर सेवा निधि का प्रावधान है।

सरकार के अग्निपथ योजना के फ़ैसले को लेकर विपक्ष, कई रक्षा विशेषज्ञ और कई पूर्व सेना के अधिकारियों ने सवाल उठाए। मोदी सरकार ने ऐसा करके सेना के अस्मिता और परंपरा के साथ खिलवाड़ किया।

सेवानिवृत्त विंग कमांडर पुष्कल द्विवेदी ने कहा,"ये बिना सेना से कोई इनपुट लिए, सीधे सरकार की तरफ से थोपा गया फैसला था।"

अग्निपथ योजना के खिलाफ जब तोड़फोड़, भारी विरोध और आगजनी होने लगी तो सरकार ने आश्वासन दिया कि चार साल की सेवा के बाद अग्निवीरों को केंद्रीय सशस्त्र बलों और असम राइफल्स की भर्ती में प्राथमिकता दी जाएगी। इसके अलावा, उत्तर प्रदेश और मध्य प्रदेश समेत भाजपा शासित राज्य के पुलिस बल में भर्ती में अग्निवीरों को प्राथमिकता दी जाएगी। इसके अलावा, देश के आईटी, सुरक्षा, इंजीनियरिंग कंपनियों में उन्हें प्राथमिकता दी जाएगी। इसके साथ ही, सरकार ने बैंक, बीमा कंपनी और वित्तीय संस्थानों को अग्निवीरों को प्राथमिकता के आधार पर मुद्रा योजना और स्टैंड अप इंडिया के तहत स्वरोजगार के लिए कर्ज मुहैया कराने का निर्देश दिया है।

बीजेपी के नेताओं और आईटी सेल के कर्मचारियों ने अग्निवीर के फायदे गिनाते हुए बताया कि युवा चार साल में बीस लाख रुपए कमा लेगा। अजित डोभाल ने कहा, "सेना में चार साल बिताने के बाद जब अग्निवीर वापस जाएंगे तो समाज के अन्य नागरिकों की तुलना में अधिक स्किल्ड व ट्रेंड होंगे। उन्होंने कहा, जब पहला अग्निवीर रिटायर होगा तो वह 25 साल का होगा। तब भारत की इकोनॉमी 5 ट्रिलियन डॉलर की होगी। भारत की बढ़ती अर्थव्यवस्था को तब ऐसे ही स्किल्ड लोग चाहिए होंगे।"

अब सवाल है कि अग्निपथ योजना के तहत क्या सेना में युवा अर्थशास्त्र या एमबीए की पढ़ाई करने जा रहे हैं? जो पांच ट्रिलियन डॉलर की अर्थव्यवस्था के लिए उनकी जरूरत होगी। केंद्र सरकार और बीजेपी शासित राज्यों ने जो घोषणा की। उनमें खासकर देश के आईटी और इंजीनियरिंग कंपनियों में अग्निवीर की प्राथमिकता की बात कही। ऐसे में सरकार को युवाओं को अग्निवीर के बजाय उच्च शिक्षा के लिए मदद करना था। इसके साथ ही उनके स्वरोजगार के लिए बैंकों से ऋण की प्राथमिकता की बात कही तो किसी को स्वरोजगार करने के लिए अग्निवीर बनने की क्या जरूरत है। सरकार ने जो भी घोषणाएं की अगर उन्हें लगता है कि उनके लिए अग्निवीर की जरूरत है तो उन्हें हर युवा को अग्निवीर बनना अनिवार्य कर देना चाहिए।

ये सब मेरे लिए कोई हैरानी की बात नहीं थी, अगर मोदी सेना को भी भंग कर देते तो ये लोग उसके भी फायदे गिनाने शुरू कर देते।

मुझे सबसे हैरानी इस बात की हुई जो एक तरफ अग्निपथ योजना के खिलाफ आगजनी, तोड़फोड़ और कई जगह हिंसक प्रदर्शन हुए तो दूसरी तरफ,18 जून 2022 को अलीगढ़ मुस्लिम विश्वविद्यालय के छात्र और छात्र नेताओं के द्वारा भारत सरकार की अग्निपथ योजना का हाथों में स्लोगन लिखे बैनर, पोस्टर लेकर कैंपस में जोरदार स्वागत किया गया। भारत सरकार के अग्निपथ योजना का स्वागत करते हुए अलीगढ़ मुस्लिम यूनिवर्सिटी के छात्रों का कहना है कि अग्निपथ योजना के खिलाफ प्रदर्शन करने वाले लोगों के खिलाफ मोदी और योगी जी जल्द से जल्द सख्त से सख्त कार्यवाही करें। सरकारी संपत्तियों को तोड़फोड़ और आगजनी करने वाले लोगों के घरों पर जल्द बुलडोजर चलाएं और अग्निपथ योजना के खिलाफ विरोध प्रदर्शन करने वाले लोगों के खिलाफ भी यूएपीए (UAPA) लगाएं। ऐसे में अलीगढ़ मुस्लिम यूनिवर्सिटी के छात्रों और छात्र नेताओं का कहना है कि भारत सरकार के किसी भी योजना के खिलाफ प्रदर्शन करना गलत है।

24 जून 2022 को केरल की एक इस्लामिक संस्था, केरल मुस्लिम जामा-एथ फेडरेशन ने एक परिपत्र जारी कर मुस्लिम युवाओं से अग्निपथ योजना के लिए आवेदन करने का आग्रह किया। अग्निपथ योजना को 'अत्तीमारी कार्यक्रम' (तख्तापलट) कहते हुए मलयालम में परिपत्र में कहा गया है, "सशस्त्र बलों में 'हमारा' (मुस्लिम) प्रतिनिधित्व सुनिश्चित करना आवश्यक है।

24 जून 2022 को कानपुर की 300 से अधिक मस्जिदों से शुक्रवार को जुमा नमाज की तकरीर में एलान हुआ कि यह योजना देश के मुसलमानों के फायदे में है। ऑल इंडिया सुन्नी उलेमा काउंसिल के महामंत्री हाजी सलीश ने कहा, "हमें विवाद में नहीं पड़ना चाहिए। 17 से 23 साल के बेरोजगार नौजवानों को अग्निवीर बनकर अपनी ताकत और शौर्य का प्रदर्शन करना चाहिए।"

ये सब देख मैं हैरान रह गया कि अचानक इनका हृदय परिवर्तन कैसे हो गया, जिनकी सेना में उतनी दिलचस्पी नहीं रही वो अचानक से कैसे इतना बदल गए। जो उसी कानपुर में जुमे के नमाज के बाद हाल ही में 3 जून 2022 को पत्थरबाजी की घटना सामने आई थी। एमएमयू से जो बीच-बीच में घटनाएं आती रही है और जो उनका इतिहास है, वो जगजाहिर है। बाकि केरल की इस्लामिक संस्था का जो अपील हुआ, उससे ही उसकी मंशा साबित हो जाती है।

ये सब देखने के बात मैंने कई रक्षा विशेषज्ञों से बात की तो उन्होंने बताया कि सेना के माहौल में ढलने के लिए चार साल काफी नहीं है। अग्निवीर के तहत 75 फीसदी जवानों को बाहर किया जाना है। अब ऐसे में सवाल उठता है कि चार साल उन्हें सेना ट्रैनिंग देती है, उसके बाद कुछ युवा भी रास्ते से भटक गए तो वो देश की आंतरिक और बाहरी सुरक्षा के लिए कितनी बड़ी चुनौती होगी?

जम्मू कश्मीर में सेना के ऊपर पथराव करने वालों को भटका हुआ नौजवान बता लोगों के दिलों को जीतने के लिए सरकार ने नया फॉर्मूला ढूंढा। 4 नवंबर 2017 को कश्मीर में जवानों पर हमला करने वाले पत्थरबाज युवाओं पर लगे केस वापस लेने की खबर सामने आई।

केंद्र सरकार के विशेष प्रतिनिधि दिनेश्वर शर्मा के सुझाव पर अमल करते हुए कश्मीर घाटी में उन युवकों के खिलाफ दर्ज मामले वापस लिये जाएंगे, जो पहली बार पथराव में शामिल हुए थे। अधिकारियों ने यह जानकारी दी।

जम्मू-कश्मीर में बीजेपी के समर्थन से चल रही महबूबा मुफ्ती की सरकार ने 3 फ़रवरी 2018 को विधानसभा में जानकारी दी,"पत्थरबाजी के 9730 मामले वापिस लिए गए।"

7 जून 2018 को तत्कालीन गृह मंत्री राजनाथ सिंह कश्मीर पहुंचे। यहां उन्होंने पत्थरबाजों पर लगे केस वापस लेने वाले सरकार के फैसले का बचाव किया। उन्होंने कहा कि जम्मू-कश्मीर के बच्चों में काफी प्रतिभा है, बच्चे गलतियां कर सकते हैं, इसलिए मोदी सरकार ने गुमराह युवाओं पर लगे केस वापस लेने का फैसला लिया। गौतलब हो कि वर्ष 2017 में 6000 से अधिक पत्थरबाजों के मुकदमे वापिस लिए गए थे। राजनाथ ने शेर-ए-कश्मीर स्टेडियम से घोषणा की, "हमने 10000 युवाओं पर से पथरबाजी की मुकदमा वापिस लेने का फैसला किया है।

जो सेना के ऊपर पथराव करते थे, उनके मुकदमा वापिस लेना सेना के मनोबल को गिराता है। अब खबरे आती है कि जहां पहले पथरबाजी होती थी, वहां से अब युवा सेना में जा रहे हैं। अब सवाल उठता है कि ये भी संभव है कि कई पूर्व पत्थरबाज भी सेना में चले गए हों क्योंकि उनके केस तो वापिस हो गए थे।

भारतीय सेना कश्मीर घाटी में युवाओं को सेना में शामिल होने के लिए प्रशिक्षत कर रही है। सेना के द्वारा जागरूकता अभियान भी चलाया जा रहा है कि वहां के युवा सेना में शामिल हों।

भारतीय सेना ने कौशल-सम्मान, सशक्तिकरण कार्यक्रमों और छात्रवृति के माध्यम से कश्मीर के दूरदराज इलाके में कंप्यूटर शिक्षा से लेकर सिलाई और सेना द्वारा संचालित कार्यशालाओं में सिलाई

डिजाइनिंग,कटिंग,टेलरिंग पर प्रशिक्षण दे रही है। इसके अलावा चिकित्सा शिविर, फिल्म महोत्सव, ट्रैकिंग अभियान, फील्ड टूर, उन्नत शिक्षा और खेल की सुविधाएं प्रदान कर रही है। कश्मीरी महिलायों को सशस्त्र बल कर्मियों से संवाद के लिए, सेना ने महिला सैनिकों को तैनात किया है।

कश्मीर के दूर इलाकों में अग्निपथ योजना में शामिल होने के लिए इच्छुक युवाओं तक पहुंचने के लिए सेना अब उर्दू भाषा का इस्तेमाल कर रही है।

नरेंद्र मोदी के कट्टर इस्लामिक सोच का प्रभाव सेना में इस हद तक देखा जाने लगा कि सेना से वो सारे काम कराए जाने लगे जैसे कोई नेता वोट के लिए रोजा इफ्तारी और गोल टोपी से परहेज नहीं करता वो काम सेना भी करने लगी।

जून 2017 में भारतीय सेना ने नरेंद्र मोदी के तर्ज पर भरोसा जीतने के प्रयास में लगते हुए श्रीनगर, कुपवाड़ा, राजौरी और किश्तवाड़ सहित अन्य स्थानों पर इफ्तार पार्टी की आयोजन किया।

22 जुलाई 2019 को जीओसी चिनार कोर लेफ्टिनेंट जनरल केजेएस ढिल्लों ने हज यात्रियों से मुलाकात कर बधाई दी।

इस अवसर पर बोलते हुए, ढिल्लों ने कहा, "हर मुसलमान का सपना होता है कि एक दिन वह हज के लिए जाएगा। भारतीय सेना की तरफ से लेफ्टिनेंट जनरल ढिल्लों ने सभी हाजियों की सुरक्षित यात्रा और उत्कृष्ट आध्यात्मिक अनुभव की कामना की।"

21 अप्रैल 2022 को पीआरओ रक्षा जम्मू की ओर से किये गए ट्विट में लिखा गया, 'धरनिरपेक्षता की परंपरा को जीवित रखते हुए भारतीय सेना ने डोडा जिले के अर्नोरा में इफ्तार का आयोजन किया।'

ट्वीट के साथ कई तस्वीरें साझा की गई थीं, जिनमें सेना के जवान और आम लोग एक साथ रोजा खोलते नजर आ रहे थे।

लोगों ने जब इस पहल को लेकर आवाज उठाया तो ट्वीट को डिलीट कर दिया गया।

26 अप्रैल 2022 को हाउस ऑफ टेरर नाम के किताब के विमोचन के मौके पर इफ्तार पार्टी का आयोजन हुआ।

इफ्तार पार्टी के बाद सेना के जवानों ने उनके साथ नमाज में शामिल होकर भाईचारे की मिसाल कायम की।

जम्मू-कश्मीर में भारतीय सेना के एक वाहन पर 20 अप्रैल 2023 को आतंकी हमला किया गया था। पूँछ जिले के राजौरी सेक्टर में हुए इस हमले में राष्ट्रीय राइफल्स के पाँच जवान बलिदान हो गए थे। अब यह जानकारी सामने आई है कि वाहन में सवार जवान इफ्तार के लिए सामान लेकर लौट रहे थे। 20 अप्रैल की शाम राष्ट्रीय राइफल्स की ओर से इफ्तार पार्टी का आयोजन किया गया था। इसमें पंचों और सरपंचों समेत आसपास के गाँव के रोजेदारों को बुलाया गया था।

आरटीआई के जरिए खुलासा हुआ कि जम्मू और कश्मीर में वर्ष 2014 से 15 सितंबर 2023 यानि मोदी सरकार के 9 साल से कार्यकाल में 542 सुरक्षा के जवान बलिदान हुए। अमित शाह तो बोल ही चुके हैं कि जो कभी कश्मीर में पत्थर फेकते थे, वो आज पंच और सरपंच हैं। कश्मीर में पथराव तो सेना के ऊपर ही होती थी। सेना भी कश्मीर में भरोसा जीत रही है। ये संभव है कि कई पथराव करने वाले भी इफ्तार पार्टी में शामिल होते हों।

प्रधानमंत्री बनने के बाद शुरुआत में सेना के जवानों के बलिदान होने पर संवेदना भी व्यक्त करते थे लेकिन धीरे-धीरे संवेदना व्यक्त करना भी छोड़ दिया।

13 सितंबर 2023 को जम्मू कश्मीर के अनंतनाग जिले में सेना के तीन जवान बलिदान हुए लेकिन जी-20 के आयोजन के समय बीजेपी के नेशनल हेड क्वार्टर में उसी दिन शाम को पीएम मोदी के स्वागत में उनपर फूल बरसाए जा रहे थे। ढोल नगाड़े बज रहे थे। लाइन में लग कर बीजेपी के सभी बड़े नेता उनका स्वागत कर रहे था। बीजेपी कार्यकर्त्ता मोदी-मोदी के नारे लगा रहे थे।

नरेंद्र मोदी तो वैसे हर दिवाली में सेना के जवानों को मिठाई खिलाने सेना के वेशभूषा में पहुंच जाते हैं। सेना के बलिदानियों के लिए 'मेरी माटी मेरा देश' कार्यक्रम का आयोजन भी कर देते हैं। सेना के बलिदानियों के नाम पर वोट भी मांग लेते हैं।

बहरहाल, नरेंद्र मोदी ने बेशक टोपी पहनने से मना कर दिया लेकिन उनकी सरकार में इफ्तारी के मौके पर सेना के जवान जरूर जालीदार टोपी में दिखने लगे।

अक्टूबर 2023 को एक चौंकाने वाली खबर सामने आई। सरकार ने नारी सशक्तिकरण, उज्ज्वला, आत्मनिर्भर और सक्षम भारत जैसी फ्लैगशिप योजनाओं को जनता के बीच ले जाने के काम में सैन्य और रक्षा प्रतिष्ठानों को शामिल करने की योजना बनाई। इसे लेकर रक्षा मंत्रालय ने थलसेना, वायुसेना और नौसेना के अलावा डीआरडीओ व बीआरओ को 9 शहरों में सेल्फी पॉइंट्स बनाने को कहा।

सेल्फी पॉइंट्स के लिए 9 शहरों का चयन किया गया। इनमें दिल्ली, प्रयागराज, पुणे, बेंगलुरु, मेरठ, नासिक, कोल्लम, कोलकाता और गुवाहाटी शामिल हैं। ये पॉइंट्स रेल-बस स्टेशन, मॉल और पर्यटन स्थलों पर होंगे। युवाओं को आकर्षित करने के लिए आर्टिफिशियल इंटेलिजेंस (AI) वाले डिजिटल सेल्फी पॉइंट बनेंगे।

आर्मी को 100, वायुसेना को 75 और नेवी को 75 सेल्फी पॉइंट बनाने हैं। इसके अलावा बीआरओ को 50, डीआरडीओ को 50, सैनिक स्कूलों को 50 सेल्फी पॉइंट्स बनाने हैं, वहीं अन्य रक्षा संगठन बाकी बचे 422 सेल्फी पॉइंट्स डेवलप करेंगे।

सरकार की फ्लैगशिप योजनाओं के बारे लोगों को फर्स्टहैंड जानकारी मिल सकेगी। प्रचार में सेना के शामिल होने से लोगों में गौरव का अहसास होगा। बात अगर थीम की करें तो तीनों सेनाएं आत्मनिर्भर भारत, सशक्तिकरण, नारी शक्ति पर, आर्मी-बीआरओ और एयरफोर्स: बॉर्डर इंफ्रास्ट्रक्चर विकास पर और रक्षा संगठन जनकल्याण के लिए संचालित कई योजनाओं पर पॉइंट बनाएंगे। अब सेना के जवान छुट्टी पर जाएं तो उनको सरकार की योजना का प्रचार करना है। उसकी ट्रैकिंग के लिए

- सेल्फी को अपलोड करने के लिए अलग से ऐप बनाया जा रहा है।
- सोशल मीडिया पर अलग हैंडल बनाकर सेल्फी अपलोड करनी होगी।
- ईमेल आईडी बनाकर लोगों से उस पर अपनी सेल्फी भेजने को कहना।
- वॉट्सऐप नंबर देकर लोगों से उस पर सेल्फी भेजने को प्रेरित करना।

सरकार ने इसे राष्ट्र निर्माण में उनके योगदान की बात कही। ये मोदी के रणनीति का हिस्सा है जो किसी भी चीज को राष्ट्र निर्माण से जोड़ दो। जो सेना के जवान हैं, उनसे ज्यादा राष्ट्र के प्रति किसकी भूमिका होगी? ये हर चीज को अपने प्रचार प्रसार के लिए इस्तेमाल करना चाहते हैं बेशक अपने नेताओं को दिखास और छपास से दूर रहने की सलाह देते हैं। ये हर किसी को उलझाकर रखना चाहते हैं। असल में इनके तौर तरीके से कह सकते हैं कि ये खुद को देश का राजा मानते हैं।

जो सेना गैर राजनीतिक है, पहले तो अग्निपथ लाकर उसको कमजोर किया और अब उनसे अपना प्रचार प्रसार कराना चाहते हैं। वो छुट्टी पर भी जाएं तो इनका प्रचार प्रसार करें।

गौरतलब हो कि जुलाई 2023 में भारतीय सेना से रिटायर्ड अधिकारी या सैनिक अगर सोशल मीडिया में ऐसा कुछ लिखते हैं या वीडियो पोस्ट करते हैं जिससे भारतीय सेना की छवि खराब हो रही है तो उनकी पेंशन रोकी जा सकती है। अब सवाल है कि सेना का पहले से रूलबूक है कि उनको सेवानिवृत्त होने के बाद क्या-क्या नहीं करना है फिर इस तरह का आदेश तो उसे रूलबूक में डालना चाहिए। ऐसे आदेश का तो मतलब है कि सेना में क्या कुछ चल रहा है वो लोगों के बीच में आए ही न! ऐसे में किस चीज से सेना की भावना आहत हो जाए ये तो किसी को भी नहीं पता होगा।

ये सब देख पाठक तय कर सकते हैं कि सेना को किस स्थिति में लाकर खड़ा कर दिया गया। नरेंद्र मोदी अगर भरोसा जीतने की बात करते हैं तो उनका इस्लाम के प्रति वफादारी है लेकिन सेना जिसके ऊपर लोगों को भरोसा होना चाहिए लेकिन कश्मीर में वो लोगों का भरोसा जीत रहे है।

भारत का संस्थागत इस्लामिकरण

28 नवंबर 2013 को गुजरात की मोदी सरकार ने सुप्रीम कोर्ट में हलफ़नामा देते हुए सच्चर कमेटी को असंवैधानिक, गैर कानूनी और भेदभाव पूर्ण बताया। मुसलमान छात्रों को प्री मैट्रिक वज़ीफा दिए जाने को मनमाना बताया। सुप्रीम कोर्ट में मोदी सरकार ने कहा कि सच्चर कमेटी में मुसलमानों के अलावा दूसरे धार्मिक अल्पसख्यकों की उपेक्षा की गई। इसका मकसद सिर्फ मुसलमानों को मदद करना था।

3 मई 2014 को समय न्यूज के साक्षात्कार में बीजेपी के प्रधानमंत्री पद के उम्मीदवार नरेंद्र मोदी ने कहा, "अचानक इंटरव्यू में मेरी बात निकली, मीडिया ने इसको दबा दिया। क्यों दबा दिया मुझे मालूम नहीं। हिम्मत नहीं है न ऐसी चीज दिखाने की। मैंने कहा, मैं मेरे देश के मुसलमान को ऐसे देखना चाहता हूँ। जिसके एक हाथ में कुरान हो दूसरे हाथ में कंप्यूटर हो। ये कहने की हिम्मत मोदी में है लेकिन मीडिया को मालूम है कि मेरा सही स्वरूप अगर मुसलमान जान जाएंगे और अगर मुसलमान मोदी को प्रेम करने लग जाएगा। इनकी सबकी दुकाने बंद होने वाली है। इसलिए ये ऐसा हौआ बनाते हैं, सच सामने नहीं आने देते और मुसलमान भी बेचारे भोलेभाले हैं। बेचारे गरीबी में जी रहे हैं, उनका इतना शोषण इन राजनेताओ ने किया है। भगवान करे अवसर दें, मैं सबसे ज्यादा इनका भला करूंगा।

24 मई 2014 को नरेंद्र मोदी के प्रधानमंत्री बनने के बाद रजत शर्मा के आप की अदालत कार्यक्रम में बीजेपी से जुड़े लोग मुस्लिम समाज की शंकाओ को दूर कर कर रहे थे क्योंकि मीडिया ने जो मोदी की इमेज बनाई। उससे मोदी को समझने में हिंदू और मुसलमान दोनों को समस्या हुई। मुसलमनों के अंदर तब गोधरा को लेकर मोदी का डर तो हिंदुओं को हिंदू हृदय सम्राट की बनी छवि किसी से छिपी नहीं थी। उस कार्यक्रम में बीजेपी की प्रवक्ता असिफ़ा खान ने चौंकाने वाले खुलासे किये। जब मोदी के मुसलमानों के प्रति सोच को लेकर सवाल किया तो जबाव दिया कि सच्चर कमेटी के ऊपर कुंडु कमेटी बनाई गई थी। कुंडु कमेटी ने बताया कि सच्चर कमेटी में जो भी अनुशंसा की गई थी उसका सबसे बेहतर क्रियान्वयन हुआ है तो वो गुजरात की मोदी सरकार ने किया है।

मोदी की मुसलमान के प्रति प्रेम और हिंदुओं को धोखा देने की प्रवृत्ति का अंदाजा इस बात से लगाया जा सकता है कि गुजरात में सच्चर कमेटी को लागू कर सुप्रीम कोर्ट में उसका विरोध कर रहे थे।

प्रधानमंत्री बनने के बाद नरेंद्र मोदी ने वही किया जो उन्होंने बोला था कि भगवान ने मौका दिया तो मुसलमानों का सबसे ज्यादा भला करूंगा जो कि पहले से भी करते आ रहे थे लेकिन जैसा कि उनकी मीडिया से शिकायत थी वो बिल्कुल सही थी। मीडिया ने हमेशा उन्हें हिंदू प्रतीक चिन्ह के रूप में दिखाया और हिंदुओं ने उसे सच मान लिया। जिसका परिणाम हिंदुओं को भुगतना पड़ा।

नरेंद्र मोदी ने लोकसभा चुनाव प्रचार के दौरान सबका साथ सबका विकास का नारा दिया लेकिन प्रधानमंत्री बनने के बाद लोगों को लगा था कि अल्पसंख्यक मंत्रालय समाप्त कर देंगे लेकिन 2014-15 का अल्पसंख्यक बजट 3711 करोड़ रखा जो कि पूर्व की मनमोहन सिंह सरकार 2013-14 के बजट से 200 करोड़ ज्यादा कर दिया। जो हर बजट में बढ़ता चला गया।

तत्कालीन अल्पसंख्यक कार्य मंत्री नज़मा हेपतुल्ला से सरकारी नौकरियों और फौज में मुसलमानों के भागीदारी का रिपोर्ट मांगी।

नरेंद्र मोदी मुसलमानों के लिए इतना ज्यादा चिंतित हो गए कि उन्होंने 300 योजनाएं अल्पसंख्यक के लिए चलाया। कुछ योजनाएं कांग्रेस सरकार में थी, उसे जारी रखते हुए उसका बजट बढ़ा दिया। अगर शुरुआत कि बात करें तो इसे मोदी के उपलब्धि के रूप में दिखाया जाने लगा कि ये सब करने के बाद भी मुस्लिम विरोधी है? लेकिन जब सवाल उठने शुरू हुए तो अल्पसंख्यक में सिख, जैन, बौद्ध, ईसाई, पारसी इत्यादि भी आते हैं बोलकर उनके समर्थकों ने लोगों को गुमराह करना शुरू कर दिया। ये देख मैंने पाया कि कई योजनाएं सिर्फ मुसलमानों के लिए हैं। जो सभी अल्पसंख्यक के लिए भी हैं तो मुसलमान को पूरा प्लेट खाना और बाकियों को जूठन मात्र मिलता है। किसी भी अल्पसंख्यक योजना में मुसलमानों की भागीदारी कम से कम 90 फीसदी है। जो योजनाएं भी बनाई गई हैं उनमें कुछ को छोड़ ज्यादातर मुस्लिम हित को ध्यान में रखते हुए ही बनाया गया है। जो ये पिछड़ेपन दूर करने के लिए योजना लेकर आए तो बाकि अन्य अल्पसंख्यक पहले से अच्छी स्थिति में थे क्योंकि वो आधुनिक हैं और ज्यादा बच्चा पैदा कर लोकतंत्र के ऊपर कब्जा करना उनका मकसद नहीं है।

ये काम मुसलमानों के लिए कर रहे इसकी गवाही बार बार इनके नेता ये बोलकर देते रहे कि कांग्रेस ने मुसलमानों को वोटबैंक बनाकर रखा। असली विकास तो मोदी ने किया और ये योजना और उनकी भागीदारी को लेकर दिखा। बेशक ये कुछ भी बोलें लेकिन तत्कालीन अल्पसंख्यक कार्य मंत्री मुख्तार अब्बास नकवी ने तो खुलकर कई योजनाओं को मुसलमानों के लिए बताया। जब ज्यादा सवाल उठने लगा तो ये पसमंदा मुस्लिम कार्ड लेकर आए क्योंकि इनको मुस्लिम परस्ती का ठप्पा नहीं लगवाना था। ये कांग्रेस को मुस्लिम परस्त बता कर ही तो सत्ता में आए थे। जब ये पसमंदा कार्ड लेकर आए तब ये बोलकर हिंदुओं को गुमराह किया जाने लगा कि इससे मुसलमानों के अंदर फुट पड़ जाएगी। ये समझे बिना की किसी भी मुसलमान के लिए इस्लाम से बढ़कर कुछ भी नहीं है। जब योजनाओं की बात आई तो ये उसका लाभ हर मुसलमान को अल्पसंख्यक के नाम पर दे रहे हैं लेकिन पसमंदा बोलकर सीधे इस्लाम परस्ती की आरोप से बचने का प्रयास करते देखे जाते हैं।

जब बहुत ज्यादा सवाल उठने लगे तो अल्पसंख्यक विकास मंत्रालय से कई पेज हटा दी गई। जिसे अब ये उर्दू अखबारों और मदरसा में जा, घर घर पहुंच प्रचार कर रहे हैं। कई लोग सरकार की संवैधानिक मजबूरी बता पर्दा डालने का प्रयास करते हैं तो जब संवैधानिक कार्य कर रहे हैं तो आखिर ये हिंदुओं से क्यों छिपाना चाहते हैं?

ये पाठक बेहतर तय कर सकते हैं कि आखिर मोदी सरकार की मंशा क्या है और जब चुनाव ध्रुवीकरण, हिंदू-मुस्लिम, मंदिर-मस्जिद और हिंदुओं के लाश पर लड़ना है तो फिर ये चोरी छिपे क्यों इतना काम कर रहे हैं।

सरकार ने अल्पसंख्यक के लिए इतनी योजना चला दी कि उनका सारा बोझ मध्यमवर्गीय टैक्स भरने वाली जनता के ऊपर डाल दिया। जो सभी के लिए भी योजना चलाई उसमें बड़ी भागीदारी मुस्लिम का सुनिश्चित कर दिया। खाने पीने से लेकर पढ़ाई लिखाई, स्वरोजगार की ट्रेनिंग, रोजगार, उच्च शिक्षा, लोन की व्यवस्था, विदेश जा पढ़ने के लिए ब्याज मुक्त लोन, बाधाओं को दूर कर नौकरी के अवसर प्रदान करना, लड़की की निकाह के लिए सरकारी अनुदान आदि शामिल है। जब से नरेंद्र मोदी प्रधानमंत्री बने हैं तब से मुस्लिम समाज को बुनियादी खर्च के लिए ज्यादा सोचने की जरूरत नहीं है।

जब खाने पीने से शुरुआत करें तो सभी के लिए मुफ्त अनाज जो मिल रहा वो संख्या के हिसाब से मिलता है। जाहिर सी बात है कि मुस्लिम परिवारों मे लोगों की संख्या ज्यादा है तो उसके बड़े लाभार्थी वही हैं।

बीजेपी के तत्कालीन उत्तराखंड के मुख्यमंत्री तीरथ सिंह रावत ने इसको लेकर स्पष्ट जबाव दिया था कि सीएम ने कहा कि हर घर पर यूनिट 5 किलो राशन दिया गया। 10 थे तो 50 किलो, 20 थे तो क्विंटल राशन दिया। फिर भी जलन होने लगी कि 2 बच्चे वालों को 10 किलो और 20 वालों को क्विंटल मिला। इसमें जलन कैसी? जब समय था तो आपने 2 ही पैदा किए 20 क्यों नहीं पैदा किए?

जब पढ़ाई लिखाई की बात है तो जिस प्री मैट्रिक योजना के आधार पर गुजरात की मोदी सरकार ने सच्चर कमेटी का विरोध किया था। कांग्रेस के नेतृत्व वाली कांग्रेस सरकार ने 855 करोड़ खर्च किया। नरेंद्र मोदी सरकार ने 1425 करोड़ रुपए खर्च किये। पोस्ट मैट्रिक के लिए कांग्रेस की सरकार ने 493 करोड़ तो वही मोदी सरकार ने 515 करोड़ खर्च किये।

अल्पसंख्यक लड़कियों के बेगम हजरत महल योजना के तहत कक्षा 9 एवं 10 के छात्राओं के लिए 10 हजार जो कि दो किश्तों में दिया जाता है। कक्षा 11 एवं 12 के लिए 12 हजार जो दो किश्तों में दिया जाता है।

जो मुस्लिम लड़की बेगम हजरत महल योजना का लाभ ले चुकी होती है उसे स्नातक करने के बाद निकाह के लिए शादी शगुन योजना के तहत 51 हजार रुपए दिए जाते हैं। जिसको मोदी सरकार ने 8 अगस्त 2017 में शुरू किया।

मोदी सरकार की अल्पसंख्यक के लिए नया सवेरा' योजना तकनीकी/पेशेवर पाठ्यक्रमों जैसे इंजीनियरिंग, मेडिकल, कानून, प्रबंधन, सूचना प्रौद्योगिकी आदि में प्रवेश के लिए योग्यता परीक्षाओं की तैयारी करने में सहायता करती है। ये स्कीम विदेशी विश्वविद्यालयों में प्रवेश के लिए भाषा/क्षमता परीक्षाओं में भी सहायता प्रदान करती है।

इसके साथ ही, ये स्कीम ग्रुप 'ए', 'बी', और 'सी' सेवाओं में भर्ती के लिए प्रतियोगिता परीक्षाओं में सहायता भी करती है, साथ ही केंद्रीय और राज्य सरकारों के अधीन सार्वजनिक क्षेत्र उपक्रम, बैंक, बीमा कंपनियों और स्वायत्त संस्थानों में अन्य समकक्ष पदों के लिए भी सहायता करती है। 1.19 लाख से अधिक लाभार्थियों को लाभ पहुंचाया है। इनमें से 12,155 लाभार्थी आंध्र प्रदेश राज्य से हैं।

मोदी सरकार अल्पसंख्यक छात्र-छात्राओं के लिए नई उड़ान योजना के तहत यूपीएससी (सिविल सर्विसेज़, इंडियन इंजीनियरिंग सर्विसेज़) के लिए 1 लाख, राज्य पीएससी (गैजेटेड) के लिए 50 हजार, एसएससी (सीजीएल) एवं (सीएपीएफ-ग्रुप-बी), राज्य पीएससी (स्नातक स्तर) (नॉन गैजेटेड) के लिए 25 हजार खर्च करती है।

Name of Exam	Community wise quota						
	Muslims	Christians	Sikhs	Buddhists	Jains	Parsis	Total
UPSC (Civil Service, Indian Engineering Service & Indian Forest Service)	219	36	24	10	9	2	300
State PSC (Gazetted)	1460	240	160	66	60	12	2000
SSC(CGL) & (CAPF)	1460	240	160	66	60	12	2000
State PSC (Graduate level) (Non-Gazetted)	584	97	64	26	25	4	800
Total	3723	613	408	168	154	30	5100

ये आकंडे देख पाठक तय कर सकते हैं कि अल्पसंख्यक का सर्वाधिक लाभ किसे मिल रहा है।

कांग्रेस की सरकार में अल्पसंख्यक छात्रों को सिविल सर्विस के लिए 50 हजार दिए जाते थे, जिसे मोदी सरकार ने बढ़ाकर 1 लाख कर दिया।

मोदी सरकार ने एससी-एसटी और महिलायों को शामिल किया लेकिन जो इनके लिए केंद्र चुने गए वो अलीगढ़ मुस्लिम विश्वविद्यालय, जामिया रेसीडेंसियल अकेडमी जैसे मुस्लिम संस्थान चुने गए।

जो संस्थान जैसे 'अंजुमन ए इस्लाम'अल्पसंख्यक मंत्रालय और वक्फ बोर्ड ऑफ इंडिया के मदद से चलते हैं जो सिर्फ मुस्लिम छात्र-छात्राओ के लिए हैं। जिसका उद्घाटन तत्कालीन केंद्रीय अल्पसंख्यक विकास मंत्री मुख्तार अब्बास नकवी ने किया था।

द हज कमेटी ऑफ इंडिया ने यूपीएससी परीक्षा के लिए मुस्लिम प्रतिभागियों को सभी राज्यों और केंद्र शासित प्रदेशों के हज भवन में फ्री कोचिंग देने के लिए अल्पसंख्यक मंत्रालय के पास प्रस्ताव भेजा था। जिसे 7 मई 2018 को स्वीकार कर लिया गया। ये फैसला 51 मुस्लिम उम्मीदवारों को यूपीएससी में चयन होने के बाद लिया गया ताकि संख्या में और वृद्धि हो सके। इसके साथ जो अभ्यर्थी को पहले 50 हजार तय की गई थी उसे बढ़ाकर 1 लाख कर दिया गया

मुस्लिम उम्मीदवारों के चयन को बढ़ाने के लिए जुलाई 2019 में मोदी सरकार ने फ्री यूपीएससी, एसएससी, स्टेट पब्लिक सर्विस कमीशन आदि के लिए 8 करोड़ से 20 करोड़ का बजट कर दिया।

सुदर्शन न्यूज के प्रधान संपादक सुरेश चव्हानके ने बिंदास बोल कार्यक्रम में यूपीएससी जिहाद नाम से शो चलाया और कई गंभीर खुलासे किये। अपने कार्यक्रम में कहा कि जकात फाउंडेशन को मदीना ट्रस्ट यूके से फन्डिंग मिलती है, जहां डॉक्टर जाकिर अली परवेज ट्रस्टी है। परवेज इस्लामिक फाउंडेशन के भी ट्रस्टी हैं। कुछ अन्य संगठन जो आतंकी गतिविधियों में लिप्त हैं, वो जकात फाउंडेशन को फन्डिंग करते हैं। बिंदास बोल के 4 कार्यक्रमों में जकात फाउंडेशन के लिए विंडो खाली रहा, कोई भी उसका प्रतिनिधि अपना पक्ष रखने के लिए नहीं आया। चव्हानके के अनुसार मुस्लिम उम्मीदवारों को जीतने अंक मिले हैं वो बाकि उम्मीदवारों की तुलना में अधिक हैं। जो इसके पीछे तर्क दिया कि उम्मीदवारों का पहचान गुप्त होता है लेकिन उर्दू में परीक्षा होने की वजह से उसकी जांच करने वाले भी मुस्लिम ही होते हैं। जिसकी वजह से उन्हें ज्यादा मार्क्स दिए जा रहे हैं।

बिंदास बोल कार्यक्रम के ऊपर मोदी सरकार के सूचना और प्रसारण मंत्रालय ने सुदर्शन न्यूज को कारण बताओ नोटिस जारी कर दिया कि आपके ऊपर कारवाई क्यों न की जाए तो वहीं सुप्रीम कोर्ट ने कार्यक्रम के ऊपर रोक लगा दी। इतिहास में पहली बार हुआ जब किसी कार्यक्रम को रोका गया।

जो सवाल उठे थे उसको लेकर मोदी सरकार को जांच करानी चाहिए थी लेकिन ऐसा नहीं हुआ। जकात फाउंडेशन का शाह फैसल पोस्टर बॉय है। पाठक ये जान चुके हैं कि फैसल के ऊपर मोदी सरकार किस तरह मेहरबान है।

जकात फाउंडेशन का पैन इस्लामिक एजेंडा किसी से छुपा नहीं है। घुसपैठियों को बसाने और उन्हें शिक्षित करने से भी कभी पीछे नहीं रहा। जाकिर नाइक से भी संबंध के खुलासे हो चुके हैं। जुलाई 2016, इस्लामिक कल्चर फाउंडेशन में जकात फाउंडेशन के अध्यक्ष सैय्यद ज़फ़र महमूद ने मुसलमानों से कहा कि 90% नीति, नियम और कानून नौकरशाह बनाते हैं। मुसलमानों से सिविल सर्विसेज़ परीक्षा पास करने के लिए जोर देते हुए कहा कि अगले 35 साल में पीएमओ (प्रधानमंत्री कार्यालय) हमारे लड़के-लड़कियों का हो सकता है।

जकात फाउंडेशन भी चाहता है कि ज्यादा मुस्लिम आईएएस/आईपीएस बनें और मोदी भी चाहते हैं। तो फिर दोनों में अंतर क्या है?

ये पाठक अच्छे से तय कर सकते हैं कि आखिर ये सब काम कोई सेक्युलर सरकार क्यों कर रही है?

जकात फाउंडेशन भारत सरकार और राज्य सरकार के अल्पसंख्यक मंत्रालय द्वारा अल्पसंख्यकों को लेकर चलाई जा रही योजनाओं के क्रियान्वयन की निगरानी करता है।

सिविल सर्विस परीक्षा के साक्षात्कार को लेकर हैरान करने वाला सच सामने आया कि साक्षात्कार में मुस्लिम अभ्यर्थियों को औसत 13 अंक ज्यादा दिए जा रहे हैं। जो कि सिविल सर्विस का कठिन चरण माना जाता है। ये हिंदुत्व के नाम पर बनी सरकार करना क्या चाहती है? जकात फाउंडेशन का पैन इस्लामिक एजेंडा तो पहले से जगजाहिर है लेकिन मोदी सरकार सबका साथ सबका विकास और भरोसा जीतने के नाम पर ये कर रही है। जकात फाउंडेशन से चुनकर आने वाले मुसलमान और मोदी के प्रयास से चुने जाने वाले मुसलमान कहां से अलग हैं। कोई भी मुसलमान सिर्फ और सिर्फ पहले मुसलमान होता है उसके बाद ही कुछ और होता है। कोई अपवाद ढूँढना बहुत मुश्किल भरा काम है।

कई मुस्लिम उच्च पदों पर रहकर भी मजहब को पहले रखा जैसे पूर्व राष्ट्रपति एपीजे अब्दुल कलाम ने जकात फाउंडेशन को पैसा देना सितंबर 2008 से राष्ट्रपति रहने के दौरान शुरू किया। पहली बार 21000 रुपए दिए जो सेवानिवृत होने के बाद भी जारी रखा। 2001 में संसद हमले के दोषी अफजल गुरु का फांसी रुकवाने के लिए अक्टूबर 2006 में उसका परिवार कलाम से मिला। गुरु की पत्नी तबस्सुम ने कलाम के साथ 20 मिनट की मुलाकात के बाद संवाददाताओं से कहा," राष्ट्रपति ने हमें आश्वासन दिया कि वह अफजल के लिए क्षमादान की हमारी याचिका पर विचार करेंगे।"

धनंजय चटर्जी की दया याचिका भी कलाम के पास भेजी गई थी लेकिन उन्होंने खारिज कर दी थी। अफजल को फांसी प्रणव मुखर्जी के राष्ट्रपति बनने के बाद हो पाई।

भारत के पूर्व उपराष्ट्रपति हामिद अंसारी जो 2007-2017 तक दो बार भारत के उपराष्ट्रपति रहे। राज्यसभा टीवी को दिए अपने विदाई साक्षात्कार में उपराष्ट्रपति अंसारी ने भारतीय मुसलमानों के आईएसआई और अन्य तत्वों से प्रभावित होने की समभावनाओं से इनकार किया लेकिन उल्लेख किया कि यह कहना सही आकलन होगा कि मुसलमान असुरक्षित महसूस कर रहा है।

भारतीय खुफिया एजेंसी रिसर्च एंड एनालिसिस विंग (रॉ) के एक पूर्व अधिकारी एन के सूद ने सनसनीखेज खुलासा किया। सूद के मुताबिक पूर्व उप राष्ट्रपति हामिद अंसारी ने 1990-92 के बीच ईरान में भारतीय राजदूत रहते तेहरान में रॉ के सेटअप को उजागर कर वहाँ काम कर रहे अधिकारियों की जिन्दगी को खतरे में डाल दिया था।

द संडे गार्डियन में प्रकाशित रिपोर्ट में दावा किया कि पूर्व रॉ अधिकारियों ने प्रधानमंत्री नरेंद्र मोदी को पत्र लिखकर तेहरान में राजदूत होने के दौरान "रॉ के अभियानों को नुकसान पहुँचाने" को लेकर अंसारी के खिलाफ जाँच की माँग की है।

पाकिस्तानी पत्रकार नुसरत मिर्जा ने एक टॉक शो के दौरान कहा कि भारत के तत्कालीन उपराष्ट्रपति हामिद अंसारी के बुलावे पर वे भारत गए थे। यहां उन्होंने कई खुफिया जानकारियां जुटाईं, जिन्हें पाकिस्तान की खुफिया एजेंसी ISI को सौंप दिया था। इन जानकारियों का इस्तेमाल भारत के खिलाफ किया जाता था।

भाजपा ने अंसारी पर राष्ट्रीय सुरक्षा को खतरे में डालने का आरोप लगाया लेकिन प्रधानमंत्री मोदी ने उनके खिलाफ किसी भी आरोप की कोई जांच नहीं कराई।

ये भी मोदी सरकार के रणनीति का हिस्सा रहा कि बीजेपी के नेता किसी भी मुद्दे को भुना के हिंदुओं की सहानुभूति और विश्वास हासिल करने का प्रयास करते हैं तो वहीं सरकार की तरफ से ढीलाही ताकि देशविरोध की घटनाएं बार बार सामने आए और बीजेपी उसको भुनाए।

चरखी दादरी हरियाणा से हैरान करने वाला मामला सामने आया। जिला बार एसोसिएशन के वकीलों ने आरोप लगाया कि पीठासीन जज फखरूद्दीन ने सुनवाई के दौरान मुस्लिम याचिकाकर्ताओं को उनके हिंदू विरोधियों के खिलाफ भड़काया। सुनवाई के दौरान मुसलमानों को फटकार लगाते हुए कहा कि तुम लोग मुस्लिम के नाम पर धब्बा हो, हिंदुओं से पीटकर आ गए गोली क्यों नहीं मार दी।

हिंदुओं के बारे में जज ने कहा, "मुसलमानों के सामने उनकी कोई औकात नहीं है। तुम पिस्तौल लेकर आओ। मैं यहां हूँ, सब देख लूंगा।"

जज के खिलाफ कारवाई के लिए तत्कालीन मुख्य न्यायधीश रंजन गोगोई, तत्कालीन कानून मंत्री रविशंकर प्रसाद, बार काउंसिल पंजाब एंड हरियाणा के अध्यक्ष और बार काउंसिल ऑफ इंडिया के अध्यक्ष को वकीलों ने पत्र लिखा।

मोदी सरकार के रणनीति के अनुसार इनके ऊपर भी कोई कार्रवाई नहीं हुई।

कई मुस्लिम अधिकारियों को देखा गया कि वो खुलकर अपने कौम के साथ देखे गए।

नरेंद्र मोदी जब दूसरी बार प्रधानमंत्री बने तो कहा कि मुसलमानों को बहुत छला गया है। हमें उनका भरोसा जितना है। मोदी के दूसरे कार्यकाल में ही सबका साथ सबका विकास के साथ सबका विश्वास सबका प्रयास जोड़ा गया।

तत्कालीन केंद्रीय अल्पसंख्यक विकास मंत्री मुख्तार अब्बास नकवी ने खुलासा किया कि कांग्रेस के समय में 1-2 मुस्लिम सिविल सर्विस में चुने जाते थे लेकिन मोदी सरकार में 200 मुस्लिम सिविल सर्विस में चुने जाने लगे। 2017 में 178,2018 में 180-181 और 2019 में 200 मुस्लिम सिविल सर्विस में चुने गए।

यूपीएससी परीक्षा के परिणामों के विगत कुछ वर्षों की बात करें तो वर्ष 2024 में 51,वर्ष 2023 में 29, वर्ष 2022 में 25,वर्ष 2021 में 21 और वर्ष 2020 में 44 मुस्लिम उतीर्ण हुए।।

जब छात्रवृत्ति की बात आई तो भी मोदी सरकार ने खजाना खोल दिया। ईद के मौके पर जून 2019 को तत्कालीन अल्पसंख्यक विकास मंत्री मुख्तार अब्बास नकवी ने मदरसा में पढ़ने वाले 5 करोड़ मुस्लिम छात्र-छात्राओं को छात्रवृत्ति देने की घोषणा की। जो कि 5 वर्ष में देने का लक्ष्य रखा गया।

मोदी सरकार ने मदरसा के आधुनिकरण के लिए भी कमर कस लिया। 2014 में सरकार बनते ही मदरसों के आधुनिकरण के लिए 100 करोड़ का बजट रखा। मदरसों में गुणवत्तापूर्ण शिक्षा प्रदान करने

के लिए कांग्रेस सरकार में 2009-10 में 46.23 करोड़ का बजट रखा जिसे मोदी सरकार ने पांच गुना वृद्धि करते हुए सन 2015-16 में 294.5 करोड़ बजट कर दिया।

11 जून 2019 को केंद्रीय अल्पसंख्यक मंत्री मुख़्तार अब्बास नकवी ने सक्रियता दिखाते हुए घोषणा किया कि देश भर के मदरसों में मुख्यधारा की शिक्षा को प्रोत्साहित करने के लिए मदरसा शिक्षकों को विभिन्न शैक्षणिक संस्थानों से प्रशिक्षण दिलाया जाएगा। ताकि वे मदरसों में मुख्यधारा की शिक्षा- हिंदी, अंग्रेजी, गणित, विज्ञान, कंप्यूटर आदि दे सकें।

केंद्र सरकार ने मदरसों के आधुनिकरण, विकास और शिक्षा का जो रूपरेखा तैयार किया उसके अनुसार 60 फीसदी खर्च केंद्र करेगा और 40 फीसदी खर्च राज्य को करना होगा।

नरेंद्र मोदी ने अगर किसी चीज के लिए ठान ली तो वो बीजेपी के लिए संकल्प है। केंद्र स्तर पर तो काम होता ही है साथ में बीजेपी शासित राज्यों को भी वो काम करना ही है।

18 जुलाई 2019 को बीजेपी शासित उत्तरप्रदेश की योगी सरकार ने फैसला किया कि मदरसा में एनसीईआरटी का पाठ्यक्रम लागू किया जाएगा। एनसीसी और स्काउट गाइड प्रशिक्षण शिविर शुरू करने का फैसला लिया गया। समाज के हर वर्गों के छात्रों को मदरसा में दाखिल कराने का फैसला किया गया।

उत्तरप्रदेश के अल्पसंख्यक राज्यमंत्री बलदेव औलख ने कहा, "हम मदरसों को आधुनिक बनाने के लिए प्रतिबद्ध हैं और इसलिए वहां एनसीईआरटी की किताबें उपलब्ध कराई जाएंगी। मदरसों में अब अरबी और उर्दू के अलावा अंग्रेजी, विज्ञान, गणित, हिन्दी व अन्य विषयों को पढ़ाया जाएगा। इसलिए हम चाहते हैं कि मदरसे दूसरे धर्म के छात्रों को भी प्रवेश दें।"

औलख ने साथ में जोड़ा कि गैरकानूनी गतिविधि में शामिल शिक्षण संस्थानों के खिलाफ कार्रवाई की जाएगी। जाहिर सी बात है कि वो बात मदरसों की कर रहे हैं।

मदरसों को हाइटेक बनाने की दिशा में योगी सरकार ने 2019-20 के बजट में 20 करोड़ रुपए दिए। इस बजट में प्रदेश के 21 अल्पसंख्यक बाहुल्य जिलों में आईटीआई सेंटर बनाने के लिए 40 करोड़ बजट का आवंटन हुआ। इन इलाकों के अल्पसंख्यक आबादी वाले क्षेत्रों में पीने के पानी और सफाई के लिए 50 करोड़ रुपए जारी किए गए।

प्रयागराज, प्रतापगढ़, कौशांबी, फतेहपुर, सहारनपुर, सहित पूरे उत्तर प्रदेश में हिंदू बच्चे भी पढ़ने लगे। ये पैटर्न मध्य प्रदेश, उत्तराखंड और अन्य जगहों पर भी देखा गया। उत्तराखंड से हैरान करने वाला मामला सामने आया कि 30 मदरसों में 749 हिंदू छात्र पढ़ाई कर रहे हैं। इन तीस मदरसों में कुल 7,399 छात्र हैं। इनमें 21 मदरसे हरिद्वार में हैं, 9 उधम सिंह नगर में और 1 मदरसा नैनीताल जिले के गूलर घाटी रामनगर में है। हरिद्वार के ज्वालापुर, बहादराबाद, लक्सर, तिलकपुरी, महावतपुर, रुड़की, मंगलौर आदि स्थानों पर हैं, जबकि, उधम सिंह नगर जिले में डाक बंगला खेड़ा, नई बस्ती, लक्ष्मीपुर, जसपुर, बाजपुर क्षेत्र में केला खेड़ा, गणेशपुरा, काशीपुर के महुआ खेड़ा आदि क्षेत्रों से हैं।

कई जगह सरकारी स्कूल बंद कर दिया गया। जिसका परिणाम रहा कि हिंदू बच्चों को मदरसा में पढ़ना मजबूरी है। जब खुलासे होते हैं कि मदरसा में हिंदू बच्चे इस्लामी शिक्षा ले रहे हैं तो राष्ट्रीय बाल अधिकार संरक्षण आयोग संज्ञान लेता है तो सरकार के तरफ से कार्रवाई करने की बात कही जाती है।

उत्तराखंड में स्थित वक्फ बोर्ड के 117 मदरसों में उर्दू, फारसी के अलावा संस्कृत की भी शिक्षा दी जाएगी। यह जानकारी खुद उत्तराखंड वक्फ बोर्ड के अध्यक्ष शादाब शम्स ने दी। उन्होंने कहा कि मदरसों में एनसीईआरटी का पाठ्यक्रम लागू करने जा रहे हैं। इन मदरसों में सभी धर्म के बच्चों को शामिल किया गया।

असम की बीजेपी सरकार ने 1 अप्रैल 2021 को प्रदेश की 700 मदरसों को बंद कर दिया और मुख्यमंत्री हिमांत बिस्व सरमा 300 और मदरसे बंद करने की बात करते हैं। जब मदरसों को बंद करने का दावा किया गया था तब हिमांत बिसवा सरमा ने कहा कि वो मदरसा नहीं अलकायदा का दफ्तर बंद कर रहे हैं। ये वो मदरसे थे जो सरकारी अनुदान ले रहे थे।

जिन्हें आतंक का दफ्तर कहा गया वहीं अब सरकारी स्कूल चल रहे हैं। इमारत से मदरसा शब्द हटाकर स्कूल लिख दिया गया। तालिम से अरबी भाषा हटा दी गई बाकि विषय पहले की तरह ही है। बच्चे और पढ़ाने वाले मौलवी वहीं हैं। साप्ताहिक छुट्टी शुक्रवार की जगह रविवार को होने लगी और हिंदू बच्चे भी पढ़ने लगे।

मौलवियों ने बताया कि मदरसे कहां बंद हुए? जहां पहले पढ़ाते थे वहां अब भी पढ़ा रहे हैं। पहले वेतन के लाले थे, अब सरकारी वेतनमान ले रहे हैं।

शिक्षा विभाग के अधिकारियों ने कहा कि मदरसे बंद करने का कोई सरकारी आदेश जारी नहीं हुआ। हमसे इतना कहा गया था कि आपको सभी विषय पढ़ाने होंगे। मौलवियों के सामने सैलरी और नौकरी का संकट था, इसलिए वे बिना विरोध करे जुड़ गए।

यूपी के 17 मंडलों में मुस्लिमों के लिए रोजगार मेला की घोषणा बीजेपी ने की। यूपी भाजपा अल्पसंख्यक मोर्चा के अध्यक्ष कुंवर बासित अली कहते हैं कि भाजपा हमेशा ही मुस्लिमों के हक की बात करती है चाहे रोजगार हो या शिक्षा, हर क्षेत्र में मुस्लिम वर्ग के लिए सरकार ने काम किया किया है।

नरेंद्र मोदी के मुस्लिम के प्रति समर्पण इस बात से समझ सकते हैं कि उत्तर प्रदेश के अल्पसंख्यक कल्याण राज्यमंत्री दानिश आजाद अंसारी से 19 दिसम्बर 2022 को मिलते हैं। प्रदेश राज्यमंत्री मुख्यमंत्री के अधीन आता है। उत्तरप्रदेश के मुख्यमंत्री योगी आदित्यनाथ से भी प्रधानमंत्री मिल कर सभी कार्यों का जायजा ले सकते थे या प्रदेश के मुख्यमंत्री अपने राज्यमंत्री से मिलकर जायजा ले सकते थे लेकिन प्रधानमंत्री अल्पसंख्यक राज्यमंत्री से सीधे मिलते हैं। भेंट के दौरान दानिश आजाद अंसारी ने प्रधानमंत्री को विभाग द्वारा किये जा रहे कार्यों से अवगत कराया। प्रधानमंत्री मोदी ने दानिश से कहा कि पिछड़ा पसमंदा मुसलमान समाज के बेहतर शिक्षा और रोजगार पर गंभीरता से कार्य करना है।

साथ ही अल्पसंख्यक अधिकार दिवस के अवसर पर प्रदेश भर के मदरसों में आयोजित हुई विज्ञान प्रदर्शनी एवं आगामी दिनों में होने वाले मदरसा स्तर पर खेलकूद प्रतियोगिता व अल्पसंख्यक रोजगार मेले के बारे में प्रधानमंत्री को जानकारी दी और उनका मार्गदर्शन प्राप्त किया।

प्रधानमंत्री नरेंद्र मोदी ने विभिन्न अल्पसंख्यक मसलों पर चर्चा करते हुए राज्यमंत्री को अल्पसंख्यक समाज और नौजवानों के लिए बेहतर से बेहतर काम करने को कहा, प्रधानमंत्री ने कहा कि जिस तरीके से सरकार ईमानदारी से सभी योजनाओं का सीधा लाभ अल्पसंख्यक समाज को दे रही है और उनका विकास हो रहा है, इसको आगे जारी रखते हुए ईमानदारी से कार्य करना है।

आजतक प्रधानमंत्री ने हिंदू तो दूर किसी भी तरफ का जायजा राज्यमंत्रियों से नहीं लिया। केंद्र में तो सारे काम वो स्वयं ही देख रहे है।

वर्ष 2022 में नीट (एनईईटी) परीक्षा के बहुप्रतीक्षित घोषित परिणामों में मदरसा पृष्ठभूमि के मुस्लिम उम्मीदवारों की सफलता ने सभी को चकित कर दिया। एमबीबीएस की डिग्री हासिल करने के लिए लगभग 1200 मुस्लिम उम्मीदवारों ने प्रतिष्ठित परीक्षा पास की। उनमें से 500 से अधिक अल-अमीन मिशन की पश्चिम बंगाल में फैली 70 शाखाओं से थे। जबकि 250 से अधिक उम्मीदवार अजमल फाउंडेशन के कोचिंग संस्थान से हैं और लगभग 450 शाहीन समूह के संस्थानों से हैं। इनमें से ज्यादातर छात्र आर्थिक रूप से कमजोर पृष्ठभूमि से हैं। उनमें से कई मदरसों में पढ़े थे और उनमें से कुछ हाफिज भी थे जो दिल से कुरान सीखते थे।

मेरे लिए सबसे ज्यादा चौंकाने वाला नाम अजमल फाउंडेशन का था। अजमल फाउंडेशन को वित्तपोषण भारत सरकार, असम सरकार व अन्य करते हैं। भारत सरकार के अल्पसंख्यक मंत्रालय की सीखो और कमाओ योजना, नई मंजिल, नई रोशनी, निःशुल्क कोचिंग एवं संबंधित योजना, भारत सरकार के ग्रामीण विकास मंत्रालय अंतर्गत स्वर्ण जयंती ग्राम स्वरोजगार योजना, दीन दयाल उपाध्याय ग्रामीण कौशल योजना और महिला एवं बाल विकास विभाग के सबला योजना को अजमल फाउंडेशन लागू करता है। असम सरकार के स्वर्ण जयंती शहरी रोजगार योजना, मुंबई के सेल्स ऑरिएंटेशन प्रोग्राम को अजमल एंड संस और रोजगार और शिल्प प्रशिक्षण निदेशालय, मेघालय सरकार द्वारा वित्त पोषित विकास पहल है।

अजमल फाउंडेशन के जरिए सरकार योजनाओं को लागू करवा रही है। हर जगह बीजेपी और उसके गठबंधन की सरकार है।

जिस अजमल फाउंडेशन को सरकार वित्त पोषित कर रही है, उसके ऊपर आतंकी समूहों से फंड लेने का आरोप लग चुका है।

ऑल इंडिया यूनाइटेड डेमोक्रेटिक फ्रंट (एआईयूडीएफ) प्रमुख बदरुद्दीन अजमल द्वारा संचालित 'अजमल फाउंडेशन' के खिलाफ 5 दिसंबर 2020 को असम के दिसपुर पुलिस स्टेशन में मामला दर्ज किया गया। गुवाहाटी सीपी एमएस गुप्ता ने एएनआई के हवाले से कहा कि मामला सत्य रंजन बोहरा

द्वारा दर्ज की गई शिकायत के बाद दर्ज किया गया था, जिन्होंने एनजीओ पर विदेशी फंडिंग प्राप्त करने और इसे संदिग्ध गतिविधियों में इस्तेमाल करने का आरोप लगाया था।

अजमल फाउंडेशन, एआईयूडीएफ के प्रमुख मौलाना बदरुद्दीन अजमल द्वारा संचालित एक संगठन है, जिसे कुछ विदेशी एजेंसियों द्वारा वित्त पोषित किया जा रहा है, जो विभिन्न आतंकवादी समूहों और उनकी आतंकवादी गतिविधियों को वित्त पोषित करने से संबंधित हैं, जैसा कि एक गैर सरकारी संगठन लीगल राइट्स ऑब्जर्वेटरी द्वारा रिपोर्ट किया गया। रिपोर्ट को ध्यान में रखते हुए, हम इस संबंध में गैरकानूनी गतिविधि रोकथाम अधिनियम के तहत उचित जांच चाहते हैं। बोरा ने एफआईआर में आरोप लगाया कि अजमल फाउंडेशन ने कई राष्ट्र-विरोधी गतिविधियों में उन विदेशी फंडों का दुरुपयोग किया है।

बोरा ने मांग की कि एआईयूडीएफ प्रमुख को गिरफ्तार किया जाए और राष्ट्रीय अखंडता, संप्रभुता और सामाजिक सद्भाव बनाए रखने के लिए सजा दी जाए। बोरा ने सुझाव दिया कि एफआईआर में दी गई कुछ जानकारी आगे की जांच के लिए प्रवर्तन निदेशालय (ईडी) को दी जा सकती है।

इस मुद्दे पर बोलते हुए, असम के मुख्यमंत्री हिमंत बिस्वा सरमा ने पत्रकारों से कहा कि लोगों को हमेशा यह गलतफहमी रही है कि अजमल ने अपनी जेब से खर्च किया और मानवीय कार्य किया, जो वास्तविकता से बहुत दूर है।

कानूनी कार्यकर्ता समूह लीगल राइट्स ऑब्जर्वेटरी ने अजमल फाउंडेशन पर विभिन्न संदिग्ध स्रोतों से 69.55 करोड़ रुपये की विदेशी फंडिंग प्राप्त करने का आरोप लगाया था, जो मुख्य रूप से आतंकी वित्तपोषण और मनी लॉन्ड्रिंग गतिविधियों में लगे हुए हैं। एलआरओ ने कहा था कि एनजीओ ने उपरोक्त राशि में से अपने वास्तविक उद्देश्य 'शिक्षा' में केवल 2.05 करोड़ रुपये खर्च किए हैं और शेष राशि असम में राष्ट्रवादी पार्टियों का मुकाबला करने के लिए अजमल द्वारा संचालित एक इस्लामी पार्टी एआईयूडीएफ को भेज दी गई है।

लीगल राइट्स ऑब्जर्वेटरी (एलआरओ) ने तुर्की, फिलिस्तीन और यूनाइटेड किंगडम में स्थित विभिन्न इस्लामिक आतंकवादी समूहों के नामों का भी खुलासा किया था, जो अजमल फाउंडेशन को फंडिंग कर रहे थे।

बदरुद्दीन अजमल अजमल ने आरोपों का खंडन किया है। अजमल ने कहा, "बीजेपी-आरएसएस एनजीओ द्वारा फाउंडेशन के खिलाफ लगाए गए आरोप राजनीति से प्रेरित हैं और मुझे बदनाम करने की साजिश हैं। केंद्र सरकार धन लेनदेन की निगरानी करती है।"

बदरुद्दीन अजमल और बीजेपी का नुराकुस्ती असम में चलता है लेकिन इनकी सरकार उनके एनजीओ को फंड भी कर करती है। बीजेपी वहां लोगों को बदरुद्दीन का डर दिखाकर वोट मांगती है।

मोदी सरकार संदिग्ध संस्थानों को वित्तपोषित करती है और उनके जरिए योजनाओं को लागू किया जा रहा है। तीन संस्थानों से 1200 एमबीबीएस डॉक्टर बनना, ये किसी चमत्कार से कम नहीं है।

इस्लामिक संस्थान वही काम भारत के इस्लामीकरण के लिए कर रहे लेकिन वही काम मोदी कर रहे तो इसे 'सबका साथ, सबका विकास, सबका विश्वास और सबका प्रयास' कैसे माना जा सकता है। ये फैसला देशहित में कैसे माना जा सकता है?

महाराष्ट्र में शिवसेना में टूट के बाद एकनाथ शिंदे के नेतृत्व वाली शिवसेना से बीजेपी के गठबंधन की सरकार बनने के पीछे दलील था कि हिंदुत्व के लिए सरकार बन रही है। सरकार बनने के साथ ही हिंदुओं के लिए तो कोई काम नहीं हुआ लेकिन औरंगजेब और टीपू सुल्तान के महिमामंडन वाले पोस्ट के खिलाफ प्रदर्शन कर रहे लोगों के खिलाफ लाठीचार्ज जरूर हुआ। ध्यान रहे कि देवेन्द्र फडनवीस जब विपक्ष में थे तो ओवैसी को ललकारते हुए भाषण देते नजर आए थे, "सुन ओवैसी कुत्ता भी न पेशाब करे औरंगजेब की मज़ार पर अब भगवा लहराएगा पूरे हिंदुस्तान पर।"

ये इन लोगों का चरित्र रहा है कि विपक्ष में जिसे गाली देते हैं सत्ता में उसी का बचाव करते है।

शिंदे सरकार बनने के बाद मुस्लिम के सामाजिक-आर्थिक स्थिति पर विस्तृत अध्ययन करने के लिए टाटा इंस्टिट्यूट ऑफ सोशल साइंस का गठन किया।

अल्पसंख्यक बच्चों के पढ़ाई के लिए जो बजट 30 करोड़ रुपए का था उसे बढ़ाकर 500 करोड़ कर दिया गया।

मदरसों के आधुनिकरण के लिए हर मदरसे को 10 लाख रुपए देने का प्रावधान किया गया

उत्तरप्रदेश सरकार ने 2022-23 के बजट में मदरसों के आधुनिकरण के लिए 479.7 करोड़ का अनुदान दिया। अल्पसंख्यक छात्रों के लिए स्पेशल कोचिंग और स्कॉलरशिप के लिए 600 करोड़ का बजट रखा। पोस्ट मैट्रिक छात्रवृत्ति योजनाओं के लिए 195 करोड़ 50 लाख रुपए की व्यवस्था की गई। अल्पसंख्यक बाहुल्य क्षेत्र में इंफ्रास्ट्रक्चर, विकास, शिक्षा और पेयजल की योजनाओं के लिए 508 करोड़ का बजट रखा। प्रतियोगी परीक्षाओं की तैयारी कर रहे अल्पसंख्यक छात्रों के लिए हर मंडल में स्पेशल कोचिंग सेंटर खोलने का फैसला लिया गया। मंडल स्तर पर चल रहे मुख्यमंत्री अभ्युदय योजना को सब तक पहुंचाने की बात कही गई। मुस्लिम बाहुल्य इलाकों में कोचिंग सेंटर खोलने के लिए 30 करोड़ का बजट रखा गया।

10 जनवरी 2024 को योगी सरकार ने फैसला लिया कि स्नातक मदरसा शिक्षकों को 8000 और परास्नातक शिक्षकों को 15000 मिलने वाली अनुदान को बंद कर दिया जाएगा। केंद्र सरकार ने मार्च 2022 में मदरसों को देने वाला अनुदान बंद करने का फैसला लिया था। सरकार के इस फैसले का असर 7442 मदरसों में नियुक्त 21500 शिक्षकों पर पड़ेगा।

उत्तरप्रदेश के मदरसा बोर्ड के अध्यक्ष डॉ. इफ्तिकार अहमद जावेद ने प्रधानमंत्री मोदी को पत्र लिखते हुए मदरसों को दी जाने वाली अनुदान को फिर से शुरू करने की मांग की।

बीजेपी चुनावी वर्ष में कुछ इस तरह के फैसले लेती है जिससे बहुसंख्यक समाज को गुमराह किया जा सके। कई मामलों में देखा गया कि किसी एक योजना को बंद कर कई योजना चला दिए। ये देख सवाल उठता है कि आखिर इतने समय भी क्यों दिया गया। जो दिया गया उसकी भरपाई कैसे होगी?

मदरसों के आधुनिकरण के लिए काँग्रेस की सरकार ने 2009-10 में 46.23 करोड़ से लगातार बढ़ते हुए नई नरेंद्र मोदी की सरकार में 2015-16 के लिए बजट 294.5 करोड़ हो गया।

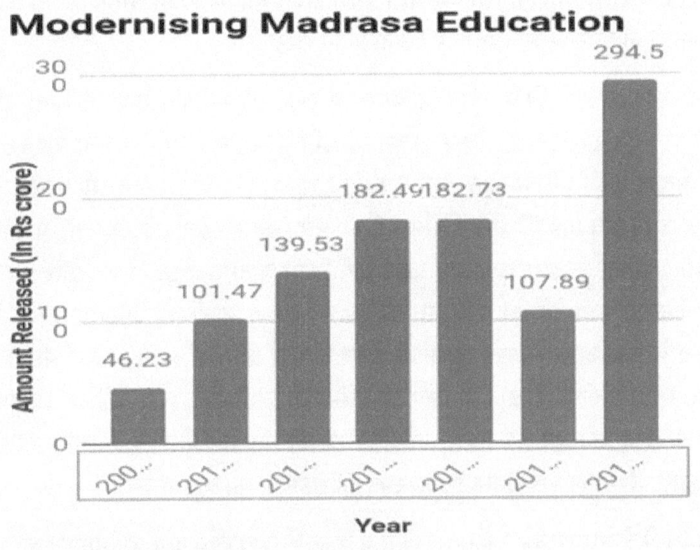

स्रोतः मानव संसाधन विकास मंत्रालय

सांसद असदुद्दीन ओवैसी के सवाल का जबाव देते दुए तत्कालीन केंद्रीय अल्पसंख्यक विकास मंत्री मुख्तार अब्बास नकवी ने संसद को बताया कि 2016-17 से लेकर 2020-21 तक 520.54 करोड़ मदरसों में गुणवत्तापूर्ण शिक्षा प्रदान करने के लिए खर्च किया गया। जिसमें शिक्षकों का मानदेय भी शामिल है।

अप्रैल 2022 में नकवी ने चौंकाने वाला खुलासा करते हुए बताया कि 2014 तक मात्र 3 करोड़ अल्पसंख्यकों को छात्रवृत्ति दी गई थी, लेकिन मोदी सरकार में 5.2 करोड़ अल्पसंख्यकों को अनुदान दिया गया।

अब पाठक तय कर सकते हैं कि मदरसों से निकले हिंदू छात्रों की धार्मिक आस्था किसमें होगी। सरकार मदरसा का आधुनिकरण कर हर वर्ग के छात्रों को पढ़ाना चाहती है। आखिर सरकार की मंशा क्या है? सभी छात्रों के लिए मदरसों को बंद कर सरकारी स्कूल में अच्छी व्यवस्था क्यों नहीं करना चाहती? मदरसे तो पहले से बदनाम रहे हैं। कई मदरसों में हथियार पकड़े जाना, देश विरोधी गतिविधि में शामिल

होना, लव जिहाद करने के लिए ट्रेनिंग देना, विदेशी फन्डिंग लेना जैसी तमाम खबरें आ चुकी हैं। क्या इस तरह की शिक्षा व्यवस्था धर्मांतरण के लिए जमीन नहीं तैयार कर रहे?

जो अल्पसंख्यक छात्र उच्च शिक्षा हासिल करना चाहता हैं उसके लिए मौलाना आजाद छात्रवृत्ति जिसकी शुरुआत कांग्रेस की सरकार ने 2009 में किया था। मोदी सरकार बनते ही इस योजना का लाभ ले रहे छात्रों के लिए 22 जुलाई 2014 को मौलाना आजाद सेहत योजना की शुरुआत की। इस योजना का उदेश्य छात्रों की वार्षिक स्वास्थ्य जांच प्रदान करना था। जो किसी गंभीर बीमारी का सामना कर रहे उनको 2 लाख रुपए का वित्तीय सहायता प्रदान करना था।

मौलाना आजाद छात्रवृत्ति के तहत अल्पसंख्यक छात्रों को सहायता राशि दी जाती थी जो साइंस, इंजीनियरिंग एंड टेक्नोलॉजी, सोशल साइंस या ह्यूमैनिटी स्ट्रीम में एम फिल या पीएचडी कर रहे थे। इसके अंतर्गत जेआरएफ के तहत 2 साल के लिए 25,000 रुपये प्रति माह और एसआरएफ के तहत 28,000 रुपये प्रति माह की धनराशि मिलती थी और मुफ्त हॉस्टल, मेस, बिजली, पानी का प्रावधान था। जिन्हें सरकार के द्वारा छात्रावास प्रदान नहीं किया जाता उन्हें 8%,16% और 24% की दर से मकान किराया भत्ता देने का प्रावधान था। इसके अलावा मानविकी और सामाजिक विज्ञान और वाणिज्य के लिए आकस्मिकता शुरुआती 2 वर्ष के लिए प्रति वर्ष 10000 रुपए और 3 वर्ष के लिए 20500 रुपए प्रति वर्ष, विज्ञान के लिए आकस्मिकता प्रारम्भिक 2 वर्ष के लिए 12000 रुपए और 3 वर्ष के लिए प्रति वर्ष 25 हजार, एस्कॉर्ट/रीडर की सहायता के लिए शारीरिक और दृष्टिबाधित उम्मीदवारों के मामले में प्रतिमाह 2000 रुपए की सहायता का प्रावधान था।

2020-21 में जेआरएफ को 25000 रुपये से बढ़ाकर 31000 रुपये और एसआरएफ को 28000 रुपये से बढ़ाकर 35000 रुपये कर दिया गया।

8 दिसंबर 2022 को केंद्रीय अल्पसंख्यक मामलों के मंत्री स्मृति ईरानी ने लोकसभा में जानकारी दी कि अल्पसंख्यकों को दी जाने वाली मौलाना आजाद नेशनल फेलोशिप योजना बंद किया जाता है। उन्होंने कहा कि यह योजना दूसरी योजनाओं को ओवरलैप कर रही है। ईरानी ने यूजीसी का आंकड़ा प्रस्तुत करते हुए बताया कि 2014-15 से 2021-22 के बीच 6722 छात्रों को 738.85 करोड़ रुपये की छात्रवृत्ति दी गई।

मौलाना आजाद नेशनल फेलोशिप को खत्म करने का विपक्ष ने विरोध किया। कई जगह प्रदर्शन हुए। इन्हें मुस्लिम विरोधी बताया गया। ये इनके रणनीति का हिस्सा है कि हिंदू इन्हें मुस्लिम विरोधी समझे और ये बताने का काम विपक्ष करता ही है। जिससे हिंदू इनको मुस्लिम विरोधी का मतलब हिंदू हितैषी मानकर वोट करता है।

अब मैंने सोचा कि आखिर योजना तो बंद कर दिया गया, जो लाभान्वित हो रहे थे उनका क्या होगा तो उसका जो जबाव मिला वो चौंकाने वाला था। 30 दिसंबर 2023 को 30 विश्वविद्यालय के छात्रों ने स्मृति ईरानी को पत्र लिख मौलाना आजाद फेलोशिप के तहत छात्रवृत्ति बढ़ाने की मांग की।

अब सवाल है कि जब मौलाना आजाद छात्रवृत्ति योजना एक साल पहले ही बंद हो गई थी फिर छात्रवृत्ति बढ़ाने की मांग क्यों कर रहे हैं? अगर ये मांग की जाती कि फिर से शुरू की जाए तो समझ आता है लेकिन यहां बढ़ाने की मांग हो रही है। यानि सिर्फ बंद करने की घोषणा कर जारी रहने दिया गया?

मौलाना आजाद नेशनल फेलोशिप योजना को खत्म करने की दिखावा के कुछ ही दिन बाद 18 दिसंबर 2022 को अल्पसंख्यक अधिकार दिवस के मौके पर अल्पसंख्यक समुदाय के छात्रों के लिए मुफ्त कोचिंग योजना का उद्घाटन किया। उत्तराखंड के मुख्यमंत्री पुष्कर सिंह धामी ने कहा कि अल्पसंख्यक के अधिकारों की रक्षा सरकार की प्राथमिकता है। उन्होंने कहा कि प्रधानमंत्री नरेंद्र मोदी के नेतृत्व में देश 'सबका साथ, सबका विकास, सबका विश्वास और सबका प्रयास की भावना के साथ आगे बढ़ रहा है।

धामी ने कहा, "राज्य प्रतियोगी परीक्षाओं में अल्पसंख्यक छात्रों का प्रतिनिधित्व बढ़ाने के लिए मुख्यमंत्री अल्पसंख्यक प्रोत्साहन योजना शुरू की है।"

मुख्यमंत्री ने कहा, "इसके अलावा अल्पसंख्यक मेधावी छात्राओं की शिक्षा के लिए विशेष अनुदान भी प्रदान किया जा रहा है।"

सीएम के अनुसार, "सरकार द्वारा उनके आर्थिक और शैक्षिक विकास के लिए 4 करोड़ रुपये के प्रारंभिक कोष के साथ एक अल्पसंख्यक विकास कोष भी स्थापित किया गया है।"

इसके अलावा, मौलाना आज़ाद एजुकेशन फाइनेंस फाउंडेशन योजना के तहत उत्तराखंड के गरीब अल्पसंख्यक छात्रों को व्यावसायिक शिक्षा के लिए ब्याज मुक्त ऋण प्रदान करने का भी प्रावधान किया गया है।

मुख्यमंत्री ने कहा, "मुख्यमंत्री हुनर योजना के माध्यम से राज्य में अल्पसंख्यकों को रोजगार देने का काम भी किया जा रहा है। सरकार ने कलीयर शरीफ में 50 बिस्तरों वाले अस्पताल को मंजूरी दी है। जल्द ही कलीयर शरीफ में यूनानी मेडिकल कॉलेज भी खोला जाएगा।

पढ़ो परदेश योजना को 2006 में तत्कालीन प्रधानमंत्री मनमोहन सिंह के द्वारा प्रधानमंत्री के 15 प्वाइंट प्रोग्राम के तहत पेश किया गया था लेकिन इसकी शुरुआत मोदी सरकार ने 2014 में किया था ताकि जो भी अल्पसंख्यक छात्र उच्च शिक्षा के लिए विदेश जाकर पढ़ना चाहते है, उन्हें 20 लाख तक का ब्याज रहित ऋण का प्रावधान किया गया।

केंद्रीय अल्पसंख्यक मंत्री स्मृति ईरानी के द्वारा जानकारी दी गई कि पढ़ो परदेश योजना बंद कर दी गई। भारतीय बैंक संघ के द्वारा 2022-23 से सब्सिडी बंद करने के बारे में सूचित किया गया था।

ये कहना बहुत मुश्किल काम है कि ऋण पर मिलने वाली सब्सिडी को वास्तव में बंद कर दिया गया है। जब मोदी सरकार के इस्लाम परस्ती के ऊपर सवाल उठने लगे तो अल्पसंख्यक मंत्रालय के वेबसाइट

से कई महत्वपूर्ण पेज हटा दिए गए। कई योजनाओं को बंद करने की बात तो कही गई लेकिन चल रहे हैं।

कई योजनाएं को केंद्र सरकार ने बंद करने की घोषणा की लेकिन बंद तो किया नहीं लेकिन बीजेपी शासित राज्यों ने शुरू कर दिया। पढ़ो परदेश योजना को महाराष्ट्र बीजेपी गठबंधन की सरकार ने अक्टूबर 2023 में 10.80 बजट के साथ शुरुआत कर दी।

मई 2017 में केंद्रीय अल्पसंख्यक मंत्री मुख्तार अब्बास नकवी ने पांच विश्वस्तरीय विश्वविद्यालय खोलने की बात कही जहां अल्पसंख्यकों को सशक्त बनाने के लिए चिकित्सा और कौशल विकास समेत उच्चतर शिक्षा की सुविधा मुहैया कराई जाएंगी। नकवी ने बताया, "अल्पसंख्यकों की अच्छी खासी जनसंख्या वाले क्षेत्रों में 100 नवोदय विद्यालय जैसे स्कूल खोले जाएंगे। उन्होंने कहा कि लड़कियों को सशक्त बनाने के लिए 40 फीसदी कोटा देंगे। यह धर्म के आधार पर नहीं होगा। उन्होंने बताया कि तहरीक ए तालिम की शुरुआत 15 अक्टूबर को देश के 100 जिलों में किया जाएगा। सरकार द्वारा वित्त पोषित मौलाना आजाद एजुकेशन फाउंडेशन द्वारा गठित एक उच्च स्तरीय पैनल ने जो रिपोर्ट सौंपा। अपनी रिपोर्ट में अल्पसंख्यकों, विशेषकर मुसलमानों के बीच शैक्षिक पिछड़ेपन से निपटने के लिए एक त्रिस्तरीय मॉडल की शिफ़ारिश की थी।

सुझाए गए मॉडल में 211 स्कूल, 25 सामुदायिक कॉलेज और पांच संस्थान खोलकर प्राथमिक, माध्यमिक और तृतीयक स्तरों पर शिक्षा प्रदान करने हेतु बुनियादी ढांचा तैयार करना शामिल है। पैनल ने कहा कि प्रस्तावित स्कूल केंद्रीय विद्यालय या नवोदय विद्यालय के पैटर्न पर काम कर सकते हैं।

नवोदय विद्यालय प्रणाली के तहत, ग्रामीण छात्रों का चयन किया जाता है और उन्हें गुणवत्तापूर्ण शिक्षा प्रदान की जाती है। जो देश में सर्वश्रेष्ठ है, उन्हें भोजन और रहने की भी सुविधा प्रदान की जाती है।

22 दिसंबर 2019 को स्वराज्य मैग में खबर छपी कि मोदी सरकार ने अल्पसंख्यक उत्थान के लिए 22000 करोड़ खर्च किए। जब इसके ऊपर सवाल उठने लगे तो आर्टिकल डिलीट हो गया। वैसे कई आर्टिकल डिलीट किए गए जहां सरकार की पोल खुल रही थी।

Not Found

The requested URL was not found on this server.

जब भी मोदी सरकार के इस्लाम परस्ती की बात आई तो बीजेपी के समर्थकों ने इसे सकारात्मक बताते हुए बताया कि इतना करने के बाद भी मोदी मुस्लिम विरोधी हैं? भारत के विकास के लिए सबका कल्याण जरूरी है लेकिन हिंदू के लिए तो कोई एक योजना भी नहीं चलाई। जब बीजेपी समर्थक फंस गए तो जबाव दिया कि 20 करोड़ मुस्लिम को क्या हिंद महासागर में फेंक दें? लेकिन पूर्व की सरकार का विरोध भी इन्हें उनके तुष्टीकरण के आधार पर करना है। जो भी अल्पसंख्यक योजनाएं चलाई जा

रही हैं उन्हें बीजेपी सबका साथ, सबका विकास, सबका विश्वास और सबका प्रयास बताती है लेकिन यहाँ योजनाओं में तो सब कहां हैं? अगर ये कोई अच्छा काम कर रहे या देश के भले के लिए कर रहे तो इन्हें पेज क्यों हटवाना पड़ रहा है? संविधान निर्माताओं ने धर्म के नाम पर आरक्षण का प्रावधान नहीं किया इनके पीछे यही वजह रहा कि इससे धर्मांतरण बढ़ेगा लेकिन मोदी सरकार धर्म के आधार पर इतने सारी योजनाओं को शुरू कर आखिर करना क्या चाहती है?

पाठक आगे देखेंगे कि धार्मिक आधार हटाने की पूरी तैयारी चल रही है। अब सवाल उठता है कि ऐसा करने से क्या धर्मांतरण नहीं बढ़ेगा? इसका जबाव मुझे एक X प्लेटफॉर्म पर मिला। जब एक व्यक्ति ने नरेंद्र मोदी को टैग करके लिखा कि मै गरीब हूँ और सिविल सर्विस की तैयारी करना चाहता हूँ। क्या मुझे अपना धर्म बदलना पड़ेगा?

मोदी सरकार ने 2017-22 तक अल्पसंख्यकों के शैक्षिक सशक्तिकरण के लिए 11094 करोड़ रुपये खर्च किए।

नई मंजिल: 8 अगस्त 2015 को मोदी सरकार के अल्पसंख्यक मंत्रालय ने 'नई मंजिल योजना' की शुरुआत की। इस योजना के तहत अल्पसंख्यक समाज के 17-35 साल के युवाओं को जोड़ा जाता है जो स्कूल ड्रॉप आउट हैं। नई मंजिल योजना के तहत 9 महीने से 12 महीने का कोर्स शुरू किया जाता है। इस कोर्स की मदद से अल्पसंख्यक समुदायों के युवाओं को बोर्ड परीक्षा देने योग्य बनाया जाता है। युवाओं को रोजगार युक्त कौशल प्रदान कर राष्ट्रीय मुक्त विद्यालय या अन्य राज्य मुक्त विद्यालय के माध्यम से कक्षा 8 या 10 तक की औपचारिक शिक्षा उपलब्ध कराना और प्रमाण पत्र देना है। दसवीं के बाद चार पाठ्यक्रमों विनिर्माण, इंजीनियरिंग, सेवाएं और सरल कौशल में कौशल प्रशिक्षण उपलब्ध कराना है। इस योजना में 30% बालिका/महिला अभ्यर्थियों के लिए निर्धारित हैं। 5% अल्पसंख्यक समाज से आगे बाले विभागों के लिए आरक्षित है। अंतर समुदाय एकता के लिए गैर-अल्पसंख्यक बीपीएल परिवारों के लिए 15% अभ्यर्थियों के लिए प्रावधान है। केंद्र सरकार प्रति लाभार्थी पर 56,500 रुपये खर्च कर रही है। इस धनराशि में प्रशिक्षण खर्च, आपूर्ति खर्च, उम्मीदवार अनुदान खर्च एवं अन्य खर्च शामिल है। ये सभी खर्च केंद्र सरकार द्वारा संबंधित इकाई को 3 अलग-अलग किस्तों में दिया जाता है। इस योजना के लाभार्थी को छात्रवृत्ति के रूप में 6 माह के एकेडमिक प्रशिक्षण के दौरान हर माह 1000 रुपये एवं कौशल प्रशिक्षण के दौरान हर माह 1500 रुपये दिए जा रहे हैं। प्लेसमेंट के बाद पोस्ट प्लेसमेंट अनुदान के रूप में 2 माह की अवधि के लिए 2000 रुपये का अनुदान दिया जाता है। कम से कम 70% प्रशिक्षित युवाओं को नौकरी में प्लेसमेंट उपलब्ध कराना जिससे वे मूलभूत रोजगार प्राप्त कर सकें और उन्हें अन्य सुविधा जैसे भविष्य निधियां और कर्मचारी राज्य बीमा (ईएसआई) आदि मुहैया कराने का प्रावधान है।

कार्यक्रम के शुरुआत में अगले 5 वर्षों यानि 2020 तक 100000 अल्पसंख्यक उम्मीदवारों के प्रशिक्षण का लक्ष्य रखा गया। दिसंबर 2021 में जो आंकड़ा सामने आया वो चौंकाने वाला रहा है। जारी आँकड़े के अनुसार 6,57,802 उम्मीदवारों को प्रशिक्षित किया गया। नई मंजिल के लिए मोदी सरकार ने शुरुआती तौर पर 650 करोड़ का बजट आवंटित किया था।

सीखो कमाओ और योजना की शुरुआत मोदी सरकार के अल्पसंख्यक मंत्रालय ने 2014 में की। इस योजना का मुख्य लक्ष्य अल्पसंख्यक लोगों में बेरोजगारी में कमी लाना था। इस योजना के अंतर्गत अल्पसंख्यक समुदाय पारंपरिक कला, सिलाई, बुनाई, कढ़ाई, लकड़ी का काम, चमड़े का समान, कालीन, चिकनकारी आदि जैसी चीजों को शामिल किया गया। जिससे अल्पसंख्यक रोजगार एवं स्वरोजगार कर सकें।

सामाजिक सौहार्द के नाम पर 15% बीपीएल श्रेणी के गैर अल्पसंख्यक उम्मीदवारों का चयन किया जाता है। 33% महिलायों/लड़कियों के लिए सीट आरक्षित है।

सीखो और कमाओ योजना के तहत अल्पसंख्यक उम्मीदवार 14-45 साल का और न्यूनतम 5वीं पास होना चाहिए। इस योजना को दो हिस्सों में बांटा गया – आधुनिक ट्रेड और पारंपरिक ट्रेड/क्राफ्टस/कला।

ये सारी ट्रेनिंग उस कोर्स में दी जाती है जो नेशनल स्किल डेवलपमेंट कॉरपोरेशन (NSDS) से स्वीकृत हो। इस ट्रेनिंग के अंतर्गत आईटी ट्रेनिंग, बेसिक अंग्रेजी और अन्य स्किल की ट्रेनिंग दी जाती है। जो अल्पसंख्यक मंत्रालय द्वारा तय की गई है। हर उम्मीदवार को व्यावसायिक प्रशिक्षण का प्रावधान है। आधुनिक ट्रेड से जुड़े उम्मीदवारों के लिए 75% को रोजगार देने का प्रावधान है। 75% में कम से कम 50% का चयन संगठित क्षेत्र में होना चाहिए। जो असंगठित क्षेत्र में भी नौकरी हो, वो पूरी तरह अस्थाई न होकर स्थिरता हो। जिन संस्थानों से ट्रेनिंग दी जाती है वो NSDS से जुड़ा होना चाहिए। ट्रेनिंग ले रहे छात्र-छात्राओं को NSDS से डिप्लोमा की डिग्री दी जाती है। जो संस्थान ट्रेनिंग देती है उन्हें प्लेसमेंट सर्विस से जोड़ा जाता है।

सीखो और कमाओ योजना के अंतर्गत संस्थान को गैर आवासीय प्रोग्राम के तहत प्रति अभ्यर्थी 10000 रुपये हर महीने और आवासीय प्रोग्राम के लिए 13000 रुपये प्रति महीने प्रत्येक अभ्यर्थी के ऊपर खर्च किया जाता है। गैर आवासीय ट्रेनी के लिए प्रति महीने 2000 रुपये और आवासीय ट्रेनी के लिए प्रति महीने 1000 रुपये स्टाइपेंड दिया जाता है। रहने और खाने के लिए 2000 रुपये प्रति महीने दिया जाता है। रॉ मटेरियल खरीदने के लिए प्रति ट्रेनी 2000 रुपये दिया जाता है। फैकल्टी और सहायक स्टाफ के लिए हर महीने पारिश्रमिक खर्च देने का भी प्रावधान है। अन्य ट्रेनिंग, टेस्टिंग और प्रमाणीकरण खर्च भी दिया जाता है।

प्लेसमेंट के बाद दो महीने तक प्रति महीने 2000 रुपये दिया जाता है। पोस्ट प्लेसमेंट सहायता के रूप में शुरुआत के महीने में ठहरने और उनकी जरूरत को पूरा करने में भी सहायता किया जाता है। नौकरी लगने के बाद 1 साल तक प्रोजेक्ट इम्प्लीमेंट एजेंसी के द्वारा ट्रैकिंग किया जाता है। अगर बीच में नौकरी छूट जाए या फिर नई कंपनी में जाना चाहे तो उसकी मदद की जाती है।

इसके अलावा अल्पसंख्यक मंत्रालय विचार कर रही है कि इंडस्ट्री या इंडस्ट्री एसोसिएशन से एमओयू कर 100% अल्पसंख्यक अभ्यर्थियों का प्लेसमेंट सुनिश्चित करा सके। इस योजना के तहत 2014-2021 तक 468686 लाभार्थी रहे।

अब सवाल है कि मां बाप भी डिग्री पूरी हो जाने या पढ़ाई लिखाई छोड़ देने के बाद आम तौर पर पैसा देना बंद कर देते हैं। अगर कोई पढ़ाई-लिखाई बीच में छोड़ दे तो आगे कोई भी परिवार अपने बच्चों के ऊपर भी आम तौर पर कोई दाव नहीं लगाता। लेकिन मोदी सरकार कोर्स, रहने, खाने के खर्च के अलावा नौकरी दिलाने तक ही नहीं नौकरी के बाद भी आर्थिक मदद के अलावा आगे भी ख्याल रखने के लिए प्रतिबद्ध है। मोदी सरकार हर मोर्चे पर विफल रही है लेकिन अल्पसंख्यक मामलों के लक्ष्य में न सिर्फ लक्ष्य हासिल किया बल्कि उससे बढ़कर काम किया है।

उस्ताद योजना: 14 मई 2015 को मोदी सरकार ने अल्पसंख्यक समुदाय के लोगों में पारंपरिक कला और हस्तकला को बढ़ावा देने के लिए कौशल विकास और प्रशिक्षण के लिए उस्ताद योजना की शुरुआत की थी। सरकार ने विकसोन्मुख क्षेत्रों से जुड़े अल्पसंख्यक समुदाय के कामगारों को बड़े बाजार नेटवर्क का हिस्सा बनाया। इस योजना का उदेश्य यह भी है कि विभन्न पारंपरिक कलाओं में संलग्न अल्पसंख्यक युवाओं को दक्ष-प्रवीण दस्तकारों और हस्तशिल्पियों द्वारा अतिरिक्त प्रशिक्षण दिलाया जाए। पारंपरिक कौशल हासिल करने वालों की कुशलता को सही लोगों तक पहुंचाने और कला का उचित मूल्य उपलब्द कराने के लिए उस्ताद योजना से बड़े संस्थानों को जोड़ा गया।

कलाकारों के डिजाइन, उत्पाद श्रेणी विकास, पैकेजिंग, प्रदर्शनी जैसी गतिविधियों के लिए उस्ताद में राष्ट्रीय फैशन प्रौद्योगिकी संस्थान (NIFT), राष्ट्रीय डिजाइन संस्थान (NID) और भारतीय पैकेजिंग संस्थान (IIP) की सहायता ली जा रही है।

उस्ताद योजना के तहत पारंपरिक कौशल वाले उत्पादों की बिक्री बढ़ाने के लिए ई-बाजार पोर्टल विकसित किया गया है। ब्रांड के रूप में कलाकारों को स्थापित करने में इन संस्थानों का महत्वपूर्ण सहयोग मिला है।

कलाकारों के उत्पाद के लिए राष्ट्रीय/अंतर्राष्ट्रीय बाजार के साथ सम्पर्क बनाने के लिए ई-वाणिज्य पोर्टल के साथ समन्वय स्थापित किया गया है।

उस्ताद योजना के अंतर्गत राष्ट्रीय एवं अंतर्राष्ट्रीय बाजार के साथ पारंपरिक कला/शिल्प के संबंध स्थापित किया जा रहा है और बड़ी कंपनियों से प्रतिस्पर्धा करने के लिए कुशल और अकुशल दस्तकारों एवं शिल्पकारों को प्रशिक्षित किया जा रहा है। योजना के माध्यम से अल्पसंख्यक समुदाय से संबंधित युवाओं को रोजगार के अवसर उपलब्ध कराकर बेहतर भविष्य प्रदान करने पर जोर है।

- उस्ताद योजना के तहत कुशलता सीखने वाले लोगों को हर महीने 3,000 रुपये का स्टाइपेंड भी मिलता है। इसके लिए मास्टर ट्रेनर की फीस 50,000 रुपये महीने है। साल 2020 में मोदी सरकार उस्ताद योजना की समीक्षा करेगी।
- कुशलता सीखने से संबंधित इस कोर्स को पूरा करने में 3-8 महीने का समय लगता है।
- उस्ताद योजना में उम्र सीमा 14 से 45 वर्ष है। इस योजना में 33 फीसदी सीट महिलाओं के लिए रिजर्व हैं।

उस्ताद योजना में विभिन्न राज्यों की कुल 33 पारंपरिक शिल्पकारी और दस्तकारी सिखाना तय किया गया है। इनमें चिकनकारी (यूपी), ग्लास वेयर (यूपी), पेपरमशी (जम्मू-कश्मीर), फुलकारी (पंजाब), लहरिया (राजस्थान), अजरक (गुजरात) प्रमुख हैं।

उस्ताद योजना को लागू करने के लिए पूरे देश में 38 पीआईए (प्रोजेक्ट इंप्लीमेंटिंग एजेंसी) चुनी गई थीं। इन एजेंसियों के जरिए ही मास्टर ट्रेनर को नियुक्त कर प्रशिक्षण दिया जाता है। उस्ताद योजना के ट्रेनिंग सेंटर भी इन एजेंसियों के तहत खोले गए हैं।

गरीब नवाज योजना की शुरुआत मोदी सरकार ने 2017 में शुरू की। ख्वाजा मोईनुद्दीन चिश्ती जिन्हें गरीब नवाज़ भी कहा जाता है। ख्वाजा मोईनुद्दीन चिश्ती का भारत पर मुग़ल आक्रमण और इस्लाम के विस्तार में किस तरह की भूमिका रही, ये किसी से छिपी नहीं है। उनके नाम पर इस योजना की शुरुआत हुई ताकि अल्पसंख्यक युवाओं को रोजगार के योग्य और कौशल में निपुण बनाया जा सके।

अल्पसंख्यक कार्य मंत्रालय द्वारा चलाई जा रही इस स्कीम को देश के 100 जिलों के 371 गरीब नवाज कौशल केंद्रों के माध्यम से लागू किया गया है। मंत्रालय प्रत्येक केंद्र को 1 लाख से 50 लाख रुपये की वित्तीय सहायता देता है। आवंटित राशि को कोर्स के समय के अनुसार बढ़ाई जाती है। ये पाठ्यक्रम युवाओं को विभिन्न रोजगार केंद्रित कौशल सीखने में सक्षम बनाते हैं ताकि प्रशिक्षण के बाद उन्हें रोजगार उपलब्ध कराया जा सके।

पाठ्यक्रम पूरा करने वाले उम्मीदवारों को जीएसटी अकाउंटिंग, प्रोग्रामिंग और अन्य रोजगार से संबंधित क्षेत्रों जैसे व्यावसायिक कौशल के प्रमाण पत्र से सम्मानित किया जाता है। मंत्रालय के तरफ से कहा गया कि बायोडीग्रेडेबल कचरे से खाद तैयार करने और सफाई में नवीनतम तकनीक और मशीनों के इस्तेमाल का प्रशिक्षण भी पाठ्यक्रम में शामिल किया जाएगा।

इन पाठ्यक्रमों में स्वास्थ्य सेवाओं, मोबाइल और लैपटॉप की मरम्मत, कंप्यूटर हार्डवेयर और नेटवर्किंग, खुदरा प्रबंधन कार्यक्रम, मोटर ड्राइविंग ट्रेनिंग, सुरक्षा गार्ड ट्रेनिंग, हाउसकीपिंग आदि में पाठ्यक्रम आदि पर सर्टिफिकेट कोर्स भी शामिल है।

मंत्रालय के आंकड़ों के अनुसार 90% से ज्यादा लाभार्थी मुस्लिम हैं। मंत्रालय ने सुनिश्चित किया है कि युवाओं को प्रत्यक्ष या अप्रत्यक्ष रूप से रोजगार दिया जाए। इस उद्देश्य के लिए मंत्रालय ने पैनल में शामिल प्रोग्राम इम्प्लीमेंटेशन एजेंसियों (पीआईए) को कुल प्रशिक्षित प्रशिक्षुओं में से 70 प्रतिशत को भर्ती करने का आदेश दिया है। आंकड़ों के अनुसार 1,06,600 लाभार्थियों को नौकरी में नियुक्ति के लिए 108 पीआईए में भेजा गया। इस योजना के तहत उम्मीदवारों को 3 महीने तक मासिक वजीफा और रोजगार मिलने के बाद 2 महीने तक मासिक भुगतान किया जाता है।

हुनर हाट यह अल्पसंख्यक समुदायों के कारीगरों द्वारा बनाए गए हस्तशिल्प और पारंपरिक उत्पादों की एक प्रदर्शनी है। जिसे पहली बार वर्ष 2016 में मोदी सरकार द्वारा लॉन्च किया गया था। इसकी अवधारणा वर्तमान वैश्विक प्रतिस्पर्धा में देश की कला और शिल्प की पैतृक विरासत की रक्षा और बढ़ावा देने तथा पारंपरिक कारीगरों और शिल्पकारों का समर्थन करने के लिये की गई है।

19 फ़रवरी 2020 को प्रधानमंत्री नरेंद्र मोदी खुद को दिल्ली हुनर हाट जाने से रोक नहीं पाए। सबको चौंकाते हुए पहुंच गए और लिट्टी चोखा खाया और कुल्हड़ चाय पी।

सूरत हुनर हाट में दिसंबर 2021 को तत्कालीन अल्पसंख्यक विकास मंत्री मुख्तार अब्बास नकवी ने बताया कि विगत छह वर्षों में हुनर हाट के जरिए 7 लाख शिल्पकारों और कारीगरों को रोजगार मिला है। अगले 2 वर्षों में इसके जरिए 17 लाख लोगों को रोजगार देने का प्लान है।

राष्ट्रीय अल्पसंख्यक विकास और वित्त निगम: अल्पसंख्यक रोजगार के लिए नौकरी की गारंटी के साथ स्वरोजगार के लिए लोन की व्यवस्था भी की गई है। आरटीआई के जरिए खुलासा हुआ कि मोदी सरकार ने जून 2014 से नवंबर 2023 तक राष्ट्रीय अल्पसंख्यक विकास और वित्त निगम (NMDFC) द्वारा 12,76,138 अल्पसंख्यकों को 5718.67 करोड़ रुपये का लोन दिया।

विरासत योजना के तहत हस्तकरघा और हस्तशिल्प दस्तकारों को स्वरोजगार मुहैया कराने के लिए टर्म लोन की तुलना में 1% काम ब्याज दर पर ऋण दिया जाता है। क्रेडिट लाइन 1 के तहत ग्रामीण क्षेत्रों में 98000 रुपये और शहरी क्षेत्र में 1.20 लाख वार्षिक आय वाले परिवार आते हैं। अल्पसंख्यक पुरुष को 5 प्रतिशत और महिला को 4 प्रतिशत वार्षिक ब्याज दर पर 10 लाख रुपये तक का लोन दिया जाता है। क्रेडिट लाइन 2 के तहत ग्रामीण और शहरी क्षेत्रों के दस्तकार जिनकी वार्षिक पारिवारिक आय 8 लाख रुपये तक की है। अल्पसंख्यक पुरुष हस्तकार के लिए 6 प्रतिशत वार्षिक ब्याज दर और महिलायों के लिए 5 प्रतिशत ब्याज दर पर 10 लाख रुपये तक ऋण दिया जाता है। क्रेडिट लाइन 1 और क्रेडिट लाइन 2 दोनों के लिए 5 वर्ष के लिए मोरेटोरियम अवधि होता है।

जो बैंक पहले अल्पसंख्यक को लोन देने से कतराते थे उन्होंने अब अपने दरवाजे खोल दिए हैं। 21 दिसंबर 2023 को उत्तर प्रदेश से रिपोर्ट आई कि 21 अल्पसंख्यक बहुल में 24.47 लाख अल्पसंख्यकों ने 40000 करोड़ का लोन मात्र एक साल में लिया है।

बैंक के अनुसार M प्रोफाइल को लोन देने के पीछे कतराने का वजह था कि रिकवरी आसान नहीं होता। मुस्लिम बहुल इलाके में पुलिस भी जाने से कतराती है। बैंक के कई अन्य सेवाओं के लिए भी मुस्लिम बहुल क्षेत्र नेगेटिव क्षेत्र में आते हैं लेकिन अब सरकार के तरफ से आदेश है कि अल्पसंख्यक यानि मुस्लिम को प्राथमिकता देना है।

केंद्रीय अल्पसंख्यक कार्य मंत्री मुख्तार अब्बास नकवी ने कहा कि "तुष्टिकरण की बीमारी" ने पिछले कई दशक से "अल्पसंख्यकों के सशक्तिकरण का अपहरण" किया हुआ था। नकवी ने आज यहां राजस्थान स्टेट हज कमेटी द्वारा हज 2017 के पूरा होने पर आयोजित सम्मान समारोह को सम्बोधित करते हुए कहा कि पिछले कई वर्ष से ''सेकुलरिज्म के सियासी सूरमाओं'' ने बेदर्दी, बेशर्मी के साथ अल्पसंख्यकों और खासकर मुस्लिम समाज को अपनी ''सियासत का सामान'' बना लिया था। ''राजनीतिक शोषण'' के चलते मुस्लिम समाज आर्थिक, सामाजिक, शैक्षिक रूप से अन्य तबकों के मुकाबले बहुत पीछे रह गया। उन्होंने कहा कि केन्द्र सरकार "तुष्टिकरण के बिना सशक्तिकरण" के रास्ते पर चल रही है।

नकवी ने कहा कि अल्पसंख्यक कार्य मंत्रालय की योजनाएं- ''सीखो और कमाओ'', ''नई मंजिल'', ''गरीब नवाज कौशल विकास योजना'', ''नई रौशनी''- अल्पसंख्यकों के कौशल विकास की दिशा में महत्वपूर्ण कदम साबित हुई हैं। तीन वर्ष में इन योजनाओं से 50 लाख से अधिक लोगों को रोजगार एवं स्व-रोजगार के अवसर मुहैया कराने में सफलता मिली है। उन्होंने कहा कि देश भर में 100 ''गरीब नवाज कौशल विकास केंद्रों'' की स्थापना की जा रही है जहाँ अल्पसंख्यक समुदाय के युवाओं को रोजगारपरक कौशल विकास से सम्बंधित विभिन्न कोर्स करवाएं जा रहे हैं।

भारत सरकार के केंद्रीय अल्पसंख्यक कार्य मंत्री मुख्तार अब्बास नकवी ने मुस्लिमों की शिक्षा को लेकर बयान दिया है। उन्होंने कहा कि केंद्र सरकार की 'बैक टू ब्रिलियंस' पॉलिसी के कारण बड़ी संख्या में अल्पसंख्यक समुदाय के युवाओं के चयन सिविल सर्विस में हो रहा है और दूसरी प्रतियोगी परीक्षाओं में भी वे बेहतर प्रदर्शन कर रहे हैं। उन्होंने कहा कि 2014 से पहले तक केंद्र सरकार की नौकरियों में अल्पसंख्यक समुदाय की भागीदारी केवल 5 प्रतिशत थी, लेकिन आज यह 10 फीसदी हो गई है। 2014 से पहले अल्पसंख्यक स्किल ट्रैन्ड 20000 हजार थे लेकिन 2014 के बाद बीते आठ सालों में 2 मिलियन हो गए। 2014 से पहले केवल 3 करोड़ अल्पसंख्यकों को छात्रवृत्ति दी गई थी, लेकिन बीते 8 साल में 5.2 करोड़ लोगों को स्कॉलरशिप मिली है। पहले करीब 70 फीसदी मुस्लिम लड़कियाँ स्कूल छोड़ देती थीं, लेकिन अब ये आँकड़ा घटकर 30 प्रतिशत से भी कम हो गई है। केंद्र की नीति ने जमीनी परिणाम दिए हैं।

केंद्रीय मंत्री ने 2 अप्रैल, 2022 को मुंबई के न्यू पनवेल स्थित कालसेकर परिसर आवासीय यूपीएससी कोचिंग सेंटर 'अंजुमन ए इस्लाम' के उद्घाटन के दौरान कही।

केंद्रीय मंत्री ने कहा कि अल्पसंख्यक कार्य मंत्रालय ने बरेली में एक यूनानी मेडिसिन कॉलेज खोलने के लिए 200 करोड़ रुपए दिए हैं। इसके अलावा अलीगढ़ मुस्लिम विश्वविद्यालय के तीन परिसरों को

बनाने के लिए भी 300 करोड़ की राशि जारी की गई है। मदरसों को भी प्रशिक्षित किया जा रहा है। 18000 करोड़ रुपए से अधिक की परियोजनाओं का निर्माण पिछड़े क्षेत्रों में किया गया है।

यही बात वित्त मंत्री निर्मला सीतारमन ने भारत में मुस्लिम उत्पीड़न को लेकर जबाव देते हुए पीटरसन इंस्टिट्यूट फॉर इंटरनेशनल एकोनॉमी के कार्यक्रम में कही। पाकिस्तान को आईना दिखाते हुए वहाँ के अल्पसंख्यक की बात करते हुए शिया और अहमदीया का तो नाम लिया लेकिन हिंदू का नाम नहीं लिया। कई मौके पर पाकिस्तान को यूएन में घेरते हुए भारत सरकार ने अल्पसंख्यक का नाम लेते हुए अन्य समुदाय का नाम तो लिया लेकिन कभी हिंदू का नाम नहीं लिया। नरेंद्र मोदी को कभी हिंदू की पीड़ा पर बोलना न पसंद है और न कोई और ले ये पसंद है। अगर चुनाव के दौरान कभी हिंदू का नाम लेना पड़े तो चलता है। मोदी को सिर्फ हिंदुओं का वोट और टैक्स पसंद है।

नई रोशनी योजना: वर्ष 2012-13 में अल्पसंख्यक महिलायों मे नेतृत्व विकास के लिए तत्कालीन यूपीए सरकार ने इस योजना की शुरुआत की थी। कांग्रेस नेतृत्व वाली यूपीए सरकार में 97,164 लाभार्थी रहे। मोदी सरकार में 2,95,000 लाभार्थी हो गए।

हज सब्सिडी: 12 मई 2012 को सुप्रीम कोर्ट ने हज सब्सिडी को 10 साल में यानि 2022 तक धीरे धीरे करके खत्म करना था।

नरेंद्र मोदी ने 2 मार्च 2014 को लखनऊ में रैली के दौरान समाजवादी पार्टी, कांग्रेस और बहुजन समाज पार्टी के ऊपर हमला बोलते हुए कहा, "ये सेक्युलरिज्म का ढिंढोरा पीटने वाले लोग उत्तर प्रदेश में इनका राज रहा। मैं एक उदाहरण देना चाहता हूँ नेता जी (मुलायम सिंह यादव) मुसलमान के लिए हज यात्रा उसकी आस्था का विषय होता है। हर मुसलमान की चाह रहती है कि उसे हज यात्रा का अवसर मिले। भाइयों और बहनों गुजरात में हर वर्ष भारत सरकार ने 4800 लोगों का कोटा दिया है। सिर्फ 4800 मेरे मुसलमान भाई बहन हज यात्रा के लिए जा पाते हैं लेकिन जब अर्जी मँगवाते हैं तो गुजरात से 38000 अर्जी आती है। श्रीमान नेता जी ये सेक्युलरिज्म की रेवड़ियां बांटने वाले सपा, बसपा, काँग्रेस के वोट बैंक के राजनीति करने वाले लोग आपके राज में क्या हाल है? आपका कोटा है 32000 का और उत्तर प्रदेश की मुश्किल से 35000 अर्जी आती है। अगर यहाँ के मुसलमान के आर्थिक स्थिति अच्छी होती तो वो भी हज के लिए अर्जी करता लेकिन आपने उसे बर्बाद करके रखा है। गरीब बना के रखा है। उसको इंसान नहीं एक वोट का टुकड़ा समझ के रखा है।"

नरेंद्र मोदी जब ये भाषण दे रहे थे तब वो काफी गुस्से में दिखे। जब भी मुस्लिम के पिछड़ेपन, गरीबी से जुड़े मुद्दे पर बात किया तब बहुत ज्यादा पीड़ा में दिखे।

अल्पसंख्यक मंत्रालय के आँकड़े के अनुसार 2012 में 836.55 करोड़ रुपये की हज सब्सिडी दी गई। धीरे धीरे कम होते होते 2017 में केंद्र सरकार ने हज यात्रा पर जाने वाले मुसलमानों पर 250 करोड़ रुपये खर्च किये थे। जनवरी 2018 में मोदी सरकार ने सुप्रीम कोर्ट के फैसले पर अमल करते हुए हज सब्सिडी पूरी तरह समाप्त कर दी। बीजेपी के राष्ट्रीय प्रवक्ता शाहनवाज हुसैन ने जनकारी दी कि अब हज सब्सिडी का बजट का पैसा अल्पसंख्यक समुदाय की महिलाओं और लड़कियों के ऊपर

खर्च किया जाएगा। तत्कालीन अल्पसंख्यक मामलों के मंत्री मुख्तार अब्बास नकवी ने बताया कि हज सब्सिडी हटाने के फैसले से सरकार के 700 करोड़ रुपये बचेंगे और ये पैसा अल्पसंख्यकों का तुष्टीकरण किए बगैर उनके सशक्तिकरण खास तौर पर लड़कियों की तालीम पर खर्च किया जाएगा। आम मुसलमानों का भी मानना था कि हज लंबी चलने वाली प्रक्रिया है और ये सब्सिडी सिर्फ हवाई यात्रा पर दी जाती है। ऐसा करके उनको मूर्ख बनाया जा रहा है। उनके अनुसार इसके नाम पर दरअसल भारत की राष्ट्रीय एयरलाइंस एयरइंडिया को कारोबार दिया जाता है।

नरेंद्र मोदी ने हज कोटा के ऊपर एक रैली के दौरान सीना ठोंकते हुए कहा, "सऊदी अरब के प्रिंस भारत आए थे, तो उनके सम्मान में भोजन था। भोजन पर हम बातें कर रहे थे, बातों बातों में मैंने उन्हें कहा कि देखिए हिंदुस्तान में तेज गति से आर्थिक विकास हो रहा है। हमारा मध्यम वर्ग का दायरा बढ़ता चला जा रहा है। लोग गरीबी से बाहर आ रहे हैं, तो उनके मन में भी नई नई इच्छाएं जगती है। उन्होंने मुझसे पूछा क्या? मैंने कहा हमारे मुसलमान भाई अब बड़ी मात्रा में हज के लिए जाना चाहते हैं लेकिन आपका कोटा कम पड़ रहा है। उन्होंने कहा कि बताइए मोदी जी मैं क्या करूं? मैंने कहा भारत का कोटा बढ़ा दीजिए। लोगों को संबोधित करते हुए मोदी ने कहा कि आपको खुशी होगी, 2 लाख कर दिया। दुनिया में किसी भी देश का कोटा नहीं बढ़ा। हमारे देश के मुसलमान हज यात्रा कर सकें इसलिए कोटा बढ़ गया। ये भारत की आवाज सुनी जा रही है। इतना ही नहीं मैंने दूसरी बात कही। मैंने क्राउन प्रिंस से कहा कि भारत के नौजवान सऊदी अरब में रोजी रोटी कमाने आते हैं। मजदूरी करते हैं, काम करते हैं, ज्यादातर हमारे गरीब परिवारों से होते हैं। भले भोले लोग होते हैं, मेहनत करते हैं। ज्यादातर मेरे मुसलमान परिवारों के होते हैं। अब उनसे कोई छोटी मोटी गलतियां हो जाती है। उनको वहां के कानून का नहीं पता होता है और बेचारे जेल चले जाते हैं। सालों तक जेल में रहते हैं। मैंने उनसे कहा कि मुझे आपसे मदद चाहिए। उन्होंने कहा क्या? मैंने कहा जल्दी से उनका केस चले ...."

केंद्रीय अल्पसंख्यक मंत्री स्मृति ईरानी ने 6 फ़रवरी 2023 को नई हज नीति में बताया कि आवेदन शुल्क को मुफ़्त कर दिया गया जो पहले 400 रुपये लिए जाते थे। हज पैकेज की लागत लगभग 50000 हजार रुपये कम कर दिया गया। उल्लेखनीय है कि पहले हाजियों से बैग, सूटकेस और चादर इत्यादि चीजों के लिए पैसा लिया जाता था। सरकार अब इन चीजों को शुल्क नहीं लेगी। नए नियम के मुताबिक, इस बार 45 वर्ष से अधिक उम्र की महिला भी अकेले हज जाने के लिए आवेदन कर सकेंगी। साथ ही 80 प्रतिशत हाजी इस बार हज कमेटी की तरफ से हज करने जाएँगे और 20 फीसदी प्राइवेट ऑपरेटर के जरिए यात्रा करेंगे। यह पहली बार होगा जब सरकार ने हज यात्रा के लिए वीआईपी कोटा समाप्त कर दिया है। अब किसी को भी हज यात्रा के लिए वीआईपी ट्रीटमेंट नहीं दिया जाएगा। सभी सामान्य यात्रियों की तरह ही यात्रा करेंगे।

10 अप्रैल 2023 को दिल्ली विधानसभा में बीजेपी के नेता प्रतिपक्ष रामवीर सिंह बिधूड़ी हज कमेटी के लोगों साथ दिल्ली के मुख्यमंत्री अरविंद केजरीवाल के आवास के बाहर प्रदर्शन करने पहुंचे।

दिल्ली पुलिस ने बैरिकेड लगाकर प्रदर्शकरियों को रोक लिया। बिधूड़ी ने कहा, "केजरीवाल ने हज हाउस पर ताला लगवा दिया है। जिससे हाजियों को काफी परेशानी हो रही है। रमजान का महीना चल रहा है और इस महीने में मुस्लिम लोग दिल्ली सरकार के खिलाफ प्रदर्शन करने को मजबूर हैं। दिल्ली सरकार मनमाने तरीके से हाजियों पर किराये के रूप में जुर्माना लगा रही है। अरविंद केजरीवाल तुम्हें खुदा माफ़ नहीं करेगा। आपने हाजियों के दिल को दुखाया है। आप हज हाउस में ताला नहीं लगा पाओगे। हम नहीं लगाने देंगे, लेकिन तेरे सरकारी घर पर हम ताला जरूर लगा देंगे। इसलिए हमारे अल्पसंख्यक समुदाय के जो नेता उनके साथ बैठकर बातचीत के जरिए ये जो समस्या है उसका हल करें। यही हम मांग करने आए हैं। आप नोटिस भेज रहे हैं, हज हाउस में ताला लगा रहें हैं। मैंने कहा कि ये रमजान का पवित्र महीना है। दिल्ली बीजेपी मुसलमानों के साथ खड़ी है।"

बीजेपी ने उससे पहले दिल्ली में इस मामले को लेकर अरविंद केजरीवाल के खिलाफ पोस्टर लगवा मुस्लिम विरोधी बताया।

दरअसल मामला था हज हाउस के किराया न देने का जिसके वजह से दिल्ली सरकार ने ताला लगवा दिया। 2016 से किराया बाकि था जिसको लेकर बीजेपी का आरोप था कि अब तक 32 लाख किराया बनता है लेकिन दिल्ली सरकार ने 1.32 करोड़ रुपये का मनमाना किराया बनाकर हज हाउस पर ताला लगा दिया।

बीजेपी आखिरकार किस तरह का उदाहरण पेश करना चाहती है। अब कोई किराया न चुकाये, जब कोई किराये की मांग करे तो उसके ऊपर दबाव बनाने के लिए प्रदर्शन करो।

13 मई 2023 को केंद्रीय अल्पसंख्यक मंत्री स्मृति ईरानी ने नई तैनाती के बारे में जो जानकारी दी, उनमें तैनात 129 महिलायें हैं। हज यात्रियों की सुरक्षा, आपदा प्रबंधन और भीड़ प्रबंधन के लिए आईपीएस ऑफिसर और पैरामिलिट्री के जवान भेजने की जानकारी दी।

21 मई 2023 को 381 हज यात्रियों का जत्था रवाना हुआ। जिनको रवाना करने के लिए केंद्रीय विदेश राज्य मंत्री मीनाक्षी लेखी, दिल्ली के उपराज्यपाल विजय कुमार सक्सेना, दिल्ली हज बोर्ड के अध्यक्ष जीनत कौशर व अन्य लोग इंदिरा गांधी अंतरराष्ट्रीय एयरपोर्ट पर मौजूद रहे और हाजियों को गुलदस्ता दिया और माला पहना रवाना किया। मुख्य अतिथि रही केंद्रीय अल्पसंख्यक मंत्री स्मृति ईरानी ने हाजियों को बधाई दी।

अजीजिया से मक्का जाने के लिए हाजियों के लिए भारत सरकार ने एसी बस सेवा की शुरुआत कर दी। आवेदन प्रक्रिया को सरल बनाने के लिए डिजिटल बनाने के साथ हाजियों के लिए रहने की व्यवस्था की गई।

जिस हज सब्सिडी को खत्म करने का हिंदुत्ववादी कदम बता डंका पीटा गया था। उसके बजट की राशि अल्पसंख्यक समाज के ऊपर खर्च किया जा रहा है। अभी जो छूट दी जा रही है। अगर उसका मोटा मोटा हिसाब निकाले तो अभी 1.75 लाख हाजी यात्रा कर रहे हैं।

175000x50000=8.75 अरब रुपये + फॉर्म शुल्क का 7 करोड़ + बाकि जो अन्य सुविधायें सरकार की तरफ से दी जा रही है।

हज यात्रा पर लगने वाले जीएसटी को 18 फीसदी से घटाकर 5 फीसदी कर दिया गया लेकिन कोई हिंदू अगर वैष्णो देवी या बाकि अन्य यात्रा पर जाता है तो उसे 18 फीसदी जीएसटी देना पड़ता है।

अब पाठक तय कर सकते हैं कि टैक्स पेयर का पैसा कितना हाजियों पर लुटाया जा रहा है और मोदी सरकार की प्राथमिकता क्या है?

ये हिंदुत्व के नाम पर सत्ता हासिल करने वाले पूरी तरह मुस्लिम समाज के कदमों में लेट गए।

हज हाउस योजना अल्पसंख्यक कार्य मंत्री मुख्तार अब्बास नकवी ने 19 मार्च 2020 को लोकसभा में बताया कि देश में 15 राज्य एवं संघ राज्य क्षेत्रों में हज हाउस हैं तथा केंद्र सरकार की देश में और हज हाउस बनाने की कोई योजना नहीं है लेकिन राज्य इसका निर्माण कर सकते हैं।

दिल्ली के मुख्यमंत्री अरविंद केजरीवाल ने द्वारिका दिल्ली में हज हाउस बनाने की घोषणा की। केजरीवाल के फैसले के विरुद्ध में आरएसएस का अनुवांशिक संगठन विश्व हिंदू परिषद विरोध में उतर गई। विहिप के संयुक्त महासचिव सुरेंद्र जैन ने मुख्यमंत्री पर 'मुस्लिम तुष्टिकरण' अपनाने का आरोप लगाया है। उन्होंने यहां तक कहा कि केजरीवाल अल्पसंख्यक समुदाय का वोट पाने के लिए 'किसी भी सीमा' तक जा सकते हैं। जैन ने कहा, 'विहिप किसी भी कीमत पर उस स्थान पर हज हाउस का निर्माण नहीं होने देगी। लोग हज हाउस की एक एक ईंट ले जाएंगे.... हम अरविंद केजरीवाल को इस फैसले पर पुनर्विचार करने का कुछ समय देते हैं।

बाद में उन्होंने एक बयान में कहा, 'दिल्ली सरकार को हज हाउस का विचार त्याग देना चाहिए, घुसपैठियों एवं जिहादियों की सेवा नहीं करनी चाहिए तथा हिंदू समाज की देखभाल भी करनी चाहिए। अन्यथा, राष्ट्रीय राजधानी का समाज सड़कों पर उतरने के लिए बाध्य होगा।' पिछले सप्ताह पुलिस ने प्रस्तावित हज हाउस के निर्माण के विरुद्ध प्रदर्शन कर रहे कई लोगों के खिलाफ दिल्ली आपदा प्रबंधन प्राधिकरण के दिशानिर्देशों का उल्लंघन करने को लेकर प्राथमिकी दर्ज की थी।

बीजेपी या बीजेपी से जुड़े लोग हज कमेटी से किराया वसूले जाने पर केजरीवाल को मुस्लिम विरोधी बताते हैं और हज हाउस बनाए जाने पर हिंदू विरोधी बताते हैं। जो कि केंद्र का निर्देश है। अब रही बात दिल्ली पुलिस की कारवाई की तो वो केंद्र सरकार के गृह मंत्रालय के अधीन है। लेकिन विहिप के लोग भी बीजेपी के लिए काम करते हैं वो केंद्र सरकार का नाम कैसे ले सकते है? लेकिन इनका काम है हिंदुओं की भावना को भुना दूसरे को हिंदू विरोधी बता बीजेपी को हिंदू हितैषी बताना।

बीजेपी की रणनीति रही है कि वो मुस्लिम परस्ती के मामले में बेशक मुस्लिम लीग से भी आगे है लेकिन उसका प्रचार प्रसार नहीं चाहते। मीडिया और आईटी सेल भी उसका प्रचार नहीं करता क्योंकि बीजेपी

यानि मोदी नहीं चाहते। अगर कहीं सवाल उठ गया तो इतना करने के बाद भी मोदी मुस्लिम विरोधी हैं? ये अल्पसंख्यक के लिए ही सिर्फ काम करके उसे सबका साथ सबका विकास सबका विश्वास सबका प्रयास बताने वाले लोग हैं। कई बार उनके लिए काम गिनाना भी पड़ जाए तो उसे गिना मोदी सरकार को बिना भेदभाव के काम करने वाला बताते हैं। जो कि पूरी तरह से हिंदू समाज के साथ भेदभाव है।

पश्चिम बंगाल से भी बीजेपी के दोहरा मापदंड का मामला सामने आया। दरअसल ममता बनर्जी ने दुर्गा पूजा के लिए 250 करोड़ रुपए आवंटित किया। बीजेपी नेता नाज़िया इलाही खान ने ममता बनर्जी के खिलाफ मोर्चा खोलते हुए कहा कि नबी दिवस और बकरीद के लिए पैसा नहीं देती लेकिन दुर्गा पूजा के लिए देती है। ममता बनर्जी सांप्रदायिक हैं और बीजेपी सेकुलर है।

वैसे बीजेपी ममता बनर्जी को हिंदू विरोधी बताती है। अब सवाल है कि लोग क्या मानें? बीजेपी हर तरफ से खेलना चाहती है। असल में इन्हें बहुसंख्यक हिंदू समाज को बरगला कर राजनीति करना है।

नरेंद्र मोदी जब 2019 में दूसरी बार प्रधानमंत्री बने तो उन्होंने कहा कि मुस्लिम समाज को अबतक ठगा गया है। हमें उनका भरोसा जितना है। पहले जो नारा था सबका साथ सबका विकास उसमें सबका प्रयास जुड़ गया।

बीजेपी की तरफ से जो सबके लिए योजनाएं चल रही हैं उसका जो आंकड़ा सामने आया। जारी आंकड़ों के अनुसार उज्ज्वला योजना के तहत 37%, किसान सम्मान निधि योजना के तहत 33%, मुद्रा योजना के तहत 36%, आवास योजना के तहत 33% अल्पसंख्यक लाभान्वित हुए। मुख्तार अब्बास नकवी ने इंडिया टुडे कार्यक्रम में ये डाटा रखते हुए बताया कि अल्पसंख्यक खासतौर मुस्लिम को इतना लाभ मिला। कर्नाटक बीजेपी के आधिकारिक ट्विटर हैन्डल से भी ये डाटा रखते हुए बताया गया कि मुस्लिम 14.2 फीसदी हैं लेकिन इन योजनाओं में इतनी उनकी भागीदारी है। कांग्रेस को कोसते हुए लिखा कि उन्होंने मुस्लिम समाज को गरीबी में रखा।

सबसे बड़ी बात है कि बीजेपी के तमाम बड़े नेता एक तरफ तो बोलते हैं कि कांग्रेस ने मुसलमानों के लिए कुछ किया ही नहीं दूसरी तरफ बोलते हैं कि तुष्टीकरण किया। ये दोनों बातें ये लोग स्वयं बोलते हैं। ये भी बताते हैं कि कांग्रेस से ज्यादा इन्होंने मुस्लिम समाज के लिए कार्य किया तो सवाल उठते है कि उनका काम करना हिंदुओं और देश के खिलाफ था तो इनका ज्यादा करना हिंदुओं और देश के भले के लिए कैसे हो सकता है?

बीजेपी के अल्पसंख्यक मोर्चा के अनुसार, "राष्ट्रीय अल्पसंख्यक विकास एवं वित्त निगम (एनएमडीएफसी) योजना के तहत वर्ष 2022-2023 में 871.70 करोड़ ऋण का आवंटन हुआ, जिसके 2.05 लाख लाभार्थी रहे। वर्ष 2017-22 के बीच अवसंरचना विकास योजना के तहत 6,410 करोड़ रुपए खर्च किए गए। वर्ष 2019-2022 के बीच कौशल विकास योजना के तहत 633.76 करोड़ रुपए खर्च हुए। न्यू इंडिया साक्षरता कार्यक्रम के तहत अल्पसंख्यक सहित 5 करोड़ लोगों को जोड़ा गया, जिसमें 700 करोड़ खर्च हुए। वर्ष 2019-2022 के बीच 187 करोड़ रुपए खर्च किए गए, जिसमें 7,393 महिलाएं लाभान्वित हुई। वर्ष 2020-2022 तक पढ़ना-लिखना अभियान के तहत 48.16 गैर साक्षरों को साक्षर बनाया गया। तकनीकी एवं व्यावसायिक शिक्षा के तहत 252.45 करोड़ खर्च

किया गया। पीएम स्वनिधि योजना के तहत 57.83 लाख लोगों को 10,058 करोड़ दिया गया, जिसमें अल्पसंख्यकों की भागीदारी 8 फीसदी रही। सीखो कमाओ योजना के तहत 1.87 लाख, नई रोशनी योजना के तहत 99,980 और उस्ताद योजना के तहत 7,393 लोग प्रशिक्षित हुए। प्रशिक्षण कंप्यूटर और सूचना प्रौधोगिकी के तहत 633 करोड़ रुपए खर्च हुए, जिसमें 33 फीसदी सीट महिलाओं के लिए आरक्षित है। महिला कौशल विकास के लिए 1,028 करोड़ रुपए खर्च हुए, जिससे 98,240 लोग प्रशिक्षित हुए। स्वरोजगार योजना के तहत 20 से 30 लाख का ऋण दिया जा रहा है। वर्ष 2022-2023 में अल्पसंख्यकों की शिक्षा के लिए 365 करोड़ खर्च किए गए। वर्ष 2019-2023 के बीच अल्पसंख्यक महिलाओं के लिए पीएम विकास योजना के तहत 1,028 करोड़ खर्च किए गए। वर्ष 2014-2022 के बीच पीएम विकास योजना के तहत 4.68 लाख युवाओं और वर्ष 2022 में 8 लाख महिलाओं को प्रशिक्षित किया गया। स्वरोजगार योजना के तहत 1,350 करोड़ खर्च हुए, जिससे 3 लाख से अधिक लोग लाभान्वित हुए। प्रधानमंत्री कौशल विकास योजना के तहत 9,63,448 लोग प्रशिक्षित हुए। पीएम विकास योजना के तहत 9.63 लाख से अधिक लोग प्रशिक्षित हुए। विरासत योजना के तहत 10 लाख रुपए तक के ऋण की व्यवस्था की गई। स्कूल, कॉलेज, आईटीआई, छात्रावास और कौशल विकास केंद्र के ऊपर 18 हजार करोड़ से ज्यादा की परियोजनाएं चल रही है।"

ये सारे पोस्ट बीजेपी अल्पसंख्यक मोर्चा के हैं। जहां कांग्रेस को कोसा जा रहा है, जिसने वास्तव में मोदी सरकार से मुस्लिम हित में बहुत कम काम किया। तत्कालीन कांग्रेस सरकार में कुछ गिने चुने स्कीम थे लेकिन मोदी सरकार ने 300 स्कीम चला दिए। जो पूर्व की स्कीम चल रही थी, उसके बजट में भारी वृद्धि की। ये लोग कांग्रेस को मुस्लिम पार्टी और हिंदू विरोधी बताते हैं। ये सब पाठक तय कर सकते हैं कि कांग्रेस के काम को आगे बढ़ाने वाला और बड़ी संख्या में नए योजना चलाने वाला हिंदू हितैषी कैसे हो सकता है? अगर कांग्रेस मुस्लिम पार्टी है तो उस हिसाब से बीजेपी सबसे बड़ी मुस्लिम पार्टी है।

30 मार्च 2023 को हेलिकॉप्टर सेवा देने वाली सरकारी कंपनी पवन हंस लिमिटेड में प्रशिक्षुओं को लेकर चौंकाने वाला मामला सामने आया। कुल 9 पदों पर सिर्फ जामिया मिलिया इस्लामिया से मुसलमानों की भर्ती हुई। जब अधिकारियों से बात करने का प्रयास किया तो उन्होंने कहा कि बोलने की मनाही है।

23 जून 2023 को जम्मू कश्मीर में राष्ट्रीय ग्राम स्वराज अभियान का रिजल्ट सामने आया। ये सिर्फ साक्षात्कार के आधार पर चयन हुआ। कुल 11 पदों पर कश्मीर से 9 मुस्लिम और जम्मू से 2 मुस्लिम का चयन हुआ।

ये मोदी सरकार में बड़े पैमाने पर हो रहा है। सरकारी कॉन्ट्रैक्ट भी ज्यादातर मुसलमानों को मिल रहे हैं। राम मंदिर तक के निर्माण कार्य में भी यही हुआ।

जब हर तरह के अवसर सिर्फ मुस्लिम होने की वजह से मिलेंगे तो ये संभव है कि बहुत से लोग अपने भविष्य और रोजी रोटी के लिए मुस्लिम बन जाएं।

मोदी सरकार के कार्यों को तो देखकर यही लगता है कि मोदी चाहते हैं कि लोग अपना धर्म परिवर्तन कर लें। कई अल्पसंख्यक योजनाएं ऐसी चल रही है, जिसमें लड़कियों के लिए जो प्रावधान है उसमें कोई शर्त नहीं है। ऐसे में संभव है कि लड़कियां दूसरे मजहब के पुरुष से शादी कर परिवर्तित हो जाएं।

मोदी सरकार में हिंदू लकड़ियों का दूसरे मजहब के लड़के से निकाह करने का मामला तो बढ़ा है। जो कि चिंतनीय और जांच का विषय है कि आखिर ऐसी घटनाएं किस वजह से बढ़ी है?

मोदी सरकार 2021 की जनगणना रिपोर्ट कोरोनो का बहाना ले सार्वजनिक नहीं कर रही। आखिर आम लोगों से क्या छुपाने का प्रयास है। असल में ये आंकड़ा छुपा लोगों को अंधेरे में रखना चाहते हैं। कोरोना की वजह से बाकि कोई काम तो रुका नहीं है फिर जनगणना रोकने के पीछे मंशा क्या है?

बीजेपी की राष्ट्रीय प्रवक्ता संजु वर्मा ने खुलासा किया कि प्रधानमंत्री आवास योजना में 15% मुस्लिम के लिए सुरक्षित और संरक्षित है।

उत्तरप्रदेश बीजेपी अल्पसंख्यक मोर्चा के कुंवर बासित अली ने कहा कि यूपी में गरीबों को मिलने वाली 50 लाख घरों में से करीब 20 लाख मुस्लिमों को मिले।

मोदी सरकार ने मुद्रा लोन को लेकर देशभर में 151 अल्पसंख्यक बहुल जिलों में अल्पसंख्यक समुदाय के आवेदकों को प्राथमिकता के साथ लोन मुहैया कराने का निर्देश दिया। जिन्होंने पूर्व में लोन लिया तो चुकता तो किया लेकिन नियमित रूप से किस्तें नहीं चुकाने के कारण उनकी सिविल खराब हो गई थी। उन्हें राइट ऑफ की श्रेणी में लेट हुए उनका लोन विशेष वरीयता के साथ मंजूर किया जाएगा। सभी बैंक शाखाओं के प्रबंधकों को अल्पसंख्यक वर्ग के लोन आवेदन विशेष प्राथमिकता के साथ मंजूर करने की हिदायत जारी की गई है। साथ ही अल्पसंख्यक समुदाय के ग्राहकों को लोन संबंधित बात करके जागरूक किया जा रहा है। इस योजना के तहत लोन लेने पर अल्पसंख्यक वर्ग, महिलायों, अनुसूचित जाति और अनुसूचित जनजाति को ब्याज दर में छूट दी जाती है।

नरेंद्र मोदी को कई मौकों पर विपक्षी पार्टियों के ऊपर समाज को बांटने का आरोप लगाते हुए सुना जा सकता है लेकिन इन्होंने लोन के ब्याज को जाति, धर्म और लिंग में बांट दिया।

नरेंद्र मोदी पूरी तरह से मुस्लिम प्रथम के साथ देश को आगे ले जा रहे हैं। बाकि ट्रैक से अलग हटकर कोई काम करें तो उनका मकसद जो प्रतीत होता है कि उन्हें हर हाल में हिंदू समाज को बांटना है।

मध्यप्रदेश की तत्कालीन शिवराज सरकार ने 6 दिसंबर 2022 को पिछड़े वर्ग और अल्पसंख्यकों के लिए स्वरोजगार की योजना लाने का फैसला किया। इस योजना के तहत सरकार द्वारा 7 साल के लिए बैंक ऋण पर 3% ब्याज तय किया गया। योजनान्तर्गत सरकार का लक्ष्य 3 वर्ष में 30 हजार हितग्राहियों को 12 करोड़ 50 लाख की परियोजना सहायता प्रदान करने का लक्ष्य रखा। इंटरप्राइजेज सेट अप करने वाले युवाओं को ₹1 लाख से लेकर ₹5 लाख एवं सर्विस सेक्टर के लिए ₹1 लाख से ₹25 लाख तक का लोन मुख्यमंत्री पिछड़ा वर्ग तथा अल्पसंख्यक उद्यम स्वरोजगार योजना के अंतर्गत प्रावधान रखा गया। इसके साथ ही मैन्युफैक्चरिंग यूनिट्स को सेट अप करने वाले युवाओं को कुल 50 लाख रुपये तक का अनुदान प्रदान करने का निर्णय लिया गया।

जुलाई 2023 में मध्यप्रदेश बीजेपी के अध्यक्ष विडी शर्मा ने कहा, "लाडली बहना योजना में 1.25 करोड़ में से 45 लाख मुस्लिम लाभार्थी रहे।"

लाडली बहना की शरुआत मध्यप्रदेश के मुख्यमंत्री शिवराज सिंह चौहान ने की थी, जिसके तहत 21-60 वर्ष की महिलायों को हर महीने 1000 रुपया दिया जाता था। 1 मार्च 2024 से इसे 1250 रुपये हर महीने कर दिया गया। अब लखपति बहना बनाने की बात चल रही है।

बहरहाल, मध्यप्रदेश में 7 फीसदी मुस्लिम आबादी है लेकिन लाडली बहना योजना में उनकी भागीदारी 36 फीसदी थी।

ये सब पाठक आम योजनाओं में देख रहे इससे अंदाजा लगा सकते हैं कि अल्पसंख्यक में कितने फीसदी मुस्लिम लाभार्थी रहे होंगे।

मोदी सरकार के अल्पसंख्यक बजट की बात करें तो वर्ष 2014 में जब नरेंद्र मोदी प्रधानमंत्री बने तो मुस्लिमों के बीच धारणा थी कि इनके सरकार में अल्पसंख्यक को कोई खास तवज्जो नहीं

मिलेगी। कई हिंदू ये मान बैठे थे कि मोदी के आते ही अल्पसंख्यक मंत्रालय भंग हो जाएगा। कई तो अभी भी मानते हैं। बहरहाल मोदी ने मिथक तोड़ते हुए 2014-2015 वित्तवर्ष के लिए 3734.01 करोड़ का बजट पेश किया जो कांग्रेस के नेतृत्व वाली यूपीए सरकार की 2013-14 वित्तवर्ष से 200 करोड़ ज्यादा था। 2015-2016 वित्तवर्ष के लिए 3738.11 करोड़, 2016-2017 वित्तवर्ष के लिए 3827.25 करोड़, 2017-2018 वित्तवर्ष के लिए 4195.48 करोड़, 2018-2019 वित्तवर्ष के लिए 4700 करोड़, 2019-2020 वित्तवर्ष के लिए 4700 करोड़, 2020-2021 वित्तवर्ष के लिए 5029 करोड़ लेकिन जब सवाल उठने शुरू हुए तो इसे कम करके 4005 करोड़ किया गया, 2021-2022 वित्तवर्ष के लिए 4810.77 करोड़, 2022-2023 वित्तवर्ष के लिए 5020.50 करोड़ आवंटित हुआ लेकिन उसे संशोधित करके 2612.66 करोड़ किया गया, 2023-2024 वित्तवर्ष के लिए 3097.60 करोड़ और 2024-2025 वित्तवर्ष के लिए अंतरिम बजट में 3183.24 करोड़ का प्रावधान रखा गया।

मोदी सरकार ने वर्ष 2014-2024 तक सिर्फ अल्पसंख्यक के लिए जो बजट का प्रावधान रखा वो 42584.12 करोड़ है बाकि अन्य जो सबके के लिए योजना चल रही, उसमें 30-35 फीसदी की भागीदारी है। राज्य सरकारें भी लगभग इतना ही खर्च कर रही।

15 जुलाई 2021 को केंद्र सरकार ने उच्चतम न्यायालय से कहा कि धार्मिक अल्पसंख्यक समुदायों के लिए चलाई जा रहीं कल्याणकारी योजनाएं ''कानूनी रूप से वैध'' हैं और ये असमानता को घटाने पर केंद्रित हैं तथा इनसे हिंदुओं या अन्य समुदायों के अधिकारों का उल्लंघन नहीं होता। केंद्र ने एक याचिका के जवाब में शीर्ष अदालत में दायर एक शपथ पत्र में यह दलील दी।

केंद्र ने अपने शपथपत्र में कहा कि मंत्रालय द्वारा लागू की जा रही योजनाएं अल्पसंख्यक समुदायों में असमानता को कम करने, शिक्षा के स्तर में सुधार, रोजगार में भागीदारी, दक्षता एवं उद्यम विकास, निकाय सुविधाओं या अवसंरचना में खामियों को दूर करने पर केंद्रित हैं। शपथपत्र में कहा गया, ''ये योजनाएं संविधान में प्रदत्त समानता के सिद्धांतों के विपरीत नहीं हैं। ये योजनाएं कानूनी रूप से वैध हैं क्योंकि ये ऐसे प्रावधान करती हैं जिससे कि समावेशी परिवेश प्राप्त किया जा सके और अशक्तता को दूर किया जा सके। इसलिए इन योजनाओं के माध्यम से अल्पसंख्यक समुदायों के सुविधाहीन/वंचित बच्चों/अभ्यर्थियों की सहायता करने को गलत नहीं कहा जा सकता।''

दरअसल, नीरज शंकर सक्सेना और पांच अन्य लोगों की याचिका में कहा गया था कि अल्पसंख्यक समुदायों के सदस्यों को जो लाभ मिल रहे हैं, उससे याचिकाकार्ताओं को उनके मौलिक अधिकारों का हनन कर संवैधानिक रूप से वंचित रखा जा रहा है।

याचिका में कहा गया था कि याचिकाकर्ता और हिंदू समुदाय के अन्य सदस्यों को इसलिए पीड़ित होना पड़ रहा है क्योंकि वे बहुसंख्यक समुदाय में पैदा हुए हैं। इसमें कहा गया था कि भारतीय संविधान के पंथनिरपेक्ष सिद्धांतों को ध्यान में रखते हुए राज्य अल्पसंख्यक या बहुसंख्यक-किसी भी समुदाय को धर्म के आधार पर कोई लाभ प्रदान नहीं कर सकता या किसी तरह के लाभ को बढ़ावा नहीं दे सकता।

याचिकाकर्ताओं की दलील थी कि इस तरह का ''अनुचित लाभ'' प्रदान कर केंद्र मुस्लिम समुदाय को कानून और संविधान से ऊपर मान रहा है क्योंकि इस तरह का कोई लाभ हिंदू समुदाय के संस्थानों को नहीं मिलता। याचिका में राष्ट्रीय अल्पसंख्यक आयोग अधिनियम 1992 को निरस्त करने का भी आग्रह किया गया और कहा गया कि पिछड़े वर्गों की स्थिति का पता लगाने के लिए पहले से ही पिछड़ा वर्ग आयोग है।

राष्ट्रीय अल्पसंख्यक आयोग ने भी धार्मिक अल्पसंख्यकों के लिए केंद्र सरकार की विभिन्न योजनाओं को जायज ठहराया। आयोग ने सुप्रीम कोर्ट से कहा कि भारत में अल्पसंख्यकों को 'कमजोर वर्ग' माना जाना चाहिए, क्योंकि यहां हिंदू 'दबदबे वाला वर्ग' है।

सुप्रीम कोर्ट में दायर हलफनामे में आयोग ने कहा है, भारत में जहां बहुसंख्यक समुदाय का दबदबा है, वहीं अल्पसंख्यकों को भारत को अनुच्छेद-46 के तहत कमजोर वर्ग के तौर पर माना जाना चाहिए। इसके तहत राज्य का यह दायित्व है कि वह कमजोर वर्गों के शैक्षिक और आर्थिक हितों को बढ़ावा दे।

आयोग ने कहा कि अगर सरकार द्वारा संख्यात्मक रूप से छोटे या कमजोर वर्गों के लिए विशेष प्रावधान नहीं किए गए तो, बहुसंख्यकों द्वारा ऐसे समूह को दबाया जाएगा।

अनुच्छेद-27 के अनुसार करदाताओं से लिए गए पैसे को सरकार किसी धर्म विशेष को बढ़ावा देने के लिए खर्च नहीं कर सकती। लेकिन सरकार वक्फ संपत्ति के निर्माण से लेकर अल्पसंख्यक वर्ग के छात्रों व महिलाओं के उत्थान के नाम पर हजारों करोड़ रुपये खर्च कर रही है। यह बहुसंख्यक समुदाय के मौलिक अधिकार का हनन है।

ये तो सरकारें पहले से करती आ रही थी लेकिन नरेंद्र मोदी ने सारे पिछले रिकार्ड ध्वस्त कर दिए। जहां हिंदू हर तरह के प्रताड़ना का शिकार है, पलायन हर जगह हिंदू करता है, कोई आज अपना त्यौहार शांति से नहीं मना सकता क्योंकि देशभर में कोई आज ऐसा त्योहार नहीं निकलता जब अलग-अलग जगह से पत्थरबाजी की घटनाएं सामने न आए।

ये सब नरेंद्र मोदी के प्रधानमंत्री बनने के बाद बड़े पैमाने पर शुरू हुआ। सरकार ने गरीब कैदियों को छुड़ाने के लिए बजट जारी कर दी।

ये पाठक तय कर सकते हैं कि क्या मोदी के तृप्तीकरण/संतुष्टीकरण की आज देश में बड़े अराजकता के पीछे तो कोई भूमिका नहीं है? मोदी ने इतनी सारी योजना चला दी कि कथित अल्पसंख्यक को आज ज्यादा कुछ करने की जरूरत ही नहीं है।

वर्ष 2019 में दोबारा प्रधानमंत्री बनने के बाद मोदी ने कहा कि उन्हें मुसलमानों का भरोसा जितना है। जिसके तुरंत बाद बीजेपी के उत्तराखंड मुख्यालय के पुस्तकालय में कुरान रखा गया।

3 जुलाई 2022 को प्रधानमंत्री नरेंद्र मोदी ने बीजेपी के राष्ट्रीय कार्यकारिणी हैदराबाद में कहा कि पहले तुष्टीकरण होता था लेकिन अब हमें तृप्तीकरण करना है। जब लोगों ने तृप्तीकरण को लेकर निशाना बनाना शुरू किया तो आगे चलकर कहा कि हमें संतुष्टीकरण करना है।

17 जनवरी 2023 को मोदी ने बीजेपी के दिल्ली कार्यकारिणी के बैठक में पार्टी के नेताओं को नसीहत देते हुए कहा कि मुस्लिम समाज के बारे में गलत बयानबाजी न करें। पार्टी कार्यकर्ता देश के अल्पसंख्यक समाज से बिना वोट की अपेक्षा के मिले और उनकी समस्या जाने। मोदी ने पसमांदा मुसलमानों, बोहरा समुदाय, मुस्लिम पेशेवरों और शिक्षित मुसलमानों से बिना वोट की उम्मीद किए मिलने का आह्वान किया।

मोदी के आह्वान के बाद मोदी मित्र, पसमंदा स्नेह यात्रा, पसमंदा सम्मेलन, मोदी भाईजान, एक देश एक डीएनए, सूफी संवाद आदि कार्यक्रम होने लगे। बीजेपी के नेता दरगाहों में कव्वाली गाने लगे। मोदी के मन की बात का उर्दू अनुवाद मदरसा-दरगाहों में बांटा जाने लगा। उर्दू में कई जगह बीजेपी के पोस्टर छपने लगे। कई जगह बीजेपी के रैलियों और कार्यक्रम में अल्लाह हु अकबर और नारा ए तकबीर के नारे लगाने के मामले सामने आए।

7 मई 2024 को रांची के भाजपा विधायक ने दावा किया कि सैकड़ों मुसलमानों ने प्रधानमंत्री मोदी से प्रभावित होकर भाजपा में शामिल हुए। लेकिन इसकी सच्चाई हैरान करने वाली थी। दरअसल, ज्यादातर हिंदुओ को ही गोल टोपी पहनाकर मुसलमान बताया गया।

अगर यही चीज दूसरी पार्टियों के कार्यक्रम में हो जाए तो हिंदू तुरंत ही खतरे में आ जाता है। बीजेपी आईटी सेल खूब भुनाता है। लेकिन बीजेपी के कार्यक्रम में हो तो उससे कोई खतरे में नहीं आता।

प्रधानमंत्री मोदी ने भाजपा सहित एनडीए के सांसदों और भाजपा कार्यकर्ताओं को कहा कि रक्षाबंधन-2023 मुस्लिम बहनों के साथ मनाएं।

जिस समुदाय में राखी की कोई मान्यता नहीं है और न ही उनका त्योहार है लेकिन फिर भी इन्होंने सलाह दे दी कि उनके साथ राखी मनाएं। जब इनके ऊपर हमला होता है तो बीजेपी आईटी सेल उनको भुनाना शुरू कर देता है। मोदी के शासनकाल में सबसे ज्यादा प्रताड़ित बीजेपी कार्यकर्ता और समर्थक ही रहे हैं। हिंदू विरोधी कार्य करने वालों या बयान देने वालों को तो मोदी गले लगा लेते हैं लेकिन बीजेपी के नेताओं को पूरी तरफ से इस्लाम प्रेमी बना दिया। कई बीजेपी नेताओं को मुस्लिम समाज को न पसंद आने वाली बयान को लेकर बाहर का रास्ता दिखाया गया और जो पूर्व में बयानबाजी करते थे, उनके ऊपर नकेल कस दिया।

मोदी के पसमंदा अभियान का असर ये हुआ कि पहले जब कहीं बीजेपी चुनाव हार जाती थी तो इनका आईटी सेल हिंदुओं को बिका हुआ बता देती थी और जीत गई तो सबका साथ सबका विकास की जीत है। अब भी अगर कहीं चुनाव हार जाएं तो हिंदू तो बिका हुआ है ही लेकिन जीत जाएं तो भारी संख्या में पसमंदाओं ने वोट किया।

रामपुर और आजमगढ़ लोकसभा उपचुनाव में बीजेपी जीती थी। रामपुर में समाजवादी पार्टी से आजम खान का समर्थक चुनाव में उतरा। रामपुर में मुसलमान भी आजम खान से परेशान रहे हैं जिसका नतीजा रहा कि वोट करने बहुत कम गए। रामपुर लोकसभा उपचुनाव में 41 फीसदी वोटिंग हुई। रामपुर में हिंदू

और मुस्लिम की आबादी लगभग 50-50 है। जिसका नतीजा रहा कि बीजेपी के घनश्याम सिंह लोधी चुनाव जीतने में सफल रहे। इससे भी बुरा हाल रामपुर विधानसभा उपचुनाव में हुआ। आजम खान ने आरोप लगाया कि पुलिस लोगों को वोट नहीं देने दे रही, बहरहाल वहां 33.94 फीसदी वोटिंग हुआ। जिसका परिणाम रहा कि बीजेपी के आकाश सक्सेना चुनाव जीतने में सफल रहे।

आजमगढ़ लोकसभा उपचुनाव में बीजेपी के दिनेश लाल यादव लगभग 8 हजार वोट से चुनाव जीतने में सफल रहे। आजमगढ़ नाम होने की वजह से मुस्लिम बहुल क्षेत्र बताया गया जबकि वहां 84 फीसदी हिंदुओं की आबादी है।

ये चुनाव परिणाम दिखा बताए जा रहे थे कि बीजेपी को भारी संख्या में पसमंदा मुस्लिम ने वोट किया है।

उत्तरप्रदेश विधानसभा चुनाव 2022 को लेकर भाजपा समर्थक और अखिल भारतीय मुस्लिम महासंघ के राष्ट्रीय अध्यक्ष फरहत अली खान ने एक निजी चैनल से बात करते हुए दावा किया कि रामपुर में मुख्तार अब्बास नकवी के बूथ पर बीजेपी को मात्र 2 वोट मिला।

उत्तरप्रदेश सरकार में जल शक्ति राज्यमंत्री बलदेव सिंह औलख ने मतगणना के दौरान भाजपा प्रत्याशी को शहर सीट से करारी हार मिलने के बाद कहा कि मुस्लिमों ने कभी उनका साथ नहीं दिया। भाजपा ने मुस्लिमों को कई बार देखा और उनका विकास किया, बावजूद इसके मुस्लिमों ने कभी साथ नहीं दिया। अब योगी जी का बुलडोजर दोगुनी ताकत से चलेगा।

जब ये मामला तूल पकड़ा तो भाजपा के जिला अध्यक्ष अभय गुप्ता मुख्तार अब्बास नकवी के बचाव में उतरे। उन्होंने कहा कि साजिश के तहत रामपुर विधानसभा क्षेत्र में नकवी के बूथ दनियापुर में हुए मतदान को लेकर भ्रामक एवं दुष्प्रचार की अपराधिक मानसिकता के साथ तथ्यों और सच्चाई के विपरीत झूठा समाचार प्रसारित करने की कड़ी निंदा करता हूँ।

योगी आदित्यनाथ के विधानसभा क्षेत्र गोरखपुर शहर में गोरखनाथ मंदिर से सटे मुस्लिम इलाके वाले चक्सा हुसैन के बूथ संख्या 217 पर जहां 1166 वोटर्स थे, वहां योगी को मात्र 15 वोट मिले। बूथ संख्या 218 पर उन्हें 25 वोट मिले, जहां 1144 मतदाता थे। बूथ संख्या 219 पर 30 वोट मिले, जहां 1127 मतदाता थे। बूथ संख्या 264 पर उन्हें 18 वोट मिले, जहां 998 मतदाता थे। बूथ संख्या 267 पर 9 वोट मिलें, जहां 1016 वोटर्स थे।

योगी आदित्यनाथ के दोबारा मुख्यमंत्री बनने के बाद नगर निगम चुनाव-2023 में पहली बार गोरखनाथ मंदिर के प्रभाव वाले क्षेत्र वार्ड संख्या 5 से बीजेपी की मुस्लिम महिला पार्षद हकिकून निशा ने जीत दर्ज की।

बहरहाल, उत्तरप्रदेश विधानसभा चुनाव-2022 में बीजेपी के जीत के बाद कई महीनों तक मुस्लिम समाज से ऐसी खबरे आती रही कि किसी महिला ने बीजेपी को वोट दे दिया तो उसके शौहर ने उसे तलाक दे दिया। कई मारपीट की भी घटनाएं सामने आई जहां बताया गया कि बीजेपी को वोट देने की

वजह से उसके साथ मारपीट हुआ। कुशीनगर से तो ऐसी घटना सामने आई कि बीजेपी को वोट देने की वजह से हत्या कर दी गई।

अब दरसरल क्या हो रहा कि कई मुस्लिम मीडिया के सामने मोदी/योगी/बीजेपी की प्रशंसा करते हैं जिसे इनका आईटी सेल भुनाता है। कई बताते हैं कि उन्हें बहुत फायदा मिला, लेकिन ये सब वोट में परिवर्तित नहीं हो पाता।

ये कहना मुश्किल है कि ये सब बीजेपी अपने मुस्लिम कार्यकर्तायों से कराती है या वो स्वयं ये सब करते हैं।

अब बीजेपी के ऊपर आरोप लगता है कि वो मुसलमानों को टिकट नहीं देती। इसके पीछे वजह है कि किसी दूसरे पार्टी के वर्तमान सांसद या विधायक को भी बीजेपी टिकट दे दे तो वो चुनाव नहीं जीत पाता क्योंकि मुस्लिम इन्हें अपवाद स्वरूप वोट देते हैं।

अभी विगत कुछ वर्षों में स्थानीय चुनाव में टिकट देने लगे हैं और लोकसभा चुनाव 2024 के लिए भी कुछ मुस्लिम को टिकट दिया है।

बहरहाल, मुसलमानों को राज्यसभा और विधान परिषद से भेजकर मंत्री बनाते हैं। फिलहाल दो मुस्लिम आरिफ़ मोहम्मद खान को केरल और अब्दुल नजीर को आंध्रप्रदेश का राज्यपाल बना रखा है।

मोदी जब भी मुस्लिम की बात करते हैं तो उनके चेहरा पर पीड़ा दिखती है। कई बार बोल चुके हैं कि बेचारों को ठगा गया है। कभी हिंदू भाइयों, बहनों और माताओ की बात तो नहीं करते लेकिन मेरे मुस्लिम भाई, बहन और माता बोलते हुए, हमेशा सुने जाते हैं। वैसे बोलते हैं कि उन्हें पिछड़ा होने की वजह से निशाना बनाया जा रहा है। जिनका जन्म अगड़े परिवार में हुआ था।

इनका एजेंडा है कि मुस्लिम एकजुट रहे और हिंदुओं के बीच जातीय खाई पैदा करें। सबसे ज्यादा आरक्षण का खेल भी इन्होंने ही खेला है।

मोदी सरकार तमाम काम करने के बाद आरक्षण से धार्मिक अवरोध भी हटाने के काम में लगी है। 6 अक्टूबर 2022 को केंद्र सरकार ने पूर्व मुख्य न्यायधीश केजी बालाकृष्णन के नेतृव में तीन सदस्यीय आयोग का गठन किया। सामाजिक न्याय और अधिकारिता मंत्रालय के अधिसूचना के अनुसार, तीन सदस्यीय आयोग में सेवानिवृत आईएएस अधिकारी डॉ. रवींद्र कुमार जैन और विश्वविद्यालय आयोग की सदस्य प्रोफेसर सुषमा यादव भी शामिल थी।

यह आयोग समभावना तलाशने के लिए बनाया गया कि जो अनुसूचित जाति के लोग धर्म परिवर्तित करके मुसलमान या ईसाई बन चुके हैं, उन्हें अनुसूचित जाति में शामिल किया जाता है तो मौजूदा अनुसूचित जातियों पर इसका क्या असर होगा।

वर्तमान में सिर्फ हिंदू, सिख और बौद्ध धर्म को मानने वालों को अनुसचित जाति के श्रेणी में रखा गया है। सिर्फ इन्हें ही वैध तरीके से आरक्षण का लाभ मिलता है।

10 नवंबर 2022 को केंद्र सरकार ने धर्म परिवर्तन कर मुस्लिम या ईसाई बनने वाले दलितों को अनुसूचित जाति का दर्जा देने की मांग करने वाली याचिका के विरोध में हलफ़नामा दायर किया।

केंद्र ने तर्क दिया है कि दलित धर्म परिवर्तन कर इस्लाम या ईसाई में इसलिए जाते हैं, क्योंकि उन्हें लगता है कि वहां छुआछूत का सामना नहीं करना पड़ेगा। ईसाई और इस्लाम, दोनों ही विदेशी धर्म हैं, इसलिए वहां छुआछूत नहीं होती। लिहाजा धर्म परिवर्तन कर इस्लाम या ईसाई बनने वाले दलितों को अनुसूचित जाति का दर्जा नहीं दिया जा सकता।

नरेंद्र मोदी ने मीडिया से कहा, "मैं जब गुजरात के मुख्यमंत्री था तब 70 मुस्लिम जातियों को ओबीसी कैटेगरी का लाभ मिलता था। लेकिन कभी मीडिया में इसकी चर्चा नहीं हुई।"

अक्टूबर 2022 में केंद्रीय सामाजिक न्याय और अधिकारिता राज्य मंत्री रामदास अठावले ने कहा कि 80 फीसदी मुस्लिम समुदाय अन्य पिछड़ा वर्ग (ओबीसी) श्रेणी से संबंधित है और वे मंडल आयोग की सिफारिशों के अनुसार आरक्षण का लाभ उठा रहे हैं।

मोदी सरकार पहले मुस्लिम-ईसाई मजहब में धर्मांतरित हो चुके लोगों को अनुसूचित जाति में शामिल करने के लिए आयोग बनाती है लेकिन मुस्लिम-ईसाई समाज के दलितों को अनुसूचित जाति का दर्जे की मांग की याचिका का विरोध करती है।

संविधान निर्माताओं ने धर्म के आधार पर आरक्षण का प्रावधान इसलिए नहीं रखा कि भारत में धर्म तो बदला जा सकता है लेकिन जाति नहीं बदली जा सकती। मोदी सरकार का बेशक अलग अलग रुख रहा हो लेकिन ये मुस्लिम-ईसाई समाज के दलितों को अनुसूचित जाति का दर्जा देना चाहते है वरना कमेटी नहीं बनाया होता।

24 अप्रैल 2024 को पिछड़ा वर्ग आयोग ने प्रेस रिलीज करते हुए कहा कि कर्नाटक सरकार ने मुसलमानों को ओबीसी में शामिल किया है। नरेंद्र मोदी को मुद्दा मिल गया और इसे चुनावी रैलियों में भुनाने लगे। लोगों को बरगलाना शुरू कर दिया कि कांग्रेस एसटी,एसटी और ओबीसी का आरक्षण छीनकर मुसलमानों को दे देगी। एच डी देवगौड़ा की सरकार ने वर्ष 1995 में कर्नाटक में मुसलमानो को 4 फीसदी आरक्षण दिया था। जिसके साथ बीजेपी कर्नाटक में गठबंधन में है।

बीजेपी ने कार्टून जारी कर मोदी को आरक्षण का पहरा देने वाले के रूप में दिखाया। मोदी बोलने लगे कि मैं जब तक जिंदा हूं, मुसलमानों को धर्म के नाम पर आरक्षण नहीं देने दूंगा। 6 मई 2024 को मोदी ने कहा, "मैंने कभी नहीं कहा कि मुसलमानों को आरक्षण नही मिलेगा। मैं बस इतना कह रहा हूं कि धर्म आरक्षण का आधार नहीं हो सकता।"

मोदी ने आगे कहा कि कांग्रेस की सरकार में मुसलमानों को किसी योजना का लाभ नहीं मिला। लेकिन चुनावी रैलीयों मे हिंदुओ को डराते है कि कांग्रेस आपका सब कुछ लूटकर मुसलमानों को दे देगी।

दरसल, मोदी चाहते है कि मुसलमानों को जाति के आधार पर आरक्षण मिले। जिससे की उनको आरक्षण का ज्यादा लाभ मिल सके। बहुत से लोग हिंदू धर्म में आरक्षण की वजह से है। अगर मोदी ने आधिकारिक तौर पर लागू कर दिया तो धर्मांतरण में तेजी आएगी क्योंकि अल्पसंख्यक होने का लाभ अलग से मिलेगा। ये जिस चीज को लेकर दूसरों पर आरोप लगाए उसका मतलब है कि ये उस काम को कर चुके है या करने वाले है।

मोदी सरकार में जिस तरफ से धर्म के नाम पर हिंदुओं से भेदभाव बढ़ा है। कई लोग नरेंद्र मोदी को सोशल मीडिया में टैग करके पूछ चुके हैं कि क्या उन्हें सरकारी सुविधा लेने के लिए धर्म परिवर्तन करना पड़ेगा।

ये सच है कि आज किसी को सर्वाधिक सरकारी योजना का लाभ लेना हो, उसे धर्म परिवर्तन करना पड़ेगा। सरकार ने अल्पसंख्यक सुविधा लेने के लिए कोई शर्त भी नहीं रखा है।

मोदी सरकार सामाजिक न्याय के आड़ में कोर्ट में भी एसटी-एसटी, ओबीसी, महिलाओं और अल्पसंख्यकों को शामिल करने की कई बार सुझाव दे चुकी है।

हिमाचल प्रदेश में हिंदुओं की आबादी लगभग 97 फीसदी है। तत्कालीन बीजेपी सरकार ने हिमाचल प्रदेश स्लम-निवासी अधिनियम 2022 लागू किया। जिसके तहत सरकारी भूमि पर झुग्गी-झोपड़ी में रहने वालों को संपत्ति का अधिकार दिया। हिमाचल प्रदेश में कोई भी बाहर का आदमी जमीन नहीं खरीद सकता लेकिन जो अवैध तरीके से रह रहा था, उसे संपत्ति का अधिकार दिया गया। आज देवभूमि हिमाचल प्रदेश की स्थिति हो गई कि वहाँ मस्जिदों, दरगाहों और मदरसों में भारी वृद्धि देखी गई।

बैंक ऑफ बड़ौदा ने बैंक ऑफ बड़ौदा राष्ट्रभाषा सम्मान पुरस्कार-2023 के लिए चयनित 12 रचनाओं की सूची की घोषणा की। पुरस्कार के लिए पहले संस्करण के लिए नामांकित 12 उपन्यासों की लॉगलिस्ट में उर्दू भाषा के चार उपन्यास शामिल किए गए।

बैंक ऑफ बड़ौदा के कार्यपालक निदेशक ललित त्यागी ने कहा कि हम राष्ट्रभाषा की बात करें तो इसका तात्पर्य सभी प्रमुख भाषाओं से है।

जब बैंक की बात करें तो वहां लिखा होता है कि हिंदी हमारी राष्ट्रभाषा है। कृपया हिन्दी का इस्तेमाल करें।

दिल्ली में आयोजित कार्यक्रम में मूल रचनाओं के लेखक मोहसिन खान, सिद्दिक आलम और खलील जावेद के साथ साथ संबंधित रचनाओं के अनुवादकों यानि अर्जूमंद आरा, रिजवानुल हक और जमान तारिक ने पैनल चर्चा में भाग लिया।

मोहसिन खान की "अल्लाह मियां का कारखाना", सिद्दिक आलम की चीनी कोठा और खालिद जावेद के दो उपन्यास 'एक खंजर पानी में' और नेमत खाना को शामिल किया गया। कार्यक्रम में पीछे जो डिस्प्ले दिखा उसमें शुरुआत और अंत उर्दू से होती है। ये सब देख प्रतीत हो रहा था कि कोई राष्ट्रभाषा उर्दू कार्यक्रम हो।

मोदी सरकार ने कथित तौर पर 2014-2019 तक उर्दू के प्रमोशन के लिए 332.76 करोड़ दिया जो कि पूर्व की सरकार कांग्रेस के नेतृत्व वाली (यूपीए-II) में 176.84 करोड़ था।

नेशनल कॉउंसिल फॉर प्रमोशन ऑफ उर्दू लैंग्वेज के निदेशक अकील अहमद ने 17 मार्च 2019 को कहा," हम बॉलीवुड अभिनेताओं शाहरुख खान और सलमान खान जैसे प्रमुख नामों से संपर्क करने जा रहे हैं और उन्हें उर्दू में कुछ पंक्तियाँ कहने के लिए कहेंगे, फिर हम इन वीडियो का उपयोग अपने कार्यक्रम में करेंगे।"

आरटीआई (RTI) के जरिए खुलासा हुआ कि मोदी सरकार 2014-23 तक उर्दू के प्रमोशन के लिए 712.95 करोड़ रुपये खर्च किए।

नरेंद्र मोदी के उर्दू प्रचार का असर रेलवे स्टेशन के साइन बोर्ड पर भी दिखने लगा जहां पहले किसी भी रेलवे स्टेशन के बोर्ड पर उस स्टेशन का नाम सबसे पहले हिंदी उसके बाद किसी अन्य भाषा में होता था। अब उसकी शुरुआत उर्दू से होने लगी। कई रेलवे स्टेशन के बोर्ड या नाम बदले गए। जहां सबसे पहले उर्दू में लिखा गया और बाकि अन्य भाषा में उसके बाद लिखा गया।

बलिदानी कप्तान तुषार महाजन के सम्मान में उधमपुर रेलवे स्टेशन का नाम बदलकर उनके नाम पर किया गया। आप ऊपर की तस्वीर में देख सकते हैं कि पहले हिन्दी उसके बाद उर्दू उसके बाद अंग्रेजी में था लेकिन अब पहले उर्दू उसके बाद हिंदी फिर आखिर में अंग्रेजी में कर दिया गया।

आम तौर पर सबसे पहले हिंदी उसके बाद अंग्रेजी और आखिर में उर्दू होता था। कई जगह स्थानीय भाषा को भी पहले प्राथमिकता दी गई।

आप जम्मू तवी रेलवे स्टेशन के साइन बोर्ड में भी पहले और अब में बदलाव देख सकते है।

श्री माता वैष्णो देवी कटरा रेलवे स्टेशन पर सबसे पहले बड़े अक्षरों में उर्दू उसके बाद हिंदी और आखिरी में अंग्रेजी में लिखा गया।

श्री माता वैष्णो देवी मंदिर हिंदुओं का प्रमुख तीर्थ स्थल वहां भी नहीं छोड़ा गया। कोरोनो को देखते हुए श्री माता वैष्णो देवी श्राइन बोर्ड की तरफ से आशीर्वाद भवन को क्वारैंटाइन सेंटर में बदल दिया

गया। 22 मई 2020 को खबर सामने आई कि क्वारैंटाइन सेंटर में 500 रोजेदारों के लिए सेहरी और इफ्तार दिया जा रहा है।

ये मंदिर सरकार के अधीन है और मंदिर का संचालन करने वाले श्री माता वैष्णो देवी श्राइन बोर्ड के अध्यक्ष जम्मू और कश्मीर के राज्यपाल होते हैं। जो केंद्र सरकार के द्वारा मनोनीत होते हैं।

जिस अयोध्या की इतनी ज्यादा चर्चा रही उस अयोध्या जैसे पवित्र नगरी के रेलवे स्टेशन पर भी उर्दू की प्राथमिकता से बाज नहीं आए।

आप दोनों तस्वीरों में बदलाव देख सकते है। अयोध्या जंक्शन का जो साइन बोर्ड लगा उसमें पहले उर्दू उसके बाद अंग्रेजी और अंतिम में हिंदी में लिखा गया। जब लोगों ने विरोध करना शुरू किया तो उसका नाम जब अयोध्या धाम जंक्शन किया गया तब उर्दू हटाकर पहले हिंदी उसके बाद अंग्रेजी और अंतिम में संस्कृत में लिखा गया।।

देहरादून के स्थानीय बीजेपी नेता ने रेलवे को पत्र लिखकर सवाल किया था कि रेलवे मैन्यूअल के अनुसार साइन बोर्ड पर दूसरी आधिकारिक भाषा में नाम लिखा होना चाहिए। उत्तराखंड की दूसरी आधिकारिक भाषा संस्कृत है तो फिर संस्कृत में साइन बोर्ड पर नाम क्यों नहीं लिखे गए है।

आप तस्वीरों में देख सकते है कि उर्दू हटाकर संस्कृत में लिखा गया। बीजेपी के राष्ट्रीय प्रवक्ता संबित पात्रा ने इसे ट्विटर पर साझा किया। जब इस फैसले का विरोध शुरू हुआ तो आनन फानन में साइन बोर्ड को फिर से बदलर पुराने स्वरूप में कर दिया गया।

इसको लेकर सीनियर डिवीजनल कमर्शियल मैनेजर-मुरादाबाद ने कहा, "नाम बदलने के संदर्भ में रेलवे बोर्ड की तरफ से कोई आधिकारिक सूचना रेलवे डिवीजन को प्राप्त नहीं हुई। संस्कृत में साइन बोर्ड लगाने को कन्स्ट्रक्शन एजेंसी ने लगाया। हालांकि मामला सामने आने के बाद बोर्ड हटा लिया गया है।"

वहीं,एक रेलवे अधिकारी का कहना है कि हिंदी, अंग्रेजी के साथ संस्कृत में नाम लिखने का सुझाव राज्य सरकार ने ही दिया था।

ये तो कुछ उदाहरण मात्र हैं लेकिन ये बड़े पैमाने पर हर जगह हो रहा है।

वर्ष 2020 में कर्नाटक से दूरदर्शन चंदना पर उर्दू क्लास का मामला सामने आया। जहां पीर, हज और मजहब के बारे में बताया जा रहा है।

जनवरी 2023 में दूरदर्शन पर सुबह 5:31 पर आराधना कार्यक्रम में भगवान कृष्ण के फोटो के साथ कव्वाली का मामला सामने आया।

मोदी सरकार में दूरदर्शन का इस्तेमाल कर इस्लाम के प्रचार प्रसार का मामला आने लगा। ये सब टीवी पर दिखाने का लोगों के, खासकर बच्चों के दिमाग पर क्या असर होगा?

राफेल का सौदा काफी विवाद में रहा। उसके उद्घाटन के मौके पर सर्व धर्म समभाव का नमूना पेश करते हुए हिंदू, मुस्लिम, सिख और ईसाई धर्मगुरुओं को बुलाया गया। अगर यही करना था तो बाकि अन्य धर्म जैन, बौद्ध, पारसी आदि धर्म के लोग भी रहते हैं। आखिरकार उन्हें क्यों छोड़ दिया गया। ये सब पहली बार हुआ।

नए संसद भवन का निर्माण भी काफी चर्चा में रहा। संसद भवन के अंदर जो फैब्रिक लगाए गए, उसे हरा रंग का कर दिया गया। जिसको लेकर एक मौलाना का वीडियो सामने आया, जिसमें वो बोलता देखा गया कि मेरा इस्लाम आ रहा है।

रंग के ऊपर तो किसी धर्म का कोई कॉपीराइट नहीं है क्योंकि हरा रंग तब भी था, जब इस्लाम का उदय भी नहीं हुआ था। लेकिन मोदी के नए भारत में रंग भी बंट गया। जिन बीजेपी समर्थकों का पठान फिल्म में दीपिका पादुकोण के भगवा रंग के बिकनी और शाहरुख खान के हरे रंग के शर्ट से धार्मिक भावना आहत हो रही थी, उन्हें इसको लेकर कोई फ़र्क नहीं पड़ा।

नए संसद भवन के उद्घाटन समारोह में भी सर्व धर्म समभाव का नजारा दिखा। उद्घाटन के मौके पर इस्लामिक विद्वान के कुरान के आयात पढ़ने की और मोदी के सेंगोल लेने की खासी चर्चा हुई।

कुरान की आयात सुनते वक़्त मोदी पूरी तरह से ध्यानमग्न थे। सेंगोल धारण करने का मतलब है कि राजदंड, जो कि इनका पूरी तरह से अपने हित में है। सेंगोल देने वाले हिंदू प्रतिनिधि के रूप में शामिल मदुरई अधीनाम मानते हैं कि तमिल लोग हिंदू नहीं हैं।

ये सब देख पाठक तय कर सकते हैं कि ये सबका साथ सबका विकास सबका विश्वास और सबका प्रयास है या भारत का संस्थागत इस्लामीकरण हो रहा है?

अगर ये सबका साथ सबका विकास .... है तो इसमें सभी शामिल क्यों नहीं हैं? अगर संविधान की बात है तो उसमें अल्पसंख्यक परिभाषित नहीं हैं फिर ये सब किस आधार पर किया जा रहा है।

अगर भरोसा जीतने की बात है तो मोदी के मिशन का भार ये देश क्यों उठाएगा?

ये भी तर्क दिया जाता है कि उन्हें मुख्य धारा में लाने के लिए किया जा रहा है ताकि उनका सोच बदले। जब बीजेपी अपने नेताओं और कार्यकर्तायों का सोच नहीं बदल सकी तो बाकियों का कैसे बदल जाएगा?

पूर्व भाजपा प्रवक्ता नूपुर शर्मा को लेकर सुप्रीम कोर्ट ने उनके पैगंबर पर किए टिप्पणी को लेकर उनसे टीवी पर आ माफी मांगने की बात कही जिसको लेकर बीजेपी अल्पसंख्यक मोर्चा के राष्ट्रीय अध्यक्ष जमाल सिद्दिकी ने मांग कर डाली कि उन्हें माफी मांगनी चाहिए। जो बातें नूपुर शर्मा ने कही थी वो तो कई मौलाना और जाकिर नाइक भी बोल चुके हैं। आखिर जमाल ने कब उनसे माफी की मांग की।

कन्हैयालाल का गला काटकर वीडियो वायरल करने वाला रियाज़ अट्टारी बीजेपी अल्पसंख्यक मोर्चा का सदस्य था और भी कई मामले हैं। जब ये अपने नेताओं, कार्यकर्ताओं के सोच को नहीं बदल सके तो बाकि लोगों में क्या बदलाव लाएंगे।

मोदी सरकार ने सच्चर कमेटी की अनुसंशा को लागू किया। जिसका प्रावधान था कि मुस्लिम बहुल इलाकों में पुलिसकर्मी,स्वास्थ्यकर्मी व अन्य कर्मचारी मुस्लिम ही तैनात किये जाए।

अब अगर उस क्षेत्र में मुसलमान के अलावा अन्य धर्म के लोगों की क्या स्थिति होगी ?

मोदी सरकार ने स्पष्ट किया कि मुस्लिम बहुल इलाकों को आरक्षित नहीं किया जाएगा। इन्होंने मुस्लिम बहुल इलाकों को लगभग मुस्लिम के हवाले कर दिया।

ये सब पैसे मोदी अपने जेब से नहीं खर्च कर रहे बल्कि ये लोगों के टैक्स के पैसे से रेवड़ी बांट रहे हैं।

धर्म के नाम पर भेदभाव कभी भी देशहित में नहीं हो सकता। बेशक उसको सही ठहराने के लिए जितना मर्जी तर्क दिया जाए। भारत का बंटवारा धर्म के नाम पर हो चुका है क्योंकि तब महात्मा गांधी भी भरोसा जीत रहे थे।

ये पाठक भी देखकर तय कर सकते हैं कि आखिर किस मंशा के साथ काम हो रहा है।

विचारधारा में भिन्नता

नरेंद्र मोदी की विचारधारा कभी भी वो नहीं रही जिसका प्रचार प्रसार हुआ। मोदी बचपन से इस्लाम परस्त रहे लेकिन मीडिया और उनके समर्थक उन्हें हिंदू हृदय सम्राट बताते रहे और मोदी चुप रहकर प्रचार/दुष्प्रचार का राजनीतिक फायदा उठाते रहे, लेकिन अपने इस्लामिक विचारधारा को कभी धोखा नहीं दिया। जब ट्रैक से अलग भी हुए तो उसके प्रशंसा में दिखे जिसने इस्लाम को फायदा पहुंचाया।

अलीगढ़ मुस्लिम विश्वविद्यालय जो कि हमेशा से चर्चा में रहा है। भारत के विभाजन की बीज भी एएमयू में ही पड़ी। मोहम्मद अली जिन्ना ने उसे शस्त्रगार कहा था। 31 अगस्त, 1941 को अलीगढ़ मुस्लिम विश्वविद्यालय के छात्रों को संबोधित करते हुए मुस्लिम लीग के नेता लियाकत अली खान ने कहा था- *"हम मुस्लिम राष्ट्र की स्वतंत्रता की लड़ाई जीतने के लिए आपको उपयोगी गोला-बारूद के रूप में देख रहे हैं।"* विभाजन के बाद वही लियाकत अली खान पाकिस्तान के पहले प्रधानमंत्री बने थे।

हमेशा एएमयू से जुड़े छात्र आतंकवाद से जुड़ कृत्यों में शामिल पाए गए हैं। बीच-बीच में पकड़े गए आतंकी एएमयू से जुड़े पाए गए हैं। हिंदुओं का धर्मांतरण कराने वाले भी कई एएमयू से जुड़े रहे हैं। समय-समय पर देश विरोधी और हिंदू विरोधी नारों और गतिविधियों के मामले सामने आते रहे हैं।

एएमयू छात्र संघ से जुड़े पूर्व छात्रों का भी खुलासा हो चुका है जो आईएसआईएस (ISIS) के स्लीपर सेल के रूप में काम करते पकड़े गए। एएमयू में भारत के विभाजन कराने वाले मोहम्मद अली जिन्ना की तस्वीर भी है। बीजेपी सांसद सतीश गौतम ने कहा कि एएमयू में जिन्ना की तस्वीर लगाए रखने की कौन सी मजबूरी है। सब जानते हैं कि जिन्ना देश के बंटवारे के मुख्य सूत्रधार थे। बीजेपी समर्थक जिन्ना की लगी तस्वीर और एएमयू का विरोध करते रहे हैं। अलीगढ़ में अखिल भारतीय विद्यार्थी परिषद व हिंदू युवा वाहिनी के कार्यकर्ताओं ने बुधवार को एएमयू के बाबा सैयद गेट पर मोहम्मद अली जिन्ना का पुतला फूंका। जिसके बाद हिंदूवादी छात्र संगठनों और एएमयू छात्रों के बीच हाथापाई की नौबत तक आ गई। दोनों तरफ से लाठी-डंडे निकल आए और एक दूसरे को मारने के लिए आतुर हो गए, मौके पर पहुंची पुलिस ने बीच-बचाव करते हुए दोनों गुटों को अलग किया। गौतम ने 2019 लोकसभा चुनाव के दौरान जनसभा को संबोधित करते हुए कहा कि वो जीत गए तो अलीगढ़ मुस्लिम विश्वविद्यालय में लगी जिन्ना की तस्वीर को हटाकर पाकिस्तान पहुंचा देंगे।

अगर वास्तव में बीजेपी जिन्ना की तस्वीर हटाने के लिए गंभीर होती तो मानव संसाधन विकास मंत्रालय के द्वारा नोटिस जारी करते ही यह हट जाता लेकिन ऐसा नहीं हुआ क्योंकि ऐसे मुद्दे उन्हें चुनाव जीतने के लिए चाहिए।

प्रधानमंत्री नरेन्द्र मोदी ने वीडियो कॉन्फ्रेंसिंग के माध्यम से अलीगढ़ मुस्लिम विश्वविद्यालय के शताब्दी समारोह को संबोधित करते हुए कहा कि अपने 100 साल के इतिहास में एएमयू ने लाखों लोगों के जीवन को गढ़ा और निखारा है, उन्हें आधुनिक और वैज्ञानिक सोच दी है और समाज और राष्ट्र के लिए कुछ करने के लिए प्रेरित किया है।

हमें यह महसूस करना चाहिए कि राजनीति समाज का एक महत्वपूर्ण हिस्सा है, लेकिन राजनीति के अलावा अन्य भी मुद्दे हैं। राजनीति देश के हितों से ऊपर नहीं हो सकती। नए भारत के लिए मूल बात है कि कल्याण को राजनीति के चश्मे से नहीं देखा जाना चाहिए। कुछ तत्व ऐसे हैं जिन्हें इससे दिक्कत हो सकती है। वे नकारात्मकता फैलाएंगे, लेकिन अगर हम राजनीति को किनारे रखकर देश की भलाई के लिए काम करेंगे तो ये लोग किनारे हो जाएंगे। राजनीति इंतजार कर सकती है, समाज इंतजार कर सकता है लेकिन गरीब, वंचित विकास के लिए इंतजार नहीं कर सकते।

पीएम मोदी ने कहा कि "अलीगढ़ मुस्लिम विश्वविद्यालय की दीवारों में देश का इतिहास है, यहां से पढ़ने वाले छात्र दुनिया में देश का नाम रोशन कर रहे हैं। यहां से निकले छात्रों से कई बार विदेश में उनकी मुलाकात हुई, जो हमेशा हंसी-मजाक और शेर-ओ-शायरी के अंदाज में खोए रहते हैं।'' उन्होंने कहा कि "मैं आप सभी का आभार व्यक्त करता हूं कि एएमयू के शताब्दी समारोह के इस ऐतिहासिक अवसर पर मुझे अपनी खुशियों के साथ जुड़ने का मौका दिया।''

प्रधानमंत्री नरेन्द्र मोदी ने कहा कि "मुझे बहुत से लोग बोलते हैं कि एएमयू कैंपस अपने आप में एक शहर की तरह है। अनेक विभाग, दर्जनों हॉस्टल, हजारों टीचर-छात्रों के बीच एक मिनी इंडिया नजर आता है। यहां एक तरफ उर्दू पढ़ाई जाती है, तो हिंदी भी। अरबी पढ़ाई जाती है तो संस्कृति की शिक्षा भी दी जाती है।'' उन्होंने कहा, "आज एएमयू से तालीम लेकर निकले लोग भारत के सर्वश्रेष्ठ स्थानों के साथ ही दुनिया के सैकड़ों देशों में छाए हुए हैं। एएमयू के पढ़े लोग दुनिया में कहीं भी हों, भारत की संस्कृति का प्रतिनिधित्व करते हैं।''

प्रधानमंत्री ने कहा, "बीते 100 वर्षों में एएमयू ने दुनिया के कई देशों से भारत के संबंधों को सशक्त करने का भी काम किया है। उर्दू, अरबी और फारसी भाषा पर यहां जो रिसर्च होती है, इस्लामिक साहित्य पर जो रिसर्च होती है, वो समूचे इस्लामिक वर्ल्ड के साथ भारत के सांस्कृतिक रिश्तों को नई ऊर्जा देती है।''

नरेन्द्र मोदी ने आगे कहा कि यहां लाइब्रेरी में कुरान है तो गीता-रामायण के भी अनुवाद। हैं। एएमयू में एक भारत, श्रेष्ठ भारत की अच्छी तस्वीर है।

प्रधानमंत्री मोदी ने 100वीं वर्षगांठ के मौके पर डाक टिकट भी जारी किया।

प्रधानमंत्री मोदी के एएमयू को लेकर किये प्रशंसा को लेकर इस्लामिस्ट टीवी डिबेट में बीजेपी नेताओं को घेरना शुरू कर दिए क्योंकि वो एमयू को लेकर जो बातें बोलते आए, जो काफी हद तक सही थी लेकिन मोदी ने उनके उल्टा दावा कर दिया।

आरटीआई के जरिए खुलासा हुआ कि मोदी सरकार ने 2014-15 से लेकर 2022-23 तक 8726.48 करोड़ का अनुदान दिया।

नरेंद्र मोदी ने जिस एमयू की इतनी प्रशंसा की, वहां से हैरान करने वाला मामला सामने आया। अलीगढ़ मुस्लिम यूनिवर्सिटी (एएमयू) के एक छात्र ने आरोप लगाया है कि मीडिया में प्रधानमंत्री नरेंद्र मोदी की प्रशंसा करने के लिए उसे पीएचडी की डिग्री से वंचित किया जा रहा है। देश के प्रतिष्ठित अलीगढ़ मुस्लिम यूनिवर्सिटी से पीएचडी कर चुके छात्र दानिश रहीम का कहना है कि प्रधानमंत्री नरेंद्र मोदी की मीडिया में तारीफ करना उसे महंगा पड़ गया है। रहीम का आरोप है कि एएमयू प्रशासन ने पीएम मोदी की प्रशंसा करने पर उसे डिग्री वापस करने का नोटिस भेजा है।

रहीम ने दावा किया कि एक न्यूज चैनल पर बाइट देते हुए मोदी की तारीफ करने पर भाषा-विज्ञान विभाग के अध्यक्ष ने उन्हें फटकार लगाई थी। रहीम ने कहा कि उन्हें ऐसे काम करने से परहेज करने को कहा गया जो यूनिवर्सिटी की संस्कृति के खिलाफ हों। वहीं एएमयू के प्रवक्ता शफी किदवई ने कहा कि आरोप पूरी तरह निराधार बताया।

जिस एएमयू को लेकर बीजेपी के समर्थक और कई नेता हमेशा से हमलावर रहे उसी एएमयू के कुलपति रहे तारिक मंसूर को बीजेपी ने पहले एमएलसी बनाया और बीजेपी के राष्ट्रीय अध्यक्ष ने अपने टीम का विस्तार करते हुए मंसूर को राष्ट्रीय उपाध्यक्ष जैसे अहम पद पर मनोनीत किया।

जवाहरलाल नेहरू विश्वविद्यालय हमेशा से चर्चा में रहा है जहां बीजेपी-आरएसएस के खिलाफ नारे लगते रहे। हैं। मोदी के खिलाफ भी नारे लग चुके। हैं। ब्राह्मण बनिया भारत छोड़ो, भगवा जलेगा, भारत तेरे टुकड़े होंगे, फ्री कश्मीर इत्यादि नारे लग चुके। हैं। बीजेपी के समर्थक और कई नेता जेएनयू का नाम बदलने का वकालत कर चुके। हैं। कई बीजेपी के समर्थक तो जेएनयू को बंद कराने का मांग करते आए हैं तो कई इसे यूपी में स्थानांतरित करने की मांग कर चुके। हैं।

बीजेपी समर्थकों का मानना रहा है कि जवाहर लाल नेहरू के नाम पर इस विश्वविद्यालय का नाम है इसलिए यहां से देशद्रोही निकलते। हैं। कोई आम आदमी भी मोदी सरकार के काम की स्वस्थ आलोचना भी कर दे तो उसे कांग्रेसी, वामपंथी, देशद्रोही, गद्दार, सोरोस-पाकिस्तान-चीन के एजेंट घोषित करने में मिनट नहीं लगाते, जेएनयू तो फिर भी कई चीजों को लेकर चर्चा में रहा है।

2016 दशहरा के मौके पर जेएनयू में एनएसयूआई के कार्यकर्ताओं द्वारा नरेंद्र मोदी, अमित शाह, योगी आदित्यनाथ, बाबा रामदेव, साध्वी प्राची, और नाथुराम गोडसे का पुतला दहन किया गया।

जेएनयू में प्रधानमंत्री नरेंद्र मोदी के रावण रूपी पुतला दहन से आक्रोशित बीजेपी कार्यकर्ताओं ने बिहार की राजधानी पटना में प्रदर्शन करते हुए कांग्रेस नेताओं का पुतला फूंका। वहीं दूसरी तरफ बीजेपी

कार्यकर्ताओं ने कहा कि जेएनयू में राष्ट्रविरोधी घटनाएं बढ़ती जा रही है, उसको ध्यान में रखते हुए विश्वविद्यालय को तुरंत बंद कर देना चाहिए।

अगस्त 2018 में राजस्थान के अलवर जिले के राजगढ़ से तत्कालीन बीजेपी विधायक ज्ञानदेव आहूजा ने 'गद्दारों के खिलाफ' एक मोर्चा को संबोधित करते हुए कहा कि जेएनयू में प्रतिदिन हड्डियों के 50,000 टुकड़े, 3000 इस्तेमाल किए गए कंडोम, 500 इस्तेमाल किए गए गर्भपात के इंजेक्शन, 10,000 सिगरेट के टुकड़े, 2000 भारतीय और विदेशी शराब की बोतलें, बीड़ी के 4000 टुकड़े, चिप्स और नमकीन के 2000 रैपर मिलते। हैं। सांस्कृतिक कार्यक्रमों में लड़के-लड़कियां नग्न होकर नृत्य करते। हैं।

बीजेपी के तत्कालीन राज्यसभा सांसद सुब्रमण्यम स्वामी और प्रभात झा ने जेएनयू को असामाजिक तत्वों से मुक्ति के लिए दो साल के लिए बंद कराने की मांग की।

18 अगस्त 2019 को बीजेपी सांसद हंसराज हंस जो "एक शाम शहीदों के नाम" कार्यक्रम में प्रस्तुति देने जेएनयू गए थे, उन्होंने जम्मू-कश्मीर के मुद्दे पर बोलते हुए गांधी-नेहरू परिवार पर निशाना साधते हुए कहा कि हम अपने बड़ों की गलतियों का खामियाजा भुगत रहे। हैं।

हंस ने संवाददाताओं से बात करते हुए कहा, "यह जवाहर लाल नेहरू ही थे, जिन्होंने अतीत में जम्मू-कश्मीर पर गलतियाँ की थी। मैं पहली बार जेएनयू आया हूं...जेएनयू के बारे में बहुत कुछ सुना है, लेकिन अब मोदी सरकार के प्रयासों के कारण बदलाव आया है। प्रधानमंत्री मोदी ने देश के लिए बहुत कुछ किया है। जेएनयू का नाम बदलकर एमएनयू (मोदी नरेंद्र यूनिवर्सिटी) कर देना चाहिए।"

भाजपा के महासचिव सीटी रवि ने जेएनयू का नाम बदलकर इसे स्वामी विवेकानंद के नाम पर रखने का प्रस्ताव दिया। रवि ने ट्वीट किया कि वे स्वामी विवेकानंद थे, जो भारत के विचार के साथ खड़े थे। उनका दर्शन और मूल्य भारत की शक्ति को प्रकट करते हैं। भारत के देशभक्त संत का जीवन आने वाली पीढ़ियों को प्रेरित करता रहेगा। कई भाजपा समर्थकों का दावा था कि जेएनयू का नाम बदलते ही देशद्रोही की जगह देशभक्त निकलने लगेंगे।

जिनके खिलाफ बीजेपी के समर्थक मोर्चा खोले रहे, तो मोदी या मोदी सरकार से प्रशंसा मिलना या पुरस्कार मिलना तय हो जाता है। मोदी या मोदी सरकार दोनों एक बात ही है क्योंकि आज वन मैन शो चल रहा है। कोई बीजेपी या सरकार में महत्वपूर्ण मुद्दों पर राय रखता है तो उसमें मोदी की सहमति की जरूरत है। कोई अलग कुछ करे या बयान दे तो उसका जबाव तलब होना या पद से मुक्त होना तय है।

बीजेपी समर्थक जहां जेएनयू के छात्रों को गद्दार बताते वही प्रधानमंत्री मोदी ने जेएनयू से पढ़े निर्मला सीतारमण को वित्त मंत्री और एस.जयशंकर को विदेश मंत्री बनाया। सीतारमण और जयशंकर में कई समानताएं भी हैं। दोनों लोकसभा के सदस्य न होकर राज्यसभा के सांसद हैं। सीतारमण के ससुर कांग्रेस के नेता तो वहीं जयशंकर भी पूर्व प्रधानमंत्री मनमोहन सिंह के करीबी रहे। दोनों को अहम मंत्रालय और कैबिनेट मंत्री बनाने पर यहां उनके समर्थक इनके कांग्रेसी से संबंध होने और जेएनयू से पढ़े होने

पर चुप्पी साध लेते हैं। केंद्र सरकार में लगभग आधा दर्जन सचिवों के पास जेएनयू से मास्टर्स और पीएचडी की डिग्री है।

तत्कालीन केंद्रीय संसदीय कार्यमंत्री एम. वेंकैया नायडू ने रविवार को यहां कहा कि केंद्र सरकार का दिल्ली के जवाहरलाल नेहरू विश्वविद्यालय को बंद करने की कोई योजना नहीं है। उन्होंने कहा कि जो मुद्दे देश की एकता और अखंडता से जुड़े हों उनमें छात्रों को राजनीति नहीं करनी चाहिए। नायडू ने कहा कि विश्वविद्यालय को बंद करने का प्रश्न ही नहीं उठता, जेएनयू को न केवल चलाएंगे बल्कि ठीक करेंगे।

19 मार्च 2020 को तत्कालीन मानव संसाधन विकास मंत्री रमेश पोखरियाल निशंक ने राज्यसभा में कहा कि केंद्र उन लोगों के खिलाफ कठोर कार्रवाई करेगा जो जवाहरलाल नेहरू विश्वविद्यालय (जेएनयू) के मूलभूत चरित्र को बदलने का प्रयास करेंगे। जो लोग विश्वविद्यालय का चरित्र बदलने का प्रयास करेंगे, हम उनके खिलाफ कठोर कार्रवाई करेंगे। सरकार इसमें झिझकेगी नहीं।

8 फ़रवरी 2021 को तत्कालीन केंद्रीय शिक्षा मंत्री रमेश पोखरियाल निशंक ने इसकी जानकारी राज्यसभा में नाम बदलने के सवाल पर यह जवाब देते हुए दिया कि जवाहर लाल नेहरू विश्वविद्यालय (जेएनयू) के नाम में कोई बदल नहीं होने जा रहा है। केंद्र सरकार का नाम बदलने को लेकर कोई इरादा नहीं है।

21 मार्च 2023 को केंद्रीय शिक्षा मंत्री धर्मेंद्र प्रधान ने जेएनयू के छठे दीक्षांत समारोह में बोलते हुए कहा, "जेएनयू केवल विश्व विद्यालय नहीं बल्कि एक संस्कृति है। जेएनयू जैसी विविधता, संवेदनशीलता, समावेशिता, समानता, गुणवता और सामर्थ्य शायद ही किसी अन्य विश्वविद्यालय में हो। भारत एक पुरातन सभ्यता है जिसकी पूँजी ज्ञान है। जेएनयू हमारी ज्ञान-आधारित सभ्यता को आगे ले जाने का काम कर रहा है।"

लव जिहाद भारतीय जनता पार्टी के नेताओ के लिए चुनावी मुद्दा रहा है। बीजेपी शासित राज्यों उत्तर प्रदेश, मध्य प्रदेश, उत्तराखंड, हिमाचल प्रदेश और गुजरात में बलपूर्वक, झूठ बोलकर, लालच देकर, पहचान छुपाकर या अन्य कपटपूर्वक तरीके से शादी करने को अपराध के श्रेणी में डाला गया है। जो हर समुदाय के ऊपर लागू होता है लेकिन मीडिया, बीजेपी समर्थक/विरोधियों ने इसे लव जिहाद के खिलाफ कानून बताया। लव जिहाद की जो भी घटनाएं हो रही है, बेशक लड़की प्रताड़ित होने के बाद बोलने लगती है कि उससे धोखा हुआ लेकिन ये अपवाद स्वरूप है। हर किसी को पहले पहचान मालूम होता है, लेकिन तब लगता है कि हर धर्म एक समान है और मेरा वाला बाकियों से अलग है। कई मामलों में तो लड़की 2 साल बाद बोलती है कि उससे पहचान छुपाकर शादी की गई। ये कैसे संभव है कि कोई इतने समय तक अपनी पहचान छुपा ले, जबकि हर किसी के अपने धर्म के अनुसार जीने के अपने तरीके है। जिसका परिणाम रहा कि ये कानून ज्यादा प्रभावी नहीं रहा और लव जिहाद में कोई कमी नहीं आई।

4 फ़रवरी 2020 को केंद्रीय गृह राज्यमंत्री जी किशन रेड्डी ने लोकसभा में लिखित जबाव में कहा कि लव जिहाद से जुड़ा कोई भी मामला केंद्रीय एजेंसीयों के संज्ञान में नहीं है और ऐसा कोई टर्म मौजूदा

कानूनों के तहत नहीं परिभाषित किया गया है। किसी को भी धर्म स्वीकारने और उसके प्रचार प्रसार की पूरी आज़ादी है।

10 जून 2023 को भारतीय जनता पार्टी की राष्ट्रीय सचिव ने कहा, "प्यार प्यार है, उसमें कोई दीवार नहीं होनी चाहिए। मोदी सरकार के एजेंडे में कभी भी लव जेहाद जैसे विषय नहीं रहे हैं।"

26 नवंबर 2020 को भाजपा शासित मध्य प्रदेश के कैबिनेट मिनिस्टर अरविंद भदौरिया ने कहा, "लव जिहाद और धार्मिक रूपांतरण को विदेशी देशों द्वारा वित्त पोषित किया जा रहा है। हिंदू लड़कियों से शादी करने के लिए पैसे देने की कहकर निशाना बनाया जाता है। गृह मंत्रालय को इस तरह की फंडिंग की जांच करनी चाहिए और दोषियों के खिलाफ कठोर कारवाई करना चाहिए।"

15 नवंबर 2023 को केंद्रीय गृह मंत्री अमित शाह ने छत्तीसगढ़ के बेमेतरा में चुनावी रैली में कहा, "बेमेतरा लव जिहाद का अड्डा बन गया है। साहू, लोधी और गोंड समाज की बेटियां इनके निशाने पर हैं, लेकिन भूपेश सरकार कुंभकर्ण नींद सो रही है। बीजेपी सरकार आने के बाद लव जिहाद के ऊपर रोक लगाएंगे।"

जिस अमित शाह का मंत्रालय लव जिहाद को नकारता है, वही चुनावी सभा में लव जिहाद का जिक्र करते हैं। अब रही बात केंद्रीय एजेंसीयों की तो 16 अगस्त 2017 को ही केंद्रीय जांच एजेंसी एनआईए ने सुप्रीम कोर्ट में बताया, "लव जिहाद वास्तव में होता है। हिंदू लड़कियों का धर्म परिवर्तन कर उनकी शादी मुस्लिम पुरुषों से कराने का एक पैटर्न है।"

लव जिहाद भारतीय जनता पार्टी के लिए चुनावी मुद्दा रहा लेकिन कोई ऐसा काम नहीं किया जिससे ऐसी घटनाओं में कमी आए। पाठक इस पुस्तक में आगे पढ़ेंगे कि कैसे मोदी सरकार ने लव जिहाद को बढ़ावा देने का काम किया।

लव जिहाद को लेकर 2009 में केरल हाईकोर्ट और कर्नाटक हाईकोर्ट बता चुकी है कि ये गंभीर साजिश है।

जुलाई 2010 में तत्कालीन मुख्यमंत्री वीएस अच्युतानंदन ने भी इस विषय पर चिंता जताई थी। उन्होंने पत्रकारों से बात करते हुए कहा था कि पॉपूलर फ्रंट ऑफ इंडिया और कैंपस फ्रंट जैसे संगठन दूसरे धर्मों की लड़कियों को फुसलाकर उनसे शादी कर इस्लाम कबूल करवाने की साजिश रच रह हैं। 20 सालों में केरल का इस्लामीकरण करने का प्लान बना रहे हैं। वो तालिबान के अंदाज में कॉलेजों में हमला कर सकता है। दूसरे धर्मों की लड़कियों से शादी करके लव जिहाद के जरिए सांप्रदायिक सौहार्द्र को बिगाड़ सकता है। ये भी जानकारियां तत्कालीन मुख्यमंत्री ने दी थी कि बकायदा पैसे देकर लोगों को इस्लाम कबूल करवाया जा रहा है।

जिस वाम दल के एजेंडा में ये मुद्दा नहीं रहा उसके मुख्यमंत्री ने इस सच को स्वीकार किया। कभी ये कांग्रेस के एजेंडा में नहीं रहा लेकिन केरल के कांग्रेसी मुख्यमंत्री ओमान चांडी ने बकायदा इस पर सदन में एक रिपोर्ट रखी। 25 जून 2014 को मुख्यमंत्री चांडी ने विधानसभा में जानकारी दी थी कि

2667 युवतियां 2006 से लेकर अब तक प्रेम विवाह के बाद इस्लाम कबूल कर चुकी हैं। वहीं केरला कैथोलिक बिशप काउंसिल ने इससे पहले 2009 में ये आंकड़ा 4500 बताया था। इसके अलावा एक अन्य संस्था ने कर्नाटक में 30 हजार लड़कियों के लव जिहाद की होने की बात कही थी।

लव जिहाद को लेकर कई वीडियो भी सामने आ चुके हैं जहां मुस्लिम लड़का बोलता दिखा कि उसे हिंदू लड़की को फंसाने के लिए पैसे मिले हैं। कई मदरसों के भी वीडियो सामने आ चुके हैं जहां हिंदू लड़कियों को फंसाने की ट्रैनिंग दी जाती है। हिंदूलड़कियों की जाति के अनुसार रेट की भी बातें सामने आ चुकी है।

बीजेपी के लिए लव जिहाद सिर्फ चुनाव के समय गंभीर समस्या है बाकि समय ये प्रेम प्रसंग का मामला बन जाता है।

महात्मा गांधी को लेकर बीजेपी समर्थक हमलावर रहे, बंटवारे के समय उनकी भूमिका और इस्लाम परस्ती को लेकर हमेशा सवाल खड़े करते रहे। नाथुराम गोडसे को अपना आदर्श बताते रहे लेकिन नरेंद्र मोदी के प्रधानमंत्री बनने के बाद गाँधीवाद ज्यादा हावी हो गया। बीजेपी सांसद साध्वी प्रज्ञा सिंह ठाकुर को गोडसे को देशभक्त बताना इतना भारी पड़ गया कि मोदी बोल पड़े कि मैं दिल से कभी माफ़ नहीं कर पाऊंगा और उन्हें रक्षा मंत्रालय की समिति से बाहर कर दिया गया। साध्वी प्रज्ञा बीजेपी में भी रहकर अलग थलग पड़ गई। जिस नाथुराम गोडसे को विपक्ष आतंकवादी बताने का प्रयास करता रहा उसे बीजेपी प्रवक्ता गौरव भाटिया ने भी स्वीकार कर लिया कि वो आतंकवादी थे।

किसी भी पार्टी का प्रवक्ता वही बोलता है जो पार्टी का आधिकारिक पक्ष हो। नरेंद्र मोदी सार्वजनिक मंच से कई बार बोल चुके हैं कि भारत गांधी की धरती है। सितंबर 2018 में भारत सरकार के पर्यटन मंत्रालय ने फैसला किया कि अपने प्रमुख कार्यक्रम अतुल्य भारत के लिए 'गांधी की भूमि' को अपना आदर्श वाक्य बनाएगा।

नरेंद्र मोदी अचानक से गाँधीवादी नहीं बन गए, जब पहली बार गुजरात के मुख्यमंत्री बने तो शपथ ग्रहण से पहले गांधी की तस्वीर के आगे सिर झुकाकर, उन्हें प्रणाम कर निकले। प्रधानमंत्री बनने के बाद शपथ लेने से पहले राजघाट पहुंचकर गांधी को श्रद्धांजलि दी और पहले भाजपा नेता बने जिसने शपथ से पहले गांधी को श्रद्धांजलि दी हो। वीर सावरकर का नाम इन्होंने बहुत कम लिया लेकिन सावरकर का इस्तेमाल चुनावों में जरूर होने लगा क्योंकि विपक्षी हमला करते थे, जिसे बीजेपी ने राजनीतिक तौर पर भुनाने का प्रयास किया। बीजेपी समर्थकों का मानना था कि सावरकरवाद चलेगा लेकिन गाँधीवाद इतना आगे बढ़ा कि किसी ने कल्पना भी ना की थी।

नरेंद्र मोदी ने गाँधीवाद को धरातल पर उतार दिया और अपने प्रेरणाश्रोत तो बताते ही रहे। मोदी और गांधी में कई समानताएं हैं, "जैसे कि दोनों गुजरात से हैं, गांधी जीतने ब्रह्मचर्य का पालन करते थे, उतने ही ब्रह्मचर्य का पालन मोदी भी करते हैं, गांधी हिंदुवादी नेता के रूप में प्रचलित इस्लाम परस्त थे, मोदी भी हिंदू हृदय सम्राट के रूप में प्रचलित सर्वाधिक इस्लाम परस्त हैं। हालांकि इस्लाम के प्रति समर्पण

के मामले में मोदी उनसे काफी आगे हैं। गांधी तो फिर भी हिंदुओं के हत्या को लेकर अनशन पर बैठ जाते थे, लेकिन मोदी पूरी तरह चुप्पी साध लेते हैं।"

नरेंद्र मोदी तो धार्मिक स्थलों पर जूता पहन परिक्रमा करते देखे गए लेकिन गांधी समाधि राजघाट पर हमेशा नंगे पाव देखे गए।

विदेशी मेहमानों को राजघाट ले जाते और साबरमती आश्रम ले जाते दिखे, लेकिन कभी ऐसा नहीं हुआ कि किसी को अंडमान निकोबार द्वीप समूह के सेलुलर जेल दिखाने गए जहां वीर सावरकर को अंग्रेजों ने कैद करके रखा था।

ओवैसी बंधु के बयान के सहारे बीजेपी ध्रुवीकरण का प्रयास करती रही है। गुजरात के पूर्व भाजपा विधायक यतिन ओझा ने दिल्ली के मुख्यमंत्री अरविंद केजरीवाल को लिखे गए एक पत्र में दावा किया कि वर्ष 2015 के बिहार विधानसभा चुनाव के दौरान बीजेपी और एआईएमआईएम के बीच गुप्त गठबंधन था। ये गुप्त गठबंधन एआईएमआईएम नेता और पार्टी प्रमुख असदुद्दीन औवेसी के छोटे भाई अकबरुद्दीन औवेसी और भाजपा अध्यक्ष के बीच एक बैठक के बाद हुआ था।

पत्र के मुताबिक, अमित शाह के आवास पर बैठक में आपसी सहमति से यह तय हुआ कि ओवैसी की AIMIM बिहार के मुस्लिम बहुल इलाकों में अपने उम्मीदवार उतारेगी। पत्र में ओझा ने कहा, "यह भी निर्णय लिया गया कि श्री औवेसी जहरीला सांप्रदायिक भाषण देंगे, जिसकी पटकथा श्री अमित शाह द्वारा लिखी जाएगी, जिसके परिणामस्वरूप समाज में सांप्रदायिक विभाजन होने की संभावना हो सकती है।"

अकबरुद्दीन ओवैसी ने बिहार के किशनगंज में एक चुनावी रैली के दौरान पीएम मोदी खिलाफ कई आपत्तिजनक शब्दों का भी इस्तेमाल किया था. उन्होंने गुजरात में 2002 में हुए दंगे को लेकर पीएम मोदी को 'शैतान' और 'जालिम' तक कहा था।

ग्रेटर हैदराबाद नगर निगम चुनाव के लिए 30 जनवरी 2016 को बाबा नगर में अकबरुद्दीन ओवैसी ने कहा, "नरेंद्र मोदी के साथ मिलकर पूरे देश से कांग्रेस को साफ कर दूंगा।"

बीजेपी के लोग अकबरुद्दीन ओवैसी के 15 मिनट के लिए पुलिस हटाने वाली बयान को भुनाते रहे है। भगवान राम के जन्म को लेकर अभद्र टिप्पणी कर चुके है। कांग्रेस के सरकार में भड़काऊ बयान देने को लेकर जेल भी जा चुके थे। मोदी सरकार में बरी हो गए। जो आदमी बयान देता है कि 15 मिनट के लिए पुलिस हटा ली जाए तो वो दिखा देंगे कि कैसे 25 करोड़ मुसलमान 100 करोड़ हिंदुओ का कत्ल कर सकते है। हिंदूहितों को लेकर सत्ता में एआई बीजेपी सरकार स्पेशल कोर्ट के फैसले को चुनौती भी नहीं देती।

असदुद्दीन ओवैसी के पार्टी के नेता वारिस पठान ने कर्नाटक के गुलबर्गा में जनसभा को संबोधित करते हुए कहा,"हमने ईंट का जवाब पत्थर से देना सीख लिया है। मगर हमको इकट्ठा होकर चलना पड़ेगा। आज़ादी लेनी पड़ेगी और जो चीजे मांगने से नहीं मिलती है,उसको छीना जाता है। हमको कहा जा रहा है कि हमने अपनी मां और बहनों को आगे भेज दिया है। हम कहते है कि अभी सिर्फ शेरनीयां बाहर निकली है,तो आपके पसीने छूट गए। अगर हम साथ आ गए तो सोच लो क्या होगा। हम 15 करोड़ ही 100 करोड़ पर भारी है। यह बात याद रख लेना।"

वारिस पठान के बयान पर डिबेट हुए। बीजेपी के लोगों ने खूब भुनाया ताकि हिंदू डरे क्योंकि बीजेपी की राजनीति हिंदुओं के डर पर ही जिंदा है। जिसका परिणाम रहा कि खूब मीडिया में डिबेट हुए लेकिन कोई कारवाई नही हुई।

गुजरात विधानसभा चुनाव 2022 से पहले अहमदाबाद के मेयर किरीट परमार, भाजपा नेता धर्मेंद शाह ने AIMIM के प्रदेश अध्यक्ष साबिर काबलीवाला के साथ बैठक हुई। दावा किया गया कि इस बैठक में गुजरात चुनाव को लेकर बातचीत हुई। हालांकि, AIMIM के प्रदेश अध्यक्ष साबिर काबलीवाला ने इसका खंडन किया। साबिर ने कहा कि वह फैक्ट्री चलाते हैं और अपनी फैक्ट्री में ट्रिटमेंट प्लांट लगवा रहे हैं। इसी को लेकर ये आधिकारिक बैठक हुई थी। इसमें कोई भी राजनीतिक चर्चा नहीं हुई।

गौरतलब हो कि उत्तरप्रदेश विधानसभा चुनाव 2022 से पहले असदुद्दीन ओवैसी का विडिओ वायरल हुआ। जिसमें पुलिस को चेतावनी देते हुए असदुद्दीन ओवैसी बोलने नजर आ रहे थे, "याद रखो मेरी इस बात को। हमेशा योगी मुख्यमंत्री नहीं रहेगा। हमेशा मोदी प्रधानमंत्री नहीं रहेगा। हम मुसलमान वक़्त के एतबार से खामोश जरूर है। मगर याद रखो हम तुम्हारे जुल्म को भूलने वाले नही है। हम तुम्हारे जुल्म को याद रखेंगे। अल्लाह अपनी ताकत के जरिए तुम्हें नेस्तनाबूत करेगा। इंशा अल्लाह ओ ताला ! हम याद रखेंगे। हालात बदलेंगे,जब कौन बचाने आएगा तुमको ? जब योगी अपने मठ में चले जाएंगे। मोदी पहाड़ों में चले जाएंगे।"

बीजेपी आईटी सेल ने इसे पुलिस के बजाय हिंदुओ के खिलाफ बयान परोस कर खूब भुनाया।

असददुद्दीन ओवैसी के ग्राफ वर्ष 2014 में मोदी के प्रधानमंत्री बनने के बाद बढ़ा। जिस ओवैसी का नाम हैदराबाद से बाहर कोई जानता तक नहीं था,वो राष्ट्रीय नेता बन गए। पूरे देश में उनका विस्तार हो

गया। एक सांसद वाली पार्टी के दो सांसद हो गए। देशभर में चुनाव लड़ने लगे। कई जगह विधायक भी जीते। कई जगह ध्रुवीकरण करके मुस्लिम वोट काट लेते है,जिससे हिंदू भी बीजेपी के पक्ष में लामबंद हो जाता है। जिससे बीजेपी को राजनीतिक तौर पर क्षणिक फायदा तो हो रहा लेकिन देश के भविष्य के लिए ठीक नहीं है क्योंकि धार्मिक आधार पर वर्ष 1947 में बटवारा हो चुका है। बीजेपी के लोग ओवैसी को आधुनिक जिन्ना तो बोलते ही है तब जिन्ना को भी इसी तरह बढ़ावा दिया गया था।

मीडिया को बीजेपी के इशारे पर काम करने के आरोप तो लगते रहे है। मोदी सरकार में न्यूज चैनल का एक विंडो ओवैसी की पार्टी के लिए लगभग फिक्स हो गया जबकि कई राजनीतिक दल है,जो ओवैसी की पार्टी से बड़ी पार्टीयां है लेकिन उनके प्रवक्ता शायद ही नजर आते है। आखिरकार ओवैसी को इतनी प्राथमिकता अब इतनी क्यों मिलने लगी जो पहले नहीं मिली।

3 फ़रवरी 2022 को असदुद्दीन ओवैसी के कार पर दो युवकों ने गोलियां चलाई थी। हालांकि इसमें ओवैसी को खरोंच तक नहीं आया। कार पर हुई गोलीबारी के बाद केंद्र सरकार ने उन्हें जेड श्रेणी की सुरक्षा देने की घोषणा की लेकिन ओवैसी ने सुरक्षा लेने से साफ इनकार कर दिया।

7 फ़रवरी 2022 को केंद्रीय गृह मंत्री ने राज्यसभा में जवाब देते हुए कहा,"इस मामले में धारा 307 के तहत मुकदमा दर्ज कार लिया गया है। मैं ओवैसी से विनती करता हूं कि वे तत्काल सुरक्षा ले ले और हमें चिंता मुक्त करे।"

बंगाल में तत्कालीन बीजेपी सांसद बाबुल सुप्रियों,अर्जुन सिंह,रूपा गांगुली व अन्य नेताओं के ऊपर हमले हुए लेकिन अमित शाह की ऐसी कोई तत्परता नहीं देखी गई जबकि वो इनके पार्टी के नेता थे।

अब पाठकों का सवाल होगा कि बीजेपी का एक ही मुद्दे पर अलग अलग रुख, चुनावी मंचों से कुछ और सरकार में कुछ और, आखिर ऐसा क्यों है तो बहुत ही आसानी से समझा जा सकता है कि इन्हें करना कुछ भी नहीं है या हालात को और खराब करना है लेकिन इन्हें हर चीज का राजनीतिक फायदा लेना है।

हिंदू विरोधी शक्तियों को सम्मान और प्रश्रय

नरेंद्र मोदी ने हिंदू विरोधी शक्तियों को बढ़ावा दिया, महिमा मंडन किया और सम्मान दिया। बेशक इनके समर्थक संवैधानिक मजबूरी का नाम दे उसे ढकने का प्रयास करें लेकिन सच्चाई अलग थी क्योंकि आजतक किसी भी प्रधानमंत्री ने ऐसा नहीं किया। मोदी इस्लाम के प्रसंशक तो हैं ही साथ ही उनके ऐसे भी प्रसंशक हैं जो हिंदुओं के खिलाफ थे या वर्तमान में हैं। अगर इनके कार्यशैली को देखें तो इनको समस्या हिंदुओं से ही रही और वोटर भी हिंदू ही रहे।

मैं इसे हिंदुओं को कमजोर करने के रणनीति के रूप में देखता हूं जिससे इस्लाम को फायदा हो क्योंकि वो भारत की दूसरी बड़ी आबादी होने के साथ साथ काफी तेजी से बढ़ने वाली आबादी है। नरेंद्र मोदी ने हर मोर्चे पर इतना नुकसान किया है, जितना कोई सोच भी नहीं सकता था। जो हिंदू धर्म के आलोचक, हिंदुओं के विरोधी, देवी देवताओं को अपमानित करने वाले और जो हिंदुओं को तोड़ने वाले थे/हैं। मोदी सरकार ने सबको सम्मानित किया या प्रश्रय दिया।

सर सैय्यद अहमद खान को रोल्मुलर, बागपंथी, मुरालगान और लिबरल गहान बताते रहे और देश के बंटवारे का आरोप वीर सावरकर पर मढ़ते रहे। नरेंद्र मोदी ने सच्चाई उजागर करने के बजाय उनके ही षड्यंत्र को आगे बढ़ाया। नरेंद्र मोदी को लेकर एक चैनल ने और अमेरिका के संस्थान 'इंस्टिट्यूट फॉर द इंटिग्रेशन ऑफ सांइस इंट्यूशन एंड स्पीरिट (IISIS) ने गहन अध्ययन करने के बाद दावा किया था कि ये पूर्व जन्म में सर सैय्यद अहमद खान थे। ये तो पता नहीं कि ये पूर्व जन्म में क्या थे लेकिन इनके कार्यशैली को देखकर कहा जा सकता है कि ये उनसे भी ज्यादा इस्लाम के प्रति कट्टर वफादार हैं।

सर सैय्यद अहमद खान ने 1857 की क्रांति को अंग्रेजों के सामने हरामजादगी बताया था। क्रांति के दौरान अंग्रेजों के नजर में इस्लाम के लिए दया पैदा करने की राय दी कि अंग्रेजों को अपने राजकाज में मुस्लिमों की भर्ती करनी चाहिए जिससे इस तरह की हरामजादगी फिर से न हो। सैय्यद ने बार बार मुसलमानों से ब्रिटिश राज की वफादारी से सेवा करने का आह्वान किया।

सैय्यद अहमद खान को उनके बेहतरीन प्रदर्शन के लिए अंग्रेजों ने 'सर' का उपाधि दिया था। सैय्यद का मानना था कि अंग्रेजों को अल्लाह ने उन पर हुकूमत करने के लिए भेजा है और यदि को मोहम्मडन या फिर इस्लाम किसी के करीब हो सकता हैं तो वो सिर्फ ईसाई धर्म है। 1858 में 'रिसाला अस

बाब-ए-बगावत ए हिंद' नामक पुस्तक लिखी, जिसमें बताया कि 1857 की क्रांति के लिए मुसलमान नहीं बल्कि हिंदू जिम्मेदार थे।

वर्ष 1885 में जब भारतीय राष्ट्रीय कांग्रेस की स्थापना के साथ देश औपनिवेशिक सरकार के बहिष्कार के लिए एकजुट हो रहा था, तब उन्होंने हिंदू बनाम मुस्लिम, हिंदी बनाम उर्दू, संस्कृत बनाम फारसी का मुद्दा उठाकर मुस्लिमों की मजहबी भावनाओं का दोहन किया और अपनी जहरीली विचारधारा के विष को खूब भुनाया था। उन्होंने यह विचार स्थापित किया कि मुस्लिम का दैवीय कर्तव्य है कि वे कांग्रेस से दूर रहें। इसके लिए उन्होंने ईसाईयों को इस्लाम का सबसे करीबी मित्र तक साबित करने के प्रयास किए थे।

सर सैय्यद अहमद खान ने कांग्रेस का विरोध किया और मुसलमानों से कांग्रेस का विरोध करने की वकालत की। मुसलमानों के मन में हिंदुओं के प्रति जहर भरा और उनका मानना था कि हिंदुओं और मुसलमानों के राजनीतिक हित अलग-अलग हैं। कांग्रेस के विरुद्ध इसका प्रोपेगंडा था कि कांग्रेस हिंदू आधिपत्य पार्टी है। बंबई (अब मुंबई) में 1885 में हुए कांग्रेस के पहले अधिवेशन में शामिल 72 प्रतिनिधियों में दो मुसलमान थे। 1886 के कलकत्ता अधिवेशन के 431 प्रतिनिधियों में यह हिस्सेदारी 33 की थी, पर इनमें कोई प्रमुख मुस्लिम चेहरा नही था, लेकिन 1890 के छठे अधिवेशन तक स्थिति काफी बदल चुकी थी। उस अधिवेशन के कुल 702 प्रतिनिधियों में 156 मुस्लिम थे। इधर कांग्रेस से मुसलमानों का जुड़ाव बढ़ रहा था।

कांग्रेस के 1887 में मद्रास के तीसरे अधिवेशन की अध्यक्षता बदरुद्दीन तैयब ने की। इसके साथ ही सर सैयद अहमद खान कांग्रेस के खिलाफ खुलकर मैदान में आ गये। वह कांग्रेस को पहले ही 'राजद्रोही' कह और लिख चुके थे। 28 दिसंबर 1887 को एक जनसभा में उन्होंने कांग्रेस की सेंट्रल असेम्बली और प्रांतीय परिषद में प्रतिनिधित्व की मांग को मुसलमान विरोधी बताया और कहा कि इनमें केवल बहुमत (हिंदुओं) को ही प्रतिनिधित्व मिलेगा। यह पहला मौका था, जब "मुसलमान अलग लोग और एक अलग राष्ट्र" का खाका उन्होंने पेश हुआ। मुसलमानों को उन्होंने सचेत किया कि कांग्रेस का समर्थन करने पर उन्हें भारी तबाही झेलनी होगी।

मार्च 14, 1888 को मेरठ में दिए गए भाषण में सैयद अहमद खान ने कहा था- "हमारे पठान बंधु पर्वतों और पहाड़ों से निकलकर सरहद से लेकर बंगाल तक खून की नदियाँ बहा देंगे। अंग्रेज़ों के जाने के बाद यहाँ कौन विजयी होगा, यह अल्लाह की इच्छा पर निर्भर है। लेकिन जब तक एक राष्ट्र दूसरे राष्ट्र को जीतकर आज्ञाकारी नहीं बनाएगा तब तक इस देश में शांति स्थापित नहीं हो सकती।" बेहद भड़काऊ भाषण देते हुए हिंदू और मुसलमान को दो राष्ट्र बताया। सैय्यद ने बहस छेड़ा कि अंग्रेजों के जाने के बाद सत्ता किसके हाथ में आएगी और उनका दृढ़ विश्वास था कि हिंदू-मुस्लिम मिलकर इस देश पर शासन नहीं कर सकते।

विभाजन के पिता सैय्यद अहमद का मानना था कि केवल गृह युद्ध से ही तय हो सकता है कि सत्ता किसके हाथ होगी। सैय्यद का मानना था कि बेसक मुसलमान संख्या में कम हों लेकिन बाहरी मुसलमानों की मदद से हिंदुओं के ऊपर फतह किया जा सकता है।

आगे उन्होंने कहा,"सबसे पहला सवाल यह है कि इस देश की सत्ता किसके हाथ में आने वाली है? मान लीजिए, अंग्रेज अपनी सेना, तोपें, हथियार और बाकी सब लेकर देश छोड़कर चले गए तो इस देश का शासक कौन होगा? उस स्थिति में यह संभव है क्या कि हिंदू और मुस्लिम कौमें एक ही सिंहासन पर बैठें? निश्चित ही नहीं। उसके लिए ज़रूरी होगा कि दोनों एक दूसरे को जीतें, एक दूसरे को हराएँ। दोनों सत्ता में समान भागीदार बनेंगे, यह सिद्धांत व्यवहार में नहीं लाया जा सकेगा।"

आगे मुसलमानों को भड़काते हुए कहा कि "जैसे अंग्रेज़ों ने यह देश जीता वैसे ही हमने भी इसे अपने अधीन रखकर गुलाम बनाया हुआ था। वैसा ही अंग्रेज़ों ने हमारे बारे में किया हुआ है। ...अल्लाह ने अंग्रेज़ों को हमारे शासक के रूप में नियुक्त किया हुआ है। ...उनके राज्य को मज़बूत बनाने के लिए जो करना आवश्यक है उसे ईमानदारी से कीजिए। ...आप यह समझ सकते हैं मगर जिन्होंने इस देश पर कभी शासन किया ही नहीं, जिन्होंने कोई विजय हासिल की ही नहीं, उन्हें (हिंदुओं को) यह बात समझ में नहीं आएगी। मैं आपको याद दिलाना चाहता हूँ कि आपने बहुत से देशों पर राज किया है। आपको पता है राज कैसे किया जाता है। आपने 700 साल भारत पर राज किया है। अनेक सदियों तक कई देशों को अपने आधीन रखा है। मैं आगे कहना चाहता हूँ कि भविष्य में भी हमें किताबी लोगों की शासित प्रजा बनने के बजाय (अनेकेश्वरवादी) हिंदुओं की प्रजा नहीं बनना है।"

1886 में सैय्यद ने अखिल भारतीय मुहम्मदन शैक्षिक सम्मेलन का आयोजन किया जो मुसलमानो में शिक्षा को बढ़ावा देने के लिए प्रतिवर्ष विभिन्न स्थानों पर बैठक करता था। 1906 में मुस्लिम लीग की स्थापना तक, यह भारतीय इस्लाम का प्रमुख केंद्र था।

कांग्रेस का विरोध करने के उदेश्य से 1888 में यूनाइटेड इंडियन पैट्रिओटिक एसोसिएशन की स्थापना की।

उनकी वफादारी से खुश होकर ही ब्रिटिश हुकूमत ने उन्हें वर्ष 1898 में 'नाइटहुड' भी दी। अंग्रेजों के साथ राजनीतिक सहयोग को बढ़ावा देने और **अंग्रेजी शासन में मुस्लिम भागीदारी** सुनिश्चित करने के लिए अलीगढ़ में **'संयुक्त देशभक्त संघ'** की स्थापना की।

मौलाना आज़ाद ने एक बार अपने भाषण में सर सैयद अहमद खान के राजनीतिक विचारों को हिंदुस्तान के लिए सबसे बड़ी ग़लती बताया था। उन्होंने कहा था कि शिक्षा और सामाजिक कार्यों की आड़ में सैयद अहमद खान ने जो राजनैतिक एजेंडा चलाया, उसके लिए वे उन्हें कभी माफ़ नहीं कर पाएँगे। मौलाना आजाद का विचार था कि सैयद अहमद खान के विचारों ने भारतीय मुसलामानों के एक धड़े को ग़लत दिशा में सोचने पर उकसा दिया और जिसका परिणाम बँटवारा था।

मोहम्मद अली जिन्ना और अल्लामा इकबाल सहित पाकिस्तान आंदोलन और उसके कार्यकर्ताओं के लिए प्रेरणा श्रोत रहे सैय्यद अहमद खान ने 1875 में मुहम्मडन एंग्लो-ओरिएंटल कॉलेज की स्थापना

की, जो दक्षिणी एशिया का पहला मुस्लिम विश्वविद्यालय था जो आगे चलकर 1920 में अलीगढ़ मुस्लिम विश्वविद्यालय बना।

प्रधानमंत्री नरेंद्र मोदी अलीगढ़ मुस्लिम यूनिवर्सिटी शताब्दी समारोह में वीडियो कॉन्फ्रेंसिंग के माध्यम से जुड़े और सर सैय्यद अहमद की प्रसंशा करते हुए कहा कि उनका संदेश कहता है कि हर किसी की सेवा करें, चाहे उसका धर्म या जाति कुछ भी हो।

सन 2017 में सैय्यद अहमद खान के 200वीं जयंती के मौके पर डाक टिकट भी जारी किया।

शेख मुजीबुर रहमान के मन में बचपन से ही हिंदू विरोधी भावनाएं बहुत प्रबल थी, जो हुसैन शहीद सुहरावर्दी से मिलने के बाद और भी अधिक तीव्र हो गई। सुहरावर्दी से मुलाकात के बाद मुजीब एक अपराधिक कृत्य में शामिल हो गए। हिंदू महासभा के नेता सुरेन बनर्जी के घर में घुस गए और अपने गिरोह के साथ स्थानीय हिंदुओं पर हमला कर दिया। हत्या, लूटपाट और सांप्रदायिक दंगों के आरोप में मुजीब को हिरासत में लिया गया लेकिन सु हरावर्दी के साथ सम्बद्ध की वजह से आसानी से छूट गए।

शेख मुजीबुर रहमान 1940 में सक्रिय राजनीति का हिस्सा बन गए जब वह ऑल इंडिया मुस्लिम स्टूडेंट फेडरेशन में शामिल हुए। ये वही समय था जब मुस्लिम लीग के लाहौर अधिवेशन में पहली बार भारत से अलग होकर पाकिस्तान बनाने का प्रस्ताव पारित हुआ।

मुजीब कभी भी हिंदुओं के साथ सत्ता साझा करने के पक्ष में नहीं थे,वह हमेशा बंगाल में सत्ता पर मुस्लिम वर्चस्व चाहते थे। फजलूल हक ने श्यामा प्रसाद मुखर्जी के साथ मिलकर हिंदू-मुस्लिम एकता सरकार बनाई, जिसे श्यामा-हक मंत्रालय के नाम से जाना जाता था। मुजीब ने हक के हिंदुओं के साथ सत्ता साझा करने का पुरजोर विरोध किया। हालांकि कई मुसलमानों ने मुजीब की आलोचना शुरू कर दी तो उन्होंने हक को निशाना बनाना बंद कर दिया।

1946 में मुस्लिम लीग ने पाकिस्तान बनेगा या नहीं इस पर जनमत संग्रह के आधार पर चुनाव लड़ा और सुहरावर्दी के नेतृव में सरकार बनाने में सफल रही। 16 अगस्त 1946 को 'डायरेक्ट एक्शन डे' के घोषणा के बाद, बंगाल मुस्लिम लीग के महासचिव अबुल हाशिम के आदेश पर मुजीब और उनके साथी पाकिस्तान के लिए अभियान चलाने के लिए कलकत्ता के सड़कों पर उतर आए। मुजीब ने स्वयं कलकत्ता में सुबह 10 बजे इस्लामिया कॉलेज में मुस्लिम छात्रों को संगठित करने और फिर उन्हें रैली में ले जाने का काम संभाला।

मुजीब ने कलकत्ता विश्वविद्यालय में मुस्लिम लीग का झंडा फहराया। मुस्लिम भीड़ और मुस्लिम नेशनल गार्ड (मुस्लिम लीग से संबधित एक सैन्य संघठन) पुलिस की सहायता से हिंदुओं पर कहर बरपा रहे थे। बंगाल पुलिस में सुहरावर्दी के द्वारा बड़ी संख्या में पंजाबी मुसलमानों की भर्ती तत्काल प्रभाव से की गई थी। मुजीब मुस्लिम भीड़ का नेतृत्व कर रहे थे क्योंकि उन्हें बंदूकों के इस्तेमाल में विशेषज्ञता हासिल थी। उन्होंने उस भीड़ का भी नेतृत्व किया, जिन्होंने हिंदुओं के ऊपर ईंटों और पत्थरों से हमला किया।

सुहरावर्दी के अधीन मुसलमानों के इरादे बिल्कुल स्पष्ट थे। कलकता को मुस्लिम बहुल बनाने के लिए हिंदुओं का सामूहिक नरसंहार ताकि पाकिस्तान के लिए दबाव बनाया जा सके। जिसका परिणाम रहा कि लाखों मुस्लिम इकट्ठे हुए और 'अल्लाह-हू-अकबर', 'नारा-ए-तकबीर', 'लड़ के लेंगे पाकिस्तान', 'कायदे आजम' के नारे कलकता के सड़कों पर लगा रहे थे।16 अगस्त को सुबह सबकुछ सामान्य था लेकिन दोपहर होते होते शहर के विभिन्न इलाकों से तोड़फोड़, आगजनी और पत्थरबाजी की घटनाएं सामने आने लगी। शाम होते होते दंगा प्रभावित क्षेत्रों में कर्फ्यू लगा दिया गया और रात 8-9 के बीच सैनिकों की तैनाती शुरू हो गई। इसके बाद लगा कि हालात सामान्य हो जाएँगे लेकिन अगले दिन यानी 17 अगस्त को इस्लामी कट्टरपंथियों का सबसे खूँखार स्वरूप दिखाई दिया। 16 अगस्त को जो भी हुआ था, अगले दिन उसका कई गुना अधिक नुकसान किया गया। हिंदुओं को चुन-चुन कर मारा गया, हिन्दू महिलाओं के साथ बलात्कार किया गया, हिंदुओं की संपत्तियों को जला दिया गया। पूर्वी बंगाल के नोआखाली में भी हिन्दुओं का भीषण नरसंहार हुआ। 17 अगस्त को जहाँ भी सैनिकों की तैनाती हो पाई वहाँ हालत कुछ काबू में हुए, लेकिन मुख्य शहर के अलावा स्लम बस्तियों और ग्रामीण इलाकों में जहाँ सेना नहीं पहुँच पाई वहाँ मुस्लिम की भीड़ हिन्दुओं पर भूखे भेड़ियों की तरह टूट पड़ी।

जिसका परिणाम रहा कि कलकत्ता की सड़कें हिंदुओं की लाशों से बिछी हुई थी। जिसको लेकर अलग-अलग आँकड़े सामने आए। मौत का सही आंकड़ा क्या था, ये कहना बहुत मुश्किल है क्योंकि बड़ी संख्या में हिंदुओं के लाशों को नदी में फेंक दिया गया था।

अनुमान के मुताबिक लगभग 6000 हिंदुओ की हत्या हुई। 20000 से अधिक लोग गंभीर रूप से घायल हुए। एक लाख से अधिक लोग बेघर हुए और सैकड़ों हिंदू महिलायों का बलात्कार हुआ।'डायरेक्ट एक्शन डे' को अपनी आंखों के सामने देखने वाले रबीन्द्रनाथ दत्ता बताते हैं कि कैसे राजा बाजार में कसाई की दुकानों पर महिलाओं की नग्न लाशों को हुक से लटका दिया गया था। उन्होंने बताया कि विक्टोरिया कॉलेज की लड़कियों के साथ बलात्कार किया गया, बाद में उनकी हत्या कर दी गई और शवों को छात्रावास की खिड़कियों से बांध दिया गया।

हिंदुओं के हो रहे नरसंहार और हिंदू महिलाओं के साथ हो रहे बलात्कार को देख गोपाल मुखर्जी (गोपाल पाठा) के नेतृत्व में हिंदुओ ने जबरदस्त प्रतिकार किया और मुस्लिम पक्ष को भारी नुकसान पहुंचाया। मुजीब ने, अपनी तरफ से बड़ी संख्या में लोगों को हताहत देखकर संघर्ष विराम की मांग की और हाथ जोड़कर पाठा के सामने गिड़गिड़ाते नरसंहार बंद करने की विनती की। पाठा इस शर्त पर सहमत हुए कि मुस्लिम लीग पहले अपने सदस्यों को निरस्त्र करेगी और हिंदुओं की हत्याओं को रोकने का वादा करेगी।

हिंदुओं के गोपाल पाठा के नेतृत्व में प्रतिरोध का परिणाम रहा कि 20 अगस्त 1946 को स्पष्ट हो गया कि कलकत्ता सहित बंगाल को पूर्वी पाकिस्तान (वर्तमान बांग्लादेश) का हिस्सा बनाने का मुस्लिम लीग का सपना साकार नहीं होगा।

पाकिस्तान बनने के बाद भी हिंदुओं का नरसंहार जारी रहा जिससे पूर्वी पाकिस्तान (वर्तमान बंगलादेश) अलग नहीं था लेकिन मुजीब ने कभी निंदा नहीं की। बांग्लादेश मुक्ति वाहिनी में हिंदुओं ने बढ़-चढ़ कर हिस्सा लिया लेकिन उन्हें कोई श्रेय नहीं दिया और न ही 1971 के हिंदू नरसंहार की कोई निंदा की। वे चाहते थे कि उनका देश बांग्लादेश पाकिस्तान से ज्यादा इस्लामिक हो।

10 जनवरी 1972 को अपने संबोधन में उन्होंने बताया कि बांग्लादेश दुनिया का दूसरा बड़ा इस्लामिक देश और पाकिस्तान चौथा है। उन्होंने रमना काली मंदिर को तुड़वा कर उसकी संपत्ति ढाका क्लब को सौंप दी। अपने अंतिम वर्षों में, मुजीब ने 'खुदा हाफ़िज़' के पक्ष में जॉय बंगला अभिवादन काफी हद तक त्याग दिया।

जिस मुजीब उर रहमान की हिंदुओं के नरसंहार में इतनी बड़ी भूमिका रही उसे मोदी सरकार ने सन 2020 में गांधी शांति पुरस्कार दिया। इस पुरस्कार में एक पट्टिका के अलावा 1 करोड़ रुपए का नगद पुरस्कार और एक प्रशस्ति पत्र दिया जाता है। यह पहली बार था कि किसी को मरणोपरानंत दिया गया। मोदी ने उनके समाधि स्थल पर जाकर उन्हें पुष्पांजलि अर्पित की। उन्होंने उनके समाधि परिसर में आगंतुक पुस्तिका में लिखा, 'बंगबंधु का जीवन अपने अधिकारों, अपनी समावेशी संस्कृति और अपनी पहचान की संरक्षण के लिए बांग्लादेश के लोगों के स्वतंत्रता का प्रतीक है।'

प्रधानमंत्री मोदी ने इस ऐतिहासिक घटना की स्मृति में समाधि परिसर में बकुल वृक्ष का पौधा भी लगाया।

विदेश मंत्रालय ने एक प्रेस विज्ञप्ति में कहा कि प्रधानमंत्री मोदी बंगबंधु समाधि परिसर में श्रद्धांजलि अर्पित करने वाले पहले विदेशी राष्ट्राध्यक्ष या सरकार प्रमुख हैं। 17 मार्च 2020 को मुजीब बोरशो के मौके पर मोदी ने कहा कि बंगबंधु मुजीब पिछली सदी की महान हस्तियों में से एक थे और उनका पूरा जीवन सभी के लिए प्रेरणा है। मुजीब को यहां तक कि भारतीयों के लिए आशा की किरण तक बता डाला।

प्रधानमंत्री नरेंद्र मोदी के बांग्लादेश दौरे का परिणाम रहा कि भारतीय सांस्कृतिक संबंध परिषद (ICCR) बांग्लादेश के संस्थापक राष्ट्रपिता शेख मुजीबुर रहमान के सम्मान में और भारत तथा बांग्लादेश के राजनयिक संबंधों के साथ-साथ देश के मुक्ति संग्राम की 50वीं वर्षगांठ मनाने के लिए दिल्ली विश्वविद्यालय में 'बंगबंधु पीठ' की स्थापना के लिए हस्ताक्षर किया।

बांग्लादेश के जनक और प्रथम राष्ट्रपति शेख मुजीबुर रहमान के 101वीं जयंती के मौके पर ट्वीट कर कहा,'' मानवाधिकार और स्वतंत्रता के चैंपियन की जयंती पर मेरी हार्दिक श्रद्धांजलि। वह सभी भारतीयों के लिए भी हीरो हैं।

प्रधानमंत्री नरेंद्र मोदी और शेख हसीना ने संयुक्त रूप से मुजीबुर रहमान के जन्मशती के अवसर पर भारत सरकार द्वारा एक स्मारक डाक टिकट का जारी किया गया।

नरेंद्र मोदी ने शेख मुजीबुर रहमान की बायोपिक- फिल्म 'मुजीब: द मेकिंग ऑफ ए नेशन' की पहल की। ये खुलासा फिल्म के निर्देशक श्याम बेनेगल और केंद्रीय मंत्री अनुराग ठाकुर ने की। इस फिल्म का बजट 10 मिलियन अमेरिकी डॉलर का भुगतान भारत और बंगलादेश ने सामूहिक रूप से की। अगर भारत की बात करें तो मोदी सरकार ने 4 मिलियन अमेरिकी डॉलर खर्च किया।

ये देख पाठक ये तय कर सकते हैं कि नरेंद्र मोदी की असली विचारधारा क्या है? बीजेपी विभाजन विभीषिका भी मनाती है लेकिन सर सैय्यद अहमद खान ने तो दो राष्ट्र का सिद्धांत दिया और मुजीबुर रहमान ने मुस्लिम लीग में रह महत्वपूर्ण भूमिका निभाई। हिंदुत्व की राजनीति भी ये करते हैं लेकिन दोनों घोर हिंदू विरोधी थे। देश का बंटवारा हो या डायरेक्ट एक्शन बड़े पैमाने पर हिंदुओ का नरसंहार, हिंदू महिलायों का बलात्कार और हिंदुओ के घर उजड़े लेकिन उसके नायकों का इतना महिमामंडन और सम्मान कभी किसी ने नहीं किया।

फुले दम्पति

सावित्री बाई फुले को लेकर वामपंथी हमेशा से प्रोपेगंडा चलाते रहे कि वो भारत की प्रथम महिला शिक्षिका थी। जिसे मोदी सरकार ने चढ़ बढ़कर आगे बढ़ाया, उनको श्रद्धांजलि देते हुए बीजेपी के

नेता ये बताते रहे कि भारत की प्रथम महिला शिक्षिका थी। उन्होंने ब्राह्मण धर्म ग्रंथ फेंकने की अपील की थी।

अब सवाल ये है कि जब ऋग्वेद में ज्ञान की देवी सरस्वती को कहा गया है। यहीं नहीं सावित्री, यामी, अपाला और घोषा के मंत्र ऋग्वेद में हैं, लेकिन मोदी सरकार ने वामपंथियों के एजेंडा को ही आगे बढ़ाया। ब्राह्मण ग्रंथ फेंकने की बात रही तो ब्राह्मणों ने कोई अलग अपना ग्रंथ तो बना नहीं रखा, जाहिर सी बात है कि हिंदू धर्म ग्रंथों को फेंकने की बात कर रहीं होंगी तो फिर ये हिंदुत्ववादी सरकार उनके विचारों से सहमत है? हिंदू धर्म के नाम पर सत्ता हासिल करने वाले क्या ये मानते हैं कि धर्म ग्रंथों को फेंक देना चाहिए?

ज्योतिबा फुले हिंदुत्व को समाज के लिए बहुत बड़ा बाधक मानते थे। उनका मानना था कि आर्य-ब्राह्मणवादियों ने बहुजन को बांट कर उनके ऊपर राज किया। उन्होंने अपनी चर्चित किताब 'गुलामगिरी' के माध्यम से देवी-देवताओं और हिंदू संस्कृति का मज़ाक उड़ाया। आर्यों के विषय में लिखा कि आर्य ईरान से भारत आए थे इसीलिए उन्हें पहले ईरानी कहा गया। ये आर्य बड़ी बड़ी टोलियां बनाकर भारत आए और यहां के मूल निवासियों पर बर्बर हमले कर बड़ा आतंक फैलाया। ब्राह्मणों के आदि वंशज जो ऋषि थे, वे श्राद्ध के बहाने गो की हत्या कर गाय के मांस से कई प्रकार के पदार्थ बनवाकर खाते थे। ब्रह्मा जी को व्यभिचारी कहा और उनकी कन्या सरस्वती से उनके अनैतिक सम्बन्ध जोड़कर उन्हें गाली दी। उनका उपनाम बेटीxx दिया, जिसे कोई भी हिंदू दोहरा भी नहीं सकता। इनका आधार बनाकर कहा कि इसी का कारण है कि उनका कोई मान-सम्मान और पूजा नहीं करता।

ब्रह्माजी का पूजा न होने का कारण है कि एक यज्ञ करना था और उस वक़्त उनकी पत्नी सावित्री उनके साथ नहीं थी। यज्ञ का समय निकला रहा था, लिहाजा यज्ञ पर बैठने के लिए ब्रह्माजी को गायत्री से विवाह करना पड़ा और यज्ञ पर बैठ गए। सावित्री थोड़ी देर बाद पहुंची और अपनी जगह अन्य महिला को देख ब्रह्माजी जी को श्राप दिया कि जाओ इस पृथ्वी पर कहीं आपकी पूजा नहीं होगी। सावित्री के इस रूप को देखकर देवता लोग उनसे श्राप वापस लेने की विनती करने लगे। जब गुस्सा शांत हुआ तो बोली कि सिर्फ पुष्कर में ही ब्रह्माजी की पूजा होगी। कोई भी दूसरा मंदिर बनाएगा तो उसका विनाश हो जाएगा।

ये सब देखने के बाद हैरानी तब हुई जब हिंदूहितों और धर्म की राजनीति करने वाली बीजेपी और मंदिरों में जा आस्था दिखाने वाले नरेंद्र मोदी जो स्वयं ब्रह्माजी के मंदिर पुष्कर में जा दर्शन कर चुके है। लेकिन फुले को श्रद्धांजलि देते हुए सामाजिक न्याय का चैंपियन बता देते हैं। उन्होंने कहा कि फुले के विचार करोड़ों लोगों को आशा और शक्ति प्रदान करते हैं।

27 मार्च 2022 को नरेंद्र मोदी 'मन की बात कार्यक्रम' में फुले को महात्मा बताते हुए महान विभूति बताते हैं। महिलायों के सशक्तिकरण के लिए भी याद किया तो फिर सवाल उठते है कि मां सरस्वती भी तो महिला ही थी, क्या उनका चरित्रहनन भी सशक्तिकरण के दायरे में आता है?

महाराष्ट्र के तत्कालीन मुख्यमंत्री देवेन्द्र फडनवीस ने 11 जुलाई 2015 को तो प्रधानमंत्री नरेंद्र मोदी को पत्र लिखकर फुले दंपति को भारत रत्न देने की मांग कर डाली।

देशभर में जगह जगह बीजेपी कार्यालयों में ज्योतिबा फुले को श्रद्धांजलि दी जाने लगी और उनके बताए रास्ते पर चलने के प्रण लिए जाने लगे।

11 अप्रैल 2022 को मध्यप्रदेश के मुख्यमंत्री शिवराज सिंह चौहान घोषणा करते हैं कि महात्मा ज्योतिबा फुले की जयंती हर वर्ष धूमधाम से मनाई जाएगी। इस दिन ऐच्छिक अवकाश दिया जाएगा। राज्य के शैक्षणिक पाठ्यक्रम में महात्मा ज्योतिबा फुले व माता सावित्री बाई फुले की जीवनी जोड़ी जाएगी और सीएम राइज स्कूल का नाम भी महात्मा ज्योतिबा फुले जी के नाम पर रखेंगे।

ई वी रामास्वामी (पेरियार) ने ताउम्र हिन्दू धर्म को लज्जित और अपमानित किया। कभी भगवानों का अपमान किया तो कभी हिन्दुओं के धर्म ग्रंथों को जलाने का संदेश दिया। पेरियार के हिन्दुओं के प्रति विचार उनके इस एक बयान से भी समझे जा सकते हैं –

"मैंने सब कुछ किया, मैंने गणेश आदि सभी ब्राह्मण देवी-देवताओं की मूर्तियाँ तोड़ डालीं। राम आदि की तस्वीरें भी जला दीं। मेरे इन कामों के बाद भी मेरी सभाओं में मेरे भाषण सुनने के लिए यदि हजारों की गिनती में लोग इकट्ठा होते हैं तो साफ है कि 'स्वाभिमान तथा बुद्धि का अनुभव होना जनता में, जागृति का सन्देश है।''

यही नहीं, पेरियार ने कहा था कि उन देवताओं को नष्ट कर दो जो तुम्हें शूद्र कहें, उन पुराणों और इतिहास को ध्वस्त कर दो, जो देवता को शक्ति प्रदान करते हैं।

जनवरी 2020 में एक तमिल पत्रिका तुगलक की पचासवीं सालगिरह के कार्यक्रम में मौजूद तमिल अभिनेता रजनीकांत ने कहा था, "सालेम में, 1971 में पेरियार ने एक रैली निकाली थी। रैली में भगवान श्री रामचंद्र और सीता की ऐसी मूर्तियाँ थी, जिसमें कपड़े नहीं पहनाए गए थे। मूर्तियों पर चप्पल की माला पहनाई गई थी। तब किसी समाचार संस्थान ने इसे प्रकाशित नहीं किया था।"

सालेम की इस रैली में पेरियार पर हिन्दू देवी-देवताओं के अपमान के सम्बन्ध में जब केस दर्ज हुआ तो उनका जवाब था कि वो ऐसा 1930 से करते आ रहे हैं।

पेरियार ने ब्राह्मणों के खिलाफ खुली हिंसा का संदेश देते हुए कहा था, "जाति तभी समाप्त होगी, जब ब्राह्मण ख़त्म होंगे। ब्राह्मण हमारे पैरों में उलझा हुआ साँप है। यदि आपको सड़क पर साँप और ब्राह्मण दिखाई देते हैं, तो पहले ब्राह्मण को मारो।"

पेरियार ने रामायण के बारे में कई भ्रम फैलाए। श्री राम पर जातिवादी होने का आरोप लगाने से लेकर यह तक दावा किया गया कि उन्होंने महिलाओं को मार डाला। पेरियार के अनुसार, हिंदू महाकाव्य रामायण और महाभारत को द्रविड़ पहचान को मिटाने के लिए 'चालाक आर्यों' द्वारा लिखा गया था। अगर पेरियार की मानें तो, राम, भरत को सिंहासन न मिलने की साजिश का हिस्सा थे, जो पेरियार के अनुसार दशरथ के योग्य उत्तराधिकारी थे।

पेरियार ने रावण को अपना नायक माना, उसकी मृत्यु के बाद, पेरियारवादियों ने दशहरा के साथ ही 'रावण लीला' को वार्षिक आयोजन बनाने का प्रयास किया।

1937 में जब सी. राजगोपालाचारी मद्रास प्रेसीडेंसी के मुख्यमंत्री बने तब उन्होंने स्कूलों में हिंदी भाषा की पढ़ाई अनिवार्य कर दी। तब पेरियार हिंदी विरोधी आंदोलन के अगुवा बनकर उभरे। उग्र आंदोलनों को हवा दी। 1938 में वो गिरफ्तार हुए। उसी साल पेरियार ने हिंदी के विरोध में 'तमिलनाडु तमिलों के लिए' का नारा दिया। उनका मानना था कि हिंदी लागू होने के बाद तमिल संस्कृति नष्ट हो जाएगी। तमिल समुदाय उत्तर भारतीयों के अधीन हो जाएगा।

पेरियार ने इसी आंदोलन के दौरान बड़े स्तर पर द्रविड़ राष्ट्र की मांग उठाई। वह आर्यों को बाहरी और आक्रमणकारी मानते थे। वह चाहते थे कि द्रविड़ आजाद भारत का हिस्सा न बनें। 1939 में अलग देश द्रविड़नाडु की मांग कर डाली। उन्होंने 1940 में द्रविड़ राष्ट्र का नक्शा भी जारी कर दिया था, जिसमें तमिलनाडु के साथ ओडिशा, कर्नाटक, आंध्रप्रदेश और केरल शामिल थे। वे चाहते थे कि अलग द्रविड़नाडु बना उसे ब्रिटिश हुकूमत से जोड़ दिया जाए।

दक्षिण भारत में कांग्रेस और ब्राह्मणवाद के विरोधी पेरियार के साथ थे लेकिन मोहम्मद अली जिन्ना का साथ मिलने से उनका हौसला बढ़ा। डॉक्टर भीमराव अंबेडकर की भी पेरियार के साथ सहानुभूति थी क्योंकि वह भी ब्राह्मणवाद और दलितों के शोषण के खिलाफ लड़ाई लड़ रहे थे। जिन्ना ने तो मद्रास में यहां तक कह दिया कि भारत को चार टुकड़ों में बांटा जाना चाहिए-हिंदुस्तान, पाकिस्तान, द्रविड़नाडु और बांग्लादेश।

जिन्ना ने भरोसा दिलाया कि वह अलग देश की मांग में पेरियार के साथ हैं। इस मामले में जो भी बन पड़ेगा वो करेंगे। बदले में पेरियार ने भी जिन्ना के अलग पाकिस्तान बनाने की मांग का पुरजोर समर्थन किया। हालांकि बाद में जिन्ना के इरादे बदल गए, उन्होंने अपना पूरा ध्यान अलग मुस्लिम राष्ट्र बनाने की ओर केंद्रित कर लिया।

9 अगस्त 1944 को पेरियार ने जिन्ना को पत्र लिखकर याद दिलाया कि उनके बीच द्रविड़नाडु की बात हुई थी। जिन्ना ने जवाबी पत्र में पेरियार का साथ देने से साफ मना कर दिया। जिन्ना ने लिखा," मुझे मद्रास के लोगों से पूरी सहानुभूति है, जिसमें 90 फीसदी गैर ब्राह्मण हैं। अगर वे अपना अलग मुल्क बनाना चाहते हैं तो इसके लिए उन्हें खुद आगे आना होगा। मैं इस मामले में आपकी वकालत नहीं कर सकता।

जिन्ना के इनकार के बाद पेरियार ने फैसला किया कि वह अपने लोगों के साथ मिलकर ही द्रविड़नाडु की लड़ाई लड़ेंगे। उन्होंने द्रविड़ कड़गम नाम की नई पार्टी बनाई। उनके साथ सीएन अन्नादुरई जैसे कद्दावर तमिल नेता भी थे। अन्नादुरई का स्पष्ट कहना था कि अगर भारत को नस्लीय आधार पर यानी कि हिंदू, मुस्लिम और द्रविड़ में नहीं बांटा गया, तो आगे चलकर हिंसक क्रांतियां होंगी।

अलगाववादी तमिल नेताओं ने भारत की आज़ादी का दिन मुकर्रर होने के बाद एक जुलाई 1947 को द्रविड़नाडु अलगाव दिवस मनाया। महात्मा गांधी इस मांग से काफी नाराज़ हुए। उन्होंने कहा कि इस तरह की मांग देशहित में नहीं। भारत की आज़ादी पर पेरियार ने अपनी तकलीफ का इजहार किया। उन्होंने कहा कि अब भारत की सत्ता आर्यों के हाथ में होगी, जो काफी दुखद है।

हालांकि, अन्नादुरई ने इस मामले में थोड़ा अलग रुख दिखाया। उन्होंने कहा कि यह स्वतंत्र द्रविड़नाडु की दिशा में एक क़दम है। इससे दोनों नेताओं के बीच मतभेद हुआ, जो बढ़ता ही गया। आखिर में साल 1949 में अन्नादुरई और कई अन्य बड़े तमिल नेता पेरियार से अलग हो गए। उन्होंने अपनी नई पार्टी बनाई- डीएमके यानी द्रविड़ मुनेत्र कड़गम बनाई।

फिर द्रविड़नाडु की मांग लगातार कमजोर होती गई। इसे तमिलों के अलावा किसी अन्य दक्षिणी राज्य से कोई ख़ास समर्थन नहीं मिला। यहां तक कि तमिल जनता की भी अलग मुल्क की मांग में दिलचस्पी नहीं थी। पेरियार ने माहौल को भांप लिया। इसलिए उन्होंने 1956 में ऐलान किया कि वह अलग द्रविड़स्तान की मांग से किनारा कर रहे हैं।

हालांकि, तब तक डीएमके ने द्रविड़स्तान के मुद्दे को हथिया लिया था, लेकिन उसे भी जनता का समर्थन नहीं मिला। डीएमके ने साल 1957 का विधानसभा चुनाव द्रविड़स्तान के मुद्दे पर लड़ा और उसे 205 में से सिर्फ 15 सीटें मिलीं। इसी दौरान भाषाई आधार पर राज्यों के गठन भी होने लगे। इसने तमिल नेताओं की अलगाववादी मुहिम को और भी कमजोर कर दिया। आखिर में डीएमके ने साल 1963 में सार्वजनिक रूप से अलग मुल्क की मांग को छोड़ दिया।

पेरियार ने अपनी गोद ली हुई लड़की से शादी की थी। भारत के प्रथम प्रधानमंत्री जवाहरलाल नेहरू उनके हिंदू विरोधी विचारों से दुखी थे और उन्होंने पेरियार को पागल तक करार दिया था।

3 नवंबर 1957 को पेरियार ने नेतृत्व में द्रविड़ कजागम ने ब्राह्मणों की हत्या और उनकी आवासीय संपत्तियों को नष्ट करने का आह्वान किया था।

5 नवंबर 1957 को मद्रास के मुख्यमंत्री कुमारस्वामी कामराज को लिखे पत्र में नेहरू ने कहा, 'ई वी रामास्वामी नायकर द्वारा लगातार चलाए जा रहे ब्राह्मण विरोधी अभियान से व्यथित हूं।' मैंने आपको कुछ समय पहले इसके बारे में बताया था और मुझे बताया गया था कि यह मामला विचाराधीन है।

मुझे लगता है कि रामास्वामी नायकर वही काम कर रहे हैं और लोगों से सही समय पर छुरा घोंपना और हत्या करना शुरू करने का आह्वान कर रहे हैं। वह जो कहते हैं वह केवल अपराधी या पागल ही कर सकता है। मेरा आपको सुझाव है कि इस मामले से निपटने में कोई देरी नहीं करना चाहिए। उसे पागलखाने में डाल दिया जाए और वहीं उसके विकृत दिमाग का इलाज किया जाए।

6 मार्च 2018 को त्रिपुरा विधानसभा में बीजेपी के जीत के बाद रूसी क्रांति के नायक व्लादिमीर लेनिन की प्रतिमा गिरा दी गई। जिसका आरोप बीजेपी समर्थकों के ऊपर लगा।

7 मार्च 2018 को तमिलनाडु के वेल्लोर में पेरियार के प्रतिमा को नुकसान पहुंचाए जाने की खबर सामने आई। ये सुन प्रधानमंत्री नरेंद्र मोदी दोनों घटनाओं को लेकर नाराजगी जाहिर की और तुरंत तत्कालीन गृहमंत्री राजनाथ सिंह से बात की। गृहमंत्री ने राज्य सरकारों से रिपोर्ट तलब की और सुरक्षा बढ़ाने के लिए कहा। केंद्र ने राज्य सरकार को हर प्रकार की मदद का आश्वासन दिया। गृह मंत्रालय ने साफ कहा कि इस प्रकार की घटना को अंजाम देने वाले लोगों के साथ सख्ती से निपटा जाए और कानूनी कार्रवाई की जाए।

लेनिन की प्रतिमा गिराए जाने के बाद भाजपा के राष्ट्रीय सचिव एच राजा के फेसबुक पोस्ट "लेनिन कौन है और लेनिन तथा भारत के बीच क्या संबंध है? भारत का कम्युनिस्टों से क्या संबंध है? आज त्रिपुरा में लेनिन की प्रतिमा हटाई गई, कल तमिलनाडु में ईवी रामासामी की भी प्रतिमा हटाई जाएगी" की भाजपा नेताओं ने निंदा की। राजा का निजी विचार बताते हुए जब भाजपा ने किनारा कर लिया तो उन्हें पोस्ट हटाना पड़ा।

पेरियार के पुण्यतिथि के मौके पर मोदी सरकार के सुचना और प्रसारण मंत्रालय के तरफ से ट्वीट आता है," महान स्वतंत्रता सेनानी और सामाजिक कार्यकर्ता को उनकी पुण्यतिथि पर याद करते हैं। एक महान वक्ता, पेरियार ने जीवन के सभी क्षेत्रों के लोगों को अंग्रेजों के खिलाफ लड़ने के लिए संगठित किया।

पेरियार का जो व्यक्तित्व था, उससे बिल्कुल अलग बताया, जब इसका लोगों ने विरोध किया तो ट्वीट डिलीट कर दिया गया।

तमिलनाडु में भाजपा के प्रदेश अध्यक्ष के अन्नामलाई ने कहा है कि यदि उनकी पार्टी राज्य में सत्ता में आती है, तो वह मंदिरों के बाहर स्थित पेरियार की मूर्तियों को हटा देगी। उन्होंने कहा कि ये मूर्तियाँ हिंदू मंदिरों का अपमान हैं और पार्टी इसे बर्दाश्त नहीं करेगी।

उसने मंदिरों से मूर्तियों को हटाने का समर्थन किया, लेकिन तमिलनाडु में कई मंदिरों के बाहर उसकी मूर्तियाँ उसके ही समर्थकों ने स्थापित की हैं, जिस पर लिखा गया है, "भगवान पर विश्वास करने वाले मूर्ख और धोखेबाज हैं, भगवान पर विश्वास मत करो।"

पेरियार को लेकर भाजपा का अलग अलग रुख, इनके पीछे पाठक तय कर सकते हैं कि इनका असली मकसद क्या है? हिंदुत्व इनके लिए मात्र चुनाव जीतने का टूल है बाकि सरकार में रह जिनके खिलाफ वोट मांग कर आते हैं, उन्हें ही मजबूत करते हैं।

भीमराव अंबेडकर

25 दिसंबर 1927 को डॉक्टर भीमराव अंबेडकर ने मानुस्मृति जलाया जिसे हिंदुओं का आचार संहिता माना जाता है और न्याय की सर्वश्रेष्ठ कुंजी थी। 1823 में अंग्रेजों ने पहली बार प्रकाशित किया। अंग्रेजों ने अपने हिसाब से लिखवाया ताकि इसका उपयोग जातियों को बांटने के लिए किया जा सके। महात्मा गांधी ने अंबेडकर के मानुस्मृति जलाए जाने का विरोध किया।

भीमराव अंबेडकर हिंदू धर्म के आलोचक रहे। नागपुर में दीक्षा भूमि में 15 अक्टूबर 1956 को डॉ आंबेडकर ने साढ़े 3 लाख से ज्यादा लोगों के साथ हिंदू धर्म त्याग दिया। उन्होंने इस मौके पर 22 प्रतिज्ञाएं ली। उनमें 8 प्रतिज्ञा हिंदू मान्यता के खिलाफ थी।

1. मैं ब्रह्मा, विष्णु और महेश में आस्था नहीं रखूंगा और उनकी पूजा नहीं करूंगा।
2. मैं राम और कृष्ण में आस्था नहीं रखूंगा, जिन्हें भगवान का अवतार माना जाता है। मैं इनकी पूजा नहीं करूंगा।
3. 'गौरी', गणपति और हिंदू धर्म के दूसरे देवी-देवताओं में न तो आस्था रखूंगा और न ही इनकी पूजा करूंगा।
4. मैं भगवान के अवतार में विश्वास नहीं करता।
5. मैं न तो यह मानता हूं और न ही मानूंगा कि भगवान बुद्ध विष्णु के अवतार थे। मैं इसे दुष्प्रचार मानता हूं।
6. मैं न तो श्राद्ध करूंगा और न ही पिंड दान दूंगा।
7. मैं कोई ऐसा काम नहीं करूंगा, जो बुद्ध के सिद्धांतों और उनकी शिक्षाओं के खिलाफ हो।
8. मैं ब्राह्मणों के जरिए कोई आयोजन नहीं कराऊंगा।

भीमराव अंबेडकर ने अपनी पुस्तक, "रिडल्स इन हिंदुइज्म" में, दावा किया है कि राम की "कई उपपत्नी" के अलावा "कई पत्नियाँ" थीं। उनका दावा है कि राम का जन्म अवैध संबंध से हुआ है। अंबेडकर के अनुसार, सीता की उनकी खोज उनके सम्मान को बनाए रखने के लिए सिर्फ एक नौटंकी थी, न कि उन्होंने प्यार के लिए कुछ किया था और उन्हें "उनके आचरण पर संदेह है और रावण ने उन्हें खराब कर दिया होगा।"

इतना ही नहीं, वह यह भी कहते हैं कि सीता ने रावण के साथ संबंध बनाए थे, जिसके बाद उन्हें एक बच्चा हुआ, जिसके कारण उन्हें "अग्नि परीक्षा" के बाद भी आश्रम में छोड़ दिया गया था। अंबेडकर का दावा है कि राम नाचने वाली महिलाओं के बीच बैठते थे, शराब पीते थे और मांस खाते थे, जबकि सीता को भी राम के साथ शामिल होने में कोई शर्म नहीं थी।

इस प्रकार, यह आश्चर्य की बात नहीं थी जब वह फिर से एक अन्य बिंदु पर कहते हैं कि कृष्णा की युवावस्था वृंदावन की युवतियों के साथ अवैध अंतरंगता से भरी थी।

इसके अलावा यह भी लिखा है कि कृष्ण अपनी विधिपूर्वक विवाहित पत्नी रुक्मिणी को त्याग देते हैं, और किसी अन्य व्यक्ति की पत्नी राधा को बहकाते हैं, और उनके हर कार्य को अनैतिक होने का दावा करते हैं।

दिल्ली के कैबिनेट मिनिस्टर और आप नेता राजेंद्र पाल गौतम "धर्म परिवर्तन" से जुड़े एक कार्यक्रम में मौजूद थे और वहां करीब 10 हजार लोगों ने प्रतिज्ञा ली। हजारों लोगों ने वहां हिंदू धर्म छोड़कर बौद्ध धर्म अपना लिया। नई दिल्ली के अंबेडकर भवन में हुए उस कार्यक्रम में मंत्री की मौजूदगी को बीजेपी ने मुद्दा बना लिया। विरोध बढ़ने के बीच गौतम को आखिरकार इस्तीफा देना पड़ गया। जिन प्रतिज्ञाओं को मुद्दा बनाया गया, उन्हें बहुत पहले भारत रत्न डॉ भीमराव आंबेडकर भी ले चुके थे।

आंबेडकर भवन में हुए कार्यक्रम में हजारों लोगों ने शपथ ली कि वे विष्णु, शिव, राम, कृष्ण, गौरी-गणेश जैसे देवी-देवताओं की पूजा नहीं करेंगे। उस दौरान मंच पर गौतम मौजूद थे। दिल्ली के बीजेपी सांसद ने उस कार्यक्रम का वीडियो ट्वीट किया और सवाल किया कि 'क्या आम आदमी पार्टी हिंदू विरोधी है? आप के मंत्री हिंदू धर्म के खिलाफ शपथ ले रहे हैं और दूसरे लोगों को भी शपथ दिला रहे हैं।'

जो भी हिंदू धर्म त्याग बौद्ध धर्म अपनाते हैं यही प्रतिज्ञा लेते हैं। फिर इसमें नया क्या था? जो बीजेपी ने इतना बिरोध किया, जिन्होंने इस प्रतिज्ञा की शुरुआत की थी, उन्हें नरेंद्र मोदी अपना आदर्श मानते हैं। खैर वो गांधी और अंबेडकर दोनों को अपना आदर्श मानते हैं लेकिन दोनों एक दूसरे के आलोचक रहे। अंबेडकर तो गांधी को महात्मा भी नहीं बोलते थे।

नरेंद्र मोदी और बीजेपी नेता हमेशा कांग्रेस के ऊपर अंबेडकर को चुनाव हरवाने और भारत रत्न न दिए जाने को लेकर निशाना बनाते हैं।

भीमराव अंबेडकर को भारत रत्न बीपी सिंह सरकार में 1990 में अटल-आडवाणी के प्रयास से मिला क्योंकि बीजेपी उस सरकार में शामिल थी। रही बात उनके चुनाव हारने की तो हर कोई चुनाव लड़ने के लिए स्वतंत्र है। हर पार्टी अपना उम्मीदवार उतारती है बाकि चुनने का अधिकार जनता को होता है। 1951-52 के लोकसभा चुनाव में आंबेडकर तब शेड्यूल्ड कास्ट फेडरेशन पार्टी से बॉम्बे नॉर्थ सेंट्रल सीट से चुनाव लड़े थे। तब कांग्रेस के उम्मीदवार नारायण काजोलकर से हार गए थे।

भाजपा ने भीमराव अंबेडकर का पंच तीर्थ बनवाया और नरेंद्र मोदी इसे अपना स्वभाग्य मानते हैं।

1. **महू में स्मारक:** डॉ अम्बेडकर की जन्मस्थली महू जाकर 14 अप्रैल, 2016 को प्रधानमंत्री ने अम्बेडकर स्मारक पर श्रद्धासुमन अर्पित किए। मध्यप्रदेश की शिवराज सरकार ने इस स्मारक को भव्य रूप दिया है। जबकि इस स्मारक की आधारशिला मध्य प्रदेश में तत्कालीन मुख्यमंत्री और बीजेपी नेता सुंदर लाल पटवा ने ही रखी थी। आज यह स्मारक बाबा साहेब के प्रति श्रद्धा रखने वाले लोगों के लिए एक तीर्थ स्थल बन चुका है। यहीं से प्रधानमंत्री ने 'ग्राम उदय से भारत उदय' का शंखनाद किया। बाबा साहब की सोच और गरीबों के लिए उनके योगदान की चर्चा करते हुए प्रधानमंत्री मोदी कहते हैं कि बाबा साहब के सिद्धांत को समझने के लिए श्रद्धा का भाव भी होना चाहिए।

2. **नागपुर में दीक्षा स्थल पर स्मारक-** महाराष्ट्र में भाजपा सरकार बनने के बाद दीक्षा भूमि को ए क्लास पर्यटन स्थल का दर्जा दिया। प्रधानमंत्री नरेंद्र मोदी की पहल पर बाबा साहेब की 125वीं जयंती वर्ष में ये एलान किया गया। यह मांग बहुत पुरानी थी। ए क्लास का दर्जा पाने के बाद से दीक्षा भूमि का तीव्र विकास शुरू हो गया है। स्मारक स्थल को विश्वस्तरीय बनाया जा रहा है।

3. **चैतन्य भूमि में स्मारक -** मुम्बई में चैतन्य भूमि पर बाबा साहब अम्बेडकर स्मारक को विकसित करने का काम प्रगति पर है। इसमें कई अवरोध पैदा हुए। खासकर इन्दू मिल से 12.5 एकड़ जमीन का मामला सालों से अटका पड़ा था। जमीन हस्तांतरित करने की प्रक्रिया पूरी नहीं हो पा रही थी। जब महाराष्ट्र में देवेंद्र फडणवीस मुख्यमंत्री बने, तो प्रधानमंत्री नरेंद्र मोदी की प्रेरणा से उन्होंने केंद्रीय कपड़ा मंत्री स्मृति ईरानी के साथ मिलकर इस प्रक्रिया को सहज बनाया। कुछ दिन पहले 25 मार्च को यह काम भी हो गया। महाराष्ट्र सरकार ने इंदू मिल की जमीन खरीदकर यहां स्मारक स्थल बनाने की पहल की है। प्रधानमंत्री नरेंद्र मोदी ने 2015 में ही यहां आकर भूमि पूजन किया।

4. **जनपथ में अम्बेडकर इंटरनेशनल सेंटर-** नयी दिल्ली के जनपथ मार्ग पर अम्बेडकर इंटरनेशनल सेंटर तैयार किया जा रहा है। पर्यटन की दृष्टि से यह स्थल लोगों को आकर्षित करेगा, वहीं बाबा साहेब अम्बेडकर के अनुयायी यहां आकर उनके आदर्शों और सिद्धांतों से जुड़ सकते हैं।

5. **अलीपुर रोड पर अम्बेडकर मेमोरियल -** राजधानी दिल्ली के 26, अलीपुर रोड स्थित बंगले में डॉ अम्बेडकर का महापरिनिर्वाण हुआ। यहां अनूठे आकार वाली बिल्डिंग की नींव प्रधानमंत्री नरेंद्र मोदी ने रखी। प्रधानमंत्री बाबा साहेब के सामाजिक, राजनीतिक और आर्थिक योगदानों को याद करते हुए कहते हैं कि उन्हें किसी खास वर्ग के लिए समेटना उनके साथ अन्याय होगा।

उन्होंने पूर्व प्रधानमंत्री अटल बिहारी वाजपेयी को स्मरण करते हुए कहा था कि 'उन्होंने ही इस संदर्भ में निर्णय लिया था।' प्रधानमंत्री मोदी ने स्मारक के उद्घाटन की तारीख भी 14 अप्रैल, 2018 घोषित कर दी है।

पंच तीर्थ के अलावा प्रधानमंत्री नरेंद्र मोदी ने 14 नवंबर, 2015 को लंदन में अम्बेडकर स्मारक का उद्घाटन किया। महाराष्ट्र की देवेंद्र फडणवीस सरकार ने उस तीन मंजिले घर को खरीदा, जहां डॉ.

अम्बेडकर रहा करते थे। 800 करोड़ रुपये खर्च कर उसे संग्रहालय में बदल दिया गया है। प्रधानमंत्री नरेंद्र मोदी इसकी अहमियत बताते हुए कहते हैं कि विश्व के लोग भारत के आर्थिक चिंतन को समझने के लिए यहां आएंगे, उन्हें भारत के संबंध में समझने का अवसर मिलेगा।

प्रधानमंत्री नरेंद्र मोदी कहते हैं कि बाबा साहेब ने हमें सिखाया है कि जब हम राष्ट्र निष्ठा और समाज निष्ठा से काम करेंगे, तो हमारी दिशा हमेशा सही सिद्ध होगी।

अप्रैल 2017 में नोटबंदी के बाद कैशलेस लेने देन को बढ़ावा देने के लिए मोदी सरकार ने 'भीम ऐप' लॉन्च किया

प्रधानमंत्री नरेंद्र मोदी ने इस ऐप के लॉन्च के मौके पर कहा कि बाबा साहेब ने भारतीय अर्थशास्त्र की रूपरेखा तैयार की थी, इसलिए इस ऐप का नाम उन्हीं के नाम पर रखा गया है।

मोदी सरकार ने ही अंबेडकर की जयंती के मौके पर राष्ट्रीय अवकाश घोषित किया।

सबसे ज्यादा हैरानी इस बात की हुई जब नरेंद्र मोदी एक कार्यक्रम को संबोधित करने पहुंचे तो वहां भारत माता की जय के नारे लगने लगे तो मोदी ने हाथ से इशारा करते हुए चुप रहने को कहा और जय भीम का नारा लगाने लगे।

मोदी ने अंबेडकर के बचपन के ऊपर बात करते हुए कहा, "आप कल्पना कर सकते हैं कि एक महापुरुष जिसको इतना जुर्म सहना पड़ा हो, जिसका बचपन अन्याय, उपेक्षा और उत्पीड़न से बीता हो। जिसने अपनी मां को अपमानित होते देखा हो, मुझे बताइए ऐसे व्यक्ति को मौका मिल जाए तो हिसाब चुकता करेगा या नहीं करेगा? तुम मुझे पानी नहीं भरने देते थे, तुम मुझे मंदिर नहीं जाने देते थे, तुम मेरे बच्चों को स्कूल में नामांकन देने से मना करते थे।"

देश के प्रधानमंत्री का इतना ज्यादा विभाजनकारी सोच जो सच्चाई से बिल्कुल ही अलग, एक कल्पना के आधार पर इस तरह से समाज में द्वेष फैलाने का षड्यंत्र वो भी तब जब हिंदू हित के नाम पर सत्ता हासिल की हो।

ये सब सुनने के बाद भीमराव अंबेडकर के बारे में जानने की जिज्ञासा बढ़ी। जब मैंने उनके बारे में पढ़ा तो पाया कि उनके पिता जी रामजी मालोजी सकपाल ब्रिटिश सेना में सूबेदार मेजर थे और उनकी मां की मृत्यु छह साल की उम्र में हो गई थी। अंबेडकर का जन्म एक सम्पन्न परिवार में हुआ था। उनकी प्रारम्भिक पढ़ाई एक कॉन्वेंट स्कूल में हुई फिर भेदभाव तो ईसाइयों ने किया होगा, रही बात आगे की पढ़ाई कि तो एक ब्राह्मण शिक्षक कृष्ण केशव अंबेडकर ने पढ़ाया और अपना सरनेम भी दे दिया। अंबेडकर की दूसरी शादी एक ब्राह्मण लड़की सविता से हुई। जब शादी हुई तो न केवल ब्राह्मण बल्कि दलितों का बड़ा वर्ग भी नाराज था। अंबेडकर के बेटे और रिश्तेदारों को भी ये शादी रास नहीं आई। खटास ताउम्र बनी रही।

जाति को लेकर एक पक्ष को जिम्मेवार ठहराना किस हद तक जायज है जबकि किसी भी समाज को ये राजीखुशी पसंद नहीं। ये सिर्फ एजेंडाधारी ही बोल सकते हैं कि जाति को खत्म करो लेकिन खुद कोई भी नहीं करना चाहता।

अंबेडकर को कोलंबिया यूनिवर्सिटी से पढ़ाई करने में बड़ौदा के तत्कालीन महाराजा सायाजीराव गायकवाड़ तृतीय ने उनकी आर्थिक मदद की। अब सवाल है कि ये सारी बातें मोदी कहां से लेकर आए और देश का प्रधानमंत्री इस तरह की बातें करे तो उसका बुरा प्रभाव देखने को मिलता है और वो दिख रहा है। कई अंबेडकर के मानने वालों के लिए उनका दर्जा भगवान से भी ऊपर है। देवी देवताओं का अपमान मोदी के शासनकाल में बहुत तेजी से बढ़ा।

जिस भारत माता की जय का नारा लगाने से रोका उसे हर मौके पर बोलते रहे हैं और लोगों से नारा भी लगवाते रहे हैं। 17 दिसम्बर 2019 को झारखंड के बरहैट में बोला कि हमारे लिए एक ही मंत्र सर्वोपरि है और एक ही मंत्र हमारी प्रेरणा है - भारत माता की जय। हम सिर्फ और सिर्फ भारत माता की जय, इस मंत्र को लेकर जी रहे हैं, जूझ रहे हैं और जी जान से जुटे हुए हैं।

13 जुलाई 2023 को प्रधानमंत्री नरेंद्र मोदी ने पेरिस में भारतीय मूल के लोगों को संबोधित करते हुए कहा कि यहां आने के बाद देश से दूर रहते हुए 'भारत माता की जय' सुनना घर जैसा लगता है।

मध्यप्रदेश, राजस्थान और छत्तीसगढ़ विधानसभा चुनाव 2023 के चुनाव परिणाम के बाद कहा कि 'भारत माता की जय' हमारा मूल मंत्र है।

अब सवाल है कि क्या कोई अपने मंत्र से समझौता करता है या उससे कभी समस्या होती है? इससे तो तय होता है कि इन्हें सिर्फ लोगों को गुमराह करना है और इनकी विचारधारा जगह देख तय होती है।

शरद पवार जिनका राजनीतिक जीवन विवादों में रहा है। पवार ने बोगस मतदान के लिए मतदाताओं को सलाह दी थी कि स्याही मिटाकर दुबारा मतदान करें। पूर्व रॉ के अधिकारी एन के सूद ने खुलासा किया कि पवार के संबंध दाऊद इब्राहीम से हैं। सूद के मुताबिक मुंबई ब्लास्ट 1993 का मास्टरमाइंड दाऊद और अन्य आरोपी देश से भागने में सफल रहे, तब पवार महाराष्ट्र के मुख्यमंत्री थे। बीजेपी नेता किरीट सोमैया ने भी दावा किया कि पवार के दाऊद से करीबी संबंध हैं।

पवार ने देश में असमानता के लिए मनु स्मृति को जिम्मेवार बताया और कहा कि वर्ण व्यवस्था ने हिंदू धर्म का नुकसान किया। राम मंदिर को लेकर निशाना साधा कि उसके बनने से कोरोना खत्म नहीं होगा।

भगवान श्री विट्ठल के भक्तों की प्रमुख संस्था राष्ट्रीय वारकरी परिषद ने शरद पवार पर हिंदू विरोधी होने का आरोप लगाते हुए उनका बहिष्कार करने का फैसला किया है। परिषद की तरफ से जारी परिपत्रक में वक्ते महाराज ने कहा है कि पवार को वारकरी समुदाय के किसी भी कार्यक्रम में आमंत्रित न किया जाए।

राष्ट्रीय वारकरी परिषद के वक्ते महाराज ने कहा कि पवार हमेशा से हिंदू धर्म का विरोध करते रहते हैं। कभी रामायण पर कटाक्ष करते हैं। वह कहते हैं कि रामायण की आवश्यकता नहीं है।

2017 में मोदी सरकार ने शरद पवार को पद्म विभूषण पुरस्कार से सम्मानित किया। जिस एनसीपी का मतलब नेचुरल करप्ट पार्टी बताया करते थे उसी पार्टी के मुखिया को सम्मानित किया। जब मोदी ने कृषि क्षेत्र में काम न करने के लिए पवार के ऊपर आरोप लगाया तो उनकी बेटी सुप्रिया

सुले ने याद दिलाया कि आपके सरकार ने ही कृषि क्षेत्र में उनके योगदान के लिए पद्म पुरस्कार से सम्मानित किया था।

खैर मोदी के व्यक्तित्व को देखें तो उनको कुछ याद नहीं रहता एक मुद्दे पर उनके कई तरह के बयान मिल जाएंगे क्योंकि इन्हें सच से बहुत ज्यादा नफरत है।

मुलायम सिंह यादव को अयोध्या में निहत्थे कारसेवकों के ऊपर गोली चलवाने के लिए बीजेपी हमेशा याद करती रही है। वर्ष 1990 में मुख्यमंत्री मुलायम सिंह यादव ने ही कारसेवकों के ऊपर गोली चलाने का आदेश दिया था। सरयू नदी की पानी कारसेवकों के खून से लाल हो गई थी। मुलायम ने कारसेवकों पर गोली चलवाने को लेकर कहा कि अगर गोली नहीं चलती तो मुसलमानों का देश से विश्वास उठ जाता। देश की एकता के लिए 16 की जगह 30 जानें भी चली जाती तो पीछे नहीं हटता।

मुलायम सिंह यादव पहली बार वर्ष 1989 में बीजेपी के मदद से उत्तरप्रदेश के मुख्यमंत्री बने। 30 अक्टूबर 1990 और 2 नवंबर 1990 को अयोध्या में गोलीबारी हुई।

7 अगस्त 1990 को वीपी सिंह के नेतृत्व में भाजपा गठबंधन वाली राष्ट्रीय मोर्चा सरकार ने घोषणा की कि वह केंद्रीय सेवाओं और सार्वजनिक उपक्रमों में नौकरियों के लिए 'सामाजिक और शैक्षणिक रूप से पिछड़े वर्गों' को 27 प्रतिशत आरक्षण प्रदान करेगी। 13 अगस्त को सरकारी आदेश जारी करने के बाद, वीपी सिंह ने दो दिन बाद अपने स्वतंत्रता दिवस के भाषण में इसकी कानूनी क्रियान्वयन की घोषणा की। बीजेपी सरकार में बनी रही।

जनवरी 1990 में कश्मीरी पंडितों (हिंदुओं) का नरसंहार हुआ, तब बीजेपी सत्ता में बनी रही। उस घटना की निंदा तक नहीं की।

लालकृष्ण आडवाणी को 23 अक्टूबर 1990 को बिहार के समस्तीपुर से गिरफ्तार किया गया। 10 मार्च 1990 को लालू प्रसाद यादव भी बीजेपी के मदद से पहली बार मुख्यमंत्री बने।

जिसके परिणाम स्वरूप बीजेपी ने वीपी सिंह सरकार से गठबंधन तोड़ लिया। बीजेपी ने प्रचार कराया कि वो मंडल कमीशन लागू होने की वजह से सत्ता से बाहर आ गई। अगर मंडल कमीशन से बीजेपी को समस्या होती तो पहले ही सत्ता से बाहर आ जाते और वो लागू नहीं होता लेकिन ये सत्ता में बने रहे। कई बार कहा जाता है कि कश्मीरी पंडितों के नरसंहार की वजह से, तो कहीं बताया जाता है कि अयोध्या कांड की वजह से बाहर आ गए जबकि ये सत्ता बने रहे। बीजेपी के समर्थन वापिस लेने के बाद 10 नवंबर 1990 को वीपी सिंह को प्रधानमंत्री पद से इस्तीफा देना पड़ा। वीपी सिंह की सरकार गिरने के बाद मुलायम सिंह चंद्रशेखर की जनता दल (समाजवादी) में शामिल हो गए।

मुलायम सिंह यादव जबतक जिंदा रहे, बीजेपी का बड़ा नेता जब भी यूपी जाता, उनसे जरूर मिलता था। उनके मरने के बाद अखिलेश यादव से ज्यादा सदमे में बीजेपी के नेता थे लेकिन मीडिया में जरूर निशाना बनाते थे।

मुलायम सिंह यादव को मरणोपरांत वर्ष 2023 में पद्म विभूषण से सम्मानित किया गया। मैंने हिंदू महासभा के महासचिव देवेंद्र पाण्डेय से जानना चाहा कि आखिर इन्होंने मुलायम सिंह यादव को सम्मानित क्यों किया? तो उनका जबाव हैरान करने वाला था। उन्होंने कहा कि कारसेवकों के ऊपर गोली चलवाना, बीजेपी और मुलायम सिंह यादव के बीच मिलीभगत थी। मैंने जोर देकर पूछा कि आखिर आप ये कैसे कह सकते हैं कि यह मिलीभगत का नतीजा था? तो उन्होंने स्पष्ट तौर पर कहा कि बीजेपी के लोगों ने मुलायम सिंह से बोला कि हमलोग कारसेवकों को चढ़ाकर लाते हैं। आप गोली चलवाओ उसके बाद हम (बीजेपी) हिंदुओं की राजनीति करेंगे और आप (मुलायम) मुसलमानों की राजनीति करना। उनका तर्क था कि कई पूर्व मुख्यमंत्री रहे लेकिन मुलायम को ही क्यों पद्म विभूषण पुरस्कार मिला?

कारसेवकों के ऊपर गोली चलवाने के बाद मुल्ला मुलायम के नारे लगने लगे थे और उनको मौलाना मुलायम सिंह यादव भी कहा जाने लगा था।

अयोध्या गोलीकांड के समय मुलायम सिंह के प्रधान सचिव रहे नृपेंद्र मिश्रा, जो तब कंट्रोल रूप में थे, जब कारसेवकों के ऊपर गोली चलवाया जा रहा था। सरकार के बड़े अधिकारी की भी जबावदेही थी लेकिन नरेंद्र मोदी के प्रधानमंत्री बनने के बाद उन्हें मोदी का प्रधान सचिव बनाया गया। 2014-2019 तक मिश्रा नरेंद्र मोदी के प्रधान सचिव रहे। राम मंदिर के ऊपर सुप्रीम कोर्ट का फैसला आने के बाद मिश्रा को श्रीराम जन्मभूमि तीर्थ क्षेत्र ट्रस्ट का अध्यक्ष बना दिया गया।

जो रामभक्तों के दोषी थे, उन्हें मोदी ने सम्मानित किया। ये मैं पाठकों के विवेक पर छोड़ देता हूँ कि वो तय करें कि बीजेपी की किस तरह की भूमिका रही?

दिलीप मंडल ने Phule J., Slavery(1991), Govt of Maharashtra Publication नामक कथित दस्तावेज का हवाला देते हुए ट्विटर पर लिखा, "सरस्वती को मैं शिक्षा की देवी नहीं मानता। उन्होंने न कोई स्कूल खोला, न कोई किताब लिखी। ये दोनों काम माता सावित्रीबाई फुले ने किए। फिर भी मैं सरस्वती के साथ हूँ। ब्रह्मा ने उनका जो यौन उत्पीड़न किया, वह जघन्य है।"

मंडल ने आगे कहा कि "सरस्वती के बारे में मैं नहीं जानता कि उन्होंने किसे शिक्षित किया। लेकिन मैं पक्के तौर पर जानता हूँ कि भारत में लड़कियों का पहला स्कूल माता सावित्रीबाई फुले और फ़ातिमा शेख़ ने खोला। दलितों और ओबीसी ही नहीं, हर लड़की के लिए खुला था वो स्कूल। इन्हें नमन कीजिए।

हालांकि दिलीप मंडल की हिंदू देवी देवताओं पर अभद्र टिप्पणी के बाद सोशल मीडिया यूजर्स उनकी गिरफ्तारी की माँग भी करने लगे। उत्तर प्रदेश के जौनपुर से भाजपा विधायक दिनेश चौधरी ने उन्हें घृणा करने वाला बताते हुए गिरफ्तारी की माँग की।

इसके अलावा हरियाणा भाजपा आई टी सेल के प्रमुख अरुण यादव ने भी मंडल को गिरफ्तार करने को कहा। वहीं इस सूची में छत्तीसगढ़ से पूर्व भाजपा विधायक देवजी भाई पटेल, BJYM के राष्ट्रीय

उपाध्यक्ष संतोष रंजन, उत्तर प्रदेश बाल संरक्षण आयोग सदस्य प्रीति वर्मा, बिहार भाजपा उपाध्यक्ष मिथलेश तिवारी जैसे कई बड़े चेहरों ने नफरत फैलाने के लिए मंडल के गिरफ्तारी की मांग की।

ये कोई पहला और आखिरी मौका नहीं था जब मंडल ने देवी देवताओं का अपमान किया। मंडल का काम पूरे दिन सोशल मीडिया में जातीय उन्माद फैलाना है। ब्राह्मणों को निशाना बनाना इनके लिए आम बात है। मनुस्मृति को गाली देना भी इनके दिनचर्या का हिस्सा है।

मंडल ने ट्वीट किया, "वह चंद्रचूड़ से भी बेहतर उपदेश देते हैं। ये बेकार लोग केवल बातें कर सकते हैं। उनकी अपनी अदालत में, जो कि सुप्रीम कोर्ट है, 72,000 से अधिक मामले लंबित हैं। कई मामलों में, याचिकाकर्ताओं का भी निधन हो चुका है। ईडब्ल्यूएस मामले में जज दो साल बाद तारीख देते हैं, 3 साल से अधिक समय से कोई बेंच गठित नहीं की गई है।"

अटॉर्नी जनरल केके वेणुगोपाल ने भारत के मुख्य न्यायाधीश (सीजेआई) एनवी रमना के खिलाफ ट्वीट के लिए पत्रकार दिलीप मंडल के खिलाफ आपराधिक अवमानना की कार्यवाही शुरू करने के अनुरोध को ठुकरा दिया।

वेणुगोपाल ने अपने पत्र में मुकदमे के लिए सहमति देने से इनकार करते हुए लिखा, "अदालत के कंधे इस तरह की टिप्पणियों को खारिज करने के लिए काफी चौड़े हैं।" अटॉर्नी जनरल ने कहा कि वह इस बात से संतुष्ट नहीं हैं कि ट्वीट में अदालत को बदनाम करने या उसके अधिकार को कम करने की क्षमता है।

मंडल को मोदी सरकार बचाती है। खैर अब मंडल खुलकर मोदी का बचाव करते देखे जाते हैं।

प्रिया दास का सिगरेट से मनुस्मृति जलाने का फोटो वायरल हुआ। जिसपर प्रतिक्रिया देते हुए नितिन मेश्राम ने ट्वीट कर लिखा, "हमें प्रिया दास को 2024 में लोकसभा में चुनकर भेजना होगा, ऐसे बेहतरीन लोगों को नहीं भेजेंगे तो किसे भेजेंगे?"

तस्वीर में तत्कालीन कानून मंत्री किरेन रिजिजू के साथ नितिन मेश्राम और दिलीप मंडल देखे जा सकते है।

मोहम्मद ज़ुबैर का काम क्लिप काटकर देश में अशांति फैलाना है। नूपुर शर्मा का क्लिप उसी ने काटकर चलाया जिसका परिणाम रहा कि कतर ने संज्ञान लिया और मोदी ने झुकते हुए, उन्हें पार्टी से बाहर निकाल दिया। नूपुर को पार्टी से निकालने के बाद भी मामला शांत नहीं पड़ा और देशभर में आधा दर्जन से ज्यादा लोगों के सर कलम हुए। जीतने भी हिंदुवादी नेता हैं उनमें कइयों को जेल जाना पड़ा और कइयों के जान खतरे में सिर्फ ज़ुबैर के आधे अधूरे क्लिप चलाने की वजह से है। कई हिंदुओं को अपना अकाउंट डिलीट करना पड़ गया और कइयों की नौकरी खतरे में पड़ गई। वैसे तो ज़ुबैर फैक्ट चेकिंग का काम करता है लेकिन उसकी आड़ में वह हिंदुओं के गतिवधि पर नजर रखने का काम करता है।

कई बार हिंदुओं को बदनाम करने की नियत से अफवाह फैलाते पकड़ा जा चुका है। हिंदू देवी-देवताओं के ऊपर अभद्र टिप्पणी करने की वजह से उसे फेसबूक अकाउंट भी डिलीट करना पड़ा था। नूपुर शर्मा प्रकरण में बैकफुट पर आई बीजेपी ने थोड़ी हिम्मत दिखाई लेकिन वो सिर्फ लोगों के गुस्सा को शांत करने के लिए किया गया।

दिल्ली पुलिस की स्पेशल सेल की IFSO यूनिट में मौजूद ड्यूटी ऑफिसर की शिकायत पर 20 जून 2022 को एफआईआर दर्ज की गई। ड्यूटी ऑफिसर के मुताबिक वो मॉनीटरिंग कर रहे थे तब उन्होंने देखा कि हनुमान भक्त नामक ट्विटर यूजर ने ज़ुबैर का एक ट्वीट शेयर किया था जिसमें आपत्तिजनक बातें थी। उस पोस्ट में ज़ुबैर ने तुलना करके दिखाया था कि 2014 से पहले हनीमून होटल और 2014 के बाद हनुमान होटल। ये पोस्ट वर्ष 2018 की थी और जिसने शिकायत की थी, उसके अकाउंट से मात्र एक ही ट्वीट हुए थे। जिस पर एक्शन लेते हुए दिल्ली पुलिस ने आईपीसी की धारा 153 ए और 295 के तहत मुकदमा दर्ज किया।

ज़ुबैर इस मामले में 27 जून 2022 को गिरफ्तार हुआ जबकि कई गंभीर मामले पहले से लंबित थे। उत्तरप्रदेश में भी कई मामले दर्ज हुए थे। सुप्रीम कोर्ट में सुनवाई के दौरान यूपी सरकार की ओर से पेश

वकील गरिमा प्रसाद ने न्यायमूर्ति डीवाई चंद्रचूड़ की अध्यक्षता वाली पीठ को बताया कि जुबैर ने स्वीकार किया कि उसे एक ट्वीट पोस्ट करने के लिए 12 लाख रुपये और दूसरे के लिए 2 करोड़ रुपये मिले। उन्होंने दावा किया कि ट्वीट जितना अधिक उत्तेजक होगा, भुगतान उतना ही अधिक होगा।

प्रसाद ने दावा किया कि जुबैर उन वीडियो और भाषणों का फायदा उठाते हैं जो सांप्रदायिक विभाजन पैदा कर सकते हैं। उन्होंने आरोप लगाया, "वह इस वीडियो का फायदा उठाते हैं, इसे अपने लाखों फॉलोअर्स को ट्वीट करते हैं। फिर वह पूरे देश में लोगों की भावनाओं को भड़काने के लिए यह सब लिखते हैं। इसके बाद सांप्रदायिक तनाव पैदा होता है।"

24 दिन जेल में रहने के बाद 20 जुलाई 2022 को रिहा हो गया और यूपी में दर्ज छह मामलों में अग्रिम जमानत दे दी। सुप्रीम कोर्ट ने यूपी में दर्ज मामलों को दिल्ली मे दर्ज मामलों के साथ क्लब कर दिया।

जानबूझ कर ऐसे मामलों में गिरफ्तार किया गया, जिसमें आसानी से जमानत मिल जाए।

7 अगस्त 2020 को मोहम्मद जुबैर का ट्विटर यूजर जगदीश सिंह के साथ ऑनलाइन विवाद हुआ था। इस दौरान जुबैर ने जगदीश सिंह की प्रोफाइल तस्वीर में दिखाई देने वाली एक नाबालिग लड़की को निशाना बनाया था। बताया गया था कि यह बच्ची जगदीश सिंह की पोती थी। जुबैर द्वारा इस लड़की की पहचान उजागर किए जाने के बाद उसे कट्टरपंथियों ने रेप की धमकी दी थी।

एनसीपीसीआर ने मामले का संज्ञान लिया और मोहम्मद जुबैर के खिलाफ कार्रवाई शुरू की। इसके बाद मोहम्मद जुबैर के खिलाफ बच्ची के ऑनलाइन उत्पीड़न के लिए दो प्राथमिकी दर्ज की गई। दिल्ली और रायपुर में जुबैर के खिलाफ आईटी अधिनियम की संबंधित धाराओं के साथ, पॉक्सो अधिनियम के तहत मुकदमा दर्ज हुआ।

5 जनवरी 2023 को दिल्ली पुलिस ने दिल्ली हाईकोर्ट में कहा कि जुबैर द्वारा किये गए पोस्ट में कोई अपराध नहीं पाया गया। जिसके लिए पॉक्सो ऐक्ट के तहत मामला दर्ज किया गया। दिल्ली पुलिस ने चार्जशीट में पॉक्सो ऐक्ट की धारा हटा दी।

अगर सरकार वास्तव में गंभीर होती तो जुबैर के खिलाफ लोगों को धमकी देने, लोगों को निशाना बनाने और अफवाह फैलाकर धार्मिक उन्माद पैदा करने के कई मामले थे, उन सभी मामलों में गिरफ्तारी होती। दरअसल, इसके खिलाफ नूपुर शर्मा के क्लिप काटने के बाद हुई हत्याओं का मामला भी चलना चाहिए था।

ये देख पाठक तय कर सकते हैं कि जुबैर के साथ किस तरह से ढिलाई बरती गई।

मोहन यादव: मध्यप्रदेश के वर्तमान मुख्यमंत्री और तत्कालीन उच्च शिक्षा मंत्री मोहन यादव ने उज्जैन के नागदा में कारसेवकों के सम्मान में आयोजित एक कार्यक्रम के दौरान मां सीता की तुलना आज की तलाकशुदा पत्नी की लाइफ से कर दी। उन्होंने कहा कि सीता का भूमि में समाना आज के दौर का सुसाइड जैसा मामला है। उन्होंने इस बात का भी जिक्र किया कि लव-कुश जंगल में पैदा हुए, फिर भी माता सीता ने उन्हें पिता के प्रति श्रद्धा की शिक्षा दी।

जब विवाद बढ़ा तो सफाई दी कि मेरे बयान का गलत मतलब निकाला गया।

बिहार के पूर्व मुख्यमंत्री और एनडीए के सहयोगी जीतन राम मांझी ने कहा कि राम भगवान नहीं बल्कि काल्पनिक पात्र हैं और रावण भी काल्पनिक पात्र है। कल्पना के आधार पर जो किताब लिखी गई है उसमें रावण के साथ न्याय नहीं किया गया। रामायण में रावण को नीचा दिखाया गया और राम को ऊपर रखा गया। मांझी ने कहा कि कर्मकांड के मामले में रावण श्री राम से बहुत आगे है। रावण का चरित्र इस मामले में राम से ऊपर है। दलितों को लेकर कहा कि वो सत्यनारायण पूजा नहीं कराएं। ब्राह्मणों को लेकर अमर्यादित टिप्पणी के साथ हिंदू धर्म को खराब बता चुके हैं।

बिहार में उनका कोई खास वजूद नहीं है, इसके बावजूद भी बीजेपी उनके साथ गठबंधन करती है।

19 सितंबर 2023 को मोनिका मनमोहन शाह बट्टी बीजेपी में शामिल हो गई थी। बीजेपी नेता और मध्यप्रदेश के तत्कालीन मुख्यमंत्री शिवराज सिंह चौहान ने 23 सितंबर 2023 को कहा कि कांग्रेस नेता कमलनाथ सनातन विवाद पर मौनी बाबा बने हुए हैं। 26 सितंबर को मोनिका बट्टी को बीजेपी ने अमरवाड़ा सीट से टिकट दे दिया।

अब सवाल है कि ये मोनिका बट्टी कौन है? जिनको बीजेपी में शामिल कराया और टिकट दिया जाता है लेकिन कांग्रेस को सनातन विरोधी बताया जा रहा है।

मोनिका बट्टी का नाम सामने आते ही लोगों ने बीजेपी को निशाना बनाना शुरू कर दिया। दरसरल मोनिका और उनके परिवार पर कई बार सनातन धर्म का घोर अपमान का आरोप लग चुका था। लोगों ने सवाल उठाना शुरू कर दिया कि भाजपा ने सनातन धर्म का अपमान करने वाले, रामायण को जलाने वाले और रावण की पूजा करने वाले नेता की बेटी को टिकट दिया है।

मोनिका के पिता मनमोहन शाह बट्टी पर रामायण जलाने का आरोप लगा था। उस समय नहीं गोंगपा में थे। इसे लेकर पुलिस ने केस भी दर्ज किया था। कहा जाता है कि मनमोहन शाह बट्टी ने अपने गांव देवरी में रावण का मंदिर भी बनवाया है। आरोप था कि उनके परिवार में रावण की पूजा की जाती है। साथ ही दशहरे पर इसे जलाने का विरोध करता है। मोनिका के परिवार पर आरोप था कि इन लोगों ने हिंदू विरोधी साहित्य बंटवाया था।

मोनिका ने बागेश्वर धाम के पीठाधीश्वर धीरेन्द्र शास्त्री की कथा का विरोध करते हुए कहा था कि वे माइंड रीडिंग करते हैं, वे दिखावा करते हैं, जादू टोना है, ऐसा कुछ नहीं होता। हम आदिवासी केवल बड़ा देव को मानते हैं, हमारे लिए बड़ादेव ही सबकुछ है। राम केवल एक पात्र हैं। उनका नाम लेकर रामकथा करने से कुछ नहीं होने वाला।

समाजवादी पार्टी के तत्कालीन राज्यसभा सांसद नरेश अग्रवाल ने संसद में एक घटना का जिक्र करते हुए कहा,"विस्की में विष्णु बसे, रम में श्री राम, जिन में माता जानकी, ठर्रे में हनुमान, बोलो सियावर राम चंद्र की जय।"

बीजेपी ने अग्रवाल को अपने पार्टी में शामिल कर लिया।

अयोध्या में राम मंदिर के भूमि पूजन के एक दिन बाद ऑल इंडिया इमाम एसोसिएशन के अध्यक्ष साजिद रशीदी ने 6 अगस्त 2020 को भड़काऊ बयान देते हुए कहा कि राम मंदिर को तोड़कर फिर से मस्जिद बनाई जाएगी।

इस्लामिक मौलवी ने दावा किया था कि बाबरी मस्जिद विवादित स्थल पर एक हिंदू मंदिर को ध्वस्त करने के बाद नहीं बनाई गई थी।

बीजेपी नेता तजिंदर पाल बग्गा ने दिल्ली पुलिस में इस्लामिक धर्मगुरु मौलाना राशिद के खिलाफ सांप्रदायिक नफरत, द्वेष भड़काने और भीड़ हिंसा और दंगे भड़काने के आरोप में शिकायत दर्ज कराई. शिकायतकर्ता ने इस्लामिक मौलवी के खिलाफ अदालत की अवमानना के आरोप में भी शिकायत दर्ज कराई।

दिसंबर 2022 में दोबारा मौलाना साजिद रशीदी ने भारत की कानून-व्यवस्था को सीधा चुनौती दी। उसने कहा कि 50-100 साल बाद मुस्लिम शासक के आने पर अयोध्या के राम मंदिर को तोड़कर मस्जिद बनाई जा सकती है। मुस्लिमों की आने वाली नस्लें इसको लेकर खामोश नहीं रहेंगी।

मौलाना रशीदी ने कहा कि महमूद गजनवी ने सोमनाथ मंदिर तोड़कर सही किया था, क्योंकि वहां गलत काम होता था। उन्होंने कहा था कि गजनवी को पता था कि मंदिर में आस्था के नाम पर गलत काम हो रहे हैं और लड़कियों को गायब किया जा रहा है। मौलाना ने कहा था कि इसकी जानकारी मिलने के बाद पूरी जांच के बाद ही मंदिर तोड़ा गया था।

सोमनाथ मंदिर के ट्रस्ट के मैनेजर वी चावड़ा द्वारा अखिल भारतीय इमाम मौलाना साजिद रशीदी पर एफआईआर दर्ज कराई गई।

मौलाना साजिद रशीदी ने एफआईआर के बाद लोगों से माफी मांगी। हालांकि, उन्होंने सफाई देते हुए कहा कि उनका इरादा किसी को ठेस पहुंचाने का नहीं था और कहा कि उन्होंने इतिहासकार रोमिला थापर को पढ़ा और उसी के अनुसार टिप्पणी की। राशिदी के खिलाफ शिकायत दर्ज होने से उनका कुछ नहीं क्योंकि मोदी के करीबी हैं। वैसे तो कोई जाकर प्रधानमंत्री से नहीं मिल सकता।

सबा नकवी तो मंदिरों को बदनाम करने का मौका नहीं छोड़ती बेशक कभी मस्जिद नहीं जा सकती। ज्ञानवापी के वजुखाने में शिवलिंग का मज़ाक उड़ाने के लिए नकवी ने एक तस्वीर ट्वीट की थी जिसमें एक शिवलिंग की तुलना मुंबई के भाभा परमाणु अनुसंधान केंद्र के एक रिएक्टर से की गई थी।

जब विवाद बढ़ा तो माफ़ी मांगते हुए ट्वीट को डिलीट कर दिया। हिंदूफोबिया से ग्रसित तथाकथित पत्रकार सबा के किताब का विमोचन करने तत्कालीन मानव संसाधन विकास मंत्री प्रकाश जावेडकर पहुँच गए थे।

सबा नकवी को एलपीजी गैस आपूर्ति में समस्या आ रही थी। तत्कालीन पेट्रोलियम मंत्री धर्मेन्द्र प्रधान ने गैस आपूर्ति सुनिश्चित कराया। सबा ने राम मंदिर प्राण प्रतिष्ठा को बकवास करार दिया।

हिंदूफोबिया से ग्रसित अरफा खानुम शेरवानी भी इसी श्रेणी में आती है, जो अपने ट्वीट को लेकर बीजेपी आईटी सेल के निशाने पर होती है। शेरवानी किसी भी अराजक घटना में हिंदुओं के ऊपर दोष मढ़ती नजर आती है।

आरफा ने विवादित कार्टून को ट्विटर पर शेयर किया, उसमें भगवान कृष्ण एक तलवार लेकर खड़े हैं और उनके सामने किताब पढ़ते एक लड़के के पैर को बाँधकर पेड़ से उलटा लटकाया हुआ है। कार्टून पर लिखा हुआ है, "तुम वही दलित हो, जो Ph.D की पढ़ाई करके एवीबीपी के बच्चों का जीवन खतरे में डाल रहा है?"

तनिष्क ज्वैलरी वाले विवाद में भी आरफा अपने हिंदूफोबिक मानसिकता का प्रदर्शन कर चुकी हैं। तब उन्होंने कहा था, "लड़की को माँ की कोख में मार देने वाले, दहेज के नाम पर ज़िंदा जला देने वाले, लड़की की 'सही' जगह रसोई व बिस्तर के परे न देख पाने वाले कैसे बर्दाश्त करेंगे, एक मुस्लिम घर में हिंदू बहू को प्यार-सम्मान मिले और उसकी पहचान भी सुरक्षित रह पाए। ये लड़कियों के, उनकी आज़ादी के दुश्मन हैं।"

जब कोई मुस्लिम किसी घटना में संलिप्तता सामने आ जाए तो अरफा बताना शुरू करती है कि उसको मुसलमान होने की वजह से प्रताड़ित किया जा रहा है।

लेकिन अरफा का जर्मनी में भारतीय दूतावास मेजबानी करता है।

राजदीप सरदेसाई भी बीजेपी आईटी सेल के निशाने पर होते हैं। जब भी कोई दंगा फसाद हो वहाँ इनका काम मुसलमानों को पीड़ित दिखाना और हिंदुओं को अपराधी दिखाना है।

प्रशांत भूषण फैसले पर उनके ट्वीट को लेकर वरिष्ठ पत्रकार राजदीप सरदेसाई के खिलाफ अदालती अवमानना की कार्यवाही शुरू करने की मांग की गई थी। अटॉर्नी जनरल केके वेणुगोपाल ने कहा कि पत्रकार "इतने गंभीर नहीं" थे कि वे "अदालत की महिमा को कमजोर कर सकें।"

ये कुछ ही मामले हैं, वैसे लंबी फेहरिस्त है जो हिंदू विरोधी है और इनमें कई मोदी विरोध का भी दिखावा करते हैं। मोदी सरकार में काफी बढ़ावा मिला है। दरअसल मोदी का विरोध करते हुए उन्हें मुस्लिम विरोधी बताते हैं। जिसका मोदी को राजनीतिक तौर पर फायदा होता है। कई बोलते हुए सुने जाते हैं कि आखिर क्या वजह है कि वामपंथी, इस्लामवादी, देश विरोधी, हिंदू विरोधी और सेक्युलर-लिबरल मोदी का विरोध करते हैं? ये सब दिखा स्वतः मोदी को कट्टर हिंदू साबित कर देते हैं। हिंदू विरोधी कार्यों को बीजेपी आईटी सेल हिंदुओं के बीच में भुनाता है और गिरफ़्तारी की ट्विटर पर ट्रेंड चलवाता है, इससे हिंदू बीजेपी के पक्ष में गोलबंद होता है। जिसका राजनीतिक तौर पर फायदा होता है।

ये सब देख पाठक तय कर सकते हैं कि आखिर हिंद विरोधी शक्तियों का महिमामंडन और प्रश्रय के पीछे आखिर मंशा क्या है?

हिंदू त्योहारों का अपराधीकरण और हिंदू आस्था से घृणा

17 अप्रैल 2014 को बीजेपी के प्रधानमंत्री पद के उम्मीदवार नरेंद्र मोदी ने इरोड तमिलनाडु में कांग्रेस को निशाने पर लेते हुए कहा, "शिवकाशी के पटाखे मशहूर हैं, लेकिन केंद्र की दमनकारी नीतियों के कारण चीन से पटाखे आ रहे हैं।"

नरेंद्र मोदी के प्रधानमंत्री बनते ही दिवाली से पहले केंद्रीय स्वास्थ्य मंत्री डॉक्टर हर्ष वर्धन ने 16 अक्टूबर 2024 को दिल्ली के उपराज्यपाल को ईमेल कर सुनिश्चित करने का आग्रह किया कि देश की राजधानी इस वर्ष "मौन दिवाली" यानि बिना पटाखे के दिवाली मनाएं। जिसे उपराज्यपाल ने ठुकरा दिया।

दिवाली के मौके पर पटाखा बैन करने का मामला 2016 में सुप्रीम कोर्ट पहुंचा। 25 नवंबर 2016 को सुप्रीम कोर्ट ने दिल्ली-एनसीआर में पटाखा बेचने पर रोक लगा दिया। सुप्रीम कोर्ट ने अगले आदेश तक पटाखों के होलसेल और खुदरा विक्रेताओं के लाईसेंस रद्द कर दिए।

9 अक्टूबर 2017 को सुप्रीम कोर्ट ने दिल्ली-एनसीआर में पटाखा खरीदने और बेचने दोनों पर रोक लगा दी। सुप्रीम कोर्ट के प्रतिबंध के खिलाफ समर्थन करते हुए हर्ष वर्धन ने लिखा कि सुप्रीम कोर्ट के पटाखे के ऊपर बैन का स्वागत करता हूँ। आए मेरे हरित दिवाली मुहिम का पर्यावरण के लिए समर्थन करें।

पटाखे न केवल वायु प्रदूषण का कारण बनते हैं, बल्कि फेफड़ों की कई बीमारियों का कारण भी बनते हैं, बल्कि उच्च रक्तचाप, चिंता का कारण बनने वाला शोर उपद्रव भी है और निःसंदेह, हमें उन गरीब पक्षियों और जानवरों के बारे में भी सोचना चाहिए जो आग और शोर से डरकर एक भयानक शाम बिताते हैं। पटाखों पर हजारों खर्च करने के बजाय, आइए भोजन और मिठाइयाँ खरीदें और इसे गरीबों/ वंचितों के साथ साझा करें। इसे अद्भुत बनाएं।

गौरतलब है कि बैन होने से पहले हर्षवर्धन लगातार हरित दिवाली का मुहिम चला रहे थे।

अक्टूबर 2018 में सुप्रीम कोर्ट ने साफ कर दिया कि पटाखों पर पूरी तरह से रोक नहीं है और केवल उन पटाखों पर रोक है जिसमें बोरियम साल्ट होता है।

सुप्रीम कोर्ट के फैसले से दुखी केंद्र सरकार के अधीन आने वाली केंद्रीय प्रदूषण नियंत्रण बोर्ड के वकील विजय पंजवानी ने कहा, "सुप्रीम कोर्ट के आदेश बहुत सख्त नहीं हैं। हम पूर्ण प्रतिबंध की उम्मीद कर रहे थे। पटाखों की अनुमति है लेकिन समय की पाबंदी है क्योंकि रात 8 बजे से 10 बजे के बीच इसकी अनुमति होगी।"

वर्ष 2020 में उच्चतम न्यायालय में एक एनजीओ द्वारा याचिका दायर की गयी। यह एनजीओ था इंडियन सोशल रेस्पोंसिबिलिटी नेटवर्क (ISRN)। इस एनजीओ में शामिल थे, मध्य प्रदेश भाजपा के नेता ओम प्रकाश सकलेचा, भाजपा से राज्यसभा सांसद और राष्ट्रीय उपाध्यक्ष विनय सहस्रबुद्धे और भाजपा के राष्ट्रीय अध्यक्ष जेपी नड्डा की पत्नी मल्लिका नड्डा। इसके अलावा उस एनजीओ में संतोष गुप्ता, ललिता कुमार मंगलम, सुमीत भसीन, रविन्द्र साथे, संजय चतुर्वेदी, बसंत कुमार, इंदुमती राव आदि शामिल थे। इनमें अधिकांश भाजपा के नेता हैं। कुमारमंगलम भी भाजपा की नेता हैं और पूर्व में राष्ट्रीय महिला आयोग की प्रमुख रह चुकी हैं। इसी तरह सुमीत भसीन पब्लिक पॉलिसी रिसर्च से जुड़े थे। वह वर्ष 2019 के लोकसभा चुनावों के लिए भाजपा की सोशल मीडिया कमिटी से भी जुड़े थे।

2020 में नेशनल ग्रीन ट्रिब्यूनल ने एनसीआर मे सभी प्रकार के पटाखों पर रोक लगा दी।

7 नवंबर 2023 को सुप्रीम कोर्ट ने कहा कि पटाखों को लेकर जो गाइडलाइंस जारी की है वो सिर्फ दिल्ली-एनसीआर के लिए नहीं बल्कि पूरे देशभर के लिए है।

सुप्रीम कोर्ट में केंद्र सरकार और दिल्ली सरकार ने पटाखा बैन के लिए सहमति जताई लेकिन बीजेपी नेता अरविंद केजरीवाल के खिलाफ मोर्चा खोलते हैं।

बीजेपी के लोग सत्ता में रहकर पटाखा बैन कराते हैं लेकिन बीजेपी नेता मनोज तिवारी ने पटाखा बैन के खिलाफ सुप्रीम कोर्ट में याचिका लगाई जिसे कोर्ट ने खारिज कर दिया।

पहली तस्वीर में मनोज तिवारी जो भगवान राम के साथ लगे मोदी को प्रणाम करके घर से बाहर निकलते हैं और दूसरी तस्वीर में हर्षवर्धन क्लास के छात्र की तरह मोदी के सामने खड़े है। दोनों तस्वीर का आशय ये है कि मोदी के सहमति के खिलाफ बीजेपी में कुछ भी नहीं हो सकता। सरकार में रहकर पटाखा बैन कराने से एजेंडा पूरा होता है तो वहीं किये के खिलाफ माहौल बना या दूसरों को कोसने से वोटर खुश होता है।

दिल्ली सरकार ने फैसला किया कि पटाखा फोड़ने पर 200 रुपये का जुर्माना और 6 महीने की जेल होगी। वहीं जो भी भंडारण करेगा या बिक्री में शामिल होगा, उस पर 5 हजार रुपए का जुर्माना और तीन साल की जेल होगी।

केंद्र सरकार के अधीन आने वाली दिल्ली पुलिस द्वारा दिवाली के मौके पर 10 नवंबर 2023 से 15 नवंबर 2023 तक पटाखे फोड़ने पर 25 एफआईआर हुए और 12 लोगों को गिरफ्तार किया गया। ये आरटीआई के जरिए खुलासा हुआ। हर साल पटाखा फोड़ने पर गिरफ्तारी होती है।

नए भारत में पटाखा फोड़ना भी अपराध के श्रेणी में आ गया। ये मोदी के छद्म हिंदुत्व का जीता जागता उदाहरण है।

केंद्र सरकार के स्वास्थ्य मंत्रालय के अधीन आने वाले एफएसएसएआई के द्वारा दिवाली 2023 को जश्न ए रोशनी के रूप में कार्यक्रम आयोजित करने का तस्वीर सामने आया। जब लोगों ने इसका सोशल मीडिया में विरोध करना शुरू किया तो एफएसएसएआई ने खंडन करते हुए कहा कि ऐसा कोई कार्यक्रम आयोजित नहीं किया जा रहा है, जैसा कि सोशल मीडिया में प्रसारित किया जा रहा है। सोशल मीडिया पर शेयर की जा रही तस्वीर उसके द्वारा जारी या अनुमोदित नहीं किया गया है।

एफएसएसएआई द्वारा सन 2022 में जश्न ए रोशनी आयोजित किया गया और 19 20 अक्टूबर 2022 को कर्मचारियों के लिए विभिन्न प्रतियोगिताएं आयोजित की गई। इस कार्यक्रम में रंगोली प्रतियोगिता, प्रभाग की साज सज्जा और संजातिया परिधान प्रतियोगिता सहित हर गतिविधि में बड़ी मात्रा में भीड़ देखी गई।

जब लोगों ने 2022 की जश्न-ए-रोशनी कार्यक्रम की याद दिलानी शुरू की तो उस पेज को एफएसएसएआई द्वारा हटा दिया।

ये नरेंद्र मोदी के हिंदुत्व की राजनीति का प्रभाव है जो हिंदू त्योहारों का नाम भी बदलकर इस्लामिक करने का प्रयास हुआ। अगर विरोध न होता तो ये एफएसएसएआई का तो परंपरा बनता ही बनता। धीरे धीरे बाकि जगह भी लागू किया जाता। दरअसल ये तो हिंदुओं के साथ प्रयोग हो रहा है। अगर सफल हो जाए तो एजेंडा पूरा और पकड़े गए तो खंडन कर दो। ये बहुत बड़ा फैसला था क्योंकि हिंदुओं के धर्म पर आघात था।

मेरा ये स्पष्ट मानना है कि इतना बड़ा फैसला बिना उनके हरी झंडी के नहीं हो सकता।

नरेंद्र मोदी के बारे में दावा किया जाता है कि वो नवरात्रि में नौ दिन का उपवास रखते हैं लेकिन आज तक कोई तस्वीर सामने नहीं आई। बिना कैमरा के इनका कोई भी कार्य सम्पन्न नहीं होता। अगर व्रत रखते तो माँ दुर्गा की पूजा आरती भी करते और ऐसा होता तो फोटो जरूर जारी किया जाता।

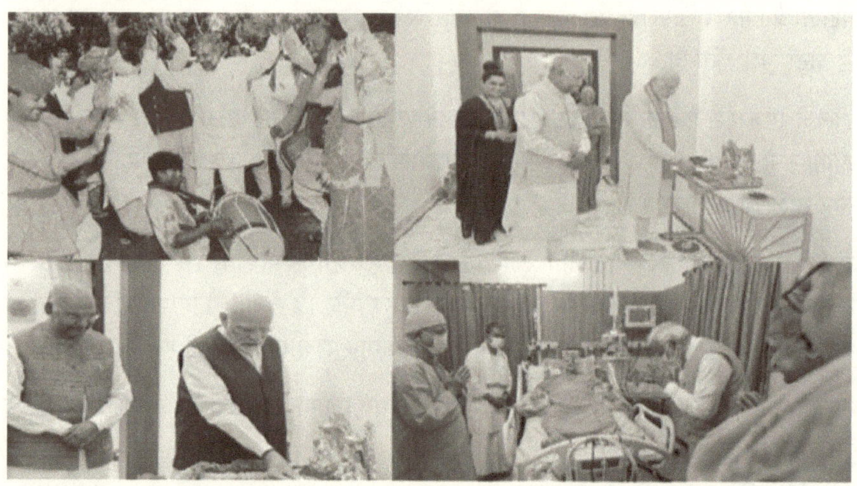

नरेंद्र मोदी के हिंदू त्योहार मनाने की बात हो तो सन 1999 में अटल बिहारी वाजपेयी के साथ होली मनाते देखे गए। जो कि हर साल होली का आयोजन करते थे। पहली तस्वीर में देखा जा सकता है।

सन 2022 और 2023 में नरेंद्र मोदी दिवाली के मौके पर पूर्व राष्ट्रपति रामनाथ कोविंद के घर पहुंचकर कैन्डल और दीप जलाया। जिसे आप दूसरे और तीसरे तस्वीर में देख सकते है।

प्रधानमंत्री आवास में कभी किसी त्योहार का आयोजन नहीं किया। क्रिसमस-2023 के मौके पर कार्यक्रम आयोजन करने पर निशाने पर आए और सामने लोकसभा चुनाव को देखते हुए, गायों के साथ जरूर देखे गए। दिवाली के मौके पर सेना के जवानों को मिठाई खिलाकर त्योहार मनाते हैं नाकि कोई वहां पूजा पाठ करते हैं।

5 मार्च 2024 को नरेंद्र मोदी, रामकृष्ण मिशन सेवा प्रतिष्ठान गए। जहां रामकृष्ण मठ और मिशन के अध्यक्ष स्वामी स्मरणानंदजी महाराज का इलाज चल रहा है, और उनके स्वास्थ्य के बारे में जानकारी ली। चौथी तस्वीर में देख सकते हैं। बिना कैमरा के मरीज से भी नहीं मिल सकते।

2021 में होलिका दहन की जलती हुई दिव्य अग्नि के ऊपर दिल्ली पुलिस ने पानी डालकर बुझा दिया और दो लोगों को गिरफतार कर लिया।

13 अक्टूबर 2021 को कालका जी मंदिर का वीडियो सामने आया। जिसमें पुलिस वालों को श्रद्धालुओं के साथ मारपीट करते देखा गया।

इस घटना पर दिल्ली पुलिस ने सफाई दी कि यह वीडियो पुराना है। नवरात्रि के आरंभ में भीड़ ज्यादा होने की वजह से लाइन को आगे बढ़ाने के लिए बल प्रयोग किया। डीसीपी कार्यालय ने आगे कहा कि इसके कुछ समय बाद ही तैयारी और पुख्ता कर ली गई। जिसमें श्रद्धालुयों को आराम रहे। सब शांतिपूर्ण है।

किसी पुलिस वाले पर किसी तरह की कारवाई नहीं हुई।

8 मार्च 2024 को त्रिलोकपुरी में सड़क पर नमाज चल रही थी। जिसकी वजह से ट्रैफिक जाम था। दिल्ली पुलिस के सब इंस्पेक्टर मनोज तोमर नमाजियों को हटाने पहुंचे तो उनके साथ धक्का मुक्की की गई। तोमर ने एक नमाजी को हटाने के लिए लात मार दी। नमाजियों के भीड़ ने इंद्रलोक में घेराव किया और पुलिस वाले को पीटा। जब लोगों ने उस पुलिस वाले को मनोज तोमर बता वीडियो साझा किया तो डीसीपी का बयान आया कि उक्त एसआई इस वीडियो में नहीं है। ये वीडियो 9 मार्च का नहीं बल्कि 8 मार्च का है, जब प्रदर्शनकारी इंद्रलोक इकट्ठा हुए थे। स्थानीय लोगों ने पुलिस अधिकारियों को पुलिस चौकी तक पहुंचाया जिसके बाद हाथापाई हुई।

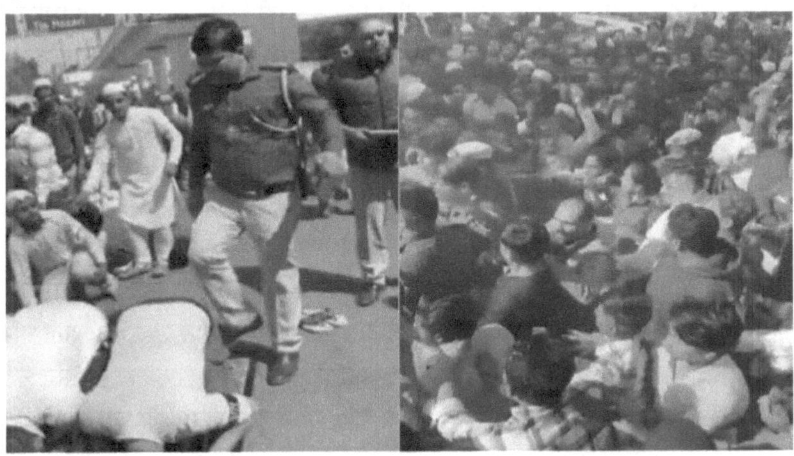

सबसे बड़ी चौकाने वाली बात रही कि ये नमाजी को लात मारने का मामला सामने आते ही तोमर को निलंबित कर दिया गया। दिल्ली पुलिस उपायुक्त(उत्तर) मनोज मीणा ने कहा कि उनको तत्काल प्रभाव से निलंबित कर दिया गया है और हम उनके खिलाफ अनुशासनात्मक कारवाई कर रहे हैं।

12 मार्च को हिंदू संगठन के लोग दिल्ली पुलिस मुख्यालय के सामने मनोज तोमर के निलंबन को वापस करने की मांग रहे थे। पुलिस ने सभी को उठाकर बस में भरकर अलग अलग थानों में ले जाकर रखा लेकिन कोई नमाजी गिरफ्तार नहीं हुआ।

दिल्ली में मोहर्रम के दौरान जिस रास्ते से ताजिया निकलता है, उस रास्ते में पड़ने वाली मंदिरों में ताला जड़ दिया जाता है।

29 जुलाई 2023 को दिल्ली के नांगलोई में मोहर्रम के जुलूस के दौरान ताजिया ले जा रहे लोगों ने प्रशासन के तरफ से निर्धारित किये गए मार्ग पर जाने से मना कर दिया और दूसरी ओर बढ़ने की कोशिश करने लगे। जब पुलिस ने रोका तो उनके ऊपर पथराव किया गया। इस घटना में 10 पुलिसकर्मी घायल हो गए और दर्जनभर से अधिक वाहन छतिग्रस्त हो गए। मंदिरों पर मोहर्रम का झंडा लगाने से रोकने के लिए भी हिंदुओं पर भी हमले हुए।

विश्व हिंदू परिषद (विहिप) के केंद्रीय संयुक्त महामंत्री डॉ. सुरेन्द्र जैन ने एक बयान में कहा," मोहर्रम के अवसर पर मुस्लिम समाज के एक वर्ग द्वारा देशभर में की गई हिंसा संपूर्ण सभ्य समाज के लिए चिंता का विषय है। कहीं पर कावड़ियों पर हमले किए गए तो कहीं पर मंदिर के ऊपर मोहर्रम का झंडा लगाने से रोकने पर हमले किए गए। दिल्ली की नांगलोई में तो केवल पुलिस पर ही नहीं, वहां से निकल रहे बसों, कारों स्कूटर व मोटरसाइकिलों पर हमले किए गए तथा हिंदुओं को लाठियों और पत्थरों से पीटा गया। इसके कारण वहां वाहनों का तो नुकसान हुआ ही, दसियों हिंदू व पुलिस वाले भी घायल हो गए। विहिप इस अमानवीय हिंसा की कठोरतम शब्दों मे निंदा करती है। चाहे ईद हो या मोहर्रम और रमजान, चाहे मुस्लिम त्यौहार हो या हिंदू त्योहार, इस प्रकार की हिंदू विरोधी आक्रामकता पिछले कई वर्षों में तेजी से बढ़ रही है। इन हमलों में एक विशेष रणनीति दिखाई दे रही है। हमलावरों में अवयस्क बच्चों को आगे किया जाता है जिससे अगर वे पकड़े भी जाएं तो मामूली सजा पाकर जेल से छूट जाएं। यह स्पष्ट दृष्टिगोचर होता है कि यह एक योजनाबद्ध षड्यंत्र के अंतर्गत हो रहा है। पहले मुस्लिम समाज के कुछ नेता और मौलवी किसी न किसी बहाने से हिंसा के लिए भड़काते हैं और फिर पकड़े जाने पर बड़े वकीलों की फौज खड़ी हो जाती है।

इन षडयंत्रों से हिंदुओं और देश का तो नुकसान हो ही रहा है, स्वयं मुस्लिम समाज के लिए भी आत्मघाती है। वे अपनी युवा पीढ़ी को विकास नहीं, विनाश की ओर ले जा रहे हैं। उन्होंने कहा कि उन्हें यह समझना होगा कि हिंदू भी कब तक मार खाता रहेगा। पुलिस प्रशासन को भी अपनी भूमिका पर पुनर्विचार करना होगा। हिंदू त्यौहार व शोभायात्राओं में मुस्लिम बहुल इलाकों को संवेदनशील घोषित कर वहां से यात्रा का मार्ग बदल दिया जाता है तो मुस्लिम त्योहारों और जलूसों में भी यही मापदंड अपनाना चाहिए। उन्होंने पूछा की क्या हिंदुओं को शांति से अपने त्यौहार मनाने का भी

अधिकार नहीं है? क्या वह मुस्लिम त्योहारों पर भी अपने ऊपर संभावित हमलों की आशंका के कारण तनाव में ही रहेगा? यह यक्ष प्रश्न उन राजनेताओं के लिए भी महत्वपूर्ण है जो वोट बैंक के लिए किसी भी बहाने से उनको भड़काने का प्रयास करते रहते हैं।

नरेंद्र मोदी के नए भारत में जो पत्थरबाजी पहले कश्मीर की समस्या थी। वो आज पूरे भारत की समस्या बन गई। चाहे मुस्लिम का कोई त्योहार हो या हिंदू की कोई शोभायात्रा, जुलूस या कावड़ यात्रा हो। कोई भी मौका नहीं निकलता जब हिंदुओं के ऊपर कोई पथराव न हो। ऐसी घटनाएं इतनी ज्यादा होने लगी कि उसकी गिनती नहीं की जा सकती।

मोदी सरकार में हिंदुओं के आत्मरक्षा का अधिकार भी छिन लिया गया। ये सभी को पता है कि पत्थर कौन घर में जमा कर के रखता है और कौन हर त्योहार में पत्थर चलाता है। शोभायात्रा या मूर्ति विसर्जन के दौरान कई हत्याएं हुई। जब बीजेपी शासित राज्य में हो, उसकी ज्यादा चर्चा नहीं होती। अगर मामला सोशल मीडिया में गलती से जोर पकड़ लिया तो बुलडोजर चलवा दिया जाता है।

10 अप्रैल 2022 को मध्यप्रदेश के खरगोन में रामनवमी शोभायात्रा के दौरान आगजनी-पथराव की घटनाएं हुई। हिंदुओं को निशाना बनाया गया और वीडियो सामने आ रहे थे। वहां की स्थिति काफी भयवाह थी। घरें, दुकानें जलाई जा रही थीं और गोलियां भी चली। हिंदू कैसे भी करके बचने का प्रयास कर रहा था।

16 अप्रैल 2022 को हनुमान जयंती के शोभायात्रा में जहांगीरपुरी में पथराव हुआ। 18 अप्रैल 2022 को जहांगीरपुरी में हिंसा के दौरान गोली चलाने वाले व्यक्ति के घर पुलिस की एक टीम पहुंची तो आरोपी के परिवार ने हमला कर दिया। 20 अप्रैल 2022 को जहांगीर पुरी में हिंदुओं के दुकान भी तोड़े गए।

दिल्ली एमसीडी ने घोषणा किया कि 21 अप्रैल और 22 अप्रैल को बुलडोजर चलाया जाएगा। अवैध अतिक्रमण हटाने का मामला कोर्ट पहुंचा, जिसके ऊपर कोर्ट ने रोक लगा दी।

जब भी उपद्रव-पथराव का मामला सामने आता है तो तुरंत अवैध अतिक्रमण के नाम पर घरों को तोड़ा जाता है। अब सवाल है कि इतना जल्द कैसे प्रशासन तय कर लेती है कि अवैध अतिक्रमण था। मैंने नहीं सुना कि तोड़ने से पहले कोई कागजी कार्रवाई होती है। सभी कार्रवाई अवैध अतिक्रमण के नाम पर होती है। मैंने नहीं सुना कि इस तरह के मामलों में बुलडोजर चलाने से पहले कोई जांच हुई हो। अगर अवैध अतिक्रमण हटाने की बात है तो सरकार किसी दंगे फसाद का इंतजार क्यों करती है।

अब बात पथराव की है तो एक खास समाज के तरफ से पत्थर फेंके जाते हैं और ये हर जगह हो रहा है। जब कोई उनके फेंके पत्थर को उठाकर उनके ऊपर फेंक दे तो बराबर का अपराधी माना जाता है। कोई शोभायात्रा निकलती है तो छतों से पथराव किया जाता है। प्रशासन उसके बाद वहां धारा 144 लगा देती है। यानि हिंदू पीटकर अगर जिंदा बच गया तो जाकर अस्पताल में इलाज कराए। अब रही बात कार्रवाई की तो बेशक कुछ लोगों के खिलाफ मुकदमा दर्ज करके, उनको गिरफ्तार कर लिया जाता है।

अगर कोई मुस्लिम हो तो उसके लिए कई संगठन जैसे जहांगीरपुरी में जमीयत उलेमा ए हिंद ने जाकर उनको कानूनी मदद देने की घोषणा की। सरकार की बात करें तो प्रधानमंत्री के 15 सूत्रीय कार्यक्रम के तहत दंगे की रोकथाम के लिए सांप्रदायिक तनाव को दूर करने के लिए सेक्युलर जिला अधिकारियों और पुलिस अधीक्षक की तैनाती होनी चाहिए। अब भारत में सेक्युलर किसको माना जाता है, ये ज्यादा बताने की जरूरत नहीं है क्योंकि आम लोग जानते हैं। मुस्लिम पर कोई कार्रवाई हो जाए तो उसको लेकर हल्ला मच जाता है और मोदी सरकार दबाव में आ जाती है। जब कभी ऐसा मामला जो गले का फांस बन जाए तो कोई भी सरकार हो, कार्रवाई के नाम पर पुलिस वालों पर गाज गिर जाता है। कोई भी पुलिस अधिकारी निष्पक्ष काम कर अपनी नौकरी दाव पर नहीं लगाएगा। जैसा कि आप देख सकते हैं कि पुलिस मंदिर में घुसकर हिंदुओं के ऊपर लाठी चलाती है तो उसका कुछ नहीं होता वहीं नमाजियों से सड़क खाली कराए तो निलंबित हो जाता है।

अल्पसंख्यक पीड़ितों को तत्काल राहत और उनके पुनर्वास के लिए उपयुक्त वित्तीय सहायता देने का प्रावधान है।

अल्पसंख्यक के लिए उनके संगठन और सरकार भी काम करती है। जब किसी पथराव, आगजनी के बाद बुलडोजर चलता है तो बीजेपी समर्थक ये बता जश्न मनाते हैं कि ये सिर्फ मुस्लिम के खिलाफ कारवाई चल रही है, जिनके झांसे में कुछ हिंदू भी आ जाते हैं। मुस्लिम पक्ष भी यही बोलता है कि उनके खिलाफ एक्शन हो रहा है।

21 अप्रैल 2023 को जहांगीरपुरी में उत्तरी दिल्ली नगर निगम की अतिक्रमण पर कार्रवाई के खिलाफ सुप्रीम कोर्ट में सुनवाई हुई। इस दौरान याचिकाकर्ता का आरोप था कि सिर्फ मुस्लिमों को टारगेट किया जा रहा है। सॉलिसीटर जनरल तुषार मेहता ने आरोप खारिज करते हुए कहा कि खरगोन मध्य प्रदेश में सरकार के अभियान में 88 हिंदुओं और 26 मुस्लिमों की संपत्ति का नुकसान हुआ।

29 अगस्त 2021 को दिल्ली पुलिस ने जन्माष्टमी के मौके पर डीडीएमए के निर्देश का हवाला देते हुए हिंदुओं को मंदिर जाने की अनुमति नहीं दी और कहा कि हम आग्रह करते हैं कि लोग अपने घर में पर्व मनाएं और मंदिर में इक्ट्ठा न हों। कोरोना के दौरान मंदिरों में ताला बंद रहे लेकिन मस्जिद खुले रहे।

G20 समिट के दौरान संवेदनशील इलाकों में धारा 144 लागू था। दिल्ली पुलिस ने चेहलम तजिया निकालने दिया लेकिन जन्माष्टमी की झांकी निकालने की अनुमति नहीं दी।

नरेंद्र मोदी के हमेशा हिंदू आस्था पर प्रहार के वक्तव्य आते रहे हैं लेकिन उसकी कहीं चर्चा नहीं होती। बाकि अगर कोई विपक्ष का नेता कुछ बोले तो बीजेपी पूरी तरह से हमलावर हो जाती है और मीडिया में डिबेट भी होते हैं।

अप्रैल 2015 में जर्मनी में एक कार्यक्रम में कहा, "आप से बढ़कर इन्क्रेडिबल इंडिया की पहचान क्या हो सकती है? मुझे बताइए, आप ही तो हैं इन्क्रेडिबल इंडिया और क्या है? क्या उन पत्थरों और मूर्तियों में इन्क्रेडिबल इंडिया है क्या? उस विरासत के प्रतिनिधि आप हैं। आप ही इन्क्रेडिबल इंडिया हैं।"

5 सितंबर 2023 को शिक्षक दिवस के मौके पर मोदी ने कहा, "मैं गुजरात का मुख्यमंत्री था। मैंने बच्चों को काम दिया था। मैंने कहा बताओ आपके गाँव में सबसे पुराना पेड़ कौन सा है? जाओ गाँव के अलग बगल में जाकर घूमो। कोई कहता ये 50 साल पुराना होगा। कोई कहता ये 100 साल पुराना होगा। फिर वो गाँव के बुजुर्गों को पूछते थे, तो फिर वो मन बनाते थे कि चलो इसको पुराना मानते हैं तो मैंने कहा कि गाँव वालों को पता होना चाहिए कि ये गाँव का पुराना पेड़ है। फिर मैंने कहा कि आप उस पेड़ की आत्मकथा लिखिए और आप हैरान हो जाएंगे कि बच्चों ने इतना बढ़िया लिखा था। अब ये चीजे हैं जो उसको जोड़ती है। ये कोई ऐसी चीज नहीं जो पत्थरों से बनी ही चीज में पंच प्राण हो।"

हिंदू धर्म के आस्था के अनुसार पत्थरों से बनी मूर्ति में प्राण प्रतिष्ठा कर जीवंत भगवान मान पूजा होती है। जिस पर उन्होंने प्रहार किया।

मैं ये सुनकर हैरान रह गया कि हिंदू धर्म की आस्था पर प्रहार करने के लिए ऐसी कहानी गढ़कर शिक्षकों को बता रहे हैं। जबकि इनकी राजनीति पूरी तरह से मंदिरों पर टिकी हुई है। मंदिर में पूजा करने जाते हैं तो जाहिर सी बात है वहां पत्थरों में पंच प्राण हैं और मूर्तियां ही होती हैं।

नरेंद्र मोदी के साथ सबसे बड़ी बात है कि ये मंदिर में काफी भक्ति भाव में देखे जाते हैं लेकिन उन्हीं मूर्तियों पर कटाक्ष करते हैं। ये जो त्रिशूल के साथ देखे जा रहे, तो अब सवाल है कि क्या मोदी खुद को भगवान के रूप में स्थापित करना चाहते हैं क्योंकि आए दिन इनको बीजेपी के नेताओं के तरफ से किसी न किसी भगवान का अवतार बताया जाता है तो कई जगह इनके समर्थकों के द्वारा इन्हें भगवान के समतुल्य तो कहीं भगवान के रूप में दिखाया जाता है। जब मुस्लिम समाज की बात हो या बॉलीवुड के फिल्मों के बहिष्कार की बात हो। ये अपने नेताओं को हिदायत दे चुके हैं कि मुस्लिम समाज के खिलाफ बयानबाजी न करें तो वहीं फिल्मों के ऊपर अनावश्यक टिप्पणी करने से बचने के लिए बोल चुके हैं। लेकिन कभी भी ऐसा नहीं सुना गया कि ये अपने नेताओं को हिदायत दें कि इनकी तुलना भगवान से न करें।

तस्वीर एक में काशी हिंदू विश्व विद्यालय की फोटो प्रदर्शनी कार्यक्रम में प्रधानमंत्री नरेंद्र मोदी का विष्णु अवतार दिखा। मोदी @20 नाम के प्रोग्राम में मंच के पोडियम पर मोदी के विष्णु अवतार की चित्रकारी की गई और 12 हाथ बनाए गए।

दूसरे तस्वीर में, पश्चिम बंगाल मे दुर्गोत्सव 2023 के मौके पर एक से बढ़कर एक पूजा पंडाल बनाए गए हैं। इन पूजा पंडालों मे माँ दुर्गा की मूर्तियां भी बैठाई गई हैं। ऐसे मे कोलकाता के कांकुड़गाछी में स्थित एक पूजा पंडाल मे माँ दुर्गा के साथ देश के प्रधानमंत्री नरेंद्र मोदी के साथ -साथ केंद्रीय गृह मंत्री अमित शाह और बीजेपी के राष्ट्रीय अध्यक्ष जेपी नड्डा की मूर्ति बैठाई गई।

इस पूजा पंडाल के आयोजक बिस्वजीत सरकार की अगर मानें तो प्रधानमंत्री नरेंद्र मोदी के वह प्रशंसक हैं। उन्होने कहा की उनका भाई भाजपा का एक सक्रिय कार्यकर्त्ता था जो पार्टी के लिये अपनी खून पसीने बहाता था, पार्टी के लिये उसका वही संघर्ष उसका काल बन गया और वह चुनावी हिंसा का शिकार बन गया।

सबसे बड़ी बात जो देखी गई कि मां दुर्गा की शस्त्रविहीन मूर्ति बनाई गई। ये आम बात हो गई है। सोशल मीडिया में देखें तो भाजपा समर्थक आए दिन भगवान के फोटो में छेड़छाड़ कर वहां मोदी को दिखाते हैं।

अब तो स्थिति ये हो गई कि नरेंद्र मोदी को किसी भी हिंदू त्योहार को सेक्युलर अंदाज में परोसते या उसके आड़ में भी अपने किसी योजना का प्रचार प्रसार करते देखा जा सकता है।

ये सरकार की तरफ से जारी किया गया। जिसमें महिला को मां दुर्गा जैसी दिखाकर नारी शक्ति सशक्त नया भारत का पोस्टर जारी हुआ। थोड़ा बदलाव करते हुए, मां दुर्गा के आठ हाथ होते तो इनका नौ कर दिया गया।

नरेंद्र मोदी ने मंदिर जाकर एक नए कैमरा परंपरा को खूब आगे बढ़ाया। ये गर्भ गृह में भी कैमरा के साथ जाते हैं। जो कि परंपरा के अनुसार गर्भ गृह में शंकराचार्य जी, पुजारी और राजा ही जा सकते हैं। इनके समर्थक इनको राजा बताते हैं। कैमरा के साथ तो कोई भी नहीं जा सकता। अब अगर राजा की बात है तो लोकतंत्र में राजा कोई हो ही नहीं सकता। अगर भविष्य में कोई अन्य मजहब को मानने वाला व्यक्ति देश का प्रधानमंत्री बने तो क्या उसको स्वीकार करेंगे?

जब भी नरेंद्र मोदी मंदिर जाते हैं तो उनके चेहरे पर अजीब सी उदासी देखी जाती है और बाकि किसी इस्लामिक कार्यक्रम या मस्जिद जाए तो उनके चेहरे पर खुशी देखी जाती है।

दोनों तस्वीरों को बीजेपी के आधिकारिक X से साझा किया गया। पहली तस्वीर के साथ लिखा गया, "ॐ श्री वेंकटेश्वराये नमो नमः"

अब सवाल है कि भगवान तो पीछे हैं फिर ये प्रणाम किसको कर रहे हैं?

ये पाठक तय कर सकते हैं कि आखिर सामने क्या था? कैमरा को लेकर वैसे हमेशा से चर्चा में रहे हैं।

कई मंदिरों में दर्शन करने गए जिसके बाद उसका कॉरीडोर और विकास के नाम पर विध्वंस शुरू हो गया। काशी विश्वनाथ मंदिर में दर्शन करने गए उसके बाद कॉरीडोर के नाम पर सैकड़ों प्राचीन मंदिरों को तोड़ा गया।

12 अक्टूबर 2023 को नरेंद्र मोदी हिंदुओं के आस्था का प्रमुख केंद्र जागेश्वर धाम मंदिर पहुंचे। वहां पहुंचकर 25 मिनट तक रुक पूजा अर्चना की।

फ़रवरी 2024 में खबर आई कि जागेश्वर में मास्टरप्लान के तहत हो रहे सड़क चौड़ीकरण के लिए 1000 देवदार के पेड़ कटेंगे। जागेश्वर धाम देवदार के जंगल के बीच स्थित है। देवदार के पेड़ों का धार्मिक महत्व है लेकिन उसको काटा जाना है।

15 जनवरी 2024 को नाशिक के कालाराम मंदिर पहुंचे और साफ में ही पोंछा लगाया।

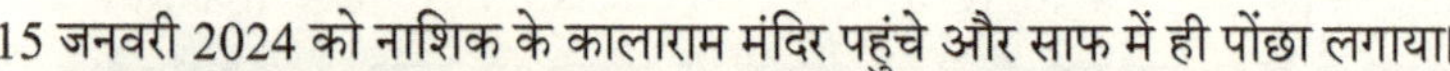

9 मार्च 2024 को कालाराम मंदिर को नाशिक प्रशासन की तरफ से सुबह 6-7 बजे तक लाउडस्पीकर बंद करने का नोटिस आता है।

ये घटनाएं उदाहरण मात्र हैं। ऐसे बहुत से मामले हैं जहां पूजा करने जाते हैं वहां कुछ न कुछ मंदिर के साथ होता है। कॉरीडोर बनवाने में तो इनकी सीधी भूमिका है बाकि अन्य घटनाएं महज संयोग हैं या किसी साजिश का हिस्सा? ये नहीं कहा जा सकता।

हिंदू धर्म के ऊपर कई बार सुप्रीम कोर्ट का हवाला देते हुए अपनी हिंदू विरोधी सोच को ढकने का प्रयास करते हैं। जैसे कि ये सुप्रीम कोर्ट के अनुसार ही चलते हों। बेशक सुप्रीम कोर्ट के फैसले को पलटने से भी पीछे नहीं हटते। हिंदू को ये धर्म नहीं मानते। इसके पीछे इनका तर्क है कि सुप्रीम कोर्ट के अनुसार," हिंदू धर्म नहीं है। हिंदू एक जीवन जीने का तरीका है।" आप धर्म में चले गए, हम (मोदी) सुप्रीम कोर्ट के जजमेंट के हिसाब से चलते हैं। हम मानने को तैयार नहीं हैं कि हिंदू कोई धर्म है।

सुप्रीम कोर्ट 26 जनवरी 1950 को बना। हिंदू धर्म तो सबसे प्राचीन धर्म है। क्या सुप्रीम कोर्ट में धर्माचार्य होते हैं? सुप्रीम कोर्ट का अपना कार्य है। अब बात सुप्रीम कोर्ट के फैसले को लेकर है तो कोर्ट धर्म के ऊपर टिप्पणी कर ही नहीं सकता।

26 अक्टूबर 2016 को सुप्रीम कोर्ट ने सुनवाई के दौरान कहा कि वो फिलहाल धर्म के ऊपर विचार नहीं करेगी और 1995 में हिंदुत्व को लेकर दिया गया फैसला बरकरार है।

अब 1995 के सुप्रीम कोर्ट के फैसले की बात करें तो वो चुनाव से जुड़ा मामला था। दरअसल, साल 1990 में महाराष्ट्र में शिवसेना के मनोहर जोशी ने कांग्रेस के भाऊराव पाटिल को हराया। पाटिल ने जन प्रतिनिधित्व अधिनियम (RPA) की धारा 123 के तहत भ्रष्ट आचरण के आधार पर जोशी के चुनाव को चुनौती देते हुए कहा कि हिंदुत्व के नाम पर वोट मांगना जन प्रतिनिधित्व अधिनियम (आरपीए) के अनुसार भ्रष्ट आचरण है। मामला सुप्रीम कोर्ट पहुंचा। सुप्रीम कोर्ट ने 1995 के अपने फैसले में कहा था कि चुनाव में हिंदुत्व का इस्तेमाल गलत नहीं है क्योंकि हिंदुत्व धर्म नहीं बल्कि एक जीवन शैली है। जस्टिस जेएस वर्मा की अगुआई वाली बेंच ने यह फैसला दिया था।

नरेंद्र मोदी अपना हिंदू विरोधी एजेंडा चलाने के लिए हिंदुत्व के ऊपर फैसले को हिंदू धर्म से जोड़कर सुप्रीम कोर्ट का आड़ लेते हैं। जबकि हिंदुत्व का हिंदू धर्म से कोई लेना देना नहीं है क्योंकि ये राजनीतिक विचारधारा है। बेशक लगभग एक जैसे नाम की वजह से लोगों को गुमराह किया जाता है। हिंदुत्व की विचारधारा को आरएसएस मानता है जो इस्लाम के बिना अधूरा है। अगर बात हिंदू धर्म की करें तो वो तब से है जब इस्लाम नहीं था।

नरेंद्र मोदी के विचार को बीजेपी नेता भी पेश करते हुए देखे जाते हैं कि हिंदू कोई धर्म नहीं है।

यहां तक कि हिंदू धर्म विरोधी स्वामी प्रसाद मौर्य भी इनके बयान का सहारा लेते हैं। मौर्य ने हिंदू धर्म के खिलाफ कई बार बयानबाजी की है और कहा कि हिंदू धर्म एक धोखा है। बीजेपी उनके बयान का मुद्दा बनाती रही है। बीजेपी नेता गिरिराज सिंह ने तो उन्हें इस्लाम कबूलने तक की भी नसीहत दे डाली।

मौर्य अपने सफाई बोलते हैं कि प्रधानमंत्री मोदी ने कहा कि हिंदू कोई धर्म नहीं है.....तब किसी की भावना आहत नहीं होती लेकिन जब मैं बोलता हूँ तो पूरे देश में भूचालत आ जाती है।

29 जनवरी 2023 को स्वामी प्रसाद मौर्य के समर्थकों ने लखनऊ में रामचरितमानस की प्रतियां जलाई लेकिन प्रधानमंत्री मोदी की तरफ से कोई प्रतिक्रिया नहीं। संसद से कोई निंदा प्रस्ताव तो बहुत दूर की बात है। योगी आदित्यनाथ से मीडिया ने पूछा तो इतना जरूर बोल दिए कि ऐसे लोगों को ज्यादा गंभीरता से लेने की जरूरत नहीं है।

दूसरी तरफ, 12 जुलाई 2023 को स्वीडन में कुरान की प्रतियां जलाने के मामले में पाकिस्तान यूएन में प्रस्ताव लेकर आया तो भारत ने उसका समर्थन किया।

नरेंद्र मोदी यहीं नहीं रुकते, देवी देवताओं को न मानने की एजेंडा को चलाने के लिए स्वामी विवेकानंद का सहारा ले बोल चुके हैं कि मैं बचपन से स्वामी विवेकानंद के विचारों से प्रभावित रहा हूँ। पढ़ने के लिए भी मेरे गाँव की लाइब्रेरी थी, तो ज्यातर वही मिलता था और उसमें बात देशभक्ति की होती थी। वो तो सन्यासी थे। आस्थावादी थे, परमात्मा में विश्वास करने वाले थे लेकिन क्या कहते थे? सब भगवान को भूल जाओ सिर्फ भारत माता को याद करो, ये कहते थे। ये चीजें मुझे बहुत प्रभावित करती थी। वो कहते थे कि दरिद्र नारायण की सेवा, ईश्वर की सेवा है। गरीब का कल्याण करो, ये भगवान का काम कर रहे हो। वो कहते थे कि फुटबॉल खेलो, गीता बाद में सोचना। अब ये बातें जो है बड़ी क्रांतिकारी थी और मुझे बड़ी पसंद आती थी।

अब सवाल है कि जब स्वामी विवेकानंद के देवी देवताओं के भूलने की बात इतना मानते हैं तो आखिर मंदिर में किस लिए जाते हैं?

अगर स्वामी विवेकानंद की बात करें तो उन्होंने 1897 में देश की स्वतंत्रता के संदर्भ में कहा था कि 50 साल के लिए देवी देवताओं को भूलकर भारत माता को पूजो। ये काम बोलचाल की भाषा में सुना जा सकता है कि सभी चीज को भूलकर लक्ष्य को केंद्रित करो।

नरेंद्र मोदी जैसा कि बताते हैं कि ये 17 वर्ष की उम्र में यानि सन 1967 में घर छोड़ चुके थे। उस जमाने में किस गाँव में लाइब्रेरी होती थी? जो ये जाकर लाइब्रेरी में पढ़ते थे। आज के समय में भी शायद ही किसी गाँव में लाइब्रेरी हो।

2 अक्टूबर 2013 को गुजरात के मुख्यमंत्री नरेंद्र मोदी ने एक कार्यक्रम के दौरान कहा, "मित्रों मेरी पहचान तो है हिंदुत्ववादी की, लेकिन मेरी असली सोच क्या है? मैं आपको बताता हूँ! मैंने मेरे राज्य में बड़े हिम्मत के साथ एक बात कही है और लगातार कहता हूँ। जो मेरी छवि है, वो ये हिम्मत नहीं कर सकता लेकिन मैं करता हूँ। मै कहता हूँ कि पहले शौचालय फिर देवालय।"

गुजरात के मुख्यमंत्री और भाजपा की ओर से प्रधानमंत्री पद के उम्मीदवार नरेंद्र मोदी के 'पहले शौचालय, फिर देवालय के नारे पर विश्व हिंदू परिषद के नेता प्रवीण तोगड़िया ने कड़ा विरोध जताया। तोगड़िया ने कहा है कि जयराम रमेश के बयान पर भाजपा ने जिस प्रकार से कड़ी प्रतिक्रिया दी थी, ठीक उसी प्रकार से नरेंद्र मोदी के बयान की भी आलोचना की जानी चाहिए।

दरअसल, जयराम रमेश ने कई महीने पहले कहा था कि देश को देवालय से ज्यादा शौचालय की जरूरत है। उनके बयान पर भाजपा और संघ ने कड़ा रुख अपनाया था, लेकिन जब यही बात मोदी ने कही तो दोनों ने चुप्पी साध ली। इसी बात पर प्रवीण तोगड़िया खफा दिखे। उन्होंने कहा कि शौचालय की बात करते हुए देवालय का जिक्र करना हिंदू परपंरा के बिल्कुल विरुद्ध है। हालांकि, संघ ने मोदी के बयान से पल्ला झाड़ लिया। दूसरी ओर भाजपा नेता जयराम रमेश के बयान को मोदी के नारे से अलग बताने के प्रयास में जुटे गए। बीजेपी नेताओं का कहना था कि जयराम ने हिंदू धर्म का अपमान करने के लिए 'पहले शौचालय फिर देवालय', जबकि मोदी ने इसका उपयोग विकास के संदर्भ में किया है।

नरेंद्र मोदी को प्रधानमंत्री बनने के बाद अपने इस एजेंडा को धरातल पर उतारने का पूरा मौका था क्योंकि उसके बाद तो अवतारी घोषित हो गए। किसी बड़े स्तर पर हिंदूद्रोह का विरोध करने वाली कोई पार्टी नहीं रही। हिंदू संगठन पूरी तरह उनके सामने नतमस्तक हो गए।

ऊपर की तस्वीर में अमृतेश्वर महादेव की मंदिर काशी में है। जिसमें मोक्ष लिंग है, जिनके बारे में मान्यता है कि उनके दर्शन करने से मोक्ष की प्राप्ति होती है। उसके ठीक सामने कॉरिडोर बनाने के दौरान मंदिर तोड़कर शौचालय बनवाया गया।

प्रधानमंत्री मोदी ने साल 2017 में उत्तर प्रदेश के नोएडा में मेट्रो रेल के उद्घाटन के दौरान कार के ऊपर नींबू-मिर्ची लगाने का मज़ाक उड़ाया।

उन्होंने कहा था, "आपने देखा होगा कि एक मुख्यमंत्री ने कार खरीदी, किसी ने कार के रंग के संबंध में कुछ बता दिया तो उन्होंने कार के ऊपर नींबू, मिर्च और जाने क्या-क्या रख दिया। मैं आधुनिक युग की बात कर रहा हूं।"

उन्होंने कहा, "ये लोग देश को क्या प्रेरणा देंगे। ऐसे लोग सार्वजनिक जीवन का बहुत अहित करते हैं "

रक्षा मंत्री राजनाथ सिंह का राफेल के नीचे नींबू रखने का मामला सामने आते ही लोगों ने मोदी के बयान को साझा कर बीजेपी पर निशाना साधने लगे।

राजनाथ सिंह का बचाव करते हुए बीजेपी अध्यक्ष और गृह मंत्री अमित शाह ने हरियाणा की एक चुनावी रैली में इसे भारतीय संस्कृति बताया।

ज्ञानवापी में मिले शिवलिंग को कई इस्लामिस्ट और सेक्युलर फव्वारा बता रहे रहे थे। दिल्ली में G-20 समिट से पहले सड़कों के किनारे शिवलिंग जैसे फव्वारे लगवाए गए। बीजेपी समर्थक इसका ठीकरा अरविंद केजरीवाल के माथे पर फोड़ रहे थे। लेकिन इसकी जानकारी दिल्ली के उपराज्यपाल विनय कुमार सक्सेना ने दी। आम आदमी पार्टी ने उपराज्यपाल पर हिंदुओं की भावनाएं आहत करने का आरोप लगाया। आप मंत्री सौरभ भारद्वाज ने कहा, "हम शिवलिंग पर पवित्र जल चढ़ाते हैं। घरों और मंदिरों में पूजा होती है, न कि सड़क पर। सार्वजनिक जगह पर फव्वारे के रूप में शिवलिंग स्थापित कर पाप किया गया है।"

आप ने 1 सितंबर 2023 को उपराज्यपाल सक्सेना के खिलाफ शिकायत दर्ज कराई। आप विधायक दुर्गेश पाठक ने कहा, "शिवलिंग के ऊपर सीवेज का पानी बह रहा है, जिससे हिंदू धर्म के लोगों की भावनाएं आहात हो रही है।"

जब विवाद गहराया तो उपराज्यपाल ने सक्सेना ने सफाई दी, "ये फव्वारे सिर्फ सजावट की चीज है। शिवलिंग नहीं है। अगर आपको उसमें भगवान दिखते हैं तो अच्छी बात है। देश के कण कण में भगवान हैं।"

आप के आरोप को बचकाना बताते हुए उपराज्यपाल ने कहा कि हम किसी को रोक नहीं सकते। जिसको जो कहना है वह कह सकता है। मगर, हमारी कोशिश दिल्ली को सुंदर बनाने के लिए है। ताकि जो विदेशी मेहमान है वह यह इम्प्रेशन लेकर जाए कि हिंदुस्तान मजबूत तो है ही, खूबसूरत भी है।

ये शिवलिंग जैसा फव्वारा लगाना एक बहुत बड़े प्रयोग का हिस्सा था ताकि विदेशी मेहमान देखकर जाएं कि फव्वारा इस तरह का होता है। ये पूरी तरह से हिंदू आस्था पर चोट और जो शिवलिंग को फव्वारा बता रहे थे, उनके कुतर्कों को सही दिखाने का प्रयास था। सरकार उनके साथ ज्ञानवापी के मुद्दे पर भी कानूनी रूप से साथ रही है।

ये कुछ मामले हैं वैसे नरेंद्र मोदी को जब मौका लगे तो हिंदू आस्था पर प्रहार करने से पीछे नहीं हटते। अब ये सब देख स्पष्ट हो गया कि मोदी या बीजेपी के लोग कुछ भी करें उनके लिए अलग पैमाना है। वो पैमाना है कि ये लोग जो भी कर रहे ठीक ही कर रहे।

प्रधानमंत्री बनने से पहले मोदी को जिस शिवाकाशी के लोगों के पटाखा उद्योग की चिंता थी कि चीन से समान आ रहा तो उस समय तो फिर भी उनका व्यापार हो जाता था लेकिन इनके शासनकाल में तो ठप पड़ गया।

हिंदुओं के प्रताड़ना पर चुप्पी और राजनीतिक इस्तेमाल

नरेंद्र मोदी ने प्रधानमंत्री बनने के बाद हिंदू संगठनों पर नकेल कसना शुरू कर दिया। विश्व हिंदू परिषद, बजरंग दल जैसे संगठन जिनका पूरे देश में प्रभाव था उसको पूरी तरह से राजनीतिक संगठन बना दिया। अब उनका काम सिर्फ बीजेपी के पक्ष में माहौल बनाना है। जो संगठन पहले दूसरे हिंदुओं की रक्षा का दावा करता था आज उसके लोग भी सुरक्षित नहीं हैं। उत्तरप्रदेश में योगी आदित्यनाथ का संगठन हिंदू युवा वाहिनी जिसका प्रभाव तो उत्तरप्रदेश के बाकि हिस्सों में भी था लेकिन पूर्वांचल में उसका खासा दबदबा था। सन 2017 में योगी आदित्यनाथ के मुख्यमंत्री बनने के बाद उस संगठन को निष्क्रिय करने के बाद उसके सदस्यों को सरकार के योजना का प्रचार प्रसार में लगा दिया गया।

गौरतलब हो कि योगी आदित्यनाथ ने हिंदुत्व और राष्ट्रवाद को बढ़ावा देने के लिए 2002 में राम नवमी पर हिंदू युवा वाहिनी की स्थापना की थी। प्रदेश में उनके राजनीतिक उत्थान में इस संगठन की बड़ी भूमिका रही।

3 अगस्त 2022 को योगी आदित्यनाथ ने हिंदू युवा वाहिनी के सभी इकाइयों को भंग कर दिया। कई लोग बताते हैं कि योगी को मुख्यमंत्री भी इसी शर्त पर बनाया गया था कि वो इस संगठन को खत्म कर देंगे।

नरेंद्र मोदी को पूर्ण बहुमत भी इसी आधार पर मिली कि वो हिंदू विरोधी गतिविधियों पर रोक लगाएंगे। बेशक कई मौके पर वो अपने इस्लामिक प्रेम का इजहार कर चुके थे लेकिन विपक्ष और मुस्लिम के विरोध ने उनको हिंदुओं का चहेता बना रखा था, जिसकी वजह से लोगों ने अनदेखा कर दिया। यूपीए सरकार पर तुष्टीकरण की राजनीति का तो आरोप लगाते ही रहे थे। बीजेपी, आरएसएस ने आम हिंदुओं के बीच ये धारणा बना दी कि जो मुसलमान के खिलाफ बयानबाजी कर रहा वो ही सच्चा हिंदू है बाकि बेशक वो जितना बड़ा मुस्लिम परस्त हो मायने नहीं रखता। हिंदू के विरुद्ध कुछ भी करे लेकिन वो कट्टर हिंदू है क्योंकि वो इस्लाम के खिलाफ बोल रहा है। कभी इनका नारा भी था, "जो हिंदू हित की बात करेगा, वो देश पर राज करेगा" बेशक वो काम विपरीत करे, उससे कोई फ़र्क नहीं पड़ता।

जब प्रधानमंत्री बन गए तो अपने मुस्लिम हितैषी कार्य में लग गए। जब दूसरी बार प्रधानमंत्री बने उसके बाद खुलकर पसमंदा की बात करने लगे। अब ये अगर मुसलमान की खुलकर बात करने लगते तो

इनके ऊपर मुस्लिम परस्त टैग लग जाता। ये कई बार बोल चुके हैं कि वो वोट दें या न दें हमें उनके लिए काम करना है। ये मोदी का इस्लाम के प्रति समर्पण ही है जो बताता है कि कुछ भी हो एक तरफा प्यार करते रहेंगे। धीरे-धीरे स्थिति ये बन गई कि अब मोदी जब भी बोलते हैं तो पिछड़ा, दलित और पसमंदा यही बोलते नजर आते हैं जबकि हिंदुओं ने एक होकर इनको सत्ता दिया था। बेशक ये पसमंदा की बात कर कई हिंदुओं को गुमराह करते हैं लेकिन काम हर मुसलमान का बिना किसी भेदभाव के करते हैं। पसमंदा की बातें सुनकर कई हिंदुओं को लगता है कि इससे उनमें फुट पड़ जाएंगी। जो कि कभी संभव नहीं है क्योंकि वो मजहब के नाम पर एक हैं और उनके लिए मजहब से बड़ा कोई चीज नहीं है। मोदी ने दूसरे काल में पहले कहा कि हमें तृप्तीकरण करना है। उसके बाद कहा कि हमें उनका संतुष्टिकरण करना है। पसमंदा मुसलमान आज़ादी के 70 सालों के बाद भी मुख्य धारा से पिछड़ा रह गया।

नरेंद्र मोदी के भरोसा जीतने का भारी कीमत हिंदू चुका रहा है। नरेंद्र मोदी के सत्ता में आने के बाद हिंदुओं की हत्या, पलायन, मॉब लिंचिंग, सर तन से जुदा के नारे, लव जिहाद (जिसे बीजेपी चुनाव में तो मानती है लेकिन सरकार में आकर नहीं मानती), मंदिरों पर हमले, कई जगह आरती रुकवाना, त्योहारों के मौके पर हमले, लकड़ियों को उठा लिया जाना और कई हिस्सों में जबरन उठाकर बलात्कार करना आम बात हो गई। यहां तक कि राष्ट्रीय राजधानी दिल्ली में भी ऐसी घटनाएं आम हो गई कि किसी हिंदू को सरेआम चाकुओं से गोदकर हत्या कर दी जाती है। इन सबमें खास बात ये है कि ये एक खास समुदाय के द्वारा ज्यादातर ऐसी घटनाओं को अंजाम दिया जाता है। कोई उस समुदाय का नाम ले ले तो नरेंद्र मोदी बर्दास्त नहीं कर पाते और हिंदुओं के विरुद्ध ये सारी जो घटनाएं होती है कभी भी नरेंद्र मोदी ने कोई बैठक नहीं बुलाई और बोला तो सिर्फ चुनावी मंचों से ताकि हिंदुओं के प्रताड़ना को दिखा वोट लिया जा सके।

नरेंद्र मोदी के शासनकाल में हिंदुओं के पास आत्मरक्षा, प्रदर्शन का अधिकार तो दूर रोने का भी अधिकार नहीं है।

नरेंद्र मोदी के गुजरात मॉडल को पूरे देश में भुनाया गया और आज भी बीजेपी के लोग भुनाते हैं कि 2002 के बाद गुजरात पूरी तरह शांत हो गया, उसके बाद कोई दंगा फसाद नहीं हुआ। सच्चाई ये है कि हिंदू शांत पड़ गया और दूसरा पक्ष हावी हो गया। हिंदुओं के ऊपर इतने अप्रत्याशित हमले में वृद्धि हुई कि सबको रिपोर्ट करना भी आसान नहीं रहा। मीडिया वैसे बीजेपी शासित राज्यों में हिंदुओं के ऊपर हो रहे हमले की रिपोर्ट नहीं करती। अगर कर दिया तो सरकार के ऊपर बिना बात किये सीधे समुदाय विशेष को टारगेट किया जाता है। जाहिर सी बात है कि पूरे देश में शोभायात्राओं पर पत्थरबाजी की घटनाएं सामने आती है। अगर सरकार गंभीर होती तो उसके खिलाफ कड़े कानून बनाती। घर में पत्थर जमा करके रखने वालों के खिलाफ कानून बनाती। लोग पत्थर रखना छोड़ देते। बीच बीच में सर्च ऑपरेशन करा लेती और जिनके घर में पत्थर मिलता उनके खिलाफ कारवाई होती तो जमा किये हुए पत्थरों से भी कई निर्माण कार्य पूरा हो जाते। जब किसी के घर में पत्थर नहीं होते तो वो किसी के खिलाफ चला नहीं पाता। दुर्भाग्य इस बात की है कि जितनी पत्थरबाजी की घटनाएं बढ़ी हैं। उससे आम लोगों के अलावा पुलिसकर्मी भी घायल होते हैं लेकिन प्रधानमंत्री मोदी ने कभी कुछ बोला तो सिर्फ चुनावी मंचों से, वैसे न कभी कुछ बोला, न कभी निंदा की और न कभी कोई बैठक बुलाई।

गुजरात की बात करें तो पूरे देश की तरह वहां भी स्थिति बहुत गंभीर है।

10 अप्रैल 2022 को गुजरात के हिम्मत नगर और आणंद में रामनवमी शोभायात्रा पर पथराव हुआ। पथराव के बाद गुस्साए लोगों ने आसपास वाहनों में तोड़फोड़ की। पुलिस ने टियर गैस और बल का प्रयोग कर उपद्रवियों पर काबू पा लिया।

16 सितंबर 2023 गुजरात के खेड़ा में भगवान शिव की शोभायात्रा के दौरान समुदाय विशेष के द्वारा मस्जिद के छत से पथराव किया गया। पथराव में 5 पुलिसकर्मियों सहित 9 लोग घायल हुए।

अक्टूबर 2022 नवरात्रि के मौके पर गरबा खेल रहे लोगों पर एक खास समुदाय के द्वारा पथराव किया गया।

गुजरात के खेड़ा में गरबा कार्यक्रम में पत्थर फेंकने के आरोप में गुजरात पुलिस द्वारा कुछ युवकों की पिटाई दिखाता हुआ एक वीडियो अक्टूबर महीने में वायरल हुआ था। इस वीडियो पर न्यूज़18 के एंकर अमन चोपड़ा ने 'देश नहीं झुकने दूंगा' शो किया।

इस शो में एंकर ने खंभे से बांधकर पीटे जा रहे युवकों को लेकर कहा कि गुजरात पुलिस इनके साथ गरबा खेल रही है। कार्यक्रम में मुस्लिम युवकों के गरबा कार्यक्रम में जाने पर ही सवाल खड़ा कर दिया गया।

इस शो के खिलाफ इंद्रजीत घोरपड़े और सिटीजन फॉर जस्टिस एंड पीस (सीजेपी), दोनों ने अक्टूबर 2022 में न्यूज ब्रॉडकास्टिंग एंड डिजिटल स्टैंडर्ड्स अथॉरिटी (एनबीडीएसए) में शिकायत दर्ज की।

सूचना और प्रसारण मंत्रालय के अधीन आने वाले एनबीडीएसए ने इस मामले में सुनवाई करते हुए चैनल पर 25 हजार का जुर्माना लगाया है। साथ ही सभी प्लेटफॉर्म्स से वीडियो को हटाने का निर्देश भी दिया है।

एनबीडीएसए ने माना कि कुछ उपद्रवियों की कार्रवाई के लिए पूरे मुस्लिम समुदाय की निंदा करते हुए एंकर ने कथित घटना को सांप्रदायिक रंग दिया था।

सबसे बड़ी बात इन पथराव की घटनाओं में जो सामने निकलकर आती है कि पत्थर छतों से फेंके जाते हैं और जिसके ऊपर फेंके जाते हैं। वो आत्मरक्षा में उसी पत्थर को उठाकर फेंका तो उसको ही दोषी बनाकर गिरफ्तार किया जाता है। बाकि खानापूर्ति के लिए दूसरे समाज के भी कुछ लोगों को गिरफ्तार कर लिया जाता है।

जुलाई 2023 में गुजरात के कच्छ जिला में स्थित एक निजी स्कूल में हिंदू बच्चों से टोपी पहनाकर बकरीद के मौके पर नमाज पढ़वाया गया।

29 सितंबर 2023 को अहमदाबाद के घातलोडियान में स्थित कैलोरेक्स स्कूल में ईद के मौके पर आयोजित सांस्कृतिक कार्यक्रम में हिंदू बच्चों से नमाज पढ़वाई गई। बच्चों को जालीदार टोपी और कुर्ता-पैजामा भी पहनाया गया।

देशभर से कई घटनाएं सामने आने लगे जहां बच्चों को जय श्री राम बोलने की वजह से पिटाई होने लगी तो कहीं निलंबित कर दिया गया। कई ऐसी भी घटनाएं आई जहां महिलायों के मंगल सूत्र उतरवाए जाने लगे तो कहीं टीका मिटाया जाने लगा तो कहीं कलावा भी हटवाया जाने लगा।

1 जनवरी 2024 को गुजरात के वडोदरा के नागरवाड़ा इलाके में स्थित जीवन साधना स्कूल से एक चौंकाने वाला मामला सामने आया। वहाँ चौथी कक्षा में पढ़ने वाले दो छात्रों के बीच झगड़ा हुआ और इसका हल्ला तब मचा जब एक मुस्लिम छात्र ने हिंदू छात्र पर ब्लेड से वार कर दिया। इतना ही नहीं इस मामले में जब पीड़ित छात्र ने अपने दोस्तों के साथ प्रिंसिपल से शिकायत की तो ब्लेड मारने वाले छात्र के माता-पिता स्कूल आ गए और क्लासरूम में घुसकर शिकायत करने वाले छात्र की भी पिटाई कर दी।

जिस गुजरात को हिंदुत्व का प्रयोगशाला कहा था, उस गुजरात की ये मात्र कुछ घटनाएं हैं। आज वहां देश के बाकि हिस्सों की तरह हिंदुओं, हिंदू महिलायों को निशाना बनाने और मंदिरों पर हमले की घटनाएं आम बात हो गई है।

2023 में रामनवमी पर देश के अलग-अलग हिस्सों में हुई हिंसा पर सुधीर चौधरी ने शो किया था। एनबीडीएसए ने उस शो की वीडियो सभी प्लेटफॉर्म से हटाने का निर्देश दिया। एनबीडीएसए ने कहा कि यह एक विशेष समुदाय को निशाना बनाती है। न्यूज चैनल को भेजे नोटिस में कहा गया कि कुछेक 'उपद्रवी घटनाओं' को सांप्रदायिक हिंसा से जोड़कर इस शो में समुदाय विशेष को निशाना बनाया गया है। चैनल को भविष्य में सावधानी बरतने की चेतावनी भी दी गई।

2023 रामनवमी हिंसा के बाद मुस्लिम धर्मगुरुओं के एक प्रतिनिधिमंडल ने 3 अप्रैल 2023 की रात केंद्रीय गृह मंत्री अमित शाह से मुलाकात की। शाह ने रामनवमी के बाद सांप्रदायिक हिंसा की घटनाओं और नफरत फैलाने वालों के खिलाफ कड़ी कार्रवाई करने की बात कही। प्रतिनिधिमंडल का नेतृत्व जमीयत उलेमा-ए-हिंद के अध्यक्ष मौलाना महमूद मदनी, सचिव नियाज फारूकी और ऑल इंडिया मुस्लिम पर्सनल लॉ बोर्ड के सदस्य कमाल फारूकी और प्रोफेसर अख्तरुल वासे ने किया।

नियाज फारूकी ने कहा, "यह उससे अलग अमित शाह थे, जिन्हें हम राजनीतिक भाषण देते हुए देखते हैं। उन्होंने सकारात्मक प्रतिक्रिया दी। उन्होंने हमें विस्तार से सुना, वे इनकार के मूड में नहीं थे।"

राम नवमी या किसी अन्य शोभायात्रा पर पथराव और हिंसा की शुरुआत कौन करता है और किसके घर में पत्थर पाए जाते हैं। कोई भी निष्पक्ष आदमी आसानी से समझ सकता है।

राम नवमी हिंसा का शिकार हिंदू और गृहमंत्री से मुस्लिम संगठन के लोग मिलते हैं और कार्रवाई का भरोसा भी देते हैं। जाहिर सी बात है कि मुस्लिम संगठनों ने हिंसा में शामिल मुसलमानों के खिलाफ कार्रवाई की बात तो नहीं की होगी।

मुस्लिम संगठनों में जमीयत उलेमा ए हिंद भी शामिल था जो आतंकवादियों को भी मासूम बता केस लड़ने से पीछे नहीं हटता लेकिन गृह मंत्री मिलते हैं और ये लोग हिंदुवादी और राष्ट्रवादी भी हैं।

फारूकी के गृहमंत्री के बारे में मिलने के प्रतिक्रिया से स्पष्ट हो जाता है कि अमित शाह जो रैलियों में बोलते हैं, वो सिर्फ हिंदुओं को भ्रमित करने के लिए बयान देते हैं। शाह को तो हिंदुओं के प्रतिनिधि से मिलना चाहिए था क्योंकि इस तरह की घटनाओं का पीड़ित हिंदू है।

अब सवाल होंगे कि कोई हिंदू संगठन गया नहीं होगा तो सबसे बड़ी बात है कि ये लोग हिंदुओं की वजह से सत्ता में हैं और बड़े ठेकेदार भी हैं। अगर फिर भी कोई हिंदू प्रयास करे भी तो उससे ये मिलने का समय नहीं देंगे। बीजेपी को हिंदुओं से सिर्फ वोट और नोट चाहिए बाकि कुछ भी ये बर्दास्त नहीं कर सकते।

आज इनलोगों का रवैया देखकर प्रतीत होता है कि ये लोग हिंदुओं से घृणा करते हैं। बाकि हिंदुओं को प्रताड़ित होना इनके लिए राजनीतिक रूप से सही है क्योंकि उसको दिखाकर ये वोट मांग सकें। इनके लिए "जिंदा हिंदू लाख का और मरा हिंदू सवा लाख का" बन चुका है। जिंदा हिंदू इन्हें सिर्फ वोट दे सकता है लेकिन मरा हुआ वोट दिलाता है।

6 दिसंबर 2017 को बीजेपी कार्यकर्ता परेश मेस्ता होन्नावर शहर में भीड़ की हिंसा के बाद गायब हो गया। दो दिन बाद उनका शव शेट्टीकरे झील में मिला। आरोप था कि भीड़ की हिंसा में परेश की हत्या कर दी गई और बाद में उसके शव को फेंक दिया गया।

उस समय विपक्ष में रहते हुए बीजेपी ने इस मुद्दे पर राज्यभर में प्रदर्शन किया। सांसद शोभा करंदलाजे के नेतृत्व में भाजपा सदस्यों ने दावा किया कि परेश की हत्या जिहादी ताकतों ने की है।

घटना के बाद होनावर, कुमता और सिरसी कस्बों में व्यापक हिंसा हुई। बीजेपी और परेश के परिवार की मांग के मद्देनजर तत्कालीन कांग्रेस सरकार ने हत्याकांड का मामला सीबीआई को सौंप दिया।

बीजेपी ने परेश के हत्या को चुनाव का मुद्दा बनाया, खासकर उत्तर कन्नड़ जिले में इसे हिंदुओं के ऊपर हमला बताया। बीजेपी चुनाव जीतने में सफल रही।

बीजेपी ने अगस्त 2022 में परेश के मुख्य हत्यारोपी जमाल आजाद अन्नीगेरी को जिला वक्फ बोर्ड का उपाध्यक्ष बना दिया। जो परेश के हत्या के मामले में जेल भी जा चुका था और जमानत पर बाहर था। सीबीआई जांच का मामला उसके खिलाफ़ चल रहा था। सरकार के इस फैसले के खिलाफ हिंदू कार्यकर्ता और भाजपा कार्यकर्ता भड़क गए।

परेश मेस्ता की तस्वीर

लोगों ने पूछना शुरू कर दिया, "भाजपा की नैतिकता कहां है?" सोशल मीडिया में "हिंदुओं के चैंपियन" के रूप को लेकर मज़ाक बनने लगा। जब चौतरफा विरोध में भाजपा घिरी तो नियुक्ति वापस लिया।

श्रद्धा वाल्कर के हत्या को लेकर खबर सामने आई कि आफताब अमीन पूनावाला ने 18 मई 2022 को दिल्ली के महरौली में अपनी लिव-इन-पार्टनर श्रद्धा की गला घोंटकर हत्या की और 35 टुकड़े कर फ्रिज में रखा और कई दिनों तक उन्हें दिल्ली में अलग अलग स्थानों पर फेंकता रहा।

ये घटना सुन पूरा देश सन्न रह गया और देशभर से प्रतिक्रिया आई लेकिन महिला सम्मान के चैम्पियन नरेंद्र मोदी ने एक शब्द नहीं बोला। देशभर में कई ऐसी घटनाएं सामने आई जहां हिंदू लड़कियों को श्रद्धा जैसे टुकड़े में करने की धमकी दी गई।

बीजेपी नेता और असम के मुख्यमंत्री हिमंत बिस्वा सरमा, श्रद्धा के नाम पर भी वोट मांगते दिखे। गुजरात विधानसभा चुनाव के प्रचार में कच्छ की रैली में कहा कि श्रद्धा की नृशंस हत्या लव जिहाद का मामला है। मोदी को 2024 में तीसरी बार प्रधानमंत्री बनाना जरूरी है। यदि देश में ताकतवर नेता नहीं होगा तो हर शहर में अफ़ताब पैदा होगा और समाज की रक्षा नहीं हो पाएगी।

असम के मुख्यमंत्री हिमंत बिस्वा सरमा ने 20 नवंबर 2022 को एमसीडी चुनावों से पहले घोंडा में एक रोड शो किया, क्योंकि दिल्ली भाजपा ने शहर के विभिन्न हिस्सों में अपने स्टार अभियान की शुरुआत की। सरमा ने 26 वर्षीय श्रद्धा वाकर की भयावह हत्या की ओर इशारा करते हुए "लव जिहाद" के खिलाफ एक सख्त कानून की मांग की, जिसकी कथित तौर पर उसके लिव-इन पार्टनर आफताब पूनावाला ने हत्या कर दी थी, और लोगों से प्रधानमंत्री नरेंद्र मोदी का समर्थन करने की अपील की।

सरमा ने आगे कहा "मौजूदा व्यवस्था को मजबूत करने की जरूरत है ताकि कोई पीड़ित न हो, कोई दंगा न हो और किसी व्यक्ति पर अत्याचार न हो। हमें आफ़ताब जैसे लोगों की ज़रूरत नहीं है; हमें भगवान श्री राम जैसे लोगों और नरेंद्र मोदी जैसे नेताओं की जरूरत है। सरमा ने कहा, देश को सिविल कोर्ट और लव जिहाद के खिलाफ कड़े कानून की जरूरत है, ताकि अगर कोई आफताब जैसी हरकत करे तो उसे तुरंत फांसी दे दी जाए।

श्रद्धा वाल्कर केस पर केंद्रीय मंत्री गिरिराज सिंह ने कहा कि पूरे देश में लव जिहाद का मिशन चल रहा है। हिंदू लड़कियों को बहला-फुसलाकर अपने साथ जोड़ना और फिर उन्हें प्रताड़ित करना या उनकी हत्या कर देना दुर्भाग्यपूर्ण है।

श्रद्धा वालकर मर्डर केस को लव जिहाद बताने को लेकर न्यूज 18 इंडिया पर 50 हजार का जुर्माना लगाया। न्यूज 18 इंडिया के एंकर अमिश देवगन और अमन चोपड़ा के 2022 में प्रसारित शो को अनुचित मानते हुए कार्रवाई की गई।

समाचार प्रसारण और डिजिटल मानक प्राधिकरण ने टाइम्स नाउ नवभारत पर हिमांशु दीक्षित द्वारा होस्ट किए गए एक शो को लेकर कार्रवाई की। दीक्षित ने उस शो में झारखंड के मानवी राज सिंह केस

को दिखाया था और शो को नाम दिया था, 'जिहादियों से बेटियों को बचाओ'। एनबीडीएसए ने कहा इस शो में सभी मामलों को एक जैसा बताया गया है। एनबीडीएसए का कहना है कि इस शो में मुस्लिम समुदाय को निशाना बनाते हुए अंतर-धार्मिक संबंधों को 'लव जिहाद' के तौर पर प्रचारित किया गया है। इसके लिए एनबीडीएसए ने टाइम्स नाउ नवभारत पर 1 लाख का जुर्माना लगाया।

एनबीडीएसए के अध्यक्ष और सुप्रीम कोर्ट के पूर्व जस्टिस एके सीकरी ने कहा है कि हर अंतरधार्मिक विवाह को लव जिहाद कहना गलत है।

जस्टिस सीकरी ने समाज में नफरत फैलाने और सांप्रदायिक सौहार्द खत्म करने वाले प्रोग्राम चलाने वाले तीन टीवी चैनलों पर कार्रवाई के आदेश दिए।

जस्टिस सीकरी ने हिदायत दी कि भविष्य में लव जिहाद शब्द का उपयोग बेहद सावधानी से करना चाहिए, इसका गैर जिम्मेदाराना उपयोग देश के सेक्युलर ढांचे को चरमरा सकता है। एक्टिविस्ट इंद्रजीत घोरपाड़े ने कुछ चैनलों के खिलाफ एनबीडीएसए को शिकायत दर्ज कराई थी।

एनबीडीएसए ने कहा कि मीडिया किसी भी मुद्दे पर शो कर सकता है, लेकिन किसी व्यक्ति या कुछ व्यक्तियों के कृत्य के कारण पूरे समुदाय को टारगेट करना गलत है।

17 अप्रैल 2023 को साकेत कोर्ट की अतिरिक्त सत्र न्यायाधीश मनीषा खुराना कक्कड़ की अदालत ने एक समाचार चैनल को श्रद्धा हत्याकांड से संबंधित मीडिया सामग्री के प्रसारण मामले में एक आदेश जारी किया। आदेश के अनुसार, चैनल श्रद्धा मामले के साइकोलॉजिकल असेसमेंट एंड वाइस लेयर टेस्ट, नार्को टेस्ट और डाक्टर प्रैक्टो ऐप में रिकॉर्डेड बातचीत से संबंधित किसी भी वीडियो का प्रसारण 20 अप्रैल तक न किया जाए।

ये आदेश केंद्र सरकार के गृह मंत्रालय के अधीन आने वाले दिल्ली पुलिस की याचिका पर सुनवाई करते हुए दिया गया।

पश्चिम बंगाल हिंसा

पश्चिम बंगाल में राजनीतिक हिंसा का पुराना इतिहास रहा है। बीजेपी ने बंगाल में ध्रुवीकरण करने का प्रयास किया, जिसका परिणाम रहा कि राजनीतिक के साथ-साथ मामला धार्मिक हिंसा तक पहुंच गया।

बीजेपी के शीर्ष नेतृत्व ने कभी भी अपने कार्यकर्ताओं/हिंदुओं के हत्या पर कोई संज्ञान लेना तो दूर कभी निंदा तक नहीं की। बीजेपी ने सिर्फ वैसी घटनाओं की एंट्री कर, उसे चुनाव में भुनाने या संदेश देने का प्रयास किया।

2019 में प्रधानमंत्री नरेंद्र मोदी के शपथग्रहण समारोह में विगत कुछ वर्षों में खासकर 2018 बंगाल पंचायत चुनाव में मारे गए लगभग 50 कार्यकर्तियों के परिवार के लोगों को आमंत्रित किया कि बीजेपी अपने लोगों के साथ है।

19 दिसंबर 2020 को पश्चिम बंगाल के मिदनापुर में रोड शो के दौरान गृहमंत्री अमित शाह ने कहा, "बंगाल में हमारे 300 से ज्यादा कार्यकर्ताओं की हत्या हुई। ममता जितने हमले करेगी, बीजेपी उतने मजबूती के साथ आगे बढ़ेगी।"

पश्चिम बंगाल 2021 विधानसभा चुनाव के दौरान बीजेपी के लोग बोल रहे रहे थे कि 2 मई दीदी (ममता बनर्जी) गईं। बीजेपी के शीर्ष नेताओं ने मंचों से जय श्री राम के नारे खूब लगवाए।

2 मई 2021 को मतगरणा के दौरान टीएमसी के बढ़त के साथ ही आगजनी, हत्या की शुरुआत हो गई। उसके बाद बंगाल में कई महीनों तक आगजनी, तोड़फोड़, हत्या, बलात्कार और पलायन हुए। लोगों की हत्या कर पेड़ पर लटका दिया जाता था। बीजेपी के लोग बंगाल के वीडियो साझा कर देश के बाकि हिंदुओं को चेताते दिखे और शीर्ष नेतृत्व चुप था। नरेंद्र मोदी ममता को जीत की बधाई देना तो नहीं भूले लेकिन उनको किसी कार्यकर्ता की पीड़ा नहीं दिखी। बीजेपी के लोग बंगाल हिंसा के विरोध में कोरोना को देखते हुए, अपने घर में बैठकर धरना दे रहे थे।

बीजेपी के राष्ट्रीय अध्यक्ष जेपी नड्डा ने 5 मई 2023 को प्रेस कॉन्फ्रेंस कर कहा कि बंगाल हिंसा की वजह से 80 हजार से 1 लाख लोग पलायन कर गए।

बीजेपी के समर्थक बंगाल के हिंदुओं के ऊपर ही अपना गुस्सा निकाल रहे थे कि उन्होंने बीजेपी को वोट क्यों नहीं दिया जबकि 3 सीटों वाली बीजेपी बंगाल में 77 सीट जीतकर मुख्य विपक्षी पार्टी बनी। टीएमसी के कई नेता जिनसे लोग पहले से प्रताड़ित रहे, बीजेपी ने उनको भी टिकट दे रखा था। जहां बीजेपी हारी भी वहां उसको वोट मिले, फिर उनका क्या अपराध था। नरेंद्र मोदी तो बोलते हैं कि जो वोट नहीं दिया, वो उनके भी हैं। कई तो बोल रहे थे कि हिंदुओं को प्रतिकार करना चाहिए था। इनके अनुसार नरेंद्र गोदी को छोड़कर किसी गलत कार्य के लिए अन्य लोग जिम्मेबार हैं लेकिन अगर कुछ अच्छा हो या होने का प्रचार हो तो उसका श्रेय मोदी को जाता है।

बंगाल के कई नेताओं और आम लोगों ने बंगाल में राष्ट्रपति शासन लगाने की मांग की, जिसके बचाव में बीजेपी समर्थकों का बहाना था कि राष्ट्रपति शासन लग जाएगा तो सुप्रीम कोर्ट रोक लगा देगा और विपक्ष इसको मुद्दा बनाएगा और देश की विश्व में बदनामी होगी। अब सवाल है कि सुप्रीम कोर्ट क्यों रोक लगाता क्योंकि कानून व्यवस्था राज्य सरकार के अधीन है और राज्य पूरी तरह फेल है तो केंद्र सरकार के पास अधिकार है कि वो वहां कानून व्यवस्था को स्थापित करे। राज्य में राज्यपाल की नियुक्ति केंद्र के प्रतिनिधि के रूप में ही होती है। बात अगर विपक्ष के मुद्दा बनाने को लेकर है तो उनके नेताओं को गिरफ्तार कर जेल में डाला जा रहा है और वो मुद्दा भी बना रहे हैं लेकिन मोदी सरकार को तो कोई फर्क नहीं पड़ा।

बंगाल में सर्वाधिक पीड़ित भाजपा के कार्यकर्ता रहे लेकिन मोदी ने एक शब्द भी नहीं बोला।

बीजेपी के समर्थक मोदी के बचाव में तर्क दे रहे थे कि हर किसी के लिए प्रधानमंत्री का बोलना संभव नहीं है। लेकिन खास पहचान हो तो मोदी जरूर पीड़ा व्यक्त करते हैं। 29 अक्टूबर 2020 को कश्मीर

में हुए आतंकी हमले में बीजेपी नेता फिदा हुसैन, उमर राशिद बेग और उमर हनान मारे गए। प्रधानमंत्री मोदी ने ट्वीट किया, "मैं हमारे 3 युवा कार्यकर्ताओं की हत्या की निंदा करता हूँ। वे जम्मू-कश्मीर में उत्कृष्ट कार्य करने वाले प्रतिभाशाली युवा थे। दुख की इस घड़ी में मेरी संवेदनाएं उनके परिवारों के साथ है। उनकी आत्मा को शांति प्रदान हो।"

जब बंगाल हिंसा का मामला सुप्रीम कोर्ट में गया तो मोदी सरकार ने अपना पक्ष रखने के लिए वकील तक नियुक्त नहीं किया था।

राष्ट्रीय मानवधिकार आयोग ने बंगाल हिंसा पर सुनवाई करते हुए कहा कि यहाँ कानून नहीं सत्ता का शासन है। मानवाधिकार पैनल की ओर से 50 पन्नों की रिपोर्ट कोलकाता हाईकोर्ट को सौंपी और सीबीआई जांच और उसके ट्रायल भी बंगाल से बाहर चलाने की शिफ़ारिश की।

कोलकाता हाईकोर्ट ने सीबीआई जांच के आदेश दिए, जिसको लेकर बीजेपी ने जरूर मुद्दा बनाया।

1 जनवरी 2024 को संदेशखली से शेख शाहजहाँ का वीडियो सामने आता है, जिसमें वो बोलते दिखते हैं कि सीबीआई और ईडी मेरा बाल तक नहीं छु सकती। 5 जनवरी 2024 को राशन घोटाले की जांच करने ईडी की टीम संदेशखली पहुंची। ईडी अफसरों के साथ केंद्रीय सुरक्षा बल के जवान भी थे लेकिन जब तक कि टीम कोई कार्रवाई कर पाती लगभग 200 लोगों ने उन्हें घेर लिया और उन पर हमला बोल दिया। इसमें कई लोग घायल हुए। ईडी अफसरों और सुरक्षाबलों की गाड़ियों में भी तोड़फोड़ की।

ईडी अफसरों के ऊपर हमले के एक महीने बाद संदेशखली की घटना सामने आई। महिलायों ने प्रदर्शन करना शुरू किया कि शेख शहजहां और उनके समर्थकों ने महिलायों के साथ रेप किये और उनका जमीन हड़पा। ये मामला सामने आते ही बीजेपी ने इसे भुनाना शुरू कर दिया। राज्यपाल ने कमेटी बना दी। स्मृति ईरानी ने आरोप लगाया कि टीएमसी के गुंडे घर-घर जाकर देखते थे कि किस घर की कौन सी औरत सुंदर है। कौन कम उम्र की है? महिलाओं ने आरोप लगाया है कि टीएमसी के लोग उन्हें रात में उठा कर लेकर चले जाते थे। जब तक तृणमूल कांग्रेस वाले नहीं चाहते थे तब तक इन औरतों को नहीं छोड़ा जाता था। ईरानी ने कहा कि महिलाओं ने बताया है कि टीएमसी के गुंडे अधिकतर हिंदू परिवार की महिलाओं को टारगेट कर के ले जाते थे। ईरानी ने आगे कहा कि ममता बनर्जी हिंदुओं पर अत्याचार के लिए जानी जाती हैं।

मैंने इस सिलसिले में बंगाल के लोगों से बात कि तो कई लोगों ने बताया कि वहां मां-बाप को अपने बच्चे के ऊपर संदेह होता है कि आखिर उसका जैविक बाप कौन है?

संदेशखली प्रकरण को लेकर शेख शहजहां, शिबू हाजरा व अन्य को गिरफ्तार कर लिया गया।

6 मार्च 2024 को प्रधानमंत्री नरेंद्र मोदी, पश्चिम बंगाल के बारासात में संदेशखाली की 5 पीड़ित आदिवासी महिलाओं से मिले। मोदी ने कहा कि चिंता न करें, हम आपका ध्यान रखेंगे।

मोदी ने आगे कहा कि टीएमसी सरकार में नारी पर अत्याचार हुआ। टीएमसी सरकार महिलाओं के गुनहगार को बचाने के लिए पूरी ताकत लगा रही है। पहले हाईकोर्ट और फिर सुप्रीम कोर्ट से भी राज्य सरकार को झटका लगा है। गरीब आदिवासी बहनों के साथ टीएमसी नेता अत्याचार कर रहे हैं। लेकिन टीएमसी सरकार को अपने अत्याचारी लोगों पर भरोसा है। बांग्ला बहन-बेटियों पर भरोसा नहीं है। इस व्यवहार से बंगाल की महिलाएं, देश की महिलाएं आक्रोश में हैं। नारी शक्ति के आक्रोश का ये ज्वार संदेशखाली तक ही सीमित नहीं रहेगा।

नरेंद्र मोदी बंगाल में संदेशखली की घटना को भुना रहे हैं जबकि बंगाल में कई हिस्सों में संदेशखली जैसी स्थिति है।

अब संदेशखली की घटना अचानक से सामने आने पर कई गंभीर सवाल उठते हैं क्योंकि ईडी अधिकारियों के ऊपर हमला के बाद और सामने लोकसभा चुनाव को देखकर सवाल उठते हैं। नरेंद्र मोदी का उन पीड़ित महिलायों से मिलना भी गंभीर सवाल खड़ा करता है।

गौरतलब है कि विधानसभा चुनाव परिणाम-2021 के बाद बीजेपी से जुड़ी महिला नेत्रियों ने खुलासा किया था कि हिंदू महिलायों को रात में उठा लिया जाता है और पूरी रात बलात्कार कर छोड़ दिया जाता है।

महिला सम्मान के चैंपियन नरेंद्र मोदी ने एक शब्द नहीं बोला और न कुछ किया। कोई ट्वीट तक बंगाल में हो रहे हिंसा और अत्याचार को लेकर नहीं आया लेकिन यहां सीधे महिलाओं से मिलने पहुंच गए।

संवैधानिक मजबूरी के नाम पर ममता बनर्जी से मोदी-शाह के रिश्ते अच्छे चल ही रहे। मोदी स्वयं खुलासा कर चुके हैं कि दीदी साल में दो जोड़ी कपड़े और रसगुल्ले भिजवाती ही रहती है।

गौरतलब हो कि 18 मार्च 2012 को पुणे के एक कार्यक्रम में कॉमनवेल्थ घोटाले के आरोपी, पूर्व केंद्रीय मंत्री और तत्कालीन सांसद सुरेश कलमाड़ी से हाथ मिलाने से इनकार कर दिया था। नरेंद्र मोदी तब भी गुजरात के मुख्यमंत्री थे, जो कि संवैधानिक पद है।

संविधान में ये कही भी नहीं लिखा है कि कोई मुख्यमंत्री, प्रधानमंत्री के लिए कपड़े और मिठाई भिजवाएगा।

संविधान में ये जरूर है कि जनता के जान माल की सुरक्षा करना सरकार का दायित्व है लेकिन जब लोग प्रताड़ित हो रहे होते हैं तो उनके हाल पर छोड़ देते हैं। चुनाव के समय उनके प्रताड़ना के नाम पर वोट मांगते हैं।

उत्तरप्रदेश विधानसभा चुनाव के दौरान बीजेपी की तरफ से बंगाल हिंसा को दिखाकर वोट मांगे गए थे कि अगर यूपी को बंगाल-केरल बनने से रोकना है तो बीजेपी को वोट करें। अगर भाजपा सत्ता में नहीं आई तो यूपी का हाल बंगाल-केरल जैसा बन सकता है।

अगर इनको लोगों की चिंता होती तो बंगाल के समस्या का समाधान कर वोट मांगते कि बंगाल में हमने शांति ला दी और यहां उस तरह की स्थिति नहीं बनने देंगे।

मणिपुर हिंसा

मणिपुर में मुख्यरूप से मैतेई (जिनमें ज्यादातर हिंदू), कुकी और नागा जाति (जिनमें ज्यादातर ईसाई) के लोग रहते हैं। नागा और कुकी को पहले से आदिवासी का दर्जा मिला हुआ है लेकिन 1949 में यह दर्जा मैतेई से छिन लिया गया। मैतेई समाज का लंबे समय से मांग रहा कि उन्हें एसटी का दर्जा मिले, जिसके लिए वो कानूनी लड़ाई लड़ते आ रहे थे। मैतेई मुख्यरूप से मैदानी इलाकों में तो वहीं कुकी और नागा पहाड़ी इलाकों में रहते हैं।

मणिपुर में मैतेई समुदाय की आबादी 53 फीसदी है और इसके साथ ही यह एक गैर-जनजाति समुदाय है। वहीं कुकी और नागा आबादी 40 फीसदी के आसापास है। बड़ी आबादी होने के बाद भी मैतेई सिर्फ घाटी में रह सकते हैं। मणिपुर में 90 फीसदी पहाड़ी इलाका है और घाटी 10 फीसदी ही है। ऐसे में कुकी का पहाड़ पर तो घाटी में मैतेई का दबदबा है।

मणिपुर में एक कानून है। इसके तहत घाटी में बसे मैतेई समुदाय के लोग पहाड़ी इलाकों में न बस सकते हैं और न जमीन खरीद सकते हैं। कूकी और नागा जनजाति के लोग कहीं भी बस सकते हैं और जमीन ले सकते हैं। यह नियम झगड़े की मूल जड़ है। मैतेई की 53 फीसदी आबादी को महज 10 फीसदी जमीन और उसमें भी हिस्सेदारी और कूकी व नागा की 40 फीसदी आबादी को 90 फीसदी जमीन और इसमें किसी को प्रवेश नहीं।

27 मार्च 2023 को मणिपुर हाईकोर्ट ने राज्य सरकार को निर्देश दिया कि 4 हफ्ते के अंदर मैतेई समुदाय को अनुसूचित जनजाति में शामिल करने के मामले में तेजी लाएं।

मैतेई को एसटी में शामिल करने के कोर्ट के फैसले के विरुद्ध 3 मई 2023 को ऑल ट्राइबल स्टूडेंट्स यूनियन ने एक रैली निकाली। रैली के दौरान चुराचांदपुर जिले के तोरबुंग में हिंसा हुई। इसके बाद पूरे राज्य में हिंसा फैल गई।

मणिपुर के चुराचांदपुर में एक मैतेई महिला ने गैंगरेप का आरोप लगाया। महिला ने पुलिस को बताया कि कुकी उपद्रवियों ने उसके घर में आग लगा दी। वह अपने दो बेटों, भतीजी और भाभी के साथ जान बचाने के लिए भागी लेकिन भीड़ ने उसे पकड़ लिया। गालियां दी, मारपीट की और विरोध किया तो जमीन पर पटककर गैंगरेप किया।

3 मई 2023 के हिंसा के बाद कुकी संगठनों ने एनएच-2 (इम्फाल-दिमापुर) को बंद कर दिया। मई के अंत में जब केंद्रीय गृहमंत्री अमित शाह पहुंचें तो इसे अस्थाई रूप से खोल दिया गया। 2 महीने के बाद नेशनल हाइवे पूरी तरह से खोला गया।

6 मई 2023 को बीजेपी नेता और मणिपुर पर्वत क्षेत्रीय परिषद के अध्यक्ष डिंगांगलुंग गंगमेई ने सुप्रीम कोर्ट में मणिपुर हाई कोर्ट के फैसले को चुनौती दी।

7 मई 2023 तक 54 लोगों के मौत,100 से ज्यादा के घायल लोगों और हिंसा-आगजनी की वजह से पलायन शुरू हुआ। ईफाल से कोलकाता फ्लाइट टिकट का कीमत 2500 से बढ़कर 25000 हजार हो

गया। इन दोनों शहरों के बीच दूरी मात्र 600 किलोमीटर के आस पास है। वही इंफाल से गुवाहटी का किराया 15 हजार रुपया हो गया।

3 मई 2023 की हिंसा के बाद मैतेई समुदाय के 212 पुरुष-महिलायों को म्यांमार शरण लेना पड़ा हालांकि वो सेना की मदद से वापस लौट आए। इसकी जानकारी एन बिरेन सिंह ने 8 अगस्त 2023 को दी।

28 मई 2023 को कांग्रेस विधायक रंजीत सिंह के घर पर हमला हुआ। 8 जून 2023 को भाजपा विधायक सोराईसाम केबी के घर आईईडी बम से हमला हुआ। 14 जून 2023 को इंफाल के लामफेल इलाके में उद्योग मंत्री नेमचा किपजेन के सरकारी बंगले में आग लगा दी।

5 जून 2023 को भाजपा सांसद और केंद्रीय विदेश राज्यमंत्री राजकुमार रंजन सिंह के इंफाल स्थित घर में आग लगा दिया गया।

सिंह ने कहा, जो हुआ उसे देखकर बहुत दुख हुआ। मुझे बताया गया कि 50 से अधिक लोगों ने करीब रात 10 बजे मेरे घर पर हमला किया। मैं घटना से हैरान हूं। मणिपुर में कानून व्यवस्था पूरी तरह फेल हो चुका है।

इंफाल में उपद्रवियों ने सेवानिवृत्त आईएएस अधिकारी के गोदाम में आग लगा दी।

म्यांमार से राज्य के विष्णुपुर जिले में 300 हथियारबंद लोगों के घुसने की खबर आई। बताया गया कि इनमें चीनी और कुकी शामिल हैं।

9 अगस्त 2023 को केंद्रीय मंत्री अमित शाह ने लोकसभा में अविश्वास प्रस्ताव के दौरान बोलते हुए मणिपुर हिंसा को लेकर विस्तार से बात की। अमित शाह ने मणिपुर के घटनाक्रम का जिक्र करते हुए कहा कि 2021 में म्यांमार में सैन्य शासन आया। इसके बाद वहा कुकी समुदाय पर शिकंजा कसा जाने लगा। फिर वहां से भारी संख्या में कुकी आदिवासी मिजोरम और मणिपुर में आने लगे और वे जंगलों में बसने लगे। इसके बाद मणिपुर के बाकी हिस्सों में असुरक्षा की भावना पैदा हुई। इसके बाद स्थिति को समझते हुए सरकार ने सीमा को बंद करने की दिशा में काम किया।

शाह ने कहा कि इस बीच ऐसी अफवाह फैल गई कि 53 बसावटों को अस्थायी जंगल गांव घोषित किया गया है, जिससे पहले से व्याप्त असुरक्षा की भावना और बढ़ गई। इसमें घी डालने का काम किया हाईकोर्ट के फैसले ने। इसमें कहा गया कि मैतेई को आदिवासी घोषित कर दिया जाए। इसके बाद मणिपुर में हिंसक घटनाएं हुई। यहां अब तक 152 लोग मारे गए हैं। इन घटनाओं को लेकर 1106 प्राथमिकी दर्ज की गई हैं। कई लोगों को गिरफ्तार किया गया है।

गौरतलब हो कि 25 मई 2023 को गृह मंत्री अमित शाह ने गुवाहाटी में मणिपुर हिंसा का ठीकरा हाईकोर्ट के फैसले पर फोड़ा।

1 जून 2023 को इंफाल में प्रेस कॉन्फ्रेंस करते हुए अमित शाह ने कहा, मैं बिना किसी झिझक के यह कह सकता हूं कि 29 अप्रैल को मणिपुर हाई कोर्ट के एक जल्दबाजी भरे फैसले की वजह से राज्य में

जातीय हिंसा शुरू हुई। दो समुदाय आमने-सामने आ गए। मणिपुर विकास के रास्तों पर चल पड़ा था। पिछले 6 साल में राज्य में विकास के बहुत काम हुए। बीते छह साल राज्य के विकास और शांति के रूप में जाने जाते हैं। सरकार विकास के सभी मापदंडों पर खरी उतरी है। लोगों से शांति की अपील करते हुए शस्त्रागारों से लूटे गए हथियारों को सरेंडर करने का निर्देश दिया। उन्होंने कहा कि सरेंडर नहीं करने वालों के खिलाफ कड़ी कार्रवाई होगी।

अब सवाल है कि मणिपुर में डबल इंजन की सरकार चलने के बाद भी कोर्ट कोई फैसला न दे। कानून व्यवस्था सरकार की जिम्मेदारी है। सरकार ने मणिपुर हिंसा रोकने के लिए कौन से सार्थक कदम उठाए। कूकियों के पास अत्याधुनिक हथियार कहां से आए? कई पुलिस चौकियों को आग के हवाले किया गया। कई बार पुलिस और सैन्य जवानों पर हमले हुए लेकिन सरकार ने कौन सा सार्थक कदम उठाया? मणिपुर की मैतेई समाज के लड़कियों व अन्य लोगों ने रोते बिलखते हुए प्रधानमंत्री मोदी से गुहार लगाया लेकिन मोदी एक शब्द बोलने के लिए तैयार नहीं हुए। सबसे बड़ी बात है कि जब भी देश में कोई आपदा, दंगा, फसाद जैसी घटनाएं हों, ये विदेश निकल पड़ते हैं ताकि मीडिया दंगा फसाद पर बात न कर इनके दौरे पर बात करे। वैसे भी मीडिया में वही चलता है जो ये चाहते हैं। मणिपुर के ऊपर मीडिया ने कोई चर्चा नहीं की जो 10 महीने से जल रहा है। हत्या, बलात्कार, आगजनी, पलायन की घटनाएं जारी हैं लेकिन मीडिया और सरकार में सब शांति-शांति है।

लेकिन दो कुकी लड़कियों को निर्वस्त्र करा घुमाए जाने का मामला सामने आते ही चारों तरफ हंगामा मच गया। विपक्ष ने भी सरकार को घेरना शुरू किया।

20 जुलाई 2023 को सुप्रीम कोर्ट ने भी स्वत: संज्ञान लिया। प्रधान न्यायाधीश डीवाई चंद्रचूड़ ने कहा वीडियो बेहद परेशान करने वाला है। मुख्य न्यायाधीश ने कहा कि यह संवैधानिक अधिकारों और मानवाधिकारों का घनघोर उल्लंघन है। कोर्ट ने कहा सरकार तत्काल कार्रवाई करे अन्यथा हम करेंगे कार्रवाई। सुप्रीम कोर्ट ने मणिपुर की सरकार और केंद्र सरकार से मामले में की गई कार्रवाई की रिपोर्ट तलब की।

प्रधानमंत्री मोदी की भी प्रतिक्रिया सामने आई। मोदी ने भावुक होते हुए कहा, "मेरा दिल आज पीड़ा और क्रोध से भरा है। ये घटना किसी भी सभ्य समाज को शर्मसार करने वाली घटना है। मणिपुर की बेटियों के साथ जो हुआ, उसे कभी माफ़ नहीं किया जा सकता। ये बेइज्जती पूरे देश की हो रही है।"

यह घटना 4 मई 2023 को राजधानी इंफाल से लगभग 35 किलोमीटर कांगपोकली जिले में हुई। इसका वीडियो 19 जुलाई 2023 को वायरल हुआ था।

घटना के विरोध में 20 जुलाई 2023 को सुबह मणिपुर के चुराचांदपुर में प्रदर्शन शुरू हुआ। हजारों लोगों ने काले कपड़े पहनकर प्रदर्शन किया और आरोपियों को गिरफ्तार करने की मांग की।

मणिपुर में महिलाओं को निर्वस्त्र घुमाने के मामले में 20 जुलाई 2023 तक चार अभियुक्तों को गिरफ्तार किया गया। सीएम एन बीरेन सिंह ने कहा कि आरोपियों के लिए सरकार मौत की सजा पर विचार कर रही है।

इस घटना के सामने आन के बाद सीबीआई जांच के आदेश भी दिए गए। 6 अक्टूबर 2023 को सीबीआई ने नाबालिग समेत 6 लोगों के खिलाफ चार्जशीट दाखिल की।

मणिपुर में महिलाओं को निर्वस्त्र कर घुमाए जाने का असर मिजोरम में भी दिखने लगा। मिजोरम के पूर्व उग्रवादियों ने चेतावनी जारी की कि मणिपुर में हुई बर्बरता के बाद मैतेई का यहां रहना अब सुरक्षित नहीं है। चेतावनी के बाद मैतेई समुदाय ने मिजोरम से पलायन शुरू कर दिया।

यह घटना सामने आने के बाद और पूर्व में भी मैतेई महिलायों से प्रताड़ना का मामला सामने आया लेकिन किसी को कोई फ़र्क नहीं पड़ा।

मणिपुर सरकार ने यूएपीए के तहत कुकी बौद्धिक परिषद को बैन किया तो वहीं केंद्र सरकार के गृह मंत्रालय ने 13 नवंबर 2023 को मैतेई समुदाय के 9 संगठनों को चरमपंथी संगठन घोषित किया है।

गृह मंत्रालय ने पीपुल्स लिबरेशन आर्मी (पीएलए) और इसकी राजनीतिक शाखा, रिवोल्यूशनरी पीपुल्स फ्रंट (आरपीएफ), यूनाइटेड नेशनल लिबरेशन फ्रंट (यूएनएलएफ) और इसकी सशस्त्र शाखा मणिपुर पीपुल्स आर्मी (एमपीए) को चरमपंथी संगठन घोषित किया है। इन संगठनों पर पांच साल के लिए प्रतिबंध लगाया गया है।

इनमें पीपुल्स रिवॉल्यूशनरी पार्टी ऑफ कांगलेईपाक (पीआरईपीएके), कांगलेईपाक कम्युनिस्ट पार्टी (केसीपी), कांगलेई याओल कनबा लुप (केवाईकेएल), कोऑर्डिनेशन कमेटी (कोरकॉम) और एलायंस फॉर सोशलिस्ट यूनिटी कांगलेईपाक (एएसयूके) भी शामिल हैं।

पीएलए, यूएनएलएफ, पीआरईपीएके, केसीपी, केवाईकेएल को इससे पहले नवंबर, 2018 में गैरकानूनी गतिविधियां (रोकथाम) अधिनियम, 1967 के तहत प्रतिबंधित घोषित किया गया था और नवीनतम कार्रवाई में प्रतिबंध को पांच साल तक बढ़ा दिया गया है।

अपनी अधिसूचना में, गृह मंत्रालय ने कहा कि केंद्र सरकार की राय है कि मैतेई चरमपंथी संगठन भारत की संप्रभुता और अखंडता के विरुद्ध गतिविधियों में शामिल रहे हैं और अपने अलगाववादी उद्देश्यों के लिए सशस्त्र तरीकों में शामिल हो रहे हैं, वे मणिपुर में सुरक्षा बलों, पुलिस तथा नागरिकों पर हमले कर रहे हैं एवं उनकी हत्या कर रहे हैं।

अधिसूचना के मुताबिक वे अपने संगठनों के लिए धन जमा करने के लिहाज से लोगों को धमकाने, उनसे जबरन वसूली करने और लूटपाट में संलिप्त रहे हैं।

गृह मंत्रालय ने कहा कि यदि मैतेई चरमपंथी संगठनों पर तत्काल अंकुश और नियंत्रण नहीं किया गया, तो उन्हें अपनी अलगाववादी, विध्वंसक, आतंकवादी और हिंसक गतिविधियों को बढ़ाने के लिए अपने कैडर को संगठित करने का अवसर मिलेगा।

मणिपुर के एक कुकी उग्रवादी नेता एसएस हाओकिप ने दावा किया कि भाजपा ने 2019 के आम चुनाव और 2017 के विधानसभा चुनावों में मदद के लिए उनके संगठन के साथ एक समझौता किया

था। उन्होंने किसी भी कीमत पर सत्ता हासिल करने की सत्तारूढ़ पार्टी की कथित रणनीति पर सवाल खड़े कर दिए हैं।

कुकी उग्रवादी नेता और यूनाइटेड कुकी लिबरेशन फ्रंट (यूकेएलएफ) के अध्यक्ष एसएस हाओकिप ने 7 जून, 2019 को केंद्रीय गृह मंत्री अमित शाह को दो पन्नों के ज्ञापन में भाजपा की मदद करने का दावा किया।

हाओकिप ने अपने प्रतिनिधित्व में कहा कि 2017 में राम माधव और हेमंत विश्वास सरमा द्वारा सहमति के अनुसार, यूकेएलएफ ने भाजपा उम्मीदवारों को जीतने में मदद की।

मणिपुर के मुख्यमंत्री एन बिरेन सिंह के कूकियों के आलोचना के बाद एनडीए के सहयोगी 2 विधायकों वाली कुकी पीपुल्स अलायंस ने राज्य सरकार से समर्थन वापस ले लिया। भाजपा के नेतृत्व वाली मणिपुर सरकार से समर्थन वापस लेने के एक दिन बाद, कुकी पीपुल्स एलायंस (केपीए) के अध्यक्ष तोंगमांग हाओकिप ने सोमवार को मुख्यमंत्री एन बीरेन सिंह पर निशाना साधते हुए कहा कि वह कुकी विरोधी हैं।

उन्होंने आगे कहा, "स्थिति अब बदल गई है क्योंकि वर्तमान सरकार कुकी विरोधी है। यहां तक कि खुद मुख्यमंत्री ने भी कुकी को आतंकवादी समूह, नार्को-आतंकवादी और बाहरी या विदेशी और पोस्ता की खेती करने वाले और ड्रग तस्कर और न जाने क्या-क्या कहा है... इस स्थिति में, हमारे पास वर्तमान सरकार से अपना समर्थन वापस लेने के अलावा कोई रास्ता नहीं है..,"।

मणिपुर में थांगजिंग पहाड़ी पर स्थित लगभग 200 साल पुराने शिव मंदिर को तोड़कर कुकियों ने क्रॉस लगा दिया।

4 दिसंबर 2023 को हथियार बंद उपद्रवियों की गोलीबारी में 13 मैतेई हिंदू मारे गए। 15 सितंबर 2023 तक के सरकारी आंकड़ों के अनुसार हिंसा में 175 लोग मारे गए। 1108 घायल हुए और 32 लापता

थे। 4,786 घर जला दिए गए और 386 धार्मिक स्थलों को तोड़ा गया। हिंसा के कारण 70,000 से अधिक लोगों को पलायन करना पड़ा। वैसे ये संख्या बहुत बड़ी है और मणिपुर आज भी शांत नहीं हुआ है। इंटरनेट कनेक्शन बैन होने की वजह से कई चीजे सामने नहीं आई है।

प्रधानमंत्री मोदी ने संसद में अविश्वास प्रस्ताव पर मणिपुर के मुद्दे पर बोलते हुए मणिपुर के लोगों को आश्वासन दिया कि केंद्र और राज्य सरकार हिंसा प्रभावित राज्य में मिलकर काम कर रहे हैं। महिलायों के खिलाफ जघन्य अपराधों के दोषियों को कड़ी सजा दी जाएगी।

नरेंद्र मोदी मणिपुर पर बहुत कम लेकिन पूर्व सरकारों के अतीत के फैसले पर सवाल उठाते दिखे। उन्होंने उत्तर-पूर्व का जिक्र करते हुए, एक बार फिर से अपना रिश्ता निकालते हुए कहा कि मैं वहां चप्पे-चप्पे पर घुमा हुआ व्यक्ति हूं। जब मैं राजनीति में कुछ भी नहीं था तब भी वहां पैर घिसता था। उस क्षेत्र के प्रति मेरा भावनात्मक लगाव है। मैं तीन प्रसंग रखना चाहता हूं। पहली घटना 5 मार्च 1966 को हुई। इस दिन कांग्रेस ने मिजोरम में असहाय नागरिकों पर अपनी वायुसेना से हमला करवाया था। क्या मिजोरम के लोग भारत के नागरिक नहीं थे? क्या उनकी सुरक्षा भारत की जिम्मेदारी नहीं थी? निर्दोष नागरिकों पर कांग्रेस ने हमला करवाया था। आज भी 5 मार्च को पूरा मिजोरम शोक मनाता है। कांग्रेस ने इसे छिपाया, कभी घाव भरने की कोशिश नहीं की।

प्रधानमंत्री नरेंद्र मोदी ने इंदिरा गांधी के ऐतिहासिक फैसले के ऊपर सवाल उठाया। जो कि राष्ट्रीय सुरक्षा के लिए जरूरी कदम था क्योंकि मिजो नेशनल फ्रंट तब एक अलगाववादी संगठन था। मिजो नेशनल फ्रंट के तहत मिजो नेशनल आर्मी ने फ़रवरी 1966 में भारत के खिलाफ विद्रोह किया और लड़ाई हुई। मिजोरम में विस्फोट हुआ, जो उस समय असम का हिस्सा था। 1 मार्च 1966 को भारत से स्वतंत्रता की घोषणा कर दी। विद्रोही गुट ने असम राइफ़ल्स के कमांड सेंटर के नियंत्रण में आइजोल शस्त्रगार पर नियंत्रण कर लिया। अलगाववादियों ने आइजोल में असम राइफल्स बटालियन गुख्यालय पर हमला किया और 3 मार्च को आइजोल के पास असम राइफल्स के गश्ती दल पर घात लगाकर हमला किया, जिसमें अर्धसैनिक बल के पांच जवान बलिदान हो गए।

सेना ने हेलिकॉप्टर से सैनिकों को ले जाने की कोशिश की, लेकिन मिजो नेशनल आर्मी के स्नाइपर्स ने उन्हें खदेड़ दिया। 5 मार्च को इंदिरा गांधी के नेतृत्व वाली सरकार ने मिजो विद्रोह पर काबू पाने के लिए वायु सेना का इस्तेमाल किया। नरेंद्र मोदी जिन्हें मिजोरम के नागरिक बता रहे थे, वो विद्रोही थे।

दूसरा अकाल तख्त के हमले को याद दिला, कांग्रेस को कटघरे में खड़ा किया। जिस ऑपरेशन ब्लू स्टार की बात है, अगर नहीं हुआ होता तो पंजाब आज खालिस्तान होता।

नरेंद्र मोदी ने दोनों घटनाओं के ऊपर सवाल उठा, खुद की नाकामी पर मुहर लगाया और उनका इतिहास में छुपने का प्रयास देशहित में कभी भी नहीं हो सकता क्योंकि वो कोई आम व्यक्ति नहीं देश के प्रधानमंत्री हैं और संसद में बोल रहे थे। बेशक संसद में इनकी बहुमत है तो कुछ भी बोलें इनके सांसद ताली बजाएं और वाहवाही करें लेकिन इनके बयान को देश के विरुद्ध इस्तेमाल किया जा सकता है।

तीसरी घटना के बारे में बोलते हुए कहा कि 1962 में नेहरू जी ने असम के लोगों को, नेहरू जी ने वहां के लोगों को भाग्य पर जीने के लिए मजबूर कर दिया।

नरेंद्र मोदी के रणनीति का हिस्सा है कि वो खुद के काम पर बात करने के बजाय इधर उधर की बात करते हैं। संसद में मणिपुर पर कम ज्यादा समय विपक्ष को कोसने में लगाया। अगर भाग्य पर छोड़ने की बात है तो इन्होंने पूरे देश को ही अपने भाग्य पर छोड़ दिया है। मणिपुर में हिंसा के 10 महीने हो गए और आगे शायद वो खुद ही शांत हो। इन्होंने कोई सार्थक कदम नहीं उठाया और न उस मुद्दे पर बोलते हैं। कोई समाधान करना तो बहुत दूर की बात है।

मणिपुर में हुई हिंसा को तो अभी कही नहीं भुना रहे लेकिन शायद चुनाव में बोलें कि अगर आपको मणिपुर में शांति लानी हो तो बीजेपी को वोट करें। प्रधानमंत्री नरेंद्र मोदी ने 8 अप्रैल 2024 को एक साक्षात्कार में दावा किया कि भारत सरकार के समय पर हस्तक्षेप और मणिपुर सरकार के प्रयासों के कारण राज्य की स्थिति में जबरदस्त सुधार हुआ है।

प्रधानमंत्री के दावे के बाद 13 अप्रैल 2024 को मणिपुर के इंफाल पूर्वी जिले में 2 लोगों की हत्या हुई।

19 अप्रैल 2024 को लोकसभा चुनाव के पहले चरण के मतदान के दौरान हिंसा और गोलीबारी हुई। जिसका परिणाम रहा कि 11 बूथों पर फिर से मतदान कराने पड़े।

ये प्रधानमंत्री मोदी के दावे की पोल खोल रहे थे। अमित शाह जरूर मणिपुर गए थे लेकिन स्थिति में कोई सुधार नहीं हुआ।

नूंह मेवात दंगा

नूंह दंगा की बात करें तो सबसे पहले उसका इतिहास जानना जरूरी है। मेव मुसलमान को लेकर कई तरह की बातें सामने आती है। कुछ खुद को तोमर और कछवाहा राजपूत के वंशज होने का दावा करते हैं और खुद को असली क्षत्रिय बताते हैं। कुछ लोगों का मानना है कि मेव मीणा और अन्य आदिवासी समुदायों से आते हैं।

मेवों के बड़े पैमाने पर इस्लामीकरण में सूफी ख्वाजा मोइनुद्दीन चिश्ती (अजमेर) की भी भूमिका रही। सदियां बीत गईं। धर्म तो कई बदले लेकिन परंपराएं जड़ों में ऐसी पैठ थी कि वो पीढ़ी दर पीढ़ी चलती जा रही थी। शादी ब्याह, मरण गमी यानी जनम, मरण और परण में परंपराएं जस की तस थी। वो तो अब जाकर दीनी जमातों का असर दिखने लगा है। वरना राजस्थान और हरियाणा के कई इलाकों में आज भी शादी ब्याह में दूल्हा-दुल्हन के दरवाजे जाकर राजपूतों की तरह तोरण मारता यानी टीपता है। बच्चा पैदा हो तो कुआं पूजते थे। शादी ब्याह में मामा के यहां से भात आना, चाक पूजन, उबटन हल्दी चढ़ाना, घोड़ी चढ़कर बारात सजाना सब जस का तस। लेकिन अब जैसे-जैसे पहचान का मामला तेज होता गया और मजहबी कट्टरता बढ़ती गई वैसे ही परंपराओं में भी बदलाव देखने को मिलने लगा। वरना तो तीस चालीस बरस पहले तक मेवों के नाम भी हिंदुओं जैसे होते थे।

अभी भी राजपूतों के 52 गोत्र और 12 पाल मेवों में मौजूद हैं। 12 पाल में पांच पाल यदुवंशियों के, चार पाल गूजरों के यानी तंवर या तोमर, दो सूर्यवंशी राजपूतों के और एक चौहानों का है। 52 गोत्र में से 30 गोत्र तो सीधे राजपूतों वाले हैं। बाकी 22 में गूजर, अहीर और जाटों के गोत्र हैं। कई आज भी अपने गोत्र में शादी नहीं करते।

देश के आज़ादी की खनक चारों तरफ दिखाई देने लगी थी तो उन्होंने भी तय कर लिया था कि उन्हें अपनी भूल सुधारते हुए घर वापसी कर लेना है। इस्लाम की तरफ उनका असली झुकाव बीसवीं सदी में शुरू हुआ। यह दौर था आर्य समाज के स्वामी श्रद्धानंद के शुद्धि अभियान के जवाब में मेवात इलाके में कट्टर तबलीगी जमात सक्रिय होकर मेव लोगों को सच्चा और पक्का मुसलमान बनाने के मिशन में लग गया। 19वीं सदी के अंत यानी 1896 में अलवर में गठित अंजुमन ए इस्लाम ने बीसवीं सदी की शुरुआत में पूरे इलाके में मजहबी तालिम शुरू की।

1923 में स्थापित किए गए अंजुमन-ए-खादिम-उल-इस्लाम ने उर्दू का खूब प्रचार प्रसार करना तेज कर दिया।

वर्ष 1926 में मुहम्मद इलियास अल-कांधलवी ने तबलीगी जमात का गठन किया। जो कि वर्ष 1926 में आंदोलन बन गया। मेवात क्षेत्र जहां इसकी शुरुआत हुई, तब वहां के मुसलमान हिंदू परंपरा के साथ जीवन-यापन कर रहे थे। मेव मुसलमान ईद, मोहर्रम, बकरीद के साथ दिवाली, होली भी मनाते थे। इसका मकसद इस्लाम को मुसलमानों तक पहुंचना और फैलाना था।

17 मई 1932 को मुहर्रम के जुलूस के दौरान मेवात में दंगा हुआ। इसके पीछे तबलीगी जमात का नाम सामने आया। दूसरी बार दिसंबर में जब दिलावर खान ने हिंदुओं को घेर लिया और अलवर स्टेट को सेना भेजनी पड़ी। इसके बाद बड़े पैमाने पर सांप्रदायिक हिंसा हुई। रिपोर्ट्स के मुताबिक अगले ही साल 1933 में मेव मुसलमानों द्वारा बंधक बनाए गए बनिया जाति के कई लोगों को छुड़ाने के लिए ब्रिटिश आर्मी को बल प्रयोग करना पड़ा और उसमें 100 लोगों की जान चली गई थी।

देवबंदी विचारधारा को मानने वाला तबलीगी जमात धीरे-धीरे अपने मिशन में सफल हुआ। मुसलमानों का पहनावा, रहन-सहन, बोली-बानी, खान-पान यहां तक कि खुशी-गमी के रीति रिवाज सब राजस्थानी या हरियाणवी, बहुत हद तक राजपूतों से मेल खाते थे। हालांकि जब से देवबंद की दीनी जमातें आने लगी तो इनका परिवेश सब कुछ बदल-बदल सा गया। औरतें घाघरा चोली और चुनरी के बजाय बुर्कों में नजर आने लगी। पुरुष धोती, तहमद और अंगरखे की बजाय ऊंचे पाजामे और नीचे कुरते में। चेहरे पर दाढ़ी, सिर पर गोल टोपी दिखनेलगा। यानी अब पहचान का सवाल वहां भी दिखने लगा।

तबलीगी जमात ने इतनी कट्टरता फैलाया, उनकी पहचान और सोच सब कुछ बदल दिया। तबलीगी जमात के कारनामे सारी दुनिया में फैल चुके हैं। कई देशों में उसके संबंध लश्कर-ए-तैयबा, जैश-ए-मोहम्मद, जिहादे इस्लामी, आदि से पाए गए। तबलीगी जमात के साथ अपने संबंध पर हरकत-उल-मुजाहिदीन ने कहा था कि 'दोनों सच्चे जिहादियों का अंतर्राष्ट्रीय नेटवर्क है।' उसके कैंपों में छः हजार से ज्यादा तबलीगी प्रशिक्षित हुए, जो अफगानिस्तान में जिहाद लड़ने गए। पाकिस्तान, बांग्लादेश में

हिन्दू मंदिरों पर हमले में इसका नाम आता रहा है। गोधरा-कांड के 'मास्टरमाइन्ड' के रूप में भी एक तबलीगी मौलाना उमरजी गिरफ्तार हुआ था। न्यूयॉर्क 9/11 के बाद वैश्विक जिहाद में तबलीग का नाम फ्रांस, अमेरिका, मोरक्को, फिलीपीन्स, उजबेकिस्तान, आदि अनेक देशों में उभरा। सऊदी अरब ने तो तबलीगी को आतंक का द्वार बताते हुए, बैन कर दिया।

पाकिस्तानी क्रिकेटर शाहिद अफरीदी से लेकर आईएसआई के प्रमुख रहे जावेद नसीर तक इसके अनुयायी रहे हैं। कई अन्य पाकिस्तानी सेलेब्रिटी भी तबलीगी जमात में शामिल हैं। हालाँकि, मुस्लिम समाज में इस जमात को लेकर आपस में ही सिर-फुटव्वल चलती रहती है।

न्यूयॉर्क टाइम्स, विकीलीक्स से लेकर भारत के ही कुछ पूर्व अनुसंधान और विश्लेषण विंग (RAW), आईबी अधिकारियों ने तबलीगी जमात की आतंकवादी गतिविधियों में शामिल होने की बात से पर्दा उठाया था। तबलीगी जमात का पाकिस्तान स्थित प्रतिबंधित आतंकी संगठनों जैसे हरकत-उल-मुजाहिदीन (HuM) के साथ एक लंबे समय तक संबंध रहा है। भारतीय ख़ुफ़िया विभाग (IB) के एक पूर्व अधिकारी और कुछ पाकिस्तानी विश्लेषकों के मुताबिक, हरकत-उल-मुजाहिदीन के मूल संस्थापक तबलीगी जमात के ही सदस्य थे। इसी हरकत-उल-मुजाहिदीन (HuM) के आतंकवादियों ने जम्मू कश्मीर में कई लोगों की हत्याएँ की है।

नेपाल के काठमांडू से नई दिल्ली के लिए उड़ान भरने वाले इंडियन एयरलाइंस के विमान को 24 दिसंबर, 1999 को हाईजैक कर अफगानिस्तान के कंधार ले जाया गया था। बाद में तीन आतंकवादियों की रिहाई के बदले विमान में सवार 170 लोगों को छोड़ा गया था। ये आतंकवादी मसूद अजहर अल्वी, सैयद उमर शेख और मुश्ताक अहमद जरगर थे। कंधार कांड में भी तबलीगी जमात की भूमिका सामने आई थी।

जमाते इस्लामी के नेता और तबलीगी जमात के सिद्धांतकार मौलाना वहीदुद्दीन ने दुःखपूर्वक नोट किया कि अधिकांश मुसलमान सदियों बाद भी हिन्दू जैसे ही थे। वे गोमांस नहीं खाते; चचेरी बहनों से शादी नहीं करते; हिन्दू पर्व-त्योहार मनाते; धोती, कड़ा-कुंडल पहनते थे, आदि। उनके अंदर अलगाववाद भरकर उन्हें अपनी जड़ से अलग किया गया। जिस की तारीफ करते वहीदुद्दीन ने लिखा कि कुछ दिन इस्लामी प्रशिक्षण देकर प्रशिक्षु मुसलमानों को 'नया मनुष्य' बना दिया गया।

तबलीग का मुख्य काम मुसलमानों को जिहाद के लिए तैयार करना है। वह पहली बार स्वामी श्रद्धानन्द की हत्या (1926 ई.) के बाद सुखियों में आया, जब पुलिस को हत्या के सूत्र निजामुद्दीन स्थित तबलीगी जमात से जुड़े मिले थे।

वहीदुद्दीन का विचार था कि सामान्य नमाज से जितना फल मिलता है, वह ''जिहाद में भाग लेने से 49 करोड़ गुना'' बढ़ जाता है।

तबलीग और जिहाद के प्रति वहीदुद्दीन का उत्साह इससे भी समझा जा सकता है कि उन्होंने अपनी उक्त पुस्तक को कॉपी-राइट मुक्त करके लिखा कि जो चाहे उसे फिर छाप या अनुवादित कर सकता

है। लेखक ऐसा तभी करता है जब वह उसका संदेश अधिकाधिक फैलाना चाहे। मौलाना वहीदुद्दीन भारत से हिन्दू धर्म का नामो-निशान मिटा देने की योजना के समर्थक थे, इसका उल्लेख उनके पुस्तक में मिलता है।

वर्ष 2000 में अटल बिहारी वाजपेयी की सरकार ने वहीदुद्दीन को पद्म भूषण पुरस्कार से सम्मानित किया और मोदी सरकार ने वर्ष 2021 में पद्म विभूषण से सम्मानित किया।

तबलीगी जमात के मुखिया मौलाना साद ने लॉकडाउन के बावजूद 2000 लोगों को निजामुद्दीन मरकज में इकट्ठा किया। 28-29 मार्च 2020 को रात 2 बजे राष्ट्रीय सुरक्षा सलाहकार अजीत डोभाल मौलाना साद को समझाने निजामुद्दीन मरकज पहुंचे। साद ने उल्टा पुलिस के मरकज में मौजूदगी पर ही सवाल उठा डाला। अंततः डोभाल के मिलने के कुछ ही देर बाद साद गायब हो गए।

दिल्ली पुलिस ने मरकज में ताला लगा दिया। देशभर में मरकज से निकले तबलीगीयों को पकड़ना बड़ी चुनौती बन गई। चीन से इंग्लैंड तक लोग मरकज में शामिल हुए थे। कई जगह जमातियों को पकड़कर क्वारनटीन सेंटर में रखा गया। द्वारिका में उनके ऊपर बोतल में पेशाब भरकर फेंकने का मामला सामने आया तो कई जगह नर्सों की तरफ भद्दे इशारे तो कई जगह थूकने का भी मामला सामने आया।

मौलाना साद के खिलाफ महामारी कानून 1897 के तहत मुकदमा दर्ज हुआ। मीडिया में लंबे समय तक डिबेट चला। तबलीगी जमात से जुड़े मोदी के मित्र ज़फ़र सरेशवाला टीवी डिबेट में साद का बचाव करते देखे जाते थे।

साद के ऊपर टीवी डिबेट के अलावा कुछ भी नहीं हुआ। दिल्ली हाई कोर्ट में मरकज को खुलवाने का मामला पहुंचा। पुलिस ने कोर्ट में कहा कि उसे चाभी सौंपने में कोई समस्या नहीं है। कोर्ट ने फिर पुलिस को चाभी सौंपने का निर्देश दिया। दिल्ली पुलिस ने स्वयं पहुंककर चाभी सौंपा।

जिस तबलीगी जमात ने नूंह मेवात के मुसलमानों में कट्टरता भरी। मोदी सरकार ने जमात से जुड़े लोगों को बचाया और सम्मानित किया। नूंह के नलहड़ महादेव मंदिर में पहले भी जलाभिषेक होता रहा था। किसी को कोई समस्या नहीं हुई। 31 जुलाई 2023 को ब्रज मंडल यात्रा निकाली गई। यात्रा के दौरान आगजनी और पथराव हुए। कई जगह गोलियां भी चली। 100 से ज्यादा गाड़ियां जलाई गई। नलहड़ महादेव मंदिर में महिलायें, बच्चे, बुजुर्ग फंसे हुए थे और पहाड़ों से पत्थर और गोली चल रहे थे। कईयों को टॉयलेट का पानी तक पीना पड़ा था। शाम होते होते प्रशासन जागी और उन्हें सुरक्षित बाहर निकाला जा सका। रिपोर्ट के अनुसार 6 लोगों की मौत और 60 लोग घायल हुए। ब्रजमंडल यात्रा में शामिल होने का दावा करने वाले व्यक्ति ने बताया कि 50 से अधिक लोग मारे गए।

नूंह में ये जो घटना हुई। ये सब अचानक से नहीं हो सकता। हरियाणा के तत्कालीन मुख्यमंत्री मनोहर लाल खट्टर ने भी कहा कि प्रारंभिक जांच से पता चलता है कि नूंह हिंसा सुनियोजित साजिश का हिस्सा था। गौरक्षक मोनू मानेसर ने ज्यादा से ज्यादा लोगों को यात्रा में शामिल होने की अपील की थी। दूसरे पक्ष का भी वीडियो वायरल हुआ था कि पूरी तैयारी है। बिट्टू बजरंगी का भी वीडियो वायरल

हुआ था। कांग्रेस विधायक मामन खान ने तो फ़रवरी 2023 में ही विधानसभा में कहा था कि ये मोनू मानेसर अमित शाह के साथ फोटो खिंचवा रहा है, कभी अरुण जेटली के साथ फोटो खींचा रहा है। क्या डराना चाहता है ये हमें यह बताकर कि वो बड़ा आदमी है। अब की बार ये मेवात में गया तो इसको प्याज की तरफ फोड़ देंगे।

हरियाणा के नूंह मेवात में महिलाओं के साथ दुर्व्यवहार हुआ है, कुछ यूट्यूब चैनलों ने ऐसा दावा किया। नल्हड़ मंदिर के पास लड़कियों और महिलाओं के कपड़े बिखरे पड़े मिले हैं, ऐसा भी इन वीडियो में दिखाया गया। हरियाणा पुलिस ने इन सभी दावों को नकार दिया।

हरियाणा पुलिस की प्रतिक्रिया से पहले 'लीडिंग भारत टीवी' ने अपने वीडियो में दावा किया कि एक पहाड़ी के पास महिलाओं, लड़कियों, छोटे-छोटे बच्चों के कपड़े फ़टे पड़े मिले। वहाँ खड़े लोगों से बात करके दावा किया गया कि कपड़े जबरदस्ती फाड़े गए मालूम होते हैं। यह भी दावा किया कि कई महिलाएँ गायब हैं।

'महिलाओं से बदसलूकी' संबंधी रिपोर्ट आने के बाद हरियाणा की अतिरिक्त पुलिस महानिदेशक (एडीजीपी) ममता सिंह ने कहा कि ऐसी कोई घटना नहीं हुई है क्योंकि वह खुद मौके पर मौजूद थीं। ऐसे अफवाह फैलाने वालों के खिलाफ सख्त कार्रवाई की जाएगी।

ये घटना सुनियोजित थी। जैसा कि खट्टर ने भी बताया, अब सवाल उठता है कि पुलिस ने कौन सा कदम उठाया कि इस घटना को न होने दिया जाए। नूंह के पुलिस अधीक्षक वरुण सिंगला उस दिन छुट्टी पर थे।

नूंह मेवात हिंसा में सैकड़ों एफआईआर और 500 से ज्यादा गिरफ़्तारी हुई। नूंह दंगा के बाद पुलिस ने तावड़ू नूंह में रोहिंग्याओं और अवैध घुसपैठियों के 200 से अधिक झुग्गियों पर बुलडोजर चलाया। जांच में सामने सामने आया कि ये लोग हिंसा में शामिल थे। प्रशासन ने बताया कि इन्होंने हरियाणा शहरी विकास प्राधिकरण की जमीन पर अवैध कब्जा किया था। दूसरे जगह कुछ पक्के मकान भी तोड़े गए। जहां से भयंकर पत्थरबाजी हुई थी, उसके ऊपर भी बुलडोजर चला। नूंह और उसके आस पास के क्षेत्रों में उपद्रवियों के अवैध तरीके से बने 1200 से अधिक मकानों, झुग्गियों और दुकानों पर बुलडोजर चला।

यहां सवाल उठता है कि आखिर इतने घुसपैठिओं ने कैसे आकर सरकारी जमीन पर कब्जा करके झुग्गी बना लिया। ये कोई रातोंरात तो हुआ नहीं होगा तब प्रशासन ने रोकने के लिए कोई कदम क्यों नहीं उठाया? ये घटना नहीं हुई होती तो उनकी झुग्गियों पर बुलडोजर नहीं चलता। अगर चला भी तो उन्हें देश बाहर नहीं निकाला गया, फिर वहीं या कहीं और अवैध तरीके से कब्जा करके झुग्गी बना लेंगे।

मोदी के नए भारत में ये स्थिति हो गई कि अवैध घुसपैठिए भी भारत के स्थानीय लोगों के ऊपर हमला कर सकते हैं।

नूंह दंगा के सिलसिले में दोनों पक्षों के खिलाफ कारवाई हुई। बिट्टू बजरंगी को वायरल वीडियो के आधार पर गिरफ्तार किया गया। बिट्टू बजरंगी उर्फ राजकुमार को सहायक पुलिस अधीक्षक ऊषा कुंडू

की शिकायत पर नूंह सदर थाने में प्राथमिकी दर्ज होने के बाद फरीदाबाद से गिरफ्तार किया गया था। प्राथमिकी के मुताबिक सोशल मीडिया पोस्ट के जरिए पहचाने गए बजरंगी ने अपने कुछ अज्ञात समर्थकों के साथ कथित तौर पर एएसपी कुंडू के नेतृत्व वाली पुलिस टीम से दुर्व्यवहार किया था और धमकी दी थी। कुंडू ने उन्हें नल्हड़ मंदिर में तलवार और 'त्रिशूल' ले जाने से रोका था। कुंडू ने कहा कि जब भीड़ को रुकने के लिए कहा गया, तो उन्होंने पुलिस के खिलाफ नारे लगाने शुरू कर दिए, उनके साथ हाथापाई की और पुलिस की गाड़ियों में रखे उनके हथियार भी छीन लिए थे।

कभी सुनने में नहीं आया कि पुलिस ने मोहर्रम के जुलूस में कभी किसी को तलवार ले जाते रोका हो। बहरहाल, बिट्टू बजरंगी को जल्द ही जमानत मिल गई लेकिन हरियाणा सरकार और पुलिस ने जमानत का विरोध किया।

बिट्टू बजरंगी को लगातार धमकियाँ मिलती रही और आगे चलकर 14 दिसंबर 2023 उनके भाई महेश पंचाल को थिनर/पेट्रोल डालकर जलाने का मामला सामने आया। 26 दिन तक जिंदगी मौत का जंग लड़ते हुए, आखिर में दम तोड़ दिया। बिट्टू बजरंगी और उनके भाई ने अरमान खान का नाम लिया था। पुलिस कार्रवाई को देखकर लग रहा था कि उसका ज्यादा शक आरोपित से ज्यादा पीड़ित पर हो। पुलिस तो यहां तक कि 60 फीसदी तक जला दिए गए महेश की नार्को टेस्ट करने की तैयारी में थी तब तक उसकी मौत हो गई। पुलिस ने बताया कि महेश ने शुरुआत में अरमान नामक युवक व साथियों पर पेट्रोल डालकर जलाने का आरोप लगाया था। दोबारा बयान में वैगनआर कार में सवार लोगों की संख्या 10 से अधिक बताई लेकिन अरमान का नाम नहीं लिया।

पुलिस ने अरमान को पूछताछ करके छोड़ दिया था उसके बाद उसका पोलीग्राफ टेस्ट भी कराया गया। आगे क्या हुआ ये सामने नहीं आया।

सोशल मीडिया में मामला उठा तो हरियाणा के तत्कालीन मुख्यमंत्री मनोहर लाल खट्टर ने बिट्टू बजरंगी के घर पहुंचकर श्रद्धांजलि दी और भरोसा दिलाया था कि उन्हें उचित न्याय मिलेगा।

पाठक कल्पना करें कि यहां उलट मामला होता और जिंदा जलाना तो दूर अगर किसी हिंदू ने थप्पड़ भी किसी को जड़ा होता तो तुरंत उसकी गिरफ़्तारी होती और न्यायलय में पेश कर उसका रिमांड मांगा जाता लेकिन यहां इतने बड़े जघन्य अपराध में भी पीड़ित जो जल चुका था, उससे बार-बार पूछताछ हुई।

गौरक्षक मोनू मानेसर लंबे समय से निशाने पर थे। नासिर और जुनैद कांड में उनका नाम आया था। राजस्थान पुलिस नई वांटेड लिस्ट जारी करते हुए फ़रवरी 2023 में मोनू मानेसर और लोकेश सिंगला को क्लीन चीट दे चुकी थी। नूंह दंगा के बाद मनोहर लाल खट्टर ने संवाददाताओं से कहा था कि उनकी सरकार मानेसर को पकड़ने के लिए राजस्थान पुलिस को हर संभव मदद करेगी। 14 अगस्त 2023 को राजस्थान के डीजीपी उमेश मिश्र ने कहा कि नासिर-जुनैद की हत्या में मानेसर की प्रत्यक्ष कोई भूमिका नहीं है। इस मामलें की जांच जारी है।

हरियाणा पुलिस ने 12 सितंबर 2023 को मोनू मानेसर को गिरफ्तार कर लिया। नूंह दंगा के बाद हरियाणा पुलिस ने शुरुआती जांच में बताया कि मोनू उस दिन नूंह में मौजूद नहीं था। हरियाणा के तत्कालीन गृहमंत्री अनिज वीज ने कहा कि नूंह हिंसा की घटना का मोनू मानेसर से कोई लेना-देना नहीं है। यह विश्व हिंदू परिषद की यात्रा थी, जोकि हर साल निकलती। उन्होंने कहा कि यह पूरी तरीके से रची गई साजिश है, जिसके लिए दोषियों को कतई बख्शा नहीं जाएगा। वीज ने तो पूरे घटना का ठीकरा कांग्रेस के ऊपर ही फोड़ दिया।

पुलिस ने उसे वीडियो पोस्ट के आधार पर गिरफ्तार किया, जिसमे उन्होंने बोला था कि ज्यादा से ज्यादा लोग ब्रजमंडल यात्रा में शामिल हों। हरियाणा पुलिस ने उसके बाद राजस्थान पुलिस को सौंप दिया। मानेसर के वीडियो को लेकर वीज बोल चुके थे कि मैंने वह वीडियो देखा है, उसमें कहीं भी वह लोगों को दंगे के लिए नहीं उकसा रहा है। वह लोगों को यात्रा में शामिल होने के लिए कह रहा है।

ये मोदी का नया भारत है जहां अगर किसी को बिना वजह निशाना भी बनाया जाने लगे तो उसे जेल में डाल दिया जाएगा। अब किसी को यात्रा में शामिल होने की अपील करना भी अपराध है जबकि प्रदेश के गृह मंत्री उसको लेकर बचाव कर चुके थे। मोनू मानेसर मोदी के संतुष्टीकरण के भेंट चढ़ गए।

नरेंद्र मोदी हमेशा की तरह नूंह दंगा पर भी चुप रहे अगर मामला उल्टा होता तो सिर्फ प्रतिक्रिया ही व्यक्त नहीं करते बल्कि भावुक होकर भी रो पड़ते। चूंकि प्रताड़ित और पीड़ित हिंदू थे। किसी गैर बीजेपी शासित राज्य का मामला और सामने चुनाव भी नहीं था वरना वोट मांगने के लिए जरूर मृतकों का इस्तेमाल करते।

नूंह दंगा के बाद 50 पंचायतों ने अवैध लोगों के आर्थिक बहिष्कार का फैसला लिया। 3 और 4 अगस्त 2023 को महेंद्रगढ़, झज्जर और रेवाड़ी के 50 से अधिक बाहरी मुस्लिम व्यापारियों के बहिष्कार का पत्र लिखा।

सरपंचों द्वारा हस्ताक्षरित पत्रों में यह भी कहा गया है कि गांवों में रहने वाले मुसलमानों को पुलिस को अपने पहचान दस्तावेज जमा करने होंगे। अधिकांश गांवो में कुछ परिवारों को छोड़कर अल्पसंख्यक समुदाय का कोई भी निवासी नहीं है।

नारनौल के भाजपा विधायक ओम प्रकाश यादव ने बताया कि उन्हें मुसलमान व्यापारियों के बहिष्कार संबंधी पत्रों की जानकारी नहीं है। लेकिन अगर ऐसा कोई कृत्य किया गया है तो यह गलत है और यह भारत के विचार के खिलाफ है। प्रशासन अपना काम कर रहा है।

नारनौल के उप-विभागीय मजिस्ट्रेट मनोज कुमार ने कहा कि विवादित पत्र लिखने के लिए गांवों को कारण बताओ नोटिस भेजने के आदेश दिए हैं।

रेवाड़ी जिले में भी ग्राम पंचायतों के सरपंचों द्वारा विशेष समुदाय के लोगों को गांव में फेरी लगाने, व्यवसाय करने पर रोक लगाने को लेकर क्षेत्र के थाना प्रभारी के नाम पत्र लिखा गया था। जिसके बाद प्रशासन अलर्ट हो गया और बहिष्कार करने वालों के खिलाफ कार्रवाई करने की बात कही।

इस पूरे मामले में जिले के उपायुक्त मोहम्मद इमरान रजा ने कहा कि रेवाड़ी की कुछ ग्राम पंचायतों ने अपने क्षेत्र में पड़ने वाले थानों के प्रभारी को लेटर लिखा है जिसमें विशेष समुदाय से संबंध रखने वाले व्यक्तियों को गाँव में घुसने की बात कही गई है और कहा गया है कि अगर कोई अनहोनी होती है तो व्यक्ति विशेष स्वयं जिम्मेवार होगा। इसमें अभी तक जो जानकारी के अनुसार केवल सरपंचों ने अपने स्तर पर पत्र दिया है। अगर यह बात सही साबित हो जाती है तो सरपंचों के खिलाफ पंचायती राज एक्ट के तहत कार्रवाई की जाएगी।

वहीं डीएसपी संजीव कुमार ने कहा कि जिले में सभी धर्म और समुदाय के लोगों को कहीं भी आने-जाने और व्यवसाय करने की पूरी तरह से आजादी है। अगर धर्म जाति या किसी विशेष समुदाय के लोगों को कहीं भी आने जाने पर कोई पाबंद करता है तो पुलिस उसके खिलाफ कार्रवाई करेगी। आम जनता से अपील करते हुए कहा कि सोशल मीडिया का प्रयोग आपसी भाईचारा बढ़ाने के लिए करें।

हरियाणा सरकार के तत्कालीन विकास और पंचायत मंत्री देवेंदर सिंह बबली ने कहा कि कई ग्राम पंचायतों द्वारा समुदाय विशेष के सदस्यों का बहिष्कार करने और गाँवों में उनके प्रवेश पर रोक लगाने के प्रस्तावों पर हस्ताक्षर करने वालों के खिलाफ कड़ी कार्रवाई करने की बात कही।

प्रशासन और सरकार की सख्ती के बाद समुदाय विशेष के बाहरी लोगों के खिलाफ जो उन्होंने फरमान जारी कर रखा था, उससे उन्हें पीछे हटना पड़ा।

वर्ष 2021 में गुरुग्राम में लोगों ने खुले में नमाज पढ़ने का विरोध शुरू किया था क्योंकि जुमे के दिन बाहरी लोगों को बुलाकर शक्ति प्रदर्शन का काम चल रहा था। मनोहर लाल खट्टर की सरकार ने पुलिस की सुरक्षा में खुले में नमाज पढ़वाया। खुले में नमाज का विरोध करने वालों को पुलिस ने गिरफ्तार भी किया। गुरुग्राम में खुले में नमाज पढ़ने का विवाद बीजेपी के सत्ता में आने बाद चलता रहा है।

3 सितंबर 2022 को गुजरात के वनासकांठा में 11 हिंदू संगठनों के लोगों ने लव जिहाद के खिलाफ रैली बुलाई, जिसमें 10 हजार से भी अधिक लोग शामिल हुए। पुलिस ने लाठीचार्ज कर उन्हें तितर-बितर किया।

दरअसल गाँव के ही शेख परिवार के सदस्यों ने एक हिंदू लड़की का ब्रेनवॉश किया। लड़की के घर वालों ने विरोध किया तो लड़की का भाई और उसकी मां भी उसके पक्ष में हो गए और धर्म परिवर्तन कर घर में ही नमाज पढ़ने लगे। लड़की के पिता ने दुखी होकर आत्महत्या का प्रयास किया था।

26 मई 2023 को उत्तराखंड के उत्तरकाशी में एक मुस्लिम युवक समेत दो युवकों ने एक स्थानीय हिंदू दुकानदार का कथित तौर पर अपहरण करने का प्रयास किया था। इसके खिलाफ पुरोला में प्रदर्शन शुरू हुए। विरोध प्रदर्शन के दौरान ज्यादातर मुस्लिम दुकानदारों की दुकानों पर पोस्टर लगाए गए। उन पोस्टरों में लिखा था, "लव जिहादियों को सूचित किया जाता है कि 15 जून 2023 को होने वाली महापंचायत से पहले अपनी दुकानें खाली कर दें, अगर ऐसा नहीं किया जाता है तो वह वक्त पर निर्भर करेगा ...." ये पोस्टर कथित तौर देवभूमि रक्षा अभियान के तहत लगाए गए।

उस दौरान पिछले तीन महीने में उत्तराखंड में लव जिहाद के 46 मामले सामने आए थे। महापंचायत से पहले प्रशासन की तरफ से धारा 144 लगाकर उसे रोक दिया गया।

18 जून 2023 को मुस्लिम सेवा दल ने पुरोला के विरोध में देहरादून में महापंचायत बुलाई लेकिन उसे रोकने के लिए धारा 144 नहीं लगाया गया। बीजेपी शासित राज्य का मामला था इसलिए मुद्दा नहीं बना।

देवभूमि उत्तराखंड में वर्ष 2000 में राज्य के गठन के समय 1.5 फीसदी मुस्लिम आबादी थी लेकिन फिलहाल उसके 16 फीसदी होने का अनुमान है। बीजेपी की सरकार में भारी बढ़ोतरी हुई है। पर्यटन धंधों में ज्यादातर बाहरी मुस्लिम का दखल है। जगह-जगह सरकारी जमीनों पर अवैध कब्जे और मज़ार भी भारी संख्या में बन गए।

नरेंद्र मोदी के नए भारत में उत्तराखंड के साइन बोर्ड से देवभूमि तक भी गायब हो गया। जो ऊपर दिए गए दोनों तस्वीरों में बदलाव देखा जा सकता है।

कन्हैया लाल हत्याकांड

28 जून 2022 को राजस्थान के उदयपुर में नूपुर शर्मा के समर्थन में पोस्ट साझा करने की वजह से मोहम्मद रियाज अटारी और मोहम्मद गौस ने कन्हैया लाल तेली की हत्या कर वीडियो बना वायरल किया। ये घटना सामने आने के बाद पूरा देश स्तब्ध रह गया। देश के हर पार्टी ने उस घटना की निंदा की। यहां तक कि असदुद्दीन ओवैसी तक ने निंदा की लेकिन बीजेपी के बड़े नेता इस मुद्दे पर चुप रहे।

अशोक गहलोत पहले मुख्यमंत्री बने जो कन्हैया लाल के मृत्यु के बाद उसके घर जा श्रद्धांजलि दी और 51 लाख रुपए का सहायता राशि दिया साथ ही उनके दोनों बेटों को सरकारी नौकरी दी।

मोदी-शाह ने बेशक कुछ नहीं बोला लेकिन उनके नाम की एंट्री जरूर कर ली थी ताकि मृत कन्हैया लाल के नाम पर वोट मांग सकें। जो पूर्व में अनुमान था, वही हुआ। 10 सितंबर 2022 को अमित शाह

ने जोधपुर में ओबीसी रैली को संबोधित करते हुए पूछा, "हमारे भाई कन्हैया लाल की निर्मम हत्या हुई, ये आप सहन कर लेंगे क्या? करौली की हिंसा आप सहन करेंगे क्या? हिंदू त्योहारों पर प्रतिबंध सहन करेंगे क्या? अलवर में 300 साल पुराने मंदिर को तोड़ना सहन करेंगे क्या?"

कन्हैयालाल के हत्या में शामिल रियाज़ अटारी बीजेपी अल्पसंख्यक मोर्चा का सदस्य था। बीजेपी के बड़े नेताओं के साथ और कार्यक्रम के उसके फोटो सामने आए। करौली हिंसा की बात कर बीजेपी शासित राज्यों के अनगिनत मामलों का ध्यान उन्हें नहीं आया। बीजेपी शासित राज्यों में भी शोभायात्रा पर प्रतिबंध के मामले सामने आते हैं और अशोक गहलोत ने किसी त्योहार पर कोई प्रतिबंध नहीं लगाया था। अलवर के 300 साल पुराने मंदिर को बीजेपी के नगरपालिक ने तुड़वाया था।

30 जून 2023 को अमित शाह ने उदयपुर की रैली में कन्हैयालाल को लेकर अशोक गहलोत को निशाना बनाया। शाह ने कहा कि आखिर कन्हैया लाल को क्यों नहीं सुरक्षा दी गई? शाह ने आगे कहा कि कन्हैयालाल के हत्यारों को एनआईए ने पकड़ा और स्पेशल कोर्ट में सुनवाई हुई होती तो हत्यारे फांसी पर लटक चुके होते।

अगर सुरक्षा की बात करें तो मोदी सरकार में इतनी हिंदुओं की हत्या हुई, जिसकी गिनती भी आसान नहीं है। अगर बीजेपी शासित राज्यों की बात करें तो कमलेश तिवारी अखिलेश यादव की सरकार में 15 से ज्यादा सुरक्षाबल की सुरक्षा में थे लेकिन बीजेपी की सरकार में उनके सुरक्षा में एक गनर था। जिस दिन उनकी हत्या हुई, उस दिन बिना हथियार वाला पुलिस उनके घर के नीचे बैठा था। जो हथियारबंद पुलिस को सुरक्षा में लगाया गया था, वो उस दिन छुट्टी पर था। आखिर इन्होंने कोई सुरक्षा में कमी क्यों की? कमलेश तिवारी के परिजन को सरकारी नौकरी,15 लाख रुपए और आवास की घोषणा की गई। मैंने जब कमलेश तिवारी के पत्नी किरण तिवारी से बात कि तो उन्होंने बताया कि उनके लड़के को सरकारी नौकरी नहीं मिली। 15 लाख तो मिले लेकिन घर पैसे जगह दिया गया, जहां मुस्लिम को भी घर मिल रखा था। वो वहां गई नहीं। कमलेश तिवारी के मामले में अमित शाह ने स्पेशल कोर्ट का गठन क्यों नहीं कराया? उत्तरप्रदेश में भी बीजेपी की तब भी सरकार थी और आज भी है लेकिन फांसी पर चढ़ाने के बजाय वो मामला आज भी चल रहा है। कमलेश तिवारी की हत्या 18 अक्टूबर 2019 को हुई थी और वो हत्या से पूर्व बीजेपी सरकार से सुरक्षा की मांग करते रहे लेकिन उन्हें सुरक्षा नहीं दी गई।

25 जनवरी 2022 को गुजरात में किशन भारवाड की हत्या कट्टरपंथियों के द्वारा की गई। भारवाड की हत्या के पीछे कथित पैगंबर का अपमान था। जो लोग उनके न्याय के लिए प्रदर्शन कर रहे थे, उनके ऊपर गुजरात पुलिस ने लाठीचार्ज किया। शाह ने उनके मामले में स्पेशल कोर्ट का गठन कर आरोपियों को फांसी पर क्यों नहीं लटकवाया?

कन्हैयालाल को लेकर पोस्ट करने की वजह से बीजेपी नेता प्रवीण नेतारु की हत्या हुई। जो लोग हत्या को लेकर प्रदर्शन कर रहे थे उनके ऊपर तत्कालीन बीजेपी सरकार में पुलिस ने लाठीचार्ज किया। जब ज्यादा विवाद बढ़ा तो उनकी पत्नी को संविदा के आधार पर मुख्यमंत्री कार्यालय में नौकरी दिया गया।

कर्नाटक में कांग्रेस की सरकार बनने के बाद जो भी संविदा के आधार पर थे सबका कान्ट्रैक्ट खत्म किया गया। बीजेपी ने हल्ला मचाना शुरू कर दिया कि कांग्रेस की सरकार बनते ही नेताराु के पत्नी को हटा दिया गया। अगर बीजेपी ज्यादा गंभीर होती तो उस समय ही स्थाई नौकरी दी होती। बहरहाल कांग्रेस सरकार ने उन्हें स्थाई नौकरी दी।

अमित शाह का एनआईए को लेकर जो दावा था उसकी सच्चाई थी कि स्थानीय लोगों ने कन्हैया लाल के हत्यारों को पकड़कर राजस्थान पुलिस के हवाले किया था न कि एनआईए ने गिरफ्तार किया।

कन्हैयालाल केस में आरोपी फरहाद मोहम्मद उर्फ बाबला को एनआईए कोर्ट ने 1 सितंबर 2023 को जमानत दे दी। उसके ऊपर एनआईए ने आर्म्स एक्ट का मामला दर्ज कर रखा था। एनआईए तो केंद्रीय गृह मंत्रालय के अधीन है। अमित शाह स्वयं गृह मंत्री हैं।

प्रधानमंत्री नरेंद्र मोदी ने भी राजस्थान विधानसभा चुनाव 2023 के दौरान कन्हैया लाल हत्या कांड को खूब भुनाया। उनके हत्या को लेकर कांग्रेस पर आतंकवादियों से सहानुभूति रखने का आरोप लगाया। पीएम ने आगे कहा कि राजस्थान में लोग शांति से तीज-त्योहार नहीं मना सकते।

नरेंद्र मोदी के सत्ता में आने के बाद पूरे देश में कोई त्योहार नहीं निकलता जहां कई जगहों से पत्थरबाजी की घटना सामने न आए। ये उन्हीं के द्वारा किया जाता है, जिनका ये संतुष्टिकरण कर रहे हैं। अगर कोई हिंदू आत्मरक्षा में उन्हीं के फेंके पत्थर को उठाकर फेंक दे तो वो बराबर का दोषी है। मोदी के प्रधानमंत्री बनने के बाद जो पत्थरबाजी सिर्फ कश्मीर की समस्या थी, वो आज पूरे देश की समस्या बन गई। अगर ये थोड़ा सा भी गंभीर होते तो पत्थरबाजी को लेकर कोई कानून बनाते या पत्थर की ही तलाशी करा लेते लेकिन आजतक कोई मौका नहीं आया कि इन्होंने चुनावी मंचों से अलावा हिंदुओं के प्रताड़ना का कोई जिक्र किया हो या कोई बैठक बुलाई हो। ये किसी भी अराजकता को दूसरे के माथे पर डाल सिर्फ चुनावी फायदा लेना जानते हैं। सोनिया गांधी ने कभी मौत का सौदागर कहा था, वो बिल्कुल सही था। मोदी के शासनकाल में हिंदुओं को आत्मरक्षा और प्रदर्शन का भी अधिकार छिन लिया गया।

मध्यप्रदेश चुनाव 2023 के दौरान बड़वानी में प्रधानमंत्री नरेंद्र मोदी ने राजस्थान प्रकरण को याद करते हुए कहा कि क्या हम कल्पना कर सकते थे कि भारत में 'सर तन से जुदा' के नारे सुनने पड़ेंगे।

सर तन से जुदा के नारे और मजहब के नाम पर सर कलम होने मोदी के शासनकाल में शुरू हुए। राजस्थान से पहले 'सर तन से जुदा' के नारे यति नरसिंघानंद गिरी के खिलाफ देशभर रैली करके लगे। कोरोनो के लहर के बावजूद भी इस्लामिस्टों का प्रदर्शन चलता रहा लेकिन मोदी को कोई फ़र्क नहीं पड़ा। ये धीरे-धीरे फैशन बन गया। लोगों के सर को कलम करने का नारा लगाना भी मोदी के नए भारत में अपराध नहीं रहा। कई जुलूस में बेवजह भी सर तन से जुदा के नारे लगने लगे। बीजेपी शासित राज्यों उत्तरप्रदेश, मध्यप्रदेश, गुजरात, महाराष्ट्र आदि में भी ये नारे लगने आम बात हो गए। कई जगह तो पुलिस थाने को घेराव कर भी ये नारे लगे।

नूपुर शर्मा प्रकरण की बात करें तो कन्हैया लाल के अलावा महाराष्ट्र के अमरावती में उमेश कोल्हे, बिहार के सीतामढ़ी में अंकित झा, उत्तरप्रदेश के प्रतापगढ़ में शानू पाण्डेय, मध्यप्रदेश के रायसेन में

निशांक राठौर की हत्या हुई। हरियाणा के पलवल में विक्की भारद्वाज का छाती चाकू से फाड़ दिया गया।

महाराष्ट्र में उमेश कोल्हे की हत्या के बाद बीजेपी गठबंधन की सरकार बन गई थी। बिहार में भी बीजेपी के गठबंधन की सरकार है। उत्तरप्रदेश में तब भी और आज भी बीजेपी की सरकार है। शानू पाण्डेय के बारे में बताया गया कि वो नूपुर शर्मा के समर्थक थे। निशांक राठौर की लाश रेलवे ट्रैक के पास मिली थी। उनके पिता के मोबाइल पर सर तन से जुदा के मैसेज आए थे। तत्कालीन गृहमंत्री नरोतम मिश्रा ने बताया कि पुलिस की प्रारंभिक जांच में आत्महत्या सामने आ रहा है। विक्की भारद्वाज के मामले को पुलिस ने आपसी विवाद बताया और चेतावनी दी कि अगर इसे कन्हैया लाल से जोड़ा तो कारवाई होगी।

नरेंद्र मोदी के गृह प्रदेश गुजरात के खेड़ा जिले से सर तन से जुदा करने के प्रयास का मामला सामने आया। आरोपी फारूख पठान शादीशुदा हिंदू महिला के ऊपर संबंध बनाने का दबाव डाल रहा था। मना करने पर गले पर ब्लैड से वार किया।

नवंबर 2023 में एनआईटी श्रीनगर के छात्र प्रथमेश शिंदे ने कथित तौर पर हमास संस्थापक का वीडियो अपने इंस्टाग्राम पर डाला, जो पैगंबर मोहम्मद से संबंधित था। शिंदे के खिलाफ सर तन से जुदा के नारे लगा प्रदर्शन होने लगे।

पैगंबर मोहम्मद के कथित अपमान को लेकर श्रीनगर के NIT में बवाल और प्रदर्शन के बाद पुलिस ने आरोपित छात्र के खिलाफ FIR दर्ज कर ली है। साथ ही आरोपित को इंस्टिट्यूट से सस्पेंड करते हुए आने वाले सेमेस्टर के लिए अयोग्य घोषित कर दिया गया है।

जम्मू कश्मीर के डीजीपी आर. आर. स्वैन ने कहा, "हमने तय किया है, 144 आपराधिक प्रक्रिया संहिता के तहत सरसरी तौर पर एक कानून लायेंगे। जिसमें किसी तरह के कंटेन्ट मैसेज, ऑडियो, वीडियो जिससे सांप्रदायिक संवेदनशीलता खत्म हो जाएगा या किसी को किसी को डराया या धमकाया जाएगा वो चाहे आतंकवादी अलगाववादी की तरफ से हो। ऐसे वीडियो को पुष्टि करना कानूनन जुर्म हो जाएगा। पोस्ट करने वालों को हम जरूर कानून के दायरे में लाएंगे और उसको फॉरवर्ड करना या शेयर करना भी कानूनन जुर्म हो जाएगा। कोई अगर ये कहे कि मुझे किसी ने भेज दिया, मैं क्या करूं? तो उनके जबाव में ये रहेगा कि अगर किसी ने आपके इजाजत बिना आपको आपत्तिजनक वीडियो, ऑडियो, मैसेज भेजा तो आप उसके बारे में तुरंत नजदीकी थाने में बोल सकते हैं कि मैं नहीं चाहता था कि मेरे फोन में ये मैसेज आए। ये पता नहीं कहां से किसने भेजा है। आप ये जानकारी अपनी तरफ से दे दीजिएगा। आप इससे बाहर हो जाएंगे।"

केंद्र सरकार के अधीन जम्मू कश्मीर के प्रशासन के अनुसार अगर किसी ने आपको कोई मैसेज भेज दिया तो आप पुलिस थाने दौड़ते रहें। जबकि उसकी कोई सूची नहीं है कि क्या क्या आपत्तिजनक है। मोदी के नए भारत में मुसलमान को जब जिस चीज से समस्या है वो सब अपराधिक कृत्य में आता है। कम से कम इस फरमान को देखकर तो यही कहा जा सकता है।

19 मार्च 2024 को उत्तरप्रदेश के बदायूं में दो छोटे बच्चों की हत्या का मामला सामने आया। आरोप के मुताबिक आयुष (12) और अहान (6) की गला रेत कर हत्या कर दी गई। मृतक ने दोनों के अलावा तीसरे भाई को भी गंभीर रूप से घायल कर दिया। इस हत्याकांड का आरोप साजिद और जावेद के ऊपर लगा। साजिद पर बच्चों के हत्या कर खून पीने का आरोप लगा हालांकि पुलिस ने इससे इनकार किया। घटना के बाद साजिद इनकाउन्टर में मारा गया। दूसरा आरोपी जावेद बरेली से पकड़ा गया।

प्रधानमंत्री मोदी की कोई प्रतिक्रिया नहीं आई क्योंकि मामला बीजेपी शासित राज्य उत्तरप्रदेश का था। गैर बीजेपी शासित राज्य का होता तो भी संवेदना तो व्यक्त नहीं करते लेकिन उसे चुनावी मंचों से जरूर भुनाते।

18 अप्रैल 2024 को बीवीबी कॉलेज परिसर में फ़ैयाज़ ने नेहा हिरेमत की चाकू से गोदकर हत्या कर दी। हुबली-धारवाड़ नगर निगम के पार्षद निरंजन हिरेमत (लड़की के पिता) ने लव जिहाद बताया तो वही कांग्रेस की सरकार ने लव जिहाद से इनकार किया। आरोपी को गिरफ्तार कर लिया गया। बीजेपी ने राजनीतिक रोटी सेंकने के लिए लड़की की न्याय के लिए प्रदर्शन शुरू कर दिया और बताया जाने लगा कि बीजेपी के जुड़ा छात्र संगठन एबीवीपी कांग्रेस नेता की बेटी के न्याय के लिए प्रदर्शन कर रहा है। अगर लव जिहाद मान भी लिया जाए तो उसके खिलाफ कोई कानून की धारा तो है नहीं, हत्या किया है तो हत्या की ही धारा में कानूनी कारवाई होगी। बीजेपी लव जिहाद को मानती नहीं है।

21 अप्रैल 2024 को कर्नाटक की रैली में नरेंद्र मोदी ने कांग्रेस पर निशाना साधते हुए कहा कि हमारी बेटियों पर हमले हो रहे हैं। सार्वजनिक जगहों पर बम धमाके हो रहे हैं। भजन कीर्तन सुनने पर हमले हो रहे हैं।

नरेंद्र मोदी ऐसी घटनाओं का चुनावी फायदा तो लेना चाहते हैं लेकिन कभी आरोपी का नाम नहीं ले सकते क्योंकि इनके संतुष्टिकरण की राजनीति पर गहरा असर पड़ेगा। बेटियों पर हमले की बात है तो वो देशभर में हो रही है। मोदी के नए भारत में लकड़ियों के हत्या, बलात्कार, अपहरण और लव जिहाद आम बात हो गई लेकिन ये वहीं जिक्र कर सकते हैं जहां चुनाव हो और इनकी सरकार न हो।

कर्नाटक में सार्वजनिक जगहों को लेकर मोदी का इशारा रामेश्वर कैफे ब्लास्ट को लेकर था। लेकिन उस सिलसिले में एनआईए ने बीजेपी कार्यकर्ता से पूछताछ की। पूरे दिन ये खबर चला कि वो धमाके में शामिल था। एनआईए ने शाम को खंडन करते हुए कहा कि वो साई प्रसाद उस मामले में गवाह है।

भजन कीर्तन पर हमले की बात है तो ये भी पूरे देश में हो रहा है और मोदी सरकार में ये चरम पर है।

अगर मोदी के गृह राज्य गुजरात के हाल के कुछ घटनाओं की बात करें तो 6 मार्च 2024 को वडोदरा जिले के कनाभा गाँव में असामाजिक तत्वों के द्वारा मंदिर के मूर्ति तोड़ने का मामला सामने आया। 13 मार्च 2024 गुजरात के वडोदरा में अजवा रोड पर एकतानगर स्थित मंदिर पर हमेशा की तरह हनुमान चालीसा बज रहा था। जिसे सुनकर समुदाय विशेष (जिसके अपराध की चर्चा कर देना मोदी सरकार में अपराध है) की भीड़ आ गई और पथराव करने लगे। भीड़ ने इस दौरान मंदिर में उपद्रव किया और वहां

लगे लाउडस्पीकर को तोड़ दिया। मारपीट में दीपक, हरीश और राहील घायल हो गए, जिन्हें अस्पताल में भर्ती कराया गया। पुलिस 5 मुस्लिम और 2 हिंदू युवकों के खिलाफ एफआईआर दर्ज कराया।

8 मई 2024 को गुजरात के अहमदाबाद में पिराना स्थित प्रेरणा पीठ निष्कलंकी मंदिर पर समुदाय विशेष के द्वारा हमला किया गया। हमले का एक वीडियो भी वायरल हुआ। उस वीडियो में देखा गया कि भीड़ में ज्यादातर जालीदार टोपी पहने हुए थी और वे मंदिर पर डंडों से हमला कर रहे थे। विश्व हिंदू परिषद ने दावा किया कि हमला पूर्व नियोजित था और हिंदू देवी-देवताओं की कई मूर्तियाँ तोड़ी गई हैं।

ये असल में मोदी का सबका साथ सबका विकास है कि कोई आकर मंदिर में तोड़फोड़ करे और कोई अपनी मंदिर को बचाए तो उसके साथ मारपीट करे लेकिन कोई आत्मरक्षा में उसका जबाव दे तो वो भी बराबर का दोषी है। ये सब आम बात हो गई है, आज ऐसे मामलों की इतनी बढ़ोतरी हो गई कि सभी घटनाएं मीडिया में रिपोर्ट भी नहीं होती।

बहरहाल नेहा के मामले को भुनाकर बीजेपी को वोट लेना है तो उसके कांग्रेसी पार्षद पिता से मिलने बीजेपी के राष्ट्रीय अध्यक्ष जेपी नड्डा भी पहुँच गए। दिल्ली में भी हमेशा ऐसी घटनाएं होती रहती है लेकिन बीजेपी के बड़े नेता जाना तो बहुत दूर ट्वीट तक नहीं करते।

बीजेपी के प्रवक्ता मीडिया में बोलते हैं कि मोदी जी के आने के बाद कोई दंगा नहीं हुआ लेकिन दूसरी तरफ गृह राज्यमंत्री नित्यानंद राय ने मार्च 2022 में बताया कि सन 2016-2020 तक 3,399 दंगे हुए।

केंद्रीय गृहमंत्री अमित शाह ने 25 नवंबर 2023 में बताया कि बीजेपी के नेतृत्व वाली सरकारों में कोई दंगा नहीं होता। ये लोग कभी कुछ, कहीं कुछ हर जगह झूठ की राजनीति कर रह हैं।

मोदी के दूसरे कार्यकाल में हिंदुओं के खिलाफ अत्याचार की भारी बढ़ोतरी हुई लेकिन बहुत से मामले दबा दिए जाते हैं।

गुजरात मॉडल को भी इन्होंने ये बोलकर बेचा कि गोधरा 2002 के बाद कोई दंगा नहीं हुआ। गुजरात या पूरे देश में सब इनके शासनकाल में एकतरफा हो गया। कोई अब दिन निकलना मुश्किल है जब हिंदू के ऊपर अत्याचार का कोई मामला सामने न आए लेकिन ये लोग रोकेंगे भी नहीं और आत्मरक्षा में कोई कदम उठाए तो वो भी बराबर का या ज्यादा बड़ा अपराधी है।

ये सब देखकर पाठक समझ सकते हैं कि हिंदुओं या फिर देश की शांति के लिए ये लोग कितने गंभीर हैं?

हिंदू हितों की अनदेखी
और राजनीतिक इस्तेमाल

बीजेपी पूर्व में बने कई कानूनों और फैसलों को लेकर कांग्रेस के ऊपर हमलावर रही है। कई मुद्दे बेशक बीजेपी के चुनावी घोषणापत्र में न रहे हों लेकिन आम लोगों के बीच उसे भुनाती रही है। कई बार प्राइवेट मेम्बर बिल लाकर बीजेपी के सदस्य आम लोगों के बीच संदेश देने का प्रयास करते रहे कि वो बहुत ही ज्यादा गंभीर हैं और कुछ न कुछ प्रयास कर रहे हैं।

अगर कुछ महत्वपूर्ण मुद्दों की बात करें जिसको लेकर जब मामला कोर्ट या संसद में उठे तो टाल मटोल करते रहे हैं।

जबरन धर्मांतरण विरोधी कानून

धर्मांतरण की बात करें यानि हिंदू का धर्म परिवर्तन कर दूसरे मजहब को स्वीकार करना तो नरेंद्र मोदी को कोई समस्या नहीं हुई। यहां तक कि यूपी एटीएस ने सन 2022 में धर्मांतरण रैकेट का पर्दाफाश किया। जिसमें मोहम्मद उमर गौतम और मुफ्ती काजी जहांगीर कासमी को गिरफ्तार किया गया। यूपी एटीएस की ओर से कराई गई एफआईआर के मुताबिक, ये लोग गैर-मुस्लिमों को डरा धमकाकर उन्हें पैसे और नौकरी का लालच देकर धर्म परिवर्तन कराते थे। ये लोग आमतौर पर कमजोर वर्गों, बच्चों, महिलायों और मुक बधिरों को निशाना बनाकर उन्हें इस्लाम कबूल कराते थे। गौतम ने जामिया नगर के बटला हाउस इलाके की नूह मस्जिद के पास इस्लामिक दावा सेंटर स्थापित किया। इस सेंटर का इस्तेमाल धर्मांतरण कराने के लिए किया जाता था।

यूपी के एडीजी (लॉ एंड ऑर्डर) प्रशांत कुमार ने बताया कि पिछले एक साल में 350 लोगों को धर्मांतरण कराया गया है। नोएडा के एक मुक बधिर स्कूल के भी 18 बच्चों का धर्मांतरण कराया गया। अब तक एक हजार से ज्यादा लोगों का धर्म परिवर्तन कराया जा चुका है। ये पूरा रैकेट पिछले दो साल से चल रहा था। कुमार ने बताया कि विदेशी फंडिंग के भी सबूत मिले हैं।

मोहम्मद उमर गौतम की संस्था इस्लामिक दावा सेंटर से बरामद 33 युवतियों में से 12 युवतियां मेधावी रही। एमबीए, बीएड, बीएससी, एमएससी करने वाली इन युवतियों ने धर्म परिवर्तन किया। धर्मांतरण

मामले में जारी हुई लिस्ट में MBA पास ऋचा देवी का भी नाम था। घाटमपुर की 26 वर्षीय ऋचा ने कानपुर और प्रयागराज से पढ़ाई की थी। सिविल सर्विसेज की तैयारी के दौरान वह एक मुस्लिम प्रोफेसर के संपर्क में आई और अपना धर्म बदल लिया। अब उसने अपना नया नाम माहीन अली रख लिया है।

कानपुर में पढ़ी एक छात्रा का भी करीब तीन साल पहले धर्म परिवर्तन कराया है। परास्नातक पास छात्रा सुप्रिया ने अपना नाम बदलकर आयशा रख लिया है।

अब सवाल है कि क्या मोदी सरकार के अल्पसंख्यक संतुष्टिकरण की योजनाओं को दिखाकर लोगों का धर्मांतरण कराया जा रहा है?

उत्तर प्रदेश एटीएस ने धर्मांतरण के आरोप में इरफान शेख को गिरफ्तार किया। शेख ने पहली बार राजकोट में प्रधानमंत्री के साथ 29 जून 2017 को मंच साझा किया था। वहीं दूसरी बार 29 फरवरी 2020 को उत्तर प्रदेश के प्रयागराज में हुए कार्यक्रम में भी वह प्रधानमंत्री के साथ मंच पर था। ये दोनों ही मौके ऐसे थे जब इरफान ने प्रधानमंत्री के भाषण का मूक-बाधिर लोगों के लिए अनुवाद किया था। इस दौरान प्रधानमंत्री मोदी ने इरफान से हाथ भी मिलाया था और पीठ थपथपा कर उसके काम की प्रशंसा भी की थी।

एटीएस ने बताया कि इरफान धर्मांतण के लिए मूक-बधिर बच्चों को ही टारगेट करता था। इसके लिए वह हिंदू और दूसरे धर्म के बच्चों की रेकी करता था। इसके साथ ही वह बच्चों को दूसरे धर्म की बुराइयां बताकर उन्हें धर्मांतरण के लिए तैयार करता था। एटीएस के अनुसार इरफान शेख बच्चों की सूची धर्मांतरण कराने वाले मौलाना उमर गौतम और जहांगीर आलम को उपलब्ध कराता था।

मूल रुप से महाराष्ट्र के बीड़ का रहने वाला इरफान दिल्ली में बाल कल्याण मंत्रालय के अधीन इंडियन साइन लैंग्वेज रिसर्च एंड ट्रेनिंग सेंटर पर सांकेतिक भाषा के अनुवादक के रुप में काम करता था।

प्रधानमंत्री के साथ मंच सांझा कर चुके इरफान की मीडिया में कहीं कोई चर्चा नहीं हुई। देश के अलग अलग हिस्सों से धर्मांतरण की खबरे आती रही हैं लेकिन कभी प्रधानमंत्री मोदी को कोई फर्क नहीं पड़ा।

नरेंद्र मोदी को धर्मांतरण से कोई समस्या नहीं है लेकिन घर वापसी (जो अतीत में किसी कारणवश सनातन धर्म छोड़ दूसरे मजहब स्वीकार कर चुके लोग वापस सनातन धर्म स्वीकार करें) से समस्या जरूर है।

विश्व हिंदू परिषद की ओर से गुजरात के वलसाड में 500 ईसाई अधीवासियों के घर वापसी के बाद पैदा हुए विवाद से मोदी नाराज हो गए। मोदी के नाराजगी की वजह से घर वापसी का कार्यक्रम रोक दिया गया। मध्यप्रदेश में संगठन के तरफ से दावा किया गया कि 6 लाख लोगों की घर वापसी कराई गई है।

विहिप के तरफ से 40 लाख घर वापसी के ऊपर रोक लगा दी गई।

आरएसएस प्रचारक राजेश्वर सिंह, जिन्होंने अकेले ही घर वापसी का नेतृत्व किया था और 1996 से धर्म जागरण अभियान से जुड़े रहे थे। दिसंबर 2014 में आगरा में उन्होंने 57 मुस्लिम परिवारों के 200 से अधिक लोगों का घर वापसी कराया। जिसका नाम दिया 'पुरखों की घरवापसी'।

राजेश्वर सिंह ने बताया कि क्रिसमस के मौके पर अलीगढ़ में पांच हजार से अधिक मुस्लिम और ईसाई लोगों को हिंदू धर्म में शामिल किया जाएगा।

घर वापसी और राजेश्वर सिंह के बयान को लेकर हंगामा मचा जिससे मोदी नाराज हो गए। मोदी के नाराजगी की वजह से आरएसएस ने राजेश्वर सिंह की छुट्टी कर दी और अलीगढ़ में होने वाली घर वापसी कार्यक्रम के साथ साथ घर वापसी कार्यक्रम को रोक दिया गया।

2014 में मोदी के प्रधानमंत्री बनने के बाद लोगों में अपने जड़ के प्रति लौटने की होड़ थी लेकिन इन्होंने सब समाप्त कर दिया।

31 जुलाई 2021 को इलाहाबाद हाई कोर्ट ने कहा है कि संविधान प्रत्येक बालिग नागरिक को अपनी मर्जी से धर्म अपनाने व पसंद का विवाह करने की आजादी देता है। इस पर कोई वैधानिक रोक नहीं है। संविधान सबको सम्मान से जीने का भी अधिकार देता है। सम्मान के लिए लोग घर छोड़ देते हैं, धर्म बदल लेते हैं। धर्म के ठेकेदारों को अपने में सुधार लाना चाहिए, क्योंकि बहुसंख्यकों (बहुल नागरिकों) के धर्म बदलने से देश कमजोर होता है। विघटनकारी शक्तियों को इसका लाभ मिलता है। कोर्ट ने कहा कि इतिहास गवाह है कि हम बंटे, देश पर आक्रमण हुआ और हम गुलाम हुए। यह टिप्पणी न्यायमूर्ति शेखर कुमार यादव ने की।

14 नवंबर 2022 को सुप्रीम कोर्ट ने जबरन धर्म परिवर्तन पर रोक लगाने वाली याचिका पर सुनवाई करते हुए अहम टिप्पणी की। न्यायमूर्ति एमआर शाह ने कहा कि ये एक बहुत ही गंभीर मामलों है। सभी को धर्म चुनने का अधिकार है लेकिन जबरन धर्मांतरण देश की सुरक्षा के लिए गंभीर खतरा है। केंद्र सरकार ने कहा कि हम 21 नवंबर तक अपना जबाव दाखिल करेंगे।

28 नवंबर 2022 को केंद्र सरकार ने सुप्रीम कोर्ट में अपना जबाव पेश किया कि जबरन धर्मांतरण रोकने के लिए जरूरी कदम उठाए जाएंगे। लेकिन सरकार ने कोई कदम नहीं उठाया।

06 सितंबर 2023 को सुप्रीम कोर्ट ने धर्मांतरण रोकने के लिए कदम उठाने की मांग वाली जनहित याचिका खारिज कर दी। याचिकाकर्ता जेरोम एंटो की ओर से पेश वकील ने पीठ को तर्क दिया था कि हिंदुओं और नाबालिगों को लगातार निशाना बनाया जा रहा है और उनका धोखाधड़ी से धर्म परिवर्तन किया जा रहा है। इस पर पीठ ने जवाब देते हुए कहा अदालत सरकार को आदेश कैसे जारी कर सकती है।

हिंदुओं को अल्पसंख्यक का दर्जा

बीजेपी नेता और वकील अश्विनी कुमार उपाध्याय ने सुप्रीम कोर्ट में 10 राज्य जहां हिंदू अल्पसंख्यक हैं उन्हें अल्पसंख्यक का दर्जा दिलाने के लिए सुप्रीम कोर्ट में याचिका लगाई। केंद्र सरकार ने पहले जबाव दिया कि राज्य इसपर फैसला कर सकते हैं लेकिन मई 2022 में केंद्र ने दोबारा हलफ़नामा देकर कहा कि इस मामले में सभी पक्षों के साथ विस्तृत चर्चा करना जरूरी है।

न्यायमूर्ति संजय किशन कौल ने कहा, "केंद्र का इस तरह से जबाव बदलना अनिश्चितता पैदा करता है। सरकार का इस तरह का जवाब में बदलाव से लगता है कि सरकार तय करने में सक्षम नहीं है। आप तय कीजिए कि आप क्या करना चाहते हैं?"

सरकार को तीन महीने का समय दिया लेकिन टाल मटोल चल रहा है। कोई बदलाव नहीं आया।

जनसांख्या नियंत्रण कानून

देश की बढ़ती जनसंख्या को रोकने के लिए बीजेपी मुखर रही है। बीजेपी के कई नेताओं की मांग रही है कि दो बच्चों का कानून बने और जो न माने उसका वोटिंग राइट खत्म किया जाए। उसे जेल में डालने का भी प्रावधान हो।

प्रधानमंत्री नरेंद्र मोदी ने 2019 में 73वें स्वतंत्रता दिवस के मौके लाल किले से देश की बढ़ती जनसंख्या पर चिंता जाहिर की। मोदी ने कहा कि इससे निपटने के लिए केंद्र और राज्य सरकारों को कदम उठाने चाहिए। उन्होंने कहा कि बेतहाशा बढ़ रही जनसंख्या चिंता का विषय है और समाज का एक छोटा वर्ग जो अपना परिवार छोटा रखता रहा है, वह सम्मान का हकदार है। जो वे कर रहे हैं वह एक प्रकार की देशभक्ति है।

लाल किले से अपने संबोधन के दौरान जनसंख्या विस्फोट को लेकर पीएम चिंतित दिखे। उन्होंने देशवासियों से भी अपील की कि जनसंख्या पर अंकुश में वे सहयोग करें। हमारी आने वाली पीढ़ियों के लिए जनसंख्या विस्फोट कई समस्याओं का कारण बनेगा, लेकिन जनता की एक सतर्क श्रेणी ऐसी भी है जो एक बच्चे को दुनिया में लाने से पहले यह सोचते हैं कि वह उस बच्चे के साथ न्याय कर पाएंगे

या नहीं, वह जो कुछ भी चाहता/चाहती है उसे वह सबकुछ दे पाएंगे या नहीं। उनका परिवार छोटा है और वह इसके माध्यम से अपनी देशभक्ति जाहिर करते हैं। हमें उनसे सीखना चाहिए।

नरेंद्र मोदी ने छोटे परिवार के लिए सम्मान की बात कही लेकिन उनके सिर्फ टैक्स भरने के लिए सम्मान है। ताकि 10 बच्चे वाले परिवारों के लिए योजनाएं चलाई जा सके।

जनसंख्या नियंत्रण कानून के लिए सुप्रीम कोर्ट में दायर याचिका के ऊपर केंद्र सरकार ने 10 दिसंबर 2020 को दाखिल जबाव में कहा कि वह देश के लोगों पर जबरन परिवार नियोजन थोपने के साफ तौर पर विरोध में है। उसने कहा कि निश्चित संख्या में बच्चों को जन्म देने की किसी भी तरह कि बाध्यता हानिकारक होगी और जनसांख्यिकी विकार पैदा करेगी।

दिल्ली हाईकोर्ट ने इस याचिका को ये बोलते हुए खारिज कर दी थी कि न्यायपालिका सरकार के कार्यों को नहीं कर सकती।

बीजेपी राज्यसभा सांसद राकेश सिन्हा और रवि किशन जनसंख्या नियंत्रण को लेकर प्राइवेट मेम्बर बिल ला चुके हैं। अब सवाल है कि पूर्ण बहुमत वाली सरकार के लोग प्राइवेट मेम्बर बिल क्यों लेकर आते हैं? इसका सीधा जबाव है कि सरकार को कुछ करना नहीं है और ये ऐसे बिल लेकर इसलिए आते हैं कि कोई विपक्षी इसका विरोध करे और ये उसे लोगों के बीच भुनाएं। आप इससे अंदाजा लगा सकते हैं कि रवि किशन ने एक निजी चैनल के कार्यक्रम में जब उनके खुद के चार बच्चों को लेकर सवाल हुआ तो उन्होंने इसके लिए कांग्रेस को जिम्मेवार ठहरा दिया कि वो कानून लेकर नहीं आए इसलिए उनके चार बच्चे हो गए। अगर कांग्रेस ने कानून बना दिया होता तो उनके दो ही बच्चे होते।

23 जुलाई 2023 को केंद्रीय स्वास्थ्य एवं परिवार कल्याण राज्य मंत्री डॉ. भारती प्रवीण पवार ने लोकसभा में एक प्रश्न के जवाब में कहा, "मोदी सरकार नेशनल फैमिली प्लानिंग प्रोग्राम के जरिए ही भारत में जनसंख्या को नियंत्रित रखने का काम कर रही है, जो स्वैच्छिक है और जनता को परिवार नियंत्रण के कई विकल्प देती है। मोदी सरकार 'टू चाइल्ड पॉलिसी' लाने पर कोई विचार नहीं कर रही और न ही किसी दूसरी नीति पर।''

जुलाई 2019 में बीजेपी सांसद राकेश सिन्हा ने राज्यसभा में प्राइवेट मेंबर बिल पेश किया था। सिन्हा के निजी विधेयक के पर चर्चा के दौरान 1 अप्रैल 2022 को केंद्रीय स्वास्थ्य परिवार कल्याण मंत्री मनसुख मांडविया ने राज्यसभा में कहा कि देश में जबरन जनसंख्या नियंत्रण नहीं किया जाएगा बल्कि जनता स्वयं इसको लागू कर रही है तथा इसके लिए जागरूकता अभियान चलाया जा रहा है। स्वास्थ्य मंत्री के हस्तक्षेप के बाद सिन्हा ने अपना निजी विधेयक वापस ले लिया।

13 मार्च 2020 को बीजेपी के राज्यसभा सांसद हरनाथ सिंह यादव ने शून्यकाल के दौरान सदन में जनसंख्या नियंत्रण के लिए कानून बनाने की मांग करते हुए कहा कि जनसंख्या विस्फोट के कारण संसाधनों पर दबाव बढ़ा है। जिसके कारण न सिर्फ बेरोजगारी बढ़ी है बल्कि हर स्थान पर भीड़ ही भीड़ दिखती है।

स्वास्थ्य मंत्री मनसुख मंडाविया के संसद में दिए बयान के बाद 31 मई 2022 को केंद्रीय मंत्री प्रह्लाद सिंह पटेल ने रायपुर में मीडिया के सवाल के जबाव में कहा कि जनसंख्या नियंत्रण कानून जल्द ही लागू कर दिया जाएगा, चिंता मत करो। जब इस तरह के मजबूत और बड़े फैसले लिए गए हैं तो बाकि भी लिए जाएंगे।

सुप्रीम कोर्ट ने 18 नवंबर 2022 को जनसंख्या नियंत्रण के लिए कानून बनाने और दो बच्चों की नीति लागू करने की मांग वाली याचिकाओं पर विचार करने से इनकार कर दिया। कोर्ट ने कहा कि जनसंख्या नियंत्रण सरकार के विचार करने का विषय है इस पर कोर्ट कोई आदेश नहीं दे सकता।

ये टिप्पणी न्यायमूर्ति संजय किशन कौल और एएस ओका की पीठ ने भाजपा नेता और वकील अश्वनी कुमार उपाध्याय व तीन अन्य याचिकाकर्ताओं की याचिकाओं पर दिये।

9 दिसंबर 2022 को बीजेपी सांसद रवि किशन ने जनसंख्या नियंत्रण कानून के लिए प्राइवेट मेंबर बिल पेश किया।

9 मार्च 2023 को केंद्रीय मंत्री प्रह्लाद जोशी ने यहां तक बोल दिया कि कांग्रेस शासन में बिजली नहीं मिली इसलिए आबादी बढ़ गई।

भाजपा की सरकार होने के बाद भी इनके नेता सिर्फ बयानबाजी करते हैं। कोई भाजपा नेता प्राइवेट मेंबर बिल लेकर आता है तो कोई सुप्रीम कोर्ट जाता है लेकिन इनकी सरकार को जब जबाव देना हो तो मना कर देती है।

राम सेतु को राष्ट्रीय धरोहर घोषित करना

अटल बिहारी वाजपेयी की सरकार ने 2004 में सेतु समुन्द्रम प्रोजेक्ट के लिए 3500 करोड़ का बजट आवंटित किया। असली विवाद तब शुरू हुआ जब मनमोहन सरकार ने 2005 में इस परियोजना को हरी झंडी दे दी। जिससे बंगाल की खाड़ी से आने वाले जहाजों को श्रीलंका का चक्कर नहीं लगाना पड़े। इससे समय, दूरी और ईंधन को बचाना मकसद था। हालाँकि हिंदू संगठनों ने इसका विरोध किया और मामला सुप्रीम कोर्ट पहुँच गया।

2007 में, यूपीए सरकार सेतुसमुद्रम शिपिंग कैनाल प्रोजेक्ट पास करने के चक्कर में थी। लेकिन, भाजपा इसका विरोध कर रही थी। क्योंकि, इसके परियोजना के तहत बड़े जहाजों के परिवहन के लिए नया रास्ता बताया जाना था, जो रामसेतु से होकर गुजरता। इसके लिए रामसेतु को तोड़ना पड़ता। लेकिन, रामसेतु की पुरानी मान्यताओं के कारण भाजपा ने सेतुसमुद्रम शिपिंग कैनाल प्रोजेक्ट का विरोध किया और फिर मामला सुप्रीम कोर्ट पहुंच गया।

2008 में यूपीए सरकार की ओर से सुप्रीम कोर्ट में एक हलफनामा दाखिल कर रामसेतु को काल्पनिक करार देते हुए कहा, "वहां कोई पुल नहीं है। ये स्ट्रक्चर किसी इंसान ने नहीं बनाया। यह किसी सुपर पावर से बना होगा और फिर खुद ही नष्ट हो गया। इसी वजह से सदियों तक इसके बारे में कोई बात नहीं

हुई। न कोई सुबूत है।" कांग्रेस द्वारा दाखिल किए गए इस हलफनामे का खूब विरोध हुआ था, जिसके बाद कांग्रेस ने इसे वापिस लिया और कहा कि वह सभी धर्मों का सम्मान करती है।

भाजपा ने इसको मुद्दा बनना नहीं छोड़ा। आजतक भी भाजपा ये बोलती रही है कि कांग्रेस ने भगवान राम को सुप्रीम कोर्ट में काल्पनिक कहा था। कांग्रेस ने सीधे तौर पर भगवान राम को काल्पनिक नहीं कहा लेकिन भाजपा इसको आज भी भुनाती है। प्रधानमंत्री मोदी भी नहीं चुके। 16 फ़रवरी 2024 को हरियाणा के रेवाड़ी में कांग्रेस पर निशाना साधते हुए कहा कि भगवान राम को काल्पनिक बताने वाले कांग्रेसी भी अब जय सिया राम बोलने लगे है।

गौरतरब हो कि 22 दिसंबर 2022 को हरियाणा से सांसद कार्तिकेय शर्मा ने राज्यसभा में पूछा कि क्या सरकार हमारे गौरवशाली इतिहास को लेकर कोई वैज्ञानिक शोध कर रही है? क्योंकि पिछली सरकारों ने इस मुद्दे को महत्व नहीं दिया। केंद्र सरकार की ओर से कहा गया," रामसेतु के वजूद के स्पष्ट सबूत अभी तक नहीं मिले हैं। ये करीब 18000 साल पुराना इतिहास है। ऐसे में हमारी भी कुछ सीमाएं है। जिस ब्रीज की बात हो रही है, वह 56 किलोमीटर लंबा था। स्पेस टेक्नॉलजी के जरिए हमने पता लगाया कि समुद्र में पत्थरों के कुछ टुकड़े पाए गए हैं। समुद्र में कुछ आईलैंड और चुना पत्थरों जैसी चीजें भी मिली हैं। साफ शब्दों में कहा जाए तो ये कहना मुश्किल है कि रामसेतु का वास्तविक स्वरूप वहां मौजूद है। हालांकि कुछ संकेत ऐसे भी हैं, जिनसे ये पता चलता है कि वहां कोई स्ट्रक्चर मौजूद हो सकता है।

राम सेतु को राष्ट्रीय विरासत घोषित करने के लिए सुब्रमण्यम स्वामी की याचिका पर 13 अक्टूबर 2022 को सुप्रीम कोर्ट में सुनवाई हुई। स्वामी ने कोर्ट से मांग की थी कि वह केंद्र सरकार को रामसेतु को राष्ट्रीय विरासत घोषित करने का आदेश दे। सुनवाई के दौरान स्वामी ने कहा कि पिछले 8 साल से मोदी सरकार ने इस संबंध में कोर्ट में एक भी हलफ़नामा दायर नहीं किया है। जस्टिस डीवाई चंद्रचूड़ की अगुवाई वाली बेंच ने कहा कि सरकार जवाब दाखिल करे और इसकी एक कॉपी स्वामी को भी दे।

पिछली सुनवाई के दौरान भी स्वामी ने कहा कि केंद्र सरकार अपना रुख साफ नहीं कर रही है। उन्होंने कहा कि भारत सरकार को अपना रुख साफ करना चाहिए।

1 जनवरी 2023 को स्वामी ने ट्वीट कर कहा कि अगर 12 जनवरी 2023 को सीजेआई कोर्ट के सामने सरकार की ओर से सॉलिसिटर जनरल ने राम सेतु को राष्ट्रीय धरोहर स्मारक मानने की घोषणा नहीं की तो मोदी नमक हराम के रूप में जाने जाएंगे।

मोदी सरकार ने कोई जबाव दाखिल नहीं किया।

सुप्रीम कोर्ट ने 3 अक्टूबर 2023 को रामसेतु के समुद्र वाले हिस्से में कुछ किलोमीटर तक दीवार बनाने की माँग वाली अशोक पांडे की याचिका को खारिज कर दिया। याचिकाकर्ता ने इसके पीछे तर्क दिया था कि इससे लोग वहाँ जाकर 'दर्शन' कर सर्केंगे। इसके साथ ही याचिका में राम सेतु को राष्ट्रीय स्मारक घोषित करने की भी प्रार्थना की गई।

इस मामले पर सुनवाई करते हुए सुप्रीम कोर्ट के जस्टिस संजय किशन कौल और जस्टिस सुधांशु धूलिया की पीठ इस याचिका को खारिज कर दिया। पीठ ने साफ शब्दों में कहा कि यह एक प्रशासनिक मामला है और याचिकाकर्ता को इसके बजाय सरकार से संपर्क करना चाहिए।

मनमोहन सरकार ने भी राम सेतु के अस्तित्व को नकारा था और मोदी सरकार ने भी वही किया। ये जवाब देने से भाग रहे हैं क्योंकि इससे फिर असलियत सामने आ जाएगी और इन्हें सिर्फ लोगों को गुमराह कर राजनीति करना है। लेकिन ये लोग रामभक्त और दूसरे वाले रामद्रोही हैं।

ये देख पाठक स्वयं तय कर सकते हैं कि आखिर मोदी सरकार की असली मंशा क्या है। अगर आस्था होती तो सीधा जवाब देते लेकिन टाल मटोल कर रहे हैं।

पूजा अधिनियम कानून 1991

आम हिंदुओ, बीजेपी समर्थकों और बीजेपी नेताओ का मांग रही है कि मुग़ल काल में जो लगभग40 हजार मंदिरों को तुड़वाकर अन्य मजहब स्थल बनाए गए है उसे वापिस किया जाए। कांग्रेस की सरकार ने प्लेसस ऑफ वर्शिप ऐक्ट 1991 बनाया। सुप्रीम कोर्ट में एडवोकेट अश्विनी उपाध्याय की ओर से अर्जी दाखिल कर प्लेसेज ऑफ वर्शिप एक्ट 1991 की धारा - 2, 3 और 4 को चुनौती दी गई है और उसे गैर संवैधानिक घोषित करने की गुहार लगाई गई है। प्लेसेज ऑफ वर्शिप एक्ट 1991 के तहत प्रावधान है कि 15 अगस्त 1947 को जो धार्मिक स्थल जिस स्थिति में था और जिस समुदाय का था भविष्य में उसी का रहेगा। याचिका में कहा गया है कि उक्त प्रावधान संविधान के अनुच्छेद-14, 15, 21, 25, 26 और 29 का उल्लंघन करता है।

संविधान के समानता का अधिकार, जीवन का अधिकार और धार्मिक स्वतंत्रता के अधिकार में प्लेसेज ऑफ वर्शिप एक्ट 1991 दखल देता है। केंद्र सरकार ने अपने जूरिडिक्शन से बाहर जाकर ये कानून बनाया है। केंद्र ने हिंदुओं, सिख, जैन और बौद्ध के धार्मिक व पूजा स्थल के खिलाफ आक्रमणकारियों के अतिक्रमण के खिलाफ कानूनी उपचार को खत्म किया है। इन पूजा और धार्मिक स्थल पर आक्रमणकारियों ने अवैध व बर्बर तरीके से जो अतिक्रमण किया है उसे हटाने और अपने धार्मिक स्थल वापस पाने का कानूनी उपचार को बंद कर दिया गया है। इस बाबत जो कानून बनाया गया है वह गैर संवैधानिक है। केंद्र को ऐसा अधिकार नहीं है कि वह लोगों को कोर्ट जाने का रास्ता बंद कर दे। हाई कोर्ट और सुप्रीम कोर्ट का दरवाजा खटखटाने का संवैधानिक अधिकार से किसी को वंचित नहीं किया जा सकता है।

2020 में दाखिल याचिका पर सुप्रीम कोर्ट ने 12 मार्च 2021 को नोटिस जारी किया था। 9 सितंबर 2021 को कोर्ट ने केंद्र से 2 हफ्ते में जवाब दाखिल करने को कहा था। लेकिन सरकार की तरफ से पेश सॉलिसीटर जनरल तुषार मेहता ने एक बार फिर समय देने का अनुरोध कर दिया। चीफ जस्टिस डी वाई चंद्रचूड़ की अध्यक्षता वाली बेंच ने इसे स्वीकार कर लिया। सुप्रीम कोर्ट ने कहा था कि 12 अक्टूबर 2022 तक अपना जवाब दाखिल करें। कोर्ट ने फिर से 31 अक्टूबर तक का समय दिया। सुप्रीम कोर्ट

ने फिर से कहा कि फ़रवरी 2023 तक जवाब दाखिल करें लेकिन केंद्र सरकार ने जवाब दाखिल नहीं किया। इस मामले में भी टाल मटोल कर रही है।

सुप्रीम कोर्ट में वकील अश्विनी उपाध्याय के अलावा बीजेपी नेता सुब्रमण्यम स्वामी, विश्व भद्र पुजारी पुरोहित महासंघ जैसे कई याचिकाकर्ताओं ने कानून को चुनौती दी है।

27 जून 2022 को बीजेपी के राज्यसभा सांसद हरनाथ सिंह यादव ने पूजा स्थल कानून को निरस्त करने की मांग उठाते हुए राज्यसभा में एक गैर सरकारी विधेयक पेश किए जाने की अनुमति मांगी।

दरसरल ये अपना समय काट रहे है और इन्हें भावनात्मक मुद्दों पर दूसरों को घेरना और लोगों को बरगलाना है। पूर्ण बहुमत की सरकार थी बदल देते लेकिन ये करना इनके एजेंडा में नहीं है।

मंदिरों को सरकारी नियंत्रण से बाहर करना

हिंदू समाज का लंबे समय से मांग रहा है कि मंदिरों को सरकारी नियंत्रण से बाहर किया जाए। बीजेपी भी इस मुद्दे को उठाती रही है। 29 दिसंबर 2021 को कर्नाटक के मुख्यमंत्री बसवराज बोम्मई ने मंदिरों को सरकारी नियंत्रण से मुक्त करने की घोषणा की लेकिन मुक्त नहीं किया गया। 8 मार्च 2023 को खबर सामने आई कि नंजनगुड के बीजेपी विधायक ने पत्र लिखा था कि श्रीकांतेश्वर मंदिर के पास पर्याप्त धन है और सुझाव दिया है कि इसका उपयोग शादी महल, एक सामुदायिक हॉल और अन्य के निर्माण के लिए किया जा सकता है। शादी महल योजना के लिए 1.5 करोड़ का प्रस्ताव था, जो कि मुस्लिम समाज के निकाह के लिए इस्तेमाल होता। ये खबर सामने आते ही हिंदुओं ने विरोध करना शुरू किया। जिससे ये नहीं हो पाया। हालांकि, बंदोबस्ती मंत्री शशिकला जोले ने कहा, 'नंजनगुड विधायक ने पहले मेरे सामने प्रस्ताव रखा था। मैंने इसे अस्वीकार कर दिया था क्योंकि नियम सामुदायिक हॉल के निर्माण के लिए मंदिर के धन का उपयोग करने की अनुमति नहीं देते हैं।

3 अक्टूबर 2023 को तेलंगाना के निजामाबाद में रैली को संबोधित करते हुए पीएम मोदी ने तमिलनाडु के मंदिरों का मुद्दा उठाया। उन्होंने कहा- "तमिलनाडु में मंदिरों पर सरकार का हक है? सरकार ने कब्जा कर लिया है। मंदिरों की संपत्ति को सरकारी मिली-भगत में हड़पा जा रहा है। साउथ में मंदिरों को तो लूटा जा रहा है, कब्जा किया गया है, लेकिन ये माइनॉरिटी के पूजा स्थल को हाथ नहीं लगाते हैं, सरकार के नियंत्रण में नहीं लेते हैं।

प्रधानमंत्री मोदी को जहां बीजेपी की सरकार नहीं है वहां तो मंदिरों के कब्जे की चिंता है लेकिन उत्तराखंड में 4 धाम समेत 51 मंदिरों को सरकार के कब्जे में बीजेपी ने लिया। काफी जब विरोध हुआ तो 9 अप्रैल 20221 को मुख्यमंत्री तीरथ सिंह रावत ने सरकारी नियंत्रण से बाहर करने की घोषणा की लेकिन नहीं किया गया।

22 जुलाई 2021 को सभी धर्म के पूजा स्थलों के लिए एक समान कानून बनाने की मांग को लेकर सुप्रीम कोर्ट में याचिका दायर की गई। अभी वर्तमान में हिंदू, जैन, सिख और बौद्ध धर्म के बड़े पूजा

स्थलों पर देश की विभिन्न राज्य सरकारों का नियंत्रण होता है, जबकि मुस्लिम और ईसाई समुदाय के धार्मिक स्थलों पर सरकार का कोई नियंत्रण नहीं होता। याचिका में सुप्रीम कोर्ट से धार्मिक आधार पर विभिन्न पूजा स्थलों में भेदभाव को समाप्त कर सबके लिए एक जैसा दिशा-निर्देश देने, या केंद्र सरकार को सबके लिए एक समान कानून बनाने का निर्देश देने की मांग की गई।

याचिकाकर्ता वकील और बीजेपी नेता अश्विनी कुमार उपाध्याय ने कहा कि वर्तमान में देश के 18 राज्यों ने हिंदू, जैन, बौद्ध और सिख धर्म के चार लाख पूजा स्थलों पर नियंत्रण कर रखा है। इन मंदिरों से होने वाली आय का एक बेहद छोटा हिस्सा इन्हें देकर शेष पूरा पैसा राज्य सरकारों के नियंत्रण में चला जाता है।

हिंदू, जैन और सिख धर्मों के पूजा स्थलों पर नियंत्रण के लिए इन राज्यों में 30 से ज्यादा कानून बनाए गए हैं। इनके द्वारा मंदिरों की चढ़ावे से होने वाली आय, मंदिरों की संपत्ति और रखरखाव से संबंधित कानून बनाए गए हैं। जबकि अन्य धर्मों के कानूनों के लिए इसी प्रकार की बात नहीं की गई है।

ये मामला भी कोर्ट में लंबित है और केंद्र सरकार बाकि अन्य मामलों की तरह, इस मामले को भी लटका रखी है।

वक्फ बोर्ड एक्ट

वक्फ एक्ट 1995 में पीवी नरसिम्हा राव की कांग्रेस सरकार ने वक्फ एक्ट 1954 में संशोधन किया और नए नए प्रावधानों को जोड़कर वक्फ बोर्ड को काफी शक्ति दिया गया जिसमें उसके संपत्ति को असीमित कर दिया गया। वक्फ बोर्ड एक्ट 1995 का आर्टिकल 40 कहता है कि वक्फ जमीन किसकी है, यह वक्फ का सर्वेयर और वक्फ बोर्ड तय करेगा। वक्फ एक्ट एक्ट 2013 में संशोधन के तहत लोअर कोर्ट में अपील का प्रवधान खत्म कर दिया गया। उसके लिए वक्फ ट्राइब्यूनल में जाना होगा।

दरअसल वक्फ बोर्ड किसी भी जमीन के ऊपर दावा कर दे तो उसे उसकी संपत्ति माना जाएगा। यदि दावा गलत है तो संपत्ति के मलिक को इसे सिद्ध करना होगा कि वो जमीन वक्फ बोर्ड की नहीं है। देश में सेना और रेलवे के बाद सबसे ज्यादा संपत्ति वक्फ के पास है। पिछले 14 सालों में वक्फ की संपत्ति करीब दोगुनी हो गई। आज जो वक्फ के पास असीमित शक्ति है उसके पीछे तब विपक्ष में रही बीजेपी की बड़ी भूमिका रही है। बीजेपी ने सिर्फ समर्थन ही नहीं किया बल्कि असीमित शक्ति की मांग भी उसी की थी।

बीजेपी ने बेशक संसद में समर्थन कर पास कराया लेकि न इनके नेता और समर्थक आम लोगों के बीच इसके दुष्परिणाम का मुद्दा उठाते रहे हैं।

अमित शाह ने 2019 में बताया कि कांग्रेस की सरकार में 1 लाख 15 हजार प्रॉपर्टी ऑनलाइन पंजीकृत हुईं लेकिन हमारी सरकार में 5 ही साल में 5 लाख 75 हजार प्रॉपर्टी ऑनलाइन पंजीकृत हुईं।

मार्च 2020 में नरेंद्र मोदी ने वक्फ प्रॉपर्टी के लिए गजट में संशोधन किया। अल्पसंख्यक मंत्रालय के अनुसार वक्फ मैनेजमेंट सिस्टम ऑफ इंडिया पोर्टल पर 6 लाख से ज्यादा प्रॉपर्टीज़ पंजीकृत हुई हैं।

बहुत सारी प्रॉपर्टी अभी ऐसी भी है, जो पोर्टल पर पंजीकृत नहीं हुई हैं। हर साल 300 करोड़ से ज्यादा की इनकम होती है। गजट में संशोधन करते हुए मंत्रालय ने तय किया है कि अब बाजार रेट के मुकाबले सिर्फ 1 फीसदी रेट से वक्फ प्रॉपर्टी पट्टे पर दी जाएगी। यह पट्टा 10 से 30 साल तक का होगा। पट्टा लेने के लिए बोली लगानी होगी। इसमें पहले की तरह से वक्फ बोर्ड या फिर वक्फ प्रॉपर्टी की निगरानी करने वाले मुतावल्लियों की मनमानी नहीं चलेगी।

केंद्रीय अल्पसंख्यक मंत्रालय के अनुसार अब राज्य वक्फ बोर्ड हर तरह की गतिविधि के लिए वक्फ प्रॉपर्टी पट्टे पर दे सकेंगे। हालांकि इसमें वरीयता अस्पताल, स्कूल, कॉलेज और मदरसे को दी जाएगी। इतना ही नहीं अस्पताल, स्कूल-कॉलेज और मदरसे को पट्टे पर वक्फ प्रॉपर्टी देते वक्त इस बात का ख्याल रखा जाएगा कि उसका जो किराया होगा वो किसी भी हाल में उस इलाके के बाजार रेट का कम से कम एक फीसदी होगा। इसी तरफ कमर्शियल इस्तेमाल के लिए जो वक्फ प्रॉपर्टी दी जाएगी वो कम से कम 2.5 फीसदी के रेट पर दी जाएगी। वहीं दो बोली लगने के बाद भी प्रॉपर्टी का 2.5 फीसदी रेट नहीं मिलता है, तो बोर्ड इस रेट को कम कर सकता है लेकिन वो किसी भी हाल में 1.5 फीसदी से कम नहीं होगा।

जानकारों की मानें तो प्रधानमंत्री मोदी के इस कदम से राज्यों में संचालित हो रहे वक्फ बोर्ड की इनकम दो से तीन गुना बढ़ जाएगी।

वक्फ बोर्ड के दावे की बात करें तो अगस्त 2014 में, वक्फ बोर्ड ने जलना रोड के पास जमीन के एक विवादित टुकड़े के स्वामित्व का दावा करते हुए औरंगाबाद नगर निगम को नोटिस भेजा और सड़क चौड़ीकरण के लिए किसी अन्य पक्ष से जमीन प्राप्त करने की प्रक्रिया को रोकने का आग्रह किया।

नवंबर 2021 में सूरत नगर निगम मुख्यालय मुगलिसरा को वक्फ संपत्ति घोषित किया गया था। बोर्ड ने दावा किया था कि शाहजहाँ के मुगल शासन के दौरान, उनकी बेटी जहाँआरा बेगम सूरत की मालकिन थीं और उनके विश्वासपात्र इशाकबैल यज़्दी उर्फ हकीकत खान ने 1644 में इमारत का निर्माण किया था। इसका नाम हुमायूँ सराय रखा गया था। यह कथित तौर पर हज यात्रियों को आराम करने के लिए दान किया गया था।

दिसंबर 2021 में, बेट द्वारका के दो टापू पर सुन्नी वक्फ बोर्ड ने अपना दावा जताया। गुजरात उच्च न्यायालय ने इस पर आश्चर्य जताते हुए पूछा कि कृष्ण नगरी पर आप कैसे दावा कर सकते हैं। हाई कोर्ट ने दावे को खारिज कर दिया है।

जुलाई 2022 में, हरियाणा के यमुनानगर जिले के जठलाना गांव के निवासी वक्फ बोर्ड को गुरुद्वारे की जमीन का कब्जा देने के अदालती फैसले का विरोध करने के लिए सड़कों पर उतर आए।

दरअसल, हरियाणा के जठलाना गांव में गुरुद्वारे की 14 मरले जमीन को लेकर लंबे समय से विवाद चल रहा है। वक्फ बोर्ड ने इस संबंध में अदालत में याचिका दायर की थी और अदालत ने यह जमीन वक्फ बोर्ड को सौंप दी थी। कोर्ट ने गुरुद्वारा कमेटी को जमीन खाली कर वक्फ बोर्ड को सौंपने का निर्देश दिया।

सितंबर 2022 में तमिलनाडु से हैरान करने वाला मामला सामने आया। तमिलनाडु वक्फ बोर्ड ने तिरुचि जिले के तिरुचेंथुरई गांव में 1,500 साल पुराने मानेदियावल्ली चंद्रशेखर स्वामी मंदिर की जमीन पर मालिकाना हक जताते हुए, हिंदू बहुल पूरे गाँव पर दावा ठोक दिया। गांव में और उसके आसपास मंदिर की 369 एकड़ संपत्ति है। वक्फ बोर्ड के इस दावे की जानकारी उस वक्त सामने आई जब एक स्थानीय किसान ने अपनी खेती की जमीन बेचने की कोशिश की। राजगोपाल नामक किसान ने जब गांव के ही एक दूसरे किसान को अपनी 1.2 एकड़ खेती की जमीन बेचनी चाही तो रजिस्ट्रार दफ्तर द्वारा उसे बताया गया कि यह जमीन उसकी नहीं बल्कि तमिलनाडु वक्फ बोर्ड की है।

राजगोपाल ने मीडिया से कहा कि रजिस्ट्रार ने उसे बताया कि जमीन उसकी नहीं है, तमिलनाडु वक्फ बोर्ड की है और उसे चेन्नई स्थित वक्फ बोर्ड के कार्यालय से एनओसी लेनी होगी। अब आप इस बात से इसके दुष्परिणाम का अंदाजा लगा सकते हैं कि इस्लाम मजहब 1400 साल पुराना लेकिन वक्फ बोर्ड ने 1500 साल पुराने मंदिर के जमीन पर दावा ठोक दिया।

प्रयागराज में चंद्रशेखर आजाद पार्क जहां आजाद 27 फ़रवरी 1931 को अंग्रेजों से लड़ते हुए वीरगति को प्राप्त हो गए थे। वक्फ बोर्ड ने दावा किया कि गुलाब शाह और शंदल शाह 1857 की क्रांति में अंग्रेजों से लड़ते हुए शहीद हुए थे। लेकिन वो कोई प्रमाण नहीं दे पाते।

जुलाई 2022 में, यह खुलासा हुआ था कि उत्तर प्रदेश शिया सेंट्रल वक्फ बोर्ड की मिलीभगत से लखनऊ में एक शिवालय को वक्फ संपत्ति के रूप में पंजीकृत किया गया था।

उत्तर प्रदेश सुन्नी सेंट्रल वक्फ बोर्ड ने दावा किया कि जिस विवादित संपत्ति पर आज ज्ञानव्यापी मस्जिद खड़ी है वह वक्फ संपत्ति है। दरअसल, अगस्त 2022 में जब वाराणसी में जिला न्यायाधीश की अदालत में ज्ञानवापी मस्जिद-श्रृंगार गौरी मामले की सुनवाई फिर से शुरू हुई, तो मस्जिद प्रबंधन समिति अंजुमन इंतजामिया मसाजिद (एआईएम) ने तर्क दिया कि सिविल कोर्ट के पास मस्जिद से संबंधित मुद्दे को सुनने का अधिकार नहीं है क्योंकि यह एक वक्फ संपत्ति थी और केवल वक्फ बोर्ड द्वारा ही सुना जा सकता था।

वक्फ बोर्ड के अवैध दावे के और बहुत से मामले हैं। आम आदमी भी इससे बड़े स्तर पर परेशान है।

वक्फ बोर्ड के एक या उससे अधिक प्रावधानों को चुनौती देने वाली 120 याचिकाएं दाखिल हैं। 22 मार्च 2023 को केंद्र सरकार ने दिल्ली हाईकोर्ट में जानकारी दी। केंद्र सरकार ने उचित कदम उठाने और ऐसे सभी मामलों को एक साथ जोड़ने के लिए तीन महीने का समय मांगा। 26 जुलाई 2023 को सुनवाई करते हुए केंद्रीय कानून मंत्रालय और अल्पसंख्यक मंत्रालय को चार हफ्ते का समय दिया गया। गौरतलब हो कि 12 मई 2022 को दिल्ली हाईकोर्ट ने केंद्र सरकार को नोटिस जारी किया।

अल्पसंख्यक मंत्रालय केंद्रीय वक्फ परिषद (सीडब्ल्यूसी) के माध्यम से दो योजनाएं लागू कर रहा है, अर्थात् i) कौमी वक्फ बोर्ड तरक्कियाती योजना (QWBTS) और ii) शहरी वक्फ संपत्ति विकास योजना (SWSVY)। क्यूडब्ल्यूबीटीएस के तहत, वक्फ रिकॉर्ड के कम्प्यूटरीकरण और डिजिटलीकरण

और वक्फ संपत्तियों की जीआईएस मैपिंग के लिए राज्य वक्फ बोर्डों (एसडब्ल्यूबी) को वित्तीय सहायता जारी की जाती है। योजना के तहत मंत्रालय जनशक्ति की तैनाती के लिए एसडब्ल्यूबी का भी समर्थन करता है। सहायक प्रोग्रामर, सर्वेक्षण सहायक, लेखाकार और कानूनी सहायक, वीडियो कॉन्फ्रेंसिंग सुविधा की स्थापना, एसडब्ल्यूबी के बेहतर प्रशासन के लिए केंद्रीकृत कंप्यूटिंग सुविधा (सीसीएफ) और एंटरप्राइज रिसोर्स प्लानिंग (ईआरपी) समाधान का रखरखाव। एसडब्ल्यूएसवीवाई के तहत, वक्फ संस्थानों/वक्फ बोर्डों को शहरी वक्फ भूमि जैसे वाणिज्यिक परिसरों, विवाह हॉल, अस्पतालों, कोल्ड स्टोरेज आदि पर आर्थिक रूप से व्यवहार्य परियोजनाएं शुरू करने के लिए ब्याज मुक्त ऋण प्रदान किया जाता है। सीडब्ल्यूसी को जारी सहायता अनुदान का विवरण मंत्रालय द्वारा वर्ष 2016-17 के लिए 280 लाख; 2017-18 के लिए 1218 लाख; 2018-19 के लिए 1495 लाख; 2019-20 के लिए 1491 लाख ; 2020-21 के लिए 300 लाख दिए गए। पिछले 5 वर्षों के दौरान सीडब्ल्यूसी द्वारा विभिन्न परियोजनाओं जैसे वाणिज्यिक और आवासीय परिसरों, सभागारों, अस्पतालों, वेडिंग हॉल, कोल्ड स्टोरेज इत्यादि के विकास के लिए विभिन्न वक्फ संस्थानों/वक्फ बोर्डों को ब्याज मुक्त ऋण के रूप में 1761.90 लाख रुपये की राशि प्रदान की गई है।

यह जानकारी 13 दिसंबर 2021 को केंद्रीय अल्पसंख्यक कार्य मंत्री श्री मुख्तार अब्बास नकवी ने आज राज्यसभा में एक लिखित उत्तर में दी।

31 दिसंबर 2021 तक लगभग 8 लाख संपत्ति वक्फ पोर्टल पर पंजीकृत की गई और लगभग 2.5 करोड़ संपत्तियों को जीआईएस/जीपीएस मानचित्रों में जोड़ा गया। इससे वक्फ बोर्ड की स्थाई मुहर लग गई। इसके लिए अलग से 14 करोड़ का बजट जारी किया गया।

वक्फ संपत्ति की प्रत्येक जीआईएस मैपिंग के लिए 500 रुपए+जीएसटी का वित्तीय सहायता दिया जा रहा। स्टेशनरी के लिए राज्य वक्फ बोर्ड को 1 लाख का वित्तीय सहायता दिया जा रहा।

सितंबर 2022 में उत्तरप्रदेश के मुस्लिम वक्फ और हज मंत्री धर्मपाल सिंह ने वक्फ की जमीन के सर्वे को लेकर कहा कि ये अल्लाह की संपत्ति है और किसी को अधिकार नहीं है कि अवैध रूप से कब्जा करे। उप मुख्यमंत्री केशव प्रसाद मौर्य ने सर्वे को लेकर कहा कि शिकायत मिली है कि भूमाफियों ने वक्फ की कीमती जमीन पर कब्जा कर लिया है।

राज्यसभा में 8 दिसंबर 2023 को वक्फ बोर्ड (एक्ट) अधिनियम 1995 को निरस्त करने का प्राइवेट मेंबर बिल पेश किया गया। यह बिल भाजपा सांसद हरनाथ सिंह यादव ने पेश किया। सदन में इस बिल को पेश करने के संबंध में मतदान भी कराया गया। इस बिल को पेश करने के समर्थन में 53 सदस्य थे। जबकि, इसके विरोध में 32 सदस्यों ने अपना मत प्रदान किया।

विपक्षी कांग्रेस नेता जयराम रमेश, आरजेडी सांसद संजय झा और सीपीआई(एम) के इलामारम किरीम ने इसका विरोध किया।

मोदी सरकार एक तरफ तो वक्फ बोर्ड को मजबूत कर उसकी संपत्ति बढ़ा रही तो दूसरी तरफ इनके नेता वक्फ बोर्ड को लेकर चिंता जाहिर कर और बयानबाजी कर हिंदुओ के भावनाओ के साथ खेल रहे।

जब भी वक्फ बोर्ड की बात आती है तो बीजेपी कांग्रेस का पाप बता राजनीति करती है लेकिन विपक्ष में भी रहकर बीजेपी ने विरोध करने के बजाय उसको मजबूत करते रहने की ही मांग की। मोदी सरकार आने के बाद वक्फ बोर्ड पहले से कई गुणा ताकतवर हो गया। प्राइवेट मेंबर बिल इस सोच के साथ शायद लाते है कि विपक्ष विरोध करे और ये उनके विरोध को लोगों के बीच भुनाए। ये जो याचिका लगाने वाले लोग है वो भी बीजेपी से जुड़े हुए ही लोग है। इसके पीछे मंशा होगा कि लोगों के बीच संदेश जाए कि कुछ तो अब हो रहा है। विपक्षी दल,ये नहीं बोल सकता कि इन्होंने ज्यादा मजबूत किया है क्योंकि उनके वोटबैंक से जुड़ा हुआ मामला है।

यूसीसी/एनआरसी की राजनीति

यूसीसी तो बीजेपी के घोषणापत्र में लंबे समय से रहा है। बीजेपी नेता अश्विनी उपाध्याय के याचिका पर दिल्ली हाईकोर्ट ने 31 मार्च 2019 को गृह मंत्रालय और कानून मंत्रालय को नोटिस जारी किया। केंद्र सरकार को 8 जुलाई 2019 से पहले जवाब दाखिल करने का निर्देश किया। बाकि अन्य मामलों की तरफ केंद्र सरकार इस मामले में भी टाल मटोल करती रही।

9 जुलाई 2021 में दिल्ली हाईकोर्ट ने देश में समान नागरिक संहिता पर जोर दिया। तीन दशक पहले अटल बिहारी वाजपेयी ने जो बात कही थी, उसी बात को कोर्ट ने दोहराया।

7 जनवरी 2022 को दिल्ली हाईकोर्ट में केंद्र सरकार ने जबाव दाखिल किया कि मामला लॉ कमीशन के समक्ष लंबित है और लॉ कमीशन इस पर गहराई से विचार कर रहा है।

लॉ कमीशन के रिपोर्ट के बाद ही केंद्र सरकार कोई फैसला लेगी। फिलहाल केंद्र सरकार की तरफ से समान नागरिक संहिता लागू करने का कोई फैसला नहीं लिया गया है।

दिल्ली हाईकोर्ट में हलफ़नामा देते हैं कि समान नागरिक संहिता के ऊपर कोई फैसला नहीं लिया गया है लेकिन ठीक एक महीने बाद 9 फ़रवरी 2022 को उत्तराखंड विधानसभा चुनाव के घोषणापत्र में डालते हैं कि बीजेपी की सरकार बनी तो यूसीसी लागू करेंगे। सरकार बनने के बाद कमेटी बनाते हैं और कई बार इक्स्टेन्शन लेते है। लोकसभा चुनाव 2024 से पहले 7 फ़रवरी 2024 को उत्तराखंड विधानसभा में विधेयक पारित होता है। विधेयक में जिन चीजों की ज्यादा चर्चा हुई कि चचेरी, फुफेरी, ममेरी बहन से शादी नहीं कर सकते। जिस समाज में पहले से चलता आ रहा है उसमें कोई छेड़छाड़ नहीं होगी। जनजातीय समाज को इस यूसीसी से बाहर रखा गया है।

अब फिर ये समान नागरिक संहिता किसके लिए है? समान नागरिक संहिता का मतलब है कि सबके लिए समान कानून, यहाँ तो उसका पालन नहीं हो रहा।

उत्तराखंड यूसीसी में दूसरा प्रावधान जो ज्यादा चर्चा में रहा वो है लिव -इन-रिलेशनशिप का पंजीकरण कराना उसमें मां बाप की सहमति की जरूरत नहीं है। लिव-इन-रिलेशनशीप से पैदा हुए बच्चे को वैध बच्चा माना जाएगा।

ये मांग यूसीसी में कब और किसने की थी, जो लंबे समय से इसकी मांग करते आ रहे थे।

28 जुलाई 2022 को कानून मंत्री किरेन रिजिजू ने राज्यसभा में जवाब दिया कि सरकार का समान नागरिक संहिता लागू करने के लिए किसी समिति के गठन का कोई प्रस्ताव नहीं है।

18 अक्टूबर 2022 को केंद्र सरकार ने सुप्रीम कोर्ट में हलफ़नामा देकर कहा, "शीर्ष अदालत संसद को कानून बनाने का आदेश नहीं दे सकता। जनहित याचिका में सुनने योग्य कुछ भी नहीं है। इसे जुर्माने के साथ खारिज करें।"

केंद्र सरकार के जबाव पर याचिकाकर्ता और बीजेपी नेता अश्विनी उपाध्याय ने कहा कि मुझे अपनों ने लूटा गैरों में कहा दम था।

सुप्रीम कोर्ट में जवाब देने के एक महीने के बाद बीजेपी ने 26 नवंबर 2022 को गुजरात विधानसभा के लिए घोषणा पत्र में शामिल किया कि फिर से सरकार में आने के बाद यूसीसी लागू करेंगे।

1 दिसंबर 2023 को दिल्ली हाईकोर्ट ने समान नागरिक संहिता की याचिका पर सुनवाई करने से इनकार करते हुए कि कहा कि हम सरकार को कानून बनाने के लिए निर्देश नहीं दे सकते। कोर्ट का रुख देखते हुए याचिकर्ता बीजेपी नेता अश्विनी उपाध्याय, बीजेपी नेत्री निघत अब्बास, अम्बर जैदी और अन्य ने अपनी याचिका वापस ले ली।

9 दिसंबर 2023 को बीजेपी सांसद किरोड़ी लाल मीणा ने यूसीसी के ऊपर राज्यसभा में प्राइवेट मेंबर बिल पेश किया।

27 जून 2023 को यूनिफ़ॉर्म सिविल कोड की चर्चा करते हुए पीएम ने कहा कि देश में कुछ राजनीतिक दल केवल मुसलमानों को भड़काने का काम कर रहे हैं। उन्होंने कहा कि भारत के मुसलमान भाई बहनों को ये समझना होगा कि कौन से राजनीतिक दल उनको भड़का कर उनका राजनीतिक फायदा ले रहे हैं। हम देख रहे हैं कि यूनिफॉर्म सिविल कोड के नाम पर ऐसे लोगों को भड़काने का काम हो रहा है। एक घर में एक सदस्य के लिए एक कानून हो और दूसरे के लिए दूसरा तो घर चल पायेगा क्या? तो ऐसी दोहरी व्यवस्था से देश कैसे चल पाएगा?

प्रधानमंत्री नरेंद्र मोदी ने कहा कि सुप्रीम कोर्ट ने बार बार कहा है कि 'कॉमन सिविल कोड' लाओ लेकिन ये वोटबैंक के भूखे लोग, वोट बैंक की राजनीति करने वालों ने पसमंदा मुसलमानों का शोषण किया है लेकिन उनकी कभी चर्चा नहीं हुई। उन्हें आज भी बराबरी का हक़ नहीं मिलता। लेकिन अब ऐसा नहीं होने वाला है। पीएम मोदी ने कहा कि यूसीसी को लेकर मुसलमानों के बीच काफी गलत बातें फैलाई गई हैं, जिन्हें अब बीजेपी के कार्यकर्ता एक-एक मुस्लिम के पास जाकर दूर करेगा।

मीडिया में बीच बीच में खबर आती ही रही है कि यूसीसी आने वाला है।

एनआरसी को लेकर गृहमंत्री अमित शाह ने 20 नवंबर 2019 को लोकसभा और राज्यसभा, दोनों में स्पष्ट किया था कि देश में एनआरसी लागू होकर रहेगा लेकिन प्रधानमंत्री नरेंद्र मोदी ने 22 दिसंबर

2019 को दिल्ली के राम लीला मैदान में अपने भाषण के दौरान पूरे देश में एनआरसी न लागू करने की बात करते हुए कहा कि 2014 से एनआरसी पर कोई चर्चा नहीं हुई। सुप्रीम कोर्ट के कहने पर असम में इसे लागू करना पड़ा।

गौरतलब हो कि 9 फ़रवरी 2019 को नरेंद्र मोदी ने गुवाहाटी में कहा था, "हमारी सरकार ने सुप्रीम कोर्ट की निगरानी में एनआरसी अपडेट करने का काम शुरू किया है, जो पिछली सरकारों ने नहीं किया था। हमारी सरकार भारत-बांग्लादेश सीमा को सील करने के लिए तेज गति से काम कर रही है।"

अमित शाह ने 29 मार्च 2019 को बंगाल के अलीपुरद्वार में लोकसभा चुनाव प्रचार के दौरान कहा, "ममता सोचती है कि उन्हें घुसपैठियों से चुनाव में मदद मिलेगी। मोदी सरकार सत्ता में आएगी। हम बंगाल में एनआरसी लाएंगे। हर घुसपैठिए की पहचान कर उसे बाहर निकाला जाएगा।"

20 जून 2019 को अपने अभिभाषण में राष्ट्रपति रामनाथ कोविंद ने कहा, "मेरी सरकार ने यह तय किया है कि घुसपैठ की समस्या से जूझ रहे क्षेत्रों में एनआरसी की प्रक्रिया को प्राथमिकता के आधार पर अमल में लाया जाए।"

16 सितंबर 2019 को यूपी के मुख्यमंत्री योगी आदित्यनाथ ने कहा, "एनआरसी को चरणवार लागू किया जा रहा है और मुझे लगता है कि जब उत्तरप्रदेश को जरूरत होगी, हम ऐसा करेंगे।"

18 सितंबर 2019 को झारखंड के मुख्यमंत्री और बीजेपी नेता रघुबर दास ने कहा, "हम सभी बांग्लादेशियों को एक-एक करके बाहर करेंगे। इसमें को संदेह नहीं है। पाकुड़ में हिंदू अब अल्पसंख्यक है। यहां अब बांग्लादेशी 50 प्रतिशत से अधिक हैं, जबकि साहबगंज, गोड्डा और जामतारा जिलों में बांग्लादेशियों की संख्या में उल्लेखनीय वृद्धि हुई है। हम झारखंड में एनआरसी लागू करेंगे।"

27 सितंबर 2019 को पश्चिम बंगाल भाजपा प्रदेश अध्यक्ष दिलीप घोष ने कहा, "एक बार सत्ता में आने के बाद हम बंगाल में एनआरसी लागू करेंगे। अवैध रूप से बसे सभी लोगों को वापस जाना होगा।"

प्रधानमंत्री असम में एनआरसी कराने के पीछे सुप्रीम कोर्ट के कहने पर एनआरसी लागू करने की बात करे थे। केंद्र सरकार ने याचिका दायर कर कहा कि एनआरसी की प्रक्रिया में लगे केंद्रीय सुरक्षा बल की 167 कंपनियों की लोकसभा चुनाव में भूमिका को देखते हुए इस प्रक्रिया को 2 हफ्ते तक रोक दिया जाए। 5 फ़रवरी 2019 को सुनवाई के दौरान कोर्ट ने केंद्र सरकार को कड़ी फटकार लगाते हुए कहा, "केंद्रीय गृह मंत्रालय के रवैये से ऐसा लगता है कि सरकार इस प्रक्रिया को आगे नहीं बढ़ने देना चाहती।"

सुप्रीम कोर्ट ने कहा कि भारत सरकार शुरू से ही इस मामले में सहयोग नहीं कर रही है और हर बार नया बहाना दिया जाता है।

एनआरसी की अंतिम सूची 31 अगस्त 2019 को सामने आई, जिसमें 19 लाख से ज्यादा लोगों का नाम नहीं था जबकि 3 करोड़ 11 लाख 21 हजार लोगों का नाम था। असम के एनआरसी को लेकर खासा विवाद और विरोध हुआ।

हिमंत बिस्वा सरमा ने असम के मुख्यमंत्री बनने के बाद 12 मई 2021 को कहा कि उनकी सरकार एनआरसी के पुनः सत्यापन के लिए सुप्रीम कोर्ट का फिर से दरवाजा खटखटाएगी।

जुलाई 2022 में असम सराकर ने राज्य के 5 मुस्लिम समुदाय गोरिया, मोरिया, जुला, देशी और सैयद को स्वदेशी मुसलमान का दर्जा देने का निर्णय लिया। असम की हिमंत बिस्व सरमा सरकार इन सभी समुदायों को जनजाति का दर्जा देने का फैसला किया। सरकार के इस फैसले से राज्य के लगभग 40 लाख असमिया भाषी मियां मुसलमानों को मान्यता मिली। दरअसल, जिन मुसलमान परिवारों की जड़ें बांग्लादेश से जुड़ी हुई हैं लेकिन वे अवैध तरीके से भारत में घुसपैठ कर गए, उन्हें असम में मियां मुस्लिम कहा जाता है

10 दिसंबर 2023 को असम के मुख्यमंत्री हिमंत बिस्वा सरमा ने कहा कि हम धीरे धीरे एक बड़ी योजना बना रहे हैं कि जिन लोगों ने फर्जीवाड़ा करके अपना नाम एनआरसी में दर्ज कराया है, हम फर्जीवाड़ा सामने लाकर उन नामों को एनआरसी की सूची से बाहर करने का प्रयास करेंगे।

2 मई 2023 को बेंगलुरु के मल्लेश्वरम में एक संवाददाता सम्मेलन को संबोधित करते हुए, हिमंत बिस्वा सरमा ने कहा, "एक राष्ट्रव्यापी एनआरसी समय की मांग है। हमारे देश ने आजादी के 75 साल पूरे कर लिए हैं, और हम अमृत काल की ओर बढ़ रहे हैं। हालांकि, आज तक, हम ऐसा करते हैं।" पता नहीं इस देश के वास्तविक नागरिक कौन हैं, इससे यह भ्रम पैदा हो गया है कि सरकारी योजनाएं सही लोगों तक पहुंच रही हैं या नहीं।"

29 दिसंबर 2023 को हिमंत विस्वा सरमा ने कहा, "एनआरसी की व्यापक समीक्षा की जरूरत है। असम भर से एनआरसी को फिर से करने की मांग हो रही है क्योंकि पिछले एनआरसी में कई कारक थे जिसके कारण हम इसे ठीक से नहीं कर सके। अब समीक्षा याचिका सुप्रीम कोर्ट के समक्ष लंबित है।"

12 मार्च 2024 को हिमंत विस्वा सरमा ने कहा, "मै असम का बेटा हूं और अगर एनआरसी के लिए आवेदन नहीं करने वाले एक भी व्यक्ति को नागरिकता मिलती है, तो मैं इस्तीफा देने वाला पहला व्यक्ति होऊंगा।"

15 मार्च 2024 केंद्रीय गृह मंत्री अमित शाह ने एक सक्षात्कार में एनआरसी को लेकर कहा, "यह आएगा या नहीं आएगा, इसके बारे में चुनाव के बाद ही समझा पाऊंगा।"

हालांकि शाह ने स्पष्ट किया कि उनके कहने का मतलब यह बिल्कुल भी नहीं है कि चुनाव बाद एनआरसी आएगा।

ये लोगों को भ्रम में रखने की बीजेपी की रणनीति है ताकि लोग इनके भ्रमजाल में फंसे रहे।

24 मार्च 2024 को हिमंत बिस्वा सरमा ने अलग लाइन लेते हुए कहा, "यदि बांग्लादेशी मुसलमान भारतीय बनना चाहते है तो दो से अधिक बच्चा पैदा करना बंद करना बंद करना होगा। बाल विवाह और बहुविवाह छोड़ना होगा। महिला शिक्षा को प्रोत्साहित करे।"

ये सब देख पाठक तय कर सकते हैं कि किसी भी बदलाव को लेकर मोदी सरकर की मंशा क्या है? ये सिर्फ लोगों को ही नहीं बल्कि संसद और कोर्ट को भी गुमराह कर देते हैं। ये पहले कभी नहीं हुआ जो सरकार ने संवैधानिक संस्थानों को गुमराह किया हो। याचिका लगाने वाले भी बीजेपी के नेता या उनके समर्थक ही होते हैं। ये तो उन्हें भी पता होगा कि ये काम संसद का है और बीजेपी की मोदी सरकार है लेकिन ये सिर्फ बहाने ढूंढते हैं। कभी ये किसी भी चीज के लिए सरकार को जिम्मेवार नहीं बता सकते। ये कांग्रेस के ऊपर ठीकरा फोड़ते हैं तो उसने कई कानून गठबंधन के सरकार में बनाए लेकिन ये पूर्ण बहुमत के सरकार में भी सिर्फ लोगों को गुमराह कर सकते हैं। सबसे बड़ी बात है कि कुछ अच्छा करने का प्रयास तो दूर, ऊपर से लोगों के बीच पक्ष में बात कर, वास्तव में रोड़ा डालने का काम किया। प्राइवेट मेंबर बिल भी बीजेपी के सांसद लाते हैं। जिसको लेकर मीडिया खबर चलाती है कि ये कानून खत्म होने वाला है और ये आने वाला है। शायद ये इनकी रणनीति है कि लोगों के बीच में संदेश जाए कि कुछ न कुछ सरकार प्रयास कर रही है। अब ऐसे मामलों में विपक्ष विरोध करता है और ये लोगों में उनके विरोध को भुनाते हैं कि उनकी वजह से ये कुछ नहीं कर पा रहे हैं। जबकि सबसे ज्यादा राष्ट्रहितों और हिंदू हितों के खिलाफ मोदी सरकार खड़ी हुई है वरना इन मामलों का निस्तारण हो गया होता। बाकि इनके पास तो बहाना है पुरानी बीमारी है, इलाज होने में समय लगेगा। अगर सच स्वीकार करें तो इन्होंने 10 साल में जिस तरह से पुरानी बीमारी को बढ़ाया है। जो पहले सभी के कार्यकाल को जोड़ दिया जाए तो वो बौने पड़ जाते हैं।

भगवा आतंकवाद का राजनीतिक इस्तेमाल

कांग्रेस नीत यूपीए सरकार में भगवा आतंकवाद को साबित करने के लिए कई षड्यंत्र हुए। कांग्रेस नेताओं का निशाना आरएसएस की तरफ था लेकिन बीजेपी ने इसे हिंदुओं से जोड़कर प्रसारित किया। आज तो लोग इस बात को समझने लगे हैं कि आरएसएस और हिंदू अलग-अलग चीज है और आरएसएस के ऊपर हमले का मतलब हिंदुओं पर हमला नहीं है लेकिन तब ऐसा माहौल नहीं था। बीजेपी ने इसे हिंदुओं के ऊपर हमला बता खूब प्रचारित किया।

समझौता एक्सप्रेस ब्लास्ट, मक्का ब्लास्ट, अजमेर दरगाह ब्लास्ट और मालेगांव ब्लास्ट के बाद भगवा आतंकवाद का मामला तूल पकड़ा। कांग्रेस नेता दिग्विजय सिंह ने बढ़-चढ़कर इस मुद्दे को उठाया।

18 फ़रवरी 2007 को भारत-पाकिस्तान के हफ्ते में दो दिन चलने वाली ट्रेन संख्या 4001 अप समझौता एक्सप्रेस में दो आईईडी धमाके हुए, जिसमें 18 लोगों की मौत और 12 लोग घायल हुए। इस घटना में स्वामी असीमानंद, सुनील जोशी, विष्णु पटेल, संदीप दांगे, लोकेश शर्मा, कमल चौहान, रमेश वेंकट महालकर और राजिंदर चौधरी को आरोपी बनाया गया।

समझौता एक्सप्रेस ब्लास्ट मामले में पंचकुला की स्पेशल कोर्ट ने स्वामी असीमानंद, लोकेश शर्मा, कमल चौहान और राजिंदर चौधरी को बरी कर दिया। इस मामले में कुल 8 अभियुक्त थे, जिनमें सुनील जोशी की मौत हो चुकी थी, जबकि तीन को भगोड़ा घोषित किया जा चुका था।

8 मई 2007 को यानी जुमे की नमाज के दिन हैदराबाद के मक्का मस्जिद में हुए ब्लास्ट में 9 लोगों की मौत हुई और 52 लोग घायल हुए। भीड़ को शांत कराने की कोशिश में पुलिस के गोलीबारी में पांच लोगों की मौत हो गई। शुरुआत में इस धमाके को लेकर जिहादी संगठन हरकत उल जमात-ए-इस्लामी यानी हूजी पर शक था।

मक्का मस्जिद धमाके में स्वामी असीमानंद, देवेंद्र गुप्ता, लोकेश शर्मा, भरत मोहनलाल रतेश्वर उर्फ भरत भाई और राजेंद्र चौधरी सहित 10 लोगों को आरोपी बनाया गया।

16 अप्रैल 2018 को असीमानंद के अतिरिक्त देवेंद्र गुप्ता, लोकेश शर्मा, भरत मोहनलाल रतेश्वर उर्फ भरत भाई और राजेंद्र चौधरी को भी बरी किया गया है।

यद्यपि इस मामले में 10 आरोपी थे, लेकिन उनमें से सिर्फ़ पांच के ख़िलाफ़ ही मुक़दमा चलाया गया। दो अन्य आरोपी संदीप वी. डांगे और रामचंद्र कालसांगरा फ़रार थे जबकि सुनिल जोशी की हत्या हो चुकी थी। दो अन्य के ख़िलाफ़ जांच चल रही थी।

असीमानंद के वकील जेपी शर्मा के अनुसार, एनआईए मामलों के लिए विशेष न्यायाधीश के रवींद्र रेड्डी ने कहा, 'किसी भी आरोपी के ख़िलाफ़ एक भी आरोप साबित नहीं कर सका, इसलिए सभी को बरी किया जाता है।'

अजमेर स्थित सूफ़ी संत ख्वाजा मोईनुद्दीन हसन चिश्ती की दरगाह में 11 अक्टूबर 2007 को आतंकियों ने बम ब्लास्ट किया था। इस मामले में 3 लोगों की मौत हुई, जबकि 17 घायल हुए थे।

अजमेर दरगाह ब्लास्ट की शुरुआती जांच में गृह मंत्रालय ने कहा कि विस्फोट की जिम्मेदारी पाकिस्तान स्थित लश्कर-ए-तैयबा की हो सकती है। राजस्थान पुलिस ने भी इस घटना की जांच की और घटना के पीछे उन आतंकवादियों का हाथ बताया, जिसका भारत में नेताओं को मजहब नहीं पता। लेकिन मामले में नया मोड़ तब आया जब राजस्थान एटीएस ने इसकी जांच शुरू की। एटीएस ने घटना के पीछे कुछ हिंदू संगठनों के होने की बात कही, इसके तार आरआरएस से भी जुड़े।

इस मामले में पहली गिरफ्तारी आरआरएस से जुड़े हिंदू संगठन के भावेश पटेल की हुई। इसके बाद आरआरएस के वरिष्ठ नेता इंद्रेश कुमार, साध्वी प्रज्ञा ठाकुर, असीमानंद सहित कुल 14 लोगों को आरोपी बनाया गया। जिनमें से अधिकतर को गिरफ्तार कर जेल भेज दिया गया।

घटना के पीछे हिंदू संगठनों की संलिप्तता की बात सामने आने के बाद यूपीए सरकार के कार्यकाल में बनी एनआईए को 2011 में इस मामले की जांच सौंप दी गई। जिसने वारदात के पीछे इंद्रेश कुमार, असीमानंद और प्रज्ञा ठाकुर को मुख्य आरोपी बनाया। हालांकि जाच की शुरूआत में ही इंद्रेश कुमार को क्लीन चिट दे दी गई, लेकिन असीमानंद और प्रज्ञा ठाकुर को गिरफ्तार कर अन्य आरोपियों के साथ जेल भेज दिया गया। एनआईए ने अपनी शुरूआती जांच के बाद बताया कि हिंदू संगठनों से जुड़े लोगों ने जम्मू के रघुनाथ मंदिर और अमरनाथ यात्रा पर हुए आतंकवादी हमले का बदला लेने के लिए इस घटना को अंजाम दिया।

एनआईए कोर्ट ने मामले में तीन आरोपियों को घटना का दोषी माना है। इनमें भावेश पटेल, देवेन्द्र गुप्ता और सुनील जोशी को दोषी माना गया है, खास बात ये है कि संघ प्रचारक रहे सुनील जोशी की वारदात के दो महीने बाद ही गोली मारकर हत्या कर दी गई थी। हालांकि भावेश पटेल और देवेंद्र गुप्ता को राजस्थान हाईकोर्ट ने जमानत दे दी। इसके अलावा सात अन्य लोगों को 'संदेह का लाभ देते हुए' बरी कर दिया।

भावेश पटेल को लेकर संदीप देव अपनी पुस्तक, "निशाने पर नरेंद्र मोदी, साजिश की कहानी तथ्यों की जुबानी" में लिखते हैं कि वर्ष 2007 में अजमेर दरगाह में हुए बम धमाके के आरोपी भावेश पटेल ने एक चिट्ठी दाखिल की थी। इस चिट्ठी के मुताबिक देश के वर्तमान गृहमंत्री सुशील कुमार शिंदे,

गृह राज्यमंत्री आरपीएन सिंह, कोयला राज्यमंत्री श्रीप्रकाश जायसवाल और कांग्रेस के महासचिव दिग्विजय सिंह सहित एनआईए के अधिकारियों ने उस पर दबाव डाला था कि वह अजमेर धमाके के मुख्य सजिशकर्ता के रूप में आरएसएस प्रमुख मोहन भागवत और पदाधिकारी इंद्रेश कुमार का नाम ले ले तो उसे छोड़ दिया जाएगा। यह सारा खेल कांग्रेस के नेता से साधु बने आचार्य प्रमोद कृष्णम के संभल स्थित आश्रम से रचा गया था।

भावेश पटेल ने अपनी चिट्ठी में लिखा था, 'जब मुझे गिरफ्तार किये जाने का अंदेशा हुआ तो मैं अपने गुरु प्रमोद कृष्णम के संभल स्थित आश्रम में चला गया। वहां आचार्य प्रमोद कृष्णम ने मेरी मुलाकात दिग्विजय सिंह, सुशील कुमार शिंदे, श्रीप्रकाश जायसवाल से करवाई थी। ये सभी लोग चाहते थे कि वह कोर्ट में आरएसएस के नेताओं को फंसाने वाला बयान दे।

भावेश के अनुसार, 'मुझसे कहा गया था कि अदालत में जज के समक्ष मोहन भागवत और इंद्रेश कुमार का नाम ले लो, तुमको छोड़ दिया जाएगा, साथ ही पांच लाख रुपये भी दिए जाएंगे। 20 मार्च 2013 को मुझे जयपुर न्यायलय में पेश किया गया और वहां से जेल भेज दिया गया। जेल में आईपीएस विशाल गर्ग ने आईजी संजीव सिन्हा और आचार्य प्रमोद कृष्णम से मेरी बात कराई थी। आचार्य प्रमोद कृष्णम ने आईपीएस विशाल गर्ग के कहे अनुसार ही बयान देने को कहा था। मुझ पर दबाव बनाने के लिए विशाल गर्ग, डीएसपी जसवीर सिंह, आईजी और एनआईए के कई अधिकारी 23 मार्च 2013 को अदालत में मौजूद थे।'

भावेश के मुताबिक, 'बयान दर्ज करते वक्त मेरी आत्मा ने मुझे धिक्कारा, इसलिए मैंने मोहन भागवत और इंद्रेश कुमार का नाम नहीं लिया। उसी शाम जेल में विशाल गर्ग ने फिर मुझसे बात की थी। गर्ग ने कहा कि मनमाफिक बयान नहीं देने की वजह से उसकी कोई मदद नहीं की जाएगी। ज्ञात हो कि एनआईए ने अपनी चार्जशीट में पटेल पर अजमेर धमाके के लिए समान उपलब्ध कराने और दरगाह के भीतर बम ले जाने का आरोप लगाया।'

इस मामले में एनआईए ने कुल 149 गवाह पेश किए और ये साबित करने का प्रयास किया कि असीमानंद और साध्वी प्रज्ञा ठाकुर के निर्देश पर इस घटना को अंजाम दिया गया। लेकिन कोर्ट में गवाही के दौरान 26 गवाह अपने बयान से मुकर गए। इनमें असीमानंद भी अपने पहले के बयान से पलट गए जिसमें उन्होंने कहा था कि उनके कहने पर ही इस घटना को अंजाम दिया गया। असीमानंद ने कहा कि कांग्रेस सरकार में उन पर दबाव डालकर वह बयान डलवाए गए थे।

एनआईए ने पहले इंद्रेश कुमार फिर साध्वी प्रज्ञा ठाकुर को इसमें क्लीनचिट दी और इसके बाद असीमानंद को भी पाक साफ करार दे दिया गया।

08 सितंबर 2006 को नासिक जिले के मुस्लिम बहुल मालेगांव के बड़ा कब्रिस्तान, मुशावरत चौक और हमीदिया मस्जिद के पास हुए बम विस्फोट में 37 लोगों की मौत हो गई और 130 लोग घायल हुए थे।

एटीएस ने इस मामले में नूरुल हुड्डा, समसुदुहा, शब्बीर अहमद, रईस अहमद, सलमान फारसी, मोहम्मद अली शेख फारुख इकबाल, मोहम्मद अब्दुल अंसारी, असिफ खान व अबरार गुलाम अहमद सहित नौ लोगों को आरोपी बनाया है। एटीएस ने कहा था कि ये लोग सिमी (स्टूडेंट्स इस्लामिक मूवमेंट ऑफ इंडिया) से जुड़े हुए थे। इन्होंने लश्कर ए तैयबा की मदद से धमाकों को अंजाम दिया।

लेकिन जब एनआईए ने समझौता एक्सप्रेस बम धमाके के आरोपी असीमानंद के इकबालिया बयान के आधार पर नए सिरे से इस मामले की जांच शुरू की तो एक नई कहानी समाने आई। 25 अप्रैल 2016 को मालेगांव बम धमाके के मामले में गिरफ्तार सभी नौ आरोपियों को बरी कर दिया, इनमें शब्बीर की 2015 के दुर्घटना में मौत हो चुकी थी।

इस मामले में हैरत की सबसे बड़ी बात यह है कि धमाके के षड्यंत्र को लेकर एटीएस व एनआईए एक दूसरे के विपरीत दिखी।

29 सितंबर 2008 को मालेगांव में एक मोटरसाइकिल में धमाका हुआ। इसमें 6 लोगों की मौत हुई और 100 से ज्यादा लोग घायल हुए। इस घटना को लेकर तब एनआईए ने दावा किया कि इस विस्फोट को अंजाम अभिनव भारत ने दिया। साध्वी प्रज्ञा सिंह ठाकुर, स्वामी असीमानंद और लेफ्टिनेंट कर्नल पुरोहित को मुख्य आरोपी बनाया गया। 24 अक्टूबर 2008 को इस मामले में स्वामी असीमानंद, कर्नल पुरोहित और साध्वी प्रज्ञा को गिरफ्तार कर लिया गया। जुलाई 2009 में स्पेशल कोर्ट ने सभी आरोपियों पर मकोका लगा दिया। जुलाई 2010 में बॉम्बे हाईकोर्ट ने सभी आरोपियों पर मकोका जारी रखा। 15 अप्रैल 2015 को सुप्रीम कोर्ट ने बॉम्बे हाईकोर्ट के फ़ैसले को पलटकर मकोका को हटा दिया। 25 अप्रैल 2017 को बॉम्बे हाईकोर्ट ने साध्वी प्रज्ञा सिंह ठाकुर को सशर्त जमानत दे दी। साध्वी को पांच लाख के निजी मुचलके पर जमानत दी गई थी। तब कोर्ट ने कहा था कि प्रथम दृष्टया साध्वी के खिलाफ कोई मामला नहीं बनता। कोर्ट ने यह भी कहा था कि साध्वी प्रज्ञा एक महिला हैं और आठ साल से ज्यादा समय से जेल में हैं। उन्हें ब्रेस्ट कैंसर है और वो कमजोर हो गई है, बिना सहारे चलने में भी लाचार हैं।

जांच के दौरान 20 जनवरी 2009 को महाराष्ट्र एटीएस ने पहली चार्जशीट दायर की जिसमें 11 लोगों को गिरफ्तार और तीन को फरार दिखाया गया था। मालेगांव ब्लास्ट मामले में एटीएस ने कुल 220 गवाहों के बयान अदालत में दर्ज कराए थे, जिनमें से 15वां गवाह अपनी गवाही से मुकर गया।

मालेगांव बम धमाके की सुनवाई के दौरान नया मोड़ सामने आया, जब एनआईए कोर्ट में सुनवाई के दौरान एक गवाह ने महाराष्ट्र एटीएस पर गंभीर आरोप लगाते हुए कहा कि सीएम योगी आदित्यनाथ के अलावा वरिष्ठ प्रचारक श्री इंद्रेश कुमार, देवधर और काकाजी अधिकारियों जैसेनेताओं के नाम लेने पर भी मजबूर किया गया था। गवाह की माने तो उसके परिवार को प्रताड़ित भी किया गया था, जिसके बाद उसने योगी आदित्यनाथ का नाम लिया था। गवाह ने कोर्ट को बताया कि विस्फोट के बाद उसे 7 दिनों तक एटीएस कार्यालय में रखा गया था और उसके बाद एटीएस ने उसके परिवार के सदस्यों को प्रताड़ित करने और उन्हें फंसाने की धमकी दी थी।

भगवा आतंकवाद स्थापित करने के लिए जो कांग्रेस ने कुचक्र रचा उसमें सर्वाधिक प्रताड़ना साध्वी प्रज्ञा सिंह ठाकुर को झेलना पड़ा। आज भी वो अपना दर्द सांझा कर रो पड़ती है।

10 अक्टूबर 2008 को साध्वी कांग्रेस के भगवा आतंकवाद के भ्रमजाल का मुख्य चेहरा बन गईं। पहले साध्वी प्रज्ञा को सूरत बुलाया गया और वहां से मुंबई पुलिस की आतंकवाद निरोधक शाखा (एटीएस) ले गई। 11 अक्टूबर से पुलिसिया कहर की अंतहीन कहानी शुरू हुई। एटीएस के इंस्पेक्टर अरुण खानविलकर ने प्रज्ञा को हिरासत में लिया। वही खानविलकर 2010 में सट्टे में पैसा लेते हुए गिरफ्तार हुआ। बहरहाल, 13 दिन तक प्रज्ञा को अवैध हिरासत में रखा गया। इसके बाद पुलिस ने कोर्ट में पेश किया और 11 दिन का रिमांड लिया।

साध्वी के अनुसार, 'उन्हें कुल 24 दिनों तक दिन-रात लगातार टार्चर किया गया। रात दिन पिटाई होती थी। पिटाई का कोई समय तय नहीं था। उन्हें 24 दिनों तक भूखा रखा गया और बिजली के झटके दिए गए थे।'

साध्वी के अनुसार, 'मुझे मारते-मारते मेरे फेफड़े की झिल्ली फट गई। मैं बेहोश हो गयी। फिर मुझे 5 दिन के लिए अस्पताल ले जाया गया। जब होश आया तो देखा कि उनके शरीर से सारा भगवा वस्त्र गायब थे। उसकी जगह उनको एक फ्राक पहनाया गया था। मुझे वेंटिलेटर और ऑक्सीजन पर रखा गया। मैं जरा ठीक हुई थी, पुलिसिया जुल्म फिर शुरू हुआ। पुलिसकर्मी झूले की तरह पटकते थे। जिससे सिर जमीन में टकराता था। इसी दौरान मेरी रीढ़ की हड्डी टूट गयी। मुझे जबरदस्त तरीके से बेल्टों से पीटा जाता था। मेरे साथ मेरे एक शिष्य को भी गिरफ्तार करके लाया गया था। पहले उसे बुरी तरह मारा गया। इसके बाद खानविलकर ने उसे मेरे सामने लाकर बुरी तरह पीटा। फिर उसे मेरे सामने लाकर बेल्ट दिया और कहा अपने गुरु को मार। जब वह हिचकिचाया तो मैं बोली कि मुझे मारो। शिष्य ने मजबूरी में मारा तो जरूर, लेकिन शिष्य का हाथ सख्त कैसे होता, तब खानविलकर ने शिष्य से बेल्ट छीनी और शिष्य को बेरहमी से मारते हुए बोला ऐसे मारा जाता है। इसके बाद छह सात पुलिसकर्मियों ने एक घेरा बनाया और बारी-बारी से मुझे बेल्टों से पीटने लगे। ठाणे पुलिस कमिश्नर ने तो उस वक्त मुझे तब तक बेल्टों से पीटा कि जब तक वो थक नहीं गया और मैं गिर नहीं पड़ी। उस दौरान सिर्फ एक महिला पुलिसकर्मी थी, जिसने सिर्फ एक डंडा मुझे मारा।'

साध्वी के मुताबिक, 'एक दिन कुछ पुरुष कैदियों के साथ मुझे खड़ा करके अश्लील और गन्दा ऑडियो सुनाया जा रहा था। मेरे शरीर पर इतनी मार पड़ी थी कि मेरे लिए खड़े रहना मुश्किल था। मैंने कहा कि मैं बैठ जाऊँ तो पुलिस वाले बोले कि शादी में आई है क्या कि बैठ जायेगी। मेरी आँख बंद होने लगी और मैं अचेत हो गई। उस वक्त जब एक कैदी ने पुलिसवालों से कहा कि साध्वी हैं, इनको अश्लील ऑडियो मत सुनवाइये तो उस पुलिस ने बेरहमी से उस कैदी की पिटाई की। साध्वी ने परमबीर सिंह पर आरोप लगाया है कि उन्हें हिरासत के दौरान पॉर्न वीडियो दिखाई गई और उनसे भद्दे सवाल किए गए।'

साध्वी ने बताया, 'मेरे दोनों हाथों को सामने फैलवाकर एक चौड़े बेल्ट से मारते थे। मेरे दोनों हाथ सूज जाते थे। अंगुलियां भी काम नहीं करती थीं, तब गुनगुना पानी लाया जाता था। मैं अपने हाथ उसमें डालती कुछ आराम होता तो मुझे कागज हाथ में पकड़वाकर हाथों को दीवारों पर पटकवाया जाता था। जब उंगलियां हिलने-डुलने लगती थीं, तो फिर से उसी तरीके से मुझे पीटा जाता था।'

साध्वी प्रज्ञा ने आगे कहा, 'मुझे तोड़ने के लिए मेरे चरित्र पर लांछन लगाया। मेरे जेल जाने के बाद कैंसर की सूचना से यह सदमा मेरे पिताजी सहन नहीं कर पाए, उनको पैरालिसिस हो गया और 40 दिन तक बिस्तर पर रहने के बाद वो इस दुनिया से चल बसे। साध्वी ने कहा- भगवा के प्रति कांग्रेस द्वेष से भरी थी। फूटी आंख भी भगवा को नहीं देखना चाहती थी। भगवा को बदनाम करने का कांग्रेस ने एक सुनियोजित षडयंत्र तैयार किया था। राहुल गांधी के उपाध्यक्ष बनने के दौरान मंच से चिदम्बरम, दिग्विजय सिंह व सुशील शिंदे द्वारा बार बार मेरा व भगवा आतंकवाद का नाम लेना ये साबित कर रहा था।'

एक बार अग्निवेश मुझसे मिलने जेल में आए और बोले कि आप सहयोग करो तो चिदंबरम और दिग्विजय हमारे मित्र हैं, मैं आपको छुड़वा दूंगा। मैंने कहा- मैं सत्य के साथ रहूंगी। अग्निवेश बोले कि फिर मैं उनसे जाकर क्या बोलूं। तो मैंने कहा कि अगर आपकी उनसे घनिष्ठता है और सच में छुड़ाना चाहते हो, तो चिदम्बरम से जाकर बोलो कि ईमानदारी से जांच करवा लें तो आप मुझे बाहर ही पाएंगे। मैं निर्दोष हूं।

साध्वी प्रज्ञा को इतना प्रताड़ित सिर्फ इसलिए किया गया कि वो मालेगांव ब्लास्ट में अपनी संलिप्तता स्वीकार कर लें और उसके आधार पर भगवा आतंकवाद को स्थापित किया जा सके।

गौरतलब हो कि समझौता एक्स्प्रेस ब्लास्ट, मक्का मस्जिद ब्लास्ट और अजमेर दरगाह ब्लास्ट के आरोपी सुनील जोशी की 29 दिसंबर 2007 को देवास के चुना खदान इलाके में स्थित उनके आवास से कुछ ही मीटर दूरी पर गोली मारकर हत्या कर दी गई। जिसमें साध्वी प्रज्ञा समेत 8 लोगों को आरोपी बनाया गया।

जोशी के हत्या को सांप्रदायिक रंग दिया गया और दूसरे समुदाय के एक परिवार के ही चार सदस्य मार डाले गए। बाद में ये बात सामने आई कि जोशी के कुछ सहयोगियों ने ही हत्या कर दी ताकि उस कथित भगवा आतंकवाद की सबूत की एक कड़ी खत्म कर दी जाए।

साध्वी प्रज्ञा सिंह पर आरोप था कि वह भी कथित भगवा आतंकवाद नेटवर्क की महत्वपूर्ण हिस्सा रही और बाद में सुनील जोशी की हत्या में उनकी कथित भूमिका को लेकर उन्हें गिरफ्तार किया गया।

सन 2007 में मध्यप्रदेश में बीजेपी की सरकार थी और शिवराज सिंह चौहान थे और अभी तक बीजेपी की ही सरकार है। मध्यप्रदेश पुलिस ने साध्वी प्रज्ञा को सुनील जोशी केस में गिरफ्तार किया। ये मामला केंद्रीय जांच एजेंसी एनआईए को 2011 में सौंपा गया।

1 फ़रवरी 2017 को मध्यप्रदेश के देवास की अदालत ने साध्वी प्रज्ञा सहित 8 आरोपियों को बरी कर दिया।

अब सवाल है कि जोशी हत्याकांड में आरोप था कि जब कथित भगवा आतंकवाद के सबूत मिटाने के लिए उनकी हत्या की गई तब बीजेपी शासित राज्य मध्यप्रदेश की पुलिस ने आखिर इस आधार पर साध्वी प्रज्ञा को क्यों गिरफ्तार किया? जबकि कांग्रेस पर भगवा आतंकवाद स्थापित करने का आरोप था लेकिन हिंदुओं के बीच तो बीजेपी इसका विरोध कर रही थी फिर उन्हीं की पुलिस ने ऐसा क्यों किया?

क्या कांग्रेस के साथ साथ बीजेपी भी भगवा आतंकवाद को स्थापित करना चाहती थी? ये मैं पाठकों के विवेक पर छोड़ देता हूं।

2019 लोकसभा चुनाव के दौरान भोपाल से दिग्विजय सिंह के खिलाफ बीजेपी को मजबूत उम्मीदवार की तलाश थी और वो ही भगवा आतंकवाद को लेकर सर्वाधिक मुखर रहे थे। बीजेपी ने उनके मुकाबले साध्वी प्रज्ञा सिंह ठाकुर को उम्मीदवार बनाया। बीजेपी को इसका फायदा सिर्फ भोपाल में ही नहीं पूरे मध्यप्रदेश सहित भारत में भी मिला। साध्वी प्रज्ञा ने दिग्विजय सिंह को लगभग 3 लाख 64 हजार के बड़े अंतर से चुनाव हराया।

2019 लोकसभा चुनाव प्रचार के दौरान नरेंद्र मोदी ने कहा, "भाईयों और बहनों, अभी कुछ दिन पहले कोर्ट का फैसला आया है और कोर्ट के फैसले से कांग्रेस की ये साजिश कैसी थी, इसकी सच्चाई देश के सामने आ रही है। कांग्रेस ने हिंदुओं को अपमानित करने का पाप किया है। देश की मूलधारा को कलंकित करने का प्रयास किया है। कोटी कोटी देशवासियों को दुनिया की नज़रों में नीचा दिखाने का पाप किया है। ऐसी कांग्रेस को कभी माफ़ कर सकते हैं क्या? हर कोने से जबाव आना चाहिए। कांग्रेस ने बहुत बड़ा पाप किया है। वो चाहे जितनी दौड़ लगाले, कांग्रेस को इससे मुक्ति नहीं मिल सकती। इस बात को अब कांग्रेस भी समझ रही है कि देश ने उसे सजा देने का मन बना लिया है और इसकी वजह से नेता अब मैदान छोड़कर भागने लगे हैं। जिसको उन्होंने आतंकवादी कहा है, वो अब जाग चुका है। उन्होंने शांतिप्रिय हिंदू समाज को, भाईचारे की जिंदगी जीने वाले हिंदू समाज को, पूरे विश्व को परिवार मानने वाले हिंदू समाज को आतंकी कह दिया। आतंकवाद हिंदू के साथ जोड़ दिया। इसके कारण अब उनकी हिम्मत नहीं पड़ रही है कि जहां पर हिंदू बहुसंख्यक सीट (अमेठी) होती है, वहां से चुनाव लड़ें। ये आतंकवादी हिंदू की सजा उनको मिल चुकी है। इसलिए वो हिंदू अल्पसंख्यक सीट (वायनाड) से लड़ रहे हैं।"

प्रधानमंत्री नरेंद्र मोदी ने राहुल गांधी के खिलाफ तीखा हमला बोला।

साध्वी प्रज्ञा ने नाथुराम गोडसे को देशभक्त कहा जिसको लेकर विपक्ष ने बीजेपी को घेरना शुरू कर दिया। बीजेपी के तमाम बड़े नेताओं ने सफाई दी। राजनाथ सिंह ने तो यहां तक बोल दिया, "नाथुराम गोडसे को देशभक्त मानना तो दूर, ऐसे विचार को हम खारिज करते हैं। महात्मा गांधी जी की विचारधारा कल भी प्रासंगिक थी और आज भी है, आगे भी रहेगी।"

साध्वी प्रज्ञा ने भी माफी मांगी, उसके बाद भी बीजेपी ने एक्शन लेते हुए, उन्हें रक्षा मंत्रालय की संसदीय कमेटी से बाहर कर दिया।

प्रधानमंत्री नरेंद्र मोदी ने भी कड़े शब्दों में प्रज्ञा के बयान की निंदा की है। पीएम मोदी ने सख्त लहजे में कहा कि प्रज्ञा और बाकी लोग जो गोडसे और बापू के बारे में बयानबाजी कर रहे हैं, वह खराब है। भले ही प्रज्ञा ने माफी मान ली हो, लेकिन मैं दिल से उन्हें कभी माफ नहीं कर पाऊंगा।

साध्वी प्रज्ञा कई बार अपने बयानों को लेकर चर्चा में रही। कर्नाटक में 'हिंदू जागरण' कार्यक्रम में कहा, "लव जिहाद करने वालों को लव जिहाद जैसा उत्तर दो, अपनी लड़कियों को सुरक्षित रखो।"

उन्होंने शिवमोगा के हिंदू कार्यकर्ता हर्षा की हत्या का ज़िक्र करते हुए कहा कि लोगों को अपनी सुरक्षा के लिए घर में इस्तेमाल होने वाले चाकुओं को तेज़ करना होगा।

उन्होंने कहा, "अपने घर में हथियार रखो, कुछ नहीं तो सब्जी काटने वाला चाकू तेज़ रखो। पता नहीं कब कैसे हालात सामने आ जाएँ। सभी को अपनी सुरक्षा का अधिकार है। अगर कोई हमारे घर में दाखिल होता है और हमला करता है तो उसे जवाब देने का हमें अधिकार है।"

2024 लोकसभा चुनाव में साध्वी प्रज्ञा सिंह ठाकुर का टिकट काट दिया गया। शायद बीजेपी को कथित भगवा आतंकवाद का फायदा मिल चुका था।

साध्वी प्रज्ञा सिंह ठाकुर को प्रताड़ना देने वाले परमबीर सिंह के खिलाफ कोई कार्रवाई नहीं हुई। यहां तक कि महाराष्ट्र में एकनाथ शिंदे के साथ बीजेपी की गठबंधन की सरकार बनने के बाद मुंबई के पूर्व पुलिस आयुक्त परम बीर सिंह के खिलाफ सभी आरोप हटा दिए गए और 2021 के अंत में जारी उनके निलंबन आदेश को रद्द कर दिया है। सिंह के खिलाफ मुंबई और उससे सटे ठाणे में जबरन वसूली से संबंधित कम से कम चार एफआईआर दर्ज की गईं। अधिकारी ने बताया कि उनके निलंबन को रद्द करने का आदेश राज्य गृह विभाग ने 10 मई 2023 को जारी किया। उन्होंने कहा कि आदेश के मुताबिक, सेवानिवृत्त आईपीएस अधिकारी के निलंबन की अवधि को उनके ड्यूटी पर रहने के समय के रूप में माना जाना चाहिए। सिंह को दिसंबर 2021 में निलंबित कर दिया गया था जब महा विकास अघाड़ी (एमवीए) सरकार कार्यालय में थी।

26 नवंबर, 2008 को मुंबई में देश को दहला देने वाले आतंकी हमले में 166 लोग मारे गए थे और 600 से अधिक घायल हुए थे। ये हमले तीन दिन तक चले। आतंकियों ने दो फाइव स्टार होटल (होटल ताजमहल और ओबेरॉय होटल), छत्रपति शिवाजी टर्मिनस (सीएसटी) रेलवे स्टेशन, लियोपोल्ड कैफे, कामा अस्पताल और यहूदी केंद्र नरीमन हाउस को निशाना बनाया था। इस दौरान नौ हमलावर आतंकवादियों को मार गिराया गया और मुम्बई पुलिस ने एक आतंकवादी कसाब को जिंदा पकड़ लिया, जिसे बाद में फांसी दी गई।

लश्कर-ए-तैयबा के 10 आतंकवादी पाकिस्तान के कराची बंदरगाह से नाव से मुंबई पहुंचे थे।

इस घटना को लेकर अजीज बर्नी ने '26/11 आरएसएस की साजिश' नामक किताब लिखी जिसके विमोचन में जो मंच पर प्रमुख लोग दिखे। उनमें महेश भट्ट, अजीज बर्नी, दिग्विजय सिंह, मौलाना महमूद मदनी और कृपा शंकर सिंह थे।

महेश भट्ट ने ही जफर सरेशवाला की रजत शर्मा के जरिए नरेंद्र मोदी से मीटिंग कराई थी। अजीज बर्नी ने इस किताब को लेकर बिना शर्त माफ़ी मांग ली। दिग्विजय सिंह आज भी कांग्रेस में हैं। मौलाना महमूद मदनी की बीजेपी के बड़े नेताओं से अच्छे संबंध हैं। नरेंद्र मोदी और अमित शाह से अपने कौम की समस्याओं को लेकर मिल चुके हैं। कृपा शंकर सिंह कथित धारा 370 हटने के बाद मोदी के फैसले को स्वागत करते हुए बीजेपी में शामिल हो गए। 2024 लोकसभा चुनाव में उन्हें उत्तरप्रदेश के जौनपुर से टिकट मिल गया।

अगर अजमल कसाब जिंदा नहीं पकड़ा गया होता तो उस दौरान हुई तमाम आतंकी घटनाओं को भगवा आतंकवाद से जोड़ दिया जाता। वो कलावा बांधा हुआ था, अगर मारा जाता तो उसे हिंदू ही बताया जाता।

जनवरी 2013 में तत्कालीन गृह सचिव आर के सिंह ने आरएसएस को निशाने पर लेते हुए कहा था कि इस बात के पुख्ता सबूत हैं कि संदिग्ध आतंकी कभी न कभी संघ के कैंपों से जुड़े रहे थे। सिंह ने कहा कि सुनील जोशी, संदीप डांगे, कमल चौहान और देवेंद्र गुप्ता जैसे दस संदिग्ध हैं, जिनके संघ के साथ रिश्ते रहे हैं।

13 दिसंबर 2013 को आर के सिंह भाजपा में शामिल हो गए। 2014 लोकसभा चुनाव में बिहार के आरा सीट से चुनाव लड़े और जीतने में सफल रहे। 3 सितंबर 2017 को, उन्हें प्रधानमंत्री नरेन्द्र मोदी के मंत्रिमंडल में बिजली राज्य मंत्री (स्वतंत्र प्रभार) के रूप में नियुक्त किया गया। 30 मई 2019 को, उन्हें भारत सरकार में ऊर्जा मंत्रालय के राज्य मंत्री (स्वतंत्र प्रभार), नवीन और नवीकरणीय ऊर्जा मंत्रालय के राज्य मंत्री (स्वतंत्र प्रभार) और कौशल विकास और उद्यमिता मंत्रालय में राज्य मंत्री के रूप में नियुक्त किया गया था।

7 जुलाई 2021 को कैबिनेट फेरबदल में उन्हें कैबिनेट मंत्री के पद पर पदोन्नत किया गया।

आचार्य प्रमोद कृष्णम के आश्रम में भावेश पटेल पर आरएसएस के नेताओं का नाम लेने के लिए दबाव बनाने वालों में शामिल आरपीएन सिंह 25 जनवरी 2022 को बीजेपी में शामिल हो गए। फ़रवरी 2024 में बीजेपी से राज्यसभा के सांसद बन गए।

आचार्य प्रमोद कृष्णम जो कभी मुशायरा करते दिखते थे, उनको अचानक सनातन और भगवान राम की याद आ गई और वो कांग्रेस को निशाना बनाने लगे। कल्कि धाम शिलान्यास के लिए मोदी को न्योता देने पहुंचे और मोदी ने उसे स्वीकार कर लिया।

प्रधानमंत्री के हाथों संभल में भगवान श्री विष्णु के दसवें अवतार श्री कल्कि भगवान के भव्य धाम की आधारशिला रखी गयी।

पीएम मोदी आचार्य प्रमोद कृष्णम की तारिफ करते हुए कहा, "मैं प्रमोद कृष्णम को एक राजनैतिक व्यक्ति के रूप में दूर से जानता था लेकिन जब कुछ दिन पहले उनसे मुलाकात हुई तो पता चला कि वे ऐसे धार्मिक-अध्यात्मिक कार्यों में कितनी मेहनत से लगे रहते हैं।"

भगवा आतंकवाद को स्थापित करने के प्रयासरत कई लोग बीजेपी में आए और उन्हें अहम स्थान मिला।

अब पूरे इस साजिश को समझें तो कांग्रेस ने भगवा आतंकवाद का नाम ले आरएसएस को निशाना बनाया। बीजेपी ने इसे हिंदू आतंकवाद बता हिंदुओं को गोलबंद किया। हिंदुओं के गोलबंदी का बीजेपी को फायदा हुआ तो दूसरी तरफ कांग्रेस को भारी नुकसान हुआ। कांग्रेस ने अपने अल्पसंख्यक तुष्टीकरण की राजनीति के कारण बीजेपी के प्रयास को अनदेखा कर दिया। बीजेपी ने साजिशकर्ताओं को जिस तरह से प्रश्रय दिया और साध्वी प्रज्ञा को सुनील जोशी के हत्या से जोड़ा गया। ये कई गंभीर सवाल खड़े करते हैं।

बीजेपी ने जिस तरह से जोरशोर से इस मुद्दे को उठाया था। अगर गंभीर होते तो साजिशकर्ताओं को पार्टी में शामिल करने के बजाय दंडित करते। जिन आतंकी घटनाओं को लेकर भगवा आतंकवाद को परोसने का प्रयास हुआ। आखिरकार उन घटनाओं में किसका हाथ था? उसकी जांच कराते।

अजमल कसाब का कलावा बांधकर आना और 26/11 के बाद आरएसएस की साजिश का किताब आना भी कई सवाल खड़े करते हैं क्योंकि उस दौरान हुए आतंकी घटनाओं को कथित भगवा आतंकवाद से जोड़ने के बाद शायद इसकी भी पूरी तरह से तैयारी थी।

बीजेपी ने कोई जांच नहीं कराई। जबकि नरेंद्र मोदी हर साल 26/11 की बरसी पर श्रद्धांजलि देते हैं।

मैं ये पाठकों के ऊपर छोड़ देता हूं कि वो तय करें कि किसकी कितनी भूमिका थी और ये बीजेपी-कांग्रेस के बीच कोई आंतरिक समझौता तो नहीं था?

गोकशी को बढ़ावा

नरेंद्र मोदी जब गुजरात के मुख्यमंत्री थे, तब वो निवर्तमान कांग्रेस नीत यूपीए सरकार के ऊपर मांस निर्यात को लेकर हमलावर रहे। लोगों को संबोधित करते हुए बोलते थे भाइयों और बहनों दिल्ली की वर्तमान सरकार का क्या सपना है? मालूम है आपको? जानकार आपको हैरानी होगी। उनके लिए श्वेत क्रांति का कोई मतलब नहीं है, उनके लिए हरित क्रांति का कोई मतलब नहीं है। उन्होंने गुलाबी क्रांति का मकसद बनाया है। गुलाबी क्रांति क्या है? आपको मालूम है? जब पशु को काटते हैं, उसके मांस का रंग आपने देखा होगा, वो गुलाबी होता है। दिल्ली में बैठी हुई सरकार का सपना है कि हम गुलाबी क्रांति करेंगे। पूरे विश्व में मांस, मटन का व्यवसाय करेंगे। भारत सरकार ने स्वयं घोषित किया कि पूरे विश्व में बीफ एक्सपोर्ट में हिंदुस्तान पहले स्थान पर है। किन चीजों के लिए गर्व किया जा रहा है। भाइयों बहनों आपका कलेजा रो रहा है कि नहीं मुझे मालूम नहीं, मेरा कलेजा चीख-चीख कर पुकार रहा है। आप क्यों चुप हैं? क्यों सह रहे हैं? मै समझ नहीं पाता हूं। आपको जानकार आश्चर्य होगा कि गुजरात का किसान कॉटन पैदा करता है। अगर हम कॉटन एक्सपोर्ट करते हैं तो भारत सरकार उसपर ड्यूटी लगाती है लेकिन आप मटन एक्सपोर्ट करते हैं तो भारत सरकार सब्सिडी देती है। ये मेरे देश की जड़ों से उखड़े हुए लोगों का मिजाज देखिए। भारत की जड़ों से जो उखड़ गए हैं वो कॉटन एक्सपोर्ट पर ड्यूटी लगा रहे और मटन एक्सपोर्ट पर सब्सिडी दे रहे हैं।"

2014 लोकसभा चुनाव प्रचार के दौरान गुलाबी क्रांति को वोट बैंक से जोड़ते हुए कांग्रेस नीत यूपीए सरकार पर हमलावर रहे। जब मीडिया ने गुलाबी क्रांति का मुद्दा उछालने को लेकर, सांप्रदायिकता को लेकर सवाल किया तो इसे किसानों की आजीविका से जोड़ा। बतौर मोदी उनके पास एक नौजवान सर्वे लेकर आया, "जैसे किसान की जमीन जाए और वो बर्बाद होता है। वैसे ही पशु जाना उसके पूरी अर्थव्यवस्था को खत्म कर रहा है। कष्टों में भी वो पशु को पालेगा। घर अच्छी नहीं होगी तो 4 लीटर नहीं तो 3 लीटर दूध देगा। जिससे घर चल पाएगा। आज हिंदुस्तान के कई राज्यों के गाँव के गाँव, किसान मर रहा है और पशु उसके जा रहे हैं। जा रहे है क्यों? तो वो तत्कालीन लोभ में आकर दे देता है। ये पूरी तरह मुद्दा आर्थिक विषय है। जैसे किसान का जमीन लेना पाप है। वो सांप्रदायिकता का मुद्दा नहीं है। वैसे ही पशु उसकी बड़ी संपत्ति है। भारत को गंभीरता से सोचना पड़ेगा। मैं तो कहने वाला हूं कि आप लोग स्टडी कीजिए। अगर इस प्रकार से पशु विहीन अवस्था बन जाएगी तो आने वाले समय में क्या होगा? आज

भारत को दूध उत्पादन बढ़ाने की आवश्यकता है। हमारे यहां पशु की संख्या के तुलना में दूध उत्पादन बहुत कम है, उसके वैज्ञानिक तौर तरीके पर सोचने की जरूरत है। मैं गुजरात में पशु कैम्प लगाता हूं और कोशिश करता हूं कि एक पशु को 3 किलोमीटर से दूर जाना न पड़े। मैं इस विषय पर इतना गंभीर हूं। हिंदुस्तान में मनुष्य के मोतियाबिंद के ऑपरेशन में आज भी कई जगह दिक्कत है। कोई एनजीओ कैम्प लगाए तो होते हैं, गरीब आदमी को मोतियाबिंद का ऑपरेशन आज भी मुश्किल है। मेरे राज्य में पशु का भी मैं मोतियाबिंद का ऑपरेशन कराता हूं। मेरे यहां पशु की दांत की भी इलाज होती है। इतना ही नहीं मैंने यहां मेरे यहां से पशु डॉक्टरों की टीम अमेरिका भेजी, इसलिए भेजी कि आजकल बड़े घर के लोग, इनका खून का निकल जाए, इसलिए लेजर से ऑपरेशन होता है। मैंने कहा कि क्या ये मेरे पशुओ को लाभ मिल सकता है? मेरे गुजरात के पशु डॉक्टर अमेरिका जाकर पढ़कर आए और आज मैंने कई चिकित्सा केंद्र पर पशु का ऑपरेशन लेजर से कर रहा हूं। मैं मानता हूं कि देश की कई बड़ी संपत्ति है। गाँव के अर्थव्यवस्था का बहुत बड़ा आधार है, इसको हम अनदेखा करें तो बहुत बड़ा दुर्भाग्य होगा।

नरेंद्र मोदी का एक तरफ पशु प्रेम को लेकर कलेजा चीख चीख कर पुकार रहा था तो दूसरी तरफ खबर आई कि भारत के चुनाव आयोग की सौंपी गई रिपोर्ट में बीजेपी ने वित्तीय वर्ष 2013-14 और 2014-15 में बीफ एक्सपोर्ट कंपनियों से 2.50 करोड़ का चंदा लिया।

2014 लोकसभा चुनाव से पहले तीन कंपनियों –फ्रिगोरिफिको अल्लाना लिमिटेड, फ्रिगिरियो कन्सवा अल्लाना लिमिटेड और इंडाग्र फूड्स लिमिटेड ने 2 करोड़ का दान दिया। साल 2014-2015 में फ्रिगोरिफिको अलाना लिमिटेड ने पार्टी फंड में 50 लाख जमा कराए।

जब बीजेपी प्रवक्ता संबित पात्रा से पूछा गया तो जबाव मिला, "मैं कुछ नहीं बोल पाऊंगा क्योंकि मुझे नहीं पता कि कौन ले रहा है, क्या ले रहा है।"

वहीं बीजेपी के दूसरे प्रवक्ता नलिन कोहली ने कहा कि मुझे कोई जानकारी नहीं है।

बीजेपी के लिए गाय मुद्दा है लेकिन कत्लखानों से मिले चंदा से कोई समस्या नहीं है। हालांकि जिन कंपनियों से चंदा लिया उनके बारे में कहा जाता है कि भैंस का मीट सप्लाइ करती है। भारत में गाय काटने के लिए लाइसेन्स जारी नहीं किए जाते लेकिन ये भी सच है कि गाय अवैध रूप से काटी जाती है।

भारत में लगभग 20 राज्यों में गौ-हत्या के ऊपर प्रतिबंध है। जिन राज्यों से बड़े बड़े बीफ एक्सपोर्टस कंपनी संचालित हो रही हैं, उनमें ज्यादातर जगह गौहत्या पर प्रतिबंध है। सबसे ज्यादा बीफ एक्सपोर्ट उत्तरप्रदेश से होता है।

बीजेपी सत्ता में आने के बाद बड़ी चतुराई से बीफ का मतलब भैंस का मांस बताने लगी जबकि प्रधानमंत्री बनने से पहले नरेंद्र मोदी को हर तरह के मीट से समस्या थी।

नरेंद्र मोदी पशु और किसानों की आय की बात करते थे, तो भैंस की दूध से भी तो किसान की आजीविका चलती है, फिर बीफ एक्सपोर्ट पर बैन लगने के बजाय इनके सत्ता में आते ही बढ़ोतरी हो गई। जिस श्वेत क्रांति के लिए विधवा विलाप करते थे उसका कहीं नाम तक नहीं लेते।

जब बीफ निर्यात को लेकर नरेंद्र मोदी चुनावी मुद्दा बना रहे थे तब वित्त वर्ष 2013-14 में यह 13,65,643 मीट्रिक टन था। 2014 में जब नरेंद्र मोदी ने सत्ता संभाली तब बीफ निर्यात में भारी वृद्धि हुई। 2014-15 में बीफ निर्यात 14,75,540 मीट्रिक टन हो गया, जो 10 वर्षों में सबसे अधिक था और भारत गौमांस निर्यात में दुनिया में पहले नंबर पर आ गया।

हमारा देश प्रतिवर्ष 42,50,000 मीट्रिक टन मांस का निर्यात करता है, इस सन्दर्भ में यह दुनिया में पांचवे स्थान पर है। केवल बीफ की बात करें तो यूनाइटेड स्टेट्स डिपार्टमेंट ऑफ़ एग्रीकल्चर की रिपोर्ट के अनुसार हमारा देश प्रतिवर्ष 18,50,000 मीट्रिक टन बीफ का निर्यात करता है और इस सन्दर्भ में हम ब्राजील के साथ पहले स्थान पर हैं। वर्ष 2017 में केवल बीफ का कुल कारोबार 3 अरब डॉलर से अधिक का था।

वर्ल्ड ट्रेड आर्गेनाईजेशन की फरवरी 2018 की एक रिपोर्ट के अनुसार भारत ने बीफ निर्यात के क्षेत्र में वर्ष 2006 से 2016 के बीच बहुत तरक्की कर ली है। वर्ष 2006 में बीफ के विश्व व्यापार में भारत का योगदान महज 2 प्रतिशत था, जबकि 2016 में भारत 20 प्रतिशत से अधिक का भागीदार हो गया।

स्टेट ऑफ द ग्लोबल इस्लामिक इकोनॉमी रिपोर्ट 2020-21 कहती है कि भारत दुनिया का दूसरा सबसे बड़ा 'हलाल मीट' निर्यातक देश है।

रिपोर्ट में कहा गया है कि साल 2020-21 में भारत ने 14.2 अरब डॉलर (2021 में क़रीब 1,057.9 अरब रुपये) का 'हलाल मीट' निर्यात किया था। ज्ञात हो कि भारत दुनिया के 70 से ज़्यादा देशों में मीट और एनिमल प्रोडक्ट्स का निर्यात करता है।

उधर सरकारी आँकड़े बताते हैं कि भारत ने वित्त वर्ष 2020-21 में केवल भैंसों (नर और मादा) का 10.86 लाख मीट्रिक टन मीट दुनिया भर में निर्यात किया, जिसकी कुल क़ीमत 23,460 करोड़ रुपये थी। वहीं बीफ (इसमें गाय, बैल, बछड़े जैसे गोवंश के साथ भैंस भी शामिल है) निर्यात 16 लाख टन से ज़्यादा किया है। माना जा रहा है कि यदि यही रफ्तार रही तो साल 2026 तक भारत 19.30 लाख टन बीफ का निर्यात करते हुए अव्वल नंबर पर बना रहेगा।

मांस निर्यात पर सरकारी रिपोर्ट में कहा गया है कि (भाजपा की सरकार केंद्र में आने के बाद) 2014 के बाद मांस का निर्यात बढ़ा है। सन् 2017 में मांस निर्यात को लेकर लोकसभा में सरकार की ओर से कहा गया था कि मांस निर्यात में 17,000 टन की बढ़ोत्तरी दर्ज की गई है। यही नहीं, केंद्र की नरेंद्र मोदी सरकार ने 2014-2017 के बीच तीन सालों में बूचड़खानों के लिए लगभग 68 करोड़ रुपये की सब्सिडी दी थी। यह खुलासा एक **आरटीआई** के जवाब में मिली जानकारी से सामने आया था।

बूचड़खाने से केवल भैंस के मांस के निर्यात की अनुमति है गाय का मांस पूरी तरह से प्रतिबंधित है, इसके बावजूद गाय का मांस निर्यात किया जा रहा है। इसके पीछे सबसे बड़ा कारण देश में बड़ी संख्या में धड़ल्ले से चल रहे अवैध बूचड़खाने हैं।

एक रिपोर्ट के अनुसार भारत में केवल 111 बूचड़ख़ाने ही ऐसे हैं, जहाँ पशुओं को काटने के लिए तय मानकों का पालन किया जाता है, जबकि पूरे देश में केवल 1,707 बूचड़ख़ाने ही पंजीकृत हैं। वहीं

अवैध बूचड़खाने को लेकर 'पीपुल फॉर द एथिकल ट्रीटमेंट ऑफ एनिमल्स (पेटा)' की रिपोर्ट कहती है कि भारत में अवैध बूचड़खानों की संख्या 30,000 से भी ज्यादा है। इसके अलावा लाखों की संख्या में पशु काटकर उनका मांस बेचने वाली अवैध दुकानें भी भारत में धड़ल्ले से चल रही हैं।

यह आंकड़ा मोदी सरकार के कार्यकाल में इन्हीं वित्तीय वर्षों में (2014-15) कम भी हुआ और इसमें करीब 11 फीसदी की अचानक से गिरावट देखी गई। इस दौरान निर्यात 13,14,161 मीट्रिक टन तक गिर गया था। इसके पीछे का कारण देते हुए 'ह्यूमन राइट्स वॉच' की रिपोर्ट में कहा गया था कि भारत में गौरक्षा समूहों द्वारा किए गए हमलों (गो तस्करों पर) से भारत के बीफ निर्यात में गिरावट देखी गई थी।

बीफ निर्यात में जो कमी आई वह प्रधानमंत्री मोदी के बयान के बाद पुनः बढ़ने लगी। 2015-16 में 1.2 प्रतिशत की वृद्धि हुई, 2016-17 में 1.3 प्रतिशत वृद्धि हुई और 2017-18 में यह आंकड़ा फिर से बढ़कर 13,48,225 मीट्रिक टन हो गया। अर्थात् गौ तस्करों के अंदर गौ रक्षकों के भय के कारण बीफ निर्यात का जो आंकड़ा 2015 में गिरकर 13,14,161 मीट्रिक टन तक आ गया था, वह प्रधानमंत्री द्वारा गौ रक्षकों को गुंडा कहते ही अगले दो सालों में ही बढ़ने लगा। उसके बाद से इसमें उत्तरोत्तर वृद्धि होती जा रही है।

नरेंद्र मोदी के प्रधानमंत्री बनने के बाद गौकशी के शक में मारपीट और हत्या की कुछ घटनाएं सामने आईं। दादरी में अखलाख की हत्या, अलवर में पहलू खान की हत्या और ऊना में दलितों के पिटाई का मामला जिनके ऊपर गौकशी का आरोप था। कुछ गौ रक्षकों ने कानून अपने हाथ में लिया।

ऊना में दलितों की पिटाई और राजस्थान की गौशाला में सैकड़ों गायों की मौत के बाद प्रधानमंत्री नरेंद्र मोदी ने टाउनटॉल मीटिंग में 'गाय के नाम पर हो रही सियासत' पर चुप्पी तोड़ी। उन्होंने कहा कि पड़ताल की जाए, तो इनमें से 70-80 प्रतिशत लोग ऐसे निकलेंगे, जो गोरक्षा की दुकान खोलकर बैठ गए हैं। ऐसे लोगों पर मुझे बहुत गुस्सा आता है। राज्य सरकारों से उन्होंने ऐसे लोगों का डोजियर तैयार कर उनके खिलाफ कार्रवाई की अपील की।

उन्होंने कहा, "ऐसे लोग दिन में गोरक्षा का चोला पहनकर घूमते हैं और रात में असामाजिक गतिविधियों में लिप्त रहते हैं। अधिकतर गायें कत्ल नहीं की जातीं, बल्कि प्लास्टिक खाने से मरती हैं। यदि आप सच्चे गोरक्षक हैं तो प्लास्टिक फेंकना और इसका इस्तेमाल बंद कराने का प्रयास करें।"

जो नरेंद्र मोदी प्रधानमंत्री बनने से पहले गायों की हत्या को लेकर सरकार को जिम्मेवार मानते थे वही प्लास्टिक खाने से ज्यादा गाय मरने की बात करने लगे। कभी ऐसा नहीं देखा गया जब ये गौतस्करों को लेकर कुछ बोले हों। जबकि कई मामलें आए जहां गौतस्करों ने या तो गौरक्षकों या पुलिस को गाड़ी से कुचलकर मारने का प्रयास किया। कई जगह तो गाड़ी से कुचल कर मार भी डाला। कई लोगों को गौरक्षा को लेकर अभियान चलाने को लेकर हत्या की गई। झारखंड के रांची में महिला दरोगा संध्या टोप्पो को गौतस्करों ने गाड़ी से कुचलकर मार डाला।

नरेंद्र मोदी ने चुनाव जीतने के लिए जिस जिस चीज के लिए निवर्तमान सरकार को कोसा, सत्ता में आने बाद रोकने के बजाय और बढ़ा दिया। गौरक्षकों के खिलाफ सिर्फ बयान ही नहीं दिया, विपक्ष से भी उनके खिलाफ आह्वान करने लगे कि सभी निंदा करें।

तत्कालीन बीजेपी अध्यक्ष अमित शाह से गोमांस पर पूरे देश में प्रतिबंध को लेकर कहा कि राज्यों के जनसंवेदनाओं को ध्यान में रखकर विचार करेंगे। पूरे देश में गौमांस पर प्रतिबंध नहीं है। बीजेपी अध्यक्ष ने कहा कि गोवा में 1976 में कांग्रेस की सरकार ने गोवध पर प्रतिबंध लगाया था लेकिन किसी ने कांग्रेस से सवाल नहीं पूछा।

नरेंद्र मोदी के गौरक्षकों के ऊपर दिए बयान का असर भी दिखा। नेहा पटेल और मोनू मनेसर जैसे गौरक्षक जेल में डाले गए। बाकि देश के अन्य हिस्सों खासकर बीजेपी शासित राज्यों में गौरक्षकों को निशाना बनाया जाने लगा। कभी ऐसा अपवाद स्वरूप भी नहीं हुआ कि मोदी ने गौरक्षकों की हत्या या प्रताड़ना पर दुख जाहिर किया हो बल्किकोई बयान भी नहीं दिया।

जिस कांग्रेस नीत यूपीए को बूचड़खानों को सब्सिडी देने पर मोदी अपने चुनाव प्रचार में निशाने पर लेते रहे। सत्ता में आने के बाद पूर्व सरकार से 33 फीसदी ज्यादा सब्सिडी दे दिए।

दरअसल दिसंबर 2019, आरटीआई के जरिए खाद्य प्रसंस्करण मंत्रालय से खुलासा हुआ कि यूपीए-2 ने 2009-2014 तक 91.23 करोड़ का सब्सिडी दिया तो वहीं मोदी सरकार ने 2014-19 तक 192.925 करोड़ सब्सिडी दिया।

बीजेपी जो गाय की राजनीति करने वाली जिन्हें गौहत्या का समर्थक घोषित कर सत्ता में आई वो इससे पीछा छुड़ाती दिखी। ये सच है कि गौहत्या पर जो कांग्रेस ने कानून बनाए वही चल रहा है। बीजेपी ने बचे हुए किसी राज्य में कोई कानून नहीं बनाए हालांकि महाराष्ट्र और हरियाणा में जो पहले से रोक थी, वहां जरूर कुछ नए प्रावधान जोड़े।

उत्तर प्रदेश में योगी आदित्यनाथ के नेतृत्व में सरकार बनने के बाद अवैध बूचड़खानों पर कारवाई हुई। बूचड़खाना वैध या अवैध हो दोनों में कटते तो पशु ही हैं। इलाहाबाद के हाईकोर्ट की लखनऊ बेंच ने बूचड़खानों के मामले में यूपी सरकार को निर्देश दिया कि नए लाइसेंस दिए जाएं और पुराने का लाइसेंस रिन्यु किया जाए। राज्य सरकार ने जबाव दिया कि किसी के खाने पीने पर कोई रोक नहीं लगाया गया है। कोर्ट में राज्य सरकार की तरफ से कहा गया कि उसका काम स्लॉटर हाउस और बूचड़खाने बनवाने का नहीं है। नियम पूरा करने वालों को लाइसेंस दे रही है। कितने लाइसेंस दिए गए इसका डाटा तो सामने नहीं है लेकिन लोग बताते हैं कि बड़े पैमाने पर लाइसेंस दिए गए हैं।

तत्कालीन गृह राज्यमंत्री किरेन रिजिजू ने कहा कि मैं बीफ खाता हूं और अरुणाचल प्रदेश से हूं, क्या मुझे ऐसा करने से कोई रोक सकता है? बीजेपी के तत्कालीन सांसद योगी आदित्यनाथ और सांसद साक्षी महाराज ने रिजिजू का विरोध किया। जब ज्यादा विवाद बढ़ा तो किरेन रिजिजू अपने बयान से पलट गए। उन्होनें कहा कि,'' मेरे बयान को गलत तरीके से पेश किया गया''। मैं सबकी भावना का सम्मान करता हूं।

मेघालय के भाजपा अध्यक्ष अर्नेस्ट मावरी ने कहा कि बीजेपी ने गोमांस खाने पर कोई प्रतिबंध नहीं लगाया है। मैं बीफ खाता हूं और इससे पार्टी को कोई समस्या नहीं है।

जुलाई 2017 में गोवा के तत्कालीन मुख्यमंत्री मनोहर पार्रिकर ने विधानसभा में बोलते हुए कहा कि बीफ की कमी नहीं होने देंगे।

सन् 2021 असम के गौरीपुर विधानसभा से बीजेपी के उम्मीदवार बनेंद्र कुमार मुशहरी ने मुस्लिम बहुल इलाके में चुनाव प्रचार के दौरान कहा कि 'बीफ' भारत का राष्ट्रीय व्यंजन है। जिसे असम या देश में कही भी प्रतिबंधित नहीं किया जा सकता है। जो गोमांस हम खाते हैं उस पर कैसे प्रतिबंध लगाया जा सकता है?

मुशहरी ने आगे गोमांस को अंतराष्ट्रीय व्यंजन बताते हुए कहा, "असम के ग्रामीण इलाकों में शिक्षित मुसलमानों को यह समझना चाहिए कि कोई भी असम या भारत में कहीं भी गोमांस की बिक्री पर प्रतिबंध नहीं लगा सकता।"

मुशहरी के बयान के बाद हिंदू संगठनों ने प्रदर्शन किया। पूर्वांचल हिंदू एक्यू मंच के सदस्यों ने दिसपुर पुलिस स्टेशन में एफआईआर दर्ज कराई। भारतीय चुनाव आयोग ने भी संज्ञान लेते हुए मुशहरी के खिलाफ मामला दर्ज कराया लेकिन बीजेपी ने कोई कारवाई नहीं की।

नागालैंड के भाजपा नेता और उपमुख्यमंत्री यानथुंगो पैटन ने कहा कि ईसाई जो राज्य की आबादी का 85 प्रतिशत से अधिक हैं। बीजेपी ने कभी भी अपने पदाधिकारियों के सामने गोमांस का मुद्दा नहीं उठाया। बीफ हमारा मुख्य भोजन है और बीजेपी कोई हस्तक्षेप नहीं करती।

केरल के मल्लपुरम लोकसभा उपचुनाव में बीजेपी के उम्मीदवार एन.श्रीप्रकाश ने कहा कि पार्टी की राज्य इकाई यहां गोमांस खाने के खिलाफ नहीं है क्योंकि यहां इस पर प्रतिबंध नहीं है। कानून के दायरे में रहते हुए वह साफ बूचड़खानों की व्यवस्था करेंगे। लोगों को पर्याप्त मात्रा में बीफ उपलब्ध कराएंगे।

दूसरी ओर केरल के ही बीजेपी राज्य महासचिव एम.टी.रमेश ने कहा कि जब तक केरल में गोमांस पर प्रतिबंध नहीं है, तबतक लोग जो चाहे खाएं। भाजपा की राज्य इकाई गोमांस खाने के खिलाफ नहीं है। यह समस्या तब होता जब प्रतिबंध होता। मौजूदा समय में इस पर कोई प्रतिबंध नहीं है, इसलिए कुछ भी कानून के खिलाफ नहीं है।

बीजेपी सिर्फ उत्तर भारत में गाय को मानती है लेकिन बाकि अन्य राज्यों में खामोश हो जाती है। बीजेपी के दोहरा मापदंड देख प्रतीत होता है, "उत्तर भारत में गाय हमारी माता है, बाकि राज्यों में जो गाय खाए वो भी हमारा भ्राता है।"

जो नरेंद्र मोदी पशु की हत्या को लेकर चीख चीखकर पुकार रहे थे उन्होंने किसी के खिलाफ कोई कारवाई नहीं की और सभी अपने पद पर बने रहे। किसी को कारण बताओ नोटिस तक जारी नहीं हुआ।

नरेंद्र मोदी जब से प्रधानमंत्री बने कभी गौहत्या या पशु हत्या को लेकर चिंता जाहिर नहीं की लेकिन उसको बढ़ाने के लिए कई कदम उठाए। भारतीय खाद्य सुरक्षा और मानक प्राधिकरण (एफएसएसएआई) ने सितंबर

2023 में मिथुन को खाद्य पशु के रूप में मान्यता दे दी। जिससे इसके व्यावसायिक उपयोग के रास्ते खुल गए। यह पूर्वोत्तर में पाए जाने वाला गोजातीय श्रेणी में आता है। मिथुन या गायल (बोस फ्रंटलिस) को भारतीय गौर या बाइसन का वंशज माना जाता है। पहाड़ी जंगलों में मुक्त-परिस्थितियों में पाले जाने वाले मिथुन को पहाड़ के मवेशी के रूप में जाना जाता है। यह अरुणाचल प्रदेश में निशी, अपातानी, गैलो आदि जैसी जनजातियों के बीच महत्वपूर्ण सांस्कृतिक और सामाजिक-आर्थिक जीवन में महत्वपूर्ण स्थान रखता है। गयाल अरुणाचल प्रदेश और नागालैंड का राज्य पशु है। मिथुन के मांस को बेचने का मोदी सरकार ने रास्ता साफ कर दिया। मिथुन के मांस का औसत मूल्य 300 रुपये प्रति किलोग्राम है।

मोदी सरकार लाइवस्टॉक यानि पशुधन (आयात और निर्यात) विधेयक 2023 लेकर आई। नए बिल में पशुधन में बिल्लियों, कुत्तों, गोवंश, घोड़े और अन्य जानवरों को दर्शाया गया। इस बिल के पीछे मुख्य उदेश्य था कि जिंदा जानवरों का निर्यात किया जा सके। बिल में कई चीजों को लेकर अस्पष्टता रही। पशुओं को आयात निर्यात करने में कैसे ट्रांसपोर्ट किया जाएगा, उस पर कोई उल्लेख नहीं किया गया। असल में ऐसे जानवरों का आयात-निर्यात समुद्र के रास्ते किया जाता है, जिसमें कई दिन लग जाते हैं। ऐसे में जानवरों को पर्याप्त जगह, भोजन और पानी की जरूरत होती है, जो ऐसे जहाजों पर कम होता है। जानवरों को कम खिलाया जाता है और न्यूनतम पानी दिया जाता है ताकि वो कम मलमूत्र त्याग करे। ये बिल वध के लिए पशुओं के निर्यात के लिए इजाजत दे रहा था।

इस विधेयक के सामने आते ही जैन मुनियों, हिंदू संगठनों सहित कई हस्तियों ने मोर्चा खोल दिया। सरकार ने भारी विरोध को देखते हुए, इस विधेयक को वापस ले लिया।

बिजनस स्टैन्डर्ड के रिपोर्ट के मुताबिक भारत सरकार ने 2022-23 में 5.11 डॉलर के मूल्य के जीवित पशुओं का निर्यात किया। जिनमें अधिकांश भेड़ और बकरियां थी।

पाकिस्तान के गदहा बेचने की बात को तो बीजेपी समर्थक खूब भुनाते हैं लेकिन यहां तो हर जानवर का निर्यात कानूनन होना था लेकिन उनके तरफ से कोई खास प्रतिक्रिया नहीं आई।

दरअसल मोदी को सरकार चाहिए लेकिन उनको काम विपक्ष से चाहिए। सिर्फ बयान और फोटो से सरकार चलाना चाहते हैं ताकि वो जनता के भावनाओं का दोहन कर सके।

11 सितंबर 2019 को ॐ और गाय को लेकर मथुरा में विपक्ष को घेरा। उन्होंने कहा कि कुछ लोगों को ॐ सुनते ही कान खड़े हो जाते हैं, कुछ लोगों के कान में 'गाय' शब्द पड़ते ही बाल खड़े हो जाते हैं, उनको करंट लग जाता है। ऐसे लोगों ने ही देश को बर्बाद किया हुआ है। शायद खुद के बारे में बोल रहे हों क्योंकि विपक्ष का कोई भी बड़ा नेता गाय के खिलाफ कुछ बोलता नहीं दिखता।

23 दिसंबर 2021 को वाराणसी में मोदी ने फिर से विपक्षी दलों पर निशाना साधते हुए कहा कि देश में गाय और गोबरधन की बात करना कुछ लोगों ने गुनाह बना दिया। गाय कुछ लोगों के लिए गुनाह हो सकती है। हमारे लिए गाय, माता और पूजनीय है। गाय भैंस का मज़ाक उड़ाने वाले लोग भूल जाते हैं कि देश में 8 करोड़ परिवारों की आजीविका ऐसे ही पशुधन से चलती है।

गुजरात बीजेपी सरकार ने मार्च 2022 में आश्रय गृहों को चलाने के लिए 500 करोड़ रुपया देने का वादा किया था लेकिन सात महीने बीतने के बाद भी पैसा न मिलने से नाराज लोगों ने 27 सितंबर 2022 को बनासकांठा जिले में 10,0000 गायों को सड़क पर छोड़ दिया।

1 अप्रैल 2022 को गुजरात विधानसभा में पशुओं को लेकर गुजरात कैटल कंट्रोल (कीपिंग एण्ड मूविंग) अर्बन एरियाज बिल पास हुआ कि शहरों में पशुओं को रखने के लिए लाइसेन्स की जरूरत होगी। अगर बिना लाइसेन्स पशु रखने की कोशिश की तो जेल जाना पड़ेगा। बाकियों को बेचना होगा या किसी को दे सकते है। अगर पशु को एक जगह से दूसरे जगह ले जाना है तो स्थानीय प्रशासन से अनुमति लेनी होगी। शहरी विकास मंत्री विनोद मोरडिया ने बताया कि यह कानून गाय, भैंस और बकरी पालन पर लागू होगा। अगर शहर में किसी को गाय, बकरी, भैंस, बैल पालना हो तो संबंधित अर्थॉरिटी से लाइसेन्स लेना होगा। जिन शहरों में ये नियम लागू होगा उसमें अहमदाबाद, राजकोट, सूरत, वडोदरा, गांधीनगर, जूनागढ़, भावनगर और जामनगर शामिल हैं। 156 कस्बों में भी सख्ती की जाएगी।

कानून के मुताबिक, मालिक को 15 दिन के भीतर अपने पशु की टैगिंग करानी होगी। अगर नहीं कराई तो एक साल की जेल हो सकती है, इसके अलावा 10 हजार का जुर्माना या फिर दोनों हो सकता है। अगर लाइसेन्स नहीं हुआ तो 1 साल का जेल की सजा या 50 हजार जुर्माना या दोनों हो सकता है। अगर कोई पशु सड़क पर घूमता है और उसका टैग हो रखा है तो पहली बार 5 हजार, दूसरी बार में 15 हजार और तीसरी बार में एफआईआर होगी।

कानून के मुताबिक, जीतने पशु रखने के लिए लाइसेन्स मिला है उतने ही रखे जा सकेंगे।

25 दिसंबर 2023 को प्रधानमंत्री आवास पर क्रिसमस के आयोजन को लेकर निशाने पर आए मोदी 14 जनवरी 2024 को प्रधानमंत्री आवास में मकर संक्रांति के मौके पर गाय को चारा खिलाते दिखे। दरअसल मोदी को कभी अपने आवास पर कोई भी हिंदू त्योहार का आयोजन न करने को लेकर सवाल हो रहे थे। 2024 लोकसभा चुनाव को देखते हुए, गाय के साथ दिखना पड़ा।

बीजेपी ने ट्विट कर लिखा कि गौ सेवक मोदी! मकर संक्रांति के पावन अवसर पर प्रधानमंत्री श्री नरेंद्र मोदी ने अपने आवास पर गौ सेवा करते हुए गायों के समूह को चारा खिलाया।

गौरतलब हो कि 7 अगस्त 2023 को केंद्र सरकार ने साफ किया कि गाय को फिलहाल राष्ट्रीय पशु घोषित करने का कोई इरादा नहीं है। जब भी हिंदू हितों से जुड़े किसी भी मुद्दे पर मोदी सरकार ने जबाव दिया तो फिलहाल जरूर जोड़ा ताकि बहुसंख्यक हिंदू जो इनका वोटर है, उसके बीच आशा बनी रहे कि सरकार ने सिर्फ अभी के लिए मना किया है। कभी कर भी सकते हैं।

ये सब देख जो मोदी गाय को लोगों के आजीविका से जोड़ने वाले और पूजनीय बताने वाले मोदी नहीं चाहते कि गौ हत्या पर रोक लगे। अगर राष्ट्रीय पशु घोषित कर दे तो गाय काटने पर लगाम लगेगी। लेकिन ये गाय के पक्ष में बयान दे लोगों के भावनाओं का दोहन करना चाहते हैं। अगर इनकी थोड़ी सी आस्था होती तो ये सब नहीं करते जो कर रहे हैं।

ये पाठक तय कर सकते हैं कि मोदी कितने बड़े पशु प्रेमी और गाय प्रेमी हैं।

प्रायोजित विरोध में झुकने का कीर्तिमान

नरेंद्र मोदी के प्रधानमंत्री बनने के बाद मीडिया उन्हें वैश्विक और मजबूत नेता बताने लगी क्योंकि उनके अंदर भाषण देने और अभिनय की कला अद्भुत है। जिसे उनके विरोधी और समर्थक दोनों मानते हैं। विश्व के हर उस अच्छे चीज को मोदी से जोड़ते हैं जिसमें उनकी कोई भूमिका नहीं लेकिन जो गलत हो रहा हो, जिसमें उनकी भूमिका हैवैसी किसी घटना के लिए लोग, पुलिस, इनके विरोधी और विपक्ष इनमें से कोई न कोई जिम्मेवार है। मोदी को बेशक हिंदुत्ववादी और विपक्ष को हिंदू विरोधी बताते रहे लेकिन जिस मुद्दे पर विपक्ष ने हल्ला मचाया उस मुद्दे पर मोदी बोले भी और भावुक भी हुए। जाहिर सी बात है तथाकथित धर्मनिरपेक्ष राजनीति करने वाला हिंदुओं के मुद्दे पर तो बोलेगा नहीं। जब वो नहीं बोलेंगे तो मोदी भी नहीं बोलेंगे। अगर बोलते हैं तो इनका प्रचारतंत्र उसके लिए विपक्ष को जिम्मेवार बता, इनको क्लीनचीट देने का प्रयास करते दिखता है कि मोदी जी चुप रहते तो अंतराष्ट्रीय मुद्दा बन जाता और देश की बदनामी होती। अब सवाल है कि हिंदुओं के लिए बोलने वालों को सत्ता मिल गई फिर कोई बोलेगा कैसे? हिंदुओं के मुद्दे पर सिर्फ चुप ही नहीं रहे बल्कि सर्वाधिक नुकसान किया।

ऊना कांड

11 जुलाई 2016 को गुजरात के ऊना में कथित तौर पर कुछ दलित युवक मरी गाय का चमड़ी उतार रहे थे। गौरक्षक समिति का आरोप था कि ये सब गौ हत्या करते हैं। इस घटना में चार दलितों को अधनंगा करके बेरहमी से पीटा गया।

ये मुद्दा काफी उछला और विपक्ष भी हमलावर हो गया तो मोदी की प्रतिक्रिया आनी भी स्वाभाविक थी।

7 अगस्त 2016 को प्रधानमंत्री मोदी ने हैदराबाद में बीजेपी कार्यकर्ताओं को संबोधित करते हुए भावुक होते हुए कहा, 'मैं इन लोगों से कहना चाहता हूं कि अगर आपको कोई समस्या है, अगर आपको हमला करना है तो मुझ पर हमला करिए।

अगर आपको गोली मारनी है तो मुझे गोली मारिए, लेकिन मेरे दलित भाइयों को नहीं। यह खेल बंद होना चाहिए।'

ये प्रधानमंत्री की भाषा थी। गुजरात में लंबे समय से इनकी सरकार और ये खुद केंद्र में सरकार चला रहे। डबल इंजन की सरकार, उसके बाद भी खुद को पीड़ित दिखाना। सीधे मुख्यमंत्री को आदेश देते कि कठोर कार्रवाई करें किसी भी अराजक तत्वों के खिलाफ कड़ी कार्रवाई होनी चाहिए। कई मामले ऐसे भी मिलेंगे जहां दलित भी गैर दलित के ऊपर हमला करते हैं लेकिन मोदी का कोई बयान नहीं आता। ये दो समूह के बीच का मामला था लेकिन इन्हें अपना एजेंडा भी सेट करना था। बिना किसी विवाद के कोई किसी के ऊपर हमला नहीं करता। आम समय में कोई ऐसी स्थिति नहीं है कि दलित और गैर दलित पहचान की वजह से कोई किसी पर हमला कर देता है बशर्ते कोई दंगा फसाद न चल रहा हो।

गोली खाने की बात कर रहे थे। प्रधानमंत्री के नाते इतने सुरक्षा में होते हैं कि परिंदा भी पर नहीं मार सकता। 5 जनवरी 2022 को मोदी फिरोजपुर जा रहे थे। रास्ते में प्यारेना गाँव में किसान प्रदर्शन कर रहे थे। मीडिया ने इसे प्रधानमंत्री के सुरक्षा में बड़ी चूक बता दिया।। मोदी लौट आए और पंजाब के तत्कालीन मुख्यमंत्री चरणजीत सिंह चन्नी के लिए बोला कि चन्नी से बोल देना की मैं सुरक्षित वापिस आ गया।

मोदी के कई कार्यक्रम का मामला सामने आ चुका है जहां काला कपड़ा पहनकर जाने पर रोक होती है। 5 जनवरी 2018 को झारखंड के पलामू में मोदी के उद्घाटन कार्यक्रम में हर तरह के काला समान ले जाने और पहनने पर रोक था। वर्ष 2023 में दिल्ली विश्वविद्यालय के शताब्दी कार्यक्रम में मोदी शामिल हुए, जहां छात्रों को काला कपड़ा पहनने पर रोक था। ये काला कपड़ा नहीं झेल सकते लेकिन गोली खाने के लिए तैयार थे।

आजतक कौन सा प्रधानमंत्री हुआ जिसके पुतले नहीं जलाए गए, काला झंडा नहीं दिखाया या विरोध नहीं हुआ लेकिन इनके मामले में सीधा इनके खिलाफ हमला हो जाता है। मोदी इकलौते ऐसे प्रधानमंत्री हैं जिनका पुतला भी जलाने पर एफआईआर दर्ज हो जाता है।

मार्च 2022 में आम आदमी पार्टी ने दिल्ली में 'मोदी हटाओ देश बचाओ' का पोस्टर लगवाया। केंद्र सरकार के अधीन आने वाली दिल्ली पुलिस ने 100 से ज्यादा एफआईआर दर्ज किए और छह लोगों को गिरफ्तार किया गया। पुलिस का तर्क था कि पोस्टर पर प्रिंटिंग प्रेस का नाम दर्ज नहीं था।

प्रजातंत्र में लोगों का विरोध करने का जो अधिकार था वो भी छिन लिया गया। वो विरोध ही लंबे समय तक चल सकते हैं, जो प्रायोजित हों।

एससी-एसटी एक्ट से हिंदुओं को तोड़ने का प्रयास

एससी/एसटी एक्ट 1989 में हो रहे दुरुपयोग के मद्देनजर सुप्रीम कोर्ट ने 20 मार्च 2018 को महत्वपूर्ण फैसला दिया। सुप्रीम कोर्ट ने इस अधिनियम के तहत मिलने वाली शिकायत पर स्वतः एफआईआर और गिरफ्तारी पर रोक लगा दी।

सुप्रीम कोर्ट के फैसले के अनुसार शिकायत मिलने के बाद डीएसपी स्तर का पुलिस अधिकारी जांच करें। जांच किसी भी हाल में 7 दिन से अधिक न चले। इन नियमों का पालन न करने की स्थिति में

पुलिस पर अनुशासनात्मक एवं न्यायलय की अवमानना करने के संदर्भ में कार्रवाई की जाएगी। जांच के बाद ही एफआईआर दर्ज की जाए और गिरफ़्तारी से पहले एसएसपी से मंजूरी लेना होगा। अभियुक्त की भी तत्काल गिरफ़्तारी नहीं की जाएगी तथा गिरफ़्तारी से पहले उसकी जमानत का मार्ग प्रशस्त किया जाएगा।

किसी सरकारी कर्मचारी की गिरफ़्तारी से पहले उसके उच्चाधिकारी से लिखित अनुमति लेनी जरूरी होगी। सरकारी कर्मचारी अग्रिम जमानत के लिए भी आवेदन कर सकते हैं।

सरकारी कर्मचारी या आम आदमी गिरफ़्तारी के बाद पेशी के समय मजिस्ट्रेट द्वारा उक्त कारणों पर विचार करने के बाद यह तय किया जाएगा कि अभियुक्त को लंबे समय तक जेल में रखा जाए या नहीं।

सुप्रीम कोर्ट के फैसले के खिलाफ 2 अप्रैल 2018 को दलित संगठनों ने भारत बंद बुलाया।

सुप्रीम कोर्ट के फैसले के लिए मोदी सरकार को जिम्मेदार मानते हुए बीजेपी के खिलाफ मोर्चा खोल दिया। केंद्र सरकार और बीजेपी को दलित विरोधी बताया। दलित संगठनों ने सरकार को अल्टीमेटम दिया कि अगर 9 अगस्त 2018 तक एससी-एसटी एक्ट को पुराने स्वरूप में लाने वाला कानून नहीं बना तो वो बड़े पैमाने पर विरोध प्रदर्शन करेंगे।

देशभर में हुए दलित आंदोलन में कई इलाकों में हिंसा हुई, जिसमें एक दर्जन लोगों की मौत हुई थी। आंदोलन का सर्वाधिक प्रभाव मध्यप्रदेश में देखा गया। मध्यप्रदेश से एक तस्वीर सामने आई कि आंदोलन के दौरान एक व्यक्ति बजरंग बली की फोटो पर चप्पल से मारते देखा गया। कोई भी सनातनी दलित इस तरह भगवान के फोटो के साथ बर्ताव नहीं कर सकता। नवबुद्ध ही ये काम करते हैं, जो आज देवी देवताओं का सर्वाधिक अपमान करते है। धर्म बदलने के बाद भी खुद को दलित और आम सनातनी दलितों को गुमराह करते हैं।

4 अप्रैल 2018 को सुप्रीम कोर्ट में पुनर्विचार याचिका पर खुली अदालत में सुनवाई हुई। करीब 1 घंटे की सुनवाई में बेंच ने कहा कि कोर्ट ने एससी-एसटी एक्ट को कमजोर नहीं किया है। सुनवाई के बाद सुप्रीम कोर्ट ने अपने फैसले पर रोक लगाने से इनकार कर दिया।

पुनर्विचार याचिका पर मोदी सरकार ने लिखित जबाव में कहा कि एससी-एसटी एक्ट पर उसके हालिया फैसले ने कानून के प्रावधानों को कमजोर किया है। इससे देश को भारी नुकसान उठाना पड़ा है। सरकार ने कोर्ट से आदेश पर पुनर्विचार कर बदलने की अपील की।

कोर्ट को लिखित जबाव में केंद्र की तरफ से अटॉर्नी जनरल वेणुगोपाल ने कहा कि सुप्रीम कोर्ट ने एक बेहद संवेदनशील मुद्दे पर जो फैसला दिया, उससे देशभर में लोगों के बीच हलचल, गुस्सा और असहजता बढ़ी है। कोर्ट के आदेश से जो भ्रम की स्थिति पैदा हुई है, उसे ठीक करने के लिए फैसले पर पुनर्विचार जरूरी है। सुप्रीम कोर्ट ने अपने फैसले से एससी-एसटी एक्ट के प्रावधानों को न्यायिक कानून से संसोधित किया है, जबकि कार्यपालिका, न्यायपालिका और विधायिका के अपने अधिकार हैं और उनका उल्लंघन नहीं किया जा सकता।

सुप्रीम कोर्ट ने भारत बंद के दौरान हुई हिंसा पर कहा, अदालत के बाहर क्या हो रहा है इससे कोर्ट का कोई लेना देना नहीं है। जो लोग सड़कों पर प्रदर्शन कर रहे हैं उन लोगों ने कोर्ट के फैसले को पढ़ा तक नहीं है। उनमें से बहुत से लोग ऐसे हैं जो इसका फायदा उठाना चाहते हैं। कोर्ट ने कहा कि समाज के निचले तबके के कमजोर लोगों के हितों की रक्षा करना कोर्ट की जिम्मेदारी है। इसका ये मतलब नहीं कि निर्दोष लोगों को सजा हो जाए और कोर्ट इस बारे में अपनी आखें बंद रखे। एससी-एसटी एक्ट का इस्तेमाल निर्दोष लोगों को डराने के लिए नहीं किया जा सकता।

कोर्ट ने साफ किया कि वह एससी-एसटी एक्ट के खिलाफ नहीं है और न ही किसी भी तरह से इस कानून को कमजोर किया है बल्कि सिर्फ इस बात का की व्यवस्था की है कि इसकी वजह से कोई निर्दोष गिरफ्तार न हो।

सुनवाई के दौरान सुप्रीम कोर्ट ने अटॉर्नी जनरल केके वेणुगोपाल से पूछा कि कोई आप के खिलाफ झूठा आरोप लगा दे और आपकी गिरफ़्तारी हो जाए तब क्या होगा? तब आप काम किस तरह से करेंगे? इसलिए कोई भी कानून ऐसा नहीं होना चाहिए जिसमें निर्दोष लोगों को सजा हो जाए। कोर्ट ने सभी पक्षों को 2 दिनों में अपना पक्ष रखने को कहा और अगली सुनवाई के लिए 10 दिन बाद का समय दिया। सुप्रीम कोर्ट में ये मामला चलता रहा।

3 अप्रैल 2018 को ही लोकसभा में भगीरथ प्रसाद के लिखित उत्तर में गृह राज्यमंत्री हंसराज अहीर ने जानकारी दी कि साल 2012, 2013, 2014, 2015 और 2016 में दलितों के खिलाफ अपराध के कुल 1,92,577 मामले दर्ज हुए जबकि औसतन 25 फीसदी मामलों में ही दोष सिद्ध हो पाया।

खुद के सरकार के द्वारा जारी किए गए आँकड़े को नजरंदाज करते हुए नरेंद्र मोदी उस आंदोलन से इतना हिल गए कि उन्होंने अंतिम फैसला आने के इंतज़ार करने के बजाय सुप्रीम कोर्ट के फैसले को पलट दिया क्योंकि उस आंदोलन के पीछे और उसमें शामिल बड़ा धड़ा उनका वोटर नहीं था।

अगस्त 2018 में मोदी सरकार ने सुप्रीम कोर्ट के फैसले को पलटते हुए एससी-एसटी एक्ट को और खूंखार बना दिया। कानून के रूप में ऐसा हथियार पकड़ा दिया जिसका इस्तेमाल निर्दोष लोगों के खिलाफ हो रहा है। अब शिकायत दर्ज होते ही एफआईआर दर्ज करते हुए गिरफ्तार करना होगा। 6 महीने जेल में रहने के बाद मामले की सुनवाई होगी। किसी के लिए अग्रिम जमानत का कोई प्रावधान नहीं होगा। ये जानते हुए कि बड़े पैमाने पर इस कानून का दुरुपयोग हो रहा है उसके बाद भी फर्जी मुकदमा दायर करने वालों के खिलाफ सजा का कोई प्रावधान नहीं रखा।

मोदी सरकार ने एससी-एसटी एक्ट अधिनियम 2016 में ही पूर्व के एससी-एसटी एक्ट में अपराधों की सूची को 22 से बढ़ाकर 47 कर दिया। एससी एसटी एक्ट में मिलने वाली मुआवजा की राशि बढ़ा दी। सामूहिक बलात्कार, हत्या और एसिड अटैक में राज्य सरकार को न्यूनतम 8.5 लाख रुपये देना होगा।

एससी-एसटी एक्ट अधिनियम 2011 में 22 प्रकार के अपराधों के लिए न्यूनतम मुआवजा का प्रावधान 60,000 रुपये से 5 लाख तक का था। अब 47 प्रकार के अपराधों में 1 लाख से 8.25 रुपये का प्रावधान किया।

बढ़ी हुई राशि का भुगतान अब राज्य द्वारा घटना की सूचना दिए जाने के 7 दिनों के भीतर या तो पूर्ण रूप से जांच और परीक्षण के विभिन्न चरणों में, एक कार्यक्रम के अनुसार होना चाहिए।

जिला मजिस्ट्रेट को इसके लिए राज्य के खजाने से तुरंत पैसा निकालने के लिए अधिकृत किया गया है। अदालतों को सामाजिक-आर्थिक पुनर्वास का आदेश देने का भी अधिकार दिया गया है। पुलिस को एससी-एसटी पीड़ित मामलों में 60 दिनों में आरोप पत्र दाखिल करना होगा और किसी भी देरी के बारे में अधिकारियों को लिखित में बताना होगा।

अगस्त 2022 में हाईकोर्ट की लखनऊ खंडपीठ ने अनुसूचित जाति-अनुसूचित जनजाति के उत्पीड़न के मामलों में अभियुक्त की दोससिद्धि के बाद मुआवजे का फैसला पारित किया। दोससिद्धि से पहले ही 2019 से जुलाई 2022 तक मात्र तीन साल में 2548 मामलों में 17.86 करोड़ मुआवजा दिया गया।

एफआईआर, आरोप पत्र दाखिल होने पर और दोससिद्ध होने पर निर्धारित को अलग-अलग हिस्सों में बांटा जाता है। अधिकांश मामलों में पीड़ित को 75 फीसदी तक धनराशि आरोप पत्र दाखिल होने तक मिल जाता है। समाज कल्याण विभाग में मामले लंबे चलते हैं, ऐसे में सिर्फ 10 फीसदी मामले ऐसे हैं, जिसमें पीड़ित को निर्णय के बाद आर्थिक सहायता मिलती है।

दबी जुबान में विभागीय अधिकारी स्वीकारते हैं कि ज्यादातर मामलों में एससी-एसटी एक्ट में मुआवजे का पैसा मिलने के बाद पीड़ित पक्ष अभियुक्त से सुलह कर लेते हैं।

एससी-एसटी एक्ट में केस दर्ज होते ही आधी रकम मिल जाती है। चार्जशीट दाखिल होने के बाद बची हुई रकम का आधा पैसा मिल जाता है। बची हुई धनराशि सजा होने के बाद मिल जाती है। चार्जशीट दाखिल होने के बाद कोर्ट में समझौता हो गया तो सजा के मिलने वाला कुल राशि का 25 फीसदी नहीं मिलता है।

कोर्ट ने कहा कि हम प्रतिदिन चलन देख रहे हैं कि एससी-एसटी एक्ट के तहत दर्ज मामलों में मुआवजा मिलने के बाद पीड़ित अभियुक्त से समझौता कर लेते हैं।

कोर्ट ने कहा कि ऐसे तो कारदाताओं के पैसे का दुरुपरोग हो रहा है। उचित ये होगा कि एससी-एसटी एक्ट के तहत एफआईआर दर्ज होने या सिर्फ चार्जशीट दाखिल होने पर ही मुआवजा न दिया जाए, बल्कि अभियुक्त पर दोष साबित होने पर ही मुआवजा दिया जाए। कोर्ट ने आगे कहा कि जिन मामलों में मुआवजा दिया जा चुका है और बाद में उस मामले में समझौता हो गया व चार्जशीट खारिज हो चुकी है। ऐसे मामलों में सरकार दी हुई मुआवजा की रिकवरी करने के लिए स्वतंत्र है।

कोर्ट के फ़ैसले के बाद भी सरकार को कोई फ़र्क नहीं पड़ा और कोई भी मामला सामने नहीं आया जहां सरकार ने किसी को दी हुई मुआवजा की रिकवरी की हो।

एससी-एसटी एक्ट में कोर्ट में समझौता करने वाले वही तथाकथित पीड़ित होते हैं जो 75 फीसदी सरकार से मुआवजा और तथाकथित अपराधी से समझौता कर पैसे ऐंठ चुके होते हैं।

ये एक्ट पूरी तरह से वसूली एक्ट बन गया जहां सरकार से मुआवजा और तथाकथित अपराधी से पैसे वसूली की जाती है। एससी-एसटी एक्ट में वसूली के लिए गिरोह सक्रिय हो गया। आज ये बड़े पैमाने पर कमाई का जरिया बन गया है जिसको लेकर समय समय पर कोर्ट के फैसले आते रहे हैं लेकिन सरकार को कोई फर्क नहीं पड़ता क्योंकि इससे हिंदू समाज के बीच में खाई पड़ रही है। आज देश में इसका सर्वाधिक दुरुपयोग हो रहा है लेकिन नरेंद्र मोदी के मंशा की पूर्ति हो रही है। कई जिलों के मामले सामने आए जहां 80-100 फीसदी तक मामले फर्जी पाए जा रहे हैं लेकिन इससे मोदी सरकार को कोई फर्क नहीं पड़ रहा क्योंकि वो जिस एजेंडा से इस एक्ट को मजबूत किए थे उसकी पूर्ति हो रही है।

एससी-एसटी एक्ट के अनगिनत ऐसे मामले सामने आए हैं जो पूरी तरह इस कानून का दुरुपयोग ही नहीं बल्कि दूसरे बेकसूर पक्ष को बेवजह प्रताड़ित करने और धन उगाही के लिए इस्तेमाल किया गया।

बदायूं उत्तरप्रदेश में बिल्सी थाना क्षेत्र से मामला सामने आया, जहां पेट्रोल के पैसे मांगने पर दलित युवक के द्वारा सेल्समैन के साथ मारपीट कर उसे एससी-एसटी एक्ट में फंसाकर जेल भेजने की धमकी दी गई। जिसके बाद पेट्रोल पंप के मालिक विष्णु असावा के द्वारा युवक रवि के खिलाफ मामला दर्ज कराया गया।

पेट्रोल पंप मालिक ने बताया कि सेल्समैनों को डरा धमकाकर गाड़ी में पेट्रोल डलवा लेता है और जब पैसे मांगते हैं तो दबंगई दिखाकर एससी-एससी एक्ट के फर्जी मुकदमे में जेल भेजने की धमकी देता है।

पेट्रोल पंप के मालिक ने आगे बताया कि अभी बीते दिनों पहले रवि पंप पर आया और पेट्रोल डालने को कहा तो सेल्समैन ने मना कर दिया। जिसके बाद उसने सेल्समैन के साथ गाली गलौज करते हुए लाठी व डंडों से मारपीट की, जिससे उसे गंभीर चोट आई। इतना ही नहीं उसने सेल्समैन को हर महीने 5 हजार का फ्री पेट्रोल डालने को कहा।

पंप मालिक विष्णु असावा ने पुलिस को बताया कि रवि पंप न चलने देने और जान से मारने की धमकी देकर गया है। पूरी घटना की वीडियो सीसीटीवी कमेरों में रिकॉर्ड है। पंप मालिक ने कहा कि रवि का पूरे इलाके में आतंक है, वह इसी तरह आए दिन लोगों को एससी-एसटी एक्ट की धमकी देकर रंगदारी मांगता है।

राजस्थान के भरतपुर जिले के मथुरा गेट थाना क्षेत्र से एक एससी-एसटी एक्ट के दुरुपयोग का मामला सामने आया। जहां बेटे को झूठे एससी-एसटी एक्ट में फंसाने की धमकियों से परेशान होकर एक पूर्व सैनिक की पत्नी ने आत्महत्या कर ली। महिला ने आत्महत्या करने से पहले एक सुसाइड नोट भी लिखा। जिसमें लिखा कि मैं मछला देवी, मेरे बेटे रोहित को गाँव के कुछ लोग झूठे एससी-एसटी एक्ट में फंसाने और साथ ही 10 लाख रुपये न देने पर वेरीफिकेशन न होने देने की धमकी दे रहे हैं, इन्हीं धमकियों से परेशान होकर मैं आत्महत्या कर रही हूँ।

मृतक महिला मछला देवी मथुरा जिले के महुवन गाँव की रहने वाली थी, लेकिन 9 साल पहले वह भरतपुर के मथुरा गेट थाना क्षेत्र के ब्रज विहार में आकर अपने बेटे रोहित के साथ रहने लगी थी। मृतक महिला के पति हरिओम सिंह आर्मी में जवान थे, लेकिन तबीयत खराब होने के कारण 22 जुलाई 2006 को उनकी मौत हो गई थी। 45 दिन पहले ही उनके बेटे रोहित को आर्मी में नौकरी मिली थी।

मछला देवी अपने गाँव गई थी, उसी दौरान उनके बेटे की गाँव के ही भीकम नामक व्यक्ति से किसी बात को लेकर कहासुनी और हाथापाई हो गई। जिसके बाद भीकम और लाखन धमकी दे रहे थे कि अगर अपने बेटे और उसकी नौकरी को बचना चाहती हो तो 10 लाख रुपये दे दो, वरना उसके खिलाफ एससी-एसटी एक्ट के तहत मुकदमा दर्ज करा देंगे।

आगरा के ताजगंज क्षेत्र की पुष्पांजलि ईको सिटी कॉलोनी में पूर्व सेना के जवान अनिल कुमार की पत्नी संगीता के जिंदा जलने का मामला सामने आया।

अनिल के बेटे आयुष का पड़ोसी भारत खरे के बेटे से झगड़ा हो गया। भरत खरे ने अनिल और संगीता के खिलाफ एससी-एसटी एक्ट के तहत मुकदमा दर्ज करा दिया।

मामले की समझौता के लिए कॉलोनी में पंचायत हुई। पंचायत में समझौते के एवज में दस लाख रुपये की मांग की गई और उनके पत्नी से पैर छूकर माफी मांगने की बात कही गई, जिस पर संगीता अपने घर चली गई।

अनिल ने बताया कि भरत खरे और उसकी पत्नी सुनीता, दीपक, सोनू सहित दस-बारह लोग संगीता के पीछे गए और उस पर मिट्टी का तेल डालकर आग लगा दी। आग में बुरी तरह झुलसी संगीता की दिल्ली के एक अस्पताल में मौत हो गई।

इटावा उत्तरप्रदेश के सैफई थाना क्षेत्र के लोहा गाँव निवासी 22 वर्षीय अंकित यादव ने एससी-एसटी एक्ट के तहत मुकदमा दर्ज होने से परेशान होकर खुद को गोली मारकर आत्महत्या कर ली।

अंकित यादव दूध डेयरी चलते थे। दूध न देने पर दलित युवक से कहासुनी हो गई, जिसके बाद उनके खिलाफ एससी-एसटी एक्ट के तहत मुकदमा दर्ज करा दिया। पुलिस ने भी एफआईआर दर्ज कर आनन फानन में चार्जशीट दाखिल कर दिया। कोर्ट में सुनवाई से लौटे अंकित ने अकेला पा कर खुद को गोली मार ली।

राजस्थान के हनुमानगढ़ जिले में सदर पुलिस थाना क्षेत्र के करणीसर गाँव में एससी-एसटी एक्ट का मामले सामने आया, जहां ग्रामीणों ने आरोप लगाया कि करणीसर गाँव निवासी अधिवक्ता विनोद वर्मा ने अपने ही गाँव के 7-8 लोगों के खिलाफ लूटपाट और एससी-एसटी एक्ट के तहत मुकदमा दर्ज करा दिया, जो बिल्कुल झूठा और निराधार है।

ग्रामीणों का कहना था कि विनोद वर्मा वकालत का काम करता है, वह ग्रामीणों को धमकी देकर असामाजिक तत्वों को गाँव में बुलाता है और गाँव की ही स्कूल में पढ़ रही लड़कियों के साथ छेड़छाड़ करने और एससी-एसटी एक्ट के तहत झूठे मुकदमे दर्ज करवाने जैसे गलत कामों के लिए लोगों को उकसाता है।

मध्यप्रदेश के भिंड जिले में वार्ड नंबर 12 में मनोज बौहरे के घर में उसी वार्ड के निवासी दलित युवक राकेश जाटव चोरी करने के इरादे से घर में घुस गया और छुपकर बैठ गया।

जब घर वालों की नजर उसपर पड़ी तो पकड़ लिया और घर में बंद कर दिया तो उन्हें ही एससी-एसटी एक्ट में फंसाने की धमकी देने लगा।

जिसके बाद मुहल्ले वाले एकट्ठा हुए और उस चोर को पुलिस के हवाले कर दिया।

उत्तरप्रदेश के अलीगढ़ के एसएसपी राजेश पाण्डेय ने एक मामला पकड़ा जिसमें विष्णु और उसके परिवार का एससी-एसटी एक्ट के तहत फर्जी मुकदमा दर्ज करा पैसे कमाना उसका रोजगार था। 10 मुकदमे दर्ज करा लगभग 3 लाख 6100 रुपये वसूली कर चुका था। खास बात ये है कि 11वां मुकदमा दर्ज कराने के लिए एगलाश कोतवाली में एक और प्रार्थना पत्र दे चुका था।

उत्तर प्रदेश के ही अलीगढ़ से दूसरा मामला सामने आया, जिसमें नगला छितर के रहने वाले मनोज कुमार ने एसएसपी को शिकायत पत्र देते हुए आरोप लगाया कि टप्पल क्षेत्र की रहने वाली एक महिला द्वारा सरकारी अनुदान के लिए अब तक पिछले 5 सालों में लगभग 15 मुकदमे दर्ज कराए जा चुके हैं। इन 15 मुकदमों में लगभग 150 लोग नामजद हैं।

शिकायत में कहा गया कि कुछ मुकदमों में महिला द्वारासरकार की तरफ से मिलने वाले अनुदान को भी लिया गया है। महिला के द्वारा फर्जी एससी-एसटी एक्ट के तहत मुकदमा दर्ज कराया जाता है और फिर उस मुकदमे में फैसला के लिए दबाव बनाते हुए मोटी रकम लेती है। मनोज कुमार ने आरोप लगाया कि महिला ने उसके खिलाफ एससी-एसटी एक्ट के तहत मुकदमा दर्ज कराया है। जब महिला के परिवार वालों से बात की गई तो महिला 8 लाख रुपये मांग रही है। महिला जेल भिजवाने की धमकी दे रही है।

राजस्थान के जयपुर में चार्टर्ड अकाउंटेंट रक्षित खंडेलवाल के आत्महत्या का मामला सामने आया। अपनी मां के खिलाफ दायर झूठे एससी-एसटी एक्ट केस के कारण जयपुर के मुहाना थाना क्षेत्र के रहने वाले खंडेलवाल ने अपने परिवार की बेइज्जती से परेशान होकर अपने चौथे माले पर स्थित फ्लैट से कूदकर जान दे दी।

रक्षित का एक सुसाइड नोट भी मिला, जिसमें उसने आपबीती लिखी। उन्होंने लिखा कि भीम सिंह नाम के व्यक्ति ने उनके परिवार, यहाँ तक कि उनकी मां के खिलाफ एससी-एसटी एक्ट का मुकदमा दर्ज कराया है। भीम सिंह लगातार उन्हें परेशान कर रहा है, उनके परिवार के पास पैसा नहीं है। डीएसपी सतीश वर्मा उसका साथ दे रहे हैं। मेरा मरना बहुत जरूरी था, कृपया मेरे जाने के बाद मेरे परिवार को परेशान न किया जाए।

राजस्थान के सुराणा गाँव के एक विद्यालय के हेडमास्टर छैल सिंह पर दलित छात्र को मटका से पानी पीने को लेकर पिटाई को लेकर एससी-एसटी एक्ट के तहत मुकदमा दर्ज कराया गया। राजस्थान बाल अधिकार संरक्षण आयोग और पुलिस के वरिष्ठ अधिकारियों ने पाया कि स्कूल में मटका था ही नहीं!

स्कूल के दलित शिक्षकों एवं छात्रों का भी कहना था कि स्कूल में मटका था ही नहीं, सभी लोग एक ही टंकी से पानी पीते हैं। वहीं, बच्चे के पिता ने इसे जातीय रंग देते हुए अपनी प्राथमिकी में पिटाई का कारण मटके से पानी पीना बताया।

अधिकारियों के अनुसार, स्कूल में दो छात्र आपस में झगड़ा कर रहे थे, इसी दौरान वहां से गुजर रहे हेडमास्टर छैल सिंह ने दोनों को थप्पड़ लगा दिए। 23 दिन बाद दलित छात्र की अस्पताल में मौत हो गई। जिसके कान में पहले से संक्रमण की बीमारी थी।

महाराष्ट्र में लेडी सिंघम के नाम से प्रसिद्ध रेंज फॉरेस्ट ऑफिसर दीपाली चव्हाण ने अपनी खुद की सर्विस रिवॉल्वर से खुद को गोली मार ली।

पोस्टमॉर्टम रिपोर्ट से सामने आया कि मौत के वक्त दीपाली पांच महीने की गर्भवती थी।

पुलिस ने घटनास्थल से एक सुसाइड नोट बरामद किया, जिसमें उसने अपने वरिष्ठ भारतीय वन सेवा अधिकारी विनोद शिवकुमार के हाथों अपने साथ हुई यातना और यौन उत्पीड़न का जिक्र किया था। नोट में अपनी आपबीती बताई और दोषियों के खिलाफ सख्त कारवाई की मांग कि ताकि किसी और को ऐसा न झेलना पड़े। दीपाली ने शिवकुमार की शराबी प्रकृति, सार्वजनिक और निजी तौर पर गंदी और अपमानजनक भाषा का उपयोग, यौन उत्पीड़न और शारीरिक संबंध बनाने के संकेतों के बारे में भी लिखा।

विरोध करने पर वह उसे मानसिक और शारीरिक रूप से प्रताड़ित करते थे। वह मुझसे देर रात में मिलने के लिए कहते थे और मुझसे अश्लील भाषा में बात करते थे। कई बार उन्होंने मेरे अकेले होने का अनुचित फायदा उठाने की कोशिश की। वह मुझे उसकी सनक के आगे न झुकने की सजा दे रहे हैं।

कई बार उन्होंने एससी-एसटी एक्ट लगाने की धमकी दी। दीपाली को धमकाने की ऑडियो भी सामने आई। ऑडियो में विनोद शिवकुमार दीपाली को धमकाते हुए उनपर हरिजन एक्ट लगाने की बोलकर धमका रहा था। ऑडियो में विनोद शिवकुमार बोल रहा था कि मैं तुम्हें बताता हूँ कि उत्पीड़न क्या होता है।

उत्तरप्रदेश के सुल्तानपुर से हैरान करने वाला मामला सामने आया, जब एक 25 वर्षीय ब्राह्मण लड़की ने एक पुलिस अधिकारी पर छेड़छाड़ और उत्पीड़न का आरोप लगाया। सुल्तानपुर एसपी को दी गई शिकायत में उसने आरोप लगाया कि सब इंस्पेक्टर विकास कुमार अपनी यौन इच्छाओं को पूरा करने के लिए उसे रिश्ते में आने के लिए मजबूर कर रहा है।

निराला नगर थाने में तैनात विकास कुमार पिछले दो महीने से लड़की का पीछा कर रहा था। उसने लड़की का फोन नंबर व्यवस्थित किया और अपने निजी नंबर से संपर्क करने का प्रयास किया। साथ ही, एक ऑडियो रिकॉर्डिंग वायरल हो गया। जिसमें बह लड़की को अपनी गर्लफ्रेंड बनने का आदेश देते हुए सुना गया क्योंकि उसकी पत्नी 6 महीने की गर्भवती है, इसलिए शारीरिक जरूरत पूरी करने के लिए उसे किसी लड़की की जरूरत है।

लड़की ने आगे बताया कि विकास कुमार तीन महीने से उसका पीछा कर रहा था और उसने कई बार बात करने की कोशिश की। जब मैंने उसके व्यवहार और कृत्यों पर आपत्ति जताई तो उसने एससी-एसटी एक्ट लगाने की धमकी दी। लड़की ने व्हाट्स एप कॉल डिटेल और वीडियो कॉल की स्क्रीनशॉट एसपी को सौंपा।

हरियाणा के जींद के सफीदों क्षेत्र के पाजू कलां के रहने वाले 24 वर्षीय दीपक द्वारा फेसबुक लाइव में जहर पीकर जान देने की कोशिश का मामला सामने आया।

युवक ने अपने सुसाइड में लिखा कि 9 लोगों ने उसपर और उसके 5 साथियों के ऊपर हमला कर दिया। मारपीट में दोनों पक्षों को चोटें आई थी लेकिन दलित पक्ष के युवाओं ने उनपर एससी-एसटी एक्ट के तहत मुकदमा दर्ज करा दिया। गिरफ्तारी से बचने के लिए दीपक 10 दिन से गायब था। पीड़ित ने अपने सुसाइड लेटर में लिखा कि उससे 10-12 लाख रुपये की मांग की जा रही थी। दीपक ने कहा कि वो बेहद गरीब परिवार से है।

फेसबुक लाइव देख उसके दोस्त मदद करने पहुंचे और उसे गंभीर हालात में अस्पताल में भर्ती कराया।

हरियाणा के हिसार जिले में सेवानिवृत जीआरपी सब इंस्पेक्टर रघुबीर सिंह ने हिसार-बरवाला रेलवे लाइन पर ट्रेन से कटकर जान दे दी, जहां पोस्टमार्टम के बाद मृतक के परिजनों व ग्रामीणों ने शव लेने से इनकार कर दिया। आरोप है कि एससी-एसटी एक्ट के तहत झूठा मुकदमा दर्ज होने और साथी पुलिसकर्मियों से परेशान होकर मृतक रघुबीर सिंह ने ये कदम उठाया।

हरियाणा के ही हिसार से दूसरा मामला सामने आया। एक महिला ने बार-बार दर्ज कराए जा रहे एससी-एसटी एक्ट से तंग आकर अपनी जान दे दी। चौधरीवास गाँव की रहने वाली 40 वर्षीय सावित्री 40 दिन जेल में रहकर आई। जिसके बाद फिर उनके ऊपर दलित उत्पीड़न का मामला दर्ज कराया गया। मृतिका ने झूठे मामलों से तंग आकर जहर खाकर अपनी जान दे दी।

हरियाणा के करनाल जिले के खरक गादिया के 35 वर्षीय सरपंच प्रतिनिधि प्रगट सिंह ने जहर खाकर आत्महत्या कर ली। परिजनों ने बताया कि गाँव के व्यक्ति ने उसपर एससी-एसटी एक्ट के तहत झूठा मुकदमा दर्ज करा रखा था, इस सदमे में उसने आत्महत्या कर ली।

उत्तर प्रदेश के चंदौली जिले के चकिया विधायक शारदा प्रसाद को तो लोकल न्यूज पोर्टल पूर्वांचल टाइम्स/वी सी खबर पर चलाई गई खबर इतनी नागवार गुजरी कि उन्होंने पत्रकारों के खिलाफ ही एससी-एसटी एक्ट के तहत मुकदमा दर्ज करा दिया। न्यूज पोर्टल पर चकिया के वनवासियों को लेकर एक खबर प्रकाशित हुई थी। जिसमें कुछ मजदूरों ने आरोप लगाया था कि उनसे काम करा लिया गया और उनकी मजदूरी का भुगतान नहीं किया गया। यह खबर विधायक जी को बिल्कुल पसंद नहीं आई। पहले तो पत्रकारों को पुलिस से उठवा लिया और फिर उनपर एससी-एसटी एक्ट के तहत मुकदमा दर्ज करा दिया। उसमें से एक पत्रकार कार्तिक पाण्डेय को गिरफ्तार कर जेल भेज दिया गया।

दलित की हक का आवाज उठाने के लिए दलित विधायक के द्वारा गैर दलित पत्रकार को जेल भिजवा दिया गया।

दलित नेता उदित राज ने पत्रकार को खुलेआम एससी-एसटी एक्ट लगवाने की धमकी दी। कई जगह यहां कि सोशल मीडिया में भी खुलेआम एससी-एसटी एक्ट लगवाने की धमकी दी जा रही।

बिहार के खगड़िया में एससी-एसटी और छेड़छाड़ का मामला सामने आया। जहां कक्षा एक में पढ़ने वाले नौनिहाल पर अनुसूचित जाति की महिला से छेड़छाड़ करने और जातिगत अत्याचार का आरोप लगा। थाने से लेकर डीएसपी ने बच्चे पर लगे आरोप को सही करार देते हुए पुलिस को गिरफ़्तारी का आदेश दे दिया। जब उसके परिवार के लोग एसपी के पास पहुंचे तो उन्होनें मामलें की जांच कराने की बात कही।

दरअसल पूरा मामला खगड़िया जिले के गोंगरी थाना क्षेत्र के फतेहपुर गाँव का था। जहां एक अनुसूचित जाति के महिला का गाँव के फुलरन यादव, अरविंद यादव आदि से विवाद हो गया था। जिसमें महिला ने आरोपी पक्ष पर मारपीट, छेड़छाड़ और लूटपाट का आरोप लगाया था। महिला के शिकायत पर 4 आरोपितों पर एफआईआर दर्ज कर लिया गया।

छेड़खानी, जातिगत अत्याचार और लूटपाट में एक साल के बच्चे के गिरफ़्तारी के लिए छापेमारी भी शुरू कर दी। इस मामले में अभियुक्त बनाए गए एक और व्यक्ति अरविंद यादव थे जो बिहार से बाहर मजदूरी करते थे और उस समय बिहार से बाहर थे।

बिहार पुलिस की काफी फजीहत के बाद दोबारा जांच के आदेश दिए गए।

गाँव के मुखिया कृष्ण नंद ने बताया कि मामला पैसे को लेकर था। यादव परिवार ने दलित महिला को उधार पैसे दे रखे थे और जब मांगने लगे तो एससी-एसटी एक्ट लगा दिया।

उत्तरप्रदेश के अलीगढ़ जिले के पोथी गाँव में 70 वर्षीय शेर सिंह चौहान को बटाई पर दिए गए खेत का पैसा मांगने पर बुरी तरह पीटकर गाँव में घुमाया गया। साथ ही बुगुर्ज पर पॉस्को और एससी-एसटी एक्ट का मुकदमा भी दर्ज करा दिया गया।

शेर सिंह चौहान ने अपनी एफआईआर में बताया कि जब वो बटाई का 1 लाख 20 हजार मांगने गए तो आरोपितों ने उन्हें भगा दिया और खेत पर भी कब्जा कर लिया। पीड़ित के मुताबिक जब उन्होंने ट्रैक्टर ले जाकर अपने खेत को जोतना शुरू किया तो आरोपितों ने उनके ऊपर लाठी डंडे से हमला कर दिया, जिससे उनके शरीर में कई जगह फ्रैक्चर हो गया है। साथ ही आरोपी जितेंद्र ने उनके ऊपर तमंचे से फायर कर दिया। हमले में गोली पास से होकर गुजरी।

शेर सिंह चौहान ने बताया कि उनकी उम्र 70 वर्ष हो गई है और आरोपितों ने उन्हें घसीट कर मारा पीटा। इस प्रकरण की वीडियो भी बनाई और आरोपितों ने खुद वायरल की। शेर सिंह चौहान ने बताया कि वह राजपूत समाज से आते हैं और जाटव हैं। आए दिन वे उन्हें एससी-एसटी एक्ट में फ़ंसाने की धमकी देते रहते हैं। पहले भी पैसे के लेन देन को लेकर कई बार विवाद हो चुके हैं, जिसपर आरोपितों ने पैसे लौटाने की बात कही थी।

मथुरा के नौहझील थाना क्षेत्र से फर्जी एससी-एसटी एक्ट का मामला सामने आया। भैरई में 6 साल के बच्चे प्रिंस का शव कुएं में मिला। बच्चे की मां गुड्डी ने गाँव के ब्राह्मण परिवार के 6 लोगों पर अपने बेटे के हत्या का आरोप लगा दिया। पुलिस ने तुरंत उन्हें गिरफ्तार कर जेल भेज दिया। गुड्डी ने सरकार से 4 लाख 22 हजार 500 रुपए का मुआवजा भी ले लिया।

बाद में पुलिस जांच में सामने आया कि गुड्डी के पति की हत्या गाँव के एक शख्स ने कर दी थी लेकिन महिला उसी ब्राह्मण परिवार के युवक के ऊपर हत्या का आरोप लगा जेल भिजवा दिया और सरकार से साढ़े आठ लाख का मुआवजा भी ले लिया। पति की हत्या के बाद उसके संबंध अपने देवर से बन गए। महिला और उसके प्रेमी देवर को बच्चे ने आपत्तिजनक हालात में देख लिया था। वह ये बात सभी को बताने का बोलने लगा। महिला ने अपने देवर के साथ मिलकर बच्चे को मारकर कुएं में डाल दिया और ब्राह्मण परिवार को एससी-एसटी एक्ट के तहत हत्या के मामले में फंसा दिया।

उत्तरप्रदेश के जालौन जिले से फर्जी एससी-एसटी एक्ट का अजीबोगरीब मामला सामने आया, जहां 17 साल पहले मार चुके एक युवक के खिलाफ एससी-एसटी एक्ट के तहत 2020 में मुकदमा दर्ज करा दिया गया। पुलिस ने भी इस पूरे मामले में बिना जांच पड़ताल किए ही मृतक के खिलाफ चार्जशीट दाखिल कर दिया।

कोर्ट ने संज्ञान लेते हुए जांच करने वाले तत्कालीन डिप्टी एसपी और मुकदमा दर्ज कराकर कोर्ट में झूठी गवाही देने वाले पांच अन्य लोगों के खिलाफ एफआईआर दर्ज करने के आदेश दिए।

पूरा मामला कदौरा थाना क्षेत्र के चतेला गाँव का है, जहां गाँव के एक दलित व्यक्ति राम सिंह ने पूर्व प्रधान इदरीस और उसके मृत बेटे कासिम के खिलाफ 13 जुलाई 2020 को घर में घुसकर मारने, गाली गलौज करने और जान से मारने की धमकी देने के आरोप में कदौरा थाने में शिकायत दर्ज कराई। जिसके बाद पुलिस ने पूर्व प्रधान और उसके बेटे के खिलाफ एससी-एसटी एक्ट के विभिन्न धाराओं में मुकदमा दर्ज कर लिया और कोर्ट में चार्जशीट दाखिल कर दी, लेकिन कोर्ट ने नामंजूर कर दिया।

कोर्ट में चार्जशीट दाखिल होने के बाद मुकदमा दर्ज करने वाले राम सिंह, उसके पुत्र ज्ञान सिंह और पत्नी हीराकली व अन्य ने पिता व पुत्र के खिलाफ कोर्ट में बयान भी दे दिए।

कोर्ट में बयान दर्ज होने के बाद पुलिस ने इदरीस को जेल भेज दिया और उसके मृत बेटे कासिम को फरार बता दिया। जिसके बाद पूर्व प्रधान इदरीस ने अपने वकील के माध्यम से मुख्य न्यायिक मजिस्ट्रेट को प्रार्थना पत्र लिखते हुए बताया कि उसके साथ-साथ जिस बेटे को मुकदमा दर्ज कराया गया है, उसकी मौत 15 दिसंबर 2003 को हो गई थी। यह मुकदमा आपसी रंजिश के तहत दर्ज कराया गया है, जो कि पूर्ण रूप से फर्जी और झूठा है।

उत्तरप्रदेश के प्रतापगढ़ जिले में उदयपुर थाना क्षेत्र के कुड़वारा गाँव में एक दलित युवक द्वारा ब्राह्मण महिला के घर में घुसकर उसके साथ जबरन रेप करने के प्रयास का मामला सामने आया, जिसमें पीड़ित परिवार ने आरोप लगाया कि पुलिस ने आरोपी के खिलाफ कार्रवाई न करके उल्टा आरोपी की शिकायत पर पीड़िता के परिजनों के खिलाफ ही एससी-एसटी एक्ट सहित विभिन्न धाराओं मुकदमा दर्ज कर लिया है।

पीड़ित परिवार ने हमें बताया कि रात के समय बेनीदीन (उछापुर) निवासी हेमराज पुत्र रामखेलावन सरोज उसके घर में घुस आया और महिला को अकेला पाकर जबरन उसके साथ रेप का प्रयास करने लगा।

जिसके बाद पीड़िता के विरोध करने और शोर मचाने पर गांव के आस-पास कै लोग इकट्ठा हो गए और लोगों को आता देख आरोपी पीड़ित महिला को गंदी-गंदी गालियां देने लगा और उसे जान से मारने की धमकी देते हुए भाग गया, इतना ही नहीं दूसरे दिन उदयपुर थाने पहुंच कर पीड़िता के पति और चार अन्य परिवार जनों के खिलाफ ही गाली गलौज और मारपीट करने के आरोप में एससी-एसटी एक्ट के तहत मुकदमा दर्ज करा दिया।

प्रयागराज में तो वकीलों के खिलाफ रेप और एससी एसटी एक्ट के गंभीर धाराओं में केस दर्ज कराए गए। वकीलों के अनुसार केस की पैरवी न करने और धन उगाही के लिए दबाव बनाने के लिए फर्जी मुकदमा दर्ज कराए गए।

उन्होंने बताया कि एक संगठित गिरोह वकीलों के खिलाफ फर्जी मुकदमे दर्ज कराकर उनका उत्पीड़न कर रहा है। कोर्ट के सामने इस तरह के 51 एफआईआर की सूची सौंपी गई। इनमें से 36 मुकदमे अकेले मऊआइमा थाने में दर्ज था। इलाहाबाद हाईकोर्ट ने इन सभी मामलों की जांच सीबीआई को सौंप दी।

इलाहाबाद कोर्ट के आदेश पर सीबीआई लखनऊ की स्पेशल क्राइम ब्रांच ने फर्जी मुकदमा कराने वाले गिरोह के खिलाफ तीन मुकदमे दर्ज किए।

यह गिरोह प्रयागराज में वकीलों समेत अन्य लोगों को फर्जी मुकदमों में फंसाकर ब्लैकमेल कर रहा था। यह गैंग महिलाओं के जरिए निर्दोष लोगों पर फर्जी केस दर्ज कराता था और उन्हें ब्लैकमेल कर केस वापस लेने के नाम पर मोटी रकम की मांग करता था।

एससी-एसटी एक्ट को जिसने लागू किया, उसका परिवार भी इससे अछूता नहीं रहा। आपने तो सुना ही होगा जो बोएगा वही पाएगा, तेरा किया आगे आएगा....... जैसी करनी वैसी भरनी

पूर्व पीएम विश्वनाथ प्रताप सिंह की पोती अद्रिजा सिंह ने अपने पति अरकेश सिंह और ससुराल वालों के खिलाफ घरेलू हिंसा, दहेज के लिए प्रताड़ित करने और हत्या के प्रयास का मुकदमा दर्ज कराया था।

अरकेश परिवार की नौकरानी ने पूर्व पीएम वीपी सिंह के बेटे अजय सिंह, अद्रिजा सिंह, अद्रिजा की बहन ऋचा मंजरी सिंह और ड्राइवर सोनू के खिलाफ एससी-एसटी एक्ट के तहत शिकायत दर्ज कराया।

राजपुर थाने में शिकायत की तो हाईप्रोफाइल केस होने की वजह से कारवाई नहीं हुई। पीड़िता शिकायत पर कारवाई के लिए कोर्ट पहुंची। कोर्ट में पीड़िता ने बताया कि वह अरकेश के घर पिछले पांच वर्षों से काम कर रही थी। अद्रिजा और अन्य आरोपियों ने उनसे गाली-गलौज की और जातिसूचक शब्दों का इस्तेमाल किया।

ये देखकर यही प्रतीत होता है कि पति-पत्नी के विवाद में बदला के नियत से नौकरानी का इस्तेमाल हुआ।

कानपुर देहात जिले के गजनेर थाना क्षेत्र के मंगटा गाँव में बौद्ध कथा में गाँव से दलित शामिल हुए थे। आरोप था कि बौद्ध कथा की आड़ में दलितों ने ब्राह्मण, ठाकुरों व हिन्दू देवी देवताओं के विरुद्ध अपशब्दों व अश्लील वाक्यों का प्रयोग किया था। जिसपर गाँव में जमकर विवाद भी हुआ था। विवाद को मौके पर पहुंची पुलिस ने कुछ भी गलत न बोले जाने की शर्त पर ख़त्म कराया था। जिसके बाद रात को बौद्ध कथा में फिर से एक खास वर्ग के खिलाफ अशब्दों का प्रयोग करना शुरू कर दिया था।

बौद्ध कथा के बाद शुरू हुए इस विवाद के कारण एससी-एसटी एक्ट के मुक़दमे के चलते करीब 20 ठाकुर समाज के लोगों को 9 महीने तक जेल में रहना पड़ा था।

उत्तरप्रदेश के लखीमपुर खीरी जिले के मितौली थाना क्षेत्र के हरिहरपुर गाँव में 7 फरवरी 2023 से बौद्ध कथा का आयोजन किया गया था। आरोप है कि कथा में दुर्गा मां को वैश्या कहा गया और ब्राह्मणों के पुतलों को चप्पलो से पीटा गया। कथा के दौरान धर्म विरोधी कार्य करने का विरोध ब्राह्मणों द्वारा किया गया तो उनके साथ बेरहमी से मारपीट की गई और फिर उल्टा एससी एसटी एक्ट का मुकदमा दर्ज करा दिया गया।

पुलिस पर आरोप लगा कि पुलिस ने पीड़ितों पर ही उल्टा मारपीट, गैर इरादतन हत्या का प्रयास व एससी एसटी एक्ट के तहत मुकदमा दर्ज कर लिया, जबकि मारपीट में घायल पीड़ितों की शिकायत पर आरोपियों के खिलाफ केवल मारपीट की मामूली धाराओं के तहत मुकदमा दर्ज किया गया।

हालांकि सोशल मीडिया पर मामला उछलने के बाद हरकत में आये एसपी गणेश प्रसाद साहा ने खुद घटना स्थल का निरीक्षण करते हुए इस पूरे मामले में लापरवाही बरतने वाले और अपनी ड्यूटी ठीक से न करने वाले मढ़िया बाजार चौकी इंचार्ज महताब सिंह को निलंबित कर दिया।

वहीं बौद्ध कथा के दौरान मंच से आपत्तिजनक टिप्पणी करने और गाँव का माहौल खराब करने वाले आरोपी कथावाचक चंद्रप्रकाश गौतम निवासी ग्राम अमरगंज मजरा पट्टी थाना टड़ियावां जिला हरदोई को पुलिस ने सोमवार को दतेली भट्टे के पास से गिरफ्तार कर जेल भेज दिया।

झारखंड के पूर्व मुख्यमंत्री हेमंत सोरेन ने भूमि घोटाले के मामले में पूछताछ कर रहे ईडी के अधिकारियों पर एससी/एसटी एक्ट के तहत मुकदमा दर्ज करा दिया। एससी/एसटी राष्ट्रीय आयोग के प्रमुख अरुण हलदर ने कहा कि सोरेन एससी/एसटी एक्ट का दुरुपयोग कर रहे हैं। पुलिस के नोटिस जारी करने पर झारखंड हाईकोर्ट ने रोक लगा दी।

आजतक के ऐंकर सुधीर चौधरी ने हेमंत सोरेन के खिलाफ एक स्टोरी चलाई। जिसको लेकर उनके खिलाफ रांची में एससी/एसटी एक्ट के तहत मुकदमा दर्ज हुआ। सुधीर चौधरी ने उसको लेकर माफ़ी मांगी।

सुधीर चौधरी के गिरफ़्तारी पर झारखंड हाईकोर्ट ने अंतरिम सुरक्षा दी।

ये हाईप्रोफाइल केस थे तो बच गए लेकिन आम आदमी तो बर्बाद होकर रह जाता है।

जाति का प्रमाण पत्र बनवा उसके आधार पर हर जगह छूट और नौकरी लेना सम्मान की बात लेकिन जाति का नाम किसी ने ले लिया तो अपमान, ये सिर्फ भारत में ही संभव है।

एससी-एसटी एक्ट को बनाया तो राजीव गांधी ने था लेकिन लागू वीपी सिंह के सरकार ने किया, जिसमें बीजेपी सहयोगी थी। नरेंद्र मोदी ने इसको इतना खतरनाक बना दिया कि आज लोग डर के साये में जी रहे हैं।

मई 2023 में सुप्रीम कोर्ट ने कहा कि अनुसूचित जाति और जनजाति के खिलाफ अभद्र या अपमानजनक भाषा का इस्तेमाल हुआ, यह एससी-एसटी एक्ट के तहत किसी व्यक्ति के खिलाफ मामला दर्ज करने के लिए पर्याप्त नहीं है। न्यायमूर्ति एस रवींद्र भट्ट और दीपांकर दत्ता की पीठ ने कहा कि एससी-एसटी एक्ट लगाने के लिए यह साबित करना होगा कि इस तरह की टिप्पणी जानबूझकर सार्वजनिक स्थान पर की गई है या नहीं? चार्जशीट या एफआईआर की कॉपी में भी इस तरह की बातों का उल्लेख किया जाना आवश्यक है।

इस एक्ट के दुरुपयोग के अनगिनत मामले हैं, जिसका इस्तेमाल हर जगह हो रहा है। उल्लेखित कुछ मामले तो सिर्फ उदाहरण मात्र थे। सिर्फ आरोप लगा देना ही बहुत है। मर्डर या आतंक जैसे बड़े अपराध में भी पहले जांच होती है कि हुआ या नहीं! लेकिन एससी-एसटी एक्ट में खुद बेगुनाहगार साबित करने का भी मौका जेल में 6 महीने रहने के बाद मिलती है। आज इसका इस्तेमाल वसूली एक्ट के रूप में किया जा रहा है, जहां तथाकथित पीड़ित सरकार से मुआवजा भी लेता है और आरोपी से केस वापस लेने के नाम पर भी पैसे लेता है।

सामाजिक न्याय, उत्थान और सशक्तिकरण के नाम पर एससी-एसटी एक्ट को इतना खूंखार बना दिया गया कि आज लोग आतंकित हैं। हिंदू समाज को तोड़ने के लिए एक हथियार पकड़ा दिया, जिससे आज हर जगह असुरक्षा का माहौल है। इस एक्ट का सर्वाधिक दुरुपयोग नव नवबुद्ध के द्वारा हो रही है जो सिर्फ कागजों में हिंदू हैं या तो फिर हिंदू धर्म छोड़ चुके हैं। मुसलमान भी पीड़ित हैं लेकिन बहुत कम क्योंकि दलित मुस्लिम के बीच का मामला हो तो दलित चिंतक भी चुप रह जाते हैं। कही ज्यादा शोर शराबा नहीं होता और अगर होता भी है तो हिंदू मुस्लिम के नाम पर, जहां वो बच जाते हैं। यहां

एक धारणा चलती रही है कि दलित-स्वर्ण के बीच मामला हो तो स्वर्ण दोषी, हिंदू-मुस्लिम के बीच मामला हो तो हिंदू दोषी, महिला-पुरुष के बीच मामला हो तो पुरुष दोषी।

कई मामले सामने आए कि लड़की से प्रेम करने का दबाव एससी-एसटी एक्ट का डर दिखाकर बनाया जाता है।

एससी-एसटी एक्ट ने हिंदुओं को इतना तोड़ दिया कि समाज पूरी तरह से टूट गया। आज समाज के टूटने का परिणाम है जो हिंदुओं के फुट का फायदा कोई और उठा रहा है।

जय भीम जय मीम के नारे लगने आम बात हो गई। एससी-एसटी एक्ट रूपी हथियार मिलने से स्थिति ये हो गई कि कई मामले सामने आए जहां साधुओं को पीटकर जय भीम के नारे लगवाए गए। कई लोगों को बेरहमी से पीटकर अधमरा कर उसके खिलाफ एससी-एसटी एक्ट लगवाने के मामले सामने आए। डीलीवरी बॉय के द्वारा भी एससी-एसटी लगवाने के मामले सामने आए जबकि वैसे केस में आरोपी को तथाकथित पीड़ित के पहचान का भी पता नहीं होता।

देवी देवताओं के अपमान करने और विरोध करने पर एससी-एसटी एक्ट लगवाने की धमकी देने के मामले भी आम बात हैं। इस एक्ट ने ऐसा हथियार दे दिया कि इसका इस्तेमाल किसी के खिलाफ किया जा सकता है क्योंकि दोषी हमेशा गैर दलित ही माना जाएगा।

एससी-एसटी एक्ट में जो प्रावधान हैं, अगर कोई दलित के खिलाफ दलित करता है तो वो मान्य नहीं है। अगर दलित किसी गैर दलित के साथ अत्याचार करे तो उसके पास पीड़ित के खिलाफ इस्तेमाल करने के लिए एससी-एसटी एक्ट नामक हथियार है। रेप और हत्या जैसे जघन्य अपराध अगर कोई दलित किसी गैर दलित के साथ कर दे तो पीड़ित के लिए कोई विशेष प्रावधान नहीं है।

नरेंद्र मोदी फिर कैसे न्यायप्रिय हुए? अगर होते तो कोई ऐसा कानून और प्रावधान बनाते जो हर किसी के ऊपर लागू हो। संविधान को माथा टेकते हुए हुए भी देखे जाते हैं जो समानता की बात करता है। कोई भी कानून से ऊपर नहीं और वह सबके लिए बराबर है फिर ये कितना संविधान को मानते हैं?

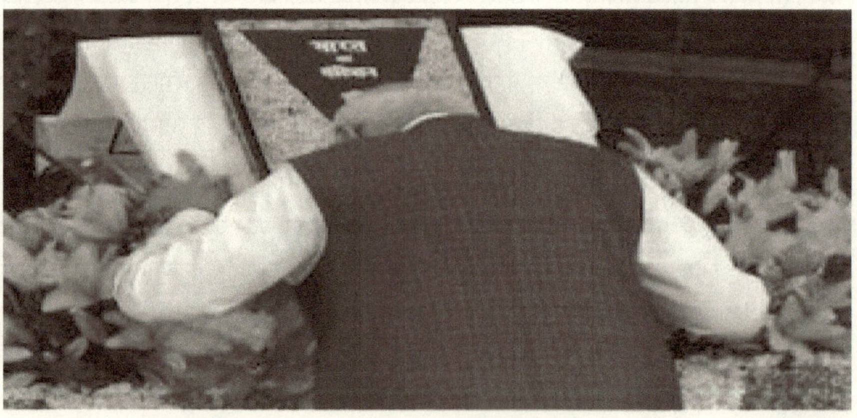

सम्मान सबका होना चाहिए और अपमान किसी का भी न हो, उसके लिए नया कानून बना सकते थे या मौजूदा कानून में कठोर सजा का प्रावधान डाल सकते थे।

आज तक किसी एससी-एसटी एक्ट से पीड़ित के लिए कभी एक शब्द नहीं बोला, जिनमें कई महिलाएं और सेना के परिवार के लोग भी शामिल हैं। वैसे मंचों से महिला सम्मान, सेना के शौर्य, जातिवाद के खिलाफ बोलते देखे जाते हैं। जाति के नाम पर एससी – एसटी एक्ट नामक हथियार पकड़ा जातिवाद के खिलाफ दंभ भरते हैं। जबकि आजतक इतना भेदभावपूर्ण रवैया अपनाने वाला कोई पीएम नहीं हुआ। आगे आप और भी देखेंगे कि जो ये बोलते हैं, उसके उलट काम करते हैं।

खास बात ये है कि नरेंद्र मोदी के सत्ता में आने के बाद जो दलित सनातन को मानते हैं उनको कहीं तरजीह नहीं मिलती और मीडिया में भी कोई जगह नहीं। जो सनातन के विरोधी, इस्लाम परस्त और इनके तथाकथित विरोधी भी दिखते हैं, उनको मीडिया में भी जगह मिलती है। कई मीडिया चैनल जो दिनरात मोदी के गुणगान में लगे होते हैं, वो भी इन्हें ही जगह देते हैं। ये बड़ी साजिश है कि लोग मान लें कि दलित हिंदू विरोधी हैं जबकि सच्चाई अलग है। बहुत से लोग ये बात मानने भी लगे हैं क्योंकि सनातनी दलितों की आवाज दबी रह जाती है। हिंदू धर्म के खिलाफ ये एक बड़ा प्रयोग है जो ऐसे दिखा समाज को तोड़ जा सके।

ईडब्ल्यूएस आरक्षण

एससी-एसटी एक्ट के ऊपर सुप्रीम कोर्ट के फैसले को पलटने के बाद बीजेपी के खिलाफ स्वर्ण हिंदुओं ने मोर्चा खोल दिया। जिसका परिणाम रहा कि बीजेपी को राजस्थान, मध्यप्रदेश और छत्तीसगढ़ में करारी हार का सामना करना पड़ा।

नरेंद्र मोदी को प्रायोजित विरोध से तो डर लगता ही है, साथ ही चुनाव हारने से भी बहुत डर लगता है। ये चुनाव जीतने के लिए किसी भी हद तक जा सकते हैं।

तीन राज्यों में हार का सामना करने के बाद ईडब्ल्यूएस आरक्षण लेकर आए, जिसके अनुसार अनारक्षित वर्ग को 10 फीसदी आरक्षण का प्रावधान किया। इस आरक्षण का प्रचार प्रसार गरीब स्वर्णों के लिए कराया लेकिन ये उन सभी के लिए था जिन्हें आरक्षण का लाभ नहीं मिलता। ये देश का पहला आधिकारिक तौर पर आरक्षण था जो हर धर्म के लोगों के लिए था। जो इसकी पात्रता के लिए शर्त रखी गई वो सर्वाधिक मुस्लिम को लाभ देने की नियत से थी। जो जरूरी शर्तें डाली गईं, उनमें परिवार की वार्षिक आय 8 लाख से कम होनी चाहिए, परिवार के पास 5 एकड़ से ज्यादा कृषि भूमि नहीं होना चाहिए, परिवार के पास 1000 वर्ग फुट या उससे अधिक का घर नहीं होना चाहिए, परिवार के पास नगरपालिका के अधीन 100 वर्ग गज का या उससे अधिक आवासीय भूखंड नहीं होना चाहिए, परिवार के पास 200 वर्ग गज अधिसूचित नगरपालिकाओं से बाहर नहीं होना चाहिए।

मुस्लिम समाज ज्यादातर अनाधिकृत क्षेत्रों में काम करता है, जिसमें ज्यादा लेन देन कैश में होता है। ज्यादा जन्मदर होने की वजह से जमीन का बंटवारा हो इसकी संभावना भी कम रह जाती है कि 5

एकड़ कृषि भूमि हो। बाकि जो आवासीय जमीन के लिए भी शर्त है वो भी ज्यादा बच्चे होने की वजह से आसानी से पूरा हो जाता है।

ईडब्ल्यूएस आरक्षण में बाकि आरक्षण की तरह उम्र सीमा में कोई छूट या परीक्षा शुल्क में कोई छूट नहीं दी गई और न ही किसी भी तरह की स्कॉलरशिप दी गई।

ईडब्ल्यूएस आरक्षण स्वर्णों के लिए बहुत बड़ा धोखा था क्योंकि 10 फीसदी जनरल कोटा से काटकर दिया गया और उसमें सभी को डाल दिया गया। 50 फीसदी के ज्यादा आरक्षण न देने का जो प्रावधान था, वो भी खत्म हो गया। जिसका परिणाम है कि आज कई राज्यों में 75 फीसदी तक आरक्षण लागू कर दिया गया।

बीजेपी शासित राज्य असम सरकार ने सरकारी नौकरी में ईडब्ल्यूएस आरक्षण खत्म कर दिया। सिर्फ शैक्षणिक संस्थानों में ईडब्ल्यूएस आरक्षण जारी रखा।

तत्कालीन कर्नाटक बीजेपी सरकार ने विधानसभा चुनाव 2023 से पहले, चार फीसदी मुस्लिम को ओबीसी कोटा में मिल रहे आरक्षण को समाप्त कर दो फीसदी लिंगायत और दो फीसदी वोक्कालिगा में बांट दिया। मुस्लिम आरक्षण खत्म करने का डंका बजाया क्योंकि चुनाव के दौरान इनको मुस्लिम विरोधी दिख हिंदुओं से वोट लेना होता है। कांग्रेस विरोध में उतरी और कहा कि सत्ता में आए तो फिर से लागू करेंगे क्योंकि उनके वोटबैंक का सवाल है। अमित शाह चुनावी मंच से कांग्रेस को घेरने लगे कि आखिर कांग्रेस किसके कोटा को काटकर मुस्लिम को आरक्षण देगी? मुस्लिम आरक्षण असंवैधानिक है। किसी को धर्म के आधार पर आरक्षण नहीं दिया जा सकता।

तत्कालीन मुख्यमंत्री बसवराज बोम्मई की सरकार ने तय किया कि आर्थिक रूप से कमजोर वर्गों के लिए ईडब्ल्यूएस आरक्षण में ही मुस्लिमों को लाभ दिया जाएगा।

जब ईडब्ल्यूएस आरक्षण सरकार लेकर आई तो बीजेपी के नेता, प्रवक्ता और समर्थक बोल रहे थे कि मोदी जी सबके लिए सोचते हैं और गरीब स्वर्णों के बारे में आजतक अगर किसी ने सोचा तो वो मात्र नरेंद्र मोदी हैं। असम के मुख्यमंत्री हिमंता बिस्वा सरमा और कर्नाटक के तत्कालीन मुख्यमंत्री बसवराज बोम्मई दोनों बीजेपी के हैं और अगर नरेंद्र मोदी की असहमति होती तो क्या ये कर पाते? जिसका जबाव है नहीं!

ईडब्ल्यूएस आरक्षण को लेकर भी इन्होंने सच्चाई से उलट प्रचार प्रसार कराया जो कि मोदी और बीजेपी की रणनीति रही है।

रोहित वेमुला और जेएनयू में देशद्रोही नारा प्रकरण

हैदराबाद विश्वविद्यालय की कार्यकारी परिषद ने नवंबर 2015 में पांच छात्रों को हॉस्टल से निलंबित कर दिया था, जिनके बारे में कहा गया कि सभी दलित समाज से थे और उनको दलित होने की वजह से निलंबित किया गया। 17 जनवरी 2016 को निलंबित छात्र रोहित वेमुला ने हॉस्टल के एक कमरे

में आत्महत्या कर ली। रोहित वेमुला के सुसाइड नोट में किसी का नाम नहीं था। रोहित वेमुला के दोस्तों ने आरोप लगाया कि उन्हें अंबेडकर स्टूडेंट्स के बैनर तले परिसर में मुद्दों को उठाने की वजह से निशाना बनाया गया।

रोहित वेमुला के आत्महत्या के बाद देशभर में प्रदर्शन होने लगे और विपक्ष भी बीजेपी और नरेंद्र मोदी के ऊपर हमलावर हो गया। वेमुला के आत्महत्या के पीछे तत्कालीन मानव संसाधन विकास मंत्री स्मृति ईरानी, तत्कालीन श्रम मंत्री बंडारु दत्तात्रेय, भाजपा एमएलसी रामचंद्र राव को जिम्मेदार बताया जाने लगा क्योंकि 5 अगस्त 2015 को एबीवीपी नेता एन. सुशील कुमार पर हमला हुआ। हमला के सिलसिले में रोहित वेमुला और चार अन्य अंबेडकर स्टूडेंट एसोसिएशन के सदस्यों के खिलाफ जांच बिठाई गई।

17 अगस्त 2015 को तत्कालीन श्रम मंत्री बंडारू दत्तात्रेय ने तत्कालीन मानव संसाधन विकास मंत्री को पत्र लिखकर कार्रवाई का आग्रह किया और दावा किया कि हैदराबाद विश्वविद्यालय हाल के दिनों में जातिवादी, उग्रवादी और राष्ट्रविरोधी राजनीति का अड्डा बन गया है।

पूरे देश में रोहित वेमुला को दलित बता मोदी सरकार को विरोधी बता घेरा जा रहा था। जैसा कि मोदी या मोदी सरकार जो भी कहे चेहरा कोई भी हो पूरे बीजेपी को मोदी ही चला रहे हैं, उसके बाद अमित शाह जो उनके करीबी हैं बाकी कोई तीसरा नहीं है। जैसा कि सुभासपा नेता ओम प्रकाश राजभर ने भी बोला था कि बीजेपी में मात्र दो लीडर है बाकि सभी लोडर हैं। किसी को कुछ भी करना है, वो मोदी के आदेश से होगा।

जब विरोध होने लगे तो मोदी भी झुकते हैं और बाकि अन्य इनके नेता भी इनका अनुशरण करते हुए देखे जाते हैं। जब मामला इनके कथित विरोधियों से जुड़ा हो, जो बेशक वोट तो नहीं देते लेकिन उनके विरोध को देख हिंदू इनको वोट देता है।

ये उस मुद्दे पर बोलते भी हैं, जांच भी होती है। रोहित वेमुला के सुसाइड की जांच के लिए केंद्र सरकार ने पूर्व न्यायमूर्ति रूपनवाल के नेतृत्व ने कमेटी बनाई।

स्मृति ईरानी संसद में रोहित वेमुला के ऊपर सफाई देते हुए भावुक हो गई। उन्होंने कहा कि एक मां पर एक बच्चे की खुदकुशी का आरोप लगाया जा रहा है। मैं अपना कर्तव्य निभाने पर माफी नहीं मांगूंगी। अगर आपमें हिम्मत है तो जबाव सुनिए।

कार्यकारी परिषद जिसने रोहित वेमुला सहित पांच छात्रों को हॉस्टल में नियुक्त किया था। उस परिषद में नियुक्त लोग कांग्रेस के समय से ही थे। हमारी सरकार ने कोई बदलाव नहीं किया। अगर 4 साल पहले कांग्रेस ने हालात सुधार दिए होते रोहित जिंदा होता।

हंगामे के बीच वेंकैया नायडू ने लोकसभा अध्यक्ष से कहा कि एक मां होने के नाते स्मृति ईरानी उस छात्र (रोहित वेमुला) के मौत से दुखी है।

मायावती के आरोप पर राज्यसभा में स्मृति ईरानी तो यहां तक बोल पड़ी कि आप अगर मेरे जबाव से संतुष्ट नहीं हैं तो मैं अपना सिर कटवाने के लिए तैयार हूं।

चूंकि मायावती सवाल उठा रही थी कि जांच कमेटी में कोई दलित नहीं है जिसके ऊपर ईरानी ने कहा कि न्यायमूर्ति रूपनवाल मायावती के शासनकाल में उत्तरप्रदेश में सेवा दे चुके हैं, इसलिए मायावती को कोई आपत्ति नहीं होना चाहिए।

मायावती ने इस बात को पकड़ लिया और कहा कि स्मृति की बात से संतुष्ट नहीं हैं।

क्या वो अपना सिर कटवाने के लिए तैयार हैं?

स्मृति ईरानी ने कहा कि मायावती जी संतुष्ट नहीं हैं तो बसपा के कार्यकर्ता आएं और उनकी गर्दन काट दें।

स्मृति ईरानी ने प्रेस कॉन्फ्रेंस के दौरान कहा, 'मैं मां हूं और मां होने के नाते रोहित वेमुला के खुदकुशी से आहत हूं। पुलिस इस मामले की जांच कर रही है। मंत्रालय को विश्वविद्यालय के बारे में कई शिकायतें मिली थी। एक शिकायत कांग्रेस के हनुमंत राव से भी मिली थी। मैं नहीं मानती कि यह खुदकुशी दलित बनाम गैर दलित का मुद्दा है। जो जानकारी मिली है, उसके अनुसार छात्रों के एक दल ने दूसरे दल पर हमला किया था।' ईरानी ने किसी भी तरह से वीसी पर दबाव डालने से इनकार किया।

22 जनवरी 2016 को नरेंद्र मोदी लखनऊ के अंबेडकर विश्वविद्यालय पहुंचे तो छात्रों ने रोहित वेमुला की खुदकुशी को लेकर पीएम का विरोध किया। प्रधानमंत्री की सभा में छात्रों ने हंगामा किया और 'मोदी गो बैक' के नारे लगाए। पीएम ने जब संबोधन की शुरुआत की तो रोहित का नाम लेते ही भावुक हो उठे। जो कि मोदी की पहचान रही कि जब विपक्ष किसी घटना या व्यक्ति को लेकर हंगामा करे तो मोदी बयान भी देते हैं और रोते भी हैं।

जाहिर सी बात है कि हिंदू विचारधारा वाले किसी व्यक्ति के लिए विपक्ष तो आवाज उठाएगा नहीं और ये लोग ठेकेदार ठहरे तो उसको उसकी हालात पर छोड़ देते हैं। मोदी स्वयं भी कई बार भावुक हो रो पड़े जब मामला किसी मुसलमान से जुड़ा हो। कोई अपवाद भी नहीं मिलता जब ये किसी हिंदू के लिए भावुक हुए या रोए हों बशर्ते वो अंबेडकरवादी या वामपंथी न हो। मोदी के लिए जो हिंदू है और इनका वोटर है उसका कोई महत्व नहीं बाकि जो सिर्फ कागजों में हिंदू है, उसका जरूर ख्याल रखते हैं।

पीएम ने अपने भाषण में हैदराबाद में सुसाइड करने वाले रोहित वेमुला का जिक्र करते हुए कहा कि छात्र को सुसाइड करने के लिए मजबूर होना पड़ा। इस दौरान मोदी भावुक हो गए और कुछ देर चुप रहे ....उसके परिवार पर क्या बीती होगी। मां भारती ने अपना एक लाल खोया। राजनीति अपनी जगह है, वह रोहित के मौत का पीड़ा महसूस करते हैं।

गुंटूर के कलेक्टर ने दावे से उलट सच्चाई रखी। कलेक्टर के रिपोर्ट में कहा गया कि रोहित वेमुला दलित नहीं था और उसके अनुसूचित जाति के होने का प्रमाण पत्र फर्जी तरीके से बनवाया गया था। सरकार को उसका सर्टिफिकेट रद्द करना पड़ेगा। साथ ही उसके परिवार को नोटिस जारी कर जबाव मांगा गया कि आखिर उसका प्रमाण पत्र क्यों न रद्द किया जाए?

खुद को दलित साबित करने के लिए रोहित की मां को 15 दिनों का समय दिया गया। ऐसा न कर पाने पर उन्हें स्थानीय प्रशासन की कार्रवाई के लिए तैयार रहने को कहा गया।

न्यायमूर्ति रूपनवाल के नेतृत्व में बनी समिति ने अपनी रिपोर्ट में कहा कि तत्कालीन एचआरडी मंत्री स्मृति ईरानी और बंडारु दत्तात्रेय ने विश्वविद्यालय प्रशासन की कार्रवाई को प्रभावित नहीं किया। रिपोर्ट में कहा गया कि रोहित ने कॉलेज प्रशासन की कार्रवाई की वजह से नहीं बल्कि निजी कारणों से आत्महत्या की। रोहित वेमुला के जाति को लेकर कहा गया कि वे दलित समाज से नहीं थे।

रिपोर्ट में भाजपा नेताओं को क्लीनचीट दी गई। भाजपा नेताओं को निशाना बनाया जा रहा था कि उनके शिकायत के बाद वेमुला और अन्य के खिलाफ अनुशासनात्मक कार्रवाई की गई थी।

रिपोर्ट में कहा गया कि कार्यकारी परिषद द्वारा लिया गया फैसला उस समय के हिसाब से उचित था। परिषद का काम है कि छात्रों का ध्यान सिर्फ पढ़ाई पर केंद्रित हो, वो इस पर ध्यान दे।

रिपोर्ट के मुताबिक, परिषद द्वारा की गई कार्रवाई बताती है कि वो किसी के दबाव या प्रभाव में आकर काम नहीं कर रही थी।

रोहित वेमुला की मां राधिका वेमुला ने भाजपा पर जाति बदलने का आरोप लगाते हुए भाजपा व आरएसएस को रोहित की मौत का जिम्मेदार ठहराया।

उन्होंने कहा, 'मेरे बेटे रोहित की आत्महत्या मामले की जांच के लिए गठित एके रूपनवाला कमेटी ने भाजपा के इशारे पर हमारी जाति बदली है। कमेटी का आरोप है कि हमने सिर्फ लाभ लेने के लिए एससी का सर्टिफिकेट बनवाया था। कमेटी ने हमारा पक्ष ठीक से नहीं सुना और रिपोर्ट बना दी। मैं इस कमेटी की रिपोर्ट को नहीं मानती और बेटे को न्याय दिलाने के लिए जनता के बीच जाकर विरोध करूंगी'।

राधिका ने कहा, उनका बेटा भाजपा और आरएसएस की गंदी राजनीति की बलि चढ़ गया। रोहित कई बार हैदराबाद केंद्रीय विश्वविद्यालय के खराब माहौल और वहां दलितों की स्थिति को लेकर अपने भाई राजा व दोस्त रियाज से बातें करता था।

राधिका ने आगे कहा कि एक मां का दर्द नरेंद्र मोदी नहीं समझ सकते क्योंकि उनका बच्चा नहीं है। कमेटी को रोहित की आत्महत्या मामले की जांच करनी थी, उसकी जाति की नहीं।

हमने हैदराबाद में केंद्रीय मंत्री बंडारू दत्तात्रेय, तत्कालीन मानव संसाधन विकास मंत्री स्मृति ईरानी, भाजपा एमएलसी रामचंद्र राव, कुलपति प्रो. अप्पा राव और विवि में एबीवीपी के अध्यक्ष सुशील के खिलाफ एफआईआर कराई है। केंद्र सरकार इन लोगों को बचाने के लिए साजिश कर रही है।

केंद्रीय मंत्री पीयूष गोयल ने एक प्रेस कॉन्फ्रेंस कर विपक्ष पर गंदी राजनीति का आरोप लगाते हुए कहा कि इंडियन यूनियन मुस्लिम लीग वेमुला परिवार से खोखले वादे करती है। 20 लाख रुपए देने का वादा करती है और रैलियों में शामिल होने के लिए भी कहती है।

चूंकि राधिका वेमुला को घर बनाने के लिए दिया चेक बाउंस हो गया था। उस संबंध में एक रिपोर्ट में दावा किया गया की रोहित की मां ने आईयूएमएल को खोखले वादे करने को लेकर लताड़ लगाई। गोयल बोले कि वह वेमुला के मां के बयान जानकार चिंतित हुए। आखिर कब तक विपक्षी दल इस मसले पर राजनीति करेंगे?

वेमुला परिवार की आर्थिक स्थिति ठीक नहीं है। मदद के झूठे दावे वेमुला से सिर्फ और सिर्फ राजनीतिक कारणों से किए गए थे।

गोयल ने राहुल गांधी से भद्दी राजनीति में शामिल होने को लेकर माफी मांगने के लिए कहा। गोयल ने कहा कि मुझे पता चला है कि राहुल गांधी वेमुला परिवार को रैलियों में ले गए। कांग्रेस ने उनसे बयान दिलवाए। राहुल की झूठ के स्तंभों पर जो राजनीति की है, उसके लिए उन्हें माफी मांगना चाहिए।

हालांकि राधिका वेमुला ने बीजेपी के आरोपों को खंडन करते हुए कहा कि वह अपनी मर्जी से प्रधानमंत्री मोदी के खिलाफ बोली थी। जरूरत पड़ी तो आगे भी आवाज उठाएंगी और मोदी के खिलाफ बोलेंगी। इंडियन यूनियन मुस्लिम लीग ने हमें आर्थिक मदद देने के लिए कहा था। राजनीतिक फायदे के लिए उन्होंने हमारा इस्तेमाल नहीं किया।

वेमुला कि मां ने आगे कहा, "हमें इंडियन यूनियन मुस्लिम लीग से दो चेक मिले थे, उनमें से एक बाउंस हो गया। मैंने tc उन्हें बताया तो उन्होंने हमें सीधे पैसे देने के लिए कहा ताकि हम घर खरीद सकें।"

9 फ़रवरी 2016 को जेएनयू में अफजल गुरु की फांसी की बरसी पर एक कार्यक्रम का आयोजन हुआ जहां देश विरोधी नारे लगाए गए। वो नारे कुछ इस तरह से थे .... भारत की बर्बादी तक जंग जारी रहेगी..... अफजल हम शर्मिंदा हैं तेरे कातिल अभी जिंदा हैं..... कितने अफजल मारोगे हर घर से अफजल निकलेगा ....हमें चाहिए आज़ादी ....इंडिया गो बैक....जिस कश्मीर को खून से सींचा वो कश्मीर हमारा है ..इंडियन आर्मी मुर्दाबाद ......

जेएनयू में देश विरोधी नारे के सिलसिले में कन्हैया कुमार, उमर खालिद, अनिर्बान भट्टाचार्य, आशुतोष कुमार, राम नागा और अनंत प्रकाश आरोपी बनाया गए।

10 फ़रवरी को नारेबाजी का वीडियो सामने आने के बाद दिल्ली पुलिस ने 12 फरवरी को मुकदमा दर्ज किया। जेएनयू स्टूडेंट यूनियन के अध्यक्ष कन्हैया कुमार को गिरफ्तार कर लिया।

कन्हैया कुमार के गिरफ़्तारी का विरोध के रहे छात्रों से मिलने राहुल गांधी जेएनयू पहुंचे और समर्थन किया।

14 फ़रवरी को राजनाथ सिंह ने कहा कि जेएनयू में नारेबाजी करने वालों को आतंकी हाफिज सईद का साथ मिला है। दिल्ली पुलिस ने भी हाफिज का एक ट्वीट जारी कर लोगों को संचेत किया था। बाद में हाफिज ने खुद बयान जारी कर दावा किया कि ये ट्वीट फेक है।

हालांकि, गृह मंत्रालय की एजेंसियों के पास इसको लेकर इनपुट है। कोर्ट के आदेश के बाद उमर खालिद और अनिर्बान को दिल्ली पुलिस ने 24 फ़रवरी को गिरफ्तार कर लिया।

स्मृति ईरानी ने संसद में जेएनयू के ऊपर बोलते हुए राहुल गांधी को जेएनयू जाने को लेकर घेरा कि सत्ता तो कभी इंदिरा गांधी ने भी खोई थी लेकिन उनके बेटे राजीव गांधी ने भारत की बर्बादी का कभी समर्थन नहीं किया। सरकार इस मुद्दे पर मजबूती से अपना पक्ष रखने के बजाय सफाई देती नजर आई। कम्युनिस्ट पार्टी के सांसद ने कहा कि स्मृति ईरानी बहुत कोशिश की कि अपना वीसी लगाए लेकिन किसी और को बनाया गया। ईरानी ने कहा कि जिसके लिए कोशिश की वो पद्म विनर थे, जिसे कांग्रेस ने पद्म दिया था। राष्ट्रपति जी का अधिकार है उन्होंने किसी और को नियुक्त किया। जेएनयू के फैकल्टी ने उमर खालिद, अनिर्बान भट्टाचार्य, आशुतोष कुमार, रामा नागा, अनंत प्रकाश नारायण, कन्हैया कुमार, ऐश्वर्या अधिकारी और श्वेता राज को आंतरिक जांच कमेटी में दोषी पाया और निलंबन की अनुशंसा की। जिसके ऊपर जेएनयू के रेजिस्ट्रार ने मुहर लगाया, वो रजिस्टार जिनको हमने नौकरी पर नहीं रखा। वो नौकरी पिछली यूपीए की सरकार ने दी थी। जिस जांच समिति ने छात्रों को निलंबित किया, उसके सदस्य कांग्रेस के समय ही नियुक्त किए गए थे।

स्मृति ईरानी ने कहा कि ये सच है कि जेएनयू में देश विरोधी नारे लगाए गए। जेएनयू के सुरक्षा विभाग ने देश विरोधी नारे की बात बताई। उमर खालिद ने प्रोग्राम चलाया और उसी ने बुकिंग कराई थी। उमर और अनिर्बान ने देश विरोधी नारे लगाए और पोस्टर में कन्हैया कुमार और शहला रशीद का नाम था।

स्मृति ईरानी ने विपक्ष के भगवाकरण का जबाव देते हुए कहा कि कांग्रेस काल में नियुक्त वीसी ने भी मुझ पर भगवाकरण का आरोप नहीं लगाया। हमने कभी पक्षपात की राजनीति नहीं की।

जेएनयू प्रकारण में हुई कार्रवाई को लेकर विपक्ष सत्ता पक्ष पर अभिव्यक्ति की आज़ादी को कुचलने का आरोप लगा रहा था। स्मृति ईरानी ने विपक्ष को जबाव देने के लिए जेएनयू में महिषासुर दिवस के आयोजन का एक पर्चा पढ़ते हुए कहा कि मुझे ईश्वर माफ़ करें इस बात को पढ़ने के लिए। इसमें लिखा है कि दुर्गा पूजा सबसे ज्यादा विवादास्पद और नस्लवादी त्योहार है। जहां प्रतिमा में खूबसूरत दुर्गा मां को काले रंग के स्थानीय निवासी महिषासुर को मारते दिखाया जाता है। महिषासुर एक बहादुर, स्वाभिमानी नेता था, जिसे आर्यों द्वारा शादी के झांसे में फंसाया गया। उन्होंने एक सेक्स वर्कर का सहारा लिया, जिसका नाम दुर्गा था, जिसने महिषासुर को शादी के लिए आकर्षित किया और 9 दिनों तक सुहागरात मनाने के बाद उसकी हत्या कर दी। स्मृति ने गुस्से से तमतमाते हुए सवाल किया कि क्या ये अभिव्यक्ति की स्वतंत्रता है? कौन मुझसे इस मुद्दे पर कोलकाता की सड़कों पर बहस करना चाहता है?

विपक्षी पार्टियों ने स्मृति ईरानी से मां दुर्गा को लेकर की गई टिप्पणी को लेकर माफ़ी मांगने की मांग की। कांग्रेस नेता आनंद शर्मा ने कहा कि मां दुर्गा के बारे में किसी ने कहा उसको आप गिरफ्तार करें, कार्रवाई करें चूंकि सरकार आप हैं। मां दुर्गा के बारे में जो अपमानजनक बात कही गई और वो सदन में पूरी पढ़ी गई। हम आग्रह करते रहे कि बंद कीजिए। जो आपत्तिजनक बात सदन में पढ़ी गई उससे 100 करोड़ लोगों के धार्मिक भावनाओं को ठेस पहुंची। टेलीविजन ने जिसे घर-घर में दिखाया उसे हम कैसे स्वीकार करें? जेडीयू सांसद के सी त्यागी ने कहा कि जो घटनाएं बाहर घटती हैं उसे जस का तस

संसद में रखना यह हमें मंजूर नहीं है। मंत्री महोदया को बिना शर्त माफ़ी मांगनी चाहिए। अगर माफ़ी नहीं मांगती हैं तो उन्हें संसद की कार्रवाई में नहीं शामिल होने देना चाहिए।

कांग्रेस को समर्थन करते हुए मार्क्सवादी कम्युनिस्ट पार्टी के महासचिव ने कहा कि यह टिप्पणी जानबूझकर की गई। भाजपा ने इस पूरे मुद्दे को जानबूझकर ध्रुवीकरण के लिए इस्तेमाल किया। स्मृति ईरानी को माफी मंगनी चाहिए।

स्मृति ईरानी जहां रोहित बेमुला प्रकरण में खुद की शादी एक सूक्ष्म अल्पसंख्यक से होने का हवाला देते हुए पूछा कि मेरा नाम स्मृति है, कोई मेरी जाति बता सकता है?

वहीं मां दुर्गा प्रकरण में माफ़ी मांगने से इनकार करते हुए कहा कि मैं भी हिंदू हूं और देवी दुर्गा की उपासक हूं। मैंने सिर्फ विश्वविद्यालय का छपा हुआ दस्तावेज पढ़ा था।

अगर स्मृति ईरानी हिंदू हैं तो वर्तमान में अल्पसंख्यक विकास मंत्री कैसे हैं? जो पहले स्मृति मल्होत्रा थी वो अब ईरानी कैसे हैं? लड़की की जिस कूल में शादी हो उसी की मानी जाती है।

भाजपा की ये रणनीति का हिस्सा रहा है कि हिंदू देवी देवताओं या किसी अन्य मुद्दे को खूब जोर सोर से उठा उसका राजनीतिक लाभ लो। सत्ता में होने के बाद भी किसी के ऊपर कारवाई न कर सिर्फ उसे भुनाओ ताकि वोट हासिल किया जा सके। हिंदू विरोधियों को प्रश्रय भी देते रहे ताकि उसका राजनीतिक इस्तेमाल किया जा सके।

जेएनयू प्रकरण में रेजिस्ट्रार, अनुशासन समिति में शामिल फैकल्टी और रोहित वेमुला प्रकरण में कार्यकारी परिषद दोनों मामलों को लेकर स्मृति ईरानी का जबाव था कि वो कांग्रेस के समय नियुक्त हुए थे।

जब कोई भी नई सरकार आती है तो अपने तरीके से नियुक्ति करती है लेकिन बीजेपी ने पूर्व सरकारों के नियुक्तियों को ही आगे बढ़ाया। कई वामपंथियों को इन्होंने खुद नियुक्त भी किया। जिसके जबाव में खुद को दूसरे से अलग बताया और मोदी सरकार बदले की राजनीति नहीं करती का राग अलापा।

सवाल ये है कि मोदी सरकार ने सब क्यों किया? क्या उनको अपने लोगों पर भरोसा नहीं था? इन्हें कांग्रेस के ही काम को आगे बढ़ाना था और कही पकड़े जाएं या फंसे तो कांग्रेस के समय का नियुक्ति बोल बचना था। कही हिंदुओं के विरुद्ध कुछ हो तो कांग्रेस के समय की नियुक्ति बोल इनका प्रचारतंत्र सरकार को क्लीनचीट देने के लिए है ही, जिसका परिणाम रहा कि नरेंद्र मोदी के लगभग 10 साल के कार्यकाल में इतनी सारी घटनाएं हुईं लेकिन आजतक किसी भी मामले के लिए वो दोषी नहीं हैं जबकि उनके अनुमति के बिना बीजेपी में पत्ता भी नहीं हिल सकता है।

बेशक, बीजेपी नेताओं और प्रधानमंत्री मोदी ने स्वयं उनके भाषण का लिंक ट्विटर पर डाल सत्यमेव जयते लिखा हो लेकिन पूरे मामले में ये बैकफुट पर दिखी।

1 मार्च को कोर्ट ने उमर खालिद और अनिर्बान को 14 दिन की न्यायिक हिरासत में भेज दिया।

2 मार्च को हाईकोर्ट ने सशर्त अंतरिम जमानत दे दी। कोर्ट ने कहा कि जांच में कन्हैया को सहयोग करते रहना होगा।

कई आरोपियों को गिरफ्तार तक नहीं किया गया और जो गिरफ्तार हुए वो जमानत पर बाहर आ गए।

जेल से जमानत पर बाहर आने के बाद कन्हैया कुमार ने जय हिंद के नारे लगाए और तिरंगा लहराया जिसे बीजेपी ने अपनी वैचारिक जीत बता दी। जो मोदी सरकार की पहचान रही, "हर विफलता में मास्टरस्ट्रोक और सफलता तलाशो"।

तत्कालीन वित्त मंत्री अरुण जेटली ने कहा कि जवाहरलाल नेहरू विश्वविद्यालय विवाद में भाजपा ने वैचारिक युद्ध जीत लिया है। जो लोग कभी कभी देश को बांटने के नारे लगा रहे थे, वो जेल से छूटने के बाद जय हिंद के नारे लगा रहे और तिरंगा लहरा रहे हैं। जमानत पर रिहाई के बाद उसका भाषण हमारे लिए जीत है।

अरविंद केजरीवाल ने कन्हैया कुमार के भाषण को क्रांतिकारी बताया। बीजेपी कन्हैया कुमार के मुद्दे को केजरीवाल और राहुल गांधी को निशाना बना भुनाती रही। देशविरोधी नारे का आरोप झेल रहा कन्हैया कुमार मीडिया में हीरो बन गया। मीडिया डिबेट में बीजेपी नेताओं से नुराकुश्ती भी चलती रही। विपक्ष जिन्हें गोदी मीडिया बताता है क्योंकि उनके अनुसार मोदी ने विश्व में भारत का डंका बजा दिया बाकि देश में हो रही किसी भी घटना के लिए विपक्ष या कोई और जिम्मेवार है लेकिन मोदी नहीं, वो भी कन्हैया कुमार को मंच देते रहे।

कन्हैया कुमार को सजा होने मे देरी को लेकर बीजेपी के पास केजरीवाल बहाना थे क्योंकि उन्होंने केस चलाने की मंजूरी नहीं दी थी।

दिल्ली पुलिस जो केंद्र सरकार के अधीन आती है, उसने जनवरी 2019 में कन्हैया कुमार, उमर खालिद समेत 10 लोगों को चार्जशीट में शामिल किया और 36 लोगों को संदिग्ध के रूप में शामिल किया। दिल्ली सरकार के कानून विभाग से अनुमति लिए बिना चार्जशीट दाखिल करने पर पटियाला हाउस कोर्ट ने दिल्ली पुलिस को आड़े हाथ लिया। अदालत ने सवाल उठाया कि आरोप पत्र दाखिल करने से पहले दिल्ली सरकार से अनुमति क्यों नहीं ली? अदालत ने सख्त रुख अपनाते हुए कहा कि जब तक दिल्ली सरकार इस मामले में आरोप पत्र दाखिल करने की अनुमति नहीं देती, तब तक अदालत इस पर संज्ञान नहीं लेगी। दिल्ली पुलिस ने जबाव दिया कि आगामी 10 दिन में अनुमति ले लेगी।

अब सवाल ये है कि दिल्ली पुलिस को चार्जशीट दाखिल करने में 3 साल क्यों लग गए? वो भी दिल्ली सरकार से अनुमति लिए बिना ही, जबकि सीआरपीसी के सेक्शन 196 के तहत जब तक सरकार मंजूरी नहीं देती, तब तक कोर्ट चार्जशीट पर संज्ञान नहीं ले सकता।

पुलिस वही करेगी जो सरकार चाहेगी। मोदी सरकार की रणनीति रही कि इस मुद्दे को भुनाओ ताकि लोगों के बीच संदेश जाए कि ये देश के लिए लड़ रहे और बाकि अन्य देशद्रोही हैं। 2019 लोकसभा चुनाव से पहले 1200 पन्नों का चार्जशीट दाखिल करना वो भी दिल्ली सरकार से अनुमति के बिना, जो कि पुलिस पहले से जानती होगी कि इसके ऊपर सुनवाई नहीं होगी, लेकिन सरकार को राजनीतिक

फायदा लेना था। मोदी सरकार जिस चीज के ऊपर मुखर हुई उसका एजेंडा मात्र राजनीतिक लाभ लेना था। ये ऐसे मुद्दों को उछाल कर लोगों के बीच में धारणा बनाने में सफल रहे कि ये देशभक्त हैं और बाकि जो इनका विरोध करते हैं, वो सिर्फ इनके देशप्रेम और सनातन धर्म के साथ होने की वजह से कर रहे हैं।

देशद्रोह का आरोप झेल रहा कन्हैया कुमार 2019 लोकसभा चुनाव लड़ने में भी सफल रहा और अगर जीत जाता तो माननीय सांसद जी भी कहलाता। मोदी सरकार ने अपने फायदे के लिए बहुत से बदलाव किये लेकिन ऐसे मामलों को देखते हुए कोई बदलाव नहीं किया।

दिल्ली विधानसभा चुनाव 2020 के प्रचार के दौरान अमित शाह ने कहा कि दिल्ली सरकार कन्हैया और उमर खालिद के खिलाफ चार्जशीट की अनुमति नहीं दे रही, हमारी सरकार बनते ही 1 घंटे के अंदर ही चार्जशीट दाखिल हो जाएगी।

चुनाव से पहले दिल्ली सरकार ने कन्हैया कुमार व अन्य के खिलाफ केस चलाने की मंजूरी दे दी लेकिन मामला आगे नहीं बढ़ा क्योंकि बीजेपी को चुनावी लाभ लेना था, वो ले चुकी थी। कन्हैया कुमार स्वतंत्र होकर राजनीति कर रहा है जबकि जेएनयू के रेजिस्ट्रार भूपिंदर जुत्शी ने दावा किया था कि कन्हैया ने अफजल गुरु की फांसी की बरसी पर प्रोग्राम कैन्सल करने पर मुझे फोन किया और एतराज जताया। यूनिवर्सिटी ऐडमिनिस्ट्रेशन के इनकार के बावजूद अफजल की बरसी पर कार्यक्रम हुआ और उसमें देश तोड़ने वाली नारेबाजी हुई।

अगर कार्रवाई होती तो भविष्य में कोई ऐसा करने से पहले सोचता फिर बीजेपी को खुद को देशप्रेमी और दूसरे को गद्दार बोलने का मौका कैसे मिलता?

मोदी सरकार ने हर संस्थान को इस तरह से अपने कब्जे में ले लिया है कि जो चाहते हैं वही होता है। मीडिया में भी वही चर्चा होगी जो ये चाहेंगे वरना इनके विफलता के ऊपर भी चर्चा होती बाकि कोई करे तो गद्दार तो घोषित हो ही जाता है।

असल में बीजेपी ने ही कन्हैया कुमार को नेता बनाया वरना देशद्रोह का आरोप झेल रहा कैसे मीडिया में इतना जगह पाता? वो भी तब जब आज हर चीज मोदी सरकार तय कर रही।

देश में कई जगह प्रदर्शन होते हैं, कई जगह हिंदू भी किसी अन्य मुद्दों को लेकर नारे लगाते हैं, लेकिन उनको मीडिया में जगह मिलने के बजाय जेल में मिलती है। कोई अपवाद स्वरूप भी सामने नहीं आया जिसे मीडिया ने हीरो बनाया हो या नेता बन पाया हो।

रोहित वेमुला और जेएनयू प्रकरण के बाद स्मृति ईरानी को मानव संसाधन विकास मंत्रालय से हटाकर कपड़ा मंत्री बना दिया गया।

सीएए, शाहीन बाग़ और दिल्ली दंगा

मोदी सरकार ने 11 दिसंबर 2019 को सीएए संसद से पारित किया। 12 दिसंबर को राष्ट्रपति ने इस पर सहमति दे दी। गृह मंत्रालय ने अधिसूचना जारी करके कहा कि 10 जनवरी 2020 को यह लागू हो

जाएगा। इस अधिनियम को पाकिस्तान, अफगानिस्तान और बांग्लादेश में धर्म के आधार पर प्रताड़ित हिंदू, सिख, बौद्ध, पारसी, ईसाई और जैन धर्म के लोगों के लिए लाया गया था। इसके तहत जो लोग 31 दिसंबर 2014 या उससे पहले पाकिस्तान, अफगानिस्तान और बांग्लादेश से धार्मिक प्रताड़ना की वजह से भारत आए थे। प्रवासियों को साबित करना था कि वो भारत में 5 साल रह चुके हैं। वो उन भाषाओं को बोलते हैं जो संविधान की आठवीं अनुसूची में हो। इसके साथ ही नागरिक कानून 1955 की तीसरी सूची की अनिवार्यता को पूरा करते हैं। अगर इन जरूरी शर्तों को पूरा करते हैं तो आवेदन के पात्र होंगे, तब सरकार निर्णय करेगी कि इन लोगों को नागरिकता देनी है या नहीं।

सीएए का मुस्लिम समाज और विपक्षी पार्टियां विरोध करने लगी क्योंकि इसमें मुस्लिम को शामिल नहीं किया गया था। धार्मिक प्रताड़ना के आधार पर नागरिकता मिलनी थी। किसी भी इस्लामिक देश में मुसलमान धार्मिक आधार पर तो प्रताड़ित नहीं होगा, लेकिन वो इसका खुलकर विरोध करने लगे।

सीएए के खिलाफ देशव्यापी मुस्लिम समाज का प्रदर्शन होने लगे। देश के कई हिस्सों में हिंसक प्रदर्शन भी हुए। अलीगढ़ मुस्लिम यूनिवर्सिटी और जामिया हिंसक प्रदर्शन को लेकर खासे चर्चा में रहे। एएमयू में "हिंदुत्व तेरी कब्र खुदेगी एएमयू के छाती पर'' नारे लगने के आरोप लगे तो जामिया के दीवारों पर खिलाफत 2.0 लिखा मिला। पुलिस से झड़प, मारपीट और आगजनी के मामले सामने आए।

शरजील इमाम का वीडियो सामने आया जिसमें वो चिकन नेक काटने यानि असम को काटने की बात कर रहा था। लोग हमारे पास ऑर्गनाइज्ड हों तो हम हिंदुस्तान और उतरी पूर्वी हिस्से को हमेशा के लिए काट सकते हैं। हमेशा के लिए नहीं तो कम से कम एक-आध महीने के लिए तो काट ही सकते हैं। इतना मवाद डालो सड़कों और पटरियों पर कि उन्हें हटाने में ही एक महीना लग जाए। असम और इंडिया कटकर अलग हो जाएंगे तभी ये हमारी बात सुनेंगे। असम में जो मुसलमानों का हाल है आपको पता है वहां सीएए लागू हो चुका है।

सफूरा जरगर का वीडियो सामने आया जिसमें वो देश के प्रधानमंत्री नरेंद्र मोदी और गृह मंत्री अमित शाह को आतंकवादी बोल रही थी। लोगों को भड़काते हुए जामिया तेरे खून से इंकलाब आएगा, कश्मीर तेरे खून से इंकलाब आएगा ....

सीएए विरोधी गैंग ने मुस्लिम महिलायों और बच्चों को 15 दिसंबर 2019 को शाहीनबाग़ में बीठा दिया, जिसे नेतृत्वविहीन आंदोलन का नाम दिया गया। यह आंदोलन सीएए को वापस लेने और एनपीआर-एनआरसी के क्रियान्वयन को रोकने के लिए था। ताकि भविष्य में भी सरकार कोई कदम न उठा पाए। एनपीआर और एनआरसी के लिए तो कोई विधेयक आया नहीं था। शाहीन बाग़ में रोज लोग जुटने लगे और नारेबाजी होने लगी। देशभर से अलग अलग क्षेत्रों में काम करने वाले सीएए विरोधी इक्ट्ठा होने लगे।

कई विपक्षी नेता भी शामिल हुए और सबके निशाने पर बीजेपी रही। "कागज नहीं दिखाएंगे" नारा काफी प्रचलित हुआ। कुछ चुनिंदा पत्रकारों को ही जाने की अनुमति थी। शाहीनबाग़ के तर्ज पर देश के बाकि अन्य हिस्सों में भी घेराबंदी हुआ।

शाहीनबाग़ के प्रदर्शन या अन्य हिस्सों से कई वीडियो सामने आया जिसमें प्रदर्शनकारियों को सीएए का फूल फॉर्म या मतलब भी नहीं पता था। शाहीनबाग़ से कुदरती बिरयानी का वीडियो भी सामने आया जिसमें प्रदर्शनकारी बोलता हुआ नजर आया कि सब अल्लाह देते हैं।

बीजेपी ने दो मोर्चे पर काम किया एक मोर्चा जो हिंदुओं को भड़काकर सड़क पर उतार रहा था तो दूसरा प्रदर्शनकारियों को समझाने का प्रयास कर रहा था कि आपकी नागरिकता नहीं जाएगी। आम आदमी पार्टी विधायक अम्मानतुल्लाह खान का वीडियो सामने आया जिसमें वह बोलता नजर आया कि मुसलमानों के टोपी पर रोक लग जाएगी, मस्जिदों से अजान बंद हो जाएगी, ... खैर बेशक आम प्रदर्शनकारियों को बेशक न पता हो लेकिन जो मास्टरमाइंड थे, उन्हें ये जरूर पता था कि किसी की नागरिकता नहीं जाने वाली है लेकिन उन्हें जिद था कि सरकार को झुकाना है और मुस्लिम समाज में साक्षरता दर बेशक कम हो लेकिन उनकी रणनीति दीर्घकालीन सोच की है।

बीजेपी आईटी सेल से प्रत्यक्ष या अप्रत्यक्ष रूप से जुड़े लोगों ने हिंदुओं को भड़काना शुरू किया कि देखो आज मुसलमान अपने कौम के लिए सड़क पर उतर चुका है लेकिन कायर हिंदू घर से बाहर नहीं निकालना चाहता और चाहता है कि मोदी जी हर काम कर दें।

कई हिंदुओं ने शाहीनबाग़ खाली कराने के लिए प्रदर्शन भी किया। भाजपा नेता कपिल मिश्रा ने एक प्रदर्शन का नेतृत्व किया जिसमें नारे लग रहे थे, "देश के गद्दारों को गोली मारो सालों को"

कपिल गुर्जर नामक व्यक्ति ने बैरिकेड वाले क्षेत्र में प्रवेश किया और मंच के पास हवा में फायर किया, जय श्री राम के नारे लगाए और कहा कि इस देश में हिंदुओं के अलावा किसी की कोई बात नहीं चलेगी। पुलिस ने उसे गिरफ्तार कर लिया और बाद में जमानत पर रिहा हो गया। कपिल गुर्जर आगे चलकर बीजेपी मे शामिल हो गया। भाजपा में शामिल होने के बाद कहा कि हम भाजपा के साथ हैं, भाजपा हिंदुत्व को मजबूत कर रही है, हिंदुत्व को आगे ले जाना चाहती है। मैं हिंदुत्व के लिए काम करना चाहता हूं, इसलिए मैं भाजपा में शामिल हुआ। मेरा इससे पहले किसी भी पार्टी से कोई लेना देना नहीं था। मैं आरएसएस के साथ भी जुड़ा हूं।

कपिल गुर्जर के भाजपा में शामिल होते ही विरोधी निशाने पर लेने लगे। जिसका परिणाम रहा कि भाजपा ने कुछ ही घंटों में कपिल गुर्जर की सदस्यता रद्द कर दी। भाजपा के गाज़ियाबाद महानगर अध्यक्ष संजीव शर्मा ने कहा कि हमें अंधेरे में रखकर उन्होंने सदस्यता ग्रहण की और खुद को खोड़ा का निवासी बताया था। जैसे ही हमें पता चला कि यह आरोपी है तो सदस्यता रद्द कर दी। विवादित शाहीनबाग़ मामले की कोई जानकारी हमें नहीं थी। घटना की जानकारी होने के बाद प्रदेश नेतृत्व के द्वारा पार्टी में इनका शामिल किया जाना तत्काल प्रभाव से रद्द किया जाता है। तत्कालीन उत्तरप्रदेश भाजपा प्रदेश अध्यक्ष स्वतंत्र देव सिंह ने कहा कि गाजियाबाद के कपिल गुर्जर की विचारधारा भाजपा के अनुरूप नहीं है। कपिल गुर्जर की सदस्यता पार्टी द्वारा अमान्य किया जाता है।

अब सवाल ये है कि भाजपा की विचारधारा है क्या? सिर्फ हिंदुत्व के नाम पर लोगों को भड़काकर वोट लेना? आरोपी की बात है तो कई गंभीर आरोप झेल रहे बीजेपी में हैं। कई देवी देवताओं और हिंदुओं का

अपमान करने वाले भी बीजेपी में हैं लेकिन कपिल गुर्जर का स्थानीय स्तर पर पार्टी में शामिल होना और बीजेपी प्रदेश अध्यक्ष का सफाई आना ये बताता है कि इनके लिए मुसलमान से जुड़ा मामला कितना मायने रखता है। कैसे माना जाए कि ये लोग शाहीनबाग़ के विरोध में थे? कपिल गुर्जर की रही बात तो उसे जमानत तो कोर्ट ने दिया था। भाजपा को हिंदू सिर्फ वोट के लिए चाहिए बाकी कोई धर्म पर हो रहे हमले का जबाव दे तो वो इनके लिए स्वीकार नहीं है। हिंदुओं को सड़क पर उतरने की सलाह देने वाला गिरोह भी कुछ नहीं बोला। जो वो चाहते हैं, कपिल गुर्जर ने तो वही किया था। लेकिन उस गिरोह का मकसद होता है कि सरकार की नाकामी हिंदुओं पर डाल दो ताकि हिंदू सरकार के ऊपर सवाल न उठाए।

बीजेपी ने दिल्ली विधानसभा चुनाव में इस मुद्दे को भुनाने का काम किया क्योंकि ऐसे मुद्दे भाजपा को सूट करते हैं। हिंदू भी ऐसी घटनाओं को देख एकजुट होता है, जिसका फायदा भाजपा उठाती रही है। चूंकि मामला दिल्ली से था तो बीजेपी का अनुमान था कि इसे अरविंद केजरीवाल के माथे पर डाल चुनावी फायदा ले लेंगे। बीजेपी शाहीनबाग़ को लेकर केजरीवाल को निशाना बनाती रही। केंद्रीय मंत्री अनुराग ठाकुर मंच से देश के गद्दारों को..... तो लोगों का जबाव गोली मारो सालों को भी काफी विवादों में रहा। केंद्रीय गृह मंत्री अमित शाह ने तो दिल्ली विधानसभा प्रचार के दौरान लोगों से आह्वान कर डाला कि ईवीएम का बटन इतने गुस्से के साथ दबाना कि बटन यहां बाबरपुर में दबे, करंट शाहीनबाग़ के अंदर लगे। आपका दिया एक वोट बीजेपी को जिताएगा ही, साथ ही शाहीनबाग जैसी घटनाओं को रोकने का भी काम करेगा।

अमित शाह ने कहा कि प्रधानमंत्री नरेंद्र मोदी सीएए लेकर आए लेकिन राहुल गांधी और अरविंद केजरीवाल एंड कंपनी इसका विरोध कर रही है। दिल्ली में दंगे कराए, लोगों को उकसाया, भड़काया, गुमराह किया, बसें जला दी, लोगों की गाड़ियां जला दी। ये लोग फिर से आए तो दिल्ली सुरक्षित नहीं रह सकती।

बीजेपी सांसद प्रवेश वर्मा ने कहा कि दिल्ली विधानसभा चुनाव परिणाम 11 फरवरी 2016 को घोषित होते ही 1 घंटे के भीतर ही उन्हें हटा दिया जाएगा।

15 दिसंबर 2019 को नरेंद्र मोदी ने झारखंड के दुमका में चुनावी सभा को संबोधित करते हुए नागरिकता संशोधन कानून पर हो रहे विरोध को लेकर कहा कि कांग्रेस और उनके साथी आग लगा रहे हैं, उन्हें कपड़ों से पहचाना जा सकता है। मोदी के इस भाषण का खासा विरोध हुआ क्योंकि आग लगाने वाले समझ गए कि उन्हीं को बोला जा रहा है।

बीजेपी को सिर्फ चुनावी लाभ लेना था जिसका परिणाम रहा कि शाहीनबाग प्रदर्शन के खिलाफ बयानबाजी कर अपने हिंदू वोटर को तो साध रहे थे लेकिन वैसे काफी उदारता दिखाई।

शाहीनबाग़ में प्रदर्शन सड़क को घेरकर किया जा रहा था, जिससे यातायात बुरी तरह प्रभावित हुआ। दिल्ली पुलिस जो केंद्र सरकार के अधीन है, कोई भी रास्ता घेरने का प्रयास करें तो पुलिस का पहला काम होता है उसको हटाने का प्रयास करना। लेकिन शाहीनबाग़ में पुलिस की तरफ से किसी भी तरह का प्रयास नहीं हुआ कि शाहीनबाग़ को खाली कराया जाए। दिल्ली पुलिस ने तो उल्टा आस पास के क्षेत्रों में बैरिकेडिंग कर दी, जिससे प्रतिदिन 1 लाख के करीब वाहन प्रभावित हुए। 25 मिनट की यात्रा

पूरी करने में दो-तीन घंटे लगते थे। 10 से अधिक कंपनियों को तैनात किया गया जिसमें 1000 कर्मियों को तैनात किया गया।

शाहीनबाग़ के स्थिति को देखकर ऐसा प्रतीत हो रहा था कि पुलिसकर्मी बैरिकेडिंग लगा उनकी सुरक्षा कर रहे हों। तत्कालीन दिल्ली बीजेपी प्रदेश अध्यक्ष मनोज तिवारी ने वीडियो जारी कर अपील की, "सीएए किसी धर्म के खिलाफ नहीं है।" 25 मिनट की यात्रा दो-तीन घंटे में पूरी करनी पड़ रही है।

मोदी सरकार की तरफ से शाहीनबाग़ प्रदर्शन को रोकने या हटाने का कोई भी ठोस प्रयास नहीं किया गया। दिल्ली विधानसभा चुनाव में शाहीनबाग़ को भुनाने की मंशा थी, जिसका परिणाम रहा कि राजनीतिक बयानबाजी करते रही।

शाहीनबाग़ प्रदर्शन पूरी तरह से यातायात को बाधित करने से जुड़ा हुआ मामला था। अगर मोदी सरकार उसको रोकना चाहती तो शुरुआत में ही सड़क का घेराव नहीं करने देती। शुरुआत में 10 से 15 महिलायों ने कालिंदीकुंज रोड को अवरुद्ध करना शुरू किया, जो शाहीनबाग से लगा हुआ था। धीरे धीरे लोग इससे जुड़ते गए और बड़ा प्रदर्शन बन गया। सरकार के पास खुफिया रिपोर्ट भी होती है। अगर खुफिया में चूक हो तब भी स्थानीय पुलिस होती ही है, जो कि ऐसे किसी घेराव को रोकने का प्रयास करती है लेकिन पुलिस की तरफ से कोई प्रयास नहीं हुआ क्योंकि केंद्र की मोदी सरकार नहीं चाहती थी कि शाहीनबाग़ प्रदर्शन न होने दिया जाए।

दिल्ली हाईकोर्ट में शाहीनबाग़ में रास्ता खोलने के लिए याचिका डालीगई। 14 जनवरी 2020 को कोर्ट ने नाकाबंदी को पुलिस के पाले में डाल दिया। दिल्ली पुलिस ने कहा कि वे नाकाबंदी खत्म करने के लिए बल का प्रयोग नहीं करेंगे।

बीजेपी माहौल बनाने के लिए बातचीत करने का ऑफर देती रही। तत्कालीन केंद्रीय मंत्री रवि शंकर प्रसाद ने कहा कि नागरिकता संशोधन एक्ट के खिलाफ प्रदर्शन कर रहे प्रदर्शनकारियों से एक तय रूप रेखा में बातचीत के लिए मोदी सरकार तैयार है। उनके शंकाओं का भी समाधान किया जाएगा। केंद्रीय गृह मंत्री अमित शाह ने एक मीडिया मंच से सीएए के बारे में बात करने की इच्छा रखने वाले किसी भी व्यक्ति का स्वागत किया।

शाहीनबाग़ के प्रदर्शनकारियों ने अमित शाह के खुले निमंत्रण के बाद उनसे बात करने का फैसला किया लेकिन पुलिस ने उनको मार्च करने की अनुमति नहीं दी।

पुलिस ने कहा कि इन प्रदर्शनकारियों को अनुमति तभी मिलेगी जब वे बैठक के लिए प्रतिनिधिमंडल नियुक्त करेंगे।

दिल्ली विधानसभा चुनाव में बीजेपी ने शाहीनबाग़ प्रदर्शन को प्रमुख मुद्दा बनाया जबकि आम आदमी पार्टी आम तौर पर इससे बचती रही, हालांकि आप के कुछ सदस्यों ने सार्वजनिक रूप से प्रदर्शनकारियों का पक्ष लिया था। जिसकी वजह से बीजेपी समर्थक आरोप लगाते रहे कि अरविंद केजरीवाल शाहीबाग़ में बिरयानी बटवा रहे हैं।

सीएए विरोध प्रदर्शन और शाहीनबाग के संबंध में 3 फ़रवरी 2020 को चुनाव प्रचार के दौरान नरेंद्र मोदी ने कहा कि दिल्ली की जनता शांत है और वोट बैंक की इस राजनीति को देखकर गुस्से में है। अगर साजिश रचने वालों की ताकत बढ़ी तो एक और सड़क या गली बंद कर दी जाएगी। हम दिल्ली को ऐसी अराजकता के लिए नहीं छोड़ सकते। इसे सिर्फ लोग ही रोक सकते हैं। बीजेपी को दिया गया हर वोट ऐसा कर सकता है। सीलमपुर हो, जामिया नगर हो या शाहीनबाग़, पिछले कई दिनों से नागरिकता संशोधन के खिलाफ प्रदर्शन हो रहे हैं। क्या ये विरोध प्रदर्शन महज संयोग है? नहीं, ये संयोग नहीं एक प्रयोग है।

दिल्ली विधानसभा चुनाव में बीजेपी को करारी हार का सामना करना पड़ा, उसके बाद बीजेपी के लिए शाहीनबाग़ प्रदर्शन का कोई महत्व बचा नहीं था। चुनाव के बाद अमित शाह ने कहा कि शाहीन बाग़ के संबंध में "गोली मारो" और "भारत बनाम पाकिस्तान" जैसी टिप्पणियां नहीं की जानी चाहिए थी।

शाहीन बाग प्रदर्शन तब तक चलने दिया जब तक बीजेपी को चुनावी लाभ की आशा थी। बीजेपी को लग रहा था कि इससे बहुसंख्यक हिंदुओं की भावनाओं का दोहन कर दिल्ली की सत्ता हासिल कर लेंगे क्योंकि बीजेपी से जुड़े लोग ही इसके विरोध का दिखावा कर रहे थे बाकी अन्य पार्टियों के लोग समर्थन में थे और कई प्रदर्शन स्थल पर गए भी थे।

शाहीनबाग़ प्रदर्शन भी धीरे धीरे दम तोड़ने लगा था क्योंकि उसका मकसद पूरा हो चुका था।

22 मार्च 2020 को प्रधानमंत्री नरेंद्र मोदी के द्वारा कोरोना वायरस को लेकर घोषित "जनता कर्फ्यू" के बाद प्रदर्शनकारियों की संख्या घटाकर 5 कर दी गई और अन्य प्रदर्शनकारियों ने एकजुटता दिखाते हुए प्रतीकारात्मक रूप से साइट पर खाट और सैंडल छोड़ दिए। दिल्ली के मुख्यमंत्री अरविंद केजरीवाल ने 23 मार्च से 31 मार्च 2020 तक पूर्ण लॉकडाउन लगाया। जिसके बाद 24 मार्च 2020 को दिल्ली पुलिस प्रदर्शनकारियों को सुबह 7 बजे हटाने के लिए पहुंची तो वहां 25 के करीब प्रदर्शनकारी थे लेकिन पुलिस के पहुंचते ही फिर से वहां भीड़ जगा होने लगी। दिल्ली पुलिस ने जबरन खाली कराया और कुछ प्रदर्शनकारी हटने के लिए तैयार नहीं थे, उन्हें गिरफ्तार कर लिया।

केंद्र के अधीन आने वाली दिल्ली पुलिस शुरुआत में 10-15 प्रदर्शनकारियों को नहीं हटा पाई। जिसको लेकर सवाल हो रहे थे तब बीजेपी समर्थकों का बचाव में दलील था कि महिलाओं और बच्चों के ऊपर जबरन कारवाई नहीं हो सकती क्योंकि इससे सरकार मानवाधिकार मामलें में घिर जाएगी। दिल्ली पुलिस ने स्वयं जबरन खाली कराने से मना कर दिया था फिर जबरन खाली कराने कैसे पहुंची? वो भी तब जब पहले से ज्यादा भीड़ थी।

शाहीन बाग़ आंदोलन के खत्म होने के कुछ महीने बाद ही 50 से ज्यादा लोग शाहीनबाग़ से और बाकी ओखला और निजामुद्दीन से बीजेपी में शामिल हो गए। कई उनमें शाहीनबाग़ प्रदर्शन में शामिल हुए थे। बीजेपी ने जहां इसे मोदी के सबका साथ सबका विकास की जीत बताया तो वही प्रदर्शनकारियों ने प्रधानमंत्री मोदी की नीतियों से प्रभावित हो बीजेपी में शामिल होने की बात कही।

तत्कालीन केंद्रीय कानून मंत्री रविशंकर प्रसाद ने कहा था कि शाहीन बाग "भारत विरोधी" गिरोहों के लिए मंच प्रदान कर रहा है। उसी शाहीन बाग प्रदर्शन में शामिल लोग बीजेपी में शामिल हुए फिर ये क्यों न माना जाए कि भारत विरोधी गिरोह में बीजेपी भी शामिल है?

कपिल गुर्जर की सदस्यता रद्द करने की जानकारी देते हुए स्वतंत्र देव सिंह ने कहा था कि गुर्जर की विचारधारा भाजपा के अनुरूप नहीं है तो शाहीन बाग वालों को बीजेपी में शामिल करना विचारधारा के अनुरूप है! यानि बीजेपी और शाहीन बाग़ की विचारधारा एक ही है?

आम आदमी पार्टी के विधायक सौरभ भारद्वाज ने शाहीन बाग़ आंदोलन को बीजेपी द्वारा प्रायोजित बताया। बीजेपी ने ही इस आंदोलन को पीछे से समर्थन दिया था। आप ने सवाल उठाते हुए कहा कि दिल्ली पुलिस किसान, डॉक्टरर्स, विकलांगों के विरोध को 3 घंटे से ज्यादा बर्दाश्त नहीं करती लेकिन शाहीन बाग प्रदर्शन को 101 दिन चलने दिया। पुलिस ने इसे हटाने की कोई कोशिश नहीं की बल्कि उसे बचाने के लिए आस पास की कई सड़क को बंद कर दिया।

71 दिन से शाहीन बाग का रास्ता बंद होने के कारण समस्याएं झेल रहे लोगों का 24 मार्च 2020 को सरिता विहार, जसोला और आसपास के इलाके के लोगों का गुस्सा फूट पड़ा। उन्होंने सरिता विहार की सड़क बंद कर दी और वहीं बैठ गए। इस दौरान उन्होंने शाहीन बाग की तर्ज पर महिलाओं को आगे कर दिया। महिलाओं का आरोप है कि शाहीन बाग प्रदर्शन की वजह से उनके बच्चों को कई किलोमीटर लंबा चक्कर लगाकर बोर्ड परीक्षा देने जाना पड़ रहा है। इससे उनकी पढ़ाई प्रभावित हो रही है।

हंगामे की सूचना पर भारी पुलिस बल वहां पहुंच गई। पुलिस को देखकर स्थानीय लोगों ने 'दिल्ली पुलिस जिंदाबाद' के नारे लगाने शुरू कर दिए। प्रदर्शनकारियों ने पुलिस से मांग की कि शाहीन बाग में रास्ता घेरकर बैठे प्रदर्शनकारियों पर लाठीचार्ज कर रास्ता जल्द खुलवाए।

इसके बाद पुलिस ने लोगों को समझाया। इसमें उसे पांच घंटे तक कड़ी मशक्कत करनी पड़ी। बाद में लोग रास्ता खोलने पर राजी हो गए। हालांकि, प्रदर्शनकारियों ने चेतावनी दी कि अगर सोमवार तक रास्ता साफ नहीं हुआ तो वे बड़े आंदोलन पर मजबूर हो जाएंगे।

सरिता विहार निवासी रोहित और उनकी पत्नी ने रविवार सुबह व्हॉट्स ऐप पर स्थानीय लोगों से प्रदर्शन की अपील की थी। इस पर स्थानीय लोग बड़ी संख्या में शाहीन बाग मेट्रो स्टेशन से पहले स्थित तिराहे पर पहुंच गए। इसके बाद उन्होंने ईंट-पत्थर रखकर और गाड़ियां खड़ी कर तिराहे को बंद कर दिया और वहां बैठकर नारेबाजी शुरू कर दी। प्रदर्शनकारी आरती अग्रवाल ने कहा कि शाहीन बाग का रास्ता बंद होने से इलाके में कई लोगों की नौकरी जा चुकी है। इसके बाद भी समस्या के समाधान के लिए प्रशासन कुछ नहीं कर रहा है।

प्रदर्शनकारियों ने आरोप लगाया कि शाहीन बाग में रास्ता बंद करने वाले लोग सुप्रीम कोर्ट के वार्ताकारों की भी नहीं सुन रहे। अब वे किसी की नहीं सुनेंगे। इसलिए पुलिस को हस्तक्षेप कर शाहीन बाग के प्रदर्शनकारियों पर बल प्रयोग कर रास्ते को खाली कराना चाहिए।

इधर, सरिता विहार का रास्ता बंद होने से जसोला मेट्रो स्टेशन की ओर जाने वाले रास्ते पर जाम लग गया। फरीदाबाद की ओर से आने वाली गाड़ियों को दूसरे रास्तों से घूमकर ओखला की ओर जाना पड़ा। इससे लोगों को काफी परेशानी का सामना करना पड़ा। हालांकि प्रदर्शन के दौरान पहुंची एंबुलेंस को रास्ता दे दिया गया।

प्रदर्शन की सूचना पर डीसीपी और अन्य आला अधिकारी पहुंच गए। पुलिस के पहुंचने के बाद वहां जमकर नारेबाजी हुई। प्रदर्शन में शामिल कुछ लोग खासे गुस्से में थे। उन्होंने शाहीन बाग की ओर बढ़ने का प्रयास भी किया। पहले से चौकस पुलिसवालों ने उन्हें बैरिकेड पर ही रोक लिया। कई घंटे तक हंगामा चलने के बाद शाम करीब चार बजे प्रदर्शनकारी अपने घरों को लौट गए।

हिंदू प्रदर्शनकारी जो दिल्ली पुलिस जिंदाबाद के नारे लगा रहे थे उन्हें पुलिस ने तुरंत हटा दिया जबकि प्रदर्शन करने वालों में महिलायें आगे थी लेकिन उसी पुलिस ने शाहीन बाग को हटाने का प्रयास नहीं किया। जो रास्ता घेरकर लोगों के आम जीवन को प्रभावित कर रहे थे। पुलिस तो वही करेगी जो सरकार चाहेगी। सरकार हिंदुओं को हटाना चाहती थी तो पुलिस ने आकर हिंदुओं को हटा दिया और दूसरी तरफ शाहीन बाग में हटाने के बजाय वही पुलिस सुरक्षा दे रही थी।

जो भारत के कानून के विरुद्ध सड़क घेरकर बैठे हुए थे उन्हें सरकार ने 100 दिन तक बर्दाश्त किया, ऊपर से कइयों को बीजेपी में शामिल कर लिया लेकिन वही जो भारत के कानून के साथ थे, उन्हें सरकार एक दिन भी बर्दाश्त नहीं कर पाई।

क्या मोदी सरकार की नजर में हिंदू महिलायों की कोई इज्जत नहीं और मुस्लिम महिलायें ही सिर्फ इज्जत की हकदार हैं? क्या ऐसे कदम राष्ट्रविरोधी ताकतों को मजबूत नहीं करता?

जो देश के कानून के विरुद्ध हो वो राष्ट्रवादी तो नहीं हो सकता। मोदी सरकार कार्यों के आधार पर किसके साथ है ये पाठक आसानी से तय कर सकता है।

शाहीन बाग आंदोलन को लेकर बीजेपी और उसके समर्थक हमलावर रहे। आंदोलनकारी भी मोदी सरकार के लिए फैसले के लिए खिलाफ सड़क पर बैठे हुए थे। मोदी-बीजेपी के खिलाफ नारेबाजी की भी घटनाएं सामने आती रही लेकिन हैरान कर देने वाला मामला वेलेंटाइन डे के दिन सामने आया।

वेलेंटाइन डे के दिन हाथ में प्ले कार्ड ली हुई महिलायें मोदी तुम कब आओगे का नारा लगा रही थी। प्ले कार्ड पर दिल बना हुआ था जिसपर हैप्पी वेलेंटाइन ऐट शाहीन बाग और मोदी तुम कब आओगे लिखा हुआ था।

वेलेंटाइन डे के खास मौके पर तो लोग अपने प्रेमी को मिलने के लिए बुलाते हैं। मैंने तो कभी नहीं सुना कि कोई अपने दुश्मन को इस खास दिन पर मिलने के लिए बुलाए।

मैं ये पाठक के ऊपर छोड़ देता हूं कि वो ये सब देख कर तय कर सकते हैं कि शाहीन बाग आंदोलन किसकी वजह से चल रहा था?

बीजेपी को सीएए का स्टंट करना था ताकि उसका हिंदू वोट बैंक मजबूती से उसके साथ खड़ा रहे। इनके पोषित विरोधी बताने लगे ही थे कि ये हिंदूराष्ट्र बनाने के लिए काम कर रहे हैं। अमित शाह से आजतक के कार्यक्रम में पूछा गया कि आप हिंदू राष्ट्र बनाना चाहते हैं तो उन्होंने जबाव दिया कि बिल्कुल भी नहीं। सवाल ये नहीं है कि उन्होंने नकार दिया, सवाल ये है कि इसकी चर्चा हुई जिसे इनके समर्थक बताने के लिए तो थे ही कि अंदर अंदर काम चल रहा है। कई बातें मीडिया में बोली नहीं जाती। सीएए कानून को मोदी सरकार ने होल्ड कर दिया लेकिन उनका राजनीतिक फायदा लेने के लिए अमित शाह चुनावी मंचों से ये जरूर बताते हैं कि सीएए वास्तविकता है, जो लागू होकर रहेगा। कोरोना के समाप्त होते ही सीएए लागू हो जाएगा। हर काम हो रहे और संसद भी चल रही लेकिन नागरिकता संशोधन कानून लागू करने में कोरोना आड़े आ रहा है। इससे बड़ा कोई और मज़ाक हो ही नहीं सकता, वो भी जिम्मेवार पद पर बैठे देश के गृह मंत्री ये बात बोल रहे हैं। जैसे कोरोना ने इन्हें बोल रखा हो कि सीएए लागू होते ही मैं आक्रामक हो जाऊंगा।

नागरिकता संशोधन कानून (सीएए) को पारित हुए 3 साल हो गए लेकिन अब तक कानून लागू न हो सका। पिछले 3 सालों में लगातार 7 बार सीएए के लिए नियम बनाने की मांग कर चुकी है। इलेक्टोरल बोन्ड पर सुप्रीम कोर्ट की सख्ती के बाद एसबीआई को 11 मार्च 2024 को डाटा जारी करना पड़ा। उसी दिन सीएए लागू कर दिया गया। सामने लोकसभा चुनाव और खासकर उस दिन लागू करने के पीछे मंशा रही हो कि इलेक्टोरल बॉन्ड पर चर्चा न होकर सीएए पर हो।

आरटीआई कार्यकर्ता अजय वासुदेव बोस ने गृह मंत्रालय से आरटीआई के जरिए जानना चाहा कि अब तक कितने लोगों का आवेदन आ चुका है तो गृह मंत्रालय ने जो जबाव दिया वो चौंकाने वाला था। 15 अप्रैल 2024 को जो गृह मंत्रालय ने आरटीआई के जबाव में बताया, "हमारे पास ऐसा कोई भी प्रावधान नहीं है कि नागरिकता के लिए प्राप्त किए गए आवेदन का डाटा हम रखे।"

जब अमित शाह सीएए लागू होने के बाद मीडिया से बात कर रहे थे तो उन्होंने मुस्कुराते हुए कहा कि बहुत समय है, आराम से आवेदन करें।

उनका मुस्कुराहट शक पैदा कर रहा था। अब मैं ये पाठकों के विवेक के ऊपर छोड़ देता हूँ कि तय करें कि जब सरकार के पास कोई डाटा ही नहीं होगा तो वो कैसे नागरिक देंगे?

पाकिस्तान से जो हिंदू भारत आए वो सिर्फ अपना धर्म बचाने के लिए घर, जमीन सब कुछ छोड़कर वीजा के साथ आए। भारत सरकार की निष्क्रियता से परेशान 800 हिंदू साल 2021 में पाकिस्तान लौटे। सीमांत लोक संगठन के अध्यक्ष हिंदू सिंह सोढा ने बताया कि जब वो पाकिस्तान लौटे तो पाकिस्तानी एजेंसियां उनका इस्तेमाल भारत को बदनाम करने के लिए करती हैं।

पाकिस्तानी हिंदू शरणार्थियों को नागरिकता न मिलने के कारण उनके पाकिस्तान लौटने का सिलसिला थमा नहीं बल्कि और बढ़ गया।

हिंदू सिंह सोढा ने बताया कि साल 2021 से 2022 तक करीब 1500 हिंदू पाकिस्तान लौट चुके हैं। केंद्र सरकार के साथ साथ राज्य सरकार की ढिलाई के कारण पाकिस्तान से आए हिंदुओं के बीच काफी निराशा है। इनमें से अधिकांश हिंदुओं के पास भारतीय नागरिकता प्राप्त करने के लिए धन या संसाधन न होने के कारण पाकिस्तान लौट रहे हैं।

सोढा ने बताया कि राशि खर्च करने के बाद भी उन्हें नागरिकता मिलने का यकीन नहीं है। लगभग 25000 ऐसे पाकिस्तानी हिंदू हैं जो भारतीय नागरिकता चाहते हैं। ये पाकिस्तानी हिंदू पिछले 10 से 15 साल से हैं। कांग्रेस सरकार में 2004 और 2005 में नागरिकता देने के लिए शिविर आयोजित किये गए और लगभग 13000 हिंदुओं को भारतीय नागरिकता मिली लेकिन पिछले 5 साल में मोदी सरकार में केवल 2000 पाकिस्तानी हिंदुओं को नागरिकता दी गई।

पाकिस्तान से विस्थापित हिंदुओं को भारतीय नागरिकता प्राप्त करने के लिए मोटी रकम चुकानी पड़ती है। भारत सरकार के गृह मंत्रालय के नियम के अनुसार नागरिकता के लिए आवेदन करने के लिए पाकिस्तान के पासपोर्ट को रेन्यू कराना होगा और पासपोर्ट को आत्मसमर्पण करने के लिए पाकिस्तान दूतावास से प्रमाण पत्र भी जमा कराना होगा।

सोढा ने बताया कि पाकिस्तान दूतावास ने फीस बढ़ा दी है, जिसका भुगतान करना शरणार्थियों के लिए मुश्किल हो रहा है। पाकिस्तान दूतावास में पासपोर्ट का नवीनीकरण शुल्क 8000-10000 रुपये है।

बीजेपी सरकार ने पाकिस्तान से आए मुस्लिमों और कुछ हिंदुओं को भी नागरिकता दी है लेकिन जब भी कुछ हिंदुओं को नागरिकता मिलती है तो बीजेपी के पेड समर्थक इसे सीएए का टेस्टिंग तो कोई सीएए चुपके से लागू होना बताता है। हिंदुओं को मिली नागरिकता का तो प्रचार प्रसार करते हैं लेकिन मुसलमानों को दी गई नागरिकता के ऊपर चर्चा नहीं होती।

सितंबर 2022 में 108 लोगों को नागरिकता दी गई, जो पाकिस्तान, बांग्लादेश और अफगानिस्तान से प्रताड़ित होकर भारत आए थे। गुजरात के गृह मंत्री हर्ष सिंघवी ने उन्हें नागरिकता का प्रमाण पत्र सौंपा।

जो भी नागरिकता दी जा रही वो नागरिकता कानून 1955 के तहत दी जा रही जिसमें धर्म कोई बाधा नहीं है। पाकिस्तानी गायक अदनान सामी को भी नागरिकता दी गई।

बीजेपी ने सीएए के जरिए हिंदुओं की भावनाओं का दोहन कर चुनावी लाभ लिया। यहां तक कि खुद प्रधानमंत्री नरेंद्र मोदी ने भी इसे खूब भुनाया। लोकसभा से सीएए पारित होने के बाद 9 दिसंबर 2019 को मजनू का टीला में पाकिस्तान से आए हिंदू परिवार में एक लड़की का जन्म हुआ तो बेटी का नाम

नागरिकता रख दिया। बेटी के पिता ने कहा कि भारत की बेटी हुई है। बेटी की मां आरती ने कहा, नागरिकता से मुलाकात से आज़ादी मिल जाएगी।" हम कुछ अच्छा व्यवसाय कर सकते हैं। सात साल बाद आज वह दिन आया जिसका हमें इंतजार था। बच्ची के पिता ने कहा कि उन्हें इस बिल से बहुत खुशी हो रही है, इसलिए मैंने बेटी का नाम नागरिकता रखा है।

नरेंद्र मोदी ने मौका देखते हुए उस बच्ची नागरिकता का नाम लेते हुए विरोधियों पर सीएए को लेकर भ्रम फैलाने पर दिल्ली के रामलीला मैदान में रैली के दौरान निशाना साधा।

रैली के दौरान प्रधानमंत्री के बच्ची का नाम लेने पर उसकी मां बेहद खुश नजर आई। नवजात बच्ची 'नागरिकता' की मां ने कहा, प्रधानमंत्री ने हमारी बच्ची का नाम लिया, हमारे तो भाग्य खुल गए। अब हमारी नागरिकता की राह आसान हो जाएगी और बिजली पानी भी मिल सकेगा।

पाकिस्तान से आए हिंदू परिवारों ने दिल्ली हाई कोर्ट में याचिका डाल बिजली कनेक्शन की मांग की। मोदी सरकार ने उन्हें अवैध बता बिजली कनेक्शन की मांग करने वाली याचिका खारिज करने की गुहार लगाई।

सरकार ने कहा कि यह याचिका गलत है, क्योंकि ये अवैध कैंप हैं और डिफेंस लैंड पर अतिक्रमण करके बसाया गया है।

अगली सुनवाई के मौके पर केंद्र सरकार ने रक्षा विभाग से एनओसी का हवाला दिया। दिल्ली हाईकोर्ट ने 2 हफ्ते का समय दिया कि क्यों एनओसी नहीं दिया गया? सुनवाई कर रही बेंच में हाईकोर्ट के मुख्य न्यायमूर्ति सतीश चंद्र शर्मा और न्यायमूर्ति सुब्रमणियम प्रसाद ने कहा कि 5-6 सालों से रह रहे हैं। ये आपके अपने लोग हैं, आप मानवता के नाते सहानुभूतिपूर्वक उनकी दुर्दशा को देखें।

10 नवंबर 2022 को दिल्ली हाईकोर्ट ने टाटा पॉवर-डीडीएल को निर्देशित किया कि 30 दिन के भीतर बिजली कनेक्शन दें। हिंदुओं का पक्ष रख रहे वकील ने कोर्ट को आश्वासन दिया कि शरणार्थी कभी जमीन पर मालिकाना हक का दावा नहीं करेंगे। रक्षा मंत्रालय ने कोर्ट के दखल देने के बाद अनुमति दी। जिसके बाद लगभग 800 पाकिस्तान से आए हिंदुओं को बिजली कनेक्शन मिल पाई।

कोर्ट ने कहा, "बिजली का आपूर्ति न करवाना, बुनियादी जरूरतों को इनकार करने जैसा है।"

खास बात ये रही कि धर्म की राजनीति करने वाली बीजेपी की सरकार ने पाकिस्तान से अपना घर जमीन सब कुछ त्याग कर धर्म बचाने आए हिंदुओं का कोई ख्याल नहीं किया। कई खुले में नरकीय जीवन जीने पर मजबूर हैं। जिनके झुग्गीओं पर भगवा झंडा, तिरंगा और बीजेपी के झंडे देखे जाते हैं। बीजेपी प्रतीकों की राजनीति के लिए भी जानी जाती है। जो कभी भगवा यात्रा तो कभी तिरंगा यात्रा और पार्टी का झंडा तो है ही, उसको सम्मान देने वाले भी इन्हें नहीं दिखते।

मोदी सरकार को पाकिस्तान से वीजा ले भारत आ रहे उन हिंदुओं से भी समस्या है, जिनके रिश्ते भारत में होते हैं।

भारत में पाकिस्तान के 900 सोढ़ा राजपूत परिवारों को ब्लैकलिस्ट किया जा चुका है। भारत में वीजा की अवधि से अधिक समय तक रहने की वजह से इन्हें ब्लैकलिस्ट किया गया। सोढ़ा राजपूत पाकिस्तान में भारतीय सीमा से लगते थारपारकर, उमरकोट और संघार में रहते हैं। जो शादी के लिए रिश्ता ढूंढने के लिए भारत आते हैं।

ये लोग अपनी धार्मिक और सांस्कृतिक मान्यताओं की वजह से अपने ही कबीले के दूसरे हिंदूओं से शादी नहीं कर सकते। यही वजह है कि सोढ़ा राजपूत विभाजन के बाद से अपने बच्चों के लिए रिश्ता ढूंढने के लिए भारत में दूसरे हिंदू राजपूतों के पास जाते हैं।

सोढ़ा राजपूतों का कहना है कि उन्हें इस काम में ज्यादा वक्त लगता है। उनके लिए 30 से 40 दिन का समय काफी नहीं है। इसलिए इनकी मांग है कि वीजा की अवधि को बढ़ाकर 6 महीने किया जाए। हालांकि, 2007 में उनकी इस मांग को पूरा करते हुए राजस्थान के पूर्व राज्यपाल एसके सिंह ने छह महीने तक के लिए वीजा विस्तार की इजाजत दी थी। 2017 में मोदी सरकार ने वीजा विस्तार खत्म कर दिया। वीजा विस्तार खत्म करने के साथ ही मोदी सरकार ने आगे किसी को वीजा नहीं दिया। जब भी पाकिस्तान स्थित भारतीय दूतावास में वीजा के लिए आवेदन देते हैं तो खारिज कर दिया जाता है। कई लोग हैं जो अपने रिश्तेदारों से भी नहीं मिल पा रहे। किसी विवाह या किसी के मृत्यु पर भी रिश्तेदार शामिल नहीं हो पा रहे हैं। सदियों से उनके रिश्ते राजस्थान और गुजरात के विभिन्न हिस्सों में होते रहे हैं।

कांग्रेस की सरकार ने वीजा विस्तार 2007 में 10 साल के लिए दिया था लेकिन मोदी सरकार ने विस्तार को आगे नहीं बढ़ाया। जो लोग इस दौरान 6 महीने के लिए वीजा विस्तार लिए थे उन्हें 'ओवर-स्टे' बता मोदी सरकार ने ब्लैकलिस्ट में डाल दिया। लोगों के पास वीजा विस्तार के कागजात होने के बावजूद भी काली सूची में डाल दिया गया।

आज उसका परिणाम है कि कई लड़के और लड़कियों की उम्र 40 साल तक की हो गई है लेकिन वो अविवाहित हैं क्योंकि भारत का वीजा नहीं मिल पा रहा है।

शादी जब परिवार के मर्जी से हो तो रिश्ते ढूँढने में समय तो लगता ही है। कोई लड़की अपने मायके आए तो कई परिस्थिति में 30-40 दिन से ज्यादा भी रह जाती है।

हिंदुहित की राजनीति का प्रचार करने वाली पार्टी की सरकार को इतनी हिंदुओं से समस्या क्यों है? बात करें सोढ़ा राजपूतों की तो पाकिस्तान के सिंध प्रांत में मजबूती के साथ खड़ा है। हिंदू सोढ़ा राजपूत

राजा राणा चंद्र सिंह ने पाकिस्तान में हिंदुओं की अनदेखी से परेशान होकर 1990 में पाकिस्तान हिंदू पार्टी बनाया। भगवा रंग के पार्टी के झंडे में त्रिशूल और ॐ का निशान था। हिंदुओं का पर्याप्त समर्थन न मिलने की वजह से पार्टी सफल नहीं हो पाई।

राणा चंद्र सिंह के पुत्र राणा हमीर सिंह पाकिस्तान में एक मुखर आवाज हैं लेकिन मोदी सरकार उनके साथ ऐसा क्यों कर रही है?

बीजेपी जो कांग्रेस पर हिंदूहित की अनदेखी करने का आरोप लगा, हिंदूहित को लेकर सत्ता में आई उसने कांग्रेस सरकार में दिए छूट का इस्तेमाल करने पर पाकिस्तान के हिंदुओं को ब्लैकलिस्ट कर दिया और आगे से वीजा देना भी बंद कर दिया।

नरेंद्र मोदी को घर वापसी से परेशान होने को लेकर तो खबरें आ चुकी है लेकिन कभी धर्मांतरण को लेकर परेशान होते हों, ऐसी कोई खबर नहीं आई।

मोदी सरकार चाहती है कि वो पाकिस्तान में अपना धर्म बदल लें? किसी की मान्यताओं को लेकर परेशान करने का कोई और क्या मतलब हो सकता है? वो भारत प्रवास के दौरान कोई गैरकानूनी गतिविधि में शामिल हो ऐसा भी मामला सामने नहीं आया है।

मोदी सरकार एक तरफ पाकिस्तानी हिंदुओं को ब्लैक लिस्ट कर रही तो दूसरी तरफ पाकिस्तानी मुसलमानों को वीजा देती है। दरअसल 7 अक्टूबर 2022 को कड़ी सुरक्षा के बीच विश्व प्रसिद्ध दरगाह साबिर उर्फ पिरान कलियर में 754वें उर्स में शामिल होने के लिए 150 से अधिक पाकिस्तानी जत्था रुड़की पहुंचा। 2017 में उर्स में पाकिस्तान से 153 जायरिनों ने हिस्सा लिया था।

26 सितंबर 2023 को 107 पाकिस्तानी नागरिक अमृतसर-देहरादून (लाहौरी एक्स्प्रेस) से रुड़की पहुंचे। आगंतुकों का वरिष्ठ पुलिस अधिकारियों और प्रमुख समुदाय के सदस्यों सहित स्थानीय प्रशासन के प्रतिनिधिमंडल द्वारा गर्मजोशी से स्वागत किया गया। ये लोग चिश्ती संप्रदाय के श्रद्धेय सूफी साबिर बाबा के 755वें उर्स में भाग लेने पहुंचे।

ये पाठक तय कर सकते हैं कि मोदी सरकार की मंशा क्या है?

दिल्ली दंगा 2020 एक सुनियोजित हिंदू विरोधी दंगा था। शाहीन बाग़ की सफलता से उत्साहित सीएए विरोधी गैंग ने 22 फ़रवरी 2020 को महिलायों सहित लगभग 500 से 1000 प्रदर्शनकारियों ने जाफराबाद मेट्रो स्टेशन के पास धरना शुरू कर दिया। जो सीलमपुर को मौजपुर और यमुना विहार से जोड़ता है। जिसके कारण दिल्ली मेट्रो अधिकारियों को जाफराबाद मेट्रो स्टेशन के प्रवेश और निकास बंद करने पड़े। प्रदर्शन को देखते हुए भारी पुलिस बल तैनात की गई। प्रदर्शनकारियों के अनुसार, धरना भीम आर्मी द्वारा बुलाए गए भारत बंद के साथ एकजुटता दिखाने के लिए था। हाथों में तिरंगा लिए आज़ादी की नारे लगा रही महिलायों ने कहा कि जब तक केंद्र सीएए को रद्द नहीं कर देता, तब तक वे वहां से नहीं हटेंगी। प्रदर्शनकारियों ने अपनी बाहों पर नीली पट्टियां बांध रखी थी और 'जय भीम' के नारे भी लगाए।

बीजेपी नेता कपिल मिश्रा ने जाफराबाद के पास मौजपुर इलाके में कानून के पक्ष में एक रैली का नेतृत्व किया। रैली में उन्होंने दिल्ली पुलिस को इलाके में सड़के खाली करने का अल्टिमेटम दिया अन्यथा उन्हें सड़क पर उतरना पड़ेगा।

कपिल मिश्रा ने दिल्ली पुलिस को अल्टीमेटम देते हुए कहा कि वह जाफराबाद और चांद बाग में सड़कें खाली करने के लिए पुलिस को केवल तीन दिन का समय देंगे। तत्कालीन अमेरिका के राष्ट्रपति डोनाल्ड ट्रंप के जाने तक हम शांति से जा रहे हैं, लेकिन उसके बाद रास्ते खाली नहीं हुए तो हम आपकी भी नहीं सुनेंगे। ट्रंप के भारत छोड़ने के बाद अगर सड़कें खाली नहीं हुईं तो हम आपकी बात भी नहीं सुनेंगे। जाफराबाद और चांद बाग की सड़क खाली करवाएं, हम आपसे अनुरोध कर रहे हैं, उसके बाद हमें सड़क पर उतरना पड़ेगा।

कपिल मिश्रा और उनके समर्थक मौजपुर मेट्रो स्टेशन के पास सीएए के समर्थन में प्रदर्शन कर रहे थे कि भीम आर्मी के समर्थकों के साथ उनका आमना सामना हुआ। दोनों पक्षों में नोकझोंक से शुरू हुआ मामला मारपीट में बदल गया। मौजपुर में इक्ट्ठा हो रहे कपिल के समर्थकों पर सीएए विरोधियों ने पथराव शुरू कर दिया। हिंदुओं ने आत्मरक्षा में उनके फेंके पत्थर उठा उनके ऊपर फेंक आत्मरक्षा का प्रयास किया। जब भारी पत्थरबाजी होने लगी तो पुलिसबल मौके पर पहुंचा और आंसू गैस के गोले छोड़कर दोनों पक्षों को शांत कराने का प्रयास किया। शाम तक रुक-रुक कर पथराव होते रहे, जिसमें 12 से ज्यादा लोग घायल हुए।

सीएए विरोधियों द्वारा दिल्ली पुलिस को भी निशाना बनाया गया, जिसमें 50 के करीब पुलिस वाले घायल हुए और हेड कांस्टेबल रतन लाल की हत्या कर दी गई। शाहरुख खान पठान खुलेआम बंदूक ताने और पुलिस वाले को धमकाते देखा गया।

दिल्ली दंगे की शुरुआत हो चुकी थी जो विरोध प्रदर्शन से शुरू हो मारकाट आगजनी का शक्ल ले चुकी थी।

दंगे से पहले मुसलमान अपने दुकानों के शटर पर नो सीएए नो एनआरसी लिखवा चुके थे। उन्हीं दुकानों को चिन्हित करके जलाया गया जिसपर नो सीएए नो एनआरसी नहीं लिखा था। गाड़ियों को जलाने से पहले ई वाहन ऐप का इस्तेमाल हुआ और चुन चुनकर हिंदुओं के गाड़ी जलाए गए।

ताहिर हुसैन के घर पेट्रोल बम, पत्थर और गुलेल पाए गए थे। हिंदुओं के घर को उसके घर से चुन-चुन कर निशाना बनाया गया था। अंकित शर्मा ड्यूटी से लौट कर बाइक पार्क करने के बाद लोगों से बातचीत करने निकल गए। परिवार के मना करने के बावजूद अंकित हिंदुओं और मुस्लिमों को समझाने निकल गए। हिंदुओं ने तो बात मान ली लेकिन मुस्लिम शांति के लिए राजी नहीं हुए। तभी ताहिर हुसैन के बिल्डिंग से पत्थरबाजी शुरू हो गई और मुस्लिम भीड़ ने अंकित को पकड़कर घसीटना शुरू कर दिया। उन्हें पकड़कर ताहिर हुसैन के इमारत में ले गए। अंकित शर्मा का शव नाले से बरामद की गई। आईबी ऑफिसर की हत्या ISIS के अंदाज में की गई। दावे के अनुसार 400 बार उन्हें चाकू मारा गया। शरीर का कोई भी हिस्सा नहीं था जहां वार न किया गया हो। फोरेंसिक डॉक्टरों ने कहा कि इस तरह के यातना का शिकार और क्षत विक्षत बॉडी उन्होंने कभी नहीं देखा था। कई जगह बताया गया कि 12 बार चाकू से हमला किया गया और 33 गंभीर चोटे आईं। पुलिस के चार्जशीट के अनुसार 51 बार हमला किया गया। ताहिर हुसैन ने भीड़ का नेतृत्व किया था। इस मामले में ताहिर हुसैन समेत 10 लोगों को गिरफ्तार किया गया।

दिल्ली दंगा हिंदुओं पर थोपा गया था और चुन-चुन कर हिंदुओं को निशाना बनाया जा रहा था जो शुरुआत में एकतरफा था लेकिन हिंदुओं ने प्रतिकार करना शुरू किया फिर अर्धसैनिक बलों की 45 कंपनियां (आईटीबीपी, बीएसफ़ और सीआरपीएफ) तैनात की गई और दंगा पर काबू पाया गया। सरकारी आँकड़े के अनुसार 53 लोग मारे गए और करीब 600 लोग घायल हुए। मारे जाने वालों में 38 मुस्लिम और 15 हिंदू थे। राष्ट्रीय सुरक्षा सलाहकार अजित डोभाल ने भी मोर्चा संभाल लिया और दंगाग्रस्त क्षेत्र में दौरा किया। बतौर डोभाल वो प्रधानमंत्री नरेंद्र मोदी और गृहमंत्री अमित शाह के निर्देश पर गए। डोभाल ने यह स्पष्ट कर दिया है कि अब राजधानी में कानून व्यवस्था की कोई कमी नहीं होगी। पर्याप्त संख्या में पुलिस और अर्धसैनिक बलों की तैनाती कर दी गई। पुलिस को स्थिति नियंत्रण के लिए खुली छूट देते हुए उपद्रवियों को देखते ही गोली मारने के आदेश दिए गए। डोभाल ने कहा कि हिंसा को बर्दाश्त नहीं किया जाएगा। अजित डोभाल ने पुलिस अधिकारियों के साथ भी मीटिंग की। दंगाग्रस्त क्षेत्र का दौरा करने के दौरान उनका ज्यादा फोकस मुसलमानों से मिलने में था। पुलिस को चेताया कि आगे आरोपियों को दबोचने और कोई नई घटना न घटे, पुलिस यह सुनिश्चित कर ले।

दिल्ली दंगा में 22 वर्षीय दिलबर नेगी को गोकुलपुरी में दंगाइयों की भीड़ ने हाथ-पैर काटकर जला दिया था। 2 दिन बाद नेगी का मिठाई के दुकान में क्षत विक्षत जला हुआ शव मिला था। मृतक नेगी अनिल स्वीट कार्नर में वेटर का काम करता था।

दिल्ली दंगों की जांच कर रही एसआईटी की रिपोर्ट में एक बड़ा खुलासा हुआ है। दिल्ली पुलिस ने खुलासा करते हुए कहा है कि इस हिंसा का मास्टरमाइंड राजधानी पब्लिक स्कूल का मालिक फैजल फारूक है। पुलिस ने दावा किया है कि हिंसा बड़ी साजिश के तहत हुई और फैजल फारूक हिंसा के ठीक पहले पॉपुलर फ्रंट ऑफ इंडिया के कई नेताओं, पिंजरा तोड़ ग्रुप, निज़ामुद्दीन मरकज़, जामिया कॉर्डिनेशन कमेटी और देवबंद के कुछ धर्मगुरुओं के संपर्क में था। फैजल हिंसा से ठीक एक दिन पहले देवबंद भी गया था। उसके मोबाइल से इस बात के सबूत मिले हैं।

एसआईटी की जांच में पता चला कि ये पूरी साजिश फैजल फारूक ने की थी। उपद्रवी नीचे उतरे और डीआरपी स्कूल को आग लगा दी गई। स्कूल के कंप्यूटर और महंगा सामान लूट लिया गया। इन लोगों ने पास की ही एक दूसरी इमारत में भी आग लगा दी, जिसमें अनिल स्वीट्स नाम से मिठाई की दुकान थी। इस दुकान का एक कर्मचारी दिलबर नेगी भी दुकान में फंस गया और उसे ज़िंदा जला दिया गया था।

हिंसा के इस मामले में फैज़ल फारूक समेत 18 लोग गिरफ्तार किए गए हैं। फैज़ल के इशारे पर ही डीआरपी कॉन्वेंट स्कूल, अनिल स्वीट्स और पास बनीं 2 बड़ी पार्किंग को आग के हवाले किया गया था। पुलिस को स्कूल के गार्डों, मैनेजर और कर्मचारियों के अलावा कई और गवाह मिले हैं।

अक्टूबर 2023 में दिल्ली के कड़कड़डूमा कोर्ट ने नेगी केस में 12 में से 11 आरोपियों को गैर इरादतन हत्या के मामले में बरी कर दिया। आरोपी शहनवाज़ पर हत्या, दंगे और भीड़ एकट्ठा करने के आरोप तय किये। दिलबर नेगी की हत्या के 6 आरोपियों को इससे पहले जनवरी 2022 में दिल्ली हाई कोर्ट ने जमानत दे दी थी।

किसी भी मामले में धारा लगाना और आरोप पत्र दाखिल करना पुलिस के अधीन है। फिर नेगी के हाथ पैर काटकर जलाकर मारने में गैर इरादतन हत्या का मामला कैसे दर्ज हुआ? पुलिस ने किसके इशारे पर किया?

किसी भी केस में आरोपी को बरी किया जाना या जमानत मिलना, ये बताता है कि केस की पैरवी अच्छे से नहीं की गई या कमजोर धाराओं में मामला दर्ज हुआ या पर्याप्त सबूत न्यायलय में पेश नहीं किए गए। पुलिस ने उन मामलों में जरूर मनमानी है, जो मामला ज्यादा न उछला लेकिन ये तो काफी चर्चा में रहा था।

पूर्वी दिल्ली दंगा में पुलिस के आरोप पत्र के अनुसार 8 जनवरी 2020 को ताहिर हुसैन शाहीन बाग धरने में उमर खालिद और खालिद सैफी से मिला था। उसके बाद पॉपुलर फ्रन्ट ऑफ इंडिया (पीएफआई) के जामिया कार्यालय में मीटिंग हुई थी। खालिद सैफी ने ताहिर को भड़काया था। उमर खालिद ने पीएफआई से मदद का भरोसा दिया था।

दिल्ली दंगे में आरोपियों के खिलाफ यूएपीए और आईपीसी के विभिन्न धाराओं के तहत मामला दर्ज किया गया। 17 हजार से ज्यादा के पन्नों के आरोप पत्र में 747 गवाह बनाए गए।

व्हाट्सएप ग्रुप के जरिए दिल्ली को जलाने की साजिश के आरोप में सफूरा जरगर, देवांगना कलिता, नताशा नरवाल, आसिफ इकबाल तन्हा और ताहिर हुसैन समेत 15 लोगों के खिलाफ आईपीसी और यूएपीए की धाराओं में 10000 से ज्यादा पन्नों की चार्जशीट दाखिल किया गया।

स्पेशल सेल की जांच में खुलासा हुआ कि दंगे से पहले उमर खालिद ने व्हाट्सएप के जरिए भड़काने वाले संदेश दिए थे। एक संदेश दिया था "आज़ादी खून मांगती है''

इस तरह के कई संदेश उसने व्हाट्सएप के जरिए फैलाया था, जिसका लोगों पर व्यापक असर हुआ।

दिल्ली में दंगा कराने के फैसले पर 16 फरवरी की रात ही मुहर लगा दी गई थी। उस रात दंगे के मुख्य आरोपित उमर खालिद ने चांदबाग स्थित कैंप कार्यालय में कई घंटे तक गोपनीय बैठक की थी। इसमें अथर खान, नदीम व ताहिर हुसैन सहित जामिया कॉआर्डिनेशन कमेटी व पिंजरा तोड़ की छात्राओं सहित स्थानीय नेता शामिल हुए थे। इसके बाद जाकिर नगर में भी उमर खालिद ने गोपनीय बैठक की थी। इसमें शरजील इमाम, उमर खालिद, ताहिर हुसैन, फैजल फारुख सहित कई लोगों ने हिस्सा लिया था।

उमर खालिद द्वारा वाट्सएप पर बनाए गए दिल्ली प्रोटेस्ट सपोर्ट ग्रुप (डीपीएसजी) के सदस्यों ने दंगे से एक सप्ताह पहले ही सक्रियता बढ़ा दी थी। डीपीएसजी के सदस्यों उमर खालिद, नदीम खान, अथर, शरजील इमाम व पिंजरा तोड़ की सदस्यों ने हिंसा भड़काने के पूरे इंतजाम किए थे।

दिल्ली पुलिस की स्पेशल सेल के अनुसार दिल्ली दंगे का मास्टरमाइंड उमर के निर्देश पर ही पिंजरा तोड़ की सदस्य छात्राओं ने महिलाओं के साथ मिलकर खतरनाक साजिश रची थी। दंगे की पूरी तैयारी के साथ महिलायें लाल मिर्च पाउडर, ज्वलनशील पदार्थ और लाठी डंडे के साथ थी।

दिल्ली पुलिस के कांस्टेबल रतन लाल की हत्या का साजिश रचने वाले आरोपी अयाज को लेकर खुलासा हुआ कि उसके शाजिया बेकरी के बेसमेंट में दंगों की साजिश के लिए गुप्त बैठक हुई थी। अयाज और उसके भाई ने जानबूझ कर पुलिस के ऊपर हमला किया था। जिससे रतन लाल की मौत हो गई।

दिल्ली दंगे के पीछे वही गिरोह था जो जामिया हिंसा और शाहीनबाग में शामिल था।

जिस पिंजरा तोड़ के सदस्यों ने पूर्व में साजिश रची। दिल्ली पुलिस उनके खिलाफ कोई ठोस सबूत कोर्ट में पेश नहीं कर पाई। जिसका परिणाम रहा कि उन्हें जमानत मिल गई।

जामिया में हुई हिंसा को लेकर साकेत कोर्ट ने शरजील इमाम, आसिफ इकबाल तन्हा, सफूरा जरगर सहित 11 लोगों को बरी कर दिया। कोर्ट ने मुख्य आरोप पत्र और तीन पूरक आरोप पत्र को देखने के बाद कहा कि जो तथ्य हमारे सामने आए हैं, उससे अदालत इस नतीजे पर पहुंची है कि पुलिस अपराध को अंजाम देने वाले असली अपराधियों को पकड़ने में नाकाम रही लेकिन इन लोगों को बली के बकरे के तौर पर गिरफ्तार करने में कामयाब रही।

अब सवाल है कि पुलिस ठोस सबूत पेश करने में क्यों विफल रही और असली अपराधी कौन थे जिन्हे पकड़ने का प्रयास नहीं हुआ?

दिल्ली दंगा की आरोपी सफूरा जरगर जो खुलेआम देश के प्रधानमंत्री नरेंद्र मोदी और गृह मंत्री को आतंकवादी बता रही थी, उसको 23 जून 2020 को हाई कोर्ट जमानत दे दी। केंद्र सरकार ने मानवीय आधार पर उसका विरोध नहीं किया, चूंकि वो गर्ववती थी। जिसके गर्भधारण को लेकर बीजेपी के समर्थकों ने खूब सवाल उठाया था।

केंद्र सरकार की तरफ से पेश सॉलीसिटर जनरल तुषार मेहता ने कहा कि राज्य को सफूरा को जमानत पर रिहा किए जाने से कोई समस्या नहीं है। हालांकि दिल्ली पुलिस की तरफ से पेश एडिशनल सॉलीसिटर जनरल अमन लेखी ने स्टेटस रिपोर्ट दायर की। दिल्ली हाईकोर्ट में दाखिल जबाव में दिल्ली पुलिस ने कहा कि सिर्फ गर्भवती होने की वजह से सफूरा जमानत की हकदार नहीं हो सकती, उसके खिलाफ पर्याप्त सबूत हैं।

अब सवाल ये है कि मोदी सरकार ने सफूरा के जमानत का विरोध क्यों नहीं किया? रही बात गर्भवती होने की तो कई बच्चे जेल में जन्म लेते हैं, लेकिन उसके लिए इतनी मेहरबानी क्यों? वो भी तब जब सरकार के मुखिया के खिलाफ अभद्र भाषा का प्रयोग करने के साथ साथ दंगे में भी भूमिका थी।

ये नरेंद्र मोदी के राजनीति का हिस्सा रहा है। जो उनके खिलाफ बोले और उससे इन्हें फायदा हो रहा हो। उसे प्रश्रय दो, बचाओ और आगे बढ़ाओ ताकि उसके विरोध को दिखा अपने समर्थकों के बीच सहानुभूति पाते रहें, जिससे राजनीतिक तौर पर फायदा हो।

जो लोग विपरीत विचारधारा के हैं, जिसके खिलाफ लोगों ने इनको वोट दिया। ये उन्हें अंदरखाने में मजबूत करते रहे ताकि उससे कोई और भी प्रेरणा ले इनका विरोध करे। जिसकी वजह से हिंदुओं के बीच इनकी लोकप्रियता बनी रहे। ये स्वयं विरोधियों के बयान को भुनाकर चुनाव जीतते रहे हैं।

जो इनका समर्थक वर्ग है, वो उनके गतिविवध को लेकर हल्ला मचाता ही है। कोई विरोध प्रदर्शन जो बीजेपी-आरएसएस के खिलाफ हो, वहां हिंदुओं के खिलाफ कुछ न कुछ बोला ही जाता है। अगर न भी बोले तो हिंदुओं से जरूर इनका प्रचार तंत्र जोड़ देता है। अगर कोई सवाल करे तो बीजेपी के आईटी सेल के कर्मचारी बोल पड़ते हैं कि आखिर क्या वजह है कि सारे देशद्रोही /गद्दार मोदी के खिलाफ हैं? लेकिन जब सजा की बात आए तो सरकार उनके साथ हो लेती है।

जो इनके कर्मचारी हैं वो भी आम हिंदुओं को उनका विरोध दिखा बरगलाते हैं जबकि सरकार इनकी लेकिन उनको दी जा रही प्रश्रय और बढ़ावा के ऊपर चुप्पी साध लेते हैं। आज स्थिति ये हो गई कि बीजेपी के लोग मुसलमानों के भड़काऊ बात और अल तकिया दोनों का प्रचार प्रसार करते हैं।

अगर कोई भड़काऊ बात बोल रहा है तो देखो हिंदुओं तुम्हारा क्या होगा, जब मोदी जी नहीं रहेंगे। अब नमाज पढ़ने की तैयारी कर लो, वो तो सिर्फ मोदी के हटने का इंतज़ार कर रहे हैं। मोदी हटे तो विपक्षी पार्टियां उनसे मिलकर तुम्हें खत्म कर देगी। अब कोई पूछे कि क्या वो सन 2014 से पहले नमाज पढ़ते थे क्योंकि तब मोदी प्रधानमंत्री नहीं थे और आज जो विपक्ष में हैं, तब वो सरकार में थे।

अगर वही कोई मुसलमान मोदी-बीजेपी-आरएसएस का प्रशंसा कर दे तो सबका साथ सबका विकास की जीत बताने लगते हैं। अब इनके लिए मुसलमान बहुत उपयोगी साबित हो रहा, जिसका परिणाम है कि क्षणिक राजनीतिक लाभ के लिए उनके विरोध को भुनाया जाता है और इनके जेहाद परस्ती पर पर्दा डालने के लिए उनके किए प्रशंसा का प्रचार प्रसार किया जाता है। ये बताने का प्रयास करते हैं कि जो मुसलमान इनकी प्रशंसा कर रहा वो अलग है, लेकिन वो जेहाद के खिलाफ कभी नहीं बोलता। मुसलमान सिर्फ पहले मुसलमान होता है बाकि चीज बाद में जो उसके कौम से अलग हो वहां वो अलग दिख सकता है।

दिल्ली में हुए हिन्दू विरोधी दंगों की आरोपित और मुस्लिम एक्टिविस्ट सफूरा जरगर का एडमिशन रद्द किए जाने के बाद जामिया मिल्लिया इस्लामिया यूनिवर्सिटी के छात्रों ने विरोध प्रदर्शन किया। जामिया के छात्रों ने प्रदर्शन के दौरान 'आरएसएस की कब्र खुदेगी, जामिया की धरती पर' और 'एबीवीपी की कब्र खुदेगी, जामिया की धरती पर' जैसे भड़काऊ नारे भी लगाए। सफूरा जरगर ने अपना थीसिस पूरा नहीं किया था और इसमें कोई प्रगति भी नजर नहीं आ रही थी, जिसके बाद जामिया ने उनका एडमिशन रद्द कर दिया। 5 सेमेस्टर होने के बावजूद उन्होंने अपनी एमफिल की थीसिस सबमिट नहीं की थी। अब छात्र पोस्टर-बैनर लेकर उनके समर्थन में नारेबाजी और विरोध प्रदर्शन के लिए उतरे हैं। सफूरा जरगर खुद भी जामिया मिल्लिया इस्लामिया यूनिवर्सिटी के फैसले को मुद्दा बना रही थी।

ये सब देख पाठक खुद तय कर सकते हैं कि सफूरा जरगर जैसे लोग इनके लिए कितने काम के हैं। जिस सरकार के पक्ष से बाहर आती है, उसी के लोगों के खिलाफ नारे लगते हैं। जाहिर सी बात है कि नारे लगाने वाले सफूरा के समर्थक होंगे। ये मोदी सरकार की रणनीति रही है कि ऐसे लोगों को बचाया जाए ताकि इनके खिलाफ बयानबाजी/प्रदर्शन हो। जिससे देख हिंदू एकजुट रह, इनको वोट देते रहें।

कृषि कानून की वापसी

5 जून 2020 को मोदी सरकार तीन कृषि बिलों को लेकर अध्यादेश लेकर आई। विपक्षी दलों ने विरोध किया लेकिन सरकार को कोई फरक नहीं पड़ा। 14 सितंबर 2020 को सरकार ने संसद में पेश किया। 17 सितंबर 2020 को तीनों कृषि बिल भारी हंगामे के बीच संसद से पारित हो गया। विपक्ष इसे किसान विरोधी बताता रहा लेकिन इसे पारित होने से रोक नहीं सके। 20 सितंबर 2020 को भारी हंगामे के बीच राज्यसभा से भी पारित हो गया। 25 सितंबर 2020 को पहली बार किसान संगठनों ने विरोध जाताना शुरू किया और किसान संघर्ष कॉर्डिनेशन कमेटी ने राष्ट्रव्यापी आंदोलन का घोषणा किया। 27 सितंबर 2020 को राष्ट्रपति रामनाथ कोविंद ने तीनों कृषि बिलों को हरी झंडी दे दी। इसके बाद ये कानून बढ़ गया और विरोध बढ़ता गया।

25 नवंबर 2020 को किसान संगठनों ने दिल्ली चलो का आह्वान किया। 26 नवंबर 2020 को दिल्ली की ओर जा रहे किसानों का पुलिस के साथ आमना सामना हुआ। पुलिस ने किसानों को दिल्ली बॉर्डर

की ओर बढ़ने से रोकने के लिए वॉटर कैनन और आंसू गैस छोड़े। किसान कैसे भी करके दिल्ली बोर्डर पर धरना पर बैठ गए।

28 नवंबर 2020 को केंद्रीय गृह मंत्री अमित शाह ने कहा कि जब दिल्ली बोर्डर से किसान हटेंगे तब उनसे बातचीत होगी। किसानों को बुराड़ी प्रदर्शन स्थल पर जाना होगा। किसानों ने इस शर्त को खारिज कर दिया।

3 दिसंबर 2020 को सरकार और किसानों के बीच बातचीत का दौर शुरू हुआ। सरकार और किसानों के बीच लगातार बातचीत चलती रही। सरकार ने संशोधन के प्रस्ताव दिए लेकिन किसान प्रस्ताव को खारिज करते हुए कृषि कानून की वापसी पर अड़े रहे। सरकार एक तरफ तो उनसे बातचीत करती रही तो दूसरी तरफ बीजेपी के कई नेता प्रदर्शन कर रहे किसानों को खालिस्तानी बता रहे थे। बीजेपी इस कानून का फायदा गिना रही थी और कई किसानों के वीडियो शेयर करने लगे जो कृषि कानून के पक्ष में थे। बीजेपी समर्थक बता रहे थे कि असली किसान खेतों में काम कर रहा है और नकली धरना दे रहे हैं। किसानों के महंगी गाड़ी और उनके खाने पीने का वीडियो साझा कर बता रहे थे कि वो नकली किसान हैं। कई बीजेपी समर्थक तो बता रहे थे कि मुसलमान सिखों की पगड़ी पहनकर बैठे हुए हैं। प्रधानमंत्री मोदी ने किसान आंदोलन में शामिल कुछ लोगों को आंदोलनजीवी बता डाला।

अगर वो खालिस्तानी थे तो सरकार उनसे लगातार वार्ता क्यों कर रही थी और सरकार के पास इतनी सारी एजेंसी है, उनको लगाकर उसकी जांच क्यों नहीं करा रही थी।

ये तो नहीं कहा जा सकता कि किसान आंदोलन में खालिस्तानी शामिल थे या नहीं लेकिन जो वास्तव में खालिस्तानी थे, मोदी सरकार ने तो उनके ऊपर पूर्व में मेहरबानी दिखाई।

सितंबर 2019 में गृह मंत्रालय के अधिकारियों ने घोषणा की कि 314 में से 312 नाम ब्लैक लिस्ट से हटा दिए, केवल दो गैर-सिख बचे रह गए। जिनमें से अधिकांश खालिस्तान के लिए लड़ रहे थे। कथित तौर इन्हें 35 साल पहले ब्लैकलिस्ट में डाला गया था।

मोदी सरकार ने 11 अक्टूबर 2019 को देवेंद्र पाल सिंह भुल्लर को रिहा करने का आदेश दिया। भाजपा नेता मंजिन्दर सिंह सिरसा ने दिल्ली की केजरीवाल सरकार के ऊपर आरोप लगाया कि उन्होंने रिहाई को लटकाया।

दिल्ली के रायसीना रोड स्थित युवा कांग्रेस कार्यालय के बाहर सितंबर 1993 में एक बम विस्फोट हुआ था। इसमें 9 लोगों की मौत हो गई थी और 31 घायल हुए थे। 2001 में इस मामले में भुल्लर को कोर्ट ने मौत की सजा सुनाई थी। 2014 में सुप्रीम कोर्ट ने भुल्लर की सजा को उम्रकैद में बदल दिया था। इसके बाद केंद्र सरकार ने गुरुनानक देव जी के 550वीं जयंती पर भुल्लर सहित 8 सिख कैदियों को विशेष छूट की सिफारिश की थी।

पूर्व क्रिकेटर मोंटी पनेसर जो खालिस्तान की मांग करने वाली रैली में शामिल हुआ। किसान आंदोलन का समर्थन किया।

रेल मंत्री अश्विनी वैष्णव ने पनेसर के साथ वंदे भारत ट्रेन में यात्रा की, जो तस्वीर में देखा जा सकता है।

जिनके ऊपर आतंकवाद के आरोप उनको ढिलाई लेकिन बीजेपी नेता इन मामलों में चुप रहे लेकिन प्रदर्शन कर रहे किसानों को खालिस्तानी घोषित कर दिया।

तत्कालीन केंद्रीय कृषि मंत्री नरेंद्र सिंह तोमर ने कहा कि सरकार आंदोलनकारी संगठनों के साथ खुले मन से चर्चा के लिए तैयार है। किसान संगठनों को कृषि सुधार कानूनों के जिन प्रावधानों पर आपत्ति है उसे बताएं, सरकार उसका समाधान करेगी। तो दूसरी तरफ तत्कालीन विदेश राज्य मंत्री मीनाक्षी लेखी ने कहा कि किसानों के पास इतना समय नहीं होता कि वह काम छोड़कर धरने और प्रदर्शन पर बैठें। लेखी ने तो धरना दे रहे किसानों को लफंगा, मवाली और षड्यंत्रकारी तक बोल दिया था।

सिंघु और टीकरी बॉर्डर पर करीब दो महीने से जारी इस आंदोलन के दौरान सरकार ने किसानों से 10 दौर की बातचीत की। जबकि दो बार बातचीत आंदोलन से पहले ही हो चुकी थी। इसमें से केवल सातवें दौर की बातचीत में दो मांगों पर सहमति बनी थी। ये दो मांगें पराली जलाने और नए बिजली कानून से संबंधित थीं।

दिल्ली में जब भी ज्यादा प्रदूषण का मामला आए तो बीजेपी के लोग अरविंद केजरीवाल को निशाना बनाना शुरू कर देते हैं जबकि मोदी सरकार ने पराली जलाने को अपराध के दायरे से बाहर किया।

11 दिसंबर 2020 को कृषि कानूनों को लेकर याचिका दायर हुई। 7 जनवरी 2021 को सुप्रीम कोर्ट ने सुनने पर सहमति जताई। 11 जनवरी 2021 को कोर्ट ने कमेटी गठन करने को कहा और 12 जनवरी 2021 को तीनों कृषि कानून को स्थगित कर दिया।

26 जनवरी 2021 को गणतंत्र दिवस के मौके पर किसानों ने ट्रैक्टर रैली बुलाई। इस दौरान दिल्ली के कई इलाकों में हिंसक झड़प हुई। दिल्ली पुलिस को खास करके निशाना बनाया गया। दिल्ली पुलिस पूरी तरह से बेबस नजर आई।

पुलिस के जवान रहम की भीख मांगते नजर आए। जिसे बताया गया कि पुलिस ने बहुत सूझ-बूझ के साथ काम किया। इसका आरोप भी विपक्ष के ऊपर बीजेपी समर्थक लगाने लगे कि विपक्ष चाहता था कि लाशें गिरे और वो उसके नाम पर वोट मांगे। अगर बीजेपी भी विपक्ष में होती तो किसानों के साथ होती। यही चलता है जो सत्ता के खिलाफ आवाज उठती है। विपक्ष उसके साथ होता है जैसे अन्ना आंदोलन के समय कांग्रेस के नेतृत्व वाली यूपीए सरकार के खिलाफ प्रदर्शन था तो बीजेपी उस आंदोलन के साथ थी।

गणतंत्र दिवस के मौके पर वो हुआ जो पहले कभी नहीं हुआ। लाल किले पर दूसरा झंडा लगाया गया जिसे कई लोगों ने खालिस्तानी तो कइयों ने धार्मिक झंडा बताया। कोई भी झंडा हो लेकिन उस खास जगह पर तिरंगा ही फहराया जाता है। धार्मिक झंडा लगाने के लिए धार्मिक स्थल होते हैं।

खुफिया को लेकर गंभीर सवाल हुए। कई खुफिया की विफलता को जिम्मेवार ठहरा रहे थे तो दूसरी खबर आई कि 20 दिन पहले लाल किले पर खालिस्तानी झंडा फहराने का इनपुट था।

अगर इनपुट नहीं था तो खुफिया एजेंसियां क्या कर रही थी कि इतनी बड़ी घटना हुई। जो बिना किसी पूर्व रणनीति के संभव नहीं था। अगर इनपुट था तो सरकार ने उस अराजकता को रोकने के लिए कौन सा कदम उठाया? बीजेपी समर्थक बता रहे थे कि किसान एक्सपोज़ हो गए। मोदी सरकार में अहम बात यही रही है कि लोग एक्सपोज ही होते हैं।

2 फ़रवरी 2021 को सिंगर रिहाना, क्लाइमेट ऐक्टिविस्ट ग्रेटा थनबर्ग ने किसानों को समर्थन करते हुए ट्वीट किया। 5 फ़रवरी 2021 को ग्रेटा थनबर्ग द्वारा किए गए ट्वीट में टूलकिट को लेकर क्रियेटर्स के खिलाफ एफआईआर दर्ज किया गया।

गणतंत्र दिवस हिंसा के मामले में बड़ा नाम पंजाबी एक्टर दीप सिद्धू को गिरफ्तार किया गया। बाकि इतनी बड़ी हिंसा में सिर्फ खानापूर्ति हुई। ये मामला भी ठंडे बस्ते में चला गया। एफआईआर में राकेश टिकैत, मेधा पाटकर, दर्शन पाल सिंह, योगेंद्र यादव जैसे बड़े नाम भी थे लेकिन सब बाहर घूम रहे हैं।

14 फ़रवरी 2021 को टूलकिट एडिटिंग मामले में 21 वर्षीय क्लाइमेट ऐक्टिविस्ट दिशा रवि को गिरफ्तार कर लिया गया। जिन्हें 23 फ़रवरी 2021 को दिल्ली हाईकोर्ट ने जमानत दे दी।

खैर इस मामले से ये हुआ कि टूलकिट शब्द बहुत प्रसिद्ध हो गया। कोई भी मोदी को पसंद नहीं करता या उनकी नीतियों का तथ्यों के आधार पर भी उजागर कर रहा तो वो बीजेपी आईटी सेल के लिए कांग्रेस का टूलकिट हो जाता है।

अगर सरकार वास्तव में गंभीर होती या किसानों का भला करना होता तो उनसे राय लेकर ये कानून बनाया जाता लेकिन ऐसा नहीं हुआ। किसान आंदोलन के दौरान गणतंत्र दिवस के अलावा भी कई अराजक घटनाएं हुई। किसान आंदोलन में शामिल मुकेश नामक शख्स को हरियाणा के बहादुरगढ़ में जिंदा जला दिया गया।

टिकरी बॉर्डर पर किसान आंदोलन में भाग लेने पश्चिम बंगाल से आई लड़की के साथ रेप का मामला सामने आया। लड़की का कोरोना से निधन हो गया। लड़की के पिता ने आरोप लगाया कि उसकी लड़की के साथ चार लोगों ने बलात्कार किया।

19 नवंबर 2021 को नरेंद्र मोदी ने कृषि कानून को वापिस लेते हुए, किसानों से क्षमा मांगते हुए कहा, "मेरी तपस्या में कोई कमी रह गई। कृषि कानून किसानों के हित में लाया था और देशहित में वापिस ले रहा हूँ।"

अब सवाल उठता है कि मोदी हमेशा देशहित की बात करते हैं और कृषि कानून को वापिस लेने को देशहित में बताया यानि कृषि कानून देश के खिलाफ था, तो फिर देश के विरोध में उन्होंने ऐसा काम क्यों किया?

बहरहाल जब कृषि कानून वापिस हुआ तो मोदी समर्थक बताने लगे कि देश के खिलाफ बहुत बड़ी साजिश चल रही थी। उसको रोकने के लिए कृषि कानून वापिस लेना जरूरी था। अब सवाल है कि मोदी ताकतवर और वैश्विक नेता हैं तो ये सब उनके रहते कैसे संभव था। सच्चाई ये है कि मोदी अब तक के सबसे असफल और कमजोर प्रधानमंत्री हैं।

किसान आंदोलन के दौरान किसानों के लंगर और उनके खाने पीने पर बीजेपी समर्थक हमलावर रहे लेकिन वो लंगर भारतीय मूल के अमेरिकी उद्योगपति दर्शन सिंह धालीवाल ने चलवाया था।

10 जनवरी 2023 को दर्शन सिंह धालीवाल को राष्ट्रपति द्रौपदी मुर्मू ने प्रवासी भारतीय पुरस्कार से सम्मानित किया। पुरस्कार पाने के बाद धालिवाल ने दावा किया कि पिछले साल अप्रैल में प्रधानमंत्री मोदी ने दिल्ली में अपने आधिकारिक आवास पर एक बड़े सिख प्रतिनिधिमंडल की मेजबानी की थी। उन्होंने 150 लोगों के सामने मुझसे इस बात के लिए खेद जताया था कि मुझे एयरपोर्ट से वापस भेज दिया गया और उन्होंने (पीएम मोदी) कहा, 'हमसे बड़ी गलती हो गई, आपको भेज दिया, पर आपका बहुत बड़ा बड़प्पन है जो आप हमारे कहने पर फिर भी आ गए।

दरअसल, धालीवाल किसान आंदोलन के लिए 23 अक्टूबर, 2021 की रात को अमेरिका से दिल्ली एयरपोर्ट पर उतरे थे। एयरपोर्ट अधिकारियों ने उन्हें अमेरिका की रिटर्न फ्लाइट में बैठाकर वापस भेज दिया था

धालीवाल ने कहा कि दिल्ली एयरपोर्ट पर अधिकारियों ने मुझे दो विकल्प दिए थे। एयरपोर्ट से बाहर जाने से पहले मुझे किसानों के खाने-पीने के लिए चलाया जा रहा लंगर बंद करना था। साथ ही किसान नेताओं को मनाने के लिए मध्यस्थ बनना था। दूसरा विकल्प ये काम नहीं करने पर वापस अमेरिका जाने का था। मैंने दूसरा विकल्प चुन लिया।

जब धालीवाल के बयान पर बवाल हुआ तो वे इससे पलट गए और बोले कि बड़े लोग कभी माफी नहीं मांगते। पीएम मोदी के लिए उनके दिल में बहुत इज्जत है।

भाजपा के नेता मनजिंदर सिंह सिरसा ने कहा कि दर्शन सिंह धालीवाल को यह अवार्ड उनके समाज सेवा के कामों के बदले दिया गया है, जिससे पटियाला ही नहीं पूरे पंजाब का नाम विश्व में रोशन हुआ है।

बीजेपी समर्थकों को जबाव मिल चुका था कि लंगर कौन चलवा रहा था लेकिन उन्होंने चुप्पी साध ली।

पहलवान आंदोलन

18 जनवरी 2023 को कथित यौन शोषण के खिलाफ विनेश फोगाट, साक्षी मलिक, बजरंग पुनिया व अन्य लोग बृजभूषण शरण सिंह के खिलाफ जंतर मंतर पर धरना पर बैठ गए। विनेश फोगाट का जो वीडियो सामने आया, उसमें बोलती सुनी गई, "हम लोग इतने ठंड में आकर धरना पर बैठे हुए हैं, वो (बृजभूषण शरण सिंह) अपना कुर्सी नहीं छोड़ सकते। हम लोग नेशनल नहीं खेलेंगे, सीधा ऑलोमपिक खेलेंगे। देश के लिए मेडल लेकर आते हैं। जैसे बृजभूषण शरण सिंह हैं, वैसे ही हरियाणा की फेडरेशन बना दी गई है।"

ये सब सुनकर मेरे को सिर्फ शक ही नहीं, यकीन भी हो गया कि इनका कोई यौन शोषण नहीं हुआ है। ये सिर्फ अपना दबदबा और मनमानी चाहते हैं। ये भी खबर आई कि पहलवान ज्यादातर हरियाणा के होते हैं तो कुश्ती संघ का अध्यक्ष भी हरियाणा से ही होना चाहिए।

यहां कई बातें थी, जिसमें इनको न्याय से ज्यादा बृजभूषण शरण सिंह को हटाने की लड़ाई थी। अगर यौन शोषण हुआ होता तो सीधा पहले पुलिस के पास जाते। देश के लिए मेडल लाने की बात है तो ये सिर्फ हर किसी के अपने व्यवसाय से जुड़ा हुआ है। कई लोग ये बोलते नजर आते हैं कि उन्होंने देश के लिए किया लेकिन उनकी सुविधा में कोई कटौती हो जाए तो तुरंत विरोध पर उतर जाते हैं। कोई भी गैर कानूनी काम नहीं कर रहा, वो देश के लिए ही कर रहा है। अगर कोई बिना सुविधा लिए कोई कार्य करे तो उसे माना जा सकता है कि वो सिर्फ देश लिए कर रहा है। अगर कोई मेडल लेकर आता है तो उसको ये अधिकार नहीं मिल जाता कि वो मनमानी करे।

खेल मंत्री अनुराग ठाकुर के साथ मुलाकात के बाद पहलवानों ने 21 जनवरी के दिन धरना खत्म कर दिया। बृजभूषण सिंह पर लगे आरोपों की जांच के लिए एक समिति बनाई गई और कुश्ती संघ का कामकाज भी समिति को सौंप दिया गया। बृजभूषण सिंह को कुश्ती संघ के कामकाज से दूर रहने के लिए कहा गया।

जांच समिति का पहलवानों ने विरोध करते हुए कहा, "जांच समिति के गठन से पहले हमसे कोई परामर्श नहीं किया गया था। अगर ऐसा कुछ होगा तो हमसे परामर्श करके ही होगा बिना हमें बताएं कुछ नहीं होगा, उन्होंने कहा कि हमारे लिए बड़ी दुख की बात है कि हमसे कोई राय नहीं ली गयी। विनेश फोगाट ने सरकार से यह मांग भी की वह एक नयी समिति का गठन करे, और जो हम चाहेंगे वही मेंबर्स नयी समिति में शामिल होंगे।"

जांच समिति ने अप्रैल 2023 में अपनी रिपोर्ट दी, लेकिन इसे सार्वजनिक नहीं किया गया। इस बीच खबरें आईं कि रिपोर्ट में बृजभूषण निर्दोष पाए गए हैं। ये बात भी सामने आई कि साक्षी और विनेश ने आईओए जांच समिति के समक्ष जो हलफनामा दिया वह भी गलत साबित हुआ। विनेश ने कहा कि 2015 में बृजभूषण ने उन्हें तुर्किये में गलत तरीके से छुआ। पता लगा कि विनेश तुर्किये गई ही नहीं थी। बाद में विनेश ने कहा कि यह मामला 2016 में मंगोलिया का है। लेकिन मंगोलिया दौरे पर बृजभूषण शरण सिंह नहीं गए थे। साक्षी ने हलफनामे में कहा कि 2015 में बृजभूषण ने उन्हें गले लगाया तो उन्हें ठीक नहीं लगा। बृजभूषण ने कहा कि उन्होंने उन्हें पिता की तरह गले लगाया। पूर्व महिला पहलवानों ने कहा था कि बृजभूषण ने उनसे उनके नंबर मांगे, लेकिन जब उनसे यह पूछा गया कि क्या उन्होंने कभी उन्हें फोन मिलाया तो उन्होंने इन्कार किया। पहलवानों ने यह भी कहा कि बृजभूषण ने उनके साथ कंधे पर हाथ रखकर फोटो खिचवाई, लेकिन वे ये फोटो पेश नहीं कर सकीं।

23 अप्रैल 2023 को पहलवान दूसरी बार धरने पर बैठ गए। पहलवानों ने कहा कि बृजभूषण के खिलाफ कोई कार्रवाई नहीं हो रही है। इसलिए वह फिर से धरने पर बैठने के लिए मजबूर हैं। पहलवानों ने जंतर-मंतर में अपना अड्डा बना लिया और दिन-रात धरना जारी रहा। इसमें कई नेता और राजनीतिक पार्टियां भी शामिल हुईं।

बृजभूषण शरण सिंह के खिलाफ पहलवान सुप्रीम कोर्ट पहुंचे। 28 अप्रैल 2023 को सुप्रीम कोर्ट ने सिंह के खिलाफ एफआईआर दर्ज करने का निर्देश दिया।

सुप्रीम कोर्ट के निर्देश के बाद पहलवान विनेश फोगाट ने मीडिया को संबोधित करते हुए कहा कि आज कोर्ट का फैसला आया है, लेकिन दिल्ली पुलिस पर हमें भरोसा नहीं है। हम 6 दिनों से बैठे हैं। दिल्ली पुलिस की कार्रवाई पर ही हमारा अगला कदम होगा। हमारी मांग है कि कुश्ती महासंघ अध्यक्ष बृजभूषण शरण सिंह को जेल में डाला जाए। मेरी पीएम से नैतिकता के आधार पर अपील है कि उन्हें हर एक पद से हटाया जाए। जब तक वे उस पद पर रहेंगे वे उस पद का दुरुपयोग करेंगे और जांच को प्रभावित करेंगे।

दिल्ली पुलिस ने बृजभूषण शरण सिंह के खिलाफ दो एफआईआर दर्ज किया। कथित नाबालिग के केस में पॉक्सो एक्ट के तहत एक एफआईआर दर्ज किया तो दूसरा एफआईआर अन्य छह पहलवानों के आरोपों के आधार पर दर्ज किया गया।

जब सबूत देने की बात आई तो विनेश फोगाट ने कहा कि हमें सबूत देने होंगे तो सीधा सुप्रीम कोर्ट में देंगे। हम किसी जांच कमेटी या दिल्ली पुलिस को कोई सबूत नहीं देंगे। हमें किसी जांच समिति या दिल्ली पुलिस के ऊपर कोई भरोसा नहीं है।

पहलवानों को किसी के ऊपर भरोसा नहीं था। ये चाहते थे कि सब कुछ इन्हीं के आरोप के अनुसार हो।

बृज भूषण शरण ने कहा कि अगर मै दोषी हुआ तो फांसी पर चढ़ने के लिए तैयार हूं। मैं कुश्ती संघ के अध्यक्ष पद से इस्तीफा दे दूंगा लेकिन वो अपना धरना खत्म करें।

बृजभूषण शरण सिंह ने प्रेस कॉन्फ्रेंस में कहा, 'मैं निर्दोष हूं और जांच का सामना करने के लिए तैयार हूं। मैं जांच एजेंसी को सहयोग करने के लिए तैयार हूं। मुझे न्यायपालिका पर पूरा भरोसा है और मैं सुप्रीम कोर्ट के आदेश का सम्मान करता हूं। इस्तीफा देना कोई बड़ी बात नहीं है लेकिन मैं अपराधी नहीं हूं। अगर मैं इस्तीफा देता हूं तो इसका मतलब होगा कि मैंने उनके (पहलवानों) आरोपों को स्वीकार कर लिया है। मेरा कार्यकाल लगभग समाप्त हो गया है। सरकार ने 3 सदस्यीय समिति बनाई है और चुनाव 45 दिनों में होंगे और चुनाव के बाद मेरा कार्यकाल समाप्त हो जाएगा।'

भाजपा सांसद बृजभूषण शरण सिंह ने कहा, 'हर दिन वे (पहलवान) अपनी नई मांग लेकर आ रहे हैं। उन्होंने एफआईआर की मांग की, एफआईआर दर्ज की गई और अब वे कह रहे हैं कि मुझे जेल भेज देना चाहिए और सभी पदों से इस्तीफा दे देना चाहिए। मैं अपने निर्वाचन क्षेत्र के लोगों की वजह से सांसद हूं न कि विनेश फोगाट की वजह से हूं। केवल एक परिवार के सदस्य और उनका अखाड़ा मेरा विरोध कर रहा। हरियाणा के 90 फीसदी खिलाड़ी मेरे साथ हैं। पहलवानों ने 12 साल तक किसी पुलिस थाने, खेल मंत्रालय या महासंघ से शिकायत नहीं की। विरोध करने से पहले वे मेरी तारीफ करते थे, मुझे अपनी शादी में बुलाते थे और मेरे साथ फोटो खिंचाते थे, मेरा आशीर्वाद लेते थे। अब मामला सुप्रीम कोर्ट और दिल्ली पुलिस के पास है और मैं उनका फैसला मानूंगा।'

जिस साक्षी मलिक ने वर्ष 2023 में वर्ष 2015 में बृजभूषण शरण सिंह के खिलाफ गलत तरह से छूने का आरोप लगाया।

पहली तस्वीर, 2 अप्रैल 2017 की साक्षी मलिक की शादी की है। दूसरी तस्वीर में बृजभूषण शरण सिंह के साथ खुश नजर आ रही। अगर किसी हरकत की वजह से लड़की वर्ष 2015 में नाखुश हो तो क्या वो दो साल बाद अपनी शादी में बुलाएगी?

बजरंग पुनिया आरोप लगाने के पूर्व में बृजभूषण शरण सिंह की प्रशंसा करते नहीं थकते थे। विनेश फोगाट ने नवंबर 2018 में एक कार्यक्रम में कहा था कि वो 'Me Too' का शिकार नहीं बनी हैं और उनके साथ ऐसा कुछ गलत नहीं हुआ है।

ये नवंबर 2018 का समय था, जब दुनिया भर में और भारत में भी कई महिलाओं ने अपने साथ हुई यौन शोषण की घटनाओं का खुलासा करते हुए आरोप लगाए थे। इसी दौरान एक कार्यक्रम में पहुँचीं विनेश फोगाट से इसे लेकर सवाल पूछा गया था। इस दौरान उन्होंने कहा था कि खेल जगत में भी ऐसे मामले हो सकते हैं, लेकिन उन्हें इनकी कोई जानकारी नहीं है। साथ ही उन्होंने कहा था कि उनके पूरे करियर में उन्होंने उत्पीड़न का सामना नहीं किया है।

कई पहलवान बृज भूषण शरण के समर्थन में थे, जिन्होंने बताया कि उनकी वजह से कुश्ती संघ में काफी सुधार हुआ और नए पहलवानों को मौका भी मिला।

बृजभूषण शरण सिंह ने दावा किया कि बजरंग पुनिया और कांग्रेस नेता दीपेन्द्र हुड्डा ने मेरे खिलाफ साजिश रची। जिसका ऑडियो मेरे पास है।

3 मई 2023 को भारतीय ओलंपिक संघ की अध्यक्ष पिटी उषा ने जंतर मंतर पर पहुँच पहलवानों को गले लगाया लेकिन वहां उनके साथ बदसलूकी की गई। कुछ दिन पहले पिटी उषा ने पूर्व में पहलवानों के धरने को अनुशासनहीनता बताया था। पिटी उषा ने कहा था कि पहलवान सड़कों पर आकर भारत की छवि धूमिल कर रहे हैं।

इस पर पहलवान साक्षी मलिक ने पिटी उषा पर ही सवाल दाग दिया था। साक्षी मलिक ने 27 अप्रैल 2023 को कहा, "मैं पिटी उषा का सम्मान करती हूँ। उन्होंने हमें प्रेरित किया है, लेकिन मैं मैम से पूछना चाहती हूँ कि महिला पहलवानों ने आगे आकर उत्पीड़न का मुद्दा उठाया है। क्या अब हम विरोध भी नहीं कर सकते?"

12 मई 2023 को बृज भूषण शरण सिंह ने दिल्ली पुलिस के पास अपने बयान दर्ज कराए। उन्होंने खुद को बेगुनाह बताया।

इंडियन ओलंपिक संघ ने बीजेपी सांसद और भारतीय कुश्ती संघ के प्रमुख बृजभूषण शरण सिंह सहित निवर्तमान पदाधिकारियों पर 13 मई 2023 को संघ की प्रस्तावित प्रशासनिक समारोह में हिस्सा लेने और आर्थिक कामकाज पर रोक लगा दी।

इंडियन ओलंपिक संघ के इस फैसले से साफ हो गया कि बृजभूषण शरण सिंह 13 मई 2023 से भारतीय कुश्ती महासंघ के प्रमुख नहीं रहे।

28 मई 2023 को पहलवान विरोध प्रदर्शन करने के लिए नए संसद भवन की तरफ जा रहे थे। पुलिस ने उन्हें रोका तो पहलवानों के साथ उनकी हाथापाई हो गई। दिल्ली पुलिस ने सभी पहलवानों और उनके समर्थकों को हिरासत में ले लिया। इसके बाद जंतर-मंतर से पहलवानों का सामान हटा दिया गया। शाम तक सभी महिला पहलवान और रात तक पुरुष पहलवानों को छोड़ दिया गया।

हिरासत से बाहर आने के बाद विनेश ने पुलिस पर आरोप लगाया कि उन्होंने छुपकर हमारी प्राइवेट वीडियो बनाई।

29 मई 2023 को खुद को नाबालिग पहलवान का चाचा बताने वाले अमित पहलान ने मीडिया से कहा कि साक्षी मलिक, विनेश फोगाट और बजरंग पूनिया जैसे पहलवान उनके परिवार को गुमराह कर रहे हैं। उनकी भतीजी का इस्तेमाल किया जा रहा है। अमित ने कहा कि उनकी भतीजी बालिग है। उसका जन्म 22 फरवरी, 2004 को हुआ था। पहलवान पॉक्सो और यौन शोषण का आरोप लगाकर बृजभूषण को फँसाना चाहते हैं।

अमित ने आज तक से बात करते हुए कहा कि आंदोलन कर रहे पहलवान साक्षी और विनेश ने मेरे भाई को गुमराह किया है। उन्होंने कहा कि विनेश, साक्षी और बजरंग पूनिया ने मिलकर इतनी गहरी साजिश रची है जिसकी हमें भी खबर नहीं हुई। पहले वो लोग जनवरी-फरवरी में धरने पर बैठे लेकिन मामला पेचीदा हो गया। इसके बाद 2-3 महीने प्लानिंग की और दूसरी तिकड़म लगाई।

अमित ने दावा किया कि उनकी भतीजी के साथ कुछ भी नहीं हुआ है। आंदोलन कर रहे लोग राजनीतिक मकसद से झूठे दावे कर रहे हैं। 20 साल की लड़की को 16 साल का दिखाया जा रहा है। उन्होंने कहा कि वे न्याय चाहते हैं और विनेश फोगाट व उनके साथी पहलवानों को सजा दिलवाना चाहते हैं।

30 मई 2023 को अमित के बाद उनके भाई और लड़की के पिता मीडिया के सामने आए। पिता ने कहा कि उनकी दो बेटियाँ व एक बेटा था। बड़ी बेटी की 2 साल की उम्र में मौत हो गई। इसके बाद बड़ी बेटी का नाम ही छोटी बेटी को दे दिया। छोटी बेटी अब भी नाबालिग है और पहलवानी करती है। जब वह 16 साल की थी तब एक कैंप के दौरान उसके साथ उत्पीड़न हुआ था। तब बृजभूषण सिंह के खिलाफ बोलने की हिम्मत किसी में नहीं थी। अब बेटी ने ही उन्हें यौन उत्पीड़न की जानकारी दी।

पीड़िता के पिता ने कहा कि उनका आंदोलनकारी पहलवानों से कोई लेना देना नहीं है, उन्हें अपनी न्याय व्यवस्था पर भरोसा है। अपने भाई के बयान पर पूछे गए सवाल का जवाब देते हुए पिता ने कहा कि अमित लड़की का ताऊ है। सात साल से दोनों के बीच बातचीत बंद है। उन्होंने दावा किया कि जो कागजात अमित दिखा रहे हैं वह बड़ी बेटी के जन्म के हैं।

इसके पहले आंदोलन कर रहे पहलवानों ने विरोध जताते हुए अपने मेडल गंगा में प्रवाहित करने की धमकी दी थी। इसके लिए सभी पहलवान हरिद्वार पहुँच भी गए थे। हरिद्वार पहुँचने के घंटे भर बाद भी किसी ने मेडल प्रवाहित नहीं किए। थोड़ी देर बाद भारतीय किसान यूनियन के अध्यक्ष नरेश टिकैत

हरिद्वार पहुंचे और पहलवानों से मेडल लेकर सरकार को 5 दिन का अल्टीमेटम दिया। नरेश टिकैत ने 5 दिनों के भीतर सब ठीक कर देने का वादा भी किया।

4 जून 2023 को केंद्रीय गृह मंत्री अमित शाह ने पहलवानों से मुलाकात की। 5 जून 2023 को सभी बड़े पहलवानों ने अपनी सरकारी नौकरी जॉइन कर ली। साक्षी मलिक ने कहा कि वह प्रदर्शन से पीछे नहीं हटी हैं, बल्कि अपनी जिम्मेदारी को निभा रही हैं। इंसाफ के लिए उनकी लड़ाई जारी है।

बृजभूषण शरण सिंह के खिलाफ यौन उत्पीड़न के मामले में कथित नाबालिग पहलवान के पिता ने यू-टर्न ले लिया। उन्होंने कहा कि डब्ल्यूएफआई ने उनकी बेटी के साथ कथित तौर पर भेदभाव किया था। जिसके बाद उन्होंने गुस्से में आकर भाजपा सांसद के खिलाफ ऐसे गंभीर आरोप लगा दिए। 'न्यूज 18' को दिए इंटरव्यू में नाबालिग पहलवान के पिता ने स्पष्ट रूप से कहा कि उन्होंने कोर्ट में बयान बदला है, पर केस वापस नहीं लिया है। पिता ने कहा, 'जिस समय पहलवानों ने धरना शुरू किया था और बताया कि बृजभूषण पहलवानों के साथ छेड़छाड़, दुर्व्यवहार करते हैं तो मैंने भी सोचा कि मेरी बेटी के साथ भेदभाव हुआ था। कुश्ती फेडरेशन ने भेदभाव किया था इसलिए गुस्से के कारण हमने 2-3 चीजें जोड़ दी थीं... अब मैंने किसी डर या दबाव में बयान नहीं बदला है।' बृजभूषण के खिलाफ छेड़छाड़ के आरोपों से नाबालिग पहलवान के पिता पूरी तरह से पलट गए हैं। उन्होंने कहा, 'बृजभूषण शरण पर अब छेड़छाड़ के आरोप नहीं हैं।'

इंडियन एक्सप्रेस की एक न्यूज रिपोर्ट के मुताबिक, बृजभूषण सिंह के खिलाफ शिकायत दर्ज कराने वाली 7 महिला पहलवानों में से इकलौती नाबालिग ने अब नए मैजिस्ट्रेट के सामने नया बयान दिया है जिसमें पहले लगाए गए आरोपों को वापस ले लिया है।

15 जून 2023 को दिल्ली पुलिस ने 550 पेज की अपनी रिपोर्ट में बताया कि बृजभूषण सिंह के खिलाफ पॉक्सो एक्ट की शिकायत का कोई सबूत नहीं मिला है। दिल्ली पुलिस ने कहा कि पॉक्सो एक्ट के मामले में जांच पूरी होने के बाद शिकायतकर्ता यानि पीड़िता के पिता और स्वयं पीड़िता के बयान के आधार पर इस मामले में कैंसिलेशन रिपोर्ट दाखिल की गई है।

एशियन गेम्स के ट्रायल में छूट देने के फैसले पर सवाल खड़ा करते हुए योगेश्वर दत्त ने कहा कि क्या धरना देने वाले खिलाड़ियों का यही मकसद था। कुश्ती के लिए ये काला दिन है। अपने ट्विटर हैंडल पर पोस्ट किए गए एक वीडियो में दत्त ने सवाल किया कि विनेश फोगाट, बजरंग पुनिया, साक्षी मलिक, संगीता फोगाट, सत्यव्रत कादियान और जितेंद्र किन्हा को छूट क्यों दी गई है। जबकि उनके हालिया प्रदर्शन के आधार पर कहीं अधिक योग्य पहलवान मौजूद हैं। ये बिल्कुल गलत है।

जिस पर महिला पहलवान विनेश फोगाट भड़क गई। उन्होंने कहां कि उनका वीडियो सुना तो उनकी वह घटिया हंसी दिमाग में अटक गई। विनेश फोगाट ने उन पर जमकर निशाना साधा और उन्हें 'कुश्ती का जयचंद' करार दिया।

गौरतलब हो कि पटियाला के साई सेंटर में आयोजित वुमेंस रेसलिंग ट्रायल में भारतीय पहलवान विनेश फोगाट ने 3 घंटे तक ट्रायल शुरू नहीं होने दिए थे। फोगाट ने अधिकारियों से लिखित आश्वासन

माँगा था कि वह 50 ओर 53 KG वेट कैटेगरी में लड़ना चाहती हैं। जिसके बाद जब तक फोगाट को लिखित में यह आश्वासन नहीं दिया गया तब तक उन्होंने वुमेंस रेसलिंग के ट्रायल्स शुरू नहीं होने दिए थे। 11 मार्च 2024 को पेरिस ओलंपिक 2024 को लेकर कुश्ती के सेलेक्शन ट्रायल में विनेश फोगाट को 53 किलो भार वर्ग के मुकाबले में अपने से जूनियर अंजू के हाथों 0-10 से करारी मात मिली। वो एक भी प्वॉइंट नहीं जीत पाई। इस दौरान जमकर हंगामा भी होता रहा।

बता दें कि एक दिन पहले पहलवान बजरंग पूनिया भी 2024 के ओलंपिक के लिए आयोजित ट्रायल्स में हार गए थे। उन्हें पहलवान रोहित कुमार ने पटखनी दी। इस हार के बाद उन्होंने आखिरी राउंड का न तो मुकाबला लड़ा और न ही डोप के लिए सैंप दिया। बताया गया कि जब वह ट्रायल में हार गए तो गुस्से से बाहर निकल गए। उन्हें एसएआई के अधिकारियों ने रोका भी लेकिन वह नहीं रुके।

एडहॉक कमेटी के फैसले पर ओलंपिक मेडलिस्ट रेसलर साक्षी मलिक ने सवाल खड़े किए। साक्षी मलिक ने साफ कर दिया कि वो बजरंग और विनेश की तरह बिना ट्रायल दिए एशियन गेम्स के लिए नहीं जाएंगी। उन्होंने सरकार पर पहलवानों की एकता को तोड़ने के आरोप लगाए।

विनेश फोगाट एशियन गेम से चोटिल होने की वजह से बाहर हो गई। उन्होंने बताया कि 13 अगस्त 2023 को ट्रैनिंग के दौरान उनका बायां घुटना चोटिल हो गया।

बजरंग पुनिया को एशियाई खेलों में करारी हार का सामना करना पड़ा। वह इस प्रतियोगिता में कोई मेडल नहीं जीत सके। पुनिया को एशियाई खेलों के लिए बिना ट्रायल के डायरेक्ट टिकट मिली थी।

चीन के हांग्जो में चल रहे एशियाई खेलों में ब्रॉन्ज मैडल मैच में भारत के रेसलर बजरंग पुनिया को तकनीकी श्रेष्ठता (10-0) के आधार पर जापान के कैकी यामागुची से एकतरफा हार मिली।

सेमीफाइनल मुकाबले में भी बजरंग पुनिया को करारी शिकस्त का सामना करना पड़ा। सेमीफाइनल मुकाबले में उन्हें ईरान के रेसलर रहमान अमौजादखलीली ने 0-8 से एक तरफा मात दी। बजरंग इस मैच में एक अंक भी हासिल नहीं कर सके।

पहलवानों के वर्चस्व की लड़ाई अभी खत्म नहीं हुई। बृजभूषण शरण सिंह के कुश्ती संघ से हटने के बाद चुनाव हुए और 21 दिसंबर 2023 को नतीजा आया, जिसमें बृजभूषण सिंह के करीबी संजय सिंह चुनाव जीते। नतीजों के बाद महिला पहलवान साक्षी मलिक ने कुश्ती से संन्यास ले लिया और 22 दिसंबर को बजरंग पूनिया ने प्रधानमंत्री आवास के पास कर्तव्य पथ पर एक नोट के साथ अपने पद्मश्री रास्ते पर रख दिया।

पहलवानों के विरोध को देखते हुए, नवनिर्वाचित संस्था को खेल मंत्रालय ने निलंबित कर दिया। खेल मंत्रालय का तर्क था कि यह फैसला जूनियर नेशनल चैंपियनशिप के गोंडा में कराने की घोषणा के बाद लिया है। खेल मंत्रालय के एक अधिकारी के मुताबिक नवनिर्वाचित संस्था ने पहलवानों को तैयारी के लिए पर्याप्त समय दिए बिना अंडर-15 और अंडर-20 राष्ट्रीय चैंपियनशिप के आयोजन की जल्दबाजी में घोषणा की थी।

अगर जल्दीबाजी में लिए फैसले से समस्या थी तो उसका तारीख आगे बढ़वा देते। लेकिन संस्था को ही निलंबित कर दिया।

बृजभूषण शरण सिंह के प्रभाव और पहलवानों के के विरोध को देखते हुए,बीजेपी लोकसभा चुनाव 2024 के लिए कैसरगंज का टिकट टालती रही। अंततः मौजूदा सांसद बृजभूषण शरण सिंह का टिकट काट उनके बेटे करण भूषण सिंह को टिकट दे दिया।

ये देख पाठक तय कर सकते है कि पहलवानों की लड़ाई वर्चस्व के लिए थी या फिर उनका यौन शोषण हुआ था? मोदी सरकार ने यहां झुकते हुए दिखा दिया कि अगर कुछ लोग धरना पर बैठ जाएं तो उसके लिए हर नियम कानून को ताख पर रखा जा सकता है बशर्ते उस धरना को समर्थन विपक्ष कर रहा हो और अंतराष्ट्रीय मीडिया उसे कवर कर रही हो।

मंदिरों का विध्वंस और पर्यटन स्थल बनाना

नरेंद्र मोदी के हिंदुत्व के राजनीतिक के प्रचार का मुख्य वजह उनका मंदिर जाना रहा। उन्होंने एक तरफ मस्जिदों का जीर्णोद्धार कराया तो वही अवैध मज़ारों को भी बचाया। जब गुजरात के मुख्यमंत्री थे तो स्वयं और प्रधानमंत्री बनने के बाद मंदिर टूटने का जो दायरा गुजरात तक सीमित था वो देशव्यापी हो गया।

आम मंदिरों को विकास के नाम पर तो कभी प्रमुख तीर्थ स्थल कॉरिडोर के नाम पर तुड़वाया जा रहा है। लेकिन उनके विकास के आड़ में कोई धर्मस्थल शायद ही आते हों।

सन 2008 में गांधीनगर कलेक्टरेट अधिकारियों द्वारा किए गए सर्वेक्षण में 312 मंदिर सेक्टरों के आंतरिक क्षेत्रों में अवैध रूप से बने हुए थे।

जाहिर तौर पर, पहला मंदिर दिवाली के आसपास तोड़ा गया था और इसका कोई विरोध भी नहीं हुआ क्योंकि यह विध्वंस रात के अंधेरे में किया गया था। जीएच-5 सर्कल और आसपास के इलाकों के छह मंदिर कुछ ही घंटे में गायब हो गए।

दो दिन बाद, विश्व हिंदू परिषद ने गांधीनगर में एक विरोध रैली आयोजित की, जिसका समर्थन महागुजरात जनता पार्टी के सदस्यों ने किया। विध्वंस अभियान को लेकर मोदी विरोधी एसएमएस प्रसारित करने पर देशद्रोह के आरोप में विहिप के अहमदाबाद महासचिव अश्विन पटेल को गिरफ्तार किया गया।

राज्य सरकार ने एक महीने के भीतर गांधीनगर में 200 से अधिक मंदिरों को तुड़वाया। विहिप अध्यक्ष अशोक सिंघल ने उन स्थलों का दौरा किया जहां मंदिर तोड़े गए थे। सिंघल ने मोदी सरकार की आलोचना करते हुए कहा था कि वह महमूद गजनी के कृत्य को दोहरा रही है। विहिप की मांग थी कि मंदिरों के खिलाफ विध्वंस अभियान तुरंत रोका जाना चाहिए। विहिप के दबाव में गुजरात के मुख्यमंत्री नरेंद्र मोदी ने राज्य की राजधानी गांधीनगर में मंदिरों के खिलाफ कारवाई रोक दी। यह निर्णय सिंघल और मोदी के बीच बैठक के बाद लिया गया।

गुजरात के सूरत में खौफनाक मंज़र था जब मंदिर टूट रहे थे तब महिलाएं बचाने के लिए प्रयास कर रही थी। जिसके ऊपर गुजरात पुलिस ने लाठीचार्ज किया। महिलाओं को पुरुष पुलिस वाले पीट रहे थे।

9 सितंबर 2021 को सूरत गुजरात में भाजपा शासित नगरपालिक ने वाल्मीकि समाज के बाबा रामदेव पीर मंदिर को तुड़वा दिया। लोग रोते बिलखते रहे, विरोध करने वाले लोगों को पुलिस जबरन वैन में बिठाने लगी।

26 जुलाई 2022 को गुजरात के नवसारी से एक मामला सामने आया जहां राधा रानी मंदिर के ऊपर बुलडोजर चला। महिलाएं और छोटे-छोटे बच्चे मंदिर को टूटने से बचाने के लिए पुलिस के सामने डटे रहे। जिसमें एक महिला ने 6 महीने के मासूम बच्चे को लेकर प्रदर्शन किया। पुलिस ने प्रदर्शनकारियों के खिलाफ लाठीचार्ज किया और मंदिर को तुड़वाया गया। सर्वोदय सोसाइटी में राधा कृष्ण मंदिर को ध्वस्त करने के चलते बीजेपी के लगभग 1100 कार्यकर्ताओं ने पार्टी की सदस्यता से इस्तीफा दे दिया। प्रदर्शनकारियों के खिलाफ मारपीट के खिलाफ कांग्रेस और आप ने समर्थन दिया।

न सिर्फ मंदिरों को तोड़ा जा रहा है बल्कि मंदिरों के परंपरा में भी बदलाव किया जा रहा है। मार्च 2023 में गुजरात के प्रमुख शक्तिपीठों में से एक बनासकांठा के अंबाजी मंदिर में दशकों पुराने पारम्परिक प्रसाद 'मोहनथाल को बदल कर 'चिक्की' करने पर विवाद खड़ा हो गया। मोहनथाल एक गुजराती मिठाई है जिसमें बेसन, चीनी, घी और दूध मिला होता है। नए प्रसाद के तौर पर दी जा रही चिक्की को गुड़ और मेवे के साथ बनाया जाता है। मेवे के रूप में अधिकतर मूंगफली या तिल डाला जाता है।

विरोध कर रहे लोगों ने न सिर्फ प्रसाद को बदले जाने का विरोध किया बल्कि वापस पहले जैसा करने के लिए मंदिर प्रशासन को 48 घंटे का अल्टीमेटम भी दिया। इसके अलावा हिंदू हित रक्षा समिति नाम के संगठन ने 48 घंटे का अल्टीमेटम देते हुए चिक्की के बदले फिर से मोहनथाल प्रसाद किए जाने की माँग की। संगठन का कहना था कि प्रशासन को निर्णय बदलना ही पड़ेगा भले ही इसके लिए मंदिर को बंद ही क्यों न करना पड़े।

वहीं अपना पक्ष रखते हुए मंदिर प्रशासन ने दावा किया कि चिक्की की तुलना में मोहनथाल की शेल्फ लाइफ कम होती है। दूसरे शब्दों में मंदिर प्रशासन का कहना है कि चिक्की की तुलना में मोहनथाल मिठाई जल्दी खराब हो जाती है। मंदिर प्रशासन इस बदलाव को भक्तों के फायदे का कदम बता रहा है।

विवाद पर सफाई देते हुए मंदिर ने आगे बताया कि कई श्रद्धालुओं ने ही उनसे प्रसाद बदलने का अनुरोध किया था। यहाँ तक कि बचाव में सोमनाथ और तिरुपति मंदिरों में भी इसी तरह के सूखे प्रसाद की पैरवी की गई, जहाँ फ़िलहाल लड्डू चढ़ाया जाता है। मंदिर प्रशासन के मुताबिक चिक्की या अन्य सूखे प्रसाद को विदेश में रहने वाले भक्तों को भी लड्डू और मोहनथाल की तुलना में आसानी से भेजा जा सकता है।

रिपोर्ट्स के मुताबिक, बनास डेयरी और अमूल डेयरी अम्बाजी मंदिर में चढ़ने वाले प्रसाद के लिए चिक्की का ठेका लेने पर विचार कर रही हैं।

कांग्रेस ने सत्तारूढ़ भाजपा के ऊपर पैसा कमाने के लिए परंपरा से छेड़छाड़ करने का आरोप लगाया। कांग्रेस के प्रदेश अध्यक्ष जगदीश ठाकोर ने राजव्यापी आंदोलन की चेतावनी दी। भारी विरोध को

देखते हुए सरकार ने आदेश दिया कि अब से चढ़ावे के लिए पारंपरिक प्रसाद मोहनथाल और चिक्की दोनों को एक साथ रखा जाएगा।

कर्नाटक में बीजेपी सरकार ने 2600 से ज्यादा मंदिरों को तुड़वाया। जिसका 6500 मंदिरों को तुड़वाने का लक्ष्य था। 150 साल पुरानी हनुमान मंदिर को तोड़ा गया जबकि मंदिर प्रशासन को आश्वासन दिया गया था कि मंदिर को नहीं छूएंगे लेकिन अचानक से नोटिस जारी हुआ और तोड़ दिया गया।

आप तस्वीरों में देख सकते है। किस तरह से मंदिर का विध्वंश किया गया।

कर्नाटक के मैसूर जिले में 800 साल पुराने नंजनगुड के पास हुचुगनी आदिशक्ति महादेवममा मंदिर को तुड़वा दिया। मंदिर का निर्माण 9वीं सदी में चोल वंश के शासन के दौरान हुआ था।

केंद्रीय कृषि मंत्री शोभा करंदलाजे ने कहा कि राज्य सरकार को विध्वंस करने से पहले स्थानीय लोगों को विश्वास में लेना चाहिए था। 2008 से पहले बने मंदिरों को नियमित करने का प्रावधान है।

कर्नाटक भाजपा की सरकार तब मुश्किल में पड़ गई जब नंजनगुड के प्रसिद्ध श्रीकांतेश्वर मंदिर के निधि का उपयोग मुस्लिमों के लिए शादी महल (1.5 करोड़), एक सामुदायिक हॉल और अन्य निर्माण में उपयोग करने की तैयारी कर ली थी।

जब ये मामला सामने आया तो इसका भारी विरोध हुआ तो सरकार को इसे रद्द करना पड़ा।

मध्यप्रदेश के रीवा में भाजपा कार्यालय के सामने स्थित शिव मंदिर को तोड़े जाने पर भारी बवाल हुआ। बिना किसी अनुमति के आधी रात में इसे तोड़ दिया गया। कांग्रेस, विहिप और बजरंग दल ने इनके खिलाफ प्रदर्शन किया। शहडोल जिले में दशकों पुराना राधा कृष्ण मंदिर तोड़ा गया। रामनवमी के दिन इंदौर बेलेश्वर मंदिर में बाबड़ी की छत टूटने से 36 लोगों की मौत हो गई। लिहाजा प्रशासन ने बाबड़ी ही नहीं बल्कि पूरे मंदिर को ही तोड़ दिया।

दिल्ली में मंदिर टूटना आम बात हो गई और यहां बीजेपी के लिए आसान हो जाता है क्योंकि दिल्ली के मुख्यमंत्री अरविंद केजरीवाल हैं। बीजेपी के समर्थक दिल्ली पुलिस की कार्रवाई को भी केजरीवाल से जोड़ देते हैं जबकि वो केंद्र के अधीन है। दिल्ली केंद्र शासित प्रदेश होने की वजह से केंद्र के पास ज्यादा अधिकार है। दिल्ली के राजेन्द्र नगर में प्राचीन और प्रसिद्ध हनुमान मंदिर तोड़ा गया। बीजेपी और आम आदमी पार्टी ने एक दूसरे के ऊपर आरोप प्रत्यारोप किया। ये डीडीए की कार्रवाई थी जो उपराज्यपाल के अधीन है। उपराज्यपाल केंद्र सरकार के प्रतिनिधि के रूप में काम करते हैं। दिल्ली के मंडावली इलाके में शनि मंदिर के रैलिंग तोड़ने को लेकर हंगामा हुआ। आप मंत्री आतिशी ने आरोप लगाया कि उपराज्यपाल विनय कुमार सक्सेना ने शनि मंदिर के अलावा राष्ट्रीय राजधानी के 10 मंदिरों को तोड़ने के आदेश दिए हैं। फ़रवरी 2021 को चाँदनी चौक में प्राचीन हनुमान मंदिर तोड़ा गया। बीजेपी और आप दोनों पार्टी के नेता टूटी हुई मंदिर में पूजा करने पहुंचे। बीजेपी ने आप तो आप ने बीजेपी के ऊपर आरोप लगाया।

केंद्र सरकार ने केंद्रीय आवास प्रोजेक्ट के लिए दिल्ली सरकार से 53 मंदिरों को ध्वस्त करने की अनुमति मांगी। 5 जुलाई 2022 को दिल्ली सरकार ने ध्वस्त करने की अनुमति के खिलाफ विधानसभा में निंदा प्रस्ताव पारित किया। आप सांसद संजय सिंह ने प्रेस कॉन्फ्रेंस करके कहा कि बीजेपी के लोग देशभर में धर्म के नाम पर ड्रामा करते हैं और दिल्ली में मंदिरों को तुड़वाने के लिए सरकार को चिट्ठी भेजी है।

उत्तराखंड बीजेपी सरकार के तरफ से रिपोर्ट आई कि बुलडोजर एक्शन में 42 मंदिरों को ध्वस्त किया गया।

राजस्थान में वसुंधरा राजे के नेतृत्व में बीजेपी की सरकार ने करीब 100 मंदिर तोड़े। भाजपा की 2023 में भजन लाल के नेतृत्व में सरकार बनते ही अलवर के शहर के बीचों बीच रात के अंधेरे में यूआईटी तिलक मार्केट के पास प्राचीन भैरव नाथ मंदिर को ध्वस्त कर दिया गया, लेकिन शहर में चल रहे उन मांस की दुकानों और बूचड़खानों पर उंगली भी नहीं उठाई जो अवैध रूप से चल रही है।

गौरतलब हो कि 17-18 अप्रैल 2022 को अलवर से ही 300 साल पुराने मंदिर को बुलडोजर चलवा विध्वंस कराने का मामला सामने आया। हिंदू संगठनों के साथ बीजेपी ने राजस्थान कांग्रेस के खिलाफ

प्रदर्शन करना शुरू किया। जो इसकी पूरी सच्चाई सामने आई वो हैरान करने वाली थी। दरअसल अलवर के राजगढ़ में मास्टर प्लान के तहत विकास के लिए गौरवपथ बनाने का काम पिछली वसुंधरा सरकार में शुरू हुआ था।

अलवर के राजगढ़ नगरपालिक में बीजेपी का बोर्ड था। इस बोर्ड में 34 सदस्य बीजेपी के और 1 सदस्य कांग्रेस का था। नगरपालिका में सर्वसम्मति से अवैध अतिक्रमण को हटाए जाने का प्रस्ताव पारित किया गया था।

बीजेपी नेता किरोड़ी लाल मीणा मंदिर तोड़ने के खिलाफ प्रदर्शन करने लगे और बीजेपी कांग्रेस के खिलाफ हमलावर हो गई। राजस्थान की तत्कालीन कांग्रेस सरकार ने बीजेपी के नगरपालिका बोर्ड को नोटिस जारी कर पूछा कि आपने अखिकारकर 300 साल पुरानी मंदिर को क्यों तोड़ा? सरकार ने 12 घंटे में उन्हें जबाव देने को कहा।

मंदिर तोड़े जाने और फिर सरकार द्वारा नोटिस जारी किए जाने पर राजनीति भी तेज हो गई। बीजेपी ने आरोप लगाया कि राज्य की सत्तासीन कांग्रेस सरकार बदले की कार्रवाई कर रही है। बीजेपी नेता राजेन्द्र राठौर ने कहा कि राजस्थान सरकार बीजेपी के नगरपालिका अध्यक्ष को गिरफ्तार करना चाहती है।

वहीं इस मामले में बीजेपी के प्रदेश अध्यक्ष सतीश पुनिया ने कहा कि 300 साल पुराना मंदिर अतिक्रमण कैसे हो सकता है। बीजेपी ने अपनी टीम भेजने की घोषणा की। बीजेपी के राष्ट्रीय प्रवक्ता संबित पात्रा ने कहा कि विकास के नाम पर भगवान के मंदिर पर प्रहार करना बेहद दुखद है। पात्रा ने इसे लेकर राहुल गांधी को निशाने पर लेते हुए कहा कि वो अपने वोटबैंक की राजनीति को आगे बढ़ा रहे हैं।

बीजेपी इस तरह रो हिंदुओं को गुमराह करती है। ये लोग खुद हिंदू बिरोधी कार्य करते हैं और दूसरों को हिंदू विरोधी घोषित कर राजनीति करते हैं।

महाराष्ट्र के सोलापुर जिले के पोखरपुर मोहोल में लगभग 800 साल पुरानी जगदंबा देवी मंदिर को तुड़वाया गया।

पूर्व की और वर्तमान की तस्वीरों में देखा जा सकता है कि विकास के आड़ में किस तरह से विध्वंस किया गया। लोगों ने विरोध किया लेकिन इन्हें कुछ फर्क नहीं पड़ता।

नवंबर 2021, कौशांबी में राष्ट्रीय राजमार्ग के कोखराज थाना अंतर्गत काशिया पश्चिम गाँव में लगभग 400 साल पुरानी हनुमान जी के शक्तिपीठ को तोड़ दिया गया। उस मंदिर में कई साधु संतों ने समाधि भी ली थी। सड़क निर्माण में लगे ठेकेदार साधु संत के समाधि को ध्वस्त कर रहे थे। मंदिर के पुजारी प्रवीण कुमार महाराज ने ठेकेदारों को मंदिर ध्वस्त करने से मना किया, जिस पर ठेकेदारों ने पुजारी से अभद्रता की। मंदिर तोड़े जाने के पूर्व इस मामले की शिकायत मंदिर के पुजारी ने केंद्रीय परिवहन मंत्री नितिन गडकरी, मुख्यमंत्री योगी आदित्यनाथ, उप मुख्यमंत्री केशव प्रसाद मौर्य के साथ ही जिलाधिकारी से की थी।

भाजपा सरकार ने मानेसर हरियाणा में भारी पुलिस बल की मौजूदगी में 26 फ़रवरी 2024 को बाबा भीष्म मंदिर को ध्वस्त करवा दिया। बाबा भीष्म मंदिर सड़क से काफ़ी दूर था लेकिन इसके बावजूद बाबा भीष्म मंदिर को ध्वस्त कर दिया।

संयुक्त किसान मोर्चा गुरुग्राम के अध्यक्ष एवं जिला बार एसोसिएशन गुरुग्राम के पूर्व प्रधान चौधरी संतोख सिंह ने मानेसर में भाजपा सरकार द्वारा बाबा भीष्म मंदिर को तुड़वाने की कड़ी निंदा की। उन्होंने कहा कि एक तरफ़ भाजपा सरकार मंदिर के नाम पर राजनीति करती है जबकि दूसरी तरफ़ मंदिरों को तुड़वा रही है।

सिंह ने कहा कि बाबा भीष्म मंदिर प्रांगण में एक बहुत ही पुराना पीपल का वृक्ष था उसको भी प्रशासन द्वारा जेसीबी से उखाड़ कर फेंक दिया गया। एक तरफ सरकार पर्यावरण को बचाने के लिए पौधारोपण की बात कहती है तो दूसरी तरफ़ वर्षों पुराने वृक्षों को उखाड़ कर फेंक रही है। बाबा भीष्म मंदिर और पीपल का वृक्ष सड़क से काफ़ी दूर थे लेकिन इसके बावजूद बाबा भीष्म मंदिर और पीपल के वृक्ष को ध्वस्त कर दिया। उन्होंने कहा कि जनता में बाबा भीष्म मंदिर के प्रति गहरी आस्था थी और सरकार ने बाबा भीष्म मंदिर को ध्वस्त करके जनता की भावनाओं को ठेस पहुँचाई है।

काशी विध्वंस

काशी विश्वनाथ कॉरीडोर का खूब प्रचार किया गया। बीजेपी के तरफ से बताया जाता है कि मोदी ने काशी का कायाकल्प कर दिया गया। जब कई लोगों ने उसकी सच्चाई बतानी शुरू की तो पता चला कि कई लोगों के घर के नीचे मंदिर दबे हुए थे। जो उसकी सच्चाई है, वो बहुत डरावनी है क्योंकि विकास के नाम पर न सिर्फ प्राचीन मंदिरों को तोड़ा गया बल्कि धार्मिक पहचान भी छिन लिया गया। जिस काशी जी की यात्रा लोग मोक्ष के लिए किया करते थे, वो नशा, मौज मस्ती और सेक्स का अड्डा बनकर रह गया। जगह जगह फूड कोर्ट और मसाज सेंटर खुल गए।

काशी में जिन प्राचीन मंदिरों को तुड़वाया गया, उसमें से 100 से अधिक मंदिरों का स्कंद पुराण में भी जिक्र है। 2000 से ज्यादा शिवलिंग नाले में बहाए गए। विकास के नाम पर जो तबाही मचाई गई, उसकी जद में प्राचीन मंदिर तो आ गए लेकिन ज्ञानवापी को सुरक्षित कर दिया गया।

स्वर्ग द्वारेश्वर और मोक्ष द्वारेश्वर को तोड़ दिया गया। आनंदमयी द्वारा स्थापित काली जी को तोड़ दिया गया। मणिकर्णिका घाट वाले हनुमान जी को तोड़ा गया। जौ विनायक के सामने माहटा देव का मंदिर तोड़ा गया। ललिता घाट पर तुलसीदास द्वारा स्थापित आदि संकट मोचन मंदिर को तोड़ दिया गया। गोयनका छात्रावास पुस्तकालय भी इस कथित विकास के आड़ में तोड़ा गया। भागीरथ विनायक, मणिकर्ण विनायक, दुरमुख विनायक और सुमुख विनायक को भी तोड़ा गया। अक्षयवट जो कि पूरे भारत में सिर्फ इस जगह पर ही थे। बिहार के गया में अक्षयवट वृक्ष के नीचे पिंडदान होता है। प्रयागराज के अक्षयवट वृक्ष के नीचे मुंडन होता है और काशी में इसी वृक्ष के नीचे दांडी स्वामी को भोजन कराने की मान्यता थी। काशी का अक्षयवट विकास के भेंट चढ़ गया। अक्षयवट के साथ हनुमान जी का विग्रह खत्म हो गया। जब संतों के बीच आक्रोश फैला तो इसे प्रशासन की लापरवाही बता दिया गया। नकुलेश्वर महादेव का भी मंदिर तोड़ा गया। काशी कचहरी को कॉरिडर के बाहर लगा दिया गया। कैलाश महादेव के मंदिर का मंडप तोड़ दीवार बना गया।

अविमुक्तेश्वर महादेव मंदिर तोड़कर तारकेश्वर के मंडप में लगा दिया गया। भोग अन्नपूर्णा तोड़कर कांबरी में रख दिया गया। मुक्ति मंडप प्राचीन ज्ञानवापी मंदिर को तोड़कर कोठरी में रख दिया गया। नवग्रह के शंभू शिवलिंग तोड़कर तारकेश्वर के मंडप में रख दिया गया। व्यासेश्वर महादेव के शिवलिंग तोड़े गए। जवानेश्वर, जिसे महाराणा प्रताप के वंशजों ने बनवाया था, उसे भी तोड़ दिया गया।

ज्ञानवापी नंदी के बगल का गौरीशंकर मंदिर तोड़ा गया। जिस नंदी की चर्चा हमेशा होती रही वो तस्वीरों में देखा जा सकता है कि कैसे उसे कैद कर दिया गया।

आसपास की मंदिरों को तुड़वाकर इस हालत में पहुंचा दिया। नंदी के आधे मूर्ति को मार्बल से ढक दिया गया।

काशी विश्वनाथ के चांदी का गेट खत्म हो गया। पुतली वाला शिवाला जिसमें शिव जी को प्रसन्न करने के लिए परियां वाद्य यंत्र बजाती थी। जिसमें 36 विग्रह थे, वो सब गायब हो गए।

नेपाल नरेश के द्वारा निर्मित चार धाम और चार पूरिया तोड़ दी गई। नेपाल नरेश का काशी विश्वनाथ को दिया घंटा गायब हो गया। पार्वती मंदिर, जिसे अहिल्या बाई के रूप में जाना जाता था, उसे तोड़ दिया गया। द्रौपदी द्वारा स्थापित द्रापदित्य तोड़कर दूसरी जगह लगाया गया। राम दरबार को भी तोड़ दिया गया। रुद्रेश्वर महादेव मंदिर, अकुचेश्वर महादेव मंदिर, ज्वर हरेश्वर महादेव, विरेश्वर महादेव और वीर भद्रेश्वर महादेव मंदिर तोड़ा गया।

शनिदेव का प्राचीन मंदिर तोड़ा गया। सप्त सरस्वती मंदिर तोड़ा गया, मंदिर टूटने की शुरुआत यहीं से हुई थी।। बबलू सिंह के घर का राम दरबार भी तोड़ा गया। चंडी चामुंडेश्वरी मंदिर भी तोड़ा गया।

सबसे प्राचीन व्यास पीठ जहां से कोई भी धार्मिक कार्य शुरू होते थे। व्यास पीठ के प्रमुख केदारनाथ व्यास को प्रशासन ने निकालकर सड़क पर फेंक दिया और उसे अवैध बताकर तोड़ दिया। 40 भगवान के प्राचीन मूर्ति तोड़ दिए गए और कई प्राचीन धार्मिक किताबें गायब हो गई। जिस केदारनाथ जी से

कई प्रधानमंत्री मिलने पहुंचे। देश विदेश से लोग उनसे धर्म की शिक्षा लेने आया करते थे। उन्हें जीवन के अंतिम में किराये के मकान में रहना पड़ा।

व्यास जी के तहखाने को मुलायम सिंह यादव की सरकार में सील कर दिया गया। जो कि प्रसाशन का फैसला था। योगी सरकार बनने के बाद उसे हटाया जा सकता था लेकिन कोर्ट में लंबे समय तक मामला चला।

व्यास जी के परिवार की ओर से उनके वंशज शैलेंद्र पाठक ने तहखाने में पूजा पाठ के लिए कानून लड़ाई लड़ी। वाराणसी कोर्ट ने 31 जनवरी 2024 को तहखाने में पूजा पाठ की अनुमति दी।

जब फैसला आ गया तो मोदी समर्थक भला कैसे चूक सकते थे। उन्होंने इसका श्रेय भी मोदी को दे दिया लेकिन सवाल है कि मोदी ने आखिर व्यास पीठ की तबाही के अलावा कौन सा काम किया?

नरेंद्र मोदी के गाड़ी को ले जाने तक के लिए भी वहाँ मंदिर तोड़े गए हैं। कई मंदिरों को बेवजह भी तोड़ा गया। मंदिर तोड़कर फूड कोर्ट और शौचालय तक बनाए गए। ये कुछ ही आकंड़े हैं, वैसे पूरी तबाही मचा दी गई।

काशी विश्वनाथ के महंत राजेन्द्र प्रसाद तिवारी ने कहा कि नरेंद्र मोदी ने औरंगजेब से भी ज्यादा मंदिर तुड़वाएं। तत्कालीन कांग्रेस नेता संजय निरुपम ने काशी में मंदिर विध्वंस को लेकर मोदी को औरंगजेब का अवतार बताया।

काशी विश्वनाथ कॉरिडोर बनने के बाद बीजेपी के लोगों ने बताना शुरू कर दिया कि मोदी जी ने काशी के समस्या का समाधान कर दिया। जो कि ज्ञानवापी को लेकर विवाद है, उसे इन्होंने मजबूत कर दिया।

काशी विश्वनाथ कॉरिडोर में आम आदमी और वीआईपी के अलग अलग कतार लगने लगे क्योंकि इस तरह की व्यवस्था बना दी गई कि जैसा पैसा वैसी पूजा, जबकि भगवान के दरबार में सभी एक समान होते हैं। हर चीज के रेट तय कर दिए गए।

काशी विश्वनाथ कॉरिडोर बनने के बाद पहली श्रावण में नया रेट लिस्ट जारी हुआ। 14 जुलाई 2022 से शुरू होने वाले सावन के लिए सोमवार और बाकि दिनों के लिए अलग अलग लिस्ट जारी हुआ।

सावन में दिन विशेष में पूजा के शुल्क में बढ़ोत्तरी कुछ इस प्रकार थे

सोमवार को मंगला आरती का शुल्क 2000 रुपए और सामान्य दिनों में मंगला आरती का शुल्क 1500 रुपए तय किए गए।

सुगम दर्शन को सामान्य दिनों में खर्च करने होंगे 500 रुपए और सोमवार को सुगम दर्शन के लिए 750 रुपए तय किए गए। मध्यान्ह भोग आरती, रात्रि श्रृंगार, सप्तर्षि आरती, भोग आरती के लिए 500 रुपये तय किए गए। सावन में एक शास्त्री से रुद्राभिषेक कराने का शुल्क 700 रुपये तय किए गए। सोमवार को पांच शास्त्री से रुद्राभिषेक कराने के 3 हजार रुपये तय किए गए और अन्य दिनों में पांच शास्त्री से

रुद्राभिषेक कराने को 2100 रुपये तय किए गए। श्रावण संन्यासी भोग सोमवार के लिए 7500 रुपए और अन्य दिनों के लिए 4500 रुपए तय किए गए। श्रावण श्रृंगार शुल्क 20 हजार रुपए तय किए गए।

13 दिसंबर 2021 से मात्र 10 महीने में काशी विश्वनाथ मंदिर से सरकार को 100 करोड़ की कमाई हुई। मंदिर का संचालन करने वाले ट्रस्ट के एक अधिकारी सुनील कुमार वर्मा ने कहा कि देश-विदेश से आए भक्तों ने इस साल 60 किलो सोना, 10 किलो चांदी और 1500 किलो तांबा चढ़ाया।

वर्मा ने कहा, "भक्तों द्वारा दान किए गए ₹50 करोड़ का 40 प्रतिशत यूपीआई (यूनिफाइड पेमेंट इंटरफेस) जैसी ऑनलाइन सुविधाओं के माध्यम से प्राप्त किया गया था।"

वर्मा ने कहा, "हमने अनुमान लगाया है कि 2023-24 वित्तीय वर्ष में मंदिर की कमाई 105 करोड़ रुपये से ऊपर रहेगी, जबकि विभिन्न मदों के तहत व्यय का लक्ष्य 40 करोड़ रुपये होगा।"

मंदिर प्रशासन ने कमाई का नया लक्ष्य तय करने के साथ-साथ अलग-अलग मदों में खर्च का लक्ष्य भी 40 करोड़ रुपये तय किया है और मंदिर की आरती में शामिल होने की फीस भी बढ़ा दी गई है।

मंगला आरती टिकटों के नए शुल्क के अनुसार, एक भक्त को 500 रुपये का प्रावधान कर दिया गया जबकि अन्य आरती के लिए टिकट का शुल्क 300 रुपये कर दिया गया।

काशी विश्वनाथ मंदिर पूरी तरह से अधिकारियों के कंट्रोल में लाकर कमाई का अड्डा बना दिया गया। आज वहां हर फैसला अधिकारी ही ले रहे हैं बाकि जो पुजारी हैं वो मात्र कर्मचारी बनकर रह गए हैं।

नरेंद्र मोदी ने व्यक्तिवाद का परिचय देते हुए, नमो (नरेंद्र मोदी) घाट बनवा दिया। वाराणसी में नवनिर्मित नमो घाट पर घूमने के लिए टिकट लगा दिया गया था। 2 अगस्त 2022 से इसकी शुरुआत भी हो गई थी। चार घंटे के लिए पर्यटकों को नमो घाट पर समय बिताने के लिए दस रुपये खर्च करने पड़ते। लेकिन स्मार्ट सिटी के इस फैसले पर आम लोगों ने एक ओर जहां सोशल मीडिया पर मोर्चा खोल दिया। दूसरी ओर मुख्य विपक्षी दलों सपा और कांग्रेस के नेताओं ने भी इस पर आंदोलन की चेतावनी दी। भारी विरोध-प्रदर्शन के बीच कमिश्नर के आदेश पर टिकट रद्द कर दिया गया।

टिकट लगाने के फैसले पर जब स्मार्ट सिटी के अधिकारियों से बात की गई तो उनके तर्क भी बड़े अजीबोगरीब थे। स्मार्ट सिटी के पीआरओ शाकंभरी ने बताया कि शहर के बिल्कुल किनारे पर स्थित नमो घाट पर आने वाली भीड़ में बहुत से असामाजिक तत्व भी आते हैं, जो वहां पर उपद्रव करते हैं और शराब की बोतले तोड़ते हैं। इसके साथ ही कई युवा जोड़े भी अभद्र व्यवहार करते हैं। अनुशासन के लिए भी यह एक जरूरी कदम है।

कॉरिडोर के सुचारु व्यवस्था के लिए ब्रिटिश कंस्लटिंग कंपनी अर्नस्ट एंड यंग को कंस्लटेंसी के लिए हायर किया। इस कंस्लटेंसी का काम कॉरिडोर संचालन के लिए अच्छे वेंडर को ढूंढना, वेंडर को जोड़ने की सारी कागजी कार्रवाई, भीड़ प्रबंधन के लिए सॉफ्टवेयर निर्माण से लेकर काफी कुछ है। लेकिन यह कंपनी सिर्फ ऑपरेटर लाने और उनकी प्रोसेसिंग कराएगी, न कि कॉरिडोर का संचालन करेगी।

वाराणसी के मंडलायुक्त दीपक अग्रवाल ने भी साफ किया कि यह कंपनी किसी भी बिल्डिंग को संचालित नहीं करेगी।

योगी आदित्यनाथ ने 29 सितंबर 2019 को वाराणसी में काशी विश्वनाथ कॉरिडोर मंदिर परिसर में मोबाइल अस्पताल का उद्घाटन किया। इस अस्पताल को नयती हेल्थ केयर नामक संस्था को दिया गया। इस संस्था की निदेशक 2जी स्पेक्ट्रम घोटाले की आरोपी, कॉर्पोरेट घरानों से जुड़ी और फोन टैपिंग विवाद को लेकर विवाद में रही नीरा राडिया है। योगी आदित्यनाथ के कार्यालय के हैन्डल से पहले उद्घाटन का फोटो ट्वीट हुआ।

जब लोगों ने सवाल उठाना शुरू किया तो हटा दिया गया। कांग्रेस नेतृत्व वाली यूपीए सरकार के दौरान 8000 फोन टैप करने और 2जी स्पेक्ट्रम घोटाले की आरोपी को मोदी सरकार में सीबीआई ने क्लीनचीट दे दी। जिस घोटाले को बीजेपी भुनाती है और मोदी हर मंच से जुबानी लड़ाई लड़ रहे हैं। मोदी खुद को पीड़ित बताते हुए बोलते नजर आते हैं कि मेरे ऊपर जीतने भी हमले कर लो लेकिन मेरी भ्रष्टाचार के खिलाफ लड़ाई जारी रहेगी। ये मोदी की गारंटी है।"

कांग्रेस की सरकार में कई भ्रष्टाचारी जेल में रहे वो, उन्हें इनकी (मोदी) सरकार में क्लीनचीट मिल गई। कई कट्टर भ्रष्टाचार बीजेपी में शामिल हो गए। ये शायद सभी भ्रष्टाचारियों को क्लीनचीट दिलाने और बीजेपी में शामिल कराने की लड़ाई लड़ रहे हैं।

पर्यटन की बात करें तो 2022 में वाराणसी में गोवा की तुलना में आठ गुना अधिक पर्यटक आए। पवित्र शहर में पिछले साल 7.16 करोड़ पर्यटक आए, जबकि गोवा में 85 लाख पर्यटक आए।

गोवा पर्यटन विभाग के जीएम लक्ष्मीकांत वैनागर के मुताबिक, वर्ष 2021-22 में गोवा में साढ़े तीन करोड़ के करीब पर्यटक पहुंचे। यूपी टूरिज्म के मुताबिक, काशी में करीब साढ़े 10 करोड़ से अधिक सैलानी व श्रद्धालुओं का आगमन हुआ।

26 फ़रवरी 2023 को प्रधानमंत्री नरेंद्र मोदी ने कहा कि क्रिसमस के मौके पर गोवा से ज्यादा पर्यटक काशी पहुंचे।

जिस धर्मनगरी काशी में श्रद्धालु पहुंचते थे, वहां पर्यटक पहुंचने लगे। पर्यटक आखिर पहुंचे क्यों न, पर्यटकों के लिए जो सुविधा गोवा में थी, उससे ज्यादा काशी में मिलने लगी। क्रिसमस के मौके पर काशी घाट पर डांस चल रहे थे और जिंगल बेल बज रहा था। काशी में टेंट सिटी बना रखी थी, जहां आस पास में कंडोम, शराब की बोतले फेंकी दिखने लगी।

गंगा विलास क्रूज चलवाया, जिसमें शराब, चिकन आदि उसके मैन्यू में थे। जिसके 51 दिन का पैकेज करीब 13 लाख रुपये का था।

जब 2014 में मोदी वाराणसी से चुनाव लड़ने गए तो कहा कि मां गंगा ने उन्हें बुलाया है। गंगा पुत्र मोदी ने मां गंगा के साथ विलास जोड़ दिया। गंगा की सफाई के लिए नमामि गंगे प्रोजेक्ट शुरू किया। आज भी गंगा का पानी इतना गंदा है कि वो नाली के पानी जैसा काला दिखता है। इलाहाबाद हाईकोर्ट ने कहा कि ऐसा लगता है कि नेशनल मिशन फॉर क्लीन गंगा का पूरा प्रोजेक्ट आखों में धूल झोंकने वाला है।

अजय वासुदेव बोस के आरटीआई के जरिए खुलासा हुआ कि मोदी सरकार ने गंगा की सफाई के लिए 14,084.72 करोड़ खर्च किए।

सबसे बड़ी बात रही कि काशी में मंदिर टूट रहे थे लेकिन उसे मीडिया में कोई जगह नहीं मिला। शुरुआत में तो कई मामले अखबारों में आए लेकिन बाद में वो भी नहीं आते क्योंकि मोदी जानते हैं कि वो असल में क्या कर रहे हैं। जब भी मीडिया काशी के बारे में बात करता है तो उसके विकास की बात करता है।

काशी में जो कुछ हुआ उससे मोदी के कई एजेंडा पूरा हुए। सबसे बड़ी बात है कि प्राचीन मंदिरों को तुड़वा दिया। ऐसी व्यवस्था बना दी कि ज्यादा गरीब आदमी मंदिर जा ही नहीं सकता। अमीर जो भी जाता है तो वहां की धार्मिक पहचान छिन ली गई तो वो वही करेगा जो वहां मौजूद है। कमाई का बहुत बड़ा जरिया बना ही दिया, जो सरकार की होगी। कई अपने लोगों को ठेका दे दिया। ये पूरा एजेंडा हिंदुओं को अपने धर्म से काटने की है, जो काफी हद तक सफल रहे। जो मंदिरें मुग़लकाल में भी बच गई थी, उसे मोदी काल में विकास के नाम पर तोड़ दिया गया।

अयोध्या विध्वंस

अयोध्या में राम मंदिर बनने की चर्चा तो हर तरफ होती है लेकिन राम मंदिर बनने की आड़ में कई प्राचीन मंदिर और धरोहर तोड़ दिए गए उसकी कही चर्चा नहीं होती।

अयोध्या में रामपथ के चौड़ीकरण के लिए 30 से ज्यादा मंदिर तोड़ी गई। सीता राम मंदिर निवास तोड़ा गया।

ये तस्वीर में सीता राम मंदिर निवास इस लिए तोड़ा गया कि लोग बड़ी बड़ी गाड़ियों से आसानी से पहुंच सकें।

अयोध्या में सड़क चौड़ीकरण के नाम पर क्षीरेश्वर महादेव का मंदिर तोड़ा गया।

मान्यता के अनुसार, राजा दशरथ ने संतान की प्रार्थना करते हुए यहां पर दूध से शिवलिंग का अभिषेक किया था। अयोध्या में हो रही विकास के नाम पर इसे भी तोड़ दिया गया।

राम मंदिर के रास्ते में पड़ने वाले सीता रसोई मंदिर पर भी जेसीबी चलाई गई। राम मंदिर के विस्तार की जद में सीता रसोई मंदिर, साक्षी गोपाल मंदिर, जन्म स्थान मंदिर तोड़ा गया। राम चबूतरा तोड़ने के बाद इन सभी को गिराए जाने का काम शुरू हो हुआ।

27 अगस्त 2020 दोपहर को ध्वस्तीकरण की प्रक्रिया से पहले सीता रसोई से मूर्तियां, दरवाजे, खिड़कियां, बिजली वायरिंग हटा दी गई थीं। एलएंडटी की टीम ने जेसीबी व अन्य मशीनों से सीता रसोई के अंदर के हिस्से को गिराने का काम शुरू कर दिया। रामजन्मभूमि के बाद सीता रसोई का दर्शन होता था।

जगद्गुरु शंकराचार्य ने जो खुलासा किया, "मां सीता जी का कूप जो उन्हें मुंह दिखाई में माता कौशल्या ने दिया था। जिसका रुद्रयामल तक में वर्णन है। 8 कोण का कूप जो भी रामजन्मभूमि के दर्शन करने के लिए जाता था, उसे कूप के पास जाना आवश्यक होता था। उसको पूरी तरह से हटा दिया गया। कई और दूसरे कूप थे क्योंकि पहले कुएं के अलावा कोई दूसरा पानी का साधन होता नहीं था, इसलिए हर मंदिर में एक कुआं था। इन्होंने लगभग 12-15 कुआं हटा दिया जबकि सुप्रीम कोर्ट का आदेश है कि कुएं हटाए नहीं जाएंगे। भगवान राम के कुलदेवता रंगनाथ जी का मंदिर तुड़वा दिया। मानस भवन, कोहबर भवन, रामखजाना मंदिर, कथा मंडप, काकभुशुंडी, वात्सल्य कुंज, जन्म स्थान, अंगद किला, नल नील का टीला, शुसयंत जी का मंदिर, गवाक्ष किला का मंदिर, गवई किला का मंदिर, जटायु का स्थान (जो भगवान श्री राम ने स्वयं बनाया था, जिसको लेकर भगवान राम ने कहा था कि ये हमारे प्रेरणा का स्थल है क्योंकि जब अन्याय और अत्याचार हो रहा हो तो भारत देश का पक्षी भी उसके लिए लड़ता है), जामुंड टीला और कैकेई का कुंड हटाया जा चुका है।"

कई प्राचीन धरोहर मिटा दिए गए। अयोध्या की भी धार्मिक पहचान छिन ली गई।

ये सब देख पाठक तय कर सकते हैं कि मोदी को मंदिर बनवाने का या प्राचीन मंदिरों को, धरोहरो को, तुड़वा धार्मिक पहचान मिटाने का श्रेय मिलना चाहिए?

अयोध्या के टेढ़ी बाजार चौराहे पर मल्टीलेवल पार्किंग में गुजरात के व्यापारी ने एक शबरी रसोई नामक रेस्टोरेंट खोला। 22 जनवरी 2024 को कुछ वीआईपी इस रेस्टोरेंट में आते हैं और एक चाय

पीते हैं और टोस्ट भी खाते हैं। जिसके बाद शबरी रसोई के बेटर ने उनको बिल दिया और बिल में ₹55 की चाय और 65 रुपए टोस्ट का दाम अंकित रहता है।

जब विरोध शुरू हुआ तो शबरी रसोई के मैनेजर ने बताया कि अभी आम पब्लिक के लिए शबरी रसोई रेस्टोरेंट शुरू नहीं हुआ है। लेकिन जब मैनेजर से सवाल किया गया कि आपका एक बिल तेजी के साथ सोशल मीडिया पर वायरल हो रहा है तो मैनेजर ने बताया कि 22 जनवरी को प्राण प्रतिष्ठा में शामिल होने के लिए कुछ वीआईपी आए थे। जिन्होंने चाय और टोस्ट की डिमांड की थी। इसके बाद उन लोगों को हमारे वेटर ने गलती से बिल दे दिया और उन लोगों ने इस बिल को सोशल मीडिया पर पोस्ट कर दिया। जिसके बाद प्रोपेगेंडा फैल गया।

दूसरी तरफ, मैनेजर ने बताया कि मान लीजिए अगर हमारे यहां ₹55 का चाय और 65 रुपए का टोस्ट है, तो इसकी कीमत बहुत अधिक नहीं है। इसके साथ ही हम अन्य कई सारी सुविधाएं भी शबरी रसोई में दे रहे हैं। यानी कि अगर आप शबरी रसोई में ₹55 का चाय पीने जाते हैं तो आपको वहां पर वाईफाई की सुविधा के साथ आप वहां एक से दो घंटे समय भी व्यतीत कर सकते हैं।

सबरी रसोई एक तरफ तो गलती कर रहा तो दूसरी तरफ उसे स्वीकार कर रहा है।

27 जनवरी 2024 को पर्यटन निदेशक प्रखर मिश्रा की उपस्थिति में पर्यटन भवन में अमेरिकी फर्म मेसर्स अंजलि इनवेस्टमेंट एलएलसी के साथ यूपी सरकार का अयोध्या में 100 कमरे वाले रिज़ॉर्ट निर्माण के लिए एग्रीमेंट (एमओयू) हुआ।

जमथरा माझा के डूब क्षेत्र में होम क्वेस्ट इंफ्रा. स्पेश प्राईवेट लिमिटेड ने भी भूमि खरीदी। अहमदाबाद-गुजरात की यह कंपनी अदाणी कारपोरेट हाउस शांतीग्राम, एसजी हाइवे खोडीयार, अहमदाबाद गुजरात से संबंधित है।

टाइम सिटी मल्टी स्टेट सिटी हाउसिंग सोसायटी से उसने 1.400 हेक्टेयर भूमि खरीदी। प्रतिष्ठित अदाणी ग्रुप के माझा जमथरा में जमीन खरीदे जाने की सूचना फैलने के बाद रामनगरी से लगी माझा जमथरा की जमीन की कीमतें एक बार फिर आसमान छूने लगी।

उत्तर प्रदेश सरकार ने सुपरमार्केट और रिटेल सेक्टर के दिग्गज दुबई के लुलु ग्रुप से समझौता किया। इसके तहत लुलु ग्रुप द्वारा 6 शॉपिंग मॉल और एक फाइव स्टार होटल उत्तर प्रदेश में खोला जाएगा। जिसमें एक मॉल अयोध्या में खोला जाना है।

अयोध्या में सरयू नदी पर क्रूज सेवा "जटायु" शुरू की गई। यहां आने वाले लोग अब इस क्रूज पर बैठकर अयोध्या के घाटों को देख सकेंगे, शहर के आसपास के नजारों का भी मजा उठा सकेंगे।

जटायु क्रूज एक एसी संचालित दो मंजिला जहाज है, जो 45 फीट लंबा और 15 फीट चौड़ा है। बता दें, इस जहाज का निर्माण गुजरात में किया गया था।

भगवान राम की नगरी अयोध्या जो हिंदुओं का प्रमुख तीर्थस्थल रहा है उसे भी पर्यटन स्थल में बदल दिया गया।

महाकाल मंदिर विध्वंस

उज्जैन के महाकाल लोक मंदिर में कई प्राचीन मंदिरों को तोड़कर महाकाल लोक कॉरिडोर बनाया गया। महाकाल मंदिर के बाहर विस्तारीकरण के नाम पर प्राचीन सती मंदिर सहित हमूमन प्रतिमा हटाने व मंदिर तोड़े जाने को लेकर विहिप और बजरंग दल ने प्रदर्शन किया।

महाकाल मंदिर से रातोंरात प्राचीन पशुपति नाथ मंदिर गायब हो गया। सुबह जब यहां साफ सफाई और पूजन करने वाले पंडित जी पहुंचे तो सिर्फ ओटला बचा था। मां पार्वती, श्रीगणेश और भगवान नंदी की प्रतिमाएं गायब थी। क्षतिग्रस्त ओटले पर सिर्फ भोलेनाथ की मूर्ति विराजित थीं। खास बात तो यह है कि मंदिर तोड़ने का वहां कोई अवशेष भी नहीं था। प्राचीन पिलर, मंदिर की छत, मूर्तियां, आदि कोई भी सामग्री वहां नहीं छोड़ी थी। सभी को रातों रात हटा दिया गया।

2 अक्टूबर 2021 को रात में महाकाल मंदिर के सामने वाले हिस्से में स्मार्ट सीटी प्रोजेक्ट और निर्माण कार्यों के लिए मंदिर परिसर में लगभग 1000 साल पुरानी वीरभद्र मंदिर और पारंपरिक अखाड़े को ध्वस्त कर दिया गया। अगले दिन सुबह जब पुजारी पहुंचे तो अचंभित रह गए। बिना पूर्व नोटिस और सूचना दिए प्रशासन ने रातोंरात अखाड़े को जमींदोज कर दिया। वीरभद्र मंदिर के साथ हनुमान जी और भैरव जी की प्रतिमाएं भी थी। प्रशासन का जबाव था कि धार्मिक भावनाओं को देखकर परियोजना के तहत कार्य किया गया है।

11 अक्टूबर 2022 को प्रधानमंत्री नरेंद्र मोदी ने 856 करोड़ के प्रोजेक्ट महाकाल लोक का लोकार्पण किया था जबकि 28 मई 2023 को 8 महीने में ही यहां की मूर्तियां टूटकर गिर गई।

जिसको लेकर बताया गया था कि 10 साल कुछ भी नहीं होगा। फाइबर की बनी मूर्ति मामूली आंधी में टूटकर गिर गई। 10 फिट की सप्तऋषियों की छह मूर्तियां टूटकर गिर गई थी। मोदी की गारंटी का यही असली स्वरूप है।

महाकाल लोक कॉरिडोर बनने के बाद सशुल्क दर्शन का प्रावधान कर दिया गया। जो आसपास के लोग रोज बाबा महाकाल के दर्शन करते थे, उनको लेकर रिपोर्ट आई कि वो दर्शन नहीं कर पा रहे हैं।

मंदिर को सर्व धर्म समभाव का अड्डा बना दिया गया। मंदिर के गर्भगृह में जाकर रील बनाने का मामला सामने आया था।

ये सब कुछ उदाहरण मात्र हैं। मोदी के काल में मंदिरों की स्थिति हो गई कि आज जो है वो कल होगा कि नहीं कोई नहीं बता सकता। किसी मस्जिद, दरगाह और मज़ार के लिए पहले नोटिस दिया जाता है ताकि मामला कोर्ट में जाए और वहां से रोक लग जाए जबकि प्राचीन मंदिरों को बिना नोटिस दिए रात के अंधेरे में तुड़वा दिया जाता है। मोदी के कार्यों को देखकर प्रतीत होता है कि ये आम मंदिरों को वैसे तुड़वा देंगे। बाकि जो प्रमुख तीर्थ स्थल हैं उसको कॉरिडोर के नाम पर तुड़वा देंगे। सबसे बड़ी बात है कि पूजा-पाठ का काम मंदिर के पुजारियों का है लेकिन अब तो सब प्रसाशन तय कर रहा है। भविष्य में कई कॉरिडोर बनना है जिसमें विकास के नाम पर प्राचीन मंदिरों को तोड़ा जाएगा। जो विकास दिख रहा है उसमें वहां आधुनिक लाइट लगाकर अच्छा दिखाने का प्रयास हो रहा है। जो प्राचीन मंदिर हैं वो बिना लाइट के ही रोशनी करते हैं।

सबसे बड़ी बात है कि इस तरह की व्यवस्था बना दी कि गरीब आदमी वैसे ही तीर्थस्थानों से दूर हो जाएगा और अमीर आदमी वहां भक्ति भाव से भी जाए तो दूसरी भावना लेकर आएगा।

सरकार की जिम्मेवारी प्राचीन धरोहरों के संरक्षण की है लेकिन नरेंद्र मोदी एक तरफ तो इस्लामिक धरोहरों को संरक्षित कर रहे तो दूसरी तरफ हर नियम कानून को ताख पर रखते हुए, मंदिरों के विध्वंस में लगे हुए हैं।

अयोध्या में बाबरी मस्जिद के नीचे पहली बार राम मंदिर के अबशेष देखने का दाबा करने बाले पुरातत्वविद केके मोहम्मद ने भारतीय पुरातत्व सर्वेक्षण (एएसआई) पर बड़ा आरोप लगाया। उन्होंने कहा कि 2014 में भारतीय जनता पार्टी के सत्ता में आने के बाद से यह विभाग पूरी तरह से लकवाग्रस्त हो गया है।

अपनी किताब, एन इंडियन आई एम" शीर्षक से हाल ही में जारी अपनी आत्मकथा में उन्होंने लिखा कि भारतीय पुरातत्व सर्वेक्षण (एएसआई) भाजपा शासन के पहले सात वर्षों के दौरान लकवाग्रस्त शरीर में सिमट कर रह गया है। उन्होंने किताब में लिखा कि 2014 में जब भाजपा सत्ता में आई तो उसने अधीक्षण पुरातत्वविदों की वित्तीय शक्तियों को 25 लाख रुपये से घटाकर 3 लाख रुपये कर दिया। इस कारण वे स्मारकों और मंदिरों का कोई संरक्षण कार्य नहीं कर सके और हर छोटी से छोटी बात के लिए दिल्ली हेड ऑफिस का मुंह देखते हैं।

उन्होंने आगे कहा, नरेंद्र मोदी के सत्ता में आने के बाद आम जनता ने संस्कृति के क्षेत्र में परिवर्तन की उम्मीद की थी। उन्होंने कहा, कांग्रेस शासन के दौरान उन्होंने मध्य प्रदेश में चंबल क्षेत्र में बटेश्वर में 25 लाख रुपये की वित्तीय शक्ति का उपयोग करते हुए 80 मंदिरों का पुनर्निर्माण किया। उन्होंने आगे

कहा, यह दुख की बात है कि भाजपा के पिछले सात सालों के शासन के दौरान बटेश्वर में एक भी मंदिर का पुनर्निर्माण नहीं हुआ है।

केके मुहम्मद के आरोप पर पूर्व केंद्रीय मंत्री महेश शर्मा ने पलटवार करते हुए कहा कि मैंने किताब पढ़ी है। मैं इसकी समीक्षा कर रहा हूं, अगर जरूरत पड़ी तो मैं इस मामले में आवश्यक कार्रवाई करूंगा।

नरेंद्र मोदी का कोई बिना सिर पैर के भी कोई प्रशंसा कर दे तो ये लोग उसको लोगों के बीच भुनाना शुरू कर देते हैं लेकिन कोई तथ्य के साथ भी इनकी सच्चाई बता दे तो ये लोग कानूनी कार्रवाई की धमकी देने लगते हैं।

राम मंदिर का सच उजागर करने की वजह से के के मुहम्मद को अपने ही समाज के बीच खतरे की वजह से पलायन करना पड़ा। देश के अलग अलग हिस्सों में रहे लेकिन बीजेपी-आरएसएस ने कोई मदद नहीं की। जिसका खुलासा उन्होंने स्वयं किया था।

मंदिरों को तो तुड़वा ही रहे हैं साथ ही भारी धन की उगाही भी हो रही। धन की उगाही के लिए नए नए लक्ष्य निर्धारित किये जा रहें जैसे मंदिर कोई सेल्स की कंपनी हो। तिरुमाला तिरूपति देवस्थानम (टीटीडी) ने मंदिर की हुंडी के माध्यम से विदेशी योगदान प्राप्त करने में विदेशी योगदान (विनियमन) अधिनियम (एफसीआरए) के मानदंडों का कथित उल्लंघन करने के लिए केंद्रीय गृह मंत्रालय द्वारा लगाए गए 3 करोड़ रुपये के जुर्माने का भुगतान किया।

इंडियन एक्सप्रेस के सूत्रों के मुताबिक, गृह मंत्रालय ने टीटीडी पर 10 करोड़ रुपये का जुर्माना लगाया था। हालाँकि, एफसीआरए नियामक संस्था और मंदिर ट्रस्ट के बीच बातचीत के बाद, अंतिम राशि 3 करोड़ रुपये तय की गई थी। टीटीडी के अध्यक्ष वाईवी सुब्बा रेड्डी ने कहा, "हमने मंत्रालय को सूचित किया कि टीटीडी के पास हुंडी के अलावा विदेशी योगदान को आकर्षित करने, प्राप्त करने या मांगने के लिए कोई खिड़की नहीं है, जहां स्वैच्छिक योगदान किया जाता है।"

सुब्बा रेड्डी ने पुष्टि करते हुए कहा कि जुर्माना अदा कर दिया गया। एमएचए ने टीटीडी द्वारा विदेशी योगदान प्राप्त करने में कुछ अनियमितताओं की ओर इशारा किया था।

ये सब देख पाठक तय कर सकते हैं कि मोदी किस तरह से मंदिरों का विकास कर रहे हैं। ये कुछ घटनाएं हैं, वैसे इन्होंने जितने मंदिरों को तुड़वाया, उसकी लिस्ट बहुत लंबी है।।

राम मंदिर का क्रेडिटचोरी, राजनीतिकरण और संतुष्टिकरण

जब भी राम मंदिर की बात होती है तो लोगों को लगता है कि बीजेपी ने राम मंदिर बनने का रास्ता साफ किया। अगर ये लगता है तो इसमें नरेंद्र मोदी यानि बीजेपी (आज जो मोदी है वही बीजेपी है) के प्रचार-प्रसार की बड़ी भूमिका रही है। बीजेपी का रहा है कि एक ही झूठ को बार-बार बोलो ताकि लोगों को सच लगने लगे। राम मंदिर को लेकर अगर तार्किक बहस हो तो बोल पड़ते हैं कि आजतक क्यों नहीं बन पाया था, लेकिन मोदी के शासनकाल में जो गलत हुआ उसका श्रेय नहीं लेते। अगर कोई कहे कि मोदी के शासनकाल में जो भी हुआ सब मोदी की देन है तो इसे भी नहीं मानते। अगर नरेंद्र मोदी की बात करें तो उन्होंने राम मंदिर का फैसला आने से पहले कुछ समाधान के लिए न कुछ बोला और न ही कोई कदम उठाया, लेकिन चुनाव में राम मंदिर के फैसले के ऊपर देरी को लेकर विपक्ष को जरूर निशाना बनाते रहे।

सुप्रीग कोर्ट ने सुब्रमण्यम स्वामी के जल्वी सुनवाई की याचिका पर सुनवाई शुरू की, जो कि राम मंदिर के मामले में कोई पार्टी नहीं थे। तत्कालीन कांग्रेस नेता और सुन्नी वक्फ बोर्ड के पैरोकार कपिल सिब्बल और राजीव धवन ने जल्दी सुनवाई का विरोध करते हुए तर्क दिया कि इस मामले का काफी राजनीतिकरण हो चुका है। कोर्ट को गलत संदेश नहीं देना चाहिए, हड़बड़ी में सुनने के बजाय बड़ी बेंच के साथ 2019 लोकसभा चुनाव के बाद सुनवाई करना चाहिए। सिब्बल और धवन ने तो सुनवाई के बहिष्कार तक की धमकी दे डाली।

कांग्रेस ने कपिल सिब्बल के दलील से खुद को किनारा कर लिया। पार्टी के वरिष्ठ नेता आनंद शर्मा ने कहा, "कांग्रेस का स्पष्ट मत है कि मामला कोर्ट के समक्ष है और कोर्ट का जो भी फैसला आएगा वो पार्टी की लिए मान्य होगा।"

राम मंदिर को लेकर सुनवाई में हो रही देरी को लेकर बीजेपी नेताओं का मत था कि मामला माननीय सुप्रीम कोर्ट में लंबित है, हम लोग कोई टिप्पणी नहीं कर सकते। हमारा पूरा भरोसा है कि फैसला भगवान राम लला के पक्ष में आएगा। कभी किसी ने नहीं कहा कि हम अध्यादेश लेकर राम मंदिर बनवाएंगे।

नरेंद्र मोदी ने गुजरात विधानसभा चुनाव में इसे मुद्दा बनाते हुए लोगों से सवाल किया कि क्या सुन्नी वक्फ बोर्ड चुनाव लड़ रहा है जो सुनवाई में देरी की अपील की जा रही। देश में चुनाव कांग्रेस पार्टी लड़ रही है और वे राजनीतिक लाभ लेने के लिए इस मुद्दे को अनसुलझा रखना चाहते हैं।

9 नवंबर 2019 को राम मंदिर के ऊपर फैसला आया। ये मामला पूरी तरह जमीन विवाद का था लेकिन ये पहला मामला रहा कि हारे हुए पक्ष को भी जमीन मिला और भी ज्यादा, राम मंदिर के लिए 2.77 एकड़ जिसके लिए विवाद था तो वहीं सुन्नी वक्फ बोर्ड को 5 एकड़ जमीन देने के लिए सरकार को निर्देशित किया गया।

अयोध्या विवाद मामले में सुप्रीम कोर्ट के फैसले के बाद प्रधानमंत्री नरेंद्र मोदी ने शनिवार शाम राष्ट्र के नाम संबोधन दिया। उन्होंने कहा कि दशकों तक चली न्याय प्रक्रिया आज खत्म हुई। इससे दुनिया को हमारे जीवंत लोकतंत्र के बारे में पता चला है। अयोध्या के फैसले को देश ने खुले दिल से स्वीकार किया। यह विविधता में हमारी एकता है।

इससे पहले मोदी ने ट्वीट किया था कि फैसले को किसी की हार या जीत के लिहाज से न देखा जाए। न्याय के मंदिर ने दशकों साल पुराने विवाद को सुलझा दिया है। सभी नागरिकों को राष्ट्र भक्ति की भावना को बनाए रखने पर बल देना चाहिए। सुप्रीम कोर्ट ने अयोध्या की विवादित जमीन पर ट्रस्ट के जरिए मंदिर बनाने और मस्जिद के लिए अयोध्या में 5 एकड़ जमीन देने का आदेश दिया है।

बीजेपी के तमाम बड़े नेताओं ने इसका श्रेय मोदी को देना शुरू कर दिया। बीजेपी का नारा रहा था कि "कसम राम की खाते हैं मंदिर वहीं बनाएंगे" जिसको लेकर विपक्ष हमला करता रहा कि लेकिन तारीख नहीं बताएंगे। जिसको लेकर बीजेपी के लोगों ने बताना शुरू कर दिया कि अब तारीख भी बताएंगे और देखो मंदिर वहीं बन रहा है।

मंदिर के भूमि पूजन के मौके पर नरेंद्र मोदी गए और वहां सब कुछ बनावटी दिखाने के लिए लगाया गया और वहां जाकर मोदी लेट गए, जैसे पूरी तरह से भक्तिभाव में हों क्योंकि सामने कैमरा था। सबसे बड़े दुर्भाग्य की बात रही कि शंकराचार्य को भी इस मौके पर नहीं बुलाया गया। हिंदू धर्म के अनुसार कोई भी विवाहित बिना पत्नी के पूजा पर बैठ नहीं सकता लेकिन मोदी जाकर अकेले बैठ गए।

राम मंदिर के शिलान्यास को लेकर जगद्गुरु पूरी शंकराचार्य ने बताया, "न अच्छे से समतल किया गया। हर चीज बनावटी सिर्फ श्रेय लेने के लिए। भगवान राम जी को सेक्युलर बनाया जा रहा है। भगवान राम जी रहेंगे वहां? कम से कम राम जी के साथ आप लोग खिलवाड़ नहीं कीजिए। मोदी की राममंदिर में कोई भूमिका नहीं रही और न ही कभी एक शब्द बोला।"

राम मंदिर के क्रेडिटचोरी के साथ बीजेपी और उनसे जुड़े लोगों ने मोदी को भगवान राम से भी बड़ा दिखाने का प्रयास किया। भगवान राम और मोदी के बनावटी फोटो शेयर कर दिखाया जाने लगा कि जैसे मोदी उनका भविष्य लिख रहे हों।

पहले फोटो में मोदी के सहारे भगवान राम हैं। मोदी उनका भविष्य लिख रहे हैं तो वही दूसरे फोटो में भगवान राम इनकी अंगुली पकड़कर मंदिर जा रहे हैं। भगवान का इससे बड़ा अपमान नहीं हो सकता लेकिन खुद को धर्म का ठेकेदार बताने वाले लोगों ने ये सब किया।

राम मंदिर की कानूनी लड़ाई हिंदुओं ने लड़ा और वो तब से लड़ रहे थे जब मोदी पैदा भी नहीं हुए थे। राम मंदिर का फैसला हिंदुओं के 491 साल के लड़ाई का परिणाम रहा। हिंदुओं ने राम मंदिर के लिए मुग़लों के खिलाफ 76 लड़ाइयां लड़ी। वर्ष 1813 में पहली बार हिंदू संगठनों ने दावा किया कि बाबर ने 1528 में राम मंदिर तोड़कर मस्जिद बनाई। माना जाता है कि फैजाबाद के अंग्रेज अधिकारियों ने मस्जिद में हिंदू मंदिर जैसी कलाकृतियां मिलने का जिक्र अपनी रिपोर्ट में किया।

हिंदुओं के दावे के बाद से विवादित जमीन पर नमाज के साथ-साथ पूजा भी होने लगी। 1853 में अवध के नवाब वाजिद अली शाह के समय पहली बार अयोध्या में साम्प्रदायिक हिंसा भड़की। इसके बाद भी वर्ष 1855 तक दोनों पक्ष एक ही स्थान पर पूजा और नमाज अदा करते रहे। वर्ष 1855 के बाद मुस्लिमों को मस्जिद में प्रवेश की इजाजत मिली, लेकिन हिंदुओं को अंदर जाने की मनाही थी। ऐसे में हिंदुओं ने मस्जिद के मुख्य गुम्बद से 150 फीट दूर बनाए राम चबूतरे पर पूजा शुरू की। 1859 में ब्रिटिश सरकार ने विवादित जगह पर तार की बाड़ लगवाई। 1855 से 1885 तक फैजाबाद के अंग्रेज अफसरों के रिकॉर्ड में मुस्लिमों द्वारा विवादित जमीन पर हिंदुओं की गतिविधियां बढ़ने की कई शिकायतें मिली थी।

- **1885:** पहली बार मामले को न्यायालय में उठाया गया। फैजाबाद की जिला अदालत में महंत रघुबर दास ने राम चबूतरे पर छतरी लगाने की अर्जी लगाई, जिसे ठुकरा दिया गया।

- **1934:** अयोध्या में दंगे भड़के। बाबरी ढांचे का कुछ हिस्सा तोड़ दिया गया। विवादित स्थल पर नमाज बंद हुई।

- **1949:** मुस्लिम पक्ष ने दावा किया कि बाबरी मस्जिद में केंद्रीय गुम्बद के नीचे हिंदुओं ने रामलला की मूर्ति स्थापित कर दी। इसके 7 दिन बाद ही फैजाबाद कोर्ट ने बाबरी मस्जिद को विवादित भूमि घोषित किया और इसके मुख्य दरवाजे पर ताला लगा दिया गया।

- **1950:** हिंदू महासभा के वकील गोपाल विशारद ने फैजाबाद जिला अदालत में अर्जी दाखिल कर रामलला की मूर्ति की पूजा का अधिकार देने की मांग की।

- **1959:** निर्मोही अखाड़े ने विवादित स्थल पर मालिकाना हक जताया।

- **1961:** सुन्नी वक्फ बोर्ड (सेंट्रल) ने मूर्ति स्थापित किए जाने के खिलाफ कोर्ट में अर्जी लगाई और मस्जिद व आसपास की जमीन पर अपना हक जताया।

- **1984:** दिल्ली के विज्ञान भवन में विश्व हिंदू परिषद ने धर्म संसद का आयोजन किया। अशोक सिंघल इसके मुख्य संचालक थे। यही पर राम जन्मभूमि आंदोलन की रणनीति तय की गई। यहीं से सिंघल ने लोगों को जोड़ना शुरू किया। उन्होंने देशभर से 50 हजार कारसेवकों को जुटा, राम मंदिर के लिए प्रण दिलाया। विश्व हिंदू परिषद के नेतृत्व में हिंदुओं ने भगवान राम के जन्मस्थल को मुक्त कराने और वहां राम मंदिर बनाने के लिए एक समिति का गठन किया। गोरखनाथ मंदिर के महंथ अवैधनाथ ने राम जन्मभूमि मुक्ति यज्ञ समिति बनाई। उन्होंने अपने शिष्यों और लोगों से कहा," उसी पार्टी को वोट देना जो हिंदुओं के पवित्र स्थानों को मुक्त कराए।

- **1986:** फैजाबाद कोर्ट ने बाबरी मस्जिद का ताला खोलने का आदेश दिया।

- **1987:** अशोक सिंघल ने तकनीक की मदद से विवादित स्थल से मस्जिद को हटाने की योजना बनाई थी। विवादित स्थल से मस्जिद को दूसरी जगह पहुंचाने का पूरा इंतजाम हो चुका था। 27 दिसंबर 1987 को पांचजन्य और ऑर्गेनाइजर में छपा कि रामभक्तों की विजय हो गई और इसके लिए ट्रस्ट बन गया। कांग्रेस सरकार मंदिर बनाने के लिए विवश हो गई है। इस खबर के साथ सिंघल की फोटो भी छपी।

जब तत्कालीन संघ प्रमुख बालासाहब देवरस को खबर लगी तो उन्होंने अशोक सिंघल को बुलाकर डांटा तो यह मामला टल गया।

इस बात का खुलासा वरिष्ठ पत्रकार शीतला सिंह की किताब 'अयोध्या-रामजन्मभूमि-बाबरी मस्जिद का सच' में किया गया है। शीतला सिंह ने किताब के 110वें पेज पर इस घटना का जिक्र किया है।

केएम शुगर मिल्स के मालिक और प्रबंध संचालक लक्ष्मीकांत झुनझुनवाला उन दिनों विहिप के वरिष्ठ नेता विष्णुहरि डालमिया के लिए कुछ कागजात लेने शीतला सिंह के पास आए थे। वह कागजात दिल्ली गए और जब वह दिल्ली से वापस आए तो देवरस और सिंघल की घटना का जिक्र किया। झुनझुनवाला ने शीतला सिंह को बताया कि आरएसएस के झंडेवालान स्थित मुख्यालय केशव सदन में एक बैठक में बाला साहब देवरस ने अशोक सिंघल को डांट लगाई।

किताब में उनके हवाले से लिखा है- बाला साहेब ने अशोक सिंघल को तलब कर पूछा कि तुम इतने पुराने स्वयंसेवक हो, तुमने इस योजना का समर्थन कैसे कर दिया? सिंघल ने कहा कि हमारा आंदोलन तो राम मंदिर के लिए ही था, यदि वह स्वीकार होता है तो स्वागत करना ही चाहिए। इस पर देवरस बिफर गए और कहा कि तुम्हारी अक्ल घास चरने चली गई है। इस देश में 800 राम मंदिर विद्यमान हैं, एक और बन जाए तो 801वां होगा। लेकिन अगर यह आंदोलन जनता के बीच लोकप्रिय हो रहा था। उसका समर्थन हो रहा था, जिसके बल पर हम राजनीति के रूप से दिल्ली में सरकार बनाने की स्थिति तक पहुंचते। तुमने इसका स्वागत करके वास्तव में आंदोलन की पीठ में छुरा घोंपा है।

- **1987:** फैजाबाद जिला अदालत से पूरा मामला इलाहाबाद हाईकोर्ट को ट्रांसफर कर दिया गया।

- **1989:** अशोक सिंघल इतने ज्यादा आक्रामक हो गए कि काफी उनके भड़काऊँ भाषण होते थे। उनके भाषण में हिंदू राष्ट्र और हिंदू हित की बातें शामिल होती थी। सिंघल के नारे "जो हिंदू हित की बात करेगा वो देश पर राज करेगा" और "ये तो अभी झांकी है मथुरा काशी बाकि है'' ने बड़े वर्ग को प्रभावित किया। संतों को बड़े स्तर पर राजनीति से जोड़ा और बताया कि उन्हें राजनीति में दखल देना चाहिए।

  अशोक सिंघल ने जो राम मंदिर के पक्ष में माहौल तैयार किया, उनको हाईजैक करने के लिए बीजेपी के तत्कालीन अध्यक्ष लालकृष्ण आडवाणी ने राम मंदिर का समर्थन किया। हिमाचल प्रदेश के पालमपुर अधिवेशन में राम मंदिर के निर्माण का प्रस्ताव पारित हुआ। उसके बाद यह मुद्दा बीजेपी के घोषणापत्र का अहम बिन्दु बन गया। वीएचपी नेता देवकीनंदन अग्रवाल ने रामलला की तरफ से मुकदमा दायर किया। मस्जिद से थोड़ी दूर पर राम मंदिर का शिलान्यास कर दिया।

  इलाहाबाद हाईकोर्ट ने 1989 में विवादित स्थल पर यथास्थिति बरकरार रखने को कहा।

- **1990:** 25 सितंबर 1990 में लालकृष्ण आडवाणी ने गुजरात के सोमनाथ से उत्तर प्रदेश के अयोध्या के लिए रथयात्रा निकाला। हजारों कारसेवक अयोध्या में जमा हुए। देश के कई हिस्सों जैसे गुजरात,कर्नाटक,उत्तर प्रदेश और आंध्रप्रदेश में दंगे भड़क गए। 23 अक्टूबर को बिहार में लालू यादव ने आडवाणी की रथ रुकवाकर गिरफ्तार करवा लिया। मंदिर निर्माण के लिए देशभर से लाखों ईंट भेजी गई।

  30 अक्टूबर 1990 को अयोध्या में श्रीराम जन्मभूमि के लिए पहली बार कारसेवा हुई थी। कारसेवकों ने बाबरी ढांचे पर चढ़कर झंडा फहराया। तत्कालीन मुलायम सिंह यादव की सरकार ने कारसेवकों पर गोली चलवाई।

- **1991:** उत्तर प्रदेश में चुनाव हुए, मुलायम सिंह यादव की सरकार चली गई और बीजेपी की सरकार बन गई।

- **1992:** 30-31 अक्टूबर 1992 को धर्मसंसद में कारसेवा की घोषणा की गई। नवंबर में यूपी के तत्कालीन सीएम कल्याण सिंह ने अदालत में हलफ़नामा देकर बाबरी ढांचे के हिफाजत की बात

कही। 6 दिसम्बर को हजारों की संख्या में कारसेवकों ने अयोध्या पहुंचकर बाबरी ढांचे को ढहा दिया। इसके बाद पूरे देश में दंगे होने लगे, जिसका परिणाम रहा कि लगभग 2000 लोग मारे गए। बाबरी विध्वंस के बाद 16 दिसम्बर 1992 को इसकी जांच के लिए लिब्राहन आयोग का गठन हुआ।

- **1994:** इलाहाबाद हाईकोर्ट की लखनऊ खंडपीठ में बाबरी विध्वंस को लेकर केस चलना शुरू हुआ।

- **1997:** बाबरी विध्वंस को लेकर सुनवाई कर रही विशेष अदालत ने इस मामले में 49 लोगों को दोषी करार दिया। इनमें बीजेपी के कई प्रमुख नेताओं के नाम थे।

- **2001:** बाबरी मंदिर के बरसी पर तनाव तब बढ़ गया जब विश्व हिंदू परिषद ने कहा कि मार्च 2002 को अयोध्या में राम मंदिर का निर्माण कराया जाएगा।

- **2002:** अयोध्या विवाद सुलझाने के लिए प्रधानमंत्री अटल बिहारी वाजपेयी ने अयोध्या समिति का गठन किया। भाजपा ने उत्तरप्रदेश विधानसभा चुनाव के लिए अपने घोषणापत्र में राम मंदिर निर्माण के मुद्दे को शामिल करने से इनकार कर दिया।

13 मार्च 2002 को सुप्रीम कोर्ट ने अपने फ़ैसले में कहा कि अयोध्या में यथास्थिति बरकरार रखी जाएगी। किसी को भी सरकार द्वारा अधिग्रहित जमीन पर शीलापूजन की अनुमति नहीं होगी। वाजपेयी सरकार ने कहा कि अदालत के फैसले का पालन किया जाएगा।

15 मार्च 2002 को विश्व हिंदू परिषद और केंद्र सरकार के बीच इस बात पर समझौता हुआ कि विहिप के नेता सरकार को मंदिर परिसर से बाहर शिलाएं सौंपेंगे। रामजन्मभूमि न्यास के महंत परमहंस रामचंद्र दास और विहिप के कार्यकारी अध्यक्ष अशोक सिंघल के नेतृत्व में लगभग 800 कार्यकर्ताओं ने सरकारी अधिकारी को अखाड़े में शिलाएं सौंपी।

इलाहाबाद हाईकोर्ट ने अप्रैल 2002 में मालिकाना हक को लेकर सुनवाई शुरू की। कोर्ट के निर्देश पर भारतीय पुरातत्व सर्वेक्षण ने अयोध्या में खुदाई की। पुरातत्वविदों ने कहा कि मस्जिद के नीचे मंदिर से मिलते-जुलते अवशेष के प्रमाण मिले है। वाजपेयी सरकार ने सुप्रीम कोर्ट से विवादित स्थल पर पूजापाठ की अनुमति देने का अनुरोध किया, जिसे कोर्ट ने ठुकरा दिया।

- **2003:** कांची पीठ के शंकराचार्य जयेन्द्र सरस्वती ने मामला सुलझाने के लिए मध्यस्थता की लेकिन सफल नहीं हुए। उप प्रधानमंत्री लाल कृष्ण आडवाणी ने विहिप के इस अनुरोध को ठुकराया कि राम मंदिर बनाने के लिए विधेयक लाया जाए।

- **2004:** जो आडवाणी बाबरी विध्वंस को देश के ऊपर कलंक, अपने जीवन का दुखी दिनों में से एक मानते हैं और अध्यादेश लाने से मना करते हैं। वही अयोध्या के अस्थाई मंदिर में पहुँच पूजा कर बोलते हैं कि राम मंदिर का निर्माण जरूर किया जाएगा।

- **2006:** तत्कालीन कांग्रेस सरकार ने अयोध्या में विवादित स्थल पर बने अस्थाई राम मंदिर की सुरक्षा के लिए बुलेटप्रूफ कांच का घेरा बनाए जाने का प्रस्ताव दिया। इस प्रस्ताव का मुस्लिम पक्ष ने विरोध किया और कहा कि यह अदालत के उस आदेश के खिलाफ है जिसमें यथास्थिति बनाए रखने के निर्देश दिए गए थे।

- **2010:** 30 सितंबर को इलाहाबाद हाईकोर्ट ने 2:1 से फैसला दिया और विवादित स्थल को सुन्नी वक्फ बोर्ड, निर्मोही अखाड़ा और रामलला के बीच तीन हिस्सों में बराबर बांट दिया।

राम मंदिर बनने का श्रेय हिंदुओं को जाता है, जिन्होंने लगभग 500 साल तक संघर्ष किया। ये लड़ाई तब से हिंदू लड़ रहे थे जब बीजेपी/आरएसएस का जन्म भी नहीं हुआ था।

बीजेपी ने सिर्फ इसका चुनावी फायदा लिया। अगर राम मंदिर के श्रेय की बात करें तो राजीव गांधी और पीवी नरसिम्हाराव ने प्रयास किये थे।

बीजेपी सांसद शहनवाज़ हुसैन ने संसद में 14 दिसम्बर 2000 को बोला, "बाबरी मस्जिद में नमाज़ हो रही थी तब मूर्ति रखी गई। जवाहर लाल नेहरू तब प्रधानमंत्री थे, पहली कारसेवा 22-23 दिसम्बर 1949 को हुई। बाबरी मस्जिद को राम मंदिर बनाने का आपने (कांग्रेस) ने काम किया था, इससे आप इनकार नहीं कर सकते। मूर्ति को मस्जिद से हटाने से रोका गया।"

तत्कालीन प्रधानमंत्री राजीव गांधी ने 1989 में राम मंदिर के शिलान्यास की अनुमति दी थी। नारायण दत्त तिवारी उस समय सूबे के मुखिया थे। राम मंदिर की आधारशिला रखे जाने के बाद उन्होंने अयोध्या से ही अपने चुनाव अभियान की शुरुआत की और देश में रामराज्य लाने का वादा किया।

अटल विहारी वाजपेयी ने भी कुछ खनापूर्ति जरूर की चाहे कमेटी बनाना हो या सुप्रीम कोर्ट में गुहार लगाना हो।

अगर बात करे नरेंद्र मोदी की करें तो ये मीडिया के राम मंदिर से जुड़े सवाल पर भी बीजेपी घोषणापत्र का हवाला दे बचते रहे। ये खुलकर नहीं बोल पाए कि राम मंदिर बनना चाहिए।

नरेंद्र मोदी कभी अयोध्या नहीं गए, एक चुनावी कार्यक्रम भी तय हुआ था लेकिन रद्द हो गया।

अंबेडकर नगर और फैजाबाद चुनाव प्रचार के लिए भी जाकर वहां नहीं गए। चुनावी मंच से भी राम मंदिर को लेकर बीजेपी की भूमिका पर चुप्पी साध ली।

भूमि पूजन पर पहुंचे तो अयोध्या न जाने को इनके समर्थकों ने बोलना शुरू कर

दिया कि मोदी किसी काम को पूरा कराके जाते हैं। 14 जनवरी 1992 को अयोध्या गए और राम जन्मभूमि पहुंचकर दर्शन-पूजन किया था तभी प्रतिज्ञा ली कि राम मंदिर का निर्माण शुरू होने पर ही जाऊंगा। खास बात ये रही कि किसी शंकराचार्य और यहां तक कि लालकृष्ण आडवाणी तक को नहीं बुलाया गया। बेशक आडवाणी ने जो बाबरी विध्वंस को लेकर खेद जताई और अध्यादेश लाने से मना किया लेकिन ये तो सच है कि राम मंदिर के लिए माहौल तो बनाया।

राम मंदिर निर्माण का रास्ता सुप्रीम कोर्ट के माध्यम से साफ हुआ, जहां केस हिंदू लड़ रहे थे लेकिन कोर्ट ने वो जमीन सरकार को सौंप दिया कि वो ट्रस्ट बनाए। उत्तरप्रदेश के मुख्यमंत्री योगी आदित्यनाथ, गुजरात के मुख्यमंत्री भूपेन्द्र पटेल समेत सभी बीजेपी के नेता यहां तक कि केंद्रीय गृह मंत्री अमित शाह ने भी राम मंदिर निर्माण का श्रेय नरेंद्र मोदी को दिया।

गायक कन्हैया लाल मित्तल का गाना "जो राम को लाए हैं हम उनको लाएंगे" जो काफी प्रसिद्ध हुआ और बीजेपी के चुनावी कार्यक्रमों में बजाए जाने लगे।

ये सब देख मैंने सोचा कि आखिरकार इन्होंने तो कुछ किया नहीं फिर भगवान राम में अपनी आस्था बताने वाले आखिर उनके नाम पर झूठ क्यों बोल रहे? ये सवाल मुझे परेशान कर रहे थे। राम मंदिर को लेकर चल रही कानूनी प्रक्रिया को लेकर जब अध्ययन किया तो पाया कि नरेंद्र मोदी तो इस मामले को लटकाना चाहते थे।

नरेंद्र मोदी सरकार की भूमिका को लेकर पाया, "मोदी और आरएसएस के करीबी गुरुमूर्ति ने पीवी नरसिंघाराव सरकार के द्वारा राम मंदिर के लिए राष्ट्रीयकरण की गई 67 एकड़ जमीन जिसके ऊपर सरकार का स्वामित्व था। गुरुमूर्ति ने मसौदा तैयार किया कि उसे निजी पार्टियों को सौंप दिया जाए। मोदी सरकार ने 29 जनवरी 2019 को सुप्रीम कोर्ट में याचिका लगाई, जिसे कोर्ट ने खारिज कर दिया।"

अगर ये याचिका स्वीकार हो जाती तो ये मामला और भी लंबा खींचता। जब ये प्राइवेट पार्टी के पास जाती फिर उनसे लेने में भी कठिनाई का सामना करना पड़ता।

यहाँ तक कि 2017 में कोर्ट के बाहर समाधान के लिए हिंदू महासभा और बाबरी के वादी इकबाल अंसारी के बीच सहमति बनी थी, जिसके लिए सरकार को पत्र लिखा गया लेकिन पीएमओ की तरफ से कोई जबाव नहीं आया।

नरेंद्र मोदी के समर्थक बताते हैं कि वो चुप रहकर काम करते हैं, जो लोगों को नहीं दिखता। अगर कोई काम होता तो जरूर दिखता। उन्होंने सुप्रीम कोर्ट में याचिका लगा काम किया जो सभी को दिख रहा है।

अब पाठक तय कर सकते हैं कि नरेंद्र मोदी की राम मंदिर निर्माण में क्या भूमिका है?

अगर आरएसएस के योगदान की बात करें तो लिब्राहन आयोग के रिपोर्ट के मुताबिक, "तत्कालीन आरएसएस प्रमुख के एस सुदर्शन ने कहा कि स्वयंसेवकों को विवादित ढांचे को सुरक्षा देने और भीड़ को नियंत्रित एवं व्यवस्थित करने के लिए लगाया गया।"

राम मंदिर के लिए 2.77 एकड़ का फैसला सुप्रीम कोर्ट का था। अगर मान लें कि वो मोदी का फैसला था तो मस्जिद के लिए 5 एकड़ देने का फैसला फिर किसका फैसला था। ये पहली बार ऐसा हुआ कि किसी जमीन के विवाद में हारे हुए पक्ष को जमीन दी गई और वो भी लगभग दोगुना लेकिन बीजेपी के लोग इसका श्रेय हिंदुओं के बीच तो नहीं लेते। राम मंदिर प्राण प्रतिष्ठा के बाद मुस्लिम के लिए 'मोदी भाईजान कार्यक्रम' चला। मीडिया में खबर आई कि ये लोग मुस्लिम समाज से बोल रहे कि राम मंदिर बनवाने में बीजेपी की कोई भूमिका नहीं है। ये अदालत का फैसला था, इसलिए मानना पड़ा।

अगर सुप्रीम कोर्ट का राम मंदिर पर फैसला मोदी का फैसला है तो बाकि जो फैसले आते है, उसका श्रेय क्यों नहीं लेते?

अब सवाल हुआ कि इतने दिन से राम मंदिर पर फैसला क्यों नहीं आया तो इससे पहले 30 सितंबर 2010 को इलाहाबाद हाईकोर्ट ने फैसला दिया था। कोर्ट के फैसले के अनुसार तीन गुंबद वाले ढांचे

के केंद्रीय गुंबद के नीचे वाला स्थान हिंदुओं को मिला। यहीं रामलला की मूर्ति है। निर्मोही अखाड़े को राम चबूतरा और सीता रसोई सहित उसका हिस्सा मिला। जिस स्थान पर मुसलमान नमाज पढ़ते थे, इसलिए उन्हें जमीन का तीसरा हिस्सा दिया गया। इलाहाबाद हाईकोर्ट के फैसले को लेकर तो किसी राजनीतिक दल को श्रेय नहीं मिला।

लगभग 500 साल के इंतजार के बाद जिसको देखने के लिए हिंदुओं की कई पीढ़ियां खप गई। राम मंदिर के लिए संघर्ष के लिए लाखों हिंदू बलिदान हुए। केंद्र सरकार ने श्री राम जन्मभूमि तीर्थ क्षेत्र ट्रस्ट बनाया। विहिप नेता चंपत राय को इस ट्रस्ट का महासचिव बनाया गया जो पूरी तरह कर्ताधर्ता बन गए। हिंदू जिनके विरुद्ध लड़ाई लड़ा ज्यादातर काम उनको सौंप दिया गया। जब मेरे जैसे लोगों ने सवाल उठाया कि जो मौका मिलते ही जिस समाज के कुछ लोग मंदिरों को तोड़ देते हैं, दूषित करते हैं, जो हिंदुओ को खत्म करना चाहते हैं, जो थूक और पेशाब का इस्तेमाल खाने के समान में तक कर देते हैं। जो गाय को मारकर खाना अपना भोजन मानते हैं उनको मंदिर निर्माण का कार्य क्यों? तो इनके समर्थकों की तरफ से जबाव मिला कि हिंदू कारीगर नहीं है। अब सवाल है कि जो मूर्ति पूजा करते हैं उनमें कारीगर नहीं और जो मूर्ति तोड़ते हैं उनमें कारीगर है? जो भी प्राचीन मंदिर है उसको निर्माण किसने किया क्योंकि 1400 पहले तो इस्लाम नहीं था। क्या सारे कारीगरों ने धर्म परिवर्तन कर लिया? इनके दावे का पोल भी आगे जाकर खुल गया।

राम मंदिर निर्माण में मोदी की भूमिका जो थी कि उन्होंने 1 रुपया चंदा दिया था।

राम मंदिर का निर्माण हिंदुओं के आस्था के साथ-साथ उनके रोजगार से भी जुड़ा हुआ था। अगर सिर्फ हिंदुओं से काम लिया गया होता तो वो पूरे जीवन खुद को सौभाग्यशाली मानते कि उन्होंने भगवान राम जी के मंदिर में योगदान दिया है। आज कई हिंदू जो धर्म से कटते जा रहे हैं, उन्हें बरगलाया जाता है कि भगवान से आपको क्या मिला है? हिंदुओं को एक बनाकर मंदिर ही रखे हुए थे। मंदिर के चढ़ावे के पैसे से गुरुकुल, स्वास्थ्य केंद्र और लंगर चलते थे। जिसका परिणाम था कि हिंदू अपने धर्म से जुड़ा रहा और अब तक बचा हुआ है। मुग़लों ने मंदिरों को लूटना शुरू किया तो वही अंग्रेजों ने अपने अधीन ले तंत्र बना लूटना शुरू किया। आज़ादी के बाद कांग्रेस ने जारी रखा और अब मोदी सरकार ने सभी को पीछे छोड़ दिया। आज मंदिरों को सरकार अधीन होना ही है और इस प्रकार पूरे सनातनी व्यवस्था को समाप्त कर दिया। जिसका परिणाम है कि हिंदू आज़ादी के बाद जितना बंट गया उतना पिछले हजार साल में बंटना तो दूर बंटने की सोचा भी नहीं।

अगर बात राम मंदिर निर्माण में मुस्लिम व्यापारियों और कारीगरों की करें तो मकराना के संगमरमर की आपूर्ति करने वाली कंपनी सेठ भाउद्दीन मार्बल प्राइवेट लिमिटेड जिसके मालिक मोहम्मद रमजान हैं। रमजान ने बताया कि अधिकांश मार्बल यहीं से आयोध्या जा रही है। कंपनी के मुख्य शिल्पकार अब्दुल गनी अस्ताजी ने बताया कि हमारे यहां डेढ़-दो साल से सफेद संगमरमर अयोध्या जा रहा है। वहीं, मार्बल का खनन करने वाली कंपनी 'मातावर माइंस' के हाजी अब्दुल कय्यूम ने बताया कि राम मंदिर के निर्माण कार्य से हजारों परिवारों को रोजी रोटी मिली है। मंदिर के लिए ज्यादार संगमरमर मुस्लिम व्यवसासियों से खरीदा गया। नक्काशी करने वाले कारीगर भी अधिकांश मुस्लिम समुदाय के थे।

राम मंदिर में 14 दरवाजे हैं, जिनके चौखटों की नक्काशी भी मुस्लिम कारीगरों ने की। राम मंदिर के गर्भगृह का निर्माण मकराना के पत्थरों से किया गया, जिसका ठेका आर्किटेक्ट जियाऊल उस्मानी कंपनी को दिया गया और कारीगरी रमजान ने किया। 2100 किलो के घंटे के घिसाई का काम इकबाल और शमसुद्दीन ने किया।

राजस्थान में उदयपुर के मुस्लिम सुक्ष्म कलाकार इकबाल सक्का ने अयोध्या में बनने वाले राम मंदिर निर्माण के लिए सोने की ईंट और भगवान राम की दो खड़ाऊ तैयार की। इसके साथ ही मंदिर में बजने वाला घंटा भी उन्होंने सोने से तैयार किया।

विश्व हिंदू परिषद के प्रांतीय मीडिया प्रभारी शरद शर्मा ने कहा कि चौखट बाजू 2000 वर्ष तक सुरक्षित रहेगा, जिसे तैयार कर अयोध्या के कार्यशाला में रखा गया है। उन्होंने बताया कि चौखट बाजू मुस्लिम कारीगरों ने खूबसूरत नक्काशी करके तैयार किया है। वहीं, श्री राम जन्मभूमि तीर्थ क्षेत्र ट्रस्ट के कार्यालय प्रभारी प्रकाश गुप्ता ने बताया कि कारीगर, कारीगर होता है वह हिंदू हो या फिर मुसलमान हो, इससे कोई फर्क नहीं पड़ता। राजस्थान के सबसे अच्छे कारीगर राम मंदिर में लगने वाले पत्थरों की नक्काशी कर रहे हैं।

आगरा के फतेहपुर सीकरी के दूरा और खेरागढ़ के नगला कमाल में राम मंदिर के पत्थरों पर नक्काशी का काम मुस्लिम कारीगर कर रहे थे। राम मंदिर में लगने वाले पत्थरों में कमल की नक्काशी उकेरी जा रही है। जिसमें छत, पिलर सेट, खरसल कुंभी, कोटासरा, बीम, सिल कढ़ाऊ, दासा, ठेकी आदि गढ़े गए।

कार्यशाला में लगे रहे हमीद खां का कहना है कि उन्हें धर्म और जात से कोई लेना देना नहीं है। ये काम तो राजनैतिक लोग करते हैं। गांव के रहने वाले लोग हैं। हमारी सुबह तो राम-राम से होती है। भगवान राम के नाम से उन्हें रोजी रोटी मिल रही है।

नसरु खां ने कहा कि वे तो मंदिर और मस्जिद दोनों के लिए मिलकर पत्थर बनाते हैं। यहीं पर मस्जिद के लिए पत्थर तराशते हैं। अब राम के मंदिर के लिए भी तराश रहे हैं। इनके साथ-साथ रफीक, सद्दाम रहनूं खां समेत कई मुस्लिम कारीगर काम कर रहे थे। इनके साथ महिलाएं भी पत्थरों में रंग भरने का काम कर रही थी।

पश्चिम बंगाल के उत्तर 24 परगना जिले के मुस्लिम मूर्तिकार मोहम्मद जमालुद्दीन और उनके बेटे बिट्टू को फाइबर की भगवान राम की मूर्ति बनाने का ऑर्डर दिया गया। जो अयोध्या के चौक चौराहों से लेकर अन्य प्रतिष्ठानों में मूर्तियां लगाई जानी है।

अयोध्या में बन रहे एयरपोर्ट पर पेड़ पौधे लगाने का ठेका मोहम्मद अशरफ को दिया गया।

भगवान राम के मंदिर के लिए खड़ाऊं, कंठी-माला, फूल माला, भगवान की पोशाक से लेकर मुकुट बनाने तक में जहां मुस्लिम परिवारों की भूमिका बड़ी भूमिका है।

झारखंड के मुस्लिम दर्जी 55 वर्षीय गुलाम जिलानी ने अयोध्या में राम मंदिर के लिए 40 फुट लंबा और 42 फुट चौड़ा 'हनुमान ध्वज' तैयार किया।

बरेली की मेरा हक फाउंडेशन से जुड़ी ट्रिपल तलाक पीड़ित महिलाओं ने प्राण प्रतिष्ठा के लिए रामलला का पोशाक सीलकर तैयार की।

गिनीज बुक ऑफ वर्ल्ड रिकार्ड में दर्ज अयोध्या की सरयू घाट का दिवाली के मौके पर दीपोत्सव के लिए स्थानीय कुम्हारों से दीया खरीदा जाता था लेकिन 2023 दिवाली के मौके पर 24 लाख दीपक बिलाल अंसारी की मिट्टी के बर्तनों के कारखाने से मंगाए गए। गुलाम सरवर ने दीपोत्सव में इस्तेमाल होने वाले 1 एक लाख 5000 लीटर सरसों के तेल और सूखे फूलों सहित 24 लाख से अधिक दीप की आपूर्ति की।

22 जनवरी 2024 को राम मंदिर प्राण प्रतिष्ठा के लिए श्रीराम लला मंदिर, महायज्ञ पंडाल के साथ-साथ देश के विख्यात संत, राजनीति व फिल्मी दुनिया की हस्तियों के लिए मंच सजाने का काम किया। इन्होंने विदेशी फूल और रंग-बिरंगी लाइटों से अयोध्या नगरी को जगमग कर दिया। बॉलीवुड कलाकारों के कार्यक्रमों के लिए मंच, वीआईपी गेस्ट हाउस के रूप में 150 लग्जरी टेंट, चार हजार लोगों के लिए डोरमेटरी तैयार की गई। इतना ही नहीं जुबैर की हितकारी प्रोडक्शन एंड क्रिएशंस कंपनी ने ही आठ से दस हजार राम भक्तों के लिए खाने की व्यवस्था भी की। जुबैर ने कहा, "अयोध्या में उनके द्वारा की गई डेकोरेशन पर लगभग 40 से 45 लाख बजट खर्च हुआ है।"

अयोध्या में राम मंदिर से जुड़े कार्य में 90 फीसदी से ज्यादा काम मुस्लिम समाज को दिया गया।

जब मीडिया में भगवान राम के मूर्ति मुस्लिम कारीगर से बनाए जाने का मामला सामने आया तो चंपत राय ने कहा, "रामलला की मुख्य प्रतिमा का निर्माण पत्थर से हो रहा है, जिसे गणेश भट्ट, अरुण योगीराज और सत्यनारायण पाण्डेय कर रहे हैं।"

चंपत राय के बयान के बाद जो सवाल उठा रहे थे उनको निशाना बनाया गया लेकिन उन्होंने सिर्फ मुख्य मूर्ति की बात कही।

अब जो उनका दावा था कि हिंदू कारीगर नहीं मिलते उसका भी पोल खुल गया। बाहर लगाए जाने वाली मूर्तियों का सवाल है तो बंगाल के ही प्रसिद्ध मूर्तिकार राष्ट्रपति पुरस्कार विजेता सुबीर पाल से यह काम क्यों नहीं कराया गया।

पाल जो जीवंत दिखने वाली मूर्ति बनाने के लिए जाने जाते हैं। मकराना से जो संगमरमर खरीदा गया वो हिंदुओं से भी खरीदा जा सकता था। जिनके वहां बड़े-बड़े खदान और कंपनी है लेकिन इन्हें यहां भी संतुष्टिकरण करना था।

चंपत राय से जब दोबारा मुस्लिम कारीगरों को काम देने के को लेकर सवाल हुआ तो उन्होंने गुस्से में कहा जो काबिल होगा उसको काम दिया जाएगा। अगर हिंदू कारीगर भी रखे होते तो उन्हें सात्विकता का पालन करना पड़ता।

जिन मुसलमानों को राम मंदिर का काम दिया गया उसको लेकर विहिप ने दावा किया कि वो भगवान राम को अपना पूर्वज मानते हैं। अब सवाल है कि जो विहिप के लोगों को भगवान राम को अपना पूर्वज बताते हैं वो कभी राम जी के शोभायात्रा पर होने वाले पथराव के खिलाफ कुछ नहीं बोलते। जो सबको पता है कि पत्थर कौन चलाते हैं। राम मंदिर के लिए चंदा इकट्ठा कर रहे लोगों के ऊपर देश भर के कई हिस्सों से पथराव हुए। मौलानाओं का तर्क था कि ये चंदा इकट्ठा करने मुस्लिम इलाकों में क्यों आ रहे हैं। यानि कि उनका मानना था कि उस इलाके में हिंदू हैं उनसे भी चंदा लेने कोई नहीं जा सकता। राम मंदिर के प्राण प्रतिष्ठा से पहले बीजेपी/आरएसएस के लोगों ने अक्षत कार्यक्रम शुरू किया। घर घर जाकर लोगों को अक्षत बांट रहे थे। लोगों को एहसास करा रहे थे कि वो भी प्राण प्रतिष्ठा में दूर से शामिल हो रहे हैं। मेरे पास भी आए लेकिन जब उन्होंने मेरा मोबाइल नंबर मांगा तो मैंने मना कर दिया। ये पूरी तरह से राममय बनाकर वोट लेने की कवायद मात्र थी। बहरहाल अक्षत यात्रा पर देशभर के कई हिस्सों से पथराव की खबर आई। यहां तक कि राम मंदिर प्राण प्रतिष्ठा के दिन भी देशभर में कई हिस्सों में पथराव हुए।

अब जिन्हें भगवान राम से इतनी समस्या और उनको ही काम देना। क्या जिन्हें काम दिया गया उन्होंने कोई एफिडेविट दिया था कि कोई गलत काम नक्काशी के दौरान नहीं करेंगे या भगवान राम को मानते हैं।

मैंने मीडिया में कई के बयान सुने जो उन्होंने बताया कि भाईचारे का संदेश जा रहा है और उनके के लिए गर्व की बात है। अब जिन्हें इतना पैसा और रोजगार मिला, फिर इतना बोलने से क्या चला जाता है।

जो पैसा उन्होंने भगवान राम के निर्माण से कमाया उसे जकात में तो देंगे ही जिसका इस्तेमाल इस्लाम के प्रचार-प्रसार के लिए किया जाता है। भारत की बात करें तो उसका इस्तेमाल हिंदुओं के विरुद्ध किया जाता है। लव जेहाद हो या कोई हिंदुओं से फसाद जिसके खाने के ठीकाने नहीं उनके लिए बड़े-बड़े वकीलों की फौज उसी पैसे से खड़ा किया जाता है।

सबसे बड़ी बात रही कि राम मंदिर से जुड़े कई कार्यक्रम में देशभर में पथराव हुए लेकिन उन्हें राम मंदिर के कार्य से जोड़ा गया। कई तो खुद के पूर्वज हिंदू बताए लेकिन कोई एक उसमें से सामने नहीं आया, जो उस समाज के लोगों की हिंसक गतिविधि पर बोल सके।

ये लोग मुस्लिम कारीगरों से काम करा कई तरह के बनावटी बातें कर रहे थे, तो वहीं दूसरी तरफ कुछ हिंदू 1000 चांदी के गुलाब के फूल लेकर दान करने पहुंचे तो चंपत राय ने कहा कि मैं इसका क्या करूं? तो उन्होंने कहा कि ये श्रद्धा है तो राय ने कहा कि काहे की श्रद्धा? मैं श्रद्धा का क्या करूं?

राय ने आगे कहा कि चांदी के फूल 1000 तो मैं क्या बेंचू?

हिंदुओं ने कहा कि हमलोग इसे श्रद्धा से लेकर आए हैं कहीं न कहीं स्थान मिलेगा और हमलोग अयोध्या धाम में आकर धन्य हो गए तो राय का जबाव था कि क्या मिलेगा?

आगे बातचीत में राय ने कहा, "अयोध्या में गर्दन काटकर पैसा ले लेते हैं। हमने अपने (राम मंदिर) दरवाजे में सोना मढ़वाया है। अब मढ़वा तो दिया, लेकिन सुरक्षा कौन करेगा। एक दरवाजे की कीमत 60 करोड़ रुपये हो गई। पुजारी की गर्दन काटेंगे और रात में ले जाएंगे। ये तो अयोध्या है। अयोध्या तो अयोध्या है। जिसकी जान जाती है, वो चली जाएगी, मैं तो वहां कभी जाऊंगा नहीं।"

राम मंदिर में जो गर्भ गृह का निर्माण हुआ जिसे देखकर लगा कि कोई मकबरा बना हो।

ताजमहल का मध्य हिस्सा   राम मंदिर गर्भ गृह

दोनों तस्वीरों में समानता देखा जा सकता है। किसी भी मंदिर के गर्भ गृह में शंख, गदा, स्वास्तिक, ॐ, कलश आदि के निशान होते हैं लेकिन राम मंदिर गर्भ गृह में फूल पत्ते के निशान बनाए गए जैसे किसी मुस्लिम का धार्मिक स्थल हो।

राम मंदिर में जिस मां सरस्वती को बनाया गया जो पूरी तरह से भद्दा मज़ाक किया गया। पूरी तरह से उनका स्वरूप बदल दिया गया।

पूजित मां सरस्वती

राम मंदिर में बनी सरस्वती

जिस मां सरस्वती की सवारी हंस है उन्हें बाज पर बीठा दिया गया। बैठने का तरीका बदला गया। जो तस्वीर में देखा जा सकता है कि कोई उस परिस्थिति में कब बैठता है।

कोई भी बनाए लेकिन ये तो ट्रस्ट की जिम्मेवारी थी, जो देखे कि किस तरह से निर्माण हुआ है। ये भी हो सकता है कि ट्रस्ट से ऐसा बनवाया हो, जो कि सरकार ने बनाया था और उसमें ज्यादातर संघ से जुड़े कई लोग थे। ये पूरी तरफ से हिंदुओं की धार्मिक आस्था पर चोट किया गया।

राम मंदिर ट्रस्ट ने सिर्फ मूर्तियां या निर्माण कार्य को प्रभावित नहीं किया बल्कि पुजारी भी बनाने लगे। श्रीराम जन्मभूमि तीर्थ क्षेत्र ट्रस्ट ने राम मंदिर का पुजारी बनने के लिए इच्छुक व्यक्तियों से आवेदन मांगे। 31 अक्टूबर 2023 तक ऑनलाइन आवेदन करने का समय दिया गया। अभ्यर्थियों के आवेदन के लिए ट्रस्ट ने कई शर्तें तय की। इसके अनुसार आवेदक की आयु 20 से 30 वर्ष तक होनी चाहिए। वह पारंपरिक गुरुकुल से शिक्षित-दीक्षित हो। वह रामानंद संप्रदाय उपासना परंपरा का हो। आवेदक यदि अयोध्या परिक्षेत्र का होगा, तो उसे प्राथमिकता मिलेगी। विश्व हिंदू परिषद के प्रांतीय प्रवक्ता शरद शर्मा के अनुसार प्रशिक्षण काल में भोजन-आवास की व्यवस्था होगी। 2000 रुपये महीने भी दिए जाएंगे। तदुपरांत ट्रस्ट द्वारा 'प्रशिक्षित अर्चक प्रमाण-पत्र' दिया जाएगा। यह प्रशिक्षण रामलला की सेवा का अनुबंध नहीं होगा।

पुजारी हमेशा अपनी परंपरा से बनने हैं लेकिन अब उसके लिए भी आवेदन और विश्व हिंदू परिषद उन्हें ट्रैनिंग देगा या दिलवाएगा। इन्होंने इस तरह से भर्ती निकाली जैसे किसी धार्मिक मॉल का सेल्समैन नियुक्त कर रहे हों। ये सब उनके (आरएसएस) जिम्मे जो भगवान को मानने के बजाय भारत माता को मानते हैं और झंडा को गुरु मानते हैं।

500 वर्षों से अधिक समय से चली आ रही रामानंदी परंपरा से रामलला की पूजा होती आ रही थी। जो कि उसे बदलते हुए मिली-जुली परंपरा कर दिया गया। जिसका निर्मोही अखाड़ा ने विरोध किया। निर्मोही अखाड़े के महंत दिनेन्द्र दास ने कहा कि रामानंदी परंपरा में तिलक और मंदिर में बनाए जाने वाले चिन्ह बिल्कुल अलग होते हैं। निर्मोही अखाड़ा चाहता था कि सदियों से पूजा की जो परंपरा चलती आ रही है, वही आगे जारी रहे लेकिन ट्रस्ट ने उनकी बात नहीं मानी। ये बातें निर्मोही अखाड़ा ने 12 जनवरी 2024 को कही लेकिन 13 जनवरी 2024 को इसका खंडन कर दिया।

अब सवाल उठता है कि आखिर किसके दबाव में निर्मोही अखाड़ा मुकर गया?

राम मंदिर प्राण प्रतिष्ठा को लेकर भी कई गंभीर सवाल उठे। मोदी को जब न्योता दिया गया तब बताया गया कि वो मुख्य यजमान होंगे। चार शंकराचार्यों में से पूरी मठ के शंकराचार्य और ज्योतिर मठ के शंकराचार्य ने खुलकर विरोध किया। पूरी के शंकराचार्य जी को न्योता गया कि वो किसी एक आदमी को साथ में लेकर आ सकते हैं। शंकराचार्य जी ने मात्र इतना बोल दिया कि मोदी जी प्राण प्रतिष्ठा करेंगे और मैं वहां बैठकर ताली बजाऊंगा। ये सुनते ही बीजेपी समर्थकों ने शंकराचार्य जी के लिए अभद्रता और गाली गलौज शुरू कर दी। बीजेपी समर्थकों ने बताना शुरू कर दिया कि मोदी पिछड़े समाज से

आते हैं, इसीलिए वो विरोध कर रहे हैं। वो हिंदुओं को बांटने का काम कर रहे हैं और उनका हिंदू धर्म और राम मंदिर के लिए क्या योगदान है?

पीवी नरसिम्हाराव के समय सहमति बन गई थी कि मंदिर और मस्जिद साथ में बनेंगे लेकिन पूरी शंकराचार्य जी ही वो थे, जिनके वजह से नहीं हो पाया। शंकराचार्य जी चाहते थे कि अयोध्या में सिर्फ मंदिर बने।

शंकराचार्य जी के पद की गरिमा है लेकिन उनके पास में जो लोग जाकर नीचे बैठते थे, वो तस्वीर दिखाकर ये लोग साबित करना चाहते थे कि वो भेदभाव करते हैं।

अगर शंकराचार्य जी का कोई योगदान नहीं है तो नरेंद्र मोदी उनके पास किसलिए गए थे?

किसी भी धार्मिक कार्य को किसी धार्मिक व्यक्ति को ही करना चाहिए। राजस्थान के मुख्यमंत्री भजन लाल शर्मा के शपथग्रहण समारोह में मोदी को मंच संचालक ने गलती से मुख्यमंत्री बोल दिया तो गुस्से में घूरकर देख रहे थे। ये तो संभव नहीं है कि वो खुद की कुर्सी किसी और को दे दें तो फिर धार्मिक मामलों में उनके दखल का क्या मतलब था? शंकराचार्य का धर्म के मामले में प्रधानमंत्री से बहुत बड़ा ओहदा है। पूरी शंकराचार्य जी को बीजेपी समर्थक मंडली से अहंकारी बताया जाने लगा जबकि उन्होंने स्पष्ट तौर कहा कि ये अहंकार की बात नहीं बल्कि परंपरा की बात है।

कांग्रेस के द्वारा बनाए गए, आजम खान के मित्र और हुर्रियत अलगाववादी नेताओं के प्रिय पूरी मठ के फर्जी शंकरचार्य जिसे अब भाजपा देश विदेश भ्रमण करा रहे और बीजेपी के नेता आशीर्वाद भी ले रहे। उन्होंने पूरीमठ के जगद्गुरु शंकराचार्य निश्चलानंद सरस्वती से माफी की मांग करते हुए कहा, "उस महात्मा ने प्रधानमंत्री के खिलाफ टिप्पणी करके, वो भी राम मंदिर के शुभ कार्य के लिए, 140 करोड़ भारतीयों नागरिकों का अपमान किया है क्योंकि प्रधानमंत्री को देश की जनता ने चुना है और जनता

जनार्दन होती है। प्रधानमंत्री के लिए अभद्र भाषा का इस्तेमाल करने के लिए उस साधु को देश की जनता से माफ़ी मांगनी चाहिए।"

ज्योतिष पीठ के शंकराचार्य स्वामी अविमुक्तेश्वरानंद सरस्वती ने सबसे ज्यादा मुखर होकर विरोध किया। उन्होंने अधूरे राम मंदिर में प्राण प्रतिष्ठा नहीं होने की बात कही। कई लेफ्ट चैनल ने उनको प्लेटफॉर्म दिया जिसको लेकर बीजेपी के समर्थक उन्हें कांग्रेसी बताने लगे। जबकि तथाकथित राइट चैनल पर उनको कोई जगह नहीं मिली। सरकारी यूट्यूबर्स (बीजेपी के समर्थक) को गाली देने से और झूठ फैलाने से फुर्सत नहीं था। आजतक चैनल पर उनका साक्षात्कार आया, जिसे प्राइवेट करा दिया गया। खैर उन्होंने काशी में प्राचीन मंदिरों के विध्वंस का भी मुद्दा उठाया था और उनके गुरु ब्रह्मलीन जगद्गुरु शंकराचार्य स्वामी स्वरूपानंद स्वामी भी मोदी के नीतियों के विरोधी रहे। जिसको लेकर वो तो पहले से निशाने पर रहे थे, वे अधूरे राम मंदिर में प्राण प्रतिष्ठा को शास्त्र के विरुद्ध बता, फिर से निशाने पर आ गए।

शंकराचार्य अविमुक्तेश्वरानंद ने प्राण प्रतिष्ठा पर सवाल उठाते हुए कहा है कि अर्धनिर्मित मंदिर में मूर्ति की प्राण प्रतिष्ठा नहीं होनी चाहिए। साथ ही रामलला की प्राण प्रतिष्ठा राम के जन्मदिन यानि चैत्र मास के शुक्ल पक्ष की नवमी तिथि को होनी चाहिए। जिसके चलते यह समारोह धार्मिक कम, राजनीतिक अधिक है। इस तरह से भगवान राम की प्राण प्रतिष्ठा शास्त्र के विरुद्ध है। अविमुक्तेश्वरानंद ने कहा है कि मंदिर भगवान का शरीर है, मंदिर का शिखर भगवान की आंखों का प्रतिनिधित्व करता है और कलश सिर का प्रतिनिधित्व करता है। मंदिर पर लगा झंडा भगवान के बाल हैं। शंकराचार्य ने कहा कि बिना सिर या आंखों के शरीर में प्राण प्रतिष्ठा करना सही नहीं है। यह हमारे शास्त्रों के खिलाफ है। इसलिए मैं वहां नहीं जाऊंगा, क्योंकि अगर मैं वहां जाऊंगा तो लोग कहेंगे कि शास्त्रों का उल्लंघन किया है।

बीजेपी समर्थकों ने उनके रामदेव पीर के समाधि पर जाने को अजमेर दरगाह बता, उनको हिंदू विरोधी बताने का प्रयास किया। कई लोगों ने लिखा कि इनको प्राण प्रतिष्ठा में शामिल होने में समस्या है लेकिन दरगाह पर जा चादर चढ़ाने में कोई समस्या नहीं हुई।

दरसरल ये तस्वीर वर्ष 2006 की है जब उन्होंने 'रामसेतु रक्षा मंच' के बैनर तले दिल्ली में एक रैली का नेतृत्व किया। स्वामी अविमुक्तेश्वरानंद ने वायरल तस्वीर पर कहा कि रामदेव पीर नाम के संत की

समाधि पर गया था। जिस वक्त हम रामसेतु रक्षा आंदोलन चला रहे थे, उस वक्त हमारी मुलाकात अरविंद स्वामी नाम के व्यक्ति से हुई, जिन्होंने हमारी मदद की और बदले में दिल्ली में बने आश्रम में आने का निमंत्रण दिया। शंकराचार्य ने आगे बताया कि स्वामी अरविंद स्वामी रामदेव पीर की समाधि का प्रतिरूप बनाकर पूजा करते हैं। हम लोग वहां पर गए थे। उस वक्त हमारे साथ पूरी के शंकराचार्य महाराज भी थे। कई प्रतिष्ठित संत-महात्मा भी वहां गए थे।

विश्व हिंदू परिषद के द्वारा बनाए गए फर्जी शंकराचार्य स्वामी वासुदेवानंद जिन्हें श्री रामजन्म भूमि न्यास ट्रस्ट में सदस्य भी बनाया गया। पूर्व में सरकारी शिक्षक रहे, जो कि संत परंपरा से भी नहीं थे। इलाहाबाद हाईकोर्ट ने 5 मई 2015 को फैसला सुनाया था कि वासुदेवानंद खुद को जगद्गुरु शंकराचार्य ज्योतिषपीठ बद्रीकाश्रम हिमालय घोषित न करें व कार्यालय का प्रतीक चिन्ह दंड, छत्र, चवेर, सिंहासन का धारण न करें तथा शंकराचार्य के रूप में कोई कार्य न करें।

ज्योतिष्पीठ के फर्जी शंकराचार्य स्वामी वासुदेवानंद सरस्वती ने अपना एक वीडियो जारी कर कहा,"अविमुक्तेश्वरानंद किसी भी सूरत में ज्योतिष्पीठ का शंकराचार्य नहीं है और न ही यह ब्राह्मण है तो इनको संन्यास का कोई अधिकार नहीं है।"

साथ ही उन्होंने कहा कि मैं ज्योतिष्पीठ का शंकराचार्य होने के नाते श्री राम मंदिर प्राण प्रतिष्ठा समारोह में सम्मिलित हो रहा हूं और बाकी तीन शंकराचार्य का किसी प्रकार का विरोध मेरे समक्ष नहीं आया है।

वासुदेवानंद सरस्वती ने कहा कि बीते दिनों माननीय सर्वोच्च न्यायालय ने अविमुक्तेश्वरानंद के पट्टाभिषेक पर रोक लगा दी थी। बावजूद इसके इन्होंने अपना पट्टाभिषेक करवाया व अब अपने आप को शंकराचार्य लिख रहे हैं जो कि सरासर गलत है।

राधे ती शंकराचार्य वासुदेवानंद सरस्वती ने कहा कि इनको किसी ने शंकराचार्य नियुक्त नहीं किया है। यह अपने आप को बेवजह ही शंकराचार्य लिख रहे हैं, जबकि मात्र पीठ के शंकराचार्य को ही अपना उत्तराधिकारी नियुक्त करने का अधिकार है।

ब्रह्मलीन जगद्गुरु शंकराचार्य के शिष्य रहे स्वामी अविमुक्तेश्वरानंद सरस्वती को ज्योतिष्पीठ का शंकराचार्य और उनके दूसरे शिष्य रहे स्वामी सदानंद को द्वारिका-शारदा पीठ का शंकराचार्य बनाया गया। श्रृंगेरी जगद्गुरु शंकराचार्य श्री श्री भारती तीर्थ महास्वामीजी ने दोनों का अभिषेक किया।

जो तस्वीरों में देखा जा सकता है। लेकिन वासुदेवानंद ने झूठ बोला।

प्रयागराज में राजस्थान की श्री विजय राम रावल पीठ के पीठाधीश्वर जगद्गुरु वैदेही वल्लभ महाराज ने खुली चुनौती दी। उनका कहना था कि राम मंदिर की प्राण प्रतिष्ठा पर सवाल खड़ा करने वाले अविमुक्तेश्वरानंद हमसे शास्त्रार्थ करें और बताएं कि कैसे प्राण प्रतिष्ठा नहीं हो सकती। उन्होंने जो कहा है वो कैसे शास्त्रसम्मत है। अगर शास्त्रार्थ में मैं हार जाउंगा तो मैं संगम में जल समाधि ले लूंगा। लेकिन सिर्फ बयान देकर चुप होकर बैठ गए। अगर वास्तव में उन्हें करना होता तो उनके मठ पहुंच जाते।

आपको बता दें कि स्वामी जगद्गुरू वैदेही वल्लभ महाराज ने कहा कि सबसे पहले मैं आपको बता दूं कि वह ज्योतिष पीठ के शंकराचार्य ही नहीं हैं। ज्योतिष पीठ में स्वामी वासुदेवानंद सरस्वती जी महाराज मौजूद हैं। ज्योतिष पीठ का निर्णय स्वामी वासुदेवानंद सरस्वती जी ही लेते हैं। कोर्ट ने अभी उनको उत्तराधिकारी के रूप में स्वीकार नहीं किया है।

इस पूरे विवाद में आदिगुरु शंकरकचार्य जी को भी नहीं छोड़ा गया। चूंकि केरल उनका जन्मस्थान था और केरल में धर्मांतरण को लेकर सवाल उठाए जाने लगे कि वो इतने प्रतापी थे तो वहां इतना धर्मांतरण कैसे हुआ?

हरिद्वार के पुरुषार्थ आश्रम के महामनिषी निरंजन स्वामी ने कहा, "देश की आजादी के बाद से हमको आजादी तो मिली लेकिन हमको धर्म की आजादी सही मायने में नहीं मिली। आज जब हिन्दू जागृत हुआ है तो धार्मिक आजादी जैसा माहौल बना है। हम मठ-मंदिरों को तोड़े जाने की लड़ाई काफी समय से लड़ रहे हैं। हमारे अपने ही ऐसी बातें खड़ी करने लगते हैं तो क्या कहा जाए। एक तरफ ये शंकराचार्य कहते हैं कि हम धर्म के रक्षक हैं और एक तरह ऐसे सवाल खड़े करते हैं। ये लोग कहते हैं कि हम हिन्दू धर्म के सर्वोपरी हैं। लेकिन ये शंकराचार्य सनातन धर्म के मुखिया नहीं हैं। क्योंकि शंकराचार्य 2500 साल पहले आए। जब आदि शंकराचार्य ने देश में चार पीठ बनाए। लेकिन हमारा सनातन धर्म अनादिकाल से चला आ रहा है। क्या आदि शंकराचार्य के पहले सनातन धर्म नहीं था। उनका मुखिया कौन था?"

फर्जी शंकराचार्य और रामजन्म भूमि मंदिर निर्माण न्यास अयोध्या के राष्ट्रीय उपाध्यक्ष स्वामी आत्मानंद सरस्वती ने कहा, "चाहे शंकराचार्य हों या कांग्रेस पार्टी या भारत का कोई अन्य साधु, जो लोग इस प्राण प्रतिष्ठा समारोह का विरोध कर रहे हैं वे धर्म, राष्ट्र और यहां तक कि भगवान राम का भी विरोध कर रहे हैं। यह विरोध करने का समय नहीं है। जिस समय कश्मीर में ब्राह्मण हिंदुओं को भगाया जा रहा था, उस समय चारों शंकराचार्य मौन क्यों थे? पालघर में संतों की हत्या हुई, उस समय शंकराचार्य मौन क्यों थे? मैं शंकराचार्य के योगदान को स्वीकार करता हूं लेकिन आज इसके विरोध करने का क्या मतलब

है? चारों शंकराचार्यों को इस समारोह में भाग लेना चाहिए क्योंकि वे समाज और साधुओं के शिखर हैं लेकिन इसका मतलब ये नहीं है कि आप किसी धार्मिक कृत्य का विरोध करेंगे। इसकी जितनी भी निंदा की जाए वो कम है।"

जो इन्होंने बातें कही, वही बात आम बीजेपी के समर्थक बोल रहे थे। सबसे बड़ी बात थी कि कोई राम मंदिर के विरोध में नहीं था लेकिन कलयुगी अशास्त्रीय प्राण प्रतिष्ठा का विरोध हो रहा था। अब हिंदुओं के उत्पीड़न की बात है तो पुरी शंकराचार्य जी ने कई मुद्दों को लेकर खुलकर बोला था। कश्मीर से जब हिंदुओं को भगाया गया तब बीजेपी के समर्थन से सरकार चल रही थी और देश को चलाने का जिम्मा सरकार के पास है न कि किसी शंकरचर्या के पास, लेकिन ये बीजेपी या मोदी से सवाल नहीं कर सकते जो कि हिंदुओं के वोट से सत्ता में आ आजतक किसी भी हिंदू प्रताड़ना पर कुछ करना तो दूर कुछ बोला भी नहीं। शंकराचार्य किसी के वोट से नहीं बनते और सरकार के पास ही सब कुछ है तो किसी भी घटना को रोकने की जिम्मेवारी भी सरकार के पास है। पुलिस और सेना को शंकराचार्य तो आदेश नहीं दे सकते, वो तो सरकार के ही आदेश से चलते हैं।

कथित कांची कामकोटी मठ के शंकराचार्य विजयेन्द्र सरस्वती ने कहा, "भगवान राम के आशीर्वाद के कारण, राम मंदिर का प्राण प्रतिष्ठा समारोह 22 जनवरी को अयोध्या में होगा। समारोह के यज्ञशाला की पूजा भी की जाएगी। 100 से अधिक विद्वान यज्ञशाला की पूजा और हवन शुरू करेंगे। प्रधानमंत्री मोदी विशेष रूप से भारत में तीर्थ स्थानों के विकास में विश्वास रखते हैं, उन्होंने काशी विश्वनाथ और केदारनाथ मंदिरों के परिसर का विस्तार किया है।"

जिस नरेंद्र मोदी ने काशी विश्वनाथ कॉरिडर के नाम पर प्राचीन मंदिरों का विध्वंस कराया उसे इन्होंने तीर्थ स्थान का विकास बताया।

सरकारी संतों (बीजेपी के समर्थक संत) की पूरी फौज थी, जो सब कुछ ठीक बता रही थी। सबसे बड़ी बात है कि श्रीराम जन्मभूमि न्यास ट्रस्ट में फर्जी शंकराचार्यों को जगह मिला। इनमें किसी असली शंकराचार्य की कोई भूमिका नहीं थी। वो धर्म की बात करने को लेकर गाली सुन रहे थे। सबसे बड़ी बात है कि मोदी का कोई फरमान नहीं आया कि अनावश्यक टिप्पणी करने से बचें।

रामभद्राचार्य को मीडिया पूरी जगह दे रखी थी और वो घूम घूमकर बोल रहे थे कि उनकी गवाही की वजह से राम मंदिर का फैसला आया जबकि उनको कोर्ट में डांट पड़ी थी क्योंकि वो हर चीज के बारे में यही बोलते थे कि वो उनके सपने में आया था।

जिस शंकराचार्य अविमुक्तेश्रानंद के ऊपर बीजेपी समर्थकों ने सर्वाधिक हमला किया और उनका योगदान पूछ रहे थे उन्हें इलाहाबाद हाईकोर्ट ने धन्यवाद देते हुए कहा था कि आपकी वजह से निर्णय लेने में आसानी हुई।

अविमुक्तेश्वरानंद सरस्वती के गुरु शंकराचार्य स्वामी स्वरूपानंद सरस्वती न्यायालय में राम मंदिर की लड़ाई लड़ रहे थे।

न्यायालय में केस लड़ने के लिए उन्होंने अखिल भारतीय श्रीराम जन्मभूमि पुनरुद्धार समिति बनाई। जिसका कहना था कि अयोध्या में कोई मस्जिद नहीं थी इसलिए पूरी जगह राम मंदिर के लिए मिलना चाहिए। मुसलमान अपना दावा छोड़ दें।

शंकराचार्य जी के शिष्य अविमुक्तेश्वरानंद सरस्वती ने शंकराचार्य की तरफ से हाईकोर्ट में एक महीने गवाही दी और सिद्ध किया कि अयोध्या की वो भूमि जिस पर विवाद है वो रामजन्मभूमि ही है।

शंकराचार्य जी के वकील को हाईकोर्ट ने सबसे ज्यादा सुना और 90 दिनों में अकेले 28 दिन तो शंकराचार्य जी के वकील पी एन मिश्रा ने बहस की।

वहीं सुप्रीम कोर्ट ने भी स्वामी अविमुक्तेश्वरानंद सरस्वती को राम मंदिर के लिए धार्मिक विशेषज्ञ माना।

सुप्रीम कोर्ट के मुख्य 40 दिन की बहस में भी शंकराचार्य जी के वकील ने सबसे ज्यादा 9 दिन बहस की।

इससे यह सिद्ध होता है कि शंकराचार्य जी ने राम मंदिर के लिए सबसे ज्यादा कार्य किया।

शंकराचार्य अविमुक्तेश्वरानंद सरस्वती ने 1008 फीट मंदिर के ऊंचाई का नक्शा दिया था लेकिन इन्होंने जानबूझकर उसे मात्र 161 फीट का बनाया।

राम मंदिर निर्माण के लिए पैसा की तो कोई कमी नहीं थी। जनसत्ता के रिपोर्ट के मुताबिक राम मंदिर के निर्माण के लिए अनुमानित खर्च 15 अरब रुपए है लेकिन 30 अरब रुपए चंदा के रूप में इक्ट्ठा हुए।

पूर्व में इक्ट्ठा हुए 1400 करोड़ के घोटाले का आरोप हिंदू महासभा और निर्मोही अखाड़ा ने विश्व हिंदू परिषद के ऊपर लगाया। ये लोग बाबरी विध्वंस के बाद से ही चंदा इक्ट्ठा कर रहे थे। आरएसएस, विहिप और बीजेपी सभी एक ही हैं क्योंकि आरएसएस का राजनीतिक संगठन बीजेपी और कथित हिंदू संगठन विहिप है। लेकिन आजतक कोई जांच नहीं हुई।

राम मंदिर ट्रस्ट के ऊपर जमीन घोटाले का आरोप लगा। समाजवादी पार्टी के नेता और पूर्व मंत्री पवन पांडेय ने अयोध्या में मीडिया के सामने रजिस्ट्री के दस्तावेज पेश कर आरोप लगाया कि रामजन्मभूमि की जमीन से लगी एक जमीन पुजारी हरीश पाठक और उनकी पत्नी ने 18 मार्च की शाम सुल्तान अंसारी और रवि मोहन को दो करोड़ में बेची थी। वही जमीन सिर्फ चंद मिनट बाद चंपत राय ने राम जन्मभूमि ट्रस्ट की तरफ से 18.5 करोड़ रुपये में खरीद ली।

वहीं रामजन्मभूमि ट्रस्ट के महासचिव चंपत राय ने राजनीतिक साजिश बताते हुए खारिज कर दिया। उन्होंने कहा, 'हम पर आरोप लगते ही रहते हैं।100 साल से हम लोग आरोप ही देख रहे हैं। हम पर महात्मा गांधी की हत्या के आरोप लगे। आरोप की हम चिंता नहीं करते, आप भी चिंता मत करिए। आप खूब लगाइए। आप अपना काम करिए, हम अपना काम करेंगे।'

चंपत राय का ये दंभ भरा खंडन लेकिन ईडी/सीबीआई की जांच नहीं। वैसे भी ईडी-सीबीआई आमतौर पर बीजेपी से जुड़े लोगों के खिलाफ नहीं लगाई जाती। बीजेपी से जुड़ा कोई भी खंडन कर दे यही नए भारत में काफी है।

जहां इतने चंदा इकट्ठा हुए, वहां प्राण प्रतिष्ठा के मौके पर आम लोगों के रहने के लिए टीन के शेड बनाए गए।

जिन लोगों ने भी राम मंदिर के निर्माण के लिए चंदा दिया हुआ है, वो जब सवाल उठा रहे थे तो बीजेपी समर्थक राम मंदिर को अपने बाप का बताकर चंदा लौटाने की बात करते नजर आए। बेशक किसी को एक रुपया नहीं लौटाया और न लौटने की उनकी औकात थी।

राम मंदिर के प्राण प्रतिष्ठा के लिए शुभ मुहूर्त पर सवाल उठे तो प्राण प्रतिष्ठा का मुहूर्त निकालने वाले पंडित गणेश्वर शास्त्री से सवाल पूछा गया तो उनका जबाव था कि उनसे कहा गया था कि फ़रवरी 2024 तक का मुहूर्त निकलना है। यह कार्यक्रम पौष माह के द्वादशी तिथि (22 जनवरी 2024) को अभिजीत मुहूर्त, इंद्र योग, मृगशिरा नक्षत्र, मेष लग्न एवं वृश्चिक नवांश में हुआ। शुभ मुहूर्त दिन के 12 बजकर 29 मिनट और 8 सेकंड से 12 बजकर 30 मिनट और 32 सेकंड में हुआ। मात्र 84 सेकंड शुभ मुहूर्त के लिए था।।

जब सवाल इतने कम समय को लेकर सवाल खड़े हुए क्योंकि कथा पूजा में भी कई घंटे लग जाते हैं लेकिन भव्य राम मंदिर जो हिंदुओं के लंबे संघर्ष और बलिदान के बाद बन रहा था उस मंदिर के प्राण प्रतिष्ठा के लिए मात्र 84 सेकंड तो कई भाजपा समर्थकों ने तर्क दिया कि इसके लिए मुहूर्त की कोई जरूरत नहीं क्योंकि भगवान राम से मुहूर्त है, मुहूर्त के भगवान राम नहीं हैं।

अब यहां सवाल उठता है कि जब मुहूर्त मायने ही नहीं रखते तो पंडित से मुहूर्त क्यों निकलवाया गया था?

राम मंदिर प्राण प्रतिष्ठा को बहुत बड़ा समारोह बनाने की तैयारी थी। बीजेपी ने वर्ष 2024 लोकसभा चुनाव में भुनाने के लिए आनन फानन में अधूरे मंदिर में 84 सेकंड के मुहूर्त में प्राण प्रतिष्ठा कराया। बड़े स्तर पर बॉलीवुड सेलिब्रिटी और दूसरे दल के नेताओं को न्योता दिया गया। विपक्षी दलों के नेताओं को इसलिए न्योता दिया गया ताकि अगर वो आ जाते तो बीजेपी आईटी सेल बताता कि देखो मोदी का कमाल, जो उन्हें दिखा दिया कि देखो राम मंदिर बन रहा है। आखिरकार उन्हें भगवान राम के शरण में ला ही दिया क्योंकि इन्होंने विपक्षी नेताओं को रामद्रोही तो घोषित कर ही रखा है। अगर नहीं आते तो भुनाया जाता कि देखो वो रामद्रोही प्राण प्रतिष्ठा में नहीं आए।

शुरुआत में कारसेवकों के परिवार वालों को न्योता नहीं दिया था। चंपत राय ने कहा कि जिनको न्योता मिले सिर्फ वही आएं, बाकि लोग न आएं। राय ने तो यहां तक बोल दिया कि आडवाणी जी न आएं। जब विरोध होने लगा तो न्योता दिया गया। महामहिम राष्ट्रपति महोदया को भी इन्होंने न्योता दिया लेकिन राजनीतिक बड़े हस्तियों में नरेंद्र मोदी और योगी आदित्यनाथ के अलावा कोई प्राण प्रतिष्ठा में नजर नहीं आया। दरअसल मोदी ये बर्दास्त नहीं कर सकते कि उनके अलावा किसी अन्य को लाइमलाइट मिले।

राम मंदिर उद्घाटन के विवाद के बीच चंपत राय ने कहा, "राम का मंदिर... रामानंद परंपरा... बस. मंदिर रामानंद संप्रदाय का है... रामानंद... संन्यासियों का नहीं है... शैव शाक्त और संन्यासियों का नहीं है।"

लेकिन रामानंदी संप्रदाय के उच्च पीठ पर विराजमान जगद्गुरु रामानंदाचार्य रामनरेशाचार्य जी महाराज को प्राण प्रतिष्ठा के लिए न्योता नहीं दिया गया।

नरेंद्र मोदी के प्राण प्रतिष्ठा में मुख्य यजमान के रूप में शामिल होने का विरोध इसलिए भी हो रहा था कि वो अपनी पत्नी को साथ में लेकर जाने वाले नहीं थे। महिला सम्मान चैंपियन मोदी के पास अच्छा मौका था कि वो अपनी पत्नी के साथ पूजा पर बैठते। यज्ञ में बैठने के लिए ब्रह्मा जी को भी विवाह करना पड़ा था। भगवान राम को भी यज्ञ पर बैठना था तब मां सीता नहीं थी तो उसके लिए उनकी मूर्ति बनाई गई। बिना पत्नी के भूमि पूजन कर सनातन धर्म परंपरा का अपमान पहले ही कर चुके थे।

भूमि पूजन के दौरान भी फैज खान भगवान राम के ननिहाल की मिट्टी लेकर अयोध्या पहुंचे थे। कौशल्या माता मंदिर चंदखुरी दक्षिण कौशल छत्तीसगढ़ की मिट्टी कारसेवकपुरम अयोध्या के संतों को सौंप दी।

प्राण प्रतिष्ठा से पहले अयोध्या में जो कटआउट लगाए गए, वहां भगवान राम का घोर अपमान हुआ।

तस्वीर में देखा जा सकता है कि मोदी के पैर के पास भगवान राम जी का कटआउट लगाया गया था। जब विरोध हुआ तो हटवाया गया।

30 दिसंबर 2023 को पीएम मोदी निषाद परिवार के घर गए और उन्हें राम मंदिर प्राण प्रतिष्ठा में शामिल होने के लिए न्योता दिया। इस दौरान मीरा मांझी के हाथ की चाय पी। मांझी के बारे में बताया गया कि वो उज्जवला योजना की 10 करोड़वीं लाभार्थी हैं।

ये महज संयोग नहीं था। बीजेपी की तरफ से प्रयास चल रहा है कि मोदी भगवान राम के समतुल्य या उनसे भी बड़े हैं। जैसे भगवान राम निषाद परिवार से संबंधित माता सबरी के कुटिया में जा जूठे बैर खाए थे। वैसे ही इन्होंने मीरा मांझी के घर जाकर चाय पी। बीजेपी का जो मोदी को भगवान के रूप में पेश करने का प्रयास है, उससे मोदी स्वयं भी असहमत नहीं हैं। हमेशा कोई न कोई नेता उनको भगवान का अवतार बता रहा होता है लेकिन इन्होंने कभी नाराजगी जाहिर नहीं की।

30 दिसंबर 2023 को अयोध्या में एक कार्यक्रम के दौरान मोदी ने कहा, "आज पक्का घर सिर्फ रामलला ही नहीं, देश के 4 करोड़ गरीबों को भी मिला है।"

प्रधानमंत्री आवास योजना की तुलना राम मंदिर से करना ये बताता है कि इन्होंने दिया है। यानि ये खुद को भगवान राम से बड़ा मानते हैं? वरना ये इस तरफ की तुलना नहीं करते। अगर इनके योगदान की बात करें तो इन्होंने 1 रुपया चंदा दिया था।

राम मंदिर प्राण प्रतिष्ठा के मुख्य यजमान को लेकर कई खबर चलवाई गई। जो अंतिम नाम आया वो आरएसएस के नेता और राम मंदिर ट्रस्ट में शामिल अनिल मिश्रा और उनकी पत्नी उषा प्रधान थी। मोदी को लेकर कभी खबर चली कि वो मुख्य यजमान होंगे तो कभी नहीं होंगे।

पीएम नरेंद्र मोदी ने 11 जनवरी 2024 को 10 मिनट 50 सेकेंड का एक ऑडियो मैसेज जारी किया था, जिसमें उन्होंने बताया था कि वह 'यम नियम' का पालन करेंगे।

मोदी को लेकर कहा गया कि उन्होंने 11 दिनों के उपवास के दौरान सात्विक भोजन किया। वह सिर्फ नारियल पानी पर रहे। अपने व्रत के दौरान पीएम मोदी जमीन पर कंबल बिछाकर सोए थे। 11 दिनों के व्रत के दौरान पीएम मोदी ने 4 राज्यों के 7 मंदिरों में दर्शन किए।

मोदी को लेकर जो दूसरी खबर आई कि कर्मचारियों ने प्रधानमंत्री मोदी के लिए केरल और उत्तर भारतीय व्यंजन भी बनाया था लेकिन रात को वह जब गेस्ट हाउस पहुंचे तो उन्होंने पहले तो नारियल पानी पिया और फिर रात्रिभोज में केवल फल खाए। गेस्ट हाउस ने पीएम मोदी के सोने के लिए भी किंग साइज बेड की व्यवस्था की थी। लेकिन वह बिस्तर के बजाय जमीन पर योगा मैट बिछाकर सोए।

ये मेरे लिए बहुत ज्यादा चौंकाने वाला था कि वो नीचे सो रहे थे। अगर को सोते तो जरूर कोई न कोई फोटो आया होता क्योंकि उनका कोई भी धार्मिक कार्य बिना कैमरा के हो ही नहीं सकता।

20 जनवरी 2024 को जब मोदी राम मंदिर प्राण प्रतिष्ठा समारोह से विभिन्न मंदिरों का दौरा कर रहे थे। इसी दौरान उन्होंने रामेश्वरम में डुबकी लगाई।

इसी कड़ी में तमिलनाडु के त्रिची में श्री रंगनाथस्वामी मंदिर पहुंचे और दर्शन पूजन किया। पीएम को श्री रंगनाथस्वामी मंदिर के पीठासीन देवता की ओर से राम मंदिर के लिए वस्त्र और अन्य सामग्री सौंपी गई।

कोई भी स्नान जो मर्द करता है, वो भी किसी धार्मिक कार्य के लिए तो उसे शरीर के ऊपरी हिस्से का पूरा कपड़ा उतरना होता है लेकिन इन्होंने कुछ नया कर दिया, जो हिंदू धर्म के मान्यता के खिलाफ है।

नरेंद्र मोदी को केरल के गुरुवयुर मंदिर में जासना सलीम ने भगवान कृष्ण की बनाई एक पेंटिंग दी।

पीएम मोदी ने उनके साथ एक तस्वीर साझा करते हुए लिखा,"गुरुवयुर में, मुझे जसना सलीम जी से भगवान कृष्ण की पेंटिंग मिली। कृष्ण भक्ति में उनकी यात्रा भक्ति की परिवर्तनकारी शक्ति का एक प्रमाण है। वह भगवान श्री कृष्ण की पेंटिंग पेश करती रही हैं।"

ये स्वाभाविक था क्योंकि वो कहीं भी जाएं अगर कोई वहां मुस्लिम हो तो उनसे इनका आत्मीय मिलन और उसका प्रचार तय होता है।

22 जनवरी 2022 को राम मंदिर प्राण प्रतिष्ठा के लिए नरेंद्र मोदी और मोहन भागवत पूजा पर बैठे। जो हिंदू धर्म के ऊपर कुठाराघात था।

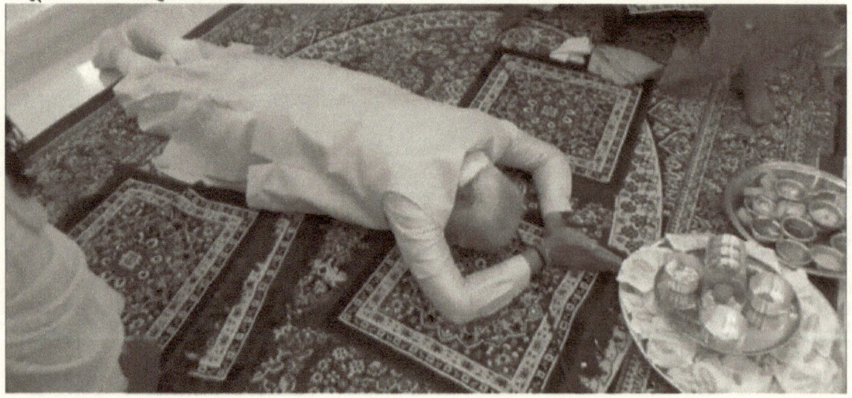

राम मंदिर प्राण प्रतिष्ठा के दौरान लेटे हुए खुद पीछे हटने के बजाय मोदी ने हाथ से पूजा की थाली को आगे बढ़ा दिया।

राम मंदिर प्राण प्रतिष्ठा के दौरान कुछ वैसा हुआ जो पहले से तय था और कुछ वैसा भी हुआ, जो पहले कभी नहीं हुआ।

जैसा कि तस्वीरों में देखा जा सकता है। पहली तस्वीर में भगवान राम की मूर्ति पीछे है तो प्रणाम किसको कर रहे हैं? जाहिर सी बात है कि सामने कैमरा है। दूसरी तस्वीर में श्रीराम जन्मभूमि तीर्थ क्षेत्र ट्रस्ट के कोषाध्यक्ष गोविंद देव गिरी महाराज ने मोदी का व्रत तुड़वाया। गिरी ने खुलासा किया, "हमने मोदी जी को 3 दिन का अनुष्ठान करने को कहा था, उन्होंने 11 दिन का किया। हमने कहा था कि 3 दिन जमीन पर सोएं लेकिन मोदी जी 11 दिन तक जमीन पर सोते रहे। हम उन्हें पहले उपवास खोलने के लिए पानी में शहद और नींबू देने वाले थे लेकिन उन्होंने (मोदी) ने मुझसे भगवान श्रीराम का चरणामृत मांगा। वह चरणामृत से उपवास खोलना चाहते थे।"

ये जो चरणामृत पिलाने का वीडियो सामने आया तो उसे देख ऐसा प्रतीत हो रहा था कि किसी फिल्म में नाटक का सीन चल रहा हो।

मेरा पाठकों से सवाल है कि उन्होंने कभी चम्मच से किसी स्वस्थ आदमी को चरणामृत पीते हुए देखा है?

शंकराचार्यों ने प्राण प्रतिष्ठा रूपी बीजेपी के कार्यक्रम में न शामिल होकर हिंदुओं की इज्जत रख ली। जो सरकारी संत वहां पहुंचे हुए थे, वो पूरी तरह दरबारी के भूमिका में नजर आ रहे थे।

राम मंदिर प्राण प्रतिष्ठा में प्यार का पैगाम देने के लिए ऑल इंडिया इमाम ऑर्गनाइजेशन के मुखिया इमाम उमेर अहमद इलियासी शामिल हुए थे।

इलियासी के शामिल होने की वजह से उनके खिलाफ फतवा जारी हो गया। देशभर में प्राण प्रतिष्ठा के लिए कई जगह उनके समाज के लोगों ने हिंदुओं के शोभायात्रा पर पथराव किया था लेकिन इलियासी चुप रहे।

राम मंदिर के प्राण प्रतिष्ठा को लेकर भी सवाल है, जब रामलला पहले से विराजमान थे क्योंकि वर्ष 1949 में प्रकट हुई भगवान राम की मूर्ति के आधार पर ही केस लड़ा गया और जीत हुई। जो फैसला

आया वो रामलला विराजमान के पक्ष में आया तो उस मूर्ति का क्या हुआ जो फिर से प्राण प्रतिष्ठा करानी पड़ी। जो लोग प्राण प्रतिष्ठा में अशास्त्रीय कार्य के ऊपर सवाल उठा रहे थे। बीजेपी के समर्थकों का उनको जबाव था कि जब रामलला टेंट में थे तब वो लोग कहां थे जो आज सवाल उठा रहे?

पहले तो पुरानी मूर्ति की कोई चर्चा नहीं थी लेकिन जब बहुत ज्यादा सवाल उठने लगे तो श्री राम जन्मभूमित तीर्थ क्षेत्र ट्रस्ट के कोषाध्यक्ष गोविंद देव गिरि ने कहा है कि अस्थायी मंदिर में रखी रामलला की पुरानी मूर्ति को नई मूर्ति के सामने रखा जाएगा।

रामलला की पुरानी मूर्ति को लेकर उन्होंने आगे कहा, 'इसे रामलला की नई मूर्ति के सामने रखा जाएगा। मूल मूर्ति बहुत महत्वपूर्ण है। इसकी ऊंचाई पांच से छह इंच है और इसे 25 से 30 फीट की दूरी से नहीं देखा जा सकता है। इसलिए हमें एक बड़ी मूर्ति की आवश्यकता थी।'

30 जनवरी 2024 को आरएसएस के संगठन मुस्लिम राष्ट्रीय मंच के करीब 350 श्रद्धालु छह दिन की पदयात्रा कर के लखनऊ से अयोध्या श्री राम मंदिर, राम लला के दर्शन करने पहुंचे।

बीजेपी आरएसएस से जुड़े हुए मुस्लिम पहुंचे तो आईटी सेल के लोगों ने इन्हें रामभक्त बताना शुरू कर दिया। वैसे कोई आम मुसलमान चला जाए तो उसे मंदिर की रेकी और हमले का प्लान बता देंगे। जो इनसे जुड़ा है, उसे तो सनातनी मुस्लिम बताते हैं। अब सवाल उठता है कि क्या जो मुस्लिम बीजेपी आरएसएस से जुड़ा हुआ है, उसी को सज्जन माना जाएगा। अगर मुस्लिम सनातनी होते हैं, जो कि मुस्लिम सिर्फ मुस्लिम होते हैं। फिर भी सनातनी मुस्लिम होने के लिए क्या बीजेपी-आरएसएस से जुड़ना जरूरी है?

अयोध्या में बन रही मस्जिद के विकास की कमेटी के मुखिया बीजेपी नेता हाजी अराफ़ात हैं। लेकिन इन्हें मस्जिद का नहीं बल्कि मंदिर का श्रेय चाहिए ताकि उसको भुनाकर हिंदुओं से वोट लिया जा

सके। वैसे वोट लेने के लिए कई हथकंडे अपनाए और चुनाव में ये बोलकर वोट मांग रहे कि कांग्रेस-समाजवादी पार्टी राम मंदिर के विरोध में थी लेकिन सर्वाधिक विरोध में ये लोग थे।

राम मंदिर के दर्शन के लिए स्पेशल ट्रेन चलाई गई। भाजपा ने अपने सभी सांसदों, विधायकों, मंत्रियों और संगठन के पदाधिकारियों को निर्देश दिया कि वे अपने-अपने क्षेत्र से उन सभी लोगों को ले जाने की व्यवस्था करें जो राम मंदिर का दर्शन करना चाहते हैं। लोगों को मात्र एक हजार रुपए खर्च करना था। जिसमें आना-जाना, रहना, खाना और दर्शन सब कुछ था क्योंकि बाकि के खर्च बीजेपी ने उठाया। ये कार्यक्रम 23 जनवरी 2024 से लेकर 25 मार्च 2024 तक चला। इससे ये स्पष्ट हो जाता है कि ये चुनाव के लिए ही प्राण प्रतिष्ठा कराया गया।

मुस्लिम समाज को साधने के लिए बीजेपी ने 'कौमी चौपाल' शुरू की। बीजेपी के प्लान भाईजान को लेकर रिपोर्ट आई कि मुस्लिम समाज की राम मंदिर को लेकर गलतफहमी दूर की जा रही है। बीजेपी ने मुस्लिम समाज से कहा कि राम मंदिर के ऊपर फैसला सुप्रीम कोर्ट का है और सरकार सिर्फ फैसले पर अमल कर रही है।

बीजेपी के लोग हिंदुओं के बीच प्रचार कर रहे कि राम मंदिर उनकी वजह से बन रहा तो दूसरी तरफ मुस्लिम समाज को बता रहे कि कोर्ट का फैसला था।

नरेंद्र मोदी को लेकर जैसा कि पहले से अंदेशा था कि वो राम मंदिर को लोगों के बीच भुनाने के लिए विपक्ष के कलयुगी प्राण प्रतिष्ठा में शामिल न होने को भुनाएंगे। लोकसभा चुनाव 2024 के दौरान यही काम कर रहे। 19 अप्रैल 2024 को मध्यप्रदेश के दमोह में पीएम नरेंद्र मोदी ने कहा- आपने एक नाम तो सुना होगा। अयोध्या में एक अंसारी परिवार है, दो-दो पीढ़ी से ये अंसारी परिवार हिंदुओं के खिलाफ अदालत में जंग लड़ रहे थे। वे बाबरी मस्जिद के पक्ष में जंग लड़ रहे थे। इकबाल अंसारी, उनके पिता और पूरा परिवार कितने दशकों से लड़ाई लड़ रहा था। लेकिन जब सुप्रीम कोर्ट ने निर्णय किया। ये हिंदुओं के पक्ष में जाएगा तो इतने साल लड़ाई लड़ने के बावजूद भी उन्होंने सुप्रीम कोर्ट के निर्णय का स्वागत किया। वे जीवनभर लड़ाई लड़ते रहे। इतना ही नहीं, जिस समय राम मंदिर के शिलान्यास का कार्यक्रम था, जो राम मंदिर के ट्रस्टी हैं, उन्होंने हर एक के गुनाह और गलतियां माफ करके सबको प्यार से निमंत्रण पत्र दिया। दूसरी तरफ कांग्रेस नेताओं का व्यवहार देखिए कि कैसे उन्होंने रामलला के प्राण प्रतिष्ठा के कार्यक्रम का न्योता ठुकरा दिया।

मोदी राम मंदिर को भुनाने के लिए इस हद तक चले गए कि जो पहले राम मंदिर के नाम से बचते रहे। वो प्राण प्रतिष्ठा के बाद 5 मई 2024 को राम मंदिर पहुँच साष्टांग पड़ गए।

गौरतलब हो कि 2 मई 2024 को गुजरात में चुनाव प्रचार के दौरान बोल पड़े कि कांग्रेस का मकसद राम को हराना है।

मोदी को ये भी बताना चाहिए कि भगवान राम कहां से चुनाव लड़ रहे है ? जाहिर सी बात है कि कांग्रेस की लड़ाई उनसे है तो क्या मोदी खुद को भगवान राम मानते है ?

लोकसभा चुनाव से पहले कांग्रेसी नेता गौरव वल्लभ,रोहन गुप्ता और राधिका खेड़ा बीजेपी में शामिल हुए। सब राम मंदिर को लेकर कांग्रेस के रवैय्या से दुखी थे। ये सब देखकर ऐसा लग रहा था कि इन सभी को एक ही स्क्रिप्ट दिया गया कि उनको भगवान राम से प्रेम की वजह से कांग्रेस में अपमानित होना पड़ रहा था। राधिका खेड़ा तो यहां तक बोल पड़ी कि उनका राम मंदिर में दर्शन करने की वजह से विरोध हो रहा था।

जबकि कांग्रेस के नेता पंजाब के पूर्व मुख्यमंत्री चरणजीत सिंह छन्नी, मंडी से सांसद प्रत्याशी विक्रमादित्य सिंह, कांग्रेस प्रवक्ता सुप्रिया श्रीनेत व अन्य नेता राम मंदिर का दर्शन करने गए। उन्हे तो किसी भी तरह की कोई समस्या नहीं हुई।

6 मार्च 2024 को पूर्व कांग्रेसी नेता और वर्तमान में मोदी के करीबी आचार्य प्रमोद कृष्णम ने दावा किया, "राम मंदिर का फैसला आने के बाद राहुल गांधी ने कसम खाई थी कि अगर कांग्रेस की केंद्र में सरकार बनती है तो सुपर पावर कमीशन बनाएंगे। यह कमीशन राम मंदिर के फैसले को उसी तरह पलट देगा जैसे राजीव गांधी ने शाह बानो के फैसले को पलट दिया था।"

7 मार्च को 2024 को मोदी ने चुनावी रैली में कहा,"मोदी को 400 सीटें चाहिए ताकि कांग्रेस राम मंदिर पर बाबरी ताला ना लगा दे।"

अगर प्रमोद कृष्णम के दावे की बात करे तो 4 साल से चुप और कांग्रेस में क्यों रहे ? अगर ऐसी कोई बात थी तो पहले क्यों नहीं बताया ? ये सब देख प्रतीत होता है कि बीजेपी अपने चुनावी फायदे के लिए इस तरह के हथकंडे अपना रही है।

बीजेपी भगवान राम को भुनाने के लिए इस तरह से गिर गई कि गांधीनगर के विक्रमनगर मतदान केंद्र पर भगवान राम का कट आउट लगवा दिया।

भगवान राम के नाम पर वोट लेने के लिए बीजेपी के लोग इस स्तर तक उतर गए।

पीएम के मुताबिक, कांग्रेस और इंडिया गठबंधन वाले हमारी आस्था का अपमान करने में जुटे हैं। ये लोग कहते हैं कि हमारा सनातन डेंगू, मलेरिया है। अयोध्या में जो राम मंदिर बना है, उसके भी ये घोर विरोधी हैं। ये लोग भगवान श्रीराम की पूजा को पाखंड बताते हैं।

अब अगर मोदी की मानें तो प्राण प्रतिष्ठा में शामिल नहीं होने वाले लोग राम मंदिर के विरोधी हैं। चारों शंकराचार्य भी प्राण प्रतिष्ठा में शामिल नहीं हुए, बीजेपी से मोदी, योगी के अलावा भी कोई नहीं पहुंचा या मोदी ने उन्हें नहीं जाने दिया। चंपत राय बोल चुके थे कि जिनको न्योता न मिले वो न आएं। कई लोगों को काफी विरोध के बाद न्योता दिया गया जबकि इकबाल अंसारी के लिए किसी को कुछ नहीं बोलना पड़ा। क्या ये सभी जो नहीं पहुंचे वो राम मंदिर के विरोधी हैं?

इकबाल अंसारी का परिवार जिसने राम मंदिर के विरुद्ध मुकदमा लड़ा, उन्हें रामभक्त मान लिया जाए?

मोदी चुनाव में राम मंदिर को भुनाते भी है और बोलते हैं कि ये हमारे लिए चुनाव का मुद्दा नहीं है।

12 अप्रैल 2024 को पीएम मोदी ने ऊधमपुर में चुनावी रैली को संबोधित करते हुए कहा था, "राम मंदिर न कभी चुनावी मुद्दा था, न चुनावी मुद्दा है और न ही कभी चुनाव का मुद्दा बनेगा।"

19 अप्रैल 2024 को बिहार बीजेपी का ट्वीट आता है कि वोट देने जा रहे? याद रखिएगा, रामलला का मंदिर किसने बनवाया।

बीजेपी में ऐसा तो संभव नहीं कि मोदी के इच्छा के विरुद्ध कुछ हो सके। ये स्वयं दूसरों को चुनावी सभा में राम द्रोही घोषित करने के प्रयास में लगे हैं। अगर फायदा नहीं लेना चाहते तो जिक्र भी क्यों करते?

ये तो सभी को पता है कि कौन गया और कौन नहीं गया। जो गया वो किस मकसद से गया, ये किसी को बताने की जरूरत नहीं है।

अब सनातन को डेंगू और मलेरिया बताने को लेकर ये विधानसभा चुनाव 2023 में भी मुद्दा बना चुके है और लोकसभा में भी बना रहे। विपक्ष पर सनातन को खत्म करने का आरोप लगा रहे लेकिन इन्होंने जितना सनातन विरोधी कार्य किया कोई कर भी नहीं सकता। ये पूरा विवाद उदयनिधि स्टालिन के बयान को लेकर है। अगर ये वास्तव में गंभीर होते तो कार्रवाई करते। ये कोई आम व्यक्ति नहीं देश के प्रधानमंत्री हैं।

लेकिन स्टालिन से उनके आत्मीय लगाव हैं। जो तस्वीरों में देखा जा सकता है। ये उनके बयान के आधार पर उनके इंडिया गठबंधन की पार्टियों पर निशाना बनाकर वोट लेंगे, जो बोल चुके हैं कि वो स्टालिन के बयान के सहमत नहीं हैं।

ये सब देख पाठक तय कर सकते हैं कि ये किसका फैसला था और किस तरह से लोगों को गुमराह किया गया?

धारा 370 और जम्मू-कश्मीर नीति का सच

जम्मू-कश्मीर से धारा 370 हटाना बीजेपी के घोषणा पत्र का हिस्सा रहा था। 5 अगस्त 2019 को मोदी सरकार ने धारा 370 में संशोधन करते हुए, जम्मू-कश्मीर को दो हिस्सों जम्मू-कश्मीर और लद्दाख में बांट दिया। दोनों को केंद्र शासित प्रदेश बना दिया।

धारा 370 में संशोधन को हटाना बता प्रचार प्रसार कराया। जिसे आज भी आम लोग, बीजेपी के लोग और मीडिया धारा 370 को हटाना बताते हैं।

दरअसल धारा 370 तीन हिस्सों में बंटा हुआ था। 370(1) बकायदा कायम है। 370 (2) और 370 (3) को हटाया गया। 370 (1) के मुताबिक जम्मू और कश्मीर की सरकार से सलाह करके राष्ट्रपति आदेश द्वारा संविधान के विभिन्न अनुच्छेदों को जम्मू-कश्मीर में लागू कर सकते हैं।

धारा 370 में संशोधन को हटाना बताकर बीजेपी समर्थक वर्ग वहां जमीन खरीदने की तैयारी सोशल मीडिया में करता दिखा तो केंद्रीय गृह मंत्रालय ने नोटिफिकेशन जारी कर 100 प्रतिशत राज्य आरक्षण, निवासी बनने के लिए 15 साल का शर्त लगा दिया।

मोदी सरकार ने जमीन संबंधित कानून में बदलाव करते हुए निर्देश दिया कि अब जम्मू-कश्मीर में किसी भी राज्य का नागरिक आवासीय और कारोबारी उद्देश्य के लिए जमीन खरीद सकता है। 90 फीसदी कृषि योग्य भूमि को कोई भी बाहरी नहीं खरीद सकता।

10 फीसदी जमीन के लिए जो बाहरी के लिए रास्ता खोला गया उसका मकसद निवेश को बढ़ाना था। कश्मीर में बाहरी देशों खासकर मुस्लिम देशों के बड़े पैमाने पर निवेश होने लगे।

धारा 370 के संशोधन के बाद जम्मू-कश्मीर में पहला विदेशी निवेश दुबई की कंपनी एम्मार ने 500 करोड़ का किया। उपराज्यपाल मनोज सिन्हा ने 19 मार्च 2023 को 250 करोड़ के लागत से बनने वाली श्रीनगर में 'मॉल ऑफ श्रीनगर' की आधारशिला रखी। 250 करोड़ के लागत से बनने वाली जम्मू और श्रीनगर में आईटी टावर स्थापित करने में मदद के लिए और भी बहुत कुछ शामिल था।

भारत सरकार ने घोषणा की कि जम्मू और कश्मीर को वित्त वर्ष 2022-23 के पहले दस महीनों में ही रिकॉर्ड 15 अरब रुपये का निवेश मिला।

जनवरी 2022 में UAE की अग्रणी वित्तीय सेवा कंपनी सेंचुरी फाइनेंशियल ने जम्मू-कश्मीर में $100 मिलियन के निवेश के लिए एक समझौते पर हस्ताक्षर किए। निवेश में जम्मू-कश्मीर में तीन होटल और एक आवासीय परिसर का निर्माण शामिल है।

नरेंद्र मोदी के इस्लामिक देशों से अच्छे संबंध की चर्चा होती है और शेखों को अपना भाई भी बताते हैं। कई देशों से उनको पुरस्कार भी मिल चुका है लेकिन कश्मीर के संबंध में वो इन्हें आईना दिखाने से पीछे नहीं हटता।

22 से 24 मई 2023 तक श्रीनगर में चल चलने वाले G-20 के बैठक में सऊदी अरब, मिस्र, तुर्की और चीन शामिल नहीं हुआ।

21 सितंबर 2023 को इस्लामिक संगठन (ओआईसी) की ओर से आयोजित बैठक में जम्मू-कश्मीर की मुस्लिम आबादी के प्रति अपना समर्थन व्यक्त करते हुए सऊदी अरब के विदेश मंत्री प्रिंस फैसल बिन फरहान ने कहा कि सऊदी अरब मुस्लिम लोगों की इस्लामिक पहचान और उनकी गरिमा बनाए रखने में हमेशा उनके साथ खड़ा है। वहीं, तुर्की के राष्ट्रपति रेचेप तैय्यप अर्दोआन ने जनरल डिबेट के दौरान अपने संबोधन में जम्मू और कश्मीर के मुद्दा को उठाया है।

सऊदी अरब ने तो नरेंद्र मोदी को 2016 में सऊदी अरब का सर्वोच्च नागरिक सम्मान 'किंग अब्दुलअजीज सैश' से सम्मानित किया।

मिस्र तो G-20 का हिस्सा नहीं लेकिन उसे अतिथि देश के रूप में न्योता भेज गया था। जब मिस्र आर्थिक संकट झेल रहा था, तब इस्लामिक देशों ने भी उससे मुंह मोड़ लिया था लेकिन खाद्य संकट से जूझ रहे मिस्र को भारत ने रियायती दर पर गेहूं भेजा। अप्रैल 2022 में भारत और मिस्र के बीच 10 लाख टन गेहूं सप्लाइ की बात हुई। लेकिन मई में भारत खुद गेहूं की किल्लत से जूझ रहा था, लेकिन इसके बाद भी भारत ने कई देशों को गेहूं भेजना जारी रखा, जिसमें मिस्र भी शामिल था।

G-20 में शामिल न होने के एक महीने के बाद 25 जून 2023 को प्रधानमंत्री नरेंद्र मोदी को मिस्र का सर्वोच्च सम्मान 'ऑर्डर ऑफ द नाइल' दिया गया।

तुर्की हमेशा से कश्मीर को लेकर यूएन में भारत को घेरता रहा है। 2015 में अंतालिया में हुए G-20 सम्मेलन में प्रधानमंत्री मोदी समेत 33 राष्ट्राध्यक्षों पर डाक टिकट जारी किया था।

7 फ़रवरी 2023 को तुर्की और सीरिया में आए भूकंप में मारे गए लोगों के लिए प्रधानमंत्री नरेंद्र मोदी ने शोक व्यक्त किया। इस दौरान प्रधानमंत्री मोदी भावुक होकर रो पड़े और 2001 में गुजरात के भुज में आए भूकंप की त्रासदी को याद किया। जिसमें हजारों की संख्या में लोगों की जान चली गई थी। प्रधानमंत्री दिल्ली में भारतीय जनता पार्टी के संसदीय दल की बैठक को संबोधित कर रहे थे।

उन्होंने अपने संबोधन में बताया कि 2001 में जब भुज में भूकंप आया था, तब वह गुजरात के मुख्यमंत्री थे। उस दौरान रेस्क्यू ऑपरेशन में काफी दिक्कतों का सामना करना पड़ा था। प्रधानमंत्री ने

तुर्किये और सीरिया के लिए मानवीय आधार पर हर संभव मदद भेजने की बात भी कही। उन्होंने कहा, 'मुझे एहसास है कि इस वक्त तुर्की में क्या हालत है और वहां के लोग किन मुश्किलों से गुजर रहे हैं।

भारत ने तुर्की में बचाव के लिए ऑपरेशन दोस्त की शुरुआत की। ऑपरेशन दोस्त के तहत 151 एनडीआरएफ कर्मी और 3 डॉग स्क्वाड की टीमें भूकंप प्रभावित तुर्की को सहायता देने पहुंची। इसके अलावा चिकित्सा आपूर्ति, ड्रिलिंग मशीन और सहायता के प्रयास के लिए अन्य उपकरण भेजे गए।

तुर्की में आए आपदा में भारत के मदद के बाद भी तुर्की G-20 के श्रीनगर बैठक का बहिष्कार करता है। नरेंद्र मोदी के रोने की बात है तो देश में कई आपदा आई, कभी नहीं रोते। यहां तक कि अपनी मां के मृत्यु पर भी रोते नहीं देखे गए लेकिन मुस्लिम भारत ही नहीं पूरे विश्व में कही पीड़ित हो। ये खुद को रोने से नहीं रोक पाते। कहीं कुछ अपवाद हो तो किसी अन्य के लिए रो सकते हैं लेकिन कभी भी किसी हिंदू के लिए आजतक नहीं रो पाए।

जिस भुज में आए भूकंप की मोदी ने बात कही, वो 26 जनवरी 2001 में आया था, तब केशुभाई पटेल गुजरात के मुख्यमंत्री थे। भूकंप में हुए नुकसान के बाद बीजेपी को उपचुनाव और स्थानीय चुनाव में मिली हार के बाद केशुभाई पटेल को हटाकर 7 अक्टूबर 2001 को मोदी को मुख्यमंत्री बनाया गया। उससे पहले तो वार्ड के सदस्य तक भी नहीं थे। मुख्यमंत्री बनने के बाद विधायक बने।

चीन के बारे में पाठक इस पुस्तक में पढ़ चुके हैं कि कितना उसके प्रति समर्पित हैं। ब्रिक्स समिट के दौरान नरेंद्र मोदी और जिनपिंग का एक वीडियो सामने आया, जिसमें मोदी उनके सामने असहज नजर आए और चीन का नाम लेने से भी परहेज रहे।।

नरेंद्र मोदी के प्रधानमंत्री बनने बाद मीडिया और बीजेपी आईटी सेल उनके तस्वीर पोस्ट करके लोगों से राय मांगती है। इस तस्वीर को देख पाठक अपनी राय तय कर सकते हैं।

ये सब देख आप तय कर सकते हैं कि भारत की विदेश नीति किस स्तर पर पहुंच चुकी है। कोई भी छोटा से छोटा देश भी आज भारत को आँख दिखा देता है। इस्लामिक देश नरेंद्र मोदी के साथ तो हैं

लेकिन भारत के साथ नहीं। मोदी को विदेश में मिले अवॉर्ड की चर्चा होती है तो कई देश अपने भारत के व्यवसाय तो कइयों का एजेंडा लागू हो रहा है। इस्लामिक देशों का सवाल है तो भारत में इस्लाम का मोदी सरकार में स्वर्णिम काल चल रहा है। कई बार वो भारत को आंख इसलिए दिखते हैं कि ये दबाव में आ और ज्यादा मुसलमान के लिए काम करें। सऊदी अरब की जो जम्मू कश्मीर में मुस्लिम को लेकर प्रतिक्रिया थी उससे ये स्पष्ट है क्योंकि भारत ने वहां के मुस्लिम के खिलाफ कौन से काम किए। अगर किए होते तो शाह फैसल, शहला रशीद और कई अन्य पूर्व अलगाववादी सोच रखने वाले आज सरकार के प्रसंशक नहीं होते। जो भारत के साथ नहीं हैं, उन देशों से सम्मान लेना और भारत के प्रति उनके रवैय्या को अनदेखा करना बताता है कि मोदी के लिए देश से बड़ा वो स्वयं हैं।

05 अप्रैल 2023 को गृह राज्यमंत्री नित्यानंद राय ने राज्यसभा में लिखित जबाव में जानकारी दी कि जम्मू कश्मीर में 1559 कंपनियों ने निवेश किया।

केंद्रीय गृह राज्य मंत्री नित्यानंद राय ने यह बताते हुए कहा कि जम्मू-कश्मीर से अलग हुए लद्दाख में एक भी बाहरी व्यक्ति ने जमीन नहीं खरीदी है। उन्होंने कहा कि 2020 में जम्मू-कश्मीर में एक, 2021 में 57 जबकि 2022 में 127 बाहरियों ने जमीनें खरीदीं। यानी 2019 में अगस्त से लेकर दिसंबर तक एक भी व्यक्ति ने जमीन नहीं खरीदी। यानी, करीब चार वर्षों में जम्मू-कश्मीर के लोगों ने 185 बाहरियों को जमीनें बेची हैं।

गौरतलब हो कि गृह राज्यमंत्री नित्यानंद राय ने 29 मार्च 2022 को राज्यसभा में लिखित उत्तर दिया था कि जम्मू-कश्मीर सरकार की ओर से प्रदान की गई सूचना के अनुसार, केंद्रशासित प्रदेश के बाहर के 34 लोगों ने अनुच्छेद 370 हटने के बाद वहां संपत्तियां खरीदी हैं।'' उन्होंने बताया कि ये संपत्तियां जम्मू, रियासी, **ऊधमपुर** और गांदेरबल जिलों में हैं। यानि ये सारी जमीने हिंदू बहुल जम्मू संभाग में खरीदी गई।

10 अगस्त 2021 को केंद्रीय गृह राज्य मंत्री नित्यानंद राय ने लोकसभा में बताया कि अब तक मात्र दो बाहरी लोगों ने जमीन खरीदी है।

ये मैं पाठकों के ऊपर छोड़ देता हूं कि तय करें कि कौन सा आंकड़ा सही दिया। ये पहली सरकार है जो संसद को गुमराह कर देती है और झूठ बोला जाता है। ये माना जाता था कि संसद और कोर्ट में सरकार सही पक्ष रखती है लेकिन मोदी सरकार में ये भ्रम टूट गया।

11 अगस्त 2021 को कश्मीरी पंडितों को कश्मीर में बसाने के सवाल का लिखित जबाव देते हुए गृहराज्य मंत्री नित्यानंद राय ने राज्यसभा में जानकारी दी,'' अब तक 9 कश्मीरी पंडितों को कश्मीर में उनकी प्रॉपर्टी दिलाई गई है। यह कश्मीरी पंडित उस प्रॉपर्टी के असली मालिक हैं, जो कभी हिंसा के बाद पलायन कर गए थे।

9 फ़रवरी 2022 को केंद्रीय गृह राज्यमंत्री नित्यानंद राय ने राज्यसभा में जानकारी दी कि 610 कश्मीरी पंडितों को उनकी जमीन दिलाई गई। जो 90 के दशक में फैले आतंकवाद के कारण अपना घर जमीन खो चुके थे।

2 फ़रवरी 2022 को नित्यानंद राय ने राज्यसभा में जानकारी दी कि धारा 370 हटने के बाद 1700 कश्मीरी पंडितों को नौकरी दी गई।

6 अप्रैल 2022 को राज्यसभा में नित्यानंद राय ने लिखित जबाव में कहा कि जम्मू-कश्मीर से धारा 370 हटाए जाने के बाद 2105 प्रवासी प्रधानमंत्री विकास पैकेज के तहत नौकरी के लिए घाटी लौट आए।

20 जुलाई 2022 को राज्यसभा में नित्यानंद राय ने कहा कि प्रधानमंत्री विकास पैकेज के तहत 5502 कश्मीरी पंडितों घाटी में जम्मू कश्मीर सरकार के विभिन्न विभागों में सरकारी नौकरी प्रदान की गई है।

केंद्रीय गृहमंत्री अमित शाह कई मौकों पर बोल चुके हैं कि जम्मू कश्मीर से 370 हटने के बाद पत्थरबाजी नहीं होती। ये सच है कि पत्थरबाजी की घटनाओं में 91 प्रतिशत की कमी आई है।

अब हो क्यों न जब गृहमंत्री अमित शाह ने राष्ट्रीय पुलिस स्मृति दिवस' के मौके पर दिल्ली के चाणक्यपुरी क्षेत्र में राष्ट्रीय पुलिस स्मारक में शीर्ष पुलिस और अर्धसैनिक बलों के कमांडरों को संबोधित करते हुए कहा कि जम्मू-कश्मीर के हालात ऐसे हैं कि जो पहले सुरक्षाकर्मियों पर पत्थर फेंकते थे, वे अब 'पंच' और 'सरपंच' बन गए हैं।

कश्मीर में बम धमाके तो रुके नहीं साथ में टारगेट किलिंग बढ़ गई। हिंदुओं का आधार कार्ड देखकर गोली मारी जाती है। 12 मई 2022 को राहुल भट्ट को बड़गाम में उनके कार्यालय में घुसकर गोली मार दी गई। भट्ट की हत्या के बाद कश्मीर में हिंदुओं ने प्रदर्शन किया, जिसके ऊपर पुलिस ने लाठीचार्ज किया। सबसे बड़ी बात है महिलायों पर भी पुरुष पुलिसकर्मियों ने लाठीचार्ज किया।

13 मई 2022 को राहुल भट्ट की हत्या के बाद दूसरे दिन भी विरोध प्रदर्शन जारी रहा। वे उपराज्यपाल को मौके पर बुलाने के लिए अड़िग रहे, जब नहीं आए तो विरोध स्वरूप उन्होंने एयरपोर्ट की ओर मार्च किया, जिन्हें रोकने के लिए पुलिस ने लाठीचार्ज कर आंसू गैस के गोले दागे। भट्ट के हत्या के विरोध में 350 सरकारी कर्मचारियों ने सामूहिक इस्तीफा दे दिया।

26 जून 2022 को लोकसभा में एक लिखित सवाल का जवाब देते हुए नित्यानंद राय ने इस बात को सिरे से नकार दिया कि घाटी में कश्मीरी पंडितों की हत्या के विरोध में पीएमडीपी के तहत कार्यरत किसी भी व्यक्ति ने इस्तीफा दिया है।

31 मई 2022 को दक्षिण कश्मीर के स्कूल शिक्षिका रजनी बाला की गोली मारकर हत्या कर दी गई। हिंदुओं की कश्मीर घाटी में हो रही हत्या के विरोध में कश्मीरी पंडितों ने जम्मू में विरोध करना शुरू किया। उनकी मांग थी कि उन्हें कश्मीर घाटी से जम्मू में स्थानांतरित किया जाए। प्रधानमंत्री पैकेज के तहत काम कर रहे कर्मचारियों को सरकार ने नोटिस भेजकर काम पर लौटने को कहा, लेकिन दहशत के मारे लोग नहीं लौटे। धरना दे रहे कश्मीरी पंडितों का तनख्वाह रोक दिया गया।

21 दिसंबर 2022 को 6 महीने से प्रदर्शन कर रहे कर्मचारियों को उपराज्यपाल मनोज सिन्हा ने हिदायत देते हुए कहा कि घाटी में सेवारत कश्मीरी पंडित अपना काम नहीं करते हैं तो उनके वेतन का भुगतान

नहीं किया जाएगा। सिन्हा ने स्पष्ट कर दिया कि कश्मीरी पंडित कर्मचारियों का जम्मू में स्थानांतरण नहीं होगा।

कश्मीरी पंडितों ने 310 दिन बाद अपना धरना प्रदर्शन स्थगित करते हुए कहा कि वे आत्मसमर्पण कर रहे हैं क्योंकि जम्मू-कश्मीर प्रशासन ने न तो हमारी मांग को स्वीकार किया है और न खारिज किया है, लेकिन विरोध प्रदर्शन को स्थगित करना पड़ा क्योंकि वेतन रोकने से हम आर्थिक रूप से परेशान हो गए हैं।

23 दिसंबर 2023 को कश्मीर में हो रही टारगेट किलिंग को लेकर मनोज सिन्हा ने कहा कि ये कश्मीरी पंडित टारगेट किलिंग के शिकार हैं, इसे धर्म के हिसाब से देखना ठीक नहीं क्योंकि बाकि दूसरे लोग भी मारे गए हैं। दो-तीन घटनाएं हुई हैं लेकिन झूठ फैलाया जा जा रहा है।

गौरतलब हो कि कश्मीर में हो रही टारगेट किलिंग को लेकर 12 मई 2022 को केंद्रीय गृहराज्य मंत्री नित्यानंद राज्य ने कहा कि तीन साल में 14 हिंदुओं की टारगेट किलिंग की गई है, जिसमें 4 कश्मीरी पंडित थे।

जब आतंकवादी किसी की हत्या आधार कार्ड देखकर कर रहे हों उसके बाद उपराज्यपाल का बयान कि इसे धर्म के चश्मे से न देखें। टारगेट किलिंग का मामला सिर्फ कश्मीर ही नहीं जम्मू संभाग में भी हो रहा है। 1 जनवरी 2023 को जम्मू-कश्मीर के राजौरी जिले के डांगरी गांव में चार हिंदुओं की हत्या का गुस्सा शांत नहीं हुआ कि आतंकियों ने 2 जनवरी 2023 को फिर दहशत फैलाई। आतंकियों के हमले में दो और बच्चों की मौत हो गई है। इन दो मौतों के बाद 14 घंटों के अंदर मारे गए हिंदुओं की संख्या 6 हो गई है। हैरानी वाली बात थी कि आतंकियों ने दूसरे दिन भी उसी जगह पर टारगेट किलिंग की, जहां पहले दिन चार हिंदुओं को मारा। पास में ही हिंदुओं की हत्या के खिलाफ प्रदर्शन चल रहा था और वहीं इस दर्दनाक घटना को अंजाम दिया गया। बताया गया कि एक घर के अंदर विस्फोट हुआ, जिसमें चार साल के बच्चे और पांच साल की बच्ची की मौत हो गई और छह लोग घायल हो गए। आतंकी घरों में घुसे, आधार कार्ड देखा और गोली मार दी।

आतंकी और भी घरों में घुसकर कई लाशें गिराते, लेकिन तब तक **बाल कृष्ण** नाम के शख्स ने तड़ा-तड़ दो फायरिंग कर दी। आतंकियों को लगा कि **सुरक्षाबलों** की ओर से फायरिंग की जा रही है और वे भाग खड़े हुए। बालकृष्ण के पास बंदूक का लाइसेंस नहीं था, पर घर में राइफल पड़ी थी। जरूरत पड़ी और उन्होंने कर दी फायरिंग।

जम्मू-कश्मीर में आतंकवादियों के खिलाफ लड़ाई के लिए वर्ष 1995 में वीडीसी यानी ग्राम सुरक्षा समितियों का गठन किया गया था। जम्मू के 10 जिलों में 26,567 स्थानीय लोगों की भर्ती करते हुए उन्हें हथियार दिया गया था, ताकि वो आतंकियों से मुकाबला कर सकें और अपना बचाव कर सकें। सबसे अधिक वीडीसी स्वयंसेवकों की संख्या 5818 राजौरी जिले में रही है। इसके बाद रियासी में 5730 और डोडा में 4822 है।

पुलिस बिल-2013 के तहत सरकार ने वीडीसी को कानूनी कवर प्रदान करने का प्रस्ताव भी बनाया था। लेकिन बाद के वर्षों में तत्कालीन सरकारों ने ज्यादातर समिति सदस्यों पर मिसयूज का आरोप लगाते हुए हथियार वापस ले लिए और समितियों को भंग कर दिया गया।

सुरक्षा समितियों ने जम्मू संभाग के डोडा, किश्तवाड़ और रामबन जिलों में आतंकवाद के खात्मे में अहम भूमिका निभाई थी। 90 के दशक में डोडा में आतंकियों ने खूब आतंक मचाया। हिंदुओं को चुन-चुन कर मारा जाने लगा था। एक शादी में 27 लोगों को कतार में खड़ा कर गोलियों से भून दिया गया। इस घटना के तुरंत बाद 35 हिंदुओं की हत्या कर दी गई थी।

ऐसी और भी कई घटनाओं के बाद वीडीसी ने मोर्चा संभाला था और आतंकियों से लड़ाई लड़ी थी। बाद में समिति सदस्यों से हथियार वापस लिए जाने लगे। हालांकि पुलिस का कहना था कि केवल साठ साल की उम्र पार कर चुके सदस्यों से हथियार जमा करने को कहा गया, ताकि उनकी जगह युवाओं को मौका दिया जाए।

कश्मीर में हो रही ज़्यादार टारगेट किलिंग की जिम्मेवारी कश्मीर फ्रीडम फाइटर नामक संगठन लेती है लेकिन संतुष्टीकरण की राजनीति वश बीजेपी के नेता किसी भी आतंकी घटना के बाद उसका नाम लेने के बजाय पाकिस्तान को चुनौती देते देखे जाते हैं। वैसे गृहमंत्री अमित शाह बोलते हैं कि मोदी सरकार में पाकिस्तान की हिम्मत नहीं कि वो भारत की तरफ आंख उठाकर देख सके। सीमा को सुरक्षित होने का भी दावा करते हैं।

आतंकवादियों के टारगेट किलिंग से घबराए 80 प्रतिशत कश्मीरी पंडितों (हिंदुओं) ने 3 जून 2022 तक रिपोर्ट के अनुसार कश्मीर घाटी छोड़कर जम्मू पहुंचे और कहा कि दहशत ऐसी है कि हम डिप्रेशन में हैं।

रिपोर्ट आने के 1 महीने बाद ही 20 जुलाई 2022 को केंद्रीय गृह राज्यमंत्री नित्यानंद राय ने राज्यसभा में लिखित जबाव देकर बताया कि धारा 370 हटने के बाद कश्मीर घाटी से किसी कश्मीरी पंडित का पलायन नहीं हुआ।

अनुच्छेद 370 में संशोधन के बाद भी घाटी में कश्मीरी पंडितों की वापसी मुश्किल बनी हुई है। 419 परिवारों ने बिना सरकारी मदद के घाटी में लौटने के लिए हिम्मत दिखाई और केंद्रीय गृह मंत्रालय में आवेदन दिया, लेकिन 5 साल बाद भी उन्हें जवाब नहीं मिला। ये 419 उन 60 हजार परिवारों में से ही हैं, जिन्होंने 1989 के आतंकी हमलों के चलते घाटी छोड़ दी थी।

बड़ी बात यह है कि फरवरी 2021 में गृह मंत्रालय राज्य प्रशासन से कह चुका है कि पंडितों के कश्मीर में पुनर्वास के लिए राज्य बजट का 2.5% हिस्सा खर्च करें। फिर भी प्रशासन ने अब तक कुछ नहीं किया और इस नीतिगत योजना को लागू भी नहीं किया।

बीते तीन साल में केंद्र से राज्य को 3.38 लाख करोड़ रु. मिले। यदि इस बजट का 2.5% पैसा पुनर्वास के लिए मिला होता तो 8,465 करोड़ रुपए खर्च होते, लेकिन प्रशासन ने इसके लिए न पैसा जारी किया, न पुनर्वास हुआ।

जम्मू कश्मीर में आतंकवाद को लेकर जो सरकार, प्रशासन और सेना की तरफ से आँकड़े दिए जाते हैं वो काफी हद तक भ्रमित करने वाले वाले होते हैं। गृह मंत्रालय के 2 नवंबर 2022 रिपोर्ट के अनुसार जम्मू और कश्मीर में अक्टूबर 2022 तक 176 आतंकवादी मारे गए। जिनमें 50 विदेशी आतंकवादी

और 126 स्थानीय आतंकवादी थे। फिलहाल 134 आतंकवादी मौजूद हैं, जिनमें 83 विदेशी और 51 स्थानीय आतंकवादी हैं।

मीडिया रिपोर्ट्स के अनुसार, हाल ही में मुंबई में संयुक्त राष्ट्र सुरक्षा परिषद (UNSC) की आतंकवाद निरोधी समिति की बैठक में गृह मंत्रालय ने माना था कि कश्मीर घाटी में हिंसा फिर से बढ़ रही है। सरकारी आंकड़ों के अनुसार, 2018 में जम्मू-कश्मीर में 600 आतंकी शिविर थे, जो 2021 में घटकर 150 हो गए। हालांकि, सितंबर 2022 तक, इन आतंकी ठिकानों की संख्या बढ़कर 225 हो गई।

22 नवंबर 2022 को सेना की तरफ से उत्तरी कमान के जनरल ऑफिसर-कमांडिंग-इन-चीफ लेफ्टिनेंट जनरल उपेन्द्र द्विवेदी ने कहा, "जम्मू-कश्मीर में 300 आतंकवादी सक्रिय हैं, 160 आतंकवादी सीमा पार लॉन्च पैड पर इंतजार कर रहे हैं।"

23 नवंबर 2022 को जम्मू और कश्मीर के डीजीपी दिलबाग सिंह ने कहा कि घाटी में आतंकवादियों की संख्या 100 से नीचे आ गई है और जम्मू-कश्मीर में सुरक्षा स्थिति पहले से बेहतर है।

ये एक महीने के भीतर ही तीन अलग-अलग आंकड़े देते हैं। ये तभी संभव है कि जब किसी के पास कोई आंकड़ा नहीं है या फिर ये जानबूझकर लोगों को गुमराह कर रहे हैं। सबके पीछे सरकार है क्योंकि सेना और पुलिस सरकार के निर्देशानुसार ही काम करती है।

धारा 370 में संशोधन के बाद वक्फ बोर्ड का जम्मू-कश्मीर और लद्दाख में विस्तार हो पाया। 4 दिसंबर 2020 को तत्कालीन केंद्रीय अल्पसंख्यक मामलों के मंत्री मुख्तार अब्बास नकवी ने कहा, "आज़ादी के बाद पहली बार जम्मू-कश्मीर और लेह-कारगिल क्षेत्रों में वक्फ बोर्ड स्थापित किए जाएंगे। ये 370 निरस्त करने के बाद ही संभव हो पाया।"

डॉ. दरक्षण अंद्राबी को वक्फ बोर्ड का अध्यक्ष बनाया गया। जो बीजेपी के राष्ट्रीय कार्यकारिणी की सदस्य, जम्मू-कश्मीर बीजेपी के कोर ग्रुप की सदस्य, बीजेपी प्रवक्ता और राष्ट्रीय वक्फ बोर्ड की सदस्य भी हैं।

22 सितंबर 2023 को अंद्राबी जेल से रिहा हुए अलगाववादी नेता मीरवाइज उमर से मिलती हैं। उन्होंने ट्वीट कर लिखा, "आदरणीय भाई मीरवाइज उमर फारुख साहब को बधाई। प्रशासन के अत्यंत सराहनीय निर्णय के बाद आपको देखकर अनुभूति हो रही है। धार्मिक विद्वान सभी के हैं और किसी भी समूह या राजनीतिक दल के पास किसी भी धार्मिक व्यक्तित्व के लिए कॉपीराइट नहीं है। मुझे उम्मीद है कि इस बार मीरवाइज की रिहाई की खुशी पर राजनीतिक नाटकीय बयानबाजी का साया नहीं पड़ेगा। उन्हें भविष्य के लिए शुभकामनाएं।"

उन्होंने साथ ही इसे प्रधानमंत्री कार्यालय, अमित शाह, जम्मू-कश्मीर उपराज्यपाल कार्यालय आदि को टैग किया।

नरेंद्र मोदी धारा 370 में संशोधन के बाद पहली बार जम्मू कश्मीर दौरे पर थे। 7 मार्च 2024 को मोदी ने कहा कि उनका अगला मिशन 'वेड इन इंडिया' है। श्रीनगर में 'विकसित भारत, विकसित जम्मू और कश्मीर' कार्यक्रम में बोलते हुए, प्रधानमंत्री ने भारत के नागरिकों से विदेशों में शादियों की मेजबानी करने से बचने का आग्रह किया।

पीएम मोदी ने आगे कहा "लोगों को भारत में शादियों की मेजबानी करनी चाहिए...अगर लोगों को जम्मू-कश्मीर आकर शादियों की मेजबानी करने का मन हो...यहां अपनी बुकिंग करें, तीन दिनों के लिए यहां रुकें और यहां जमकर खर्च करें ताकि जम्मू-कश्मीर के लोगों को भी अपनी आजीविका मिल सके।"

अब मोदी के मिशन के पीछे कारण है कि कश्मीर में जाकर लोग जमकर खर्च करते हैं तो उसका सीधा फायदा वहाँ के मुसलमान का होगा।

अगर कोई हमला हो जाता है तो मोदी निंदा तक नहीं करेंगे। अगर चुनाव में उससे वोट मिलने वाला रहा हो, उसके नाम पर वोट भी मांग लेंगे। इन्होंने हमेशा अपने विफलता के नाम पर ही वोट मांगा है। ये लोग ऐसे मामलों को भुनाने के लिए दोष किसी और पर तो डालते ही हैं, साथ ही लोगों से ऐसी घटना रोकने के नाम पर वोट मांग लेते हैं।

जहां लोगों का आधार कार्ड देखकर गोली मारा जा रहा हो, ये वहां लोगों की शादी के आयोजन का आह्वान कर रहे हैं।

भाजपा का दावा रहा कि 370 हटने के बाद कश्मीर में शांति बहाल हो गई। अगर सब कुछ ठीक है तो वर्ष 2024 का लोकसभा चुनाव आखिर कश्मीर से क्यों नहीं लड़ा ? जबकि पूर्व के लोकसभा चुनावों में कश्मीर से बीजेपी के प्रत्याशी चुनाव लड़ते रहे है।

श्रीनगर के कार्यक्रम के दौरान नरेंद्र मोदी नाज़िम से मिले और सेल्फी ली। मोदी ने सोशल मीडिया प्लेटफॉर्म X पर नाज़िम के साथ सेल्फी पोस्ट किया। उन्होंने लिखा, "मेरे दोस्त नाज़िम के साथ एक यादगार सेल्फी। मैं उनके अच्छे काम से प्रभावित हुआ। सार्वजनिक बैठक में उन्होंने एक सेल्फी का अनुरोध किया और उनसे मिलकर खुशी हुई। उनके भविष्य के प्रयासों के लिए मेरी शुभकामनाएं।"

ये देखकर लगा कि नाज़िम से ज्यादा मोदी के लिए खुशी की बात थी।

प्रधानमंत्री मोदी कहीं भी जाएं किसी न किसी मुस्लिम से मिलना तय तो है ही साथ में उसके हुनर की प्रशंसा भी करते हैं ताकि उसकी आय बढ़े। बहरहाल मीडिया में नाज़िम की हर तरफ चर्चा होने लगी। मोदी ने किसी के साथ सेल्फ़ी डाल दी तो चर्चा होनी भी थी। नाज़िम को लेकर जो खबर सामने आई कि वो पुलवामा के सांबोरा गांव के रहने वाले हैं। वो शहद का काम करते हैं। उन्होंने अपने काम और उस योजना के बारे में भी प्रधानमंत्री नरेन्द्र मोदी को बताया, जिसकी वजह से उन्हें शहद कारोबारी के रूप में खास पहचान मिली। नाज़िम ने बताया कि जब वो साल 2018 में 10वीं के छात्र थे तब उन्होंने अपने घर की छत पर दो बक्सों के साथ मधुमक्खी पालन का बिजनेस शुरू किया था। स्कूल से आने के बाद वो इसी काम में मगन रहते थे। धीरे-धीरे उन्होंने इस काम की जानकारी इंटरनेट से जुटाई और काम बढ़ाने के बारे में सोचा।

नाज़िम ने कहा कि साल 2019 में उन्होंने इसी काम को आगे बढ़ाने के बारे में सोचा, लेकिन कैसे बढ़ेगा ये पता नहीं था। साल 2019 में, मैं सरकार के पास गया और मधुमक्खियों के 25 बक्से के लिए 50% सब्सिडी मुझे मिली। उन 25 बक्सों से करीब 25 किलो शहद निकला। पहली बार इतने शहद को बेचने के लिए उन्हें कोई मार्केट भी नहीं पता था। फिर वो गांव-गांव गए, शहद बेचा। इससे उन्हें पूरे 60 हजार रुपए की कमाई हुई। घर वाले भी खुश हो गए।

नाज़िम को प्रधानमंत्री रोजगार सृजन कार्यक्रम योजना के तहत करीब 5 लाख का लोन मिला। इसकी बदौलत वो 25 से 200 बक्सों पर आ गए। साल 2020 में नाज़िम ने शहद बेचने के लिए खुद की वेबसाइट शुरू की। बेवसाइट खुलने के बाद वो शहद का ब्रांड बन गए। हजारों रुपए के ऑनलाइन ऑर्डर नाज़िम को मिलने लगे। साल 2023 में नाज़िम ने ऑनलाइन 5 हजार किलो शहद बेचा। अब वो अपने साथ-साथ 100 लोगों को रोजगार दे रहे हैं। अब एक स्टॉल से ही 1 लाख की कमाई हो जाती है।

मोदी के दोस्त नाज़िम का पुराना X पोस्ट सामने आया। जिसमें लिखा था, "इससे कुछ नहीं होगा.......
एक दिन इस्लाम दुनिया पर राज करेगा ......सच कड़वा होता है।"

नाज़िम को इतनी सरकारी सुविधा जो कि टैक्स के पैसे से मिला लेकिन कट्टरता में कोई कमी नहीं है।
आज स्थिति है कि कोई अपराध करके भी मीडिया के सामने मोदी की प्रशंसा कर दे तो उसे सज्जन
व्यक्ति मान लिया जाता है।

नरेंद्र मोदी ही नहीं जम्मू-कश्मीर में जो भी केंद्रीय नेता दौरा करता है तो वो जाकर कश्मीर घाटी के लोगों
से मिलता है। ये हिंदुओं से मिलने में परहेज करते हैं, जो कि वहां पीड़ित रहा है।

ये सब देख पाठक तय कर सकते हैं कि मोदी सरकार कश्मीर के अलगाववादियों या पीड़ित हिंदुओं में
से किसके साथ है। धारा 370 में संशोधन का आखिर फायदा किसका हुआ?

चीनी घुसपैठ और
आंतरिक-सीमा सुरक्षा में नाकाम

जब चीनी घुसपैठ की बात हो तो सिर्फ जवाहर लाल नेहरू की बात होती है। मोदी सरकार में भी जो घुसपैठ हो तो बीजेपी कांग्रेस के सर पर डालने का प्रयास करती है। नरेंद्र मोदी भी प्रधानमंत्री बनने से पहले कांग्रेस को नसीहत देते दिखते थे कि चीन के खिलाफ, उनके हरकतों के खिलाफ आवाज उठानी चाहिए थी। लाल आँख करके चीन को समझाना चाहिए था।

नरेंद्र मोदी के प्रधानमंत्री बनने के बाद शी जिनपिंग अपनी पत्नी पेंग लियुआन के साथ अहमदाबाद पहुंचे जहां मोदी ने उनका स्वागत किया। जो प्रधानमंत्री बनने से पहले लाल आँख दिखाने की बोलते थे, वो सत्ता में आकर उनके साथ झूला झूलने लगे।

16 जून 2017 को चीन ने डोकलाम में सड़क बनाना शुरू किया था, तो भारतीय सेना ने रोक दिया था। इस विवाद के बाद भारत और चीन की सेना 73 दिनों तक आमने सामने डटी रही थी। 17 जनवरी 2018 को सैटलाइट तस्वीरों के हवाले से जारी एक रिपोर्ट के मुताबिक, चीन डोकलाम क्षेत्र के उत्तरी

हिस्से में 7 हेलिपैड बना चुका है। हथियारों से लैस वाहन भी उसने इस क्षेत्र में तैनात कर रखे हैं। वहां पर सतह से हवा में मार करने वाली मिसाइलें, टैंक्स, आर्मर्ड वीइकल्स, ऑर्टिलरी सहित कई अन्य सैन्य उपकरणों की मौजूदगी पाई गई है।

2022 में सैटेलाइट इमेज से पता चला कि चीन ने बॉर्डर से कुछ दूरी पर एक पूल के साथ कई नए निर्माण किए हैं। जो कि भारत के लिए चिंताजनक है। डोकलाम में जहां भारत और चीनी सेना के जवानों के बीच झड़प हुई थी, वहां आस पास के इलाकों में सड़क बनाने की बात सामने आई। भारत भूटान चीन ट्राई जंक्शन से लगभग 9 किमी दूर चीन भूटान में अपना विस्तार करता जा रह है। 2020 में जिस पंगड़ा गाँव को बसाया गया, 2021 में उसका विस्तार किया गया और हाल में देखा गया कि वह गाँव दक्षिण में विस्तार कर रहा है। इसके अलावा तोर्सा नदी पर एक पुल के साथ-साथ नई इमारतों का निर्माण भी देखा गया। इस क्षेत्र की सबसे बड़ी चिंता सिलीगुड़ी कॉरिडोर है, जिसे चिकन नेक के नाम से भी जाना जाता है। चीन इस कॉरिडोर तक आगे बढ़ सकता है।

जहां यह कॉरिडोर सबसे संकरा है, वहां से करीब 22 किलोमीटर तक ही चौड़ा है। यही कॉरिडोर उत्तर-पूर्वी राज्यों को भारत के बाकि हिस्सों से जोड़ता है।

19 नवंबर 2019 को लोकसभा में भाजपा सांसद तापिर गाव ने दावा किया कि चीन ने अरुणाचल की 50 किमी से ज्यादा जमीन पर कब्जा कर रखा है। शून्य काल के दौरान उन्होंने कहा कि जब भी राष्ट्रपति, प्रधानमंत्री, रक्षा मंत्री या गृहमंत्री अरुणाचल प्रदेश के दौरे पर जाते हैं, चीन आपत्ति जताता है। 14 नवंबर 2019 को जब रक्षा मंत्री राजनाथ सिंह तवांग गए थे, तब भी चीन ने आधिकारिक पत्रकार वार्ता करके विरोध जताया था। उन्होंने कहा, 'मैं सदन व मीडिया से आग्रह करता हूं कि वे इसके खिलाफ आवाज उठाएं।'

उन्होंने कहा कि चीन भारतीय क्षेत्र में कब्जा करता है, पर किसी मीडिया में कोई खबर नहीं आती। इस सदन और राजनीतिक दलों के नेताओं की तरफ से भी कोई प्रतिक्रिया नहीं आती।

तापिर गाव ने कहा कि इस सदन के जरिए वह सरकार को बताना चाहते हैं कि दूसरा डोकलाम होगा, तो वह अरुणाचल प्रदेश में होगा। वह दिन कभी नहीं आए, इसके लिए सरकार को फौरन कदम उठाने चाहिए।

रक्षा मंत्री राजनाथ सिंह की तवांग यात्रा का जिक्र करते हुए उन्होंने कहा कि चीन ने प्रेस कॉन्फ्रेंस कर इस पर आपत्ति जताई थी। प्रधानमंत्री नरेंद्र मोदी के जाने पर भी चीन ने विरोध जताया था, पर हमारी सरकार और इस सदन की तरफ से चीन की आपत्ति पर कुछ नहीं कहा गया।

चीन ने अरुणाचल प्रदेश में विवादित सीमा के साथ एक दूसरा नया गाँव बसाया। सैटेलाइट तस्वीरों से पता चला कि चीन ने अरुणाचल प्रदेश में एक और एन्क्लेव बना लिया है। जिसमें कम से कम 60 इमारतें हैं। सैटेलाइट तस्वीरों के मुताबिक, 2019 में यह एन्क्लेव मौजूद नहीं था, लेकिन दो साल बाद ही यह दिखने लगा। अरुणाचल प्रदेश के शी-योमी जिले में बने चीनी एन्क्लेव का निर्माण मार्च, 2019

और फरवरी, 2021 के बीच किया गया। भारत ने कभी अपने क्षेत्र पर इस तरह के गैरकानूनी कब्जे को स्वीकार नहीं किया है, न ही वह चीन के अतार्किक दावों को स्वीकार करता है। बता दें यह दूसरा एन्क्लेव भारत के लगभग छह किलोमीटर भीतर है।

नए एन्क्लेव की सटीक लोकेशन भारत सरकार की ऑनलाइन मैप सर्विस Bharatmaps द्वारा स्पष्ट दर्शाई गई है। भारत के इस डिजिटल नक्शे, जिसे बेहद सावधानी से सर्वेयर जनरल ऑफ इंडिया की निगरानी में तैयार किया जाता है, से यह भी पुष्टि होती है कि यह लोकेशन भारतीय सीमा के भीतर ही है। सैन्य संघर्षों तथा रक्षा नीति का विश्लेषण करने और डाटा उपलब्ध कराने वाली यूरोप से संचालित फोर्स एनैलिसिस के लिए काम करने वाले मुख्य सैन्य विश्लेषक सिम टैक के मुताबिक, 'जियोग्राफिक इन्फॉर्मेशन सिस्टम (GIS) के डाटा, जिसे सर्वे ऑफ इंडिया की आधिकारिक वेबसाइट से लिया गया, के आधार पर इस गांव की लोकेशन शर्तिया भारतीय इलाके में आती है।

चीन की पीपुल्स लिबरेशन आर्मी, अरुणाचल प्रदेश से लगी सीमा के पास निर्माण कार्य कर रही है। अरुणाचल प्रदेश के अंजॉ जिले के लोगों के मुताबिक, पीएलए के सैनिक भारतीय सीमा के नजदीक स्थित चागलगाम के हाडीगारा-डेल्टा 6 इलाके में निर्माण कार्य कर रहे हैं। ये निर्माण कार्य बड़ी-बड़ी मशीनें लाकर किया जा रहा है।

एलएसी के पास चागलगाम, अंजॉ जिले में आने वाली आखिरी पोस्ट है। इलाके के लोगों ने चीनी सेना के इस निर्माण कार्य का वीडियो भी रिकॉर्ड किया। जो वीडियो सामने आया है, वो कथित तौर पर 11 अगस्त, 2022 को रिकॉर्ड किया गया था। इस वीडियो में एक पहाड़ी इलाके में कुछ लोग मशीनों के जरिए पहाड़ तोड़ते नजर आ रहे हैं।

गौरतलब हो कि नवंबर 2021 में आई अमेरिकी रक्षा विभाग पेंटागन की एक रिपोर्ट में दावा किया गया था कि चीन ने अरुणाचल प्रदेश में एलएसी पर गांव बना लिया है। रिपोर्ट के मुताबिक, ये गांव अरुणाचल के सुबनसिरि जिले में बसाया गया है। इतना ही नहीं इस गांव में चीन ने सेना की चौकी भी बना रखी है।

9 दिसंबर 2022 को तवांग में चीनी घुसपैठ को लेकर भारतीय सैनिकों की चीनी सैनिकों से हिंसक झड़प हुई थी। 13 दिसंबर 2022 को केंद्रीय गृह मंत्री अमित शाह ने कहा कि जब तब मोदी सरकार गद्दी पर है, कोई एक इंच भी कब्जा नहीं कर सकता।

अप्रैल 2023 में चीन ने अपने नक्शे में अरुणाचल प्रदेश की 11 जगहों के नाम बदल दिए हैं। चीन ने पिछले 5 साल में तीसरी बार ऐसा किया है। इसके पहले 2021 में चीन ने 15 जगहों और 2017 में 6 जगहों के नाम बदले थे।

भारतीय विदेश मंत्रालय ने चीन की इस हरकत पर पलटवार किया है। विदेश मंत्रालय के प्रवक्ता अरिंदम बागची ने कहा है- हमारे सामने चीन की इस तरह की हरकतों की रिपोर्ट्स पहले भी आई हैं। हम इन नए नामों को सिरे से खारिज करते हैं। अरुणाचल प्रदेश भारत का आंतरिक हिस्सा था, हिस्सा है और रहेगा। इस तरह से नाम बदलने से हकीकत नहीं बदलेगी।

चीन ने 28 अगस्त 2023 को अपना ऑफिशियल मैप जारी किया है। इसमें भारत के अरुणाचल प्रदेश, अक्साई चीन, ताइवान और विवादित दक्षिण चीन सागर को अपने क्षेत्र में दिखाया है। चीन के सरकारी न्यूज पेपर ने एक्स (पहले ट्विटर) पर दोपहर 3:47 बजे नया मैप पोस्ट किया। इस पर भारत के विदेश मंत्री ने कहा कि चीन की पुरानी आदत है। उनके दावों से कुछ नहीं होता।

चीनी सेना ने 2020 में लद्दाख के 5 इलाकों में अतिक्रमण किया था, जहां से उसकी वापसी हो चुकी है, लेकिन देपसांग और दमचौक में पुरानी घुसपैठ बरकरार है। देपसांग में चीनी सैनिक मौजूद रहने से भारतीय सेना परंपरागत पैट्रोल प्वाइंट्स (PP) 10, 11, 12, 13, 14 तक नहीं जा पा रही है।

पूर्वी लद्दाख के 65 में से 26 पेट्रोलिंग पॉइंट्स ऐसे हैं, जहां भारतीय सैनिकों की मौजूदगी नहीं है। यह रिपोर्ट लेह-लद्दाख के एसपी पीडी नित्या ने एक मीटिंग में पेश की थी। इस मीटिंग में प्रधानमंत्री नरेंद्र मोदी, गृह मंत्री अमित शाह और एनएसए अजीत डोभाल भी मौजूद थे।

इसके मुताबिक- 65 पेट्रोलिंग पॉइंट्स ऐसे हैं, जहां पहले भारतीय सुरक्षा बल रेगुलर पेट्रोलिंग करते थे। ये काराकोरम दर्रे से चुमुर तक फैले हैं। इनमें से 26 ऐसे पॉइंट्स हैं जहां अब हमारी सेना 5 से 17, 24 से 32 और 37 गश्त नहीं कर पा रही।

दूसरी तरफ, रक्षा मंत्रालय ने इस रिपोर्ट को खारिज करते हुए कहा है कि देश की जमीन के किसी हिस्से पर चीन ने कब्जा नहीं किया है।

गौरतरब हो कि गलवान में चीनी घुसपैठ को लेकर भारतीय सेना और चीनी सेना के बीच हिंसक झड़प हुई थी, जिसमें 20 भारतीय जवान बलिदान हुए थे। प्रधानमंत्री मोदी ने 19 जून 2020 को इस सिलसिले में सर्वदलीय बैठक में कहा, "ना कोई घुसा था, न कोई घुसा हुआ है। हमारी कोई पोस्ट किसी दूसरे के कब्जे में नहीं है।"

अब सवाल है कि भारतीय सेना किसी दूसरे के क्षेत्र में कब्जा करने नहीं जाती। भारत ने हमेशा अपने ऊपर हुए आक्रमण और घुसपैठ का जबाव दिया है तो भारतीय सेना के जवान बलिदान कैसे हुए और अगर चीन ने घुसपैठ करने का प्रयास नहीं किया तो हिंसक झड़प कैसे हुई?

सर्वदलीय बैठक में प्रधानमंत्री मोदी के बयान के बाद फजीहत से बचने के लिए पीएमओ ने सफाई दी कि एलएसी को बदलने के किसी भी प्रयास का भारत मजबूती से जबाव देगा।

भाजपा नेता सुब्रमण्यम स्वामी ने आरोप लगाया कि चीन ने लद्दाख की 4,067 वर्ग किलोमीटर जमीन हड़प ली लेकिन मोदी सरकार लद्दाख में चीन के कब्जे को लेकर सच नहीं बता रही है। मै सुप्रीम कोर्ट में याचिका याचिका दायर करूंगा ताकि सच उजागर हो सके।

ये कुछ गिने चुने मामले हैं जहां चीन ने अपने विस्तारवादी नीति का परिचय दिया है। कई मामले तो मीडिया में भी नहीं दिया जाता।

जलवायु कार्यकर्ता सोनम वांगचुक ने मार्च 2024 में 21 दिनों तक चीनी घुसपैठ को लेकर विरोध प्रदर्शन किया। वांगचुक के मुताबिक 4000 वर्ग किलोमीटर जमीन चीन को दे दी और सवाल उठाने

पर उन्हें देशद्रोही बोला जा रहा है। 7 अप्रैल 2024 को वांगचुक ने चीन की सीमा पर पश्मीना मार्च करने की घोषणा की। वांगचुक के ऐलान को देखते हुए लद्दाख प्रशासन ने लेह में सीआरपीसी धारा 144 लगाने के आदेश दिए। इसके अलावा पुलिस ने इंटरनेट की स्पीड में कमी के आदेश जारी किए। प्रशासन की ओर से जारी आदेश के तहत किसी भी जुलूस, रैली या मार्च पर रोक की बात सामने आई। इस बारे में प्रशासन की ओर से जारी आदेश में कहा गया कि लेह में बयानबाजी, रैली या मार्च करने की अनुमति नहीं होगी। अनुमति के बिना लाउडस्पीकर बजाने, लोगों को इकट्ठा होने पर भी रोक है।

गौरतलब हो कि प्रधानमंत्री नरेंद्र मोदी के अरुणाचल प्रदेश के दौरे के बाद चीन के विदेश मंत्रालय ने 18 मार्च 2024 को कहा,“अरुणाचल प्रदेश चीन का अभिन्न हिस्सा है और इसे भारत के हिस्से में चीन कभी स्वीकार नहीं करेगा।”

अरुणाचल प्रदेश पर चीन अपना दावा करता है और उसका जिजांग नाम बताता है। 30 मार्च 2024 की साउथ चाइना मॉर्निंग पोस्ट की रिपोर्ट के अनुसार,जानकारी सामने आई कि चीनी नागरिक मामलों के मंत्रालय ने अरुणाचल प्रदेश में 30 और स्थानों का नाम बदल दिया, जिसे वह जांगनान या तिब्बत का हिस्सा कहते है। जिसमें 11 आवासीय इलाके, 12 पहाड़, चार नदियां, एक झील, एक दर्रा और एक खाली जमीन थी। इन इलाकों के नाम चीनी अक्षरों, तिब्बती लिपि और में लिखा गया था।

1 अप्रैल 2024 के रिपोर्ट के मुताबिक चीन ने सीमावर्ती इलाके में 624 नए गांवों को बसाया है। लगातार नए निर्माण के साथ अपने सैनिक भी तैनात कर रहा है।

1 अप्रैल 2024 को केंद्रीय विदेश मंत्री एस.जयशंकर ने प्रतिक्रिया देते हुए कहा, “अगर आज मैं किसी घर का नाम बदल दूं तो क्या वो मेरा हो जाएगा। अरुणाचल प्रदेश हमेशा से भारत का राज्य था, है और रहेगा। नाम बदलने से कोई फर्क नहीं पड़ेगा।"

2 अप्रैल 2024 को विदेश मंत्रालय के प्रवक्ता रणधीर जायसवाल ने कहा, “चीन लगातार अरुणाचल प्रदेश में जगहों के नाम बदलने जैसी बेतुकी हरकत करता आया है। हम इनको खारिज करते हैं। नाम बदलने से अरुणाचल की सच्चाई नहीं बदलेगी। वो हमेशा से भारत का अभिन्न अंग था और हमेशा रहेगा"

10 अप्रैल 2024 को केंद्रीय गृह मंत्री अमित शाह ने असम में कहा,“चीन हमारी एक इंच भी अतिक्रमण नहीं कर सका है। यहां तक भी डोकलाम में भी हमने उन्हें पीछे धकेल दिया।”

गौरतलब हो कि 1962 भारत चीन युद्ध के नायक रहे परमवीर चक्र विजेता मेजर शैतान सिंह व अन्य 113 बलिदानियों का स्मारक तोड़ बफर जोन बनाने का मामला सामने आया।

लद्दाख ऑटोनोमस हिल डेवलपमेंट काउंसिल के पूर्व सदस्य खोंचोक स्टानजीन ने बताया ने बताया,“अब ये बफर जोन है। ये वही स्थल है,जहां मेजर शैतान सिंह का पार्थिव शरीर मिला था ...ये दुखद है कि स्मारक को तोड़ना पड़ा।”

दूसरी तरफ,लद्दाख से बीजेपी सांसद जामयांग छेरिंग नामग्याल ने कहा कि मेजर शैतान सिंह के पुराने मेमोरियल को हटाए जाने का संबंध बफर जोन से नहीं है।

इस सिलसिले में विदेश मंत्रालय के प्रवक्ता अरिंदम बागची ने पहले तो कोई जबाव नहीं दिया। लेकिन दुबारा पूछने पर कहा कि उन्हें इस बारे में कोई जानकारी नहीं है।

ये मोदी सरकार की रणनीति रही है कि चीन के घुसपैठ को नेहरू के माथे डालो,हमेशा सच को नकारो और उससे भी बात ना बने तो सेना के शौर्य से जोड़ दो। जिससे संदेश जाए कि जो लोग घुसपैठ पर सवाल उठाए वो सेना के खिलाफ हैं और उसकी क्षमता पर सवाल उठा रहे हैं। ये आम जनता के भावना के साथ खेलने का इनका हथकंडा है।

जो नरेंद्र मोदी कभी लाल आँख दिखाने के लिए बोलते थे वो अब चीन का नाम तक लेने से परहेज करते हैं। अगर कभी लेना पड़े तो उसे क्लीनचीट देने का काम करते हैं।

5 फ़रवरी 2022 को विदेश राज्यमंत्री वी मुरलीधरन ने लोकसभा में एक सवाल के जबाव में लिखित जबाव में कहा कि चीन ने भारत की 38 हजार वर्ग किलोमीटर अवैध कब्जा कर रखा है। यह काम पिछले 6 दशक से कर रहा है। उन्होंने कहा कि पाकिस्तान ने 1963 में अवैध रूप से कब्जा किए गए शक्सगाम घाटी के 5 हजार 180 वर्ग किलोमीटर भारतीय क्षेत्र को अवैध रूप से चीन को सौंप दिया है।

चीन के अवैध कब्जे को लेकर बीजेपी हमेशा जवाहर लाल नेहरू को निशाना बनती रही है लेकिन अपने कार्यकाल पर ये सेना के शौर्य के आड़ में छुपने का प्रयास करते हैं तो तब भी तो सेना थी। अब रही बात सेना की तो भारतीय सेना हमेशा से शौर्यवान रही है। हमेशा राजनीतिक इच्छा शक्ति के अभाव से सेना मजबूर हुई है।

चीन के अलावा नेपाल जैसा छोटा देश जो भारत से सांस्कृतिक के रूप से काफी हद तक जुड़ा हुआ था। मोदी सरकार में उससे भी अच्छे संबंध नहीं रहे। अप्रैल 2015 में बाल्मीकि नगर बिहार के विधायक ने बताया कि सुस्ता के नाम पर भारतीय भगौड़े अपराधी भारतीय भूमि पर अवैध कब्जा जमाना चाह रहे हैं। 750 एकड़ कब्जा की गई जमीन पर भारत सरकार विकास करना चाह रही है तो भारतीय भगौड़े और उनके परिजन अवरुद्ध उत्पन्न कर रहे हैं और नेपाल पुलिस उनका सहयोग कर रही है।

2018 के रिपोर्ट के अनुसार नेपाल ने बिहार के पश्चिमी चंपारण जिले की लगभग 7100 एकड़ जमीन पर कब्जा जमा लिया है। ये सिलसिला अब भी तेजी से जारी है। वाल्मीकिनगर में सुस्ता, वाल्मीकि टाइगर रिजर्व के जंगल और गोवर्धना में शिवालिक रेंज की पहाड़ियां सहित कई ऐसे इलाके हैं, जहां अवैध कब्जा बढ़ रहा है।

इस इलाके के डीएम डॉ.निलेश रामचंद्र देवर ने कहा कि यह अंतरराष्ट्रीय मसला है, जबकि डीएफओ गौरव ओझा ने कहा कि जमीन पर अतिक्रमण है। इस स्थिति का फायदा उठाकर लोग दोहरी नागरिकता का लाभ ले रहे हैं। जंगल से करोड़ों रुपए के पेड़ काट दिए गए हैं।

सबसे बड़ी बात है कि एसएसबी को एक्शन लेने की मनाही है और प्रशासन को बोलने की अनुमति नहीं है।

18 मई 2020 को नेपाल सरकार ने संसद में संविधान संशोधन विधेयक पेश किया। इसका मकसद विवादित नए नक्शे को मान्यता देना है। नेपाल ने नए नक्शे में भारत के कालापानी, लिपुलेख और

लिम्पियाधुरा इलाके को अपना इलाका बताया! नेपाल ने इस नक्शे में कुल 395 वर्ग किलोमीटर के इलाके को अपना बताया।

उत्तराखंड के चंपावत में भारत-नेपाल सीमा पर नेपाल ने वन विभाग की पांच हेक्टेयर जमीन पर अतिक्रमण किया हुआ है। सशस्त्र सीमा बल (एसएसबी) के एक अधिकारी ने 23 जून 2022 को यह जानकारी देते हुए कहा कि बल ने केंद्रीय गृह मंत्रालय को इस संबंध में रिपोर्ट भेजी है। वहीं, राज्य के वन विभाग ने भी नेपाल के अतिक्रमण को लेकर शासन को रिपोर्ट भेजी है। वन विभाग के अनुसार भारतीय वन क्षेत्र की करीब पांच हेक्टेयर भूमि पर इस वक्त नेपाल का अतिक्रमण है और पिछले तीन दशकों में इस भूमि पर किए गए अतिक्रमण के तहत पक्के निर्माण के साथ-साथ अस्थायी झोपड़ियां और दुकानें भी बना ली गई हैं।

म्यांमार के विद्रोहियों ने पहली बार मिजोरम बोर्डर पर भारतीय सीमा तक कब्जा कर लिया।

नवंबर 2023 में पुराने बोर्ड को हटाकर नया बोर्ड "वेलकम टू चीन लैंड" लगा दिया।

जब आतंकी हमलों की बात हो तो बीजेपी दावा करती है कि मोदी सरकार में कोई आतंकी हमला नहीं हुआ। बीजेपी के आधिकारिक X हैन्डल से दावा किया गया कि कांग्रेस की 10 साल की सरकार में 53 आतंकवादी हमले हुए, जबकि मोदी सरकार के 10 साल के दौरान एक भी नहीं। सब कुछ सामने होने के बाद भी बीजेपी की तरफ से इतना बड़ा झूठ बोला गया। जबकि इनके शासनकाल में कई आतंकवादी हमले हुए।

- 28 दिसंबर, 2014 बेंगलुरू में बम धमाका
- 20 मार्च, 2015 को जम्मू कशमीर में आतंकी हमला
- 4 जून, 2015 मणिपुर में हमला
- 27 जुलाई 2015 में गुरदासपुर में आतंकी हमला
- 2 जनवरी, 2016 को पठानकोट हमला

- 25 जून, 2016 जम्मू कश्मीर के पंपोर में आतंकी हमला
- 18 सितंबर, 2016 को जम्मू कश्मीर के उड़ी में आतंकी हमला
- 3 अक्टूबर, 2016 को जम्मू कश्मीर के बारामूला हमला
- 6 अक्टूबर, 2016 हंदवाड़ा हमला
- 29 नवंबर, 2016 को नगरोटा आर्मी बेस पर हमला
- 7 मार्च, 2017 भोपाल-उज्जैन पैसेंजर ट्रेन में बम विस्फोट
- 24 अप्रैल, 2017 को सुकमा में नक्सली हमला
- 11 जुलाई, 2017 अमरनाथ यात्रा पर आतंकी हमला
- 5 अगस्त, 2017 को कोकराझार हमला
- 10 फरवरी, 2018 सुंजुवान हमला
- 13 मार्च, 2018 सुकमा में नक्सली हमला
- 9 अप्रैल, 2019 को दंतेवाड़ा में नक्सली हमला
- 14 फरवरी, 2019 को पुलवामा में आतंकी हमला
- 7 मार्च, 2019 को जम्मू बस स्टैंड पर ग्रेनेड विस्फोट
- 1 मई, 2019 को गढ़चिरौली नक्सली बमबारी
- 12 जून, 2019 को कश्मीर में आतंकी हमला
- 26 जनवरी, 2020 असम के डिब्रूगढ़-चराइदेव बम विस्फोट
- 26 नवंबर, 2020 को एचएमटी श्रीनगर में आतंकी हमला
- 3 फरवरी, 2021 को असम के हैलाकांडी में बम विस्फोट
- 3 अप्रैल, 2021 को सुकमा- बीजापुर हमला,
- 27 जून, 2021 को जम्मू ड्रोन हमला
- 4 अगस्त, 2021 को बांदीपुर, कश्मीर आतंकी हमला
- असम 27 अगस्त, 2021 दिमा हसाओ आतंकी हमला,
- 11 अगस्त, 2022 को राजौरी के परगल में आतंकी हमला
- 20 अप्रैल, 2023 को पुंछ राजौरी हमला,
- 26 अप्रैल, 2023 को दंतेवाड़ा में बम विस्फोट
- 13 सितंबर, 2023 को अनंतनाग में आतंकी हमला
- 29 अक्टूबर, 2023 इंस्पेक्टर मसरूर अली वानी की गोली मार कर हत्या
- 22 दिसंबर, 2023 पुंछ में सेन आले वाहनों पर हमला
- 24 दिसंबर, 2023 कश्मीर के राजौरी में बड़ा आतंकी हमला
- 12 जनवरी, 2024 पुंछ में सेना की गाड़ी पर आतंकी हमला

कांग्रेस नेत्री सुप्रिया श्रीनेत ने बीजेपी के दावों पर पलटवार करते हुए X प्लेटफॉर्म पर ये आँकड़े साझा किए।

पठानकोट हमले की जांच के लिए मोदी सरकार ने पाकिस्तानी इंटेलिजेंस एजेंसी आईएसआई को दे दी जिसको लेकर गंभीर सवाल हुए क्योंकि किसी भी आतंकी हमले के बाद पहली बार पाकिस्तान की तरफ से कोई टीम आई।

पुलवामा की बात करें तो प्रधानमंत्री मोदी ने बलिदानियों के वीरगति पर 2019 लोकसभा चुनाव में वोट तक मांगा था। हमले के बाद कथित सर्जिकल स्ट्राइक ने तो देश का चुनावी मूड बदलकर रख दिया क्योंकि बीजेपी ने इस मुद्दे को खूब भुनाया था। विपक्ष ने भी सवाल उठाया कि जहां परिंदा भी पर नहीं मार सकता वहां 300 किलो आरडीएक्स कैसे पहुंचा?

पुलवामा को लेकर जम्मू कश्मीर के पूर्व उपराज्यपाल सत्यपाल मलिक ने कई चौंकाने वाले खुलासे किए। मलिक ने कहा कि सीआरपीएफ ने सरकार से अपने जवानों को ले जाने के लिए विमान उपलब्ध कराने की मांग की थी, लेकिन गृह मंत्रालय ने ऐसा करने से इनकार कर दिया। उन्होंने सीआरपीएफ का काफ़िला जाते वक़्त रास्ते की उचित तरीक़े से सुरक्षा जांच न कराने का भी आरोप सरकार पर लगाया है।

सत्यपाल मलिक ने दावा किया कि पीएम मोदी ने इस हमले के बाद जिम कार्बेट पार्क से जब उन्हें कॉल किया, तो इन मसलों को उनके समक्ष उठाया। उनके अनुसार, इस पर पीएम मोदी ने उन्हें चुप रहने और किसी से कुछ न बोलने को कहा।

मलिक ने बताया कि तभी उन्हें अनुभव हो गया कि सरकार का इरादा इस हमले का ठीकरा पाकिस्तान पर फोड़कर चुनावी लाभ लेना है।

मलिक ने इस हमले के लिए ख़ुफ़िया एजेंसियों की विफलता को भी ज़िम्मेदार क़रार दिया है। उन्होंने दावा किया है कि पाकिस्तान से 300 किलोग्राम आरडीएक्स लेकर आया कोई ट्रक 10 से 15 दिनों तक जम्मू और कश्मीर में घूमता रहा, लेकिन इंटेलिजेंस को इसकी भनक तक न लगी।

बीजेपी दावा करती रही है कि मोदी सरकार में पाकिस्तान की हिम्मत नहीं की कोई आँख उठाकर देख सके। गृहमंत्री अमित शाह ने तो यहाँ तक दावा कर दिया कि भारत आज अमेरिका, इजरायल के बाद सबसे सुरक्षित देश है।

13 दिसंबर 2023 को संसद में स्मोक अटैक हुआ। शीतकालीन सत्र के दौरान शगर शर्मा और मनोरंजन डी शून्यकाल के दौरान सार्वजनिक गैलरी से लोकसभा कक्ष में कूद गए और पीला धुआं फैला दिया। इसी दौरान सांसदों ने उन्हें पकड़ लिया। लगभग उसी समय, दो अन्य लोग अमोल शिंदे और नीलम देवी संसद परिसर के बाहर तानाशाही नहीं चलेगी का नारा लगा रहे थे। इन सभी को गिरफ्तार कर लिया गया और आतंकवाद की धराएं लगाई गई।

स्मोक अटैक केस में छह लोगों को पकड़ा गया था। छह में पांच आरोपितों ने दिल्ली पुलिस की स्पेशल सेल के ऊपर गंभीर आरोप लगाए। आरोपितों ने दिल्ली की पटियाला हाउस कोर्ट में कहा कि दिल्ली पुलिस की स्पेशल सेल ने उन्हें प्रताड़ित किया। आरोपियों ने कोर्ट से कहा है कि पुलिस ने UAPA

के तहत अपराध करने की बात कबूल करने के लिए उन्हें 'इलेक्ट्रिक शॉक' दिया। इसके अलावा आरोपियों ने कहा है कि उनसे 70 ब्लैंक पेजों पर जबरदस्ती साइन कराया गया।

आरोपियों के मुताबिक उन पर दबाव डाला गया कि वो किसी राजनीतिक दल/विपक्षी राजनीतिक दल के नेता के साथ अपने संबंध होने के बारे में कागज पर लिख कर दें। आरोपियों का ये भी कहना है कि उनके पॉलीग्राफी, नार्को और ब्रेन मैपिंग टेस्ट के दौरान भी टेस्ट करने वाले लोगों ने उन पर किसी पॉलिटिकल पार्टी या नेता का नाम लेने के लिए जोर दिया।

स्मोक अटैक के आरोपी सागर शर्मा की एंट्री जिस विजिटर पास के जरिए हुई थी, उसे बीजेपी सांसद प्रताप सिम्हा ने जारी किया था।

अगर ये पास किसी विपक्षी नेता ने जारी कराया होता तो उसे बीजेपी समर्थक आतंकवादी ही घोषित कर देते लेकिन बीजेपी के सांसद ने जारी कराई थी। इसके वजह से इसकी कहीं चर्चा नहीं हुई। संसद के बाहर नारा लगा रही नीलम आजाद को लेकर फिर भी इन्हें मुद्दा मिल गया क्योंकि वो किसान आंदोलन और पहलवान आंदोलन में शामिल हुई थी। बीजेपी समर्थकों को ध्यान हटाने का मौका मिल गया और इनलोगों ने उसे विपक्ष से जोड़ना शुरू कर दिया।

आज धमाकों के अलावा मोदी सरकार में देश भर में एक समुदाय विशेष का चरमपंथ इतना ज्यादा बढ़ गया कि टारगेट किलिंग आम बात हो गई। अगर टारगेट किलिंग की बात करें तो इसका स्ट्राइक रेट 100 फीसदी है क्योंकि यहाँ पहचान कर हिंदुओं को मारा जा रहा है। लेकिन बीजेपी समर्थक इसे रामराज्य घोषित कर रखे हैं।

नरेंद्र मोदी कई मौके पर बोल चुके हैं कि सौगंध मुझे इस मिट्टी की ये देश नहीं झुकने दूंगा। बीजेपी भी हमेशा बताती रही है कि देश आज सुरक्षित हाथों में है। केंद्रीय गृह मंत्री अमित शाह बोल चुके हैं कि आज दुनिया में कोई भी समस्या हो। जब तक मोदी जी का बयान नहीं आता, दुनिया कभी भी समस्या पर अपना विचार तय नहीं करती है।

मैं ये पाठकों के ऊपर छोड़ देता हूँ कि वो तय करें कि आज जो उनके आस पास की स्थिति है। क्या वो पूर्व सरकार में भी थी और आज देश कितना सुरक्षित हाथों में है?

भ्रष्टाचार और कालाधन को लेकर दोहरा मापदंड

नरेंद्र मोदी की राजनीति का हिस्सा रहा है कि वो भ्रष्टाचार और कालेधन के खिलाफ जुबानी लड़ाई लड़ते आए हैं। जो भी उनके खिलाफ रहा, उसको भ्रष्टाचारी, देशद्रोही और हिंदूद्रोही साबित करने में सफल रहे। वैसे तो वो विरोधियों के ऊपर निजी हमले करने से कभी पीछे नहीं रहे लेकिन कोई पलटवार करे तो पिछड़ा होने का विक्टिम कार्ड खेलते रहे और उसका खूब राजनीतिक फायदा उठाया। बचपन से अच्छी ज़िंदगी जीने के बावजूद खुद को गरीब, शोषित, वंचित, पीड़ित बताते रहे। कोई चुनाव ऐसा नहीं रहा जब इन्होंने विरोधियों के बयान को तोड़ मरोड़कर पेश करते हुए चुनाव न लड़ा हो। लंबे समय से शासन करने के बावजूद भी खुद की उपलब्धि जबकि अपनी विफलता को विपक्ष की विफलता बता चुनाव जीतते रहे। हर चुनाव में इन्होंने किसी न किसी विपक्षी नेता के बयान को कभी देश, तो कभी सेना, तो कभी गुजरात, तो कभी पिछड़ी जाति, तो कभी खुद के परिवार के ऊपर हमला बता लोगों को बरगलाकर चुनाव जीतने में सफल रहे।

ये जिस खुद को पिछड़ा होने की बात करते हैं वो टैग 1999 में अटल विहारी वाजपेयी सरकार की वजह से मिला। ये उस समय बीजेपी के केंद्रीय संयुक्त सचिव थे। इनका जन्म अगड़े परिवार में हुआ फिर ये किस आधार पर प्रताड़ित हुए थे?

नरेंद्र मोदी बेशक हमेशा संविधान की बात करें और उसे माथे से लगाएं लेकिन ये खुद से ऊपर किसी भी चीज को नहीं मानते। बीजेपी में आज इनकी इतनी तानाशाही है कि इनके सामने गिने चुने लोगों के अलावा कोई बोल भी नहीं सकता। बीजेपी में स्थिति ये है कि मोदी के आते ही सभी को खड़े होकर उनका स्वागत करना है। एनडीए के सहयोगी सुभासपा अध्यक्ष ओम प्रकाश राजभर बोल चुके हैं कि बीजेपी में लीडर मात्र मोदी-शाह हैं बाकि सब लोडर हैं।

एक कार्यक्रम के दौरान जेपी नड्डा मोदी और शाह के बीच में बराबर में चलने का प्रयास कर रहे थे तब शाह ने नड्डा को खींचकर पीछे हटाया। 13 दिसंबर 2023 को रायपुर में विष्णु देव साई के शपथग्रहण समारोह के दौरान मंच से अमित शाह ने खींचकर नड्डा को पीछे किया। आज बीजेपी में उसके राष्ट्रीय अध्यक्ष की ये स्थिति हो गई।

17-18 फ़रवरी 2024 बीजेपी के राष्ट्रीय कार्यकारिणी में बीजेपी अध्यक्ष जेपी नड्डा और रक्षा मंत्री राजनाथ सिंह दोनों मोदी के बगल में खड़े थे। दोनों ने माला आंशिक तौर पर पहनने की कोशिश की लेकिन फिर से हटाकर माला के घेरे में सिर्फ मोदी रह गए। दोनों का डर स्पष्ट तौर पर दिखा।

जब नरेंद्र मोदी गुजरात के मुख्यमंत्री थे तब उन्होंने 17 सितंबर से 19 सितंबर 2011 तक प्रदेश में शांति, एकता और सद्भावना के लिए उपवास किया था।

ये नरेंद्र मोदी को टोपी पहनाने और उनके मना करने की घटना से हर कोई परिचित है। ये गोधरा के बाद मोदी के लिए दूसरी ऐसी घटना हुई जो मिल का पत्थर साबित हुआ। मोदी तब विरोधियों के निशाने पर रहे क्योंकि तब कि राजनीति में टोपी का बहुत महत्व था। मोदी को नकारात्मक प्रचार का फायदा भी मिला जो बहुसंख्यक को लगा कि पहला ऐसा नेता है जिसने टोपी पहनने से मना किया क्योंकि तब बीजेपी के ज्यादातर नेता भी टोपी पहनकर इफ्तार पार्टी करते देखे जाते थे। बीजेपी के समर्थक आज भी उस घटना को भुनाते हैं। हालाँकि अप्रैल 2014 में लोकसभा चुनाव से पहले इंडिया टीवी को दिए इंटरव्यू में मोदी ने कहा, 'अगर टोपी एकता का प्रतीक है तो महात्मा गांधी ने क्यों नहीं पहनी।' उन्होंने कहा कि एक मुसलमान के बारे में उनका दृष्टिकोण यह है कि वो टोपी पहने और एक हाथ में कुरान हो लेकिन उसके दूसरे हाथ में कंप्यूटर होना चाहिए।

बहरहाल सद्भावना उपवास पर हुए खर्चे का ब्यौरा मांगने पर तत्कालीन गुजरात राज्यपाल कमला बेनीवाल से ठन गई। दरअसल मोदी सरकार में मंत्री रहे गोवर्धन जदाफिया ने आरोप लगाया था कि सरकार ने तीन दिन के उपवास पर खर्च के लिए सरकारी धन का दुरुपयोग किया। मोदी खर्च का ब्यौरा देने के बजाय कांग्रेस के ऊपर हमलावर हो गए और आरोप लगाया कि राज्यपाल के माध्यम से उनकी सरकार को अस्थिर करने का प्रयास किया जा रहा है।

मोदी ने पूर्व में लोकायुक्त की नियुक्ति को लेकर राज्यपाल को वापस बुलाने की मांग कर चुके थे। मोदी नहीं चाहते थे कि लोकायुक्त की नियुक्ति हो लेकिन राज्यपाल ने उनके इच्छा के विरुद्ध और उनके

सहमति के बिना सेवानिवृत न्यायधीश आर ए मेहता को प्रदेश लोकायुक्त नियुक्त किया था। 8 साल से लोकायुक्त का पद खाली था।

मोदी सरकार ने लोकायुक्त नियुक्त करने के राज्यपाल के फैसले के विरुद्ध गुजरात हाईकोर्ट का दरवाजा खटखटाया लेकिन अदालत ने लोकायुक्त को बरकरार रखा। उसके बाद मोदी सरकार 18 जनवरी 2012 को सुप्रीम कोर्ट पहुंची।

सुप्रीम कोर्ट के न्यायाधीश बीएस चौहान और न्यायाधीश एफएम इब्राहिम कलीफुल्ला की पीठ ने अपने फैसले में मोदी सरकार द्वारा लंबे समय तक लोकायुक्त का पद खाली रखने के फैसले पर निराशा जताई और राज्य सरकार के इस तर्क से असहमति व्यक्त की कि राज्यपाल को लोकायुक्त पर अनिवार्य रूप से राज्य मंत्रिमंडल की सलाह माननी चाहिए थी।

सर्वोच्च न्यायालय ने मोदी सरकार की लोकायुक्त की नियुक्ति खारिज करने की मांग को अस्वीकार करते हुए इतना जरूर कहा कि वर्तमान राज्यपाल ने अपनी भूमिका को समझने में गलती की और जिस प्रकार से केवल गुजरात हाईकोर्ट के चीफ जस्टिस एवं राज्य में विपक्ष के नेता से ही विचार किया, वह संविधान की लोकतांत्रिक संरचना के अनुरूप नहीं है।

गुजरात की राज्यपाल कमला बेनीवाल द्वारा राज्य लोकायुक्त पद पर न्यायाधीश (सेवानिवृत्त) आरए मेहता की नियुक्ति को सुप्रीम कोर्ट से बरकरार रखे जाने के बाद नरेंद्र मोदी सरकार ने कहा है कि वह सर्वोच्च न्यायालय के फैसले को जल्द लागू करेगी।

नरेंद्र मोदी के प्रधानमंत्री बनने के बाद गुजरात की पूर्व राज्यपाल व मिजोरम के निवर्तमान राज्यपाल कमला बेनीवाल को उनका कार्यकाल समाप्त होने से महज दो महीने पहले बर्खास्त कर दिया गया। मोदी और बीजेपी तो वैसे हर मंच से सुविधा के अनुसार किसी व्यक्ति के लिंग और जाति के अनुसार विपक्षी दलों के ऊपर महिला या किसी जाति के अपमान की बात करते रहे हैं।

अगर उनकी बातों को उनसे जोड़ा जाए तो क्या ये महिला का अपमान नहीं था जो उनका कार्यकाल पूरा नहीं करने दिया। अगर उपराष्ट्रपति के मिमिक्री करने से जाट समाज का अपमान हो जाता है तो बेनीवाल भी तो जाट महिला थी। क्या ये जाटों का अपमान नहीं था?

प्रधानमंत्री बनने के बाद नरेंद्र मोदी ने कांग्रेस की ज्यादातर नियुक्तियों के साथ कोई छेड़छाड़ नहीं की, जिसे बीजेपी ने उन्हें बदले की भावना से कारवाई नहीं करने के लिए वाहवाही करते नजर आए। दरअसल मोदी न सिर्फ भ्रष्टाचार और कालाधन बल्कि जिस भी मुद्दे के लिए कांग्रेस को घेरकर सत्ता में आए। हर उस चीज को खत्म करने या कम करने के बजाय बढ़ावा ही दिया।

21 अप्रैल 2014 को प्रधानमंत्री बनने से पहले चुनावी राजनीति और संसद को अपराधमुक्त बनाने के लिए 16 मई को सरकार बनते ही नए सांसदों के खिलाफ लंबित अपराधिक मामलों की जांच के लिए पैनल का गठन करूंगा। जिन लोगों ने अपराध किया है वे जेल जाएंगे और उनकी सीटें साफ छवि वाले उम्मीदवारों को मिलेगी। कोई भी आरोपी चुनाव लड़ने की हिम्मत नहीं करेगा। मै राजनीति को शुद्ध करने आया हूँ। रॉबर्ट वाड्रा के ऊपर भी भ्रष्टाचार को लेकर जमकर हमला बोला।

बीजेपी नेत्री उमा भारती ने रॉबर्ट वाड्रा के ऊपर हमला करते हुए कहा कि नरेंद्र मोदी के नेतृत्व में सरकार बनते ही वाड्रा (जमाई बाबू) को जेल भेज दिया जाएगा।

प्रधानमंत्री बनने के बाद 6 अक्टूबर 2014 को मोदी ने हरियाणा विधानसभा चुनाव प्रचार प्रसार के दौरान डीएलएफ-वाड्रा डील को लेकर वाड्रा के ऊपर हमला बोला। दरअसल वाड्रा मोदी के लिए ब्लैंक चेक बन गए। जिसे हर चुनाव में भुनाना शुरू कर दिया। मोदी किसी भी चीज का समाधान नहीं चाहते क्योंकि वो उसके सहारे सिर्फ चुनाव जितना चाहते हैं। बाकि नए नए जुमला तराशने की कला में माहिर तो रहे ही हैं। खुद को कामदार और राहुल गांधी को नामदार बताना शुरू किया।

5 दिसंबर 2018 को प्रधानमंत्री मोदी ने राजस्थान विधान सभा चुनाव प्रचार प्रसार के दौरान कहा कि नामदार के रिश्तेदार (रॉबर्ट वाड्रा) ने मुफ्त के भाव में किसानों से जमीन हड़प ली, अशोक गहलोत सरकार के सभी अधिकारी उनकी सेवा में लग गए। इस दौरान फर्जी कंपनी बनाई फिर स्टील कंपनी से सौदा हुआ और सरकार की मदद की गई। नामदार के रिश्तेदार को 7 गुना पैसा दे दिया गया। राजस्थान में बीजेपी की सरकार बनी तो इन्हें सजा मिलना पक्का है जबकि तब राजस्थान में पहले से बीजेपी की 5 साल से सरकार चली आ रही थी।

8 मई 2019 को हरियाणा के फतेहाबाद में नरेंद्र मोदी ने एक चुनावी रैली को संबोधित करते हुए कहा कि यह चौकीदार (मोदी) उस व्यक्ति (वाड्रा) को कोर्ट ले गया जिसने किसानों को लूटा। वह जमानत के लिए ईडी और कोर्ट का चक्कर लगा रहा है। मैं पहले कार्यकाल में उन्हें जेल के दरवाजे तक लाया। मुझे आशीर्वाद दीजिए, मैं उन्हें अगले 5 सालों में जेल में डाल दूंगा। मैं आप लोगों को वचन देता हूँ कि जिन लोगों ने देश को लूटा है उन्हें ब्याज समेत देश को लौटाना पड़ेगा।

21 अप्रैल 2023 को रिपोर्ट सामने आई जिसमें बताया गया कि हरियाणा बीजेपी सरकार ने कोर्ट में कहा कि डीएलएफ लैंड डील में कोई गड़बड़ी नहीं थी। जब इनको लेकर किरकिरी हुई तो हरियाणा सरकार का जबाव आया कि इस मामले में अभी किसी को क्लीनचीट नहीं दिया गया है। नरेंद्र मोदी का दूसरा कार्यकाल भी समाप्त होने की ओर है लेकिन वाड्रा बाहर घूम रहे हैं।

जो नरेंद्र मोदी दागी नेताओं को जेल में डलवाने और चुनाव लड़ने से रोकने की बात प्रधानमंत्री बनने से पहले कर रहे थे। लेकिन सुप्रीम के नोटिस का जबाव देते हुए केंद्र सरकार ने 3 दिसंबर 2020 को सुप्रीम कोर्ट में दागी या दोषी ठहराए जा चुके नेताओं के संसद या विधानसभा चुनाव लड़ने, राजनीतिक पार्टी बनाने या किसी पार्टी का पदाधिकारी बनने पर आजीवन प्रतिबंध लगाने का विरोध किया। केंद्र का कहना था कि किसी अपराध में दोषी ठहराए जाने पर नौकरशाहों पर प्रतिबंध की तुलना सांसदों/ विधायकों पर इसी तरह के प्रतिबंध से नहीं की जा सकती। इसकी वजह यह है कि सांसद/विधायक सेवा नियमों के नहीं बल्कि पद की शपथ के अधीन होते हैं।

जो नेता पूर्व की यूपीए सरकार में भ्रष्टाचार के सिलसिले में जेल जा चुके थे, वो भी इनकी सरकार में बाहर घूम रहे हैं। मोदी ने भ्रष्टाचार के ऊपर कारवाई की बजाय बीजेपी को वाशिंग मशीन बना दिया, जिसमें कोई भी भ्रष्टाचारी आकर धूल सकता है। कई नेता जो ईडी-सीबीआई के जांच का सामना कर

रहे थे उनके बीजेपी में शामिल होते ही जांच रुक गई तो कइयों को क्लीन चीट मिल गया। जिसकी लंबी फेहरिस्त है जिन्हें स्वयं मोदी भी चुनाव के दौरान निशाना बनाते रहे थे।

1. **हिमंत बिस्वा सरमा, असम-** कांग्रेस की तरुण गोगोई सरकार में मंत्री रहे हिमंत बिस्वा शर्मा पर शारदा चिटफंड घोटाले में सीबीआई ने आरोपी बनाया था। सरमा पर आरोप था कि शारदा ग्रुप के डायरेक्टर सुदीप्त सेन से 20 लाख रुपए हर महीने लिए, जिससे ग्रुप का कामकाज बेहतर तरीके से चल सके।

सरमा से अंतिम बार सीबीआई ने 27 नवंबर 2014 को पूछताछ की थी। हिमंत ने अगस्त 2015 में बीजेपी ज्वॉइन कर लिया था। कांग्रेस का आरोप है कि इसके बाद सीबीआई ने हिमंत की फाइल बंद कर दी। हिमंत अभी असम के मुख्यमंत्री हैं।

2. **शुभेंदु अधिकारी, पश्चिम बंगाल-** ममता सरकार में कद्दावर मंत्री रहे शुभेंदु अधिकारी से सीबीआई ने शारदा घोटाले में पूछताछ शुरू की थी। उन पर आरोप था कि शारदा ग्रुप के डायरेक्टर सुदीप्त सेन से फेवर लिया था। शुभेंदु पर बाद में नारदा स्टिंग ऑपरेशन में भी पैसा लेने का आरोप लगा, जिसकी जांच ईडी ने शुरू की।

तृणमूल कांग्रेस का आरोप है कि शुभेंदु जब टीएमसी में थे, तब जांच एजेंसी उन्हें परेशान कर रही थी, लेकिन जैसे ही बीजेपी में गए तो सारे मामले में उन्हें क्लीन चिट मिलने लगा। 2022 में बंगाल पुलिस ने शुभेंदु के खिलाफ शारदा घोटाले में जांच शुरू की। शुभेंदु वर्तमान में बंगाल विधानसभा में बीजेपी विधायक दल के नेता यानी नेता प्रतिपक्ष हैं।

3. **जितेंद्र तिवारी, पश्चिम बंगाल-** आसनसोल के कद्दावर नेता जितेंद्र तिवारी ने 2021 में तृणमूल छोड़ बीजेपी का दामन थाम लिया था। उस वक्त मोदी सरकार में मंत्री रहे बाबुल सुप्रियो ने इसका खुलकर विरोध किया था। सुप्रियो ने कहा था कि कोयला चोर और तस्करों को पार्टी में लाने का नुकसान होगा।

सुप्रियो ने फेसबुक पर पोस्ट लिखकर कहा था कि कोल तस्करी केस में सीबीआई की कार्रवाई के बाद कुछ नेता बीजेपी में आने की जुगत लगा रहे हैं। मैं ऐसा होने नहीं दूंगा। हालांकि, हाईकमान ने तिवारी की एंट्री को हरी झंडी दे दी। तृणमूल का आरोप है कि तिवारी कोयला तस्करी में शामिल रहे हैं और उन पर सीबीआई का एक्शन नहीं हो रहा है।

4. **नारायण राणे, महाराष्ट्र-** शिवसेना उद्धव गुट का आरोप है कि नारायण राणे को भी बीजेपी ने वाशिंग मशीन में डालकर पाक-साफ कर दिया है। राणे अभी मोदी कैबिनेट में मंत्री हैं। बीजेपी नेता किरीट सोमैया ने उन पर आदर्श सोसायटी मामले में हेरफेर का आरोप लगाया था।

साल 2012 में सोमैया ने सीबीआई को 1300 पन्नों का एक दस्तावेज भी सौंपा था। साल 2017 में किरीट सोमैया ने ईडी को पत्र लिखकर नारायण राणे की संपत्ति जांच करने की मांग की थी। सोमैया ने कहा था कि राणे मनी लॉन्ड्रिंग कर अपना पैसा सफेद कर रहे हैं।

साल 2019 में नारायण राणे बीजेपी में शामिल हो गए और उन्हें केंद्र में मंत्री बनाया गया। शिवसेना उद्धव गुट का आरोप है कि राणे को लेकर सीबीआई और ईडी ने जांच रोक दी है।

5. **बीएस येदियुरप्पा, कर्नाटक-** कर्नाटक में बीजेपी का चेहरा बीएस येदियुरप्पा पर भी भ्रष्टाचार का आरोप लगा था। येदियुरप्पा को इसकी वजह से मुख्यमंत्री की कुर्सी छोड़नी पड़ी थी। येदियुरप्पा पर 2011 में 40 करोड़ रुपए लेकर अवैध खनन को शह देने का आरोप लगा था और लोकायुक्त ने उनके खिलाफ अरेस्ट वारंट जारी किया था।

2013 के चुनाव में येदियुरप्पा अलग पार्टी बनाकर चुनाव लड़े, जिससे बीजेपी को नुकसान का सामना करना पड़ा। इसके बाद येदि की घर वापसी हुई। 2016 में सीबीआई की विशेष अदालत ने येदियुरप्पा को क्लीन चिट दे दिया था। कांग्रेस का आरोप है कि बीजेपी में आने के बाद येदियुरप्पा के खिलाफ एजेंसी ने जांच ठीक ढंग से नहीं किया।

6. **प्रवीण डारेकर, महाराष्ट्र-** 2009 से 2014 तक मनसे के विधायक रहे प्रवीण डारेकर पर 2015 में मुंबई कॉपरेटिव बैंक में 200 करोड़ रुपए के घोटाले का आरोप लगाया गया था। बीजेपी ने इस मामले को जोरशोर से उठाया, जिसके बाद आर्थिक अपराध शाखा को केस की जांच सौंपी गई।

2016 में डारेकर बीजेपी में शामिल हो गए और विधान परिषद पहुंच गए। साल 2022 में आर्थिक अपराध शाखा ने उन्हें क्लीन चिट दे दिया। डारेकर अभी मुंबई कॉपरेटिव बैंक सोसाइटी के अध्यक्ष हैं।

7. **हार्दिक पटेल, गुजरात-** पाटीदार आंदोलन के नेता हार्दिक पटेल पर बीजेपी सरकार के दौरान राजद्रोह का केस दर्ज किया गया था। हार्दिक को इसकी वजह से तड़ीपार भी रहना पड़ा था। हार्दिक पर 20 केस दर्ज किए गए थे।

पटेल गुजरात चुनाव से पहले कांग्रेस छोड़ बीजेपी में शामिल हो गए। कांग्रेस का आरोप है कि राजद्रोह केस में बचने के लिए हार्दिक ने यह कदम उठाया। हार्दिक अभी बीजेपी के वीरमगाम से विधायक हैं।

विपक्ष का कहना है कि इन नामों के अलावा सोवन चटर्जी, यामिनी जाधव और भावना गवली जैसे नेताओं पर भी जांच एजेंसी ने कोई एक्शन नहीं लिया, क्योंकि सभी बीजेपी या उनके सहयोगी पार्टी में चले गए।

8. **मुकुल रॉय, पश्चिम बंगाल-** पूर्व केंद्रीय मंत्री मुकुल रॉय पर 2015 में शारदा घोटाले में पैसा लेकर चिटफंड कंपनी को फेवर देने का आरोप लगा था। रॉय ने 2017 में बीजेपी ज्वाइन कर लिया, जिसके बाद उन्हें पार्टी का राष्ट्रीय उपाध्यक्ष बनाया गया। साल 2019 में रॉय ने दावा किया कि सीबीआई ने इस मामले में उन्हें क्लीन चिट दे दिया है और गवाह के तौर पर सिर्फ पूछताछ की है।

हालांकि, 2021 में मुकुल रॉय बीजेपी हाईकमान से खटपट होने के बाद पार्टी छोड़ फिर से तृणमूल में शामिल हो गए।

9. **अजित पवार, महाराष्ट्र-** महाराष्ट्र के कद्दावर नेता अजित पवार पर 70 हजार करोड़ रुपए के सिंचाई घोटाले का आरोप 2014 से पहले बीजेपी लगाती थी। इस मामले की जांच ईओडब्लयू

को सौंपी गई थी। अजित पवार को लेकर बीजेपी के नेता देवेंद्र फडणवीस का एक वीडियो वायरल हुआ था, जिसमें वे पवार को जेल में चक्की पीसने की बात कह रहे थे।

2019 में एक राजनीतिक उठापटक में अजित बीजेपी के साथ चले गए। पवार ने देवेंद्र फडणवीस के साथ जाकर गठबंधन कर लिया और खुद डिप्टी सीएम बन गए। इसके बाद घोटाले से जुड़ी सारी फाइलें बंद कर दी गईं। बाद में अजित पवार बीजेपी छोड़ खुद की पार्टी में लौट आए।

अजित पवार दूसरी बार एनडीए में 2 जुलाई 2023 को शामिल हो गए तो दूसरी तरफ नरेंद्र मोदी ने 7 जुलाई 2023 को छत्तीसगढ़ विधानसभा चुनाव के दौरान बोलते दिखे कि वो (विपक्ष) अगर भ्रष्टाचार की गारंटी है तो मोदी भ्रष्टाचार पर कारवाई की गारंटी है। मध्यप्रदेश विधानसभा में भी मोदी की गारंटी दे रहे थे कि हर घोटालेबाज के ऊपर कार्रवाई होगी। इंडिया गठबंधन को निशाने पर लेते हुए कहा कि भ्रष्टाचार और घोटाले में लिप्त पार्टियों के खिलाफ कारवाई हो रही है इसलिए वो साथ आ रहे हैं। वैसे चुनावी मंचों से तो बोलते रहे हैं कि जिसने भी लूटा है, उसे लौटाना पड़ेगा।

अजीत पवार के बीजेपी-शिवसेना गठबंधन में शामिल होते ही कुछ ही हफ्ते के भीतर ही, उनका नाम महाराष्ट्र राज्य सहकारी बैंक (एमएससीबी) घोटाला मामले में आरोप पत्र से हटा लिया गया।

नरेंद्र मोदी 1 अगस्त 2023 को पुणे पहुंचे जिनकी स्वागत में अजित पवार, एकनाथ शिंदे और देवेन्द्र फडनवीस के साथ थे। यही मोदी की भ्रष्टाचार के विरुद्ध कारवाई की गारंटी है?

10. **छगन भुजबल, महाराष्ट्र:** 2016 में ईडी ने छगन भुजबल और उनके परिवार के कुछ सदस्यों को 2016 में महाराष्ट्र सदन घोटाले में मनी लॉन्ड्रिंग के आरोप में गिरफ्तार किया था। तब वो विपक्ष के नेता थे। इसके बाद भुजबल को मई 2018 में बॉम्बे हाईकोर्ट ने जमानत दे दी थी। भुजबल अजित पवार के खेमे में एनडीए का हिस्सा बने थे। ईडी ने उनके खिलाफ याचिका वापस ले ली।

11. **अशोक चव्हाण, महाराष्ट्र:** अशोक चव्हाण का नाम आदर्श हाउसिंग घोटाले में सामने आया। महाराष्ट्र सरकार ने मुंबई के कोलाबा में आदर्श हाउसिंग बनाई। यह 31 मंजिला पॉश इमारत कारगिल युद्ध में बलिदानियों के विधवाओं, नायकों और रक्षा मंत्रालय के कर्मचारियों के लिए

बनाई गई थी। सोसाइटी बनने के कुछ सालों बाद एक आरटीआई से खुलासा हुआ कि तमाम प्रावधानों को ताक पर रखते हुए नौकरशाह, राजनेताओं और सेना के अफसरों को फ्लैट बेहद काम दामों में बेचे गए। कांग्रेस ने 9 नवंबर 2010 को अशोक चव्हाण से आदर्श हाउसिंग सोसाइटी घोटाले में इस्तीफा मांग लिया था। मोदी ने 9 अप्रैल 2014 को नांदेड़ में जनसभा को संबोधित करते हुए, लोगों से कहा, "अशोक चव्हाण जो लोगों के मकान चोरी कर गए, क्या वो आपके चौकीदार बनेंगे?" आगे कहा कि आदर्श घोटाले में शहीदों का अपमान किया है। यह कहते हुए उनकी आखें नम हो गई कि शहीदों का अपमान हुआ है।

अशोक चव्हाण 13 फ़रवरी 2023 को कांग्रेस से इस्तीफा देते हैं और उसके अगले दिन ही यानि 14 फ़रवरी को बीजेपी से राज्यसभा के लिए नामांकन कर देते हैं।

दिल्ली के मुख्यमंत्री अरविंद केजरीवाल ने कहा कि प्रधानमंत्री भ्रष्टाचार के खिलाफ नहीं हैं, बल्कि वे कहते हैं कि बीजेपी में आकर भ्रष्टाचार करो।

गौरतलब हो कि बीजेपी के राष्ट्रीय सचिव अनुपम हाजरा ने कहा, "जिन टीमसी के नेताओं को सीबीआई-ईडी के समन का डर है वो बीजेपी में शामिल होने के लिए मुझसे संपर्क करें"

विवाद बढ़ने पर सफाई दी कि मेरे बयान को गलत तरीके से पेश किया गया।

मोदी वैसे सभाओं में बोलते सुने जाते हैं कि कोई भी भ्रष्टाचारी मेरे बगल में बैठकर मेरा ताप नहीं बर्दाश्त कर सकता।

5 फ़रवरी 2024 को सदन में मोदी ने कहा, "जिसे जीतना जुल्म मुझपर करना है कर ले। मेरी भ्रष्टाचार के खिलाफ लड़ाई चलती रहेगी। जिसने देश को लूटा है उनको लौटाना होगा।"

देश के प्रधानमंत्री होकर भी हमेशा लोगों के बीच खुद को पीड़ित दिखाने का प्रयास किया कि ये सिर्फ ईमानदार हैं बाकि सारे बेईमान हैं। लेकिन खुद या खुद के लोग किसी दायरे में नहीं आना चाहते।

इंडियन एक्सप्रेस के रिपोर्ट के मुताबिक वर्ष 2014 के बाद से, कथित भ्रष्टाचार के लिए केंद्रीय एजेंसियों की कार्रवाई का सामना करने वाले 25 प्रमुख राजनेता भाजपा में शामिल हो गए हैं। इनमे से 23 नेताओं को राहत मिल गई। 3 नेताओं के मामले बंद हो गए और 20 के मामले ठंडे बस्ते में है।

2022 में द इंडियन एक्सप्रेस की एक जांच से पता चला कि कैसे प्रवर्तन निदेशालय (ईडी) और केंद्रीय जांच ब्यूरो (सीबीआई) ने 95 प्रतिशत प्रमुख राजनेताओं के खिलाफ कार्रवाई की।

2जी स्पेक्ट्रम में 1.76 लाख का घोटाला जो बहुत ज्यादा चर्चा में रहा। बीजेपी ने तब कांग्रेस को खूब घेरा था और आज भी भुनाने का प्रयास करते है। कांग्रेस की सरकार में उसके सहयोगी दल से मंत्री रहे

ए राजा और सांसद कनिमोझी को इस मामले में जेल जाना पड़ा। मोदी सरकार आने के बाद 21 दिसंबर 2017 को सबसे बड़े घोटाले के रूप में देश के सामने आए बहुचर्चित 2जी घोटाले में पटियाला हाउस स्थित सीबीआइ की विशेष अदालत ने पूर्व दूरसंचार मंत्री ए राजा व डीएमके की सांसद कनिमोझी को बरी कर दिया है।

इनके बरी होते ही सवाल उठने लगे तो सीबीआई ने दिल्ली हाईकोर्ट में सीबीआई के विशेष अदालत के फैसले को चुनौती दी। ये मामला कोर्ट में लंबित है।

मोदी खुद को ईमानदार बता प्रचारित करते है लेकिन भ्रष्टाचार के खुलासे तब हो जब लोगों तक सूचना पहुंचे। लोगों तक सूचना पहुँचने के सबसे बड़े साधन मीडिया है जहां इनके विफलता पर कभी चर्चा नहीं हो सकती। पूर्व के सरकार में कई मंत्रियों को इस्तीफा देना पड़ा और जेल भी जाना पड़ा क्योंकि आरटीआई के जरिए भ्रष्टाचार का खुलासा होता था और मीडिया में चर्चा होने की वजह से दबाव बनता था। अब मीडिया तो दूर की बात है सोशल मीडिया को भी मैनेज कर लिया गया। ये अब आम बात हो गई कि सरकार लोगों के सोशल मीडिया हैन्डल भारत में बैन करा देती है।

सोशल मीडिया प्लेटफॉर्म X के सीईओ एलन मस्क ने खुलासा किया, "भारत सरकार के आदेश के अनुसार हम कुछ X अकाउंट को ब्लॉक या सस्पेन्ड कर रहे हैं। लेकिन हम इससे सहमत नहीं हैं। लोगों को बोलने की आज़ादी होनी चाहिए।"

बीजेपी के लोग ये बताना नहीं भूलते कि मोदी की वजह से हिंदू बोल पा रहा है तो जिनका अकाउंट भी सस्पेन्ड हुआ, उनमें ज्यादातर हिंदू ही थे।

मार्च 2018, लोकसभा में विरोध के बीच वित्त विधेयक 2018 में 21 संशोधनों को मंजूरी दे दी।

उनमें से एक बिना किसी बहस के विदेशी अंशदान (विनियमन) अधिनियम (एफसीआरए) -2010 में एक संशोधन था। जो विदेशी कंपनियों को राजनीतिक दलों को वित्तपोषण से रोकता था। मोदी सरकार ने वित्त विधेयक 2016 के जरिये एफसीआरए कानून में संशोधन किया था, जिससे राजनीतिक दलों के लिए विदेशी चंदा लेना आसान कर दिया। अब 1976 से ही राजनीतिक दलों को मिले चंदे की जांच की संभावना को समाप्त करने के लिए इसमें आगे और संशोधन कर दिया।

दरअसल बीजेपी और कांग्रेस दोनों पार्टियों को दिल्ली उच्च न्यायलय ने सन 2014 में एफसीआरए कानून के उल्लंघन का दोषी पाया था।

केंद्रीय सूचना आयोग (सीआईसी) में 21 अक्टूबर 2018 को प्रधानमंत्री कार्यालय को 2014 से 2017 के केंद्रीय मंत्रियों के खिलाफ मिली भ्रष्टाचार की शिकायतों और उन पर की गई कारवाई का खुलासा करने का निर्देश दिया। मुख्य सूचना आयुक्त राधाकृष्ण माथुर ने भारतीय वन सेवा के अधिकारी संजीव चतुर्वेदी की अर्जी पर फैसला करते हुए पीएमओ को मोदी सरकार के कार्यकाल के दौरान विदेश से लाए गए कलेधन के अनुपात और मूल्य के बारे में सूचना देने, इस संबंध में की गई कोशिशों के रिकॉर्ड मुहैया कराने का निर्देश दिया।

प्रधानमंत्री कार्यालय ने कालेधन के संबंध में चतुर्वेदी के प्रश्नों को सूचना की परिभाषा के दायरे से बाहर बताया लेकिन सूचना आयुक्त ने यह दलील ठुकरा दी। माथुर ने कहा, 'पीएमओ ने आरटीआई आवेदन के प्रश्न क्रमांक चार (विदेश से लाया गया कालाधन) और प्रश्न क्रमांक पांच (विदेश से लाए गए कालेधन से भारतीय नागरिकों के बैंक खातों में डाली गई धनराशि) पर अपने जबाव में यह बात गलत कही है कि आवेदक द्वारा किए गए अनुरोध आरटीआई कानून की धारा 2 (एफ) के तहत सूचना के परिभाषा के अंतर्गत नहीं आते।

अपने आरटीआई आवेदन में चतुर्वेदी ने मोदी सरकार की मेक इन इंडिया, स्किल इंडिया, स्वच्छ भारत और स्मार्ट सिटी प्रोजेक्ट जैसी विभिन्न योजनाओं के बारे में भी सूचनाएं मांगी थी। पीएमओ से संतोषजनक उत्तर नहीं मिलने पर चतुर्वेदी ने आरटीआई मामलों पर सर्वोच्च अपीलीय निकाय केंद्रीय सूचना आयोग में अपील दायर की।

प्रधानमंत्री कार्यालय ने मंत्रियों के भ्रष्टाचार की जानकारी ऐसे समय में देने से इनकार किया जब देश की सर्वोच्च जांच एजेंसी सीबीआई के अधिकारी ने केंद्रीय कोयला एवं खान राज्यमंत्री हरिभाई पार्थिभाई चौधरी के खिलाफ भ्रष्टाचार के आरोप लगाए। पीएमओ ने कहा कि जानकारी का क्षेत्र स्पष्ट नहीं है लिहाजा उसे श्रेणीबद्ध करना और चिन्हित करना श्रम और समय की बर्बादी है।

मुख्य सूचना आयुक्त का निर्देश देना मोदी सरकार को पसंद नहीं आया। लिहाजा,19 जुलाई 2019 में आरटीआई एक्ट में बदलाव करते हुए सूचना अधिकारियों के वेतन के साथ साथ उनके कार्यकाल के निर्धारण को अपने हाथ में ले लिया। पहले मुख्य सूचना आयुक्त के साथ दूसरे सूचना आयुक्तों का कार्यकाल 5 साल के लिए निर्धारित था। इन सब का वेतन और दर्जा सुप्रीम कोर्ट के जज के बराबर था।

सरकार ने राज्यों के सूचना आयुक्तों की भी नियुक्ति अपने हाथ में ले ली। अब सवाल है कि इसकी स्वायत्ता कहां रही, जब सब कुछ सरकार के अधीन तो सरकार का कठपुतली बनकर ही काम करना पड़ेगा।

31 अक्टूबर 2023 को सुप्रीम कोर्ट ने कहा, "आरटीआई एक्ट बड़ी तेजी से कमजोर बनता जा रहा है, यह एक बेकार कानून की तरफ बनकर रह गया है।"

केंद्रीय सूचना आयोग हो या राज्य सूचना आयोग, हर जगह सूचना आयुक्तों के पद खाली पड़े हैं। झारखंड में तो एक भी सूचना आयुक्त नहीं है जिस कारण वहां कई महीनों से सूचना आयोग का कार्यालय निष्क्रिय पड़ा है। सुप्रीम कोर्ट ने केंद्र सरकार को निर्देश दिया कि वो इन पदों पर जल्दी भर्ती करें।

नरेंद्र मोदी ने भ्रष्टाचार को खत्म करने के बजाय संस्थागत कर दिया। हर संवैधानिक संस्थानों को कमजोर इतना कमजोर करने का प्रयास किया कि वो मोदी के अधीन ही चल सकते हैं।

नरेंद्र मोदी ने प्रधामन्त्री बनने बाद कारगिल में दिए अपने भाषण के दौरान कहा था कि "न मैं खाऊँगा न खाने दूंगा"

2018 में आरटीआई के जबाव में पीएमओ ने जबाव देते हुए बताया कि सवाल व्यक्तिगत प्रकृति का है और यह जानकारी पीएमओ के आधिकारिक रिकार्ड का हिस्सा नहीं है। पीएमओ कार्यालय से बताया

गया कि नरेंद्र मोदी के व्यक्तिगत पोशाक पर खर्च सरकार के खाते से नहीं किया जाता। यानि मोदी अपने कपड़े का खर्च स्वयं उठाते हैं।

आरटीआई के जरिए मोदी के खाने को लेकर भी खुलासा हुआ कि वो अपना खर्च खुद उठाते हैं।

अब प्रधानमंत्री के तनख्वाह कि बात करें तो प्रति महीने 1.60 लाख है। जैसा कि उन्होंने खुलासा किया था कि वो भिक्षा मांगकर खाते थे यानि राजनीति के अलावा उनका कोई व्यवसाय नहीं है। पीएम मोदी के बारे में कहा जाता है कि वो अपना तनख्वाह पीएम रिलीफ़ फंड में डाल देते हैं।

मैंने नहीं देखा कि प्रधानमंत्री मोदी ने एक कपड़े को दोबारा पहना हो। कई बार एक दिन में चार कपड़े बदल लेते हैं।

4 जनवरी 2024 को प्रधानमंत्री मोदी लक्षद्वीप दौरे पर थे। उन्होंने 1:28 मिनट का वीडियो साझा किया। जिसमें चार अलग अलग कपड़ों में फोटोशूट करते दिखे। बेशक वो हमेशा गरीबी फकीरी की बात करते रहे हों लेकिन पहले प्रधानमंत्री हैं जो बादशाहों की तरह जिंदगी व्ययतीत कर रहे है। ये कई जगह कार्यक्रम में जाने लगे हैं, जहां इनके स्वागत में लड़कियों से नृत्य कराया जाता है।

पीएम मोदी को चश्मे पहनने का बहुत शौक है लेकिन उनके ये चश्मे देसी नहीं बल्कि विदेशी हैं। बुल्गारी या मेबैक ब्रांड का चश्मा उनके फेवरेट हैं। कीमत की बात करें तो उनके पास जो मेबैक ब्रांड के सनग्लासेस हैं उसकी कीमत 1.5 लाख रुपये बतायी जा रही है, और इस तरह के कई ब्रांडेड चश्मों में उन्हें कई बार देखा जा चुका है।

मोंट ब्लैंक कंपनी का जो पेन पीएम मोदी इस्तेमाल करते हैं उसकी कीमत 1.30 लाख रूपए है। देश के प्रधानमंत्री का पहनावा आम नहीं होता। उनके कोट पेंट काफी चर्चा में रहते हैं। पीएम का पूरा नाम नरेंद्र दामोदरदास मोदी लिखा हुआ सूट भी काफी चर्चा में आया था। जब विपक्ष ने इनको लेकर हल्ला मचाया उसके बाद इसे 4.31 करोड़ रुपये में नीलाम किया गया और इन पैसों का इस्तेमाल

स्वच्छ भारत योजना के लिए किया गया। वैसे आपको बता दें कि इस सूट का कपड़ा जाने माने ब्रांड हॉलैंड एंड शेरी ऑफ शेवली रो का बताया गया जिसकी कीमत 1000 से 1500 पाउंड प्रति मीटर है। प्रधानमंत्री मोदी के कपड़े अहमदाबाद की टेक्सटाइल कंपनी जेड ब्लू से आते हैं। ये उनके लिए ज्यादातर उनकी पसंद के कुर्ते पजामे बनाते हैं। कपड़ों के हिसाब से कीमत अलग-अलग होती है। ऑनलाइन अगर इस वेबसाइट पर आप जाते हैं तो यहां आपको मोदी कुर्ता एंड जैकेट के नाम से अलग एक केटेगरी मिलती है। 1989 से मोदी जेड ब्लू के कपड़े पहनते आ रहे हैं।

अब ये गंभीर सवाल है कि ये सब खर्च आ कहां से रहा है। अगर कोई दे रहा है तो भी गंभीर चिंता का विषय है क्योंकि मोदी देश के प्रधानमंत्री हैं। क्योंकि कोई उच्च पद पर बैठे व्यक्ति को कुछ उपहार देता है तो बदले में आशा भी रखता है।

नरेंद्र मोदी की काबिलियत रही है कि वो आपदा को अवसर में बदल देते हैं। कोरोना महामारी के दौरान भी ऐसा ही किया। पीएम केयर फंड बनाकर लोगों से पैसा लिया। सरकारी कर्मचारियों के सैलरी काटकर भी डाला गया। प्रधानमंत्री मोदी स्वयं इस ट्रस्ट के अध्यक्ष और राजनाथ सिंह, अमित शाह और निर्मला सीतारमण सदस्य हैं। प्रधानमंत्री मोदी ने लोगों से पैसे दान करने के लिए गुहार लगाई। पीएम केयर फंड में 10,990 करोड़ रुपये जमा हुए।

पीएमओ ने आरटीआई के जरिए पीएम केयर फंड की जानकारी साझा करने से इनकार किया। दिल्ली हाईकोर्ट में पीएमओ ने हलफ़नामा देकर बताया कि पीएम केयर फंड सरकार का फंड नहीं है और इसे पब्लिक अथॉरिटी नहीं मान सकते। पीएम केयर फंड को पब्लिक चैरिटेबल ट्रस्ट के रूप में स्थापित किया गया है और यह भारतीय संविधान, संसद या किसी राज्य विधानमंडल के कानून के तहत नहीं बनाया गया है। राष्ट्रीय प्रतीक और डोमेन gov.in का इस्तेमाल किया गया लेकिन इससे सरकार का कोई लेना देना नहीं।

नियंत्रक और महालेखा परीक्षक (CAG) से जो खुलासे हुए वो हैरान करने वाले थे लेकिन मीडिया में उसकी कोई खास चर्चा नहीं हुई।

मोदी सरकार ने 1 अप्रैल 2018 को आयुष्मान भारत स्वास्थ स्कीम शुरू की। स्वस्थ और परिवार कल्याण राज्यमंत्री एसपी सिंह बघेल ने लिखित उत्तर में राज्यसभा को जानकारी दी कि 1 अगस्त 2023 तक 24.33 करोड़ आयुष्मान कार्ड बनाए गए। कैग रिपोर्ट में सामने आया कि तीन नंबर पर लगभग 9.85 लाख लोग रजिस्टर्ड हैं। मोबाईल नंबर 9999999999 पर 7.49 लाख लोग PMJAY योजना के तहत लाभार्थियों के रूप में रेजिस्टर्ड हैं। कैग की ओर से जांच में ये भी सामने आया कि इस धांधली में सबसे अधिक उपयोग किए जाने वाले अन्य नंबरों में 8888888888,9000000000,20,1435 और 185397 शामिल है। 3446 ऐसे मरीज थे जिनके इलाज पर कुल 6.97 करोड़ भुगतान किया गया, जो पहले ही मर चुके थे।

अयोध्या विकास प्रोजेक्ट को लेकर सीएजी ने जनवरी 2015 से मार्च 2022 तक स्वदेश दर्शन योजना का ऑडिट किया। रिपोर्ट के अनुसार छह राज्यों में छह परियोजनों/सर्किट ठेकेदारों को 19.73 करोड़ का अनुचित लाभ दिया गया।

भारतमाला प्रोजेक्ट के तहत दिल्ली-गुरुग्राम को जोड़ने वाले 29.06 किलोमीटर द्वारिका एक्सप्रेसवे को लेकर सीएजी का जो रिपोर्ट सामने आया। संसद की आर्थिक मामलों की कैबिनेट समिति ने 18.2 करोड़ प्रति किलोमीटर लागत के हिसाब से बनाने की स्वीकृति दी। सीएजी के रिपोर्ट के अनुसार भारतीय राष्ट्रीय राजमार्ग प्राधिकरण बोर्ड द्वारा प्रति किलोमीटर 250.77 करोड़ यानि 14 गुण ज्यादा कीमत बढ़ा दी गई।

भारतमाला प्रोजेक्ट के तहत 75 हजार किलोमीटर के रोड 15 करोड़ प्रति किलोमीटर की लागत से बने थे लेकिन मोदी सरकार ने निर्माण लागत 25 करोड़ प्रति किलोमीटर कर दी। आप सांसद संजय सिंह ने इस मुद्दे को राज्यसभा में उठाया था।

भारतमाला प्रोजेक्ट के तहत 7.5 लाख करोड़ के गड़बड़ी का आप ने आरोप लगाया।

टोल टैक्स पूरी तरह से वसूली का एक जरिया बन गया है जो मोदी सरकार में हर जिले में लगा दिया गया। अगर किसी का फास्टटैग ब्लैकलिस्ट हो जाता है तो सीधा डबल वसूली जबकि किसी भी चीज का थोड़ा बहुत फाइन होता है। बुंदेलखंड एक्सप्रेस वे और यमुना एक्सप्रेस वे पर बाइक पर टोल लेने की खबर सामने आई। गुजरात में तो फर्जी टोल का भी मामला सामने आया। दरअसल गुजरात में बाबनबोर-कच्छ नेशनल हाइवे के बगल में मोरबी इलाके के पास 1.5 साल से फर्जी टोल चल रहा था। रिपोर्ट के मुताबिक वहां टोल का दाम आधा लगता था, इसलिए लोग असली टोल के बजाय नकली टोल से निकलना पसंद करते थे।

सीएजी ने अपने रिपोर्ट में खुलासा किया कि भारतीय राष्ट्रीय राजमार्ग प्राधिकरण (NHAI) के टोल नियमों को लागू न करने से न केवल राजमार्ग प्राधिकरण को ही नुकसान हुआ है बल्कि दो मामलों में NHAI ने टोल नियमों का उल्लंघन कर यात्रियों से 154 करोड़ रुपए वसूले हैं।

सीएजी ने डोमेन विशेषज्ञों द्वारा तकनीकी समीक्षा की अनदेखी सहित विमान इंजन के डिजाइन और विकास में गंभीर खामियों के लिए अग्रणी सरकारी स्वामित्व वाली हिंदुस्तान ऐरोनिटिक्स लिमिटेड (HAL) को फटकार लगाई। विनिर्माण में मूल सामग्री के बजाय विकल्प का उपयोग, जिससे उत्पादन में देरी हुई और मार्च 2022 तक 159.23 करोड़ का नुकसान हुआ।

अल्पसंख्यक मंत्रालय में पांच साल में 144.83 करोड़ के घोटाले का मामला सामने आया। इस मामले में तत्परता दिखाते हुए 10 जुलाई 2023 को सीबीआई को जांच सौंप दी गई। 34 राज्यों के 100 जिलों में मंत्रालय मंत्रालय ने आंतरिक जांच कराई। 21 राज्यों के 1572 संस्थानों में 830 संस्थान फर्जी पाए गए। लगभग 53 फीसदी फर्जी अभयथी मिले।

अब सवाल उठता है कि ये सब सामने आने के बाद अल्पसंख्यक मंत्रालय के अलावा क्या कारवाई क्या हुई? तो जबाव मिला कि जिन तीन अधिकारियों ने अनियमितता को उजागर किया उनका ही तबादला कर दिया गया।

जब कांग्रेस ने अधिकारियों के तबादले को लेकर मोदी सरकार को घेरा तो सीएजी ने सफाई में कहा कि स्थानांतरण और पदस्थापना प्रशासनिक सुविधा का मामला है तथा इसके पीछे दुर्भावना खोजना ठीक नहीं है।

कालाधन भी बीजेपी के लिए चुनावी मुद्दा था। नरेंद्र मोदी ने चुनावी सभा के दौरान कहा, "ये जो चोर-लूटेरों के पैसे विदेशी बैंको में जमा हैं न, उतने भी हम ले आए न, तो हिंदुस्तान के एक-एक गरीब आदमी को मुफ्त में 15-20 लाख रुपये यूं ही मिल जाएंगे। इतने रुपये हैं।"

12 फ़रवरी 2014 को चाय पर चर्चा कार्यक्रम में मोदी ने कहा, "हम भारतीय नागरिकों द्वारा रखे गए पैसे का पाई-पाई वापस लाएंगे। विदेश में रखे काले धन को लाने के लिए कटिबद्ध हूं। मैं अपने देशवासियों को आश्वासन देता हूं कि जब हम दिल्ली में सरकार बनाएंगे तब कार्यबल गठित करेंगे और जरूरी हुआ तो कानून संसोधित करेंगे। कालेधन को लाकर उसका 5-10 फीसदी ईमानदार करदाताओं के बीच बांट देंगे। खासकर के सैलरी वाले करदाताओं का टैक्स सैलरी में से कट जाता है। हम वापस लाए गए कालेधन को ईमानदार करदाताओं के बीच बांट देंगे।"

प्रधानमंत्री बनने के बाद एक इंटरव्यू में मोदी से मध्यमवर्गीय करदाताओ के टैक्स में न छूट मिलने को लेकर सवाल हुआ तो उनका गोलमोल जबाव था कि आप मध्यमवर्ग को कम क्यों आँकते हैं वो तो दाता हैं।

5 फ़रवरी 2015 को अमित शाह से 15 लाख को लेकर सवाल हुए तो उनका जबाव था कि देखिए जुमला है। किसी के अकाउंट में 15 लाख कभी नहीं जाता ये उनको भी मालूम है, आपको (पत्रकार) भी मालूम है और देश की जनता को भी मालूम है। ये भाषण देने का तरीका है, एक जुमला है।

मोदी सरकार ने 8 नवंबर 2016 को नोटबंदी की घोषणा की। नोटबंदी के बाद लोगों को संबोधित करते हुए खुद को विक्टिम दिखाते हुए बोला, "भाइयों और बहनों मैं जानता हूं। मैंने कैसी-कैसी ताकतों से लड़ाई मोल ली है। मैं जानता हूं कि कैसे-कैसे लोग मेरे खिलाफ हो जाएंगे। 70 साल का जमा मैं उनका लूट रहा हूं। मुझे जिंदा नहीं छोड़ेंगे। मुझे बर्बाद करके रहेंगे। उनको जो करना है करें, भाइयों बहनों 50 दिन मुझे दें। आप खड़े हो करके ताली बजा करके मुझे आशीर्वाद दें। देश देखेगा इस देश में ईमानदार लोगों की कमी नहीं है। आइए ईमानदारी के इस काम में मेरा साथ दीजिए। भाइयों और बहनों मैंने देश से सिर्फ 50 दिन मांगे हैं। 30 दिसंबर तक मुझे मौका दीजिए। अगर 30 दिसंबर के बाद कोई मेरी कमी रह जाए, कोई मेरी गलती निकल जाए, कोई मेरा गलत इरादा निकल जाए। आप जिस चौराहे में मुझे खड़ा करेंगे। मैं खड़ा हो करके, देश जो सजा करेगा, वो सजा भुगतने के लिए तैयार हूं।"

नोटबंदी को लेकर कहा गया कि काले धन के ऊपर लगाम लगेगी। आतंकवाद की घटनाएं रुकेंगी। जाली नोट के ऊपर लगाम लगेगी। मीडिया ने तो 2000 के नोट में चिप की भी खोज कर ली थी।

तत्कालीन केंद्रीय कानून मंत्री रवि शंकर प्रसाद ने नोटबंदी का फायदा गिनाते हुए बोला कि इससे वेश्यावृति और सुपारी हत्याओं में भी कमी आई है।

रिजर्व बैंक ने नोटबंदी के दौरान बैंकिंग सिस्टम में वापस लौटे नोटों के बारे में पूरी जानकारी सामने रख दी है। इसके मुताबिक पांच सौ और हज़ार के 99.3 फ़ीसदी नोट बैंकों में लौट आए।

आरबीआई के मुताबिक़ नोटबंदी के समय देश भर में 500 और 1000 रुपए के कुल 15 लाख 41 हज़ार करोड़ रुपए के नोट चलन में थे। इनमें 15 लाख 31 हज़ार करोड़ के नोट अब सिस्टम में वापस में आ गए हैं, यानी यही कोई 10 हज़ार करोड़ रुपए के नोट सिस्टम में वापस नहीं आ पाए।

इससे काले धन पर अंकुश लगाने की बात सच नहीं साबित हुई।

नोटबंदी लगाए जाने के दो सप्ताह बाद तत्कालीन अटॉर्नी जनरल मुकुल रोहतगी ने सुप्रीम कोर्ट में नोटबंदी का बचाव करते हुए कहा था, "सरकार ने ये क़दम उत्तर पूर्व और कश्मीर में भारत के ख़िलाफ़ आतंकवाद को बढ़ावा देने में इस्तेमाल हो रहे चार लाख से पांच लाख करोड़ रुपए तक को चलन से बाहर करने के लिए उठाया है।"

जबकि सच्चाई है कि नोटबंदी से भारत प्रशासित कश्मीर में चरमपंथी हमलों पर अंकुश भी नहीं लगा है। राज्य सभा सांसद नरेश अग्रवाल के पूछे एक सवाल के जवाब में गृह राज्य मंत्री हसंराज गंगाराम अहीर ने सदन में बताया था कि जनवरी से जुलाई, 2017 के बीच कश्मीर में 184 आतंकवादी हमले हुए, जो 2016 में इसी दौरान हुए 155 आतंकवादी हमले की तुलना में कहीं ज़्यादा थे।

गृह मंत्रालय की 2017 की सालाना रिपोर्ट के मुताबिक जम्मू कश्मीर में 342 चरमपंथी हमले हुए, जो 2016 में हुए 322 हमले से ज्यादा थे। इतना ही नहीं, 2016 में जहां केवल 15 लोगों की मौत हुई थी, 2017 में 40 आम लोग इन हमलों में मारे गए थे। कश्मीर में चरमपंथी हमले 2018 की शुरुआत से भी जारी हैं।

नोटबंदी की घोषणा करते हुए प्रधानमंत्री नरेंद्र मोदी ने देश के अंदर नक्सलियों और देश के बाहर से फंडिंग पाने वाली आतंकी हरकतों पर नोटबंदी से अंकुश लगने की बात कही थी।

लेकिन जिस तरह से बीते मंगलवार को पांच मानवाधिकार कार्यकर्ताओं को गिरफ़्तार किया गया है, उन पर नक्सलियों से संबंध रखने के आरोप लगे हैं और अर्बन नक्सल की बात को प्रचारित किया जा रहा है उससे सवाल ये उठता है कि क्या नोटबंदी के बाद भी नक्सल समर्थक इतने मज़बूत हो गए हैं।

सेंटर फ़ॉर मॉनिटरिंग इंडियन इकॉनोमी (सीएमईआई) के कंज्यूमर पिरामिड्स हाउसहोल्ड सर्विस (सीपीएचएस) के आंकड़ों के मुताबिक 2016-2017 के अंतिम तिमाही में क़रीब 15 लाख नौकरियां गई हैं।

भारतीय जनता पार्टी की सहयोगी संगठन भारतीय मजदूर संघ ने भी नोटबंदी पर ये कहा है, "असंगठित क्षेत्र की ढाई लाख यूनिटें बंद हो गईं और रियल एस्टेट सेक्टर पर बहुत बुरा असर पड़ा है। बड़ी तादाद में लोगों ने नौकरियां गंवाई हैं।"

100 से ज़्यादा लोगों की जानें गई हैं। इतना ही नहीं 15 करोड़ दिहाड़ी मज़दूरों के काम धंधे बंद हुए हैं। हज़ारों उद्योग धंधे बंद हो गए। लाखों लोगों की नौकरियां चली गईं।

वैसे नोटबंदी की वजह से 100 से ज़्यादा लोगों की मौत हुई हो, ये बात दावे से नहीं कही जा सकती, लेकिन नोटबंदी के दौरान बैंक के सामने लगे कतारों में अलग-अलग वजहों से इतनी मौतें हुई हैं और यही वजह है कि विपक्ष इन मौतों के लिए नोटबंदी को ज़िम्मेदार ठहराता रहा है।

नोटबंदी की घोषणा करने के बाद अपने पहले मन की बात में 27 नवंबर, 2016 को नरेंद्र मोदी ने नोटबंदी को 'कैशलेस इकॉनमी' के लिए ज़रूरी क़दम बताया था। लेकिन नोटबंदी के दो साल बाद रिजर्व बैंक के आंकड़ों के मुताबिक लोगों के पास मौजूदा समय में सबसे ज़्यादा नकदी है।

जाली नोटों पर अंकुश लगा पाने में भी सरकार कामयाब नहीं हो पाई। रिजर्व बैंक के मुताबिक 2017-18 के दौरान जाली नोटों को पकड़े जाने का सिलसिला जारी है। इस दौरान 500 के 9,892 नोट और 2000 के 17,929 नोट पकड़े गए। यानी जाली नोटों का सिस्टम में आने का चलन बना हुआ है।

30 मार्च 2024 को सुप्रीम कोर्ट की न्यायमूर्ति बीवी नागरत्ना ने कहा, 'नोटबंदी कलेधन को सफेद करने का एक तरीका था।"

अब सवाल है कि जिस काले धन को लाने के नाम पर चुनाव लड़ा गया और शानदार जीत भी मिली उस कालेधन का क्या हुआ तो उसका जबाव स्विस बैंक के 2020 के आँकड़े से मिला। आँकड़े के अनुसार भारतीयों द्वारा रखा गया धन 2020 में बढ़कर 20,700 करोड़ रुपये हो गया। जो कि पिछले 13 वर्षों में सबसे अधिक था।

जुलाई 2021 में लोकसभा में काले धन पर पूछे गए एक सवाल के जबाव में वित्त राज्य मंत्री पंकज चौधरी ने कहा, "पिछले 10 वर्षों में स्विस बैंक में छिपाए गए काले धन का कोई आधिकारिक आंकड़ा नहीं है।"

नरेंद्र मोदी प्रधानमंत्री बनने से पहले गिरते हुए रुपये लेकर कई मंचों से बोल चुके थे कि रुपया उसी देश का गिरता है जहां की सरकार भ्रष्ट और गिरी हुई हो। भाइयों और बहनों मैं शासन में बैठा हुआ हूं और मैं जानता हूं। ऐसे नहीं चलता, आज रुपया और दिल्ली की सरकार में गिरने की होड़ मची हुई है। नेपाल का रुपया नहीं गिर रहा, बंगलादेश, श्रीलंका की करंसी नहीं गिर रही। आखिर क्या कारण है कि भारत का रुपया पतला होता जा रहा है।

जब मनमोहन सिंह सरकार को कोस रहे थे। अगर 2014 की भी बात करें तब डॉलर के मुकाबले रुपये की कीमत 58.42 रुपये थी लेकिन आज यानि 27 फ़रवरी 2024 को 82.90 है।

रुपये के गिरने पर 16 अक्टूबर 2023 को वित्त मंत्री निर्मला सीतारमण का बयान आता है कि रुपया कमजोर नहीं हो रहा डॉलर मजबूत हो रहा है।

29 जनवरी 2018 को मोदी सरकार ने इलेक्टोरल बॉन्ड को अधिसूचित किया था। सरकार का दावा था कि इससे कालाधन रुकेगा, साफ सुथरा धन आएगा और राजनीतिक फंडिंग में पारदर्शिता बढ़ेगी।

भारतीय स्टेट बैंक की 29 शाखाओं को इलेक्टोरल बॉन्ड जारी करने के लिए और उसे भुनाने के लिए अधिकृत किया गया। ये बॉन्ड साल में चार बार जनवरी, अप्रैल, जुलाई और अक्टूबर में जारी किए जाते थे। जो महीने में 10 दिनों की अवधि के लिए खरीद के लिए उपलब्ध कराए जाते थे। चुनावी बॉन्ड को सरकार ने आरटीआई के दायरे से बाहर रखा।

कोई भी व्यक्ति, समूह या कंपनी अधिकृत भारतीय स्टेट बैंक के शाखा से 1 हजार, 10 हजार, 1 लाख, 10 लाख और 1 करोड़ के इलेक्टोरल बॉन्ड खरीद सकते थे। राजनीतिक दलों के लिए शर्त थी कि पिछले लोकसभा या विधानसभा में पड़े कुल मत का कम से कम एक प्रतिशत वोट मिला हो। बॉन्ड खरीदने वाले का डीटेल बैंक के पास तो होता था लेकिन उसकी पहचान गोपनीय रखी जाती थी। खरीदे गए बॉन्ड को राजनीतिक पार्टी जिसको देता है उसे 15 दिन में इनकैश कराना होता था। अगर नहीं कराया तो वो पैसा सीधा प्रधानमंत्री राहत कोष में चला जाता था।

आरटीआई के जरिए एसबीआई कॉर्पोरेट ब्रांच से खुलासा हुआ कि 12 हजार करोड़ से ज्यादा का चुनावी बॉन्ड बेचा गया।

राजनीतिक दलों को बॉन्ड के जरिए मिले 5 वर्षों का आंकड़ा सामने आया। कुल 8970.3565 करोड़ में बीजेपी को 6566.12 करोड़, कांग्रेस 1123.23 करोड़, टीमसी को 1092.98 करोड़ .... मिले। चुनावी बॉन्ड का सबसे बड़ी लाभार्थी बीजेपी रही।

चुनावी बॉन्ड के ऊपर सुनवाई के दौरान केंद्र सरकर ने सुप्रीम कोर्ट में हलफ़नामा देकर कहा कि आम जनता को राजनीतिक दल को मिले चंदे को जानने का कोई अधिकार नहीं है।

सुप्रीम कोर्ट ने 15 फ़रवरी 2024 को ऐतिहासिक फैसला लेते हुए चुनावी बॉन्ड को असंवैधानिक बताते हुए रद्द कर दिया। शीर्ष अदालत ने भारतीय स्टेट बैंक को चुनावी बॉन्ड जारी करना बंद करने और इस योजना के तहत अब तक राजनीतिक पार्टियों को प्राप्त चंदे का विवरण भारत के चुनाव आयोग के साथ साझा करने का निर्देश दिया।

सुप्रीम कोर्ट ने एसबीआई को 6 मार्च 2024 तक इलेक्टोरल बॉन्ड की जानकारी चुनाव आयोग के साथ साझा करने का निर्देश दिया था। 4 मार्च 2024 को एसबीआई ने सुप्रीम कोर्ट में अर्जी दाखिल कर 30 जून 2024 तक का समय मांगा। एसबीआई ने कोर्ट से कहा कि आदेश का वो पालन करने के लिए कृतसंकल्प है लेकिन तय समय के भीतर आदेश के पालन में कुछ व्यावहारिक दिक्कतें आ रही है। इसलिए कोर्ट समय बढ़ा दे।

11 मार्च 2024 को सुप्रीम कोर्ट ने एसबीआई का याचिका खारिज करते हुए 12 मार्च 2024 तक का समय दिया। सरकार ने सीएए लागू कर दिया ताकि इलेक्टोरल बॉन्ड पर चर्चा ना हो। सुप्रीम कोर्ट ने ये भी आदेश दिया कि चुनाव आयोग को 15 मार्च 2024 को चुनाव आयोग अपने वेबसाईट पर डाटा जारी करे। एसबीआई ने बॉन्ड नंबर के बिना डाटा जारी किया। जिससे ये पता नहीं चल पा रहा था कि किस पार्टी को कहां से पैसा आया है।

14 मार्च 2024 को पेट्रोल और डीजल के कीमत में 2 रुपए कटौती कर दी गई ताकि इलेक्टोरल बॉन्ड से ध्यान भटकाया जा सके। अगले दिन बड़े पेज में उसी की खबर थी।

18 मार्च 2024 को सुप्रीम कोर्ट में फिर से सुनवाई हुई। कोर्ट ने एसबीआई को फटकार लगाते हुए कहा कि अगले तीन दिन में बॉडस के यूनीक नंबर सहित सारी जानकारी साझा करने को कहा। कोर्ट ने साथ में आदेश दिया कि हलफ़नामा देना होगा कि कुछ भी नहीं छुपाया गया है।

इस मामले पर एसबीआई के वकील हरीश साल्वे ने कहा कि हमने आदेश को जिस तरह से समझा उसी तरह से उसका पालन किया। आपके आदेश और समझने में कोई गलतफहमी हो गई होगी। हमने पूरी जानकारी अच्छे से साझा करने के लिए ही समय मांगा था।

अजय वासुदेव बोस ने एसबीआई में आरटीआई डालकर जानकारी लेनी चाही तो जबाव मिला कि कुल 28,030 इलेक्टोरल बॉन्ड बेचे गए जिसकी कुल कीमत 16518,10,9,00 रुपए थे लेकिन 18,871 बॉन्ड का डीटेल सांझा किया गया। लगभग 10,000 बॉन्ड की जानकारी नहीं दी गई।

अमित शाह ने कहा कि अगर इलेक्टोरल बॉन्ड की पूरी सच्चाई सामने आ जाती है तो इंडिया गठबंधन मुंह दिखाने लायक नहीं बचेगा। इलेक्टोरल बॉन्ड मोदी सरकार लेकर आई थी। उसकी सच्चाई सामने ना आने देने के लिए सारे हथकंडे मोदी सरकार ने अपनाया। एसबीआई तो वही करेगा जो सरकार चाहेगी। हरीश साल्वे जैसे महंगे वकील जिसकी एक सुनवाई में शामिल होने के लिए कम से कम 15 लाख का खर्च है। एसबीआई के प्रमुख दिनेश कुमार खार को एक साल का एक्सटेंशन मिला था। सरकार ने सुप्रीम कोर्ट में कहा कि जनता को बॉन्ड के बारे में जानने का कोई अधिकार नहीं है। जब आधी अधूरी सच्चाई सामने आई तो पीएम मोदी एक सकक्षात्कार में बोल पड़े कि पहले भी तो राजनीतिक दल चंदा लेते होंगे लेकिन बॉन्ड की वजह से चंदा के श्रोत का पता चला।

एसबीआई में आरटीआई लगाकर जानकारी मांगी गई कि हरीश साल्वे को इलेक्टोरल बॉन्ड पर पक्ष रखने के लिए कितना भुगतान किया गया तो एसबीआई ने ये जानकारी देने से मना कर दिया।

बॉन्ड के डीटेल से जो महत्वपूर्ण खुलासे हुए कि 6 वर्षों में से मात्र 5 वर्ष के डीटेल सामने आए। डोनर फाइल में 18,871 बॉन्ड की एंट्री थी जबकि प्राप्तकर्ता फाइल में 20,421 बॉन्ड की एंट्री थी।

बॉन्ड से पता चला कि चंदा दो और धंधा लो की नीति पर काम हुआ। मेघा इंजीनियरिंग ने 11 अप्रैल 2023 को 980 करोड़ का चंदा दिया और उसे बदले में 14,400 करोड़ का ठेका मिला। सीरम इंस्टिट्यूट ऑफ इंडिया ने 18 अगस्त को 52 करोड़ का चंदा दिया और 22 अगस्त 2022 को कोविड वैक्सीन बनाने का ठेका मिल गया। वेदांता ने 400 करोड़ से ज्यादा का इलेक्टोरल बॉन्ड खरीदा और उसे सरकारी कंपनी बीपीसीएल का टेंडर मिला। टोरेंट पावर ने 86.5 करोड़ का बॉन्ड खरीदा और उसे 47000 करोड़ का गुजरात सरकार के साथ समझौता हुआ। ब्राइट स्टार इनवेस्टमेंट ने 8 मई 2019 को 10 करोड़ बॉन्ड खरीदा और 4 नवंबर 2022 को उससे असम सरकार ने मेडिकल सुविधा के लिए एमओयू किया। मित्तल ग्रुप ने बॉन्ड खरीदा और उसे गुजरात में स्टील प्लांट लगाने की अनुमति मिली।

आईआरबी इंफ्रा ने बॉन्ड खरीदा और उसे 6000 करोड़ का प्रोजेक्ट मिला। एपको इंफ्रा ने बॉन्ड खरीदा और उसे 9000 करोड़ का टेंडर मिला। वन्डर सिमेन्ट ने 6 नवंबर 2023 को 10 करोड़ का बॉन्ड खरीदा और उसे 6 जनवरी 2023 को गुजरात में नई फैक्ट्री खोलने की अनुमति मिली। ये चंदा देकर धंधा लेने वाली कुछ प्रमुख कंपनीया है। वैसे इनकी लंबी फेहरिस्त है।

मोदी सरकार ने इलेक्टोरल बॉन्ड लाते समय कंपनी एक्ट हटा दिया जिसका परिणाम रहा कि कई कंपनियों ने घाटे के बावजूद और कमाई से ज्यादा के इलेक्टोरल बॉन्ड खरीदे।

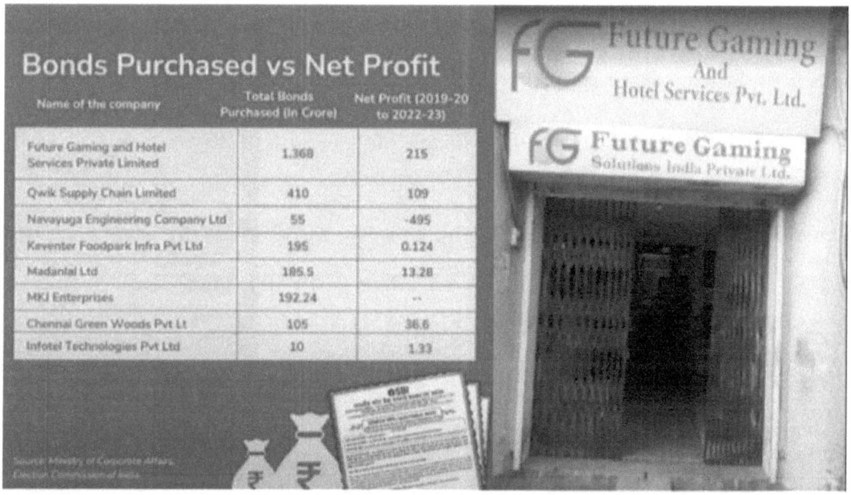

ऊपर दिए गए चार्ट में देखा जा सकता है कि इन प्रमुख प्रमुख कंपनियों ने आय से ज्यादा का इलेक्टोरल बॉन्ड खरीदा। कुल 33 कंपनियों ने इलेक्टोरल बॉन्ड में कुल ₹576.2 करोड़ का दान दिया, जिसमें से ₹434.2 करोड़ (लगभग 75%) भाजपा द्वारा भुनाया गया। इन कंपनियों को 2016-17 से 2022-23 तक सात वर्षों में कर के बाद नकारात्मक या लगभग शून्य लाभ हुआ। इन 33 कंपनियों का कुल शुद्ध घाटा ₹1 लाख करोड़ से अधिक था। इन 33 कंपनियों (श्रेणी ए) में से 16 ने कुल मिलाकर शून्य या नकारात्मक प्रत्यक्ष कर का भुगतान किया। घाटे में चल रही इन कंपनियों ने इतना बड़ा दान दिया। इससे यह संकेत मिलता है कि वे अन्य कंपनियों के लिए मुखौटे के रूप में काम कर रही है या उन्होंने अपने लाभ और घाटे की गलत जानकारी दी है - जिससे मनी लॉन्ड्रिंग या सेल कंपनी की संभावना बढ़ जाती है।

सुप्रीम कोर्ट में इलेक्टोरल बॉन्ड को चुनौती देने वाले याचिककर्ता ने दावा किया कि ईडी,सीबीआई और आयकर विभाग की जांच का सामना कर रही 41 कंपनियों ने बीजेपी को 2,471 करोड़ का दान दिया।

बीफ निर्यात में प्रथम स्थान रखने वाले अल्लाना ग्रुप ने बीजेपी को इलेक्टोरल बॉन्ड के जरिए 6 करोड़ दिया। 9 जुलाई 2019 को 5 करोड़ और 9 अक्टूबर 2019 को 1 करोड़ का बॉन्ड खरीदा।

दिलचस्प बात यह है कि जनवरी 2019 में अल्लाना ग्रुप पर आयकर विभाग ने छापा मारा था। छापेमारी उनकी 100 इकाइयों पर हुई थी। बीफ निर्यातक अल्लाना समूह ने कथित तौर पर 2,000 रुपए का आयकर देने से चोरी की थी।

अगस्त 2019 में, एलनसंस ने तत्कालीन महाराष्ट्र के मुख्यमंत्री देवेंद्र फडनवीस से मुलाकात कर महाराष्ट्र बाढ़ के लिए सीएम राहत कोष में 50 लाख रुपए का योगदान दिया।

2017 में, सबसे बड़े बीफ निर्यातक एलनसंस को मोदी सरकार के द्वारा 'उत्कृत प्रदर्शन' पुरस्कार मिला।

रॉबर्ट वाड्रा के डीएलएफ समूह ने अक्टूबर 2019 से नवंबर 2022 के बीच 170 करोड़ का बीजेपी को बॉन्ड दिया। जिसका परिणाम रहा कि रॉबर्ट वाड्रा का मामला ठंडे बस्ते में चला गया।

यशोदा अस्पताल के ऊपर कोरोना के पहले और दूसरे लहर में ज्यादा पैसा वसूलने के आरोप थे। उसने 162 करोड़ का बॉन्ड खरीदा। दिसंबर 2020 में इनकम टैक्स का रैड पड़ा था।

11 अक्टूबर 2023 को गुजरात के एक दलित परिवार के छह सदस्यों के नाम पर 11 करोड़ 14 हजार रुपये के चुनावी बॉन्ड खरीदे गए। ये परिवार कच्छ जिले के अंजार शहर का रहने वाला है.

चुनाव आयोग ने जो डेटा जारी किया उसके अनुसार, इनमें से 10 करोड़ रुपये के बॉन्ड 16 अक्टूबर 2023 को बीजेपी और 1 करोड़ 14 हजार रुपये के बॉन्ड 18 अक्टूबर 2023 को शिवसेना ने कैश कराए थे।

41 साल के हरेश सावकारा ने आरोप लगाया, "वेलस्पन ने एक परियोजना के लिए अंजार में हमारी लगभग 43,000 वर्ग मीटर कृषि भूमि का अधिग्रहण किया था, और यह पैसा हमें कानून के अनुसार दिए गए मुआवजे का हिस्सा था। लेकिन यह पैसा जमा करते समय, सीनीयर जनरल मैनेजर महेंद्रसिंह सोढ़ा ने कहा कि कंपनी ने हमें बताया है कि इतनी बड़ी रकम से आयकर विभाग को लेकर परेशानी हो सकती है…….फिर उन्होंने हमें चुनावी बॉन्ड के बारे में बताया। जिसके बारे में उन्होंने कहा कि ये स्कीम हमें कुछ सालों में 1.5 गुना पैसा देगी। हम अनपढ़ लोग हैं. हमें नहीं पता था कि ये योजना क्या है लेकिन उस समय उनकी सारी बातें बहुत विश्वसनीय लग रही थी। "

हरेश सावकारा, मनवर का बेटा है, जो परिवार के छह सदस्यों में से एक है, जिसका दावा था कि **उन्हें धोखे से खरीदवाया गया था।** सावकारा ने 18 मार्च 2024 को अंजार पुलिस स्टेशन में मामले के संबंध में एक शिकायत दर्ज कराई थी।

शिकायत पत्र में वेलस्पन के निदेशक विश्वनाथन कोलेंगोडे, संजय गुप्ता, चिंतन ठाकेर और प्रवीण भंसाली के साथ-साथ महेंद्रसिंह सोढ़ा (वेलस्पन के सीनीयर जनरल मैनेजर), विमल किशोर जोशी (अंजार भूमि अधिग्रहण अधिकारी) को मामले में आरोपी बनाया गया, और हेमंत उर्फ डैनी रजनीकांत शाह (बीजेपी के अंजार शहर अध्यक्ष) का नाम भी था।

दिल्ली के मुख्यमंत्री अरविंद केजरीवाल की कथित शराब घोटाले में गिरफ़्तारी के बाद इलेक्टोरल बॉन्ड के डाटा से चौकाने वाला मामला सामने आया।

दरअसल,कथित शराब घोटाले में गवाह बने पी सरथ चंद्र रेड्डी को ईडी ने कथित शराब घोटाले में 10 नवंबर 2022 को मनी लौंड्रिंग के आरोप में गिरफ्तार किया था।

इस गिरफ़्तारी के पांच दिन बाद ऑरोबिंदो फार्मा ने 15 नवंबर 2022 को 5 करोड़ के बॉन्ड खरीदे और ये सभी बीजेपी को गए। 5 जनवरी 2022 को ऑरोबिंदो फार्मा ने 3 करोड़ का बॉन्ड खरीदा और ये सभी बीजेपी को गए। करीब छह महीने बाद दिल्ली हाईकोर्ट ने 9 मई 2023 को रेड्डी को मेडिकल ग्राउन्ड पर जमानत दे दी। ईडी ने भी जमानत का विरोध नहीं किया।

1 जून 2023 को रेड्डी सरकारी गवाह बन गए। 7 जुलाई 2022 को ऑरोबिंदो फार्मा ने 1.5 करोड़ का बॉन्ड खरीदा और ये सभी बीजेपी को गए। 8 नवंबर 2023 को ऑरोबिंदो फार्मा ने 15 करोड़ ने 15 करोड़ के बॉन्ड खरीदे और ये सभी बीजेपी को गए।

जब ईडी ने रेड्डी को गिरफ्तार किया,उस वक्त ऑरोबिंदो फार्मा के निदेशक थे। इस कंपनी ने बीजेपी को 34.5 करोड़ का इलेक्टरल बॉन्ड दिया।

जब इलेक्टोरल बॉन्ड की आधी सच्चाई सामने आयो तो मोदी बोल पड़े कि इसके ऊपर सवाल उठाने वाले पछताएंगे। चुनावी रैलीयों में बोलने लगे कि ईडी ने जो पैसा जब्त किया है वो लोगों तक कैसे पहुंचाया जाए। इसके लिए कानून सलाह ले रहा हूं। अगर गरीब का पैसा है तो उन्हें वापस दिया जाएगा। पश्चिम बंगाल को लेकर कहा कि वहाँ 3000 करोड़ ईडी ने जब्त किया है।

अब सवाल है कि जिनके पास से पैसे जब्त किए गए। उन्होंने क्या कहीं डाका डाला था ? जो ये बार बार बोलते है कि जिनसे लूटा गया है,उनको लौटाया जाएगा।

इलेक्टोरल बॉन्ट के डाटा से खुलासा हुआ कि जिन कंपनीयों के ऊपर छापे पड़े,उन्होंने बॉन्ड खरीदे और उनका मामला ठंडे बस्ते में चला गया। तो क्या नरेंद्र मोदी जांच एजेंसियों के जरिए कोई वसूली रैकेट चला रहे है ?

ये मै पाठकों के ऊपर छोड़ देता हूं कि तय करे जांच एजेंसी का किस तरह से इस्तेमाल किया किया। जब इलेक्टोरल बॉन्ड का मामला तूल पकड़ा तो मेघा इंजीनियरिंग के खिलाफ सीबीआई ने मामला दर्ज किया। जिस सीबीआई या अन्य राज्य भ्रस्टाचार निरोधक ब्यूरो के पहले अधिकार था कि वो किसी मामले की प्रारंभिक जांच कर सकते थे। मोदी सरकार ने भ्रस्टाचार निवारण अधिनियम 2018 में साँसोधन करके पूरी तरफ से अपने अधीन कर लिया। अब वो किसी चपरासी के खिलाफ भी बिना सरकार के अनुमति के बिना प्रारंभिक जांच भी शुरू नहीं कर सकते।

इलेक्टोरल बॉन्ड कालाधन रोकने का नहीं बल्कि काला धन को सफेद बनाने की प्रक्रिया थी। सबसे बड़ी बात थी कि बॉन्ड खरीदने वालों के लिए इनकम टैक्स में भी छूट का प्रावधान था।

गौरतलब हो कि सुप्रीम कोर्ट के द्वारा इलेक्टोरल बॉन्ड को निरस्त करने करने से मोदी इतना ज्यादा बौखला गए कि 19 फ़रवरी 2024 को कल्कि धाम मंदिर शिलान्यास कार्यक्रम के मौके पर

कहा,"जमाना ऐसा बदल गया है कि अगर आज के युग में सुदामा श्री कृष्ण को एक पोटली में चावल देते। विडिओ निकल आती। सुप्रीम कोर्ट में पीआईएल हो जाती और फैसला आता कि भगवान कृष्ण को भ्रस्टाचार में कुछ दिया गया और भगवान कृष्ण भ्रस्टाचार कर रहे है।

ये कहानी सुना किसको सुदामा और किसको कृष्ण बता रहे थे ? इलेक्टोरल बॉन्ड का नाम तो नहीं लिया लेकिन मामला वही था। अब यहां सवाल है कि क्या ये खुद को भगवान कृष्ण मानते है और बॉन्ड के जरिए चंदा देने वालों को सुदामा ? ये जो कहानी सुनाई उसका निष्कर्ष यही निकलता है कि ये बॉन्ड को चावल बता रहे थे।

ये पाठक तय कर सकते है कि आखिर ये कहानी सुनाने के पीछे पीड़ा किस चीज की थी ?

सुप्रीम कोर्ट के असंवैधानिक करार दिए जाने के बाद मोदी सरकार ने फिर से इलेक्टोरल बॉन्ड लाने के लिए कमेटी बना दी। मोदी बेशक हमेशा भ्रस्टाचार से लड़ने की बात करे लेकिन सच्चाई है कि वो भ्रस्टाचार के सबसे बड़े संरक्षक के रूप में काम कर रहे।

जो नरेंद्र मोदी वर्ष 2014 लोकसभा चुनाव से पहले दागी नेताओ को जेल में डलवाने की बात करते थे। सुप्रीम कोर्ट में दागी नेताओ के चुनाव लड़ने पर रोक की याचिका लगी तो मोदी सरकार ने अगस्त 2018 में कोर्ट में कहा कि दागी नेताओ को चुनाव लड़ने से वंचित करना असंवैधानिक और गैरकानूनी होगा।

जीएसटी के ऊपर गुजरात के मुख्यमंत्री नरेंद्र मोदी ने कहा था कि जीएसटी कभी सफल नहीं हो सकता। 27 फ़रवरी 2014 को थोड़ा बदलाव करते हुए कहा,"जीएसटी पर मैंने साफ कर दिया है कि बीजेपी इसके खिलाफ नहीं है। लेकिन बिना अच्छे आईटी इन्फ्रास्ट्रक्चर के जीएसटी लागू करना मुश्किल होगा।"

1 जुलाई 2017 को जीएसटी लागू हुआ। इस मौके पर प्रधानमंत्री मोदी ने कहा,"125 करोड़ भारतीय इस ऐतिहासिक घटना के साक्षी है। देश एक नई व्यवस्था की तरफ चल पड़ा है। वर्ष 2022 में भारत अपनी आज़ादी के 75 साल पूरा करेगा और जीएसटी हमारे लिए मील का पत्थर साबित होगा। जीएसटी केवल आर्थिक सुधार की बात नहीं है,ये आर्थिक सुधारों से आगे बढ़कर सामाजिक सुधार की बात करता है। जीएसटी को भले ही 'गुड्स एंड सर्विस टैक्स' कहा जाता है लेकिन असल में ये 'गुड एंड सिम्पल टैक्स' है।

जीएसटी का परिणाम रहा कि लघु उद्योग लगभग चौपट हो गए। चालू वित्त वर्ष 2024-25 के पहले माह अप्रैल में 2.10 लाख करोड़ रहा।

जीएसटी अधिनियम। सीमा शुल्क अधिनियम और पीएमएलए के विभिन्न प्रावधानों को चुनौती देने के लिए सुप्रीम कोर्ट में 281 याचिकाएं डाली गई। 3 मई 2024 को सुप्रीम कोर्ट ने जीएसटी के प्रावधानों के तहत नोटिस और गिरफ्तारियों का का ब्योरा मांगा।

इससे ये स्पष्ट हो जाता है कि जीएसटी के नाम पर भी बड़ी धांधली चल रही है।

अब निष्पक्ष चुनाव की बात करें तो ईवीएम के ऊपर सवाल उठते रहे हैं। फर्रुखाबाद में जिला निर्वाचन कार्यालय के गोदाम में 20 दिसंबर 2023 की सुबह आग लग गई। सिटी मजिस्ट्रेट के मुताबिक फतेहगढ़ कोतवाली क्षेत्र में स्थित इस गोदाम में रखी 800 ईवीएम मशीनों के जलने की आशंका व्यक्त की गई। ये आग बिना किसी शॉर्ट सर्किट के लगी।

गौरतलब हो कि देश की 20 लाख ईवीएम मशीनों को गायब बताने वाली याचिका पर सुनवाई के बाद मप्र हाईकोर्ट की ग्वालियर बेंच ने फैसला सुरक्षित रख लिया। एडवोकेट उमेश बौहरे ने याचिका दायर कर कहा है कि भारत निर्वाचन आयोग ने 2017 में 39 लाख ईवीएम मशीनें हैदराबाद और बैंगलोर में रिपेयरिंग के लिए भेजी थीं। लेकिन उनमें से सिर्फ 19 लाख ईवीएम मशीन ही वापस आईं और 20 लाख मशीनों का अब तक पता नहीं है। जिसके लिए मैंने भारत सरकार, निर्वाचन आयोग को लीगल नोटिस भेजा था, लेकिन दोनों के द्वारा न मुझे जवाब दिया गया और न इस मामले में मुंबई हाईकोर्ट में दायर याचिका में कोई जवाब पेश किया गया।

चुनाव आयोग ने कोर्ट में जबाव दाखिल ना कर चुनाव आयोग की प्रवक्ता शेफाली शरण ने फ्रन्टलाइन और टीवी9 भारतवर्ष को पत्र लिख इसे भ्रामक करार दिया। 2 मई 2019 को सोशल मीडिया X पर जानकारी साझा कर दी।

कर्नाटक में कांग्रेस विधायक एचके पाटील ने आरटीआई के हवाले से विधानसभा में मुद्दा उठाया कि 2016 से 2018 तक देश में 19 लाख ईवीएम गायब हुई हैं। जिसमें भारत इलेक्ट्रानिक्स लिमिटेड द्वारा सप्लाई की गई 9.6 लाख ईवीएम और इलेक्ट्रानिक्स कॉर्पोरेशन ऑफ इंडिया लिमिटेड द्वारा सप्लाई की गई 9.3 लाख ईवीएम गायब हुई हैं। लेकिन इस मामले में चुनाव आयोग द्वारा कोई स्पष्टीकरण नहीं दी गई है।

आरटीआई के जरिए ईवीएम बनाने वाली कंपनी भारत इलेक्ट्रानिक्स लिमिटेड के स्वतंत्र निदेशक को लेकर खुलासा हुआ कि 7 स्वतंत्र निदेशक में 4 बीजेपी के रहे हैं।

1) डॉ.पोडाला वेंकटकाटा पार्थसारथी (राष्ट्रीय सचिव ओबीसी मोर्चा भाजपा और आंध्रप्रदेश भाजपा के उपाध्यक्ष थे)
2) खाचरिया मनसुकभाई शामजीभाई राजकोट गुजरात भाजपा के अध्यक्ष थे।
3) डॉ शिवनाथ यादव उत्तर प्रदेश भाजपा के उपाध्यक्ष थे।
4) श्रीमती श्यामा सिंह बिहार भाजपा की उपाध्यक्ष थीं।

ये सभी रक्षा मंत्रालय भारत सरकार से नियुक्त किए गए हैं। नरेंद्र मोदी को ईवीएम बनने वाली कंपनी में भी अपने लोग चाहिए।

चंडीगढ़ मेयर के चुनाव में बीजेपी ने अपने नेता अनिल मसीह को रिटरनिंग ऑफिसर बनाया। जो वोटों की गिनती के दौरान कांग्रेस के मत के ऊपर क्रॉस (X) करते देखे गए। जो बार बार सीसीटीवी कैमरा के तरफ देख रहे थे। बीजेपी को 16 मत, आप पार्टी को 12 मत और कांग्रेस को 8 मत थे। मसीह ने

कांग्रेस के मत को अवैध कर बीजेपी के मनोज कुमार सोनकर को विजेता घोषित कर दिया। इस मामले की सुप्रीम कोर्ट में सुनवाई हुई जहां मसीह ने अपना जुर्म कबूल किया। कोर्ट ने इसे लोकतंत्र का मज़ाक और हत्या बताया और अवैध मत को वैध मानते हुए आप-कांग्रेस गठबंधन के उम्मीदवार कुलदीप कुमार को विजयी घोषित किया। शीर्ष अदालत ने मसीह के खिलाफ आपराधिक मुकदमा चलाने का निर्देश दिया।

21 दिसंबर 2023 को लोकसभा में मुख्य चुनाव आयुक्त और चुनाव आयुक्तों की नियुक्ति और सेवा शर्तों को विनियमित करने के लिए विधेयक पारित हुआ। संसोधित कानून में सुप्रीम कोर्ट के मुख्य न्यायधीश को सिलेक्शन पैनल से बाहर कर दिया गया और इसमें प्रधानमंत्री, लोकसभा के नेता प्रतिपक्ष और प्रधानमंत्री द्वारा नामित एक कैबिनेट मंत्री को शामिल किया गया। अब जो मुख्य चुनाव आयुक्त और चुनाव आयुक्तों का सिलेक्ट करने और उनके सेवा का अधिकार सत्ता पक्ष के हाथ में आ गया ठीक वैसे ही जैसे मुख्य सूचना आयुक्त और सूचना आयुक्तों के साथ किया गया। अब चुनाव आयोग सत्ता पक्ष के खिलाफ जाकर निष्पक्ष होकर काम कर ही नहीं सकता।

ये सब देख पाठक तय करें कि क्या नरेंद्र मोदी भ्रष्टाचार और कालेधन के खिलाफ कोई लड़ाई लड़ रहे हैं? संवैधानिक संस्थानों का अपने हिसाब से इस्तेमाल करना तनाशाही नहीं है? क्या निष्पक्ष चुनाव होने देना चाहते हैं? ये मैं पाठकों के विवेक के ऊपर छोड़ देता हूँ।

विकास का खोखला दावा

नरेंद्र मोदी के प्रचार-प्रसार की ताकत है कि कई लोग किसी अन्य फैसलों से सहमत भी हो मानते हैं कि कुछ भी विकास तो हो रहा है। वैसे मोदी भी हमेशा विकास की बात करते देखे जाते हैं। अगर आकंड़ों की बात करें तो सरकार के तरफ से अलग-अलग आकंड़े दिए जाते हैं। कहीं इसके पीछे रणनीति हो कि इससे कोई किसी निष्कर्ष पर न पहुंचे या फिर जिसको जो मर्जी वो बोल देता हो। वैसे मोदी सरकार को संसद, सुप्रीम कोर्ट या आम लोगों को गुमराह करने के आरोप लग चुके हैं।

अगर विकास की बात करें और इनके पुराने वादे को देखें तो 2022 तक का जो लक्ष्य रखा। जैसे 2022 तक हर किसी के पास पक्का मकान होगा, 100 स्मार्ट सिटी बनेगी, बुलेट ट्रेन, 5 ट्रिलियन की अर्थव्यवस्था होगी, हर घर को 24 घंटे बिजली मिलेगी, गंगा साफ हो जाएगी और 80 करोड़ लोगों को रोजगार है। ये पहली सरकार है जो अल्पसंख्यक संतुष्टीकरण के अलावा हर मोर्चे पर विफल साबित हुई है। अगर सरकारी आंकड़ों की बात करें तो अलग-अलग आते हैं तो फिर किसी भी निष्कर्ष पर कैसे पहुंचा जा सकता है। सबसे ज्यादा चर्चा राजमार्ग की होती है जिसकी भारी कीमत आम लोगों से टोल के रूप में वसूली जा रही है।

जिस भी एक्स्प्रेसवे का उद्घाटन होता है उसको झंडा दिखाने स्वयं प्रधानमंत्री मोदी जाते हैं। कई बार निरीक्षण करते भी देखे जाते हैं। अब सवाल है कि वहां किस तरफ का विकास चल रहा है।

22 जुलाई 2022 को प्रधानमंत्री नरेंद्र मोदी ने 14,800 करोड़ की लागत से बने बुंदेलखंड एक्स्प्रेसवे का उद्घाटन किया जो कि 5 दिन भी नहीं झेल सका, तेज बारिश से धंस गया।

12 फ़रवरी 2023 को प्रधानमंत्री मोदी ने लगभग 1 लाख करोड़ की लागत से बनी दिल्ली-मुंबई एक्सप्रेसवे का उद्घाटन किया।

हरियाणा के नूह जिले से गुजरने वाला दिल्ली-मुंबई एक्सप्रेसवे फिरोजपुर झिरका के अंतर्गत महूँ गाँव के समीप बना पूल का प्लास्टर 4 महीने बाद ही टूटकर गिरने लगा।

12 मार्च 2023 को प्रधानमंत्री नरेंद्र मोदी ने 118 किलोमीटर लंबे बेंगलुरू-मैसूर एक्सप्रेसवे परियोजना का उद्घाटन किया। 8,448 करोड़ रुपये की इस परियोजना में एनएच-275 के बेंगलुरू-निदाघट्टा-मैसूर खंड को छह लेन का बनाना शामिल था।

एनएचएआई ने सड़क का निर्माण कार्य पूरा होने से पहले ही टोल वसूलना शुरू कर दिया। प्रधानमंत्री के उद्घाटन करने के एक हफ्ते के भीतर ही हल्की बारिश के बाद जलभराव हो गया।

गुइरिम में एनएच 66 के समानांतर चल रही एक नवनिर्मित सर्विस रोड 23 जुलाई 2022 की सुबह अपनी चौड़ाई में धंस गई।

चंडीगढ़ शिमला नेशनल हाईवे केसोलन के शामलेच गांव में सड़क का करीब 50 मीटर हिस्सा 11 अगस्त 2022 शाम को धंस गया।

जुलाई 2023 को हरियाणा के पंचकुला में बारिश के कारण सड़क में दरारें आ गईं। सबसे हैरानी इस बात की हुई कि उस बारिश के कारण सड़क का एक हिस्सा ही बह गया।

जिसके बाद आवागमन पटरी से उतर गई। भारी बारिश की वजह से यमुना पूल का हिस्सा पानी में डूबने से आवागमन बंद हो गया।

महाराष्ट्र के जालना जिले के कर्जत से अस्ते बोखारी गाँव के नीचे बनी खराब सड़क का पर्दाफाश ग्रामीणों ने हाथ से उखाड़कर किया। रिपोर्ट के मुताबिक प्रधानमंत्री ग्राम सड़क के योजना के तहत यह सड़क बनाई गई थी। उत्तरप्रदेश राज्य के पीलीभीत, जौनपुर और लखीमपुर के नव निर्मित सड़क को ग्रामीणों ने हाथ से उखाड़ा। गुजरात के जामनगर और बेंगलुरू में ऐसी घटना ही देखी गई।

11 मार्च 2024 को प्रधानमंत्री नरेंद्र मोदी के संसदीय क्षेत्र वाराणसी के सिगरा चौराहे पर अचानक से सड़क धंस गई। बीच सड़क छह फुट गहरा हो गया।

लखनऊ के लोहियानगर इलाके में 3 मार्च 2024 को थोड़ी बारिश के कारण सड़क ढहने से एक बड़ा गड्ढा बन गया। खुर्रमनगर रोड पर लेबर अड्डा इलाके में 23 फीट चौड़े, 20 फीट लंबे और 20 फीट गहरे गड्ढे का पता तब चला जब एक कार उसमें फंस गई।

ये सब कुछ गिने चुने मामले उल्लेखित हैं। वैसे इनकी संख्या बहुत बड़ी है, जहां मोदी सरकार और उनके डबल इंजन की पोल खुलती है। जिस एक्सप्रेसवे और सड़कों को विश्वस्तरीय बता भारी टोल वसूला जा रहा है। आज स्थिति है कि बारिश हो जाए तो एक्सप्रेसवे पर कई गाड़ियां डूब जाती है। कब कौन सा ब्रीज टूटकर गिर जाए और कौन सा सड़क पानी में बह जाए। ये आंकलन करना असंभव है।

अगर गिने चुने मामले होते हो कहा जा सकता था कि ठेकेदार या निर्माण कार्य में लगी कंपनी की गलती है। ये तो ऐसा प्रतीत होता है कि ये सब संस्थागत हो चुका है। सबसे बड़ी बात है कि मोदी ही ज्यादातर जगह उद्घाटन करने पहुँचते हैं।

ये पूरी तरह से विकास के आड़ में भ्रष्टाचार का मामला चल रहा है। ये सब गुणवत्ता में कमी तब ही आती है जब खाओ और खिलाओ की योजना पर काम चल रहा हो।

13 जून 2022 को प्रधानमंत्री नरेंद्र मोदी ने 920 करोड़ की लागत से बने प्रगति मैदान टनल का उद्घाटन किया। उद्घाटन के मौके पर प्रधानमंत्री ने इस परियोजना को केंद्र सरकार की ओर से दिल्ली के लोगों के लिए एक बड़ा उपहार बताया। उन्होंने यातायात की भीड़ और महामारी के कारण परियोजना को पूरा करने में चुनौती की व्यापकता को याद किया। उन्होंने इस परियोजना को पूरा करने का श्रेय नये भारत की नई कार्य संस्कृति और श्रमिकों तथा इंजीनियरों को दिया। प्रधानमंत्री ने कहा, "यह एक नया भारत है जो समस्याओं का समाधान करता है, नई प्रतिज्ञा लेता है और उन प्रतिज्ञाओं को साकार करने के लिए अथक प्रयास करता है।"

(प्रगति मैदान टनल में पानी भरा हुआ)

प्रधानमंत्री ने कहा कि यह सुरंग प्रगति मैदान को 21वीं सदी की जरूरतों के हिसाब से बदलने के अभियान का हिस्सा है। उन्होंने इस बात पर अफसोस जताया कि बदलते भारत के बावजूद भारत को प्रदर्शित करने के लिए बनाया गया प्रगति मैदान पहल की कमी और राजनीति के कारण पिछड़ गया। उन्होंने कहा, "दुर्भाग्य से प्रगति मैदान की बहुत अधिक 'प्रगति' नहीं हुई।" पहले काफी धूमधाम और प्रचार-प्रसार के बावजूद ऐसा नहीं किया गया। "भारत सरकार देश की राजधानी में विश्व स्तरीय

आयोजनों के लिए अत्याधुनिक सुविधाओं, प्रदर्शनी हॉलों के लिए लगातार काम कर रही है", उन्होंने द्वारका में अंतर्राष्ट्रीय सम्मेलन और एक्सपो सेंटर और पुनर्विकास परियोजना जैसे प्रतिष्ठानों के बारे में बात करते हुए कहा, "केंद्र सरकार द्वारा विकसित आधुनिक बुनियादी ढांचा दिल्ली की तस्वीर बदल रहा है और इसे आधुनिक बना रहा है।"

भूटान, अफगानिस्तान, जाम्बिया, नाइजीरिया, चाड, आइवरी कोस्ट, बांग्लादेश, मालदीव, माली, मंगोलिया के राजदूतों और उच्चायुक्तों ने नवनिर्मित प्रगति मैदान सुरंग का दौरा किया था। इस दौरान सभी ने सुरंग की दीवारों पर की गई पेंटिंग देखी। सुरंग को देखने आए उच्चायुक्तों और राजदूतों ने इसे इंजीनियरिंग का शानदार नमूना बताया था।

सुरंग में की गई कलाकृतियां 27 हजार वर्ग मीटर में फैली हुई हैं, जो दुनिया में बनाई गई अब तक की सबसे बड़ी कलाकृति है। इसमें दीवारों और केंद्रीय स्तंभों पर सजावटी भित्तिचित्रों के माध्यम से भारत के छह मौसमों पर आधारित भारतीय संस्कृति की बेहतरीन अभिव्यक्तियों को दिखाया गया।

मध्य दिल्ली, नोएडा और गाजियाबाद के बीच संपर्क को आसान करने वाली 1.3 किमी लंबी यह सुरंग हर रविवार एक सेल्फी प्वाइंट में बदलने की बात कही गई।

जहां लोग भारतीय संस्कृति, वनस्पति, राशि चिन्ह व कश्मीर से कन्याकुमारी तक देश के विभिन्न हिस्सों में मौसमों को दर्शाने वाले भित्तिचित्रों के साथ तस्वीरें खिंचवा सकेंगे। सुरंग का प्रबंधन देख रही केंद्र सरकार की इकाई अंतरराष्ट्रीय व्यापार संवर्धन संगठन (आइटीपीओ) के प्रबंध निदेशक एलसी गोयल ने कहा कि सुरंग के भीतर कलाकृतियां आंखों को सुकून देने वाली हैं और जनता को इस शानदार काम को देखने का मौका दिया जाने का निर्णय लिया गया है।

प्रधानमंत्री मोदी ने भी लोगों को रविवार को पैदल घूमने की सलाह दी क्योंकि रविवार को सिर्फ पैदल यात्रा के लिए अनुमति थी। कुछ समय तक ऐसा किया भी गया था लेकिन जब लोगों ने आना बंद कर दिया तो रविवार को भी यातायात के लिए खोल दिया गया।

प्रगति मैदान के टनल को एक साल भी पूरा नहीं हुआ कि बारिश से जलभराव हो गया। जिसकी वजह से यातायात को बंद करना पड़ा। टनल में दरारें आ गई जिसकी वजह से पानी का रिसाव होने लगा।

दिल्ली सरकार के अधिकारी ने बताया, "प्रगति मैदान का टनल अब यात्रियों के लिए बिल्कुल सुरक्षित नहीं है। ये अब मरम्मत से ठीक नहीं हो सकता, इसमें कुछ बड़े बदलाव करने की जरूरत है।"

पीडबल्यूडी ने 3 फरवरी 2023 को भेजे गए नोटिस में कंपनी को बताया कि टनल में कई जगहों पर दीवरों से लगातार पानी लीक हो रहा है। टनल और अंडरपास में कई जगहों पर बड़ी दरारें भी हैं। टनल के अंदर ड्रेनेज सिस्टम में भी कई खामियां हैं, जिनकी वजह से टनल में पानी भरने की समस्या होती है। पीडबल्यूडी ने एल एंड टी कंपनी से 15 दिन में जवाब मांगते हुए 500 करोड़ का जुर्माना ठोका तो वहीं, L&T कंपनी ने भी इतनी ही रकम का दावा किया। कंपनी ने कहा है कि उसने पीडबल्यूडी पर 500 करोड़ रुपये का काउन्टरक्लेम किया है।

10 सितंबर 2023 को G20 सम्मेलन के दौरान 2700 करोड़ की लागत से बने भारत मंडपम जो एक बारिश भी नहीं झेल पाया। जलभराव के वीडियो सामने आने के बाद सरकार के ऊपर सवाल उठने लगे।

सरकार के नोडल एजेंसी प्रेस इनफार्मेशन ब्यूरो ने इसे मामूली जलजमाव बताते हुए वीडियो को लेकर किए गए दावों को भ्रामक करार दिया।

ये कुछ उदाहरण मात्र हैं। ऐसी कई और घटनाएं मिलेंगी लेकिन उसकी कहीं कोई चर्चा नहीं। अगर किसी को लेकर सोशल मीडिया में सवाल उठे तो सरकार उसे खारिज कर देती है।

एक्सप्रेसवे की तरफ प्रधानमंत्री मोदी स्वयं वंदे भारत ट्रेन को भी झंडा दिखाते हैं। फास्ट, स्मार्ट और न्यू इंडिया का विजन इससे जोड़ा जाता है।

27 अप्रैल 2023 को हजरत निजामुद्दीन-रानी कमलापति वंदे भारत एक्सप्रेस मध्यप्रदेश में ग्वालियर स्टेशन के पास गाय से टकरा गई। जिससे ट्रेन के सामने का हिस्सा छतिग्रस्त हो गया और इसका बोनट खुल गया। प्रधानमंत्री मोदी ने 1 अप्रैल 2023 को ही झंडा दिखाया था। एक महीना भी नहीं हुआ और वंदे भारत दुर्घटना की शिकार हो गई।

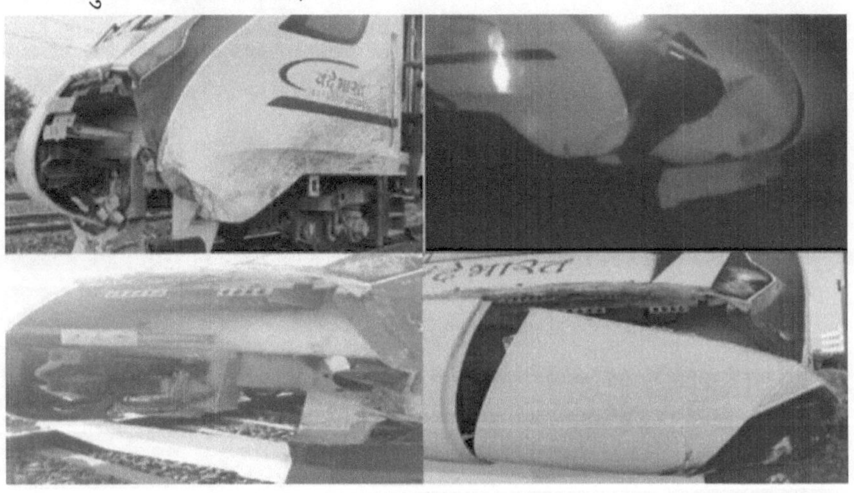

6 अक्टूबर 2023 को वंदे भारत ट्रेन अहमदाबाद रेलवे स्टेशन के पास भैंसों की झुंड से टकरा गई थी। इस हादसे में चार भैंसों की मौत हो गई और ट्रेन का अगला हिस्सा टूट गया। रेलवे सुरक्षा बल ने भैंसों के मालिक पर केस दर्ज कराई।

7 अक्टूबर 2023 को मुंबई-सेंट्रल गांधीनगर वंदे भारत एक्सप्रेस आनंद स्टेशन के पास गाय से टकरा दुर्घटनाग्रस्त हो गई।

8 अक्टूबर 2023 को दिल्ली से वाराणसी जा रही वंदेभारत एक्सप्रेस का पहिया जाम हो गया। 5 घंटे तक खुर्जा स्टेशन पर रुकी रही, इसके बाद यात्रियों को शताब्दी एक्सप्रेस से भेजा गया।

28 अक्टूबर 2023 को मुंबई से गांधीनगर जा रही वंदे भारत के सामने बैल आ गया। टक्कर से ट्रेन का अगला हिस्सा टूट गया।

ये कुछ मामले हैं वैसे वंदे भारत का दुर्घटनाग्रस्त होना आम बात हो गई है। रेलवे अधिकारियों ने वंदे भारत को लेकर बताया कि इसके नोज कोन को इस तरफ से डिजायन किया गया है कि टक्कर के बाद भी ट्रेन और उसमें बैठे यात्रियों को नुकसान न हो। यह हिस्सा मजबूत फाइबर प्लास्टिक का होता है। इसमें किसी भी तरह के टक्कर होने पर सिर्फ आगे के कोन शेप हिस्से को नुकसान पहुंचता है। ट्रेन के अन्य हिस्से, चेचिस और इंजन को हानि नहीं पहुंचती है।

अगर रेलवे के दावों के ऊपर गौर से ध्यान दें तो ऐसा ट्रेन और यात्रियों के सुरक्षा के लिए किया जाता है तो बाकि जो ट्रेन है उनमें तो गाय, भैंस या बैल टकराने से यात्री, ट्रेन का बाकि हिस्सा तो छोड़ें, उसके अगले हिस्से को भी कोई नुकसान नहीं पहुंचता।

वंदे भारत एक्सप्रेस की गुणवाता को देखें तो केरल कांग्रेस के X हैन्डल से 24 जून 2023 को वीडियो साझा किया गया।

वीडियो में स्पष्ट दिखा कि रेलवे कोच के अंदर मूसलाधार बारिश हो रही थी।

वंदे भारत को वर्ल्ड क्लास ट्रेन होने का दावा किया जाता है लेकिन उसके खाने की बात करें तो 24 जुलाई 2023 को मध्यप्रदेश में वंदे भारत में यात्रा कर रहे यात्री को वेज खाने में कॉकरोच मिला तो वहीं1 फ़रवरी 2024 को मध्यप्रदेश रीवा में वंदे भारत ट्रेन में मिली नॉनवेज थाली में कॉकरोच मिला।

अगर भारतीय रेलवे की बात करें तो 14 मई 2022 के खबर के अनुसार रेलवे ने बीते 6 साल में ग्रुप सी और ग्रुप डी के करीब 72,000 से अधिक पदों को खत्म कर दिया। दिसम्बर 2022 में रेल मंत्री अश्विनी वैष्णव ने संसद में बताया कि रेलवे में 3.12 लाख अराजपत्रित पद रिक्त हैं।

29 नवंबर 2023 को उत्तरप्रदेश के बाराबंकी जिलें में लखनऊ-गोरखपुर रेलखंड पर दो ट्रेन के ड्राइवर 12 घंटे ड्यूटी टाइम पूरा होने पर रेलवे ट्रैक पर रेलगाड़ी छोड़कर चले गए। इसके चलते सहरसा से दिल्ली जाने वाली ट्रेन 3 घंटे 40 मिनट और बरौनी से लखनऊ जा रही ट्रेन 1 घंटे 41 मिनट तक बुढ़वल स्टेशन पर खड़ी रही।

ये समस्याएं भर्ती कम होने की वजह से आ रही है। अब स्थिति है कि लोगों से समय से ज्यादा काम लिया जा रहा है।

वायब्रेंट गुजरात-2017 के मंच से प्रधानमंत्री नरेन्द्र मोदी ने 'मेक इन इंडिया' को वैश्विक ब्रांड करार दिया और कहा कि मेक इन इंडिया ऐसा वैश्विक ब्रांड बन गया है कि विदेश की धरती पर मैं पांच बार कहूं तो मेजबान 50 बार 'मेक इन इंडिया-मेक इन इंडिया' बोलते हैं। इस दौरान कहा कि 2022 तक 80 करोड़ लोगों को रोजगार देना सपना और संकल्प है। अब रोजगार की बात छोड़ 80 करोड़ लोगों को मुफ़्त राशन देने का दावा करने लगे। जो वादा रोजगार का था वो मुफ़्त राशन में बदल गया।

25 फ़रवरी 2024 को नीति आयोग के सीईओ बीवीआर सुब्रमण्यम ने नवीनतम घरेलू उपभोग व्यय सर्वेक्षण का हवाला देते हुए दावा कि भारत में गरीबी 5 फीसदी से नीचे आ गई है। ग्लोबल हंगर इंडेक्स की बात करें तो भारत का 2014 में 55 वां रैंक तो वहीं 2023 में 111वें रैंक पर पहुंच गया। अब जो आंकड़ा बीजेपी को पसंद न आए उसे खारिज कर देती है और उनके समर्थक देश के खिलाफ साजिश बताना शुरू कर देते हैं। अगर कोई आंकड़ा अनुरूप हो जिसमें मोदी की प्रशंसा हो तो उसकी होर्डिंग लगवाना शुरू कर देते हैं।

अब सवाल है कि ग्लोबल हंगर इंडेक्स में भारत का 111वां रैंक और गरीबी दर 5 फीसदी से भी नीचे तो ये मैं पाठकों के ऊपर छोड़ देता हूँ कि वो तय करें कि सच क्या है?

अब वायब्रेंट गुजरात समिट में जिस मेक इन इंडिया को वैश्विक होने की बात मोदी कर रहे थे उसकी जमीनी सच्चाई क्या है? वैसे इससे जुड़ा ही वोकल फॉर लोकल और आत्मनिर्भर भारत भी है जिसका नारा प्रधानमंत्री मोदी ने दिया। हालाँकि आत्मनिर्भर भारत की बात तब पीवी नरसिम्हा राव ने कही थी लेकिन किसी अन्य प्रधानमंत्री के पास इतना बड़ा प्रचार तंत्र नहीं था।

भारत में जो बड़ी-बड़ी प्रतिमाएं बनी उसका ठेका चीन की कंपनी को दिया गया। प्रधानमंत्री नरेंद्र मोदी ने तेलंगाना की राजधानी हैदराबाद में पिछले हफ़्ते 11वीं-12वीं सदी के महान हिंदू संत रामानुजाचार्य की प्रतिमा 'स्टैच्यू ऑफ़ इक्वेलिटी' का अनावरण किया।

216 फ़ीट ऊंची इस प्रतिमा का डिज़ाइन भले ही भारत में तैयार किया गया, लेकिन इसे एक चीनी कंपनी ने बनाया।

साल 2017 में तेलंगाना सरकार ने डॉक्टर बीआर आंबेडकर की 125 फ़ीट ऊंची कांस्य प्रतिमा स्थापित करने के इरादे से तब के उपमुख्यमंत्री कदियाम श्रीहरि के नेतृत्व में एक दल चीन भेजा था।

सरदार पटेल की प्रतिमा 'स्टैच्यू ऑफ़ यूनिटी' का डिज़ाइन प्रसिद्ध मूर्तिकार राम वी सुतार ने तैयार किया था। उस प्रतिमा की मुख्य ठेकेदार एलएंडटी कंपनी थी, जिसने चीन की एक कंपनी को मूर्ति ढालने का काम सौंप दिया था।

18 फ़रवरी 2019 को मुंबई मेट्रो रेल कॉर्पोरेशन लिमिटेड ने चीन के स्वामित्व वाली शंघाई टनल इंजीनियरिंग कॉर्पोरेशन लिमिटेड को भूमिगत मुंबई मेट्रो लाइन सुरंग-3 सुरंग वेंटीलेशन और पर्यावरण नियंत्रण प्रणाली स्थापित करने का ठेका दिया।

जून 2020 में दिल्ली मेरठ रैपिड रेल प्रोजेक्ट का ठेका चीनी कंपनी को दिया गया। न्यू अशोक नगर से गाजियाबाद के साहिबाबाद तक के 5.6 किमी अंडरग्राउन्ड स्ट्रेच को बनाने का ठेका शंघाई टनल इंजीनियरिंग कंपनी लिमिटेड को दिया गया। ये टेंडर 1126 करोड़ रू. का है।

चीनी कंपनी CRRC ने आंध्रप्रदेश के श्रीसीटी में मेट्रो कोच मैन्युफैक्चरिंग प्लांट लगाने के शुरुआत में 350 करोड़ का निवेश किया। जहां दिल्ली, मुंबई, चेन्नई और बेंगलुरू मेट्रो के कोच बनाए जाते हैं। कंपनी को शुरुआत में ही बेंगलुरू मेट्रो के लिए 216 मेट्रो कोच बनाने का ठेका मिला।

डीएमआरसी ने अगस्त 2020 में बताया कि दिल्ली मेट्रो फेज़ चार में दो कॉरिडोर बनाने की जिम्मेदारी चीन की कंपनी को दी गई है।

24 सितंबर 2022 को खबर आई कि पटना में अंडरग्राउंड मेट्रो स्टेशन और ट्रैक के लिए रूट निर्धारित कर लिया गया है और इसके तहत राजेंद्र नगर, मौइनुलहक स्टेडियम, पटना विश्वविद्यालय, पीएमसीएच, गांधी मैदान और आकाशवाणी में अंडरग्राउंड स्टेशन बनाए जाने हैं। मेट्रो ट्रैक के लिए जमीन के नीचे सुरंग बनाई जा रही है। सुरंग बनने के लिए टनल बोरिंग मशीन को पड़ोसी देश चीन से मंगवाया जा रहा है।

2023 में चीन स्थित कंपनी केटीके ग्रुप कंपनी लिमिटेड ने दिल्ली मेट्रो के चरण चार परियोजना के तीन लाइनों पर प्लेटफॉर्म स्क्रीन दरवाजे स्थापित करने के लिए 236.25 करोड़ का कान्ट्रैक्ट हासिल किया।

31 जनवरी 2024 को चीन के सीआरआरसी नानजिंग पुजेन कंपनी ने छह कोच वाली मेट्रो भेजा।

बेंगलुरू में नम्मा मेट्रो की येलो लाइन के लिए चालक रहित ट्रेन समुद्री मार्ग से भारत भेजा।

भारत-चीन व्यापार के मई 2023 के आकंड़ों के अनुसार जहां भारत ने चीन से 9.5 अरब डॉलर का आयात किया तो वहीं निर्यात 1.58 अरब डॉलर रहा। 2022 में दोनों देशों के बीच 8.4% की वृद्धि के साथ व्यापार 135.98 अरब डॉलर पहुंच गया। जबकि इससे पिछले साल यानी 2021 में दोनों देशों के बीच व्यापार का आंकड़ा 125.62 अरब डॉलर था।

13 जनवरी 2023 को चीन के कस्टम विभाग द्वारा जारी किए गए आंकड़ों के अनुसार, पिछले साल भारत को होने वाले चीनी सामान के निर्यात में 21.7% की वृद्धि हुई है और यह 118.5 अरब डॉलर हो गया है।

साल 2015 से 2021 के बीच भारत और चीन के बीच द्विपक्षीय व्यापार में क़रीब 75% का इजाफ़ा हुआ और वार्षिक विकास दर देखें तो व्यापार में औसतन हर साल 12.55% की वृद्धि दर्ज हुई है।

चाइनीज़ कस्टम के आंकड़ों के अनुसार, साल 2022 में चीन के कुल निर्यात में 7% जबकि आयात में 1.1% की वृद्धि हुई। पिछले साल चीन का ट्रेड सरप्लस 887.6 अरब डॉलर था और कुल निर्यात 3.95 ट्रिलियन डॉलर था।

साल 2021-22 में भारत ने चीन से करीब 3 हजार करोड़ अमेरिकी डॉलर का इलेक्ट्रॉनिक सामान खरीदा है। इसमें इलेक्ट्रिकल मशीनरी, उपकरण, स्पेयर पार्ट्स, साउंड रिकॉर्डर, टेलीविजन और दूसरी कई चीजें शामिल हैं।

चीन के उत्पाद जो पहले काफी हद तक वैकल्पिक थे वो मोदी सरकार में काफी हद तक संस्थागत हो गया। कई उत्पाद के लिए दूसरा कोई विकल्प नहीं है।

मोदी सरकार इस तरह से चीन के प्रति मेहरबान है लेकिन कोई इसके ऊपर सवाल उठा दे तो उसे मोदी समर्थकों के द्वारा चीन का एजेंट घोषित कर दिया जाता है।

24 सितंबर 2018 को प्रधानमंत्री मोदी ने सिक्किम में राज्य के पहले एयरपोर्ट का उद्घाटन किया। इस दौरान उन्होंने कहा कि आज़ादी के बाद से 2014 तक 65 एयरपोर्ट बने, लेकिन 2014 के बाद हर साल में 9 एयरपोर्ट उड़ान के लिए तैयार करवाएं। पीएम ने कहा कि हमारा सपना है कि हवाई चप्पल पहनने वाला भी हवाई यात्रा करे।

प्रधानमंत्री कार्यालय ने ट्वीट कर कहा, "आज हमारे 100 एयरपोर्ट चालू हो गए हैं। इसमें से 35 एयरपोर्ट 4 वर्षों में जुड़े हैं। आजादी के बाद से साल 2014 यानि 67 साल के बाद भी देश में 65 एयरपोर्ट थे। यानि 1 वर्ष में औसतन 1 हवाई अड्डा बनाया गया। बीते 4 वर्षों में औसतन 1 साल में 9 एयरपोर्ट तैयार हुए हैं।"

ज्ञात हो कि 19 जुलाई 2018 को ही मोदी सरकार के नागरिक उड्डयन मंत्री राज्य मंत्री जयंत सिन्हा ने लोकसभा में बताया था कि एयरपोर्ट अर्थॉरिटी ऑफ इंडिया के कुल 129 एयरपोर्ट हैं, जिनमें से 101 चालू हैं।

सरकारी रिकॉर्ड के मुताबिक 2014 तक ही 94 एयरपोर्ट चालू हो गए थे। तत्कालीन मोदी सरकार के नागरिक उड्डयन मंत्री अशोक गजपति राजू ने ये बात 1 दिसंबर 2014 को लोकसभा में कही थी। तब मोदी सरकार के मात्र छह महीने ही हुए थे। अगर इन दोनों मंत्रियों के बयानों को देखें तो इससे साफ हो जाता है कि 4 साल में मात्र 7 चालू एयरपोर्ट ही जोड़े गए।

जब एयरपोर्ट अर्थॉरिटी ऑफ इंडिया के पीआरओ जे बी सिंह से उन 35 नए एयरपोर्ट की लिस्ट देने को कहा गया, जिनका जिक्र प्रधानमंत्री ने किया था तो उन्होंने कहा कि एयरपोर्ट अर्थॉरिटी के पास ऐसी कोई लिस्ट नहीं है।

11 दिसंबर 2022 को मोदी ने कहा, "देश में 2014 तक 70 एयरपोर्ट बने, हमने आठ साल में 72 नए एयरपोर्ट बनाए।"

13 अप्रैल 2023 को प्रधानमंत्री मोदी ने कहा, "2014 तक भारत में 74 हवाई अड्डे थे, जो अब बढ़कर 148 हो गए।"

अब सवाल उठता है कि सिर्फ इन्हीं के 2014 तक के हवाई अड्डों को लेकर दिए गए आंकड़े को मानें तो किस आकंड़े पर भरोसा किया जाए? अगर वर्ष 2022 और 2023 को देखें तो 8 साल में 72 हवाई अड्डे और मात्र 5 महीने में 76 अड्डे बन गए?

24 जून 2023 को नरेंद्र मोदी ने अमेरिका में कहा, "आज देश में हर साल में एक नया आईआईटी और एक नया आईआईएम बन रहा है।"

26 जुलाई 2023 को राज्यसभा में सरकार ने जबाव दिया, "पिछले पांच सालों में एक भी नया आईआईटी और आईआईएम नहीं बना।"

12 अगस्त 2023 को प्रधानमंत्री मोदी ने वीडियो कॉन्फ्रेंसिंग के माध्यम से पश्चिम बंगाल में क्षेत्रीय पंचायती राज परिषद की बैठक संबोधित करते हुए कहा कि पूर्वी भारत में तेज गति से काम हो रहा है। हेल्थ सेक्टर में केंद्र सरकार की ओर से किए जा रहे कामों का जिक्र करते हुए उन्होंने कहा कि असम के गुवाहाटी से लेकर, पश्चिम बंगाल के कल्याणी तक, झारखंड के देवघर से लेकर बिहार के दरभंगा तक इस प्लानिंग के साथ नए-नए एम्स खोले गए हैं, जिससे कि लोगों को इलाज के लिए सैकड़ों किलोमीटर दूर न जाना पड़े। पिछले 9 सालों में बिहार, झारखंड, पश्चिम बंगाल और ओडिशा को 31 मेडिकल कॉलेज भी मिले हैं।

जब दरभंगा एम्स को खोजा जाने लगा तो ये तस्वीर सामने निकलकर आई लेकिन आत्मविश्वास के साथ सरेआम झूठ बोला जा रहा है।

भारतीय जनता पार्टी (बीजेपी) के राष्ट्रीय अध्यक्ष जेपी नड्डा ने 22 सितंबर 2022 को तमिलनाडु के मदुरै के दौरे के दौरान दावा किया कि मदुरै में अखिल भारतीय आयुर्विज्ञान संस्थान (एम्स) के निर्माण का 95 फीसदी काम पूरा हो चुका है और जल्द ही पीएम मोदी इसे जनता को समर्पित करेंगे। इस दौरान उन्होंने यह भी दावा कर दिया कि एम्स प्रोजेक्ट के लिए मोदी सरकार 1264 करोड़ रुपये का आवंटन कर चुकी है। इस दौरान नड्डा ने यह भी कहा कि केंद्र की ओर से मदुरै एम्स की मेडिकल सीटों में भी इजाफा कर दिया गया है।

एम्स मदुरै का तस्वीर सामने आया, वो उनके दावे का पोल खोल रहा था।

ये सब देखने के बाद मुझे लगा कि जब जो दिख सकती है उसको लेकर इतना झूठ बोला जा रहा है तो आकंड़ों में कितना हेर फेर चल रहा होगा।

आज जो भारत को नया भारत बता "अमृतकाल" की जो बात कही जा रही और पूर्व की सरकार को कुशासन काल बताया जा रहा है। उस कथित कुशासन काल यानि 2014 में भारत के ऊपर कर्ज लगभग 55 लाख करोड़ था लेकिन अमृतकाल में वो 205 लाख करोड़ पर पहुंच गया। आईएमएफ़ ने चेताया कि भारत का कर्ज सकल घरेलू उत्पाद का 100 फीसदी से अधिक हो सकता है। वित्त मंत्रालय ने खारिज कर दिया। बीजेपी समर्थक इसे भारत की तरक्की से जोड़कर बताने लगे कि कर्ज बढ़ रहा है यानि देश तरक्की कर रहा है। आम लोगों की तुलना अंबानी से करा पूछने लगे कि आपके ऊपर कितना कर्ज है और अंबानी अदानी पर कितना कर्ज है। अब बताओ अमिर कौन ज्यादा है?

सबसे बड़ी बात जो निकलकर आई कि मोदी सरकार ने कॉर्पोरेट के 25 लाख करोड़ माफ़ कर दिए।

मोदी सरकार का दावा है कि भारतीय अर्थव्यवस्था दुनियाभर में तेजी के साथ बढ़ रही है। वहीं भाजपा नेता सुब्रमण्यम स्वामी ने इस दावे पर सवाल करते हुए कहा कि ऐसा कुछ भी नहीं है।

4 मई 2022 को ट्वीट करके कहा, "मोदी और वित्त मंत्री ऐसा क्यों कहते रहते हैं कि 'भारतीय अर्थव्यवस्था सबसे तेजी से बढ़ रही है' जबकि ऐसा नहीं है? 5 ट्रिलियन के दावे फर्जी थे। इस तरह के झूठे दावे भारत की वैश्विक साख को ठेस पहुंचाते हैं। मैं लेख लिखकर इसका सच बताऊँगा।"

8 जून 2023 को गुजरात के वडोदरा में स्थित पारूल यूनिवर्सिटी में सुब्रह्मण्यम स्वामी ने एक सवाल के जवाब में कहा कि अर्थव्यवस्था में कुछ भी ठीक नहीं है। उन्होंने कहा कि कोरोना के समय में भारत की अर्थव्यवस्था 16 प्रतिशत गिरी। अभी तक ऊपर नहीं आ पाई है। बाकी देशों की अर्थव्यवस्था ऊपर आ चुकी है। स्वामी ने कहा कि जो भी थोड़ी बहुत अर्थव्यवस्था है उसे बढ़ा-चढ़ाकर दिखाया जा रहा है। स्वामी ने चुनौती देते हुए कहा कि मीडिया सरकार के पक्ष के लोगों के साथ उनकी डिबेट कराए।

सुब्रह्मण्यम स्वामी ने कहा कि मोदी हर मोर्चे पर विफल रहे हैं, इसलिए उन्हें अगले चुनाव में खड़ा नहीं होना चाहिए।

नरेंद्र मोदी का विकास नारा रहा है और हमेशा विकास की बात करते है लेकिन चुनाव तो लोगों के भावनाओ का दोहन कर ही लड़ते है। बहरहाल, विकास इतना हो गया कि खुशहाली रिपोर्ट में वर्ष 2024 में भारत 143 देशों में 126 वें स्थान पर पहुँच गया।

ये सब देखने के बाद भी मैंने विकास को ढूँढना जारी रखा तो जो मुझे मिला कि एक व्यक्ति और उससे जुड़े लोगों का मात्र विकास हुआ है। अगर आम लोगों का भला किया है तो वो सिर्फ मुस्लिम का विकास मिला है।

नरेंद्र मोदी की पुरानी एक फोटो मिली और वर्तमान की ये बहुत सारे देखकर विकास की यात्रा पूरी हुई। किसी अन्य आंकड़ों में कोई हेर फेर हो सकता है लेकिन ये प्रत्यक्ष दिखने वाला विकास है।

ये सब देख पाठक भी तय कर सकते हैं कि भारत की हो रही विकास की क्या स्थिति है?

बॉलीवुड से गहरे संबंध

नरेंद्र मोदी का बॉलीवुड से भी बहुत गहरे संबंध हैं जो कि समय समय पर दिखते रहे हैं। सुशांत सिंह राजपूत के संदिग्ध मौत के बाद बॉलीवुड की कई नंगी सच्चाई सामने आई लेकिन वो खानापूर्ति बनकर रह गया।

सुशांत सिंह राजपूत 14 जून 2020 को मुंबई के बांद्रा स्थित अपने फ्लैट में मृत पाए गए थे। राजपूत के बेड पर एक हरे रंग का छोटा सा कपड़ा मिला। किसी ने उन्हें फंदे से लटका नहीं देखा था। जिस कमरे में ये घटना हुई, वो खुला हुआ था। सुशांत के गले पर V आकार का कोई निशान नहीं था। उनके के चेहरे पर चोट और गले पर गहरे चोट के निशान थे।

सुशांत सिंह राजपूत के मौत का मामला सामने आते ही मुंबई पुलिस ने बिना किसी जांच के आत्महत्या बताया।

सुशांत सिंह राजपूत के पोस्टमार्टम रिपोर्ट को लेकर भी कई गंभीर सवाल उठे क्योंकि उसमें उनके मौत का समय नहीं लिखा था और 11:30 बजे रात में उनका पोस्टमार्टम हुआ। रात के समय पोस्टमार्टम नहीं किए जाते क्योंकि रात के समय प्रकाश के लिए इस्तेमाल होने वाली लाइटों में घाव का रंग बदल जाता है। लाल रंग के घाव बैंगनी दिखने लगते हैं। इसकी वजह से जांच पर भी बुरा असर पड़ता है। रिया चक्रवर्ती के शव गृह में मौजूद होने को लेकर गंभीर सवाल उठे। आखिर वो किस हैसियत से शव गृह में पहुंची क्योंकि वो उनकी रिश्तेदार तो नहीं थी। अर्णव गोस्वामी ने रिपब्लिक भारत के शो में खुलासा किया था कि रिया चक्रबर्ती ने सुशांत का चेहरा देखकर बोला," आई एम सॉरी बाबू।"

सुशांत सिंह राजपूत के शव को ले जाने वाली एम्बुलेंस के चालक शहनवाज अब्दुल करीम ने दावा किया कि उसे विदेशी नंबरों से धमकी भरे कॉल्स आ रहे हैं। उन्होंने बताया कि उनसे इस मामले में कुछ भी न बोलने को कहा जा रहा है। सुशांत की मौत के बाद करीम ही अपने साथियों के साथ उनके घर पहुंचे थे और शव को कूपर हॉस्पिटल लेकर गए थे। उनका दावा था कि जब वह बांद्रा के फ्लैट में पहुंचे थे तो सुशांत की बॉडी लटकी हुई नहीं थी, बल्कि नीचे उतार ली गई थी। उनकी टीम ही सफेद कपड़े में लिपटे सुशांत के शव को एंबुलेंस तक ले गई थी। इसके अलावा शहनवाज ने चौंकाने वाला एक और दावा करते हुए कहा कि सुशांत के शव की तस्वीरें मुंबई पुलिस ने ही सोशल मीडिया पर

अपलोड किया था। उन्होंने कहा कि पहले पुलिस ने उनसे कहा था कि नानावटी हॉस्पिटल जाना है, लेकिन बाद में कहा गया कि शव को कूपर हॉस्पिटल लेकर जाना है।

एंबुलेंस अटेंडेंट ने कहा कि सुशांत का शरीर पीला पड़ गया था और उनके शरीर पर कई निशान थे। इतना ही नहीं, अटेंडेंट ने दावा किया कि सुशांत के दोनों पैर मुड़े हुए थे और उसने भी शक जताया कि कथित आत्महत्या के मामले में यह एक 'अजीब' बात है। उन्होंने बताया कि एक्टर की गर्दन व्यवस्थित नहीं थी और उनके मुंह से झाग भी नहीं निकल रहा था।

एंबुलेंस अटेंडेंट ने आगे बताया कि अपने सालों के अनुभव आधार पर, उन्होंने शरीर पर पड़े निशानों को संदिग्ध पाया।

अभिनेता सुशांत सिंह राजपूत की मौत के ढाई साल बाद कूपर अस्पताल के कर्मचारी रूपकुमार शाह ने चौंकाने वाला खुलासा किया। अस्पताल के शवगृह में काम करने वाले शाह ने दावा किया कि सुशांत की हत्या हुई थी। राजपूत की गर्दन-शरीर पर निशान थे। इसकी जानकारी उन्होंने अपने वरिष्ठों को दी थी। पोस्टमार्टम करने वाले डॉक्टर ने कथित तौर पर उनसे कहा कि नियमानुसार काम करो। अभी चुप रहो, बाद में देखेंगे। शाह के साथ बातचीत का वीडियो भाजपा विधायक अमित साटम ने सोमवार को जारी किया।

शाह ने बताया, "राजपूत के निधन के दिन पांच बॉडी शवगृह आई थी। पोस्टमार्टम के दौरान पता चला कि उनमें से एक शव वीआइपी है, जो सुशांत का था। उनके शरीर पर कई निशान थे। गर्दन पर भी दो-तीन निशान थे। सुशांत के गले पर जो निशान थे, वह बिल्कुल हत्या जैसा लग रहा था। बॉडी को मुक्के मारे गए थे, उस पर चोट के निशान थे। जो आदमी आत्महत्या करता है उसके चेहरे पर पंच के निशान नहीं होते जैसे कि सुशांत के चेहरे पर थे। सुशांत के आँख पर भी चोट के निशान थे। पोस्टमार्टम की वीडियोग्राफी नहीं की गई। अधिकारियों ने कहा कि केवल बॉडी की तस्वीरें निकाल लो। हमने आदेश का पालन किया। शाह ने कहा कि पीएम रिपोर्ट में क्या लिखना है, यह तो डॉक्टर तय करते हैं। लेकिन उन्हें (सुशांत) न्याय मिलना चाहिए। जांच एजेंसी बुलाएगी तो सब बताने के लिए तैयार हूं।"

जब शाह से सवाल हुए कि आप इतने दिन तक क्यों चुप रहे तो उनका जवाब था कि उस समय महाराष्ट्र में उद्धव ठाकरे के नेतृत्व में महा विकास अघाड़ी की सरकार थी। शाह के अनुसार इसी कारण वे चुप रहे। अब उन्हें अपनी सुरक्षा की चिंता नहीं है।

ये सच है कि उस समय जो लोग सुशांत सिंह राजपूत के मौत पर सवाल उठाते थे। उनमें से कइयों को जेल में डाला गया था।

28 जुलाई 2020 को सुशांत सिंह राजपूत के पिता के के सिंह ने पटना के राजीव नगर थाने में रिया चक्रवर्ती और पांच अन्य लोगों के खिलाफ एफआईआर दर्ज कराई।

सुशांत सिंह राजपूत की मौत मामले की जांच करने मुंबई पहुंचे बिहार पुलिस का नेतृत्व करने पहुंचे पुलिस अधिकारी विनय तिवारी को बीएमसी के अधिकारियों ने जबरन क्वारंटीन कर दिया। मुंबई के

पुलिस कमिश्नर परमबीर सिंह ने प्रेस कॉन्फ्रेंस कर कहा कि बिहार पुलिस को इस मामले की जांच करने का कोई अधिकार नहीं है। मुंबई पुलिस सुशांत मामले की गंभीरता से पारदर्शी जांच कर रही है और जांच सही दिशा में चल रही है। वहीं, बिहार के मुख्यमंत्री नीतीश कुमार ने अपनी नाराजगी जताते हुए कहा कि जो भी हुआ, ठीक नहीं हुआ।

सुशांत सिंह राजपूत के मौत बाद कई लोगों के ऊपर गंभीर सवाल उठे। सुशांत की महिला मित्र रिया चक्रवर्ती, शोविक चक्रवर्ती, सिद्धार्थ पिठानी, संदीप सिंह व अन्य कई लोग शक के घेरे में थे।

संदीप सिंह को जब मीडिया ने सवाल करना शुरू किया था, तो वो बोल नहीं पा रहे थे और उनके भय को देखकर लगा कि दाल में जरूर कुछ काला है। सिद्धार्थ पिठानी के साथ भी यही हुआ, वो तो माइक फेंककर भाग खड़े हुए थे। रिया चक्रवर्ती का राजदीप सरदेसाई के साथ इंडिया टुडे पर साक्षात्कार आया, जो देखकर लगा कि पूरी तरह से स्क्रिप्टेड था।

अब सवाल है कि अगर सुशांत सिंह राजपूत ने आत्महत्या की थी तो ये सारे घटनाक्रम क्यों हुए। सीधा जांच होने देते, सच्चाई सामने आने देते लेकिन ऐसा नहीं हुआ।

सुशांत सिंह राजपूत के मौत के बाद बॉलीवुड लोगों के निशाने पर आ गया। कई लोगों ने उनको बॉलीवुड से अलग-थलग करने के लिए भाई-भतीजावाद को जिम्मेवार बताया। कांग्रेस नेता संजय निरुपम और कुछ अन्य लोगों ने यह आरोप भी लगाया कि सुशांत सिंह राजपूत को 7 फिल्मों में साइन किया गया था लेकिन 6 महीने के अंदर ही उन्हें इन सभी फिल्मों से निकाल दिया गया था। कहा जा रहा है कि इसी कारण सुशांत सिंह राजपूत डिप्रेशन का भी शिकार हो गए थे।

आदित्य चोपड़ा की यशराज फिल्म्स ने सुशांत सिंह राजपूत के साथ ही तीन फिल्मों का कॉन्ट्रेक्ट किया था। ये फिल्में ब्योमकेश बख्शी, शुद्ध देसी रोमांस और शेखर कपूर की पानी थी। असली दिक्कत शेखर कपूर की फिल्म के बाद से शुरू हुई।

शेखर कपूर पहले इसे हॉलीवुड के लिए बनाने वाले थे, लेकिन बाद में तय हुआ कि इसे इंडिया के लिए बनाया जाए, मगर फिल्म का बजट बहुत ज्यादा बढ़ता गया तो यशराज ने हाथ खींच लिए। यहीं से सुशांत और यशराज फिल्म्स के रिश्ते तल्ख होते गए।

पानी के लिए सुशांत ने कई फिल्में कुर्बान की थीं, मगर जब पानी नहीं बनी तो सुशांत ने दूसरे बैनर की फिल्में करनी शुरू की। उन्होंने 'गोलियों की रासलीला- राम-लीला' और 'बाजीराव मस्तानी' के लिए संजय लीला भंसाली के साथ कॉन्ट्रैक्ट किया।

आरोप था कि यशराज ने अपनी ताकत का इस्तेमाल किया और सुशांत को बाहर निकलवाकर रणवीर से भंसाली का करार करवा दिया। इसके बाद करन जौहर के साथ मिलकर प्लानिंग से सुशांत को धर्मा की तरफ से फिल्म ड्राइव दिलवा दी गई। मगर, उसे दो साल तक थियेटर में रिलीज नहीं होने दिया गया। कारण बताया गया कि फिल्म की क्वालिटी पर काम हो रहा है। आखिर में दो साल टालने के बाद उसे नेटफ्लिक्स पर बेच दिया गया।'

एक्शन थ्रिलर फिल्म ड्राइव के लटक जाने के बाद सुशांत ने करन जौहर का विरोध करना शुरू किया। खबर आई कि उन्होंने तय कर लिया था कि अब वे प्रोड्यूसर्स के साथ इसी शर्त पर काम करेंगे जब फिल्म पहले थियेटर में रिलीज होना सुनिश्चित होगा।

इस पर करन का ईगो हर्ट हुआ और वे कथित तौर पर सुशांत को इंडस्ट्री के मजबूत कैंपों से बाहर करवाने लगे। उन्हें पार्टियों-अवॉर्ड सेरेमनी में बुलाना बंद किया। शोज में अपने कैंप के एक्टर्स से जलील करवाना शुरू किया। कंगना ने आलिया को इसी बात पर खरी-खोटी सुनाई थी।

आग में घी डालने का काम साजिद नाडियाडवाला की फिल्म छिछोरे से हुआ। ये फिल्म 153 करोड़ की कमाई के साथ बहुत सफल रही, मगर साजिद ने सुशांत के साथ आगे नई फिल्म का करार नहीं किया। लिहाजा सुशांत यशराज, करन जौहर और फिर साजिद नाडियाडवाला की गुड बुक से बाहर हो गए।

सुशांत मामले में भंसाली की ओर से कहा गया कि उनके और सुशांत के बीच कोई झगड़ा नहीं था। भंसाली ने उन्हें चार फिल्में ऑफर की थीं, मगर तारीखों के चलते वह फिल्में नहीं बन पाई थीं। दोनों के बीच बहुत रिस्पेक्ट था। भंसाली पर जब करणी सेना ने हमला किया था तो सुशांत ने अपना राजपूत सरनेम तक ड्रॉप कर दिया था।

सुशांत की मौत के बाद करन जौहर ने उनके साथ एक तस्वीर पोस्ट करते हुए लिखा था, ''इस बात के लिए मैं खुद को जिम्मेदार मानता हूं कि मैं पिछले एक साल से तुम्हारे संपर्क में नहीं था। मुझे बहुत बार महसूस हुआ कि तुम्हें भी किसी की जरूरत है जिसके साथ तुम अपनी बातें साझा कर सको, लेकिन शायद मैंने कभी उस तरह नहीं सोचा। हम बहुत बार अपनी जिंदगी शोर के बीच जीते हैं लेकिन अंदर से अकेले होते हैं।''

कई वीडियो सामने आए जिसमें देखा गया कि उनका मज़ाक उड़ाया जा रहा था। शाहरुख खान का एक वीडियो सामने आया जिसमें वो सुशांत सिंह राजपूत के लंबे नाम को लेकर मज़ाक उड़ाते देखे गए।

सलमान खान को लेकर खबर आई कि सलमान खान एक फिल्म बनाना चाहते थे जिसमें सुशांत सिंह राजपूत को लीड रोल के लिए फाइनल किया गया था। इस फिल्म की स्क्रिप्ट भी पूरी हो चुकी थी और सलमान खान को भी उस किरदार के लिए सुशांत सिंह राजपूत परफेक्ट चॉइस लगे। लेकिन शुरू होने से पहले ही यह फिल्म बंद हो गई और उसके बाद कभी बनी ही नहीं। बताया जाता है कि सुशांत सिंह राजपूत से नाराजगी के कारण सलमान ने यह फिल्म बंद कर दी थी।

दरअसल, खबर चली कि मुंबई के एक पब में किसी पार्टी के दौरान सूरज पंचोली और सुशांत सिंह राजपूत में कुछ गरमा-गरमी हो गई थी। इन दोनों की लड़ाई की बात बाद में सलमान खान तक भी पहुंच गई थी। कहा जाता है कि इसके बाद सलमान ने नाराजगी जाहिर करने के लिए सुशांत सिंह राजपूत को फोन भी किया था लेकिन सुशांत ने इस लड़ाई में सूरज पंचोली की गलती बता दी जिस पर सलमान खान बुरा मान गए और उन्होंने सुशांत के लीड रोल वाली फिल्म बंद कर दी। इस बात में कितनी

सच्चाई है यह तो कन्फर्म नहीं है लेकिन यह बात सभी जानते हैं कि सलमान खान सूरज पंचोली का काफी सपोर्ट करते रहे हैं। यहां तक कि जिया खान की आत्महत्या के बाद उनकी मां राबिया ने सलमान खान पर यह आरोप भी लगाया था कि उन्होंने सूरज पंचोली के लिए कथित तौर पर पुलिस पर दबाव बनाने की कोशिश की थी। सलमान ने ही अपने मित्र आदित्य पंचोली के पुत्र सूरज पंचोली को अपने प्रॉडक्शन हाउस के बैनर तले साल 2015 में फिल्म 'हीरो' से लॉन्च किया था।

सलमान खान का नाम आने के बाद पटना में उनके खिलाफ प्रदर्शन कर पुतले फूंके गए और उनके ब्रैंड बीइंग ह्यूमन के आउटलेट पर तोड़-फोड़ भी की गई है।

महाराष्ट्र की उद्धव ठाकरे की सरकार सीबीआई जांच के लिए तैयार नहीं थी लेकिन सुप्रीम कोर्ट के आदेश के बाद सीबीआई जांच के लिए हरी झंडी मिली।

सीबीआई की टीम में शामिल गगनदीप गंभीर के ऊपर सवाल खड़े हुए क्योंकि एक फोटो वायरल हुआ, जिसको लेकर दावा किया गया कि उनके पति सलमान के साथ बैठे हुए हैं।

गगनदीप की तरफ से इसको लेकर कोई प्रतिक्रिया नहीं आई यानि ये सही था?

नरेंद्र मोदी का वैसे तो बॉलीवुड से अच्छे संबंध हैं लेकिन सलमान खान से बेहद करीबी संबंध है।

जिस सलमान खान का मुंबई ब्लास्ट-1993 के मास्टरमाइंड आतंकी दाऊद इब्राहिम से संबंध किसी से छिपा नहीं है। आप दाऊद के साथ उनकी तस्वीर देख सकते हैं। नरेंद्र मोदी उस सलमान के साथ पतंग तो उड़ाते ही हैं, साथ ही उनके प्लेट भी उठाते हैं। जिस मोदी के तानाशाही का आरोप कई पूर्व बीजेपी नेता लगा चुके हैं। बीजेपी के इनसे वरिष्ठ नेता भी इनके सामने बोलने में संकोच करते हैं। कई नेता जो बीजेपी छोड़कर गए उन्होंने आरोप लगाया कि वो पत्र लिखते रहे लेकिन मिलने का समय नहीं दिया।

सलमान खान के ऊपर तब भी दाऊद के अलावा हिट एण्ड रन और काले हिरण के शिकार का मामला चल रहा था। सलमान के पिता सलीम खान ही नरेंद्र मोदी के उर्दू वेबसाइट के स्क्रिप्ट राइटर रहे हैं। मोदी के करीबी मित्र जफर सरेशवाला के भी सलमान खान परिवार से गहरे संबंध हैं।

सुशांत सिंह राजपूत के मौत के अब चार साल पूरे होने वाले हैं और आज तक सीबीआई ने स्टेटस रिपोर्ट तक नहीं दिया। सीबीआई ने शुरुआत में 6 अगस्त 2020 को अभिनेत्री रिया चक्रवर्ती समेत छह अन्य लोगों के खिलाफ एफआईआर दर्ज की।

सुशांत सिंह राजपूत के फैंस लगातार उनकी न्याय के लिए मांग करते रहे हैं। पुणे के सामाजिक कार्यकर्ता प्रफुल्ल सारदा ने आरटीआई के जरिए जानकारी मांगी थी कि सुशांत मामले में जांच कहां तक पहुंची लेकिन सीबीआई की तरफ से मामले पर कोई पॉजिटिव रिस्पॉन्स हाथ नहीं आया और एक बार फिर से फैंस को निराशा हाथ लगी।

7 अप्रैल 2022 को सीबीआई की तरफ से जवाब में कहा गया, "सुशांत सिंह राजपूत मामले में फिलहाल इन्वेस्टिगेशन जारी है। प्रोग्रेस की जानकारी साझा करने से इस केस की जांच में बाधा पड़ सकती है। इसलिए इस मामले पर अभी किसी भी तरह की जानकारी नहीं दी जा सकती। अभी मामले की जांच प्रगति पर है।"

सुशांत मामले में पैसों के हेर फेर के मामले में प्रवर्तन निदेशालय (ईडी) ने उनके बैंक खातों में किसी भी हेर फेर से इनकार कर दिया। ये मामला सुशांत सिंह राजपूत के पिता केके सिंह के द्वारा 31 जुलाई 2020 को पटना में एफआईआर दर्ज कराने के बाद सामने आया। जिसमें रिया चक्रवर्ती, उनके भाई शौविक, पिता इंद्रजीत, मां संध्या, सुशांत के हाउस मैनेजर सैमुअल मिरांडा और मैनेजर श्रुति मोदी के खिलाफ मनी लॉन्ड्रिंग का केस दर्ज किया था। सुशांत के पिता का आरोप था कि उनके बेटे के बैंक खातों से 15 करोड़ की गड़बड़ी की गई है।

सुशांत सिंह राजपूत के केस में पैसों के हेराफेरी की जांच करते हुए, ईडी ने रिया चक्रवर्ती के दो फोन को क्लोन करके उससे डिलीट डाटा रिकवर किया था। क्लोनिंग के बाद रिया के चैट के रिकॉर्ड सामने आए और उसमें ड्रग्स कनेक्शन का खुलासा हुआ था। 26 अगस्त 2020 को नारकोटिक कंट्रोल ब्यूरो ने रिया चक्रवर्ती व अन्य के खिलाफ क्रिमिनल केस दर्ज किया।

एनसीबी ने ड्रग्स की खरीद-फरोख्त के मामले में 10 लोगों को गिरफ्तार किया। इनमें रिया चक्रवर्ती, उनके भाई शोविक, सुशांत के हाउस मैनेजर सैमुअल मिरांडा, दीपेश सावंत शामिल थे। एनसीबी ने कैजाद इब्राहिम, जैद विलात्रा और अब्दुल बासित परिहार जैसे ड्रग पैडलर और इन तक ड्रग्स की सप्लाई करने वाले अनुज केसवानी को भी गिरफ्तार किया।

एनसीबी ने इस मामले के सिलसिले में सारा अली खान, श्रद्धा कपूर, दीपिका पादुकोण, रकुल प्रीत सिंह, करिश्मा प्रकाश सहित कई हस्तियों से पूछताछ की थी।

इस प्रकरण में लोगों के बीच एनसीबी के ज़ोनल निदेशक समीर वानखेड़े हीरो बनकर उभरे लेकिन बड़े-बड़े लोगों पर हाथ डालने की वजह से निशाने पर आ गए। समीर वानखेड़े की टीम पर 22 नवंबर 2020 को हमला हुआ। जहाँ 6 एनसीबी अधिकारियों पर भीड़ ने हमला किया था। वानखेड़े इस पूरे अभियान को लीड कर रहे थे। जैसे ही टीम ने ड्रग तस्कर को हिरासत में लिया। कई लोगों की भीड़ इकट्ठा हो गई और हमला कर दिया। घटना में दो एनसीबी अधिकारी घायल हुए थे। बाद में पुलिस ने आकर स्थिति को संभाला था और ड्रग तस्कर गिरफ्तार हुआ था।

समीर वानखेड़े के बुरे दिन तब से शुरू हो गए, जब उन्होंने शाहरुख खान के लड़के आर्यन खान के ऊपर हाथ डाल दिया।

दरअसल, एनसीबी ने 2 अक्टूबर 2021 को मुंबई से गोवा जाने वाली क्रूज शीप में छापेमारी की। इसमें उन्होंने आर्यन खान, अरबाज़ मर्चेंट और मुनमुन धामेचा समेत 8 लोगों को पकड़ा। उस रात सभी आरोपियों को हिरासत में रखा गया। 3 अक्टूबर 2021 को आर्यन खान, अरबाज़ मर्चेंट और मुनमुन धामेचा को गिरफ्तार कर मजिस्ट्रेट कोर्ट के सामने पेश किया गया और तीनों को 1 दिन की कस्टडी दी गई। आर्यन समेत बाकी आरोपियों को मजिस्ट्रेट कोर्ट के सामने दोबारा पेश किया गया। एनसीबी ने आर्यन के फोन से मिली ड्रग्स चैट, इंटरनेशनल ड्रग ट्रैफिकिंग के सबूत मिलने का दावा किया। कोर्ट ने सभी को 7 अक्टूबर तक एनसीबी की कस्टडी में भेज दिया।

7 अक्टूबर को कोर्ट ने आर्यन और बाकियों की कस्टडी एनसीबी को देने से इंकार कर दिया। सभी को न्यायिक हिरासत में भेजने का फैसला सुनाया गया। इसी दिन आर्यन खान को आर्थर रोड जेल में भेजा गया। दूसरी तरफ आर्यन खान के वकील सतीश मानशिंदे ने उनकी जमानत की अर्जी डाली। 8 अक्टूबर को मजिस्ट्रेट कोर्ट ने आर्यन खान, अरबाज मर्चेंट और मुनमुन धमेचा की जमानत अर्जी को खारिज कर दिया। उनके वकीलों ने सेशंस कोर्ट में जमानत की अर्जी दी। 9 अक्टूबर आर्यन खान की जमानत पर सेशस कोर्ट में सुनवाई हुई। आर्यन के वकील ने दलील दी कि एनसीबी को आर्यन के पास से कोई नशीला पदार्थ बरामद नहीं हुआ है। 11 अक्टूबर को आर्यन खान के वकील ने जमानत याचिका पर जल्द सुनवाई की मांग की। कोर्ट ने एनसीबी को 13 अक्टूबर को अपना जवाब दाखिल करने को कहा। 13 अक्टूबर को मुंबई सेशंस कोर्ट में आर्यन खान की जमानत अर्जी पर 14 अक्टूबर तक फैसला स्थगित रखा गया। 14 अक्टूबर को मुंबई सेशंस कोर्ट ने आर्यन खान, अरबाज मर्चेंट, मुनमुन धमेचा की जमानत पर अपना फैसला 20 अक्टूबर तक के लिए सुरक्षित रखा।

20 अक्टूबर को मुंबई की स्पेशल NDPS कोर्ट ने आर्यन खान, अरबाज मर्चेंट और मुनमुन धमेचा की जमानत अर्जी खारिज की। तीनों आरोपियों के वकीलों ने जमानत के लिए बॉम्बे हाईकोर्ट में अर्जी दी। 21 अक्टूबर को पहली बार शाहरुख खान अपने बेटे आर्यन खान से मिलने आर्थर रोड जेल पहुंचे। दोनों के बीच तकरीबन 18 मिनट बात हुई। यह मुलाकात काफी इमोशनल थी। 25 अक्टूबर को शाहरुख खान के बाद उनकी पत्नी गौरी खान बेटे से आर्थर रोड जेल में मिलने गई। 26-28 अक्टूबर को बॉम्बे हाईकोर्ट में आर्यन खान, मुनमुन धमेचा और अरबाज मर्चेंट की जमानत पर लगातार तीन दिन सुनवाई हुई। आर्यन खान का केस मुकुल रोहतगी ने लड़ा। 28 अक्टूबर को आर्यन खान, मुनमुन धमेचा और अरबाज मर्चेंट को कोर्ट ने जमानत दे दी। 30 अक्टूबर को आर्यन खान को आर्थर रोड जेल लेने के लिए शाहरुख खान के बॉडीगार्ड रवि पहुंचे। मन्नत के बाहर फैंस ने आर्यन का स्वागत ढोल से किया।

27 मई 2022 को सबूतों के अभाव में आर्यन खान को क्लीन चीट मिली।

हालांकि, छापेमारी और इसमें शामिल अधिकारियों पर सवाल खड़े हुए और 25 अक्टूबर 2021 को एनसीबी की ओर से एक विशेष जांच दल गठन किया गया।

शाहरुख खान के बेटे आर्यन खान को जेल तक पहुंचाने वाले एनसीबी के ज़ोनल डायरेक्टर समीर वानखेड़े को क्रूज ड्रग्स केस की जांच की टीम लीड करने से हटा दिया गया। मुंबई ज़ोनल यूनिट के पास मौजूद क्रूज ड्रग्स केस की जांच के लिए एनसीबी के डायरेक्टर जनरल ने एसआईटी बना दी। एसआईटी का हेड एनसीबी की ऑपरेशंस विंग के डिप्टी डायरेक्टर जनरल संजय सिंह को बनाया गया।

इसके बाद बॉलीवुड के खिलाफ चल रहा ड्रग्स के जांच का मामला ठंडे बस्ते में चला गया।

आर्यन खान व अन्य की गिरफ़्तारी के खिलाफ एनसीपी नेता नबाव मलिक ने मोर्चा खोल दिया और कई गंभीर आरोप लगाए। नवाब मलिक का दावा कि समीर वानखेड़े मुस्लिम हैं। लेकिन आरक्षण का लाभ लेने के लिए उन्होंने खुद को अनुसूचित जाति का बताया और आईआरएस की नौकरी हासिल

की। नवाब मलिक ने पहले समीर वानखेड़े का बर्थ सर्टिफिकेट ट्वीट किया था। उन्होने 25 अक्टूबर 2021 को समीर वानखेड़े की पहली पत्नी के साथ निकाहनामा जारी किया। इस निकाहनामा में समीर वानखेड़े को मुस्लिम बताया गया। अब समीर वानखेड़े ने खुद इसका जवाब दिया।

समीर वानखेड़े ने कहा कि वे हिंदू हैं। उनके पिता हिंदू हैं। उनकी मां मुस्लिम थी। भारत एक प्रगतिशील सोच वाले लोगों का देश है। मां का कहना मानने के लिए उन्होंने निकाहनामा बनवा लिया। इसमें क्या गुनाह किया? निकाहनामा कोई लीगल डॉक्यूमेंट नहीं होता। उनके किसी भी कानूनी दस्तावेज में मुस्लिम होने का सबूत नहीं है। समीर वानखेड़े का दावा है कि उन्होंने कभी धर्म परिवर्तन नहीं किया, न ही उनके पिता ने कभी धर्म परिवर्तन किया।

7 नवंबर 2021 को समीर वानखेड़े के पिता ध्यानदेव वानखेड़े ने बॉम्बे हाईकोर्ट का रुख करते हुए, नवाब मलिक के खिलाफ मानहानि का मुकदमा दर्ज कराया। ध्यानदेव वानखेड़े के वकील अर्शद शेख ने कहा कि समीर वानखेड़े मुंबई एनसीबी के ज़ोनल निदेशक हैं और आर्यन खान, नबाव मलिक के दामाद समीर खान समेत बॉलीवुड से जुड़े तमाम केसों में जांच अधिकारी थे। हालांकि, हाल ही में उनसे आर्यन खान समेत 6 केस वापिस लिए गए है।

17 नवंबर 2021 को वानखेड़े की तरफ से उनका बर्थ सर्टिफिकेट पेश किया गया था। जिसमें उनका नाम समीर ज्ञानदेव वानखेड़े दर्ज है। जबकि नवाब मलिक की तरफ से 18 नवंबर 2021 को एक नया डॉक्यूमेंट पेश किया गया। जो सेंट जोसेफ हाई स्कूल और सेंट पॉल हाई स्कूल का लिविंग सर्टिफिकेट था। यह दोनों सर्टिफिकेट समीर वानखेड़े के हैं। जिनमें उनका पूरा नाम समीर दाऊद वानखेड़े लिखा है।

नबाव मलिक के आरोप के बाद भीम आर्मी और स्वाभिमानी रिपब्लिकन पक्ष ने वानखेड़े के खिलाफ मुंबई जिला जाति प्रमाणपत्र जांच समिति में शिकायत दर्ज की। 12 अगस्त 2022 समिति ने माना कि वानखेड़े महार जाति से हैं, जो अनुसूचित जाति श्रेणी में आता है।

पैनल ने कहा कि वानखेड़े न तो जन्म से मुस्लिम थे और न ही उन्होंने हिंदू धर्म छोड़कर इस्लाम अपनाया था।

फर्जी जातिप्रमाण पत्र का आरोप झेल रहे, वानखेड़े ने आरोप से बरी होने के बाद नबाव मलिक के खिलाफ मानहानि का मुकदमा दर्ज कराया।

वानखेड़े को उनके परिवार समेत मारने की धमकी दाऊद इब्राहिम के नाम से मिलती रही।

समीर वानखेड़े ने अदालत में नवाब मलिक के आरोपों पर सफाई देते हुए एक सर्टिफिकेट पेश किया था। जिसमें उनका नाम समीर ज्ञानदेव वानखेड़े लिखा था। उसी के जवाब में नवाब मलिक अब इन नए सर्टिफिकेट के साथ सामने आए हैं।

नवाब मलिक ने समीर वानखेड़े पर लोगों को फैक्ट्री इंटेक्स के मामले में फंसा कर पैसा वसूलने का आरोप लगाया था। उन्होंने कहा था कि समीर वानखेड़े ने एक्सटॉर्शन का रैकेट चलाने के लिए अपनी एक अलग से प्राइवेट आर्मी बना रखी है। जो सिर्फ इसलिए काम करती है कि कैसे बड़े घरों के बच्चों

को फर्जी मामलों में फंसाया जाए और उनसे मोटी उगाही की जाए। आर्यन खान के मामले में भी समीर वानखेड़े ने यही किया था लेकिन उनकी पोल खुल गई।

समीर के ऊपर आरोप लगे कि उन्होंने 'मुंबई क्रूज ड्रग्स केस' से आर्यन खान को निकालने के लिए शाहरुख खान से 25 करोड़ की रिश्वत मांगी थी।

गौरतलब हो कि 31 दिसंबर 2021 को समीर वानखेड़े की एनसीबी से विदाई हो गई। वानखेड़े को मिला 4 महीने का एक्सटेंशन पूरा होने के बाद कयास लगाया जा रहा था कि केंद्र सरकार उन्हें फिर से एक्सटेंशन दे सकती है लेकिन ऐसा नहीं हो सका।

एक बार फिर से उन्हें राजस्व खुफिया निदेशालय (डीआरआई) विभाग में भेज दिया गया। बता दें कि समीर वानखेड़े इसी विभाग में थे। डीआरआई विभाग से ही उन्हें मुंबई एनसीबी में लाकर जोनल डायरेक्टर बनाया गया था। अब उन्हें फिर से डीआरआई में भेज दिया गया। वानखेड़े के नेतृत्व में ही पिछले दो सालों के बीतर करीब 17 हजार करोड़ रुपये के नशे और ड्रग्स रैकेट का पर्दाफाश किया गया।

12 मई 2023 को आर्यन खान ड्रग्स केस के बाद चर्चा में आए नारकोटिक्स कंट्रोल ब्यूरो मुंबई के पूर्व अफसर समीर वानखेड़े समेत 5 लोगों के खिलाफ करप्शन का मामला सीबीआई ने दर्ज की। सीबीआई की एफआईआर में आरोप लगाए गए कि समीर वानखेड़े और अन्य ने कोडिला क्रूज आर्यन खान ड्रग्स केस में 25 करोड़ की डिमांड की थी और 50 लाख उगाही के तौर पर ले लिए थे। यह मामला एनसीबी की विजिलेंस रिपोर्ट की फैक्ट्स फाइंडिंग के आधार पर दर्ज किया गया। 20 लोकेशन पर सर्च ऑपरेशन किया गया, जिसमें मुंबई, रांची, कानपुर, दिल्ली के ठिकाने शामिल हैं।

सीबीआई ने वानखेड़े के मुंबई स्थित घर में छापा मारा और लगभग 13 घंटे की पूछताछ की थी।

वानखेड़े ने मीडिया से कहा, "सीबीआई ने मेरे आवास पर छापा मारा और 12 घंटे से ज्यादा समय तक तलाशी ली। उन्हें 18000 रुपए और संपत्ति के चार कागजात मिले। ये संपत्ति मेरे सेवा में आने से पहले खरीदी गई थी। यह एक देशभक्त होने की सजा मिल रही है। उन्होंने आगे कहा कि छह अधिकारियों की एक टीम ने अंधेरी में मेरे पिता के घर पर छापा मारा और कुछ नहीं मिला। सीबीआई के सात अधिकारियों की और टीम ने भी मेरे ससुराल में घर पर छापा मारा। मेरे दोनों ससुराल वाले बुजुर्ग हैं।"

20 मई 2023 को सीबीआई ने समीर वानखेड़े से पूछताछ की। पूछताछ के बाद जब मीडिया ने सवाल किया तो उन्होंने 'सत्यमेव जयते' कहा और आगे निकल गए।

मीडिया में समीर वानखेड़े और शाहरुख खान के बीच कथित व्हाट्स एप चैट वायरल हुआ। उनके बातचीत का अंश जो सामने आए।

3 अक्टूबर 2021 को हुई बातचीत

शाहरुख खान : समीर साहब, क्या मैं आपसे एक मिनट के लिए बात कर सकता हूं? मैं जानता हूं कि यह आधिकारिक रूप से सही नहीं है और ग़लत हो सकता है, लेकिन एक पिता के तौर पर मैं आपसे बात करना चाहता हूं। लव एसआरके।

समीर वानखेड़े : प्लीज कॉल।

4 अक्टूबर

शाहरुख खान : आपने मुझे मेरे बारे में जो भी विचार और व्यक्तिगत जानकारी दी है, उसके लिए मैं आपको पर्याप्त धन्यवाद नहीं दे सकता। इस देश को युवा और मेहनतकश लोगों की ज़रूरत है। मैं आपसे निजी तौर पर मिलना चाहता हूं... आपको गले लगाना चाहता हूं।

समीर वानखेड़े : बिलकुल डियर, हम मिलते हैं। पहले यह सब ख़त्म हो जाए।

7 अक्टबूर

शाहरुख खान: मैं आपकी कही हुई बात से सहमत हूं...। मुझे लगता है कि मेरे बेटे को सबक मिल गया है, जैसा आप चाहते थे।

समीर वानखेड़े: शाहरुख, वह एक अच्छा लड़का है। उम्मीद करता हूं कि उसमें निश्चित रूप से सुधार होगा। मैंने काफी काउंसिलिंग की है।

शाहरुख खान: अगर एक क़ानूनी अधिकारी की गरिमा को बिना खोए, आप किसी भी तरीके से मेरी मदद कर सकते हैं तो कृपया करें। मैं हमेशा के लिए आपका आभारी रहूंगा।

समीर वानखेड़े: डियर शाहरुख, एक पिता के तौर पर मेरी आपसे संवेदना है। सब कुछ जल्द ठीक हो जाएगा।

13 अक्टूबर

शाहरुख खान : प्लीज थोड़ी मेहरबानी दिखाएं। मैं एक पिता के तौर पर सिर्फ विनती ही कर सकता हूं।

समीर वानखेड़े : काश, मैं आपको मौजूदा स्थिति के बारे में समझा पाता। कुछ लोग पूरा माहौल ख़राब कर रहे हैं। दुर्भाग्य से कुछ लोग अपने फायदे के लिए मेरी इन कोशिशों को धूमिल करने में जुटे हैं।

शाहरुख खान : लेकिन, मेरा बेटा इसका हिस्सा नहीं है। आप भी जानते हैं। उसे सुधार की ज़रूरत है। मैंने हर संभव कोशिश की। जिन्हें जानता भी नहीं, उनसे बात की। मैंने गुजारिश की है कि मेरे बच्चे को इसमें न घसीटा जाए। मैंने यहां तक कहा कि वे अपने स्वार्थ के लिए मेरे बच्चे का इस्तेमाल कर रहे हैं। आप से अपील है कि बेकार के लोगों की सजा मेरे बच्चे को मत भुगतने दीजिए। प्लीज, मेरी आपसे गुजारिश है। आप अपने अधिकारियों से कहें कि भगवान के लिए थोड़ा आराम से काम करें।

समीर वानखेड़े : अपना ख्याल रखिए

15 अक्टूबर

शाहरुख खान : प्लीज, क्या आप बेटी से बात करेंगे? मैं उसे अभी आपको फोन करने के लिए कहूंगा...। मैं अपने बच्चों को वैसे ही प्यार करता हूं, जैसे आप अपने बच्चों से करते हैं। यह एक पिता

का पिता से अनुरोध। बाहरी लोगों को हम दो पिताओं के बीच की इस फीलिंग को चोट पहुंचाने नहीं देंगे। प्लीज

समीर वानखेड़े : डियर शाहरुख, मुझे भी इस बात की तकलीफ है...। कोई जानबूझकर आर्यन को फंसाना नहीं चाहता। क़ानून के कुछ तकनीकी पहलू होते हैं। मैंने आपको आश्वस्त किया है। मैं इस केस को घटिया लोगों के हाथों ख़राब नहीं होने दूंगा, भले ही वे लोग ऐसा करने की कोशिश कर रहे हैं। बस आप धैर्य रखिए।

बॉम्बे हाईकोर्ट ने सोमवार को स्वापक नियंत्रण ब्यूरो (एनसीबी) के पूर्व स्थानीय क्षेत्रीय निदेशक समीर वानखेड़े को उनके और अभिनेता शाहरुख खान के बीच व्हाट्सऐप पर हुई बातचीत को लीक करने को लेकर फटकार लगाई और उनसे पूछा कि क्या मीडिया में इस चैट को लीक करने के लिए वह जिम्मेदार हैं। अदालत वानखेड़े और शाहरुख खान के बीच कथित व्हाट्सऐप बातचीत का जिक्र कर रही थी, जो मीडिया में लीक हो गई है और मामला विचाराधीन होने के बावजूद सोशल मीडिया पर यह वायरल हो रहा है।

वानखेड़े के वकील ने आरोप लगाया कि मामले में उनके पूर्ण सहयोग और समझ के बावजूद एक ईमानदार अधिकारी को जांच के बहाने परेशान किया जा रहा है। दूसरी ओर, सीबीआई ने दावा किया कि वानखेड़े इस मामले के कुछ पहलुओं के बारे में हमें जानकारी देने को तैयार नहीं हैं और यह भी आरोप लगाया कि उन्होंने ही शाहरुख खान के साथ अपनी निजी बातचीत को मीडिया में लीक कर दिया।

केंद्रीय एजेंसी ने यह भी मांग की कि वानखेड़े को अदालत द्वारा गिरफ्तारी के खिलाफ कोई राहत नहीं दी जाए क्योंकि वे सबूतों से छेड़छाड़ कर सकते हैं। इस पर वानखेड़े के वकील ने कहा कि उन्हें सीबीआई को जवाब देने के लिए 2 हफ्ते का वक्त चाहिए।

जस्टिस अभय आहूजा और जस्टिस एमएम साथाये की पीठ ने अपने 19 मई 2023 के आदेश को आगे बढ़ाया और सीबीआई से वानखेड़े के खिलाफ कोई सख्त कार्रवाई नहीं करने को कहा, बशर्ते कि वो व्हाट्सएप चैट पब्लिश न करें और जांच या याचिका पर कोई प्रेस बयान न दें।

हाईकोर्ट ने वानखेड़े को भी जांच में सहयोग करने का निर्देश दिया है। यह मामला अब 8 जून 2023 को सूचीबद्ध किया गया है। इस बीच, सीबीआई को 3 जून 2023 तक जवाब दाखिल करने का निर्देश दिया गया है।

13 जून 2023 को आर्यन खान को बचाने के लिए समीर वानखेड़े को रिश्वत देने के मामले में बॉम्बे हाईकोर्ट में याचिका दायर की गई। याचिकाकर्ता राशिद खान ने शाहरुख का नार्को, ब्रेन मैपिंग और लाई डिटेक्टर टेस्ट कराने की मांग की।

याचिका में कहा गया कि सीबीआई ने एनसीबी के तत्कालीन जोनल डायरेक्टर वानखेड़े के खिलाफ शाहरुख के साथ केपी गोसावी के मध्यम से बातचीत करने और 25 करोड़ रुपये से 18 करोड़ की रिश्वत तय करने फिर 50 लाख स्वीकार करने के मामले में एफआईआर दर्ज की थी।

इस याचिका में भ्रष्टाचार निवारण अधिनियम की धारा 12 का हवाला देते हुए कहा गया कि इसके अनुसार रिश्वत देने वाला भी दोषी है। अगर रिश्वतखोरी का आरोप साबित होता है तो आरोपी के लिए पांच साल के लिए कारावास का प्रावधान है।

एंटी-ड्रग्स एजेंसी ने मुंबई हाईकोर्ट में 5 जुलाई 2023 को हलफनामा दायर किया। जिसमें एजेंसी ने कहा कि एनसीबी के पूर्व जोनल डायरेक्टर समीर वानखेड़े अभिनेता शाहरुख खान के साथ अपनी चैट को अपनी ईमादारी के सबूत के तौर पर इस्तेमाल नहीं कर सकते। क्योंकि उन्होंने इस चैट को सीक्रेट के तौर पर रखा था। संघीय एजेंसी ने कहा कि वानखेड़े के पास अपने सीनियर्स को बिना बताए शाहरुख खान के साथ इस तरह की चैट करने का कोई कारण नहीं था। तो ऐसा प्रतीत होता है कि निलंबित अधिकारी समीर वानखेड़े द्वारा शाहरुख खान को कई कॉल भी किए गए थे।

समीर वानखेड़े की परेशानी बढ़ती चली गई। इसी बीच 12 फ़रवरी 2024 को कतर में बंद 8 नेवी ऑफिसर की रिहाई का मामला सामने आया, जिनको पूर्व में फांसी की सजा हो चुकी थी। जब उनको गिरफ्तार किया गया तब कोई मुद्दा नहीं बना लेकिन जब उनको फांसी की सजा हुई तब भी मोदी सरकार को ज्यादा फर्क नहीं पड़ा लेकिन सामने 2024 का लोकसभा चुनाव अब तो कुछ करना ही था।

नरेंद्र मोदी सन 2016 में कतर को अपना दूसरा घर बता चुके हैं लेकिन नूपुर शर्मा प्रकरण में कतर के संज्ञान लेने के बाद उनके खिलाफ कार्रवाई हुई। बीजेपी के नेता सुशील कुमार मोदी ने कहा कि भारत के जबाव से कतर संतुष्ट है। अजीत डोभाल ने कहा,"निलंबित भाजपा प्रवक्ता नूपुर शर्मा और निष्कासित प्रवक्ता नवीन कुमार जिंदल द्वारा पैगंबर के खिलाफ की गई अपमानजनक टिप्पणियों पर विवाद ने भारत के प्रतिष्ठा के खिलाफ दुष्प्रचार किया जो कि सच्चाई से बहुत दूर है।"

ईरानी सरकार ने डोभाल के हवाले से कहा था कि शर्मा और जिंदल को कड़ी सजा दी जाएगी। हालांकि, बाद में ईरान ने डोभाल की ईरानी विदेश मंत्री के साथ हुई बातचीत का विवरण हटा दिया।

भारत की विदेश नीति की भी पोल खुलकर रह गई, जब भारत के किसी जिले के बराबर देश ने संज्ञान लिया और मोदी सरकार पूरी तरह से बैकफुट पर दिखी। अगर ये चाहते तो नूपुर शर्मा ने जो कहा था, उसका प्रमाण दे सकते थे। जो उन्होंने टीवी डिबेट के दौरान बात कही, वो जबाव था, जब तस्लीम रहमानी ने शिवलिंग को फव्वारा बता मज़ाक उड़ाया था। अधूरे वीडियो के सहारे कतर के दवाब में अपने प्रवक्ता पर तो कार्रवाई कर दी लेकिन महादेव को अपमानित करने वाले का कुछ भी नहीं हुआ।

बहरहाल, जब नेवी के ऑफिसर की रिहाई की खबर के बाद 13 फ़रवरी 2024 को प्रधानमंत्री ने कहा, "अगले दो दिनों में, मैं विभिन्न कार्यक्रमों में भाग लेने के लिए संयुक्त अरब अमीरात और कतर का दौरा करूंगा, जो इन देशों के साथ भारत के द्विपक्षीय संबंधों को गहरा करेगा। पद संभालने के बाद से यूएई की मेरी सातवीं यात्रा होगी, जो यह दर्शाता है कि हम मजबूत भारत-यूएई मित्रता को कितनी प्राथमिकता देते हैं। मैं अपने भाई मोहम्मद बिन जायद से मिलने के लिए उत्सुक हूं। मुझे संयुक्त अरब अमीरात में पहले हिंदू मंदिर का उद्घाटन करने का सम्मान मिलेगा। मैं अबू धाबी में एक सामुदायिक कार्यक्रम में भारतीय समुदाय को भी संबोधित करूंगा। मैं वर्ल्ड गॉव समिट में भी बोलूंगा और दुबई

में मोहम्मद बिन राशिद अल मकतूम से मुलाकात करूंगा। मैं शेख तमीम बिन हमद से मिलने के लिए उत्सुक हूं, जिनके नेतृत्व में कतर अत्यधिक विकास देख रहा है।"

सुब्रमण्यम स्वामी ने मोदी को जवाब देते हुए लिखा,"मोदी को सिनेमा स्टार शाहरुख खान को अपने साथ कतर ले जाना चाहिए क्योंकि विदेश मंत्रालय और एनएसए कतर के शेखों को मनाने में विफल रहे थे। मोदी ने खान से हस्तक्षेप करने का अनुरोध किया और इस तरह हमारे नौसेना अधिकारियों को मुक्त करने के लिए कतर के शेखों से एक महंगा समझौता किया।"

सुब्रमण्यम स्वामी के दावे को खारिज करते हुए, शाहरुख खान के कार्यालय ने बयान जारी कर कहा,"उनकी भागीदारी के ऐसे कोई भी दावे निराधार हैं। इस सफल संकल्प का कार्यान्वयन पूरी तरह से भारत सरकार के अधिकारियों पर निर्भर है। इसके अतिरिक्त, कूटनीति और शासन कला से जुड़े सभी मामलों को हमारे बहुत सक्षम नेताओं द्वारा सर्वोत्तम तरीके से निष्पादित किया जाता है। कई अन्य भारतीयों की तरह खान भी खुश हैं कि नौसेना अधिकारी घर पर सुरक्षित हैं और उन्हें शुभकामनाएं देते हैं।"

स्वामी ने शाहरुख खान के कार्यालय से खंडन पर प्रतिक्रिया देते हुए कहा, "अगर शाहरुख श्रेय ले लेते तो उसका लड़का फिर से जेल पहुँच जाता।"

सुब्रमण्यम स्वामी के दावे का बेशक खंडन किया गया लेकिन उस दौरान कई घटनाएं एक के बाद एक ऐसी हुई जो गंभीर सवाल खड़े करता है।

भारत और कतर के बीच 6 फरवरी 2024 को एक अहम प्राकृतिक गैस समझौता हुआ है। इस समझौते के तहत भारत 2048 तक कतर से लिक्विफ़ाइड नैचुरल गैस (LNG) खरीदेगा। यह समझौता अगले 20 सालों के लिए हुआ है और इसकी कुल लागत 78 अरब डॉलर की है। इस समझौते के तहत कतर हर साल भारत को 7.5 मिलियन टन गैस निर्यात करेगा।

10 फ़रवरी 2024 को ईडी ने एनसीबी के पूर्व क्षेत्रीय निदेशक समीर वानखेड़े के खिलाफ पीएमएलए एक्ट के तहत मनी लॉन्ड्रिंग का केस दर्ज किया।

11 फ़रवरी 2024 को कतर के प्रधानमंत्री महामहिम शेख मोहम्मद बिन अब्दुलरहमान बिन जसीम अल थानी ने बॉलीवुड सुपरस्टार शाहरुख खान का स्वागत किया क्योंकि वह दोहा में एएफसी फाइनल में विशेष अतिथि के रूप में भाग ले रहे थे।

12 फ़रवरी 2024 को कतर जेल में बंद 8 पूर्व भारतीय नौसैनिकों को रिहा कर दिया गया।

13 फरवरी 2024 को सुब्रमण्यम स्वामी के दावे को शाहरुख खान कार्यालय से खारिज किया जाता है।

ये महज संयोग है या सब कुछ रणनीति के तहत हुआ। मैं ये पाठकों के विवेक पर छोड़ देता हूँ।

सुशांत सिंह राजपूत के मौत के बाद जो आम लोगों के बीच गुस्सा था और जिस तरह से बॉलीवुड की गंदगी सामने आती चली गई। लोगों ने बॉलीवुड के फिल्मों का बहिष्कार करना शुरू कर दिया।

बीजेपी आईटी सेल ने बहती गंगा में हाथ धोना शुरू कर दिया। बीजेपी से जुड़े लोग खासकर मुस्लिम कलाकारों के फिल्मों को निशाना बनाने लगे। तब कई फिल्में फ्लॉप हुई, जो लोगों का गुस्सा था उसे आईटी सेल ने भुनाया और उसका श्रेय लेने लगे।

बॉलीवुड फिल्मों का इतिहास रहा है कि समय समय पर हिंदू आस्था पर चोट करते रहे हैं। 2014 में नरेंद्र मोदी के प्रधानमंत्री बनने के बाद जो पहले से बॉलीवुड का हिंदुओं के प्रति जो रवैया रहा, उसमें कमी आने के बजाय वृद्धि दिखने लगा। सेंसर बोर्ड जो केंद्र सरकार के सूचना और प्रसारण मंत्रालय के अधीन है। जो हिंदू विरोधी फिल्में बनती है, उसको सेंसर बोर्ड से अनुमति मिल जाती है। बीजेपी आईटी सेल उस फिल्म के बहिष्कार के लिए ट्रेंड चलाता था और तत्कालीन मध्यप्रदेश के गृहमंत्री नरोत्तम मिश्रा मीडिया के सामने आते थे और उन फिल्म मेकर्स के खिलाफ कठोर कानूनी कारवाई की चेतावनी देते थे। ये इनके रणनीति का हिस्सा था, जिसके तहत हिंदुओं के भावना को अपने साथ जोड़कर रखते थे। अगर ये वाकई गंभीर होते तो सेंसर बोर्ड हिंदू विरोधी फिल्मों को अनुमति नहीं देता। ओटीटी प्लेटफार्म पर आश्रम, तांडव जैसी वेब सीरीज आने लगी, जिसमें हिंदुओं के आस्था पर प्रहार हुआ लेकिन सरकार को कोई फ़र्क नहीं पड़ा।

बहरहाल सुशांत सिंह राजपूत के मौत के बाद हर किसी के फिल्म का बहिष्कार होने लगा। कई फिल्में बुरी तरह फ्लॉप हुई। जब शाहरुख खान की पठान फिल्म आने वाली थी, उससे पहले से ही बहिष्कार के ट्रेंड चलने लगे। प्रधानमंत्री मोदी ने बीजेपी नेताओं से फिल्मों पर अनावश्यक टिप्पणी करने से बचने को कहा। बीजेपी आईटी सेल ने पठान फिल्म का गाना "बेशर्म रंग" को लेकर निशाना बनाना शुरू किया था। उनका तर्क था कि शाहरुख खान हरे रंग के कपड़े में हैं और दीपिका भगवा रंग के बिकनी में है और उस गाने में भगवा को बेशर्म रंग कहा गया।

असम के मुख्यमंत्री हिमंत बिस्वा सरमा ने 20 जनवरी 2023 को 'पठान' की रिलीज के खिलाफ असम में एक दक्षिणपंथी संगठन द्वारा कथित विरोध प्रदर्शन पर प्रतिक्रिया व्यक्त करते हुए कहा कि वह शाहरुख खान को नहीं जानते हैं, न ही उन्हें फिल्म 'पठान' के बारे में पता है।

21 जनवरी 2023 को एक संवाददाता सम्मेलन को संबोधित करते हुए, श्री सरमा ने कहा, "शाहरुख खान कौन हैं? हमें इसकी परवाह क्यों करनी चाहिए? हमारे पास पहले से ही कई शाहरुख खान हैं?"

उन्होंने कहा कि लोगों को इसके बजाय असमिया फिल्म 'डॉक्टर बेजबरुआ 2' की रिलीज के बारे में बात करनी चाहिए।

श्री सरमा ने कहा, "मैंने 'पठान' नाम की किसी फिल्म के बारे में नहीं सुना है और न ही मेरे पास इसके लिए समय है।" उन्होंने कहा, "हमें असमिया फिल्म डॉ. बेजबरुआ पार्ट 2 देखने पर ध्यान केंद्रित करना चाहिए, जिसका निर्देशन संजीव नारायण ने किया है।"

श्री सरमा ने 22 जनवरी 2023 को कहा कि बॉलीवुड अभिनेता शाहरुख खान ने उन्हें देर रात फोन किया और उनकी फिल्म की रिलीज के खिलाफ गुवाहाटी में एक दक्षिणपंथी संगठन द्वारा विरोध प्रदर्शन की खबरों पर चिंता व्यक्त की।

उन्होंने कहा कि उन्होंने श्री खान को आश्वासन दिया कि राज्य सरकार कानून-व्यवस्था बनाए रखेगी और सुनिश्चित करेगी कि उनकी फिल्म की रिलीज के दौरान ऐसी कोई घटना न हो।

सरमा ने कहा, "बॉलीवुड अभिनेता शाहरुख खान ने मुझे फोन किया और हमने आज रात 2 बजे बात की। उन्होंने अपनी फिल्म की स्क्रीनिंग के दौरान गुवाहाटी में एक घटना के बारे में चिंता व्यक्त की। मैंने उन्हें आश्वासन दिया कि कानून और व्यवस्था बनाए रखना राज्य सरकार का कर्तव्य है।"

बीजेपी के आम समर्थक पठान का विरोध कर रहे थे, इसी बीच 29 जनवरी 2023 को राष्ट्रपति भवन के कल्चरल सेंटर में उसकी स्पेशल स्क्रीनिंग रखी गई। एपीजे अब्दुल कलाम के प्रेस सेक्रेटरी रहे एसएम खान ने स्क्रीनिंग की फोटो को शेयर कर ट्वीट कर लिखा कि राष्ट्रपति भवन के कल्चरल सेंटर में शाहरुख खान की फिल्म 'पठान' की स्पेशल स्क्रीनिंग। मालूम हो कि बहुत कम फिल्में ऐसी रही हैं, जिनकी स्क्रीनिंग राष्ट्रपति भवन के कल्चरल सेंटर में रखी गई है।

जब इसका विरोध होने लगा तो एसएम खान ने ट्विट डिलीट कर दिया और बीजेपी समर्थक न्यूज पोर्टल, बीजेपी के आम नेता सुधांशु मित्तल का खंडन लेकर सामने आए। मित्तल ने कहा कि खान झूठ बोल रहे हैं लेकिन उन्होंने तो तस्वीर भी साझा किया था। ये प्रतिक्रिया राष्ट्रपति भवन से होती, अगर ये झूठ होता।

हिंदुओं के प्रातड़ना जिस फिल्म में दिखाई जाए लेकिन उस सच्चाई से दूसरे समुदाय की भावना को ठेस पहुंच रही हो वो फिल्में सेंसर बोर्ड में अटक जाती है। वैसे सीन को काटकर फिल्म को रिलीज की अनुमति मिलती है।

सेंसर बोर्ड ने फिल्म निर्माता अली अकबर उर्फ रामसिम्हन अबूबकर की आगामी मलयालम फिल्म 'पूझा मुथल पूझा वारे' को प्रमाण पत्र देने से इनकार कर दिया।

'पूझा मुथल पूझा वारे' 1921 का मालाबार नरसंहार, हिंदुओं के खिलाफ नरसंहार पर बनी फिल्म है। वरियनकुनाथ कुन्हामद हाजी, अली मुसलियार और अन्य लोगों द्वारा किए गए नरसंहार के कारण केरल में अनुमानित रूप से 10,000 हिंदुओं की मौत हो गई। ऐसा माना जाता है कि नरसंहार के बाद लगभग 100,000 हिंदुओं को केरल छोड़ने के लिए मजबूर होना पड़ा। अनुमान है कि नरसंहार में नष्ट किये गये हिंदू मंदिरों की संख्या सौ होगी। हिंदुओं का जबरन धर्म परिवर्तन बड़े पैमाने पर हुआ और हिंदुओं पर अकथनीय अत्याचार किए गए।

मुस्लिम से घर वापसी कर हिंदू बने रामसिम्हन ने कहा कि वो लोग कई सीन्स पर कैंची चलाकर फिल्म के किरदार बदल देंगे। उन्होंने आरोप लगाया कि केंद्रीय फिल्म प्रमाणन बोर्ड (CBFC) ने अपनी समीक्षा समिति की बैठक के दौरान उन्हें अपना मुस्लिम नाम अली अकबर को निर्देशक के रूप में इस्तेमाल करने के लिए मजबूर किया था।

अली अकबर उर्फ रामसिम्हन ने कहा, "सेंसर बोर्ड ने मुझे अपनी फिल्म में तथ्यों को गलत तरीके से पेश करने का आरोप लगाते हुए फटकार लगाई है और फिल्म के कुछ सीन्स कट करने के लिए कहे हैं।" यह निश्चित रूप से मोपला मुस्लिमों द्वारा हिंदुओं के नरसंहार को क्लीन चिट देने जैसा है।

कई सारे कट के बाद और रामसिम्हन को काफी परेशान करने के बाद इस फिल्म को 3 मार्च 2023 को पूरे भारत में रिलीज किया गया।

आतंकवाद पर बनी फिल्म 72 हूरें को सेंसर बोर्ड ने आपत्तिजनक मानकर सर्टिफिकेट देने से मना कर दिया। इसके बाद मेकर्स पीछे नहीं हटे और उन्होंने इसके ट्रैलर को डिजिटल प्लेटफॉर्म पर रिलीज कर दिया। फिल्म के सह निर्माता अशोक पंडित ने कहा कि इसका किसी धर्म से कोई लेना देना नहीं है। इस फिल्म में आतंकवाद के पीछे छिपे कारण तलाशे गए। इस फिल्म में दिखाया गया कि कैसे 72 हूरों का लालच दे आतंकवादी बनाया जा रहा है।

नरेंद्र मोदी तो वैसे हर मंच से आतंकवाद से जुबानी लड़ाई लड़ते दिखाई देते हैं लेकिन आतंकवाद पर बनी फिल्म रोकने की कोशिश हुई। अगर मोदी एक बार बोल देते तो किसी की हिम्मत नहीं थी, जो उसे काट सके।

भारी मशक्कत के बाद 72 हूरें 7 जुलाई 2023 को रिलीज हुई।

द कश्मीर फाइल फिल्म जिसमें कश्मीर में हुए हिंदुओं के नरसंहार को दिखाने का प्रयास किया गया। बेशक बीजेपी ने इसका खूब राजनीतिक फायदा उठाया लेकिन सेंसर बोर्ड ने 7 कट किए थे। बीजेपी नरसंहार के ऊपर बनी फिल्म का फायदा बेशक ले लेकिन बीजेपी भी उसे पलायन बताती है।

द केरल स्टोरी को सेंसर बोर्ड ने 10 कट के साथ ए सर्टिफिकेट के साथ हरी झंडी दी। बेशक प्रधानमंत्री नरेंद्र मोदी ने कर्नाटक विधानसभा चुनाव के दौरान 5 मई 2023 को बल्लारी में जनसभा को संबोधित करते हुए कहा कि 'द केरल स्टोरी' फिल्म आतंकी साजिश पर आधारित है। यह आतंकवाद की बदसूरत सच्चाई को दिखाता है और आतंकवादियों के डिजाइन को उजागर करता है। कांग्रेस आतंकवाद पर बनी फिल्म का विरोध कर रही है और आतंकी प्रवृतियों के साथ खड़ी है। कांग्रेस ने वोट बैंक के लिए आतंकवाद का बचाव किया है।

प्रधानमंत्री मोदी ने आईएसआईएस और लव जिहाद का नाम नहीं लिया। उनके सरकार के अधीन आने वाली सेंसर बोर्ड ने कट लगाए फिर ये कैसे साथ थे? सरकार संसद में पहले बोल चुकी है कि केरल में लव जिहाद का कोई मामला नहीं है।

गुजराती फिल्म के निर्देशक विजयगिरी ने आरोप लगाया कि उनकी फिल्म कसुंबु को लेकर सेंसर बोर्ड ने कहा, "गीता के श्लोक हटाओ, महिसासुर मर्दनी के स्रोत हटाओ लेकिन इस्लामी कलमा रहने दो"

केसी बोकाडिया की फिल्म "तीसरी बेगम" सेंसर बोर्ड में अटक गई। सेंसर बोर्ड की परीक्षा समिति ने कथित तौर पर फिल्म देखने के बाद इसे सेंसर सर्टिफिकेट देने से इनकार कर दिया क्योंकि इसमें चौंकाने वाली और नियमित घटनाओं को दर्शाया गया है जो एक विशेष समाज के रीति-रिवाजों का हिस्सा हैं। उन्होंने यहां तक दावा किया कि यह एक खास समुदाय के प्रति नफरत को बढ़ावा देता है। केसी बोकाडिया को फिल्म को पुनरीक्षण समिति के सामने पेश करने के लिए 14 दिन का समय भी दिया गया था। 6 मार्च 2024 को, सेंसर बोर्ड ने केसी बोकाडिया को जवाब देते हुए संशोधन समिति

के सुझाव का हवाला दिया कि फिल्म "तीसरी बेगम" को केवल वयस्क प्रमाणपत्र के साथ रिलीज किया जाना चाहिए। इसके अलावा, निर्देशक को फिल्म में चौदह संपादन करने का निर्देश दिया गया है।

उन्होंने कहा, "इन कट्स के बीच मुझे सबसे बड़ी आपत्ति उस बात को लेकर है जिसमें कहा गया है कि फिल्म से 'जय श्री राम' को हटा देना चाहिए। राम हमारी आस्था के केंद्र हैं और ये बात फिल्म का एक किरदार कह रहा है। वह उस व्यक्ति की शरण ले रहा है जिसने उस पर हमला किया था।"

उन्होंने इस बात पर प्रकाश डाला कि "तीसरी बेगम" की कहानी में भी एक समान चरित्र है जिसमें वह अपनी पहचान छुपाता है, तीसरी बार शादी करता है और फिर अपनी गलती का एहसास करता है। उन्होंने कहा, "यह सीन फिल्म 'तीसरी बेगम' से जुड़ा है जिसमें एक शख्स जो अपनी पहचान छिपाकर तीसरी बार शादी करता है, फिल्म के बाद अपनी गलती मानता है और भगवान श्री राम से अपनी जान बचाने की अपील करता है। मैं मर जाऊंगा, लेकिन किसी भी कीमत पर अपनी फिल्म से 'जय श्री राम' शब्द नहीं हटाऊंगा।"

बीजेपी को हिंदू प्रताड़ना वाली फिल्म का फायदा तो चाहिए लेकिन ये भी नहीं चाहती कि दूसरे मजहब की सच्चाई सामने आए। लिहाजा ऐसी फिल्में कट के साथ ए सर्टिफिकेट के साथ रिलीज होती है।

आदिपुरुष फिल्म के जरिए रामायण पर भद्दा मज़ाक किया गया। यहां तक कि पात्रों को कुछ अलग तरह से दिखाने का प्रयास हुआ। आदिपुरुष की टीम बीजेपी के नेताओं से मिल रही थी। फिल्म के शुरुआत में ही उत्तरप्रदेश के मुख्यमंत्री योगी आदित्यनाथ, मध्यप्रदेश के मुख्यमंत्री शिवराज सिंह चौहान, महाराष्ट्र के मुख्यमंत्री एकनाथ शिंदे, महाराष्ट्र के उपमुख्यमंत्री देवेंद्र फडनवीस, हरियाणा के मुख्यमंत्री मनोहर लाल खट्टर, असम के मुख्यमंत्री हिमांत बिस्वा सरमा, उत्तराखंड के मुख्यमंत्री पुष्कर सिंह धामी और मध्य प्रदेश के गृहमंत्री नरोत्तम मिश्रा को धन्यवाद दिया गया। लोगों ने आरोप लगाए कि ये फिल्म बीजेपी ने बनवाई है।

आदिपुरुष फिल्म के जरिए एक नई आस्था विहीन रामायण परोसने का प्रयास हुआ। यहां तक कि आप तस्वीर में देख सकते हैं कि हनुमान जी और रावण को नए लुक में ला दिया गया। ये पूरी तरह से हिंदुओं के आस्था पर प्रहार हुआ लेकिन सेंसर बोर्ड से पारित हो गई। सेंसर बोर्ड सरकार का अंग है, सरकार जो चाहेगी वो होगा। जब बहुत ज्यादा विवाद हुआ तो फिल्म के लेखक मनोज मुंतसीर शुक्ला ने माफ़ी मांग ली लेकिन ये प्लेटफॉर्म से हटाया नहीं गया। अगर कुछ लोग भी प्रभावित हो गए तो इनका एजेंडा पूरा हो गया।

आदिपुरुष के विवाद को लेकर हिंदू आस्था पर प्रहार करती OMG 2 में सेंसर बोर्ड ने 27 बदलाव करवाए और अक्षय कुमार जिन्हें भगवान शिव के रूप में दिखाया जा रहा था, उन्हें शिव के दूत के रूप में दिखाया गया। दरअसल ये हिंदुओं की परीक्षा ले रहे हैं कि लोग कितना बर्दास्त कर रहे हैं।

बहरहाल, शाहरुख खान की बात करें तो बीजेपी नेता बैजयंत जय पांडा ने ट्वीट कर यह दावा किया, "बॉलीवुड के कई लोगों के पाकिस्तान और आईएसआई की भारत विरोधी हस्तियों से संबंध हैं।"

जी न्यूज के रिपोर्ट के मुताबिक, बॉलीवुड मेगास्टार शाहरुख खान और उनकी पत्नी गौरी के रेहान सिद्दीकी और टोनी के साथ व्यापारिक संबंध हैं। अशाई पर भारत विरोधी भड़काऊ बयान देने और जम्मू-कश्मीर में आतंकी गतिविधियों को वित्त पोषित करने का आरोप है। शाहरुख खान और गौरी खान का टोनी अशाई के साथ बिजनेस रिलेशनशिप है। अमेरिका में रहने वाले अशाई कश्मीर पर लगातार भड़काऊ बयान देते रहे हैं।

टोनी असाई के साथ शाहरुख खान की पत्नी और स्वयं शाहरुख खान को देखा जा सकता है।

टोनी अशाई एक वास्तुकार हैं और उनका जन्म कश्मीर में हुआ था। वह कश्मीरी युवाओं को पत्थर और बंदूकें उठाने के लिए उकसा रहा है। जम्मू-कश्मीर में आतंक समर्थकों के मामले में भी ऐसा ही हुआ है, जो युवाओं को हथियार उठाने के लिए उकसाता है।

जबकि रेहान सिद्दीकी एक पाकिस्तानी है और ह्यूस्टन में रहता है, वह एक रेडियो चैनल का मालिक है जहां वह नियमित रूप से कश्मीर में आतंकवादी गतिविधि का समर्थन करता है। सिद्दीकी के पास संगीत और रेडियो उद्योग में व्यापक अनुभव है और कहा जाता है कि उन्होंने दक्षिण एशिया और बॉलीवुड के कई सबसे बड़े सितारों के साथ 400 से अधिक सफल संगीत कार्यक्रम आयोजित किया है।

"वह एक रेडियो चैनल का मालिक है और बॉलीवुड संगीत कार्यक्रमों के लिए भारतीय कलाकारों को ह्यूस्टन लाता है। वह अपने रेडियो चैनलों का उपयोग भारत विरोधी प्रचार चलाने के लिए एक मंच के रूप में करता है," ह्यूस्टन में भारतीय समुदाय के एक प्रमुख सदस्य ने कहा है।

सिद्दीकी के रेडियो चैनल पर पुलवामा हमले और उसके बाद बालाकोट हमले के दौरान भारत विरोधी प्रचार चलाने का भी आरोप है।

शिवसेना सांसद द्वारा मुद्दा उठाए जाने के बाद सिद्दीकी को गृह मंत्रालय द्वारा काली सूची में डाल दिया गया था।

टोनी अशाई के साथ बॉलीवुड के घनिष्ठ संबंध ही नहीं, सोशल मीडिया उपयोगकर्ताओं ने अनिल कपूर, अक्षय कुमार, सोनम कपूर, करण जौहर और अन्य सितारों की ब्रिटेन में स्थित एक अन्य भारत-विरोधी कार्यकर्ता के साथ कई तस्वीरें भी खोज निकालीं। नेटिज़न्स ने बताया कि कैसे एक अन्य पाकिस्तानी व्यवसायी अनिल मुसरत के भी विभिन्न भारतीय हस्तियों के साथ अच्छे संबंध हैं।

माना जाता है कि अनिल मुसरत पाकिस्तानी पीएम इमरान खान के महत्वपूर्ण सहयोगी हैं और उनके पाकिस्तानी सैन्य प्रतिष्ठान के साथ घनिष्ठ संबंध हैं। चाहे शाहरुख खान हों या करण जौहर, सोनम कपूर हों या उनके पिता अनिल कपूर, दीपिका पादुकोण हों या उनके पति रणवीर सिंह, ये सभी बॉलीवुड दिग्गज मुसरत की कंपनी में मौज-मस्ती करते पाए गए हैं।

पूर्व रॉ ऑफिसर एनके सूद ने अपने यूट्यूब चैनल पर कुछ सनसनीखेज दावे किए। सूद ने बॉलीवुड और ब्रिटिश-पाकिस्तानी व्यवसायी अनिल मुसरत के साथ उसके संबंध को उजागर किया। सूद के अनुसार, अनिल पाकिस्तान के पीएम इमरान खान के करीबी दोस्त हैं, जिन्होंने इमरान के कैंसर अस्पताल में निवेश किया है और यहां तक कि उनकी राजनीतिक पार्टी पीटीआई को भी फंड दिया है। सूद ने कहा कि अनिल लंदन आने वाले आईएसआई और पाक सेना समेत पाकिस्तान के अधिकारियों की मेजबानी करता है।

अनिल के साथ बॉलीवुड के संबंधों को उजागर करते हुए सूद ने कहा कि सितंबर 2017 में अनिल की बेटी की शादी में कई बॉलीवुड हस्तियां शामिल हुई थीं। शादी में पाकिस्तान के प्रधानमंत्री इमरान खान भी शामिल हुए। शादी में शामिल होने वाले बॉलीवुड अभिनेताओं में रणवीर सिंह, ऋतिक रोशन, सोनम कपूर, अनिल कपूर, सुनील शेट्टी और करण जौहर प्रमुख थे।

सूद की बातों पर गौर करें तो करण जौहर का अनिल मुसरत से करीबी रिश्ता है। अनिल कपूर पिछले 25 सालों से अनिल को उनकी पत्नी के जरिए जानते हैं और मुसरत के साथ उनके पारिवारिक रिश्ते भी हैं। अनिल सोनम कपूर की शादी में भी शामिल हुए थे।

सूद के अनुसार, अनिल भारत विरोधी गतिविधियों में शामिल है और उसने ही लंदन में सीएए विरोधी प्रदर्शन को वित्तपोषित किया था। सूद ने मुसरत पर उन फिल्मों को वित्तपोषित करने का भी आरोप लगाया जो हिंदू देवताओं का दुरुपयोग करती हैं और उन्हें बदनाम करती हैं। मुसरत के पाकिस्तानी सेना

के साथ अच्छे संबंध हैं और उन्होंने विश्व कप के दौरान पाकिस्तानी सेना का यात्रा खर्च भी उठाया था। मुसरत पाकिस्तानी सेना के बच्चों को लंदन में बसाते भी हैं। सूद के अनुसार, मुसरत को ब्रिटिश अधिकारियों द्वारा मनी लॉन्ड्रिंग और आतंकी वित्तपोषण पर कई बार तलब किया गया है। विकीलीक्स के मुताबिक, मुसरत की एमसीआर कंपनी का हवाला लेनदेन से संबंध है।

सूद ने यह भी कहा कि मुसरत के रणवीर सिंह, सैफ अली खान, दीपिका पादुकोण, अनिल कपूर, सोनम कपूर, शाहरुख खान और कई अन्य लोगों के साथ अच्छे संबंध हैं। विकीलीक्स ने मुसरत को 'दलाल' तक करार कर दिया है जो बॉलीवुड और ब्रिटेन के लोगों के बीच संबंध विकसित करता है।

ये जो तमाम बॉलीवुड कलाकारों के लेकर खुलासे हैं, उनकी तस्वीर भी उन संदिग्ध लोगों के साथ भी वायरल है लेकिन आजतक कोई जांच नहीं हुई। अगर जांच होती तो सच्चाई सामने निकलकर आती कि इन दावों और तस्वीरों की सच्चाई क्या है? नरेंद्र मोदी के कई संदिग्ध बॉलीवुड सितारों से भी अच्छे संबंध हैं।

इन तस्वीरों में कई संदिग्ध कलाकारों को देखा जा सकता है, जिनके साथ नरेंद्र मोदी काफी खुश नजर आ रहे हैं।

आमिर खान अपनी आने वाली फिल्म लाल सिंह चड्ढा के शूटिंग के सिलसिले में तुर्की गए हुए थे। फिल्म की शूटिंग शुरू करने से पहले 15 अगस्त 2020 को वहां के राष्ट्रपति रजब तैयब अर्दोआन की पत्नी अमीन से मुलाकात की। आमिर से मुलाकात के बाद अमीन ने लिखा- ''दुनियाभर में मशहूर भारतीय अभिनेता, फिल्ममेकर और डायरेक्टर आमिर खान से इस्तांबुल में मिलकर बहुत खुशी हुई। मुझे यह जानकर खुशी हुई कि आमिर ने अपनी लेटेस्ट मूवी 'लाल सिंह चड्ढा' की शूटिंग तुर्की के अलग-अलग इलाकों में करने का फैसला लिया है। मैं इसके लिए तैयार हूं।''

बीजेपी के कई नेताओं और आईटी सेल ने आमिर खान के खिलाफ मोर्चा खोल दिया। तुर्की के भारत विरोधी रुख को लेकर आमिर की आलोचना कर रहे थे।

आमिर खान को आईटी सेल के लोग देशद्रोही और गद्दार बता रहे थे। कई बीजेपी के अघोषित प्रवक्ता, पत्रकार और लोग तीनों खान (शाहरुख खान, सलमान खान और आमिर खान) को इसरायल के प्रधानमंत्री बेंजामिन नेतनयाहू से मिलने से बचने वाला बताते हैं।

जिस आमिर खान का तुर्की के राष्ट्रपति से मिलने पर बीजेपी से जुड़े प्रत्यक्ष-अप्रत्यक्ष लोग निशाना बनाते हैं, उसी आमिर खान को 12 जून 2022 को हरियाणा के पंचकुला में चल रहे 'खेलों इंडिया यूथ गेम' में सेलिब्रिटी गेस्ट के रूप में बुलाया जाता है। जिस कार्यक्रम के हिस्सा केंद्रीय गृहमंत्री अमित शाह, हरियाणा के तत्कालीन मुख्यमंत्री मनोहर लाल खट्टर, केंद्रीय खेल मंत्री अनुराग ठाकुर व अन्य लोग होते हैं।

यही बीजेपी का असली चेहरा बन गया है कि जिसे ये लोग निशाना बनाते हैं। इनका शीर्ष नेतृत्व उसका सम्मान करता है।

अगर बात समीर वानखेड़े की करें तो सन 2010 में टैक्स चोरी को लेकर 2500 लोगों पर कार्रवाई की, इनमें 200 से ज्यादा बॉलीवुड के लोग थे। सन 2013 में विदेशी मुद्रा के साथ सिंगर मिका सिंह को मुंबई एयरपोर्ट पर रोक लिया था। कभी रिश्वत का कोई मामला सामने नहीं आया लेकिन इस मामले में आरोप लगते हैं और इतनी बड़ी कारवाई झेलनी पड़ती है। एनसीबी का बॉलीवुड के ऊपर कार्रवाई भी ठंडे बस्ते में चला जाता है।

सुशांत सिंह राजपूत केस में जांच में शामिल रही एनसीबी, सीबीआई और ईडी, ये तीनों एजेंसियां केंद्र सरकार के अधीन हैं।

सुशांत सिंह राजपूत केस में अब तक कोई ठोस कार्रवाई न होने के पीछे कौन है? मैं ये पाठकों के विवेक के ऊपर छोड़ देता हूँ।